막
료
학

막료학

참모 대 리더, 장막에서 펼치는 다이나믹 정치학

ⓒ 쥐런·김영수 2023

초판 1쇄	2023년 08월 22일
지은이	쥐런
옮긴이	김영수

출판책임	박성규		**펴낸이**	이정원
편집주간	선우미정		**펴낸곳**	도서출판 들녘
디자인진행	한채린		**등록일자**	1987년 12월 12일
편집	이동하·이수연·김혜민		**등록번호**	10-156
디자인	하민우·고유단		**주소**	경기도 파주시 회동길 198
마케팅	전병우		**전화**	031-955-7374 (대표)
경영지원	김은주·나수정			031-955-7376 (편집)
제작관리	구법모		**팩스**	031-955-7393
물류관리	엄철용		**이메일**	dulnyouk@dulnyouk.co.kr
			홈페이지	www.dulnyouk.co.kr

ISBN	979-11-5925-901-2 (04900)
	979-11-5925-900-5 (세트)

참모 대 리더, 장막에서 펼치는 다이나믹 정치학

막료학

쥐런 지음

김영수 편역

일러두기

- 이 책은 中国档案出版社에서 1998년 출간한 『幕僚学』을 옮긴 것이다. 가급적 전문을 충실히 옮기되, 한국 독자들의 이해를 돕기 위해 본문 중 일부를 편역자가 축약하거나 덧붙였으며, 그 부분에 대하여는 괄호 ( )로 설명을 달았다.

- 저자의 신상 명세는 베일에 가려져 있다. 이 책 외에 다른 저서를 찾을 수 없고, 인터넷 어디에서도 저자에 대한 소개를 찾을 수 없었다. 쥐런莒人이라는 이름이 본명인지 필명인지도 알 수 없다. 다만 책 안에 한때 철도 화물운송을 관리하는 일을 했다는 대목으로 보아 순수한 재야 학자로 추정될 뿐이다. 1998년 초판에도 저자에 대한 소개는 없고, 책 구입도 쉽지 않다. 초판 5,000부를 찍은 후 개정판은 나오지 않은 것으로 보인다. 심지어 저자의 초판 책이 경매로 나와 있는 경우도 적지 않다. 이 책에 대한 마니아 독자들이 있는 것 같다.

- 각주는 모두 옮긴이가 작성한 것이다.

- 저작권 계약을 위해 해외 에이전시를 통해 수소문하였으나 현재까지는 찾지 못하였다. 오랜 고민 끝에 일단 출판을 하고, 추후 저작권자가 확인되면 정상적인 계약 절차를 밟기로 하였다.

막료학을 배워야 하는 이유

* '막幕'이란 가리고 감추기 위한 장막이다. 은밀하고 어딘가 불명확한 밀실에서의 획책으로, 외부인을 위한 그 무엇이 아니다. 이 '막幕'과 '모謀' 두 글자는 줄곧 연결되어 있었다. 예로부터 '막'에서 '모'가 나왔다. 왜 그런가? 이 장막 뒤에 투쟁을 획책하는 기구가 감추어져 있기 때문이다. 그리고 '막료幕僚'는 중국 '지모智謀 문화'의 주요한 운송 차량과 같은 존재다.

* 이 장막의 한 자락을 열면 보통 사람들도 그 안에 실린 오묘한 그 무엇을 확인할 수 있을 것이다. 이제 장막을 덮고 있는 수천 년의 먼지를 털어내고 대체 그 안에 무엇이 감추어져 있는지 한번 살펴보자.

* 예로부터 만세를 꾀하지 못하는 자는 한때를 꾀하기 부족하고, 전체 국면

을 꾀하지 못하는 자는 한 구역을 꾀하기도 부족하다고 했다. 이 모두 '막료학'의 진수다.

  * 천추의 공로와 업적이 모두 이 장막 뒤에서 시작되었다. 이른바 군자니 인자니 하는 지도자급 인물들은 모두 장막 뒤에서 획책하고 화장한 다음 비로소 대중의 숭배를 얻을 수 있었다.

  * 역사상 위인들이 위대할 수 있었던 것은 그 발아래에 발판이 되었던 많은 막료들이 있었기 때문이다.

경쟁競爭, 지모智謀, 막료幕僚
_국가 정책의 결정에서 일상의 처세까지

이 책은 아주 독특獨特한 책이다. '독특하다'는 말 그대로다. 국내에서 나온 책들 중에 이런 종류의 책이 없기 때문에 '獨'하고, 그 내용이 특이하고 특별하기 때문에 '特'하다. 책의 제목인 '막료幕僚'란 단어 역시 낯설 것이다. '막료'와 가장 비슷한 뜻으로 가장 많이 쓰는 단어는 '참모參謀'이고, 이와 관련한 책은 여러 종이 출간되어 있다. 물론 그 내용과 성격은 전혀 다르다.

책의 제목에서 보다시피 이 책은 '學'을 표방하고 있다. 이론서란 뜻이다. 이론서라면 어려울 것이라는 생각이 먼저 든다. 이 책은 이런 통념마저 무너뜨린다. 이론은 있지만 그 이론을 뒷받침하는 근거는 모두 생생한 역사 사례들이다. 또 문장은 통속적이어서 상당히 쉽게 읽히는 편이다.

200자 원고지로 4천 매가 넘는 이 책을 번역한 역자로서 독자들에게 이 책의 핵심을 짚어드리자면 맨 위의 세 단어 '경쟁'·'지모'·'막료'이다. 이해를 돕기 위해 약간의 설명을 붙이자면 이렇다.

수천 년 인류의 역사를 한 단어로 나타내자면 '경쟁', 즉 싸움이다. 생존경쟁을 시작으로 자신과의 싸움에 이르기까지 우리는 숱한 경쟁 속에 살고 있다. 누구든 이 경쟁에서 지고 싶어 하는 사람은 없다. 이겨야 한다. 이기려면 육체가 되었건 두뇌가 되었건 힘이 있어야 한다. '실력實力'이다. '실력'은 공부와 훈련을 통해 길러지는 바탕이다. 바탕인 실력이 다듬어지면 나름 정교한 계획, 나아가 전략과 전술로 정리된다. 이 것이 사회생활에 적용되면 '처세술'로 활용되기도 한다. 중국에서는 이런 것들을 '지모' 또는 '모략'이란 단어로 표현한다.

치열한 경쟁을 통해 모든 인간은 그 나름의 지모(모략)를 갖춘다. 물론 그 지모의 수준은 여러 요인으로 인해 사람마다 차이가 날 수밖에 없다. 이런 지모(모략)에 뛰어난 사람들은 이른바 사회 상층부, 예컨대 정치와 군을 비롯하여 대기업 등에 발탁되어 활약한다. 특히 권력자와 권력을 가지려는 사람이나 집단은 이런 인재를 갈구한다. 바로 이런 인재들을 가리켜 '막료' 또는 '참모'라 부른다.

이 책은 이런 인재 '막료'에 관한 종합적인 분석서이자 통속적인 대중 역사서이다. 저자는 막료들의 다양하고 기가 막힌 수법, 즉 지모(모략)를 생생한 역사 사례를 통해 소개하는 한편, 이들과 이들을 기용한 권력자 '막주'와의 관계를 심층 분석한다. 그리고 이들의 활동 공간인 '막부' 체제를 부각시킨다.

요컨대 역자가 핵심으로 짚은 경쟁-지모-막료를 막부-막주-막료(막료-막주-막부)라는 삼각관계 속에서 이해한다면 이 책은 한결 쉽고 살갑게 읽힐 것이다. 좀더 이해를 돕기 위해 참고로 막부, 막주, 막료 이 세 용어에 대해 간략하게 설명을 덧붙인다.

'막부'를 비롯하여 '막주', '막료'는 모두 중국에서 유래한 단어들이다. 그러나 '막부' 하면 많은 사람들이 일본의 '막부'를 떠올린다. 이른바 '쇼군(shogun, 將軍)'을 정점으로 하여 그 밑으로 '사무라이(侍, 武士)'들로 이루어진 집단을 가리킨다. 이 때문에 '막부'를 영어로는 'shogunate'로 표기하게 되었다. '막주'는 일본에선 '쇼군'을 가리키지만 중국의 경우는 높게는 제왕을 포함하는 최고 권력자를 비롯하여 독립된 한 지역을 실질적으로 통치하는 우두머리로서 '막료', 즉 영어의 'staff'들을 거느린 조직을 이끄는 인물을 가리킨다고 보면 된다. 이 책에서는 저자가 사용한 표현대로 '막부', '막주', '막료'를 그대로 사용한다. 그리고 저자가 붙인 책 제목 '막료학'을 영어로 표현하자면 'Staff Study' 정도가 될 것 같다. 이 단어들에 대한 저자의 설명이 책 앞부분에 나오므로 함께 참고하면 될 것이다.

조금 과장해서 말하자면 지금도 조직과 국가의 주요 정책은 막주를 정점으로 하는 막부와 막료에 의해 결정되고 있다. 막주와 막료의 질이 막부의 질을 결정하고, 이것이 결국 정책의 질을 결정한다. 과거와 다른 점이 있다면, 과거에는 주로 은밀함을 특징으로 한 반면 지금은 대체로 공개적이라는 것이다. 물론 여전히 밀실 막부정치가 횡행하고 있고, 지금 우리 현실은 특히 더 그렇다. 이런 현실을 염두에 두고 이 책을 읽으면 한결 실감이 날 것이다.

막부정치는 '법치法治'와 대비되는 '인치人治'라는 어두운 면을 반영하고 있다. 지금도 우리 정치집단과 기업조직 곳곳에 여전히 이 잔영이 짙게 드리워져 있다. 저자는 봉건체제의 가장 큰 폐단이자 가장 끈질긴 생명력을 가진 이 점도 놓치지 않고 지적한다. 이를 통해 우리 현실에 드리워져 있는 '인치'를 극복할 수 있는 방안도 함께 고민해볼 기회가 될 것이다.

막료는 역사적 실체이자 역사를 주도해나간 실질적인 주역이나 마찬가지였다. 막료는 이처럼 역사의 선상에 올라 있음으로 해서 그 존재가치를 담보하고 있으며, 이 가치는 여전하고 앞으로도 그럴 것이다. 역사적으로 성공한 막주(리더) 뒤에는 예외 없이 뛰어난 막료(참모)가 있었다. 유방에게 장량과 소하의 존재는 '막료(참모)'가 어떤 존재이며, 어떤 존재여야 하는가를 잘 보여주고 있다. 각계각층의 리더들은 리더와 막료(참모)의 관계에 초점을 맞추어 이 책을 읽으면 많은 것을 얻을 수 있을 것이다. 참모나 조직 생활을 하는 사람들이라면 이 책은 리더(막주)와 조직(막부)의 속성과 본질을 이해하는 데 적지 않은 도움이 될 것이다.

이 책에 다량으로 인용되어 있는 생생한 역사 사례와 그에 대한 분석 자료는 일반인들을 위한 처세의 방법과 기술을 전하고 있다. 영화 제목을 빌리자면 '싸움의 기술'이다. 무엇보다 수천 년 막료들의 활약에 관한 자료들은 지모(모략, 전략과 전술)의 진수를 잘 보여준다. 이를 통해 현실에서 부딪힐 수 있는 여러 상황에 대처할 수 있는 힘을 기를 수 있다. 나아가 이를 통해 자신의 모습, 자신이 속한 조직의 실체, 인간관계, 나아가 세상 돌아가는 상황을 통찰할 수 있는 기회가 될 수도 있을 것이다. 맹자가 말한 '사람을 알고 세상을 논하는' '지인논세知人論世'의 실력을 길러보지 않겠는가. 2,500년 전 절세絶世의 병법서 『손자병법孫子兵法』을 남긴 손무孫武의 금언으로 역자의 말을 가름한다.

"지피지기知彼知己, 백전불태百戰不殆."
"상대를 알고 나를 알면 백번 싸워도 위태롭지 않다."

2022년 11월 13일 오후
긴 여정을 마무리하면서 역자 쓰다

| 제1편 |

큰 도는 하늘로 돌아가고, 만 가지 법은 하나로 귀착된다

막료학을 이해하기 위한 사상적 기초

| 제2편 |

막부와 막료

| 제3편 |

막료술幕僚術

막료의 비급

| 제4편 |

막부 幕府

막주와 막료의 활동공간   704

천지개벽 이전의 혼돈, 그리고 최초의 책

중국인은 싸우기를 좋아한다. 엄청난 양의 중국 역사인 '25사'도 실제로는 투쟁의 역사이며, '투鬪' 한 글자로 그 내용을 개괄할 수도 있다.

중국인은 싸우기를 잘 한다. 5천 년 가까운 중화 문명사는 사실 어떤 의미로는 중국만의 독특한 '지모문화智謀文化'의 발전사이며, 그 역시 '모謀' 한 글자로 개괄할 수 있다.

'투鬪' 자를 입에 올리면 눈살을 찌푸리고 얼굴색이 달라지는 사람도 많다. 이는 중국인들이 아주 오랫동안 온갖 '싸움'에 시달리며 빈곤에 찌들어 살아온 탓에 과민 반응을 보이기 때문이다. 하지만 현실적으로 모순으로 가득 찬 세상에 살면서 투쟁을 피한다는 것은 있을 수 없는 일이다.

이 세상은 모순으로 가득 찬 세상이다. 그리고 투쟁은 모순을 해결하고 사회 진보를 추진하는 가장 유효한 수단이다. 인류의 역사는 한 편의 투쟁사이다. 투쟁의 규모와 정도는 생산력 조건과 인류사회의 조직 형태로부터 이중 제약을 받으며, 투쟁 경험의 종합 역시 생산력 조건과 인류사회의 조직 형태라는 이중 제약을 받는다. 중국 초기의 문명사는 공교롭게도 물질문명, 제도 문명, 문자 변천이라는 측면에서 인류의 선두에 섰으며, 그러한 문명 진보의 가장 직접적인 결과로 격렬한 투쟁이 뒤따랐다. 이렇게 보면 중국에서 투쟁과 관련된 학문이 발달한 것이 하나도 이상할 게 없다. 중국인이 싸움을 좋아한다는 것은 곧 중국인의 불굴의 의지와 포기할 줄 모르는 분투 정신을 반영한다고 할 수 있다. 또한 중국인이 투쟁을 잘 한다는 것은 그저 힘과 야만적 투쟁이 아닌 두뇌에 의존해 생존하고 발전해온 지혜로운 민족임을 말한다. 따라서 우리는 투쟁을 회피해서도 안 되며, 투쟁을 회피할 필요도 없으며, 투쟁이란 단어를 꺼릴 이유는 더욱 없다.

인간은 사회적 존재이며, 그자체로 사회성을 지닌다. 이것이 인류의 투쟁방식이 갖는 사회성도 결정했다. 인류사회의 투쟁은 그 대다수가 한 집단과 또 다른 집단 간의 투쟁이며, 공동 이익을 대변하는 한 집단과 다른 집단의 투쟁이다. 투쟁에 참여하는 각 이익집단은 정신상 또는 조직상 집단을 이끄는 핵심적 지도자를 필요로 하며, 이 핵심 인물 주위에는 그를 보좌하며 투쟁을 결정하는 참모參謀나 막료幕僚와 같은 인물들이 존재한다. 이들이 바로 이익집단의 핵심 지도부를 형성한다. 각 이익집단의 투쟁은 그 이익집단을 이끄는 핵심 지도부의 종합적인 힘겨루기다. 이런 각도에서 보자면 인류사회의 투쟁기구鬪爭機構는 각 이익집단을 이끄는 지도부의 기구라 할 수 있다. 그러한 투쟁과, 투쟁을 결정하는 방식을 인식하고 파악함과 동시에 인류사회 투쟁의 관건을 인식한다면 복잡하면서도 빈번한 인류사회 투쟁은 간단하면서도 규칙적인 것으로 변한다.

문제를 편하게 그리고 간결하게 하기 위하여 몇 가지 새로운 개념을 끌어다 쓰겠다. 우선 투쟁에 참여한 각종 이익집단을 이끄는 핵심부를 '막부幕府'라 부르고, 이 핵심부를 이끄는 중심인물, 다시 말해 최종 정책결정권을 쥔 인물을 '막주幕主'라 부르겠으며, 이와 상응하여 '막주'를 보좌하는 인물을 '막료幕僚'라 부르겠다.[1] 이를 통해 '막부' 내에서 일어났던 정책 결정 과정과 투쟁 방법을 연구할 수 있으며, 나아가 사회 투쟁의 규율 같은 것도 끌어낼 수 있을 것으로 기대한다.

'막부'와 '막주' 그리고 '막료', 이 세 개의 개념은 이미 존재했던 개념이지만 이 책에서는 원래의 뜻과는 다르게 썼다. 통상 '막부'라는 단어에 대한 해석은 고대 장수들이 공적인 일을 처리하던 장소를 가리키는 것이었다. 또 하나는 일본 메이지유신 이전 전국의 정권을 쥐고 있던 군벌만을 가리키는 전문 용어였다. 막부와 상응하는 '막료'도 막부 중의 참모 또는 비서 같은 소속 부하를 가리키는 용어였고, 그 뒤 문무 관청에서 관직을 가진 보좌관을 널리 가리키는 말이 되었다. 사실 인류의 투쟁 방식에는 군사 투쟁만이 있는 것이 아니기 때문에 이 책에서 사용한 '막부'라는 단어 역시 단순히 군사기구만을 가리키지는 않는다. 그보다는 모든 이익집단이 벌이는 투쟁을 이끄는 가장 핵심적인 사령부라 할 수 있다.

이 책에서는 막부를 출발점으로 삼아 인류사회의 투쟁의 룰(Rule)을 탐구하려고 한다. 이를 위해 막부나 막료 등의 개념을 보다 진일보하게 해석하고 그 근원을 추적해봄으로써 독자들의 이해를 돕고자 한다.

먼저 중국 사람의 거주 습관으로부터 이야기를 풀어나간다.

적어도 전설 속의 유소씨有巢氏가 인류에게 집 짓는 것을 가르쳤을 때부터 중국인은 나무와 흙으로 만든 집 안에서 거주하는 습관을 가지게 되었다. 옷감을 짜기 시작한 뒤 얼마 되지 않아 옛날 사람들은 천막 같은 것으로 실내 공간을 나누는 습관을 가지게 되었는지도 모른다. 이렇게 격리 작용을 하는 장막은 좀더 엄격하게 나누면, "위아래로 드리워지는 것을 막幕, 옆으로 치는 것을 유帷라 한다."고 하지만 일

---

1   '막부' '막주' '막료'에 대한 개념 해설은 "역자 서문" 8-9쪽을 참고할 것.

반적으로 그냥 '막幕'이라 통칭한다. 여기 '막부'나 '막료'에 대해 좀더 깊은 이해를 갖는 데 도움이 되는 흥미로운 고사가 있다.

동진東晉 시대의 권력자 환온桓溫(312-373)은 대권을 한 손에 넣고도 만족하지 못해 늘 동진 황실을 내몰고 자신이 황제가 되고 싶어 했다. 환온 밑에 극초郗超(336-377)라는 참모가 있었다. 극초는 영리하고 강인한 인물로 애초에 환온에게 '황제를 폐위시킬 큰 계획'을 건의하여 신임을 얻었다. 그는 많은 참모들 중에서도 단연 군계일학과 같았으며, 주군 환온을 웃기기도 성나게도 할 수 있는 유일한 인물이었다. 환온이 황제가 되는 데 가장 큰 방해 세력은 동진 황실을 옹립한 강남의 큰 세가世家들이었다. 316년 후한後漢이 장안을 공격하여 서진西晉을 멸망시키자 북방의 몰락한 사족士族들은 남쪽으로 옮겨 사마씨를 세워 황제로 삼은 왕조가 바로 동진이었기 때문이다. 317년 '오마도강五馬渡江'[2] 이후 동진 황실은 몰락의 길을 걷기 시작했고, 안팎의 대권과 군권은 빈껍데기만 남게 되었다. 당시 강남은 삼국시대 손오孫吳 정권에 속했던 지역으로, 서진은 오를 멸망시킨 후 남방 사족들을 배척했고, 이에 사족들은 진 황실과 북방 사족들에게 큰 불만을 품고 있던 차였다. 이런 상황에서 환온이 남방 사족들에 의해 세워진 동진 황실을 몰아낸다면 그들이 가만있을 리 없었다.

어느 날 강남 사족의 우두머리 사안謝安(320-385)과 왕탄지王坦之(330-375)가 환온을 찾아왔다. 환온은 그들이 찾아온 의도를 파악하기 위해 극초로 하여금 장막 뒤에 숨어 대화 내용을 엿듣고 기록하도록 했다. 손님과 주인의 대화가 시작된 지 얼마 되지 않았는데 뜻밖에도 바람이 불어 극초가 숨어 있는 장막을 들추어버렸다. 당황한 극초는 곤혹스러운 표정을 지으며 장막에서 나와 손님에게 어색한 웃음을 지어 보였다. 주인 환온은 물론 손님인 사안과 왕탄지도 난감하기는 마찬가지였다. 이때

---

2   서진 말기 사마씨 다섯 왕이 남으로 장강을 건너 건업建鄴에 동진 왕조를 세운 일을 가리키는 성어이다.

세상물정에 노련한 사안이 껄껄 웃으며 "극 선생이야말로 '장막 안의 손님' '막빈幕賓'이라 부를 수 있겠구려."라며 상황을 수습했다.

● 사안은 막부와 막료라는 용어의 단초를 제공한 인물이다.

사안이 비꼬아 말한 '장막 안의 손님'은 유머라 할 수 있고, '장막'이란 극초가 몸을 숨겼던 커튼 같은 것이라 할 수 있다. 장막 안은 거실의 은밀한 개인 공간으로 손님이 그런 장막 안에 들어갈 수 있다는 것은 자연히 주인과의 관계가 일반과는 달랐음을 의미한다. 이에 따라 그 후 습관적으로 '장막 안의 손님' 하면 최측근이나 심복을 가리키는 말이 되었다. 또 한편으로 사안이 말한 '장막'은 극초가 담당하고 있던 참모직을 가리키는 것이 될 수도 있으며, 그래서 이 관직을 당시에 '막료幕僚' 또는 '막직幕職'이라 불렀던 것이다.

중국인에게는 또 하나 특이한 거주 방식이 있다. 군대에서 원정을 나서게 되면 야외에다 임시로 군영을 설치해야 하는데, 이때는 어쩔 수 없이 유목민족의 거주 방식을 본받아 막사를 지을 수밖에 없었다. 그러나 원래의 거주 습관 때문에 장수의 막사 안에다 왕왕 장막을 설치하는데, 이 장막을 옛날에는 '유막帷幕'이라 불렀다.

고대 장수들, 특히 총사령관에 해당하는 장수는 전쟁에 나서면 문인을 초빙하여 관직을 줄 수 있는 독자적인 권한을 갖고 있었으며, 또 그자리를 위해 부서를 만들어 군정 업무를 처리하게 할 수도 있었다. 이런 부서가 막사 내에 설치되면 '막부'라 불렸고, 장수 좌우에서 장수를 보좌하는 부하도 '막부'라는 명칭에 상응하여 '막료'라 불렀다. 즉, '막료'는 당초 군대 내의 문관文官을 가리키는 말이었다. 그들은 자신이 모시는 장수에게 대책을 건의하고 장수의 자문에 응하며 각종 문서와 행정 업무를 처리했다. 그러다 보니 장수와 뗄 수 없는 긴밀한 관계에 놓일 수밖에 없었다.

　따라서 관서 중의 '막빈幕賓'이 되었건 군대 내의 '막료幕僚'가 되었건 문관이 참모의 신분으로 정치·군사 투쟁에 참여한다는 점에서는 같았다. '빈賓'이건 '료僚'이건 모두 종속적 지위에 있었으며, 주인이 존재함으로써 존재할 수 있었다. 그래서 이런 문관들의 상사를 '막주幕主'라 부를 수 있는 것이다. 이들 막주와 막료가 서로 돕고 의존하면서 이익집단의 투쟁정책 결정 기구인 '막부幕府'를 구성한다. 그리고 '막부'는 '인치人治' 정치가 이루어지는 기구였다.

　이 책에서 말하는 막부, 막주, 막료 등의 개념은 상대적이고 동태적이다. 막부는 국가정부의 기구처럼 명확하고 엄격한 형식으로 존재하는 것이 아니라는 사실도 미리 지적해둔다. 이익집단이 있고 분명한 이익 목표가 있는 한, 이 이익집단 내에는 정책 결정권을 가진 인물과 이를 보좌하는 인재들이 결정권을 가지는 수뇌부가 구성되기 마련이다. 이를 막부라 부르는 것이며, 최종 정책 결정권을 가진 핵심인물과 그를 보좌하는 인물을 각각 막주와 막료라 부르는 것이다.

　봉건사회에서는 중앙정부를 막부로 볼 수 있다. 이때 황제는 막주가 되며 대신들은 막료로 볼 수 있다. 그리고 대신들이 지방의 행정장관이라면 대신은 그 지방 관서에서 막주가 되며 그를 보좌하는 중소 관리들이 막료가 되는 것이다.

　일반 회사에서도 마찬가지다. 사장을 막주라 한다면 그 밑의 임원이나 비서 그리고 각 부서의 책임자들은 회사의 정책을 토론하고 결정하는 구성원으로서 막료가 되며, 그들이 함께 회사 이윤이라는 목표를 확대하기 위해 노력하는 기구를 막부라 부를 수 있다. 만약 이 회사에 계열사나 자회사가 있다면 그 계열사나 자회사의 사장과 임원들은 막부를 구성하여 회사의 업무 목표를 완성하기 위해 노력하게 된다.

　한 가지 비유를 더 들자. 여기 절도 집단이 있다. 그 두목을 막주로 본다면 절도 계획 등에 관해 두목에게 건의를 할 수 있는 자격을 갖춘 졸개들은 막료로 볼 수 있다. 그들은 함께 이 절도 집단의 핵심을 이루어 어떻게 하면 많은 재물을 안전하고 빠르게 그리고 효과적으로 훔칠 것이냐 하는 방안과 수단 등에 대해 논의하고 지휘할 것이다.

다시 말해 사회의 모든 이익집단의 정책 결정권을 가진 지휘부나 핵심을 막부로 볼 수 있다는 것이다. 막부, 막료와 막주의 개념은 동태적이며 때로는 서로 뒤바뀔 수 있는 개념이기도 하다.

이 책은 '막부'라는 인치 투쟁 기구에 대한 연구로, 중국사 전체와 인류사 중의 각종 이익집단의 핵심 지도부를 '막부'로 부르려고 한다. 이런 귀납 과정을 거치면 그 속에서 나름대로의 법칙을 끌어낼 수 있을 것이다.

중국사는 투쟁의 역사이며, '막幕'과 '모謀' 이 두 글자가 역사책에 수도 없이 나타났다. '막'에서 '모'가 나오게 되는 어떤 이치 같은 것을 이 둘의 관계를 통해 감지하게 된다. '막'에서 '모'가 나올 수 있었던 것은 '막'이 투쟁을 결정하는 수뇌 기구를 포함하고 있었기 때문이다.

'막'에 대해서는 이렇게 이해할 수도 있다. '막'은 장막으로 가려져 있으므로 은밀하고 의도를 알 수 없으며, 몰래 계획하고 대책을 세우므로 외부인에게 알려지지 않는다. 대범한 지모와 꿍꿍이는 대부분 그 색깔을 드러내지 않으며, '막'과 관계되면 그 의미나 모습은 더욱 애매모호해진다. 바로 그렇기 때문에 정치 기구의 진면목은 세상 사람들이 들여다보려 할수록 모습을 감추어 그 진상을 이해할 수 없다. 정치인이 쉽게 우상화되고 신비화되는 까닭도 여기에 있다.

성공한 고효율의 정치 집단 또는 경제 집단이라면 예외 없이 유능하고 강력한 지도 기구가 존재하며, 이 기구가 바로 '막부'다. 막부는 투쟁 기계이며, 또 투쟁기계의 원동기라 할 수 있다.

중국의 전통적인 정치 운영 방식은 '인치人治'였고, 전통문화의 정수는 '치인治人'이었다. 이런 의미에서 보자면 막부 역시 '치인' 기구라 말할 수 있다.

이 책은 주로 막부의 조직 기구와 그 구성원의 관계 및 운영 방식을 해부하는 데 초점을 맞추었으며, 인치 기구 내부로부터 사회 투쟁의 규율 같은 것을 고찰하려 했다.

막료 계층은 중국 '지모智謀문화'의 주요 몸통이며, 막주와 막료 또한 중국 전통적인 도덕문화의 몸통이라 할 수 있다. 그리고 막료와 막주 사이에서 벌어지는 모든 관계는 중국식 처세철학이 흘러나오는 중요한 발원지였다.

'지모문화', '도덕문화' 그리고 '처세철학'은 중국 전통문화라는 큰 수레를 끄는 세 개의 수레바퀴다. 이들 중 단 하나라도 빠졌다면 지난 수천 년 파란만장한 중국사를 이끌 수 없었을 것이다. '지모문화'가 없었더라면 중국은 대외전쟁과 외교에서 상대를 제압하고 생존과 이익 그리고 발전을 확보할 수 없었을 것이다. 지모문화는 중국 민족의 문명발전사에 불멸의 공을 세웠다. 그러한 지모문화의 몸체로서 막부가 중국 민족의 발전에 미친 작용을 소홀히 할 수 없다.

막부의 정책 결정에 참여하여 상류사회로 발을 들여놓을 수 있었던 사람은 소수였지만 그 작용을 낮게 평가해서는 안 된다. '인민이 역사의 창조자'라고 말들 하지만 역사는 어느 정도는 소수 엘리트들의 손에서 좌우되곤 했다. 역사의 대세는 당연히 바꿀 수 없지만 역사의 구체적 추세는 바꿀 수 있으며, 왕왕 한 개인 때문에 좌절을 맛보기도 한다. 중국 민족은 지혜로운 민족으로 두뇌에 의존해 생존하고 발전해 왔다. 지모문화는 중국 민족의 생존과 발전, 번영을 보장하는 열쇠와도 같다. 이렇게 생각하면 문제는 커진다. 그리고 그 의의도 심상치 않다. 공부하고 연구해볼 만한 값어치가 충분한 분야가 아닌가?

막료라는 이 특수한 집단을 연구하여 그들의 적극성과 진취적 정신을 확인하고 사회 투쟁에서의 그들의 능동적 작용을 발굴하는 일은 결코 만만하게 평가할 수 없을 것이다.

막료의 사회활동과 투쟁술을 연구하여 그들의 방법을 오늘에 응용하면 돌아가지 않고 곧장 성공을 얻을 수 있을 것이다.

막부의 분석술은 사물의 진상을 제대로 가리고 간사함을 간파하여 바른 길로 이끈다.

막주의 통제술은 승리를 이끄는 기술로, 나와 다른 사람, 국가와 민족의 복지를 추구한다.

이러한 연구가 제대로 이루어지면 수천 년 잠들어 있고 가려져 있던 '막幕(베일)'의 한 부분을 열어젖히고 그 속에 숨어 있는 묘법을 밝혀낼 수 있을 것이다. 우리의 눈을 가리고 있는 먼지를 씻어냄으로써 쓸데없는 싸움을 피하게 되고, 먼길을 돌아가지 않게 할 것이다.

어떤 사물이든 양면성을 가지기 때문에 지모도 어떤 사람이 장악하느냐에 따라 결과는 다르게 나타난다. 악당이 이용한다면 그 피해는 말할 수 없을 정도로 클 것이며, 현명한 사람이 장악한다면 복이 무궁무진할 것이다. 막료학 연구는 다른 속셈 때문이 결코 아니며, 다른 사람을 해치기 위한 것은 더욱 아니다. 중요한 것은 수천 년 동안 존재했던 관청, 부자, 군자 등의 비밀을 백일하에 드러내어 모든 사람이 다 알게 하는 것이며, 또 모든 사람이 위험을 미리 방지할 수 있도록 하자는 것이다.

이 책을 쓰게 된 또 다른 목적은 나 자신이 싸움걸기를 잘 하는 불량배와 같은 입장이 되어, 감추어진 그 장막을 환하게 열어젖힘으로써 보통 백성들도 그 장막 뒤에 도대체 무엇이 있는지 똑똑하게 보도록 하려는 데 있다.

이 책은 중국의 '인치人治' 형식에 관한 연구를 통해 옛사람들의 지혜와 경험을 흡수하여 보다 효율적으로, 또 보다 잘 정치나 경제 그리고 군사 투쟁에 가담하여 국가를 부강하게 만들고 나아가서는 가치 있는 인생을 실현하고자 한다.

솔직하게 그리고 겸허하게 인정하겠다. 이 책에서 앞세운 모든 것은 중국 5천 년 문명사에서 나왔다. 풍부한 역사적 사실, 역사적 사건, 역사적 자료가 있었기에 필자가 감히 이 작업에 손댈 수 있었다. 나는 그저 감추어진 부분을 찾아 정리했을 뿐이다.

또 다른 각도에서 보자면 이렇게 비유할 수도 있다. 달에는 분화구(crater)란 것이 있는데, 이것은 그전부터 본래 존재하던 사실이긴 하지만, 그것이 형성된 과정과 발전과정 그리고 구조 등에 대해 연구하는 일은 그렇게 간단하지 않다. 마찬가지 이치로 막부란 것이 수천 년 동안 존재해왔고 인류의 사회 투쟁은 그보다 훨씬 더 오래되었지만 지금까지 사회 투쟁을 종합하여 학문으로 승화시킨 사람은 없었다. 따라서 내가 창조해낸 이 '막료학'은 전대미문의 과정이다. 그 체계가 완전하건 모자라건, 엄밀하건 느슨하건 스스로 길이 남을 최초의 사업을 이루었다고 자부하는 바이다. 제 손으로 '막료학'의 개창자라는 모자를 씌우는 것으로 성취감을 느끼며, 그에 따른 명예도 비난도 모두 나 자신이 받겠다는 이런 생각이 지나치다고는 생각하지 않는다.

제
1
편

큰 도는 하늘로 돌아가고, 만 가지 법은 하나로 귀착된다

막료학을 이해하기 위한 사상적 기초

"근본이 있으면 번창하고, 근본이 없으면 메말라버린다." 중국학을 연구하는 사람들은 근거를 고찰하여 사물의 근원과 내력을 탐구하길 좋아한다. 나는 스스로 학문하는 사람이라며 허풍을 떨고 다닌다. 붓과 책상을 차지한 채 홀로 '막료학幕僚學'이라는 것을 창조해냈으니 학문의 길을 가는 사람이라고 해도 큰 탈은 없을 것 같다. 낡은 종이더미 속에서 '막료'의 할아버지들을 불러내서는 역사의 먼지를 털고 이 책 맨 첫머리에 올린다. 이렇게 하는 것이 힘도 덜고 효과도 날 것이다.

1.
인본주의人本主義의 발단과
신과 인간의 자리바꿈

고대 중국은 '인치人治' 사회였고, '인치'의 역사는 매우 길다고 한다. 그러나 이 말이 중국에 '신치神治'의 역사나 '법치法治'의 경력이 없다는 것은 결코 아니다. 다만 '신神'이 비교적 빨리 인간에게 자리를 양보했지만, '인간'은 미적거리며 '법'에게 자리를 양보하려 하지 않았을 뿐이다. 유럽이 16세기까지 신이 자리를 양보하지 않고 있다가 끝내는 루소나 몽테스키외 등과 같은 계몽주의 사상가들에 의해 끌려 내려왔던 것과는 다르다. 중국의 지식인들은 일찌감치 기원전 훨씬 전에 이미 신을 자리에서 끌어내렸다.

현대 인류학에서는 사람이 원숭이에서 진화한 존재라고 한다. 어리석은 보통 백성들은 원숭이와 사자를 구분하지 못해 쓸데없이 사람이 사자에서 변한 존재라고 떠벌리고 다니기도 한다. 속된 말이 되었건 고상한 소리가 되었건 그 이치는 한 가지다. 즉, 인간의 조상이 인간이 아니라는 것! 인간이 막 사람이 되었을 때는 짐승과 별 차이가 없이 어리석고 모자랐을 것임에 틀림없다. 자기 혼자 먹고 마시고 버리는 일 이 외는 신경쓸 능력도 조건도 갖추고 있지 못하면서도 그것들과 자신의 관계를 찾아내 려고 했을 것이다. 문명이 점점 개화되어갔지만 이 개화는 개화와 동시에 문제도 안 고 왔다. 그들은 바람과 비, 천둥과 번개를 알게 되었고, 세상사와 만물이 그렇게 기 묘하고 불가사의하며 헤아릴 수 없이 심오하다는 것을 느끼기 시작했다. 아득한 속 에서 '신'을 만들어 자신들을 위협하거나 위안했다. 신은 이렇게 해서 탄생했다.

'신'의 행위에 대해 해석을 내리면서 원시종교가 나타났다. 중국 최초의 왕조로 인정하는 하夏나라 사람들의 원시종교가 어떤 형태를 지녔는지 자료를 두루 조사했 지만 실상을 파악하지 못했다. 그러나 상商(또는 은殷)나라에 이르면 신은 이미 이런저 런 모양으로 성장했다. 상나라 사람들은 천제天帝를 경건하게 숭배했으며 천제를 국 교國教로 삼았다. 천제는 바람, 비, 천둥, 번개, 눈, 우박 등 하늘의 현상을 장악할 뿐 만 아니라, 인간의 전쟁, 사냥, 생산, 건설 등의 일도 주관했다. 물론 신은 형체가 없 는 존재다. '신명神命'을 받들어 주관하는 자는 상 왕조의 통치자들이었고, 천제를 신 봉하는 국신교國神教는 통치의 가장 유력한 버팀목이었다. 통치자들은 자신이 신과 인간의 대리인이라고 선전했다.

그런데 상나라 말기(기원전 12-11세기) 신의 대변인인 주왕紂王이 포악무도하여 백 성과 신하들의 노여움을 샀다. 서쪽 변경에서 힘을 키워온 주周나라는 '대리인'의 자 리를 빼앗고 "천명은 늘 일정치 않으니 오로지 덕으로 보좌할 뿐이다."라는 주장을 내세웠다. "천명도 옮겨 다닌다."는 '천명전이론天命轉移論'을 창조했다. 천제는 덕이 있 는 '인민의 주인'을 선택해서 인간의 대표로 삼는다는 논리였다. 따라서 통치자의 품 행이 신이 대리인을 선택하는 기준이 되는 것이다. 그래서 사람들은 '인간'의 행위가 사회 통치에서 결정적인 작용을 한다는 사실을 인식하기 시작했다. 중국 역사상 주 나라가 상나라를 대체한 사실은 '신'의 지위가 쇠퇴하기 시작했음을 알리는 신호였으며, 이는 '인본人本' 사상의 발단이기도 했다.

주나라가 민의民意에 따라 신이 세운 나라인 이상 당연히 민의를 중시해야 했고, 따라서 사회·정치 행위 속에서의 '민중'의 작용을 인식할 수밖에 없었다. 더욱이 주나라가 상나라를 멸망시키는 관건이 된 이른바 '목야牧野 전투'는 상나라 군대가 무기를 주나라가 아닌 자신들의 왕을 향해 거꾸로 겨눔으로써 뜻밖에 빨리 승리를 거둘 수 있었는데, 바로 이러한 점이 주나라 통치자들에게 큰 두려움으로 다가섰다. 즉, 군주의 권리를 결

● 주나라 무왕은 그 아버지 문왕이 닦아놓은 기반을 바탕으로 강태공 등 걸출한 인재의 도움을 받아 주나라를 건국했다. 이들은 역사의 주체를 하늘에서 인간으로 옮기는 데 중요한 역할을 한 인물들이었다.

정하는 것은 민중이지 천제가 아니라는 사실을 인식하기에 이른 것이다. 군주의 권리에 대한 천신의 의지는 이렇게 해서 제2선으로 물러나고, 민심의 향방과 민중의 여론이 맨 앞자리로 올라섰다.

춘추시대 초기(기원전 8-7세기)에 들어서면서 진보적인 정치사상가들은 '민과 신의 관계'라는 미묘한 문제에 대해 드러내놓고 토론하기 시작했다. 그러고는 놀랍게 "민이 신보다 중요하다."는 관점을 제기하고 나섰다. 그러한 관점 중에서도 가장 대표적인 것이 춘추 초기인 기원전 7세기 초 수隨나라의 군주 수후隨侯에 대한 계량季梁의 충고였다. 계량은 신에게 제사를 드리며 바치는 희생물이 갖는 의미는 민심의 정황을 표현하는 데 있다고 말한다. 제사에 바친 희생물이 풍요롭고 살이 쪘다면 그것은 온갖 가축의 번성을 뜻하며, 깨끗한 곡식은 백성의 화합과 풍년을 뜻하며, 달콤한 술은 민의에 어긋남 없이 위아래 모두 덕행을 갖추고 있음을 뜻한다. 이는 신이 군주의 권력을 보살핀다는 논리의 근거를 정치 현실 속에서 찾으려는 시도였다. 귀신의 보살

핌 여부의 관건은 정치에서의 공적이 어떠했는가에 달려 있으며, 인생에 대한 관심의 정도에 달려 있으며, 실시한 정책이 어떠한가에 달려 있다는 논리였다. 요컨대 국가의 흥망이나 전쟁의 승부를 결정하는 근거를 민심과 그들의 정서에서 찾으려 한 것이다.

춘추시대 후기(기원전 6-5세기)에 오면 '민民'의 지위는 한 단계 더 올라간다. 진보적인 정치사상가들은 민본사상을 더욱 강조하면서 '민'이 국가 운명을 결정한다는 적극적이고 능동적인 작용을 인식하기에 이르렀다. 이때의 '민'은 진보성은 물론 공격성까지 갖는다. 그리하여 '민'에게 군주를 선택할 권리가 있다고 하여, '민'이 군주의 명령에 반항할 수 있다는 합리성을 인정하기에 이르렀다. 다음은 『좌전左傳』에 보이는 진晉나라 장수 지무자智武子가 헌자獻子에게 한 말이다.

"나는 덕과 능력이 없기 때문에 다른 사람과 동맹을 맺어야 한다. 내게 덕과 능력이 없다면 인민들이 나를 포기할 터인데…."

지무자가 말하는 '민'은 이미 독립된 사회 인격을 획득하고 있음과 동시에 군주를 선택하는 주도권을 갖고 있는 존재다. 위衛나라 헌공獻公은 음탕하고 무도했으며 신하를 무례하게 대하다가 신하들에게 쫓겨났다. 진晉나라 도공悼公이 위나라 신하들이 지나쳤다며 항변하자 사광師曠은 헌공이 지나쳤다며 반박했다. 그러면서 사광은 군주라면 당연히 '민을 키우고' '민을 포용해야' 하거늘 민을 곤경에 빠뜨리고 가난하게 만든다면 그런 군주가 무슨 소용이며, 결국 내쫓는 것이 당연하다고 따졌다. 민은 군주를 선택할 수 있고 어진 군주를 세울 수 있을 뿐만 아니라, 앞장서서 무능하고 못난 군주를 내쫓거나 자리에서 끌어낼 수도 있다. 사광은 공개된 자리에서 자신이 모시는 군주를 앞에 놓고 이런 이치를 당당하게 내뱉었으니 '민본사상'이 이미 사회적으로 용인되고 있음을 확인할 수 있다.

주나라 초기에서 춘추시대 말기에 이르기까지 민본사상의 탄생과 발전을 이리 저리 살펴보면 '민'과 '신'이 점차 자리를 바꾸고 있다는 것을 볼 수 있다. 주나라 초기에 '민'은 그저 '신'이 군주의 덕행을 살펴 취사를 결정할 때 '참고하는 대상'에 지나지 않았다. 그러나 민중은 점차 사회 생산과 정치 투쟁에서 주도적인 힘을 발휘하기 시작했고, 진보 정치가들은 민의 힘을 인식하고 민을 중시하기 시작했다. 민의 사회적 지위는 갈수록 높아졌고, 신의 지위를 민이 완전히 대체하기에 이르렀다. 민은 이제 사회 정치의 앞날을 결정하는 주도적인 힘이 되었다.

● 춘추시대 진나라의 맹인 악사였던 사광은 말귀를 못 알아듣고 잘난 척하는 도공에게 연주하던 거문고를 집어 던졌다고 한다. 그가 주장한 "인민이 귀하고 군주는 가볍다."는 '민귀군경民貴君輕'은 후대 사상가, 특히 맹자의 사상과 일치한다. 전설에는 태극권을 창시했다고도 한다.

신이 더 이상 인간을 돕지 않는 이상 인간은 자신을 스스로 돌보아야만 한다. 이에 따라 지식인들은 '인치'의 필요성에 맞추어 사람들을 다스리는 학문을 연구하는 데 몸과 마음을 쏟았다. 중국 역사상 처음으로 '치세논쟁治世論爭'이라는 엄청난 사상적 물결이 밀어닥치는 순간이었다. 만약 이 당시의 '민본'이 정치제도의 변혁에 영향을 주었다면, '민본'이 '민치'로 발전했다면, 또 '민치'에서 '민주'로까지 발전한 것이라면, 중국은 세계 최초의 민주국가를 이룬 것이 아닐는지? 어쨌든 민과 신이 자리를 바꾼 뒤 민본의 범주가 개체화되는 경향이 나타났고, '인본人本'의 '인人'은 사회성원인 '인人'을 가리키는 폭넓은 개념으로 자리잡았다. 이로부터 '인학人學'이 나타났고, 다시 이로부터 '인치人治'가 갈라져 나왔으며, 이와 동시에 중국 역사상 단 한 번도 끊어진 적이 없는 '인화人禍'가 운명처럼 자리잡았다.

2.
치세논쟁治世論爭:
치세체계의 세 가지 형식

'인본'이라는 큰 방향이 확정되기는 했지만 사람을 근본으로 삼는 치세 방식에 대해서는 여러 가지 견해들이 나타났다. 이것이 치세논쟁으로 이어졌는데 바로 춘추전국시대의 '백가쟁명百家爭鳴'이었다.

제자백가는 논쟁을 즐겨마지 않았다. 그러나 그 어떤 논쟁도 인본사상을 핵심으로 삼지 않은 것은 없었으며, 인간에 대한 연구를 중시하지 않는 자는 없었다. 요컨대 인치를 통해 치세에 이르려는 목적, 그것이 논쟁의 전부라 해도 지나친 말이 아니다. 또한 정치 문제를 중시하지 않은 학파나 사상가도 없었다. 백가의 언론은 모두 정치로 귀착되었다.

'무위無爲'라는 독특한 개념을 앞세운 도가道家의 주장은 마치 자연주의자 같아 보였지만 그 종점은 결국 '무위이치無爲而治'였다. 그들은 나라를 부강하게 다스리고 세상과 백성을 구하는 것을 최고의 목표로 삼았다. 따라서 그들의 언론 사상도 실제로는 치인의 방안이었다.

춘추전국시대에 살았던 사람들은 그 이전이나 그 이후의 시대가 얼마나 즐겁고 편안한지 비교할 줄 몰랐을 것이다. 그러나 그 시대가 지식인들에게 재능을 펼칠 수 있는 훌륭한 무대를 제공한 것만큼은 틀림없는 사실이다. 진짜 재능이나 튼튼한 학문만 있으면 누구나 작위를 받고 재상이 될 수 있었고 부귀영화를 꾀할 수도 있었다. 공명과 벼슬에 뜻이 없다면 책을 써서 자신의 주장이나 사상을 펼칠 수 있었고, 하고 싶은 말을 거리낌없이 내뱉어도 누구 하나 참견하지 않는 그런 시대였다.

어느 날 갑자기 지식인들은 세상이 어쩌면 정말로 자신들에 의해 바뀔 수 있다는 사실을 발견했다. 그리하여 유가儒家는 서주시대로 되돌아가 인仁과 예禮를 외쳤다. 공자孔子는 제자들과 함께 소가 이끄는 수레를 타고 다니며 천하의 먼지를 뒤집어썼다. 묵가墨家는 하나라를 세운 대우大禹 시절로 되돌아가 서로 사랑하고 서로 이익을 나누라고 주장했다. 그들 역시 세상의 먼지를 뒤집어써가면서 이 나라 저 나라로 발바닥이 닳도록 돌아다녔다. 법가法家와 종횡가縱橫家는 더 바쁘게 자기 학설을 팔고 다녔다. 세상이 좁을 지경이었다.

춘추전국이라는 시대(기원전 770-222)는 중국 역사상 비할 데 없이 기묘한 시대였다. 전차가 소리를 내며 달리는 와중에 진보가 이루어졌으며, 칼과 검이 번득이는 중에 문화는 번영했다. 이곳에서 역사는 기인奇人과 이인異人은 물론 괴인怪人과 성인聖人에 이르기까지 모든 사람에게 시간과 공간을 제공했다. 사람들은 중국 역사상 누구도 뛰어넘지 못할 찬란한 문화를 이 시간과 공간 속에서 창조해냈다.

1) 도덕문화의 형성

강도 하나가 자신의 두목 도척盜跖에게 묻는다.

"강도에게도 도道란 것이 있습니까?"

강도 두목 도척은 자신만만하게 대답한다.

"그걸 말이라고 하냐? 천하의 어떤 일도 도를 떠나서 생각할 수 없다. 강도의 학문
은 여간 큰 것이 아녀! 먼저 어디에 재물이 많은지, 훔칠 만한 값어치가 있는지 없
는지 잘 살펴서 주도면밀하게 정확하게 계산하는 일이 필요한데, 이것을 다른 말도
아닌 '성聖'이라 표현하지. 둘째, 손을 쓸 때 다른 사람은 뒤에 자신은 앞장서서 들
어가는 것, 이런 용감한 희생정신이 있어야 하는데, 이를 '용勇'이라 한단 말씀이지.
셋째, 손에 넣은 다음 다른 사람은 먼저 철수시킨 뒤 자기는 맨 마지막에 떠나는
것, 즉 위험을 자기가 담당하는 것, 이것을 '의義'라고 한다. 넷째, 어디가 훔칠 만한
곳인지, 언제 해야 성공할 수 있는지, 이런 것들을 판단하려면 지혜가 필요한데, 이
것이 바로 '지智'라는 것이야. 다섯째, 물건을 훔친 뒤 돈과 먹을 것을 공평하게 나
누어야 하는데, 이것을 바로 '인仁'이라 한다. 이 다섯 가지 표준을 갖추지 못하고
대도大盜로 성공할 수 있다? 천하에 이만한 이치는 없단 말씀이지!"

동한 말기 헌제獻帝(181-234)라는 황제가 재위하고 있을 때 동탁董卓(?-192)은 중
앙정부에서 관리 생활을 하고 있었다. 황제 자리를 빼앗으려는 마음을 먹기 전까지
동탁은 예를 갖추어 사람들을 대우했으며, 당시의 이름난 채옹蔡邕(133-192) 등과 같
은 학자를 대단히 존경했다. 훗날 『후한서後漢書』를 편찬한 범엽范曄(398-445)은 동탁

이 권력을 빼앗는 역사적 교훈을 종합하면서 이렇게 말했다.

"동탁이란 자는 본성이 잔인하고 포악하기가 호랑이나 이리 같았다. 한나라 말년 정권이 무너지는 국면이 그에게 야심을 품게 하는 기회가 되었다. 윤리도덕은 그의 발에 짓밟혔고, 강상제도는 그의 손에 의해 무너졌다. 그리하여 중앙정권은 갈기갈기 찢어지고 깨졌다. 동탁은 잔혹하기가 이루 말할 수 없었다. 사람의 가슴을 닥치는 대로 가르고 수족을 잘랐으며, 사람을 잡아먹고 뼈도 뱉어내지 않을 정도였다. 천하 사람들을 다 죽이고도 성이 차지 않을 그런 자였다. 하지만 이런 자도 지명도 높은 문인학자들에 대해서는 일부러 공손하게 대우하며 천천히 한 걸음 한 걸음씩 동한의 정권을 집어삼킬 줄 알았다. 따라서 사람을 마구 죽이는 동탁의 거칠고 잔혹한 면만 보아서는 안 된다. 이 자는 절도竊盜의 이치를 잘 알고 있었으며 어떻게 하면 남의 물건을 훔칠 수 있는가에 대해 너무 잘 알고 있었다."

교양 있는 지식인들을 동탁 같은 자가 농락하고 이용할 줄 알았다는 사실을 놓고 볼 때, 인·의·예·지·신 등과 같은 원칙들은 좋은 사람이 성공을 위해 의지해야 하는 것이기도 했지만 나쁜 자들도 성공을 위해서라면 함부로 어겨서는 안 되는 그런 이중적인 잣대였다. 하지만 이 세상은 좋은 사람은 적고 나쁜 놈들은 넘쳐나지 않는가? 좋은 사람들이 이 원칙을 좋은 일에 써서 중생들에게 이익을 가져다주는 경우는 적지만, 나쁜 놈들이 이 원칙을 나쁜 일에 적용해 천하 중생들에게 입히는 피해는 엄청나게 크다. 이것이 바로 인의仁義의 반작용이다.

그러나 진짜 인의도 좋지만 가짜 인의도 그만이다. 인의도덕은 진짜냐 가짜냐 하는 것과는 상관없으며, 또 상관이 있어도 그만이다. 중국 사람들은 바로 이것에 당했고 또 당해왔다.

덕으로 천하를 교화하다: 인정仁政과 왕도王道

인본사상은 민본사상 위에서 한 걸음 더 발전한 것이다. 인간의 사회·정치적 작용을 중시하고 이 점을 계통적으로 제창하고 논술한 최초의 인물은 공자孔子(기원전 551-479)였다.

『논어論語』에서 우리는 공자가 각종 사회·정치적 조치들에 대해 이야기하면서 문제의 초점을 어디에 두고 있는가를 살펴보면, 그의 초점이 변화를 보이고 있다는 놀라운 사실을 읽어낼 수 있다. 그는 더 이상 춘추시대 중기 이전의 정치사상가들처럼 사회 정치의 착안점을 귀족과 상층 서민에 두지 않았다. 공자는 주로 중·하층 사회구성원을 문제의 입지점으로 고려했다. 이는 당시 사회계급의 관계가 변동하고 있던 상황을 반영하는 것이기도 했다. 중·하층 사회구성원은 사회·정치 활동에서 이미 무시할 수 없는 지위를 확보하고 있었으며, 이에 따라 사회·정치사상가들이 이를 중시하기 시작했다. 인본사상에 대한 공자의 논지는 다음 네 방면에 집중되어 있다.

① 모든 사회구성원, 특히 통치자는 '애인愛人'해야 하며, 다른 사람을 자기와 똑 같이 여겨야 한다. 사회구성원이 모두 평등하다는 사실은 공자의 '인본사상'의 기초이자 통치자들에게 제기한 '치세'의 기본 요구였다.

② '애인'의 기초 위에서 '부민富民'으로 가고 있다. 지나친 부역과 세금 징수에 반대했다. 이 역시 후세 군주들이 백성들을 편히 쉬게 하면서 원기를 회복시키는 '휴양생식休養生息'이라는 정책을 시행하게 만든 이론적 근거의 하나가 되었다.

③ 역시 '애인'의 기초 위에서 '교민敎民'을 주장하고 나섰다. 공자는 고대에서 비교적 일찍부터 사학私學을 연 사람이다. 그는 지난날 노예주 귀족의 관학官學이 귀족 자제들만 받아들이는 낡은 관행을 바꾸어, 귀천을 가리지 않고 모든 사회구

성원에게 문화 지식을 전수하자고 제기함으로써 문화 지식에 대한 귀족들의 독점을 타파하는 조건을 창출했다. 공자는 나아가 "배워서 뛰어나면 벼슬하라."는 주장도 했다. 출신 성분을 가리지 말고 열심히 공부해서 문화 지식을 장악하기만 하면 누구나 정치에 입문하거나, 벼슬을 가지고 국가 관리에 참여할 수 있다는 것이다. 이러한 주장은 지식인의 '입세入世' 태도와 '우환憂患' 의식의 뿌리가 되었다.

④ '애인'과 '교민'이라는 기초 위에서 현덕賢德에 따라 사람을 등용하라고 주장했다. 이를 위해 공자는 "자신을 수양하고 남을 편안하게 하는" '현인의 정치'로 "천하를 도덕화하자."는 정치적 주장을 제창했다.

공자는 이러한 문제를 '인人'이라는 핵심을 중심으로 긴밀히 전개하고 있는데, 이 때의 '인'은 이미 넓은 뜻의 사회구성원으로서의 '인'이었다. 이는 춘추시대 중기 이전의 정치사상가들이 민본사상을 이야기하면서 대상 범위를 중·하층 귀족과 상층 서민으로 제한하던 것과는 완전히 달랐다. 이로써 '민본사상'의 '인본사상'으로의 전환은 완성을 보았다.

이런 전환의 주요 원인은 사회·정치 현실의 변화와 계급 관계의 변동에 있었다. 춘추시대 말기 사전私田이 대량 나타나 통치자로부터 그 합법성을 묵인 받아 지주계급이 커지면서 봉건제 생산관계가 사회의 주요한 생산관계가 되었다. 사회는 주된 착취 형식이었던 원래의 노역과 토지세 그리고 요역제도를 실물 토지세로 바꾸었다. 사회의 주요 생산단위도 원래의 노예제 집단생산에서 가정을 단위로 하는 소개체생산으로 바뀌었다. 농민은 사회상 주요한 생산자가 되었고, 농업 개체생산에 종사하는 농민 가정도 주된 사회 생산단위뿐만 아니라 사회생활단위가 되었다. 따라서 농민은 사회의 가장 밑바닥 조직이 된 동시에 당시 사회의 가장 중요한 통치 대상이 되었다.

그리고 광대한 개체 농업생산의 주역인 노동자는 이제 더 이상 과거 집단생산에 종사했던 노예처럼 단순한 노동의 도구가 아니었다. 자신이 자유롭게 노동시간을 안배할 수 있게 됨으로써 사회·정치 활동에 참여할 기회가 생겼다. 자신이 직접 또는 간접으로 국가에 세금을 내기 때문에 독립된 사회·정치권력을 가지는 사회구성원이 되었다. 자유노동자이자 독립된 사회·정치권력을 갖춘 사회구성원이 된 것이다. 자유노동자이면서 독립된 사회·정치권력을 갖춘 개체 농민은 특정한 정치 범위 내에서 자유롭게 자신들의 정견을 발표할 수 있게 되었다. 이렇게 그들은 사회·정치 활동에서 무시할 수 없는 힘이 되었으며, 국가 정치의 주요 대상이 되었다. 따라서 사회·정치사상가들이 관심을 가지고 연구하고 토론하는 대상이 될 수밖에 없었다.

전국 중기(기원전 4세기)에 이르러 봉건제 생산관계는 이미 성숙 단계에 들어섰다. 농업생산의 봉건화는 수공업 생산의 고용화를 끌어냈다. 개체 농업생산에 종사하는 농민과 작업장 생산에 종사하는 수공업자들은 보다 큰 노동의 자유와 신체적 자유를 얻어냈고 더 많은 정치적 자유를 얻었다. 사상 관념도 해방시켜나갔다. 농민은 자기 나라에서 땅을 받아 농사를 지을 수 있었을 뿐만 아니라, 사방으로 돌아다니며 다른 나라에서도 땅을 받아 농사를 지을 수 있었다. 또한 농사를 버리고 고용노동자인 용공傭工이 될 수도 있었다. 땅을 골라 농사를 짓고 노동자가 될 수도 있고, 나라를 선택해 살 수 있었다는 사실은 사회 인구의 유동성을 높였고 농민의 노동 자유의 정도를 넓혔다. 노동자의 자유 정도가 커지면서 민을 얻기 위해 경쟁을 벌이는 '쟁민爭民'과 얻은 민을 보호하는 '보민保民'이 당시 통치자들에게 가장 골치 아픈 사회 문제의 하나로 떠올랐다. 이런 사회 분위기는 인본학설人本學說을 밀고 나가는 데 유리한 사회적 조건을 창조했으며, 인본학설의 발전을 위한 튼튼한 사회적 기초가 되었다. 이렇게 해서 인본학설은 최고조에 올랐으며, 마침내 인본학설의 집대성자 맹자孟子(기원전 372-289)가 출현하기에 이르렀다.

맹자는 사회의 주체적 구성원이 사회나 정치에서 발휘하는 작용을 충분히 긍정했다. 인심의 향배가 국가의 흥망을 결정한다고 보고, 인심의 향배를 국가 정권을 얻느냐 그렇지 못하느냐의 유일한 요소로 꼽았다.

맹자는 통치자의 '보민' 의지를 출발점으로 삼아 인민이 가질 수 있는 경제권에 대해 충분한 논의를 펼쳐 보이고 있다. '민'을 위해 생전에는 윗사람을 잘 섬기고 죽어서는 정중하게 장례를 치를 수 있는 최소한의 생활 환경을 창조해야 한다고 주장했다. 나아가 인민을 위해 먹고살 수 있는 환경을 만들어 천하 인민을 귀의하게 만듦으로써 천하 인민을 얻고, 천하 인민의 지지를 얻을 수 있다면 필연적으로 천하를 얻고 천자 자리를 차지할 수 있다는 논리를 전개한다.

통치자에게 "인민과 더불어 즐거워하라."고 권하면서 맹자는 인민이 누려야 할 정신적 혜택에 대해서도 언급하고 있다. 아울러 인민의 인격적 평등을 요구하면서 사회구성원의 사회·정치적 직책과 사회적 인격을 나누어 논의했다. 맹자는 천자와 신하가 평민보다 높다는 전설적 관념을 부정하면서 누구나 다 신하도 되고 천자도 될 수 있다고 했다. 성인과 평민은 정신적으로나 인격적으로 평등해야 하며, 집정자는 평등한 태도로 인민과 아랫사람을 대하고 허심탄회한 태도로 민의 의견에 두루 귀를 기울여야 한다.

신하에 대해 맹자는 이렇게 인식하고 있다. 신하는 먼저 자신을 깔보아서는 안 되며, 자신을 낮추어 평가해서도 안 되며, 군주를 지나치게 높이 보아서도 안 된다. 군주도 평민도 다 같은 인간임을 알아야 한다. 여기에서 출발하여 신하는 주인 의식을 갖고 나라 일에 임하며 군주를 대해야 한다. 어리석은 군주를 대체할 수 있고, 군주를 버리고 떠날 수도 있다. 군주와 신하 사이에는 직무상의 차이만 있을 뿐, 인신의 예속 관계는 없으며 정신상의 종속 관계도 없다. 군주와 신하는 인격상 평등한 존재이기 때문이다.

맹자는 신하의 인격 해방을 호소했을 뿐만 아니라 인민의 인격 해방을 위해 여론을 환기시키면서, "인민을 귀하게 여기고 군주는 오히려 가볍고 보는" '민귀군경民貴君輕'을 주장했다.

안으로는 '칠교七教'를 닦고 밖으로는 '삼지三至'를 행한다

한가한 시간을 즐기고 있던 공자가 제자 증삼曾參에게 이런 말을 했다.

> "지난날 훌륭한 군주는 안으로 '칠교'를 닦고 밖으로 '삼지'를 행할 줄 알았다. '칠교'를 실천하면 나라 안 살림을 튼튼히 하여 유비무환할 수 있고, '삼지'를 행해야만 대외 정벌에 나설 수 있다. 현명한 군주의 국방은 천리 밖의 적군을 공격할 수 있는 힘을 가지고 있으며, 일단 군대를 이끌고 공격했다 하면 반드시 마음 편하게 득의만만하게 개선해야 하는 것이다."

증자가 '칠교'와 '삼지'를 어찌 묻지 않을 수 있겠는가? 공자는 먼저 '칠교'에 대해 이렇게 설명했다. '칠교'란 집권자가 잘 해야 하는 다음 일곱 가지를 가리킨다.

① 노인을 존경하면 신민은 연장자에 대해 더욱 효도하고 순종하게 된다.
② 연장자를 존중하면 신민은 연장자에 대해 더욱 존경하고 사랑하게 된다.
③ 베풀기를 즐겨하고 잘 하면 신민이 공명정대해진다.
④ 현자를 가까이하면 전국 인민은 덕 있는 사람을 골라 사귀기를 좋아한다.
⑤ 덕을 좋아하면 신민이 속이지를 않는다.

⑥ 악과 탐욕 그리고 뇌물을 싫어하면 민중들은 명예와 이익을 다투는 것을 부끄럽게 여긴다.

⑦ 겸손과 양보를 앞세우면 신민들은 절개와 지조를 가지게 된다.

공자는 '칠교'를 위정자의 기본 원칙으로 인식하고 있다. 교육 노선이 분명하면 기본 노선이 제 길을 걷게 된다. 위정자는 인민의 표본이다. 표본이 반듯하면 무엇인들 바로잡지 못하겠는가? 옛날 현명한 천자가 천하를 다스리는 방법은 이랬다. 토지를 나누어 제후에게 나누어주어 그들로 하여금 각자 소속감을 가지고 나누어 다스리게 한다. 그런 다음 관련이 있는 주무 부서를 매달 감사하게 하고, 때맞추어 시험을 쳐서 능력 있는 사람은 발탁하고 불량한 사람은 사퇴하게 한다. 이렇게 하면 능력 있는 사람은 기뻐하고, 불량한 자들은 두려움을 갖게 될 것이다. 홀아비와 과부를 어루만지며 고아를 보살피고 가난한 사람을 구제하며, 부모에게 공경하고 윗사람을 존중하는 풍토를 장려한다. 인재를 골라 이 일곱 가지 항목을 실천하게 하면 천지에 범법자가 생기기 않을 것이다. 군주가 신민을 자기 몸같이 사랑하면 신민들은 아이가 어머니를 사랑하듯 군주를 사랑하게 될 것이다. 군주가 1년 사계절과 같이 정확하고 착오 없이 신의를 지키면 인민들도 추위와 더위처럼 신통하게 신의를 지킬 것이다. 따라서 군주가 멀리 떨어져 있는 것을 마치 가까이 있는 것처럼 볼 수 있는 것은 사물이 가까이 있기 때문이 아니라 현명한 덕성 때문이다. 이렇게 되면 군대를 움직이지 않아도 위엄을 떨칠 수 있고, 이해관계로 베풀지 않아도 사람들과 가까워질 수 있다. 바로 이것이 명군이 "천리 밖의 적군에 대응할 수 있는 공격력을 갖출 수 있는" 원인이 된다.

증삼은 물론 '삼지'에 대해서도 물었다. 이에 대해 공자는 "예를 잘 갖추면서도 사양하지 않으면 천하가 크게 다스려지고, 상을 잘 주되 낭비하지 않으면 관료들이 기뻐하며, 즐거워하되 드러내지 않으면 온 나라가 서로 화목해진다."고 답했다.

공자는 왜 이렇게 말했을까? 그 옛날 뛰어난 제왕은 전국의 이름난 명사들을 잘 알고 있었다. 이름뿐만 아니라 그 능력도 알고 있었다. 제왕은 그들을 불러 권력과 지위를 주어 세상 사람으로부터 존경을 받게 한다. 이것이 바로 "지극한 예를 갖추되 사양하지 않으면 천하가 크게 다스려진다."는 말이다. 이익과 녹봉으로 천하의 선비들을 부유하게 하는 것, 이것을 "상을 잘 주되 낭비하지 않으면 선비가 기뻐한다."는 것이다. 이렇게 하면 영광스러운 명예가 크게 드러나게 되는데, 이를 "즐거워하되 기색을 드러내지 않으면 천하가 화목해진다."고 한 것이다. 그래서 이렇게 말했던 것이다. 이른바 천하의 가장 위대한 인자仁者는 천하 인민의 지극히 친근하고 애정 어린 정서를 이용하여 인민들을 단결시킬 수 있다. 천하에서 가장 위대하고 뛰어난 사람은 전국에서 가장 덕이 있는 사람들을 기용할 줄 아는 사람이다. 이런 관점에서 보자면 인자의 최고 원칙은 애인愛人이며, 지자智者의 최고 원칙은 지현知賢이며, 집정자의 최고 원칙은 관리를 잘 활용하는 것이다. 덕 있는 군주가 이 세 가지를 잘 해내면 온 나라 사람이 모두 그의 지휘와 명령에 복종할 것이며, 너 나 할 것 없이 용감하게 앞장서 나갈 것이다. 바로 이것이 "천리 밖에 있는 적군도 물리칠 수 있는 힘을 갖춘다."는 뜻이다. 현명한 군주가 정벌을 감행할 수 있는 것은 천도天道로 어리석은 군주를 폐기할 수 있기 때문인데, 천도에 따라 군주의 손을 빌려 어

● 공자 상像. 모든 인간을 근본으로 삼아 덕정德政과 인정仁政을 앞세운 유가의 치세와 치국 통치 사상은 유가의 창시자 공자가 그 문을 활짝 열었다.

리석은 군주를 제거하고 정권을 바꾼다. 그러나 그 멸망에 대해 애도를 표시하고 그 재산을 빼앗지도 않는다. 따라서 명군의 정벌은 마치 때맞추어 비가 내리 듯, 어디에서 내리든 환영받는 것과 다를 바 없다. 그래서 편안한 마음으로 득의만만하게 개선한다고 말하는 것이다. 이것이 유가에서 말하는 치세와 치국의 기술이다.

인자仁者 맹자孟子: 인정仁政의 전도사

위魏나라 문후文侯는 전국시대의 명군이자 공자의 이름난 제자인 자하子夏의 학생이기도 했다. 그 역시 공자가 주장한 인정仁政의 영향을 받아 위나라를 전국시대 초기의 문명 강국으로 다스렸다. 그의 아들 무후武侯는 문화적 소양에서는 아버지에 훨씬 못 미쳤지만 무공武功이란 면에서는 아버지를 앞질렀다. 양혜왕梁惠王[3]은 그의 아버지와 할아버지만 못했지만 방연龐涓을 기용하기 전에는 한韓·조趙·송宋을 잇달아 격파하는 등 눈부신 전공을 세웠으며, 노魯·위衛·송宋·정鄭 등을 위협하여 조공을 바치게 만들었다. 또 일찍이 진秦나라 효공孝公과 외교상 일시적 평화 관계를 수립하기도 했다. 방연을 측근 대장으로 임명한 뒤부터는 대외 전쟁에서 계속 실패하여 땅을 잃고 큰 아들이 포로로 잡히기까지 했다. 이에 따라 양혜왕은 몸을 낮추고 후한 폐백으로 현자를 초빙했는데, 그 목적은 위나라를 다시 일으켜 제후들을 제패하려는 데 있었다.

상앙商鞅(기원전 약390-338)이라는 이름으로 잘 알려진 공손앙公孫鞅은 원래 위衛나라 사람으로 본국에서는 뜻을 이루지 못해 강국 위魏나라로 와서 재상 공숙좌公叔

---

3   맹자와 대화를 나눈 양혜왕은 정확하게는 위 혜왕이다. 당시 위나라의 도성이 대량大梁이었는데, 대량에서 '양' 자를 따서 흔히 '양혜왕'이라 부르기도 했다. 『맹자』 「양혜왕」 편이 바로 두 사람이 나눈 대화를 기록한 것이다.

痤 밑에서 일했다. 공손앙은 특출한 재능을 가지고 있었고, 공숙좌는 죽기 전에 공손 앙을 양혜왕에게 추천하면서 국정을 공손앙에게 맡겨보라고 권했다. 그러면서 공숙 좌는 공손앙을 중용하지 않으려면 차라리 죽여서 절대 위나라 국경을 넘지 못하게 하라고 덧붙였다. 양혜왕은 공숙좌의 말에 귀를 기울이지 않았다. 공손앙을 기용하 지도 않았고 그를 죽이지도 않았다. 애당초 혜왕은 공손앙을 인재로 생각하지 않았 던 것이다.

그 뒤 공손앙은 진나라로 도망가서 효공을 도와 '변법變法' 개혁을 실행하여 진나 라를 강대국으로 만들었다. 3년 뒤 진의 군대가 위나라를 공격했다. 위나라는 버티 지 못하고 하서河西의 땅을 떼어 주고 화의를 구걸했으며, 혜왕은 하는 수 없이 대량 大梁으로 도읍을 옮기지 않을 수 없었다. 공손앙은 변법 개혁에 결정적인 공을 세웠 기 때문에 효공은 그를 상군商君에 봉했다. 이 사람이 바로 훗날 역사에 큰 이름을 남 긴 개혁 정치의 대명사 상앙이었다. 상앙의 변법 혁신은 중국이 노예제 사회에서 봉 건제 사회로 넘어가는 과도기적 표지들 중 하나였다.

이때 맹가孟軻(맹자)는 인정仁政을 앞세운 자신의 주장이 계속 좌절을 맛보자 위 나라로 가서 새로운 기운을 만나고자 했다. 위나라는 전통적으로 유가를 존중해왔 고 국력 회복이 시급한지라 위나라 군주가 자신의 주장을 받아들여 나라를 다스리 는 정책에 반영하는 데 유리할 것이라 판단했다. 더욱이 혜왕은 상앙을 잃음으로써 실패를 자초한 터라 국력을 강화할 수 있는 유능한 신하를 찾아 부왕이 구가했던 찬 란한 업적을 회복코자 하는 욕망이 그 어느 때보다 강렬했다.

맹자는 이런 상황에서 위나라로 왔다. 그러나 전혀 뜻밖에도 혜왕의 태도는 싸 늘하기만 했다. 오면 오나 보다, 가면 가나 보다, 나가서 맞이하지도 않고 연회를 베풀 어 초청하지도 않았다. 맹자는 평소 안면이 있는 사람을 넣어서 간신히 혜왕을 만날 수 있었다. 첫 번째 만남은 맹자에게 결코 유쾌한 것이 아니었다. 처음부터 그렇게 될 수가 없었다.

맹자는 위나라 조정에서 혜왕을 만났는데, 그때 혜왕은 몇몇 가까운 신하들과 정사를 논의하고 있었다. 맹자를 본 혜왕은 상체를 조금 움직이는 정도로 예의를 다 했다고 생각하는 것 같았다. 그것으로 그만이었다. 안부를 묻지도 않았고 자리를 권하지도 않았다. 그러고는 시장 바닥에서 물건을 사고팔 듯이 큰 소리로 "노인장께서 천리를 멀다 않고 예까지 오신 걸 보니 틀림없이 나의 위나라를 부국강병으로 이끌어 천하를 제패하고, 내가 천하를 이롭게 하는 데 도움이 될 만한 방법을 일러주시려는 모양이오."라고 말한 다음, 맹자는 아랑곳하지 않고 다시 신하들과 희희낙락거렸다. 강산이 바뀌어도 본성은 바꾸기 힘들다고 했던가? 혜왕은 아무리 보아도 큰 인물이 될 그릇이 아니었던 모양이다.

하지만 혜왕의 처지를 잘 알고 있던 맹자는 개의치 않았다. 당시 처한 객관적 정세에 근거해 볼 때 혜왕은 나라를 강하게 만들고 싶었고, 가능하다면 패업을 이루고 싶었기 때문에 다짜고짜 그렇게 말한 것도 어찌 보면 큰 잘못은 아니라고 할 수 있었다.

맹자는 현실을 모르는 고지식한 인물이 아니었다. 이런저런 주장과 설득에 대해 모르는 사람도 아니었다. 그는 일신의 영달과 공명, 이익 그리고 벼슬을 얻어내는 방법을 누구보다도 잘 알고 있었다. 다만 그렇게 하려고 하지 않았을 뿐이다. 왜냐하면 그는 가슴속에 옛 성현들이 세상을 구하고자 했던 큰 뜻을 품고 있는 사람이었기 때문이다. 더욱이 늘 가슴 깊이 간직하고 있는 스승 공자가 주장한 인의도덕의 정신은 누가 뭐라 해도 세상과 인민을 구제하겠다는 큰 뜻에서 출발하고 있지 않은가? 그는 패술霸術을 외치며 권력만 얻으려고 설치는 난세에서 왕도王道와 인정仁政을 세상을 구할 목적으로 삼아 진짜 실행에 옮길 수 있는 군주를 찾고, 그로 하여금 집안과 나라 나아가서는 천하를 다스리게 하는 것을 유일한 희망으로 삼고 있는 사람이었다. 그렇다면 양혜왕은 맹자가 선택한 이상적인 군주인가? 상황으로 보아 맹자는 혜왕이 자신의 철학과 인정이라는 주장을 받아들이지 않으리라는 것을 누구보다도 잘 알고 있었던 듯하다. 그것은 희망과 환상에 지나지 않았다. 말하자면 "안 되는 줄 알면서도 그것을 하는" 것이었다. 그렇기에 맹자는 혜왕의 무례에 아랑곳하지 않았다. 그러면서 맹자는 "왕께서는 하필이면 이익만을 말씀하십니까? 나라를 안정시키고 제대로 다스리는 길은 인의仁義뿐이랍니다, 그려."라며 은근히 면박을 주었다.

양혜왕은 처음 맹자를 만났지만 맹자의 정치적 주장과 여러 나라를 돌며 유세한 전력에 대해 모르는 바 아니었기 때문에 그리 강한 흥미를 보이지 않았다. 그러나 맹자는 누가 뭐라 해도 그 이름도 쟁쟁한 학자이자 큰 유학자였다. 그래서 혜왕은 "현자를 존중한다."는 소리를 듣기 위해서라도 관심을 보이는 척할 수밖에 없었고, 그러다 보니 울며 겨자 먹기로 맹자가 말하는 인정의 이치에 귀를 기울이는 척해야만 했다. 하지만 맹자의 예리한 눈빛은 혜왕의 마지못해 하는 거동을 꿰뚫고 있었다. 어찌 그를 속일 수 있으랴! 맹자는 여전히 자세를 풀지 않고 진지하게 말을 이어나갔다.

"지금 세상을 보면 위로는 제후들이 국군國君으로 일어나고 아래로는 서민 백성들이 파리가 구린내를 찾아 꼬이듯 자신들의 이익을 찾아 몰려들고 있습니다. 이런 상황에서 군왕이 '어떻게 하면 내 나라를 이롭게 할까?'라고 말하면, 대부들은 '어떻게 하면 내 집을 이롭게 할까?'라고 말할 것이며, 서민들도 덩달아 '어떻게 하면 나를 이롭게 할까?'라고 말할 것입니다. 이렇게 위아래가 너 나 할 것 없이 자신들의 이익만 뒤쫓게 되면 나라가 계란을 포개놓은 것 같은 위기에 처하고 말 것입니다. 자, 천하의 정세를 한번 둘러보십시다. 군대 전차를 만 대나 소유한 나라에서 그 임금을 시해하는 자는 틀림없이 천 대의 가문입니다. 백 대, 천 대의 대부들이 부유하지 않다고 할 수 없는데도 불구하고 이런 패역무도한 짓을 일삼는 까닭은 저들이 이익만을 앞세우고 정의는 뒷전이기 때문입니다. 인의를 모르는 자식은 그 부모를 버리며, 의리를 모르는 신하는 틀림없이 자기 군주를 뒤로 젖혀놓고 나라를 훔치는 도적이 됩니다. 대왕께서 이런 식으로 이익만 중시하고 의리를 얕보는 것은 화를 자초하는 것이나 다름없습니다."

맹자와 양혜왕의 이 대화를 놓고 볼 때 맹자는 일부에서 말하는 것처럼 그저 의리만 말하고 이익에 관해서는 입을 다물었던 것이 결코 아니다. 그가 어떻게 현실과 역사에 대해 눈을 감은 채 나 몰라라 하면서 이익의 값어치를 무작정 부정만 할 수 있었겠는가? 예나 지금이나 문화체계는 이익을 떠나서는 이야기할 수 없다. 인류의 문화사상은 정치·경제·군사·교육·예술 등등을 포괄하지만 이익을 멀리할 수 있는 것은 하나도 없다. 이익을 추구하지 않는다면 무엇 하러 공부하며 일하는가? 그러나 맹자는 모든 혼란, 다툼, 죄악, 고통이 사실은 한도 끝도 없는 인간의 이기심에서 비롯되며, 인간들이 너 나 할 것 없이 이익이라는 소용돌이 속에 얽혀 있음을 누구보다 또렷하게 보았다.

이기심을 떨쳐버리고 인류 본성에 원래 존재하고 있는 인의를 회복하여 다시 한 번 맑은 심령을 가져야만 이 세계는 비로소 조화로운 질서를 회복할 수 있을 것이다. 맹자의 사상 속에서 진정 관심을 가질 값어치가 있는 대목은 생존권의 보장이며, 편안하게 자신의 일을 추구하는 것이며, 도덕 수준을 높이는 것이며, 의리를 제대로 가리는 것이다.

맹자가 두 번째로 양혜왕을 만났을 때는 혜왕이 마침 꽃밭에서 한가로운 시간을 보내고 있었다. 그는 큰 연못가에 서서 나뭇가지 위를 날아다니는 새를 올려다보더니 다시 풀밭 위에서 풀을 뜯고 있는 작은 노루를 내려다보고 있었다. 맹자의 모습을 본 혜왕은 원림의 아름다운 경관을 감상하면서 맹자에게 이렇게 물었다.

"맹 어르신, 어진 군자도 원림의 풍광을 즐겨 감상합니까? 이런 짐승들을 좋아하기
도 합니까?"

혜왕의 이 질문에는 군자도 좋은 원림의 풍광과 진기한 짐승들이 가져다주는
물질적 이익을 누리는 것 아니냐는 뜻이 숨어 있었다. 맹자는 엄숙한 표정을 짓더니
단도직입으로 혜왕을 향해 교훈조로 말문을 열었다.

"군자와 현자는 천하의 인민이 함께 안락을 누린 다음에야 원림의 아름다움을 누
리지만, 현명하지 못한 군주는 늘 천하에서 가장 아름다운 원림을 갖고도 그 아름
다움을 제대로 누리지 못하며, 또 오래가지도 못합니다."

맹자는 결론부터 솔직히 내던지고, 『시경』의 구절을 끌어다 자신의 견해를 뒷받
침했다.

"지난날 주나라 문왕이 영대靈台를 쌓으려 하자 백성들은 약속이나 한 듯이 달려와
힘과 꾀를 모아 빠르게 영대를 완공했다. 문왕이 사슴 동산에 와 보니 살찌고 윤기
흐르는 어미 노루가 한가롭게 노닐고 있었으며, 흰 새의 깃털은 순수하게 빛나고
있었다. 그리고 영소靈沼에도 가 보니 연못을 가득 메운 물고기들이 즐겁게 팔딱팔
딱 뛰놀고 있었다. 문왕은 백성의 힘을 동원하여 높은 대를 쌓고 깊은 못을 팠지만
백성들은 오히려 즐겁게 이를 따랐고, 그래서 그 높은 대를 영대라 하고 연못을 영
소라 불렀다. 그 안에서 많은 짐승과 물고기들이 기쁘게 뛰어 노는 것은 무엇 때문

인가? 문왕이 백성과 더불어 즐거워했기 때문에 진짜 즐거움을 누릴 수 있었던 것이다."

이어 맹자는 내친김에 『서경』의 기록도 인용하여 문왕과는 대조적인 인물인 하나라 걸桀 임금을 예로 들었다. 폭군의 상징 걸은 늘 부끄러움을 모르고 "천하에 나는 태양과 같다. 태양이 없어지는 것 보았는가? 그러니 어찌 내가 소멸하리오."라며 큰소리를 쳤다. 자신의 정권을 태양처럼 영원할 것이라고 큰소리를 쳤으나 그의 폭정에 시달리던 백성들은 그를 뼈에 사무치게 증오하고 있었다. "이글이글 타오르는 태양과 같은 폭군아, 언제 서산으로 떨어지니? 하루라도 빨리 떨어지렴. 우리는 너와 함께 죽을지언정 더 이상 폭정의 피해를 받고 싶지 않구나." 걸 임금을 예로 든 다음 맹자는 마지막으로 이렇게 강조했다.

"임금된 자가 백성들로 하여금 멸망하기를 바랄 정도로 원한을 샀다면, 아름답고 멋진 연못이 있다 한들, 새나 짐승이 뜰에 가득 찬들, 어찌 편하게 그 즐거움을 누릴 수 있겠습니까?"

맹자의 인격과 도덕 수양 그리고 줄곧 외쳐온 왕도정치의 정신은 어느 정도 혜왕을 감동시켰고, 혜왕은 점차 맹자의 말에 귀를 기울이기 시작했다. 다음 대화의 분위기와 앞에 나눈 두 차례를 함께 비교하면 달라진 혜왕의 태도를 어렵지 않게 읽어낼 수 있다. 양혜왕은 스스로 나서서 맹자에게 가르침을 청했다.

"과인은 정말로 있는 힘을 다해 나라를 다스려왔습니다. 하내에 재난이 발생했을 때는 그곳의 굶주린 주민을 일부 하동으로 옮기는 동시에 하동의 식량을 하내로

운반했지요. 하동에 재난이 있었을 때도 이렇게 했소. 일찍이 정치를 하면서 과인처럼 이렇게 백성들에게 마음을 쏟은 경우를 보지 못했소이다. 그런데도 이웃 나라 백성들은 줄지 않고, 그렇다고 내 백성들이 느는 것도 아니니 대체 무슨 까닭입니까?"

혜왕의 이 말에 맹자는 마음이 흐뭇해졌다. 상대방이 자신에게 의지하고 접근해 오는 것을 느꼈기 때문이다. 맹자는 자신이 호소해마지 않는 인정의 사상을 이번에는 혜왕이 받아들일지도 모른다는 기대감에 부풀었다. 이제 비로소 위나라에다 인정을 베풀 희망이 생기는 것 같았다. 맹자는 미소를 보이며 다음과 같이 말했다.

"이런 예를 들어보지요.. 두 나라가 북을 두드리며 전쟁을 하고 있습니다. 칼날이 부딪치고 머리가 날아다니며 사방에 피를 뿌립니다. 병사들은 너 나 할 것 없이 갑옷을 내던지고 도망치기 바쁩니다. 어떤 자는 백 걸음을 도망치고 어떤 자는 오십 걸음을 도망치기도 합니다. 그런데 오십 걸음을 도망친 자가 백 걸음을 도망친 자를 보고 겁쟁이라고 손가락질을 해댑니다. 왕께서 이걸 보신다면 뭐하고 하시겠습니까?"

맹자의 이 말에서 우리가 흔히 입에 올리는 '오십보백보'라는 성어가 탄생했다. 이에 혜왕은 생각해볼 것도 없다는 듯이 "죽는 것이 무서워 도망친 것은 두 놈 모두 마찬가지지요."라고 대답했다. 맹자는 고개를 끄덕이며 이렇게 덧붙인다.

"대왕께서 그 이치를 분명히 아셨다면 과연 위나라 백성이 이웃 나라보다 많길 바랄 수 있을는지요…."

혜왕은 집권 후 머리가 아프면 머리를 치료하고 다리가 아프면 다리를 치료하는 식의 단기 정책만 실시해왔다. 그래서 근본적인 문제를 해결하기 위해 맹자는 강국부민強国富民의 밑그림을 설계하려 했던 것이다.

"바쁜 농사철에는 군대에 징발하지 않고 부역에 동원하지 않음으로써 농민이 농사철을 놓치지 않게 합니다. 이렇게 하면 먹고도 남을 식량을 확보할 수 있습니다."

맹자의 이 말은 실제로는 전쟁과 요역을 반대하는 것이었다. 농업, 임업, 목축업, 어업, 부업 등 여러 가지 일을 경영하여 전반적인 발전을 이루어야 한다면서 맹자는 다음과 같은 구체적인 설명을 덧붙인다.

"다섯 이랑의 땅에다 뽕나무를 심으면 50대 성인들이 명주옷을 입을 수 있습니다. 닭, 돼지, 개 따위의 가축을 퍼뜨릴 시기를 놓치지 않는다면 70대 노인들이 고기를 먹을 수 있습니다. 100이랑의 밭에 때를 놓치지 않고 농사를 지으면 수 명의 식구를 가진 가족이 굶지 않습니다."

맹자는 자연자원을 보호하면 생태계의 평형을 유지할 수 있다는 지적도 한다.

"농사철을 어기지 않으면 먹고도 남을 식량을 가질 수 있습니다. 촘촘한 그물을 웅덩이와 연못에 던지지 않는다면 물고기나 자라는 먹고도 남습니다. 도끼를 제때에 숲에 넣는다면 재목을 이루 다 쓸 수 없을 것입니다. 양식과 물고기 등을 다 먹을 수 없고, 재목도 쓰고 남는다면 산 사람을 기르고 죽은 사람을 장사지내는 데 부족함이 없을 것입니다. 이것이 바로 왕도의 시작입니다."

"산 사람을 기르고 죽은 사람을 장사지낸다."는 맹자의 말 속에는 인구의 번식과 증가라는 의미가 내포되어 있으며, 생활의 부단한 개선과 수준 향상, 생존권과 생존 보장, 생명의 연속과 장수, 아동·노인·병자의 복지 등과 같은 의미도 포괄하고 있다.

교육의 중요성도 빼놓지 않았다. 학교를 많이 열어 청소년들에게 인의와 효도를 가르치면 사회구성원 모두가 노인과 현자를 존경하게 된다. 이렇게 되면 길거리에서 무거운 짐을 진 흰머리의 노인을 더 이상 볼 수 없게 된다. 이렇게 하는데도 천하의 백성이 따르지 않겠는가?

비유와 구체적인 실천 방안을 적절하게 섞어가며 혜왕을 설득한 맹자는 마지막으로 이렇게 묻는다.

"대왕께서 정치상 근본적인 개혁에 착수하시면서 굶주림과 흉년 탓으로 돌리지 않는다면 천하의 백성들이 벌떼처럼 몰려들 것입니다. 그렇다면 위나라 인구가 늘지 않는다고 걱정할 것도 없고, 국력이 강해지지 않는다고 염려할 필요가 없는 것 아닙니까?"

맹자에 대한 혜왕의 태도는 이제 나비가 꽃을 찾듯, 새가 나무 주위를 돌 듯, 말을 한 번 나눌 때마다 변해갔다. 네 차례의 만남을 통해 왕의 마음은 이미 진지하면서 허심탄회해져 있었다. 네 번째 만남에서 혜왕은 간절하게 "과인은 선생의 가르침을 잘 받들 길 원합니다."라고 말할 정도였다. 맹자는 이러한 요청을 슬그머니 비껴나가면서 이렇게 반문한다.

"사람을 몽둥이로 죽이는 것과 칼로 죽이는 것이 무엇이 다릅니까?"
"뭐가 다르겠습니까?"

"그렇다면 칼로 사람을 죽이는 것과 포악한 정치로 사람을 죽이는 것은 무엇이 다르답니까?"

혜왕은 잠시 머뭇거리더니 "물론 다를 바 없지요."라고 대답했다. 그러자 맹자는 말의 방향을 급하게 바꾸면서 이렇게 물었다.

"지금 위나라의 상황이 어떻습니까? 대왕의 푸줏간에는 살찐 고기가 넘쳐나고 마구간에는 살찐 말이 우글거리는데 정작 백성은 굶주린 기색이 역력하고 들판에는 굶어 죽은 시체가 널려 있다면, 이것은 짐승을 몰아다가 사람을 잡아먹게 하는 것과 같습니다. 들짐승이 사람을 잡아먹는 것을 사람들은 끔찍하게 생각하거늘, 집권자가 짐승들을 몰아다가 사람들을 잡아먹게 한다면 어떻게 백성의 어버이가 될 수 있겠습니까?"

냉혹한 경쟁 현실 속에서 살아남기 위하여 혜왕은 다시 맹자에게 가르침을 청한다.

"당초 우리 위나라는 천하에 대적할 상대가 없을 정도로 강했습니다. 그런데 과인에 이르러 동으로는 제나라에게 패하여 아들이 포로로 잡혀갔고, 서쪽으로는 진나라에 패하여 하서 땅 100리를 강제로 빼앗겼으며, 남으로는 양릉襄陵 전투에서 초나라에게 굴욕적으로 패배하여 성 여덟 개를 잃었습니다. 과인은 너무 치욕스러워 잠도 못 자고 먹지도 못할 정도입니다. 선생의 고견에 따르면 이럴 때 과인은 어떻게 해야 합니까?"

혜왕은 여전히 수치심에 떨고 있는 것 같았다. 이에 맹자는 이렇게 대답했다.

"백성들에게 인자한 정치를 베풀기만 하면 사방 100리밖에 안 되는 작은 나라에서도 왕 노릇을 할 수 있거늘 하물며 위나라와 같이 큰 나라임에야 오죽하겠습니까? 형벌을 가볍게 하고 세금을 줄여서 백성들로 하여금 농사짓는 때를 놓치지 않게 하고, 농한기에는 효도와 충성 그리고 믿음의 덕목으로 청소년을 교육시켜 집에서는 아버지와 형제를 받들고 나아가서는 선배와 상급자를 존경하게 합니다. 이렇게 한다면 몽둥이만 들고도 진나라와 초나라의 굳센 갑옷과 날카로운 무기를 막아낼 수 있습니다. 한번 생각해보십시오. 진나라와 초나라는 자기네 백성들을 수시로 징발하고 노역에 내몰아 농민들의 일할 때를 빼앗고 있습니다. 그러다 보니 백성들은 농사를 지어 부모를 모실 수 없게 되어 부모를 추위와 배고픔으로 죽게 만들며 처자와는 이리저리 떨어져 살게 만듭니다. 저들이 자기 백성들을 저렇게 곤경에 빠뜨리고 있는데 왕께서 저들을 정벌한다는데 누가 감히 대적하겠습니까? 이것이 이른바 '어진 자는 천하에 적이 없다.'는 인자무적仁者無敵의 논리입니다."

맹자가 아닌 다른 유세가들이었다면 틀림없이 혜왕의 비위를 맞추어 세금을 거두고 군대를 강화하여 치욕을 갚으라고 부추겼을 것이다. 사상가로서 맹자는 초지일관 어진 정치를 주장하고 있다. 이는 그의 행동과 이론이 일관성을 유지했다는 것을 뜻한다.

이런 추세에 따라 발전해나갔더라면 양혜왕은 맹자가 내세운 인정이라는 주장을 받아들여 맹자의 인정 학설은 먼저 위나라에서 실시되었을 가능성이 아주 컸을 것이다. 그러나 바로 이 무렵 한창 나이의 혜왕은 부국강병의 몽상과 복수심만 잔뜩 품은 채 세상을 뜨고 말았다. 기원전 318년 양왕襄王이 즉위했고, 이때 맹자의 나이는 이미 일흔을 넘어서고 있었다.

어느 날 양왕이 맹자를 불렀다. 맹자는 노구를 이끌고 입조했다. 혹, 그가 줄기차게 주장해온 인정이 새로 즉위한 이 군주에 의해 받아들여질지도 모른다는 실낱같은 희망을 품은 채. 조정을 가득 메운 문무대신들이 와자지껄 마치 시장판을 방불케 할 정도로 시끄럽게 논쟁을 벌이고 있었다. 맹자가 양왕을 보니 왜소한 체구에 헐렁한 옷을 걸친 것이 마치 연극에 나오는 난쟁이 광대 같았다. 높은 자리에 앉아 있었지만 몸을 제대로 두지 못하고 이리 뒤척 저리 뒤척 다리를 구부렸다 폈다, 도무지 군주의 위엄이라곤 손톱만큼도 찾아보기 어려웠다. 사람을 보내 맹자를 불러들이긴 했지만 목적이 있는 것도 아니었고, 별다른 준비가 있는 것도 아니었다. 무엇 때문에 사람을 보내 맹자를 불러들였는지 아무 생각이 없어 보였다. 마치 어린아이와 같았다. 그저 몽롱한 중에 군주라는 의식만 남아서 자신이 '현자를 존중한다'는 칭찬을 듣고 싶어 하는 것 같았다. 왕과 조정 대신들의 모습을 본 맹자는 모든 희망이 산산조각 나는 것 같은 충격에 휩싸였다. 위나라 군주가 어찌하여 저토록 볼품이 없단 말인가? 맹자를 본 양왕은 호들갑을 떨듯 맹자를 불렀다. 그러고는 대뜸 "천하가 어떻게 하면 안정되겠소?"라고 묻는 것이 아닌가? 맹자는 정색을 하고 "하나로 정해질 것입니다."라고 답했다.

맹자가 말한 '하나'란 '통일'을 뜻하는 말로, 천하가 하나로 통일되어야만 비로소 서로 다투던 국면이 마무리되어 안정을 찾을 것이라는 의미였다. 하지만 이 '하나'라는 말이 매우 모호한 표현이었다. '한 사람'이란 뜻이 될 수도 있고, '한 사건'이란 뜻이 될 수도 있는 것 아닌가? 또 '하나의 원칙', '하나의 전략', '하나의 국가'… 등등 여러 가지 뜻으로 풀이될 수 있는 단어였다. 그렇다면 양왕 같은 철부지라면 분명 '한 사람'으로 받아들였을 것이고, 그 한 사람이란 물론 자신이라고 생각했을 것이다. 아니나 다를까, 그는 "누가 천하를 안정시키겠소이까?"라고 물었다.

"죽이기를 좋아하지 않는 사람이라야 천하를 통일할 수 있습니다."

맹자의 이 말은 살인을 좋아하지 않는 사람을 가리키는 것이었지 양왕을 가리키는 것이 아니었다. 어쨌든 맹자의 대답은 뜻밖이었다. 일반적으로 아부나 일삼는 자들이었다면 이 말은 틀림없이 양왕을 가리키는 것이라 여겼을 것이다. 양왕도 그렇게 받아들였다. 그러나 양왕은 억압적인 통치를 일삼지 않고 살육을 하지 않으면 누구나 복종하기 마련이라는 이치를 모르고 있었다. 그래서 "그런 사람에게 누가 편을 들겠소?"라며 흰소리를 했다. 맹자는 어이가 없다는 듯한 표정을 지었으나 다시 한번 꾹 참고 친절하게 설명을 해주었다.

"그런 사람이라면 천하에 그의 편을 들지 않는 사람이 없을 것입니다. 이런 예를 한번 들어보지요. 왕께서도 곡식의 싹을 보셨을 겁니다. 7월과 8월 사이에 날이 가물면 싹이 말라비틀어집니다. 이때 하늘에 구름이 일고 비가 좍좍 내리면 싹은 벌떡 다시 일어나게 됩니다. 이것을 누가 막을 수 있겠습니까? 지금 온 천하 사람들을 기르는 이들, 즉 각국의 군주들 가운데 아직도 사람 죽이기를 싫어하는 인물은 나타나고 있지 않습니다. 살인을 싫어하는 군주가 나타난다면 온 천하 백성들이 다 길게 목을 빼고 그를 우

● 맹자의 출현과 '민귀군경' 사상은 천하가 바야흐로 통일의 길로 접어들었음을 역으로 보여주고 있었다. 천하가 '하나로 정해질 것'이라는 맹자의 말이 의심심장하게 들린다.

러러볼 것입니다. 정말 그렇게 한다면 백성들은 마치 물이 높은 곳에서 낮은 곳으로 흐르듯 그 사람에게로 돌아갈 것인데 누가 그것을 막을 수 있단 말입니까?"

그러나 양왕이 이런 이치를 어찌 이해할 수 있었겠는가? 가망이 없음을 확인한 맹자는 곧 위나라를 떠나 다시 자신의 정치사상을 실행하기 위한 기나긴 여정에 올랐다. 70을 넘긴 노구를 이끌고…. (이상 『맹자』 제1편 「양혜왕장구」 상편의 내용 참조)

억지로 일삼지 않고 다스린다: 무위이치無爲而治의 통치술

도가道家는 춘추시대 말기 또는 전국시대 전기에 일어났다. 창시자는 노자老子로 알려져 있는데, 그 활동 연대에 대해서는 논쟁이 끊이지 않고 있다. 대체로 유가의 창시자인 공자와 비슷한 연배 또는 연상으로 본다. 당시 천문관측이란 분야가 크게 발달했고, 해상 교통이 사람들의 시야를 넓혔다. 도가는 이런 새로운 과학기술의 성과를 이용하여 하늘과 인간의 관계, 인간과 인간의 관계를 하나로 꿰는 연구를 시도했다. '천도자연天道自然'이라는 규칙으로 사회와 인간사의 규율을 비교하여 '자연을 본받고' '무위를 숭상'하고, 천지만물의 자연 생장과 변화의 규칙을 본받아 사회를 다스리자는 주장을 내세웠다. 이러한 주장은 묵가墨家보다 훨씬 멀리 내다보면서도 다툼이 없고 무지한 원시 군락의 생활을 표지로 하는 이상사회를 회복하자는 것이었다.

도가는 고대 역사의 이해를 통해 각 부족 전설 속의 선사시대 사회를 잘 알고 있었다. 따라서 자연스러운 다스림과 억지로 일삼지 않고도 조화를 이루는 '무위이화無爲而化'의 경지를 흠모했고, 이를 자기 학파가 내세우는 이상사회의 모델로 삼아 연구하고 발전시켰다. 그리고 이 기초 위에서 그 통치술을 종합하여, 모름지기 통치자는 맑고 투명한 '청허清虛'의 자세로 스스로를 지켜야 한다고 제창했다. 씨족 수령들이 평등의 마음으로 백성을 대했듯이 백성들을 덜 귀찮게 하고 백성들을 부리되 '스스로를 낮추는 자세'로 대하라고 했다. 이렇게 하면 만민의 지지를 얻어 사회는 다스리지 않아도 맑아지고 반듯해진다는 것이다.

도가는 인생人生이란 의미를 가지고 사회와 정치 문제를 토론한다. 사회가 어지럽고 서로 싸우는 까닭은 인성에서 자연스럽고 소박한 부분이 너무 적은 반면에 인위적인 가식이 너무 많아졌기 때문이라고 본다. 그래서 도가는 다음과 같은 주장들을 들고 나온다. 유가나 묵가에서 말하는 인인도덕仁人道德의 설교는 인간의 자연적 천성을 파괴하고 인성 속의 악한 부분을 계발하는 것이다. 그러므로 일체 도덕 규율을 폐지하고, 일체의 예의 규범을 포기하고, 일체의 잔꾀와 마음씀씀이를 버려 백성들을 다툼 없는 마음, 속이지 않는 소박한 상태로 회복시켜야 한다. 이렇게 해서 인도人道를 자연의 천도天道에 합치시켜야 한다. 사회의 통치이념을 천지자연의 도에 합치시키는 것, 이것이 바로 도가에서 말하는 사회·정치이론의 핵심이다. 인위적인 인간사에 반대하는 이런 사회 통치의 이론 내지 학설은 정치사상의 발전사에서 참신한 혁명이었으며, 당시 사람들의 전통적 관념에 큰 충격을 주는 것이었다.

도가사상의 문화적 연원의 하나는 제왕의 통치 경험이다. 따라서 노자가 '무위이치'의 통치술을 크게 외친 것이 하나 이상할 것 없다. '무위이치'는 노자 치국 철학의 핵심 요지이기 때문이다. 노자는 "무위로 일을 처리하고, 말없이 교화를 실행하라."(『도덕경』 2장)고 주장한다.

왜 '무위'의 원칙에 따라 천하를 통치해야 하는가? 그 근거의 하나는 우주만물의 자연법칙이다. 세간 만물에 대해 천지는 말할 수 없이 인자한 것이고, 만물이 스스로 생겨나 스스로 멸하도록 천지자연에 맡겨 인도를 천도가 대신하게 하면 자연스럽게 그렇게 될 것이며, 사물 자체의 법칙에 순응하게 되는 것이다. 두 번째 근거는 고대 제왕의 통치 경험의 종합이다. 노자는 고대 군주의 말을 인용하여 다음과 같은 이치를 설명한다.

"내가 일삼지 않으면 백성들은 절로 교화되고, 내가 차분히 있으면 백성은 절로 반듯해지며, 내가 아무 일 없으면 백성들은 절로 부유해지며, 내가 욕심을 부리지 않으면 백성들은 절로 소박해진다."(57장)

노자의 '무위'는 아무것도 하지 말라는 것이 결코 아니다. 억지로 하지 말라는 것이며, 안 되는 것을 하지 말라는 것이다. 모든 것을 자연에 순응하며 만물자연의 발전을 보조해야 한다는 말이다. 억지로 하는 것은 사물의 본성에 어긋나는 것이다. 그는 군주에게 세 가지를 제거한 후에 일을 하라고 요구한다. 즉, 거심去甚(지나친 것을 없앤다), 거사去奢(사치와 번거로움을 없앤다), 거태去泰(큰 것을 없앤다)가 그것으로, 이는 통치자는 가혹한 정치를 해서는 안 되며 개인의 의지를 억지로 천하에 강요해서는 안 된다는 가르침이다. 정치가 너그러우면 백성은 순박해지고 충성스러워진다. 반면에 정치가 가혹하면 백성들은 원한과 불만을 품게 된다. 군주는 고정된 의지를 가져서는 안 되며 백성의 의지를 자신의 의지로 삼아야 한다. 백성이 하고 싶어 하면 하늘이 틀림없이 놓아준다! 천하의 다스림은 절대 억지로는 안 되며 민심을 거슬러서도 안 된다. 노자의 처세철학 중에서 민본주의 경향을 읽을 수 있는 대목이다.

노자는 이렇게 생각한다. 가장 좋은 통치자가 이를 수 있는 매우 훌륭하고 현묘한 경지란 "유유자적하고 말을 귀하게 여긴다. 모든 일이 이루어진 다음 공이 드러나고, 백성은 저마다 내가 자연이라고 말하는"(17장) 것이다. 통치자 자신은 세속 일에 얽매이지 말고 한가롭게 지내면 된다. 말을 금처럼 아끼고, 명령을 거의 내리지 않아도 일은 성공하고 자신의 목적을 이룬다. 백성들은 아무런 간섭을 받지 않으며 어떤

老子

混元之祖太清之尊
五千言喜辰结乾坤

● 노자의 사상은 짧지만 심오하다. 이 때문에 수천 년 동안 많은 사람들이 이런저런 사족들을 달았고, 그것이 막료학의 한 부분을 구성하는 데 큰 자산이 되었다.

이상異常도 느끼지 못한 채 모두들 그자체로 본래 이런 것이라고들 말한다. 정말 이렇게 할 수 있다면 제왕은 "손을 가만히 모은 채 다스릴 수 있다." 이는 대단히 높은 수준의 통치술이다.

노자는 천하 사람들이 서로 양보하지 않고 명리를 다투는 까닭은 마음에 탐욕이 존재하기 때문이라고 생각한다. 나라를 다스리는 정책을 조절하고 인간의 사심과 탐욕을 억제한다면 천하 사람들은 서로 다투지 않고 국가도 혼란이 없을 것이다. 그리고 이런 결과에 이르는 가장 좋은 방법은 진솔하고 소박함으로 되돌아가 백성들을 무지無知·무욕無欲으로 만드는 것이다.

노자는 또 백성의 두뇌가 총명하면 제왕이 부리기 힘들다고 말한다. 지혜, 지식, 예의, 인의 따위는 모두 사회 진화의 결과이자 문명의 표지이지만, 멍청하지만 통치를 잘하는 야만인보다 문명인이 더 못하다. 따라서 백성들에 대해서는 우민정책을 취해서 우민통치를 실행해야 한다. 가장 좋은 방법은 백성들을 아무것도 모르는 어린아이처럼 자신의 눈과 귀에만 주의를 기울이게 하는 것이다. 두뇌는 단순하게, 문명의 개화 정도는 낮추고, 심지어 남녀 사이의 교합마저도 잘 모르게 만든다. 이렇게 하면 무슨 '큰 위선' 같은 것이 있을 수조차 없다. 통치자가 위협 같은 것을 절대 동원하지 않아도 통치에 순순히 복종한다.

오늘날에는 이런 생각이 우스꽝스럽고 어이없는 것 같지만 실제로는 정치에 큰 영향을 미쳤다. 우민주의는 중국의 전통적인 전제정치에서 중요한 수단이 되어왔다.

백성들을 우매하게 만든다 해서 통치자가 우매할 수는 없다. 통치자는 지혜가 있어야 한다. 남을 알아야 하며 자신도 알아야 한다. 통치자는 '지혜'가 있어야 하면서도 어리석은 것처럼 꾸며서 말을 적게 해야 한다. 왜냐하면 제왕이 자신의 지혜와 총명함을 뽐내면 백성들도 총명하게 개화되어 통치하기가 쉽지 않기 때문이다. 따라서 반드시 흐리멍덩한 척할 줄 알아야 한다. 노자의 통치철학이 말하는 '무위無爲'가 결국은 '무불위無不爲'를 목적으로 하고 있음을 엿볼 수 있다.

노자의 정치철학은 복고적 우민정책이라는 껍질을 벗겨내고 보아야만 찬란하게 빛나는 그 사상의 정수를 제대로 간파할 수 있다. 노자 사상의 생명력이 바로 여기에 있다.

평민 성인聖人의 덕치의 길: 겸애兼愛, 교리交利, 비공非攻

공자가 문을 열었다고 할 수 있는 인본사상은 그 후 묵적墨翟(기원전 약476-약390. 대개 묵자墨子로 높여 부른다)에 의해 새로운 면모로 발전한다. 묵자는 전국 초기의 정치사상가였다. 그는 유학을 먼저 배웠지만 그 뒤 당초의 뜻을 바꾸어 새로운 학설을 세워 자기 학파를 창설했다. 묵자의 학설 중에서도 '겸애'를 비롯하여 '교리'와 '비공'은 가장 중요한 부분이다.

전국시대 전기는 전쟁이 끊이지 않는 등 사회가 극도의 혼란에 빠져 있었다. 각 파의 사상가들은 너 나 할 것 없이 모두가 세상을 다스릴 좋은 약을 구하며 다녔다. 묵자는 세상을 다스리려면 먼저 혼란의 원인을 찾아야 한다고 보았다. 그는 도적이 끊고 천하가 전쟁의 혼란 속에서 서로 다투는 원인은 사람들이 자신의 집안과 나라를 사랑하는 만큼 다른 사람의 집과 나라를 사랑하지 않기 때문이라고 했다. 그래서 묵자는 이렇게 인식했다. 혼란을 가라앉히고 전쟁을 막아 천하를 크게 다스리고자 한다면 '겸애'를 선전하여 사람들이 서로 사랑하게 해야 한다. 자신을 사랑하는 마음으로 남을 사랑하면 부모형제 간에 다툼도 없고, 자기 집을 사랑하는 마음으로 남의 집을 사랑하면 훔치거나 서로 차지하려고 싸우는 일이 일어나지 않을 것이며, 자기 마을을 사랑하는 마음으로 남의 마을을 사랑하면 대부들이 남의 읍을 차지하려는 전쟁을 벌이지 않을 것이며, 자기 나라를 사랑하는 마음으로 남의 나라를 사랑하면 제후들 간에 나라 땅을 **빼앗**으려는 전쟁이 벌어지지 않을 것이다. 그렇게 되면 사람들은 전쟁, 쟁탈, 절도, 다툼 등과 같은 추악한 일 없이 평화롭게 서로 잘 어울려 살 것이며, 사회는 크게 잘 다스려질 것이다. 바로 이것이 당시 혼란한 사회를 위해 묵자가 내린 치세의 처방이다.

묵자가 말하는 남을 사랑하고 남의 집을 사랑하고 남의 마을을 사랑하고 남의 나라를 사랑하라는 항목들 중에서 관건은 남을 사랑하는 것이다. 남을 사랑하고 모든 사람을 사랑하라는 인간 본위의 의식은 묵자의 겸애兼愛와 비공非攻 학설의 출발점이자 묵자 정치학설의 이론적 주춧돌이기도 하다.

남을 사랑하라는 것에서 출발하여 묵자는 서로서로 이익이 되는 '교상리交相利'를 내세운다. 그는 백성들의 힘을 아끼라는 주장으로부터 통치자의 호화, 사치, 방탕, 오락, 지나친 장례의식 등에 대해 격렬한 비판을 퍼붓고, 절약과 쾌락 금지를 강조한다. 이렇게 해야 백성들의 생활에 이롭고 사회 재생산의 발전에 이롭다는 것이다. 묵자는 또 '상현尚賢'을 주장했는데, 그 요점은 이렇다. 통치자가 사람을 쓸 때는 신분이나 문벌을 따지지 말고 능력이 있으면 발탁해야 한다. 그가 내세운 "관청에 늘 남아 있는 것이 없으면 백성들은 가난하거나 천하지 않게 된다(관무상유이민무빈천官無常遺而民無貧賤)."라는 구호는 강렬한 평민 의식의 표출이었다.

묵가가 유가에 대해 어떤 공격을 가했던 간에, 또 묵자 자신이 어떤 방식으로 부인했던 간에, 묵자 학설은 공자 학설의 기초 위에서 발전한 것이며, 묵자의 인본학설도 공자의 인본사상이라는 껍질을 벗고 나온 것이다. 묵자는 공자가 제기한 '애인愛人'의 논의를 출발점으로 삼아 통치계급을 겨냥하여 이런저런 요구를 내놓았다. 그는 통치계급의 자기들만을 위한 이익 추구와 사사로움 등에 대해 제한을 가해야 한다고 했으며, 사회적으로 이기주의로 인해 빚어진 쟁탈과 전쟁에 대해 공격을 퍼부었다. 이는 공자의 인본학설에 비해 보다 구체적인 정치적 조치였으며, 통치계급에 대한 제한은 더욱 엄격했다.

― 겸애兼愛

묵가는 '겸애'를 이상적인 도덕 경계로 삼았다. 묵가에서는 이렇게 생각한다. 모든 선악 시비는 '겸상애兼相愛, 교상리交相利'라는 표준으로 가늠할 수 있다.

묵자는 겸애에서 출발하여 공자의 '인仁' 학설을 개조하여 '겸즉인의兼即仁矣, 의의義矣'라는 '인'과 '의'에 대한 자신의 관점을 제기했다. 무릇 "서로 사랑할 수 있는 사람은 어진 사람이며 착한 사람이며 의리 있는 사람"이다. 이렇게 보면 묵자의 입장에서는 인의는 겸애에 종속되는 위치에 있으며, 겸애는 묵가 윤리학의 최고 범주가 된다.

'겸상애'를 제창하는 동시에 묵자는 "서로 미워하는" '교상오交相惡'를 반대했는데, 이는 같은 문제의 양면이다. '교상오'는 모든 사회 혼란을 조성하는 뿌리이다. 이와 관련하여 묵자는 이렇게 말한다.

"혼란은 어디에서 오는가? 사람과 사람이 서로 사랑하지 않는 데서 일어난다. 신하는 군주를 존중하지 않으며 아들이 부모에게 효도하지 않는 것, 이것이 바로 혼란이다. 아들이 자기만을 사랑하고 어버이를 사랑하지 않고 부친에게 손해를 입혀 자기 이익을 추구하고, 동생이 자기만 사랑하고 형을 사랑하지 않음으로써 형에게 손해를 입혀 자기를 이롭게 하며, 신하가 자기만 사랑하고 군주를 사랑하지 않음으로써 군주에게 손해를 입혀 자기를 이롭게 하는 것, 이것이 바로 혼란이다. 반대로 말해 부모가 자식을 사랑하지 않고, 형이 자기 동생을 사랑하지 않고, 군주가 신하를 아끼지 않는 것, 이것도 혼란이다. 부모가 자기만 사랑하고 자식을 사랑하지 않음으로써 자식에게 손해를 입혀 자기를 이롭게 하고, 형이 자기만 아끼고 동생을 아끼지 않음으로써 동생에게 손해를 입혀 자기를 이롭게 하고, 군주가 자기만 사랑하고 신하를 사랑하지 않음으로써 신하에게 손해를 입혀 자기를 이롭게 한다. 왜 이런가? 이 모두가 '서로 사랑하지' 않음으로써 비롯된다. 나라와 나라 사이에 서로 공격하고, 가족과 가족이 서로 빼앗고, 인간과 인간이 서로 해치며, 군주와 신하가 서로 베풀지 못하고 충성하지 못하며, 부자지간에 서로 사랑하지 않고 공경하지 않으며, 형제지간에 서로 어울리지 못하고 협조하지 못하는 것, 이것이 바로 천하의 손해다."

묵자가 보기에 인간이 서로 사랑하지 않는 까닭은 남을 해치면서 자기 이익만 챙기기 때문이다. 이렇게 볼 때 묵자는 이미 당시 사회에 널리 퍼져 있는 이기심 등 부도덕 현상이 인류사회에 파괴 작용을 일으킨다는 것을 날카롭게 간파하고 있었다.

사람들이 모두 서로 사랑하고 서로 이익을 얻으려면 어떻게 해야 하나? 묵자는 이렇게 말한다.

"당연히 이렇게 해야 한다. 다른 나라를 내 나라처럼, 다른 가정을 내 가정처럼, 다른 사람 몸을 내 몸같이 여기는 것!"

그는 또 이렇게도 말한다.

"효자가 부모를 생각하면서 다른 사람이 자기 부모를 사랑하고 이롭게 하길 바라는지 아니면 자기 부모를 미워하고 해치기를 바라는지, 나는 모르겠다. 일반적인 이치로 보자면 당연히 남이 자기 부모를 사랑하고 이롭게 하기를 희망할 것이다. 그러면 어떻게 해야 이 소망이 이루어질 수 있나? 내가 먼저 남의 부모를 사랑하고 이롭게 하도록 애를 쓸 때 남도 나에게 보답하기 위해 내 부모를 사랑하고 이롭게 할 것인가? 아니면 내가 먼저 남의 부모를 미워하고 해치고자 할 때 그것에 보답하기 위해 남도 내 부모를 사랑하고 이롭게 하려 애쓸 것인가? 이거야 말할 것도 없지 않은가? 내가 먼저 남의 부모를 사랑하고 이롭게 하고자 애를 써야 남도 나에게 보답하기 위해 내 부모를 사랑하고 이롭게 할 것 아닌가? 그렇다면 효자 노릇을 한다는 것은 하지 않을 수 없는 일 아닌가? 그리고 먼저 남의 부모를 사랑하고 이롭게 하는 일이 꼭 필요하지 않은가?"(이상 『묵자』 「겸애」 편)

이는 효를 예로 들어 차등 없는 사랑의 사상을 펼친 것이다. 묵자는 먼저 남의 부모를 사랑한 다음이라야 다른 사람도 자기 부모를 사랑할 수 있고, 다른 사람의 부모를 사랑하는 것은 자기 부모가 사랑을 얻을 수 있는 전제가 된다. 따라서 묵자가 보기에 효자로서 자기 부모를 사랑하고 남의 부모를 사랑하는 것에 차별이 있어서는 안 된다. 묵자가 말하는 이런 효도는 유가에서 주장하는 효도와는 다르다. 유가는 차별적 사랑을 주장한다. 즉, 다른 사람의 부모를 사랑하고 자기 부모를 사랑하는 것에는 가깝고 먼 구별이 있다. 그러나 묵자는 구별이 있어서는 안 된다고 생각했다.

묵자는 당시 사회의 하층민의 대변자였고, 그의 '겸애'설은 노예제 속박에서 막 벗어난 소단위 생산자 계층의 독립된 사회적 지위를 요구하는 강렬한 희망을 반영하고 있다. 반면에 역사적 한계도 뚜렷했다. 묵자는 노예제의 계급 차별을 반대했을 뿐이지 계급제도 자체를 반대한 것은 아니었다. 묵자는 그저 유가에서 내세운 "사람을 가까이하는 데도 방법이 있고, 잘난 사람을 받드는 데도 차등이 있다."는 주장에 찬성하지 않았던 것이지 존비귀천의 계급 차별을 없애자고 주장한 것이 아니었다.

─ 교리交利

묵자의 윤리사상 중 "서로 사랑하라."는 '겸상애兼相愛'와 "서로 이익이 되게 하라."는 '교상리交相利'는 뗄 수 없는 관계에 있다. '겸상애'라는 도덕적 이상이 구체적으로 인간과 인간의 관계를 처리하려 할 때 각자 상대에게 유리하도록 하라는 원칙이라면, '교상리'는 '겸상애'를 실천하는 윤리적 원칙이다. 묵자는 통상 "만민을 사랑하고 이익을 주라." "사람을 사랑하고 이익이 되게 하라." "서로 사랑하고 이익이 되게 하라." 등의 대목에서 보다시피 사랑과 이익을 함께 거론한다. 묵자가 보기에 "사람을 사랑하는" '애인愛人'이란 목적은 "사람을 이롭게 하는" '이인利人'을 빌려 실천하는 것이며, '애민'이란 효과는 백성에게 이득이 되는지 여부를 살펴야 하는 것이다. 따라서 이익과 불이익은 선한가 선하지 못한가를 가르는 표준이 된다. 여기서 '이익'은 근본적 도덕 원칙이 되는 것이다.

다음으로 '의義'와 '리利'의 관계라는 문제다. 이 둘은 중국 윤리사상사에서 줄곧 논쟁이 끊이지 않았던 문제다. '의'는 윤리학설에서 통상 어떤 도덕 표준에 의거해 확정된 사회와 타인에 대한 관계 속에서의 행위 준칙을 가리키는 것으로, "거기에 또는 그것에 맞게 행동한다."는 뜻이다.

유가도 묵가도 모두 '의'를 말했지만 '의'에 대한 이해는 같지 않았다. 공자의 '의'는 '예禮'와 이어져 있는 것으로 '예'를 이해하는 도덕의식을 가리키는데, 공자는 계급질서와 그 규정에 따르는 것을 '의'라 불렀다. 이와는 달리 묵자는 '의'를 일종의 도덕 관념으로 말하고 있는데, 그것은 "의는 예에서 나온다."는 유가의 관념에서 벗어나 있다.

묵자는 '의'란 다른 사람의 이익을 침해하지 않는 것이라 생각했다. 그래서 그는 이렇게 말한다.

"어떤 사람이 남의 집 과수원에 들어가 복숭아와 배를 훔쳤다. 이 이야기를 들은 다른 사람들은 모두 그를 나무랐고 관아에서는 그를 잡아다 벌을 주었다. 왜 그랬을까? 그 사람은 남에게 손해를 입혀 자신을 이롭게 했기 때문이다. 다른 사람의 닭이나 개 같은 가축 따위를 훔쳤다면 그 사람의 불의는 과수원의 복숭아 따위를 훔친 것보다 훨씬 더한 것이다. 이러한 것들에 대해 천하의 군자들은 모두가 그를 불의한 사람이라고 나무랄 줄 안다. 그런데 오늘날 대규모로 다른 나라를 침략하는 일이 벌어지는데도 그 잘못을 나무랄 줄 모르고 도리어 그런 짓을 칭찬하고 그것을 '의'라 하니, 이러고도 의와 불의를 구별할 줄 안다고 할 수 있겠는가?"

묵자는 훔치는 행위를 불의로 규정하고 또 이것을 전제로 침략전쟁도 의롭지 못한 행위라고 추론하고 있다. 둘 다 다른 사람의 이익을 침범했기 때문이다.

한 사람의 이익을 침범했건 여러 사람의 이익을 침범했건 모두 불의라는 것이 묵자의 생각이다. 그는 이렇게 말한다.

"지금 어떤 사람이 남의 과수원과 채소밭에 들어가 복숭아며 배며 오이며 생강 따위를 훔쳐서 관가에서 그를 잡아다 벌을 주었으며 사람들은 모두 그를 나무랐다. 이는 왜인가? 노동을 하지 않고 노동의 대가를 얻고 본래 자기 것 아닌 것을 얻었기 때문이다."(이상 「비공非攻」 편)

묵자가 보기에 훔치는 것과 빼앗는 것이 부도덕하고 '의'라 부를 수 없는 까닭은 일하지(힘들이지) 않고 얻고 본래 자기 것이 아닌 결과물을 차지하기 때문이다. 이 속에서 우리가 읽어낼 수 있는 것은 묵자의 '의'에 대한 이해가 다른 사람의 노동과 그 결과를 존중하는 것을 기초로 삼고 있다는 점이다.

묵자는 노동생산을 매우 중시했다. 사람과 동물을 구별하면서 그는 "인간은 본래 짐승, 사슴, 새, 벌레 등과 같지 않다. 인간은 그것들의 깃털을 이용해서 옷을 만들고 그것들의 가죽을 이용해서 신발 따위를 만든다. 그런데 동물들은 물과 풀을 식량으로 삼는다. 따라서 수컷이 밭을 갈지 않고 암컷이 옷을 짜지 않아도 먹고 입을 재료는 본래 갖추어져 있다. 여기서 사람과 동물의 차이점이 드러난다. 사람은 자기 힘에 의존해야만 생존할 수 있지 자기 힘에 의존하지 않으면 생존할 수 없다."라고 말한다.

묵자가 보기에 동물은 본능과 자연 조건에 의지해 살아가지만 인류는 노동생산에 의존해 생활한다. 묵자는 노동생산을 중시했다. 그래서 도덕관념상 다른 사람의 노동 결과를 침범하는 것을 불의라 했던 것이다.

이런 기본적인 인식 위에서 묵자는 한 걸음 더 나아가 이른바 '의'는 '이타利他'라고 말한다. 「노문魯問」 편에 이런 일이 전한다. 노나라에 오려吳慮라는 사람이 있었다. 겨울에는 토기를 굽고 여름에는 농사를 지었는데 스스로를 순舜 임금에 비유했다. 어느 날 묵자가 그를 찾아갔다. 묵자를 본 오려는 "의를 행하면 그만이지 말로 해서 무엇 하나?"라고 비아냥거렸다. 그러자 묵자는 "그대가 말하는 의라는 것이 힘이나 재물로 다른 사람을 돕는 것인가?"라고 물었다. 묵자가 보기에 자신의 노동과 재물로 다른 사람을 도우면서도 천하 사람이 의를 행하도록 이끌지 않는 것은 의를 행한다고 할 수 없었다. 그래서 그는 "힘 있는 사람이 다른 사람을 도와 의를 행하도록 해야 정직한 사람이다."라고 말하는 것이다.

묵자는 다른 사람을 돕느냐 돕지 않느냐, 즉 그 사람을 이롭게 하는 '이타' 역시 사람과 동물을 구별해주는 한 가지로 보았다. 그래서 그는 이렇게 말한다.

"힘이 남아돌면서도 다른 사람을 돕지 않고, 재물이 남아 썩어나가는 데도 다른 사람에게 나누어주지 않으며, 좋은 가르침을 갖고 있으면서도 감추어둔 채 다른 사람에게 가르치려 하지 않는 이런 사람들은 짐승이나 마찬가지다."

묵자는 제자들에게 많은 재산을 갖고 있으면서도 다른 사람에게 나누어주지 않는 것은 옳지 않다고 가르쳤다. 이렇게 볼 때 묵자가 주장하는 '의'란 노동, 재산, 가르침 따위를 가지고 다른 사람을 돕는 것임을 알 수 있다.

묵자는 '의'를 일종의 사회도덕으로 보았을 뿐만 아니라 통치자가 나라를 다스리는 최고 원칙이라고도 생각했다. 그는 말한다.

"고대 성군들이 나라를 다스릴 때, 의롭지 못한 사람들은 부유하게 만들지 않았으며 귀하게 만들지 않았으며 친하게 만들지 않았으며 접근하게 만들지 않았다고 한다. 그래서 부귀한 사람들이 이 말을 듣고는 모두 물러나와 '당초 내가 의지할 것은 부귀였는데 지금 윗분이 의를 강조하면서 가난하고 천한 것을 마다하지 않으니 내가 의를 행하지 않고는 안 되겠다.'라고 말했다."

여기서 묵자는 의를 관리 선발의 표준으로 보고 있다. 천자는 의롭지 못한 자신의 신민들을 다스려 의롭게 교화할 수 있도록 자신을 도와주는 천하의 현자를 선발할 책임이 있다는 것이다. 그래서 묵자는 "대의는 바른 것이며" "모든 일 중에서 의보다 귀한 것은 없다."고 강조한다. 여기서 우리는 묵자가 의를 높임으로써 당시의 계급관계를 조정하려 한 의도를 읽어낼 수 있다.

一 비공非攻

묵자는 "이익은 일으키고 손해는 없앤다."는 세상 구원의 목적에서 출발하여 전쟁에 한사코 반대했다. 침략전쟁에 대해서는 특히 단호하게 반대했다. 즉, '공攻'을 "천하에 가장 큰 피해를 미치는 행위"로 규정했다. 묵자는 평생을 이 나라 저 나라를 떠돌며 막 일어나려는 전쟁을 여러 차례 막은 바 있다. 그는 작은 나라의 이익을 지키려 애를 썼으며, 그가 내세운 '비공非攻'이란 주장을 실천했다. 그 구체적인 예로 송宋을 공격하려는 초楚를 말렸으며, 제齊를 설득하여 전쟁을 그치게 만든 경우 등을 들 수 있다.

묵자가 이렇게 '비공'을 주장한 까닭은 침략전쟁이 무엇보다도 남을 해쳐 자신을 이롭게 하는 행위이기 때문이다. 이는 마치 남의 과수원에 들어가 복숭아며 배 등을 훔치는 것과 같은 것으로, 의롭지도 못하며 어질지도 못한 행위다. 이런 자는 사람들로부터 비난을 받으며, 관부에서 알면 잡아다 벌을 줄 것이다. 개나 돼지를 훔친 것은 더하다. 요컨대 묵자가 보기에 남을 해치는 정도가 클수록 불의不義와 불인不仁도 커지는 것이다.

전쟁이 나면 살인이 있을 수밖에 없고 대규모 약탈도 뒤따른다. 이렇게 보자면 침략전쟁은 남에게 피해를 가장 많이 주고 사람을 가장 많이 죽이는 더할 바 없는 큰 '불의'다.

묵자는 침략전쟁의 죄악을 이렇게 그리고 있다. 지금의 왕과 제후들은 그들의 모신과 장수들을 시켜 병선과 전차를 배열케 하고 견고한 갑옷과 날카로운 무기로 죄 없는 국가를 공격하여 그 나라의 변경을 침입한다. 그들의 양식을 빼앗고 나무를 베어 가며 성곽을 무너뜨리고 연못을 메워버리며 가축을 빼앗고 죽이며 조상의 사당에 불을 지르고 남녀노소 가리지 않고 백성들을 마구 죽이고 그들의 재물을 빼앗는다.

침략군은 잔혹하게 백성을 죽이고 성인聖人의 업적을 파괴하며, 하늘의 백성을 이용하여 하늘의 성읍을 공격한다. 이는 사실상 하늘의 백성을 살육하는 것으로, 신의 지위를 훼손하고 종묘사직을 무너뜨리며 그 희생물을 빼앗고 죽이는 것이므로 하늘의 의지와는 맞지 않는다. 이 국가의 백성을 도살하고, 귀신의 재주를 없애버리고, 선왕의 제사를 폐기하고, 백성을 학대하여 가정을 흩어버리는 일은 귀신의 이익과도 맞지 않는다. 동시에 백성의 재력과 의식주의 근본을 소모시키는 것이므로 이 또한 백성들에게 이롭지 못하다.

이처럼 많은 재난을 동반하여 결과적으로 하늘에도 귀신에게도 사람에게도 이롭지 못한 침략전쟁은 당연히 반대해야 한

● 묵자는 독특한 사상가였다. 그는 가장 전쟁이 많았던 시기, 전쟁이 불가피했던 시기에 전쟁을 반대하고 나섰다. 당시의 현실과 동떨어진 주장이었지만 훗날 많은 사람에게 깊은 인상과 영향을 남겼다.

다. 전쟁 자체는 전쟁을 일으킨 나라의 백성에게도 엄청난 재앙을 가져다준다. 전쟁은 논과 밭을 황폐하게 만들고 엄청난 재물을 소모하게 만들며 참전한 백성들을 죽음으로 이끈다. 묵자가 보기에 침략전쟁은 백성에게 백해무익할 뿐만 아니라 전쟁에서 이긴 나라의 통치자에게도 하나 이로울 것이 없다. 언젠가 적국의 보복을 불러일으킬 것이기 때문이다. 요컨대 묵자가 보기에 전쟁은 남을 해치고 자신도 해치는 전혀 이롭지 못한 행위인 것이다.

그렇다고 묵자가 무조건 전쟁을 반대한 것은 결코 아니다. 묵자의 '비공'이 갖는 독특함은 그것이 일반적으로 전쟁을 반대한 것이 아니라 침략전쟁, 즉 '벌伐'을 반대했다는 데 있다. 정의로운 전쟁에 대해서는 묵자도 지지했는데, 그는 이런 정의로운

전쟁을 '주誅'라 불렀다. 묵자는 정의로운 전쟁에 대해서는 충분히 긍정하고 지지했던 것이다.

2) 지모문화智謀文化의 형성

중국인은 예로부터 모략의 운용을 대단히 중시하여 그것을 국가의 흥망은 물론 사업의 성패를 가르는 관건으로 여겼다. 모략은 흔히 통상적인 도덕관념과는 그대로 일치하지 않는다. 이는 어째서 모략문화가 도덕문화나 처세철학과 서로 평행선을 달릴 수밖에 없는가 하는 원인이 되기도 한다. 도덕관념이 온정이 흐르는 것이라면 모략은 냉혹하면서 엄격하다. 모략은 대부분 적을 상대로 한 것이지 친구를 향한 것이 아니기 때문에 늘 치밀한 계획 아래 외부에 알려지지 않도록 조심할 수밖에 없다. "덕으로 천하를 교화한다."는 '덕화천하德化天下'를 표방하는 도덕문화의 공개적 태도와는 상반될 수밖에 없다.

앞서 말한 대로 중국은 '인치人治'라는 전통을 갖고 있기 때문에 중국의 모략문화도 '인사人事'와 '치국평천하治國平天下'를 강조한다. 모략문화에는 다음 몇 가지 특징이 있다.

첫째, 공리성功利性이다. 모략의 설정은 모두 이익을 취한다는 것을 출발점으로 삼고 있으며, 그 목표는 승리를 탈취하여 이익을 취하자는 것이다. 이 목표를 실현하기 위해 모략은 천·지·인 및 각종 사물을 공리적 색깔로 살핀다.

둘째, 경쟁성競爭性이다. 기발한 모략이 나오는 때는 거의가 모순이 격화되고 경쟁이 치열할 때다.

셋째, 기민성機敏性이다. 모략을 설계하는 자의 입장에서 보자면 어떤 이론이나 경험도 그저 상대적이고 한정적일 뿐이다. 더욱 중요한 것은 형세에 대한 이해와 직관에 의존해서 복잡다단하고 순간순간 변화하는 상황 속에서 계획과 대책을 내고 기발함으로 상대를 제압해 승리해야 한다는 것이다.

넷째, 비밀성秘密性이다. 모략 설계는 은밀히 진행된다. 비밀의 누설은 실패를 의미한다.

다섯째, 조작가능성操作可能性이다. 모략 자체가 지극히 현실적인 상대성을 갖고 있기 때문에 모략을 시행하는 과정은 조작이 가능하다.

여섯째, 개별성個別性이다. 모략 설계자 개개인이 받은 교육과 신앙이 다르기 때문에 그 모략도 서로 다른 개성과 특성을 드러낸다.

모략문화는 중국 사회에 대단히 심각한 영향을 남겨 중국의 전통적 문화생활의 중요한 내용을 이루었다.

묵가墨家의 변론辯論

묵자는 변론을 매우 중시했다. 변론은 묵자의 표현에 따르자면 '담변談辯'이라 하는데, 현대적 용어로는 선전宣傳에 가깝다. 그 주요 형식에는 담화, 강연, 논변 등이 있다. 이런 형식들을 통해 자신의 주장을 선전하는 것이다. 묵자가 처한 시대는 사회적으로 대변혁의 시대였다. 사회 변혁에 대한 요구는 각계각층의 이익을 대변하는 사상가들을 만들어냈으며, 백가쟁명이라는 국면을 창출해냈다. 각 파와 제가들은 논변을 통해 자신의 논리를 증명하고 논적을 반박하기 위해 너 나 할 것 없이 논변학論

辯學 연구를 중시했다. 이런 연구를 변학辯學 또는 명학名學, 명변학名辯學이라고 하는데, 오늘날 말하는 논리학이다. 논리학에 대한 연구는 묵가가 가장 치밀하여 당시 중국 논리학 연구의 최고 수준을 대변한다.

묵자는 제자들 교육과정에 '담변'이라는 과목을 따로 두어 제자들이 "말에 능하고, 도술道術에 해박"하도록 교육시키면서, "사물에 두루 해박하지 않고 시비를 제대로 가리지 못하는 사람과는 함께 어울리지 못하도록" 했다. 폭넓은 학식은 언변의 기초다. 천박한 지식으로는 시비조차 제대로 가릴 수 없다. 묵가는 '변辯'에 대해 다음과 같이 명확하게 정의를 내리고 있다.

"변이란 시비를 명확하게 구별하고, 다스림과 혼란의 규율을 살피는 것이며, 같고 다름의 소재를 밝히는 것이다. 명분과 실질의 이치를 고찰하고, 이해관계를 판명하며, 의심스러운 것을 풀어 객관적 세계의 진면목을 반영함으로써 각종 서로 다른 논의를 비교하고 분석하는 것이다."

묵자는 또 분명한 어조로 강연이나 변론의 목적을 나라의 안위와 다스림, 흥망성쇠와 연계시키고 있는데, 이는 멀리 내다본 선견지명이라 할 수 있다.

묵자 자신이 그 당시 이름난 웅변가였다. 일찍이 그는 자신만만하게 "나의 논변은 단단하여 누구도 깰 수 없다! 다른 언론으로 나의 언론을 비판하는 것은 계란으로 바위를 치는 것과 다를 바 없다."며 큰소리를 친 바 있다.

어느 여름날 저녁이었다. 저녁 식사를 마친 묵자는 밖으로 나가 산책을 하고 있었다. 수제자 금활리禽滑厘가 묵자 뒤를 따르고 있었다. 두 사람은 큰 연못에 이르렀다. 방금 한 차례 비가 내린 뒤라 연못가의 개구리들이 마치 노래자랑이라도 하듯 소리 높여 울어대고 있었다. 그 소리가 얼마나 시끄러운지 듣는 사람의 마음이 여간 불편하지 않았다. 금활리가 무슨 생각이 난 듯 스승에게 이렇게 물었다.

"선생님, 한 사람의 많은 말이 유익하다 할 수 있습니까?"

"저 개구리들이 밤낮으로 쉬지 않고 울어대는 소리를 듣지 않았느냐? 개구리들은 침이 마르고 혀가 타도록 울어대건만 사람은 귀찮게만 생각한다. 하지만 수컷은 단 한 번의 울음으로 사람을 침대에서 내려오게 만든다. 사람들도 이와 같이 많은 말이 꼭 좋은 것은 아니다. 시의적절하고 요령이 있어야 쓸모가 있는 것이다."

금활리는 계속해서 물었다.

"유가에서는 군자는 종과 같아서 누군가 때리면 소리를 내고 때리지 않으면 소리를 내지 않는다고 합니다. 선생님이 보시기에 옳은 말입니까?"

"당연히 옳지 않다. 신하된 몸으로 군주를 모실 때는 충성을 다해야 마땅하고, 자식이 부모를 섬길 때는 효도를 다해야 한다. 유가에서 말하는 대로 누군가 와서 치면 소리를 내고 치지 않으면 소리를 내지 않는다는 것은 소극적인 태도로 자신이 해야 할 책무를 회피하는 것이다. 그것은 마치 한 나라에서 누군가 반란을 일으켜 군주를 해치려 하는데도 신하된 몸으로 군주를 도와 해악을 제거하려 하지 않는 것과 같다. 한 집안을 놓고 비유하자면 아들이 자기 집안의 물건을 훔치고 부모를 해치려는 도적을 발견하고도 소리를 지르지도 못하고 혼자만 숨는 것과 같다. 이런 신하와 이런 자식이 흉악한 도적과 무엇이 다르겠는가?"

"그렇다면 선생님 말씀은 말하지 말아야 할 것은 하지 말고 말해야 할 것은 해야 한다는 뜻입니까?"

"말해야 할 것을 말해야 할 뿐만 아니라 강조해서 말해야 한다. 우리가 우리 주장을 선전하고 학설을 선전하려면 기회가 있을 때마다 주동적으로 나서서 말해야 하는 것이다."

묵자의 이 말은 묵가의 신조이자 행동 준칙이 되었다. 스승과 제자의 이 대화 속에는 유가를 비난하는 분위기가 농후하다. 그런데 어찌된 일인지 이 대화의 내용이 유가의 제자인 공맹자公孟子의 귀에까지 들어갔다. 공맹자는 잔뜩 화가 나서 묵자에게 달려가 한바탕 논쟁을 벌였다. 묵자를 본 공맹자는 다짜고짜 이렇게 말했다.

"이보시오, 선생! 좋습니다. 좋은 물건은 누구나가 다 알아봅니다. 야광주는 설사 땅에 묻혀 있어도 빛을 뿜고, 미녀는 세상 밖으로 나오지 않고 집 안에 틀어박혀 있어도 시집갈 걱정을 하지 않습니다. 사향노루라는 동물은 자기만의 향기가 있어 굳이 큰 바람이 필요 없는 법인데 선생은 어째서 자신이 주장하는 학식을 선전해야 하며, 또 기회가 있을 때마다 주동적으로 나서 주장해야 한다고 하십니까? 그렇게 하는 것이 얼마나 힘든지 혹 깨닫지 못하고 계시는 것은 아닙니까?"

전의에 불타는 공맹자의 말과 눈빛 속에는 조롱과 야유의 낌새가 가득 차 있었다. 물론 이를 눈치 못 챌 묵자는 아니었다. 묵자는 조금도 흐트러짐 없이 차분하게 대꾸했다.

"지금은 바야흐로 난세라 할 수 있지요. 미녀를 구하려는 사람이 아주 많으니 미녀가 문밖으로 나오지 않는다 해도 시집 못 갈 걱정은 할 필요가 없지요. 하지만 착한 사람을 찾으려는 사람은 아주 적어서 우리의 주장이 비록 좋긴 하지만 적극 나서 선전하지 않으면 그것이 어떤 점이 좋은지 사람들은 알 길이 없지요."

"그야 그렇지요."

공맹자는 자기도 모르는 사이에 고개를 끄덕이고 있었다. 이때를 놓칠 묵자가
아니었다.

"이렇게 비유를 해보죠. 점쟁이 두 사람이 있었습니다. 한 사람은 하루 종일 깃발
을 들고 다니며 점을 쳐줍니다. 또 한 사람은 집 안에 틀어박혀 있기만 합니다. 과
연 누가 돈을 더 많이 벌겠습니까?"
"그야 말할 것도 없지요. 문을 걸어 잠근 채 말 한마디 않고 무슨 돈을 번단 말입
니까?"
"그렇지요! 이것이 바로 자기 논리를 강조해야 하는 이치이자 작용이지요!"

공맹자는 그제야 비로소 묵자와의 논쟁에서 자신이 철저하게 패배했음을 깨달
았다.
'겸애'는 묵가 학설의 주제이자 묵가 학파의 정신적 지주였으며, 또 그들이 그것
을 위해 평생 분투한 최고 이상이었다.
겸애는 또한 "사랑에 차등이 없다는 뜻"으로 '애무차등愛無差等'이라고도 하는데,
인간관계에서 혈연관계의 멀고 가까움, 신분등급의 귀천을 가리지 않고 보편적으로
그리고 평등하게 서로 사랑하고 지키라는 주장이다. 이와는 대조적으로 유가는 '애
유차등愛有差等'을 견지한다. 즉, 멀고 가까움, 귀천에 따라 정도가 다르게 사랑을 베
푼다. 따라서 이 문제에서 유가와 묵가 사상은 날카롭게 대립한다. 맹자는 유가의 '친
친지애親親之愛'를 '별애別愛', 즉 차별적 사랑이라고 부른다. 그리고 '별애' 사상을 견지
하는 사람을 '별사別士' 또는 '별군別君'이라 불렀다.

유가는 묵가의 '겸애' 사상에 대해 날카롭게 공격을 가한다. 맹자는 겸애에 대해 이렇게 공격한 바 있다.

"양주楊朱는 나만을 위하는 이기주의를 제창하니 군주는 안중에도 없다. 묵자는 겸애를 주장하는데 부모는 안중에도 없다. 군주와 부모를 안중에 두지 않는 것은 모두 금수다."

하지만 맹자의 이런 점잖지 못한 독설은 유가 변론학의 창백함을 드러낼 뿐이다. 또 묵가의 겸애에 대한 유가의 반감이 어느 정도였는지 확인하게 하는 대목이기도 하다.

묵자에게는 무마자巫馬子라는 같은 고향 출신의 인물이 있었는데, 그는 유가의 충실한 신도였다. 이자는 솔직하고 입바른 소리를 잘해 늘 묵자를 찾아와 논쟁을 벌이곤 했다. 어느 날 그는 묵자를 만나 다짜고짜 이렇게 말했다.

"듣자하니 선생이 겸애를 주장하고 다니시는 모양인데, 당신이 왜 그런 주장을 하는지 잘 모르겠소이다."

"그 이치는 아주 간단하오. 다른 사람을 자기처럼 여기고 다른 사람을 나처럼 사랑하는 것이라오. 『시경』에 이르기를 '말이 바르지 않으면 믿음을 얻지 못하고, 덕이 없으면 보답을 받지 못한다. 내가 복숭아를 주면 상대는 배로 갚는다.(무언불신無言不信, 무덕불보無德不報, 투아이도投我以桃, 보지이리報之以梨)'라 했소. 따라서 힘 있는 사람은 다른 사람을 돕고, 돈 있는 사람은 다른 사람에게 나눠주고, 지식이 있는 사람은 가르침을 베풀지요. 만약 모두가 이렇게 한다면 세상이 지금처럼 되지는 않았을 터인데…"

이때 무마자가 묵자의 말을 가로막고 나섰다.

"나는 당신과 달라 겸애를 할 수 없소이다. 나는 월나라 사람보다 추나라 사람을 더 좋아하며, 추나라 사람보다 노나라 사람을 더 좋아하며, 노나라 사람보다 같은 고향 사람을 더 좋아하며, 고향 사람보다 집안사람을 더 사랑하며, 집안사람보다 부모를 더 사랑하오. 그리고 나 자신을 부모보다 더 사랑하지. 왜냐하면 그들은 나로부터 멀어질수록 가까워지기 때문이오. 나를 때리면 통증을 느끼지만, 다른 사람을 때리면 나는 통증을 느끼지 않지. 내가 왜 나의 고통을 없애려 하지 않고 남의 고통을 없애려 한단 말이오? 따라서 나는 이익을 위해 남을 죽일 수 있을지언정 다른 사람의 이익을 위해 나를 죽일 수 없는 것 아니오?"

무마자는 작정하고 준비해 온 모양이다. 그는 스스로 자신의 말에 강력한 힘을 갖춘 논리가 있다고 여기는 듯하다. 그는 의기양양 묵자가 더 이상 자신의 논리에 반박하기 힘들 것이라고 생각했다. 하지만 묵자는 무마자에 대한 반박을 서두르지는 않았다. 오히려 상관없어 보이는 문제를 들고 나섰다.

"그대의 말대로라면 한 사람이 자신의 이익을 위해 남을 죽일 수도 있다는 것인데, 만약 어떤 사람이 당신의 이 말을 옳다고 생각한다면 그 사람은 자신의 이익을 위해 당신을 죽일 수도 있을 것 아닙니까? 마찬가지로 열 사람이 당신 말을 마음에 들어 한다면 이 열 사람 모두 자신들의 이익을 위해 당신을 죽이려 들것이요. 다시 말해 당신이 겸애를 반대한다는 이 말을 진짜 실행에 옮긴다면 당신은 그 즉시 살해당하고 말 것이니, 그렇다면 이것이 어찌 자살과 다를 게 있겠소이까? 당신의 그런 말은 당신에게 결코 아무런 이익을 가져다줄 수 없을 뿐만 아니라 오히려 해를 가져다줄 것이오. 그런 말이 누구에게도 불리한데 당신은 어째서 입만 열었다 하면 그런 헛소리를 지껄이고 다닌단 말이오? 일찌감치 거두어들여 당신의 그 고상한 논리를 포기하는 것이 어떨지?"

묵자의 이 말에 무마자는 바람 빠진 가죽 공처럼 의기소침, 방금 전까지만 해도 자신만만해하던 모습은 온 데 간 데 없이 사라지고 말았다. 그러면서도 그는 패배를 인정하지 않고 억지를 부리며 나섰다.

"천하를 두루 사랑하라는 당신의 그 겸애도 천하 사람에게 별다른 이익을 가져다 주지 않고, 천하를 겸애하지 않는 나의 사상도 천하 사람에게 별다를 해를 주지 않기는 마찬가지 아니겠소? 우리 두 사람 모두 동기만 있지 결과는 없는데 당신은 어째서 한쪽에만 치우쳐 자기 말은 진리고 내 말은 엉터리라고 하는 게요? 이건 불공평하지 않소?"

묵자는 전혀 동요 없이 차분히 대응했다.

"지금 누군가가 불을 지르려고 한다고 합시다. 이때 다른 두 사람이 공교롭게도 그 자리에 있었습니다. 그런데 그중 한 사람은 물통을 들고 불을 끄러 달려갔고, 다른 한 사람은 기름통을 들고 타오르는 불에다 끼얹으려 했소. 그러면서 이 두 사람이 모두 자기들에게는 동기만 있고 결과는 없다고 말한다면 당신은 뭐라고 하겠소?"

무마자는 기다릴 것도 없다는 듯이 "아, 그야 당연히 물을 들고 불을 끄려는 동기에 찬성하지 어찌 기름을 붓는 동기에 찬성할 수 있단 말이오?"라고 대답했다. 그러자 묵자는 바짝 졸라매듯 다그친다.

"그렇다면 내가 겸애설을 선전하고 그것에 반대하는 당신의 동기를 부정하는 것이 옳다고 할 수 있겠지요? 왜냐하면 물로 불을 끄는 데 찬성하고 기름을 붓는 것에 반대한다는 당신의 태도와 내 말은 완전히 일치하기 때문이지요."

무마자는 아무 말도 하지 못했다. 그렇게 오랫동안 준비했건만 공연히 심기만 낭비한 꼴이 되고 말았다. 유가의 논리학이라는 것이 이처럼 창백하고 무기력할 줄이야!

이 논쟁을 통해 무마자는 자신이 근본적으로 묵자의 변론 상대가 되지 못한다는 것을 실감했다. 하지만 무마자는 그대로 포기하지 않았다. 구겨진 체면을 만회하기 위해 그는 겸애에 반대하는 사람을 모조리 불러모아 공동 전선을 구축해서 묵자에게 다시 도전했다. 다수의 힘을 빌려 묵자와 한바탕 다시 논전을 벌이겠다는 속셈이었다.

이런 도전인데도 묵자는 흔쾌히 응했다. 그는 이 논전이야말로 겸애 학설을 크게 선전하고 영향력을 확대할 수 있는 절호의 기회라고 판단한 것이다. 쟁쟁한 인사들이 모인 자리에서 묵자가 먼저 입을 열었다.

"선생들! 여러분들은 모두 인의仁義를 앞세워 천하를 위해 일한다는 자부심으로 사는 사람들이오. 천하의 이익이라면 일으키고, 해악을 제거하는 데 뜻을 두신 분들이란 말이오. 그러나 지금 이 세상 천하에서 가장 큰 해악이 무엇이오? 어떤 이는 이렇게 말합니다. 큰 나라가 작은 나라를 침략하고, 큰 집안이 작은 집안을 속이며, 힘센 자가 약한 자를 괴롭히고, 다수가 소수를 학대하며, 교활한 자가 어리석은 자를 등치고, 부귀한 자가 비천한 자를 업신여기는 것이라고 말입니다. 물론 이 모든 것들이 천하의 큰 해악임에는 틀림없습니다. 그러나 나는 이것 말고도 또 다른 현상들이 있다고 생각합니다. 이를테면 군자가 어질지 못하고 신하는 충성스럽지 못하며, 아비는 인자하지 못하고 자식은 효성스럽지 못한 이런 상황들입니다. 이런 것들이 천하의 폐해지요. 더욱이 일부 폭도들은 흉기, 독약, 물, 불 등으로 서로를 해치는 것은 말할 것도 없고 무고한 사람들까지 해칩니다. 이 밖에도 이루 다 헤아릴 수 없을 정도로 많겠지요. 왜 이런 현상이 일어난다고 보십니까? 다름 아닌 겸애를 실천에 옮기지 않기 때문입니다. 만약 천하의 모든 사람이 겸애를 실행한다면 앞서 말한 그런 추악한 사회 현상들은 더 이상 존재하지 않을 것이니, 이것이야말로 천하의 큰 이익이 아니겠습니까? 이렇듯 우리가 겸애를 주장하는 것은 천하의 이익을 일으키고 천하의 해악을 없애기 위함이지요!"

묵자의 말이 이쯤에 이르자 갑이란 자가 더 이상 참지 못하고 다짜고짜 이렇게 묻고 나선다.

"선생, 당신의 겸애가 좋긴 하지만 무엇에 쓸모가 있단 말이오?"

묵자는 주저 없이 대답했다.

"정말 쓸모가 없다면 나조차도 그것에 반대할 것이외다. 다시 말해 이 세상에 좋은 데도 쓸모가 없는 것이 어떻게 있을 수 있겠소이까? 여러분들이 이 이치를 분명히 알 수 있도록 하기 위해 내 제자를 불러 나와 함께 합석하도록 해주시면 고맙겠습니다."

묵자는 내실로 들어가더니 잠시 뒤 학생 하나를 데리고 나왔다. 머리에 예모禮帽를 쓰고 도포를 입은 것이 완전히 유자의 복장임을 단번에 알 수 있었다. 묵자가 모두에게 "이 사람은 별사로 겸애에 반대하는 사람입니다."라고 소개했다. 그러고는 몸을 돌려 제자에게 이렇게 물었다.

"너의 친구는 밥도 못 먹고 있는데 너는 창고에 양식을 가득 쌓아놓고 있다. 양식을 친구에게 좀 나누어주는 것이 어떤가? 안 그러면 친구는 굶어 죽을 판이다."

"어림도 없습니다. 내 양식을 왜 남에게 준답니까?"

"네 친구가 입을 옷이 없다. 그런데 너에게는 옷이 남아돈다. 몇 벌 친구에게 주는 것은 어떤가? 그렇지 않으면 친구는 얼어 죽는다."

제자는 이번에도 쌀쌀맞게 줄 수 없노라고 했다. 묵자는 태연히 질문을 계속한다.

"네 친구가 병이 들었는데 돈이 없어 병을 치료하지 못하고 있다. 반면에 너에게는 돈이 많다. 친구에게 돈을 좀 주어서 병을 치료하게 하는 것이 어떤가?"

"그 친구의 병과 내가 무슨 관계란 말입니까? 내 돈을 뭣 하러 그에게 낭비합니까?"

"네 친구가 죽어버렸다. 장례를 치를 돈조차 없다. 네가 도와서 편하게 장례를 치러주는 것이 어떤가?"

"무슨 말씀입니까? 나는 그자의 일에 관여하지 않겠습니다. 친구를 나 자신처럼 대하라는 것은 절대 불가능한 일이며, 친구의 부모를 마치 내 부모처럼 모시는 일 역시 말도 안 됩니다."

이때 묵자의 제자라는 자가 또 한 사람 올라와 자기소개를 했다.

"저는 겸애를 믿는 사람입니다. 저는 제 친구를 제 몸처럼 대하며, 친구의 부모를 제 부모처럼 대합니다."

묵자가 덧붙였다.

"제가 이 사람의 말이 사실임을 증명해 보이겠습니다. 그는 배고픈 친구를 보면 밥을 주고, 옷이 없으면 옷을 주고, 병이 나면 병을 치료할 수 있게 해주고, 죽으면 장례를 치를 수 있도록 도와줍니다."

이렇게 말한 다음 묵자는 뒤쪽을 향해 손짓을 했다. 몸에 갑옷을 입고 투구를 쓴 군인이 올라왔다. 그는 올라오자마자 대뜸, "선생, 저는 지금 나라의 명을 받고 전쟁에 나갑니다. 이번에 나가면 살아서 돌아올지 어떨지 모릅니다. 부모처자를 돌볼 사람이 없어 친구에게 부탁하고 가려는데, 이 두 사람 중 누구에게 부탁해야 합니까?"라고 물었다.

묵자는 갑을 가리키며, "이 선생에게 한번 물어보시죠."라고 했다. 군인은 갑에게 "선생, 우리 식구를 겸애를 믿는 겸사에게 부탁하는 것이 낫겠소, 아니면 차별적 사랑을 주장하는 별사에게 맡기는 것이 낫겠소이까?"라고 물었다. 갑은 마지못해 "겸사에게 부탁해야 하지 않겠습니까?"라고 대답했다.

이때 외교관이라는 사람이 올라와 다짜고짜 갑에게 이렇게 말했다.

"선생, 나는 지금 임금의 명을 받고 외교사절로 파巴, 월越, 제齊, 초楚로 갑니다. 살아서 돌아올 수 있을지 기약할 수 없습니다. 그래서 저 역시 가족들을 친구에게 부탁할까 하는데 겸사가 좋을까요, 별사가 좋을까요?"

갑은 이번에도 하는 수 없다는 듯이 "겸사에게 부탁해야겠지요."라고 대답했다. 그러자 묵자는 갑에게 이렇게 말했다.

"당신은 말로는 겸애를 반대하면서 실제로는 겸애를 선택하고 있으니 언행이 일치하지 않는군요."

갑은 당초 자신의 도도한 웅변 솜씨를 믿고 앞장서서 묵자를 곤경에 빠뜨릴 생각이었으나 뜻밖에도 묵자의 연출로 단 세 마디 만에 자신의 주장을 부정해버리고 말았다. 갑은 그러면서도 자신의 패배를 견디지 못해 계속해서 궤변을 늘어놓으며 물고 늘어졌다.

"이 경우는 겸사냐 별사냐를 선택하는 것이고, 만약 군주라면 어떤 선택을 하겠소?"

묵자는 기다렸다는 듯이 빙그레 웃더니 이렇게 응수했다.

"그렇다면 우리 편한 대로 이렇게 한번 가정해봅시다. 여기 겸애를 믿는 '겸군'과 그렇지 않은 '별군'이 있습니다. 별군은 늘 이렇게 말합니다. '내가 어찌 백성들을 내 몸같이 대할 수 있단 말인가? 그것은 인정에 전혀 합당치 않지! 사람의 인생이 까짓것 얼마나 된다고. 눈 깜짝할 사이지. 그러니 다른 사람이 죽거나 말거나 상관하지 않고 할 수 있는 한 마음껏 누리다 가야지.' 그는 이렇게 말하고 또 그렇게 합니다. 백성들이야 굶어 죽든 병들어 죽든 상관하지 않고 말입니다. 한편 겸군은 늘 이렇게 말할 겁니다. '나는 한 나라의 군주로서 먼저 백성들을 생각해야 한다. 나는 나중이다.' 그는 이렇게 말하고 또 그렇게 행동합니다. 백성의 굶주림과 죽음을 늘 마음속에 두고 백성을 도와 어려움을 해결해줍니다. 자, 이렇게 생각해봅시다. 지금 가뭄이 들어 많은 백성들이 생사의 고비에서 몸부림치고 있습니다. 이런 상황에서 백성들은 과연 어떤 군주를 택할까요? 제 생각으로는 설사 그들이 겸애설을 찬성하지 않는다 하더라도 모르긴 해도 군주는 겸군을 택하지 않을까요? 여러 선생들, 이 점에 대해 어떻게 생각하시는지…?"

묵자의 이 가설로 갑의 궤변은 또 한번 자기모순에 빠지고 말았다. 이들 겸애 반대파들은 한나절 동안 한마디도 하지 못했다. 이때 갑이 처절하게 깨지는 모습을 지켜보고 있던 을이란 자가 나섰다. 그는 먼저 형세가 불리하다고 판단, 수비가 공격이라는 생각에 한 발 물러섰다.

"당신 말에 일리가 있고 겸애가 의로운 행동이라고 합시다. 하지만 현실에서도 통할까요? 겸애를 실현하는 것은 마치 태산을 지고 강을 건너는 것과도 같이 근본적으로 이루기 힘든 것 아닐까요?"

묵자는 을의 말에 손을 내저으며 단호하게 잘랐다.

"당신의 비유는 대단히 불합리적이군요. 태산을 지고 강을 건너는 일은 자고로 어느 누구도 한 적이 없고 또 하지도 못할 일이지요. 그러나 서로 사랑하자는 '겸상애兼相愛'와 서로 이익을 나누자는 '교상리交相利'는 그것과는 다르죠. 고대의 현명한 군주였던 우禹, 탕湯, 문왕文王, 무왕武王 같은 분들은 몸소 실행했고, 그들이 실천에 옮긴 구체적인 방법은 책에 분명히 기록되어 있지요. 책을 많이 읽은 선생이 그 사실을 모를 리 없겠죠?"

을은 몽둥이로 뒤통수를 얻어맞은 듯 더 이상 기운을 내지 못하고 단 한마디에 패배하고 말았다.

이때 병이란 자가 한 발 더 물러서면서 "설사 그렇게 할 수 있다 하더라도 몹시 어렵겠지요."라며 점잖게 시비를 걸어본다. 묵자의 답은 여전히 자신에 넘친다.

"결코 어렵지 않소이다. 위에서 실천하면 아래에서 본받게 되어 있소. 군주와 각급 장관들이 나서서 실행에 옮기면 하급 관리와 백성들도 그들을 본받지요. 역사적 실례를 들어볼까요? 진晉 문공文公이 거친 옷감으로 만든 옷을 입고 다니는 신하들을 좋아하자 신하들은 다투어 그런 옷을 입었습니다. 초나라 영왕靈王이 가는 허리의 여자를 예뻐하자 궁중 여자들이 바짝 허리를 졸라매고 다녔을 뿐 아니라, 죽으라 하고 살을 빼는 바람에 모두가 지팡이를 짚어야 간신히 걸어 다닐 수 있을 정도였습니다. 월나라의 왕 구천句踐은 용감한 전사를 좋아해서 3년을 훈련시키고도 마음이 놓이지 않자 일부러 궁중의 배에 불을 질러놓고는 거짓으로 '우리 월나라 보물이 모두 이 배 안에 있다.'고 외쳤답니다. 구천은 병사들에게 불을 끄라고 명령한 뒤 몸소 북을 두드리며 사기를 북돋았습니다. 전사들은 앞을 다투어 불을 끄러 달려갔습니다. 불에 타 죽는 자, 물에 빠져 죽는 자가 수를 헤아리기 힘들 정도였습니다. 거친 옷 입기, 살 빼기, 목숨을 걸고 불을 끄는 일 이 모두가 하기 힘든 일입니다만, 군주가 좋아했기에 신하들은 목숨을 걸고 기꺼이 따랐던 것입니다. 이러면 몇 년 못 가 백성들도 따를 것입니다. '겸상애'와 '교상리'는 좋을 일일 뿐더러 방금 말한 그런 일들보다 더 쉽습니다. 실행에 옮기기 힘든 까닭은 군주와 각급 장관이 앞장서서 실행에 옮기지 않기 때문입니다. 만약 그들이 좋아하고 몸소 실행에 나선다면 무엇이 어렵겠습니까?"

그런데 이때 정이란 자가 뜻밖에도 이런 질문을 던지며 나서는 것이 아닌가?

"당신네들이 주장하는 겸애란 것이 다름 아닌 모든 사람을 사랑한다는 것인데, 대체 이 세상에 얼마나 많은 사람이 있는 줄 알고 하는 소리요?"
"그야 모르지요."
"이 세상에 사람이 얼마나 되는지도 모르면서 어떻게 이 사람들을 모두 사랑한다고 확신할 수 있습니까?"

말이야 바른 말이지, 이 질문은 본질을 벗어난 것일 뿐만 아니라 논리에도 어긋나 있었다. 이런 수준 이하의 질문에 대해서는 일일이 반박할 필요조차 없다. 그럼에도 묵자는 진지하게 대답했다.

"사람 수를 모른다고 겸애를 실행하는 데 결코 방해가 되는 것은 아니지요. 못 믿으시겠다면 물어보면 됩니다. 당신이 한 사람을 대면 나는 한 사람을 사랑하고, 당신이 만약 모든 사람에게 두루 묻는다면 나는 곧 모든 사람을 두루 사랑할 수 있습니다. 사람이 몇인지 몰라도 얼마든지 겸애할 수 있는데 무슨 곤란입니까?"

이때 무란 자도 비슷한 질문을 던지며 나선다.

"남쪽은 끝이 있나요 없나요? 머리끝부터 발끝까지 다 다니실 수 있소?"

이 질문 역시 사족이었다. 왜냐하면 당시 사람들은 세상이 대체 얼마나 큰가 하는 문제에 대해 잘 모르고 있었기 때문이다. 그러니 대답하기가 당연히 난감한 질문이 아닐 수 없었다. "모릅니다." 묵자의 대답은 언제나 그렇듯이 솔직했다.

"남쪽이 끝이 있는가 없는가 하는 문제에 대해서조차 모르고 있다면, 사람이 그곳을 다 다닐 수 있는지 없는지도 분명치 않고, 사람들이 남쪽을 다 채울 수 있는지 없는지에 대해서도 확실한 증거를 얻을 수 없으며, 또 그곳을 다 다닐 수 있는지 없는지도 모르는 것 아니오? 이런 상황에서 당신들은 그래도 겸애를 할 수 있다고 큰소리를 치니 황당무계한 소리가 아니고 무엇이오?"

하지만 묵자의 대응은 갈수록 차분했다.

"설사 남쪽이 무궁무진하다 하더라도 겸애를 실천하는 데는 조금도 문제가 되지 않지요. 관건은 사람들이 남쪽을 채우고 있으냐 없느냐 하는 것입니다. 만약 무한한 남쪽에 사람이 다 차 있지 않다면, 다시 말해 사람들의 수가 일정하다면, 그 사람들을 다 사랑하는 일은 어려울 것이 없겠지요. 또 사람이 그곳에 가득 차 있다 해도 그 무궁은 다 찬 것과 같으니, 무궁한 사람들을 사랑하는 일도 문제가 없지요. 따라서 사람이 무궁한 남쪽을 채우고 있건 그렇지 않건 간에 사람들은 모두 다 겸애할 수 있지요."

묵자는 무궁을 유궁으로 처리하고, 두 가지 어려운 추리를 동원하여 상대방을 진퇴양난의 궁지로 몰았다. 무라는 자의 난제로도 묵자를 곤란하게 만들기는커녕 오히려 묵자의 반격을 받아 거꾸러지고 말았다. 하지만 반대파는 정말로 끝이 없는 것 같았다. 무가 물러나자 기란 자가 또 다른 질문을 던지며 나섰다.

"당신들은 모든 사람에게 평등한 사랑을 베푼다고 하는데, 그들이 살고 있는 곳이 어딘지도 모르면서 어떻게 사랑한단 말이오?"

반대파들의 문제제기는 갈수록 유치해지고 억지춘향 식으로 흐르고 있었다. 묵자는 기라는 자를 쳐다보며 빙그레 웃었다. 그러면서 여전히 차분한 기운을 잃지 않고 답했다.

"그 사람이 사는 곳을 모른다고 그 사람을 사랑하는 일에 방해가 되지 않지요. 이렇게 비유를 해봅시다. 어떤 부모가 아이를 잃어버렸습니다. 그래서 부랴부랴 밖으로 나가 아이를 찾습니다. 그들은 아이가 어디로 갔는지 모르지만 그것이 아이를 사랑하는 그들의 마음에 방해가 되지는 않습니다. 자식을 찾아 여기저기를 헤매는 것 자체가 사랑의 표현 아니던가요?"

기란 자의 질문은 긍정적 판단에 기초한 것이었기 때문에 단 하나의 예로도 반박은 충분했다. 이즈음에 이르러 반대파는 더 이상 공격할 힘을 잃었다. 이 논쟁에서 반대파들은 기세등등한 질문으로 시작했다가 처절한 패배로 끝나고 말았다. 이 논쟁으로 묵가의 논리와 언변이 얼마나 빛나는지 여실히 입증되었다.

묵가의 논리는 훗날 막료의 세계에서 지혜를 다투고 말솜씨를 자랑하려 할 때 흔히 동원되었던 '이론의 보물창고'가 되었다.

묵자는 평생을 겸애와 비공 그리고 교리를 주장했다. 이러한 주장은 결코 입에만 머무른 것이 아니라 아무렇지 않게 다른 나라를 공격하는 국가에 대해 그는 공격을 포기하도록 있는 힘을 다해 유세하고 권했다. 이는 묵가의 논변술이 논적과의 논전에 활용될 수 있도록 해주었을 뿐만 아니라 전쟁을 억제하고 평화를 실현하는 데도 유용하게 쓰였음을 보여준다. 묵자는 일생을 평화 추구를 위해 이리저리 떠돌며 전란에 찌든 사회를 향해 목소리를 높였다. 그는 평화를 갈망하는 사람들을 계몽했다. 서로 사이좋게 손님처럼 존중하며 지내길 원했다.

묵자는 일찍이 노나라 양문군陽文君에게 세 번이나 권고했으며, 초나라가 송나라를 공격하는 것을 막았으며, 제나라가 노나라를 정벌하는 것을 제지했다. 자신의 웅변으로 일촉즉발의 전쟁을 여러 차례 막았던 것이다.

그러나 충고와 권유가 효과가 없으면 묵자는 군사가의 모략으로 무장하여 반침략의 기치를 높이 치켜들고는 약소국을 도와 적극적으로 방어하여 침략자를 좌절시켰다. 반 침략적 방어전쟁에서도 그의 눈부신 모략이 충분히 발휘되었다. 송나라에 대한 초나라의 공격을 제지한 고사는 묵자의 적극적인 방어전에서 이 유세 활동의 전형적인 사례로 꼽힌다.

당시 초나라는 땅이 사방 5,000리에 이르는 남방의 초강대국이었다. 송은 초의 이웃으로 나라는 작고 백성은 가난했다. 나라 크기도 500리가 채 못 되었다. 그러나 초의 군주는 늘 송을 공략하여 자신의 영토를 넓힐 생각뿐이었다. 왕은 사방으로 인재를 초빙하여 자신의 의롭지 못한 전쟁을 위해 힘을 축적했는데, 그런 인재들 중에는 훗날 목수의 조사祖師로 꼽히는 노반魯班이라는 장인도 있었다.

노반은 초나라가 송나라를 공격하는 것을 돕기 위해 성을 공격하는 데 유용한 공구를 많이 만들었다. 그러나 용도가 분명치 못했으며, 특히 높은 송나라 성을 공격하기란 더욱 쉽지 않았다. 그래서 노반은 밤잠도 자지 않고 갖은 궁리를 다 짜내 마침내 운제雲梯라는 전투용 기구를 만들어냈다. 노반은 이 운제만 있으면 초나라 군대가 송나라의 높은 담장을 쉽게 넘어 송을 차지할 수 있을 것이라고 자신했다.

노반은 초왕 앞으로 나아가 송을 제압할 수 있는 운제가 이미 만들어졌노라 보고했다. 초왕은 크게 기뻐하며 노반이야말로 초나라의 공신이라고 침이 마르도록 칭찬했다. 그들은 주도면밀한 계획을 짜서 송을 공격할 만반의 준비를 갖추었다.

이 정보를 들은 묵자는 노반과 초왕을 직접 찾아가 설득하여 송에 대한 공격을 포기하도록 만들 결심을 했다. 그러면서도 묵자는 만약 유세가 성공하지 못할 경우 초가 끝내 송을 공격하고 말 것이라는 점도 고려해야만 했다. 묵자는 수제자 금활리 禽滑厘를 시켜 다른 제자 300명을 거느리고 성을 지키는 각종 기구를 들고 신속하게 행군하여 송나라로 가서 만반의 준비를 취하고 기다리게 했다. 동시에 그자신은 노나라를 떠나 초의 수도인 영郢으로 갔다.

당시 노나라는 초나라 수도 영에서 1천 리 이상 떨어져 있었고, 수레도 없는 묵자에게는 밤낮 없이 걸어도 반 달 이상 걸리는 길이었다. 산을 넘고 강을 건너 생수를 마셔가며 그는 길을 재촉했고, 가지고 간 마른 식량을 한입씩 먹어가며 굶주림과 싸웠다. 짚신은 다 닳아서 맨발이 다 드러났고, 결국은 발바닥이 다 헤어져 피가 줄줄 흘렀다. 묵자는 하는 수 없이 옷을 찢어 발을 싸매고 길을 재촉해야만 했다. 이렇게 해서 그가 영에 도착했을 때 발은 이미 닳고 닳아서 가죽처럼 되어 있었고, 몸은 피골이 상접할 정도로 말라 있었다. 그러나 그는 자신이 짊어진 위대한 사명을 생각하느라 힘든 줄도 몰랐다. 초나라 수도 영에 도착했을 때는 날은 이미 저물어 있었다. 묵자는 곧장 노반을 찾아갔다.

이때 노반은 자기 방에서 득의만만하게 자신이 설계한 운제의 설계도를 보면서 송나라를 공략하는 자신의 모습을 상상하고 있었다. 그러다 문을 두드리는 소리에 깜짝 놀랐다. 하인이 "밖에 검은 얼굴의 거한이 찾아왔는데, 옷은 다 낡아서 헤지고 발에 천을 감고 있는 차림새로 보아 매우 먼길을 걸어 지금 막 도착한 것 같아 보였습니다. 시급한 일로 지금 즉시 나리를 만나야 한다고 합니다."라고 보고했다.

"이름이 뭐라고 하더냐?"
"성은 묵이고 이름은 적이라 하더이다."

묵자가 자신을 찾아왔다는 말에 노반은 서둘러 문을 열고 나가 묵자를 맞이했다. 사실 노반도 일찍이 북방에서 명성이 자자한 대학자 묵자를 모를 리 없었다. 더욱이 묵자 또한 유명한 목수인 데다 노반 자신도 노나라 사람이었으니, 그런 묵자가 천리를 멀다 않고 자신을 찾아오다니 믿기지 않는 일이었다. 그러나 사실이었다.

"아니, 선생께서 이렇게 먼 곳까지 어인 일이십니까? 무슨 가르침이라도…?"
"북방의 웬 자가 저를 모욕하기에 그자를 죽여달라고 선생께 부탁드리러 왔소이다."

노반의 인사도 받는 둥 마는 둥 묵자는 거침없이 내뱉었다. 묵자가 사람을 죽여달라는 청을 하자 노반은 그 말을 사실로 믿고 불쾌한 기색을 드러내며 선뜻 답을 하지 못했다. 노반의 표정을 살피던 묵자는 주저 없이 말했다.

"선생, 불쾌해하지 마시오. 나를 도와 그자를 죽여주면 내 기꺼이 금 200근을 보수로 드리지요."
"선생, 지금 농담하시는 겁니까? 저는 인의를 주장하는 사람으로 지금까지 사람을 죽여본 적이 없습니다."

노반은 정색을 했다. 자신의 유도심문에 노반이 걸려들었음을 확인한 묵자는 서둘러 몸을 일으키더니 두 손을 공손하게 모으고는 말했다.

"그렇다면 선생께 한 가지 가르침을 청할까 합니다. 제가 북방에서 듣자하니 선생께서는 초왕을 도와 운제를 만들고 그것으로 송나라를 공격한다고 합디다. 대체 송나라가 무슨 죄를 지었기에 초나라의 공격을 받는단 말입니까?"

"송나라에 무슨 죄가 있겠습니까?"

"초나라는 땅은 넓기는 하나 인구 밀도는 떨어집니다. 지금 죄도 없는 송나라를 공격하기 위해 수많은 백성들을 동원해 죽고 죽이는 싸움판으로 내몰려 하는데, 선생께서는 전쟁이야말로 최대의 도살장이라는 사실을 모르신단 말입니까? 백보 양보해서 초나라가 전쟁에서 이겨 송나라 땅을 빼앗았다 해도 그 또한 초나라에 모자라는 것(백성)을 죽이는 것이고, 또 초나라에 남아도는 것(땅)을 놓고 다투는 꼴이니 현명한 행동이라 결코 말할 수 없지요. 하물며 송나라에 아무런 죄가 없는데 왜 공격을 합니까? 이는 어질고 의로운 행위에 부합한다고 할 수 없지요. 선생께서 이러한 이치를 이해하신다면 초왕에게 달려가 송나라를 공격하려던 계획을 포기시키는 것이 충성이라 할 수 있을 것입니다. 가서 초왕을 설득시키지 못한다면 그것은 선생의 솜씨에 문제가 있는 것입니다. 방금 선생은 자신을 인의를 내세우는 사람이기 때문에 저를 도와 다른 사람을 죽일 수 없다고 하셨습니다. 그런데도 초왕을 도와 대규모 전쟁을 준비하고 장차 수많은 송나라 사람을 죽이게 된다면 이것이 과연 당신이 말한 인의라 할 수 있습니까?"

묵자의 말은 논리정연하고 날카로웠다. 그의 말에는 반박할 수 없는 논리적 힘이 넘쳤다. 노반은 뭐라 대꾸하지 못하고 그저 고개만 끄덕일 뿐이었다. 이때를 놓칠

세라 묵자가 다그친다.

"그렇다면 왜 송나라를 공격할 계획을 서둘러 막지 않으시는 것입니까?"
"그야… 그 문제는 그렇게 간단한 것이 아닙니다. 저는 이미 초왕께 필승의 전략을 마련해주었고 초왕은 곧장 출병할 것인데, 제가 어떻게 초왕의 출병을 막고 계획을 철회시킬 수 있겠습니까?"
"그야 별 문제가 아니지요. 서둘러 저를 초왕에게 데려가기만 하면 됩니다. 그건 가능한지요?"

상황이 이쯤 되자 노반도 하는 수 없이 묵자의 관점에 동의하지 않을 수 없었고, 묵자의 요구를 들어줄 수밖에 없었다. 노반은 다음 날 묵자를 초왕 앞으로 데려가겠노라 약속했다.

다음 날, 날이 밝자 묵자는 약속대로 초왕을 만났다. 초왕에게 인사를 올린 묵자는 대뜸 질문부터 던진다.

"대왕, 여기 어떤 사람이 있습니다. 집에는 호화롭고 아름다운 수레가 많습니다. 헌데 멋진 자기 수레는 탈 생각도 않고 오히려 이웃집의 다 부서진 수레를 어떻게 하면 훔칠 수 있을까 궁리만 합니다. 또 자기 집에 아름다운 비단옷이 셀 수 없이 많은데도 그 옷은 그냥 놔두고 이웃집의 허름한 솜옷을 훔치려 합니다. 또 온갖 산해진미를 잔뜩 쌓아놓고도 그것은 손도 안 대고 옆집의 잡곡밥에만 눈독을 들입니다. 이런 사람은 대체 어떤 사람일까요?"

초왕은 다소 어이가 없다는 표정을 지으며 "그런 자는 정신병자지. 그렇지 않고

서야 어떻게 그런 식으로 훔치길 좋아한단 말이오?"라고 답했다. 묵자는 그 대답을 기다리기라도 한 듯이 날카롭게 혀를 휘두르기 시작했다.

"초나라 땅은 사방 5,000리가 넘는 반면, 송나라는 500리가 채 안 됩니다. 이는 마치 초나라가 호화로운 마차를 가지고 있고, 송나라는 다 부서진 마차를 갖고 있는 것이라 할 수 있지 않겠습니까? 또한 초나라에는 크고 잘생긴 소나무가 많습니다. 게다가 무늬가 아름답고 정교한 녹나무와 향나무 따위들도 넘쳐날 정도입니다. 그런데 송나라에는 그런 큰 나무 한 그루 없습니다. 이는 비단옷과 거친 솜옷의 차이와도 같지 않습니까? 또 초나라 운몽雲夢의 큰 연못에는 물소, 사슴, 고라니 등이 수없이 뛰어 놀고, 장강長江과 한수漢水에서는 자라, 거북이를 비롯하여 온갖 물고기들이 넘치니 천하에서 가장 부유하다 할 것입니다. 허나 송나라를 볼 것 같으면 그 흔한 들오리, 산토끼, 붕어도 찾아보기 힘듭니다. 이는 마치 산해진미와 거친 잡곡밥의 차이에다 비유할 수 있겠지요. 이 세 가지만을 놓고 볼 때도 대왕께서 송나라를 공격한다는 것은 대왕이 바로 그 도둑병에 걸린 자와 다를 것이 없다는 것입니다. 만에 하나 송나라를 공격한다면 그것은 도의를 잃는 것은 물론 성공할 수도 없을 것입니다."

묵자의 말을 다 듣고 난 초왕은 일리가 있다고 생각하긴 했지만 송나라 공격의 뜻을 버릴 수는 없었다. 얼마나 오랫동안 힘들여 준비해온 거사인데 지금에 와서 그것을 포기한다면 괜한 힘만 낭비한 꼴이니 결코 받아들일 수 없었다. 그래서 초왕은 단호하게 말했다.

"선생의 말은 하나 틀린 곳이 없소이다. 하지만 노반이 이미 나를 위해 성을 공격할 운제를 다 만들어놓았으니 송나라 공격은 어쩔 수 없는 일이오!"

"대왕께서는 노반이 만든 운제가 틀림없이 송나라 성을 공격하여 무너뜨릴 수 있다고 생각하시는 모양이나 제가 보기에는 꼭 그렇지가 않은 것 같습니다."

초왕의 귀가 순간 쭈볏 치켜 올라갔다. 그러나 정작 놀란 사람은 옆에 있던 노반이었다.

"대왕, 그의 말을 믿지 마십시오. 그는 제가 만든 운제의 진짜 장점이 어떤 것인지도 모르고 그냥 하는 소립니다."

묵자의 대응은 냉정했다. 그의 말은 서두르지도 않았으며 그렇다고 느리지도 않았다. 묵자는 천천히 허리춤에 차고 있던 보따리를 풀어 송나라 성을 방어하는 기계의 모형을 만들었다. 그러고는 노반을 돌아보며 이렇게 말했다.

"자, 여기가 송나라 성이오. 선생께서 공격하면 내가 한번 막아보리다. 어떻소?"

이렇게 해서 노반과 묵자가 모형을 놓고 성을 공격하고 막는 가상 전투가 벌어졌다. 노반이 무려 아홉 번 각기 다른 공성 기계를 동원해서 송나라 성을 공격했지만 결과는 전패였다. 노반이 모든 기계를 다 동원한 반면 묵자가 설계한 수성 기계는 아직도 여유가 있었다. 땀을 뻘뻘 흘리면서 갖은 꾀를 다 부려보았지만 송나라 성을 무너뜨릴 수 없었다. 노반은 고개를 떨구며 패배를 인정했다.

그런데 그 순간 기막힌 묘책 하나가 노반의 뇌리를 스쳐지나갔다. 그는 생각했다. 지금 이 자리에서 묵자를 죽여버리면 그만 아닌가? 그가 죽고 나면 송나라를 도울 사람은 없다. 그렇게 되면 송나라를 집어삼키는 일은 손바닥 뒤집기나 마찬가지다. 야릇한 미소를 애써 감추면서 노반은 짐짓 태연한 척, "지금 내가 당신과 맞서 이길 수 있는 묘책이 하나 떠올랐는데 당장은 당신에게 말할 수 없소이다."라고 말하고는 초왕의 기색을 살폈다.

하지만 묵자의 표정은 담담했다. 그가 당초 초나라 행을 결심했을 때 이미 각오가 되어 있었다. 그러니 어찌 노반의 의도를 모르겠는가? 묵자는 노반의 말투를 그대로 흉내내서 "내게도 당신의 방법에 대응할 묘책이 이미 마련되어 있으나 지금은 알려주기가 그렇소이다."라고 응수했다.

이 알쏭달쏭한 두 사람의 가시 돋친 대화를 듣고 있던 초왕이 더 안달이 났다. 대체 두 사람의 호리병 속에 무슨 약이 들어 있길래 저렇게 쉬쉬하는가? 묵자가 먼저 입을 연다.

"대왕, 노반이 이미 자신의 공성 기계가 모조리 저에 의해 박살이 나는 것을 보더니 이제는 이 몸에 눈독을 들이는군요. 사실 그가 말한 묘책이란 것이 다름 아닌 저를 죽이려는 것입니다. 천리 먼길 저 혼자 이렇게 왔으니 저 하나 죽이는 일이야 손바닥 뒤집기보다 쉽겠지요. 저를 죽여버리면 송나라를 도울 사람이 없어지는 셈이니 저를 죽인 다음 곧장 송나라로 쳐들어가서 공격하면 된다는 속셈이지요. 하지만 솔직히 말씀드리는데 저는 떠나오기 전에 이미 금활리로 하여금 수제자 300명을 거느리고 제가 설계한 수성 기계와 함께 송나라 수도로 가서 삼엄하게 경계하면서 기다리도록 조처했습니다. 초나라 군대가 일단 공격해 오면 그들은 기다렸다는 듯이 침입자들을 여지없이 무찔러버릴 것입니다. 따라서 지금 제가 이 자리에서 죽는다 해도, 이 묵자의 뒤를 이을 사람이 줄을 서고 있다는 말씀입니다."

초왕은 송나라를 공격해봤자 소득이 없겠다는 판단을 내렸다. "좋소이다. 내가 포기하리다!"

이쯤 되자 곁에 있던 노반도 잘됐다는 듯 거들고 나섰다.

"선생, 내가 당신을 만나기 전에는 주도면밀한 계획과 막강한 공성 기계로 송나라를 충분히 쓰러뜨릴 수 있다고 확신했소이다. 그런데 지금 이렇게 당신을 만나 이야기를 듣고 보니 내가 확실히 당신보다 한 수 아래임을 알게 되었소. 이제 누군가 송나라를 통째 준다 해도 그런 의롭지 못한 일은 하지 않겠소이다."

사실 묵자는 기술자로서도 노반보다 한 수 위였다. 다만 사상가로서의 광채가 기술자로서의 면모를 가려왔을 따름이다.

이렇게 해서 묵자는 초나라의 야욕을 멋지게 꺾었다. 그는 지체 없이 행장을 꾸려 노나라로 되돌아왔다. 돌아오는 길에 송나라를 지나게 되었다. 송나라 변경의 성문 앞에 이르렀을 때 갑자기 광풍이 몰아치면서 천둥과 번개가 쳤다. 그러더니 이내 접시를 깨뜨릴 정도의 기세로 큰비가 쏟아지기 시작했다. 묵자는 성문 안으로 들어가 비를 피해볼 생각으로 성문을 두드렸다. 아, 그런데 이게 웬일인가? 송나라 변경의 성문은 묵자에게도 철옹성이었다. 송나라에는 이미 비상계엄이 떨어진 상태였고, 거동이 수상한 묵자를 성안으로 들여놓을 리 만무였다.

"어디서 온 사람인지, 빨리 증명패를 내놓아보시오. 그렇지 않으면 간첩으로 여기고 잡아갈 것이오!"

성문을 지키는 병사들은 요지부동이었다.

"당신들이 초나라의 공격이 두려워 이러는 모양인데, 이 묵자가 이미 그 문제를 해결하고 오는 길이니 걱정하지 마시오. 그러니 여기서 잠시 비를 피한 다음 떠나도록 하겠소."

그러나 병사들은 막무가내였다. 증명패를 내보이지 않으면 강제로 내쫓겠다는 것이었다. 사실 이 삼엄한 강경 조치도 송나라를 효과적으로 방어하기 위해 다른 사람도 아닌 묵자가 마련해준 법령 가운데 하나였다.

빗줄기는 점점 더 굵어지고 있었다. 병사들을 설득시키지 못한 묵자는 하는 수 없이 미친 듯 몰아치는 비바람 속으로 지친 걸음을 옮겨야만 했다. 피비린내 나는 한바탕 전쟁을 미리 막았다는 것으로 자신을 위로하면서….

귀곡자鬼谷子와 귀곡술鬼谷術

『귀곡자』는 말도 많은 전국시대의 책이다. 그 내용에 대한 칭찬과 비방이 엇갈리고 있는 것은 말할 것도 없고, 그 작자인 귀곡자란 인물의 일생과 출처에 대해서도 여간 말이 많은 것이 아니다.(귀곡자의 활동 시기는 춘추시대 사람이란 설도 있고, 전국시대 사람이란 설도 있다.) 역대로 제자백가들은 각자 자신들의 이해에 따라 이 책을 종횡가縱横家, 병가兵家, 도가道家 또는 음양가陰陽家 등으로 분류했다. 그러나 이런 분류는 중요하지 않다. 정작 중요한 것은 이 책이 지혜와 모략에 관한 책으로 중국 '지모문화智謀文化의 바이블'로 꼽히고 있다는 사실이다.

종횡가들은 귀곡자의 학설을 으뜸으로 떠받들었다. 이 학파는 귀곡자의 학설을 계승했다는 면에서 공이 가장 크다. 종횡가는 모략의 운용을 매우 중시했는데, 그 집대성자인 소진蘇秦은 모략을 충효, 신뢰, 명예는 물론 청렴보다 더 중요하다고 보았다. 사실상 종횡가는 '사람을 다스리는 권모權謀'에 속하는데, 종횡가들은 모략 방면에서 끊임없이 귀곡자의 학설을 풍요롭게 만들었다. 모략 방면에서 종횡가들이 추구한 것은 고高(수준 높게), 심深(깊숙이), 은隱(은밀하게), 닉匿(슬그머니)이다. 종횡가는 귀곡자의 '반변反變' 사상을 매우 존중했다.[4] 귀곡자는 이렇게 말한다.

"그 소리를 듣고자 한다면 반대로 침묵하라. 펼치고자 한다면 거두고, 높이고자 한다면 낮추어라. 얻고자 한다면 반대로 주어라!"

또 이렇게도 말한다.

"오는 것(미래)을 알고 싶으면 먼저 지난 것(과거)을 관찰하고, 지금(현재)을 알고 싶으면 먼저 옛날을 살펴라. 상대를 알고 싶으면 먼저 나를 가늠해라. 따라서 대책을 남김없이 활용할 수 있다면 행동은 틀림없이 성공할 것이다. 사물이나 일에는 반대되는 면이 있으니 그것을 되돌릴 수 있다면 성인의 뜻이다."

귀곡자는 진퇴에서도 모략을 운용하여 "크게 나아가려면 물러나는 것같이 하고, 크게 얻으려면 잃는 것같이 하며, 크게 감추고 싶으면 비어 있는 것같이 하라."고 주장한다. 또 "명성이 드높은 곳에서는 오래 머물기 어렵고" "강자는 과장하지 않고 서두르는 자는 화를 두려워하며" "용기 있는 자는 반드시 후회할 줄 알아야 공을 거둔다."는 대목 등은 처세에서 활용하라고 주장하나, 실제로는 지술智術의 범주를 벗어나지 못했고, 처세철학으로도 성공하지 못했다. 지모서智謀書의 하나로 처세철학과

---

4   귀곡자가 중시하는 '반변'을 굳이 현대어로 풀이하자면 '역발상'과 가깝다고 하겠다.

도덕문화로는 건전하지 못한 것이다.

귀곡자는 계計를 사용할 때는 교묘히 하라고 주장한다. "많은 것은 적은 것만 못하고, 적은 것은 정교한 것만 못하고, 정교한 것은 교묘한 것만 못하다." 귀곡자는 이렇게 말한다.

"무릇 일이 이루어지려면 반드시 술도術道에 맞는지 먼저 살펴야 한다. 따라서 도道, 수數, 시時, 세 가지가 서로 맞아떨어져야 한다. 그런 다음에라야 일이 성사될 수 있고 공을 세울 수도 있다."

계計를 사용하는 목표에 대해 귀곡자는 "군사를 동원하지 않고 적에 승리하고, 공격하지 않고 변방의 성을 항복시키는 데" 있다고 보았다. 이 모든 것들이 계모計謀를 교묘하게 운용한 결과다.

귀곡자는 '박모博謀'를 강구하라고 한다. 즉, 여러 사람의 꾀를 한데 모으라는 뜻이다. 또 '벌모伐謀' 즉, 적의 꾀를 깨뜨리는 방법도 강구하라고 말한다. 그는 "길흉은 계모에 달려 있으며" "다르고 같음을 살피고, 시비를 구별하고, 안과 밖을 보고, 있고 없음을 알고 난 다음 안전과 위기를 결정하는 계획을 베풀어야 한다."고 했다.

종횡가는 특별히 유세술游說術을 강조한다. "여러 사람의 입이면 쇠도 녹일 수 있다." 종횡가들이 유세활동에서 보여준 가장 큰 장기는 이른바 '패합捭闔'이라는 것이다. '패합'이 귀곡자의 학설에서 차지하는 비중은 가장 눈에 띤다. 귀곡자는 말한다. "패捭란 그 상황을 살피는 것이고, 합闔이란 마무리다. 모두 그 비중을 따지고 잘 헤아려야 하는 것으로, 성인은 이것을 고려한다." "패합의 도는 음양으로 시험한다." "음양이 서로 어울리는 것은 패합이 있기 때문이다." 이렇게 패합의 도를 활용할 수 있는 사람이 곧 성인이다. 그러나 후대인들은 종횡패합을 흔히 유세가들과 결부시켜 이야기했다.

종횡가들은 대대로 계승과 발전을 거치면서 유세에 필요한 구체적인 기교를 개괄하여 여러 가지 기술을 제안했는데, 대표적인 것들을 늘어놓으면 아래와 같다.

췌揣: 탐색을 통해 상대방의 은밀한 감정을 헤아린다. 인간의 속마음과 겉으로 표현되어 나오는 것은 늘 관계가 있다고 보는 것이다.

"상대가 아주 기뻐할 때를 골라 그 욕망을 극대화시켜라. 그에게 욕심이 있다면 그 감정을 숨길 수 없을 것이다. 또 아주 두려워하고 있을 때를 택해 그가 꺼려하는 것을 끝까지 밀어붙여라. 그에게 꺼려하는 바가 있다면 그 감정을 숨기지 못할 것이다. 감정과 욕심은 변할 수밖에 없다. 느낌이 오는데도 그 변화를 모르는 자와는 상종을 하지 말라. 무릇 감성은 그 내면에서 변화하여 밖으로 그 모습을 드러낸다. 그러므로 어떤 일은 그 나타나는 바를 보고 숨어 있는 것이 무엇인지를 알아내야 할 수밖에 없다. 이것이 이른바 '측심췌정測深揣情'이니… 따라서 선왕의 도가 있고 지혜로운 성인의 꾀가 있다 하더라도 감정을 헤아리는 '췌정揣情'이 아니면 감추어져 살필 수 없다. 이것이 꾀의 근본이며 말하는 법法이다."

마摩: 이 역시 유세에 없어서는 안 될 방법이다. 종횡가들은 '외마外摩'가 '내부內符'에 반응할 수 있다고 본다. "장작을 끌어안고 불길로 뛰어들 때 마른 장작이 먼저 타고, 평지에 물을 뿌리면 축축한 쪽이 먼저 젖는다."는 이치다. 외부에 대한 쓰다듬기 또는 모색(외마)을 통해 내재적 본질(내부)을 헤아린다는 것이다.

세勢: 유세 때에도 마치 전쟁 때처럼 모종의 '태세態勢'라는 것이 조성되기 마련이다. 실제로는 사회에서의 자리나 능력에 도움을 받는다. 종횡가는 귀곡자의 말을 빌려 세勢란 이해를 결정하고 임기응변을 가능하게 하는 위력이라고 말한다. 다음은 한비자의 말이다.

"재목인데도 세가 없으면 비록 현명하다 해도 못된 놈들을 통제할 수 없다. 걸 임금은 천자로 천하를 통치했지만 현명하지 못했고 세는 무거웠다. 그러나 요 임금은 평민으로 집안을 바로잡지도 못했고 자리도 비천했다."

이 또한 후세인들이 권좌를 추구하게 된 원인이다.

극隙: 약점, 구멍 또는 틈을 가리키는 말이다. 귀곡자는 말한다.

"하늘과 땅이 떨어지고 만나며, 시작하고 끝나는 데에는 반드시 틈이 있기 마련이어서 살피지 않으면 안 된다."

자신의 틈(약점)을 방어하고 상대의 틈을 공격하는 것은 투쟁에서 흔히 사용하는 방법이다. 또한 반간계反間計(간첩)가 성공을 거두는 이론적 근거가 되었다.

선오후합先忤後合: 역시 유세에서 일쑤 사용하는 방법이다. "어떤 계획에서 양자가 충실하지 못하면 반드시 어긋나기 마련이다. 저쪽이 합쳐지면 이쪽은 어긋나는 법이다." 계속되는 귀곡자의 말이다. "하루 종일 전전했는데도 만나지 못하는 것은 합치는 것에 신경을 쓰지 않았기 때문이다. 멀리서 들었는데 생각이 같으면 함께 꾀해야 한다." 유세 때는 늘 종합하는 자세를 갖추라고 주장한다. 설사 먼저 어긋났더라도 나중에라도 반드시 종합해야 하며, 부분적으로 어긋나더라도 전체는 합쳐져야 한다. '합合'이 있어야 비로소 '통제'할 수 있다.

차借: 내게 모자란 것을 다른 사람에게서 빌려 오는 방법이다. 역시 유세 때 필요하다. 종횡가들은 옛날 말을 빌려 이렇게 말한다. "장수도 빌리고 꾀도 빌리고, 못 빌릴 것은 없다. 빌리는 묘미는 저쪽 것을 뒤집어 내 것에 갖다 붙이는 데 있고, 저쪽으로 흐르는 국면을 내가 주관하는 국면으로 만드는 데 있다. 심지어는 적으로부터도 빌릴 수 있다. 직접 나서 힘쓸 필요 없이 앉아서 일이 돌아가는 것을 보며, 손쓰기 어려운 일도 다른 사람의 손을 빌릴 수 있다."

결絜: 앞서 거론한 '극隙'과 상반되는 방법이다. 유세 중에 한편으로는 적과 '결'하는 척하면서 한편으로는 자신을 '결'한다. 『귀곡자』에는 "계모를 활용함에 공公(공개)이 사私(은밀)만 못하고, 사는 결만 못하다. 결하면서 틈이 없는 것이다."라고 되어 있다. '결'은 흔히 '용계用計'와 관련을 가진다.

저희抵巇: 종횡가들은 이렇게 주장한다. "세상에 막을 수 없으면 깊이 숨기고 때를 기다린다. 때가 오면 막을 수 있으니 그것을 위해 꾀한다." "처음에 틈이 보여 막을 수 있으면 틀어막고, 제지할 수 있으면 물리치고, 제지할 수 있으면 쉬고, 감추고 또 행한다. 이것이 이른바 '저희'의 이치다." 막는다는 저抵는 틈을 뜻하는 희巇에 대한 말이다.

비겸飛箝: 본래는 담판에서 요점을 움켜쥐고 "날아갈 듯한 말로 꽉 틀어쥔다."는 뜻이다. 방법을 강구해서 상대를 제압한다는 뜻이기도 하다. 귀곡자의 말을 빌리자면 "그 말을 단단히 엮어 새지 않게 해야 한다. 종횡으로 통제하고 사방으로 끌어대기를 반복한다."는 것이다.

양권量權: "크기를 재고, 많고 적음을 따지고, 재물의 있고 없음을 달고, 백성이 많은지 굶고 있는지를 헤아릴 수 있다면 무엇이 모자라겠는가? 지형이 험한지 어떤지를 분별할 수 있다면 누구에게 유리하고 누구에게 해롭겠는가? 생각을 꾀함에 누가 낫고 누가 모자라겠는가? 군신 간의 가깝고 멂에서 누가 현명하고 누가 불초한가? 손님을 대하는 예의가 누가 남고 누가 모자라는가? 천하의 화복을 관찰함에 누가 길하고 누가 흉한가? 제후의 친척들 중 누구를 쓰고 누구를 쓰지 않겠는가? 백성의 마음의 변화를 헤아림에 누구를 편안하게 하고 누구를 위태롭게 하고 누구를 좋아하고 누구를 미워하는가? 그 반대이면 누가 편하고 누가 알겠는가?" 아울러 '양권'과 인정에 호소하는 '췌정揣情'을 함께 연계시켜 "반드시 천하의 저울추를 가늠하고 제후의 감정을 살펴야 한다."고 주장한다.

복웅伏熊: 곰이 웅크리고 있듯이 계획을 숨겨두는 것을 가리키는 말이다.

주밀周密: 어떤 방법과 모략은 반드시 새어나가지 않게 주도면밀하게 감추어야 한다는 뜻이다.

기機: 기회나 만남 같은 것을 뜻하는 말로 유세 성공의 중요한 관건이 된다. '기'는 "쉽게 보이나 알기는 어려운" 것이다. 보면 아주 가깝지만 알려고 하면 아주 멀다.

미微: 귀곡자의 주장에 따르면 "미세한 움직임이라도 알아채고" "징조가 나타나기 전에 알며" "형체가 드러나기 전에 살펴야" 한다. 피차 알아채지 못하는 것은 '신神'이다. 또 이렇게도 말한다.

"미미할 때 제거해버리는 것은 실마리를 감추어버리는 것이며, 형체나 감정을 숨기고 멀리하는 것이다. 그러고도 상대가 모르기 때문에 근심 없이 그 일을 성사시킬 수 있다."

기奇: 말이나 문장에서 기발함을 요구하는 것이다. 귀곡자의 말이다.

"(남의 말을) 듣는 데서는 총명함이 중요하고, 지혜에서는 밝음이 귀하며, 말이나 글에서는 기발함이 필요하다."
"꼿꼿함은 기발함만 못하다. 기발함이란 계속 흘러 멈추지 않는 것이다."

유誘: 대개는 지혜를 겨룰 때의 유혹, 즉 이끈다는 뜻을 가리킨다. 그래서 "성인이 이끌면 어리석은 일이건 지혜로운 일이건 모두 의심하지 않는다."고 말한다.

미迷: 가상을 만들어 상대를 어지럽게 만드는 것이다. 옛말에 "독수리가 먹이를 공격하려 할 때는 날개를 움츠리며, 맹수가 먹이를 잡으려 할 때는 귀를 세우고 몸을 낮춘다. 움직이되 그 움직이는 것을 알지 못하게 하고, 멈추되 그 멈추는 것을 눈치채지 못하게 하는 것은, 드러내지 않는 방법을 사용하기 때문이다."라고 했다.

좌左: '좌'는 돕는다는 뜻이다. 어떤 대상을 도와 자기 또는 남에게 소속시키는 것이다. 내게 속하게 만든다는 것은 대상을 도와 상대가 가지지 못하게 하는 것으로

'권재술圈才術'이라 한다. 남에게 속하게 하는 것은 그를 도와 가지려 하는 자로 하여 금 갖게 하는 것이다. 이는 훗날 인재를 끌어들이는 책략술로 발전했다.

역逆: 종횡가들이 가장 꺼려하는 것이 바로 '역'이다. 그래서 귀곡 선생은 "간섭하 여 거슬러서는 안 된다. 거스르면 성공한다 해도 끝내는 실패하고 만다."

모순矛盾: 귀곡자는 "막고, 물리치고, 쉬고, 감추고, 얻고" 등과 같은 개념들을 동 원하여 이 모순을 해석하고 있다. 또 "찢고, 나아가고, 있고, 드러내고, 잃고" 등과 같 은 개념들로 모순을 공격한다. 이는 마치 어찌해볼 길 없는 함정에 빠졌을 때 적절한 방법을 모색해서 모순 상황에서 빠져나온다는 말과 같다.

결決: 결단이라는 뜻이다. 유세가는 늘 일이 돌아가는 낌새를 살펴서 결단을 잘 내려야만 한다. 이에 대해 귀곡자는 말한다.

"왕이나 힘 있는 사람들의 일은 그것이 위험하더라도 명분이 서면 결단해야 한다. 힘들이지 않게 쉽게 성사시킬 수 있다면 즉시 결단해야 한다. 힘들고 어렵지만 어 쩔 수 없다면 역시 결단해야 하며…."

유柔: 유세가는 특별한 인내심을 갖추지 않으면 안 된다. 노자는 "부드러움으로 딱딱함을 이긴다."고 했는데 이는 소극적인 기다림이다. 그러나 종횡가의 '이유극강以 柔克剛'은 주동적이고 공격적인 개념이다. 때와 이치를 맞추어 적시에 설득이라는 목 적을 이루어낸다.

모謀: 대개는 구체적인 계획을 가리키는 말이다. 그래서 종횡가들은 한결같이 "일을 계획할 때는 지극해야 한다."고 말한다.

반응反應: 역시 담판 기교에 속하는 말이다. 귀곡자의 말을 들어보자. "말이 합리적이지 못할 때는 그와는 반대로 나가라. 반드시 반응이 올 것이다."

부언符言: 유세가들은 "말을 내뱉으면 그 말이 부합하는지 반드시 증명하려고 한다."고 한다.

내첩內揵: 대체로 말하는 기교로 받아들이고 있는 개념이다. 어떤 사람은 심리적 공격으로 이해하기도 한다. 예컨대 미인계 같은 것으로, 미인계는 감정으로 상대를 무너뜨리는 것이다.

전하기로는 손빈孫臏과 방연龐涓이라는 두 걸출한 군사 전문가가 귀곡자의 학생이었다고 한다. 그래서인지 세상 사람들은 귀곡자의 학설을 병가 계통으로도 다룬다. 그러나 『귀곡자』라는 책은 그 주요 내용으로 볼 때 전문적인 군사 저작이라고는 할 수 없다. 주된 내용은 유세에 대한 이야기들이기 때문이다. 하지만 그중에는 모략 문제가 대량으로 언급되어 있기 때문에 군사 활동의 여러 방면과 통하고, 종횡술 또한 군사와 밀접한 관계에 있다. 따라서 이 책은 군사가들에 의해 아주 중시되었다. 병가와 귀곡자의 학설이 서로 들어맞기 때문에 이 책이 전해지는 과정에서 병가의 내용이 많이 섞여 들어갔다. 이러한 문화와 학술들이 쌓여 귀곡자 학설의 내용을 한층 풍부하고 충실하게 만들었다.

『귀곡자』는 전편을 통해 모략의 운용을 체현하고 있다. 병가는 늘 이러한 지혜와 모략을 군사 활동에 적용했다. 그러나 이러한 모략들이 실제 전투와 직접 관계되지 않기 때문에 병가들은 할 걸음 더 나아가 귀곡자의 모략을 이해함에 군사 원칙들을 갖다 붙였다.

『귀곡자』는 그 내용이 복잡하지만 주요 부분은 유세술을 담론한 것이다. 전반부 11장은 주로 유세에서 지혜를 겨루는 과정의 모략과 기교의 운용을 이야기하고 있다. 모략의 작용을 강조하면서 '음도양권陰道陽權'을 치켜세우고, 지혜 겨루기와 그 대응법을 자세히 소개하고 있다. 『귀곡자』의 내용은 오늘날의 심리학, 논리학, 언어학 등과 같은 방면의 지식까지도 언급하고 있다. 그중 일부 모략과 기교는 국가정책, 군사전략, 외교투쟁, 기업경영, 인간관계 등등의 영역에서 활용이 가능하다.

귀곡술은 선진시대 종횡가들의 오랜 실천 활동의 총결산으로, 그중에는 경험에 바탕을 둔 설도 많고 객관적 원칙에 부합하는 이치들도 많다.

중국 역사상 많은 사람들이 종횡가의 '패합술捭闔術'을 운용하여 온갖 정치집단 사이를 오고갔다. 정치, 경제와 군사 무대에서 활약하며 투쟁의 형세를 좌우했으며, 놀라운 담력과 지혜 그리고 재능을 펼쳐 보이며 뛰어난 명성을 남겼다. 풍운을 질타했던 이런 인물들 중 일부는 『귀곡자』를 직접적인 무기로 삼기도 했다. 물론 『귀곡자』로부터 직접적인 이익을 받지 않은 사람들도 있지만 귀곡자의 학술사상은 일종의 문화 형태로 이들에게 자신도 모르는 사이에 잠재적인 영향을 주었다. 수천 년 동안 귀곡자의 학설은 줄곧 유세가들에 의해 존중되었고 또 다른 학파에도 영향을 미쳤다.

그러나 수천 년 동안 중국의 봉건 통치자들은 대부분 유가를 정통으로 삼아왔고, 또 『귀곡자』라는 책이 도덕 관념상 편협한 정통 도덕과는 반대 입장에 서 있었기 때문에 많은 사람들이 그 값어치를 알면서도 감히 나서서 칭찬하지 못했으며, 귀곡자의 원칙을 써먹으면서도 감히 인정하지 못했다. 속담을 빌리자면 "늙은 중이 구운 오리고기를 먹고도 먹었다 말 못 하는" 것과 같다고나 할까?

귀곡자의 모략은 주로 유세에 관한 것이고, 유세를 위한 것이다. 그러나 유세 대상이 전국시대의 여러 나라였기 때문에 모략의 출발점은 대부분 각국의 이익이었고, 모략의 층차는 아주 높아서 각국과 연계된 전체 국면의 정략 내지 전략과 밀접한 관계를 갖고 있었다. 게다가 모략 자체가 적응 능력이 아주 강한 분야이기 때문에 귀곡자의 유세모략은 국가정략, 군사전략, 외교투쟁, 경제정책의 결정, 인간관계 및 기타 중요한 활동에 두루 적용되었다.

중국 역사상 풍운을 질타한 수많은 인물들이 귀곡자의 모략을 국가 정치집단 또는 경제집단 간의 투쟁에 활용하여 스펙터클한 장편 서사시를 연출해냈다.

─ 정치

귀곡술이 비록 유세에 관한 것이긴 하지만 그중에는 정치 방면의 내용도 언급되어 있을 뿐만 아니라 일부는 직접적인 정치모략에 속한다.

「췌정편揣情篇」에서 귀곡자는 이런 말을 하고 있다. "나라 일을 도모하는 사람은 신중하게 형세를 가늠해야 한다. 군주를 대상으로 유세할 때는 상황을 면밀히 분석해야 한다." "천하를 제대로 통치하려는 사람이라면 천하의 형세를 저울질해야만 한다."

「마의편摩意篇」에는 이런 내용이 보인다. "성인의 모략은 은밀히 진행되기 때문에 '신神'이라 하는 것이다. 하지만 결과는 공개적으로 성공을 얻기 때문에 '명明'이 된다. 일을 차츰차츰 성공 쪽으로 처리해나간다." 몰래 덕행을 쌓아 인민들이 어떻게 이런 이익을 얻게 되었는지 모르게 인민들을 편안하게 하며, 말없이 선행을 쌓아 왜 이렇게 되었는지 모르는 사이에 인민들이 좋은 운명을 얻게 한다. 그렇다면 천하는 너 나 할 것 없이 이렇게 성공한 일을 두고 '신명神明'이라 할 것이다. 이는 실제로는 자신의 통치권을 오로지 지키는 것으로, 모략이란 의미에서 볼 때 '덕정德政'이다.

귀곡자의 정치모략 또한 당시 사회의 흐름이라 할 수 있는데, 그 당시 맹자도 '보민이왕保民而王', 즉 백성을 보호하는 자가 왕 노릇을 할 수 있다는 주장을 내세웠다.

이 모략은 사실 "백성을 보호하고 편안하게 하는" '보인안민책保人安民策'이다. 역대 명군과 유능한 재상들은 모두 이 정책을 입국의 근본으로 삼았다. 국가의 경제가 발전해야 백성을 안심시키고 정치도 평정을 이룰 수 있다. 『귀곡자』에 보이는 정치모략의 정수는 '양민養民(백성을 넉넉하게 만듦)', '화인化人(백성을 교화함)' 및 '이우윤택以雨潤澤(비를 내리듯 백성을 윤택하게 함)'과 같은 정치 주장들이다. 이러한 주장은 매우 감동적일 뿐만 아니라 다른 학파들의 설과 비교해도 나름대로 독특한 매력을 풍긴다.

『귀곡자』가 군주와 관련하여 제기한 모략 원칙도 자못 돋보인다. 우선 군주를 명군明君, 중군中君, 폭군暴君으로 나누고, 이에 맞추어 세 가지 보좌 방식과 그 결과를 지적해내고 있다. 정치에 종사하는 문제에서 귀곡자는 천하에 일이 있으면 나아가 세상을 건지고, 일이 없으면 몸을 숨기고 수양하라고 주장한다. 정치 참여에 대해서는 다음과 같은 논리를 제기한다. 능력 있는 명군을 보좌할 때는 신하들의 모략에 귀를 기울여야 하지만 의견을 제출할 때 논쟁이 있게 해서는 안 된다. 보통의 중군을 보좌할 때는 의견 제출 때 논쟁이 있을 수 있지만 중상모략과 아부가 있어서는 안 된다. 폭군을 보좌할 때는 그저 보조에만 머물러야지 그가 잘못을 고치고 바르게 돌아오기를 기대해서는 안 된다. 『귀곡자』라는 책이 완성된 뒤로 세 유형의 군주는 역사상 수없이 나타났고, 이와 함께 군주를 섬기는 몇 가지 방식도 여러 차례 선보였다.

- 군사

『귀곡자』는 "군대를 이끌 때는 인민이 두려움을 느끼지 않도록 천천히 적을 물리치고 승리할 수 있어야 한다."고 주장한다. 지혜롭고 용기 있는 자는 몰래 군사전략을 계획하는데 이를 '신神'이라 부르고, 공개 상황에서 승리를 얻는 것을 '명明'이라 한다고 했다. 요컨대 군대를 동원해 승리를 거두는 사람은 늘 직접 무력을 동원하지 않은 상황에서 작전을 펼치며, 재물을 소모하지 않는 상황에서 작전을 펼쳐 백성들로 하여금 자신이 전쟁 때문에 힘을 쓰고 있다는 사실을 모르게 하고 두려움을 갖지 않도록 한다는 의식이다.

귀곡자는 지혜와 용기가 없는 자는 군대를 동원해 싸울 수 없다고 말한다. 군사 활동에서 지혜와 모략의 운용을 특별히 강조한 것이다.

"군대를 동원하되 사람들이 두려워하지 않게 한다."는 원대한 모략사상을 중국 역사상 성공적으로 운용한 사람은 극히 드물다. 왜냐하면 이것이 바로 전제이자 조건이 되어야 하기 때문이다. 한 무제 유철劉徹, 당 태종 이세민李世民, 명 성조 주체朱棣 등이 세운 업적 정도가 이러한 평가 기준에 어느 정도 들어맞을까? 그들이 『귀곡자』란 책을 읽었건 아니건 간에 이 역사적 인물들은 통치 기간에 상당히 오랫동안 나라를 편안하게 다스렸다. 군대와 무력을 동원하지 않고 변방을 안정시켰으며 인민의 생활을 안정시키면서 강자와 승자의 자태로 우뚝 섰던 인물들이었다.

『귀곡자』에서는 모략을 '원략圓略'과 '방략方略' 두 가지로 나누고 있다. 『손자』는 기세氣勢를 만들라고 주장하면서, 차분히 멈추기 쉬운 '방方'과 원활하게 움직이는 '원圓'을 거론하면서 둥근 돌을 만 길이나 되는 높은 산 위에 올려놓고 아래로 굴리듯이 작전을 지휘하라고 충고한다. 그리고 귀곡자는 원략과 방략을 적절히 구사하면 큰 공을 이룰 수 있다는 견해를 제기했다.

– 외교

『귀곡자』 중의 모략은 외교를 위한 것이라 해도 지나친 말이 아니다. 천하를 잘 통치하는 사람은 천하의 형세를 가늠해야 하며 각 제후국들의 상황을 장악해야만 한다.

『귀곡자』는 상황을 십분 이해하는 전제 하에서만 비로소 외교모략을 운용할 수 있으며, 먼저 모략을 운용한 뒤 다시 구체적인 외교 수단을 운용하는 데 특별한 주의를 기울이라고 주장한다. 오합술忤合術의 운용을 거론하면서 귀곡자는 "오합술은 천하에 운용할 수 있지만 반드시 천하 정세를 재고 난 다음 베풀어야 한다. 나라에 운용할 때도 마찬가지며 집안에 운용할 때도 마찬가지다. 또 자기 몸에다 적용할 때도 자신의 재능과 기세를 가늠한 다음 베풀어야 한다."고 말한다. 법술을 어디에 쓰든 반드시 먼저 전면적으로 상황이나 기세를 가늠해야 할 필요성이 있음을 알 수 있다. 『귀곡자』각 편의 모략은 모두 외교투쟁에서 운용할 수 있는 것들이다. 일부는 정치나 군사 방면에 직접 관련된 내용이지만 외교투쟁을 비유하고 있다. "일을 주관하여 하루 만에 이루되 사람들이 알지 못하게 한다."는 말이나 "군대를 일으켜 하루 만에 승리하되 사람들이 두려워하지 않도록 한다."는 대목 역시 외교투쟁에 응용될 수 있는 것이다. 또한 은밀히 모략을 베풀고 공개적으로 취한다는 '음도양취陰道陽取'나 정공법이 기발함만 못하다는 '정불여기正不如奇' 등도 외교투쟁에 유용한 모략들이다.

특히 주목할 것은 종횡가들이 내세운 외교투쟁의 기본 모략이 합종과 연횡이라는 것인데, 이 모략은 패합의 원리를 기초로 삼고 있다는 사실이다. 『귀곡자』에는 종횡 모략에 대해 여러 차례 언급하고 있다. 「비겸飛箝」편에서 "종횡으로 재갈을 물릴 수 있다."고 했고 「오합忤合」편에서도 "종횡으로 가능하다."고 했듯이 모두 이런 수단을 운용하여 종횡 전략을 추진하라는 뜻이다.

「모려謀慮」편에서는 다음과 같이 주장하고 있다. 겉으로는 친하면서 실제로는 먼 사람에 대해서는 실질적인 문제를 유세하고, 겉으로는 멀지만 실제로는 친한 사람에 대해서는 표면적인 것을 유세해야 한다. 외교투쟁에서는 상대방의 의혹에 근거하여 전략을 바꾸어야 하며, 상대방의 표현에 근거하여 전술을 이리저리 옮겨야 하며, 상대방의 말에 따라 논리를 추리해내야 하며, 상대방의 추세에 따라 조직하고, 상대방의 결함에 근거하여 상황을 좌우하고, 상대방의 근심걱정에 근거하여 물리쳐야 한다. '췌마', 즉 탐색과 모색을 거친 후 위협하고, 치켜세운 뒤 책동하고, 깎아내린 뒤 부축하고, 징표를 준 뒤 그 영험을 맞추어보고, 옹호한 뒤 틀어막고, 어지럽게 한 뒤 갈피를 못 잡게 한다. 이것을 계모計謀 부린다고 한다. 계모의 운용은 공개적인 것보다는 은밀한 것이 낫고, 은밀하기보다는 당을 지어 함께하는 것이 낫고, 이보다는 화목한 것이 낫다. 반듯한 모략보다는 기발한 모략이 낫고, 기발한 모략은 물처럼 멈추지 않고 흐른다. 따라서 군주에게 유세하려면 그와 기발한 모략을 논의해야 하며, 신하에게 유세하려면 사적인 교류를 이야기해야 한다.

─ 인간

혹자는 『귀곡자』를 『손자』와는 다른 '치인병서治人兵書'라고도 말하는데, 그 안에 사람을 다루는 '치인'에 관한 내용이 적지 않기 때문이다. 『귀곡자』는 사람을 상·중·하 세 등급으로 나누고 등급에 따라 계모를 달리 베풀어야만 효과를 거둘 수 있다고 주장한다.

덕 있는 사람은 재물을 가볍게 여기기 때문에 이익으로 그를 유혹할 수 없으나 그로 하여금 돈과 재물을 내놓게 할 수는 있다. 용감한 사람은 위험을 두려워 않기 때문에 두려움이나 근심 따위로 그를 위협할 수는 없으니 위험을 무릅쓰는 임무를 지워주는 것만 못하다. 총명한 사람은 이런저런 큰일의 이치에 밝기 때문에 감정을 자극하는 방법으로 그를 어떤 틀에 가두기란 불가능하며, 그보다는 이치를 밝히는 방법으로 그의 이해를 얻는 것이 옳다. 이런 모략들을 적절하게 응용하면 그들을 효과적으로 통제할 수 있다.

또 이런 지적도 하고 있다. 어리석고 둔한 사람은 속기 쉽고, 불초한 자는 위협하기 쉬우며, 탐욕스러운 자는 유혹에 빠지기 쉽다. 귀곡자는 이렇게 말한다. 사람은 껍질이 단단한 갑각류처럼 자신을 보호하며, 전갈처럼 독침으로 적을 공격할 수 있

다고. "상대를 제압하는 것이 중요하지, 제압 당하는 것은 좋지 않다."

전국시대에 종횡가들은 모략을 통한 외교라고 말할 수 있는 '모교謀交'를 구상했지만 때로는 사람을 도모하는 '모인謀人'의 방법으로 막힌 곳을 뚫을 필요가 있다고 생각했다. '모교'의 과정 또한 '모인'의 과정이라 할 수 있다.

● 귀곡자는 그 존재조차 불투명한 존재다. 그러나 그가 남겼다고 전하는 『귀곡자』에는 실용적이면서 오묘한 모략들로 가득 차 있다. 역대 막료들의 비급秘笈이나 마찬가지였다.

전쟁예술과 병법

서양인이 동쪽으로 눈을 돌려 중국을 보노라면 놀란 토끼 눈이 되는 경우가 많다. 그들의 조상들이 숲속에서 짐승을 잡는 데 몸과 마음을 온통 쏟고 있을 때 중국인은 어엿하게 전쟁 경험을 종합한 책을 내놓았다. 서양인이 중국의 전문 병법서를 번역할 때면 거의 전부가 'Art of War'라는 표현을 사용하는데, '전쟁예술'이란 이 단어 속에는 부러움의 감정이 은근히 묻어난다.

그저 치고받는 싸움에서는 '전쟁예술'이 나올 수 없고, 거기에는 인간의 누적된 경험과 그 경험의 종합이 요구된다. 문무를 겸비하고 음양에 정통했던 강태공姜太公은 병가의 시조이자 후세 병가의 표본 모델이 된 인물이다. 강태공을 놓고 볼 때 병가는 문인, 무장, 지식인이 3위1체가 된 복합형 인재였다.

중국 전쟁예술의 형성은 춘추전국이라는 특수한 시간과 공간을 떼어놓고는 이야기할 수 없으며, 또 백가쟁명百家爭鳴이라는 거대한 문화환경과도 밀접하며, 춘추전국시대에 잦았던 극렬한 전쟁과도 결코 뗄 수 없는 관계에 있다. 바로 그런 문화환경과 사회환경에 기초했기 때문에 '싸움'을 '예술'로 승화시킬 수 있었던 것이며, 병가를 유가·묵가·도가·법가 등 주요한 제자백가와 필적할 수 있는 학문으로 변화시킬 수 있었던 것이다. 자노子魯와 조귀曹劌의 논쟁, 관중管仲과 웅려熊侶의 용병 실천 등은 손자孫子, 오기吳起, 사마양저司馬穰苴, 손빈孫臏 등과 함께 수천 년의 지혜를 한곳에 모은 저술과 완전무결한 용병예술로 승화되었다.

병법은 중국 민족의 수천 년 지혜를 한데 모은 학문으로, 평화로운 시대에서도 그 군사사상과 군사원칙이 경제투쟁과 외교투쟁 같은 기타 사회투쟁의 영역에 적용되어 빛을 발했다.

─ 제자백가가 배출한 병가의 성인: 손무와 『손자병법』

손자, 즉 손무孫武(기원전 약545-약470)는 후세에 병가의 성인 '병성兵聖'으로 칭송받고 있는 인물이다. 그의 저작 『손자병법』은 지금까지 '병가의 바이블' 또는 '병가의 경전'으로 불린다. 『손자병법』은 그 말은 간략하지만 그 뜻은 심오하기 짝이 없어 깊고 높은 철학성을 갖추고 있다. 『손자병법』은 구체적으로 전쟁 문제를 토론한 문장은 극히 적고 나머지는 '원칙'을 가지고 전쟁 문제를 바라보고 있다. 『손자병법』은 전쟁이라는 인류의 사회현상을 토론하고 있을 뿐만 아니라 전쟁이 인류의 본질에 미치는 속성들을 간파하고 있기 때문에, 오늘날 전쟁이란 행위에 앞서 진지하게 참고해야 할 지침이 된다. 나아가 정치, 경제, 체육 등과 같은 여러 활동을 할 때도 이로부터 계발을 얻을 수 있다.

『손자병법』의 시작인 「계편計篇」은 전쟁의 계획과 준비 등에 대한 것이다. 손자는 전쟁의 승부를 결정하는 다섯 가지 기본 전략을 '오사五事'로 개괄하고 있다.

첫째가 '도道'라는 개념이다. 이것은 인민의 옹호와 인심을 얻은 정도를 가리킨다.

둘째는 '천天'이다. 하늘의 기후와 계절을 가리킨다.

셋째는 '천'과 상대되는 '지地'다. 지형지세를 말한다.

넷째는 '장將'으로, 병사를 통솔하는 장수의 기본 소질을 말한다.

다섯째는 '법法'으로, 조직과 편제로 군관의 직책과 후방 보급을 가리킨다.

전쟁에 앞서 반드시 쌍방의 이 다섯 가지 기본 요소에 대해 반복해서 비교한 다음에라야 비로소 군대를 일으킬 수 있다. 그렇지 않으면 싸움은 난장판이 되고 왕왕 실패를 초래한다. 손자는 '오사'를 제기한 뒤 다시 "병兵이란 '궤도詭道'다."라는 보충 설명을 덧붙이고 있는데, 이 말은 전쟁이란 변화무상하여 인위적으로 거짓 이미지를 만들고 상대를 속이는 방법을 통해 뜻밖의 전략으로 준비가 안 된 상대를 공격한다는 뜻이다. 이렇게 하면 모자라는 전쟁 실력을 크게 보완할 수 있다.

「작전편作戰篇」에서는 전쟁과 국가경제력의 관계를 언급하고 있다. 전쟁의 물질적 기초는 국민경제이자 엄청난 소모를 불러오는 정치 활동이며, 무지막지하게 재물과 인력을 집어삼키는 기기機器로 인식하고 있다. 따라서 손자는 속전속결의 사상을 제기한다. 특히 상대국을 오랫동안 군사적으로 괴롭혀서는 안 된다고 지적한다. 그럴 경우 "군대의 예기는 꺾이고 군수물자는 고갈되어" 만약 제삼자가 그 틈을 타고 쳐들어온다면 유능한 지휘관이 있다 해도 그 결과를 장담하지 못하게 될 것이다. 그러나 어쩔 수 없이 장기전에 돌입할 수밖에 없다면 그 나라의 물자와 식량을 이용하여 자신을 보충하여 국가적 소모를 줄여야 한다고 말한다. 이렇게 해서 상대의 물자를 소모시키거나 낭비시켜 그 경제를 흔들어놓음으로써 자신의 경제를 보충하고 힘을 키울 수 있다는 논리다.

「모공편謀攻篇」의 핵심은 전쟁의 진행 요령을 언급하고 있다는 데 있다. 그저 공격 일변도로 상대를 거꾸러뜨리는 것은 능사가 아니며, 자신의 힘을 보존하고 적의 힘을 완전히 소모시키는 것이 최선이라는 주장이다. 즉, 자신을 보존한다는 전제하에서 적을 철저하게 섬멸해야 적이 반발할 가능성을 완전히 차단하게 된다. 동시에 전쟁이란 정치의 한 수단에 지나지 않는 것으로, 적을 친다는 것이 꼭 무력을 동원하지 않으면 안 되는 것은 결코 아니다. 대군을 동원한다면 설사 백전백승한다 하더라도 최선의 해결책이 될 수 없다. "싸우지 않고 상대의 병력을 굴복시키는" 것이야말로 최고의 묘책이다. 따라서 가장 좋은 방법은 정치모략으로 승리를 얻는 것이고, 그 다음은 외교수단으로 적을 제압하는 것이며, 그다음이 군사를 동원하는 것이며, 가장 모자란 방법이 적의 성을 공격하는 것으로 단단한 것을 공격하는 것은 속전속결에 불리하다. 손자는 전쟁에 앞서 반드시 주도면밀하게 계산을 거쳐 자신의 역량을 파악하고 자기 쪽의 장단점을 정확하게 따져보아야 한다고 주장한다. 그런 다음 최선을 다해 상대를 이해해야 한다. "나을 알고 상대를 알아야" 비로소 백전백승할 수 있다.

「형편形篇」은 주로 작전 형식을 다룬 편이다. 군사 실력을 갖춘 기초 위에서 적절한 작전 형식을 취하라는 것이다. 손자는 이렇게 말한다. 용병의 원칙은 자기 병력이 적보다 우세할 경우 열 배면 포위하고, 다섯 배면 적극적으로 공격하고, 두 배면 적을 분산시켜 각개 격파해야 한다. 적과 나의 역량이 비슷하면 여러 방법을 동원해서 상대방을 압도해야지 기세에 밀려서는 안 된다. 적보다 열세일 때는 퇴각해야 하며, 적보다 약하면 결전을 피해 섬멸당하지 않도록 해야 한다. 공격할 수 있을 때 공격하고, 해서는 안 될 때는 방어 수단으로 자신을 보전할 줄 알아야 한다. 또한 손자는 서둘러 적과 싸워 이기려 해서는 안 된다고 강조한다. 싸움을 잘 하는 사람은 먼저 자신을 패배하지 않을 상태로 만든 다음 싸워 이길 수 있는 시기를 기다린다.

다음 「세편勢篇」은 주로 작전 병력의 부서와 배치를 논하고 있다. 군대를 지휘하는 사람은 군대의 편제와 역할 분담에 의존하여 여러 부분의 행동을 통일하고 보조를 맞추어 전체 역량을 충분히 발휘하게 해야 한다. 이때 정확한 부서 분담과 합리적인 작전 대형이 요구된다. 또 전투 중일 때는 군대를 패하지 않는 상태로 만들어 기병奇兵과 정병正兵을 배합하여 대처한다. 이때 기奇와 정正이란 중국 고대 군사용어에서 흔히 사용하는 한 쌍의 범주로, 정은 일반적 규칙에 따르는 전투의 정식 작전을 말하여, 기란 비상수단을 취하는 것을 가리킨다. 비상수단에는 측면 공격, 포위, 우회, 기습 등등이 포함된다. 손자는 작전부서는 기정의 운용에 다름 아니고, 기정의 변화는 무궁무진할 수 있으므로 어떤 틀이나 교과서식 방식에 얽매여서는 안 된다고 말한다. 기정 운용의 관건은 전장의 태세를 파악하는 데 있으므로 적이 변화하면 나도 변화해야 한다. 끝으로 손자는 결론적으로 다음과 같이 말한다. "군대가 잘 다스려지냐 혼란에 빠지느냐는 지휘 조직의 문제이며, 용기와 비겁은 작전과 세력 포진의 문제이며, 강약은 작전 형식의 채택 문제다. 작전과 세력 포진의 선택이야말로 전쟁의 승부를 가름하는 관건이다."

「허실편虛實篇」은 주로 허실과 주도권의 문제를 다루고 있다. 허실이 함축하고 있는 뜻은 매우 포괄적이어서 병력 부서의 허실과 경중을 가리킬 뿐만 아니라 병력의 많고 적음, 장비의 좋고 나쁨, 사기의 높고 낮음, 준비의 유무, 통일과 문란, 편안함과 피로, 배고픔과 배부름 등 각종 대비와 변화도 포괄하고 있다. 다시 말해 조건이 유리한 것을 실이라 하고, 불리하면 허라 한다. 이에 대해 손자는 다음과 같이 비유하고 있다. 용병이란 물과 같다. 물은 높은 곳에서 낮은 곳으로 흐른다. 용병도 적의 튼튼함을 피해 적의 빈 곳을 공격해 들어가는, 즉 '피실격허避實擊虛'가 되어야 하며, 그러기 위해서는 적의 취약한 곳을 찾아 손을 써야 한다. 먼저 가능한 한 자신을 은폐하는 동시에 적의 상황을 제대로 조사해야 한다. 이때 필요한 것은 폭넓은 정보 수집을 통해 정확한 판단을 내리는 것이다. 만약 정말로 적의 정황을 파악했다면 적이 느슨해져 있을 때를 골라 적절한 방법으로 적을 피로하게 만들고, 적이 배불러 있다면 굶주리게 하며, 적이 편안하게 있다면 자극을 주어 출동하게 만들어야 한다. 요컨대 우리에게 유리한 방향으로 적을 움직이게 만들어 적이 생각지도 못한 곳을 공격하고, 적이 준비하지 못한 곳에 나타나 전력을 분산시킴으로써 적을 섬멸할 수 있는 힘을 집중시키고 전쟁의 주도권을 휘어잡는 것이다. 적을 조종하여 내가 뜻하는 쪽으로 적을 움직이게 만든다. 전쟁터의 주도권은 전쟁의 승부를 가름하는 핵심으로 누가 주도권을 쥐느냐에 따라 열세를 우세로 바꿀 수도 있고 모든 상황을 활력 있게 조종할 수 있게 된다. 반대로 주도권을 빼앗기면 병력이 우세하더라도 곳곳에서 두들겨 맞고 끝내는 전체 국면을 그르치게 된다.

「군쟁편軍爭篇」은 군대의 기동성 문제를 주로 다룬 편이다. 전장에서 주도권을 쥐느냐 여부는 군대의 기동성에 크게 좌우된다. 군대가 기동성을 갖추려는 목적은 유리한 형세를 조성하여 승리할 수 있는 조건을 창출하는 데 있다. 군대의 기동성이라는 목적을 달성하려면 곧장 나아가거나 돌아가는 방법을 자유롭게 구사할 줄 알아야 하며, 승리를 위해서는 군대의 기동성을 반드시 유지해야 한다. 이때 길을 달리기를 겁내서는 안 된다. 이렇게 해야 가장 유리한 곳에서 적을 향해 공격해 들어가 승리를 낚아챌 수 있다. 군대의 기동을 유지하는 것은 좋은 일이다. 그렇다고 부대를 지나치게 이리저리 움직여 피곤하게 만드는 것은 위험한 일이다. 기동성을 확보하기 위해서는 지형과 지리를 잘 이용하여 유리함과 불리함을 전체적으로 가늠한 뒤 재차 노력해야 한다.

「구변편九變篇」은 전장에서의 민첩성 문제를 주로 다루고 있다. 임기응변을 이해하지 못하는 사람은 설사 편리한 조건, 적합한 장수와 군사가 있다 하더라도 재물과 인재를 다 활용하지 못해 유력한 조건의 우세를 충분히 살리지 못한다. 한편 변화의 이치를 잘 아는 사람은 불리함을 유리함으로 변화시키고 수동을 주동으로 바꿀 줄 안다. 민첩성 확보는 전장 상황에 대한 전면적인 파악을 전제로 한다. 또 이해관계와

● 병가의 성인, 즉 병성으로 불리는 손무와 그가 남긴 병가의 바이블 『손자병법』은 전쟁을 예술의 경지로 끌어올렸다는 평가를 받고 있다.

정반正反에 대해 종합적으로 살펴 어느 한쪽의 말만 듣거나 믿어서는 안 된다. 손자는 이렇게 생각한다. 장군도 사람이고 사람은 모두 약점을 갖기 마련이기 때문에 그 약점을 잘 움켜쥐면 상대를 골치 아프게 만들 수 있다. 죽음을 두려워하지 않는 자는 방법을 마련해서 죽이면 되고, 죽음을 겁내는 자는 산 채로 잡을 수 있으며, 성질이 급한 사람은 약을 올려 성을 내게 할 수 있고, 청렴결백한 사람은 치욕을 줄 수 있으며, 백성을 사랑하는

사람은 번뇌에 빠지게 만들 수 있다. 손자는 "장수가 외지(전쟁터)에 나가 있으면 군주의 명령이라도 듣지 않을 수 있다."는 유명한 군사 원칙도 제기한 바 있다. 이 원칙의 실제 내용은 장수가 주동적으로 민첩하게 군기軍機를 처리하도록 보장하기 위해서는 전장에서의 변화 상황에 대한 절대 권력을 부여받아 지휘권에 대한 어떤 간섭도 받지 말아야 한다는 것이다. 그러나 이 원칙은 왕왕 야심가들에 의해 엉뚱한 욕심을 채우는 구실로 이용되기도 했다.

「행군편行軍篇」에서 행군의 뜻은 군대의 부서 배치를 포함하는 행군 작전이다. 적의 정세에 대한 판단은 군대의 내부 단결과 장수의 위신을 지켜준다. 손자가 보기에 군대의 부서는 지형과 지세를 잘 이용하는 것이다. 적의 정세를 판단하는 관건은 복잡한 겉모습에서 본질과 진상을 볼 수 있는 데 있다. 위신을 지키고 부대의 단결을 유지하는 관건은 엄격하고 투명한 상벌과 그를 통한 정신교육에 있다.

「지형地形」과 「구지九地」 두 편은 주로 지형의 이용을 다룬 것이다. 지형이 전쟁에 미치는 영향은 대단히 중요한 요소로 인정받아왔다. 지형을 잘 이용하는 자는 지형

의 이점을 빌려 적은 수로도 많은 수의 적에게 승리를 거두어 적지 않은 힘을 보탠다. 손자는 말한다. 나를 알고 상대를 알면 승리할 수 있으며, 하늘과 땅의 이치를 알면 승리는 손 안에 든 것이나 마찬가지라고.

「화공火攻」과 「용간用間」두 편은 주로 구체적인 전쟁 문제를 다루고 있다. 전자는 화공의 종류, 목표, 발사 시기 및 내외 대응의 방법 등을 이야기하고 있다. 후자는 간첩(첩자)의 종류와 중요성을 다룬 매우 귀한 문장이다. 적의 정세를 먼저 알려면 점을 치거나

穰苴斬監

● 군법에 엄정하고 병사들을 제 몸처럼 아꼈던 사마양저는 장수의 리더십의 모범으로 기록은 전한다. 그림은 군법을 어긴 왕의 측근 장고를 처벌하는 사마양저의 모습이다.

귀신에 물어서는 안 되며, 주관적 억측으로 분석해서도 안 되며, 기상 변화 따위에 의지해 함부로 판단해서도 안 된다. 적의 정세는 정보원의 정확한 정보에 의존해야 한다는 지적이다.

─ 충직하고 엄격한 병가의 부처님: 사마양저司馬穰苴

『사마양저병법司馬穰苴兵法』(이하 『사마법』으로 줄여서 부름)은 춘추시대 군사가인 사마양저가 편찬했다고 한다.(사마양저의 생몰 연도는 확실치 않다. 대체로 기원전 6세기 중후반에 활동했다.) 이 병서는 전체적으로 보아서는 『손자병법』만 못하지만 전쟁관과 협동작전이란 면에서 독특한 견해를 보여주고 있다.

『사마법』은 인애仁愛를 근본으로 하고 정당한 방법으로 통치하는 것이 바로 정치라고 지적한다. 정치가 목적을 이루지 못할 때는 권세를 사용하게 되는데, 권세는 전쟁이라는 수단에 호소하는 것으로 중화中和와 인애에서 나오는 게 아니라는 것이다.

전쟁의 본질을 잘 드러낸 대목이라 할 수 있다. 『사마법』은 정치에서의 전쟁의 위치를 지적하면서, 나라가 크고 부강하더라도 전쟁을 좋아하여 무력을 고갈시키면 망할 수밖에 없으며, 천하가 안정되어 있더라도 전쟁을 잊는다면 역시 멸망을 초래할 것이라고 생각했다. 따라서 전쟁이라는 수단은 경거망동해서는 안 되며, 한순간이라도 마음을 놓아서는 안 되는 '특수한 정치'다. 『사마법』은 나아가 전쟁의 본질이라는 문제를 정면으로 건드리고 있다. 사람을 보호하기 위해 사람을 죽일 수는 있다. 그 나라에 쳐들어가 그 백성을 지키는 것 또한 정당하다. 만약 전쟁으로 전쟁을 제지하자는 것이라면 이런 전쟁은 권장되어 마땅하다. 마찬가지로 전쟁이 정당하려면 그 목적은 전쟁과 살육을 저지하는 데 두어야 한다. 이처럼 『사마법』은 전쟁을 정의로운 전쟁과 그렇지 못한 전쟁의 두 종류로 나누고 있다.

작전의 조직과 협동이라는 문제에 대해서도 『사마법』은 독특한 견해를 내놓고 있다. 각종 병기는 그 특성에 따라 각자 기능을 갖는다. 작전 때에는 각종 병기를 군사의 수나 능력에 맞게 조직적으로 안배하여 협동적으로 무기의 효능을 보다 잘 발휘할 수 있게 해야 한다. 왜냐하면 각종 무기는 나름대로 장점이 있어 적절히 배합해야만 비로소 효과를 볼 수 있기 때문이다. 예를 들어 장병기와 단병기를 잘 배합하여 긴 것으로 짧은 것을 호위하고 짧은 것으로 긴 무기를 보완해야 한다. 활과 긴 창도 마찬가지다. 활을 가진 자는 엄호가 없기에 적과 마주치면 속수무책이다. 따라서 긴 창을 가진 군사가 막아주어야 한다. "병기가 서로 섞이지 않으면 불리하다."는 말이 이것이다. 병기를 적절히 배합하여 사용하지 않으면 작전에 불리하다. 여러 병기를 고루 사용하면 상대가 쉽게 꺾을 수 없다.

『사마법』의 조직 협동관은 시대적 한계가 있어 병기의 배합 사용에만 국한되어 있다. 그러나 협동관에서 나오는 효율성은 보편적이어서 오늘날처럼 고도로 현대화된 전쟁에서도 협동은 없어서는 안 될 원칙이 되며 모든 군사 전문가들에 의해 중시되고 있다. 육·해·공군을 동시에 동원하는 현대전은 다양한 병기로 협동 작전을 수행하는 전형적인 본보기다.

– 신출귀몰, 예측불허의 병가의 신산: 손빈孫臏

손빈(생몰연도는 미상이고 대체로 기원전 4세기 중후반에 활동했다.)은 손무의 후예이자 귀곡자의 제자로 전국시대 중기 제齊나라의 이름난 군사가다. 그는 불구의 몸으로 수많은 전쟁에서 승리를 거둔 입지전적인 인물이다.『손자병법』이 전쟁을 철학으로 승화시켰다면, 손빈은 전쟁을 예술로 끌어올렸다. 변화무상하고 예측 불허의 전쟁을 통해 무궁무진한 흥미를 얻을 수 있는 예술로 승화시킨 것이다.

역사적 사실에서는 말할 것도 없고, 허구에 찬 민간 전설 속에서도 손빈은 지혜와 예술적 경지에 오른 전술을 구사하여 승리를 거둔 사람이다. 세상에 나오기 전 스승 귀곡자 밑에서 공부한 경력, 세상에 나온 직후 당한 비극적 역경, 그리고 그 이후의 실전과 빛나는 승리 등이 모두 예술적 색채가 농후한 한 편의 드라마였다. 이런 역경이『손빈병법』속에 고스란히 녹아 있다.

손빈은 병력의 강함과 약함, 많고 적음은 상대적 개념이므로 적절히 활용하고 처리하면 적은 수로도 많은 수를 물리칠 수 있고, 약한 전력으로도 강적을 이길 수 있다고 말한다.

손빈은 전략상 '필공불수必攻不守'라는 유명한 군사 원칙을 제기했는데, 늘 공격적 자세를 취해야지 단순하게 방어에만 집착하다가는 수동적으로 얻어터지고 말 것이라는 적극적 논리다. 이런 공격적 전략은 현대 군사 전문가들이 너 나 할 것 없이 떠받드는 이론이 되었다.

'귀세貴勢'는 손빈 용병술의 일대 특색으로 작전 태세에 중점을 두고 있다. 이는 자신에게 유리하고 적에게는 불리한 작전 태세를 이용하고 창조하는 데 중점을 둔 논리다. 손빈은 이렇게 강조한다. '세勢'는 죽은 것이 아니다. 그것은 사람이 창조하고 사람이 안배할 수 있는 것이다. 전쟁 태세의 유리와 불리는 마치 천하 만물에 생사가 있고 유능과 무능(불능)이 있듯이 영원히 존재하는 객관적 사실이다. 전쟁에 참여한 사람은 형세에 따라 전쟁의 주도권을 장악해야 하며, 가능한 모든 기회를 이용하여 자신에게 유리하고 적에게는 불리한 태세를 만들어내야 한다. 유리한 태세를 창조하여 전장의 주도권을 장악하면 바둑판의 돌들을 모두 살려낼 수 있다.

손빈은 진법의 변화와 운용에 대해서도 큰 공을 세웠는데, 보병을 위주로 하여 기병과 전차로 보완하는 진법 이론을 처음으로 수립했다. 그 결과 중국 냉병기冷兵器 시대의 가장 완전하고 기본적인 진법론을 창출해냈다. 손빈 이후의 진법은 변화와 적용이라는 면에서 기본적으로 손빈의 범주를 벗어나지 못했다.

손빈의 맞수이자 손빈을 모함하여 불구로 만든 방연龐涓은 귀곡자 밑에서 동문 수학한 사이였다. 공부하는 기간에 방연은 늘 손빈에 뒤졌고, 이 때문에 방연은 손빈을 시기하고 질투했다. 방연은 손빈보다 먼저 하산하여 위魏 혜왕惠王에게 발탁되어 장군에 임명되었다. 그는 여러모로 자신보다 뛰어난 손빈의 하산이 두려웠다. 자신의 출셋길에 장애가 될 것이라고 판단했기 때문이다. 그는 은밀히 손빈을 위나라로 초빙했다. 그러고는 충직하고 순진한 손빈의 성격을 이용하여 그를 모함한 뒤 손빈의 무릎 아래 뼈를 발라버리는 혹형을 가해 폐인으로 만들었다. 이 이야기는 민간에 널리 퍼져 모두 잘 알고 있을 것이다.

불구의 몸이 된 손빈은 묵가 제자들의 도움을 받아 위나라에 온 제나라 사신을 따라 몰래 제나라로 빠져나갔다. 제나라에 온 손빈은 이내 제나라 군주와 신하들의 신임을 한몸에 받았다. 당시 제나라 위왕威王은 국력을 키우기 위해 심혈을 기울이고 있던 차라 유능한 인재를 후하게 우대했다. 하지만 손빈은 불구의 몸으로 제나라를 위해 아무런 공을 세우지 못했다면서 관직을 사양하고 언젠가 기회가 오면 제나라를 위해 힘을 다하겠다는 약속만을 했다. 그로부터 얼마 뒤 그는 작은 사건이었지만 자신의 재능을 발휘할 기회를 갖게 되었다.

당시 제나라 사람들은 경마를 좋아하여 매번 큰 상금을 걸고 내기를 했다. 시합은 세 판으로 치르는데, 경기 참여자가 각각 상·중·하 세 등급의 말에다 표시를 하고 순서대로 내세워 상대편 말과 맞붙이는 방식이었다. 대장군 전기田忌의 말은 위왕의 말보다 실력이 떨어져 경기 때마다 내기에 졌다. 어느 날 한가한 시간을 보내고 있던 손빈이 우연히 경마를 구경하게 되었다. 이번에도 전기의 말은 위왕의 말에 패해 돈을 잃었다. 경마를 구경하던 손빈은 전기에게 또 한번 시합을 청하라면서 천금이라는 거금을 내기에 걸라고 했다. 필승의 묘책이 있다는 말투였다. 손빈을 굳게 신뢰해 오던 전기는 두말없이 손빈의 말에 따랐다. 손빈은 전기의 말에 붙인 등급 표시를 바꾼 다음 하등 말을 위왕의 상등 말과 맞붙이고, 중등 말은 위왕의 하등 말과, 상등 말은 위왕의 중등 말과 맞붙였다. 시합 결과는 2:1로 전기의 승리였고 천금을 땄다. 승리를 믿어 의심치 않았던 위왕은 뜻밖의 패배에 의혹을 감추지 못했다. 그러자 전기는 손빈의 꾀를 위왕에게 일러주었다. 위왕은 "이 사소한 일만 놓고 보더라도 선생의 재능을 충분히 짐작할 수 있겠구려."라며 감탄을 연발했다.

한편 방연이 장수로 있는 위魏나라는 단번에 삼진三晉(한韓·조趙·위魏)을 집어삼킬 기세로 뻗어나가고 있었다. 조나라는 스스로를 지키기 위해 공격이 최선의 방어라는 방침을 정해 위魏의 속국인 위衛를 공격했다. 그러나 즉각적인 위魏의 반격에 직면했다. 조나라에는 방연에 대적할 만한 인물이 없었고, 수도 한단邯鄲이 포위되는 절체절명의 위기에 처하고 말았다.

다급해진 조나라는 제나라에 구원을 요청했다. 제나라 위왕은 전기에게 명령하여 손빈을 군사軍師로 삼고 8만의 군대로 조나라를 구원하도록 했다. 명령을 받은 전기는 즉시 군사를 몰아 한단으로 내닫고자 했다. 조나라와 함께 안팎으로 공격하여 한단의 포위를 풀려고 한 것이다. 손빈의 생각은 달랐다. 그는 이리저리 얽히고설킨 실타래를 풀기 위해서는 냉정하게 천천히 실마리를 찾아야지 성급하게 아무 줄이나 당겼다간 실 전체가 꼬이고 말 것이라고 충고했다. 싸움을 피하려면 싸움에 끼어들지 말아야 한다는 논리였다. 손빈은 적의 정세를 분석했다. 지금 위와 조는 죽기 살기로 싸우고 있다. 위의 정예군은 모두 조의 한단 공격에 투입되어 국내는 텅 비어 있는 것이나 마찬가지다. 따라서 우리는 곧장 위의 수도 대량大樑으로 쳐들어가는 것이 옳다. 대량은 위의 군대가 반드시 구하러 달려오지 않으면 안 되는 곳이다. 방연은 당연히 군대를 돌려 대량을 구하기 위해 달려올 것이고, 우리는 도중에 기다렸다가 방연을 공격하면 한단의 포위를 푸는 것은 물론 적도 가볍게 물리칠 수 있는 일거양득의 성과를 거둘 것이다.

손빈의 이러한 분석에 전기는 감탄하지 않을 수 없었고, 곧장 군대를 몰아 대량으로 쳐들어갔다. 제나라 군사들은 지나는 길마다 큰 소리를 지르며 다녔다. 위나라 사람 모두가 상황을 알게 하자는 심산이었다. 아나나 다를까, 위 혜왕은 어쩔 줄 몰라 하며 급히 방연에게 명령을 내려 한단의 포위를 풀고 돌아와 대량을 구원하도록 했다. 방연은 지체 없이 군대를 돌려 쉬지 않고 대량을 구하러 달려왔다. 손빈은 일찌감치 위나라 군대가 거쳐가지 않으면 안 되는 길목인 계릉桂陵에 정예군을 매복시켜놓고 방연의 군대가 지치기를 기다리고 있었다. 사람도 말도 모두 지쳐버린 방연의 군대가 계릉에 들어서자 갑자기 복병이 사방에서 쏟아져 나와 닥치는 대로 위나라 군사를 공격하기 시작했다. 교전은 오래가지 않았고, 방연은 포로가 되고 말았다. 이것이 병서에 기록된 저 유명한 '위위구조圍魏救趙(즉, 계릉전투)'의 전말이다.

계릉의 전투가 끝난 뒤 손빈은 원수를 은혜로 갚는다는 생각에서인지, 지난날 함께 동문수학했던 정을 잊지 않아서인지, 그도 저도 아니면 그의 사람이 담대해서 인지는 몰라도 방연을 풀어주었다. 여기에는 패배를 인정하지 못하겠다는 방연의 뻔

뻔한 태도도 작용했던 것 같다. 방연은 풀려났고, 그것이 또 한 차례의 제·위 전쟁을 불러일으키는 계기가 되었다.

방연이 위나라로 돌아온 지 얼마 뒤 제나라 내부는 권력 투쟁으로 장군 전기가 파직되고 손빈도 따라서 군사계를 떠났다. 이 소식을 접한 방연은 기세등등하게 군대를 이끌고 사방으로 다니면서 전쟁을 일삼았다. 이 무렵 제나라는 위왕이 죽고 그 아들 선왕宣王이 즉위하여 전기와 손빈을 다시 기용했다. 그러나 방연은 이 사실을 까맣게 모른 채 대군을 거느리고 한나라로 쳐들어갔다. 한나라 군대는 방연을 당해 내지 못하고 제나라에 구원을 청했다.

군사를 동원해 한을 구원할 것이냐를 놓고 제나라 장수와 재상 사이에 의견이 갈라졌다. 상국 추기鄒忌는 구원에 반대했다. 괜히 남이 질러놓은 불속에 뛰어들어 화를 자초할 필요가 있겠느냐는 지극히 현실적인 주장이었다. 한편 전기는 서둘러 구원하자고 주장했다. 한이 위의 수중에 들어가는 날에는 위가 막강해져 제나라에 좋을 것이 하나 없다는 논지였다. 두 사람의 주장은 팽팽하게 맞섰다. 이 광경을 지켜보던 손빈은 가만히 미소만 짓고 있었다. 손빈의 이러한 태도가 의아했던지 모두들 말싸움을 멈추고 손빈을 주시했다.

"만약 지금 즉시 달려가 한을 구원한다면 위나라 군대의 기세가 워낙 강해 이는 마치 한을 대신해서 적과 싸우는 것이나 마찬가지인 상황이 되고 말 것입니다. 반면에 구원하지 않는다면 한이 적의 손에 들어가 위를 막강하게 만들어주는 꼴이 됩니다. 지금으로서 최선책은 은밀하게 한의 구원 요청을 들어준다고 하여 한의 마음을 안정시켜 가능한 한 오래 버티게 만드는 것입니다. 그런 다음 슬며시 군사를 출병시켜 쌍방이 다 지치기를 기다렸다가 손을 쓰면 힘은 반만 들이고 효과는 몇 배를 거둘 수 있을 것입니다."

제 선왕은 두말없이 손빈의 계책에 따랐다. 구원을 확인한 한의 군대는 원병을 믿고 결사적으로 저항했다. 비록 다섯 번 싸워 다 패하긴 했지만 위나라 군대의 손실도 이만저만이 아니었다. 한나라가 더 이상 버티기 힘들다고 판단되었을 때 전기와 손빈은 10만 대군을 출동시켜 또 한번 위나라 수도 대량으로 쳐들어갔다. 이 소식에 깜짝 놀란 방연은 서둘러 군대를 철수하고 대량으로 회군했다. 대량과 한나라는 비교적 가깝기 때문에 회군의 속도도 빨랐다. 수도에 즉시 주력군이 보충되었고, 위왕은 별도로 태자에게 10만 대군을 이끌고 나가 제나라 군대와 싸우도록 했다.

위나라로 진군하던 손빈과 전기는 정세를 다시 분석했다. 지금의 군사적 역량으로는 위나라를 당해낼 수 있으나 위나라가 평소 제나라 군사를 깔본다는 점을 이용하여 적을 유인하는 작전을 쓰기로 했다.

제나라 군대는 위나라 군사와 맞닥뜨리면 싸우는 척하다가 도망치기를 반복했다. 지난날의 패배가 아직도 가슴 깊이 박혀 있던 방연은 감히 뒤쫓지 못하고 멀리서 지켜볼 수밖에 없었다. 첫날 방연은 제나라 군영에 10만 개가량의 야외취사용 가마솥이 있는 것을 파악했다. 그런데 둘째 날에는 가마솥이 5만 개로 줄고, 3일째는 3만 개로 줄어들었다는 것을 발견했다. 방연은 제나라 군사들이 도망치기 급급하여 탈영자가 속출하고 있다고 판단했다. 이에 태자 신申에게 보고했다.

"일찍이 제나라 병사들의 담이 작다는 것을 알고는 있었지만 이렇게 심할 줄은 미처 몰랐습니다. 우리가 겨우 3일을 추적했는데 도망자가 반을 넘었으니 이런 겁쟁이들이 어찌 우리에게 맞설 수 있겠습니까?"

기가 오를 대로 오른 방연은 중장비병과 보병은 남겨둔 채 가볍게 무장한 기병 2만 명만 거느리고 밤을 달려 제나라 군대를 뒤쫓았다. 계릉의 치욕을 씻을 절호의 기회가 온 것이다.

방연이 덫에 걸려들었음을 확인한 손빈은 그래도 돌다리도 두드려보고 건넌다는 식으로 일부러 패한 척 위장했다. 군기를 아무데나 내팽개친 채 단숨에 제나라 영내로 철수하여 마릉馬陵에다 정예병을 숨겨놓고 방연이 미끼를 물기만 기다리고 있었다.

마릉은 길이 좁고 지세가 험한 곳이다. 양옆이 산으로 둘러싸인 협곡인 데다가 숲이 우거진 지형 조건이었다. 손빈은 궁수 1만 가까이를 도로 양옆 숲속에다 숨겨놓고는 저녁 무렵 누군가가 불을 높이 치켜들

● 불구의 몸으로 수많은 전쟁에서 승리를 거둔 손빈은 전쟁을 예술로 끌어올린 인물로 평가받는다.

면 그 불빛을 향해 무조건 화살을 퍼부으라고 일렀다. 손빈은 또 길 위쪽 눈에 가장 잘 띄는 큰 나무에다 "방연이 오늘 이 나무 밑에서 죽는다."라는 글을 새겨놓게 했다.

어둑어둑 땅거미가 지자 과연 방연이 경기병을 거느리고 손빈이 예측한 그 시간에 마릉의 도로 위에 나타났다. 전방을 관측하던 군사가 길이 큰 나무와 돌로 막혀 있다고 보고했다. 방연은 말을 몰아 그곳으로 달려갔다. 순간 길 위의 큰 나무에 무슨 글자 같은 것이 보였다. 궁금해진 방연은 병사에게 횃불을 밝혀 확인하게 했다. 글자를 보는 순간, 방연은 자신이 함정에 빠졌음을 직감했다. 그와 동시에 화살이 비오듯 쏟아지기 시작했다. 방연도 화살에 맞아 탄식하며 쓰러졌다. 이어 제나라 군사들이 좌우에서 물밀듯 달려 나왔다. 우왕좌왕 어찌할 바를 모르고 위나라 병사들은 하나둘 쓰러졌다. 잠시 뒤 제나라 군대는 큰 힘 들이지 않고 위나라 군대를 깨끗하게 전멸시켰다. 전기와 손빈은 지체 없이 위나라 군대를 추격하여 후속 부대를 무찌르고 태자 신을 포로로 잡았다. 10만 이상이 전사한 위나라는 더 이상 힘을 펴보지 못하고 쪼그라들었다. "가마솥을 줄여가며 적을 속인" 이른바 '감조기적減灶欺敵'의 고

사는 이렇게 탄생했고, 이른바 '마릉의 전투'는 중국 군사상 전형적인 전투의 하나로 길이 전해지고 있다.('감조기적'은 "가마솥을 줄여가며 적을 유인한다"는 '감조유적減灶誘敵'으로도 많이 쓴다.)

명가名家의 함정과 궤변술

세상을 다스리는 일을 놓고 벌어진 논쟁에서 가장 눈길을 끄는 것은 명변사조明辯思潮라 할 수 있다. '명분과 실질'의 관계라는 이 커다란 철학상의 문제와 사회현실의 문제를 둘러싸고 제자백가들이 앞다투어 등장해서 서로 격렬한 이론 논쟁을 펼쳤다. 이 논쟁판은 꽤나 오랫동안 진행되었고 그 규모도 전에 없이 대단했다. 그런데 이 마당에 시종 중심 역할을 했던 학파가 있었으니 그들이 바로 명가名家라는 학파였다.

소위 '명가'란 명분과 실질의 관계를 핵심으로 놓고 '이름'이란 개념에 대해 토론하고, 이를 다시 깊고 세밀하게 분석하여 '공명책실控名責實(명분과 실질이 부합한다는 뜻)'이란 학설을 주장하는 것을 그 기본 특징으로 하는 학술사상의 유파였다.

명가학파의 창시자는 춘추말기의 등석鄧析(기원전 545-501)이며, 그 후 잇달아 세 개의 기본 학파가 형성되니, 송윤宋尹 학파(송형宋鈃과 윤문尹文이 중심이 된 학파), 혜시惠施 학파 그리고 공손룡公孫龍 학파가 그것이었다. 이 세 파의 학설이 보여주는 내용과 각자 갖고 있는 기본적인 사상 경향으로 볼 때 그들은 다시 인문주의, 과학주의, 논리주의로 나누어볼 수도 있다.

인문주의는 인간의 행위와 사회현상을 주요 연구대상으로 삼는 철학 학설이다. 명가학파에서 이 특징을 집중적으로 보여주는 학파가 송윤 학파다. 이 학파의 사상이 세계의 본질과 자연계에 대한 탐구를 언급하고 있긴 하지만, 주체라는 면에서 볼 때 이 학파가 관심을 기울이는 대상의 중심은 인간이며 또 인간의 행위 내지 사회 전체에 주목한다. 명실 관계를 기점으로 하여 '공명책실'을 제창하며, 끝내는 가능한 한 싸움을 피하라는 '후전금투後戰禁鬪'라는 정치적 주장과 만인이 평등한 이상사회의 실현을 위해 논리를 펼친다. 따라서 이 학파의 학설은 기본적으로 사람과 사회에 대한 궁극적인 관심을 실현하고 위대한 인문정신을 실현하는 데 있다고 말할 수 있다. 인문人文은 인사人事이며 사회社會다. 바로 이런 의미에서 이들을 명가학파 중에서도 인문주의 학파라 부르는 것이다.

과학주의 학파는 명가학파 중에서도 혜시 학파를 가리킨다. 이 학파는 송윤 학파와는 뚜렷한 차이를 보인다. 이 학파는 인간사나 사회 내지 정치에는 관심이 없고 자연계의 본질과 각종 현상에 대한 연구에 눈을 돌린다. 혜시의 견해 중에는 당시의 자연과학과 자연철학의 견해를 넘어선 것이 허다하다. 말하자면 혜시는 탁월한 자연과학자이자 자연철학자였으며 또한 논리학자이기도 했다. "하늘과 땅이 무너지지도 않고 꺼지지도 않는 까닭과 바람·비·천둥·번개의 원인" 같은 자연과학의 이치를 탐구하고 토론했다. 그는 우주공간의 유한과 무한, 물체 운동의 본질 등과 같은 자연철학의 중대한 과제를 연구했다. 따라서 그의 학설에는 과학정신이 가득 차 있었다. 바로 이런 의미에서 보자면 혜시 학파의 학식이 곧 중국 고대 사상사에서 최초의 과학주의 학파라 할 수 있는 거의 완벽한 근거를 확보한 셈이며, 또 명가학파 중의 과학주의 학파로 부르는 것이 당연하다.

논리주의 학파는 명가학파 중에서 공손룡 학파를 가리킨다. 공손룡의 학설은 인간사와 사회를 주요 연구 대상으로 하지 않으며, 자연계에 주의를 돌리지도 않는다. 지성적 사유와 논리의 문제를 힘들여 탐구하고 토론한다. 그는 지성적 논리를 다른 지식의 영역으로부터 떼어내어 하나의 독립된 지식과학으로 만들었다. 공손룡은 지성적 사유와 논리 문제에 대한 깊은 연구를 통해 지성적 논리에 관한 동일률同

一律 등과 같은 사유의 기본 규율론을 제기함으로써 비교적 계통적인 개념 학설을 창립했다. 그래서 우리는 공손룡 학파야말로 명가학파의 논리주의 학파라 부르는 것이다. 이 책에서 우리는 막료학의 지모문화와 관련이 있는 논리주의 학파를 주로 검토 대상으로 삼을 것이다.

제자백가 중에서도 명가는 그 나름의 지독한 말솜씨에 바탕을 둔 치밀한 분석력으로 세상에 이름을 떨쳤다. 명가는 유가·묵가·도가·법가·음양가 등과 나란히 당시 그 입지가 대단했던 학파였다. 명가의 인물들은 대부분 세속에 울분을 품고 있는 사람들로, 다른 사람은 감히 하지 못하는 말들을 거침없이 내뱉고, 다른 사람은 의심하지 않거나 못 하는 것을 과감하게 의심하고 들어갔다. 중국 최초의 계몽사상 유파라 말할 수도 있다. 그러나 바로 그 점 때문에 제자백가 중에서 그 운명이 가장 불행하고 또 가장 비참했다. 명가를 대표하는 인물들은 피살당하거나 쫓겨나는 등 그 처지가 이루 말할 수 없을 정도로 고통스러웠다. 그 학설의 운명은 더욱 비참하여 '궤변'이니 '괴설'이니 하는 말로 왜곡되고 배척당했다. 그로 인해 명가의 학설은 제자백가의 뭇 학설들 중에서도 가장 먼저 명맥이 끊어지고 말았다. 이러한 사실은 도덕道德, 지모智謀, 처세處世라는 3대 문화체계에서 어느 한쪽에만 치우쳐서는 안 되며 이 셋을 종합적으로 운용해야만 조화와 균형에 이를 수 있음을 의미한다.

명가의 저술은 풍부했지만 세상에 전하는 것은 극히 드물다. 우리가 지금 접하고 있는 명가사상은 거의가 다른 제자백가의 저서에 단편적으로 기록되어 있는 것에 지나지 않는다. 게다가 그 단편적인 기록들에는 다른 학파들의 편견과 배척의 기운이 스며들어 있어 현존하는 대체로 완전한 명가의 저서라 하더라도 대개는 후세 사람이 거짓으로 편찬한 것이거나 진위를 가리기 힘든 벅찬 논쟁이 기다리고 있는 자료들뿐이다. 그중 비교적 진실한 명가의 경전으로 공인받고 있는 『공손룡자公孫龍子』조차 불완전하기는 마찬가지다. 이처럼 후세 사람들이 명가학설의 전모를 살피기란 무척 힘들다.

그러나 조각조각 남아 있는 명가사상의 자료들을 통해 우리는 여전히 그 사상의 심오함과 방대함을 강하게 느낄 수 있다. 특히 논리학에 대한 명가의 공헌은 중국 문화는 물론 세계 문화의 보물창고들 중에서도 좀처럼 얻기 힘든 찬란한 사상의 보배와도 같다. 또 명가사상의 상당 부분은 이미 실용적으로 조작할 수 있는 지모가 되어 중국인의 기본 요소로 융화됨으로써 지금까지 이어져오고 있다고도 말할 수 있다.

– 도도한 웅변의 정치 모략가: 혜시惠施

혜시(기원전 약370-약310)는 전국시대 중기 명가를 대표하는 인물의 한 사람이자 이름 난 정치가였다. 명가의 다른 인물들과 비교할 때 혜시의 지위는 단연 두드러져 위魏나라 재상을 오래 지냈을 뿐만 아니라 역사상 한 획을 그은 '합종合縱' 정책의 입안자이자 실천가이기도 했다.[5]

혜시는 정치모략이 탁월한 정치가이면서 걸출한 웅변가였다. 한번은 위나라 왕이 혜시와 서수犀首에게 각각 초나라와 제나라에 사신으로 다녀올 것을 명령했다. 똑같은 의례를 갖추어 두 나라에 보내서 두 사람이 받는 대우를 근거로 하여 위나라에 대한 관계가 어떠한가를 판단하려는 것이었다. 사절에 대한 예우가 높을수록 위나라에 대한 관계를 중시하고 있다는 뜻이 되기 때문이었다. 혜시는 위왕의 의도를 정확하게 간파하고 있었다. 그래서 출국에 앞서 미리 초나라로 사람을 보내 위왕의 의도를 초왕에게 알렸다. 그 결과 혜시가 초나라 도성에 도착하자 초왕이 몸소 교외까

---

5   이하 혜시의 행적은 다른 기록들과 대조해볼 때 역사적 사실과는 많이 다르다는 점을 미리 언급해둔다. 혜시의 언변과 논리에 초점을 맞추고 읽으면 크게 문제가 될 것은 없다.

지 나와 가장 정중한 예절로 혜시를 환영했다. 혜시가 이렇게 한 목적은 한편으로는 위·초 두 나라의 관계를 강화하기 위해서였고, 또 한편으로는 초나라에서 자신의 영향력을 과시하여 위나라에서의 자신의 지위를 다지기 위해서였다. 이런 절묘한 수를 서수는 미처 생각하지 못했다.

혜시의 웅변 재능이 유감없이 드러난 것은 백규白圭 등과의 논쟁을 통해서였다. 백규는 당시의 명사로 위나라를 방문한 적이 있다. 혜시가 방금 도착한 그를 찾아가 나라를 강하게 만들 수 있는 이치에 대해 한바탕 연설을 해서 백규의 말문을 막히게 만들었다. 이 일로 매우 성이 난 백규는 혜시가 돌아간 뒤 다른 사람에게 다음과 같이 혜시를 비난했다.

"어떤 사람이 새로 막 신부를 맞아들였다. 갓 시집온 이 색시는 도리에 따른다면 시댁에서 차분하게 자중하며 며느리로서의 법도를 지키는 것이 옳지 않은가? 그런데 새색시가 불을 때고 있는 하인에게 불길이 너무 세다고 나무라고, 문지방 근처에 웅덩이 같은 것이 있다고 해서 사람을 시켜 말이 다칠지도 모르니 웅덩이를 얼른 메우라는 등 사사건건 집안일에 간섭한다면, 이것이 시댁에게는 득이 될지 모르나 갓 시집온 새색시 입장에서는 지나친 일 아닌가? 지금 혜시가 나와의 첫 대면에서 이와 같이 나를 한바탕 훈계하고 갔으니 어찌 지나치다 하지 않겠는가!"

이 이야기를 들은 혜시는 이렇게 말했다.

"그렇지 않다. 『시』에서 말하길 군자의 덕이란 길고도 커서 백성의 부모가 될 수 있다고 했다. 부모가 자식을 교육시키는 데 어찌 이런저런 이치가 있을 수 있단 말인가? 대체 무슨 근거로 나를 새색시에다 비교한단 말인가? 『시』에서 길고 큰 덕성을 갖춘 신부에 대해 말하기라도 했단 말인가?"

백규는 위나라에 오자마자 혜시와 좋지 않은 관계를 맺었다. 그래서 위 혜왕 앞에서 혜시를 비방했다.

"제구帝丘에서 제가 큰 정鼎으로 닭을 삶는데 거기에다 물을 잔뜩 부어버리면 싱거워 먹을 수가 없으며, 물이 적으면 제대로 삶아지지 않았습니다. 그렇게 되면 이 큰 솥은 보기에는 크고 아름답지만 아무짝에 쓸모가 없습니다. 혜시의 말은 마치 이 큰솥과 같습니다."

이에 대한 혜시의 반박은 이러했다.

"그렇게 말할 수 없다. 삼군의 장수와 병사들이 굶주린 채 큰 정鼎 옆에서 기다리고 있는데 마침 밥을 찌는 더 큰 시루를 찾았다. 그렇다면 큰 정은 더 이상 필요 없는 것인가?"

혜시가 한 말의 뜻은 이런 것이었다. 자신의 말은 크게 사용될 수 있는 대용大用이지 쓸모없는 무용無用이 아니라는 것. 혜시는 백규의 비유를 교묘하게 이용하여 백규를 반박한 것이다.

그러나 이 말을 듣고 난 다음에도 백규는 혜시의 말을 이해하지 못하고 혜시의 약점을 잡았다고 생각하고는 계속해서 "소용없는 물건이라면 차라리 시루 위에 올려 놓고 밥을 찌는 데다 사용하면 그만이겠다."라며 기고만장했다.

백규는 이 논쟁으로 혜시를 골탕 먹일 생각이었지만 공교롭게도 스스로 자기모순에 빠지고 말았다. 왜냐하면 그는 본래 큰솥은 아무 짝에 쓸모가 없다고 말했는데 이번에는 큰솥이 밥을 찌는 역할을 한다고 인정해버렸으니 말이다. 자, 이제 혜시의 말을 다시 한번 되새겨보자. 삼군의 장수와 병사들이 굶주리고 있을 때 큰솥이 나타났다. 이런 큰솥은 작은 작용을 할 수 있을 뿐만 아니라 큰일도 할 수 있는 것이다. 바로 이것이 혜시가 자신의 말은 대용大用이라고 한 본래의 뜻이다.

광장匡章이란 인물도 위나라 중신의 한 사람으로 여러 차례 혜시에게 공격을 퍼부었다. 마릉馬陵 전투에서 제나라에 패배한 뒤 혜왕은 혜시를 불러 몸소 전군을 거느리고 제나라를 공격하여 마릉의 패배를 설욕하겠다고 했다. 혜시는 그 판단은 큰 잘못이라며 당장 중지하라고 말렸다. 만약 또다시 패하는 날에는 국가의 원기가 크게 상해 싸울 수도 없어 더 이상 나라를 지키지 못할 것이라 생각했기 때문이다. 혜시는 제나라에 복수하는 가장 좋은 방법으로 다음과 같은 책략을 제시했다. 우선 거짓으로라도 패배를 인정하고 제나라에 사신을 보내 초나라를 자극하여 분노를 불러일으킨다. 그리고 다시 초나라에 사신을 보내 제·초 두 나라의 관계가 갈라지도록 유세한다. 이렇게 한 다음 오랫동안 힘을 비축해온 초나라를 부추겨 방금 전쟁으로 많은 상처를 입은 제나라를 공격하게 하면 틀림없이 제나라는 초나라에 패할 것이다. 이렇게 해서 마릉에서의 패배를 설욕하고, 휴식의 시간을 가지면서 전쟁으로 입은 위나라의 상처를 치료한다. 이는 당시 위나라가 취할 수 있는 최선의 방책이었다. 혜왕도 혜시의 말을 받아들였다. 과연 초왕은 위나라가 초에는 조회를 드리지 않고 제에는 드리는 것을 보자 위가 제의 협박을 받았기 때문이라고 생각했다. 그래서 왕이 몸소 대군을 거느리고 서주徐州 전투에서 제나라를 크게 물리쳤다.

그러나 광장은 처음부터 혜시의 이러한 건의에 제동을 걸고 나섰다. 혜시가 제나라 왕을 왕으로 떠받드는 이러한 '존왕尊王'의 주장은 혜시 자신이 일관되게 외쳐온 '거존去尊', 즉 특정한 나라의 왕을 왕으로 떠받는 것을 없애자는 주장과 정면으로 어굿난다고 여겼기 때문이다. 이리하여 두 사람 사이에 격렬한 논쟁이 벌어졌다.

"당신의 주장은 존왕을 없애자는 것이었다. 그런데 지금 당신은 제나라 왕을 왕으로 받들자고 하니 언행이 이렇게 모순될 수 있는가?"

"지금 이런 사람이 있다고 합시다. 어쩔 수 없는 상황에서 하는 수 없이 아들의 머리를 쥐어박지 않으면 안 되는 그런 사람 말이오. 그런데 사랑하는 아들의 머리 대신 돌로 대체할 수 있단…."

"돌로 사랑하는 아들의 머리를 대신한단 말이오? 어떻게 그럴 수가!"

"나 같으면 돌로 아들의 머리를 대신할 수 있소이다. 아들의 머리는 소중하고 돌은 보잘것없기 때문에 보잘것없는 것을 때려 소중한 것이 다치지 않도록 하자는데 왜 안 된단 말이오?"

"제나라 왕이 끊임없이 전쟁을 일으키는 목적이 무엇이라 보시오?"

"제왕이 그렇게 하는 것은 크게 보아서는 칭왕이고 그다음은 패자가 되고 싶어서일 거요. 지금 제왕을 왕으로 받들려는 정책은 오로지 전쟁을 멈추게 하여 백성들을 죽음의 구렁텅이에서 빼내 수명을 연장하려는 것이오. 이것이 돌로 사랑하는 자식의 머리를 대신한다는 뜻이오. 그런데 왜 안 된다는 것이오?"

광장은 제나라 왕을 왕으로 떠받드는 것과 왕으로 떠받는 것을 없애자는 주장 간의 모순을 이용하여 혜시의 정책이 잘못되었음을 지적하고자 했다. 그러나 혜시는 "돌로 자식의 머리를 대신한다."는 비유로 자신의 정책이 지향하는 목적은 나라와 백성을 전쟁의 도탄으로부터 구하는 데 있음을 설명한 것이다. 그 결과도 혜시의 정책이 위나라에게 가장 큰 이익이었음이 입증되었다.

위에 든 예만 보더라도 혜시의 언변 능력은 충분히 입증되었을 것이다. 그런데

● 명가의 대표주자 혜시의 논리는 상대 논리의 허점을 찾아 절묘하게 반박하는 것을 큰 특징으로 한다. 이때 그가 구사한 비유는 오늘날 설전이나 토론에도 얼마든지 활용할 수 있는 것들이다. 『장자莊子』에는 혜시가 장자의 친구이자 말상대로 자주 등장한다.

우리는 여기서 혜시의 변론이 갖는 중요한 특징 하나를 어렵지 않게 발견할 수 있다. 그것은 다름 아닌 그가 비유를 교묘하게 잘 이용하여 자신의 관점을 논증하고 있다는 점이다. 이러한 방법을 당시에는 '비譬'라 불렀는데 현대 논리학에서 말하는 '유비類比(비유 등을 통해 쉽게 설명하는 방법이자 논리)' 같은 것이다.

이러한 특징은 그 당시 사람들도 눈치를 챘던 모양이다. 그래서 어떤 사람이 위왕에게 "혜자(혜시)의 담론은 비유를 매우 잘 활용합니다. 대왕께서 만약 그에게 비유법을 사용하지 못하게 하면 모르긴 해도 그는 어떤 담론도 잘 해낼 수 없을 것입니다."라고 말했다.

이튿날 위왕은 혜시를 보자 "선생께서는 앞으로 담론할 때 비유법을 사용하지 말고 직접 화법을 사용하도록 하시오."라고 말했다. 그러자 혜시는 다음과 같이 응수했다.

"지금 어떤 사람이 '탄彈'이 무엇인지 모른다고 합시다. 그래서 '탄의 형상이 어떻게 생겼습니까?'라고 물었습니다. 그런데 우리가 '탄의 형상은 탄같이 생겼어.'라고 대답했다면 질문을 던진 그 사람에게 '탄'이 무엇인지 알게 했다고 할 수 있겠습니까?"

"그야 당연히 '탄'이 무엇인지 모르겠지."

"자, 그렇다면 우리가 '탄의 형상은 활처럼 생겼고 대나무를 줄로 삼지.'라고 대답했다면 그 사람은 탄의 형상을 알게 될까요?"

"그렇게 말하면 알게 되겠지."

"논증이라는 것이 본래 상대방이 이미 사용한 비유를 가지고 상대방이 모르는 것을 설명하는 것이며, 그렇게 해서 모르는 것을 알게 하는 것입니다. 지금 대왕께서 비유법을 사용하지 말하는 것은 논증을 하지 말라는 것이나 마찬가지니 안 될 말입니다."

위왕은 혜시가 논증한 비유의 이유를 듣고 매우 탄복하며 "당신 말이 옳고, 당신 말이 옳소."를 연신 내뱉었다.

당초 위왕은 혜시에게 담론 때 비유법을 사용하지 못하도록 했는데, 혜시는 역으로 또 한번 비유법을 교묘하게 사용하여 비유를 사용할 수밖에 없는 까닭을 설명하면서 비유가 논쟁에서 차지하는 중대한 작용과 의의를 밝힌 것이다. 수준 높은 혜시의 논변 기교와 비유가 숙련된 논리적 방법을 통해 충분히 체현되고 있다.

— 절세기재의 실의失意와 매몰埋没: 공손룡

공손룡公孫龍(기원전 320-250)은 자가 자병子秉이고 조趙나라 출신으로 알려져 있다. 전국시대 혜시의 뒤를 이은 명가의 또 다른 걸출한 인물이다. 중국 고대 사상사에서 공손룡의 위치는 그가 논리학에 미친 중대한 공헌으로 결정되었다.

공손룡은 별다른 벼슬을 가진 적 없이 평생을 주로 조나라 평원군平原君 집에서 식객으로 있으면서 모사 역할을 한 것으로 보인다. 이는 그가 학술 연구에 힘쓸 수 있는 좋은 환경과 조건이었다. 그의 정치적 주장은 "천하를 두루 사랑하자."는 '겸애천하兼愛天下'의 주장으로, 전쟁을 반대하고 전쟁을 중지하자는 '언병偃兵'을 제창했다. 그러나 그의 주장은 정치적으로 거의 어떤 작용도 일으키지 못했다.

공손룡의 평생 행적 중에서 가장 중요한 것은 당시 유명세를 타고 있는 각 학파의 대표적 인물들과 벌인 논쟁이었다. 이들과 논쟁을 통해 자신의 학술 사상을 드러냈으며, 뛰어난 언변으로 자신을 이름을 천하에 드날렸다.

공손룡은 민첩한 사유 능력의 소유자로, 젊어서부터 언변에 뛰어난 재능을 보였다. 공손룡이 젊었을 때의 일이다. 한번은 위왕魏王이 사냥을 나갔다가 기러기 떼를 발견하고는 활을 당기려는 찰나 웬 사람이 그 앞을 지나가려 했다. 위왕은 그 사람을 멈춰 세우려 했으나 그는 아랑곳 않고 기러기 떼 앞을 지나갔고, 기러기 떼는 놀라 모조리 날아가버렸다. 화가 난 위왕이 그에게 활을 겨누어 쏘아 죽이려 했다. 이때 위왕의 수레를 대신 몰고 있던 공손룡이 급히 나서며 위왕을 말렸다. 위왕은 더 화가 나서 버럭 소리를 질렀다.

"공손룡! 그대는 어찌하여 임금을 돕지 않고 전혀 알지도 못하는 자를 도우려 한단 말인가?"

위왕의 호통에도 공손룡은 전혀 동요하지 않고 차분히 대꾸했다.

"일찍이 송나라 경공景公 때 큰 가뭄이 들어 점을 쳤더니 사람을 죽여 제물로 바쳐야만 비가 내릴 것이라는 괘가 나왔습니다. 경공은 제단에서 내려와 하늘을 우러러 무릎을 꿇고는 이렇게 말했답니다. '내가 비를 구하는 목적은 백성을 위해서다. 그런데 사람을 제물로 바쳐야 비가 내린다면 차라리 내가 제물이 되겠다!' 경공이 말을 마치자 하늘에서 큰비가 내리기 시작했고, 그 범위는 천리에 이르렀습니다. 왜 그렇게 되었겠습니까? 하늘에는 덕으로, 백성에게는 은혜로 대했기 때문입니다. 지금 임금께서는 기러기를 놀래게 해서 달아나게 했다는 이유로 사람을 죽이려 하시니, 그렇다면 이리나 승냥이와 뭐가 다르겠습니까?"

이 말에 위왕은 공손룡과 함께 수레를 타고 도성으로 돌아왔다. 궁문에 들어서자마자 위왕은 기쁨에 들뜬 목소리로 신하들에게 말했다.

"기쁘도다! 남들은 사냥으로 짐승을 잡는다고 하지만 나는 훌륭한 충고를 사냥해서 돌아왔도다!"

이상은 공손룡의 남다른 말재주를 충분히 드러낸 좋은 본보기의 하나였다. 그러나 공손룡이 뛰어난 언변으로 천하에 이름을 날린 것은 역시 '백마비마白馬非馬'와 같은 명제를 놓고 다른 학파 사람들과 벌인 논쟁에서였다. 그중에서도 가장 유명한 것이 공자의 6대손인 공천孔穿과 벌인 논쟁이었다. 이 사건은 말하자면 명가의 대표와 유가의 대표 사이의 한판 진검승부라 할 수 있었다.

누군가 공천에게 "공손룡이란 자가 보잘것없는 궤변으로 성인의 도를 훼손하고 있는데 선생께서는 어째서 쫓아가 그자에게 반박하지 않습니까?"라고 했다. 이에 공천은 이렇게 답했다.

"성인의 도를 비방하는 일은 온 천하에 다반사로 일어나는데 뭐가 이상하단 말입니까?"
"그렇긴 합니다만 선생께서는 천하의 정도를 위해서라도 공손룡과 담판을 지어야 하지 않겠습니까?"

그리하여 공천은 조나라로 가서 평원군을 찾아 공손룡을 만났다. 공손룡을 만난 공천은 이렇게 말을 꺼냈다.

"저는 노魯나라에 있으면서 선생의 명성을 익히 들어 알고 있었습니다. 선생의 덕과 지식을 매우 흠모하여 언젠가 선생을 스승으로 모시고 문하에서 가르침을 받고 싶다는 생각을 했습니다. 그러나 다른 것은 다 그만두고라도 오직 선생의 '백마비마'

논리에는 찬동할 수 없습니다. 그러니 선생께서 이 논리만 포기하신다면 기꺼이 스승으로 모시겠습니다."

공천은 성인의 위세를 빌려 공손룡에 대응하되, 그 목적은 성인의 도를 훼손한 공손룡의 논리에 반격하고 나아가 공손룡의 '백미비마'라는 궤변을 포기시키려는 데 있었다. 이에 공손룡은 단도직입으로 다음과 같이 대응했다.

"선생의 말씀은 그 자체로 모순입니다. 저의 학설이란 것이 다름 아닌 '백마비마' 논리인데, 지금 선생께서는 저더러 그 학설을 포기하라 하십니다. 그럴 경우 저는 뭘 가지고 선생을 가르칩니까? 제게 선생을 가르칠 그 무엇이 없는데 저에게 배우겠다고 하시니 이것처럼 말이 안 되는 논리가 어디 있답니까? 하물며 제 학생이라면 지혜나 학식 면에서 저보다 못해야 할 텐데, 지금 저더러 '백마비마' 논리를 포기하라 하니 이것은 먼저 나를 가르쳐놓고 나에게 다시 배우겠다는 것이나 마찬가지니 참으로 타당치 못한 논리가 아니고 무엇입니까?"

공손룡은 겸손이 넘치는 공천의 말 속에 "나는 너의 백마비마 논리에 동의할 수 없다."는 뜻이 잠재되어 있음을 확실하게 읽어냈고, 그래서 기지 넘치게 공천의 자체 모순을 드러내버린 것이다. 내친김에 공손룡은 더 말을 이어갔다.

"선생의 저에 대한 가르침은 제나라 왕과 윤문尹文의 대화와 같소이다. 일찍이 제나라 왕이 윤문에게 '나는 선비를 매우 좋아하거늘 우리 제나라에는 어찌된 일인지 선비를 찾아볼 수 없으니 대체 그 까닭이 무엇이오?'라고 물었답니다. 그러자 윤문은 왕에게 이렇게 말했습니다. '여기 군주를 충성으로 섬기고, 부모를 효와 공경을 다해 모시며, 진심과 믿음으로 친구를 사귀고, 마을 사람을 겸손으로 대하는 사람이 있습니다. 이 네 가지 품성을 갖추었다면 선비라 할 수 있겠지요?' 제왕은 당연하다고 답했고, 이에 윤문은 '만약 대왕께서 그런 사람을 얻는다면 신하로 삼겠습니까?'라고 물었습니다. '아 글쎄, 구해도 없다니까!' 제왕은 안타깝다는 듯 혀를 찼습니다. 윤문은 한 걸음 더 나아가 '그런 사람이 저잣거리에서 모욕을 당하고도 싸우지 않았다면 그래도 그 사람을 신하로 삼으시겠습니까?'라고 물었다. '선비로서 모욕을 당하고도 싸우지 않는다면 그것은 치욕이지. 그런 자는 신하로 삼지 않겠네.' 제왕의 대답을 예상이라도 한 듯이 윤문은 미소를 지으며 이렇게 말했습니다. '모욕을 당하고도 싸우지 않았지만 그래도 그 사람은 선비의 네 가지 품성을 결코 잃은 것이 아니지 않습니까? 그런데도 대왕께서는 그 사람을 신하로 삼지 않겠다고 하시니 방금 말씀하신 그 선비는 선비가 아니란 말입니까? 대왕께서는 살인자는 사형에 처하고, 남을 다치게 한 자는 형벌에 처한다는 법령을 가지고 계십니다. 백성들은 이런 법령을 몹시 두려워하기 때문에 모욕을 당해도 감히 싸우지 못하는 것입니다. 이는 대왕의 법령을 엄격하게 지키겠다는 것인데 대왕께서는 도리어 그런 사람을 신하로 삼지 않겠다고 하시니 이는 그 사람에게 벌을 주는 것이나 마찬가지입니다. 또 싸우지 않는 것을 치욕으로 여기신다면 사람들은 용감하게 싸우는 것을 영광으로 여길 것이 틀림없는데, 그럴 경우 대왕의 칭찬은 듣겠지만 관리에게 붙잡혀 벌을 받을 것입니다. 대왕께서는 옳다고 하는데 법령은 잘못이라고 판단하니 상벌이 서로 어긋난 꼴이 아니고 무엇입니까? 이렇다면 황제黃帝 열 명이 살아온다 해도 천하를 제대로 다스리지 못할 것입니다.' 제왕은 아무 말도 못 했답니다."

여기서 공손룡은 제왕과 윤문의 대화를 인용했는데 선비에 대한 제왕의 견해가 갖는 자체 모순을 윤문이 드러낸 것을 절묘하게 이용하여 공천의 자체 모순을 적극적으로 밝히고 있다. 논리상 윤문이 사용한 방법을 '오류귀납 반박법'이라 부르는데, 공손룡이 공천에게 사용한 방법이 바로 이것이다. 이어 공손룡은 공천의 선조인 공자의 예를 들어 '백마비마' 논제의 정확성을 설명했다.

"제 '백마비마'의 논리적 관점에 대해서는 선생의 선조이신 공자께서도 일찍이 찬동하신 바 있습니다. 옛날 초나라 왕에게 '번약繁弱'이라는 좋은 활이 있었다는 이야기를 들은 바 있습니다. 화살은 '망귀忘歸'라는 이름으로 불렸다지요. 어느 날 초왕이 운몽택雲夢澤으로 사냥을 나갔다가 돌아오는 길에 '번약'을 그만 잃어버렸습니다. 좌우를 따르던 사람들이 활을 찾으려 하자 초왕은 '됐다, 초나라 사람이 잃어버린 활, 초나라 사람이 주울 것이니 굳이 찾을 필요가 있겠는가?'라고 했답니다. 이이야기를 들은 공자께서는 '초왕이 어질고 의롭기는 하지만 지극한 경지에 이르렀다고 할 수는 없구나. 그냥 누가 되었건 사람이 활을 주우면 되지 이렇게 말하면 될것을 하필 초나라 사람이라고 말할 필요가 무엇인가?'라고 말씀하셨다는군요. 이렇게 보면 공자께서는 '초나라 사람'과 '사람'을 서로 다른 두 개의 개념으로 여기신 것이죠. 만약 당신이 '초나라 사람은 사람과 다르다'는 이 이론에 동의하면서 저의 '백마비마' 이론을 비판한다면 이는 상호모순 아닌가요? 선생께서 유가의 학술을 사랑하시면서 공자께서 긍정한 것을 비판하고, 저를 선생으로 모시겠다며 제게당신을 가르칠 거리를 포기하라고 하십니다. 저 공손룡이 백배의 지혜를 갖고 있다해도 도저히 방법이 없습니다."

공천은 아무 말도 못 한 채 자리를 떠난 뒤 다른 사람에게 이렇게 말했다.

"공손룡이 말하는 이치가 틀리긴 하지만 그 학식은 정말 대단하고 변론도 교묘하다. 다만 이치에 맞지 않아 그와 얼굴을 맞대고 논쟁하길 원치 않는다."

공손룡은 "초나라 사람이 잃은 활, 초나라 사람이 주우면 된다."는 초왕의 말에 찬성하지 않고 '초나라 사람'을 당연히 '사람'이라고 해야 한다는 공자의 사례를 가지고 한 걸음 더 나아가 '백마'와 '말'을 나누어보는 자신의 관점을 논증하는 한편, 자신을 스승으로 모시겠다면서 동시에 자신의 '백마비마' 이론을 포기하라는 공천의 관점까지 반박했다. 공손룡은 민첩한 사유와 웅변으로 공천의 말문을 막았다. 공천은 공손룡의 논리가 맞지 않다고 생각했지만 하는 수 없이 그의 박학다식과 남다른 언변술을 인정했다.

공천은 공손룡에게 반박하지 못한 채 집으로 돌아가려 했다. 평원군의 문객으로서 공손룡은 평원군의 체면을 세워주기 위해 공천이 떠나기에 앞서 식사 자리를 마련하여 공천을 초청했다. 이 자리에서 평원군은 공천에게 이렇게 말했다.

"선생은 성인의 후손으로 천리를 멀다 않고 우리 조나라까지 오셔서 공손룡의 '백마비마' 논리를 반박하려 하셨는데 승부를 가리지 않고 홀연히 떠나려 하시니 어찌 이럴 수 있습니까?"
"가장 뛰어난 논리는 자연스럽게 드러날 터, 어찌 제가 이러쿵저러쿵하겠습니까?"
"가장 뛰어난 논리라는 것이 어떤 것인지 한번 들어봅시다."
"가장 뛰어난 학설은 경전에서 취한 것으로 감히 억측할 수 없지요. 『춘추』에 이런 기록이 있습니다. '여섯 마리의 새가 날고 있는데 그 모습은 여섯이지만 그 실질을 살피면 새더라.' 새는 말[馬]과 같고, 여섯은 흰 것[白]과 같습니다. 그 모습을 보면 백색으로 보이지만 그 실질을 살피면 말이며 색은 이름으로 구별하는 것으로 안에서 밖으로 드러나는 것입니다. 그래서 그것을 백마라 부르지요. 이러면 이름과 실질, 즉 명실이 서로 맞는 '명실상부'가 됩니다. 천에다 물을 들이면 검은색, 흰색, 푸른색, 노란색 등 여러 색으로 바뀝니다. 이 색깔들은 이름은 다 다르지만 그 안의 바탕은 하나입니다. 그래서 『시경』에서는 '백사白絲'라 했지 '사백絲白'이라 하지 않았고, 『예기』에서는 '흑포黑布'라 했지 '포흑布黑'이라 하지 않았습니다. 그리고 '흑우黑牛'나 '오귀烏龜' 등도 마찬가지입니다. 이런 종류의 말들은 아주 많습니다. 이것이 성현들께서 정해놓으신 규칙입니다. 군자의 말은 사물의 이치에 합당한 것이 중요하지 번잡한 변론은 중요하지 않습니다. 윤문이 제왕을 꺾은 언변은 그 방법이 잘못된 것입니다. 제가 공손룡과 대화를 나눈 까닭은 그의 지혜에 감탄하고 그 덕성을 높이 샀기 때문입니다. 그가 '백마' 논리를 포기한다 해도 그의 지혜와 덕성은 여전히 그대로 남아 있습니다. 그러니 저는 그에게 배울 것을 잃은 것이 결코 아닙니다. 공손룡의 말은 이치에 맞지 않습니다. 초왕이 '초나라 사람이 잃은 활 초나라 사람이 주우면 그만이지.'라고 한 말은 보기에는 초왕의 넓은 마음을 드러내려 한 것이지만 실제로는 속이 좁은 말이라는 것을 제 선조이신 공자께서 읽어내시고 '사람이 활을 얻으면 좋지, 이렇게 말한 것만 못하다.'고 하신 겁니다. 공자의 이 말씀은 초왕이 강조한 '초나라'에 찬동하지 않는 것이지 초왕이 말한 '사람'을 비판한 것이 아닙니다. 공손룡이 이것을 가지고 비유한 것은 정확하지 않습니다. '사람'이라고 말하면 그 의미는 '사람'을 강조하는 것이고, '말'이라고 하면 언제나 '말'을 강조하는 것입니다. '초'는 나라 이름이고, '흰색'은 색깔입니다. '사람'의 범위를 확대하려면 '초'라는 제한을 떼어내야 합니다. 색깔의 종류를 정확하게 설명하려면 '흰색'이라는 제한을 떼어낼 수 없습니다. 이 이치를 제대로 안다면 공손룡의 궤변은 바로 반박당할 것입니다."

사실 공천의 이 장황한 자기변명은 공손룡에 대한 논박이 아니다. 그는 공손룡이 내세우는 '백마비마' 논리의 함의가 진정 어디에 있는지 밝히지 못했다. 공손룡의 본의는 '백마(흰색의 말)'라는 구체적 개념과 '말'이라는 일반적 개념을 구별하자는 데 있다. 이 심각한 철학과 논리학의 문제를 공천은 그저 이른바 경전에 의존하여 반복하여 상식을 동원, "초나라 사람은 사람이다." 또는 "흰색의 말은 말이다."는 이치를 설명하려 했으니 이는 틀린 말은 아니지만 매우 천박하다. 따라서 그가 이를 거듭 강조한 목적은 그저 사물의 이치를 설명하려는 데 있지 언변을 통한 논쟁에 있지 않다. 보아하니 논리와 철학의 소양이란 면에서 공천은 공손룡에 비해 한참 떨어진다. 그가 말하는 사물의 이치는 직관으로 얻은 상식에 지나지 않기 때문이다. 반면 공손룡의 논리와 언변은 "개별은 일반이 아니다."는 아주 심오한 철학적 이치를 탐구하는 데 있다. 공천은 단지 상식의 힘을 빌려 공손룡의 견해가 궤변이라고 나무랐을 뿐이다.

공손룡과 공천은 또 "세 개의 귀를 가진 장"이라는 뜻의 '장삼이藏三耳'라는 명제를 두고 논쟁을 벌인 바 있다. 이 변론도 평원군 집에서 벌어졌는데 공손룡이 이 명제를 어떻게 논증했는지 구체적인 기록은 없고, 다만 공손룡의 대단한 웅변에 공천이 대꾸하지 못했다고만 되어 있다. 이튿날 공천은 공손룡의 논리에 대한 자신의 관점을 평원군에게 말했다. 두 사람의 대화다.

"어제 공손룡의 논증은 정말이지 대단한 웅변이었소!"
"그렇습니다. 공손룡의 말대로라면 장이란 사람은 정말 귀를 세 개나 가질 뻔했습니다. 일부 일리가 없는 것은 아니었지만 진짜 분명한 논증이라고 하기에는 곤란합니다. 군께 한번 묻겠습니다. 장이란 사람이 귀를 세 개 가지고 있는 것을 논증하기란 아주 어려울 뿐만 아니라 실제로도 틀렸습니다. 반면 귀가 두 개 있다는 것은 논증하기도 쉽고 실제로도 맞습니다. 사람의 귀는 둘이니까요. 군이라면 논증하기 쉽고 정확한 논리를 들으시겠습니까, 아니면 그 반대의 궤변을 들으시겠습니까?"

장藏은 어떤 노예의 이름으로 전한다. 공천은 상식에서 출발했기 때문에 그 깊은 뜻을 이해할 길이 없었고, 그래서 대응할 수가 없었다. 그가 평원군에게 한 말은 논리로 공손룡의 '장삼이'라는 명제가 왜 궤변인가를 논증한 것이 아니라 그저 문제를 논증하는 난이도만 가지고 잘못된 각도로 공손룡이 궤변이라고 말한 것에 지나지 않는다. 이는 논리의 주제를 돌렸을 뿐만 아니라 문제의 본질을 회피한 것이다. 따라서 이 역시 공손룡의 명제에 함축된 진정한 뜻을 공천이 제대로 이해하지 못했음을 보여준다. 그는 이론으로 공손룡의 잘못을 논증하지 못하고 말재주만 동원했을 뿐이다.

그러나 공천의 이 논증은 평원군에게는 먹혔다. 그 뒤 평원군은 공손룡에게 이렇게 말했다.

"선생은 앞으로 공천과 논쟁하지 마시오. 그의 논변은 그 말이 이치에 맞고, 당신의 논변은 이치보다 빈말이 많으니 결국은 퇴출당할 것이오."

이렇게 보면 당시 평원군처럼 식견이 대단한 사람도 상식의 유혹에 사로잡혀 공손룡 논리의 가치를 이해하지 못하고 결국 상식의 포로가 되었음을 알 수 있다. 또 공손룡의 학설이 그 당시 어떤 곤경에 직면했는지도 알 수 있다. 이 변론은 공손룡에 대해 평원군이 불만을 드러내는 단초가 되었다. 넓디넓은 천지에서 공손룡이 처했던 고독과 논리의 경지가 깊어질수록 따르는 사람은 점점 줄어드는 비애를 함께 느끼게 된다.

공손룡이 평원군의 버림을 받게 된 마지막 사건은 추연鄒衍과 벌인 한바탕 논쟁이었다. 추연이 제나라 사신으로 조나라를 지나게 되었다. 평원군은 추연을 초빙하여 공손룡과 그 제자 기무자綦毋子 등을 만나게 했다. 여기서 공손룡 일행은 추연과 '백마비마'라는 명제에 관해 논변을 벌였다. 평원군이 추기에게 논평을 청했고, 추기는 '지극한 도'라든가 '천하의 논변은 5승 3패'라든가 '논변의 도리' 등과 같이 제대로 이해할 수 없는 말로 논점을 흐렸다. 대체로 논변의 원칙을 말한 것 같은데, 공손룡이 추연에게 어떤 변론을 펼쳤는지 기록이 없기 때문에 더 이상 알 길이 없다.

다만 한 가지 비교적 분명한 것은 추연의 논변 진행에 관한 관점이다. 그는 논변의 목적이 사리를 밝히고 시비를 가리는 것이며, 변론 때는 조리가 분명해야 말하는 바가 무엇인지 알 수 있으므로 복잡하고 자구에 얽매이는 방식으로 논변을 진행해서는 안 된다고 보았다. 추연은 그렇게 하지 않으면 논변의 도를 해칠 것이라고 말했다.

논변의 도리 내지 이치에 관한 추연의 관점은 틀린 것이 많다. 그러나 문제는 추연이 그저 공손룡의 논변 방법만 비평했지 공손룡의 '백마비마'의 논제에 대해서는 자기 견해를 밝히지 않았다는 점이다. 이런 변론은 공천의 그것과 별 차이가 없어 보인다. 사실상 변론의 문제를 회피한 채 변론 방법으로만 상대를 공격한 것에 지나지 않는다. 이는 상대에 대한 반박으로는 부족하고, 공손룡의 '백마비마' 이론에 제대로 반박하지 않은 것이다. 결국 추연 역시 공천과 마찬가지로 공손룡 사상의 진수를 제대로 이해하지 못했다. 그렇지만 당시 그 자리에 있던 사람들이 보기에는 도리나 이치는 추연 편이었고, 공손룡이 지키고자 한 것은 궤변이었다. 따라서 다들 추연의 말에 일리가 있다며 추연 편을 들었다.

모두가 공손룡을 비판하는 상황에서 평원군은 마침내 공손룡을 내쳤고, 그 뒤 공손룡의 행방은 알려지지 않았다. 이것이 이른바 "여러 사람의 입이 진리를 오류로 만든다."고 하는 것이다.

공손룡의 저서로 알려진 『공손룡자』는 그의 사상과 언론을 한데 모은 것으로 역대로 기서奇書의 하나로 여겨졌다. 여기에 나타난 사상은 고대 중국의 전통사상과 하나같이 어긋난다. 깊은 생각으로 사물의 이치를 가리는 고도의 사변성思辨性, 애매모호한 추상성抽象性 등으로 인하여 이해하기기 어렵고 동시에 나타내고자 하는 사상도 상식과 어긋난다. 명나라 초기의 학자 송렴宋濂의『제자변諸子辯』은 역대『공손룡자』에 대한 이른바 정통 인사들의 관점을 대표하는데, 그는 이렇게 말한다.

　"늘『공손룡자』를 들고 읽었지만 그중의 '백마비마' 등과 같은 명제는 이해하기 어렵다. 그 뒤 또 여러 번 읽었는데 그저 몸을 뒤틀며 날아가는 용과 뱀을 잡듯 어디로부터 시작해야 할지 더 오리무중이었다."

　그러면서 송렴은 한숨을 내쉬며 이 책보다 더 강력한 웅변은 없다고 감탄했다.

3) 처세철학의 형성
────────────

처세는 철학적 명제로서 고대 중국의 철학가와 사상가들이 가장 힘들여 탐구하고 토론한 과제의 하나다. 중국의 선배 철학가들은 처세철학에 대해 매우 깊은 탐구와 토론 그리고 정교한 분석을 가했다. 그들이 남긴 저술들 중에 처세는 완벽한 체계와 심오한 이론을 갖춘 것으로 세상에 정평이 나 있다.

　처세 문제는 실제로 인생을 어떻게 대할 것인가의 문제로 철학의 인생론에 속한다. 철학사상이 다 달랐기 때문에 고대 철학가들은 서로 다른 학파를 만들었다. 당연히 처세를 어떻게 다룰 것인가에 대한 문제에서도 학파마다 자신의 견해와 관점이 있었다. 유가는 세상 속으로 들어가라는 '입세入世'를 주장하여 가장 적극적인 태도를 보였고, 도가는 세상을 피하라는 '피세避世'를 주장하여 소극적인 태도를 나타냈다. 불가에서는 세상을 벗어나라는 '출세出世'를 주장하여 가장 소극적인 태도를 보였다. 이 사상들은 후대에 아주 깊은 영향을 미쳤다. 유가와 도가는 정치적 주장이 달랐기 때문에 처세에 대한 견해도 달라 각자의 논리와 관점을 형성했다. 이 두 파의 고전적 학설은 시종 중국 고대인의 처세에 대한 기본적 의지처가 되었다. 막료 집단으로 보자면, 그들의 처세관은 중국 처세철학이 종합적으로 작용한 결과라 할 수 있다.

대도중용大道中庸: 수신제가치국평천하修身齊家治國平天下의 길

유가에서 말하는 인생의 이상은 성인聖人 또는 군자君子가 되어 '내성외왕內聖外王(안으로는 성인의 덕을 갖추고 밖으로는 제왕의 도리를 행한다)'의 완벽한 상태에 이르는 것이다. 그러나 인생의 이런 이상은 절로 실현되는 것이 아니라 고통스러운 노력을 거쳐야만 이를 수 있다. 인생의 목표를 향해 노력하는 과정과 그 과정에서 취하는 방법이 이른바 인생의 길이라는 것이다. 수신修身, 제가齊家, 치국治國, 평천하平天下 그리고 중용中庸은 유가에서 제창하는 인생의 길이자 그들이 설정한 인생길의 이상적 모델이라 말할 수 있다.

『대학』에서 말하는 수신, 제가, 치국, 평천하(이하 필요에 따라 '수제치평'으로 줄인다)는 인생 수양의 네 단계이자 네 등급으로 서로를 품으면서 최종적으로 '내성외왕'을 실현한다.

먼저, 수신은 인생의 길에서 가장 중요한 단계다. 수신은 치국의 선결 조건이다. 자신의 몸이 반듯해야 다른 사람이 본받는 모범이 될 수 있고, 그 언행이 설득력을 가질 수 있기 때문이다. 다른 사람을 다스리려는 사람의 사상과 언행은 사회 전체에 영향을 준다. 그가 도덕의 준칙을 준수해야만 다른 사람에게도 준수를 호소할 수 있다. 만약 그 자신이 도덕의 준칙을 어기면 사회 전체의 윤리 질서도 따라서 무너진다. 아무리 좋은 제도라도 사람에 의해 집행된다. 직당한 사람을 선택하지 않으면 성인이 제정한 예의 제도도 헛일이 된다. 따라서 수신은 좋은 제도에서 좋은 집행자를 기르기 위해 반드시 필요한 것이다.

유가는 수신이 제가, 치국, 평천하와 내재적 통일성을 갖고 있다고 생각한다. 수신의 길이 집안을 바로잡고, 나라를 다스리고, 천하를 평안하게 하는 이치에 합당하다는 것이다. 따라서 수신이 되어야만 장수가 되고 재상이 될 수 있으니 '수신제가치국평천하'가 모두 그 안에 있다. 이렇게 보면 수신은 도덕과 정치의 근본이다. 모든 사람이 이 길을 밟아 인생의 길로 들어서야 한다.

유가에서 보기에 수신의 과정에는 두 개의 기본적인 고리가 있으니 '격물치지格物致知'와 '성의정심誠意正心'이다. '격물'은 수신의 기점으로 일반적으로 사물의 이치를 광범위하게 탐구하는 것으로 이해하면 된다. 여기에는 독서, 학문, 사물과의 접촉, 내면의 반성 등 다양한 활동이 포함된다. '치지'는 '격물'의 연장으로 '격물'에 대한 종합적 사고로 보면 된다. 관리 활동 등 천도와 인륜 같은 사상을 경험하고 체득하는 과정이다. '정심'은 '치지'를 다시 발전시키는 것이다.

유가는 인간의 분노, 원망, 기쁨, 좋고 싫음 등과 같은 정서가 정상적 사고를 방해한다고 여긴다. 이런 정서가 인간을 지배하면 사물에 대한 분별이 불가능해져 사물이 있어도 보지 못하고 소리가 나도 듣지 못할 수 있다. 따라서 이런 정서의 방해를 배제하고 정신을 하나로 모아야 하는데 이렇게 마음을 하나로 모으는 단련 과정이 바로 '정심'이다.

'성의'의 내용은 경계와 신중함을 단련하여 남과 자신을 속이지 않게 하는 것으로, 혼자 있을 때도 열 사람이 지켜보는 것처럼, 열 손가락이 가리키는 것처럼 정성과 경계를 놓치지 않는 것이다.

'수신' 이후 인생은 '제가', '치국', '평천하'의 단계로 접어든다. 이 단계는 '내성외왕'으로 전환될 수밖에 없다. 제가, 치국, 평천하는 외왕의 실천이자 수신이라는 내성에 대한 객관적 운용이다. 또한 수신으로 얻은 것을 다지고 높이는 것이기도 하다. 이른바 제가는 부모에게 효도하고, 형과 어른들을 존경하고, 자녀를 사랑하는 등이다. 즉, 유가의 강상윤리로 가정을 다스리고, 집안을 화목하게 하고, 위아래 질서를 잡는 것이다. 이른바 치국은 장수나 재상이 되어 군주를 보필하는 것이다. 이렇게 해서 백성들을 위해 봉사하고 힘없고 외로운 사람들을 다독거린다. 즉, 왕도정치로 나라를 관리하고, 군주와 신하의 의리를 세우고, 제후들을 회유하는 것이다. 인의와 도덕을 천하에 베풀어 천하를 태평하게 하고 이웃 민족과 나라를 복종하게 한다. '수제치평'은 하나로 관통하며 유가 학설을 구체적으로 운용하는 실천론이다.

유가에서 보기에 진정한 인생은 이를 실현하는 것이며 내성외왕은 따로 떨어져서는 안 된다. 그러나 실제로는 많은 사람들이 치국평천하의 기회를 갖지 못한다. 이 때문에 유가에서도 외왕으로 사람을 얻을 수 없음을 의식했다. 실제로 인간의 경지와 가치를 평가하는 표준은 결국 인생의 동기로 귀결된다. 그러나 어떻게 말하든 개개인은 수신제가의 길에서 치국평천하의 정치적 여정으로 들어설 수 있고, 유가에서는 이를 가장 이상적으로 간주했다. 그래서 수많은 지식인들이 이런 인생의 길을 갈망했다. 또한 이를 실현하지 못해 세상을 원망했고, 재능을 갖고도 때를 만나지 못한 비운을 털어놓았던 것이다.

유가에서 보기에 인생의 길에는 '중용'의 길을 걷는 과정이 있다. 군자는 언제 어디서든, 무슨 일을 하든 간에 중용을 지켜야 한다. 중용에 관해서는 유가는 신비한 해석을 내린다. 예를 들어 중용을 하늘과 인간의 도로 해석하는 등이다. 『중용』 제1장의 관련 대목을 한번 보자.

"중中은 천하의 큰 근본이다. 화和는 천하의 통달한 도이다. 중화中和에 이르면 천지가 제자리를 찾고 만물이 성장한다."

이렇게 중용을 우주 본체라는 자리에 올려놓고 있다. 그러나 우리가 보기에 중용은 보편적 실천으로, 그것을 인간의 도리로 삼는다는 점에서 계발의 의의가 아주 크다. 유가에서 보기에 중용은 사회 규칙 같은 것이다. 따라서 그에 상응하는 인생 예술이자 일을 처리하는 방법이기도 하다. 그것은 일상의 강상윤리 속에 존재하기에 누구나 알 수 있고 누구나 실천할 수 있으며 지극한 경지에 이르면 쉽게 바꿀 수 없다. 또한 중용은 어디에도 치우치지 않으며 어디에도 기대지 않는다. 따라서 지나치지도 못 미치지도 않는다. 생활 속에서 중용을 지키려 노력하면 중심을 잡고 어디에도 의지하지 않으며, 화합하여 한쪽으로 쏠리지도 않는다. 구체적 상황이 되었건 아주 복잡하고 곤란한 처지에 놓였건, 시종 도덕적 원칙과 절개를 지켜낸다. 그러나 중용으로 가는 길은 결코 단순하지 않다. '중용'이 명확하게 항상 그 자리에 있는 것이 아니라 일마다 각각 그 나름의 중용이 있기 때문이다. 따라서 노력해서 찾아내지 않으면 잘못을 면키 어렵다.

'수제치평'과 중용은 붉은 선처럼 인간의 생명과 각종 활동을 관통하면서 인간의 생명 궤적을 확정하고 생활방식을 규정했다. 그리하여 중국 봉건사회의 가장 안정된 체제를 만들어내는 데 헤아릴 수 없는 큰 공헌을 해냈다.

'수제치평'은 유가가 만들고 그은 하나의 '인생의 길'에 지나지 않는다. 그러나 인간이 이 길을 걸으면서 만날 수밖에 없는 곤경과 충돌, 예컨대 삶과 죽음, 어려울 때와 잘 나갈 때, 명예와 치욕, 나아가고 물러남, 공사 구분, 집단과 개인 등과 같은 문제를 만나면 어떻게 하나? 어떤 태도를 지키며 어떤 선택을 해야 하나? 이런 문제들에 대해 유가에서는 그 나름대로 이런 견해를 제기하고 있다. 선택의 일반적 원칙으로 "인의仁義를 중시하라." 즉, 도덕적 가치와 다른 가치가 충돌할 때는 당연히 인의라는 도덕을 취하고 다른 것은 버려라. 비도덕적인 다른 가치들이 충돌한다면 유유자적 달관으로 이를 대해야 한다. 그리고 도덕과 비도덕의 가치가 충돌할 때는 상황에 따라 다른 대책을 취해야 한다.

삶과 죽음의 문제는 인생의 가장 큰 문제다. 공자는 "삶도 모르는데 죽음을 어찌 알까?"라는 말로 죽음에 관해 이야기하길 꺼렸다. 다시 말해 생존을 위해 노력하고, 삶의 의무를 위해 최선을 다하라는 말이었다. 그렇다고 유가가 죽음을 두려워했다는 것은 아니다. 유가에서 보기에 죽음은 자연스러운 것이므로 굳이 두려워할 이유가 없다. 문제는 인간이 죽음으로써 무엇을 얻느냐다. 사망의 과정에서 나타나는 생명의 의의와 인격의 위대함이 관건이다. 따라서 유가는 인간이 죽는 방법에 더 관심을 두고 "굶어 죽을지언정 던져주는 음식은 먹지 않는다."는 정신을 제창했다.

다음으로 '의리義利'의 문제다. 이 문제는 인생에서 늘 부딪히는 한 쌍의 모순이다. 유가에서는 의를 중시하고 이익을 경시하라거나, 의를 숭상하고 이익은 무시하라는 태도를 취한다. 의리의 관계와 문제를 처리하는 유가의 근거다.

공과 사, 집단과 개인의 문제도 인생에서 흔히 만나는 곤혹스럽고 큰 문제다. 개인은 늘 가정, 가족, 민족, 국가 등 사회단체에 포위되어 있다. 따라서 상호 충돌도 피할 수 없다. 공자는 관대함으로 민심을 얻고, 지성으로 신임을 얻고, 공적인 자세로 군중을 설득하라고 했다. 맹자도 선공후사先公後私를 주장했다. 집단과 개인의 관계에서 유가는 집단에 대한 관심을 분명하게 보이면서 집단의 가치와 그 방향을 존중하라고 했다.

유가는 이성과 욕망의 문제도 다루었다. 초기 유가는 이성으로 욕구와 욕망을 통제하라고 주장했다. 욕망의 의미를 인정하되 방종에는 반대했다.

힘, 즉 인력과 천명의 관계라는 것도 있다. 이 문제 역시 상당히 곤혹스러운 주제다. 인력과 천명, 주관과 객관에서 어느 쪽이 주체며 어느 쪽이 객체이며, 어떻게 다룰 것인가? 유가의 태도는 "천명을 알고 사람의 일에 최선을 다하라."는 것이다. 즉, 주관적 노력을 발휘하되 소극적으로 대하지 말라는 것이다. 또 운명의 힘을 인정하여 그 성취에 대해서는 애써 구하지 말라. 이것이 이른바 "일은 사람이 꾸미지만 성사는 하늘에 달려 있다."는 것이다. 공자는 곤경에 처하여 『춘추春秋』를 지었고, 굴원屈原은 조정에서 쫓겨나 『이소離騷』를 남겼는데 바로 이런 정신의 전형이었다. 유가는 강인한 의지로 진취적이고 분발하는 인생 태도를 높이 평가한다. 그러나 맹목적 자신감이나 지나친 주관적 역량에 대해서는 부정적이다. 실패와 좌절에 직면해서는 운명처럼 편안하게 달관한 심정으로 태연하게 처리하라고 권한다. 쓰러져도 다시 일어나 노력하고, 죽는 날까지 온 힘을 다 하라고 말한다.

벼슬에 나아가고 물러나는 일, 곤경에 처했을 때와 잘나갈 때의 처신, 명예를 얻었을 때와 그 명예가 훼손되었을 때의 상황도 곤혹스럽다. 공자는 나라에 도가 있으면 벼슬에 나아가고, 나라에 도 없으면 물러나라고 했다. 벼슬에 나아가고 물러나는 조건은 정치 상황이다. 벼슬에 나아가는 목적은 왕도를 실천하고 백성을 교화하기 위한 것이다. 공자가 보기에 이상적인 인격은 맹자의 말대로 "구하면 얻고 버리면 잃는" 것이고, 이상적인 사회는 "구하는 데는 방법이 있고 얻는 것은 천명이 결정하는" 것이다. 따라서 기회가 있으면 벼슬에 나아가 도덕을 전파하여 천하를 편하게 하고, 기회가 없으면 자신의 덕을 온전히 하는 것도 아주 좋은 것이다. 따라서 유가는 벼슬에 나아가고 물러나는 일에 매우 달관적인 태도를 보인다. 그 나머지에 대한 태도도 비슷하다.

유가가 보기에 인간의 가장 큰 재산은 도덕이다. 도덕이 있는 사람이 가장 부유한 사람이다. 유가의 언행에는 내재적 평가기준이 있어 그 뜻이 옳아야 하고, 그 길이 밝아야만 인생의 의미가 있다. 외재적 평가나 비방 따위는 신경쓸 일이 아니다. 이상이 유가의 관점들이었다.

인생삼보人生三寶: 혼세混世 철학

모순이 첨예하고, 충돌이 극심하고, 전쟁의 기운이 빈번한 사회에서 통치자와 피통
치자를 포함한 개개인이 이 변화무상하고 언제 자신에게 화가 닥칠지 모르는 상황
을 어떻게 하면 운 좋게 피해 생존할 수 있을까? 노자의 역사적 지혜와 인생철학은
이에 대해 이런 해답을 내리고 있다.

　　노자는 자신에게 세 개의 법보, 삼보三寶가 있어 그들을 장악하고 있으며 조심스
럽게 보존하고 있다고 했다. 이 세 개의 보물이란 자慈, 검儉 그리고 감히 천하의 앞에
나서지 않는다는 것이다. '자'란 관용을, '검'이란 아끼는 것을, 감히 천하의 앞에 나서
지 않는다는 것은 세상 사람들보다 앞서가지 않는다는 것이다. 관용은 사람을 용감
하게 만들고, 아낄 줄 알면 사람을 넓고 너그럽게 만들며, 앞에 나서지 않으면 오히려
사물을 키울 수 있다. 그러나 이것들이 왕왕 반대의 작용을 일으키기도 한다. 관용
을 버리고 오로지 용감하기만 하고, 아낌을 버리고 오로지 넓은 것만 찾고, 후퇴를
모르고 오로지 앞서가려고만 한다면 어떻게 될까? 노자는 말한다. '죽음!' 결과는 죽
음 하나밖에 없다.

　　통치자에게서 이 '삼보'의 구체적 운용은 "공을 이루면 그자리에 머물지 말라."는
것으로 나타난다. 만물의 자연스러운 성장과 변화에 맡겨야지 그것들을 대신하여
기르고 변화시키지 않는다. 만물을 기르되 자신의 것으로 하지 않는다. 만물을 밀
어 움직이되 자신의 힘을 다했다고 하지 않는다. 공을 이룬 뒤 그 자리에 머물지 않
는다. 공을 차지하고 스스로 자랑하지 않을 수 있기에 그 공적이 사라지지 않는 것이

다. "공을 이루고 그 자리를 차지하면" 어떻게 될까? 그는 자신이 천하에 은혜를 베풀었다고 희희낙락하고, 생사여탈권을 한손에 쥐고 멋대로 함부로 마구 위엄을 부릴 것이다. 그는 자신이 천하를 차지했으니 그 자리에 앉아야 한다고 여길 것이고, 천하를 사유하여 자신의 희노애락으로 천하를 부릴 것이니 천하 사람들의 반감과 반대에 부딪힐 수밖에 없을 것이다. "공을 이루고 그 자리를 차지"했기 때문에 자멸할 수밖에 없다. 자신의 공적을 상실하는 것은 물론, 지금 가지고 있는 권력도 유지하기 힘들 것이다.

노자는 실제로 통치자에게 자만하지 말 것이며, 백성들에게 위엄만 부리며 화를 입히지 말 것이며, 자기 마음대로 천하를 어지럽히지 말라고 경고한 것이다. "공을 이룬 뒤 그 자리에 머물지 말라."는 것은 유가에서 말하는 능력 있는 자에게 양보하라는 '양현讓賢'이 아니라 공을 이루었다고 자랑하고 그 공을 차지한 채 오만하게 굴지 말라는, 즉 언행을 근신하라는 메시지일 뿐이다.

높은 자리에 있는 사람이 가장 두려워하는 것은 자신이 누리고 있는 향락을 잃는 것이고, 자신의 부귀영화를 잃는 것이다. 자신의 생명과 향락을 위해 그들은 백성들을 잔혹하게 쥐어짜고 압박한다. 노자는 이렇게 인식한다. 통치자가 자신의 생명을 지키기 위해 죽을힘을 다하고 마구 세금을 거두고 심지어 전쟁까지 일으켜 부와 미녀를 탈취한다. 이는 백성의 생명을 해치고, 백성들을 핍박하여 생명을 건 모험을 하게 만든다. 이래서 통치자는 자신의 생명을 보전하지 못한다.

노자는 장생長生을 추구하지만 높은 자리에 있는 자들의 '귀생貴生' 방식은 결코 주장하지 않는다. 생명을 중시하지 않는 그런 자들이 지나치게 생명을 중시하는 그런 자들보다 낫다는 것이다. 하늘과 땅은 영원하다는 '천장지구天長地久'가 가능한 것은 하늘과 땅이 자기들의 생존을 자기 것으로 여기지 않기 때문이다. 자신을 맨 뒤에 놓으면 오히려 앞자리를 차지하고, 자신을 먼 밖으로 밀어놓으면 생명은 오히려 보존할 수 있으며, 스스로 사사로운 욕심을 부리지 않기 때문에 도리어 자신의 이익을 이룰 수 있다. 노자는 높은 자리에 있는 자들에게 적당할 때 멈추고 허영과 재물을 추구하지 말라고 권한다. 그는 묻는다. 허영과 생명 중 어느 쪽이 더 가까운가? 생명과 재산 중 어느 쪽이 더 중요한가? 얻는 것과 잃는 것, 어느 쪽이 더 해로운가? 지나치게 인색한 것은 지나친 소비를 초래할 수밖에 없고, 넉넉하게 저장해 놓은 재물은 엄중한 손실을 가져올 수밖에 없다는 것을 알아야 한다. 만족을 알아야 곤욕을 당하지 않고, 적당할 때 멈추어야 위험을 만나지 않는다. 그래야 오래간다.

● 노자의 처세철학은 절대 권력을 정점으로 하는 봉건 왕조체제를 살아가는 지식인들에게 큰 영향을 남겼다. 유가의 가르침에 따라 벼슬과 출세를 원했지만 사회와 인간관계에서의 처세는 도가의 그늘이 짙었다. 말하자면 '외유내도外儒內道'였다. 정판교는 그 대표적인 한 사람에 불과했다. 물론 공명과 출세에 대한 압박이 훨씬 심했던 막료들에게 미친 영향은 이보다 더 컸다. 초상화는 '난득호도'를 내세웠던 정판교이다.

노자의 '삼보'는 주로 통치자를 가르치려는 것이지만 그중 많은 이치가 지식인들을 위한 인생의 경전과 같은 작용을 한다. "배워서 뛰어나면 벼슬한다."는 지식인에게 사회와 정치는 가는 곳마다 위험이 도사리고 있고 총애와 치욕은 모두 인간이 허영에 빠져 출세하려는 데서 오는 우환임을 알아야 한다고 충고한다. 이 때문에 벼락출세를 추구하는 자들이 흔히 그 몸을 망치는 화를 당한다.

'삼보' 중 세 번째 "감히 천하의 앞에 나서지 않는다."는 법보는 모든 중국인의 영혼에 깊이 깃들어 있다. 이를 형상적으로 나타내는 말이 "머리를 먼저 내미는 새를 잡는다."라거나 "뛰어나온 서까래가 먼저 썩는다."는 속담들이다. 양치기의 채찍이 늘 무리에서 뒤처져 있는 놈들에게 날아가는 것과 같다. 노자는 말한다.

"용감하면 죽는다. 함부로 용기를 내지 않으면 산다. 이 둘은 이롭기도 하고 해롭기도 하다."(73장)

함부로 마구 용기를 내는 자는 죽고, 담이 작은 사람은 산다. 이 두 가지 '용감'의 결과는 이렇게 다르게 나타난다.

도가 없는 무도無道한 사회에서 오래 살아남으려면 혼세의 본령本領이 있어야 한다 (20장)

혼세의 본령에 대해 다음과 소개하고 있다.

"세속의 뭇 사람들은 풍성한 잔칫상을 받은 듯, 봄날 높은 누대에 올라 사방을 내려다보는 듯 즐겁게 들떠 있다. 그러나 나 혼자만은 담담하게 아무런 조짐도 보이지 않으며 웃음조차 모르는 어린 젖먹이와 같다. 맥없이 풀이 죽은 모습은 마치 돌아갈 곳이 없는 것 같다.

뭇 사람들은 모두 넉넉하지만 나 혼자만은 궁핍한 듯하다. 나는 어리석은 사람의 마음처럼 혼돈에 쌓여 있다. 속세의 사람들은 영특하고 빛나지만 나는 어둡고 흐리다. 속세의 사람들은 명석하게 분석하지만 나는 혼돈 속에서 얼버무린다. (나는 바다와 같이 깊고 조용하며, 끝없이 유유히 바람을 타고 난다.) 사람들은 모두 유능하지만 나만은 우둔하고 촌스럽다. 나만이 남달리 만물을 키우는 젖을 주는 어머니 '대도大道'를 높인다."

노자가 말하는 혼세의 비결은 흐리멍텅하게 멍청하게 나날을 보내는 것이다. 보기에 아무것도 못하는 것처럼, 어떤 솜씨도 없는 것처럼 그자신의 몸을 보존하는 본령이다. 보기에는 우매무지한 것 같고 어리석은 것 같지만 실제로는 마음이 맑은 거울과 같다. 먼 훗날 청나라 때 사람 정판교鄭板橋는 이런 경지를 '난득호도難得糊塗'[6]라는 네 글자로 깔끔하게 정리했다. 이런 생활방식 내지 처세법은 '도'의 생활방식과 부합하여 해를 당하지 않고 자신을 오래도록 보호할 수 있다.

노자는 생명을 열렬히 사랑하고 전쟁과 살상을 반대했다. 노자는 장수를 주장했다. 따라서 노자의 철학은 생명철학이다. 생명을 보존하기 위해 기꺼이 몸을 굽혀 안전을 추구하고, 치욕을 참고 중압감을 짊어지며 심지어 구차하게 삶을 훔치기도 한다. 이런 점에서 노자의 철학은 생명을 살리는 활명活命 철학이기도 하다. 목숨을 살리기 위해서는 흐리멍텅한 척해야 하고 멍청하게 살아야 한다. 이런 점에서 노자의 철학은 또한 혼세 철학이다.

노자의 관점과 주장은 유가의 '수제치평'처럼 기세 넘치고 빛나는 포부와는 확연히 다르다. 그러나 노자의 철학은 매우 실용적이다. 중국 민족, 특히 막부에서 일했던 지식인 특유의 닳고 닳은 신중함, 원만하고 노회함, 보수적이고 물러섬, 진취성의 부족함 등등은 대체로 도가의 이 학설에서 많은 영향을 받았다.

"쓸모없음의 쓸모" '무용지용無用之用': 장자莊子의 생존 지혜

장자가 대표하는 것은 독립적인 지식인의 심리상태다. 장자는 개인의 생명을 극히 중시했고, 생명의 가치를 매우 중시했다. 그는 통치자에게 힘을 보태길 원하지 않았고, 그들의 소나 말이 되길 원치 않았으며, 아무렇지 않게 자신의 생명을 소모하길 원치

---

6   '난득호도'는 청나라 초기의 화가이자 문학가였던 판교板橋 정섭鄭燮(1693-1766)이 제안한 처세법으로 "멍청하기도 어렵다."는 뜻이다. 노자 사상의 영향을 받아 남들이 보기에 어리숙한 듯 살아가는 처세법을 가리킨다. 여기서 '호도학糊塗學'이라는 학문까지 가지를 쳤다.

않았다. 장자는 갖은 방법으로 그들이 자신을 이용하거나 해치지 못하게 했다. 이를 위해 장자는 몸과 마음을 다하여 그 나름의 생존 지혜를 종합해냈다.

도가는 지혜에 반대한다. 그런데 이는 도가에서 중시하는 생명보존의 사상과 날카롭게 충돌한다. 장자는 선진시대 도가의 집대성자였다. 그는 난세에 태어났다. 장자의 시대는 제후부터 서민까지 생명의 안전을 보장받기 힘든 시대였다. 지식인으로서 어떻게 하면 이 난세에 생명을 보전하고 생활의 즐거움을 누릴 것인가? 장자는 이에 대해 자기만의 생존지혜를 제기했다.

장자는 "사람들은 '쓸모 있음의 쓸모', 즉 '유용지용有用之用'은 누구나 알지만 '쓸모 없음의 쓸모', 즉 '무용지용無用之用'은 모른다."고 말했다. 장자는 이렇게 생각했다. 인생에서 근심이 생기고, 목숨을 잃지 않을까 하는 걱정이 생기는 까닭은 사람이 쓰이기 때문이다. 나무가 쓸모 있으면 베이고, 기름에 불이 붙을 수 있으면 탄다. 계피는 약에 쓰이기 때문에 계수나무는 베인다. 옻은 물건을 합치고 장식할 수 있기 때문에 옻나무도 베인다. 사물은 모두 쓸모가 있으면 피해를 당하고, 인간도 이와 다르지 않다.

쓸모가 없는 사물은 해를 당하지 않는다. 장자는 상수리나무를 비유로 들어 이 점을 설명하고 있는데 관련 대목을 한번 보자.(이하 『장자』「인간세人間世」의 해당 부분의 표현을 현대어로 바꾸고 내용을 줄였다. 별도의 언급이 없는 인용은 모두 『장자』에서 나왔고 편명만 나타낸다. _옮긴이)

곡원曲轅이란 곳에 신목神木이 있었다. 수천 마리 소를 덮을 정도로 컸고, 둘레는 백 아름, 높이는 산을 내려다볼 정도였다. 땅에서 백 발도 넘는 높은 곳에서부터 가지가 뻗쳐 있었다. 베어서 배를 만들면 수십 척은 넘게 만들 수 있을 정도였다. 그 나무를 구경하러 온 사람들이 마치 시장에 몰린 사람들처럼 많았다.

그런데 목수의 장인인 장석匠石은 이 나무를 거들떠보지 않고 그냥 지나쳤다. 제자가 걸음을 멈추고 넋을 잃고 나무를 구경하다가 스승이 다른 쪽으로 가버리자 놀라서 정신을 차린 뒤 스승의 뒤를 급히 쫓으면서 말했다.

"제가 목수가 되려고 도끼를 들고 스승님을 따른 이후 이렇게 좋은 목재는 본 적이 없습니다. 그런데 스승님께서는 거들떠보지도 않고 그냥 성큼성큼 지나가버리시니 어찌된 일입니까?"

제자의 물음에 장석은 이렇게 답했다.

"그런 말 말아라! 쓸모없는 나무다. 배를 만들면 금세 가라앉을 것이고, 관을 만들면 바로 썩을 것이며, 그릇을 만들면 쉬 깨져 쓸 수 없고, 문이나 창을 만들면 진이 흘러나와 더러워질 것이며, 기둥을 만들면 나무 벌레가 들끓을 것이다. 재목으로 쓸 수 없는 나무다. 쓰일 곳이 없기 때문에 저렇게 오래 살고 있는 것이다."

사물이 이럴진대 사람도 대개 예외는 아니다. 장자는 또 '지리소支離疏'라는 가공의 인물을 통해 인간의 처세와 생존을 비유한다.(이 이야기는 「인간세」에 보인다. 저자는 원래 내용에 자신의 생각을 넣어 적지 않게 각색했지만 이를 빼고 현대어에 맞게 가볍게 옮겨본다. _옮긴이)

남방 초나라에 지리소라는 사람이 있었다. 그의 모습은 이랬다. 지독한 꼽추에 아래턱이 배꼽에 닿고, 두 어깨가 이마보다 높이 있다. 상투는 달랑 하늘을 향해 솟아 있고, 창자는 위쪽에 있는데도 두 넓적다리는 옆구리에 닿아 있는, 차마 눈 뜨고는 볼 수 없는 추한 모습이었다. 그러나 그는 다른 사람 대신 바느질을 하거나 빨래를 해서 생계를 해결할 수 있었고, 또 남이 흘린 곡식알을 찾아 작은 키로 까불어 모으면 열 명이나 되는 가족을 돌볼 수 있었다. 뿐만 아니라 나라에서 군사를 징발할 때 그는 아무 걱정 없이 징집된 사람들 사이를 팔을 휘저으며 활보했다. 또 나라에 큰 공사가 있어 일꾼을 징발할 때도 그는 불치의 병을 앓고 있어 징집 대상에서 제외되었다. 하지만 나라에서 민간의 병자에게 양식을 나눠줄 때면 어김없이 세 종류의 양식과 열 단의 땔감을 받았다. 이처럼 세상 다른 사람들과 달리 부족한 사람인데도 생활을 유지하고 생명을 보전한다. 하물며 세속의 도덕관을 버리고 망각하는 자에게 인간의 진실한 삶을 가꾸는 일쯤이야!

그런데 장자가 말하는 이런 인생의 지혜에 대해 혜시는 근본적으로 쓸모가 없다고 보았다. 전하기로, 혜시는 장자와 동문이자 친구였지만 사상과 학술에서는 서로 맞는 것이 하나 없었다. 다음은 「소요유逍遙遊」 편에 보이는 두 사람의 언쟁이다.

혜시가 장자에게 말한다.
"여기 사람들이 가죽나무라 부르는 큰 나무가 있어. 큰 줄기는 옹이투성이라 먹줄을 칠 수 없고, 작은 가지들은 이리 뒤틀리고 저리 굽어서 그림쇠에 맞지 않지. 길가에 있지만 목수는 거들떠보지 않는다. 자, 그대의 설은 이 가죽나무처럼 크기만 하지 쓸모가 없으니 아무도 귀를 기울이지 않고 무시한다."
장자는 이에 이렇게 답한다.
"살쾡이와 족제비를 보았지? 그 녀석들은 몸을 낮추고 바짝 엎드려 누구의 눈에도 띄지 않게 숨어 있다가 놀러 나오는 작은 짐승을 기다리지. 먹이가 될 만한 작은 놈이 나타나면 높고 낮은 것 아랑곳 않고 동서로 날뛰지. 정말 민첩하지. 하지만 덫에 걸리거나 그물에 걸리면 꼼짝없이 죽지. 그런데 저 검은 소는 하늘을 반쯤 가린 구름만큼이나 크지. 정말 큰 놈이지만 살쾡이나 족제비처럼 쥐는 못 잡지. 지금 그대는 큰 나무를 가지고 쓸데가 없다고 걱정을 하는군. 어째서 '무하유無何有(아무것도 없다는 뜻)'의 시골 끝없이 넓은 들에다 심고, 아무 근심 없이 그 곁을 유유자적 거닐며, 또 그 아래에 편히 누우려 하지 않는가? 도끼에 찍힐 일 없고, 아무도 해치려는 일 없을 것이야. 세상에 쓸모가 없다고 어찌 괴로워할 필요가 있나?"

장자는 '무용지용'을 외치며 이것으로 생존의 큰 지혜를 삼고 있다. 하지만 이것이 모든 사람의 뜻에 딱 들어맞지도 않고 피해를 입는 것을 확실하게 막아주는 것도 아니다. 관련하여 이런 우화도 있다.(「산목」)

장자가 산속을 지나다 가지와 잎이 우거진 큰 나무를 보았다. 나무꾼들은 곁에 서서 보기만 할 뿐 베려 하지 않았다. 장자가 그 까닭을 묻자 "이 나무는 아무짝에 쓸모가 없기 때문이오."라고 했다. 장자는 '이 나무는 쓸모가 없어 천수를 누리는구나.'라고 중얼거렸다.

장자가 산에서 내려와 친구 집에 들렀다. 친구는 아주 기뻐하며 하인을 불러 거위를 삶게 했다. 하인이 "한 놈은 잘 울고, 한 놈은 울지 못합니다. 어느 놈을 잡을까요?"라고 물었다. 친구는 "울지 못하는 놈을 잡아라."라고 했다.

이튿날 제자가 어제 일에 대해 이야기하면서 장자에게 "선생님은 쓸모 있는 것과 쓸모없는 것 중 어느 쪽으로 처신하시렵니까?"라고 물었다. 장자가 웃으면서 "그 어느 쪽도 아닌 중간에 있고 싶다."고 대답했다.

재목이 될 만한 것과 그렇지 못한 것 사이, 그러나 오로지 재목이 못 되는 것도 아닌, 이런 자리에 처해야 자신을 보전할 수 있다고 장자는 생각한다. 그러나 장자는 금세 이런 생활이 아주 피곤하다는 것을 알아차렸다. 유용과 무용 사이에 처하는 일이 천도에 부합하지 않고 그저 가까울 뿐이고, 이 때문에 피곤함을 면키 어렵다는

● 장자의 처세철학은 후대의 막료학 발전에 큰 그림자를 드리웠다. 생명을 보전하고 출세하는 것을 지상 목표로 삼았던 막료들에게 장자의 생존 지혜는 그자체로 큰 통찰력을 주었다. 막료들의 처세철학에서 장자의 사상은 중요한 거름으로 작용했다.

것을. 오로지 천도에 맡겨 수시로 변화하고 용이 되었다가 뱀이 되고, 높낮이에 매이지 않고, 만물을 주재하되 만물에 기대지 않아야 피곤하지 않다.

그래서 장자는 인생 지혜의 비결을 다음 두 가지로 귀결해낸다. 하나는 "시비를 가리지 않고 세속과 함께한다."는 것이고, 둘은 "두께가 없는 것을 틈에 넣기 때문에 칼날을 여유 있게 자유자재로 놀리는" 것이다. 말하자면 '틈을 잘 뚫는' 것이다.

좋은 명성과 형벌은 모두 삶에 해를 끼친다. 따라서 좋은 일을 하되 좋은 명성이 떨어지지 않게 하고, 나쁜 일을 하되 형벌을 건드리지 않아야 한다. 틈을 잘 잡아야 한다는 말이다. 명성과 형벌 사이의 공간을 잘 따르는 것을 정도로 삼으면 틀림없이 여유가 생기고 좌우가 두루 원만해진다. 이것이 장자의 처세철학이다.

장자로 대표되는 독립 지식인의 심리상태는 개인의 생명과, 생명의 가치를 지극히 중시하는 것이다. 앞서 말한 대로 통치자나 권력자를 위해 힘쓰기를 원치 않고, 그들을 위해 소나 말이 되길 원치 않는다. 그것은 쓸데없이 자신의 생명을 소모하는 것이다. 그들에게 이용당하지 않고, 그들에게 해를 당하지 않기 위해 장자는 온 마음을 다 쏟아 생존의 처세철학을 종합해냈다.

도가는 지혜와 생각을 반대했다. 그러나 장자의 시대는 이런 사고방식과 날카롭게 충돌했다. 그 결과 지혜와 생각을 반대하는 장자도 하는 수 없이 두뇌를 쓰고 지혜와 생각을 운용하여 자신의 생명을 보전하고 개인의 생존을 확보하려 했다. 이는 중국 전제정치 밑에서 지식인이 몸으로 겪을 수밖에 없는 비극이었다.

생사의 관문을 깨라: 낙천적 달관의 인생

명나라 때의 문학가이자 서화가이자 군사가였던 서문장徐文長(1521-1593)은 「장자를 읽고」라는 시에서 장자를 두고 생사를 가벼이 여겼다고 했다. 장자는 인간의 자연적 생명을 대단히 중시했다. 그가 생사를 가벼이 여겼다는 말은 인간의 생존과 죽음을 경시했다는 뜻이 결코 아니다. 생사의 관문을 깨고 생에 대한 집착과 죽음에 대한 두려움에서 벗어나라는 뜻이다. 벗어날 수 없는 필연적 귀착점이 죽음이라면 용감하게 죽음과 대면해야 한다. 생명의 자연스러운 발전에 귀를 기울이고 더는 쓸데없는 번뇌에 시달리지 말라. 장자의 뜻이다.

장자의 아내가 죽자 친구 혜시가 문상을 왔다. 장자는 꿇어앉은 것도 서 있는 것도 아닌 두 다리를 앞으로 쭉 뻗은 채 엉덩이를 바닥에 대고 아주 편안한 자세로 양 다리 사이에 항아리를 끼고 그것을 두드리며 이렇게 노래를 부르고 있었다. 혜시는 장자의 행동을 이해할 수 없어 나무랐다.(「지락至樂」)

"자네는 저 사람과 함께 하며 자식 낳아 기르고 함께 늙었네. 그런 사람이 죽었는데 슬피 울어도 시원찮을 터인데 항아리를 두드리며 장단 맞추어 흥겹게 노래를 부르고 있으니 이게 무슨 해괴망측한 짓인가?"

이에 장자는 하던 행동을 멈추고 아내의 시신이 든 관을 보면서 이렇게 말했다.

"그렇지 않다네. 내 아내가 죽었는데 내가 어찌 가슴 아프지 않을까. 그런데 저 사람이 이 세상에 태어난 일을 곰곰이 생각해보니 당초 삶 자체가 없었지 뭔가. 삶 자체가 없다면 삶을 사는 몸뚱이도 없었던 것 아니겠나. 뿐만 아니라 몸을 이루는 기조차 없었지. 언젠가 알 수 없는 그 무엇이 절로 혼합되어 기로 변하고, 그 기가 변하여 저 사람의 몸이 되었지. 그리고 그 몸이 있어 삶이 시작되었고, 그 삶 속에 있던 저 사람은 이제 다시 죽음으로 돌아간 것이지. 이는 춘하추동 사계절이 돌고 도는 것처럼 자연스러운 변화지. 저 사람은 천지 사이 큰 쉴 곳에서 편히 잠들어 있을 뿐이라네. 그런데도 내가 '아이고, 아이고' 발을 구르며 운다면 자연의 운명을 모르는 짓이겠지. 그런 짓을 멈춘 것뿐이라네."

장자는 인간의 생사는 사계절의 운행처럼 자연스러운 일이라 생각했다. 자기가 그 일로 통곡하는 것은 천명을 모르는 짓이라 곡하기를 멈추고 노래를 불렀다는 것이었다.

장자는 삶과 죽음을 같은 값으로 취급해야 하고, 모두 자연스러운 일로 보아야 생사를 초월할 수 있다고 본다. 나아가 자신을 우주만물의 일부로 보게 되면 삶과 죽음은 봄이면 생기가 돌고 가을이면 시드는 풀이나 꽃처럼, 반복 순환하는 사계절처럼 지극히 평범하고 자연스러운 일이 된다.

장자는 죽음을 앞두고도 생사의 관문을 깨고 있다. 「열어구列禦寇」편 장자의 임종 대목이다.

장자가 죽음을 앞두자 제자들이 장례를 성대히 치르고자 했다. 이를 안 장자가 이렇게 말했다.

"나는 하늘과 땅을 관과 곽으로 삼고, 해와 달 그리고 뭇 별들을 장례 행렬을 장식하는 보석으로, 이 세상 만물을 저승길 선물로 삼으련다. 이 정도면 완벽한 장례식 아니겠느냐? 여기에 뭘 더 보태려 하느냐."

한 제자가 "까마귀와 솔개들이 선생님의 시신을 뜯어 먹을까 걱정됩니다."라고 하자 장자는 또 이렇게 말했다.

"위는 까마귀와 솔개에게 뜯어 먹히고, 아래는 개미와 땅강아지에게 먹히면 저기서 빼앗아 여기에 주는 것이 무엇이 문제가 될까? 평탄하지 않은 것을 억지로 고르면 그건 진짜 평탄한 것이 아니다. 맑고 분명하지 않은데 억지로 그렇게 한다고 해서 진짜로 맑고 분명한 것은 아니지. 인간의 지식으로 공평과 명백함을 얻으려는 사람은 사물의 노예가 될 뿐이고, 정신으로 사물을 공평하고 명백하게 할 수 있지. 무릇 인간의 잘난 지식이 영험하고 오묘한 정신에 미치지 못함은 본디 잘 알려진 사실이다. 그럼에도 세상 어리석은 자들은 자기 혼자의 생각만 믿고 억지로 거짓을 더한다. 그 짓은 본래 자신의 것이 아니라 바깥 사물 때문에 부림을 당하는 것이니 어찌 슬프지 않을까!"

장례에 관해서 유가는 후장厚葬, 묵가는 박장薄葬을 주장했다. 장자는 아예 장례 자체를 부정했다. 인간의 죽음은 자연으로 돌아가는 것일 뿐, 장례냐 아니냐는 아무런 문제가 되지 않는다.

누군가는 명리와 부귀를 추구하고, 누구는 불로장생을 추구한다. 장자는 그렇지 않았다. 그는 인생에서 욕망이 너무 커서 그것을 얻지 못할 경우 근심과 두려움에 시달린다고 보았다. 설사 얻는다 해도 심신이 고달파 편치 못하다. '무위無爲', 즉 '일삼지 않아야' 진정한 쾌락을 얻을 수 있다. 세속에서의 명리를 뒤쫓는 쾌락은 진정한 쾌락이 전혀 아니다. 가장 큰 쾌락은 쾌락이라 부를 수 없고, 가장 큰 명예는 명예라 부를 수 없다. 인간은 하늘과 땅을 본받아야 한다. 하늘과 땅은 억지로 일삼지 않고도 만물을 기른다. 인간도 하늘과 땅처럼 일삼지 않아야 근심걱정 없이 살 수 있다.

장자가 살았던 시대는 사회가 혼란스럽고 역사가 급변하던 시대였다. 역사의 조류에 따르는 자는 번창하고 거스르는 자는 망한다. 역사에는 개인으로는 저항할 수 없는 필연성이 있다. 인생도 개인으로는 맞설 수 없는 필연성이 있다. 장자는 인생에서 저항할 수 없는 힘과 대면했을 때, 뛰어넘을 수 없는 장애에 부딪힐 때 가장 좋은

● 장자의 사상은 모든 중국인에게 깊은 영향을 남겼다. 겉으로는 출세와 명예를 추구하면서도 거기에서 오는 갈등과 고통 때문에 늘 세속으로부터 탈출하고자 하는 내면의 심리가 함께 형성되어 마치 유전자처럼 중국인의 마음에 남겨졌다. 막료학과 막료들의 심리 상태에 큰 영향을 준 것은 말할 필요조차 없다. 사진은 장자의 고향으로 알려진 하남성 민권현民權縣 장자고리 유지와 관련 비석들이다.

방법은 "알지만 어쩔 수 없이 천명처럼 편안하게" 받아들이는 것, 이것이 지극한 덕이라 했다.

　사람은 누구나 한번은 죽는다. 인생에는 저항할 수 없는 속박들이 많다. 장자는 인생의 처지를 꿰뚫어보았다. 그는 인생이란 총체적으로 고통스럽고 사람을 비관적으로 만든다는 것을 느끼지 않을 수 없었다. 이런 처지에 놓였을 때 장자는 인생이란 어느 정도 자유로울 수 있으며, 어느 정도 느긋하게 거닐 수 있으며, 어느 정도 소탈하게 살아 갈 수 있으니 잘되고 못되고를 깨부수고 생사를 깨부수어 근심과 걱정을 덜어 자연스럽게 살아가라고 말한다. 이는 달리 말해 아주 달관한 인생의 태도다.

　장자의 인생철학은 매우 큰 영향을 남겼다. 훗날 출중한 재능을 가진 인재들의 생활방식과 인생 태도에 장자의 영향이 미치지 않은 곳은 없었다. 장자의 인생철학은 중국인의 문화적 심리 상태와 국민성에도 넓고 깊고 세밀한 영향을 남겨 아주 독특하고 미묘한 작용을 일으켰다.

묵자의 인생 수양

묵자는 「수신修身」편에서 품행은 사람으로써 나라를 다스리는 근본이니 군주는 반드시 힘써 자신의 품덕을 수양해야 한다고 지적했다. 묵자는 수양의 준칙, 즉 '군자의 길'은 "가난에 처해서도 청렴함을 보이고, 부유하면 의로움을 보이고, 살아서는 사랑하고, 죽음에 처해서는 슬퍼하는" 것이라 했다. 이 원칙에 따라 처신하면 보다 좋은 사람이 될 수 있고, 보다 더 잘 나라를 다스릴 수 있다.

묵자는 모든 일에 근본이 있다고 했다. 예컨대 싸울 때는 군사를 포진하는 데 신경을 써야 하지만 병사의 용기가 근본이 되어야 한다. 장례에서 예의를 차려야 하지만 죽은 사람에 대한 애도가 근본이다. 벼슬을 하려면 재능과 학식이 있어야 하지만 덕행을 바탕 삼아야 한다. 뿌리가 단단히 서지 못하면 그 가지와 잎이 풍성해질 수 없다. 가까이 있는 사람조차 오지 못하게 한다면 어떻게 멀리 있는 사람을 모실 수 있겠는가? 친척조차 보살피지 못하고서 어떻게 외부 사람들과 친할 수 있을까? 일을 벌이기만 하고 매듭을 짓지 못한다면 다른 일은 이야기할 것도 없다. 일 하나를 제대로 알지 못하고 어떻게 넓은 견문을 추구할 수 있겠는가?

옛 성현들은 천하를 다스릴 때 사람을 위하고 나라를 다스리는 근본으로 품덕의 수양을 특별히 중시했다. 또 좌우에 있는 사람들의 품덕도 잘 살핀 다음 멀리 있는 사람들을 모셨다. 군자가 좌우를 잘 살핀다면 그 사람들도 자신의 품행을 수양할 것이다. 군자가 자신의 품행을 수행하지 못해 비난을 받으면 당연히 자아반성을 해야 한다. 헐뜯고 비방하는 말이 사람들의 귀에 들어가지 않고, 남을 공격하는 말을 하지 않아 남을 해치려는 마음이 존재하지 않는다면 헐뜯고 공격하는 그 사람들도 어쩔 수 없을 것이다.

묵자가 보기에 사람이라면 '군자의 도'를 따라야 한다. 즉, 가난할 때 그 사람의 청렴이 드러나고, 부유할 때 그 사람의 의리와 은혜가 보이고, 산 사람들에게는 자애롭고 대하고 죽은 이에게는 슬픔을 표하는 것이다. 성현들은 태어나 죽을 때까지 이런 품행을 유지하면서 평생 다른 사람을 인자하게 대하고, 공경하고 겸손한 행동을 보이며, 고상한 말을 쓴다. 묵자는 사람의 의지가 굳세지 못하면 그 지혜도 높아지지 못하고, 말에 신용이 없으면 행동도 과감해질 수 없으며, 자신의 부를 나누려 하지 않으면 그와 왕래할 가치는 사라진다. 자신의 길을 굳세게 지키지 못하면 시비를 가리지 못하고 결국 그와 가까워질 값어치가 없어진다. 요컨대 근본이 단단히 서지 못하면 가지와 잎은 위험해질 수밖에 없다.

묵자는 또 용감하기만 하고 품행의 수양을 중시하지 않으면 나태해져 무력해질 수밖에 없다고 생각했다. 탁한 근원을 깨끗하게 하지 못한다면 충성과 믿음을 강조하는 사람의 행위도 손상될 수밖에 없다. 공명을 성취하려 한다면 명예를 갈구하기보다는 돌이켜 자신을 반성하면서 자기수양을 강화해야 한다. 사람 같지 않은 말만 늘어놓으면 그의 말을 듣고 믿는 사람이 없을 것이다. 힘을 잔뜩 쓰면서 늘 자기자랑을 늘어놓는 사람은 수고하고도 칭찬을 듣지 못한다.

총명한 사람은 이와 다르다. 속으로는 너무 뚜렷하게 잘 알고 있지만 말을 많이 하지 않으며, 힘껏 일하지만 자신의 공로를 떠벌리지 않는다. 이 때문에 그는 천하에 이름을 떨친다. 따라서 사람은 말을 많이 하기보다 지혜를 강구해야 하고, 화려하게 말을 꾸미기보다 정확하게 말을 하려고 해야 한다.

묵자는 말한다. 사람에게 지혜가 없으면 사물의 상태를 제대로 살필 수 없어 그 자신이 게을러지고, 그러면 틀림없이 정도를 벗어나게 된다. 선한 언행이 마음에서 나오는 것 아니면 그것을 유지할 수 없다. 스스로 언행의 선악을 가리지 못하면 제대로 설 수 없다. 사람의 명망은 구차하게 수립되는 것이 아니며 명예도 위선과 거짓으로 세워지는 것이 아니다. 군자는 언행이 일치해야 한다. 사람이 오로지 자기 이익만 탐하면서 자신의 명성에 주의를 기울이지 않으면 군자가 될 수 없다.

제 2 편

막부와 막료

인치  체계의 두 바퀴와
인재 통제 7원칙 및 막료의 6원칙

"사물은 종류에 따라 모이고, 사람은 끼리끼리 나뉜다." 꿀이 개미를 불러모으고, 똥과 오줌이 파리와 모기를 끌어들이고, 향기로운 꽃이 나비를 유혹한다. 막주幕主의 성격과 품행 및 직권의 정도, 종사하고 있는 사업의 성격은 막료를 끌어들이거나 배척하는 데 관건이 되는 요소다. 나비가 향기를 좋듯, 파리와 모기가 구린내를 따라가듯 막주 자체의 바탕이 막료의 소질과 성격을 결정한다. 뒤집어 말해 막료가 뛰어난 재능을 가졌다 하더라도 밥그릇은 어쨌거나 막주에 의해 주어지는 것이기 때문에 막료는 자기 재능의 정도뿐만 아니라 막주와의 관계를 잘 처리하는 일이 더욱 중요하다. 또 다른 각도에서 보자면 주인이 약하고 손님이 강해 그 재능이 주인을 뛰어넘으면 막료는 막주에게 사업상 도움을 줄 수 없을 뿐만 아니라 도리어 막주의 눈과 귀를 가리고 막주를 통제하는 주객전도 현상이 일어나 그 폐단이 끝이 없다. 막주가 무능하거나 유능한 인재를 발탁하지 못하면 막료가 재능을 펼칠 기회를 제한받게 된다. 따라서 막료는 현명한 막주를 찾아 모실 수밖에 없다. 이렇게 막주와 막료 사이는 어느 정도 균형이 잡혀 있어야만 조화를 이룰 수 있다. 주객 쌍방이 제대로 움직이려면 피차간에 서로를 보완하고 공존할 수 있는 테크닉을 강화해야만 한다.

삼국시대에 있었던 두 가지 상반된 막주와 막료의 관계를 본보기로 들어 설명하겠다. 하나는 훗날 막료들에 대한 경고로 작용을 한 양수楊修의 죽음이며, 또 하나는 막주에게 경계의 작용을 남긴 사마씨의 권력 찬탈이다.

동한 말기 양수는 승상 조조曹操 문하에서 창고를 관리하는 주부主簿 자리에 있었다. 양수는 천성이 치밀하고 계산이 밝은 데다가 박학다식한 인물이었다. 그는 자신의 재능을 과신하며 천하를 깔보는 작자였다.

언젠가 양수는 조조를 수행하여 동관潼關을 나서 세력가 채옹蔡邕의 장원에 들렀다. 채옹의 딸 채염蔡琰이 나와 영접했다. 당상으로 오르던 조조는 문득 이 집 벽 사이에 걸려 있는 비문의 글씨를 표구한 문장을 발견하고는 몸을 일으켜 그 글을 살폈다. '황견유부黃絹幼婦, 외손제구外孫齏臼'라는 여덟 글자로 된 글이었다. 하지만 도무지 무슨 뜻인지 알 수 없어 채염에게 그 뜻을 물었다. 채염은 우선 여덟 글자에 얽힌 이야기를 들려주었다.

"이 글씨들은 조아曹娥의 비문이랍니다. 지난날 화제和帝 때 상우上虞 지방에 춤으로 신령과 교감한다는 조간曹旰이라는 남자 무당이 있었습니다. 그런데 이 사람이 5월 5일 배를 타고 가다 술김에 춤을 추다가 부주의로 강에 빠져 죽고 말았습니다. 그 딸 조아는 당시 열네 살이었는데 강 주위를 7일 밤낮을 돌면서 울다가 파도가 사납게 치는 강 속으로 뛰어들었습니다. 그로부터 5일 뒤 조아는 아버지의 시체를 둘러매고 강 위로 떠올랐습니다. 마을 사람들이 조아의 아비를 강가에 편안하게 묻어주었습니다. 상우 지방의 장관 도상度尙이 이 일을 조정에 보고하여 효녀를 표창하고 도상 밑에서 일하는 한단순邯鄲淳이 이 일을 글로 지어 비에다 새겼습니다. 당시 한단순의 나이는 열셋이었는데 조금도 주저함 없이 단숨에 이 글을 지었다고 합니다. 비석은 무덤 옆에 세웠고, 사람들은 이 어린 천재의 재능에 감탄을 금치 못했습니다. 아버지께서 이 이야기를 들으시고는 그곳으로 가서 비석을 직접 보셨습니다. 그런데 날이 저물어 황혼 빛을 받으며 손으로 더듬어 비문을 다 읽으시고는 붓을 휘둘러 비석 뒷면에 이 여덟 자를 써놓으셨습니다. 그 뒤 사람들이 이 여덟 자를 함께 비석에 새겨놓게 된 것입니다."

조조는 다시 그 여덟 자를 읽고 그 뜻을 곰곰이 생각해보았으나 도무지 알 길이 없었다. 그래서 조조는 채염에게 그 뜻을 아느냐고 물었다. 채염은 "돌아가신 아버님의 유필이기는 하지만 저 역시 무슨 뜻인지는 모릅니다."라고 대답했다. 조조는 몸을 돌려 막료들을 향해 "이 뜻을 아는 사람 없는가?"라고 물었다. 모두들 대답을 못 하고 고개를 숙였다. 그런데 이때 막료 중 한 사람이 나서며 "저는 이미 그 뜻을 알았습니다."라고 큰소리를 치는 게 아닌가. 조조가 그자의 얼굴을 보니 다른 사람이 아닌 주부 양수였다. 조조는 짐짓 태연한 척 "잠시 말하지 말고 있거라. 내가 생각할 것이 있으니…" 하고는 채염에게 작별을 고한 뒤 일행들을 데리고 장원을 떠났다. 말을 타고 꽤 달렸음에도 불구하고 조조는 그 뜻을 알 수 없었다. 하지만 체면이 있지, 조조는 깨달은 듯한 표정을 지으며 양수에게 미소를 보낸 뒤 "자, 이제 한번 말해보게나."라고 점잖을 떨었다. 양수는 기다렸다는 듯 자신만만하게 대답했다.

"그 여덟 자는 은어隱語입니다. 첫 두 글자 황견黃絹은 색이 있는 실[糸]을 말합니다. 색色자 옆에다 실 사糸를 붙이면 절絶자가 되지요. 유부幼婦는 젊은 여자를 가리킵니다. 여女자 옆에 젊다는 뜻의 소少자를 붙이면 묘妙가 됩니다. 그리고 외손外孫은 딸의 아들이지요. 따라서 여女자 옆에 아들 자子를 붙이면 호好가 됩니다. 제韲자는 시고 매운 것을 담는 그릇으로 매울 신辛자 옆에 맛을 보는 혀 설舌자를 붙이면 사辭자가 됩니다. 따라서 이 여덟 자는 '절묘호사絶妙好辭' 네 자로 압축될 수 있습니다."

조조는 놀랍다는 표정을 지으며 "어쩌면 그렇게 내 생각과 똑 같을 수가 있단 말인가."라고 말했고, 모두들 양수의 재능에 감탄했다.

양수는 자신의 재주를 과신한 나머지 지나친 언행으로 여러 차례 조조의 심기를 건드렸다. 몇 가지 일화를 소개해보자.

일찍이 조조는 화원을 꾸민 바 있다. 준공 뒤 직접 화원을 보러 와서는 좋다는 말도 싫다는 말도 없이 그저 대문에다 '활活'자 한 자만 써놓고 가버렸다. 모두들 그 글자가 무슨 뜻인지 몰라 전전긍긍할 수밖에 없었다. 그러나 양수는 회심의 미소를 지으며 조조의 의도를 다음과 같이 간파해버렸다.

● '조아비' 해석 사건은 막료로서 양수의 재능을 유감없이 보여주었지만 동시에 막주 조조의 심기를 불편하게 만든 모순되는 이중의 의미를 남겼다. 이 일로 조조는 내면의 갈등을 겪기 시작했고, 그 뒤 일련의 비슷한 사건들이 이어지자 결국 양수를 내쳐야겠다는 마음을 굳혔던 것으로 보인다. 사진은 '조아비'의 탁본이다.

"문門 안에다 활活자를 첨가하면 활闊자가 된다. 승상께서는 화원이 문이 너무 넓다고 싫어하신 것이야!"

그래서 담장을 다시 고치고 문을 줄였다. 수리가 끝난 뒤 조조를 청해 다시 보게 하니 조조는 매우 기뻐하며 "누가 내 뜻을 알았는가."라고 물었다. 좌우에서 양수라고 일러주었다. 조조는 겉으로는 양수의 재능을 칭찬했지만 속으로는 이미 그를 꺼려하고 있었다.

또 한번은 이런 일이 있었다. 변방에서 좋은 요구르트를 한 독 보내왔다. 조조는 붓을 들어 그 독에다 '일합수一合酥' 세 글자를 아무렇게나 갈겨쓰고는 탁자 위에다 얹어놓았다. 양수가 방에 들어와 이 독을 보고는 자신이 직접 독을 들고 나가 여러 사람들과 한 숟가락씩 나눠 먹었다. 조조가 지나가다 이 광경을 보고는 자기 요구르트를 왜 먹느냐고 물었다. 양수는 싱긋 웃으며 이렇게 대답했다.

> "독 위에 분명 '一人一口酥'(一合酥에서 '一合' 두 글자를 쪼개면 일인일구가 되고, 그 뜻은 '한 사람에 야구르트 한입씩'이 된다)라고 적혀 있으니 어찌 승상의 명령을 어길 수 있겠사옵니까?"

조조는 겉으로 허허 웃으며 대범한 척했지만 속으로는 양수를 더욱 미워하게 되었다.

수많은 사람을 죽인 조조로서는 누군가가 자신을 몰래 해치지 않을까 늘 노심초사했기 때문에 진작부터 부하들에게 "나는 잠결에서도 사람을 잘 죽이니 일단 내가 잠들면 절대 내 곁에 가까이 오지 말라."고 단단히 일렀다. 이는 물론 자신을 해치려 접근하려는 자들에 대한 경고의 의미였다. 한번은 조조가 대낮에 막사에 누워 휴식을 취하고 있던 중 덮고 있던 이불이 흘러 바닥에 떨어졌다. 시위가 이를 보고 급히 달려가 이불을 주워 덮어주려 했다. 그런데 자는 줄 알았던 조조가 침상에서 벌떡 일어나더니 검을 휘둘러 시위를 베어버리고는 다시 침상에 누워 잠에 빠지는 것이 아닌가. 한참 뒤에 깨어난 조조는 깜짝 놀라는 표정을 지으며 "대체 누가 내 시위를 죽였는가?"라고 물었다. 부하들이 사실을 말해주자 조조는 할 말을 잃고 대성통곡하며 후하게 장례를 치러주었다. 이 일로 부하들은 조조가 진짜 잠결에서도 사람을 죽이는 그런 인간임을 알게 되었다. 그러나 양수는 조조의 속셈을 간파하고 있었다. 양수는 장례 때 살해된 시위의 관을 가리키며 혼잣말로 "승상이 잠결에 있었던 것이 아니라, 네가 잠결에 있었을 뿐이니라."라고 했다.

조조의 셋째 아들 조식曹植은 양수의 재능을 아껴 늘 그를 불러 밤새 이 일 저 일을 상의하곤 했다. 이 무렵 조조는 측근 몇몇과 상의하여 조식을 세자로 세울 생각을 하고 있었다. 맏아들 조비曹丕가 이를 알고는 은밀히 조가朝歌의 우두머리 오질吳質을 불러들여 대책을 상의했다. 조비는 남들에게 들킬까 봐 큰 대자리로 오질을 둘둘 말아 옷감이라 속이고 자신의 집으로 싣고 오게 했다. 하지만 눈치 빠른 양수를 속이지는 못했다. 양수는 곧장 조조에게 달려가 이 사실을 고해바쳤다. 조조는 사람을 보내 조비의 집을 감시하게 했다. 이러한 움직임을 감지한 조비는 당황해서 급히 오질을 찾았다. 오질은 의외로 침착했다.

"걱정하지 마십시오, 내일 날이 밝으면 저를 싸 왔던 대자리에 옷감을 넣어서 집밖으로 내보내십시오. 그러면 의심이 절로 풀릴 것입니다."

조비는 오질의 말대로 대자리에 옷감을 싸서 집밖으로 내보냈다. 집을 감시하고 있던 조조의 부하가 짐을 뒤졌고 그것이 모두 옷감이라는 것을 확인한 다음 이 사실을 조조에게 보고했다. 이 사건으로 조조는 양수가 음모를 꾸며 조비를 해치려는 것이 아닌가 의심하기 시작했다.

조조는 조비, 조식 형제의 재주를 시험해볼 생각으로 어느 날 두 아들에게 한성邯城을 나오라고 해놓고는 몰래 문을 지키는 관리에게 둘을 못 나오게 하라는 명령을 내렸다. 조비가 먼저 문을 나서다가 문지기의 제지를 받고는 그대로 돌아갔다. 조식이 이 이야기를 듣고는 양수에게 도움을 청했다. "출타를 막는 자의 목을 베시면 됩니다." 양수의 답은 뜻밖이었고 또 간단했다. 조식은 그의 말이 옳다고 생각하고는 즉시 성문을 나섰다. 물론 문지기가 가로막았다. 그러자 조식은 "승상의 명령을 받고 나가는 참인데 누가 감히 막는단 말인가."라며 즉각 그 문지기의 목을 베어버렸다. 이 이야기를 전해들은 조조는 조식의 재능이 조비보다 낫다고 인정했다. 그러다 누군가가 조식의 그러한 행동이 양수가 훈수를 거든 결과라고 일러바쳤다. 조조는 크게 화를 냈고 조식을 미워하기 시작했다.

양수는 또 조식을 위해 조조의 질문에 대한 정답 10여 조항을 정리해주기도 했는데, 이 모범 답안을 바탕으로 조식은 조조가 묻는 질문에 유창하게 답변할 수 있었다. 조조는 마음속으로 크게 의심하지 않을 수 없었다. 그러다 조비가 몰래 조식의 측근을 매수하여 답안지를 훔쳐다 조조에게 갖다 바쳤다. "이 보잘것없는 놈(양수)이 감히 나를 속여!" 조조는 벼락같이 성을 내며 이를 갈았다. 이때 조조의 마음속에는 양수를 죽여야겠다는 생각이 이미 강하게 자리를 잡고 있었다.

양수의 뛰어난 재주는 조조가 촉나라와 전투하는 중에 마지막으로 화려하게 발휘되었다. 당시 조조는 전투에서 잇달아 실패하여 진퇴양난에 빠져 있었다. 공격이냐 후퇴냐를 놓고 망설이고 있던 중 주방장이 닭고기 요리를 올렸다. 그릇 속에서 슬며시 삐져나온 닭의 갈비뼈, 즉 계륵鷄肋을 본 조조의 심정은 착잡하기만 했다. 조조가 넋을 잃고 닭국이 담긴 그릇을 한참 쳐다보고 있으려니까 야간 점호의 명령을 받으러 하후돈夏侯惇이 막사 안으로 들어왔다. 이때 마침 조조는 혼잣말로 "계륵이로다, 계륵이로다."라는 말을 계속 중얼거리고 있었다. 하후돈은 장교들에게 전령을 보내 '계륵'이라는 말을 전달케 했다. 양수도 이 말을 전해듣고는 지체 없이 수행 군사들에게 각자의 행장을 꾸려 돌아갈 준비를 하라고 일렀다. 한 병사가 이 상황을 하후돈에게 보고했다. 하후돈은 깜짝 놀라며 양수를 막사로 불러 왜 행장을 수습하게 했냐고 물었다.

"오늘밤 점호는 위왕(조조)의 철수 명령이 될 것입니다. '계륵'이라 하신 것은 먹자니 고기가 없고 버리자니 맛이 아깝다는 뜻입니다. 진격할 수도 후퇴할 수도 없는 것이 현재의 상황입니다. 물러나자니 비웃음을 살까 두렵고, 지금으로서는 뾰족한 수가 없으니 일찌감치 돌아가느니만 못합니다. 위왕께서는 틀림없이 철군을 명령하실 것입니다. 그러니 미리 행장을 꾸려놓았다가 우왕좌왕하는 일은 없도록 해야지요."

"당신은 정말 위왕의 마음을 족집게처럼 집어내는구려!"

하후돈은 감탄을 금치 못하면서 부하들에게 행장을 꾸리게 했다. 그리하여 군중의 모든 장교들이 자기 부하 병사들의 행장을 꾸리느라 야단법석을 떨었다. 그날 밤, 조조는 심란해서 잠을 이루지 못하고 강철 도끼를 만지작거리며 군영을 이리저리 거닐고 있었다. 그러다 순간 하후돈 막사의 군사들이 왔다갔다하며 행장을 꾸리는 모습을 보게 되었다. 조조는 소스라치게 놀라며 급히 하후돈을 불러 자초지종을 물었다. "주부 양수가 대왕의 철수 의사를 이미 알고 있었습니다." 당황한 조조와는 달리 하후돈은 오히려 자신만만하게 대답했다. 조조는 양수를 불러 자신의 뜻을 어떻게 알았느냐고 다그쳤다. 양수는 의기양양하게 '계륵'이란 단어에 담긴 뜻을 조조에게 설명했다. 고개를 끄덕이던 조조가 갑자기 버럭 고함을 지르며 "네놈이 감히 엉뚱한 소리로 군심을 흩었단 말이지!"라고 꾸짖고는 망나니를 불러 당장 끌고 나가 목을 자르게 했다. 그리고는 양수의 목을 군영 한가운데 장대 위에 높이 걸어놓게 했다.

막료로서 양수는 총명했다. 하지만 지나치게 총명하여 다른 사람이 꿰뚫어보지 못하는 것을 볼 수 있었고 남들이 예측하지 못하는 것을 예측할 수 있었다. 막주로서 조조는 문화적 소양이 대단히 높은 사람이라는 점을 알아야 한다. 문인은 또한 자부심으로 사는 사람이다. 중국은 역대로 문인들끼리 서로 깔보는 속 좁은 습성이 있어 다른 사람의 재주가 자신을 뛰어넘는 것을 좋아하지 않았다. 조조에게도 바로 이런 문인의 습성이 있어 재주 있는 사람을 질투했다. 채옹의 장원에서 비문의 뜻을 추측했던 일은 조조가 나눠주는 하사품을 나눠 먹는 일과 같은 것이었지만 실제로는 재능을 한껏 뽐낸 경우였다. 일대 간웅 조조가 아닌 일반 사람이라도 남이 자기 내면의 세계를 꿰뚫어보는 것을 원하지 않는다. 그리고 단번에 주인의 속마음을 들여다볼 수 있는 요지경을 장착하고 있다는 것은 자신의 남다른 재주를 뽐내는 것 외에 아무런 이익이 없다. 그저 상대의 혐오만 키울 뿐이다.

또 하나 양수는 자신의 재주로 궁정 투쟁에 뛰어들어 "관계가 먼 사람으로 관계가 가까운 사람을 이간하지 말라."는 옛 가르침을 한쪽으로 치워둔 채 직접 금지 구역으로 들어가고서도 이를 몰랐다. 훗날 죽임을 당할 때까지 양수의 이런저런 총명함은 단 하나도 올바르게 사용되지 않았다. 막료로서 양수의 책임은 막주가 사업을 성취하여 그 공덕을 널리 드러내는 데 있었다. 그러나 그가 저지른 몇 가지 일은 막주의 약점을 건드려 막주를 화나게 만들지 않을 수 없었다. 이 행동 방식은 양수 스스로 길을 끊는 것이었다. 그러나 그는 죽는 순간까지 이를 깨닫지 못한 것 같다. 막주와의 관계를 어떻게 처리할 것이며, 무엇은 하고 무엇은 하면 안 되는가를 몰랐다. 훗날 조조가 양수의 장례를 후하게 치러주긴 했지만 아무리 후한 장례로도 양수를 다시 살릴 수는 없었다.

조조 쪽에서 한번 보자. 조조는 일대 간웅이긴 했지만 성격상 몇 가지 두드러진 약점을 갖고 있었다. 하나는 타인의 재능을 질투하는 것이었고, 또 하나는 이와 관련하여 의심이 많았다는 것이다.

조조는 인재로서 막료의 중요성을 인식하여 "재능만 있으면 천거한다."는 구현령求賢令까지 내렸다. 그러나 실제 일을 처리하는 방식에서는 이런 약점들 때문에 결국 남다른 재능을 가진 막료들을 초빙하지 못했을 뿐만 아니라 애써 모셔놓고도 다른 모사들 손에서 망가지게 했다. 예를 들어 서서徐庶라는 인재를 초빙해놓고도 "한마디도 못 하게" 했고, 제갈량諸葛亮과 쌍벽을 이룬다는 방통龐統을 기용하고도 적벽赤壁에서 대패했다. 그 결과 기꺼이 힘을 내놓겠다는 인재가 없었다. 조조는 타고나길 의심이 많았다. 그럼에도 자신에 비해 더 의심이 많은 사마의司馬懿를 막료로 두는 바람에 호랑이를 기르는 후환이 되었고, 결국 조위曹魏의 천하는 사마司馬로 성이 바뀌었다.

조조의 군사모략은 거의 타의추종을 불허할 정도였다. 그는 천자를 끼고 제후들을 호령하며 건국의 주춧돌을 깔았다. 이런 그의 재능과 모략은 실로 남달랐다. 그러나 그는 은밀한 속임수를 즐겼고, 변덕과 의심이 심했다. 그러다 보니 꺼리는 일도 많아 사람들을 많이 죽였다. 복伏 황후의 경우 조조는 그 가족 수백 명을 죽였다. 또 의견이 맞지 않는다고 자신의 모사 순욱荀彧을 죽였고, 시기와 질투 때문에 함께 일하려 하지 않는 공융孔融을 죽였다. 위풍당당한 최염崔琰은 조조로 분장하고 흉노의 사신을 영접했으나, 나중에 조조는 이 일로 자신의 체면이 깎였다고 최염을 죽였다. 누생婁生은 말 한마디 잘못했다가 목이 잘렸고, 환소桓劭는 자신의 잘못을 자수하여 무릎을 꿇고 용서를 빌었으나 조조는 "오랫동안 꿇어앉아 일어나지 않으면 죽이지 않고 용서해주겠다."고 했으나 끝내는 그를 죽였다. 인덕보다는 형벌과 살육을 즐겼던 조조의 포악한 면면들이다.

그러나 한가할 때 조조는 자신을 주 문왕에 비하길 좋아했는데 사실과는 전혀 멀었다. 여남汝南의 명사 허소許邵는 이런 조조에 대해 "세상이 잘 다스려질 때라면 능력 있는 신하요, 세상이 어지럽다면 간웅"이 될 사람이라고 평가했다. '치세지능신治世之能臣, 난세지간웅亂世之奸雄'이란 유명한 말이 여기서 나왔다. 일리 있는 평가가 아

● 조조의 석상. 막료들과 조조의 생생한 사례는 막주와 막료의 관계에 대해 많은 것을 알려주는 연구 사례로 남아 있다. 특히 막료는 어떤 일이 있어도 막주의 심기를 제대로 헤아려야 한다는 막료 처신의 제1원칙 같은 것을 생각하게 만든다.

닐 수 없다.

이렇게 보면 큰일을 성취한 막주로서 조조는 성격과 인품에서 상당한 결점을 가진, 말하자면 막주로서의 표준에 맞지 않는 인물이었다. 이 때문인지는 몰라도 그는 자신을 위해 천하의 영웅들을 부리지 못했고, 그를 돕겠다는 사람도 적었다. 그저 자기 한 사람의 지혜와 힘에만 의존하여 천하의 1/3을 얻는 데 머물렀다.

두 번째로, 막료가 막주의 자리를 빼앗은 사례인 사마의司馬懿의 경우를 보자. 사마의는 대대로 유가 집안 출신으로 위나라를 세우는 데 참여했다. 세상이 어려울 때 나서 돕고, 조정의 기강을 바로잡는 등 문무를 겸비한, 실로 세상의 한 부분을 감당할 수 있는 인재였다. 그러나 위인이 음모에 능하고 일을 함에 의로움을 따지지 않았다. 의심과 꺼리는 것이 많았고, 떳떳하지 못한 계략을 내는 데 능수능란했다. 가장 대표적인 사례가 위 명제明帝를 없앤 일이었다. 당시 그는 병을 핑계로 조정에 들어가지 않았다. 하남윤河南尹 이승李勝이 문병을 구실로 그를 찾아가자 헛소리를 하면서 내일 모레 곧 죽을 것처럼 연기하여 조상曹爽을 방심하게 만들었다. 그는 명사 하안何晏 등을 옥에 가두고는 잔인한 고문으로 죽이고 삼족을 없애기도 했다. 이렇게 보면 간웅 조조와 막상막하다. 결국 조조의 천하가 사마씨에게 넘어갔으니 이 또한 업보라 해야겠다.

사마의는 시세에 순응하면서 대세를 가늠하는 인물이었다. 그는 벼슬길에 나가자 바로 창업을 준비하던 조조에게 발탁되어 군사와 나라의 큰일에 참여했다. 여기서 그는 뛰어난 모략으로 거듭 성공을 거두면서 평생 싸움터에서 삶을 마쳤다. 그는 속마음을 잘 드러내지 않는 성격이었고, 의심이 많고 마음씀씀이가 보통이 아니었다. 그러나 통도 커서 사람들을 너그럽게 포용하며 상대의 의견에 귀를 기울일 줄 알았다. 형세를 잘 살피고 헤아려 일을 정확하게 처리했다. 사람을 잘 알고 기용했으며, 인재를 제대로 발탁하여 잘 받아들였다. 변덕이 심했던 맹달孟達을 포용하여 요동태수 공손씨公孫氏의 반란을 진압하게 하고, 자신과 함께 정치를 보좌했던 조상을 소멸시켰으며, 죽기 전에는 양주도독 양릉楊陵을 죽이기도 했다. 여러 차례 제갈량이 이끄는 대군을 막아냈고, 오나라와 연합하여 촉나라 군대의 위협에 대처하기도 했다. 이 때문에 백성들은 모두 그의 재능을 칭찬했다. 이런 점에서 진晉나라의 천하통일이라는 추세는 사마의 때 시작되었다고 볼 수 있다.

조조가 "내가 천하를 버릴지언정 천하가 나를 버리게 하지는 않겠다."고 외쳤지만 하늘은 공교롭게 그에게 천적과도 같은 존재 사마의를 붙여주었다. 조조는 평생 많은 사람을 죽였지만 정작 죽였어야 할 사마의 한 사람은

司馬懿

將帥之才奸雄之志
得跂專權見利忘義

● 막료로서 사마의와 같은 존재를 어떻게 인식할 것인가? 의심 많은 막주 조조도 사마의가 장차 어떤 역할을 할 것인지 정확하게 예측하지 못했다. 난세에는 특히 막주와 막료의 관계가 언제든지 뒤바뀔 수 있음을 사마의의 사례가 잘 보여준다.

죽이지 못했다. 혼신의 힘을 다하여 천하의 1/3을 차지했지만 자식들 뒤에 남겨진 검은 불씨가 결국 조씨 천하를 불태웠다. 조조가 황천에서라도 이를 알게 되었다면 당연히 반성했을 것이다.

이상 양수의 죽음과 사마씨가 위의 권력을 찬탈하는 과정에 조조가 직간접적으로 당사자로 개입되어 있음을 보았다. 조조는 큰 뜻을 품고 있었지만 사람을 제대로 쓰고 인재를 기르지 못했다. 다시 말해 막료와의 관계를 좋게 처리하지 못함으로써 결국 천추의 대업을 성취하지 못했다. 이렇게 말할 수 있겠다. 막주와 막료 사이는 서로 돕고 키우고 의지하는 관계다. 막주와 막료는 막부, 즉 '인치人治'라는 기구를 움직이는 두 바퀴로, 막주가 앞바퀴라면 막료는 뒷바퀴에 해당한다. 따라서 이 둘의 관계가 제대로 처리되어 평형을 이루어야만 '인치'라는 기구가 정상적이고 효율적으로 굴러갈 수 있다.

막주가 인재를 통제하는 원리와 기술을 모르면 막부와 막료는 호랑이를 길러내는 근심덩이가 되어 막주 자신을 위협할 뿐만 아니라 심하면 막주를 갈아치울 수 있다. 이제 막주의 인재 통제라는 문제를 본격적으로 다루어본다.

1.
인재 통제의 7원칙

'통제統制'[7]는 오랜 역사를 가진 중국 특유의 단어다. 『신당서新唐書』「가서요전哥舒曜伝」에 이런 대목이 있다.

"가서요는 통제는 서툴고 사람 죽이는 일은 서둘러 선비들이 두려워 마음을 주지 않았다."

짧은 이 문장에서 우리는 중국인의 의식 속에서 통제술이 일찍부터 자리잡고 있었으며, 다른 한편으로는 통제술의 중요성을 반영하고 있다는 사실을 읽어낼 수

---

[7]   원서에는 '통어統御'라는 단어를 사용하고 있다. 통솔, 관리, 통제, 통치, 부림(지배) 등의 뜻을 포괄하는 개념이다. 영어로는 컨트롤control이 가깝다. 우리가 많이 쓰는 '통제'로 옮겼다.

있다. 오늘날 일상에서 늘 보는 두 글자로 '영도領導'[8]가 있다. 리더 또는 리더십이란 뜻에 가깝다. 통제술과 리더십은 본질적으로 같아서 통제, 부림 등의 뜻을 갖고 있다. 그러나 약간의 차이도 있다. 통제술은 지식을 강조할 뿐더러 지혜를 더욱 중시한다. 통제술은 과학일 뿐만 아니라 예술적 요소가 더 강하다. 통제술은 지식, 정서, 의식의 통일이자 비절차성, 비약성, 동기성이란 특징을 갖고 있다. 반면에 리더십이 중점을 두는 것은 과학, 지식, 이성이다. 리더십은 조작성, 절차성, 질서성을 강조한다. 통제술은 역사의 침전물이자 역사의 축적이지만 리더십은 현대 과학에서 옮겨다 심은 분야다. 또 하나 오늘날처럼 맹렬하게 앞서가는 변혁의 시대에 통제의 심오하고 신비한 광채로 사람들을 사로잡지만 리더십은 그 시대의 정치적 색채가 극히 강한 단어로 시간이 흐르면서 점점 역사의 재를 뒤집어쓰고 있는 중이다.

이 책에서는 통제의 방법과 이치 등을 막료에 대한 막주의 통제술로 보고 모두 일곱 개의 원칙으로 귀납했다. 동양의 지혜와 모략 그리고 문화적 색채가 지극히 풍부한 통제술이다.

1) 큰 그림을 파악하고 자질구레한 것들은 버려라

이 첫 번째 명제는 막주로서, 또는 한 나라의 군주로서, 또는 대군을 통솔하는 장수로서, 또는 억만 금을 가진 거상으로서 반드시 알고 장악해야 하는 근본적인 대원칙이다. 그러나 "큰일과 작은 일을 꼭 따질 필요는 없지만 일에 임했으면 있는 힘을 다

---

8 '영도領導'도 중국에서 가장 많이 쓰는 단어의 하나다. 동사로 사용될 경우는 영어의 lead, 즉 '이끌다'는 뜻이고, 명사로 사용되는 지도자(leader)를 가리키는 경우가 대부분이다. '영도학領導學'이란 단어도 많이 쓰는데 리더십을 다루는 학문 내지 공부로 보면 된다. 우리에게 익숙한 리더 또는 리더십 등으로 옮긴다.

해야 한다."

"큰 그림을 파악하고 자질구레한 것들은 버려라."는 통제술의 원칙은 노자의 "억지로 일삼지 않고 다스린다."는 '무위이치無爲而治'의 서세철학에서 기원한다. '무위'의 원칙을 관철할 수 있느냐, 실행의 강조를 관철할 수 있느냐에 근거하여 노자는 통치자를 다음과 같이 네 부류로 나누었다.

- 가장 뛰어난 통치자는 사람들이 간신히 그 존재 정도만 알 뿐이다.
- 그다음 통치자는 사람들과 가깝고 사람들이 그를 칭찬한다.
- 그다음은 사람들이 두려워하는 통치자다.
- 가장 못난 통치자는 사람들이 경멸하는 자다.

노자는 최고의 통치자가 도달한 곳은 아주 높고 밝고 오묘한 경지라고 하면서 "성인은 유유자적하며 말을 아껴 함부로 호령하거나 법령을 내리지 않지만 모든 일이 이루어지고 공이 나타나며, 백성들은 저마다 스스로 내가 무위자연의 존재라고 말한다."(17장)고 했다.

노자의 치세철학이 실제로 응용되려면 일부 조작적 변용이 이루어지지 않으면 안 된다. 노자는 '무위'를 말했지만 목적은 "일삼지 않는 것이 없는" '무불위無不爲'이기 때문이다. 기업경영이든 행정관리든 모두 효율을 추구하고 진취적인 방법을 강구한다. 노자의 치세철학은 한나라 초기 정치현실에 응용된 적이 있다. 그 당시 '무위'는 "군주는 일삼지 않고, 신하가 일한다."는 뜻을 포함하고 있었다. 군주는 번거롭고 정신 사나운 정무에서 벗어나 대신들을 대상으로 업무를 나누어 맡은 바 일에 최선을 다하게 하고 그에 따른 책임을 추궁하면 그만이었다. 현대 경영과 관리에서도 '무위'를 높이 평가하여 이 사상을 흡수하고 있다. 그런데 이 분야에서 받드는 격언이 있다. 즉, "좋은 감독은 연기자를 대신해서 연기하지 않고, 좋은 경영인은 주방으로 달려가 칼을 잡지 않는다." 리더는 비우는 데 힘을 쓴다. 대신 리더는 일상의 업무 밖의 리더십과 미래의 목표 등과 같은 문제를 생각하고, 실무자는 일상의 구체적 업무를 관리 규칙에 따라 철저하게 집행하는 것이다.

노자의 '자연무위' 사상은 동남아를 비롯한 세계 곳곳에 적지 않은 영향을 주어 세계적인 흐름을 형성하고 현대 기업 경영자의 리더십 원칙 같은 것이 되고 있다. 관련하여 한나라를 건국한 고조 유방의 다음과 같은 말이 이에 딱 들어맞는다.

"장막 안에서 전략전술을 움직여 천리 밖의 승리를 결정짓는 능력에서 나는 자방 (장량)만 못하고, 나라를 편안히 하고 백성을 어루만져주며 군대의 보급을 끊어지지 않게 하는 능력에서 나는 소하만 못하며, 백만의 군사를 거느리고 싸우면 반드시 이기고 치면 반드시 빼앗는 능력에서 나는 한신만 못하다. 이 세 사람은 뛰어난 인걸들이고, 나는 그들을 제대로 쓸 수가 있었다. 이것이 바로 내가 천하를 차지할 수 있었던 까닭이다."

혹자는 그렇다면 유방은 대체 무슨 재능을 가졌는지 물을 수 있다. 유방은 확실히 무능했다. 그는 강소성 패현沛縣 동네의 건달에 지나지 않았다. 원나라 때 수경신 睢景臣이 지은 희곡 『반섭초편般涉哨遍』 「고조환향高祖還鄉」[9] 부분에 보면 유방이 사수의 정장 벼슬을 할 때의 건달 행적을 고향 사람의 입을 빌려 이야기하고 있는데, 허구한 날 술이고 공부나 일은 뒷전이었다.

9　이 희곡은 민간의 솔직하고 적나라한 언어로 유방의 젊은 날 이런저런 건달 행각을 적나라하게 묘사한 작품이다. 민간 전설이긴 하지만 웃고 울고 성내고 욕하며 밑바닥 인생을 살았던 유방의 행색이 아주 생생하게 잘 묘사되어 있다.

이렇게 미천했던 사람이 훗날 두각을 나타내며 면모를 일신하고, 장량·소하·한신 등으로 하여금 기꺼이 온몸을 바쳐 충성을 다하게 만들었다. 이 과정에서 유방은 한 일이 하나 없는 것 같고, 이들 인재들이 각자 역할을 나누어 유방이 '무능'의 공을 성취하는 데 온 힘을 다했다. 이것이 노자가 말하는 "바른 도리로 나라를 다스리고, 용병은 기발한 전술로 치르지만, 천하는 '무위'로 취해야 한다."(57장)는 것이다.

유방의 '무능'은 실제로는 '유능', 그것도 크게 유능한 것이다. 유방은 용병의 이치에 밝지 않았고, 경제나 계획에도 서툴렀다. 그러나 큰 방향을 파악하고 있었다. 이런 재능은 쉽게 보이지 않는다. 형체가 없는 무형의 무엇인가가 형체를 가진 만물을 주재한다. 보이지 않는 근원의 무엇인가가 세상사와 인정의 근본이다. 통제술을 장악한 막주는 구체적인 일을 하지 않고도 대업을 성취할 수 있다. 관련하여 순자는 이렇게 말한다.

"제왕이 활을 쏘아 백발백중하는 것은 명사수 후예后羿만 못하고, 마차를 몰아 만리를 달리는 것은 왕량王良만 못하며, 나라를 다스려 천하를 통일하려면 현명하고 정직한 능력 있는 사람을 쓰느니만 못하다. 이렇게 마음과 힘을 절약하여 이룬 공명이 진짜로 큰 공명이다."

● 유방은 '논공행상' 자리에서 자신은 능력에서 장량, 소하, 한신 이 세 사람만 못하다고 솔직히 인정했다. 이것이 이른바 유방의 "세 사람만 못하다."는 '삼불여三不如' 리더십이다. 유방의 이런 리더십은 현대 경영에서 리더가 각 분야의 최고 실력자를 모시려는 것과 정확하게 일치한다. 그림은 유방의 '논공행상' 장면이다.

유비劉備도 거의 아무 일 하지 않고 울기만 했지만 사람 쓰는 것을 알아 삼고초려三顧草廬 끝에 제갈량을 기용했다. 세 번이나 헛걸음했지만 이 정성 때문에 제갈량은 "죽는 날까지 온몸과 마음을 다 바쳐" 유비를 위해 얼마나 많은 일을 했던가. 유비는 마치 어떤 일에도 관여하지 않은 것처럼 보였지만 끝내 천하를 삼분하여 그중 하나를 차지했다. 세 번 제갈량을 찾은 '삼고초려'로 천하의 1/3을 얻은 셈이다. 세상에 이런 거래가 어디 있단 말인가? 제갈량은 몸이 으스러지도록 충성을 다해 그 이름을 만고에 남겼지만 사실상 그의 정치력은 평범했다.

사소한 일을 따지다 나라를 말아먹은 식후息侯

"작은 굴욕을 참지 못해 큰 모략을 어지럽힌다."는 말은 역대로 전해오는 경구였다. 그러나 이 경구에도 불구하고 소탐대실한 사람들은 널리고 널렸다.

춘추시대 지금의 하남성 지역에 자리잡고 있었던 작은 나라 식국息國은 별다른 변고 없이 다른 소국처럼 큰 나라의 침략을 받고 조용히 사라졌다. 그런데 그 과정을 보면 춘추시대 역사에서 흥미로운 한 페이지로 기록될 만하다. 흥미롭긴 하지만 자랑스러운 것은 결코 아니었다.

기원전 684년, 식국의 군주 식후息侯는 강대국 초나라 문왕文王에게 다음과 같은 기발한(?) 계책 하나를 건의했다.

"초나라가 군대를 일으켜 우리 식국을 공격하십시오. 그러면 식국은 채국蔡國에게 구원을 요청하겠습니다. 채국이 구원병을 보내 초나라가 싸우게 되면 그것을 구실로 채국을 멸망시켜버리십시오."

당시 초나라는 끊임없이 영토를 확장해서 이미 대국이 되어 있었고, 문왕 또한 야심이 큰 군주라 식후의 계책에 구미가 당겼다.

그렇다면 식후는 왜 채국을 멸망시킬 이런 계책을 냈을까? 사실 식후는 채국의 애후哀侯와 동서지간이었다. 둘 다 진陳나라 공실의 딸을 아내로 맞아늘였기 때문이다. 식후의 부인 식규息嬀는 식부인으로 불렸는데, 미모가 그 옛날 달기妲己나 포사褒姒 못지않게 뛰어났다. 채국 애후의 부인이 식부인의 언니였다. 식국과 혼인이 성사되자 식부인은 일행을 거느리고 식국으로 건너오게 되었는데 가는 길에 채국이 있었다. 언니가 채국 국군의 부인이라 당연히 잠시 머물게 되었다. 그런데 채국의 애후가 식부인의 미모에 홀려 그만 식부인을 희롱하는 큰 실례를 범했다.

이 이야기를 들은 식후는 화가 나서 자기 나라를 미끼로 초나라를 끌어들여 채국을 공격하려는 계책을 내서 초 문왕을 꼬드겼던 것이다.

채국은 부근의 여러 나라들 중에서는 비교적 강한 나라로 중원과 가깝고 송宋, 노魯, 진陳, 위衛 등 여러 나라와 동맹을 맺고 있었다. 채국은 이를 믿고 초나라에 고분고분하지 않았다. 초나라는 이런 채국이 탐탁지 않아 오래전부터 이를 갈고 있던 차에 식후가 이런 계책을 제안하자 기다렸다는 듯 이에 응했다.

초 문왕은 군대를 동원해서 식국을 공격했다. 식후는 채 애후에게 사람을 보내 급히 구원을 요청했다. 식후의 의도를 까맣게 모르고 있던 애후는 직접 군대를 이끌고 구원에 나섰다. 모든 것이 식후의 의도대로 진행되었다.

구원병을 이끌고 식국에 진입한 애후는 그 즉시 초나라 복병의 공격을 받아 대패했다. 애후는 서둘러 식국의 도성으로 도망쳐 성문을 열어달라고 했으나 식후는 못 본 척 외면했다. 애후는 결국 초나라의 포로가 되었다.

식후의 보복은 그걸로 끝이 아니었다. 초 문왕에게 승리를 축하하는 인사를 올리면서 채국 애후를 헐뜯어 그를 죽이라고 부추겼다. 문왕은 식후의 공을 생각해서 채국 애후를 삶아 죽이기로 하고 큰 가마솥을 준비하게 했다.

뒤늦게 식후의 계략에 당한 것을 안 채국 애후는 식부인의 일이 이렇게까지 커질 줄 생각지도 못한 것을 후회했다. 하지만 어쩌랴, 이미 때는 늦었고 가마솥의 물이 끓기를 기다리는 수밖에.

초나라 대부 죽권鬻拳은 채국 애후를 죽이면 민심을 잃을 것이 뻔해 거듭 문왕에게 애후를 죽였다가는 초나라의 중원 패권에 큰 지장이 생길 것이니 맹약으로 초나라에 충성하게 한 다음 풀어주라고 청했다. 문왕이 죽권의 충고를 받아들이지 않자 죽권은 칼로 문왕을 위협하며 "대왕과 함께 죽을지언정 초나라가 천하 제후들을 잃는 꼴은 차마 볼 수 없습니다."라고 결연한 의지를 보였다.

문왕도 더 이상 무리할 필요가 없다고 판단하여 채후를 풀어주었다. 죽권이 자신의 무례를 처벌해달라고 문왕에게 자청했으나 문왕은 죽권의 말이 옳다며 용서해주었다. 그러나 죽권은 신하가 왕을 욕보였으니 벌을 받아야 마땅하다며 스스로 자신의 발을 잘라 처벌했다.

문왕은 크게 마음을 돌려 채국 애후를 석방하는 한편 귀국하기 전에 큰 잔치를 베풀어 위로했다. 애후는 문왕 앞에서 자신의 처제, 즉 식부인의 미모에 대해 늘어놓으며 문왕의 기색을 살폈다. 이 기회를 이용하여 식후에게 복수할 계략이 떠올랐기 때문이다. 애후는 술자리에서 춤을 추고 있는 초나라 미녀들을 칭찬하면서 "천하의 미모로 말하자면 식부인을 따를 수가 없지요. 하늘에서 내려온 선녀와 같답니다."라고 너스레를 떨었다.

문왕이 관심을 보이자 애후는 반쯤 넋이 나간 모습으로 "그 미모는 살아 두 번 보기 어려울 정도입니다."라며 연신 감탄을 터뜨렸다. 문왕의 호기심은 이제 터진 방둑이 되어 "도대체 얼마나 아름답길래 내가 한번 식부인을 봐야겠다."며 침을 흘렸다.

문왕의 마음이 크게 움직였음을 안 애후는 "대왕의 위세라면 송나라 공실의 딸이든 제나라 공주든 마음대로 얻을 수 있거늘 속국이나 다름없는 식국의 부인쯤이야 무슨 문제겠습니까?"라고 부추겼다.

문왕은 애후를 돌려보낸 뒤 식부인을 얻으려는 욕심에서 순시를 구실로 식국을 방문했다. 아무것도 모르는 식후는 서둘러 술자리를 마련해서 기다렸다. 식국의 도성으로 들어온 초나라 군대는 바로 식국을 멸망시키고 식부인을 잡았다. 식부인을 본 문왕은 체면상 식후를 죽일 수는 없어 여수汝水라는 곳에 감금하고 10가를 내려 먹고살게 했다.

식후는 자승자박의 꼴이 되었다. 그가 좋아라 구사한 계책은 마치 장작을 끌어안고 불속으로 뛰어드는 것이나 마찬가지였다. 자기 나라를 미끼로 다른 나라의 먹이로 주었으니 말이다. 부인을 잃은 것은 물론 나라까지 잃었다. 부인의 미모 때문에 간신히 목숨은 부지했지만 참으로 초라한 신세가 되었다. 당초 여기까지는 전혀 예상하지 못했을 터이다.

그런데 채국의 애후 역시 어리석기는 마찬가지였다. 그 역시 뱀을 끌어들여 식후를 물게 하고 나라를 없애 복수했으니 자신의 계책이야말로 일석이조一石二鳥의 묘책이라고 생각했을 것이다. 그러나 중요한 한 가지를 놓쳤으니 바로 식부인의 존재였다. 초나라로 잡혀온 식부인은 2년 뒤 문왕의 아들을 둘이나 낳았다. 그사이 식부인은 말 한마디 않고 울적하게 세월을 보냈다. 문왕은 그녀가 채국 애후를 깊이 증오하고 있다는 사실을 눈치채고는 식부인을 왕후로 봉한 이듬해 군대를 동원해서 채

● 식부인 사건은 춘추시대에 일어난 유명한 스캔들이었다. 당초 식부인이 식후에게 자신이 당한 모욕을 말하지 않았더라면 이런 일은 없었을 것이다. 그렇다고 그것이 식부인의 잘못은 결코 아니다. 그녀는 몇 년을 참았고, 결국 모든 상황을 자신이 정리한 셈이 되었다. 어쩌면 진정한 승리자는 식부인일지 모른다. 그림은 식부인과 그녀가 낳은 초 문왕의 두 아들이다.

국을 공격했다. 애후는 웃통을 벗고 사죄했다. 문왕은 중원의 다른 나라들이 간여할 것이 마음에 걸려 애후를 죽이지는 않고 채국 창고의 보물들을 죄다 가지고 돌아갔다.

　채국의 애후와 식국의 식후는 모두 작은 일에 큰 모략을 동원했다가 자기 꾀에 자기가 넘어가는 결과를 맞았다. 한순간 한풀이는 했을지 몰라도 그것이 가져올 후환을 생각하지 않았다. 별일 아닌 것으로 상대를 해치고 나아가 자신까지 해쳤으니 막주로서 사소한 일을 따지다가 큰일을 그르친 대표적인 사례였다.

2) 사람을 알아 잘 임용하고, 재능을 헤아려 기용하라

한 사람의 재능을 잘 살피고 가늠하는 일은 막주가 막부를 건립하고 막료를 모시는 데 가장 중요한 임무다. 세상에 완벽한 재능을 가진 만사형통의 사람은 없다. 특히 오늘날처럼 지식이 폭발적으로 늘고 모든 분야가 갈수록 세밀하게 나누어지는 시대에 한 사람이 모든 지식을 가지기란 불가능하다. 이처럼 막부를 세울 때는 막료의 특징, 재능과 특기 등을 충분히 고려하여 그에 맞는 책임을 맡겨야 한다. 이런 이치는 전설시대인 요堯 임금 때도 이미 알고 있었다.

　당시 요는 추천을 받아 순舜을 후계자로 지명

● 인재의 능력과 장점에 맞추어 자리와 일을 주고 위임하라는 '용인'의 가장 기본적인 원칙은 전설시대 요 임금 때부터 나타나고 있다. 후대의 기록이겠지만 그것이 그만큼 중요하고 기본이었다는 방증이다. 막부가 제대로 작동하기 위한 1차 조건 역시 여기서 벗어나지 않는다. 핵심은 인재를 제대로 보고 맡길 줄 아는 막주의 리더십이다. 초상화는 요 임금이다.

하고 사도司徒에, 설契을 사마司馬에, 우禹를 사공司空에, 후직后稷을 농사를 책임진 자리에, 기虁를 예악을 관장하는 자리에, 수垂를 공업과 기술을 책임진 자리에, 백이伯夷를 제사를 관장하는 자리에, 고요皋陶를 사건 담당에, 익益을 전투에 동원하는 아수를 전문으로 훈련시키는 자리에 임명했다.

요는 이들의 일에 일체 간여하지 않고 임금 자리만 지켰다. 이들 아홉 사람들은 어째서 기꺼이 요의 신하가 되길 원했을까? 요 임금이 이들의 재능을 정확하게 파악한 다음 그 재능과 역량에 맞게 일을 맡기고 마음놓고 일할 수 있게 배려했기 때문이다. 요 임금은 그들이 이룬 성취로 천하를 통치했을 뿐이다.

춘추시대 제나라의 재상 관중管仲은 환공桓公에게 각 방면의 여러 인재들을 추천하면서 이렇게 말한 적이 있다.

"조정의 각종 의례에 관한 일이라면 저는 습붕隰朋만 못합니다. 그에게 대행大行 자리를 맡기십시오. 황무지를 개척하고 농사를 짓게 하여 땅의 이점을 충분히 발휘하게 함으로써 농업을 발전시키는 일은 영척甯戚이 낫습니다. 그에게 사전司田 벼슬을 주십시오. 인재를 받아들이고 삼군의 병사들을 필사적으로 싸울 수 있게 하는 일이라면 왕자 성보成父가 뛰어나니 대사마大司馬를 맡기십시오. 사건을 처리하고 법을 공정하게 집행하여 무고한 사람을 함부로 죽이지 않고 억울한 사람이 발생하지 않게 하는 능력이라면 제가 빈수무賓須無만 못합니다. 그에게 대리大理 벼슬을 맡기십시오. 임금의 눈치 보지 않고 직언하고, 권세를 두려워하지 않으며, 자기 자리에서 충정을 다하여 죽음으로 맞설 수 있는 사람은 동곽아東郭牙입니다. 그를 대간大諫에 임명하십시오. 주군께서 부국강병을 꿈꾸신다면 이 다섯 사람이면 충분합니다. 만약 천하의 패업에 야망을 갖고 계신다면 이 관중에게 기대시면 됩니다."

관중은 여러 사람들을 끌어들여 배경으로 삼아 자신의 큰 뜻을 은근히 드러냈지만 이치로 따지자면 사람을 제대로 알아 그 재능에 맞게 기용하는 중요성을 정확하게 지적하고 있다.

제대로 기용하라: 진평陳平의 이야기

막주는 막료의 도덕적 지조가 어떠한가를 따지지 말고 막료의 특징과 장점을 정확하게 파악하여 그의 약점과 문제를 오히려 유리하게 바꾸어 나를 위해 활용할 줄 알아야 한다. 관련하여 『회남자淮南子』(「주술훈主術訓」)의 한 대목을 보자.(내용과 문맥에 맞게 생략할 부분은 생략하고 의역해서 전달한다. _옮긴이)

"천하에 계독鷄毒(부자附子)이라는 독초만큼 독한 약초는 없다. 하지만 뛰어난 의사라면 그것을 잘 간직한다. 그 독특한 약효와 가치를 알기 때문이다. 사슴이 산을 올라갈 때는 노루도 쫓아가지 못하지만 산을 내려갈 때는 어린 목동도 그 사슴을 잡을 수 있다. 환경이 다르면 재능의 장단점도 다르게 나타난다. 예컨대 북방의 호인胡人들은 말을 잘 타고, 남방의 월인越人들은 배를 잘 몬다. 형식과 종류는 모두 다르지만 피차 편하다. 그러나 이것이 서로 바뀌면 당황해서 어쩔 줄 몰라 한다."

고대 인도에 한 국왕이 있다. 그의 왕국은 크고 강했다. 그는 하늘에서 내려온 선녀와 같은 여인을 왕비로 맞아들여 서로 아끼며 사랑했다. 그들의 금슬은 너무 좋았고, 왕비에 대한 국왕의 사랑은 지극하기 짝이 없었다. 그러나 좋은 일은 오래하지 못한다고 했던가. 하늘이 이들의 사랑을 질투했는지 왕비가 갑자기 병이 났다. 전국의 신통한 의사들이 모두 동원되었지만 왕비의 병을 고치지 못했고, 결국은 아리따운 나이에 세상을 떠났다.

국왕의 슬픔은 왕국 전체를 덮었다. 국왕은 그녀를 위해 성대한 장례식을 거행했고, 자신으로부터 멀리 떨어지지 않게 거대한 관에 시신을 넣어 왕궁에서 멀지 않은 대전에 안치했다. 국왕은 하루도 거르지 않고 그녀를 찾았다. 그러던 어느 날 국왕은 주위의 환경이 죽은 왕비의 용모와 어울리지 않는다는 생각이 들어 주위에 꽃밭을 가꾸어 왕비의 영혼이 꽃향기에 파묻히게 했다.

그 뒤 국왕은 이 정도로는 자신의 사랑이 부족하다고 느껴 갠지즈강의 물을 끌어들여 인공 호수를 만들고, 호수 위에 아름다운 누각을 지었다. 그것도 모자라 세상에서 가장 솜씨 좋은 건축가들을 모셔 세상에 둘도 없는 건축과 조각으로 장식하고, 돌에다 아름다운 시까지 조각했다.

그러나 국왕은 이 완벽에 가까운 원림조차 성에 차지 않았다. 그래서 다시 꾸미고, 또다시 바꾸길 반복했다. 그러다가 어느 날 문득 왕비의 관을 비추는 달빛을 보고는 이 원림이 왕비의 관과 전혀 어울리지 않는다고 느껴 손을 마구 내저으며 "이 관을 원림에서 옮겨라."고 명령했다.

이 이야기는 지나치게 완벽을 추구하다 보면 도리어 사물의 본질을 잃게 된다는 것을 보여준다. 이를 사자성어로 '교왕과직矯枉過直'이라 한다. "굽은 것을 바로 펴려다가 너무 곧게 만든다.'는 뜻이다. 지나치면 부러지는 수가 많다. 일마다 완전을 추구하다가는 일마다 헛수고가 되는 수도 있다. 재능 있는 사람은 고삐를 매는 것 자체를 싫어하는 경우가 많다. 자유로운 영혼의 이들에게 지나친 도덕적 기준과 윤리관을 강요하면 그들의 재능을 버리게 된다.

기원전 210년 진시황이 갑자기 세상을 뜨자 천하는 큰 소용돌이에 빠졌다. 전국시대가 재현되는 듯했다. 기원전 207년부터 항우項羽와 유방劉邦의 초한쟁패가 본격화되면서 항우가 천하의 패권을 차지하는 것처럼 보였다. 당시 위魏나라 출신의 진평陳平도 청운의 꿈을 품고 위왕을 섬겼다. 그러나 진평은 그 능력을 인정받지 못해 항우에게로 건너왔다. 항우도 그를 중용하지 못했다. 진평은 다시 위무지魏無知의 소개로 유방에게로 왔다.

유방은 진평에게 군의 살림을 관장하는 도위都尉 벼슬을 주었다. 항우에 비해 훨씬 높은 대우였다. 그러자 주발周勃을 비롯한 유방의 측근들이 불만을 터뜨렸다. 특히 진평이 형수와 부적절한 관계를 맺었다는 항간의 소문을 들먹이며, 이 때문에 위왕도 항우도 진평을 받아주지 않은 것 아니겠냐며 진평을 헐뜯었다. 유방은 위무지를 불러 어째서 이런 사람을 추천했느냐며 나무랐다. 이에 위무지는 이렇게 말했다.

"제가 폐하께 추천한 사람은 능력이 있는 사람이고, 지금 폐하께서 묻고 있는 사람은 행동에 오점이 있는 자입니다. 지금 품행에 하자가 있다고들 하지만 나라를 위해 공을 세우는 일과는 상관없거늘 어찌 그를 쓰지 않으려 하십니까? 항우의 초와 우리 한이 전쟁을 하고 있는 지금 시점에서 제가 추천한 사람은 거기에 필요한 인재이며, 그 능력은 나라의 발전에 쓸모가 있는 것입니다. 형수와 놀아나고 뇌물을 받았다는 소문 때문에 능력까지 의심할 것은 뭡니까?"

유방은 위무지의 말에 전적으로 동의하는 한편 진평을 호군중위護軍中尉로 승진시켰다. 이 벼슬은 각 군의 장수들을 감찰하는 자리라서 장수들은 더 이상 뭐라 하지 못했다.

그 뒤 진평은 유방이 위기에 처할 때마다 절묘한 계책을 내어 유방을 구했다. 항우가 보낸 사신을 이용하여 항우와 그 참모인 범증范增의 사이를 갈라놓은 일, 돈과 뇌물로 항우 진영의 신하들을 갈라놓는 이간책을 올린 일, 유방이 평성平城에서 흉노에 포위당해 큰 위기에 몰렸을 때 흉노 선우單于(흉노의 최고 우두머리)의 부인의 질투를 이용하여 포위를 풀게 한 일 등등….

진평의 이런 계책들은 대부분 정당한 방법이 아니었다. 도덕과 윤리적 기준으로 보면 비열하다는 평가까지 들을 수 있는 것들이었다. 그러나 전쟁의 와중에 도덕과 윤리를 거론할 수는 없지 않나? 전쟁에서는 모든 것이 결과로 말할 뿐이다. 더욱이 유방이란 인물 자체가 흠결이 많은 리더였으니 진평의 이런 계책은 유방의 구미에 딱 맞는 것이었다. 결과적으로 진평의 계책들은 그 정당성 여부를 떠나 유방이 천하를 얻고 정권 초기 불안한 정세를 안정시키는 데 절대적인 역할을 해냈다. 제갈량은 이런 말을 남긴 바 있다.

"공자는 인간의 본성을 잘 다스렸지만 위기와 난세를 구하거나 해결하는 일은 서툴렀다. 상앙商鞅은 법으로 나라를 잘 다스렸지만 도덕적으로 교화하는 일은 제대로 하지 못했다. 소진蘇秦과 장의張儀는 유세에는 능숙했지만 여러 나라들의 동맹을 성사시키지 못했다. 백기白起는 성을 공격하고 땅을 빼앗는 전투는 뛰어났지만 백성을 단결시키지 못했다. 오자서伍子胥는 적국을 무너뜨리는 데는 성공했지만 자기 목숨을 보전하지 못했다. 미생尾生은 죽음으로 약속을 지켰지만 임기응변하지 못했다."

막주가 인재를 기용하는 법칙은 '심세도시審勢度時'에 있다. "형세를 살피고, 시기를 헤아리는" 것이다. 다시 말해 합리적으로 인재를 기용해야 한다. 이렇게 보면 명장 한신韓信을 모사로, 대학자인 동중서董仲舒를 장수로, 육고陸賈를 법관으로 기용했다면 누구도 그런 공을 세우지 못했을 것이다. 써야 할 곳에 그 사람을 써서 그 재능을 다하게 하되 사물의 이치와 천시를 거스르지 않아야 진짜로 사람을 잘 임용하는 것이다.

지인知人: 범려范蠡가 아들을 구한 이야기

인재를 잘 기용하라는 이야기를 해보았다. 그런데 인재를 제대로 기용하려면 먼저 그 사람이 인재인지 아닌지를 알아야 한다. '지인知人'이라는 말이다. '지인'은 합당하게 인재를 기용하는 가장 기본적인 전제 조건이다. 속담에 "사람의 마음은 피부와 떨어져 있어 알 수가 없다."거나 "사람을 알고 얼굴은 알아도 마음은 알 수 없다."는 말은 사람을 알기 어렵다는 뜻이다. 사람을 안다는 것은 곧 그 사람의 품성을 이해하는 것이다.

또 이런 말도 있다. "낙엽 하나가 가을을 알린다." 그 사람의 언행을 통해 그 사람의 내심을 평가할 수 있다는 뜻과 통한다. 그러나 중국에는 겉과 속이 다른 가면을 쓴 사람이 너무 많다. 즉, 겉으로 드러나는 모습과 실제가 너무 차이가 나는 사람이 많다. 공자는 "사람은 알기가 어렵고, 나를 알기는 더 어렵다."고 했다. 즉, 다른 사람을 알고 이해하기가 어렵지만 다른 사람이 나를 알고 이해하기는 더 어렵다는 뜻이다. 성인께서도 이러했으니 보통 사람들이야 말해서 무엇하랴!

동한을 건국한 광무제光武帝 유수劉秀는 사람의 말을 잘 듣고 그 사람을 잘 알았던 황제였지만 방맹龐萌에게 홀렸고, 조조 역시 장수를 잘 알아보는 고수였지만 장막張邈에게 속았다. 왜 그런가? 사물의 표면에 나타나는 현상은 비슷하지만 실제와는 같지 않아 쉽게 속는다. 따라서 안하무인인 사람은 얼핏 총명해 보이지만 실은 결코 총명하지 않으며, 어리석지만 사랑스러워 보이는 사람은 보기에는 군자 같지만 실은 군자가 아니다. 완고한 사람은 용감해 보이지만 실은 그냥 사나운 것에 지나지 않는 경우가 많다. 역사상 나라를 망친 자들 중 상당수가 더없이 충성을 가장했다. 벼와 함께 자라는 피는 빨리 뽑지 않으면 나중에 벼와 구별하기 힘들어진다. 색이 희고 깨끗한 돌은 옥과 혼동하기 쉽다. 이런 것들이 모두 가짜로 진짜를 어지럽히는 상황이다.

　시원시원하게 약속을 잘 하는 사람은 흔히 좋은 인상을 준다. 하지만 실제로 이런 사람은 신용이 없는 경우가 많다. 무슨 일이든 끼어들기를 좋아하는 사람은 재주가 많아 보인다. 하지만 정작 진짜 실력을 발휘해야 할 때는 본색을 드러내 발을 뺀다. 날카롭고 진취적인 사람은 한 가지 일에 정성을 다하는 것처럼 보이지만 그 열정이 오래가지 못하는 경우가 많다. 무슨 일이든 군이 흠을 찾아내려는 사람은 영리해 보이지만 사실은 귀찮은 일을 보태는 경우가 많다. 공손하게 고분고분 따르는 사람은 충성스러워 보이지만 아첨꾼일 가능성이 크다. 이 모든 것들이 사이비似而非의 전형적인 현상들이다.

　물론 이와 반대되는 모습도 적지 않다. 큰 정치가는 보기에는 간사해도 대업을 성취하는 사람이고, 아주 지혜로운 사람은 보기에는 어리숙하다. 내면의 세계는 밝게 비어 있고 세상에 둘도 없이 총명한 사람이다. 두루 사람을 사랑하는 사람은 보기에는 환상에 빠진 것 같지만 실제로는 넓고 너그러운 마음으로 가득 차 있다. 정직하고 사사로움이 없는 충언은 듣기에는 불편하지만 지극한 정성에서 나온 정감이다. 인간 세상에는 이처럼 진짜가 가짜 같고, 가짜가 진짜 같은 현상이 수두룩하다. 이 모두가 겉모습과 속마음이 통일되지 않은 복잡한 현상들이다. 이런 허허실실虛虛實實의 현상을 천하에 똑똑한 사람이 아니고서야 누가 제대로 가려낼 수 있겠는가?

　춘추시대 월나라의 범려(기원전 536-448)는 중국 상인들로부터 상업과 상인의 시조로 추앙 받고 있는 인물이다. 그의 별명인 도주공陶朱公은 모든 상인의 이상형으로 자리잡고 있다. 그는 일찍이 월왕 구천句踐의 막료로서 숙적 오왕 부차夫差를 물리치는 데 절대적인 공을 세웠다. 범려는 대업을 이룬 다음 놀랍게도 아낌없이 부귀영화를 버리고 월나라를 떠나 상업에 종사했다. 그는 세 번이나 억만금을 모아 주위에 나누는 봉사와 헌신을 실천했다.

그러나 호사다마好事多魔라 했던가? 이때 범려의 차남이 살인죄를 짓고 초나라 감옥에 갇히는 일이 터졌다. 아들은 사형을 면키 어려워 보였다. 범려는 차남을 구하기 위해 막내아들을 초나라로 보내려 했다. 하지만 책임감이 강한 장남이 자기가 가야 한다며 떼를 쓰는 통에 장남을 보낼 수밖에 없었다.

범려는 초나라에 있는 친구 장생莊生에게 편지를 써서 아들 편에 보내면서 장생에게 줄 황금을 장남에게 주었다. 범려는 장남에게 가서 모든 일을 장생에게 맡기라고 신신당부했다. 초나라에 도착한 장남은 편지와 황금을 장생에게 건넸다. 장생은 이 일은 자기에게 맡기고 돌아가라고 했다. 그러나 책

● 범려는 아들들의 성품을 잘 알았다. 하지만 아들의 죽음을 막지는 못했다. 안다고 해서 모든 일을 다 이룰 수 있는 것은 결코 아니다. 막주는 여기까지 예상해서 인재를 기용해야 한다. 사진은 범려가 마지막으로 정착한 산동성 정도定陶에 세워져 있는 범려의 석상이다.

임감 강한 장남은 동생을 데려가겠다고 버텼다. 장남은 장생의 당부를 어기고 장생과는 별도로 초나라 관리들에게 뇌물을 주어 동생의 선처를 부탁했다.

얼마 뒤 차남이 풀려난다는 소식이 들려왔다. 장남은 자신의 로비가 주효했다고 여겼다. 그러자 장생에게 준 황금이 아까워졌다. 장남은 장생에게 황금을 돌려달라고 요구했다. 장생은 장남에게 심한 모욕을 당했다며 궁으로 돌아가 차남의 석방을 막았다. 결국 차남은 사형에 처해지고 말았다.

소식을 전해들은 범려의 식구들은 통곡했다. 하지만 범려는 쓴웃음을 지을 뿐이었다. 사실 범려는 장남을 보낼 때 차남의 죽음을 예견했다. 당초 막내를 보내려 했던 것은 막내가 부유할 때 태어나 돈 쓰기를 아까워하지 않는 성격이라 자신이 시키는 대로 하리라는 것을 알았기 때문이었다. 그러나 장남은 어려울 때 태어난지라

돈 아까운 줄 알아 분명 장생에게 돈을 돌려달라고 할 것으로 예상했던 것이다.

3) 후하게 널리 상을 베풀고, 예의를 다해 인재를 대우하라

상은 막주가 막료의 행동을 효과적으로 조종하는 수단이다. 크고 잇따른, 그러면서 목적을 가진 상벌은 막료의 행위에 일정한 방향 설정의 작용을 만들어낸다. 일정한 한도 내에서 상은 크면 클수록 행동의 가능성과 적극성은 더욱 커진다. 또 잇따라 계속될수록 의존성도 더욱 커진다. 다시 말해 큰 상이 있으면 용감한 사람이 나타날 수밖에 없고, 큰 상이 있으면 집단적 행동을 형성하기 마련이다.

또 한편으로 대우의 후하고 박함은 실제로 재능의 크기도 결정한다. 그 사람이 재물을 사랑하느냐의 여부와 상관없이 그렇다. 인간의 의식 속에는 사실 돈을 포함한 재물의 크기로 재능의 뛰어남 여부를 재려는 경향이 분명히 있다. 후한 상은 막료의 재능과 인격에 대한 막주의 인정과 존중을 나타내는 것으로, 물질적으로 막료를 인정하는 것 역시 그 재능에 대한 긍정이 될 수 있다.

사실 상과 벌은 그 자체로 하나의 계통이다. 그 안에는 다양한 요소와 단계가 포함되어 있다. 첫째, "상은 귀천을 가리지 않고, 벌은 높은 자에게 아부하지 않아야 한다." 둘째, 상벌에는 근거가 있어야 하고, 정확해야 한다. 정확성은 이중의 의미를 갖는다. 하나는 상벌 대상이 정확해야 하고, 하나는 상벌을 결정하는 기준, 상벌의 정도가 정확해야 한다. 너그러움과 엄격함이 조화를 이루어야 한다. 셋째, 계통으로서 상벌은 커다란 계통에 속한 하나일 뿐이다. 리더가 부하를 지휘하는 하나의 수단이지 유일한 수단이 아니다. 따라서 다른 수단의 역할과 작용을 배제해서는 안 된다. 적절하게 다른 수단을 배합해야 상벌의 작용을 더 효과적으로 발휘할 수 있다.

여러 사람의 사사로움으로 한 사람의 공을 성취한 증국번曾國藩

전쟁 중에는 넉넉한 이익이나 큰 상과 같은 장려가 아니면 죽을힘을 다해 돕고 싸우려는 사람을 얻을 수 없다. 장려의 수단은 자리를 높여주거나 재물을 주는 두 가지 외에 다른 것은 없다.

청나라 말기 한족 출신의 관료로 태평천국의 봉기를 진압하는 등 큰 역할을 한 증국번(1811-1872)은 고향 호남성湖南省에서 군을 조직하여 전쟁 일선에 나선 초기만 해도 이런 이치를 제대로 모르고 있었다. 1854년 증국번은 군을 이끌고 무한武漢을 공격하여 함락했다. 그런데 이 승리로 상을 받은 사람은 300여 명으로 전체의 3%에 지나지 않았다. 이듬해인 1855년과 1856년 2년 사이 세 차례에 걸쳐 보증을 받고 추천된 사람(이를 '보주保奏'라 했다)은 수백 명에 불과했다. 반면 증국번과 같은 청나라의 정치가이자 무인으로 경쟁 상대와 같았던 호림익胡林翼(1812-1861)이 무한을 공격했을 때 한 번에 추천을 받은 사람은 3천 명이 넘었고, 상을 받은 사람은 30%에 이르렀다.

이런 소식이 퍼져나가자 적지 않은 사람들이 증국번을 버리고 호림익에게로 달려가서 한자리 하고자 했다. 또한 증국번이 붙잡지 못한 사람들이 앞장서서 호림익에게로 몸을 맡기는 일이 적지 않았다. 증국번은 자신의 덕이 부족해서 사람들을 복종시키지 못한다고 생각했다. 그러다 결국은 인재 추천과 장려가 너무 박해서 사람들에게 희망을 주지 못했기 때문이라는 문제점을 발견했다. 이 점을 정확하게 지적한 사람은 증국번의 막료 조열문趙烈文(1832-1894)[10]이었다. 조열문은 증국번에게 올린

---

10   조열문은 청나라 말기의 이름난 막료로 증국번의 보거로 들어가 증국번을 도왔다. 그는 불교, 역학, 의학, 군사, 경제 등을 두루 섭렵한 당대 최고의 지식인이자 막료였다. 1867년 조열문은 증국번과 대화를 나누면서 청나라가 50년 이내에 망하고 중국은 군벌들이 난립할 것이라는 예언을 남겼다. 그의 예언은 정확하게 맞아떨어졌다.

글에서 인간의 감정, 세상사 이치를 언급하면서 특히 "여러 사람의 사사로움을 합쳐 한 사람의 공을 성취하라."고 충고했다. 증국번은 이 말에 크게 마음이 움직였고, 호림익의 방법을 본받아 과거의 방식을 버리기에 이르렀다.

증국번은 조열문의 건의에 따라 인재를 선발하고 장려하는 '보거保擧'의 방식을 더욱 정교하게 다듬어 회보匯保, 특보特保, 밀보密保의 세 종류로 나누었다. 서로 다른 상황과 등급과 대우를 반영하는 조치였다. 이로써 증국번의 상군湘軍은 성을 빼앗거나 한 지역을 점령하거나 승리를 거두면 '회보'를 통해 공을 세운 사람에게 상을 내리는 동시에 식량, 문서, 사후 일처리 등을 담당하는 막료들에게도 상을 내렸다.

'특보'는 추천의 방식으로 충원하는 경우가 많았는데 함풍 11년인 1860년 상주사신판단尙州士紳辦團으로 성을 지키겠다는 구실을 내세워 한 번에 주등호周騰虎, 유한청劉瀚淸, 조열문 등 여섯 명을 특보로 임명했다. '밀보'는 큰 공이나 특별히 우수한 인재를 대상으로 개별적으로 처리했는데, 은밀한 방식으로 실권자 좌종당左宗棠, 심보정沈葆楨, 이홍장李鴻章에게 보고했다.

'회보'와 '특보'는 일반적인 보거에 속해, 그 수도 많고 일처리도 상대적으로 느슨한 편이었다. 후보 추천, 선발, 즉시 기용, 간편 기용 등의 절차만 거치면 되었다. 간혹 관직 이름만 보고하면 바로 전부 비준하거나 일부만 비준하기도 했다. 물론 논의를 거쳐 비준이 거부되기도 했다. 그러나 실제로 흠이 있는데도 이름이 올라오거나 후보가 넘치는 일이 적지 않아 '회보'로 공수표를 막는 방식이 증국번과 다른 장수들이 전쟁 기간에 부하들의 사기를 격려하는 주요 수단이 되었다. 이 방법은 당초 증국번이 처음 만들기는 했지만 갈수록 전국에 걸쳐 경쟁적으로 채용하는 바람에 청나라 말기의 큰 폐단이 되었다.

증국번은 평생 많은 인재를 추천했고 그중 대부분이 그의 막료가 되었다. 지금까지 조사되기로는 400명이 넘는 막료를 거느렸다고 한다. 그중 절대 다수가 그의 추천을 거쳤으니 그의 막료 거의 전부가 모자를 쓴 셈이었다. 실제로 자리가 비지 않더라도 후보, 후보 선발, 후보 명단을 관리하는 부서가 따로 있어 여기에 포함되지 못한 무자격자가 오히려 극소수였을 정도였다. 그리고 실제로 임명된 자는 직접 혹은 간접적으로 증국번의 추천이라는 도움을 받았다. 증국번의 막료들 중 26명의 고위직을 비롯하여 50명 이상의 3품 및 수를 헤아리기 힘들 정도로 많은 중하급 관리들이 그의 손을 거쳤다. 증국번이 세상을 떠날 때 그 막료와 3품은 22명에 이르렀다.

● 증국번은 '막료학' 연구와 관련하여 많은 실천 사례와 자료를 남겼다. 특히 그는 세속적인 성공은 물론 저술, 가정교육, 후대의 평가 등 모든 방면에서 모범적 인물로 존중을 받고 있다. 그에 관한 연구와 대중 역사서가 끊임없이 쏟아져 나오는 이유다.

　　막료들이 막부에 처음 들어갈 때 가장 높은 계급은 후보도원候補道員이고 개별 인원에 지나지 않았다. 지부知府 계급도 극소수였고, 절대 다수가 6품 이하였다. 그들의 출신을 보면 막 파직 당한 사람부터 일반 생원, 심지어 수재 출신까지 다양했다. 그들은 짧으면 몇 년, 길면 십 수 년 사이에 머리에 화려한 모자(벼슬)를 썼는데 증국번이 아니었다면 모자를 쓰는 것조차 아예 불가능했을 것이다. 이런 후한 대접 때문에 증북번의 막부는 한순간 인재들로 넘쳐났다. 당시 군관으로 증국번 진영에 모여든 인원만 200명에 이르렀다는 이야기도 전한다. 그의 총독 막부에도 500명 가까이 있었다고 하니 어느 정도인지 짐작이 간다. 막부에는 이뿐만 아니라 후보 관원, 재능 있는 선비, 법률가, 천문학자, 수학자, 공학자 등과 같은 전문가들이 즐비했다. 이들은 벼슬을 얻고 돈을 벌려고 증국번을 위해 몸과 마음을 바쳐 온갖 일을 다 처리했다. 증국번이 '성상聖相'이란 존칭으로 불리며 문장과 업적과 덕행 세 방면에서 모두 성공할 수 있었던 것은 결코 그 혼자의 힘으로는 불가능했다. 바로 막료들의 이런 도움이 있었기 때문이다.

함풍 10년인 1859년부터 1863년 동치 3년에 이르는 4년 사이에 증국번이 지출한 군비만 1,600만 냥에 달했는데 그중 절대 다수가 무역과 소금에서 거둔 세금이었다. 이 거액을 대부분 막료들이 거두어들였다. 그들이 없었다면 증국번이 이끄는 상군은 일찌감치 굶주렸을 것이다. 증국번이 막료의 공은 "적의 앞, 맹장의 뒤에 있는 것이 아니다."라고 한 말이 결코 과장이 아니다. 증국번의 『왕선산유서王船山遺書』, 『기하원본幾何原本』 등과 같은 서적의 간행, 서양의 과학기술 도입, 군사공업 창설 등은 막료들의 노력을 떼어놓고는 불가능했던 일들이다. 그들이 없었더라면 증국번은 양무파洋務派의 선구자라는 지위를 얻기 어려웠을 것이다.

유세술과 이익

춘추전국(기원전 770-222)에 이르면 도의道義라는 전통적 관념은 이미 구속력을 잃고 힘이 진리가 되었다. 사람들이 받들고 믿는 것은 무력과 금전이었다. 신의信義 따위의 공허한 구호는 더 이상 없었다. 이런 사회적 분위기에서 신의를 저버리는 일은 다반사가 되었고, 종횡가나 책사들에게 이는 오히려 영광스러운 일로 여겨졌다.

춘추 후기 초楚나라가 정鄭나라를 공격했다. 약소국 정나라는 위기에 몰렸고, 자사子駟는 초나라와 동맹하자고 주장했다. 자공子孔이 "우리는 진晉나라라는 큰 나라와 소 피를 입에 바르며 맹서했는데 피가 마르기도 전에 맹서를 어긴단 말이오?"라며 반대했다. 이에 자사는 당연히 맹서를 어길 수 있다며 단도직입으로 이렇게 말했다.

"우리의 맹서는 본래 오로지 강하고 큰 나라에 따른다는 것이었습니다. 지금 진나라는 우리가 위급한데도 구하러 오지 않고 있습니다. 우리를 공격하고 있는 초나라도 크고 강한 나라 아닙니까? 하물며 진나라와의 맹서는 무력에 눌려 했던 것입니다. 신령께서도 믿음으로 이루어진 맹서를 굽어살피시지 협박으로 이루어진 맹서는 미워하십니다. 그러니 우리가 진나라와의 맹서를 버리는 일은 가능할 뿐만 아니라 신령께서도 굽어살피실 것입니다."

자사의 논리는 하나 흠 잡을 곳이 없었고, 자사는 숨도 안 쉬고 바로 초나라와 동맹을 맺었다.

그럼에도 이 시기에 사람들은 종횡가와 책사들을 오로지 이익만 꾀하는 파충류와 같은 존재로 여겼다. 이 방면에서 가장 생생한 비유는 범수范睢(?-기원전 255)가 이런 자들을 뼈다귀를 놓고 싸우는 개에다 비유한 것이다. 그런데 범수 자신도 유세가 출신이었다. 아무튼 그 장면을 한번 보자. 때는 전국시대 막바지다.

제후국의 모사들이 조趙나라에 모여 진秦나라에 대항하는 합종合縱을 토론하며 연합하여 진나라를 공격할 준비를 했다. 이 모임은 마치 오늘날 각국 외교부 수장들의 국제회의 같았다. 이 소식을 들은 진나라 소왕昭王은 두려움이 앞섰다. 이때 진나라의 상국 응후應侯 범수는 이렇게 말했다.

"대왕께서는 걱정하실 필요 없습니다. 제가 그자들을 무너뜨릴 것입니다. 진나라와 각국 모사들 사이에는 원한이 없습니다. 그들이 모여 진나라에 대응하려는 것은 오로지 부귀영화 때문입니다. 대왕께서는 기르고 계시는 개들을 한번 잘 살펴보십시오. 개들은 누워 있을 때, 서 있을 때, 걸어갈 때, 멍청하게 가만히 있을 때는 서로 싸우지 않습니다. 그러나 뼈다귀 하나를 던져주면 벌떡 일어나 서로 물어뜯고 싸웁니다. 왜 그렇겠습니까? 뼈다귀를 차지하기 위해서지요!"

소왕은 범수의 말이 맞다고 판단하여 당저唐雎에게 군대와 함께 5천 금을 주어 무안성武安城으로 보냈다. 무안성에 도착한 당저는 술자리를 크게 베풀어 빈객들을 초청했다. 술자리에서 당저는 "한단邯鄲(조나라의 도성)의 모사들이여, 누가 와서 황금을 가져가시겠소?"라고 큰소리를 쳤다.

순간, 모사들 일부가 마음이 움직였지만 선뜻 나서지는 못했다. 아무래도 황금 5천으로는 이들을 이간하기가 부족했던 것 같았다. 당저는 별 성과 없이 귀국했다. 그러자 범수는 다시 이렇게 말했다.

"나라의 큰일을 위해 일할 때는 돈을 어디에 쓸지 생각하지 마십시오. 돈을 쓰면 성과가 생깁니다. 지금 황금 5천을 더 줄 테니 다시 가십시오."

당저는 다시 무안으로 돌아왔고, 황금 3천을 채 쓰기도 전에 모사들이 서로 달려들어 황금을 가져갔다. 합종은 벌써 물건너갔다.

범수가 모사들을 개, 황금을 뼈다귀에 비유한 것은 정말이지 딱 맞는 비유가 아닐 수 없다. 범수의 이 한 방으로 진나라는 합종이란 재난을 피했을 뿐만 아니라, 이로써 범수는 '원교근공遠交近攻'이라는 정확한 외교정책을 제기하여 진나라가 전국을 통일할 수 있는 책략으로서 외교이론의 틀을 놓았다.

이런 사회적 기풍에 맞추어 각 제후국들은 생존과 발전을 위해 금전과 자리를 미끼로 각자 나름의 장려 시스템을 만들고 인재를 쟁취하여 일을 시키기 시작했다.

4) 덕으로 재능을 통제하고 마음으로 복종하게 하라

잘 갖추어진 시스템이 있어 막료들 통제할 수 있고, 법이 사람을 떨게 하고 사람을 죽일 수는 있지만 마음으로 승복시키지 못하듯이 이런저런 장치만으로는 부족하다. 반드시 덕으로 인재들을 통제해야 하며, 그러기 위해서는 막주의 품덕을 수양해야 한다. 덕으로 사람들을 감동시키는 이른바 감화력은 상당하다. 리더는 덕을 이루는 관용, 인자, 아량 등과 같은 리더십을 갖추어야 한다. 덕이 없는 인재라도 덕 없는 리더는 결코 원하지 않으며, 다른 사람들도 마찬가지다. 법을 아무리 치밀하게 갖춘 나라도 결국은 망했다. 덕으로 사람들을 감화시키지 못하면 천하를 진심으로 복종시킬 수 없기 때문이다.

유교의 오상五尚이라는 인仁·의義·예禮·지智·신信 등은 제도의 기초다. 법령과 형벌은 제도의 연장이다. 기초가 없는 제도는 존립할 수 없다. 또 인의만 강조하고 규칙이 없으면 막료는 산만하고 무례해져서 나쁜 기풍이 따라 나온다. 인의를 근본으로 하고 규칙으로 틀을 만들어 통제해야만 인재를 통제하는 최고 경지를 이룰 수 있다.

인재에 대한 통제만 이런 것이 아니다. 나라를 다스리는 일도 마찬가지다. 고대 중국인들은 나라를 다스리는 길을 탐색하면서 이미 많은 길을 돌아왔다.

문명화된 도덕으로 교화하는 제도를 실행하려면 인의와 예의로 교육시키지 않으면 안 된다. 그래야만 교양을 갖춘 앞서가는 인물과 이들의 행동이 모범이 되어 사람들을 좋은 쪽으로 이끌 수 있기 때문이다. 유가는 이 점에만 주목하여 나라를 다스리는 데 형법이 필요 없다고 했다. 유가는 법제의 실시가 인의와 예양의 실현에 도움이 되고, 법제의 실시가 권선징악과 문명화에 도움이 된다는 사실에 제대로 주목하지 못했다. 이것이 춘추시대 송나라 양공襄公이 인의만 앞세우다가 상대방에게 비

웃음을 산 까닭이기도 하다.[11]

　　반면에 법가의 상앙과 한비자 등은 "나라를 다스림에 꼭 인의를 근본으로 할 필요는 없지만 법과 제도는 시행하지 않으면 안 된다."고 인식했다. 그 결과 형법만 있고 인의는 사라져 백성들은 원망과 분노를 터뜨리며 저항했다. 이것이 진나라가 망한 원인이었다. 인의를 근본으로 하고 법령에 기대어 실현하는 상호조합이어야만 나라를 다스리는 최고의 경지에 오를 수 있고, 동시에 인재를 통제하는 최고의 경지에도 오를 수 있다.

　　막부 내에서도 조화로운 관계를 세워야만 인치人治 시스템을 비교적 효과적으로 운행하여 편안한 분위기를 조성할 수 있다.

　　삼국시대 서서徐庶는 유능한 인재였다. 유비는 능력 있는 사람을 기용할 줄 아는 현명한 리더라는 평판이 있어 서서는 유비에게 몸을 맡기려 했다. 그러나 서서의 어머니가 조조에게 붙잡히는 바람에 서서는 진퇴양난에 몰렸다. 유비는 이런 상황을 안 다음 서서에게 "내가 그대의 도움이 절실하게 필요하지만 인정까지 어기는 일은 차마 할 수 없소. 그대가 내 곁에 남는다면 조조가 그대의 어머니를 해칠 터이니, 그렇게 되면 나는 평생 양심의 가책을 받으며 살 것이오. 돌아가도록 하시오."라고 했다. 결과적으로 조조는 부도덕한 방법으로 서서를 얻기는 했지만 그의 마음을 정복하지 못했다. 서서의 몸은 내내 조조의 군영에 있었지만 마음은 유비에게 가 있었고, 조조에게 어떤 책략도 건의하지 않았다. 마지막으로 하나의 계책을 냈지만 이것이 오히려 조운趙雲을 달아나게 했고, 또 조조가 적벽대전赤壁大戰에서 대패하는 것을 지켜보기만 했다. 이 때문에 조조는 기력을 크게 상실하여 강남을 넘보지 못했고, 삼국

11　여기서 '송양지인宋襄之仁'이라는 고사성어가 나왔다. 관념적인 인의仁義만 앞세우다 낭패를 보는 위선적 도덕 군자를 비꼬는 비유적 표현이다.

이 정립하는 국면이 마침내 형성되었다.

당시 조조의 실력은 천하를 통일할 수 있었다. 그러나 천하는 삼분되었다. 막료에 대한 조조의 부덕이 그들의 몸은 굴복시켰지만 마음은 굴복시키지 못한 탓이었다. 유비는 짚신을 팔던 장사꾼으로 근본적으로 땅 한 뼘 가질 수 없는 처지였다. 하지만 끝내 천하의 1/3을 차지했다. 막료들을 덕으로 대함으로써 그들의 마음을 움직였고, 막료들은 그를 위해 목숨을 바쳤다.

천하를 문文으로 다스리고 무武로 지키는 것이라면, 막주는 막료에 대해 문(덕)으로 그 마음을 다스리고 그 뜻을 얻어내는 것이다. 막주의 덕은 결국 인·의·예·지 네 글자로 귀납할 수 있다.

● 유비는 삼국시대 리더들 중에서 정치적 기반은 거의 없었고 흔히 말하는 자질도 가장 떨어졌다. 그럼에도 천하의 1/3을 차지하여 '천하삼분'할 수 있었던 것은 '정성'과 '덕'으로 인재들을 감화시킨 그의 인품이 크게 작용했기 때문이다.

약속을 지키지 않아 목숨을 잃다

춘추 시기는 내란이 72차례, 군주의 시해가 36차례 발생할 정도로 천하가 어지러웠다.[12] 이 중 신하에게 피살당한 제나라 양공襄公의 경우는 부도덕하게 약속을 지키지

---

12   춘추시대(기원전 770-404)에 급증한 이런 현상을 '축군살군逐君殺君'이라 한다. 군주를 내쫓는 쿠데타, 즉 내란과 군주를 죽여 자리를 바꾸거나 빼앗는 것을 말한다. 백양柏楊 선생의 『중국인사강中國人史綱』에 의거해 구체적으로 '축군살군'의 사례 통계를 제시하면 이렇다. 기원전 7세기에만 '축군살군'이 40여 차례, 기원전 6세기 최소 37차례, 기원전 5세기 31회 이상이다.

않았기 때문인데 그 상황을 한번 보자.

기원전 687년 7월, 오이(또는 참외)가 한창 익을 무렵이었다. 양공은 대부 연칭連稱과 관지보管至父를 규구葵丘로 보내 그곳을 지키게 했다. 규구는 사람들이 가길 꺼려하는 곳이었다. 그래서 양공은 두 사람을 보내면서 오이가 익을 때 보내니 내년 오이가 익을 때 반드시 교대해주겠다고 철석같이 약속했다.

시간은 무정하게 흘러 오이가 익을 철이 되었다. 돌아갈 날이 온 것이다. 그러나 교대할 사람은 오지 않았다. 두 사람은 혹시나 양공이 약속을 잊었나 해서 사람을 보내 잘 익은 오이를 양공에게 드리며 약속을 상기시켰다. 양공은 뜻밖에 크게 화를 내며 "사람을 보낼 때까지 기다리지 않고 어째서 나서서 요구할 수 있단 말인가? 1년 뒤에 다시 이야기하라."고 했다. 양공은 오이를 보고 바로 그 뜻을 알아챘지만 일부러 식언食言했다.

오이를 가지고 갔던 사신의 보고를 받은 연칭과 관지보는 자신들이 우롱 당했음을 알았다. 두 사람은 극심한 수치심에 반감을 품었다. 두 사람은 먼저 병사들의 불만을 선동했다. 그리고 은밀히 도성과 접촉하여 궁중의 공손무지公孫無知와 결탁했다. 공손무지 역시 양공에게 불만이 많았고 이는 공공연한 비밀이었다. 공손무지는 양공과는 사촌형제였다. 양공의 아버지 희공僖公이 살아 있을 때 어찌된 일인지 공손무지를 별나게 좋아해서 당시 태자였던 양공과 똑같이 대우할 정도였다. 양공은 이게 늘 마음에 걸렸다. 희공이 죽고 양공이 즉위하자 바로 공손무지의 특권을 모조리 취소했고, 공손무지는 자연스럽게 양공에 대해 원한을 품었다. 지금 군대를 거느리고 있는 두 대부와 궁중의 공손무지가 손을 잡았고, 양공을 없애기 위한 쿠데타 모의가 조용히 진행되기 시작했다.

연칭은 양공의 측근을 물색해서 자신들의 눈과 귀처럼 꽂아두었다. 그의 사촌 여동생이 궁중의 후궁이었으나 양공의 총애를 얻지 못하고 있었다. 연칭과 관지보는 그녀를 이용하여 반란군의 눈과 귀로 삼아 양공의 동정을 감시하게 했다. 그러면서 양공을 제거하면 새로 군주가 될 공손무지의 부인으로 삼겠노라 약속했다. 후궁이 마다할 까닭은 없었다.

모든 일이 만반의 준비를 끝내고 동풍이 불기만 기다렸다. 동풍이 부는 즉시 들고일어나면 된다.

기원전 686년 말, 양공이 고분姑棼으로 놀러 나간다는 일정이 보고되었다. 사촌 누이로부터 이 정보를 들은 연칭은 이 기회에 도성을 기습하여 양공을 제거하고 공손무지를 새 군주로 옹립하자고 선언했다. 이에 관지보는 연칭의 모반에는 찬성했지만 다음과 같은 이유를 들어 도성 기습에는 반대했다. 도성을 점령하더라도 양공을 죽이지 못해 다른 나라로 망명하게 되면 분명 다른 나라의 군대를 빌려 역공을 가할 것이다. 새 군주가 막 즉위한 어수선한 상황에 민심도 안정되지 않아 외국 군대를 당해내기가 쉽지 않다. 그러니 군대를 고분으로 보내 양공을 죽인 뒤 도성으로 들어가 새 군주를 옹립하는 쪽이 승산이 높다.

두 사람은 상의 끝에 직접 군대를 이끌고 몰래 고분으로 가서 매복한 채 양공을 기다리기로 했다. 게다가 양공의 이번 사냥은 보안도 허술하고 조정 대신들도 참석시키지 않은 채 소수의 호위 무사만 거느리고 나왔다. 재위 12년 동안 별일 없었으니 설마 누가 자신을 해칠 것이냐고 생각했던 모양이다.

고분 근처 패구貝丘라는 사냥터에 이르자 갑자기 큰 멧돼지 한 마리가 튀어나와 양공을 향해 돌진했다. 양공이 화살 세 발을 날렸으나 맞히지 못했다. 그런데 이 멧돼지가 마치 사람처럼 두 발로 벌떡 서서 걸어가면서 괴성을 질러대는데 그 소리가 소름이 끼칠 정도로 처참했다. 그 때문인지 양공이 전차에서 떨어져 발에 부상을 입고 신발 한 짝을 잃었다. 그랬더니 멧돼지가 양공의 신발을 물고는 달아났다. 훗날 말하기 좋아하는 자들은 이를 두고 하늘이 양공을 벌주려는 징조라며 호들갑을 떨기도 했다.

양공은 하는 수 없이 고분의 행궁으로 철수했다. 양공은 행궁으로 돌아와서야 비로소 자신의 신발 한 짝이 없어졌다는 것을 발견했다. 담당 관리 비費라는 자에게 물었더니, 비는 당연히 멧돼지가 물고 도망하지 않았냐고 답했다. 양공은 괜히 화를 내며 애꿎은 비에게 채찍질을 하게 했다. 비는 피를 줄줄 흘렸다.

비가 눈물을 흘리며 궁을 나가다가 염탐하러 온 연칭의 일행과 맞닥뜨렸다. 연칭은 비를 묶게 하고는 양공의 행방을 물었다. 비는 양공이 침실에 있는데 아직 잠들지는 않았다고 일러주었다. 연칭이 비를 바로 죽이려 하자 비는 자신이 방금 당한 일을 이야기하면서 자신이 양공의 침실로 가서 상황을 살피고 보고하겠다며 자진해서 연칭을 돕겠다고 했다. 연칭은 비의 말을 믿었지만 비는 양공을 배반하지 못했다.

비가 행궁의 양공 침실 쪽으로 되돌아가다가 양공의 호위 병사 석지분여石之紛如라는 자와 만났다. 두 사람은 서둘러 양공에게 가서 상황을 보고하면서 대응책을 마련하여 시종 맹양孟陽을 양공처럼 꾸며 침상에 눕힌 다음 궁내의 사람들을 모두 모아 반란군을 막도록 했다.

한바탕 전투가 벌어졌고, 석지분여와 비는 모두 피살되었다. 침실로 들이닥친 연칭은 양공으로 위장한 맹양을 죽이고 본인 여부를 확인했지만 양공이 아니었다. 연칭은 바로 궁중을 수색하게 한 끝에 병풍 뒤 숨어 있는 양공을 발견했다. 연칭 등은 양공의 죄상을 꼽아가며 꾸짖고는 양공의 몸을 여러 동강으로 잘라버렸다. 죄상 중에는 신하에게 약속해놓고 지키지 않았다는 조항도 당연히 들어 있었다.

이후 제나라는 환공桓公 시대로 들어섰다. 환공과 그를 도운 쌍두마차 관중과 포숙은 함께 손을 잡고 제나라를 춘추오패의 선두로 올려놓았고, 이로써 제나라는 전성기를 활짝 열었다.

일설에는 연칭 등이 양공을 발견한 것은 병풍 밖으로 삐져나와 있는 신발 한 짝 때문이었다고 한다. 멧돼지가 물고 갔다는 바로 그 신발이었다.

어린 군주와 늙은 신하의 신뢰

역대 군주들은 보좌의 계승자를 확정하는 문제에 엄청난 힘을 쏟았다. 역사상 가장 영명한 군주의 한 사람으로 꼽히는 한 무제武帝 역시 만년에 이 문제에 부딪혔다. 아들 몇이 한 무제에 맞서다가 죽임을 당했다. 그러다 늘그막에 이르러 유불릉劉弗陵을 태자로 세웠지만 유불릉이 너무 어렸다. 무제는 유불릉의 생모인 구익鉤弋부인이 자신이 죽은 다음 여呂태후처럼 권력을 독단할까 두려워 그녀를 죽였다.

무제는 또 화공에게 어린 주나라 성왕成王을 등에 업고 있는 숙부 주공周公의 모습을 그리게 해서는 거도위車都尉 벼슬에 있는 광록대부光祿大夫 곽광霍光에게 주었다. 곽광은 무제가 하사한 그림을 보고는 무제의 의중을 바로 이해했다. 즉, 곽광 자신에게 어린 후계자가 일 없이 자리를 이을 수 있게 지키는 탁고대신托孤大臣이 되어 마치 서주 초기 주공 단旦이 어린 조카 성왕을 보좌한 것처럼 유불릉을 지키라는 것이었다. 곽광 외에 탁고대신으로 지명된 사람으로는 김일제金日磾, 상관걸上官桀과 어사대부 상홍양桑弘羊이 있었다. 무제가 죽자 곽광 등은 여덟 살 유불릉을 황제로 옹립하니, 바로 이가 소제昭帝다.

곽광 등은 원래 후궁의 비빈들은 모두 믿을 수 없어 8세의 어린 황제를 후궁에 두었다가는 안전에 문제가 생길 것으로 판단하여 유불릉을 큰누나 악읍鄂邑의 공주에게 입궁시켜 어린 황제의 생활을 돌보게 하며 그를 보호하게 했다. 아뿔사, 그런데 이 공주가 궁정 투쟁을 일으킬 줄이야!

악읍공주는 개후蓋侯 왕충王充의 아내였다. 왕충이 죽자 그녀는 정외인丁外人이라는 막료와 간통을 저질렀다. 악읍공주가 궁으로 들어가면서 개장蓋長공주로 봉해지고, 정외인은 공주의 위세를 업고 궁을 드나들었다. 그 뒤 곽광의 정식 허가를 얻어 당당하게 황궁을 오가며 개장공주와 공공연하게 한 침대를 썼다.

곽광과 상관걸上官桀은 사돈지간이었다. 곽광의 딸이 상관걸의 아들 상관안上官安과 결혼했기 때문이다. 상관안에게는 당시 여섯 살 난 딸이 하나 있었고, 상관안은 이 딸을 당시 12세의 소제에게 시집보내 황후로 삼으려 했다. 상관안은 장인 곽광에게 자신의 생각을 이야기했지만 뜻밖에 곽광은 딸, 즉 외손녀가 너무 어려 아직 입궁할 수 없다며 반대했다.

장인의 반대로 체면을 구긴 상관안은 바로 개장공주 쪽의 문을 두드렸다. 그는 일을 순조롭게 풀기 위해 개장공주라는 큰 나무로 오르기 위한 줄, 즉 개장공주의 정부인 정외인을 먼저 찾았다. 예상대로 개장공주는 상관안의 여섯 살 난 딸을 입궁시켜 소황후小皇后로 삼았다. 이로써 상관안은 황제의 장인 국장國丈이 되었다. 상관안은 정외인에 대한 보답으로 장인 곽광 앞에서 정외인을 제후로 봉해달라고 추천했으나 곽광은 이 또한 거절했다. 상관안은 아버지 상관걸을 넣어 곽광에게 다시 요청하게 했다. 그러나 곽광은 동료이자 사돈의 체면마저 살려주지 않았다. 이 일로 상관부자와 곽광은 감정이 크게 상했고, 개장공주 역시 곽광에게 불만을 품을 수밖에 없었다. 게다가 상홍양桑弘羊 역시 자신의 측근에게 벼슬자리 주기를 거부한 곽광을 못마땅하게 여겼다.

곽광에게 불만을 품은 사람은 또 있었다. 황제의 형인 유단劉旦이었다. 당초 태자였던 유거劉據가 반란에 얽혀 피살되자 나이로 따지면 연왕燕王 유단이 당연히 태자가 되어야 했다. 그러나 태자가 너무 되고 싶은 절박함 때문에 밤낮없이 울어대는 닭처럼 무제에게 도성에 가서 곁을 지키게 해달라고 졸라댔다. 유단의 의중을 모를 리 없었던 무제는 벼락같이 화를 냈고, 유단은 도리어 봉지 세 개 현을 빼앗기는 수모를 당하고 말았다. 이 일로 유단은 유불릉이 황제가 된 것에 큰 불만을 품고 있었다. 유불릉이 즉위하자 관례에 따라 유단이 상을 받았다. 그러나 유단은 공개적으로 "본래 내가 황제가 되어야 하는데 상은 무슨 상"이냐며 불평을 숨기지 않았다. 그러고는 일찍부터 개장공주와 비밀리에 접촉을 갖기 시작했다.

이렇게 일찍 세상을 떠난 김일제를 제외한 나머지 세 명의 탁고대신들 중 두 명이 곽광에 반대하고 나섰고, 여기에 개장공주와 연왕 유단까지 가세하여 곽광에 반대하는 연합전선이 형성되었다. 곽광은 고립무원이 되었고, 열 살이 갓 넘은 황제 유불릉은 뾰족한 수가 없었다. 누가 봐도 곽광이 화를 피하기는 어려웠다.

그러나 연합전선은 치명적인 실수를 한 가지 저질렀다. 14세의 황제 유불릉을 무시한 것이었다. 소제 원봉 원년인 기원전 80년 8월, 곽광에게 반대하던 상홍양이 연왕 유단의 이름을 내걸고 곽광을 탄핵하는 상소문을 올려 어린 황제로 하여금 곽광의 죄를 다스리고자 했다. 그 내용은 곽광의 권세와 언행이 하늘을 찌르고, 우림군羽林軍을 사열하는 행차의 규모와 그 위세가 마치 황제를 방불케 하며, 그 측근 도위都尉 하나를 뽑아 반란을 꾀하고 있으니 연왕 유단을 도성으로 불러 황제를 지키게 하라는 것이었다.

어린 황제의 입장에서 이 상소문의 내용은 그야말로 공포 그 자체였다. 그러나 14세 어린 황제는 이 상소문에 대해 이렇다 저렇다 반응을 보이지 않았다.

이튿날 아침, 이 일을 일찌감치 알고 있던 곽광은 직접 조정으로 들어오지 않고 서화당에서 죄 받기를 기다렸다. 소제는 대장군 곽광의 행방을 물었고, 상관걸은 의기양양 "연왕이 그를 탄핵해서 감히 입조하지 못하는 것입니다."라고 대답했다. 소제는 곽광을 정전으로 부르라는 명령을 내렸고, 입조한 곽광은 관모를 벗고 죄를 기다렸다. 그러나 소제는 뜻밖에 "대장군께서는 관모를 쓰시오. 짐은 이 상소문이 거짓임을 잘 알고 있소. 대장군은 죄가 없지요."라고 말했다. 놀란 곽광은 "폐하께서 어찌 알고 계십니까?"라고 물었다. 이에 소제는 이렇게 말했다.

"대장군께서 우림군을 순시하고 사열한 지 열흘도 채 되시 않는데 측근을 뽑아 모반을 꾀한 일을 연왕이 어찌 그렇게 빨리 알 수 있단 말입니까? 하물며 반란을 꾀하면서 하필이면 도위 한 명이랍니까?"

어린 나이임에도 합리적으로 사건을 분석한 황제의 통찰력에 조정 대신들은 놀라지 않을 수 없었다. 소제는 이어 상소문을 올린 자를 추적하라는 명령을 내렸다. 상관걸은 당연히 이 일이 밝혀지길 바라지 않았기 때문에 대충 보고하고 넘어가려 했다. 그러나 소제는 끝까지 밝히라고 명령하면서 "선제께서 짐을 곽광에게 맡기셨고 곽광은 큰 충신이다. 누가 되었건 감히 곽광을 헐뜯는 자가 있으면 무고죄로 다스리겠다."며 곽광에 대한 자신의 의지를 명확하게 밝혔다.

배후는 상관걸과 상홍양이었기 때문에 상소문을 올린 사람은 조사로 밝혀지기 힘들어 보였다. 소제는 포기하지 않았다. 결국 두 사람은 스스로 자기 발등을 찍은 꼴이 되어 궁지에 몰렸다.

그들은 막다른 골목에 몰린 쥐새끼가 사람을 무는 격으로 곧바로 곽광을 죽일 음모를 꾸몄다. 개장공주를 내세워 곽광을 술자리에 초청하고, 숨겨둔 복병으로 곽광을 죽이고 어린 소제를 폐위시킬 작정이었다. 물론 다음 황제로는 유단을 점찍었다. 그들은 이 계획을 유단에게 알렸고, 유단은 당연히 찬동했고, 심지어 부하들은 장안으로 돌아가는 마차에 짐까지 잔뜩 실어 준비까지 마쳤다.

그러나 상관안의 야심이 너무 컸다. 그는 유단이 입경하면 그마저 죽이고 아버지 상관걸을 황제로 앉히고 자신이 태자가 되어 다음 황제가 될 야무진 꿈을 꾸었다. 누군가 황후로 있는 따님을 어쩔 것이냐고 묻자 "사슴을 쫓는 사냥개가 토끼를 돌아볼 겨를이 어디 있단 말인가?"라고 잘라 말했다. 극단적 권력욕에 사로잡힌 자의 모습을 생생하게 보여주는 대목이다.

그러나 이 계획은 실행을 앞두고 야금야금 새어나가기 시작했다. 개장공주의 집을 관리하는 사인舍人 하나가 이 음모를 어찌어찌 알게 되었다. 그는 아버지 연창燕倉에게 이를 알렸고, 연창은 대사농大司農 양창(楊敞)[13]에게 알렸다. 양창은 간의대부諫議大夫 두연년杜延年에게, 두연년은 소제에게 보고했다. 이렇게 몇 단계를 돌아 음모는 황제에게까지 보고되었다.

그해 9월, 소제는 단숨에 이 쿠데타 음모를 깨부수었다. 상관걸 부자, 상홍양, 개장공주, 정외인은 모두 사형에 처해졌고, 유단은 자살했다. 이렇게 황제와 곽광의 가장 큰 위협 세력이 철저하게 뿌리 뽑혔고, 곽광의 위세는 더욱 확고해짐과 동시에 황제 소제의 지위도 굳어졌다.

사지에서 목숨을 구한 이 중대한 전환점은 어린 황제의 뚜렷한 주관 때문이었다. 어린 황제는 좌우에 휘둘리지 않고 철석같이 곽광을 믿고 지지했다. 소제가 만에 하나 곽광에 대해 조금이라도 의심하거나 모함에 귀를 기울였다면 그 음모에 빠져 결국은 목숨을 잃었을 것이다.

'절영지연絶纓之宴'의 의미

춘추시대 남방의 강국 초나라를 반석에 올려놓았던 장왕莊王(?-기원전 591)에 관해서

---

13   양창은 역사가 사마천의 사위다. 이때 공을 세워 공신이 되었고, 그 아들 양운楊惲이 이에 힘입어 외할아버지 사마천의 역사서 『사기』를 세상에 내놓게 해달라고 청해서 허락을 얻었다. 이로써 『사기』는 약 반세기 만에 공식적으로 세상에 나올 수 있었다.

는 많은 고사가 전한다. 특히 '절영지연'은 막주의 관용에 대한 훌륭한 본보기로 남아 있다. 이 술자리가 남긴 의미를 보다 깊게 이해하기 위해 사건의 전모를 간략히 소개해본다.

장왕의 신하들 중 가장 높은 자리인 영윤令尹에 두월초斗越椒란 자가 있었다. 싸움을 좋아하고 사람 죽이기를 즐기는 그런 성격이었다. 그 아버지는 죽기 전에 아들 두월초가 높은 벼슬에 오르면 틀림없이 분에 넘치는 욕심을 부려 집안을 멸족시킬 것이라고 단언했다. 아나나 다를까, 두월초가 영윤이 되자 얼마 전 자신의 권력 일부를 박탈한 장왕에게 불만을 품고 장왕이 군대를 이끌고 원정을 나간 사이 반란을 일으켰다.

소식을 접한 장왕은 군대를 돌려 이틀 만에 두월초의 반란을 진압하고 그 집안을 멸족시켰다. 장왕은 수고한 장병들을 위로하기 위해 '태평연'이란 거창한 술자리를 마련하여 문무대신은 물론 후궁의 비빈들까지 자리에 불러 축하하게 했다. 풍악이 울리고 무희들의 춤과 노래가 곁들여지면서 술자리는 해가 질 때까지 계속되었다. 어둠이 깔리자 장왕은 불을 밝히게 해서 야연夜宴으로 술자리를 이어갔다. 특별히 아끼는 비빈인 허희許姬와 맥희麥姬에게 수고한 문무대신들에게 술을 따르게 하는 특전까지 베풀었다.

이때 갑자기 광풍이 몰아치더니 등불이 꺼지고 술자리는 칠흑같이 어두워졌다. 순간 한 여자의 비명소리가 들려왔다. 장왕이 가장 아끼는 허희였다. 술김에 누군가가 어둠을 틈타 허희의 몸을 더듬었던 것이다. 이 때문에 허희의 옷자락이 찢겼다. 허희는 순간적으로 기지를 발휘하여 이자가 쓴 모자의 끈을 당겨 끊어버렸다. 그러고는 장왕에게 빨리 불을 밝혀달라고 청했다. 자신이 이자의 갓끈을 갖고 있으니 어떤 자인지 알 수 있을 것이라며.

장왕도 한순간 당황했지만 이내 평정심을 찾고는 천천히 큰 소리로 좌중을 향해 말했다.

"과인이 오늘 술자리를 베풀어 여러분에게 마음껏 마시고 즐기라고 했다. 자, 지금부터 모두 갓끈을 끊고 모자를 바닥에 내려놓은 뒤 다시 진탕 마신다! 누구든 갓끈을 끊지 않은 자가 있으면 그자는 나의 명령을 듣지 않고 술자리를 즐기지 않겠다는 자이니 벌을 내리겠다!"

초왕의 이 말에 좌중은 모자를 벗어 끈을 끊고 바닥에 내려놓았다. 장왕은 그제야 불을 밝히게 했다. 이로써 어떤 자가 허희를 희롱했는지 알 수 없게 되었다. 술자리가 끝나고 후궁으로 돌아온 허희는 당연히 장왕에게 불만을 표시했다. 이에 장왕은 다음과 같은 말로 허희를 다독였다.

"이번에 연회를 베푼 목적은 마음껏 마시면서 왕과 신하의 관계를 돈독히 하기 위한 것이었다. 술이 취하면 실수도 있기 마련인데 그걸로 책임을 추궁하고 일을 크게 벌여 분위기를 망침으로써 당초 뜻을 흐리게 해서야 되겠느냐?"

허희는 장왕의 뜻을 알아차리고는 경의를 표했다. 이 일화가 역사상 유명한 '절영지연'이다. "갓끈을 끊고 베푼 술자리"란 뜻이다.

그로부터 7년이 지난 봄날 장왕은 정나라 정벌에 나섰다. 양노襄老가 선봉에서 군을 이끌었다. 그런데 장수 하나가 자신이 병사 100명을 데리고 앞장서서 길을 열겠다고 자청했다. 이 장수는 죽을힘을 다해 길을 열었고 정나라 군대는 바람처럼 도망치기 바빴다. 이리하여 초나라 군대는 별다른 저항 없이 정나라 도성 앞까지 진격할 수 있었다.

장왕은 양노를 불러 "양노 장군의 노익장이 이렇게 대단할 줄 미처 몰랐소이다."라며 칭찬했다. 양노는 "그게 어찌 이 노신의 공이겠습니까? 다 노신의 부장인 당교唐狡의 전공입니다."라며 선봉에 섰던 장수 당교에게 공을 돌렸다.

장왕은 당교를 불러 큰 상을 내리려 했다. 당교는 "신은 대왕의 은혜를 이미 많이 입었습니다. 오늘 이 몸은 대왕께서 내리신 큰 은혜에 조금이나마 보답했을 따름입니다. 감히 어찌 또 상을 받겠사옵니까?"라며 상을 사양했다. 당교는 7년 전 야연에서 허희의 몸을 더듬었던 바로 그 장수였다. 장왕은 당교의 충정에 감동했고, 허희를 그에게 상으로 내려주었다.

7년 전에 일어난 일이 7년 뒤에 튀어나올 줄 누가 알았겠는가? '절영지연'은 너그러운 인덕이 신하에게 얼마나 강력한 심리적 작용을 일으키는지 잘 보여준다. 인덕의 힘은 사람의 마음속에 깊게 오래도록 잠복해 있다가 어느 순간에는 튀어나온다. 그나저나 이 일로 가장 크게 덕을 본 사람은 당연히 당교가 아닐까? 풍류(?)를 즐기는 그저 그런 인물에서 역사서에 기록이 남는 사람이 되고 나아가 갈망하던 미인까지 얻었으니.

5) 규칙과 틀이 일을 순조롭게 만든다

필자는 한때 철도 화물을 운송하는 컨테이너 출입 기록을 관리하는 일을 한 적이 있다. 컨테이너는 전국 각지에서 만들어진다. 하얼빈, 쿤밍, 푸저우, 우루무치, 베이징, 광저우… 기차가 지나는 곳이라면 다 만든다. 그런데 한곳에서 만들지 않아도 그 규격은 다 똑같다. 컨테이너에 실린 화물이 구매자에게 넘겨지면 빈 컨테이너는 다시 화물을 채워 다른 곳으로 운반된다. 베이징에서 만든 새 컨테이너가 사용에 투입되면 맨 먼저 광저우로 가서 화물을 전달한 다음 다시 다른 곳으로 가는데 우루무치가 될 수도 있고, 칭다오가 될 수도 있다. 이렇게 컨테이너는 1년 내내 철로를 따라 돌아다닌다. 언제 다시 베이징으로 돌아올지는 아무도 모른다. 베이징으로 돌아온다 해도 바로 화물을 싣고 다른 곳으로 떠난다. 베이징에서 만들어진 컨테이너들이 어느날 모두 한곳에 모이기란 불가능하다.

그러나 이렇게 전국 각지를 돌아다니는 컨테이너의 숫자는 일목요연에게 파악이 가능하다. 철로를 담당하는 기구인 철도청의 관련 부문에 이를 위한 관리 시스템이 없다면 컨테이너의 이동과 수량 등을 파악할 수 없다. 중국처럼 넓은 나라에 이런 관리 시스템이 없다면 아마 난장판이 될 것이다. 컨테이너는 죽은 물건이지만 살아 있는 인간의 영혼도 이와 마찬가지다.

막주로서 유능한 인재의 도움을 받으려면 잘 갖추어진 관리 시스템이 있어 일사불란하고 투명하고 효과적으로 작동해야 한다. 권력을 가진 인물은 물론, 장수, 상인 등 사람을 다스리거나 사람으로 다스리는 시스템이 없어서는 안 된다.

시스템이 구조적으로 잘 갖추어지고 합리적으로 작동해야만 모든 일에 혼란이 일어나지 않는다. 그렇지 않으면 모든 일에 직접 간여해야 하고, 손발이 따로 놀아 일이 엉망이 된다. 막료에 대한 관리가 이렇게 제대로 이루어지지 않으면 막부는 효과적으로 돌아가지 못한다. 요 임금과 순 임금이 팔짱을 낀 채 일하지 않고 다스리며 조용히 여유를 보일 수 있었던 것은 시스템으로 다스렸기 때문이다. 한나라를 멸망시키고 신新이라는 나라를 세운 왕망王莽은 부지런히 일했지만 천하의 대란을 막지 못했다. 시스템이 불합리했기 때문이다. 전국시대 진나라의 개혁가 상앙은 이와 관련하여 다음과 같은 명언을 남긴 바 있다.

"정책과 법령은 백성의 생명이자 나라의 근본이다. 백 명이 산토끼 한 마리를 뒤쫓는 것은 한 마리가 백 마리로 늘어날 수 있기 때문이 아니라 산토끼의 임자가 없기 때문이다. 토끼를 팔려는 사람이 시장 곳곳에 있지만 도둑이 감히 훔쳐 가지 않는 까닭은 임자가 분명하기 때문이다. 이렇게 볼 때 명분을 확실히 하는 것은 나라를 다스리는 기본 원칙이다. 명분이 분명치 않고, 소유권이 확실하지 않으면 혼란은 불을 보듯 뻔하다. 체제가 합리적이고 순조롭게 작동하면 어지럽히려 해도 어지럽힐 수 없다. 반대로 체제가 혼란스러우면 다스리고 싶어도 다스려지지 않는다."

상앙의 요점은 나라를 잘 관리하는 사람은 나라의 시스템을 개조하는 데 힘을 들여야 한다는 것이다. 상앙은 나라를 다스리는 시스템을 말했지만 막료를 통제하는 일에도 충분히 도움이 된다. 그러나 규칙과 법이 지나쳐서는 안 된다. 지나치면 막료가 그 재능을 발휘하는 데 장애가 된다. 마치 형용사가 넘쳐나는 문장처럼 주종 관계가 번거로워지고 허세가 많아져 주객이 뒤바뀌는 나쁜 현상이 나타난다. 번거로운 예절 규범은 사람을 귀찮게 하고 위축시켜 막료는 도피하거나 게을러진다.

막주로서 규칙을 제정하고 시스템을 만드는 일은 당연하다. 하지만 이것이 융통성 없이 꽉 막혀 있거나 모든 언행 하나하나를 조항으로 만들어서는 안 된다. 막료로 하여금 자신의 위치를 알게 하고, 명분을 주어 함부로 헛된 행동을 하거나 막주를 침해하지 않게 하면 된다.

리더십이라는 예술은 일에 활력을 주는 생동감 넘치고 활발한 테크닉이다. 규칙을 세우는 일은 '막료학'에서는 위신을 세우는 것으로도 나타나는데, 역사상 나름대로 큰일을 해낸 제왕과 장상들은 위신과 명망을 세우는 데 상당한 주의를 기울였다. 이제 그 역사적 사례들을 소개한다.

권력자가 총애하는 자의 머리의 쓰임새

사마양저司馬穰苴로도 잘 알려져 있는 춘추 후기 제나라의 장수 전양저田穰苴는 모략가로도 유명하다. 제나라 경공 때 재상 안영晏嬰의 추천으로 대사마에 임명되었다. 전양저는 문무를 겸비하여 병사를 이끌고 전투에 나서 뛰어난 능력을 발휘했을 뿐만 아니라 불후의 병법서 『사마양저병법』을 남기기도 했다. 그가 한 사람의 목을 빌려 권위를 세우는 절묘한 일화가 남아 있어 그를 소개한다.

양저가 장군이 되기 무섭게 북쪽의 연燕나라와 진晉나라가 군대를 몰아 국경을 위협하는 상황이 닥쳤다. 경공은 양저에게 출정을 명령했다. 그의 능력을 확인할 수 있는 기회였다. 출정 명령을 받은 양저는 경공에게 청을 하나 넣었다. 미천한 출신으로 장군에 임명되었기 때문에 병사들이 명령을 잘 따르지 않을 수 있으니 임금께서 총애하는 측근 한 사람을 딸려 보내달라는 것이었다. 이런 역할을 하는 자리를 감군監軍이라 했다. 감군은 말 그대로 군대를 감시한다는 뜻이다. 대개 문관들이 임명되며 군의 여러 상황을 점검하는 자리다. 양저는 출신상의 약점을 보완하기 위한 조치로 감군을 자청한 것이다. 경공은 자신이 총애하는 장고莊賈를 감군으로 삼아 보내기로 했다. 여기서 우리는 양저가 권력자와의 관계를 어떻게 설정했는지 눈여겨볼 필요가 있다. 특히 군 지휘관들이 배워야 할 중요한 메시지가 들어 있다.

양저는 자신의 명령이 서지 않을까 봐 일단 임금의 위세를 빌렸다. 이렇게 해서 명령이 빠르게 시행될 수 있는 권위를 확보한 것이다. 내가 장군인데 누가 건드릴 수 있겠느냐는 고집으로 무턱대고 윽박지르듯 명령을 내려 반발을 사게 되면 군기가 흩어지기 쉽다. 장수의 권위는 자신의 리더십만이 아니라 장병들의 자발적 팔로워십으로 결정된다. 양저는 이런 요소를 잘 알았고, 그래서 일단 임금의 권위를 빌려 자신의 명을 세우기로 한 것이다.

양저는 내일 출정이니까 내일 정오까지 군영에서 만나기로 장고와 약속했다. 장고는 임금의 총애는 받고 있지만 인품이 좀 떨어지는 사람이었다. 장고가 감군으로 출정한다고 하자 지인들이 거창하게 송별회를 열어주었다. 밤새 퍼마신 장고는 다음 날 아침 제대로 일어나지 못했고 당연히 약속 시간을 맞추지 못했다.

한편 양저는 일찌감치 군영 앞에 해시계와 물시계를 세워놓고 장고를 기다렸다. 정오가 지났지만 장고는 나타나지 않았다. 양저는 시계를 치우게 하고 출정 준비를 시켰다. 해가 질 무렵 어슬렁어슬렁 장고가 나타났다. 사방으로 술 냄새를 풍기며 나타난 장고를 본 양저는 이렇게 물었다. 두 사람의 대화를 들어보자.

양저: 어찌 이리 늦었소?

장고: 대부와 친척들이 송별연을 베풀어주었소.

양저: 장수는 명을 받은 날부터 집을 잊어버려야 하며, 군영에 이르러 군령을 정하게 되면 그 육친을 잊어버려야 하고, 북을 치며 급히 진격할 때에는 자기 몸을 잊어버려야 합니다. 지금 적군이 나라 깊숙이 침입해 나라 안이 소란스럽고, 병사들은 변경에서 낮에는 땡볕을 쬐고 밤에는 노숙하고 있으며, 임금께서는 잠자리에 들어도 편하지 않고 음식을 드셔도 맛있는 줄을 모르시오. 백성들의 목숨이 그대에게 달려 있거늘 이런 때에 무슨 송별연이란 말이오!

양저는 군법을 담당하는 군정軍正을 불러 군법에 약속을 어기면 어떤 벌을 받느냐고 물었다. 군정은 "참斬"이라고 했다. 양저는 당장 목을 베라고 명령했다. 그 소리에 장고는 소스라치게 놀랐다. 사태가 심상치 않게 돌아가자 서둘러 자신의 수행원을 임금에게 보냈다. 수행원은 말을 달려 경공에게 가서 상황을 알렸다. 경공은 사신을 딸려 수행원과 함께 보냈고, 이들이 군영으로 달려왔지만 장고의 목은 이미 잘려 삼군에 조리돌림을 당한 뒤였다.

　장고를 살려주라고 했다는 경공의 명을 전해들은 양저는 "장수가 군중에 있으면 임금의 명이라도 받지 않는다."는 말로 딱 잘랐다. 그런 후 군영까지 말을 타고 들어온 죄를 물었다. 군영에서는 누구든 말에서 내려 신분을 밝히고 걸어 들어와야 하는 것이 군법이었다. 경공의 사신은 급한 김에 말에서 내리지 않고 그냥 군영으로 들이닥쳤던 것이다. 양저는 군법에 따라 사신이 타고 온 수레의 왼쪽 손잡이 나무를 자르고 마부의 목을 베었다. 사신의 목도 베야 마땅하지만 임금이 보낸 사람이라 차마 벨 수 없어 마부를 벌했다. 사신은 물론 모든 장병들이 경악했다. 한순간 양저의 위세에 모두 눌렸다. 양저는 이렇게 군기를 다잡았고, 장수로서의 권위를 확실하게 각인시켰다.

　양저가 장고의 목을 벤 이 일을 두고 역대로 많은 논란이 있어왔다. 양저가 고의로 장고를 이용했다는 비판도 있었다. 하지만 이는 결과에 따른 추론이다. 양저는 장고의 태만을 군법으로 다스렸을 뿐이다. 설령 양저가 그렇게 유도했다 하더라도 원인 제공자는 장고였다. 사신에 대해서도 마찬가지였다. 그러면서 "장수가 군중에 있으면 임금의 명이라도 받지 않는다."는 말로 자신의 권한을 분명히 못박았다. 이로써 장병들은 양저를 달리 보게 되었다. 자신들이 모시는 장군이 확고부동하게 군령에 따라 지휘한다는 사실을 직접 눈으로 확인했기 때문이다.

　여기서 한가지 생각해볼 점이 있다. 양저가 사람의 머리를 이용하여 위신을 세우려 했다면 꼭 군주가 총애하는 자의 머리여야만 했는가? 여기에는 뜻밖에 큰 가르침이 숨어 있다. 첫째, 양저는 장고라는 자가 왜 무엇 때문에 경공의 총애를 받고 있는지 잘 알고 있었다. 사실 이런 자를 군중의 감군으로 모신다면 분명 득보다는 실이 많다. 그럼에도 양저가 이렇게 한 까닭은 이런 인간일수록 실수할 가능성이 컸기 때문이다. 양저의 예상은 적중했고, 장고는 단 하루 만에 결정적인 실수를 저질렀다.

양저는 이를 놓치지 않고 그의 목을 잘라 자신의 위세를 확실하게 세웠다. 둘째, 군주가 총애하는 신하를 죽이는 효과가 훨씬 크기 때문이다. 군주의 총신마저 죽이는데 하물며 다른 사람이야! 만약 양저가 벤 목이 하급 장교였다면 그렇게 큰 위세가 되지 못했을 것이다. 또한 하나를 죽여 모든 장병들에게 경고하는 효과도 뚜렷하게 나타나지 못했을 것이다. 셋째, 장고라는 신하가 군주의 총애만 믿고 다른 사람을 무시하는 등 민심을 얻지 못했다. 이 때문에 그의 목이 달아나자 다들 후련해했고, 부하들은 양저의 명령에 절대 복종하게 되었다. 넷째, 장고라는 위인이 경공과 중요한 혈연관계이거나 중대한 이익을 공유하는 관계가 아니었다. 때문에 장고의 죽음은 경공에게 그리 큰 충격이 아니었다. 경공은 총애하는 신하 하나 때문에 나라의 안위를 무시할 그런 군주는 아니었다. 신하의 목 하나로 나라를 보존했으니 훨씬 큰 이득을 본 거래였다.

전양저가 본보기로 장고를 죽인 이 사건은 역대로 군기를 엄정하게 세우고 권력자를 두려워하지 않는 모범적인 사례로 칭송되어왔다. 또 손무가 오나라 왕 합려 앞에서 군사 시범을 보이면서 왕이 총애하는 비빈을 죽인 사례와 비교되기도 했다. 그러나 눈 밝은 사람이라면 정말 그 호리병 안에 담긴 약이 무엇인지 안다. 그것은 실제로는 자신의 위신을 세우고 부대를 통제하려는 일종의 음험한 수단이었다.

그러나 위신과 위세를 세우는 것만으로는 부족하다. 관건은 부하들에게 틈을 주지 않아야 하는 데 있다. 통제에서 주의해야 할 점은 견제와 막료들의 권력 분산이다. 그래야만 자신을 위협하는 조건이 형성되지 못한다.

춘추시대 제나라 환공은 최초의 패주였다. 환공은 관중을 몹시 신뢰하다 못 해 심지어 그를 중보仲父로 높여 부를 정도였다. 관중은 권력이 커질 대로 커졌고, 나라의 큰일은 모두 그가 처리했다. 환공은 매일 여자들을 끼고 마시고 놀았다. 한번은 대신 하나가 나랏일로 환공에게 보고하자 환공은 "어째서 중보에게 가서 보고하지 않는가?"라고 했다. 나라 사람들은 관중의 권력이 얼마나 큰지 다 알게 되었다. 그런데도 환공은 성이 덜 찼는지 관중에게 더 큰 권력을 주려 했다. 그렇게 해서 자신은 아무 일도 않고 놀고먹는 군주가 되려 했다.

이에 환공은 대신들을 다 모아놓고 "내가 중보에게 더 큰 권력을 주려 하니 그대들은 이후 모든 일을 중보에게 보고하도록 하라. 내 말에 동의하는 사람은 왼쪽에, 반대하는 사람은 오른쪽에 서라."라고 했다. 다들 환공의 엄포에 기가 죽어 왼쪽에 섰는데 동곽아東郭牙 한 사람만 왼쪽도 오른쪽도 아닌 중간에 섰다. 환공이 그 까닭을 묻자 동곽아는 "관중의 지혜로 천하를 얻을 수 있다고 보십니까"라고 물었다.

● 전양저(사마양저)는 지휘관으로서 위신과 위세를 어떻게 세우는가를 잘 알고 있었다. 그는 장고의 목을 이용해서 군기를 확실하게 다잡고 장수로서의 위신을 단숨에 세웠다.

"당연하지!"

"관중에게 큰일을 결단할 능력이 있다고 보십니까?"

"당연히 있지."

"관중에게 천하를 차지할 능력도, 큰일을 결단할 능력도 있는데 지금 그의 권한을 더 키우겠다고 하시니 장차 그가 주군을 위협하지 않으리라 믿을 수 있겠습니까?"

이 말에 환공은 정신이 번쩍 들어 포숙鮑叔과 습붕隰朋 등으로 하여금 관중과 함께 나라 일을 처리하게 했다.

이렇게 보면 사람을 알아 잘 기용하고 군주로서 큰 배포를 가진 점에서 환공은 합격점이다. 그러나 아랫사람에 대한 단속에서는 불합격이다. 군주로서 덕행을 갖고 있으면서 통제하는 능력이 없으면 대업을 성취할 수 없다.

반면교사가 있다. 조광윤趙匡胤이 진교陳橋에서 쿠데타를 일으킬 수 있었던 것은 그가 후주 군대에 대한 절대적인 지휘권을 갖고 있었기 때문이다. 그는 이 점을 아주 잘 알았고, 그래서 송나라를 세운 뒤 대신과 절도사의 권력을 빼앗거나 분산시켰던 것이다. 이로써 50년 넘게 계속된 전란을 통제하고 천하를 태평하게 만들 수 있었다.

6) 모래를 걸러 금을 얻듯 생각을 모아 파이를 키워라

막부의 핵심인 막주는 언로를 활짝 넓히는 열린 마음을 가져야 한다. 그러나 이와 동시에 자신의 막료가 제기하는 계책을 가려내고 평가하여 그중에 가장 좋은 방법을 선택하여 채용할 수 있는 능력도 갖추어야 한다. 역사상 겸손한 자세와 후한 보상으로 막부에 인재들을 많이 모셔놓고도 식별하고 분석하는 능력이 부족하여 이들이 제기한 많은 계책들을 버린 사람들이 적지 않았다.

개인의 인식에는 한계가 있다. 아무리 뛰어난 리더라도 단순히 자신의 지혜에만 의지하여 큰일을 성취할 행동방침과 책략을 만들어낼 수 없다. 뛰어난 리더는 다른 사람의 지혜에 집중할 줄 알아야 하며, 여러 사람의 장점을 두루 채용할 줄 알아야 한다. 어떤 구체적인 문제를 처리할 때는 언로를 활짝 열어야지 한쪽 말만 듣고 방법을 찾아서는 안 된다. 그래야만 각종 책략이 우후죽순처럼 튀어나올 수 있다. 방법과 책략이 나오면 결정자가 가장 나은 방안을 선택하여 실행하길 기다려야 한다. 이런 능력이 없으면 나쁜 방안을 선택하여 사업이 실패하거나 문제가 제대로 해결되지 못하는 결과가 나올 수 있다.

막료가 올린 각종 방안이 모든 사람의 뜻에 맞지 않더라도 각종 방안을 종합하여 그중 가장 좋은 방안으로 만들어내는 능력도 있어야 한다. 이것이 여러 사람의 능력과 책략을 종합하고 개괄하는 능력이다.

여러 사람의 생각을 모아 파이를 키우는 방법은 현대 사회에서 이미 구체화되었고, '인재 풀' 또는 '싱크 탱크'와 같은 구조로 계통화되어 실시되고 있다.

간사함을 간파한 상인 이야기

사람들의 행위와 심리적 패턴을 예측하고, 시장 정보에 주목하여 가장 좋은 시기를 장악하는 것은 상인이라면 당연히 갖추어야 할 자질이다. 그러나 이것만으로는 부족하다. 시장의 상황은 늘 가변적이고, 사람의 마음을 헤아리기가 결코 쉬운 일이 아니다. 게다가 시장은 늘 예측불허의 함정이 곳곳에 잠복해 있는, 말 그대로 아수라장이다. 자칫 소홀하면 본전조차 못 찾고 큰 손해를 보기 일쑤다. 이 때문에 큰 상인에게는 모래를 걸러 황금을 찾아내고, 가짜를 버리고 진짜를 찾고, 간사함을 꿰뚫어볼 줄 아는 능력을 요구하는 것이다.

청나라 건륭 연간(1735-1796)에 활동했던 서명주徐明珠는 이런 자질을 갖춘 상인이었는데, 그와 관련한 일화 하나를 소개한다. 서명주는 오랫동안 시장을 살피며 그 안에서 규칙 같은 것을 파악해왔다. 이에 따라 그는 물가의 동향과 변화를 예측했는데 결과는 그의 예측에서 거의 벗어나지 않았다. 그는 시장 분석에 일가견이 있었을 뿐만 아니라 사람을 알아보는 능력도 고수였다.

서명주는 그 이름처럼 눈이 밝았고, 끊임없이 고대의 상인이자 경제 전문가들이었던 계연計然과 백규白圭 등의 이론과 실천 경험 및 치부법을 연구했다. 하지만 문밖을 나가지 않고도 천하의 일을 훤히 아는 그런 경지는 아니었다. 그는 노련하고 현명한 상인이면서도 거래와 경영을 '예측'에만 의존하지 않았다. 그는 매매 과정에서 자기 사업과 관련이 있는 지역에다 '눈과 귀'를 심어두었다. 지금으로 말하자면 경제 정보원 또는 시장 소식통들을 배치하여 현지 상황에 따라 수시로 시장의 동향, 상품의 가격 등을 보고하게 했다. 이런 정보들을 바탕으로 여기에 다시 종합적인 분석과 예측을 보탠 다음 경제행위와 매매 항목에 대한 결정을 내렸다. 그는 종이 위에서만 병법을 논하고, 빈손으로 그림을 그리는 사람이 결코 아니었다.

그날, 서명주는 그의 재정 관리인 이안李安과 함께 이런저런 이야기를 하고 있었다. 이때 상숙常熟 지역에 눈과 귀처럼 심어두었던 정금룡鄭金龍이 먼지를 휘날리며 돌아왔다.

정금룡은 이름처럼 덩치가 크고 사나운 사내 같지만 실은 키는 크지만 바짝 마르고 머리가 좋은 사람이었다. 정금룡은 일처리도 비교적 뛰어났다. 중요한 정보가 있으면 바로 서명주에게 보고했고, 서명주도 그에 대한 신뢰가 깊었다.

서명주는 정금룡이 사람을 보내지 않고 직접 온 것을 보고는 분명 중요한 정보를 가져왔을 것으로 판단하고 바로 나가 그의 짐을 받아들며 "수고했네, 수고했네."라며 어깨를 두드려주었다.

정금룡은 가쁜 숨을 몰아쉬며 "물 좀 주십시오."라며 큰 소리로 물을 찾았다. 서명주는 사람을 시켜 서둘러 물을 갖다주었고, 정금룡은 단숨에 물그릇을 다 비웠다. 어찌나 급하게 마셨는지 물이 흘러 수염을 적시고 옷자락까지 적셨다.

물을 들이켠 정금룡은 숨을 가라앉히며 "면화 값이 포, 폭등했습니다…."라며 말까지 더듬었다. 서명주가 최근 가장 관심을 갖고 있던 바로 그 문제였고, 방금 전 이안과 나눈 이야기도 면화에 관한 것이었다. 정금룡은 주인의 관심사와 속마음까지 어느 정도 헤아려 이 중요한 소식을 가지고 돌아온 것이었다.

"그래, 값이 어느 정도 하는가?" 서명주는 서둘러 물었다. 정금룡은 아둔한 사람이 아니라 서명주의 사업상 방법과 규칙을 잘 알고 있었다. 먼저 사방을 둘러보았다. 주인과 이안 두 사람뿐이라는 것을 확인하고는 오른손을 내밀어 손가락으로 무엇인가를 나타냈다.

"오, 그만큼 올랐다는 거지?" 서명주는 중얼거리듯 말했지만 크게 놀란 표정이었다. 그는 조심스럽게 다시 "그 값이 확실한가?"라고 재차 확인했다. 정금룡은 "정확하고 말고요. 제가 몸소 시장에서 나가 면화 상인들에게 물었고, 하나같이 그 값을 말했습니다."라고 대답했다.

"그렇게 폭등한 까닭은 아는가?"

"아직 잘 모르겠습니다. 제가 서둘러 돌아오느라 물어볼 시간이 부족했습니다. 자칫하면 시기를 놓칠까 걱정이 되어 바로 뛰어왔습니다."

정금룡의 말에 일리가 있었다. 치열한 상업 경쟁에서 가격에 관한 소식과 정보는 결정적인 작용을 하기 때문이다. 가장 중요한 것이 때를 맞추는 것이다. 정보가 새어나가 다른 상인들이 중간에 가로채거나 다른 사람이 한 발 앞서 차지하면 모든 것이 물거품이 된다. 서명주가 정금룡에게 가르쳐준 비결이기도 했다.

"알았네. 가서 좀 쉬게나. 일 있으면 다시 부름세."

정금룡이 후원을 떠나 숙소로 가자 서명주는 이안에게 "이곳 면화 상인들 중 물량을 확보하고 있는 사람이 있는가?"라고 물었다.

재정 담당으로 중요한 사업적 결정에 참여하고 있는 이안은 이 지역 상황을 손 바닥 들여다보듯 훤히 알고 있었다. 그는 자신이 알고 있는 정보를 서명주에게 상세히 보고했다.

"제가 아는 바로는 전반기 면화의 상황이 좋지 않았습니다. 상인들이 그 압박 때문에 대부분 몽고 상인에게 팔았고 양씨 집안만 적지 않은 물량을 쌓아두고 있는 걸로 압니다. 몽고 상인이 값을 너무 후려쳤고, 양씨는 너무 손해 볼 수 없다면서 팔지 않는 바람에 때를 놓친 것 같습니다."

서명주는 고개를 끄덕이며 "몽고 상인들이 대량으로 면화를 구입했다면 분명 이유가 있을 것이야. 다른 몽고 상인과 북경 상인들이 상숙 일대에 이미 도착했을 가능성도 있겠군."라고 혼잣말로 중얼거렸다. 이에 이안은 이렇게 말했다.

"상숙의 면화 값이 폭등했다면 몽고 상인들이 다시 돌아와 양씨의 면화를 사가려 할지 모릅니다. 또 양씨가 상숙의 면화 상황에 대해 안다면 틀림없이 시장에서 값을 높여 부를 겁니다. 때를 놓치지 않고 양씨의 면화를 전부 사들일 생각이십니까?"

서명주는 말이 없었다. 그렇다. 위험 부담이 너무 크다! 자칫 잘못되면 사업 전체에 타격을 줄 수 있다. 그렇다고 마냥 머뭇거리다가 때를 놓치면 손에 넣은 것이나 다름없는 엄청난 이익이 공중으로 날아간다. 이 중대한 시간, 서명주의 생각은 파도가 치듯 소용돌이를 쳤고, 얼굴 표정도 점점 심각해졌다. 살 것인가, 사지 않을 것인가? 이안은 서명주의 입만 쳐다보고 있다가 "무엇 때문에 망설이시는 겁니까?"라고 물었다. 이윽고 서명주는 "가봅시다. 당신과 내가 먼저 양씨 집에 가서 살펴본 후 다시 이야기합시다."라는 말로 입을 뗐다. 이안도 그게 좋겠다며 동의했다.

면화 상인 양인귀楊仁貴와 서명주는 몇 년 동안 거래를 해왔지만 대부분 아랫사람들이 알아서 처리했고, 두 사람은 한 번도 직접 만난 적이 없었다. 그런데 서명주가 직접 양씨 집 대문을 들어서자 양인귀는 자연스럽게 술자리를 베풀어 그를 환대했다.

먼저 인사말과 의례적인 덕담이 오가고 이어 술잔을 돌린 다음 세상사 이야기로 대화가 넘어갔다. 자연스럽게 장사 이야기도 나왔다. 이안은 주인이 면화 이야기는 입 밖에도 내지 않는 것을 보고는 자신도 입을 닫고 술잔만 기울였다.

몇 차례 술잔이 오가자 서명주는 그제야 "양형, 정말 세상사에 밝으시구려. 그동안 한 번도 찾지 않던 이 서모가 오늘 귀하를 무슨 일로 방문했는지 지금까지 묻지 않으시다니요."라고 말문을 열었다. 이에 양인귀는 웃으며 이렇게 응수했다.

"아닙니다, 아닙니다. 솔직히 말씀드려 지금 그 이야기를 꺼내려 했습니다. 그러다 이런 생각이 들었습니다. 그러면 제가 술자리까지 만들어 서공을 대접한 것이 결국 가식이 되지 않을까? 서공과 제가 이렇게 직접 얼굴 대하기가 쉽지 않으니 오늘 한자리에서 술을 나누고 정을 나누는 것 자체가 귀한 일이니 꼭 사업 이야기를 꺼낼 필요가 있을까? 이런 생각을 하고 있던 차였습니다. 그런데 서공께서 먼저 말씀을 꺼내셨으니 저야 그저 말씀에 귀를 기울일밖에요. 무슨 가르침인지 마음껏 하시지요."

서명주는 손을 내저으며 크게 웃고는 이렇게 말했다.

"사실 그리 큰일도 아닙니다. 오늘 귀댁을 지나다가 면화를 얼마나 비축하고 계신지 한번 물어봐야겠다, 이런 생각이 문득 들었답니다. 듣자하니 몽고 상인이 보고 갔는데 거래가 성사되지는 않았다지요?"

싸움이 시작되었다. 기 싸움이다. 서명주는 일부러 새는 바가지를 끄집어냈다. 즉, 양씨가 지난번 거래에서 실패한 일을 꺼낸 것이다. 먼저 상대를 수동적 위치로 몰겠다는 의도였다. 이것이 주효하면 물건을 사려는 쪽이 모르는 사이 한 수 앞서게 되는 것이다.

양인귀의 표정은 전혀 변화가 없었다. 차분하게 관리인에게 그런 일이 있었냐고 물었다. 자신은 모르는 일인 것처럼. 양인귀의 관리인은 자신도 그날 집에 없어서 모른다면서 "제 아래 관리인이 담당했던 것 같습니다."라고 대답했다. 역시 그 주인에 그 참모였다. 두 사람의 마음이 하나처럼 딱딱 맞았다. 이제 화살은 서명주에게로 향하고 있었다. 양씨 역시 여간내기가 아니었다. 잠시 침묵이 흘렀고, 양인귀가 입을 열었다.

"무슨 일이십니까? 서공께서 그것들을 사실 생각입니까?"
"그럴 생각도 있습니다만."

이제 더 이상 떠보고 숨기고 할 필요가 없어졌다. 본론이 나온 이상 서명주는 바로 대답했다. 양인귀는 여전히 웃으면서 이렇게 말했다.

"제가 알기로 서공께서는 온건하면서도 강인한 분이라 지금까지 섣불리 자본을 투자하는 일이 없는 걸로 압니다. 그렇다면 그 물건을 어떻게 팔려고 하십니까? 혹 이미 살 사람이 있는 건 아닌지요?"

"그것까지 말씀드리지 못하는 걸 용서하십시오."

"그렇지요, 그렇지요. 여봐라, 요리를 내오거라."

양인귀는 큰 소리로 웃으면서 요리를 내오게 한 다음 잠시 뜸을 들였다. 그러고는 다시 "그렇다면 이 양모도 서공에게 조금이나 보탬이 될 수 있길…"라며 은근히 속내를 드러냈다. 양인귀는 자신이 선수를 잡았다고 생각했다. 서명주는 공세를 취하기 시작했다. 그는 일부러 재정 담당 이안에게 "지난 번 몽고 상인들이 이곳에서 면화를 구매할 때 다른 상인들이 얼마에 팔았다고 했나?"라고 물었다. 이안은 손가락으로 값을 표시했다.

순간, 식탁에 있던 모든 사람들의 눈길이 이안의 손가락을 향했다가 바로 다른 쪽으로 시선을 돌리며 못 본 척했다. 양씨는 식탁 위의 접시를 보면서 "서공과 제가 남남이 아니니 가격 문제는 잘 이야기를 해야겠지요. 잘 이야기해야겠지요."라고 했다.

양인귀는 잘 이야기하자고만 반복하면서 가격의 구체적인 숫자는 꺼내지 않은 채 관리인에게 귓속말로 뭐라 속삭였다. 그러자 관리인도 손가락으로 값을 표시하며 "친구 사이이니 이 가격이면 될 것 같습니다."라고 능청을 떨었다.

물론 몽고 상인들이 사간 값보다 높았다. 하지만 상숙 지역의 폭등한 가격보다는 한참 아래였다. 서명주의 계산이 빠르게 돌아가기 시작했다. 전체적으로 큰 이익이 남을 수 있는 가격임에는 틀림없었다. 속으로 흐뭇한 웃음이 번져나갔다. 하지만 서명주는 전혀 내색하지 않고 난감한 표정을 지으며 "그, 그 가격은…"라며 머뭇거렸다.

"우리가 비축하고 있는 면화는 전부 일등품입니다."

"그야 잘 알고 있지요. 하지만 그 가격이라면 제가 남는 것이 없어 이런 거래는 안 하는 것이나 마찬가지지요."

양인귀와 관리인은 서로를 쳐다보더니 아무 말이 없었다. 얼마나 흘렀을까, 서명주는 양인귀의 얼굴만 쳐다볼 뿐 마치 철심이라도 박은 듯 아무 말도 않다가 자리에서 일어나 손을 모으고 인사를 올렸다.

"알겠습니다. 좀 생각해본 다음 하루이틀 뒤에 답을 드리죠. 그럼 이만 물러가겠습니다."

서명주와 이안은 양인귀의 집에서 나왔다. 집을 완전히 벗어나자 이안은 웃는 얼굴로 서명주에게 "그 값에 그 자리에서 답을 하시지 않은 까닭은 한번 떠보시려는 것 아닙니까? '욕금고종欲擒故縱'이라고 "잡고 싶으면 일부러 놓아주라."는 전술 말입니다."라고 물었다. 그런데 뜻밖에 서명주는 고개를 저으며 "아닐세. 아무리 생각해도 뭔가 문제가 있다는 느낌이 계속 든다네."라고 답했다. 이안은 깜짝 놀라며 까닭을 물었고, 서명주는 이렇게 자신의 생각을 말했다.

"몇 가지 의문을 내가 풀지 못했다네. 먼저, 상숙의 면화 가격이 왜 갑자기 폭등했는지 그 원인을 아직 모르고 있지. 오랜 경험과 현재 면화 시장을 분석하고 판단해볼 때 면화 가격이 그렇게 뛸 가능성은 없지. 설사 특별한 원인이 있어 뛴다 해도 그렇게까지 폭등할 수는 없다네. 둘째, 양씨와의 이야기 중에 나는 어찌되었건 상숙 지역의 면화 상황에 대한 이야기가 나올 줄 알았다네. 내가 정금룡을 상숙에 보냈다는 사실을 잘 알고 있을 텐데 단 한마디도 나오지 않았지. 마치 일부러 피하는 것 같았네. 그러고는 그저 살 사람이 있냐고만 물었지. 나는 그게 뜻밖이었어. 그다음, 상식대로라면 양씨는 쌓아둔 면화를 빨리 처분해야 하는데 마치 나를 걱정하는 듯 일부러 차분한 척 자신을 숨기고 있단 말이지. 여기에 무슨 문제가 있지 않을까…?"

순간 이안은 깜짝 놀라면서 "그렇다면 정금룡이…"라며 말을 잇지 못했다. 서명주는 잠시 생각하더니 이안에게 귓속말로 뭐라 속삭였고, 이안은 웃으면서 고개를 끄덕였다.

그날 저녁, 서명주는 이안에게 정금룡을 집무실로 오게 하여 그에게 "오늘 이안을 양인귀 집에 보내 그 집의 면화를 구매할 준비를 하라고 했다네."라고 일러주었다.

정금룡은 만면에 웃음을 띠며 "어르신의 안목이 역시 대단하십니다. 그 물건만 사들이면 크게 이익을 남길 것입니다."라고 했다. 이에 서명주는 잠시 뜸을 들인 뒤 이렇게 말했다.

"다만… 이게 너무 큰 거래라 신중에 신중을 기할 필요가 있다. 그러니 이안과 네가 내일 다시 상숙을 한 번 더 다녀오도록 하게. 면화 가격을 다시 확인한 다음 최종 결정을 내리도록…."

서명주의 말이 끝나지도 않았는데 정금룡은 황급히 "그건 안 됩니다. 상숙에 갔다가 오면 그 물건이 다른 사람에게 팔릴지도 모릅니다."라며 말을 끊었다. 서명주는 단호한 표정으로 "상숙은 반드시 가야 한다. 다른 사람에게 물건이 팔리더라도 크게 문제될 것 없다. 이 거래를 내가 꼭 해야 한다는 법은 없으니까."라고 잘랐다.

● 상인에게는 시장을 읽는 관찰력과 시장의 동향을 분석할 수 있는 정보력 등 다양한 자질이 필요하지만 그 모든 것을 종합해서 거래의 시기를 판단하는 결단, 그리고 인재를 적재적소에 기용하는 것은 물론 무엇보다 사람의 이면을 통찰하는 능력이 요구된다. 사진은 명청 시대 상인들을 위한 은행 역할을 했던 일승창日昇昌의 모습으로 지금의 산서성 평요平遙 고성 안에 그 모습이 잘 남아 있다.

정금룡은 서명주의 말에 마땅히 반박하지 못하면서도 거래를 놓치면 크게 후회할 것이라며 자신의 뜻을 굽히지 않았다. 서명주는 편안한 표정으로 이렇게 말했다.

"일이 이렇게 된 것이다. 어제 꿈을 꾸었는데 꿈에 내 직원 하나가 다른 상인과 내통하여 나를 속이려 했다. 꿈이긴 했지만 내가 지금까지 일하면서 늘 조심해왔는데 이번에 이런 일이 생겼으니 어찌 공교롭다 하지 않겠는가?"

정금룡은 태연한 척하면서 서명주와 이안을 번갈아 쳐다보다가 눈길이 마주치자 얼굴을 돌렸다. 침묵이 흘렀다. 침묵은 대부분 사람을 난처하게 만든다. 그러다 서명주는 생뚱맞게 다소 기이한 말투로 "금룡아, 네가 내게 온 지 얼마나 되었지?"라고 물었다.

"3년이 지났습니다만…."

"내가 너를 어떻게 대우했다고 생각하느냐?"

"친부모님처럼 잘 대해주셨습니다."

"어, 그런가?… 나는 아무래도 너를 잘 대해주지 못한 것 같구나. 그러니 이제 물러가거라."라고 중얼거리듯 말했다. 정금룡은 머리를 숙인 채 그 자리를 물러났다.

방으로 돌아온 정금룡은 생각할수록 뭔가 잘못 돌아가는 것 같아 좌불안석 방 안을 빙빙 돌았다. 이튿날, 이안이 정금룡의 방문을 두드렸으나 문을 열리지 않았다. 정금룡은 도망치고 없었다.

사실은 정금룡이 양인귀와 내통하여 서명주를 사기 거래에 끌어들이려 한 일이었다. 서명주는 오랜 경험과 정확한 판단으로 이 내막을 알아냈고, 일을 복잡하게 만들지 않은 채 수습했다. 양인귀의 면화가 어떻게 되었는지는 더 이상 알려진 바가 없다. 거래가 성사되었을 가능성은 거의 없어 보인다.

평범한 다수의 의견을 물리칠 수 있는 결단력

막주는 중대한 결단을 내리려 할 때 왕왕 평범한 사람들의 논의를 물리치고 독단할 수 있어야 곤경에서 벗어나 큰일을 성취할 수 있다.

후주後周는 오대십국 시기(907-979) 황하 유역에 건립된 마지막 국가였다. 후주 건국 3년째인 953년 태조 곽위郭威가 세상을 떠나고 양자 시영柴榮이 뒤를 이었다. 이가 후주 세종世宗(921-959)이다. 그가 즉위하고 며칠 되지 않아 곽위의 장례도 치르지 않은 상황에서 북한北漢의 유숭劉崇이 거란 군대와 손을 잡고 침략해 온다는 소식을 접했다. 거란은 1만 이상의 기병을 동원해서 북한을 도왔고, 북한의 군주 유숭은 몸소 3만 병력을 거느리고 남하하여 빠른 속도로 노주潞州를 침입해 왔다. 유숭은 태평역太平驛에서 후주 소의절도사昭義節度使 이균李筠의 군대를 크게 물리쳤고, 이균은 상당上黨으로 물러나 수비에 들어갔다.

국내는 국상 때문에 민심이 불안한 상태인 데다 거란까지 가세하여 국경을 압박하는 상황에서 세종은 몸소 군을 지휘하여 대응에 나서기로 했다. 대신들은 태조 곽위를 안장해야 하는 일도 있고 해서 세종의 친정을 반대하면서 다른 장수를 보내라고 했다.

그러나 세종은 친정을 고집했고, 이 때문에 다섯 왕조에서 일한 원로이자 재상인 풍도馮道와 한바탕 날카로운 논쟁을 벌였다. 세종은 이렇게 자신의 생각을 말했다.

"유숭이 우리 국상을 틈타 내가 아직 젊다고 업신여겨 몸소 군대를 이끌고 우리를 공격하면서 천하를 노리고 있다. 내가 직접 나서지 않으면 안 되겠다. 당 태종도 천하를 평정할 때 적진을 행해 앞장섰다. 내가 어찌 구차하게 안전만 바랄 수 있겠는가?"

"폐하를 당 태종과 비교하실 수 있는지 모르겠습니다."

"우리의 강력한 병력으로 유숭을 공격하는 것은 태산으로 달걀을 누르는 것과 같다!"

"스스로 산이 될 수 있다고 보십니까?"

풍도의 말투는 완전히 경멸조였다. 풍도라는 자는 원래 보신保身의 달인으로 공손하고 말도 별로 없이 자신의 안전만 생각하는 자다. 그는 후진後晉이 후당後唐을 멸망시키고, 후한이 후진을 멸망시키고, 후주가 후한을 멸망시키는 혼란한 정국에서도 재상의 신분으로 늘 백관을 거느리고 새로운 주인을 환영했던 자였다. 그런데 전과는 딴판으로 이렇게 강경하게 나오는 것으로 보아 세종이 이길 가망이 없다고 판단한 것 같았다.

오대십국이라는 이 특수한 역사 시기는 살육과 정권 찬탈이 빈번했다. 황제의 면류관이 마치 주마등처럼 이 군인에서 저 군인의 머리로 오갔다. 이 시기 전통적인 충효와 절개 같은 관념은 거의 사라지고 없었다. 세종은 풍도라는 위인의 심리를 간파했다. 세종이 친정을 고집하는 까닭은 무엇보다 군부의 쿠데타가 두려웠기 때문이다. 오대 시대에 군부의 혼란과 쿠데타는 다반사였다. 장병들이 하루아침에 등을 돌려 새로운 주인을 추대하는 일도 허다했다. 하물며 세종은 태조의 적자가 아닌 양자라는 신분으로 즉위했기 때문에 그 자체로 공격당할 약점이었다.

세종은 문제가 어디에 있는지 정확하게 알고 있었다. 이에 세종은 확실하게 대권을 쥐고 풍도를 산릉사로 좌천시켜 태조 곽위의 영구를 모시고 가서 무덤을 조성하게 하는 조치를 전격적으로 단행했다. 풍도에 동조하거나 같은 생각을 가진 대신들을 확실하게 다잡겠다는 의지였다. 이어 대군을 이끌고 개봉開封을 출발했다. 도중에 세종은 적과의 싸움을 반대하며 신중론을 내세운 장수 조조趙晁를 잡아 감옥에 처넣어 동요하는 자들에게 쐐기를 박았다.

후주의 군대가 역주에 이를 무렵 북한은 고평의 남쪽에 주둔하고 있었다. 이튿날, 두 군대는 교전에 들어갔다. 세종은 장병들을 나누어 진을 치고, 말 위에서 직접 장병들을 독려했다. 합류하기로 한 후방의 군대를 이끄는 하양절도사河陽節度使 유동劉同의 부대가 아직 이르지 않았기 때문에 후주의 군대는 수적으로 열세였고, 이 때문에 군심이 흔들리고 있었다. 세종은 확고한 의지로 전혀 흔들림 없이 장병들을 격려하여 사기를 높였다.

한편 후주의 병력이 소수임을 확인한 유숭은 거란에게 도움을 요청한 것이 후회되었다. 승리한 뒤 치러야 할 답례의 부담이 컸기 때문이다. 유숭은 여러 장수들에게 "우리 한나라 군대만으로도 적을 충분히 물리칠 수 있다. 거란의 도움은 필요 없다! 오늘 우리 군대가 승리하는 모습을 거란에게 보여주어 그들을 굴복시키자."며 큰 소리를 쳤다.

반면 거란의 장수 양곤楊袞은 방심하지 않았다. 직접 말을 몰고 진을 치고 있는 후주의 군대를 살핀 다음 유숭에게 "적의 기세가 만만치 않으니 함부로 공격해서는 안 되오."라고 건의했다. 이에 유숭은 흥분해서는 "시기를 놓칠 수 없으니 당신은 더이상 이러쿵저러쿵하지 말고 저쪽에서 우리가 어떻게 저들을 처리하는지 구경하라."며 묵살했다. 유숭은 거란의 군대를 한쪽으로 비켜나게 했고, 양곤은 기분 나빠 하며 물러났다.

이때 동북풍이 강하게 불어왔다. 그러다 갑자기 남풍으로 바뀌었다. 북한의 군대는 바람을 맞으며 싸워야 할 판이었다. 천문과 역법을 관장하는 사천감 이의李義가 유숭에게 "개시할 시간이 되었습니다."라고 건의했다. 유숭은 고개를 끄덕이며 찬동했다. 그러나 추밀직학사樞密直學士는 역풍이라 전투에 불리하다며 유숭의 말고삐를 잡고 말렸다. 그러나 유숭은 "이미 결심했다. 서생이 뭘 안단 말이냐? 또 나서면 죽여 버리겠다."며 물리쳤다.

후주는 병력은 적었지만 바람은 유리했다. 하양절도사 유동의 병력이 제때 합류한다면 적병을 물리칠 수 있었다. 그런데 이때 우군右軍의 주장이 적을 맞아 싸우기는커녕 병력을 이끌고 적진으로 도망치는 돌발 사태가 터졌다. 그가 이끄는 보병천여 명은 갑옷을 벗어던지고 만세를 부르며 북한으로 투항했다. 실제로는 쿠데타와 다를 바 없었다. 후주의 군대는 순식간에 우군을 잃었을 뿐만 아니라 전군이 크게 동요할 수밖에 없었다. 팔이 하나 잘려 나갔으니 패배는 불을 보듯 뻔했다.

좌군의 주장 백중찬白重贊, 친군의 주장 장영덕張永德 등은 두려움에 떨고 있었다. 세종은 이 심각한 위기 상황에도 전혀 흔들리지 않았다. 병사를 이끌고 위험을 무릎쓰며 전투를 독려했다. 바로 이때 중요한 인물이 등장했다. 금군禁軍의 숙위장宿衛將으로 있던 조광윤趙匡胤(훗날 송 태조)이 "주상께서 이런 위기에 처하셨는데 우리가 어찌 죽을힘을 다하지 않을 수 있는가."라며 병사들을 격려하고 나섰다. 그러고는 장영덕에게 "적군의 기세가 교만하기 때문에 일거에 적군을 물리칠 수 있소. 장군의 수하에는 활을 잘 쏘는 병사들이 많으니 일부를 뽑아 좌군으로 충당하고, 나는 병사들과 우군을 도와 적을 협공합시다. 나라의 안위가 여기 우리에게 달렸습니다."라고 했다. 장영덕은 힘을 얻어 조광윤과 함께 각각 2천 명을 데리고 적진으로 향했다.

像 宗 世 周 後

● 후주의 시영은 강력한 리더십으로 5대 10국의 혼란기를 거의 다 수습했다. 안타깝게 그의 수명이 뒷받침되지 않아 마무리는 조광윤이 맡았다. 혼란기에는 많은 사람들의 의견을 수렴하는 일 못지않게 '독단獨斷'도 필요하다. 물론 막료들의 역할이 중요하지 않다는 뜻이 결코 아니다. 의견을 수렴하되 의견이 일치되지 못할 때 머뭇거리나 결단을 미루지 말라는 뜻이다. 초상화는 후주 세종 시영이다.

그런데 이때 후주에게 아주 유리한 상황이 발생했다. 유숭이 혼자 후주 군대를 공격할 요량으로 거란의 군대를 한쪽으로 비켜나게 한 것이었다. 이 때문에 거란의 주장 양곤은 화가 나서 전쟁의 승부야 어찌되었건 상관하지 않고 정예 기병을 꼼짝하지 못하게 한 채 수수방관하고 있었다.

세종은 몸소 전선에 나서 단단히 진을 쳤다. 조광윤이 병사를 이끌고 1당 100의 자세로 사력을 다했다. 북한 군대의 기세는 바로 꺾였다. 북한의 명장 장원휘張元徽가 접전 중에 죽었고, 전군은 패배하여 흩어졌다.

북한의 군대가 무너지는 것을 보고도 거란은 출전하지 않았을 뿐만 아니라 도리어 천천히 후퇴했다. 이때 유동의 원군이 합류하여 함께 북한의 군대를 추격하니 고평 전투는 후주의 대승으로 끝났다. 후한의 유숭은 잔병들을 거느리고 간신히 진양晉陽으로 돌아갔다.

세종은 도망갔던 장수 번애능樊愛能, 하휘何徽 등 70여 명을 잡아 법으로 처리하면서 "너희들은 몇 개의 왕조를 거친 노련한 장수들로 싸움을 못하는 자들이 결코 아니다. 그런데 오늘 상황을 관망하다가 도망친 것은 나를 유숭에게 바치려 했기 때문이다."며 꾸짖었다.

후주의 세종은 정권이 흔들리는 위기에서 먼저 풍도를 좌천시키고, 조조를 가둠으로써 내부의 동요를 눌렀다. 당당한 기백으로 독단적으로 결정하고 처리한 결과였다. 또 위기에도 흔들리지 않고 굳건히 버텨서 패배의 국면을 바꾸었다. 이렇게 해서 즉위 초 내우외환의 소용돌이치는 국면을 벗어나고 최고 통치자로서 위세를 크게 높였다.

이어 세종은 그 위세를 몰아 남쪽 회남淮南 지역을 차지하고, 이어 북상하여 거란이 차지하고 있던 하북 지역의 넓은 영토를 되찾았다. 와교관瓦橋關에 웅주雄州, 익진관益津關에 패주霸州를 세우는 한편 초교관草橋關에는 강력한 병력을 주둔시켜 지키게 했다. 역사에서는 이를 두고 "북으로 세 개의 관문을 취했는데 군대가 피 흘리지 않았다."고 했다.

남다른 혜안을 갖춘 황태극皇太極

명나라의 마지막 황제 숭정崇禎(1611-1644)과 청 태종 황태극(1592-1643)은 정말이지 뚜렷하게 대비되는 군주들이었다. 한 사람은 누가 좋은 인재인지를 가리지 못하고 옹졸하게 충신들을 죽이고, 간신 아첨배들에게 농락당한 혼군이었다. 반면 다른 한 사람은 인재를 잘 기용하고, 가짜와 진짜를 제대로 가릴 줄 알았으며, 신하들과 막료들이 제기하는 좋은 계책들을 잘 활용했다. 또 나쁜 것, 불량한 것은 걸러내고 좋은 것을 고를 줄 알았던 자기 주관이 확고했던 영명한 군주였다.

숭정은 웅정필熊廷弼, 원숭환袁崇煥, 손승종孫承宗 등 명나라를 지키기에 충분한 역량을 가진 뛰어난 장수들을 죽이거나 내쫓았다. 그러고는 명성뿐인 홍승주洪承疇를 하북성과 요녕성을 관할하는 계요총독薊遼總督으로 선발했다. 이 시기 황태극은 금주錦州를 공격하여 요서 지역을 정리한 후 직접 군대를 이끌고 명나라의 도성 북경으로 들어가는 마지막 관문 산해관山海關을 두드릴 계획이었다. 이에 홍승주는 조변曹變蛟, 오삼계吳三桂의 군대를 급조하여 병사 13만과 병마 4만 필을 동원하여 금주를 구원하게 했다.

홍승주는 자신들의 전력으로는 청의 상대가 되지 못한다는 사실을 잘 알고 있었다. 이에 따라 식량을 충분히 비축한 다음 지구전으로 끌고 가서 청을 지치게 하여 스스로 물러가게 한다는 작전을 세웠다. 식량이 든든한 명이었기 때문에 논리적으로 충분히 가능했다. 그러나 숭정은 조정 내의 속전속결을 주장하는 자들에게 설득당해 처음 생각을 버리고 전투를 재촉했다. 홍승주가 군대를 거느리고 나가 싸웠지만 당연히 패배했다.

첫 전투에서 패배한 명은 허점을 노출했다. 이에 황태극의 막료들은 다투어 명을 격파할 건의를 내놓았다. 한족 출신의 막료 범문정范文程은 명의 수레를 탈취하여 식량 보급을 끊자고 했다. 이렇게 되면 쌍방의 형세가 역전될 것이라는 분석이었다.

황태극이 남달랐던 점은 뛰어난 인재를 잘 기용했을 뿐만 아니라 많은 인재들이 건의한 각양각색의 전략이나 책략들 중에서 가장 나은 방안을 고를 줄 아는 능력이었다. 그는 막료들이 올린 여러 계책들 중 범문정의 대책이 최선이라는 것을 한눈에 알아보았다. 황태극이 가장 우려하고 있던 것은 명나라 군대가 싸우지 않고 시간을 끄는 지구전이었기 때문이다. 황태극은 청의 군대가 상대적으로 식량이 부족하고, 이 점이 자신의 약점이라는 사실을 너무 잘 알고 있었다. 게다가 홍승주는 숭정의 명령으로 진격 채비를 하면서 군사들과 함께 식량을 옮겨 산처럼 쌓아놓고 기회를 기다리고 있었다. 이에 황태극은 밤을 틈타 정예병으로 기습을 가해 식량을 모조리 탈취했다.

명의 군대는 한순간 수동적인 상황으로 몰렸고, 이제 지구전은 불가능해졌다. 홍승주는 하는 수 없이 군대를 넷으로 나누어 돌아가며 청의 군영을 공격하게 했다.

황태극은 식량을 잃은 홍승주가 전력을 다해 결전에 나설 것으로 예상하고 있었다. 전투를 독촉하던 조정과 숭정 황제가 식량을 빼앗겼다는 소식에 더욱더 화를 내고 있었고, 홍승주의 군대도 식량 때문에 사기가 말이 아니었다. 여기에 서둘러 승전보를 전해 책임 추궁을 면해야겠다는 홍승주의 도박 심리까지 가세했다. 알고 있으면 그렇게 된다고 했던가? 황태극은 군기를 다잡고 군영을 굳게 지키게 하는 한편 명군의 허점을 잘 살펴 매복으로 공격을 기다렸다.

명군의 첫 부대가 출동했으나 바로 길이 끊겼다. 제3, 4부대가 서둘러 구원에 나섰으나 매복해 있던 청군이 비어 있는 명의 군영을 급습하여 격파하니 명군은 앞뒤에서 공격을 당하고 말았다. 홍승주는 53,700명 이상의 병사를 잃는 처참한 패배를 당했다. 홍승주는 송산성松山城으로 도주하여 패잔병을 수습하고 수비에 들어갔다. 황태극의 계산대로 독 안에 든 쥐가 되었다. 오삼계 등은 포위를 뚫고 산해관 등지로 흩어졌다. 이후 오삼계는 진원원陳圓圓이란 기생 때문에 명나라에 등을 돌리고 청나라에 투항하여 청나라 군대를 이끌고 산해관을 넘는 역사의 명인이 되었는데, 그 이야기는 나중이다.

송산성은 원숭환, 조대수 등이 힘들게 쌓은 산해관 밖의 중요한 요새였다. 황태극은 송산성을 포위한 채 공격했지만 반년이 지나도록 성과를 내지 못했다. 황태극은 막료들에게 송산성을 격파할 수 있는 계책을 강구하도록 했다. 이에 범문정이 다시 "먼저 저들의 군심을 흔든 다음 항복을 유도하는 계책을 세우십시오."라는 계책을 올렸다. 황태극은 이를 받아들여 항복을 권하는 글을 써서 화살에 매달아 매일 성안으로 쏘았다.

명군의 장수 하승덕夏承德은 일찍이 청나라에 항복한 이영방李永芳의 오랜 친구였다. 황태극은 이영방을 시켜 하승덕에게 투항을 권유하는 편지를 쓰게 했다. 안에서 성문을 열고 투항하라는 내용이었다. 그러나 문제는 이 편지를 어떻게 홍승주 몰래 하승덕에게 전달하느냐는 것이었다. 범문정은 명군을 성에서 끌어내서 싸우도록 유인한 다음 편지를 숨겨 들어가는 계책을 냈다.

황태극은 먼저 명군 복장을 한 사람을 성 주위에 잠복시켰다. 그리고 송산성의 서쪽 포위를 풀었다. 총병 조변교는 이에 대한 보고를 받고는 한쪽을 열어 그

皇太极

● 400만 인구의 청이 1억이 넘는 명을 무너뜨린 데는 강인한 군사력 외에 뛰어난 지도자의 역량이 있었기 때문이다. 황태극은 명나라를 멸망시키지 못하고 비교적 일찍 세상을 떠났지만 그가 닦아 놓은 탄탄한 터전 덕분에 그가 죽고 바로 이듬해인 1644년 산해관을 넘어 명을 멸망시켰다.

곳의 수비를 포기하게 한 후 다시 공격하여 성을 차지하려는 청군의 작전으로 판단했다. 성안의 식량이 떨어져가던 상황에서 조변교는 이 기회를 놓칠 수 없다고 판단하여 병사들을 이끌고 성을 나가 길을 열며 도망쳤다. 그러나 얼마 가지 않아 되돌아온 청군의 반격으로 하는 수 없이 다시 성안으로 철수할 수밖에 없었다. 바로 이때 명군 복장을 한 청의 첩자가 함께 성안으로 들어갔다. 간첩은 당연히 이영방의 편지를 가지고 있었다.

청나라 첩자는 하승덕을 찾아 편지를 전했고, 하승덕은 살길을 찾아 투항하겠다는 뜻을 전했다. 하승덕은 아들을 시켜 청의 첩자를 성밖으로 나갈 수 있게 하고, 다음 날 밤에 성문을 열기로 약속했다.

이튿날 하승덕은 밤을 틈타 성문을 열었고, 송산성은 함락 당했다. 홍승주는

투항했다. 이로써 청군은 산해관의 문을 두드릴 수 있는 충분한 힘을 갖추었다.

7) 울타리에 가두어 기르면서 기세를 꺾어라

이는 인재를 농단하는 수단이다. 어떤 인재가 자신에게는 쓸모가 없지만 그 인재가 흘러나가 상대의 힘을 키울 수 있거나 내게 불리한 영향을 줄 수 있을 때 이런 인재를 처리하는 일은 몹시 난처하다.

자신에게 쓸모없는 인재라 해서 폭력으로 굴복시켜서는 안 된다. 그러나 조조와 같은 방법으로 상대가 데려다 쓰지 못하게 말뚝에 묶어놓고 키우면서 기세를 꺾을 수는 있다.

이 방법은 매우 온건하고도 절묘하다. 인재, 특히 별난 인재는 아주 드물다. 따라서 내가 쓰지 못하더라도 흘러나가 다른 사람을 돕게 해서는 안 된다. 그래야만 자신의 우세를 유지할 수 있다.

역대 통치자들은 봉건 통치를 지키기 위해 지식인의 사상에 재갈을 물렸다. 그러나 총명한 통치자의 수는 달랐다. 피비린내도 나지 않았고, 형벌도 동원되지 않았다. 우아하고 당당하게 다른 사람의 사상을 베어내고 자신의 목적을 달성했다. 분서갱유, 금서, 문자옥 등 피비린내를 풍기며 지식인을 적나라하게 탄압했던 방법과 대비된다. 이런 방법을 비유하여 "양을 기둥에 묶어놓고 풀을 뜯게 하는" 방법이라고 한다.

백가파출百家罷黜, 독존유술獨尊儒術의 심층적 의미

한 무제 유철劉徹은 16세 젊은 나이에 즉위하여 유가의 학술을 적극 내세우기 시작했다. 그가 즉위할 무렵 한나라는 할아버지 문제와 아버지 경제의 '문경지치文景之治'를 거치면서 그 국력과 위세가 크게 달라졌다. 이와 함께 여러 문제들도 함께 터져 나왔는데, "일삼지 않고 다스린다."는 '무위이치無爲而治'를 주장한 황로黃老의 학설은 이미 사회 현실과 멀어졌고, 대신 적극적인 정책으로 세상을 다스려야 한다는 '경세치용經世致用'을 주장하는 유가사상이 갈수록 현실에서 적극적인 의미를 발휘했다.

어려서부터 유가의 영향을 받았던 젊고 야심 찬 무제는 당연히 유가에 호감을 가졌다. 이에 무제는 "다른 학파의 사상은 모두 내치고, 유가의 학술만 존중하자."는 '백가파출, 독존유술'을 내세운 유학자 동중서董仲舒의 건의를 받아들여 육예六藝와 공맹孔孟의 유가를 제외한 모든 학파와 학술을 불법으로 규정했다. 이는 달리 말하자면 지식인의 연구 범위를 제한하는 조치였다. 지식인은 사상을 가질 수는 있지만 유가사상의 범위 안에서 생각하라는 뜻이었다. 이를 위해 무제는 장안에다 태학太學을 세워 『시詩』, 『서書』, 『예禮』, 『역易』, 『춘추春秋』 등 유가의 경전에 정통한 전문가들을 발탁하여 오경박사五經博士로 삼았다. 또한 이들이 이 경전 공부에 힘을 쓰게 만들려고 성과 좋은 사람에 한해 "배워 뛰어나면 벼슬한다."는 유가의 가르침에 맞추어 정부의 관리로 삼았다. 무제는 먼저 위관衛綰, 전분田蚡, 두영竇嬰, 왕장王臧 등 나름 유가의 대가들을 승상, 태위, 낭중 등 요직에 앉혔다. 동중서는 오경박사에서 강도江都와 교서왕膠西王의 상相으로 승진했다. 동중서는 은퇴한 뒤에도 수시로 무제의 자문에 응했다.

무제의 이런 수법은 지식인의 사상을 무력으로 통제하는 것처럼 보이지 않게 하면서 이익으로 그들을 유혹하여 그들의 사상과 연구를 정해진 울타리 안으로 끌어들이는 것이었다. 풀을 뜯어먹을 수는, 즉 연구하고 생각할 수는 있지만 내가 선을 그어준 구역 안에서 하라는 것이었다. 무제는 공부해서 뛰어나면 벼슬하라는 이 사슬을 이용하여 지식인들을 유가의 영역에 묶어두었다. 이는 묶어두는 방법이자 내가 이들을 활용하겠다는 적극적인 방법이기도 했다.

또 다른 사례로 송 태종 조광의趙匡義가 창조한 방법이 있다. 태평흥국 기간(976-984)에 원래 5대 10국 시기에 송에 투항한 몇몇 군주들이 죽었다. 남당 후주 이욱李煜은 투항한 뒤 송나라 수도로 보내졌다. 태조 조광윤은 아량을 베풀어 그를 죽이지 않았을 뿐만 아니라 위명후違命侯라는 작위까지 내렸다. 그러나 이욱은 이름만 그럴듯했지 실제로는 연금 상태였다. 처참하고 처량한 환경에서 이욱은 고국을 그리워하는 「우미인虞美人」이라는 시를 남긴 채 42세 생일에 갑자기 죽었다.

봄꽃 가을 달은 언제 끝날까
지난 일들은 또 얼마런가
작은 누각에 어젯밤 다시 봄바람이 부는데
고국은 밝은 달빛 아래 차마 고개 돌려 볼 수 없구나
화려한 난간, 옥돌 계단은 여전하겠지
그저 내 젊은 얼굴만 바뀌었느니
그대 가득한 근심 얼마나 되려나
동으로 흘러가는 봄 강물처럼 내 근심 끝이 없다네

이욱의 죽음에 그를 따라온 많은 옛 신하들은 원망의 말을 내뱉으며 조정의 조치에 대해 말들을 쏟아냈다. 봉건시대에 문신으로 이름을 내고 높은 자리를 차지한 사람들은 과거라는 치열한 시험장을 통과한, 배 속에 배운 것이 가득 찬 사람들이었다. 이들은 치맛바람을 타고 한자리 차지한 자들이나 매관매직으로 벼슬한 자들과는 엄연히 달랐다.

송 태종은 이들 망국의 옛 신하들과 실의에 빠진 지식인들을 따로 만든 기구에다 모셨다. 소문관昭文館, 사관史館, 집현관集賢館의 삼관을 설치한 외에 비각秘閣, 용도각龍圖閣, 천장각天章閣 등을 설치하여 온갖 도서를 비치하거나 역사를 편찬하는 일을 나누어 맡게 했다. 이렇게 해서 이들은 황가가 먹다 남은 식량과 녹봉을 받는 지식인이 되어 하루 종일 바쁘게 각종 서적들을 정리하고 편찬하는 일에 종사했다. 『책부원귀冊府元龜』, 『문원영화文苑英華』, 『태평어람太平御覽』, 『태평광기太平廣

● 송 태종 조광의는 대형 문화 사업으로 지식인들의 반발 심리와 사상을 적절하게 통제하는 차원 높은 인재 통제술을 보여주고 있다. 피 흘리지 않는 이런 사상 통제술은 충분히 참고할 가치가 있다.

記』 등과 같은 대형 백과사전 종류의 책들이 이 시기에 이들이 주도해서 만든 것들이다. 이 책들은 그 규모가 방대해서 권수만 3,500권이 넘는다. 책의 성격과 내용은 고대 경서나 전적 여기저기서 골라 부문을 나누어 배열하고 편집한 것으로, 옛 책들을 뒤지고 찾아내고 교열하는 일이 책을 쓰는 일보다 얼마나 더 많았는지 알 수 없다. 예컨대 『태평어람』은 1천 권에 55부, 4,558자목으로 이루어져 있고, 인용된 책만 1,690종에 이른다. 옛 시부를 비롯하여 명문, 잠언, 잡서 등은 그 안에 포함되어 있지 않다. 이 책들은 대부분 다른 책을 인용하여 베끼지 자기 글을 쓰는 것이 아니기 때문에 눈에 거슬리는 문자는 나올 수 없었다.

『송패유초宋稗類鈔』「군범君范」은 "그 마음을 부려 결국은 대부분 문자 더미 속에서 늙어 죽는다."라는 한마디로 그 천기를 누설한 바 있는데, 송 태종이 옛 문인들을 망라하려 한 목적과 그들의 최후를 정확하게 꿰뚫었다.

어찌되었건 이런 수법은 대단히 수준이 높다고 하겠다. 소극적인 문인과 지식인들의 사상을 자신의 통치를 위해 복종하도록 충분히 이용할 수는 없지만 이런 자들이 무슨 불온한 일에 연루될 염려는 하지 않아도 되었다. 매일 책에 파묻힐 수밖에 없었으니 자연히 말뚝에 매인 양과 같은 신세가 되었다. 송 태종도 이로써 "지식과 가르침을 존중한다."는 칭찬을 들을 수 있었다. 천만다행인 것은 이 방대한 문화 사업이 송나라에게는 아무 쓸모도 없었고 아무 해로움도 없었지만 귀중한 전적들을 고스란히 보존함으로써 후대에 아주 귀한 보물을 남겼다는 사실이다.

강희제와 건륭제의 수준 높은 통제술

1644년, 만주족의 청나라는 산해관을 돌파하여 중원의 주인이 되었다. 그러나 통치가 시작된 지 얼마 되지 않아 이런저런 위기가 나타나기 시작했다. 만주족은 대부분 문화적 소양이 부족하여 중원을 차지한 뒤 한족의 선진 문화와 문물은 배우지 못하고 오히려 한족의 오락 따위에 열중했다. 황성은 온통 자기가 기른 새를 뽐내기 위해 나온 사람들, 닭싸움을 구경하기 위해 몰려든 사람들, 도박꾼들로 북새통을 이루었다. 산해관 밖에서 생활할 때의 기백과 용기는 사라졌고, 만주 귀족 중에서도 괜찮은 인재를 찾아보기 힘들어졌다.

강희제康熙帝 때(재위 1661-1722)에 오면 한족은 청 제국의 신민이 되길 기꺼이 원하기에 이르렀지만 여전히 지식인들 중 상당수가 청 왕조를 위해 벼슬하길 거부했다. 이런 형세는 청의 통치기구가 제대로 작동하는 데 방해가 되었고, 청의 통치 강화에 불리할 수밖에 없었다.

한족 지식인은 원래 세상에 나가 벼슬하고 나라를 다스리는 데 힘을 보태는 경세치용을 갈망하는 존재다. 배워 뛰어나면 벼슬한다는 것이 지식인, 독서인의 이상이었다. 그러니 어찌 벼슬하길 포기할 수 있겠는가? 다만 야만의 소수민족에게 무릎을 꿇고 벼슬할 수 없다는 자존심과 체면이 벼슬길을 막고 있었을 뿐이다. 민족주의 사상에 포로로 잡혀 있었다고나 할까?

강희제는 즉위하자 바로 한족 지식인을 감화시키고 인심을 매수하는 정책을 마련했다. 지방관에게 재능 있는 원로 지식인을 추천하게 하여 도성 북경으로 초빙하여 기용했다. 그러나 효과는 미미했다. 보아하니 한족의 체면과 자존심이라는 장애를 돌파하는 것이 관건이었다.

섬서총독 악선鄂善이 관중의 이름난 학자 이옹李顒을 추천했으나 이옹은 병을 핑계로 한사코 입경하여 벼슬하기를 거부했다. 강희제는 고위 관리들을 보내 계속 그를 방문하여 문병하고 병이 낫기를 기다려 입경하기를 독촉했다.

관리들이 매일같이 독촉했으나 이옹은 병상에 누워 완강하게 버텼다. 이에 사람을 시켜 그의 집을 서안으로 옮기게 하는 한편 총독이 직접 병상을 찾아 입경을 권했다. 이옹은 먹는 것도 거부하고, 감시가 소홀한 틈에 비수로 자신을 찌르는 등 죽음으로 거부했다. 총독은 이 사실을 강희제에게 보고했다. 강희제는 조금도 화를 내지 않고 더 이상 그를 보채지 않는 한편 덕으로 그를 붙들어두기로 결심했다.

1730년, 강희제는 서쪽 서안을 시찰하러 나갔다가 총독에게 자신은 당대의 큰 학자 이옹을 존경해왔고, 이참에 한번 방문하겠다는 뜻을 전하게 했다. 이옹은 여전히 병을 핑계로 황제의 행차마저 완곡하게 거절했다. 강희제는 이에 개의치 않고 이옹의 집 근처까지 와서 병문안을 가겠다는 뜻을 전했다. 이옹은 황급히 아들을 자신이 쓴 책 몇 권과 함께 강희제에게 보냈다. 이는 사실상 강희제에게 '신하로 복종하겠다'는 뜻이었다. 다만 자신은 명나라 신하이니 강희제에게 무릎을 꿇을 수는 없고, 아들은 청나라의 신하이니 강희제에게 무릎을 꿇을 수 있다는 것이었다. 이옹은 완고한 사람이었지만 융통성이 있었다. 아들과 자신을 분명하게 구분하여 자신의 체면도 세우고 실질적인 혜택도 얻었으니 절묘한 마음 씀씀이가 아닐 수 없었다.

이옹의 아들을 만난 강희제는 이옹에게 확실하게 병이 있음을 알았고, 더 이상 억지로 권하지 않았다. 강희제는 이옹의 아들에게 "너의 부친은 학문이 깊고 뜻을 지키는 분이다. 짐이 직접 '지조고결志操高潔'이란 편액과 시를 지어 네 아버지의 절개를 표창할까 한다."고 했다. 그러고는 순무巡撫 악해鄂海에게 이옹을 칭찬하는 글을 써서 전달하게 하는 한편 이옹을 잘 보살피라는 명을 내렸다.

사실 강희제는 이 노학자에게 무슨 남다른 재능이 있어 중시한 것이 아니라 그를 통해 천하의 한족 지식인을 향해 그들에 대한 자신의 태도와 제왕의 품덕을 보여주기 위함이었다. 강희제의 이런 방법은 한족 지식인들에게 큰 흡인력으로 작용했다. 그들은 원래 영명한 군주를 모시는 일을 숭상해왔고, 강희제는 딱 그런 명군과 맞아떨어졌다.

그러나 한족의 낡은 유학자들은 벼슬길을 갈망하면서도 여전히 절개와 의리라는 계단 위에서 내려오지 못하고 있었다.

한족 지식인을 입경시켜 관리로 삼는 일을 촉진하기 위해 강희제는 특별히 박학홍사과博學鴻詞科를 두었고, 143명이 추천을 받아 1679년 3월 체인각體仁閣에서 실시된 고시에 참가했다. 강희제는 이들 답안지를 읽고 53명을 발탁했다. 재능이 뛰어난 엄승손嚴繩孫이 겨우 시 한 수를 지었고, 팽손휼彭孫遹은 일부러 뜻이 통하지 않게 시를 썼으며, 반미潘耒, 이래태李來泰, 시윤장施閏章 등도 운율에 맞지 않는 시를 써 냈지만 그들을 모두 채용하여 한림원翰林院의 벼슬을 주어 사관에서 명나라 역사를 편찬하게 했다.

『명사明史』편찬은 한족 지식인을 끌어들이는 데 큰 힘을 발휘했다. 이 일에조차 그들은 절개와 의리를 내세우기 힘들었기 때문이다. 이는 정말 절묘한 수였다. 평소 너희들은 자신들을 명나라 신하로 자처했으니 너희들이 나서 명나라 역사를 편찬해라, 이런 뜻이었다. 이는 한족 지식인과 유학자들에게 두 개의 사다리를 만들어주는 것과 같았다. 명나라에 대한 절개와 의리라는 계단에서 내려와 강희제라는 명군의 사다리를 밟고 올라가라는 뜻이었다. 이러면 절개의 의미를 버리지 않고 원만하게 속으로 원하던 벼슬길에 대한 열망을 이루게 되는 것이었다.

효과는 금세 뚜렷하게 나타났다. 만사동萬斯同, 유헌정劉獻庭 등 제법 이름 있는 학자들은 벼슬을 받아 사관에 들어가는 것은 거부했지만 평민의 신분으로 역사 편찬에 참여하길 원했다. 한사코 벼슬을 거부한 대학자 황종희黃鍾羲는 심지어 그 아들을 사관에 들여보내 역사를 편찬하게 하고, 자신의 저서를 인용하는 것을 허락했다.

이로써 강희제의 시도는 엄청난 성공을 거두었다. 이는 그가 지식을 중시하고 인재를 잘 활용한 결과이기도 했다. 쓸 수 있으면 쓰고, 쓸 수 없으면 울타리에 가두어 기르면서 그 기세를 꺾는 것이었다.

여기서 한 가지 알아야 할 점이 있다. 당시 반청 세력이 완전히 제거되지 못한 상황에서 지식인들에게 무거운 압박을 가하면 반청에 대한 결심은 더욱 강해질 수밖에 없다. 반청 세력이 기세를 타면 지식인들이 이 세력에 큰 힘이 된다. 따라서 내가 기용하지 못하더라도 덕으로 그들을 새장 안에 가두어 그 의지를 꺾으면 반대 세력에게 이용당하지 않는다.

건륭제乾隆帝(재위 1735-1796) 역시 강희제와 옹정제가 닦아놓은 든든한 기반에 힘입어 중국 역사상 가장 복 많은 대황제가 되었다. 그는 한족, 특히 한족 지식인을 중시하는 청 황실의 전통을 이어받아 지식인에 대한 적극적인 회유책을 채택했다. 그는 대학사大學士를 만나면 황족의 노인이든 젊은이든 무릎을 절반 구부리며 '노선생老先生'이라는 존칭으로 부르게 규정했다. 또 그 대학사가 사부師傅를 겸하고 있으면 '노사老師'라 존칭하고 자신은 '문생門生' 또는 '만생晩生'으로 부르게 했다. 동시에 건륭제는 한 걸음 더 나아가 과거를 정규 제도로 만들어 끊임없이 문인들을 조정에 들어

● 소수의 이민족 청나라가 다수의 한족을 200년 넘게 통치할 수 있었던 데는 강희, 옹정, 건륭과 같은 개명한 황제들의 현명한 통치술, 특히 지식인 우대를 통한 인재들을 통제하는 통제술이 큰 작용을 했다. 이 세 황제의 통치기는 전후 약 130년으로 안정된 권력 기반 위에서 청 왕조 최고 전성기를 이루었다. 초상화는 강희제이다.

오게 했다. 또 박학홍사과를 특별히 열어 스스로 지식인을 자칭하는 인재들, 자신의 문장을 뽐내고 싶어 하는 사람들, 과거에 응시하시 않고 산림에 은거하고 있는 명성 있는 은자들, 지방관이 추천하는 자들을 대상으로 건륭제는 직접 면접시험을 보았다. 이렇게 세 차례에 걸쳐 24명을 뽑았다. 뽑힌 사람들은 황제의 은혜에 감격했으며, 낙방한 100여 명도 더는 조정에 대해 이러쿵저러쿵 비난을 할 명분이 사라졌다. 건륭제는 자신이 직접 뽑은 인재들에 큰 관심을 보였다. 예를 들어 고동고顧棟高는 당시 나이가 적지 않았는데 국자감의 벼슬을 받았다. 나이가 들어 사직할 때 건륭제는 직접 7언시 두 수를 써서 그를 칭찬했다. 또 훗날 강남을 순시했을 때 역시 직접 글씨를 써주고 국자감의 좨주라는 명예직을 주기도 했다.

지식인들에 대해 건륭제는 진심에서 우러나는 은총을 베풀었고, 심지어 직접 명령을 내려 유림들을 역사책 전기에 절대 빠트리지 않고 기록하게 했다. 이에 따라 사관에는 특별 「유림전儒林傳」이 설치되어 전문적으로 이름난 지식인들의 학문과 그 일생을 기록하게 되었다. 평소 건륭제는 올라온 글들에 대해 '서생書生'이니 '서기書氣'니 하며 비판하는 말들이 있으면 빠지지 않고 "자신을 수양하고 사람을 다스리는 길은 모두 책에 실려 있다. 그러니 '서기'라는 두 글자는 특히 귀중하다. '서기'가 없으면 저 잣거리의 속된 기운밖에 더 되겠는가."라며 반박하는 한편 "나는 매일 책을 읽고 도를 논하니 나 역시 서생에 지나지 않는다."라고 했다.

인재를 잡아두지 못해 도전을 받은 일승창日昇昌

표호票號는 청나라 시기 상업사회의 발전에 따라 출현한 금융기구의 일종으로 전장錢莊[14]이나 현대의 은행에 상당한다. 중국에서 처음 문을 연 표호는 일승창日昇昌으로, '재동財東'[15]은 산서성 평요현 달포촌達蒲村의 이李씨였다.

일승창 표호의 전신은 서유성西裕城 안료장顔料莊인데, 본점은 이씨의 집이 있는 평요현平遙縣에 있었고 북경 숭문문崇文門 밖에 분점도 있었다. 청 왕조 가경제嘉慶帝 말기인 1820년 무렵 화폐경제가 새로운 형세의 요구에 적응하지 못하자 서유성 안료장은 북경과 산서성을 중심으로 화폐 교환 업무를 시도하여 나름 실적을 거두었고, 이에 이씨는 관련 업무를 겸하기 시작했다. 이후 안료장은 정식으로 일승창 표호로 이름을 바꾸어 본격적인 금융 업무를 시작하여 크게 성공을 거두었다. 도광제道光帝에서 동치제同治帝에 이르는 50년 동안 투자자 이씨는 무려 은 200만 전 이상의 수익금을 배당 받았다. (참고로 도광제는 1821-1851년 재위했고, 동치제는 1861년부터 1875년까지 재위했다.)

이씨는 표호의 경영에 전문 경영인 '경리經理'를 초빙하기로 하고 최종적으로 본지 출신인 뇌이태雷履泰를 발탁했다. 일승창의 경영을 맡은 뇌이태는 뛰어난 실적을 올렸고, 이런 뇌이태에 대한 이씨의 신임은 매우 두터워 거의 모든 일을 자신을 거

---

14 '전장'은 중국 봉건사회 후기인 16세기 명 왕조 중엽 이후에 나타난 일종의 금융 조직이다. 주요 업무는 화폐 교환으로 시작하여 보관, 대출, 환어음 등과 같은 업무로 발전했다. 청 왕조 건륭 연간(1735-1796) 전장은 상당한 규모를 갖추었다. 전장은 대부분 장강 유역과 강남 지역의 큰 도시에 집중되어 있었고, 그 중심지는 상해였다. 전장이 남방의 금융 조직을 대표했다면, 북방은 표호라는 금융 조직이 몰려 있었다.

15 '재동財東'은 사업에 돈을 투자한 사람, 또는 상점이나 기업의 소유자를 가리킨다. 이 책에서는 일반 용어인 주인 또는 투자자로 바꾸어 옮긴다.

치지 않고 알아서 처리하고 결산 보고 때만 얼굴을 비칠 정도였다. 이씨는 말하자면 "사람을 썼으면 의심하지 말라."는 '용인불의用人不疑'의 원칙을 실천한 것이다.

뇌이태는 뛰어난 경영 능력을 갖추고 있었지만 속이 좀 좁은 편이었다. 또 지나치게 소심하여 표호의 업무는 하나부터 열까지 직접 챙기지 않으면 안 되었다. 부경리 모홍홰毛鴻翽가 있었지만 손도 대지 못하게 했다. 심지어 몸이 아파도 일을 놓지 못했다. 행여 부경리가 자신의 권한을 빼앗아가지는 않을까 마음이 쓰였기 때문이다. 모홍홰는 이런 그에게 할 말이 많았고, 이 때문에 두 사람이 사이는 점점 벌어졌다.

어느 날 몸에 이상을 느낀 뇌이태는 아무에게도 말하지 않고 조용히 자기 집으로 가서 쉬면서 약방에서 약을 지어 오게 했다. 평소 몸이 좋지 않았던 뇌이태인지라 이 정도는 보통이었다. 그런데 모홍홰가 이를 기회로 삼아 일을 벌이기 시작했다. 뇌이태가 자기 집으로 간 사실을 알게 된 모홍홰는 자신의 심복인 학명양郝名揚에게 "서둘러 주인댁으로 가서 경리가 병이 났는데 병이 심상치 않다고 말씀드려라."라고 했다.

학명양도 평소 뇌이태에게 불만이 있었지만 모홍홰의 속뜻을 알 수 없어 "무슨 병입니까? 평소처럼 집에서 쉬고 계신 것 아닙니까?"라고 물었다. 모홍홰는 "뭘 더 알고 싶은가? 갔다 오라면 갔다 올 것이지."라며 그의 등짝을 두드렸다.

학명양과 모홍홰는 같은 평요 형촌刑村 출신으로 평소 아주 가까운 사이였다. 모홍홰의 이 말에 학명양은 아무 말 않고 서둘러 주인 이씨 집으로 달려갔다. 그리고 얼마 되지 않아 주인 이씨가 당황한 표정으로 표호의 대문을 들어서며 "무슨 일인가? 사람은 어떤가?"라고 물었다. 알고 봤더니 학명양이 이씨에게 뇌 경리가 곧 죽을 것 같다고 부풀려 말했던 것이다.

모홍홰는 이씨를 의자에 앉게 한 다음 "학명양은 아직 젊어 상황 파악을 제대로 못 하고 그렇게 쓸데없는 소리를 한 모양입니다. 뇌 경리는 별일 없습니다. 작은 병이 났으면 조금 쉬면 좋아질 겁니다. 늘 있던 일이니 놀라지 마십시오."라고 안심을 시켰다.

그런데 모홍홰가 아무렇지 않게 내뱉은 "늘 있던 일이니 놀라지 마십시오."라는 말이 묘한 작용을 일으켰다. 주인 이씨는 고개를 끄덕이며 "그렇지. 뇌이태의 몸이 좋지 않은 것은 분명하지. 그런데도 표호 일에 그렇게 몸과 마음을 쓰니 내 마음도 영 편치 않아."라고 했다.

모홍홰는 이때를 놓치지 않고 "경리의 능력이야 누가 모릅니까? 하지만 저렇게 애를 쓰다가 쓰러지기라도 하면 우리 일승창은 누가 끌고 갑니까?"라고 거들었다.

바로 그것이 이씨가 가장 마음 쓰이는 문제였다. 사실 모홍홰는 이렇게 주인 이씨의 심리를 슬쩍 찔러 "뇌이태가 없으면 모홍홰한테 맡기면 되지."라는 말이 나오는지를 살피려 했던 것이다. 그러나 이씨는 그럴 마음은 전혀 없는 것 같았다. 그저 "뇌이태의 병을 어떻게 할 방법이 없겠나?"라며 모홍홰의 의견을 구할 뿐이었다.

모홍홰는 본론으로 들어가야겠다고 느끼고는 생각하는 척했다. 사실 그는 일찌감치 이번 기회에 뇌이태의 자리를 꿰차야겠다고 마음을 먹고 있었다. 그렇다고 대놓고 속마음을 내보일 수는 없었다. 주인 이씨가 그 야심을 알아채서 좋을 게 없었기 때문이다. 한참을 생각하는 척하던 모홍홰는 이렇게 입을 열었다.

"이렇게 하시죠. 주인께서 한번 나서시는 것이 좋을 것 같습니다. 뇌이태 경리에게 가셔서 여기는 내가 있으니 표호 일을 잠시 내려놓고 집으로 돌아가 잠시 쉬면서 건강이 회복되면 다시 복귀하라고요. 이렇게 하시면 일승창 표호의 주인이 참 의리 있고 어진 사람이란 소리도 들을 수 있고, 서로에게 좋지 않겠습니까?"

이씨는 뇌이태를 집으로 돌려보내는 일이 마음에 다소 걸리긴 했지만 모홍홰의 말에도 일리가 있다고 여겨 고개를 끄덕이며 "그렇게 하지."라고 동의했다.

주인 이씨는 사람을 시켜 인삼과 제비집 등 보양이 될 만한 것들을 챙기게 하고 그것들을 직접 들고 뇌이태 숙소로 찾아갔다.

당시 52세였던 뇌이태는 변발을 목에 감고 검게 빛이 나는 비단 마고자를 입은 채 누워서 쉬고 있었다. 하지만 그는 눈을 뜬 채 머릿속으로 표호의 이런저런 일들을 생각하며 주판알을 굴리고 있었다. 그는 통이 크지 못하고 인간관계도 그다지 좋은 편은 아니었지만 일 하나만큼은 똑 부러지게 잘하는 사람이었다. 표호의 경리로는 안성맞춤이었고, 이 때문에 이씨도 그를 몹시 중시했던 것이다. 말하자면 그는 이씨 집안의 돈 주머니나 다름없었다.

이씨의 느닷없는 방문에 뇌이태는 다소 놀라면서 서둘러 몸을 일으켜 "표호에 무슨 일이 있습니까?"라며 표호 걱정부터 했다. 표호부터 챙기는 뇌이태의 모습에 이씨는 아주 만족했고, 자신도 모르게 그에 대해 더 큰 호감을 느꼈다. 이씨는 바로 웃는 얼굴을 하며 "아무 일 없소, 아무 일 없어. 병이 났다기에 특별히 살펴보고 싶어서…"라고 말하며 보양품을 뇌이태의 침상 옆 작은 탁자 위에 놓았다.

속이 좁은 사람은 흔히 마음 씀씀이가 아주 세심하다. 평소 몸이 그리 좋지 않던 뇌이태가 자기 방에서 쉬는 일은 그리 낯선 일이 아니었다. 그런데 이번에는 주인 이씨가 놀라 움직였고, 거기에 귀중한 보양품까지 사서 자신을 찾은 것은 분명 다른 까닭이 있을 것이다. 뇌이태는 이런 생각이 들어 경계심을 품었다.

이런 얘기 저런 얘기 인사치레의 말들이 오고 갔다. 뇌이태가 진짜 일승창을 떠나게 하려면 며칠이나 고향집으로 돌아가 병을 치료하게 하면 될까? 주인 이씨의 심사는 복잡했다. 수만 냥의 은자를, 지키는 사람도 없는 들판에 쌓아놓은 것처럼 마음이 무겁고 불안했다.

전에는 볼 수 없었던 주인 이씨의 이런 표정을 뇌이태가 놓칠 리 없었다. 문제는 대체 이씨의 호리병 속에 어떤 약이 들어 있는지 알 수가 없다는 것이었다. 뇌이태는 일단 말없이 이씨의 표정만 살폈다. 한참 침묵이 흘렀다. 이씨는 침묵을 견디지 못하고 마침내 입을 열었다.

"병이 난 지 며칠이 지나도록 내가 알지도 못하고 너무 소홀했소. 내 잘못을 보상하는 뜻에서 그대에게 반 달 정도 휴가를 주려 하니 고향집으로 돌아가서 당분간 쉬면서 건강을 회복한 다음 돌아오시오. 반 달로 부족하다면 더 연장해도 좋소. 병이 나은 뒤에 다시 이야기하도록….'

아하, 팔려던 약이 바로 이것이었구나. 나를 집으로 돌려보내겠다! 뇌이태의 표정이 굳어졌다. 그는 속으로 생각했다. '내가 아프다는 걸 주인이 어찌 알았지? 분명부경리 모홍화가 말했을 것이다. 이 참에 나를 내칠 생각인가? 보아하니 주인이 모홍화에게 속은 것 같다.'

뇌이태는 아무 말 하지 않고 굳은 표정을 지우고 미소를 지었다. 그러고는 "주인께 감사드립니다. 이번에 제가 집으로 돌아가 병을 치료하면…" 하고 말문을 열었다. 그러나 이씨는 뇌이태의 말을 끝까지 듣지 않고 "그럼 됐소, 그럼 됐소."라며 활짝 웃어 보였다.

뇌이태는 집으로 돌아가 병을 돌볼 생각이 전혀 없었다. 그러나 일승창을 떠날 계산을 순간적으로 했을 뿐이다. 그는 자신만만했다. 적어도 금융 분야의 전문적인 일이라면 자신을 따라올 사람은 없다고 생각했기 때문이다. 또 일찍이 다른 표호들에서 좋은 조건으로 자신을 데려가려고 시도하기도 했다. 하지만 그는 물주 이씨에게 충성하기로 했다. 이 바닥에서 신용과 명예는 돈으로도 살 수 없기 때문이다. 장기적으로 앞날을 내다볼 때 작은 이익을 따라가는 것은 결국은 손해다. 그런데 지금 상황이 달라졌다. 물주가 자신에게 나가라고 한다. 이는 신용이나 명예와는 상관없다. 이제 언제든 거리낌없이 가벼운 마음으로 떠날 수 있다.

이튿날부터 뇌이태는 조용히 분점들에게 결산 보고를 올리도록 통지하고 이를 주인 이씨에게 보고한 후에 사직서를 냈다. 뇌이태는 이런 사람이었다. 나가라고 해도 자신이 해야 할 일은 확실하게 마무리하고 떠나는 책임감이 강한 사람이었다.

주인 이씨는 뇌이태가 고향집으로 돌아가 병을 치료하기는커녕 분점들에게 결산 보고를 올리게 하는 모습을 보고는 이상한 생각이 들어 사람을 시켜 몰래 알아보게 했다. 그 결과 뇌이태가 표호를 떠나려 하고, 표호의 일에도 전혀 간여하지 않고 있다는 보고를 들었다.

이씨는 뒤통수를 세게 한 대 얻어맞은 것처럼 "무엇 때문에 사직한다던가?"라고 황급히 물었다. "그건 모르겠습니다. 말도 하지 않았고, 그저 어두운 표정만 보았습니다."

이씨는 이해할 수 없었다. 휴가를 준 것은 아랫사람을 아끼는 마음인데 어째서 떠나려 한단 말인가? 그는 두 경리 사이의 관계는 잘 몰랐지만 적어도 뇌이태가 일승창을 떠나면 앞으로 입게 될 손해가 어느 정도일지는 잘 알고 있었다. 이씨는 앞뒤 잴 것도 없이 서둘러 표호로 달려가 사무실에 있던 뇌이태의 손을 다짜고짜 잡고는 뇌이태의 숙소로 끌고 가다시피 가서는 방문을 잠갔다. 그러고는 한숨을 내쉬며 "듣자하니 사직을 하겠다던데 정말이오?"라고 단도직입으로 물었다.

뇌이태는 고개를 끄덕이며 "주인께서는 걱정하지 마십시오. 표호의 결산은 확실하게 정리해서 넘겨드리겠습니다."라고 차분히 대답했다.

이씨는 또 한번 머리를 얻어맞은 듯 "나간다고 하기에 헛소문일 줄 알았는데, 왜 떠나려는 것이오?"라고 물었다.

순간 뇌이태는 이상한 생각이 들었다. 그는 당초 모홍쾌와 주인이 함께 짜고 자신을 내치려는 줄 알았다. 그런데 지금 주인의 당황하는 모습을 보니 뭔가 이상했다. 내가 주인을 오해한 것일까? 아니면 내 앞에서 연기를 하는 것인가?

"제 나이 이미 50을 넘었고 몸도 좋지 않습니다." 뇌이태는 편안한 표정으로 "표호의 일은 이제 젊은 사람에게 맡기십시오. 모홍홰 정도면 잘 해낼 겁니다."라며 슬며시 모홍홰를 거론했다.

"그 사람은 너무 젊고 경험도 많지 않은데 어찌 이렇게 큰 표호를 그에게 맡긴단 말이오. 내 마음도 놓이지 않고!"

"당초 제가 일승창의 경리를 맡았을 때도 젊지 않았던가요? 경험은 쌓으면 됩니다."

"그렇다면 정말 떠나겠다는 말이오?"

"떠나겠습니다!"

순간 이씨는 절망감에 휩싸였다. 뇌이태가 일승창을 떠나고 나면 표호라는 사업이 불경기를 맞이하고 심지어 사업이 망할지도 모르겠다는 위기감이 확 들었다. 그는 마지막으로 지푸라기라도 잡는 심정으로 바닥에 털썩 주저앉으며 뇌이태의 마고자를 붙잡고는 간절한 목소리로 "제발, 제발 부탁이니 일승창을 떠나지 마시오…"라고 애원했다.

뇌이태는 깜짝 놀랐다. 주인 이씨가 무릎까지 꿇으리라고는 꿈에도 생각하지 못했기 때문이다. 그도 황망히 무릎을 꿇으며 이씨의 손을 잡고는 "이, 이러지 마십시오."라며 몸을 부축하여 일으켰다.

"떠나지 않겠다고 약속하시오! 떠나지 않겠다고!" 이씨의 애원은 간절했다. 순간 뇌이태는 주루룩 눈물을 흘렸다. 그는 그제야 주인 이씨를 오해했다는 것을 알았다.

"저의 이번 병을 모흥화의 아랫사람이 주인께 알렸던 것입니까?"

"그렇소, 그의 아랫사람이 일러주더군."

"그럼 모흥화가 저를 집으로 보내 쉬게 하라고 건의한 것입니까?"

"그렇소, 그렇소. 내가 그의 건의를 받아들였고."

이제 모든 것이 분명해졌다. 뇌이태는 이씨의 두 팔을 잡으며 간곡하게 "그럼 됐습니다. 일승창을 떠나지 않겠다고 약속드리겠습니다."라고 말했다. 이 말에 이씨는 환한 얼굴로 "나도 이제 어찌된 일인지 알겠소. 이 모든 것이 모흥화가 꾸민 짓이라는 걸."라며 기뻐했다.

● 중국 금융업 역사에서 중요한 위치에 있는 일승창 표호는 중국 최초의 은행으로서 많은 족적과 흥미진진한 일화를 남기고 있다. 특히 표호를 설립한 물주와 경영을 담당하는 전문가가 따로 존재한 시스템은 당시로서는 대단히 참신한 시도였다. 사진은 일승창의 전성기를 주도한 뇌이태의 흉상이다.

이 일이 있은 뒤 주인 이씨는 오로지 뇌이태만 믿고 모흥화의 말은 더 이상 들으려 하지 않았다. 뇌이태는 자기 앞에서 무릎까지 꿇은 물주의 은혜에 보답하기 위해 온 힘을 다해 일해 승창을 표호들 중 가장 실력이 강하게 만들었고, 물주에게 더 많은 배당금이 돌아가게 하려고 최선을 다했다. 《대공보大公報》[16]는 이 당시의 상황을 다음과 같이 기록하고 있다.

일승창은 도광 연간에 환전 업무 등으로 영업 영역을 확대하여 동종 업계의 최고가 되었다. 각 성

16   《대공보》는 1902년 천진天津(톈진)에서 발행된 근대 중국의 신문이다. 1966년 정간되었으나 홍콩에서는 지금도 출판되고 있다.

에 분점이 24곳이나 설치되었으니 그 실력을 충분히 알 만하다.

일승창의 성공은 당연히 주인 이씨가 "사람을 기용했으면 의심하지 않는다."는 '용인불의用人不疑'로 권한을 아랫사람에게 넘긴 것과 큰 관계가 있다. 그러나 한 사람은 중용되었는데 관련된 다른 사람이 푸대접을 받았으니 그가 바로 모홍홰였다. 모홍홰도 인재였다. 나이도 젊었기에 일승창이 그를 붙잡아두기만 했어도 훗날 뇌이태를 완전히 대체할 수 있었고, 일승창의 번성도 계속되었을 것이다. 모홍홰를 붙들어두지 못한 결과 다른 사람의 야심에 불을 붙였다. 훗날 울태후蔚泰厚 표호의 주인이되는 후侯씨가 바로 그 주인공이었다.

『청패류초清稗類鈔』[17]에 보면 "산서성 후씨의 재산은 700~800만 냥으로 항씨 다음가는 큰 부자였다."고 기록되어 있다. 후씨가 설립한 상호들 중 울태후가 가장 실력이튼튼하여 여러 상호들 중 으뜸이었다. 울태후는 원래 비단 옷감을 취급하는 주단점으로 평요 서쪽 거리에 있었고 일승창과는 호떡집 하나를 사이에 둔 이웃이었다. 후씨는 일승창이 안료 사업에서 금융업으로 바꾸어 잘나가는 모습을 직접 보았다. 그래서 자신의 주단점도 표호로 바꾸고 금융업으로 돈을 벌어볼까 생각하고 있었으나이 방면에 마땅한 인재를 찾지 못해 선뜻 뛰어들지 못하고 있었다. 그런데 바로 이때일승창의 부경리 모홍홰가 경리 뇌이태와 사이가 좋지 않고 물주 이씨의 푸대접을받고 있다는 소식을 듣게 되었다. 후씨는 모홍홰에게 눈독을 들이기 시작했다.

하루는 모홍홰가 후씨의 주단점에서 비단 몇 자를 사갔다. 이를 알게 된 후씨는순간 머리를 굴렸다. 그는 종업원에게 일승창의 모홍홰를 찾아가서 지난번 사간 비

---

17 민국民國 시기(1912-1949) 서가徐珂가 편찬한 청나라 때의 문집, 수필, 채집 등을 섭렵하여 청나라 때의 각종 일화들을 짧은 문장으로 정리한 책이다.

단 값을 너무 많이 받았으니 남은 돈을 빨리 찾아가십사 전하도록 시켰다.

모홍홰는 하루 종일 돈 계산과 씨름하는 사람으로 그까짓 비단 값을 잘못 계산할 리가 없었다. 후씨 종업원의 말에 당연히 의문을 품었고, 틀림없이 무슨 끼닭이 있을 것으로 짐작했다. 어쨌든 그는 틈을 내서 주단점을 찾았다.

모홍홰가 주단점에 들어서자 종업원은 아무 말도 않고 그를 내실로 안내하면서 주인 후씨가 직접 남은 돈을 드리려 한다고 말했다. 이 말에 모홍홰는 더욱더 궁금해졌다.

주단점 주인 후씨는 포대화상처럼 환한 미소를 지으며 담뱃대를 문 채 모홍홰를 기다리고 있었다. 모홍홰가 내실로 들어서자 웃는 얼굴로 그를 맞이하면서 담배와 차를 내오게 시켰는데 그 모습이 여간 은근한 것이 아니었다.

모홍홰가 의자에 앉자 후씨는 "얼마 전 사간 비단 값을 너무 많이 받아 그 돈을 돌려드리려고 이렇게 오시게 했소이다."라고 말했다.

"네, 그런데 그것이…." 모홍홰가 젊기는 했지만 세상물정을 모르는 사람이 결코 아니었다. 그는 약간 놀란 표정으로 더 이상 아무 말 않고 차분하게 자리에 앉아 후씨의 표정을 살폈다. 그는 후씨의 의중을 헤아리는 중이었다.

후씨는 하인을 내보낸 다음 차 탁자 위에 놓여 있는 붉은 비단 주머니를 풀면서 "여기 남은 비단 값이 있으니 가져가시오."라고 했다. 모홍홰가 주머니에서 나온 돈을 보고는 깜짝 놀랐다. 탁자 위에 놓은 돈은 무려 은자 50냥이었다.

모홍홰가 어떤 사람인가? 몇 번 눈을 껌벅거리더니 이내 얼굴에 옅은 미소를 흘리며 마치 영문을 모르겠다는 듯 "후 어르신께서 뭔가 착각하신 것 같습니다. 제가 사간 비단이라 해봐야 은자 몇 냥이면 충분한데 이렇게 많은 돈이 남을 리 있습니까?"라며 후씨의 표정을 살폈다.

후씨도 웃으면서 "물건 값이야 계속 변하는 것 아니겠소. 물건 값이 변하면 어떤 상황이라도 일어날 수 있지."라고 말했다.

모홍홰는 후씨의 말뜻을 바로 알아듣고는 웃으면서 "그런데 후 어르신께서 말씀하시는 물건이 어떤 것인지 모르겠습니다. 그 물건이 이 모홍홰와 무슨 관계란 말입니까?"라고 물었다. 후씨는 잠시 뜸을 들인 다음 하고 싶은 말을 꺼냈다.

"듣자하니 최근 뇌이태와의 관계가 그다지 좋지 않다면서요?"

모홍홰는 후씨의 의중을 정확하게 파악할 수가 없었다. 그래서 다시 물었다.

"그렇지 않습니다. 저와 뇌 경리는 주판알과 주판의 관계와 같아 각자 할 일이 있는데 불화가 있을 수 있겠습니까?"

후씨는 속으로 웃으면서 다시 물었다.

"듣자하니 주인 이씨가 그대를 푸대접한다던데 그건 사실이요?"

모홍홰는 여전히 표정을 바꾸지 않고 대답했다.

"저와 주인은 주판과 투자가의 관계인데 그분이 저를 어찌한단 말입니까? 때로는 주판을 잠시 한쪽으로 치워놓을 수는 있겠지만 그 역시 다른 일이 있어서이지 푸대접이란 있을 수 없지요."

모홍홰는 정말 총명한 자였다. 한 차례의 시험으로 후씨는 모홍홰의 진가를 바로 알아차렸다. 속담에 "총명한 사람과 싸우지 말고 어리석은 사람과 입씨름하지 말라."고 했다. 그는 일승창에 구멍을 내겠다는 마음을 더욱 굳혔다. "이렇게 합시다." 후씨는 마침내 자신의 마지막 패를 보여주기로 했다.

"내가 분명히 말하겠소. 지금 내가 이 주단점을 표호로 바꿀 생각이고, 당신을 총경리로 모셔 전권을 가지고 표호를 경영할 수 있게 하려고 하오. 경영은 물론 필요한 인원들까지 표호와 관련한 모든 일을 당신이 알아서 하시오. 이 은자 50냥은 '시장' 변화에 따른 여분 정도로 생각하시오. 그대의 생각은 어떻소?"

단 몇 초 사이에 모홍홰의 머릿속으로 수백 가지의 생각이 스쳤다. 지금 그에게 이보다 더 큰 유혹이 있을 수 없었다. 그렇다고 기쁜 마음을 겉으로 드러낼 수는 없었다. 그는 난감한 얼굴로 말했다.

"무엇보다 이 몸을 그렇게 높게 사주신 후가 어른께 감사드립니다. 하지만 저는 일승창에 오래 있었고, 주인 이씨께서 저를 푸대접한다고 하지만 지금까지 박하게 저를 대한 건 아닙니다. 이렇게 갑자기 일승창을 떠나 다른 표호로 간다는 것은 의리가 아닙니다. 사람들이 등뒤에서 욕합니다. 이 보잘것없는 모홍홰, 그런 죄는 견디기 어렵습니다."

이번에 나온 이 말에는 분명 다른 속뜻이 있었다. 자신이 푸대접을 받고 있는 것은 사실이다. 하지만 여전히 물주에게 충심을 다하는, 의리를 버리지 않는 사람이다. 그리고 진짜 원래 주인을 떠나 다른 주인에게 달려가는 것은 명예에 손상이 가는 대가가 너무 큰 일이다. 50냥 은자와 총경리 자리로 메꿀 수 있는 것이 아니다.

후씨는 모홍홰의 뜻을 당연히 알았다. 그러나 표호를 열기로 한 이상 정말 필요한 사람이 바로 이렇게 계산할 줄 아는 사람이다. 그는 "내가 보기에도 당신은 정말 충성스러운 사람이오."라는 말로 모홍홰를 추켜세우며 이렇게 말했다.

"이렇게 충성스러운 사람이 일승창에서 푸대접을 받고 있다는 것은 물주 이씨가 보물을 알아보는 눈이 없다는 뜻 아니겠소? 나 후모 역시 남의 집 담장에 구멍을 내는 그런 사람이 아니오. 다만 그대보다 더 적합한 사람을 찾지 못해 하는 수 없이 이런 하책을 내보았을 뿐이오!"

방안에 침묵이 흘렀다. 침묵은 두 사람으로 하여금 숨조차 쉬지 못하게 만들었다. 이 침묵 속에서 두 사람은 암암리에 서로를 살피고 있었다. 두 사람의 눈이 순간 마주쳤다. 두 사람은 얼른 눈빛을 숨기며 피차 보지 않은 것처럼 눈을 내리깔았다. 얼마나 흘렀을까, 후씨가 이를 꽉 물면서 말했다.

"좋소이다. 그 죄명은 이 후모가 짊어지고 가리다! 내가 일승창 담장에 구멍을 내겠소. 내가 그대 모홍홰를 찍었으니 오면 오는 것이고, 안 와도 그만이오!"
"그런 매매가 어디 있습니까?"

모홍홰는 그러면서 웃었다. 순간 후씨는 모홍홰의 이 웃음을 놓치지 않았다. 어색하던 분위기가 확 달라졌다. 후씨는 담담한 표정으로 마지막 한 수를 날렸다.

"그대가 표호로 건너오면 나는 최고 배당을 보장하겠소. 물론 사업이 잘되어 분점을 내도 최고 배당을 보장하겠소. 어떻소?"

이 거대한 물질의 유혹 앞에서 모홍홰도 더는 고상을 떨 수 없었다. 그는 손을 들었다가 내리면서 "하하하! 후 어르신께서 그렇게 이 몸을 후대하시겠다니 저도 더는 할 말이 없습니다. 그 죄는 역시 이 모홍홰가 짊어져야겠지요?"
이 말에 후씨는 기쁨을 감추지 못하고 서둘러 "아니오, 아니오! 죄명은 당연히 이 후모가 져야지…"라며 흥분했다.

사실 이 '죄명'이란 누가 짊어지게 되는지 알 수가 없는 일이었다. 지금까지 그 어떤 법률 조항에 '담장 한쪽에 구멍을 낸다'거나 '자리를 옮긴다'는 것이 어떤 죄에 해당하는지 찾을 수 없기 때문이다.

일승창으로 돌아온 모홍홰는 잠을 이룰 수 없었다. 그는 심복 두 사람을 불렀다. 앞서 심부름을 시킨 학명양과 염안영閻安永이었다. 모홍홰는 낮은 목소리로 "내가 너희들에게 할 말이 있다. 단, 누구에게도 전달해서는 안 된다."며 먼저 다짐을 받았다. 두 사람이 거의 동시에 "무슨 일입니까? 표정을 보니 좋은 일 같은데 어디서 은 덩어리가 들어오기라도 했습니까?"라고 물었다.

"그보다 더 큰 일이다. 내가 표호의 총경리를 맡게 될 것 같다."

"어디 표호 말씀입니까? 저는 어르신이 언젠가는 큰일을 하시리라 믿고 있었습니다."

"어느 표호인지는 말하지 않겠다. 다만 너희 두 사람에게 묻고 싶은 게 있다. 나와 함께 일승창을 떠나겠느냐? 나를 따라 떠나겠다면 부경리 자리를 너희들에게 보장하마!"

"정말입니까? 저희를 속이신다면 장작처럼 어르신을 잘라버릴 겁니다!"

두 심복은 눈을 반짝이며 이렇게 농담으로 자신들의 마음을 드러냈다.

도광 14년인 1834년, 후씨의 주단점이 마침내 울태후蔚泰厚 표호로 간판을 바꾸고 정식으로 모홍홰가 총경리로 취임했다.

모홍홰는 자신을 알아준 물주 후씨의 은혜에 감격해서 일승창과 자웅을 겨룰 수 있는 표호로 키우겠다고 맹서했다. 과연 울태후의 표호 업무는 크게 성공을 거두었고, 후씨는 신풍후蔚豊厚, 신태후新泰厚, 울성장蔚盛長과 같은 이른바 '울태후표' 분점을 잇달아 열었다. 그리고 약속대로 분점에서 발생하는 지분도 최고 대우로 모홍홰에게 나누어주었다.

모홍홰는 그럴수록 후씨를 위해 있는 힘을 다했다. 그는 이어 초빙의 방법으로 학명양과 염안영 두 사람을 일승창 표호에서 빼내 중임을 맡겨 자신을 돕게 했다.

그 뒤 물주 후씨는 천성형天成亨의 옷감 가게를 다시 표호로 바꾸어 '울태후표' 표호 다섯 곳을 연결시키는 이른바 '오련호五聯號'를 만들어 모홍홰에게 경영을 맡겼다. 사업은 호랑이가 날개를 단 듯 번창했고, 막대한 수익을 냈다. 그 자산은 완전히 일승창과 겨룰 만큼 성장했다.

일승창의 물주 이씨로 보자면 모홍홰와 뇌이태는 둘 다 표호 업무에 관한 고수들이었다. 그러나 표호 한 곳에는 총경리 한 사람만 있을 수 있다. 이 지점에서 물주는 인재를 어떻게 자기 테두리에 묶어두느냐의 문제에 부딪히게 된다. 그 인재를 내가 쓰지 못하고 흘러나간다면 상대에게 도움을 주어 나를 위협할 수 있다. 따라서 당연히 그런 인재들을 가두어놓아야 한다. 당시 뇌이태는 이미 50이 넘은 나이에 잔병이 많았다. 아무리 능력이 뛰어나다 해도 몇 년이면 바닥이 난다. 그렇다면 이씨는 모홍홰에게 이런 상황을 분명히 알리고 자신이 직접 나서서 희망을 주어야만 했다. 그랬더라면 모홍홰가 다른 사람에게 달려가지 않았을 것이다. 그러나 이씨는 그렇게 하지 못했고, 그 결과는 자기 손으로 강력한 맞수를 키운 것이었다.

먼저 쓰고 버림으로써 인재를 가두어 기세를 꺾는 방법

춘추 초기 선우鮮虞라는 종족이 중산中山 일대에 나라를 세웠다. 역사에서 중산국이라 부르는 나라다. 중산국은 전국시대 초기인 기원전 5세기 무렵 고顧라는 곳에 도읍을 두었는데, 춘추시대 서쪽의 강대국 진晉과 국경을 접했다. 중산국이 건국할 무렵 진나라는 한韓·조趙·위魏 세 나라로 나뉘었다. 당시 중산국의 군주 희굴姬窟은 황음무도하여 나라에 패망의 그림자가 드리웠다. 위나라의 개혁 군주 문후文侯는 중산과 붙어 있는 조나라가 중산을 차지하여 국력이 커지면 위나라에 불리하다고 판단하여 기원전 406년 먼저 중산을 공격하기로 결심했다.

누구에게 군대를 통솔할 것인가를 놓고 토론하던 중 대신 적황翟黃이 명망 높은 악양樂羊을 추천했다. 그러자 누군가 "악양의 아들 악서樂舒가 중산국에서 벼슬을 하고 있는데 어떻게 악양을 장수로 삼을 수 있습니까?"라며 반대하고 나섰다. 적황은 공명을 세우는 데 악양은 혈육의 정을 따지는 사람이 아니라며 적극 악양을 변호했다. 그러면서 그 아들이 중산국의 국군을 대신하여 아버지 악양을 찾아와 중산에서 벼슬할 것을 권했지만 악양은 중산국 국군의 황음무도함을 거론하면서 이를 거절했다는 사실을 들었다. 그리고 그에게 병권을 주어 중산을 치면 틀림없이 성공할 것으로 확신한다고 했다.

문후는 적황의 주장을 받아들여 악양을 초빙했다. 악양은 대장부라면 자신을 알아준 주군을 위해 큰일을 해야 한다며 아들이 중산에 있지만 결코 사사로운 정 때문에 일을 망치지 않을 것이라며 중산을 정벌하지 못하면 기꺼이 벌을 받겠다고 했다. 문후는 악양을 장수에 임명하고 서문표西門豹를 선봉으로 삼아 5만 대군으로 중산을 치도록 했다.

과연 악양은 문무를 겸비한 맹장이었다. 전선에 도착하자 두 차례 전투에서 거듭 승리하고, 이 기세를 타고 중산의 도성을 포위했다.

중산의 국군 무공武公 희굴(재위 기원전 414-408)은 위나라 군대가 도성을 포위하자 초조해하며 성을 냈다. 이때 대부 공손초公孫焦란 자가 "악양은 악서의 아비이고, 악서는 지금 우리나라에서 벼슬을 하고 있습니다. 대왕께서는 어째서 악서를 시켜

성에 올라 그 아비에게 군대를 물리라고 시키지 않으십니까?"라는 건의를 올렸다. 희굴은 악서를 다그쳤고, 악서는 하는 수 없이 성 위에 올라 큰 소리로 아버지를 찾았다. 악양은 악서를 보자 악서가 말을 꺼내기도 전에 "옛 현자들께서 이런 말씀을 하셨다. 군자는 위태로운 나라에 머물지 않으며 어지러운 조정에서 벼슬하지 않는다고. 네놈은 부귀에 눈이 어두워 나라가 위태로운지 어지러운지도 모른 채 오늘에 이르렀다. 내가 위나라 국군의 명에 따라 군대를 내어 여기까지 왔으니 희굴에게 빨리 항복하라고 일러라. 그러면 우리 부자가 살아서 서로 만날 수 있을지도 모르겠다."며 악서를 꾸짖었다. 그러면서 악양은 한 달의 말미를 주며 중산국의 군신들로 하여금 투항을 논의하라고 했다.

한 달 뒤, 악양은 사람을 보내 항복 문서를 보내라고 재촉했다. 희굴은 한 달을 더 달라고 요청했다. 사실 희굴은 투항하길 원치 않았다. 그렇다고 다른 뾰족한 수가 있는 것도 아니었다. 그저 시간을 끌어보겠다는 수작이었다. 중산은 이렇게 석 달을 끌었고, 악양은 다 받아주었다.

악양이 석 달을 봐준 것은 급하게 성을 공격했다가 백성들이 너무 많이 다칠 것을 염려했고, 또 이렇게 관용을 베풀어 성안의 민심을 얻자는 목적 때문이었다. 말하자면 심리적으로 중산의 저항력을 무너뜨리겠다는 작전이었다.

한편, 위나라에서는 문후 신변의 신하들이 너 나 할 것 없이 악양을 헐뜯고 있었다. 그들은 악양이 미천한 신분으로 큰일을 맡자 시기와 질투에 사로잡혔고, 게다가 그들은 악양이 위나라를 위해 부자의 정을 끊을 수 있으리라는 것을 아예 믿지 않고 있었기 때문이다. 전쟁이 길어지자 이들은 기다렸다는 듯이 벌떼같이 일어나 악양을 공격했고, 어떤 자는 악양이 부자의 정 때문에 세 번이나 공격을 질질 끌었다면서 소환하지 않으면 병사들은 지치고 식량만 소모하는 헛수고가 될 것이라고 목소리를 높였다. 또 어떤 자는 악양이 이미 중산국과 사사로이 내통하고 있으며, 중산국 국군은 악양과 중산국을 나누어 서로 나란히 왕으로 행세하려 한다고 했다. 더 황당하게는 악양과 중산이 군대를 합쳐 위나라를 공격할 것이라는 요설까지 나왔다.

문후는 적황의 의견을 물었다. 문후는 악양이 공격을 늦추고 있는 것은 분명 그 나름의 생각이 있을 것이며, 창끝을 위나라로 돌릴 일은 없을 것으로 확신하며 악양을 비방하는 글들을 두 개의 큰 상자에 담아 한쪽으로 치워둔 채 거들떠보지도 않았다. 그러고는 성안에다 악양을 위한 호화로운 저택을 짓게 해서 악양의 개선을 기다리겠다는 의지를 확실하게 나타냈다.

다시 중산국의 도성으로 돌아가보자. 악양은 허용한 석 달이 지나도록 중산국이 항복할 의사를 밝히지 않자 직접 군대를 지휘하여 성을 공격했다. 이 공격으로 중산국의 도성을 지키는 장수가 전사하고 도성은 곧 무너질 위기에 몰렸다. 그러자 지난번 황당한 건의를 올렸던 대부 공손초가 다시 나서서 악서를 성밖으로 보내 아버지 악양을 만나 철군을 요구하게 하고, 만약 철수하지 않으면 악서를 죽이겠다는 뜻을 보이라고 건의했다.

악양은 단호했다. 구걸하는 아들 악서를 향해 "못난 놈! 한 나라에서 벼슬을 하면서 위아래가 힘을 합쳐 군주를 도와 싸우거나 군주를 설득하여 제때에 투항하여 백성들의 목숨을 지킬 생각은 않고 어린애처럼 애걸복걸하다니."라고 욕을 하고는 악서를 향해 직접 화살을 날렸다. 악서는 하는 수 없이 성으로 되돌아갔다.

이 수도 통하지 않자 공손초는 잔인한 술수를 올렸다. 악서에게 자살을 강요하고 악서의 몸뚱아리를 삶아 고깃국으로 만들어, 이를 악서의 머리와 함께 악양에게 갖다 주자는 것이었다. 악양이 슬픔에 성을 공격할 마음을 잊은 사이에 포위를 뚫고 도주하자는, 참으로 역겹고 멍청한 하책이었다. 그런데 그 신하에 그 군주라고 희굴은 이 건의를 받아들였다.

아들의 머리와 아들의 몸으로 끓인 국을 받아 든 악양은 슬퍼하기는커녕 아들

놈이 사람 보는 눈이 없어 어리석게 무도한 군주를 받들었으니 살아 있어도 제대로 죽지 못했을 것이라며 크게 성을 내고, 중산국 사신이 보는 앞에서 아들을 삶은 고깃국을 마셔버렸다. 악양은 바로 성을 공격했고, 중산국 국군 희굴은 자살로 생을 마감했다. 공손초는 성문을 열고 항복했지만 죽음을 면치 못했다. 중산국은 이렇게 한 차례 멸망했지만 몇 년 뒤 다시 나라를 회복하기는 했다.(중산국은 그로부터 약 100년 뒤인 기원전 296년 완전히 멸망했다. _옮긴이)

악양은 서문표에게 중산에 남아 점령지를 관리하게 하고, 자신은 중산국의 지도와 보물 따위를 챙겨 위나라로 개선했다. 문후는 악양을 위해 큰 잔치를 베풀었고, 술자리에서 몸소 악양에게 술을 따르며 승리를 축하했다. 악양을 헐뜯었던 신하들도 우르르 몰려와 악양을 칭송했고, 한순간 악양은 기분이 들떠 기고만장했다. 술자리가 끝나자 문후는 따로 사람을 시켜 봉인된 상자 두 개를 가져오게 해서 악양이 타고 갈 마차에 실어 보냈다.

악양은 문후가 다른 신하들이 질투할까 봐 술자리가 끝난 뒤 몰래 봉인된 보물 상자를 상으로 내렸을 것이라며 기분이 좋았다. 집으로 돌아온 악양은 상자를 대청으로 옮기게 한 뒤 직접 상자를 열었다. 악양은 깜짝 놀랐다. 상자에 든 것은 보물 따위가 아니라 전부 목간이었다. 거의 전부가 자신을 헐뜯는 내용에 어떤 것은 자신이 반란을 일으킬 것이라는 섬뜩한 내용이었다. 악양은 그제야 들떠 있는 마음을 다잡고 평정심을 되찾았다. 조정의 신하들이 이렇게 심하게 자신을 헐뜯었다니! 군주가 자신을 깊게 믿어주지 않았더라면 진즉 파면되어 어떤 공도 세우지 못했을 것이다.

이튿날 아침, 악양은 조정으로 들어가 문후에게 감사의 인사를 올렸다. 어제의 기고만장한 모습은 전혀 찾아볼 수 없었다. 문후는 악양에게 큰 상을 내리겠다고 했으나 악양은 "중산국을 멸망시킨 것은 오로지 주군의 덕입니다. 이 미천한 사람은 그저 밖에서 힘이나 썼을 뿐입니다. 어찌 공을 이야기할 수 있겠습니까?"라며 상을 사양했다. 이에 문후는 이렇게 말했다.

"과인이 아니었으면 경을 기용할 수 없었을 것이고, 경이 아니었으면 중산국을 없애고자 하는 과인의 사명을 완수하지 못했을 것이오. 장군께서 너무 애를 쓰셨으니 봉지로 돌아가 편안하게 부귀를 누리도록 하시오!"

문후는 영수靈壽의 땅을 악양에게 내리고 악양을 영수군에 봉하는 한편 그의 병권을 회수했다.

당초 악양을 적극 추천했던 적황은 문후의 이런 조치를 이해할 수 없어 어째서 악양에게 군대를 거느리게 하지 않았냐며 그 까닭을 물었다. 문후는 웃으면서 아무 말 하지 않았다. 그러자 다른 신하가 문후의 의중을 이렇게 간파했다. 악양은 공명을 위해 친아들을 삶은 고깃국을 마셨다. 그러니 다른 사람에게는 오죽하겠는가. 이런 사람은 대단히 위험하여 오래 중용할 수 없다.

이렇게 문후는 급히 공명을 세우고 싶어 하는 악양의 심리를 꿰뚫고 중산국에 대한 악양의 행동을 의심하지 않고 절대 신뢰함으로써 승리를 얻어냈다. 또 자식에 대한 악양의 행동을 보

● 악양과 관련한 위 문후의 인재 기용은 많은 것을 생각하게 한다. 공은 공대로 인정하되, 실질적인 권력은 주지 않는다. 리더들은 이 지점에서 많은 고민에 놓인다. 누구든 자신이 세운 공에 어울리는 권력을 원하고, 또 그만한 권력을 나누어주는 것이 정상이기 때문이다. 그러나 그에 앞서 그 사람의 본질을 정확하게 파악해야 한다. 문후는 악양의 능력 너머까지 통찰했던 것이다.

고는 그를 기용하지 않았다. 그리고 공을 인정하여 큰 상을 내리되 그 권력은 빼앗았다.

호랑이를 묶어두지 않으면 호랑이에게 물린다

남조 양梁나라의 개국 군주 무제 소연蕭衍(464-549)은 봉건사회 황제들 중 아주 특색 있는 인물이었다. 그는 불교에 심취하여 불사를 크게 일으킨 것은 물론 동태사同泰寺라는 절에 세 차례나 자기 몸을 바치는 '사신捨身' 공양이라는 소동을 일으키기도 했다. 이 때문에 훗날 신하들은 그를 '황제보살'이라 불렀다.

그 자신의 말을 빌리자면 그는 자신이 얻은 황제 자리를 스스로 잃은 그런 인물이기도 했다. 황제 자리는 자기가 탈취한 것이니 자기가 버리겠다는 뜻이다. 그가 죽은 뒤 양나라는 유명무실해졌다.

무제는 군벌 후경侯景이란 자에게 죽었다. 그가 후경에게 당한 근본적인 원인은 인재를 묶어두는 데 힘을 쓰지 않았기 때문이다. 즉, 후경이란 자의 권세를 적절하게 통제하거나 박탈하지 못했고, 그에 대한 방비를 소홀히 했다.

양 무제는 후경의 투항 요청을 별 생각 없이 받아들여 결과적으로 이리를 집으로 끌어들인 꼴이 되었다. 또 후경과 포로로 잡혀 있는 조카 소연명蕭淵明을 교환하자는 동위의 제안을 가볍게 받아들였다. 그러나 이는 후경이 날조한 것으로, 이에 응하는 바람에 후경의 반란을 재촉했다.

후경은 말 타기와 활쏘기에 능숙한 용장이었다. 그는 일찍이 육진의 봉기에 가담했다가 바로 등을 돌려 북위 주이영朱爾榮에게 투항하고 갈영葛榮의 봉기를 진압하는 데 나섰다. 이 공으로 후경은 자사로 승진했다. 고환高歡이 주이영의 잔당을 공격하여 섬멸하자 후경은 다시 고환에게 귀순하여 동위의 대장이 되어 하남 13주를 지켰다. 고환이 죽자 후경은 다시 서위에 투항했다. 여기까지 후경은 주인을 네 번이나 바꾸었으니 믿지 못할 인간임이 잘 드러났다.

서위는 후경이 교활하고 수시로 얼굴을 바꾸는 위인이라는 것을 알고는 그의 권력을 하나둘 접수하는 대책을 마련한 뒤 그를 장안으로 불러들여 병권을 해제하려 했다. 양 무제 태청太淸 원년인 547년, 하남에 있던 후경은 장강 이북의 동위와 서위 모두에게 불만을 샀다. 동쪽 고환의 아들 고징高澄은 사공司空 한궤韓軌 등을 보내 후경을 공격했고, 서위는 후경을 돕는 척하면서 그의 세력을 빼앗으려 했다. 이 협공으로 빠져나갈 길을 잃은 후경은 자신의 관할 지역을 들고 양 무제를 찾아가 투항하면서 양나라가 북방으로 세력을 넓히는 데 도움을 주고 싶다고 했다.

양 무제는 후경의 요청을 받고 먼저 신하들의 의견을 물었다. 상서복야 사거 등이 후경의 투항에는 미심쩍은 부분이 많다며 반대했으나 무제는 후경의 강북 땅을 힘들이지 않고 접수할 수 있다고 생각하여 후경의 제안을 덥석 받아들였다.

547년 3월 21일, 무제는 후경의 투항을 정식으로 접수하고 후경을 대장군에 하남왕으로 봉하여 하남과 하북의 군사를 총 감독하도록 했다. 이로써 후경은 또 다른 새 주인 양 무제 소연을 모시게 되었고, 소연은 후경이라는 이 흉측한 이리를 양나라로 끌어들였다.

양 무제 소연의 이런 행동에 대해 당시에 이미 양나라가 장차 큰 혼란에 빠질 것으로 예언한 사람이 있었다. 과연 소연과 후경이라는 군주와 신하 사이의 바둑 게임이 시작되었고, 소연의 행보는 갈수록 혼란에 빠지더니 끝내 후경에게 잡아먹혔다.

후경의 투항을 받아들인 다음 소연은 자신의 조카인 소연명蕭淵明 등을 보내 후경의 건의대로 동위를 대거 공격하게 했다. 그러나 결과는 동위에게 패하고 소연명은 포로가 되어 진양晉陽으로 압송되었다. 동위의 대장군 고징은 소연명을 크게 우대했다.

후경은 군대를 이끌고 동위와 몇 달에 걸쳐 싸웠으나 군량이 바닥나서 동위의 대장군 모용소종慕容紹宗에게 대패했다. 겨우 남은 800여 명을 수습한 후경은 회하淮河를 건너 도망친 다음 수양성壽陽城을 점거했다.

후경이 패배하여 생사도 알 수 없다는 소식에 양나라 사람들은 후경이 진짜 죽었다면 남조로서는 큰 행운이라며 기뻐했다. 반란과 배반을 밥 먹듯이 하는 이자가 끝내는 나라를 어지럽힐 것이 뻔했기 때문이다.

후경은 수양에 자리를 내린 뒤 양 무제에게 처벌을 자청했다. 이때 무제가 후경을 제거하기란 손바닥 뒤집기보다 더 쉬웠다. 그러나 그는 후경을 처벌하지 않았을 뿐만 아니라 도리어 후경을 위로하며 후경에게 원래 관작에다 남예주목南豫州牧이란 벼슬까지 얹어주었다.

이때 광록대부 소개蕭介가 글을 올려 거듭 후경은 교활하기가 호랑이나 이리 같은 자이니 후경을 버리고 동위와 동맹하라고 충고했다. 소연은 소개의 말이 충심에서 나온 것을 인정하면서도 차마 후경을 희생할 수 없다며 그의 건의를 받아들이지 않았다.

그러나 호랑이를 묶어놓지 않으면 호랑이는 끝내 사람을 무는 법이다. 동위는 후경과의 전투에서 승리하여 원래 땅을 회복했고, 이어 장군 고징을 양나라에 보내 화해를 청했다. 고징은 먼저 포로로 잡은 소연명을 시켜 무제 소연에게 편지를 쓰게 했다. 쌍방이 화해를 하게 되면 소연명을 양나라로 돌려보내고, 후경의 가족들도 후경에게 돌려보내겠다고 제안했다. 소연 역시 또다시 군대를 동원하길 원치 않아 바로 소연명에게 편지를 보내 이에 화답했다.

양 무제 소연의 회신을 가지고 동위로 가던 사신이 수양을 지나다 후경에게 붙들렸다. 사정을 알게 된 후경은 소연에게 글을 올려 동위와의 화해에 반대의 뜻을 밝했는데 그 언사가 오만하고 무례했다. 그 뒤 동위의 대장 고징의 부친상에 조문 사절을 보냈는데, 후경이 다시 동위와 싸우길 청하는 글을 올렸다. 소연은 허락하지 않고 더 이상 이 문제를 꺼내지 말라고 했다. 이에 후경은 사악한 술책을 부리기 시작했다.

그는 먼저 동위가 소연에게 보내는 편지를 위조했다. 소연명과 후경을 교환하자는 내용이었다. 소연은 멋도 모르고 편지의 내용을 그대로 믿고 한 가지 계책을 생각해냈다. 즉, 소연명이 양나라에 도착하는 즉시 후경을 너희들에게 넘겨주겠다는 것이었다. 꿩 먹고 알 먹겠다는 심산이었다.

그런데 여기서 소연은 한 가지 경솔한 잘못을 저질렀다. 후경은 외부에서 투항해 온 자다. 당시 도덕 기준으로 후경을 원래 주인에게 돌려준다는 것은 도의상 나무람을 받아야 할 짓이었다. 하물며 후경이 어떤 자인가? 굴러먹을 대로 굴러먹은 자인데다 지금은 멀리 수양성을 틀어쥐고 있지 않나? 소연이 붙잡아 쉽게 동위에 넘겨줄 상황이 아니었다. 그러나 소연은 주이朱異 등의 말만 듣고는 황제의 '성지聖旨'만 있으면 후경을 체포할 수 있다고 생각했다. 그래서 사신만 한 차례 갔다 오면 일이 처리될 줄 알고는 고징의 제안을 냉큼 받아들였다. 물론 이보다 더 큰 문제는 편지의 진위를 깊이 살피지 않고 믿었다는 사실이다.

아니나 다를까, 회신은 바로 후경의 손에 들어갔다. 후경은 소연이 자신을 팔아 조카와 교환하려는 편지를 자기 측근에게 보여주며 "내가 진즉 이 늙은이(소연)가 그렇게 각박한 줄 알고 있었다."고 했다. 후경의 측근 왕위王偉가 반란을 부추겼고, 후경은 바로 준비에 들어갔다. 이 모든 사실을 양나라 군신들은 눈치조차 채지 못하고 있었다.

반란을 위해 후경은 임하왕臨賀王 소정덕蕭正德과 몰래 내통했다. 소정덕은 소연의 또 다른 조카로 소연의 뒤를 이을 태자였으나 소연이 자기 아들을 낳는 통에 황제

자리를 물려받을 기회를 잃었다. 그 후 서풍후西豊侯에 봉해졌으나 불만을 잔뜩 품고 북위로 도망갔다가 다시 양나라로 돌아왔다. 그런데도 소연은 별 생각 없이 그를 임하왕에 봉했다.

후경은 소정덕이 줄곧 황제 자리를 노리고 있다는 것을 알고 있었고, 이를 미끼로 그와 내응하기로 약속했다. 소정덕도 기꺼이 받아들였다.

양 무제 태청 2년인 548년 8월, 후경은 군주의 측근을 청소한다는 명분을 내걸고 반란을 일으켰다. 후경은 파죽지세로 양나라의 도성 건강健康 부근까지 들이닥쳤다. 참으로 가소로운 사실은 소연이 이번에도

● 양 무제 소연은 중국 역대 황제들 중 기인奇人에 속한다. 양나라를 개국한 개국 군주이자 그 나라를 자기 당대에 말아먹은 특이한 이력을 남겼다. 특히, 후경이란 인물을 통제하지도 못하면서 이용할 수 있다고 착각한 대목이 치명적이었다.

경솔하게 소정덕을 기용하여 후경을 대처하게 한 것이다. 소정덕은 말했다시피 북위로 도망갔다가 돌아온 '반역'의 흑역사를 가진 자임에도 소연은 전혀 의심하지 않고 그를 평북장군平北將軍에 임명했다. 소정덕은 몰래 수십 척의 큰 배를 이용하여 군수물자를 후경에게 보냈다. 후경이 채석기采石磯를 공략하고 있을 때 소연은 다시 소정덕에게 도성의 남문인 주작문朱雀門을 지키게 했다.

전쟁의 결과는 말할 필요조차 없었다. 반란군은 소연이 있는 곳을 에워싸고 장기적인 포위 태세로 전환했다. 후경은 이어 소정덕을 '정평황제正平皇帝'로 옹립하고 자신은 승상이 되었다. 이듬해인 549년 소연이 지키던 성이 함락되었고, 86세의 이 늙은 개국 황제는 후경의 손에 들어갔다. 5월, 소연은 굶주림과 병이 겹쳐 죽었다.

경솔하게 후경을 받아들이고, 또 경솔하게 조카와 후경을 교환하려 함으로써 후경의 반란을 자극했다. 소연은 목숨을 잃었고 양나라 강산의 기운도 이로써 그 명을 다했다.

제갈량諸葛亮과 사마소司馬昭의 인재 통제술

제갈량(181-234)은 세상이 다 아는 인물이다. 그는 용병과 지국의 이치를 잘 알고 있었을 뿐만 아니라 사람을 쓰는 용인의 이치는 더 깊이 알고 있었다. 실제로 그의 용병과 치국의 이치는 용인의 이치와 크게 연계되어 있었다. 더욱이 그는 용인 때 이것저것 따지며 완벽함을 추구하는 것이 아니라 기용할 만하면 기용하여 적절한 틀을 만들고 그 안에서 그 재능을 충분히 발휘하게 하되 일단 그 틀을 벗어나면 가차 없이 죽이기까지 했다. 가장 전형적인 사례가 위연魏延에 대한 중용과 방비였다.

위연으로 말하자면 영웅호걸이었다. 백전노장에 여러 차례 공을 세웠다. 이런저런 불만을 가지고 있었지만 해야 할 일은 했고, 얻어야 할 것은 얻어내는 그런 인물이었다. 그러나 제갈량은 그가 앞으로 배반할 것으로 예상하고 그를 중용하는 한편 그를 방비했다. 제갈량이 위연의 역심을 알고도 그를 중용한 까닭은 적수가 위연을 기용할까 두려웠기 때문이다. 그 뒤 위연은 제갈량의 명령을 듣지 않고 자기 멋대로 일을 처리하다가 전투에서 패했다. 그러나 제갈량은 그를 죽이지 않고 남겨두었다. 앞으로 쓰일 때가 있을 것으로 판단했기 때문이다. 사실 위연은 제갈량의 명령을 어기긴 했지만 제갈량이 쳐놓은 울타리를 벗어나지는 않았고, 제갈량도 그래서 그를 죽이지 않았다.

그 뒤 제갈량이 출병했다가 병이 위급해지자 위연에게 후방을 끊으라는 밀령을 내렸다. 얼마 뒤 제갈량은 세상을 떠났다. 그런데 위연이 어느 날 머리에 갑자기 뿔이 두 개 생겨나는 꿈을 꾸었다. 위연은 꿈 해몽을 잘 하는 자에게 해몽을 맡겼다. 이자는 불길한 꿈인 줄 알면서도 바로 말했다가는 안 좋은 일을 당할까 봐 일부러 길몽이라고 해몽했다. 위연은 당연히 크게 기뻐했다. 위연의 꿈을 해몽한 자는 이 일을 상서 비위費褘에게 보고했고, 몇 사람이 뜻을 모아 위연에게 후방을 끊지 못하게 했

● 제갈량은 여러 면에서 남다른 능력의 소유자였고, 특히 사람을 쓰고 적절하게 통제하는 방면에서 고수였다. 막료학에서 인재를 적절하게 통제하는 문제는 성공과 실패의 관건이 된다. 인재라는 존재 자체가 통제하기 결코 쉽지 않기 때문이다.

다. 과연 위연은 돌아가는 길에 반란을 일으켰고, 제갈량이 생전에 비단 주머니에 넣어 둔 대책에 따라 마대馬岱가 위연의 목을 베고 반란을 진압했다.

위연이 장차 배반할 것을 알고도 그를 중용한 일은 정말이지 외줄타기나 마찬가지였다. 그러나 제갈량에게는 다 생각이 있었다. 적어도 자신이 살아 있는 한 위연은 자신을 두려워할 줄 알았다. 우연히 자신의 명령을 거역하는 행동을 하기는 했지만 감히 반란까지는 엄두를 내지 못했다. 그리고 제갈량은 자신이 죽은 뒤 위연을 제거할 묘책까지 남겨놓아 죽어도 변명할 수 없는 죄명으로 그를 죽였다. 만약 위연이 반란을 일으킬 것을 알고 그를 기용하지 않았다면 이는 손실일 뿐만 아니라 위연은 분명 다른 사람에게 달려가 상대의 실력을 키우는 결과를 초래했을 것이다. 또 위연이 모반을 꾀하기 전에 죽였다면 이 역시 좋은 결과를 얻지 못했을 것이다. 특히 여러 장병들에게 좋지 않은 영향을 주어 장병들의 적극성을 이끌어내지 못했을 것이다. 제갈량은 정말이지 인재를 울타리에 가두어놓고 통제하는 고수였다.

삼국시대 후기 사마의의 둘째 아들인 위나라의 사마소(211-265) 역시 이 방면의 고수로서 손색이 없었다. 그는 모반할 마음을 가지고 있는 등애鄧艾와 종회鐘會를 기용하여 촉나라를 멸망시켰으니 제갈량이 위연을 이용한 것과 쌍벽을 이룬다 하겠다.

촉한의 대장군 강유姜維는 여러 차례 중원 공략에 실패하자 하는 수 없이 답중沓中으로 물러나 병사들을 이끌고 농사를 지으면서 재기를 준비했다. 위나라 상국이었던 사마소는 이런 촉을 정벌하기로 결심했다. 위의 원제元帝 조환曹奐 경원景元 4년인 263년, 사마소는 진서장군 종회, 정서장군 등애, 옹주자사 제갈서諸葛緖로 하여금 세 길로 나누어 촉을 정벌하게 하는 한편 정위 위관衛瓘을 진서군사로 삼아 군대를 감독하게 했다.

사마소의 배치에 따라 등애는 3만 대군으로 답중을 공격하여 강유를 견제하고, 제갈서도 3만 군사로 무가武街에서 강유의 퇴로를 끊고, 종회는 10만 대군으로 양평관陽平關을 곧장 공격했다.

촉한의 후주 유선劉禪은 16만 대군이 국경을 압박해 오자 몹시 놀라 군대를 움직여 방어에 나서는 한편 사람을 동오로 보내 구원을 청했다. 그런데 여기서 유선은 독직 사건으로 조사를 받고 있는 장군 장서蔣舒로 하여금 대장 부첨傅僉을 도와 양평관을 지키게 하는 실책을 범했다. 장서는 양평관을 나서자 바로 위나라에 투항하고는 위나라 군대를 이끌고 중요한 관문인 양평관을 가볍게 돌파했다.

한편, 위의 주력군이 한중으로 진입한다는 보고를 받은 강유는 서둘러 답중에서 철수하여 양평관을 지키고자 했다. 그러나 도중에 등애의 추격병과 격전을 벌이지 않을 수 없었다. 싸우면서 철수하여 양편관에 도착했으나 양평관은 이미 함락된 뒤였고, 강유는 하는 수 없이 검각劍閣으로 후퇴하여 수비에 들어갔다.

등애는 양평관에서 제갈서와 합류했다. 등애는 여기서 기발한 제안을 내놓았다. 양평관의 높고 험한 산을 넘어 강유江油, 덕양德陽을 통해 촉의 도성인 성도成都로 곧장 쳐들어가자는 것이었다. 그런데 제갈서는 사마소의 명령을 따르지 않고 독단적으로 행동하다 벌을 받고는 병사들을 백수白水로 끌고 와서 종회의 대군과 합류시켰다. 여기서 내분이 일어나기 시작했다. 종회가 몰래 사마소에게 사람을 보내 제갈서가 위축되어 전진하려 하지 않는다고 보고했다. 사마소는 종회가 자신의 손발이 묶이면 앞으로 불리해질 것을 걱정한다는 것을 잘 알고 있었다. 사마소는 제갈서를 죄수를 운송하는 수레에 실어 소환하게 하고 종회에게 제갈서의 군대를 함께 이끌게 했다.

한편 강유는 험준한 검각을 의지해서 단단히 수비에 들어갔고, 종회는 좀처럼 이 관문을 돌파하지 못했다. 게다가 식량 운송이 여의치 않아 식량 등이 부족해지자 종회는 철수를 결정하고 등애의 군대도 철수하도록 했다. 그러나 등애는 종회가 검각에서 강유와 대치하고 있을 때 양평관을 떠나 산과 고개를 넘고, 험준한 계곡을 만나면 병사들과 함께 굴러서 이동했다. 여러 차례 고비를 넘기며 식량은 바닥이 났지만 마침내 700리를 넘어 강유에 도착했다. 지칠 대로 지친 종회의 군대가 강유에 도착하자 촉한의 군대는 싸우지도 않고 항복해버렸다. 이로써 등애는 한숨 돌리며 군대를 재정비할 수 있게 되었고, 이어 금죽錦竹을 돌파하여 바로 성도로 진격했다.

촉한의 후주 유선은 군신들을 소집하여 대책을 상의했다. 도망가자는 자, 투항하자는 자는 많았지만 싸우자는 자는 한 사람도 없었다. 유선은 등애에게 사람을 보내 투항하겠다는 의사를 전했다.

등애는 자신도 예상하지 못한 투항에 너무 기뻤다. 그는 당초 성도를 공격하면 강유의 주력군이 성도를 구하러 달려올 것이고, 그 참에 종회의 대군도 순조롭게 검각을 돌파하여 합류할 것으로 예상했기 때문이다. 그런데 지금 촉한을 멸망시키는

엄청난 공을 자기 혼자 이루어냈으니 말이다. 사마소는 이해, 즉 263년 12월 등애를 태위太尉로 승진시켰다.

강유는 투항 소식을 듣고는 부대를 이끌고 종회에게 투항했다. 종회와 위관은 등애가 혼자 큰 공을 독차지한 것을 보고는 영 마음이 불편했다. 두 사람은 성도에서 등애가 저지른 독단적 행동에 관한 자료들을 잔뜩 수집하여 그가 반란을 꾀한다며 비밀리에 보고를 올렸다. 종회와 등애의 역심을 진즉에 예측하고 있던 사마소는 순서에 따라 등애를 체포하여 낙양으로 압송했다. 그리고 닷새 뒤, 이번에는 종회 자신도 강유와 합세하여 제2의 유비가 되고자 반란을 꾀하다가 병사들에게 피살되었다. 위관은 등애와 종회를 견제하라고 보낸 감군이었다. 그는 면죽에서 낙양으로 압송되어 가

● 막주가 모든 일을 다 처리할 수는 없다. 또 그렇게 해서도 안 되고, 그럴 필요도 없다. 다만, 막주는 막료들의 성향과 기질 그리고 정서까지 정확하게 파악하여 몇 수 앞을 내다보고 대책을 마련하는 혜안이 필요하다. 언제 일이 틀어질지 모르는 복잡한 상황에서는 더욱더 그렇다. 사마소는 이런 점에서 탁월한 능력을 발휘했다. 그는 자신의 야심을 숨기지 않으면서도 주변을 효과적으로 통제하는 수완을 보였다.

던 등애를 도중에서 붙잡아 죽였다. 등애의 아들 등충鄧忠과 낙양에 있던 또 다른 아들도 모반죄로 목이 잘렸다. 종회는 단신이었고, 그 형 종육鐘毓은 일찌감치 사마소에게 종회가 모반을 꾀할 가능성이 크다고 밀고한 덕에 죽음을 면했다.

종회는 꾀가 많기로 유명했으나 동시에 다양한 속임수에 능했다. 등애 역시 마음씀씀이가 깊고 전투에 용감했다. 그는 강유와 싸워서도 몇 차례 승리를 거둘 정도였다. 이 때문에 촉한을 멸망시키는 일에 틀림없이 큰 역할을 해낼 위인이었다. 사마소가 그를 기용한 까닭이었다. 그러나 그들은 권력을 끼고 모략을 운용하는 데서 사마소의 상대가 되지 못했다. 촉한을 정벌하기에 앞서 누군가 종회와 등애가 촉한에 입성하면 다른 마음을 품을 것이라고 경고했다. 그러나 사마소는 그들을 중용했다. 사마소는 촉한을 멸망시킨 뒤 종회와 등애가 반란을 일으킨다면 가족을 낙양에 남

겨둔 군대 내부의 장병들이 가족의 안전을 위해서라도 반발할 것으로 예상했다. 누가 되었건 반란을 일으킨 자는 죽을 수밖에 없다는 결론이었다. 사마소는 모험을 한 것처럼 보이지만 실은 승리의 패를 단단히 움켜쥐고 있었다. 반란을 일으킨 자들은 결국 장병들에게 죽임을 당했고, 촉한의 판도는 털끝 하나 손상되지 않은 채 고스란히 사마소의 손에 들어갔다.

2.
막료의 6원칙

중국 막료의 인생관과 처세관은 중국 전통문화에 깊은 영향을 받았다. 구체적으로 막부 내부의 관계를 처리하는 데도 마찬가지였다.

넓고 크게 말해서 인생은 사회 안 사람들 사이에서 성장하고, 개인은 사회 전체 및 주위 사람들과 물고기와 물 같은 의존적 관계에 있다. 모든 이상과 바람 그리고 목표가 이 관계를 제대로 처리하고 해결해야만 원만하게 실현된다. 막료라는 범위로 좁혀서 말하자면, 막료는 막부라는 이 사회 투쟁의 핵심 속에 들어 있는 사람으로서 그 환경은 상대적으로 더 험악하다. 그는 막부의 계획과 결정 과정에 참여하여 막주와 동료의 관계를 균형 있게 처리해야 한다. 그렇지 못하면 자신의 재능을 발휘할 수 없을 뿐만 아니라 목숨마저 잃는 위험에 놓이게 된다. 막부 내부의 관계를 어떻게 처리하느냐는 막료가 세상에서 자신의 몸을 보존하는 큰 과제다.

유가는 인의를 근본으로 하여 열심히 세상을 구하고, 뜻을 세우고 스스로를 강하게 만들며, 자신을 수양하여 남을 이롭게 하며, 가난에 처해도 편안하게 즐기라고 주장한다. 사람을 알고 친구를 택하는 데도 독특한 견해를 내세운다. 유가의 철학사상은 실제로는 세상에 대처하고 남을 위하는 철학으로, 중국인이 공인하는 시비의 척도이자 세상 사람들이 존중하는 신조가 되었다.

도가의 철학은 인생과 처세에 대한 변증법으로 충만해 있다. 도가는 곡식을 심고 기르는 것처럼 사물의 변화와 생장의 원칙에 따라 강제로 조장하지 말고 자연스럽게 인간세상을 대하라고 강조한다. 억지로 일삼지 말라는 '무위無爲'를 주장하는데, 그 구체적인 항목으로는 공명을 추구하지 말고 나 자신을 앞세우지 말라는 '무명無名', '무공無功', '무기無己' 등이 있다. 자아 중심을 깨야 하되 어떤 것에도 의지할 필요가 없다고 말한다. 모든 조건과 제약에서 벗어나 대자연과 하나가 되어 무아의 경지에 이르라고 한다.

옛사람들은 운이 트이고 잘 나갈 때는 왕왕 유가의 처세철학인 '수신제가치국평천하'를 이용하여 크게 날개를 펼쳤고, 곤경에 빠졌을 때는 왕왕 도가의 처세법으로 뜻을 접고 몸을 지키며 스스로를 위안했다. 막부에 몸을 담고 있는 막료 또한 이런 원칙들을 따랐다.

1) 시기를 파악하고, 참으면서 뜻을 완성하라

세상에 나가 일을 하는 막료는 대부분 명성과 이익 외에 원만하게 일을 성취하길 바란다. 중국 전통문화의 주류는 세상을 다스린다는 '치세治世'를 핵심으로 한다. '수제치평'으로 이상적인 지상천국을 실현하는 일은 중국 지식인의 위대한 사명감이 되었다. 말하자면 중국의 지식인으로 가슴에 위대한 포부를 품지 않는 사람은 없었다. 그러나 현실은 이상과 거리가 멀기 일쑤다. 세상을 경영하겠다는 이상의 실현 과정은 이런저런 장애를 만난다. 이 때문에 학교를 나온 지식인들은 갈라질 수밖에 없다. 물론 극소수는 배워서 명성을 이루고 업적을 낸다. 하지만 대다수는 벼슬과 명성을 추구하는 외나무다리 위에서 떨어지고, 그래서 세상을 원망하거나, 희롱하거나, 피하거나, 풍자하는 등등의 무리들로 나뉜다.

세상에 대해 울분을 터뜨리는 자들은 포부를 펼치지 못해 마음속을 분노와 오만함으로 채운다. 이백李白(701-762) 같은 인물이 대표적이다. 세상을 희롱하는 자로는 원나라 몽고족의 억압 통치를 받은 지식인들을 들 수 있는데, 그들은 정치적 포부와 세상을 경영하겠다는 이상을 발휘하지 못하자 그 재능을 시사나 희곡에 쏟았다. 원나라 때 희곡과 춘화 등이 유례없이 번성한 까닭이다. 세상을 풍자하는 자들은 자신의 울분을 사회를 풍자하는 쪽으로 돌렸는데, 어두운 사회 현실을 바꿀 힘은 없고 해서 붓으로 정치를 신랄하게 풍자했다. 청나라 말기 풍자소설이 크게 유행한 것이 이 경우다. 세상을 도피하는 자들은 말 그대로 세태에 염증을 느끼고 숨어버린 경우인데, 자신의 고결한 품성이 세속에 휩쓸려 오염되길 원치 않았기 때문이다.

그러나 단 한 부류의 지식인들은 뜻을 얻지 못했지만 낙담하거나 실의에 빠지지 않고 현실적으로 막부로 들어가는 길을 선택하여 막료로서 자신이 이상을 성취하려 했다. 객관적 조건은 성공과 실패의 관건이 되는 요인이지만, 낙관과 강인한 의지 또한 성공하는 사람의 기반이 되기도 한다. 객관적 조건이 성공을 제약했지만 그렇다고 하늘이 역경에 처한 사람에게 단 한 점의 기회도 주지 않는 것은 아니다. 그리고 기회가 왔는데 그것을 잡지 못하면 성공할 수 없다. 끊임없이 자신의 품덕을 단련하고, 자신을 충실하게 만드는 지식을 장악하여 자신의 능력을 높여야 한다. 또 기회를 발견하고 잘 잡아야 성공도 멀지 않다. 이는 자신의 품덕과 능력의 문제가 아니라 방법의 문제다. 기회는 영원히 준비된 사람에게 빛을 드리운다.

미끼 없는 낚싯대로 자신이 낚이길 바라다

강태공姜太公(기원전 11세기)이 위수渭水에서 낚시한 고사가 아주 좋은 사례가 될 것이다.(강태공은 여상呂尚을 비롯하여 여러 개의 이름을 갖고 있다. 여기서는 우리에게 익숙한 강태공으로 통일하여 부른다. _옮긴이) 강태공은 귀족 집안의 출신이었지만 가세가 기울어 그의 당대에 오면 빈민으로 추락하여 생계조차 어려웠다. 이 때문에 젊은 날 강태공은 상나라의 도성 조가朝歌에서 도축업 일을 하기도 했고 술장사를 하기도 했다. 그러나 여전히 뜻을 이루지 못한 채 곤궁하게 살았다. 그는 가난하고 불우했지만 큰 뜻을 포기하지 않고 끊임없이 나라를 다스리는 큰 책략의 이치를 공부하고 연구하면서 언젠가는 그 뜻을 펼칠 준비를 했다.

큰 사업을 성취하려면 그 일에 맞는 높은 직권을 얻지 않으면 안 된다. 그러나 강태공처럼 사회 밑바닥 계층이 위로 오르기란 결코 쉽지 않았다. 조가에서 이런 일 저런 일을 하면서 천하의 형세를 살핀 강태공은 상나라의 임금 주紂에게는 가망이 없다고 판단했다. 늘그막임에도 불구하고 강태공은 당시 떠오르고 있던 주周 부락에서 기회를 찾기로 결심했다. 여러 방법을 강구한 끝에 그는 주 부락의 도읍으로부터 수십 리 떨어진 위수 근처 반계磻溪에서 낚시로 생계를 꾸리며 기회를 기다렸다.(여기서 "반계에서 낚싯대를 드리우다."는 뜻의 '반계수조磻溪垂釣'라는 성어가 나왔다. _옮긴이) 보기에는 낚싯대를 드리우고 있었지만 사실은 그만의 그물을 쳐놓고 기회가 오길 기다린 것이었다. 이곳은 주 부락의 도읍에서 멀지도 가깝지도 않은 곳으로 왁자지껄한 도시의 모습은 없었지만 산과 물이 어우러진 풍광에 도인의 풍모를 지닌 강태공이 어우러져 신비로운 느낌을 주기에 충분했다.

어느 날, 강태공은 큰 잉어 한 마리를 낚았다. 좋은 징조였다. 평소에는 하루 종일 한 마리도 못 잡을 때가 많았다. 강태공은 기쁜 마음에 잉어를 바구니에 담았다.

그런데 이때 어디선가 사람들의 고함 소리와 말발굽 소리가 들려왔다. 사냥을 나온 것이 틀림없었다. 그것도 귀한 사람이 사냥 나온 기세였다. 순간 강태공은 기회가 왔음을 직감했다. 반평생을 기다리던 기회가 오는 것 같았다. 심장이 뛰며 바짝 긴장되기 시작했다. 그러나 그는 고개를 돌리지 않고 빠르게 낚싯줄을 수면 위로 끌어 올렸다. 말하자면 공중에 낚싯대를 들고 있는 모양이었다. 이렇게 해서는 당연히 물고기를 낚을 수 없다. 하지만 기회를 낚을 가능성은 있다. 강태공의 생각이었다.

사냥을 나온 사람은 이 땅의 최고 통치자로 주 임금에 의해 서백西伯으로 봉해진 희창姬昌(주 문왕)이었다. 이보다 앞서 희창은 주왕에 의해 유리성羑里城에 감금된 적이 있었다. 희창의 신하 산의생散宜生, 굉요閎夭 등이 주왕에게 미녀와 보물 등을 바쳐 간신히 희창을 빼냈다. 도성으로 돌아온 희창은 새장을 나온 새처럼 측근들을 거느리고 사냥을 나섰던 것이다.

희창은 도성 남쪽으로 내려와 위수를 건너 반계를 따라 이동했다. 힘찬 말발굽 소리만 들어도 유리성의 답답함이 단번에 날아가는 것 같았다. 희창은 채찍을 휘두르며 계곡으로 들어섰다. 이 주위에서 가장 아름다운 곳이었다.

울창한 숲이 갑자기 시선을 가로막는가 했더니 눈앞에 맑은 물이 나타났다. 물에 비친 구름과 해가 신비감을 더했다. 그런데 거기에 흡사 한 폭의 그림처럼 크고 푸른 돌 위에 단아하게 앉아 낚싯대를 드리우고 있는 검은 옷의 노인이 희창의 눈을 확 사로잡았다. 신비로운 자태에 은색의 수염을 휘날리는 노인의 모습은 마치 지상에서는 볼 수 없는 고고함과 장엄함 그 자체였다.

희창은 자기도 모르게 말을 멈추고 말에서 내려 노인을 향해 걸어갔다. 그리고는 두 손을 모아 그 옆에 서서 입을 여는 순간 노인의 낚싯대가 물속이 아닌 공중에 드리워져 있는 것을 발견했다. 미끼도 없었다. 노인의 바구니 안에는 큰 잉어가 펄쩍 펄쩍 뛰고 있었다.

희창은 당초 묻고 싶었던 말은 까맣게 잊고 "노인장, 어째서 미끼도 없이 공중에다 낚싯대를 드리우고 계십니까?"라고 물었다.

강태공은 깊은 숨을 한 번 내쉬고는 바로 답을 주지 않았다. 이 짧은 침묵이 노인의 모습을 더욱 신비롭게 만들었다. 미끼 없는 낚싯대가 혹 무언가 오묘한 천기天機 같은 것이 아닐까? 순간 자신이 어리석은 질문을 던졌다는 생각이 들었다.

이윽고 강태공이 느린 목소리로 "낚싯바늘에 미끼가 없어도 알아서 걸리는 것도 있지요. 주 임금이 무도하다는 사실은 세상이 다 아는데 서백은 자신이 그 바늘에 걸려 조가로 뛰어가 절하다가 유리성에 갇혔고, 상나라의 기운이 다했음은 세상 사람들이 다 아는데 제후들은 기꺼이 그 바늘을 물려고 하니, 나도 그런 물고기를 낚으려 합니다."라고 말했다.

희창은 깜짝 놀랐다. 자신의 아픈 곳을 정확하게 찔렀기 때문이다. 잊고 있었던 유리성의 치욕이 다시 치밀어 올랐다. 희창은 황망히 몸을 숙여 인사를 올리며 "귀하의 존함이 어찌되는지요?"라고 물었다.

"이 늙은이 여상이라고 합니다."

"방금 선생께서 하신 말씀이 제 가슴을 때립니다. 선생께 솔직히 말씀드리겠습니다. 이 몸이 바로 서백 창입니다."

이 말에 강태공은 깜짝 놀란 표정을 지으며 서둘러 "늙은이가 그것도 모르고 헛소리를 지껄였습니다. 죄를 용서하십시오."라며 사죄했다.

희창은 간절한 목소리로 "지금 천하는 어지럽고 백성들은 이리저리 흩어지고 있습니다. 선생께서는 외면하시지 말고 저를 도와 천하와 백성들을 구하십시다."라고 애원했다.

강태공은 말없이 겸손한 자세로 인사를 올린 뒤 희창과 함께 궁으로 와서 천하의 일들을 논의했다. 천하 정세에 대한 강태공이 인식과 분석은 과연 남달랐고, 희창은 너무 기뻤다. 희창은 강태공을 태사太師로 삼아 극진하게 모셨다.

기회를 파악하는 것과 그냥 기다리는 것은 전혀 다르다. 기다림은 형세를 살피는 과정을 쌓아가는 것이고 정세에 맞추어 움직이는 것이다. 따라서 자기 수양이 안 되어 있거나 공력이 부족하면 기회가 와도 일을 이룰 수 없다.

● 강태공은 여러 직업을 전전하며 천하의 형세를 살폈다. 그리고 기회를 기다렸다. "실력을 기르면서 기회를 기다린다."는 막료로서 갖추어야 할 기본 원칙의 하나를 강태공의 사례는 아주 생생하게 보여주고 있다. 그림은 반계에서 낚시하는 강태공의 모습이다.

아내를 죽여 장수 자리를 구한 오기吳起

고대 중국의 군사가 하면 많은 사람들이 손무孫武(기원전 약545-약470)와 함께 오기吳起(기원전 440-381)를 꼽는다. 두 사람은 병가의 시조로서 어깨를 나란히 할 만하다.

이제 이야기할 인물은 오기다. 그가 벼슬을 얻어 이름을 날리는 과정에서 많은 사람들을 놀라게 한 고사다.

오기는 전국시대 초기 인물로 약소국 위衛나라 출신이다. 어려서부터 병법을 좋아했다. 그는 명성에 대한 욕구가 아주 강했고, 특히 큰일을 해보고 싶어 했다. 그렇다고 해서 부귀를 탐했다는 것은 아니다. 그의 집안은 대단히 부유했다. 세상에 자신의 이름을 남기고 싶은 명예욕이 강했을 뿐이다.

젊은 날 오기는 외지로 나가 각국의 군주에게 유세하여 중용되길 바랐다. 그런데 각국을 돌며 유세하려면 돈이 여간 많이 드는 것이 아니었다. 이 때문에 벼슬도 얻지 못하고 가산을 탕진한 채 빈손으로 집으로 돌아왔다. 다른 사람들이 보기에 오기는 패가망신한 망나니였다. 고향의 친척들도 그를 비웃었다. 그냥 분수를 지키며 농사나 지을 일이지 무슨 벼슬을 하겠다고 여기저기 쏘아 다니다가 재산만 축냈으니 정말이지 하늘 높은 줄 모른다며 비난했다.

사람들은 자신과 지위가 비슷하거나 낮은 사람이 좀더 높은 곳으로 오르려고 애를 쓰면 흔히들 시기하고 질투한다. 그런 사람들에 대해서는 낡은 사고방식을 들이밀며 용납하려 하지 않는다. 직접 공격할 힘이 없어도 입으로라도 욕을 하며 그냥 놔두지 않는다. 이것이 인간의 본성인지는 모르겠지만 오기 역시 이런 공격을 피해 갈 수 없었다. 젊은 오기는 이런 모욕을 견디지 못하고 자신을 조롱하는 자들을 무려 30명 이상이나 죽여버렸다.

이제 고향에 있을 수가 없게 되었다. 오기는 다시 외지로 나가려 하긴 했지만 상황이 이렇게 될 줄 몰랐던 터라 준비도 없이 떠나게 되었다. 어머니와 이별하면서 오기는 자신의 팔을 세게 깨물어 영원히 지워지지 않을 흔적을 남기며 "크게 성공하지 못하면 다시는 돌아오지 않겠습니다."라고 맹서했다.

이번 출타는 지난번과는 완전히 달랐다. 우선 노잣돈이 없었다. 남은 재산이 없었기 때문이다. 게다가 사람을 그렇게 죽였으니 여간 낭패가 아니었다. 오기는 이 일로 필부의 하찮은 용기는 아무짝에 쓸모가 없다는 사실을 크게 깨달았다. 진짜 공부가 필요했다. 그는 학문을 위해 공자의 후학인 증자曾子를 스승으로 모셨다. 이렇게 해서 오기는 유가와 깊은 관계를 맺게 되었다.[18] 열심히 공부하고 있던 중에 어머니

---

18   오기는 병가의 걸출한 인물이지만 그의 사상을 잘 들여다보면 유가 사상의 흔적이 짙게 배어 있음을 확인할 수 있다. 이 책에 소개된 오기의 행적은 기존의 기록을 바탕으로 한 것이지만 사실 관계나 서로 모순되는 부분에 대한 분석은 없다. 따라서 필요에 따라 역자가 적절하게 관련 내용을 바꾸거나 개인적 견해를 넣었다. 독자들의 양해를

가 세상을 떠났다는 소식을 들었다. 증자는 오기에게 집으로 돌아가 상을 치르라고 했다. 그러나 오기는 자신의 처지를 말하며 계속 공부하겠다면서 나중에 잠잠해지면 돌아가 제사를 올리겠다고 했다. 충효를 강조하는 유가의 입장에서 오기의 이런 언행은 도저히 용납할 수 없는 것이었다. 증자는 "국법에 불복하는 것은 불충이요, 부모의 상을 치르지 않는 것은 불효이며, 분하다고 사람을 죽이는 일은 불인이다."라고 꾸짖으며 오기를 내쳤다.

이렇게 해서 오기는 증자의 문하에서 쫓겨나 노나라로 왔다. 오기는 유가의 가르침은 너무 고리타분해서 자신의 성격이나 포부와는 근본적으로 맞지 않다는 사실을 깨달았다. 지름길을 찾아 빠르게 출세해야겠다고 생각했다. 오기는 스스로 병법을 공부하기 시작했다. 이 방면에서 오기는 천재적인 능력을 보였고, 오래지 않아 이름이 나서 노나라 군주가 작은 벼슬에 그를 기용하기에 이르렀다. 생활도 안정을 찾아 제나라 여자를 아내로 맞아들였다.

얼마 뒤 제나라가 노나라를 공격해 왔다. 노나라 조정은 혼란에 빠졌다. 노나라는 공자라는 성인을 배출한 나라로 벼슬하고 있는 사람들 상당수가 공자의 제자였기 때문에 군사나 병법에 대해서는 상대적으로 소홀했다. 게다가 제나라는 당시 가장 힘이 센 나라였다. 그러니 자진해서 땅을 떼어주는 쪽이 한결 편하겠지만 이 역시 말처럼 쉬운 일은 아니었다. 어찌하면 좋단 말인가? 모두들 발만 동동 구르고 있는 상황이었다.

그러나 궁하면 통하고, 급하면 머리가 돌아간다고 했던가. 노나라 군자들이 급히 오기를 호출했다. 병법에 능하다고 하지 않나. 그런데 이런 상황에서도 군자들은 "오기의 아내가 제나라 사람인데 오기가 제나라 군대와 제대로 싸울 수 있겠는가?

—

미리 구한다. 오기의 일생에 대해서는 공원국의 『춘추전국 이야기』 7권을 참고하면 좋다.

오기를 기용해서는 안 된다."며 딴죽을 걸고 나섰다. 이른바 군자들께서 그 넓은 마음으로 소인을 헤아리고 나섰으니 노나라 군주는 결정을 내리지 못하고 우물쭈물했다. 이 이야기를 들은 오기는 마음이 조급해졌다. 그렇지 않아도 불충이니 불효니 불인이니 하는 소리를 듣고 살았는데 또 그런 소리를 들어야 하나? 어쩌면 이번이 평생의 유일한 기회가 될지도 모르는데 이걸 그냥 흘려보내야 하나? 오기는 생각다 못해 자신에게 씌워진 이놈의 인의仁義라는 모자를 벗어 던지기로 결심했다. 그는 아내를 노나라 군주에게 바쳐 결코 제나라 편을 들지 않으리라는 자신의 마음을 보여주기로 했다. 그는 아내를 죽였다.(이것이 "아내를 죽이고 장수 자리를 구하다."라는 '살처구장殺妻求將'의 고사인데, 이 부분은 오기를 헐뜯는 자들이 만들어낸 날조로 보는 쪽이 합리적이다. _옮긴이)

吮卒病疽

● 오기의 '살처구장'은 그 진위 여부를 떠나 자신에게 찾아온 기회가 자신이 일생에서 중대한 기회로 확신한다면 반드시 잡으라는 메시지로 받아들이면 무난할 것이다. 그 기회를 잡을 수 있으려면 실력을 길러야 한다. 그림은 전투에서 부상을 입은 병사의 피고름을 입으로 빨고 있는 오기의 모습이다.

노나라 군주는 오기를 장수로 삼아 제나라와 싸우게 했다. 마침내 오기가 처음으로 초려를 나와 자신의 진면목을 세상에 보이는 순간이었다. 오기는 단숨에 제나라 군대를 무찔러 노나라 군주와 군자들의 입을 막았다.

오기는 단번에 노나라의 위기를 해결했다. 그러나 위기가 넘어가자 예의 그 군자들께서 다시 인의도덕을 꺼내들었다. 아내를 죽이고 장수 자리를 구한 행동이야말로 인의에 어긋나는 행동이라며 입방아를 찧었다. 충효와 인의가 평생 오기를 따라다닐 것 같았다.

하지만 상황이 변했다. 이 전투로 오기의 명성이 천하에 알려졌기 때문이다. 이제 오기에게는 벼슬과 명성을 이룰 수 있는 든든한 밑천이 생겼다. 여기가 아니면 저기로 가면 될 일이다. 이에 오기는 미련 없이 노나라를 버리고 당시 또 다른 강대국인 위魏나라로 건너가서 서하西河의 태수가 되었다. 그 뒤 오기는 다시 초나라로 내려가 영윤이란 고관이 되어 개혁을 주도했다. 가는 곳마다 오기는 큰 성과를 냈다. 평생 100여 차례 가까운 전투를 치르면서 한 번도 패하지 않아 상승장군常勝將軍이란 별명까지 얻었다. 거기에 정치적 능력까지 갖추어 초나라에서는 개혁 정치를 실행하여 역사상 이름난 개혁가에 그 이름을 올리기까지 했다.

오기가 기회를 잡아 성공하지 못했더라면 아내를 죽이고 장수를 구한 이 사건은 역사 기록에조차 남지 못하고 잊혔을 것이다. 오기가 누구지? 사람들은 이렇게 물을 것이다.

산속의 재상과 조정 안의 재상

남북조 시대 남조에 도홍경陶弘景(456-536)이란 사람이 있었다. 아버지와 할아버지가 작은 벼슬을 하기는 했지만 그의 당시에는 미미한 집안에 지나지 않았다. 도홍경은 어려서부터 박학다재하여 책을 만 권이나 읽었다고 한다. 송宋과 남제南齊에서 그 역시 작은 벼슬을 했으나 이름뿐인 자리였다. 그는 외지에서 좀더 나은 벼슬을 하고 싶었으나 받아들여지지 않았다. 이에 그는 492년, 돌연 관복을 벗어 신호문神虎門 앞에 걸어놓고 사직했다. 사람들은 이런 그를 이상하게 보았다.

벼슬하지 않으면 무엇을 하겠다는 말인가? 신선神仙이 되겠다! 그는 어려서부터 이런저런 책들을 많이 읽었고, 특히 신선방술에 심취했다. 그는 구용句容의 구곡산句曲山으로 달려가 도술을 익히기 시작했다. 산속에 초가집을 짓고 '화양도은거華陽陶隱居'란 이름을 달았다. 사람들과 연락할 때는 '은거隱居'라는 말로 대신했다.

벼슬할 때는 보잘것없더니 '은거'라는 이름을 썼더니 도리어 유명해지기 시작했다. 그는 먼저 도사에게 이런저런 것들을 배우고 사방으로 선약仙藥을 찾으러 다녔다. 그리고 음양오행, 풍수지리, 약학과 의술, 제왕들의 연호 따위를 익혀, 말하자면 풍수 선생이자 점쟁이에 강호의 고수가 되었다. 특히 역대 왕조의 제왕들이 사용한 연호는 속된 말로 대박을 쳤다. 그 당시 왕조 교체가 수시로 일어났기 때문에 강산을 차지한 자들이 도홍경을 찾아와 좋은 연호를 지어달라고 청탁했기 때문이다. 당연히 그에 따른 보수는 상상을 초월했다. 오늘날로 말하자면 그는 국가를 설계하는 회사를 경영한 셈이다. 이렇게 해서 뜻하지 않게 명성을 떨치자 그에게 도를 배우려는 자들이 줄을 서기 시작했다. 도홍경은 이들을 모아 구곡산에다 3층짜리 집을 지어 자신은 맨 위층에, 제자들은 2층에, 손님들이 오면 1층에서 접대했다. 산중의 별장이 생겼고 하루하루가 풍족했다.

세월이 흘러 도홍경의 나이 50이 되었다. 책 읽고 도를 논하고 양생술을 단련하면서 자연산수의 이치를 깨쳤고, 특히 바람에 흔들리는 소나무 소리를 좋아했다. 바람에 흔들리는 소나무 잎이 파도 소리를 내면 그는 피리를 불었다. 피리 소리와 소나무 소리가 어울려 즐거움이 절로 솟아났다. 그는 제자들에게 "그때 벼슬을 버린 것이 오히려 더 잘된 일이구나. 그렇지 않았더라면 어디서 이런 즐거움을 찾는단 말인가." 라고 했다. 이 말은 뜻을 이룬 자의 자화자찬이었다. 사실 그는 전심전력을 다해 신선이 되려고 하지 않았다. 그랬기에 신선을 추구하는 한편으로 늘 세상의 변화에 주목하고 있었다.

남제는 겨우 22년을 버텼다(479-502). 제나라의 개국 황제 소도성蕭道成이 죽자 아들과 조카 사이에 피 튀기는 쟁탈전이 벌어졌다. 골육상잔은 그 어떤 싸움보다 지독하다. 서로 죽고 죽이는 사이 황음무도하고 미친 듯한 황제가 둘이나 출현했다. 정치적 암흑기로 이런 때가 거의 없을 정도였다.

501년, 옹주자사雍州刺史 소연蕭衍이 군대를 이끌고 남제의 도성 건강健康을 공격했다. 산속에서 도를 닦던 도홍경은 소연의 군대가 신림新林에 이르렀다는 소식을 듣고는 기회를 놓치지 않고 제자를 보내 글을 올려 연락을 취했다. 건강을 함락한 소연은 스스로를 상국相國에 봉하고 양왕梁王이란 작위를 받았다. 이때 도홍경은 소연이 황제 자리에 욕심을 낸다는 사실을 알고는 급하게 제자를 보내 곳곳에 '양梁'이란 글자가 보이니 천명이 '양'을 점찍었다는 말을 전하게 했다. 이 일로 소연은 양나라를 세우고 황제가 된 후 이 살아 있는 신선을 극도로 존중하기에 이르렀다. 이가 양나라의 개국 황제 무제武帝다.

게다가 양 무제는 미신 신봉자로, 부처도 믿고 도사도 믿었다. 도홍경은 양 무제에게 자신이 신비한 비결을 얻어 신단을 만들 수 있는데 약물이 없다면서 이 약물에는 이런저런 약초가 들어가고 가장 중요하고 많이 필요한 것이 황금이라고 했다. 양 무제는 이를 즉각 윤허하고 황금과 대량의 약물을 도홍경에게 보냈다. 어떻게 했는지는 알 수 없지만 아무튼 백설처럼 하얀 신단이 만들어졌고 '비단飛丹'이란 이름이 붙여졌다. 이 약을 먹으면 몸이 젊어지고 나중에는 하늘까지 날아오르는 신선이 될 수 있다고 했다. 양 무제가 이 신단을 복용한 결과 정말이지 몸이 한결 가벼워지면서 날아갈 것 같은 기분이 들었다. 무제는 놀라움과 기쁨에 들떠 도홍경을 진짜 신선이라고 여기며 그를 더욱 공경하고 중시했다. 심지어 도홍경의 글이나 편지를 받으면 향을 피우고 아주 공경스러운 자세로 읽을 정도였다.

양 무제는 여러 차례 사람을 보내 도홍경에게 벼슬을 제안했으나 도홍경은 한사코 거절했다. 도홍경은 아무리 금으로 만든 모자라도 쓰길 원치 않으며, 채찍질 맞으며 부림을 당하는 소가 아니라 물가 풀더미 사이에 방목하는 소가 되고 싶다고 했다.

황제가 이렇듯 도홍경을 존중하니 황실과 대신들은 앞다투어 그와 친분을 맺으려 했다. 도성에서 도홍경이 숨어(?) 사는 산속의 집까지 마차가 쉴 새 없이 오갔다.

이로 볼 때 숨어 사는 신선과 속세의 권세가들이 얼마나 가깝게 지냈는지 알 수 있다. 황제와 왕공 귀족들은 늘 돈이며 보석 따위를 예물로 보냈고, 서신 왕래도 빈번했다. 무제 역시 몸소 도홍경의 집을 찾았다. 무제가 도홍경을 직접 찾은 목적은 도에 대해 담론하기 위해서가 아니라 대부분 국사를 상의하기 위해서였다. 『남사南史』 「도홍경전」의 기록이다.

나라에 길흉이나 정벌 같은 큰일이 있으면 가서 자문을 구하지 않은 적이 없었다. 한 달에 서신이 여러 차례 오갔다. 당시 사람들은 그를 '산중재상山中宰相'이라 불렀다.

물론 도홍경은 신선이 되지 못했다. 그는 40년 동안 은거하다 84세로 세상을 떠났다. 양나라 조정에서는 그에게 태중대부太中大夫라는 벼슬을 추증하고 '정백선생貞白先生'이란 시호까지 내렸다. 그는 죽어서 고관대작이 되었다.

도홍경은 왜 조정에서 벼슬하지 않고 '산속의 재상'이되길 원했을까? 남북조 시기의 정치제도는 문벌제도가 가장 두드러진 시기였다. 평민과 사대부 사이에는 건널 수 없는 경계가 살벌했다. 미미한 집안 출신의 지식인이 아무리 애를 써도 배척당해 재능을 펼치기 어려웠다. 게다가 도홍경은 도교의 방술로 이름을 얻고 각종 부적 따위로 총애를 받았다. 산속에 있는 편이 황제를 비롯한 권세가를 농락하기 한결 쉽고 편했다. 하물며 신선을 자처하는 사람이 조정에 들어가 속세와 뒹군다면 그것이 얼마나 가겠는가? 더 중

● 도홍경은 해박한 지식을 바탕으로 많은 저술을 남겼다. 사상적으로 유·불·도 삼교 합일을 주장했다. 그는 약물, 천문, 지리, 생물, 수학 등 다방면에 걸쳐 업적을 남겼다. 저술도 풍부하여 『학원學苑』, 『효경집주孝經集注』, 『논어집주論語集注』, 『본초경집주本草經集注』, 『주후백일방肘後百一方』, 『제왕연력帝王年歷』 등이 있다.

요한 점은 숨어 나오지 않으면 군주의 신하가 아닌 군주의 객이 된다는 것이었다. 객이 신하에 비해 지위도 높고 거기에 존경까지 받을 수 있으니, 부귀영화가 더 오래갈 수 있었기 때문이다. 군주가 몸소 찾아와 안부를 묻고 대신들도 끊임없이 예물을 올리며 국사를 논의하니 힘들이지 않고 실속을 채웠으며, 일하지 않고도 공을 챙기고, 책임지지 않고 명성을 얻었다. 이것이 벼슬하지 않고도 벼슬한다는 것이니 어찌 벼슬하는 것보다 백배 이득이 아니겠는가?

그런데 도홍경과 비슷하면서 다른 경우가 있었다. 도홍경은 도사로서 산중재상이 되었는데, 이 사람은 승려로서 벼슬을 마다 않고 '묘중수보廟中首輔', 즉 '조정의 재상' 노릇을 했다. 명 왕조의 성조成祖 영락제永樂帝 주체朱棣가 황위를 찬탈하는 데 도움을 준 승려 도연道衍(1335-1418)이 그 주인공이었다.

도연은 속세의 성은 요姚이고 가난한 집안 형편 때문에 14세에 머리를 깎고 승려가 되었다. 승려였지만 도연은 불경에만 매이지 않고 이것저것 다양하게 배웠다. 역사적으로 불가와 도가는 물과 불처럼 으르렁거린 관계였지만 그는 도사 석응진席應眞에게 음양술수를 배웠고, 시와 문장도 잘했다. 속세의 명사인 고계高啓, 송렴宋濂, 왕빈王賓, 양맹재楊孟載 등과도 교류했다. 불가든 도가든 원래 속세를 벗어나라는 '출세出世'를 주장하지만 이 둘을 모두 겸한 도연은 세상 속으로 거침없이 걸어 들어가 반란을 사주하기까지 했다.

명 왕조 홍무 15년인 1382년(조선 건국 10년 전), 대신들의 추천으로 도력이 높은 고승이란 명목으로 도연은 당시 연왕燕王이던 주체를 모시게 되었다. 불경을 읽고 복을 비는 일을 맡았는데 당연히 어울리지 않는 일이었다.

명 왕조의 첫 황제인 태조 주원장朱元璋은 의심이 아주 많은 인물이었다. 황제 자리에 오르자 공신들을 마구 죽였다. 황실과 성이 다른 공신들은 거의 전부 죽었다. 이와 동시에 그는 아들들을 왕으로 봉했고, 봉지에는 왕부와 관청을 설치하여 큰 권력을 주었다. 공후대신은 누구든 왕에게 엎드려 절해야 한다는 규정까지 만들었다. 또 왕의 명령이 없으면 어느 누구도 군대 징발과 군대 동원을 못 하게 했다. 각지에 주둔하고 있는 군대에 대한 지휘권을 왕의 손에 쥐어준 셈이었다. 주원장은 이렇게 해서 주씨 강산을 남에게 빼앗기지 않고 만세토록 전할 수 있길 희망했다. 하지만 어찌 알았으랴! 이것이 동성을 왕으로 봉했던 지난날 한나라와 서진의 전철을 밟아 골육상잔의 화근이 될 줄을.

주원장이 개국공신들을 살육한 사건과 관련하여 다음과 같은 흥미로운 이야기가 전한다. 주원장의 아들은 아버지와는 달리 마음이 어질고 착했다. 아버지가 공신들을 마구 죽이는 것을 보고는 늘 말렸다. 어느 날 주원장은 아들의 교육을 위해 가시로 덮인 나무 몽둥이를 준비했다. 그 몽둥이를 땅바닥에 내던지고는 태자에게 집어 오게 했다. 태자는 난감했다. 주원장은 단호한 목소리로 이렇게 말했다.

"못 들고 오겠지? 그런데 내가 먼저 그 가시를 깨끗하게 없앤 뒤 너에게 건네주면 얼마나 좋겠나? 지금 나는 천하에 위험한 자들을 죽이고 있다. 이자들을 다 제거하여 당당하고 안정된 강산을 너에게 넘겨준다면 너에게 복이 아니겠느냐, 아들아."

그런데 뜻밖에 태자는 이런 아버지의 뜻을 몰라주고 도리어 노자老子를 꺼내 들며 "위로 요순과 같은 군주가 있으면 아래로 요순과 같은 백성이 있지 않겠습니까?"라고 되받아쳤다. 우리 같은 사람이 듣기에 일리 있는 좋은 말이겠지만, 반란으로 집안을 일군 주원장 같은 제왕에게는 완전 헛소리였다. 주원장은 머리끝까지 화가 나 앉아 있던 의자를 태자에게 집어던졌다. 그러고는 태자를 향해 달려들었고 태자는 이런 아버지를 피해 궁중을 이러저리 뛰어다녔다. 두 사람은 체통이고 체면이고 없이 쫓고 도망쳤다. 아들은 황제 자리에 오르지 못하고 죽었다. 손자 주윤문朱允炆이 황제 자리를 물려받을 즈음 명 왕조는 능력 있는 사람은 다 사라지고 말 그대로 '가시가 없는' 사람들만 남아 기세등등한 연왕 주체의 반란에 대처할 수밖에 없었다. 주원장이 지나쳤다.

건문제建文帝 주윤문은 즉위하자 바로 여러 왕들이 중앙정부에 큰 위협이 된다는 사실을 깨달았다. 특히 연왕 주체의 위협이 가장 컸다. 이에 건문제는 대신 황자징黃子澄 등과 상의하고, 지방 왕들의 세력을 약화시키는 '삭번削藩' 계획을 실행했다. 건문제는 먼저 교만하고 사치하고 방탕한 내지의 왕들을 서인으로 강등시켰다. 또 왕들이 문무백관을 통제하지 못하도록 하는 명령을 내렸다. 그리고 건문제의 마지막 목표는 세력이 가장 큰 연왕 주체였다.

주체는 위기의식을 느꼈지만 결단을 내리지 못하고 있었다. 권력 장악이라는 야심을 실현하고 싶었지만 실패할 경우를 생각하여 머뭇거렸다.

이때 세상사와는 상관없는 도연이 불경을 내려놓고 시시비비를 따지며 연왕에게 반란을 부추겼다. 그는 이런저런 이해관계로 연왕을 설득하는 한편 몇 가지 징조들을 가지고 연왕의 마음을 더욱 흔들었다. 주체는 마침내 마음을 정했다. 건문제 즉위 원년인 1398년, "군왕의 측근을 청소한다."는 명분으로 반란을 일으키는 한편, 자신의 군대를 "혼란을 다스리는 군대"라는 뜻의 '정난지사靖難之師'로 불렀다.

이 전쟁은 3년 넘게 끌었다. 전쟁 중에 도연은 주체의 주요 막료로 활동했다. 건문 4년인 1401년, 연왕의 군대가 마침내 남경에 입성했고, 건문제는 분신자살했다. 주체는 대대적인 살육으로 보복했다. 대신들은 가족들까지 모조리 죽임을 당했다. 연루된 사람이 무려 수만에 이르렀다. 피비린내 속에서 주체는 보좌에 앉았는데, 이가 바로 성조 영락제다.

성조는 즉위한 후 도연의 속성을 회복시키는 한편 광효廣孝라는 이름까지 내리면서 환속하여 벼슬을 하라는 명령을 내렸다. 그러나 도연은 환속을 거절했다. 성조가 상으로 내린 관저와 궁인들도 사양했다. 그 뒤 도연은 태자의 스승인 태자소부太子少傅에 임명되었고, 왕조의 관례에 따라 관복을 입고 입조했다. 그러나 퇴근 후에는 다시 가사로 갈아입고 절로 돌아갔다. 도연은 관리와 승려 어느 쪽에도 빠지지 않았으니 참으로 기이한 인물이 아닐 수 없다.

● 승속을 넘나들며 현실 정치에 깊숙이 발을 담근 도연은 명나라 건국 초기 공신 살육을 목격하고 어떻게 처신할 것인가를 결정했을 것이다. 막료가 자신에게 다가오는 기회를 확실하게 잡기 위해서는 처한 상황을 정확하게 인식하여 대처 방안을 강구할 줄 알아야 한다. 특히 주어지는 권세를 생각하지도 않고 덥석 받아 화를 자초하는 일은 절대 삼가야 한다. 이런 점에서 막료로서 도연의 처신은 참으로 의미심장하다. 초상화는 성조 주체의 모습이다.

도연이 환속을 거부한 것은 불법을 중시했기 때문이 아니다. 정말로 그가 불법을 중시하고 이를 지키려 했다면 연왕에게 수많은 살생이 따르는 반란을 결코 권하지 않았을 것이다. 그는 주원장이 공신들을 어떻게 죽이는가를 목격했던 사람이다. 관복과 가사를 번갈아 입으며 승속의 경계를 넘나드는 것으로 그는 자신에게 닥칠지 모르는 화를 교묘하게 피했던 것이다. 어쩌면 이 또한 '산중재상' 도홍경의 이상과 닮았는지 모른다.

숨어서 벼슬을 낚는 종남산終南山의 지름길

당나라 때 사람 유숙劉肅이 편찬한 당나라 초기 인물들의 언행과 고사를 모은 짧은 소설집『대당신어大唐新語』에 나오는 이야기다. 노장용盧藏用은 장안長安 부근의 종남산終南山에 은거하여 음식을 끊고 도를 닦았다. 고고한 도사의 풍모를 갖춘 데다 신선이 되어 승천하려는 생각까지 갖고 있었다. 중종中宗 때 조정에서 그를 부르자 은거 생활을 포기하고 벼슬을 받았다. 그는 여러 요직을 전전했는데 전과는 완전히 딴판으로 권세가에 달라붙어 향락에 빠졌다. 예종睿宗 때 황제가 저명한 도사 사마승정司馬承禎을 초빙했다. 이 도사는 억지로 장안에 온 터라 마지못해 며칠 머무르다 얼른 천태산天台山으로 돌아가려고 했다. 노장용은 사마승정을 만나 손가락으로 종남산을 가리키며 "저 산도 산수가 뛰어난데 군이 먼 천태산으로 가려고 하시오?"라고 밀했다. 노장용의 경력을 알고 있던 사마승정은 "내가 보기에 종남산의 장점은 벼슬로 가는 지름길이 있다는 것 아니겠소?"라며 싸늘하게 쏘아붙였다. 노장용은 부끄러워 얼굴을 들지 못했다.

이로부터 '종남산 지름길'이란 뜻의 '종남첩경終南捷徑'은 기회를 틈타 교묘하게 벼슬을 얻는다는 대명사가 되었다.

역사상 숨어 살며 벼슬을 낚는 '종남첩경'은 확실히 교묘하게 뜻을 성취하는 좋은 방법이 되었다. 어째서? 여기에는 하나의 전제가 있다. 고대 집권자들의 은사에 대한 인식이다. 즉, 은사들에게는 재능과 학식 그리고 도력이 넘친다고 생각하고 있었다는 것이다. 물론 세간의 평도 이와 비슷해야 했다. 둘째는 은사를 부르는 일은 집권자에게 좋은 명성을 가져다주었기 때문이다. 은사가 산을 나와 재야에 좋은 인재들이 남아 있지 않다는 것은 황제의 영명함과 덕정 그리고 천하태평을 상징한다는 것이다. 이 때문에 예로부터 상당수의 황제들이 은사들을 불러 벼슬 주는 일을 특별히 좋아했다. 은사는 고상함의 화신이요, 이런 은사를 부르는 일은 성군의 덕행을 상징했기 때문이다. 그래서 총명한 자들은 이런 인식과 편견을 이용하여 '종남산의 지름길'을 찾았다.

'종남산의 지름길'을 찾은 자들은 역대로 끊이지 않았다. 당나라 때 노장용 외에 전유암田游岩이란 자도 같은 길을 걸었다.

전유암은 당 고종 때 사람으로 경조京兆 삼원三原 출신이었다. 그는 기산箕山에 은거했는데 영리하게 이곳에서 가장 좋은(?) 곳을 골라 살았다. 그곳은 전설 속 요堯 임금 때의 고고한 은자이자, 은자들의 시조인 허유許由의 사당 옆이었다.(허유는 요 임금 때의 은자로, 요 임금이 임금 자리를 그에게 양보하려 하자 그자리에서 거절하며 못 들을 소리 들었다면서 시내로 달려가 귀를 씻었다는 고사를 남겼다. _옮긴이) 전유암은 어머니와 가족들까지 데려와 그곳에 정착하여 스스로를 '유동린由東鄰', 즉 '허유의 이웃'으로 자처했다. 이 별명은 정말 절묘했다. 은근히 자신을 허유와 나란히 놓음으로써 다른 은사들보다 한 차원 위라는 뜻을 암시하고 있기 때문이다. 이렇게 해서 전유암은 허유라는 저 높은 시조의 몸에 달라붙어 명성을 크게 얻었다.

전유암의 명성은 이리하여 널리 퍼져나갔고 마침내 기회가 왔다. 당 고종高宗이 어느 날 숭산嵩山으로 놀러 갔다가 몸소 전유암을 방문한 것이다. 전유암은 산속에 사는 야인처럼 거친 옷을 입고 황제를 맞이했다. 이런 것들은 소위 '도사의 소박하고 고고한 풍모'를 흉내낸 것이다. 고종은 전유암을 보고는 숙연함을 느껴 극진한 예를 다하는 그를 일으키게 하고는 "선생의 최근 건강은 어떠시오?"라고 물었다. 이 물음에 대한 전유암의 답은 절묘하기 짝이 없었다.

"신에게 확실히 중병이 있긴 합니다. '천석연하泉石煙霞'를 사랑하는 병은 확실히 불치병이라 할 수 있지요."

'산간을 흐르는 샘과 돌, 안개와 노을'을 사랑하는 불치병에 걸려 있다는 뜻으로 고종의 물음에 답한 것이다. 고종은 전유암을 올려보며 "내가 그대를 얻는다면 한나라가 상산사호商山四皓를 얻은 것과 같은 것이오."라고 했다.('상산사호'란 한 고조 유방이 지극정성으로 모시고자 했으나 모시지 못했던 네 명의 은자를 말한다. _옮긴이)

전유암이 고종의 청에 막 답하려는 순간 고종 옆에 있던 대신 설원초가 바로 튀어나와 "상산사호는 한 고조께서 적자를 폐하고 서자를 세우려 할 때 산을 나와 이 일을 막았으나 이것이 어찌 폐하와 비할 수 있겠습니까? 천하가 태평한데도 이렇게 몸소 이런 곳을 찾아 은자를 초청하시니 말입니다."라고 아부를 떨었다.

고종은 흡족해하며 전유암의 가족들까지 황가의 마차에 태워 장안으로 옮기고 전유암에게는 숭문관崇文館 학사라는 벼슬을 주었다. 그 뒤 우연의 일치인지 어떤지는 몰라도 고종이 전유암 집 근처에 '봉천궁奉天宮'을 짓게 되었다. 이 일로 부근의 민가들을 모두 허물게 되었는데 황제는 전유암의 집은 건드리지 못하게 한 뒤 친필로 '은사전유암택隱士田游岩宅'이란 편액까지 내리고 그를 태자를 모시는 태자세마太子洗馬로 승진시켰다.

고종의 뜻은 전유암이란 은사를 이용하여 황제의 별궁을 은사의 집 옆에 지음으로써 천자의 영명함을 광고하려 한 것이다. 그러나 전유암의 경력을 고려할 때 이 편액은 생각해볼 점이 있다. 전유암은 당초 허유의 동쪽 이웃으로 자처했고 지금은 황제의 이웃이 되었으니, 원래 '유동린'이라 한 것처럼 '황제의 이웃'이란 뜻의 '제서린帝西鄰'이라 해야 더 절묘했을 터다.

은둔으로 벼슬하는 방법은 춘추전국시대를 풍미했던 유세보다 더 나았다. 은둔했다가 벼슬한 경우는 대부분 나라가 잘 다스려지고 있던 치세였고, 유세로 벼슬을 얻었던 시대는 대부분 난세였기 때문이다. 역사상 치세는 길었고, 난세는 짧았다. 따라서 은둔의 방법은 오랫동안 통하는 보험과 같았다. 난세에 유세로 벼슬하는 일은 잘 되면 왕이요 잘못 되면 도적이 되던 시기라 자칫 자신은 물론 전 가족이 목숨을 걸어야 했다. 이러니 보험으로 비유하자면 은둔의 방법이 더 나은 패였다.

다음으로 은자는 고상한 덕행으로 이름이 난 경우라 군주가 그를 초청할 때는 주로 그 덕행을 중시하기 때문이었고, 또 이를 이용하여 군주의 덕정과 태평을 홍보하려는 일이었다. 유세가들은 일반적으로 능력과 재주가 뛰어난 인물들이었다. 군주가 이런 사람들을 구한 까닭은 그 재능을 활용하기 위한, 즉 모략으로 나라를 다스리기 위한 수단의 하나였다. 덕행은 능력보다 한 수 위다. 그래서 심신을 다해 큰 공을 세워 그 공이 군주를 떨게 할 정도로 커지면 '토사구팽'을 면키 어려웠다. 그러니 숨어 있다가 벼슬하는 쪽이 훨씬 안전했다. 모든 길은 로마로 통한다는 말처럼 '은둔'이란 글자 하나면 만사형통이었다.

2) 좋은 리더를 골라 모시되 맞지 않으면 떠나라

막료로서 막주를 선택하는 것보다 더 중요한 일은 없을 것이다. 막주는 주체다. 막주의 지위, 권세, 재산, 덕행, 성격은 막료에 대한 물질적 대우, 직위의 승진, 재능의 발휘와 직접적인 관계에 있다. 주인을 잘못 선택하는 것은 결혼을 잘못한 것과 마찬가지로 견디기 힘들다. 잘못한 결혼은 이혼하면 그만이지만 막료가 막주를 잘못 선택하면 간단하게 자리를 그만두는 것으로 끝나지 않는다.

명 왕조 때의 그림의 대가이자 풍류로 이름을 날렸던 당인唐寅(1470-1524)은 흔히 그의 자字인 백호伯虎를 붙여 당백호로 많이 불린다. 그는 세상이 알아주는 재주꾼이었다. 그런데 세상 사람들은 그와 추향秋香의 러브스토리나 거칠 것 없는 그의 자유분방함 등만 알고 있을 뿐, 벼슬길에서 하마터면 목숨을 잃을 뻔한 이야기는 잘 모른다. 당시 강서江西의 영왕寧王은 모반을 꾀하려고 정치 야심가들이 늘 그렇듯 인재들을 긁어모으기 시작했다. 당백호도 상객으로 초청을 받았다. 당백호는 처음엔 영왕이 인재를 우대하는 겸손한 사람인 줄 알았다. 영왕부에 머무르면서 당백호는 영왕이 모반을 꾀한다는 사실을 알게 되었다. 놀란 당백호는 그 집에서 빠져나오려 했다. 영왕이 그를 놓아줄 리 만무했다. 급한 나머지 당백호는 어리석고 미친 척 연

● 당백호의 사례는 막주의 선택이 막료에게 얼마나 중요하고 심각한 일인가를 잘 보여준다. 당대 최고의 인재였던 당백호였지만 막주를 선택하는 데서 치명적인 실수를 저질렀다. 그는 그나마 구차한 방법으로 빠져나왔지만 많은 다른 인재(?)들은 죽음을 면치 못했다.

기를 하기 시작했다. 저녁마다 기생집을 찾았다. 기생이 젊었건 늙었건, 예쁘건 못났건 가리지 않았고 쫓아다녔다. 영왕부의 여자들 앞에서 바지를 내리고 오줌을 갈기는가 하면 일 없이 웃고 차마 듣기 민망한 욕을 마구 해댔다. 영왕은 이런 당백호가 난감했다. 죽이고 싶었지만 그랬다간 다른 인재들이 발길을 돌릴까 걱정이 되었고, 놓아주자니 비밀이 들통날까 마음이 쓰였다. 얼마 뒤 당백호를 시기하고 질투하던 어떤 자가 당백호를 내쫓아야 한다고 건의하여 가까스로 빠져나와 고향 소주蘇州로 돌아올 수 있었다. 몇 년 뒤 영왕은 기어이 반란을 일으켰으나 그 즉시 진압 당했다. 당연히 영왕은 죽었고, 영왕부의 식객들 또한 모두 반역으로 몰려 죽임을 당했다. 당백호만 이 화를 피했다. 목숨은 건졌지만 인재의 체면은 완전히 땅에 떨어졌으니 참담한 교훈이 아닐 수 없었다.

춘추시대 정나라의 목공穆公에게는 하희夏姬라는 딸이 있었다. 훗날 사람들은 이 여자를 '요희'라 불렀다. 오늘날로 보자면 그녀는 바람둥이에 성해방의 원조 할머니라 할 수 있다. 그녀는 화장술이 특출했던지 중년이 지날 때까지 소녀 같았다고 한다. 그래서인지 국군과 제후들이 그녀에게 홀딱 빠졌다. 그녀는 처음 진陳나라의 대부인 하어숙夏御叔과 결혼했다. 남편이 죽자 그녀는 자신의 능력을 발휘하기 시작했다. 그녀는 진나라 최고 통치자 영공靈公을 비롯하여 조정의 대신인 공녕孔寧, 의행보儀行父와 간통을 저질렀다. 조정에 독하고 검은 연기가 잔뜩 피어올랐다. 대부 설야洩冶가 이를 보다 못해 그들에게 충고했으나 듣지 않았다. 게다가 영공은 체면을 잃었다고 생각했는지 자객을 구해 설야를 죽여버렸다.

훗날 공자의 제자인 자공은 이 사건을 두고 스승에게 가르침을 청하면서 이렇게 물었다.

"진 영공이 군신들과 음란한 짓으로 조정의 기강을 어지럽히다 설야가 충고하니 그를 죽였습니다. 설야의 행동이 상나라 주왕紂王 때의 비간比干과 같으니 설야의 행동이 인의에 부합하는 것 아니겠습니까?"

이에 공자는 다음과 같이 말했다.

"주왕과 비간은 조카와 숙부라는 혈연관계였다. 군신 관계로 말하자면 비간은 주왕의 스승이었다. 비간은 상 왕조의 사직을 지키려는 마음에서 죽기를 각오로 직언했다. 자신의 죽음으로 주왕이 깨닫기를 바랐던 것이다. 당시 비간의 마음은 진정 어진 마음이었다. 그러나 설야는 다르다. 그는 영공의 아랫사람에 불과하고 지위도 대부에 지나지 않았다. 혈연관계는 말할 것조차 없고, 일개 하대부의 신분으로 나라의 음란한 사건을 바로잡으려 했으니 어떤 역할도 하지 못하고 헛되이 죽은 것에 지나지 않는다. 『시경』에 백성들이 지나치게 나쁜 길로 빠지면 그들을 돌이켜 세울 길이 없다고 했다. 설야가 그런 사람이었다."

공자의 분석은 참신하고 음미할 가치가 있다. 나라의 위아래가 한데 어울려 난리를 피우면 구할 약이 없으니 이때 생각 있는 사람이라면 벼슬을 던지고 떠나야지 설야처럼 멍청해서는 안 된다는 뜻이다. 한번 생각해보라. 나라를 다스리는 최고 통치자와 그 측근들이 한 여자에게 홀려 넋을 빼앗겼다면 그자들의 수준이 어떤지는

夏姬

● 춘추시대 하희 스캔들은 말 그대로 국제적 규모였다. 네 나라를 혼란에 빠뜨리고 일곱 남자를 망쳤기 때문이다. 춘추시대 각국 군주의 자질과 정치의 난맥상을 잘 보여준 사건이었다.

뻔하지 않은가? 이는 또한 모든 문제를 여성 탓으로 돌리려는 낡은 인식과도 연결된다. 사실 여성은 죄가 없다. 죄인이라면 남의 여자에게 빠져 자신들을 주체하지 못한 호색한들에게 있다. 그러니 패가망신이 당연하지 그것이 여성과 무슨 관계란 말인가? 무슨 일만 있으면 여성 탓으로 돌리고 여성을 속죄양으로 삼는 중국 남자들의 못된 습성이야말로 정말 큰 문제다. 그런 점에서 공자의 말씀은 정말 성인다운 정곡을 찌르는 지적이 아닐 수 없다. 동시에 이 고사는 막료라면 똑똑한 막주를 택하여 모셔야 하며, 일단 배가 부서질 것

같으면 바로 몸을 빼내는 것이 현명하다는 점을 말해주고 있다. 무엇 하러 나무에 목을 매달고 죽는단 말인가?

설야처럼 직언하다 몸을 망쳐서는 안 된다면 숙손통叔孫通(기원전 약245-약190)이 진 2세 호해胡亥의 심기를 요리조리 살피며 비위를 맞춘 경우는 어떨까? 이에 대해서는 태사공太史公 사마천司馬遷이 일찌감치 답을 주었다. 『사기史記』의 내용을 따라 가보자.

숙손통은 군주가 현명한지의 여부를 잘 살펴서 자신의 진퇴를 결정했다. 이런 원칙은 앞 시대 현자들도 다 인정하는 바였다. 그는 문화와 도덕을 계승하여 태평성대가 오길 기대했고, 이상적인 시대가 와서 문화정신이 풍부한 제도를 제정하는 등 좋은 일을 하고 싶었다. 진퇴의 지혜를 그는 잘 터득하고 있었다. 진시황 시대에서는 방법이 없었다. 그저 당시 환경에 따라 오가는 수밖에. 그는 시대의 변화에 적응하는 최강의 임기응변 능력으로 끝내 자신의 목적인 한나라 유학의 종사가 되어 수천 년

유가의 시대를 여는 데 큰 역할을 해냈다.

고대의 군자는 우뚝 솟은 큰 나무와 같아 다른 나무들이 굽고 꺾어질 때도 꼿꼿하게 서 있다. 그러나 지나치게 곧으면 꺾이고 부러지기 쉬워 위험하다. 꼿꼿하더라도 부드럽고 질겨야 자신을 보전할 수 있다. 난세에는 생존하기 어렵다. 대세를 따르지 않고 눈에 띄게 남들과 다른 모습을 보이면, 모난 돌이 정을 맞는다고 낭패를 보기 일쑤다. 세속에 따라 옮겨가되 세속에 완전히 오염되어서도 안 된다. 굽히되 부러져서는 안 된다. 마음으로는 일관된 사상과 원칙을 끝까지 견지해야 한다. 다만 자신의 진면목을 감추고 돌아가는 길이 빠르다는 생각으로 어리석은 척하면서 자신의 목적과 이상을 실현할 수 있는 때를 기다릴 줄 알아야 한다. 이것이 숙손통의 처세 철학이었다.

숙손통이 시세의 흐름에 그대로 푹 빠졌더라면 그는 아무것도 아니었고, 사마천의 청찬도 듣지 못했을 것이다. 그의 진가는 이후, 즉 주인이 바뀐 다음에 제대로 드러났다.

그러나 또 하나의 문제가 있다. 좋은 막주라고 판단하여 그를 모셨지만 도덕적으로 모범이 되는 막주도 아니고, 어떤 막주는 무능하고 덕도 없지만 지위가 높아 재능과 이상을 펼칠 수 있는 기회를 줄 수 있다면 완고한 원칙에 얽매여 굳이 완벽한 인물을 선택할 필요는 없다. 선택하지 않는다면 그 재능이 관속에서 썩기밖에 더하겠는가?

동서고금을 통해 뛰어난 많은 인재들이 곤궁할 때 왜 자신들만 못한 사람들에게 몸을 맡겼을까? 뛰어난 능력과 큰 포부를 가진 인재들이 그나마 값어치 있는 일을 후세에 남기려 한 것은 키가 작은 사람이 높은 곳에 오르려면 사다리를 찾아야 하는 것과 같다. 그런데 그런 사다리를 찾을 수 없고 마침 자기 옆에 똥통이 하나 놓여 있다면 그것을 사다리처럼 이용하려 하지 않을까? 냄새 난다고 꺼리면 결국은 그 담장을 넘지 못한다.

영명한 막주를 선택하는 것은 담장을 오르는 일은 아니다. 의롭지 못하거나 어질지 못한 일도 아니다. 막료로서 그저 도덕과 의리만 따지고 거기에만 얽매여 있다면 그 사람은 정직한 막료가 아니라 어리석은 막료다. 삼국시대 장홍臧洪(?-196)의 죽음이 좋은 반면교사다.

삼국시대 광릉廣陵의 태수 장초張超(?-195)에게 장홍이라는 막료가 있었다. 장초는 장홍을 친한 친구로 신뢰했는데, 지방의 정무와 관련한 전권을 위임할 정도였다. 그 뒤 장홍은 원소袁紹와도 친분을 맺었다. 당시 조조와 원소의 세력은 서로 대치하면서 일시 평화로운 관계를 유지하고 있었다. 이때 조조가 옹구雍丘에서 장초를 포위하는 사건이 터졌다. 장홍은 자신을 우대한 장초에게 은혜를 갚기 위해 바로 병사들을 동원하여 구원에 나서는 한편, 사방으로 뛰어다니며 구원을 요청했다. 당연히 원소에게도 달려갔다. 원소는 응하지 않았다. 옹구는 결국 조조에게 함락 당했고, 장초의 가족 전체가 죽임을 당했다. 장홍은 원소를 원망하며 그와 절교했다. 친구 사이가 원수로 변했고, 원소는 장홍을 공격하여 그를 죽였다.

천하의 영웅들이 너 나 할 것 없이 나서 패권을 다투는 시대는 난세다. 삼국시대가 그랬고, 춘추전국의 천하 형세와 비슷했다. 약육강식이 최고의 원칙이었고, 인의와 도덕은 설 땅이 없었다. 당연히 인의와 도덕을 떠들고 다니는 사람을 받아들일 시장도 없었다. 장홍은 이런 환경을 제대로 파악하지 못하고 난세에 도의와 우정이라는 망상에 사로잡혀 있었으니 안쓰러울 뿐만 아니라 가소롭기까지 하다.

어쩌면 "장홍이 지혜롭지는 못했지만 그래도 친구를 구하려다 죽었으니 어쨌거나 배울 점이 있지 않겠는가?"라고 묻는 사람이 있을 수 있다. 이에 대한 『후한서』의 기록과 평가를 정리하면 이렇다.

조조가 옹구를 포위하여 장초가 위급한 상황에 빠지자 장홍은 친구를 구하기 위해 여기저기 뛰어다녔다. 당시 장홍의 개인적 감정과 비분강개로 말하자면 장렬한 지조의 표현이었다. 맨발로 사방을 뛰어다니며 호소하고 병사로 친구를 구하려 한 행동은 확실히 가련했다. 그러나 달리 말해 영웅호걸은 이런 특수한 상황에서 시비 선악에 대한 취사선택은 보통 사람의 신의와는 그 심리 상태에서 같을 수 없다. 이른 바 큰일을 하려면 작은 일은 돌보지 않는다는 말이다. 큰 공을 이루고, 대업을 성취하고, 큰일을 처리하는 사람은 자잘한 예의는 따지지 않는다. 심지어 욕을 먹는 일조차 꺼리지 않는다.

삼국시대에 원소, 조조, 장초 같은 사람들은 난세에 한 지역을 차지했던 모든 우두머리들처럼 때로는 맹약을 맺고 연합하여 공동의 적을 공격하지만 실제로는 다 자신들의 주판알을 튕기고 있었다. 연합이 유리하면 연합하고, 싸우는 것이 유리하면 싸운다. 거기에 신의 따위는 근본적으로 존재하지 않는다. 유일한 출발점은 형세의 필요성이고 이해관계의 주판알이다. 이런 형국을 꿰뚫지 못하고 의리와 도덕을 떠드는 것은 목숨을 잃는 짓이나 다를 바 없다. 하물며 군벌이 할거하고 있던 전란 상황에서 옹구는 대단히 중요한 전략적 요충지였다. 그런데 장홍은 한순간의 울분으로 그저 친구가 조조에게 포위당한 사실과 원소도 친구라는 생각에만 사로잡혀 친구로 친구를 구하고 친구의 의리로 조조와 원소의 연맹을 깨려 했다. 즉, 원소의 군대로 조조를 공격하여 친구를 구하려 한 것이다. 설사 성공했다 하더라도 옹구와 같은 전략적 요충지를 원소가 차지하려 하지 않았을까? 이는 앞문으로 이리를 내쫓고 뒷문으로 호랑이를 끌어들이는 짓이나 마찬가지였다.

병법이라는 시각으로도 한번 보자. 병법에서는 한순간의 감정 때문에 군대를 일으키는 일을 절대 말리고 있다. 장홍이 사방으로 뛰어다니며 구원병을 요청한 일은 개인적 감정으로는 뭐라 나무랄 수 없다. 하지만 문제해결이라는 점에서는 단 하나도 쓸모가 없는 짓이었다. 외부 세력을 빌려 자신의 어려움을 해결하려는 행동은 자신의 두 손을 다른 사람에게 고스란히 넘기는 결과를 초래할 뿐이다.

유능하고 현명한 막주를 선택하여 일하라고 했는데, 그렇다면 이런 막주를 어떻게 알고 만날 수 있을까? 막주가 막료를 선택할 수 있듯이 막료 또한 막주를 살펴서 선택할 수 있다. 유행하는 말로 하자면 '쌍방 선택'이다. 이제 막주의 재능과 덕행을 잘 살펴서 거취를 결정하는 방법을 소개하고자 한다. 그리고 막주의 특징에 맞추어 어떻게 재능을 펼칠 것인가에 대해서도 소개한다.

전국시대 제나라의 실력자 맹상군孟嘗君(?-기원전 279)의 식객食客 풍훤馮諼은 주인 맹상군의 아량을 헤아리기 위해 몇 차례 검을 어루만지며 노래를 불렀다.

당시 맹상군은 정치적 포부를 위하여 천하의 인재들을 끌어모아 보살폈는데 이런 인재들을 식객 또는 문객門客이라 불렀다. 그는 식객들을 재능에 따라 몇 등급으로 나누고 등급에 따라 대우를 달리했다. 풍훤이 처음 맹상군의 집에 왔을 때 등급은 가장 낮았다. 맹상군의 수하들이 거친 밥을 갖다주는 정도였다. 얼마 뒤 풍훤은 기둥에 기대어 검을 어루만지며 "검아, 검아! 우리 돌아가자. 여기 밥에는 물고기가 없구나."라며 노래를 불렀다. 누군가 이를 맹상군에게 보고했고, 맹상군은 "그 사람의 식사 등급을 한 단계로 올려라."고 분부했다.

얼마 뒤 풍훤은 전과 똑같이 "장검아, 장검아! 우리 돌아가자. 출입하는 데 타고 다닐 수레가 없구나."라는 노래를 불렀다. 다른 식객들이 풍훤을 비웃으며 이 사실을 맹상군에게 알리자 맹상군은 "그 사람에게 마차를 주고 등급을 한 단계 더 올려라."고 말했다. 이리하여 풍훤은 마차를 타고 검을 휘두를 수 있게 되었다. 그러나 얼마 뒤 풍훤은 역시 똑같은 방식으로 이곳에는 집안을 돌볼 수 있는 일이 없다며 한탄을 했다. 식객들은 풍훤이 만족을 모른다며 미워했다. 맹상군은 사람을 풍훤의 집에 보내 식구들을 보살피게 했다. 그제야 풍훤은 더 이상 노래를 부르지 않았다.

세 차례 검을 두드리며 노래를 불러 풍훤은 맹상군이라는 주인의 도량을 헤아렸고, 그 결과 남아서 그를 위해 목숨을 바치겠노라 결정했다. 맹상군이라는 사람을 정확하게 그리고 깊이 있게 알게 되었기 때문에 풍훤은 그 뒤 대담하게 맹상군에게 빚을 진 백성들을 위해 채권을 불태울 수 있었다. 이로써 맹상군은 민심을 크게 얻었고, 이는 훗날 맹상군이 권력을 잃고 오갈 데 없을 때 재기할 수 있는 밑천이 되었다.

이와 비슷한 경우로 맹상군과 거의 같은 시기에 활약한 위나라의 신릉군信陵君(?-기원전 243)이 있다. 그에게는 한때 성문의 문지기였던 후영侯嬴이란 문객이 있었다. 신릉군은 그를 모셔오기 위해 직접 마차를 몰고 찾아갔다. 후영도 풍훤처럼 신릉군을 떠보기 위해 시장 바닥에서 도살업을 하는 주해를 찾아 이야기를 나누며 신릉군을 기다리게 했다. 또 신릉군과 함께 마차를 타고 가면서 신릉군이 진심으로 인재를 대하는가를 살폈다. 그는 이렇게 해서 신릉군의 모사가 되었고, 군대를 출동시킬 수 있는 부符를 훔쳐 조나라를 구원하는 큰 계획을 세웠다. 그리고 이 일의 비밀을 지키기 위해 스스로 목숨을 끊었다.

이상 두 가지 사례는 막주를 선택할 때 막주가 어떤 사람인지를 제대로 모색해야 이후 자신의 재능을 발휘할 수 있는 믿을 만한 근거가 된다는 점을 잘 말해주고 있다.

융중대隆中對로 와룡臥龍이 세상에 나오다

'모수자천毛遂自薦'이란 고사가 있다. 적극적이고 주동적으로 자신의 재능을 발휘할 기회를 구하는 방법에 관한 이야기다. 이런 방법은 효율이 비교적 높긴 하지만 위험이 크다. 그렇게 해서 성공하면 당연한 것으로 받아들이지만, 실패하면 모두들 능력이 없다며 비난할 것이고, 죽을힘을 다해 버텨야만 한다. 주동적으로 나선 결과가 수동적으로 돌아온 것이다. 강태공도 일찍이 자신을 추천한 바 있지만 번번이 벽에 부딪혔다. 그래서 낚싯대를 드리운 채 기회를 기다리다가 움직여 중용되었다. 북방의 속담에 "지나치게 나서면 일이 되지 않는다."는 말이 바로 이 이치를 가리킨다.

주동적으로 나서는 것과 차분히 시기를 기다리는 것이 불변은 아니다. 관건은 때를 기다렸다가 움직이는 데 있다. 소진蘇秦은 주동적으로 스스로를 추천하여 성공한 모범 사례다. 그런데 이는 당시 사회 환경과 일정한 관계가 있다. 당시는 제후국 사이의 격렬한 전쟁을 거친 결과 실력 있는 일곱 개 나라만 남아 있었다. 각국은 다른 나라에 당할 것을 걱정하는 동시에 다른 나라를 삼키고자 했다. 이에 각국은 인재들을 불러 자신의 실력을 키우는 데 급급했다. 이런 때는 스스로를 추천하여 임용되기가 상대적으로 쉽다.

강태공이 문왕에게 중용되기 전에 상 왕조는 겉으로는 강대해 보였지만 주왕은 독단과 독재에 사로잡힌 황음무도한 폭군이었다. 강태공은 이런 조건에서 상나라의 도성 조가朝歌에서 스스로를 추천했으니 결과는 뻔했다. 대상을 잘못 골랐고, 시기도 잘못 택했다. 이런 때는 그저 시기와 정세의 변화를 기다리며 진정한 영웅이 자신을 알아보고 중용할 수 있게 해야 한다.

이런 점에서 제갈량이 세상에 나온 것은 능동적인 동시에 수동적인 행동으로, 참으로 절묘하게 상황과 시기를 파악한 대표적인 사례라 할 수 있다.

제갈량은 융중隆中에 기거하며 몸소 농사를 짓고 독서하면서 학식을 길렀다. 당시는 천하가 큰 혼란에 빠져 융중과 멀지 않은 형주荊州로 피난 온 사람들이 아주 많았다. 제갈량은 좋은 가문의 젊은이들과 친분을 맺었다. 박릉博陵의 최주평崔州平, 영주潁州의 서서徐庶와 석광원石廣元, 여남汝南의 맹공위孟公威 등이었다. 그들은 틈만 나면 함께 학문을 이야기하고 천하 형세를 놓고 토론했다. 제갈량의 독서는 문장에 얽매이지 않는 대강만 살피는 식이었는데 친구들과 토론하면 늘 그의 견해가 가장 돋보였다. 그는 책 속에 함축되어 있는 큰 뜻을 찾아내는 데 특별한 능력을 갖고 있었고, 친구들은 이런 그에게 감탄하면서 그를 '와룡'이라 불렀다. '누워 있는 용'이란 뜻이지만, 실은 숨어 엎드려 있으면서 기회를 기다리는 큰 인재라는 의미가 함축된 별명이었다. 이런 그의 명성은 시간이 지날수록 주위로 퍼져나갔다. 하루는 제갈량이 서서, 석광원, 맹공위 세 사람을 집으로 초청하여 정중하게 말했다.

"내 나이 이미 스물일곱이고, 그대들도 적지 않게 나이를 먹었지. 우리가 공부하고 수양하는 것은 그저 일 없이 보내자는 것이 아니라 큰일을 위해서가 아닌가. 이대로 나이만 먹다가는 뜻은 시들어 평범한 하류를 면치 못할 것이야. 그러니 우리는 이제 바로 행동으로 옮겨야 할 때다. 좋은 주인을 골라 천고에 남을 공업과 명성을 한번 떨쳐봅시다!"

서서 등도 일찌감치 이런 뜻을 갖고 있었다. 맹공위는 당시의 형세를 대략 다음과 같이 분석하여 주인을 고른다면 당연히 조조에게 가야 한다고 주장했다.

"지금 한 왕조는 기울고 있고, 제후들은 힘으로 서로를 정벌한다. 우리가 만약 벼슬에 나간다면 최근으로 보자면 유표劉表만 한 자가 없다. 그러나 그가 뛰어나다고 하지만 실은 유명무실하지. 촉의 유장劉璋은 종실이지만 약하고 무능하고, 강동의 손권孫權은 한쪽 귀퉁이에 안주한 채 죽기만 기다리고 있는 꼴이다. 오로지 조공曹公(조조)이 원소 등을 격파하고 종횡으로 중원을 누비며, 천자를 끼고 제후들을 호령하니 천하의 민심이 그에게로 돌아가고 있다. 장차 대업을 이루겠다면 우리는 당연히 조공에게 달려가야겠지."

석광원은 그 자리에서 찬성을 나타냈다. 서서는 자신의 생각을 나타내지 않고 제갈량의 안색을 살폈다. 제갈량은 신음 소리를 한 번 낸 다음 이렇게 말했다.

"조맹덕(조조)이 영웅이기는 하지만 그의 밑에는 인재와 모사들이 구름처럼 몰려 있어 우리가 간다 해도 두각을 나타내기 힘들지. 내가 보기에 신야에 있는 유비가 준걸인데 아직 때를 만나지 못하고 있다. 우리가 그를 도와 터를 닦고 공을 세운다면 중용되어 한바탕 날개를 활짝 펼칠 수 있을 것이야."

이에 맹공위는 유비의 세력이 너무 약하고, 북방의 조조는 우리 고향과도 가까워 일거양득일 것이라며 거듭 조조에게 가야 한다고 주장했다. 제갈량은 "대장부가 한번 나서면 바다를 건너고 우주를 흔들어 관중이나 악의 같은 위업을 이루어야지 하필 고향 운운인가."라고 반박했다.

이후 세 사람은 각자의 길을 갔다. 맹공위와 석광원은 북쪽으로 가서 조조에게 몸을 맡겼고, 서서는 제갈량과 진퇴를 같이하기로 하고 남았다. 석광원과 맹공위가 떠난 뒤 어느 날 제갈량은 서서와 자신의 초당에서 만나 조용히 말했다.

"우리가 공업을 세우고 정치에 참여하는 일은 일생의 큰일이다. 그러니 무엇보다 현명한 주인을 선택하는 일이 가장 중요하다. 제대로 선택하려면 시기와 형세를 잘 헤아려야 한다. 선택이 잘못되면 소나 말처럼 되어 일생이 끝난다. 사람들은 강태공이 뛰어난 재능에도 불구하고 90세가 되도록 때를 못 만났다고 하지만 실은 그렇지 않다. 그는 오랫동안 신중하게 현명한 주인을 선택한 것이야."

제갈량은 주인을 선택하는 중요성을 말하고는 다시 이렇게 말했다.

"보기에 유비가 영명하고 예의를 갖추어 인재를 우대할 줄 안다고 하지만 어쨌거나 아직은 그가 어떤 사람인지 깊게 이해하지 못하고 있으니 신중하지 않을 수 없겠지. 그래서 내가 그를 한번 시험하고자 한다네."

그러고는 서서에게 자신의 '삼고계三顧計'를 설명하고 계획에 따라 실행을 준비했다. 이 시험으로 유비가 현명한 사람이 아닌 것으로 드러나면 제갈량은 계속 농사짓고 공부하면서 시세의 변화를 기다리기로 했다.

유비는 탁군涿郡(하북성 탁현) 출신으로 자칭 한나라 경제景帝의 아들 중산정왕中山靖王의 후손이었다. 그러나 그 당대에 와서 이미 사회 밑바닥층으로 떨어졌고 집안은 형편없이 가난했다. 그가 황족의 혈통으로 자처한 것은 아무래도 과장의 혐의가 짙다. 아무튼 동한 말기 천하가 큰 혼란에 빠지자 그는 관우關羽, 장비張飛와 함께 무장 세력을 조직하여 사방으로 떠돌아다녔다. 그러나 마땅한 기반이 없어 늘 남의 집에 몸을 맡겨 그럭저럭 살아가고 있었다. 200년 관도官渡 전투 이후 원소袁紹에게 의지하고 있던 유비는 원소가 이 전투에서 패하는 바람에 다시 갈 곳을 잃고 남쪽의 유표劉表에게 몸을 맡기고자 했다. 유표는 겉으로 환영했지만 속으로는 유비를 의심하고 꺼려했다. 유표는 일단 유비를 신야新野에 머무르게 하면서 형주荊州의 북문을 지키도록 했다. 조조曹操가 공격을 해 온다면 바로 그곳이었다. 유비는 잠시 한숨을 돌렸지만 오래가지 못할 것이라는 사실을 잘 알고 있었다. 일찍이 그는 어머니와 함께 짚신을 엮어 팔면서 생계를 꾸린 적이 있는데 이곳에서 유비는 옛날처럼 짚신을 엮는 일로 시간을 때웠다.

그날도 소꼬리 털 따위로 이런저런 장식물을 엮고 있었다. 그때 홀연히 누군가가 그를 만나고 싶다면서 그를 찾았다. 갈포로 만든 두건에 베옷을 입은 청년이었다. 기품이 평범치 않아 보였지만 그래도 서생의 행색이라 신경쓰지 않고 하던 일을 계속

했다. 그런데 이 청년이 느닷없이 "큰 뜻을 가져야 할 장군께서 이런 하찮은 일을 하고 계신단 말입니까?"라고 다그치듯 물었다. 유비는 문득 이 청년이 그냥 보아 넘길 사람이 아니라는 생각이 들어 직품을 내려놓고는 "어째서 그렇게 말씀하시는가? 나는 그냥 이 일로 근심을 풀고 있을 뿐인데."라고 대꾸했다.

"장군께서는 유진남劉鎭南(유표)의 그릇과 재능이 조공(조조)에 비해 어떻다고 생각하십니까?"

"못 미치지."

"장군과 조공은 어떻습니까?"

"역시 못 미치지."

"그렇다면 겨우 수천의 병마로 장군께서는 장차 어떻게 대적하려 하십니까?"

"나도 그 때문에 생각이 많던 차였소. 어떻게 하면 되겠소?"

"형주의 인력은 적지 않지만 호적에 올라 있는 사람은 오히려 많지 않습니다. 많은 사람들이 형주로 피난 왔기 때문입니다. 장군께서는 지금 바로 사람과 말을 확충하십시오. 호적에 따라 징발하면 유표와 이곳의 세력가들이 분명 반대할 것이니 유표와 협상하여 호적에 없는 사람들 중에서 장정들을 징발하여 군사력을 확충하고 형주를 지키겠다고 하십시오. 이렇게 하면 형주의 이익에 손해가 나지 않으면서 장군의 실력을 키울 수 있고, 훗날 한번 싸워볼 만할 겁니다."

이 말에 유비는 깜짝 놀라며 기쁨을 감추지 못했다. 연신 절묘한 계책이라 칭찬하며 바로 시행하겠노라 답했다. 그러고는 공손한 자세로 청년의 이름을 물었고, 청년은 서서라고 답했다. 서서는 유비를 도와 사람과 말을 모집하고 군을 정돈하니 전력이 크게 보강되었다. 유비는 아주 흡족해하며 서서를 상객으로 모셨다.

얼마 뒤 서서는 유비에게 "저보다 백배는 뛰어난 제갈량이란 인재가 있습니다. 여기서는 와룡선생이라 부릅니다. 장군께서 이 사람의 도움을 받는다면 틀림없이 대업을 이룰 수 있습니다."라며 제갈량을 소개했다.

유비는 "일전에 사마덕조司馬德操(사마휘司馬徽)의 말을 듣자니 지금 세상에 와룡臥龍과 봉추鳳雛가 있는데 인재들 중의 용과 봉황이라 하더이다. 그렇지 않아도 사람을 보내 초청할까 하던 참인데 그대가 잘 안다니 너무 잘 되었소. 모셔다 한번 이야기를 나눠봅시다."라며 기뻐했다. 이에 서서는 다음과 같이 말했다.

"저는 그가 어떤 사람인지 잘 압니다. 그가 세상을 경영할 재능을 갖고 있는 것은 틀림없지만 성품이 담백하고 차분합니다. 그리고 지금 같은 난세에는 진면목을 감추고 초야에 묻혀 살길 원하는 사람입니다. 공명도 원치 않고 왕과 제후조차 인정하지 않습니다. 제가 그를 청해봤자 거절당할 것이 뻔합니다. 그러니 장군께서 몸소 그를 찾아가 청하십시오, 대신 제가 추천했다는 말은 절대 하지 마십시오."

이에 유비는 예물을 준비하고 관우, 장비와 함께 제갈량을 찾아갔다. 신야에서 융중까지는 약 80리 떨어져 있었다. 가는 길의 산은 높지 않지만 경치가 수려하고, 물은 깊지 않지만 맑고 깨끗하며, 땅은 넓지 않지만 평탄하고, 숲은 크기 않지만 나무들이 우거져 있다. 원숭이와 새들이 어울려 지내고, 소나무와 대나무가 서로의 푸른색을 자랑하는 그런 곳이었다. 와룡은 정말 조용했고, 숲 안에 대나무와 갈대로 엮은 초가가 감춘 듯 다소곳이 자리잡고 있었다. 제갈량의 거처였다.

유비는 말에서 내려 직접 문을 두드렸다. 동자가 사립문을 열고 누구냐고 물었고, 유비는 "한좌장군의수정후령예주목유비漢左將軍宜壽亭侯領豫州牧劉備가 특별히 선생을 만나러 왔다고 전하거라."라고 장황하게 벼슬을 앞세웠다.

"선생께서는 일찌감치 나가셨습니다."

"어디로 가셨는가?"

"말씀을 하지 않아 알 수 없습니다."

"언제 돌아오시는가?"

"그 말씀도 없으셨습니다. 대개 사나흘인데 길면 수십 일도 걸립니다."

유비는 황망했다. 마냥 기다릴 수 없던 유비는 동자에게 선생이 돌아오면 유비가 찾아왔다고 꼭 전하라고 신신당부하고 융중을 떠났다.

사실 제갈량은 집에 있었다. 사전에 서서와 연락을 주고받아 유비가 찾아온다는 것을 알았고, 일부로 동자에게 집에 없다고 말하라고 일러두었던 것이다. 제갈량은 방에서 유비의 말투를 다 듣고 있었다. 유비의 말투는 공손했고, 제갈량은 고개를 끄덕였다.

유비도 나름 생각이 있는 사람이었다. 두 번째 제갈량을 방문하기에 앞서 먼저 사람을 보내 제갈량이 돌아왔는지 알아보게 했고, 돌아왔다는 보고를 받고는 바로 융중을 두 번째로 찾았다. 그런데 집에 있던 사람은 제갈량이 아니라 제갈균諸葛均이었다. 물론 이 역시 제갈량이 사전에 안배한 바였다. 이렇게 유비는 백리가 넘는 길을 또 헛걸음했다.

세 번째는 헛걸음이 아니었다. 그런데 동자는 제갈량이 마침 집에 계시긴 한데 낮잠을 자고 있다고 했다. 유비는 기다리는 수밖에 없었다. 세 번이나 되다 보니 그쯤은 만성이 되어 있었다. 그러나 관우와 장비는 화가 잔뜩 났다. 반나절을 기다렸을까? 제갈량은 침상에서 일어났지만 바로 나오지 않고 느긋하게 시 한 수를 읊었다.

생사의 큰 꿈 누가 먼저 깼을까?

평생을 나 스스로 아노라.

초당의 봄, 느긋하게 낮잠을 자고 나도

창밖의 해는 더디고 더디도다.

무장으로서 무시당했다는 생각에 관우와 장비는 벼락같이 화를 냈지만 그걸로 끝이 아니었다. 제갈량은 이어 시 한 수를 더 읊어댔다. 「양보음梁甫吟」이라는 천하에 유명한 시다.

걸음을 옮겨 제나라 성문을 나와 멀리 탕음리를 바라본다.

마을 안 세 기의 비슷비슷한 무덤이 겹친 듯 붙어 있구나.

누구의 무덤이냐 물으니 전강과 고야자라 한다.

힘은 남산을 밀어내고 땅을 끊을 만하구나.

하루아침에 참언으로 복숭아 두 개로 세 장사를 죽였다네.

누가 이 꾀를 냈던가? 제나라 재상 안영이라네.

문밖에서 이 시를 듣고 있던 세 사람 중 둘은 성을 내고 한 사람은 웃었다. 웃으며 기뻐한 사람은 유비였고, 성을 낸 사람은 당연히 관우와 장비였다.

이 시는 춘추시대 제나라의 재상 안영이 복숭아 두 개를 가지고 세 명의 장사를 죽인 '이도살삼사二桃殺三士'라는 고사를 노래한 것이다. 뒤에서 이 고사는 자세히 소개하겠지만 간단히 설명하면 이렇다. 당시 제나라에는 공손무기公孫無忌, 전개강田開疆, 고야자古冶子라는 세 용사가 있었다. 이들은 남다른 무용으로 많은 공을 세웠다. 그러나 자신들이 세운 공만 믿고 오만하게 굴었다. 대신들을 업신여긴 것은 물론 국군조차 안중에 없었다. 당시 재상이었던 안영은 그들의 힘은 인정했지만 두뇌가 없는 자들이라 자칫 나라에 큰 해를 끼칠 것을 걱정했다. 이에 안영은 경공景公과 상의하여 이 세 사람을 제거해 걱정거리를 해결하기로 했다. 마침 노나라 소공昭公이 제나라를 방문했고, 안영은 이 기회를 이용하기로 했다. 연회가 베풀어졌고, 안영은 이 자리에서 새로 딴 아주 귀한 복숭아를 두 국군과 수행한 노나라 대신 그리고 안영이 하나씩 먹고 두 알을 남겼다. 이는 안영이 미리 계산해둔 결과였다. 이어 안영은 신하들에게 자신의 공로를 자랑하게 해서 공이 큰 사람에게 남은 복숭아 두 알을 나눠 주자고 제안했다. 당연히 세 용사가 나서서 자신들의 공을 한껏 자랑했다. 이들은 서로 양보하지 않고 다투었고, 복숭아를 얻어먹지 못한 한 사람이 분에 못 이겨 자살하자 나머지 둘도 의리와 명예 때문에 따라서 자살했다.

유비가 이 시를 듣고 기뻐한 것은 반평생 곳곳을 전전하며 살아오면서 관우나 장비 같은 1당 100의 용맹한 장수는 얻었지만 지혜로운 모사가 없다는 사실을 문득 깨달았기 때문이다. 즉, 안영과 같이 문무를 겸비한 지혜로운 사람을 얻을 수만 있다면 무슨 걱정이겠는가? 그런데 제갈량이 읊는 시가 은근히 제갈량 자신을 관중과 안영에 비유하고 있지 않은가? 그렇다면 그를 초청하여 자신을 보좌하게 할 수 있겠다, 이런 희망이 생겼기 때문에 유비는 기뻐한 것이다.

그러나 관우와 장비는 그렇지 못했다. 이들이 무장이라 문장이나 고사에 정통하지 못했다고는 하지만 '이도살삼사'의 고사는 누구나 아는 유명한 고사였다. 문제는 제갈량의 시 안에는 무장을 업신여기는 기색이 뚜렷했다는 사실이다. 전개강 등 셋은 남산을 밀어낼 정도로 대단한 용사들이었지만 안영의 잔꾀(?)에 넘어가 모두 목숨을 잃었다. 이는 그들의 지적 능력이 한참 뒤떨어진다는 비유이자 유비에게 사람이 없다는 간접적인 지적이기도 했다. 요컨대 제갈량이 관우나 장비를 깔보았다는 것이다. 이 때문에 두 사람은 성을 냈고, 유비는 이들을 다독거렸다.

아무튼 유비는 세 번째 제갈량의 초당 방문에서도 문 앞에 발이 저리도록 서서 기다렸다. 제갈량은 「양보음」을 통해 인재를 애타게 갈망하는 유비의 태도를 확인할 수 있었고, 장차 유비가 큰일을 해낼 수 있는, 즉 자신의 몸을 맡길 만한 어진 주군임을 알게 되었다. 제갈량은 유비를 만난 뒤로는 전과는 전혀 달리 간결하게 겸손의 뜻을 나타내며 통쾌하게 산을 나오겠노라 응답했고, 이로써 '삼고초려三顧草廬'의 장면은 막을 내렸다. 당시 유비는 좌우를 물리치고 제갈량과 단둘이 있는 자리를 만든 다음 이렇게 말했다.

"한 왕조의 강산이 날로 쇠약해지고 간신들이 정권을 훔치니 천자는 먼지를 뒤집어쓰며 도망을 다니고 있소. 나는 내 힘이 얼마나 되는지 헤아릴 길이 없고 그저 천하를 위해 정의를 세우고 싶을 따름이오. 지혜는 얕고 생각은 짧아 늘 실패하다 오늘 여기에까지 이르렀소. 그러나 정의를 세우고자 하는 내 마음은 식을 줄을 모르니 어찌하면 좋겠소?"

제갈량은 당시의 형세를 누구보다 잘 알고 있었다. 이에 천하대세에 대한 자기만의 분석을 이렇게 내놓아 보였다.

"동탁董卓이 나라를 어지럽힌 이래 각지의 호걸들이 너 나 할 것 없이 들고 일어나 한 지역을 차지한 채 패권을 노리고 있습니다. 그 땅과 수가 주와 군을 넘어 헤아릴 수가 없습니다. 조조는 원소에 비해 명망도 떨어지고 역량도 약했습니다만 끝내 원소를 물리치고 강자가 되었습니다. 그 까닭은 시기도 좋았지만 인재의 계획을 받아들인 것도 적당했기 때문입니다. 지금 조조는 이미 백만 대군에 천자를 낀 채 황제의 명의로 제후를 호령하고 있으니 실제로 그와 승부를 다툴 수는 없습니다. 손권의 강동은 벌써 3대째입니다. 지세가 험하고 백성들이 따르며 유능한 인재들이 있는 힘을 다하고 있습니다. 손권은 외부의 후원 세력으로는 좋습니다만 지금으로서는 그와 싸울 수 없습니다. 형주의 북쪽에는 한수漢水와 면수沔水가 있고, 남쪽은 바다와 가까워 모든 자원을 얻을 수 있습니다. 동쪽으로는 오군吳郡·회계會稽와 접하고, 서쪽은 파巴·촉蜀으로 통하는 전략의 요충지입니다. 그러나 현재 형주를 차지하고 있는 유표로는 그곳을 지킬 수 없습니다. 어쩌면 하늘이 그곳으로써 장군을 도울지 모릅니다. 장군께서는 형주를 얻고 싶지 않으십니까? 한편 익주益州는 지세가 험준하고 땅은 넓고 기름져서 물자가 풍부합니다. 한 고조께서 이 지방을 기반으로 삼아 대업을 이루셨습니다. 그러나 익주목 유장은 어리석고 무능합니다. 또 장노張魯가 북방에서 그와 대치하고 있는데 인구가 많고 풍족하지만 백성들을 아낄 줄 모릅니다. 생각이 있고 능력이 있는 사람이라면 누구나 현명한 군주를 만나고 싶어 합니다. 장군은 황실의 후손이고 신의로 천하에 명망이 높습니다. 영웅들을 두루 모으고 목이 마른 사람처럼 인재를 갈망하고 계십니다. 만약 형주와 익주 두 주를 차지한다면 험준한 요충지를 방어하는 한편, 서남방의 소수민족과 좋은 관계를 맺고 대외적으로 손권과 동맹한 뒤 내부를 잘 다스리면서 기다리다가 천하에 변화가 생기면 유리한 기회를 잡아 대장군에게 형주의 군대를 이끌고 남양南陽과 낙양 일대로 진군하게 하십시오. 장군께서는 몸소 익주의 대군을 이끌고 진천으로 나아가시면 백성들은 모두 나와 먹을 것과 술을 받들고 장군을 환영할 것입니다. 이렇게만 된다면 천하통일의 대업은 성공하고 한 왕조는 다시 부흥할 것입니다."

이상이 저 유명한 천하삼분을 설파한 융중대隆中對이다. 이 한 번의 대화에 유비는 완전히 감탄했다. 이렇게 하여 제갈량은 별 볼 일 없는 유비의 실력을 빌려 역사를 바꾸어 삼국정립의 국면을 실현한다. 그야말로 사람이 하늘을 이긴다는 모범적인 사례를 창조했다. '삼고초려'는 지극한 예로 인재를 모신다는 낡은 고사의 반복이 아니라 제갈량의 포부와 정신적 경지가 한껏 실현된 가슴 뛰는 역사의 한 장면이었다.

선진시대 유세가들의 유세 대상은 이미 나라를 가지고 있던 군주들이었다. 성공하면 바로 부귀영화가 따라왔다. 제갈량의 유세 대상은 땅 한 뼘 없는 떠돌이 유비였다. 유비의 선택은 제갈량의 실책이나 마찬가지인 것처럼 보였다. 위 융중대에서 보다시피 제갈량은 당시의 형세를 누구보다 잘 읽고 있었다. 당시 가장 앞선 사람은 조조였고, 그다음은 손권이었다. 유비는 이 두 사람과 애당초 상대가 되지 못했다.

이렇게 멀쩡한 정신으로 정치에 참여한다면 당연히 조조나 손권에게 달려가야 마땅하다. 역사상 많은 사람들이 인의仁義라는 관점에서 제갈량이 한 왕실에

● 제갈량의 '융중대'는 천하 대세에 대한 도전장이었다. 이로써 그는 역사의 흐름을 바꾸었고, 결국 역사 자체를 바꾸었다. 제갈량을 차원이 다른 막료로 평가하는 까닭이다. 그림은 융중에서 천하삼분을 설파하는 제갈량의 모습을 그린 것이다.

충성했기 때문이라 말했다. 어쨌거나 유비가 황족의 혈통 아니냐는 것이었다. 이런 견해는 천박하다. 제갈량이 그렇게 멍청했다면 제갈량이 아니다. 그는 자신을 관중과 악의에 비유했다. 관중과 악의는 각각 춘추와 전국의 영걸들로 재능과 지혜가 남달랐다. 하지만 두 사람 모두 군주에 대한 충성에 목을 맨 사람들이 결코 아니었다. 유비가 자청 황실의 후손이라고 했지만 사실 오랫동안 짚신이나 엮으면서 아주 힘들게 살아온 사람이었다. 그가 진짜 황실의 후손인지도 알 수 없었다. 설사 진짜라 해도 그 혈통이 적통인지 아닌지 누가 알 수 있단 말인가? 유씨 성을 가졌다고 다 유씨의 피가 흐르는 것도 아니지 않은가? 제갈량이 정통을 사수하여 유비의 황실 혈통에

맞추어 한 왕실을 부흥시키려 했다면 익주목 유장이 황실 혈통에 훨씬 가까웠다. 혈통으로 따지자면 유장이 족보도 분명하여 유비보다 순혈에 가까웠다. 그렇다면 유장에게로 달려가든지 유장과 연합하라고 해야지 어째서 조조나 손권과는 싸우지 말고 익주를 먼저 차지하라고 했나? 고리타분한 유가 인물의 말내로라면 골육상잔을 부추긴 것밖에 더 되나? 이 따위의 평가는 정말이지 하등 쓸모없는 가소로운 헛소리에 지나지 않는다.

제갈량의 본심을 추적해보자. 그가 유비에게로 간 유일한 까닭은 한 시대를 크게 내다볼 줄 알았던 그의 포부 때문이었다. 천하가 들끓고 영웅들이 너 나 할 것 없이 분발하던 당시 그는 대세를 향해 도전장을 던졌고, 자신의 재능과 지혜로 역사의 발전 방향을 바꾸고자 했다. 그가 유비를 도와 일어나지 않았다면 조조는 순조롭게 남하하고 손권은 혼자 버티기 어려웠을 것이다. 나머지 사람들은 말할 것도 없다. 그랬다면 역사는 다른 모습으로 바뀌었을 것이고, 『삼국연의』도 없었을 것이다.

유심劉鄩이 능력을 발휘하지 못한 까닭

막료가 막주를 잘못 고르는 일은 여자가 시집을 잘못 간 것과 비슷하다. 우리는 유심의 경력을 통해 현명한 막주를 선택하는 일이 얼마나 중요한가를 직관적으로 목격할 수 있다.

후량後梁(907-923)의 마지막 황제 주우정朱友貞 정명貞明 원년인 915년 7월 진晉의 군대가 남침하여 후량의 덕주德州, 단주澶州 등지를 공략했다. 후량의 개봉부윤開封府尹 유심은 6만을 거느리고 위현魏縣에 주둔했다. 유심은 지혜롭고 꾀가 많은 명장으로 소수의 병력으로 연주兗州와 동관潼關을 기습하여 차지하는 등 기발하고 뜻밖의 계책으로 그 이름을 크게 떨치고 있었다. 역사에서는 이런 유심의 용병을 "한 걸음마다 백 개의 계책이 나온다."고 평가했다.

진나라 군대의 장수는 이존훈李存勖이었다. 두 군대는 보루를 사이에 두고 대치했다. 자신의 능력에 자신감이 대단했던 이존훈은 100여 명의 기병을 데리고 장하漳河를 따라 유심의 군영을 살피다가 매복해 있던 유심의 정예병 5천에 몇 겹으로 포위당했다. 다행히 용감한 부하 장수 하노기夏魯奇가 목숨을 바쳐 이존훈을 지키고 때맞추어 구원병이 와서 포로 신세는 면했다. 이 일로 이존훈은 많이 놀랐고, 유심의 계책에 감탄과 두려움을 동시에 가지게 되었다. 이존훈은 공격 대신 수비에 치중하는 전략으로 바꾸었다.

며칠을 대치하던 중 이존훈은 유심의 군대에 별다른 움직임이 없다는 것을 발견했다. 성 위의 깃발만 펄럭이고 간혹 순찰을 도는 병사들 몇몇만 보일 뿐 전반적으로 적막했다. 사람을 보내 정찰하게 했더니 성안에는 밥 짓는 연기조차 볼 수 없었다. 자라 보고 놀란 가슴 솥뚜껑 보고도 놀란다고 이존훈은 틀림없이 속임수가 있을 것이라며 다시 사람을 보내 정찰하게 했다. 그 결과 성 위를 왔다갔다하는 병사들은 진짜 사람이 아닌 풀로 만든 허수아비였다. 이 허수아비들은 노새에 묶여 노새가 풀을 뜯고 물을 마시려 움직이면 따라 움직이는 것처럼 보였던 것이다.

놀란 이존훈이 사람을 보내 성안을 뒤지게 했더니 남은 사람이라고는 병들고 늙은 사람들뿐이고, 유심의 병사들은 이틀 전에 철수했다는 것이었다.

유심은 진나라 군대가 모두 위주로 출격하여 진양晉陽이 비어 있다는 것을 알고는 귀신도 모르게 군대를 서쪽으로 이동시켜 진양을 습격, 이존훈의 근거지를 흔들려 한 것이다. 유심이 어제 연주와 동관을 습격한 사실을 알게 된 이존훈은 서둘러 기병을 보내 밤낮없이 뒤를 쫓게 했다.

유심은 가볍고 날랜 기병들을 데리고 서쪽으로 진군하고 있었다. 두 군대는 이

틀 거리 정도 떨어져 있었다. 하북 남부에서 산서 중부까지 약 800리로 별일이 없다면 유심의 예상대로 진양을 습격하여 승기를 충분히 잡을 수 있었다. 그러나 하늘이 그를 돕지 않았다. 계속 비가 내려 길이 진탕이 되었고 어떤 곳은 물이 몇 자나 차올라 있었다. 이런 계곡과 습지를 기다시피 느리게 행군한 탓에 병사들의 30% 가까이가 이질과 발 부상으로 죽었다. 이 때문에 전력은 크게 떨어지고 행군 속도는 마냥 느려졌다.

고대 전쟁에서는 자연 조건의 변화가 승부에 중요하게 작용하는 경우가 많았다. 가장 대표적인 예가 적벽대전에서 주유는 동풍의 도움을 받아 조조 군영에 화공을 가할 수 있었다. 그러나 유심은 도움은커녕 방해를 받아 뛰어난 계책도 쓸모가 없어졌다. "사람의 계산이 하늘의 계산을 따르지 못한다."는 말이 딱 이런 경우에 해당한다.

어쨌든 유심의 군대는 천신만고 끝에 낙평에 이르렀다. 진양과는 200리 정도 떨어져 있는 곳이었다. 진의 장수 이사사李嗣思가 먼저 진양에 이르러 만반의 준비를 갖춘 뒤였다. 형세는 역전되었다. 앞에는 준비를 끝낸 진양성이 가로막고, 뒤에는 이존훈의 군대가 뒤쫓아오고 있었다. 식량마저 떨어졌다. 유심은 하는 수 없이 신현莘縣으로 물러나 수비에 들어갔다. 이존훈은 신현 서쪽 30리 지점까지 쫓아와 보루를 쌓고 대치했다. 두 군대에서 피우는 연기를 서로 볼 수 있을 정도로 가까운 거리였고, 이렇게 두 군대는 하루에 몇 차례 전투를 벌였다. 전세는 소강상태로 접어들었다. 전투가 이런 국면에 들어서면 방어를 단단히 한 다음 쉬면서 전력을 보충하여 유리할 때 나가 싸우는 것이 기본이었다. 유심은 초지일관 이 전략을 지켜왔다.

그런데 황제 주우정이 문제였다. 실제 전투 상황은 전혀 생각하지 않고 그저 나가 싸워 적을 깨부수라는 독촉만 내렸다. 유심이 거듭 상황을 설명하며 호소했지만 황제는 듣지 않았을 뿐만 아니라 유심에게 승부를 낼 수 있는 계책을 강구하라고 거듯 옥박질렀다. 유심은 어쩔 수 없이 "지금으로서는 별다른 계책이 없습니다. 다만 군사에게 식량을 충분히 보급해주신다면 적을 격파할 수 있을 것입니다."라고 보고 했다.

싸움에 대해 아는 것이 없는 주우정은 식량이 부족한 상황에서 싸웠다가는 패배가 불을 보듯 뻔한 유심의 곤경은 전혀 아랑곳 않고 "식량을 비축하는 것이 적군을 공격하기 위한 것이냐, 아니면 배를 채우기 위한 것이냐."며 엉뚱한 소리를 해댔다. 이는 정말 가소로운 말이 아닐 수 없었다. 황제라는 자가 "배가 부르지 않으면 힘을 쓸 수 없다."는 단순한 이치조차 모르고 있으니.

이 어리석은 황제는 다시 궁중의 자기 측근을 신성으로 보내 싸움을 독촉했다. 유심의 부하 장병들도 앉아서 곤경을 당하느니 나가 싸우자고 했다. 유심은 장병들을 소집하여 각자 물 한 사발씩을 주고 마시게 했다. 장병들이 어리둥절해하며 서로의 얼굴만 쳐다보자 유심은 "이정도의 물도 마시기 어려운데 도도히 흐르는 저 황하의 물을 어찌 다 마실 수 있겠느냐?"고 했다. 그제야 장병들은 자신들이 있는 곳이 황하에서 그리 멀지 않다는 사실을 깨달았다. 일단 전투에 패하여 강 쪽으로 몰리면 전군이 다 강에 빠져 죽을 수밖에 없기 때문이었다. 모두들 두려운 기색이 역력했다.

그럼에도 불구하고 유심은 황제와 감독관의 재촉에 못 이겨 결국 이듬해 2월에 전투에 나섰고, 예상대로 이존훈의 군대에 패했다. 양나라 군대는

● 뛰어난 재능을 가진 막료라도 어리석은 막주를 만나면 가진 재능은 전혀 힘을 쓰지 못한다. 유심의 사례는 이 점을 가장 잘 보여주고 있다. 사진은 유심의 무덤 앞에 남아 있는 묘비이다.

몇 겹으로 포위당했고, 유심은 수십 명의 병사들과 함께 포위를 돌파했으나 나머지는 모두 몰살당했다. 유심이 예상한 대로 궁지에 몰린 병사들이 개미떼처럼 배에 올라 타 도망쳤으나 배는 무게를 이기지 못해 침몰했다. 무심한 강물은 병마의 절반을 집어삼켰고, 나머지는 진나라 군대에게 섬멸 당했다. 이로써 후량은 원기를 크게 상했고, 결국 얼마 가지 못하고 망했다.

유자우劉子·羽와 유기劉錡의 비극

재능 있는 사람이라고 해서 모두 높은 자리에 있는 것은 아니었다. 대다수가 더 높은 자리에 있는 사람의 눈치를 보고 비위를 맞추어야 했다. 이 때문에 그 상사, 즉 막주의 자질 여부가 몸은 아래에 있지만 재능을 가진 인재의 능력 발휘에 직접 영향을 주었다. 이런 현상은 어느 시대에나 다 있었지만 중국 역사에서는 특별히 송 왕조에서 아주 보편적이었다. 송 왕조의 고관대작들 중에 워낙 뛰어난 인물들이 많아서 재능은 있지만 때를 만나지 못한 불운한 인재들이 별나게 많았는지도 모른다. 그중 가장 대표적이고 가장 비극적인 인물이 유자우(1086-1146)였다.

유자우는 남송 때 금나라에 강경하게 저항한 장수 장준張浚의 부하로 사천성과 섬서성 일대를 책임지며 출중한 재능을 발휘했다. 장준은 그를 요직에 앉혔지만 그의 건의를 진지하게 듣지 않았다.

금나라 군대가 대거 남하하자 장준은 섬서에서 군대를 동원하여 금군을 견제하는 한편 섬서 지역을 수복하고자 했다. 유자우는 이에 반대했다. 그는 섬서의 조건이 무르익지 않았다고 판단했다. 각 지역의 장병들 사이에 협조가 제대로 이루어지지 않아 일단 전투가 시작되면 큰 손실을 입을 판국이었기 때문이다. 장준은 이에 아랑곳 않고 섬서와 감숙 변경의 다섯 부대를 급히 긁어모아 40만 대군을 만든 다음 경략사 유석劉錫을 대장에 임명하여 섬서 중부로 진공하게 했다.

금나라 장수 완안종한完顏宗翰은 김올술金兀術이 이끄는 군대의 지원을 받아 함께 대장 낙색洛索의 군대와 합류하여 송의 군대를 맞이했다.

송의 군대는 부평富平으로 진격했고, 금의 군대가 주둔하고 있는 하규下邽와는 수십 리 떨어진 곳이었다. 유자우는 금의 군대가 아직 안정되지 못했기 때문에 서둘러 공격하자고 했으나 장준은 받아들이지 않고 정면으로 승부하겠다고 했다. 송 이후 대외전쟁에서 나타난 뚜렷한 특징은 적의 상황 변화에 맞추어 대응하지 않고 경솔하게 나섰다가 큰 낭패를 보았다는 점이다. 다시 말해 지나친 자신감에다 성과를 얻지 못하면 어쩌나 하는 염려 때문에 승부를 너무 서둘렀다는 것이다. 특히 지휘부에 있던 사람치고 신중한 자는 극히 드물었다. 장준이란 자가 전형적인 인물이었다. 심지어 그는 금의 군대에 사람을 보내 전투를 벌이자는 선전포고의 글까지 전했다. 금은 이를 무시했다. 그럼에도 장준은 여러 차례 글을 보내 싸우자고 독촉했다. 참으로 가소로운 행동이었다. 금의 주장 낙색이 하규 전선에 도착하자 군을 북으로 이동시켜 송의 군대와 대치했다. 그러고는 몸소 기병 수십을 이끌고 산에 올라 송의 군대를 살폈다. 그 결과 송의 군영에 사람은 많지만 보루 곳곳에 구멍이 나 있어 공격하기 쉽다는 점을 확인할 수 있었다.

장준은 후방 수백 리 밖 분주汾州에 진을 치고 앉아 지휘권을 휘둘렀다. 이는 장준의 습관적인 지휘 방식이었다. 수백 리 밖 무선 전화기도 없는 상황에서 어떻게 지휘를 한다는 것인지 정말 모를 일이었다. 그는 또다시 사신을 금 군영에 보내 정식으로 싸우자고 재촉했다. 그는 정정당당하게 금의 군대를 무찔러 송의 위세를 떨치고 싶었다. 낙색은 회심의 미소를 지으며 이 편지에 답장을 보내 싸울 시기를 약속했다. 송의 군대는 서둘러 전선에 동원령을 내리고 준비에 들어갔다. 전열을 가다듬고 한껏 사기를 높여 쳐들어갈 태세를 취했다. 그러나 낙색은 약속한 시간에 나오지 않았다. 보루의 문들을 단단히 걸어 잠갔다. 고함을 질러도 꿈쩍하지 않았다. 마치 사람을 보고도 못 본 척하라는 훈련을 받은 것 같았다.

송의 장병들은 격앙된 기세로 우르르 몰려갔다가 김이 빠져 돌아왔다. 장준은 오만한 태도로 적병을 비겁하다고 비웃으며 틀림없이 물리칠 것이라며 큰소리를 쳤다. 그 나물에 그 밥이라고, 못난 부하 장수와 막료들도 그에게 맞장구를 치며 여자 옷을 낙색에게 보내 모욕을 주라고 부추겼다. 이는 그 옛날 제갈량이 사마의에게 써먹었던 낡은 방식으로 눈살을 찌푸리게 하는 못난 수였다. 그런데도 이 수를 쓰면 마치 제갈량이 되는 것처럼 우쭐거렸다.

이때 섬서 각 주현의 백성들은 송의 군대가 오자 황제의 군대라도 온 것처럼 곧 해방될 것이라며 환호했다. 백성들은 먹을 것이며 건초 등을 군영으로 보냈다. 이런 자발적 애국 행위는 분명 감동적인 장면임에 틀림없었다. 그들은 또 스스로 나서 군영 옆에다 작은 시설물을 만들고, 마차 등을 이용하여 병풍처럼 둘러 장애물을 설치했다. 송의 군대에 대한 백성들의 기대는 대단히 컸다. 그러나 장준과 같은 이런 무능한 장수에게 이런 행동은 하나도 도움이 안 될 뿐 아니라 오히려 장준의 자만심만 더 높이는 역효과를 낳았다.

한편 유석은 다른 지역의 장수들을 소집하여 군사회의를 열었다. 이들은 장준이 전선에 나서지 않은 채 지휘하는 것이 못마땅해서 그의 지휘를 받으려 하지 않았다. 그런데 유석이란 자 또한 별다른 재능도 없는 데다 장준처럼 자신을 대단히 높이 평가하는 자라 다른 사람의 건의를 들으려 하지 않았다. 원정과 전투에 뛰어난 유기가 "아군이 주둔하고 있는 지세가 싸우기에 불리하니 높은 곳을 차지해야 적이 공격해 올 때 맞받아치기 낫다."고 건의했지만 숫자만 믿고 적을 깔보는 분위기에다 앞쪽으로 갈대밭이 가로막고 있어 금의 기병이 통과하지 못할 것이라며 받아들이지 않았다.

　대신 유석은 용맹한 장병 한 사람에게 큰 깃발을 들고 금의 군영으로 가서 그들을 유인하게 했다. 솔직히 이런 행동은 어린애 장난 같은 짓이었다. 낙색은 보고도 못 본 척 군대를 움직이지 않았다. 대신 낙색은 송의 군대가 느슨해진 틈이나 밥을 먹고 있을 때 갑자기 기습을 가했다. 특히 건너지 못할 것으로 예상한 갈대밭은 보병들에게 나무를 등에 대고 헤엄치듯 빠르게 헤쳐 나가게 했다. 그 뒤를 이어 배불리 먹은 3천의 정예 기병이 전광석화처럼 들이닥치니 송의 군영은 난리가 났다. 조철趙哲이 먼저 적을 맞아 싸웠으나 곧 물러났고, 낙색과 김올술의 대군이 바로 따라 진격해 왔다. 유자우와 오개吳玠가 분전했으나 조철의 철수가 전체 국면을 흔들어놓아 다른 부대들도 맥을 추지 못하고 붕괴되었다. 송의 군대는 대패했고, 잃어버린 병사와 전마는 그 수를 헤아리기 힘들 정도였다. 이 패배로 섬서 지역의 전체 국면이 악화되었다. 금의 군대는 송의 군대를 추격하여 섬멸시켰을 뿐만 아니라 송의 군대를 지원하던 백성들도 전부 색출해서 죽였다. 황제의 군대라며 환호했던 가련한 백성들이 송나라 군대의 부장품이 되고 말았다.

　상황이 이쯤 되자 장준은 더 이상 점잖을 떨고 있을 수 없었다. 대장의 위풍은 온 데 간 데 없이 사라졌고, 혼자 몸이다시피 도망쳤다. 그에게 남은 병사는 친위병 천여 명이 고작이었다. 이때 그를 보좌하던 막료들은 섬서를 버리고 감숙 남쪽으로 물러나거나 사천조차 버리고 기주夔州로 물러나라고 건의했다.

　유자우는 일찌감치 장준에게 섬서에 주둔하고 있는 군은 각자 근거지가 있으니 차분히 정돈하면 반격을 가할 수 있다고 건의한 바 있다. 그러나 지금 빠져나가는 것이 최선이라는 생각을 가진 장준을 보고는 화가 나서 "누가 그런 건의를 올렸는지 당장 목을 베어야 합니다. 지금 급한 일은 흩어진 병사들을 모아 험준한 곳에 나누어 지키는 일입니다."라고 항의했다. 다른 수가 없던 장준은 그제야 유자우의 건의를 받아들였다. 그러나 상황은 몹시 어려웠다. 사방에서 적의 기병이 출몰하고 길은 막혔다. 누구도 나서서 모험을 하려 하지 않았다. 이 위급한 상황에서 모두가 거북이가 목을 감추듯 위축된 채 나서려 하지 않았다. 이 뒤처리도 유자우의 몫이었다. 유자우는 홀로 말에 올라 도망가고 흩어진 부대를 찾아 나섰다. 외로운 수행자와 같은 여정이 시작되었다.

위기와 고난 속에서도 유자우는 감정을 감춘 채 당황하지 않고 냉정하게 다음 대책을 강구함으로써 엉망이 된 서북의 국면과 남은 부대를 추스렸다. 마침내 그는 진주秦州에서 흩어진 대부분의 병력을 찾았고, 계속 병력을 소집하여 10만이 넘는 병마를 데리고 돌아왔다. 장준 휘하의 부대는 이로써 전력을 어느 정도 회복하여 다시 방어선을 칠 수 있었다.

그 뒤 유자우는 한중漢中을 지키라는 명을 받았고, 그는 또 한번 비장한 여정에 올랐다. 당시 금의 군대는 주력군을 결집하여 서남으로 쳐들어가고 있었다. 유자우는 오개와 긴밀하게 연락을 취하며 험준한 곳을 단단히 지켰다. 금이 전력을 다해 공격했지만 엄청난 사상자만 낸 채 공략하지 못했다. 그러나 다른 지역 송의 군대는 상황이 전혀 달라 완전 궤멸 상태에 있었다. 유자우와 오개만 간신히 버티는 상황이 되었다. 금군은 결사대를 조직하여 절벽을 넘어 오개의 후방을 기습했다. 오개는 유자우와 북쪽 선인관仙人關으로 후퇴하기로 약속했다. 유자우는 촉의 바깥 관문을 단단히 지켰고, 금군은 사천으로 진입하지 못했다.

유자우는 300명이 채 안 되는 남은 병사로 삼천현三泉縣의 담독산潭毒山에 보루를 쌓고 수비에 들어갔다. 조건은 최악이었다. 나무껍질을 벗겨 먹어야 할 지경이었다. 여기에 금의 대군이 압박해 오는 절체절명의 상황에서도 유자우는 냉정함과 정확한 판단력을 유지하며 흔들리지 않았다.

유자우는 군사들에게 밧줄로 엮은 탁자 같은 것을 보루 입구로 옮기게 했다. 적이 보루를 공격해 올 지점이었다. 군사들은 울면서 이곳을 지킬 수 없을 것이라 했다. 유자우는 이곳에서 죽을지언정 금군이 사천을 넘게 할 수는 없다고 단호하게 말했다. 당시 금군은 섬서 남쪽을 공략했고, 금군의 장수 완안호完顔杲는 그 여세를 몰아 유자우에게 진격해 왔다. 그 기세를 당하기란 거의 불가능해 보였다. 아무리 험준한 곳이라 해도 겨우 300명으로 막아내는 일은 말 그대로 "사마귀가 수레를 막아서는" '당랑거철螳螂拒轍'이었다.

금군이 마침내 코앞에 이르렀다. 그러나 유자우는 보루 입구의 밧줄로 짠 탁자에 태연히 앉아 있었다. 금군은 선뜻 공격하지 못했다. 지금까지 파죽지세로 송군을 압도하며 여기까지 쳐들어온, 지혜와 용기를 함께 갖춘 완안호도 멈칫할 수밖에 없었다. 산처럼 무거운 자태로 높은 보루 입구에 앉아 있는 유자우의 표정은 말 그대로 평온함 그 자체였다. 완안호는 틀림없이 매복이 있을 것으로 판단하여 병사들을 뒤로 물렸다.

유자우의 이 대응은 제갈량의 공성계를 방불케 하는 것이었다. 그러나 그 내용은 완전히 달랐다. 제갈량은 재상의 신분으로 사람 하나를 잘못 기용한 탓에 어쩔 수 없이 그 계책을 썼다. 유자우는 뛰어난 재능을 가지고도 매번 치욕스럽고 부당한 대우를 받았다. 그는 자신의 재능을 발휘하지 못하고 결국은 다른 사람을 대신해서 뒤치다꺼리를 도맡았다. 앉은 채 적을 물리친 것은 "잘 지는 사람은 망하지 않는다."는 이치를 보여준 사례였지만 그 자리에 앉아 있었던 유자우의 심경이 어떠했을지는 상상조차 하기 어렵다. 소리 없이 고함지르는 자를 이겼지만 그의 심령 깊은 곳에서 터져 나오는 말 못 할 울분의 비명 소리가 귓전을 때린다.

유자우와 마찬가지로 억압을 받았던 같은 송 왕조의 인물로 유기(1098-1162)가 있다. 그의 인생 역시 비극적 결말이었다.

남송의 조정은 진회秦檜가 재상이 되자 금에 맞서 싸우자는 주전파는 타격을 입고 금과의 화의가 이루어졌다. 금은 매년 엄청난 돈과 옷감 등을 화의의 조건으로 내걸고 빼앗은 하남과 섬서의 땅을 송에 돌려주기로 약속했다. 그러나 남송이 파견한 관리들이 땅을 다 돌려받기 전에 금나라 내의 주화파인 달라挞懶가 피살되자 금은 돌려주기로 한 땅을 다시 가져갔다. 남송이 파견한 장수들 다수가 투항하고, 김올술의 대군이 다시 빠르게 변경汴京을 점령한 다음 남쪽으로 진격해 왔다.

당시 유기는 동경부유수로 임명되어 부하 3만7천과 가족들을 데리고 2천 리가 넘는 길을 이동하여 순창順昌에 도착했을 때 금의 군대가 약속을 깨고 남침했다는 소식을 들었다. 이때 김올술은 이미 변경에 안착해 있었다.

순창에는 비축된 식량이 넉넉하여 유기는 참모들과 상의하여 수비에 들어갈 참이었다. 그러나 참모들 다수가 정예병만 남기고 보병과 기병은 노약자들을 데리고 강남으로 물러나자고 주장했다. 이에 유기는 전군이 노약자들을 데리고 이동해 왔는데 철수하게 되면 혼란에 빠질 것이 틀림없고, 그때 적의 기병이 추격해 오면 지켜내기 어려울 것이라 말했다. 그러니 이곳에서 싸우면 금의 군대를 물리치고 살길이 있을 것이라며 이렇게 말했다.

"변경이 함락되긴 했지만 다행히 우리가 이곳에 와서 성을 지킬 수 있게 되었다. 식량도 충분하니 나는 이곳을 지키기로 결심했다. 물러나자는 자가 있으면 목을 베겠다!"

유기는 행여 요행을 바랄지도 모르는 병사들의 기대를 끊어버리기 위해 올 때 타고 온 배를 전부 가라앉혀 죽기로 성을 지키려는 의지를 확실히 보였다. 또 마른 장작을 자기 가족들이 머무르고 있는 집 주위에 쌓게 하고 "만약 패하면 여기에 불을 질러 가족이 적의 손에 들어가지 않게 하라."고 명령했다. 이 얼마나 비장한 결심인가!

장군의 필사 의지를 확인한 병사들은 투지가 타올랐다. 전군의 남자들 너 나 할 것 없이 수비에 임하고, 여자들은 무기를 갈았다. 모두 앞을 다투어 적을 죽이겠다는 의지를 보였다.

순창은 성과 해자가 무너진 곳이 많았다. 유기는 성안의 큰 수레와 무너진 문짝 등을 이용하여 성의 담장을 단단히 보강했다. 아울러 성밖의 1천 호 민가는 불을 질러 금의 군대가 이 집들을 이용하여 성을 공격하지 못하게 차단했다. 준비를 막 끝내자 김올술의 선봉대장 한상韓常이 성 가까이 접근해 왔다. 유기는 천 명의 매복으로 금의 군대가 오자마자 선제 공격을 가해 기세를 꺾음으로써 이길 수 있다는 믿음을 높였다.

유기의 병력은 3만 정도였지만 그중 절반 가까이가 군사의 가족들이라 싸울 수 있는 인력은 1만8천에 지나지 않았다. 반면 금은 정예 4만이 성 아래에 진을 쳤다. 이에 유기는 대담하게 성문을 열라고 명령했고, 금의 군대는 감히 성안으로 들어오지 못했다. 이후로도 유기는 몇 차례의 전투를 승리로 이끌었고, 금의 군대는 20리 밖으로 물러나 진을 쳤다. 유기는 500명의 용감한 병사들에게 밤을 틈타 적의 군영을 부수게 했고, 마침 그날 큰비가 내려 적은 다시 15리 뒤로 물러났다. 유기는 바로 100명을 적의 군영에 잠입시켜 대나무 피리를 불어대게 했다. 방금 전 패배한 금의 병사들은 사방에서 들려오는 피리 소리에 혼비백산했고, 여기에 우레와 번개까지 치면서 큰 혼란에 빠졌다. 100명의 송나라 병사들은 천둥과 번개 사이로 금의 군사가 보이면 공격하여 베고, 천둥과 번개가 멈추면 몸을 숨겼다. 이렇게 하길 몇 차례, 금군은 혼란에 빠져 적과 아군을 구별하지 못한 채 서로를 죽이는 등 아수라장이었다. 날이 밝을 무렵 특공대는 바로 철수했고, 시체가 들판에 널렸다. 작은 대나무 피리 하나로 적을 혼란에 빠트리고, 100명으로 무수히 많은 적을 죽이는 기가 막힌 전술이었다.

이쯤 되자 금군은 잔뜩 겁을 먹고 노파만老婆灣에 엎드린 채 움직이지 않았다. 보고를 받은 김올술은 군을 몰아 순창에 급히 달려왔다. 김올술의 금군은 남송의 군대와 전투하면서 거의 패배하지 않았고, 때로는 싸우지도 않고 항복하는 송군이 적지 않은 터라 김올술이 대군을 소집하여 순창으로 달려오기까지는 7일이 채 걸리지 않았다. 이는 금군의 놀라운 행군 속도이기도 했지만 동시에 김올술이 그만큼 놀랐다는 반증이기도 했다.

김올술이 이끄는 금나라 군대가 순창성 아래에까지 밀어닥쳤다. 이때 이 승리를 이용하여 군대를 뒤로 물리자는 장수들이 또 나타났다. 이에 유기는 여기서 물러나다 금군의 추격을 받게 되면 노약자들이 먼저 죽고 양회 지역도 전부 함락 당할 것이라며 재차 성을 등에 업고라도 싸워 살길을 찾아야 한다고 호소했다.

여기저기 무너지고 약해 보이는 순창성을 눈앞에 두고 김올술은 얼마든지 공략할 수 있는데 왜 패했냐고 부하들을 다그쳤다. 부하들은 이전의 송나라 군대가 아니라고 답했다. 김올술은 이 말을 믿지 못해 공격을 명령했다. 그러면서 비단과 재물 그리고 여자들은 마음대로 갈취하고 남자들은 전부 죽이라며 병사들의 사기를 북돋우었다.

이때 유기는 새로운 계책을 냈다. 적의 교만을 부추기기 위해 간첩을 활용하기로 했다. 유기는 간첩에 자원한 조성曹成 등 두 사람을 불러 다음과 같이 일렀다.

"지금 너희들을 간첩으로 보낸다. 일이 성공하면 틀림없이 큰 상을 내릴 것이다. 너희 둘은 내가 하라는 대로만 하면 된다. 그러면 적이 너희들을 죽이지 않을 것이다. 지금 너희를 순찰 도는 기병대에 넣어줄 테니 적을 만나면 일부러 말에서 떨어져 적에게 붙잡히도록 해라. 적의 장수가 내가 어떤 사람이냐고 묻거든 너희는 똑같이 '천하태평 도련님입니다. 놀기 좋아하고 여자를 밝히는 위인입니다. 송나라가 지금 금나라와 강화를 맺고 싶어서 그를 동경에 주둔시킨 것입니다. 그는 향락과 안락함만 추구하면 그뿐인 사람입니다.' 이렇게 답하도록 해라."

두 사람은 유기가 분부한 대로 했다. 금나라 장수 김올술은 몹시 기뻐하며 성을 공격하려고 준비해둔 대포를 한쪽으로 치우고 마음을 놓았다. 이튿날, 유기가 성루에 올라가 보니 조성 등 두 사람이 돌아오고 있었다. 유기는 사람을 시켜 두 사람을 밧줄로 끌어올리도록 했다. 원래 적군은 조성 등 두 사람에게 형구를 씌워 돌려보냈는데, 형구에는 편지가 한 통 있었다. 유기는 군심이 동요할까 우려되어 즉각 그 편지를 태워버렸다.

이어 유기는 경훈耿訓을 보내 싸움을 걸었다. 김올술은 크게 성을 내며 "내가 네 놈들의 성 하나 부수는 것은 발가락 하나로 걷어차는 것보다 더 쉽다."고 했다. 경훈은 "우리 원수께서는 싸움을 걸 뿐만 아니라 이렇게 말씀하셨다. '김올술은 감히 강을 건너지 못할 것이다.'라고. 그래서 우리 장수들이 특별히 너를 위해 다섯 개의 부교를 제공할 테니 다 건넌 후에 다시 결전을 벌여보자."며 신경을 건드렸다.

이튿날 날이 밝자 금나라 군대는 강을 건넜다. 유기는 사람을 보내 영하潁河 상류 물속과 강 언덕 풀밭에다 독약을 뿌리게 하고는 장병들에게 설사 목이 말라 죽더라도 절대 강물은 마시지 말라고 엄명을 내렸다. 만약 명령을 어기면 구족을 멸하겠다는 단서까지 달았다. 때는 한여름이고 먼길을 온 금나라 군대는 밤낮으로 갑옷과 투구를 벗지 못해 피로가 이만저만이 아니었다.

유기의 군대는 돌아가며 휴식을 취하고 밥을 먹었다. 성 아래에는 양과 말을 풀어놓았다. 반면 적의 병사와 말들은 지치고 굶주리고 목이 말랐다. 강물이 보이자 바로 달려가 물을 마시고, 풀이 보이자 바로 달려가 풀을 뜯었다. 그 결과 모두 중독되어 쓰러졌다. 선선한 아침 내내 유기는 병력을 전혀 움직이지 않았다. 오후가 되자 날

● 어리석은 막주 밑에 있는 막료들도 다 어리석을 것이라는 법은 없다. 유자우와 유기의 비극에서 보았다시피 이들은 누가 뭐라 해도 뛰어난 명장들이었다. 문제는 막주가 어리석으면 아무리 뛰어난 막료라 해도 그 능력을 발휘할 수 없다는 점이다. 더욱이 자유롭게 막주를 떠날 수 없는 구조에서는 막료의 비극은 필연적이었다. 초상화는 유기이다.

은 찌기 시작했고, 금나라 병사들의 사기는 떨어질 대로 떨어졌다. 유기는 수백 명을 몰아 서쪽 문을 나가 적과 교전했다. 이어 수천 명을 남쪽 문으로 보내 적을 습격했다. 유기는 절대 고함을 지르지 못하도록 엄명을 내렸다. 칼날이 부딪치고 적의 목을 베는 소리만 들렸다. 금나라 군대는 참패했다.

유기는 먼저 반간계로 적을 유혹하고, 다시 적장을 자극하는 격장술激將術로 적이 미끼를 확실하게 물게 하고, 다시 독약을 뿌려 적을 곤경에 몰아넣었다. 여기에 찌는 더위와 피로는 적을 늘어지게 만들었고, 최후로 갑작스러운 기습을 통해 적을 타격하여 예상했던 승리를 거둔 사례였다.

적에게 약한 모습을 보이는 등 허와 실을 섞어 구사하는 전략은 전쟁에서 자주 등장한다. 유기는 이런 것들을 긴밀하게 연계하여 서로 맞물려 돌아가도록 하는 절묘한 수순으로 적장 김올술의 코를 확실하게 꿰어 승리를 거두었다.

현실 생활에서도 이런 미끼를 이용하여 상대를 유인하는 일이 적지 않다. 속이는 자들은 흔히 대단히 매력 있고 탐나는 물건이나 정보를 가지고 상대를 유인하는데, 그 실물이나 정보의 신뢰성을 높이기 위해 치밀한 수순을 마련하여 상대의 믿음을 한층 군힌다. 이렇게 해서 한 걸음 한 걸음 정교하게 짜놓은 자신의 그물 속으로 상대를 끌어들여 꼼짝달싹 못 하게 만든다.

이렇게 해서 유기는 최종적으로 불과 5천의 병사로 10만이 넘는 금군을 물리쳤다. 유기는 죽음 속에서 살길을 찾았을 뿐만 아니라 대승을 거두었다.

훗날 완안량完顔亮이 다시 남송에 대한 정벌에 나서면서 남송의 장수들 이름을 꼽으며 누가 으뜸이냐고 물었다. 누군가 유기라고 답하자 다들 입을 다물고 말이 없었다. 이에 완안량은 "보아하니 나밖에는 그를 대적할 사람이 없구나."며 탄식했다. 사실 이는 완안량이 스스로를 과대평가한 말이나 마찬가지였다. 완안량은 김올술을 염두에 두고 유기에게 패한 사람이 누구냐며 자신을 추켜세운 것에 불과했기 때문이다.

그런데 이처럼 절묘한 계책과 전술로 남다른 공을 세운 명장이 조정의 무능한 황제와 신하들의 의심을 사서 그 뜻을 펼치지 못한 채 우울하게 살다가 끝내 피를 토하며 죽고 말았다. 일대 명장 하나가 이렇게 어처구니없이 삶을 마감함으로써 어리석은 황제를 모셨던 송 왕조의 비극적 영웅들이 남긴 비운의 대합창에 또 한 사람이 더해졌다.

3) 한도를 파악하여 마지노선을 넘지 않는다

위魏 명제明帝 때 누군가 초군楚郡의 태수 원안袁安에게 "세상을 떠난 대신 양부楊阜는 충신입니까, 아닙니까?"라고 물었다. 이에 원안은 이렇게 답했다.

"양부와 같은 신하는 '직사直士'라 부를 수는 있어도 충신이라 할 수 없다. 왜 그를 '직사'라 하는가? 신하로서 군주의 행위에서 어긋나는 점을 발견하고 여러 사람이 보는 앞에서 그 잘못을 지적하여 군주의 잘못을 만천하에 드러나게 하는 것은 자신이 강직한 사람이라는 명성을 길어 올릴 수는 있지만 충신이 해야 할 방법은 아니다. 작고한 사공司空 진군陳群은 그렇지 않다. 그는 학문과 인품이 모두 좋았다.

그는 중앙 부처의 고급 관리들과 함께 있을 때도 군주의 잘못을 말하지 않았고 대신 수십 차례 글을 올려 어떤 점이 잘못되었으며 어떤 점은 고쳐야 하는지를 비평하고 건의했다. 다른 사람들은 그가 그런 글을 올렸는지도 몰랐다. 진군은 군주에게 올린 자신의 의견을 떠벌리지 않았다. 그래서 후세 사람들이 그를 덕망이 높은 장자라 칭찬하는 것이고, 이런 사람이 진짜 충신이다."

공로가 있으면 주인의 머리에다 기록하고, 명예가 있으면 주인에게 미루고, 영광의 빛을 주인에게 비추어야지 그 빛을 가로막아서는 안 된다.

구슬을 꿰는 장인의 깊은 뜻

전국시대 제나라의 재상 전단田單이 치수淄水를 건너다 한 노인을 발견했다. 노인도 물을 건너는 중이었는데 찬물 때문에 몸을 떨고 있었다. 전단이 옷을 벗어 노인에게 덮어주었다. 이 모습을 본 양왕襄王이 불쾌한 얼굴로 "전단이 이렇게 사람들에게 은혜를 베풀며 인심을 농락하고 있구나. 내 강산을 빼앗을 생각이 아닌가? 일찌감치 대비하지 않으면 그가 먼저 손을 쓸지도 모르겠다."라고 중얼거렸다.

전단이 노인에게 은혜를 베푼 이 사건에 대해 안자晏子(춘추시대의 안자 안영과는 다른 사람)는 양왕에게 "예의라는 점에서 보자면 좋은 일을 하는 것은 가족의 범위를 넘어설 수 없고, 조정의 관리는 공적인 일을 빙자하여 사적인 일을 꾀할 수 없으니 그런 행위는 막아야 합니다."라고 했다.

안자는 이름난 재상으로 전단의 행위는 군주가 백성을 아끼는 미덕을 드러내는 수단이지 전단이 해야 할 일이 아닌 것이라 지적한 것이다. 군주의 이미지에 손상이

가는 행위로 본 것이다. 그런데 이 문제를 해결한 사람은 저잣거리에서 옥을 다듬는 천한 신분의 장인이었다. 장인은 양왕에게 이렇게 아뢰었다.

> "대왕께서는 전단의 인자함을 칭찬하시고 이렇게 말하십시오. '내가 백성들이 굶고 있지 않을까 걱정하면 전단은 그 사람을 데려와 먹이고, 내가 추위에 떨고 있을 백성들을 걱정하면 전단은 자기 옷을 벗어 그들에게 준다. 나는 전단의 그런 행동에 아주 만족한다.' 전단이 그런 좋은 일을 하면 대왕께서는 그를 칭찬하십시오. 이렇게 하면 전단의 좋은 일이 곧 대왕의 좋은 일이 되고, 백성들은 대왕께 감사할 것입니다."

이후로 사람들은 저잣거리에 모여 "전단이 백성을 그렇게 아끼는 것은 대왕이 그를 이끈 결과라네."라며 왕을 칭송했다.

보아하니 중국인은 하나같이 정치가의 소질을 갖고 있다. 옥을 다듬는 저잣거리의 장인이 이처럼 깊은 실력을 갖고 있으니 말이다.

이 사례를 통해 우리는 이런 점을 읽어낼 수 있다. 막료는 무슨 일을 해야 하고, 무슨 일은 하지 말아야 하는지를 잘 알아야 한다. 또한 자기 자리를 정확하게 잡아야 하고, 자기 분수를 제대로 헤아려 막주의 구역을 밟지 않도록 해야 한다. 그곳은 출입이 금지된 사유지이자 고압선이 흐르는 구역으로 일단 그 선을 넘으면 위험해진다. 전단처럼 다행히 장인이 양왕의 체면을 세워 위기를 넘기는 행운을 바라서는 안 된다.

여기서 다시 다른 예를 들어 이 문제에 대해 토론해보자.

공자의 수제자 중 한 사람인 자로子路가 포蒲라는 지방에서 행정장관을 지낸 적이 있었다. 당시 노나라의 정권은 계씨季氏 수중에 있었고, 계씨는 다섯 달 안에 운하

하나를 개통하려 했다. 이 사업은 백성들에게는 아주 힘든 일이었다. 그런데 이 운하가 마침 자로가 관할하던 지역을 통과하게 되었다. 공사에 동원된 사람들을 격려하기 위해 자로는 자신의 돈주머니를 끌러 먹을 것 등을 사람들에게 나누어줌으로써 공사비의 부족을 메웠다. 이 소식을 들은 공자는 바로 자공子貢을 보내 자로가 만들어놓은 아궁이며 밥그릇 따위를 모두 엎어버리게 했다. 화가 난 자로는 공자에게 뛰어와 "허구한 날 좋은 사람 되고 좋은 일 하라고 가르쳐놓고 지금 제가 좋은 일을 하는데 자공을 보내 훼방을 놓으니 저를 질투하시는 겁니까?"라고 따졌다. 이에 공자는 이렇게 말했다.(오늘날 대화체에 맞게 옮겼다. _옮긴이)

"자로 이 멍청아! 중국의 문화 윤리라는 것이 무엇이냐? 황제가 된 사람은 온 세상 백성들을 다 사랑한다고 말한다. 천하를 자신의 것이라고 생각하기 때문이지. 제후는 자기 경내의 백성들을 사랑한다고 말한다. 자기가 관할하는 땅을 자기 것으로 생각하기 때문이지. 대부도 마찬가지다. 그러나 보통 백성들은 자기 아내와 자식들을 사랑할 수밖에 없다. 직책의 범위를 벗어나 다른 사람의 일에 간섭하는 것은 좋은 마음에서 나왔더라도 좋은 보답을 받지 못한다. 다른 사람의 권력을 침범했기 때문이다."

다행히 자로는 선생의 말씀을 알아듣고 하던 일을 멈추었다. 그렇지 않았더라면 위험했을 것이다.

한 무제 때 하간河間의 헌왕獻王 유덕劉德이 장안에 와서 한 무제에게 인사를 드렸다. 그런데 옷차림이며, 행동거지며, 나가고 물러나는 일거수일투족이 여간 위엄이 넘치는 것이 아니었다. 무제는 겉으로는 이런 모습을 허용했지만 속으로는 아주 불쾌했다. 그래서 헌왕에게 이렇게 말했다.

"상의 탕 임금이나 주의 무왕이 당시 천하를 다툴 때 그 근거지는 70리에 지나지 않았다. 문왕이 거사할 당시 그 근거지는 100리를 넘지 못했다. 그럼에도 천하를 얻었다. 네가 관할하는 땅은 그들이 들고일어났을 때의 땅보다 훨씬 넓으니 잘 해 보거라!"

이 말을 들은 유덕의 등에서는 식은땀이 흘렀다. 자신이 위험한 길에 들어섰음을 크게 깨달았다. 자신의 봉지로 돌아온 유덕은 매일같이 술에 빠져 살았다. 이렇게 해서 다른 마음이 없다는 것을 무제에게 알리려 한 것이다.

자로와 유덕의 사례에서 보다시피 어질고 의로운 일을 행하고 백성을 사랑하는 일이라도 자신의 본분 안에서 해야 한다. 일단 자신의 직권 범위를 벗어나면 그 행위 자체도 통하지 않을 뿐만 아니라 화를 초래할 수 있다. 요컨대 말 한마디, 행동 하나가 자기 분수와 자신의 위치와 자기의 본분에 맞아야지 요리사의 주방을 넘어서는 안 된다. 막료는 막주의 빛을 가려서는 안 된다. 자신의 해야 할 일과, 해서는 안 되는 일을 잘 알아야만 지뢰밭을 밟지 않고 자기 몸을 보전할 수 있다.

● 전단과 자로 두 사람은 단순한 성격의 소유자였다. 전단은 제나라를 멸망의 위기에서 구한 영웅이었지만 정치적 감각은 떨어지는 인물이었다. 자로 역시 불같은 성질 때문에 제명에 죽지 못했다. 모두 권한의 한계, 특히 주군의 심리적 마지노선에 대한 정확한 인식이 부족했다. 사진은 전단의 상이다.

정치의 속성상 경제적으로 막주에게 의존해야 하는 막료는 수동적 지위에 놓일 수밖에 없다. 따라서 막주와 함께할 때는 자신을 파악하고 절도 있게 행동해야 한다. 이는 재능의 문제가 결코 아니다. 일을 처리하는 방법과 원칙의 문제다. 처세는 이런 점에서 예술이다. 외줄을 타는 사람이 왜 사람들의 눈길을 끄는가? 바로 균형과 정도를 정확하게 계산하기 때문이다.

바둑으로 벼슬을 얻은 가현賈玄의 묘수

송나라 때 사람 가현이 태종과 바둑을 둔 적이 있었다. 황제와의 바둑은 결코 좋은 일이 아니었다. 돌아가며 바둑돌을 놓는 단순한 놀음이 아니었다. 이기면 황제의 체면이 깎이고, 져도 황제가 기뻐하지 않는다. 혹시나 봐준 것은 아닌지 의심을 하기 때문이다. 양보해서 질 것이냐, 아니면 양보하지 않을 것이냐의 문제가 여기에 있다.

첫 대국에서 태종은 세 수를 가현에게 양보했음에도 19집이나 가현이 졌다. 큰 패배였다. 태종은 가현이 일부러 졌다고 생각하여 불쾌해하며 "다음 대국에서 다시 지면 벌을 내리겠다."고 엄포를 놓았다.

제2국에서 가현은 꾀를 내어 무승부로 만들었다. 가로세로 19줄의 바둑판 위에 돌을 놓는 이 놀이에서 무승부를 내기란 이기는 것보다 더 어려운 일이었다. 그러니 가현의 실력에 탄복하지 않을 수 없다. 가현은 이긴 것도 진 것도 아니었기에 벌을 피할 수 있었다.

태종은 가현이 여전히 진짜 실력을 다하지 않는 것을 보고는 "이번 대국도 역시 가짜다. 다시 한 판을 두어 네가 이기면 벼슬을 줄 것이고, 지면 물속에 던져버릴 것이다."라고 했다.

벼슬과 물에 처박히는 것, 어느 쪽이 좋을까? 말할 것도 없다. 가현으로서도 꺼릴 것 없이 이기면 그만이었다. 그러나 이 대국도 무승부로 끝났다. 태종은 "네가 선수를 잡았으니 무승부라 해도 네가 진 것이야."라며 가현을 물속에 던지라고 명령했다.

이에 가현은 "잠깐, 제 손에 바둑돌이 아직 하나 남았습니다."라며 손을 뻗어 하나 남은 바둑돌을 태종에게 보였다. 한 집을 이겼던 것이다.

태종은 가현의 재치에 마음을 풀고는 크게 웃었다. 그리고 가현에게 벼슬을 내렸다. 이기면 벼슬을 준다는 말을 들으면 누구나 진짜 실력을 발휘해서 상대를 크게 꺾어버릴 것이다. 하지만 그럴 경우 임금이 난감해진다. 가현처럼 한 집만 이기는 것이야말로 진짜 실력을 보이면서 상대의 체면까지 살리는 방법이다. 한 집을 이기는 것과 수십 집을 이기는 차이가 바로 이렇다. 다 이기는 것이고 다 벼슬을 얻겠지만 수십 집을 이기고 벼슬을 받는다면 황제가 좋아하지 않았을 것이고, 그렇게 벼슬을 받아봤자 가시방석에 앉은 꼴이 될 것이다.

공을 믿고 직언한 백기白起의 억울한 죽음

진시황秦始皇의 중국 통일은 결코 우연이 아니다. 진나라 최고 통치자의 시각으로 이 문제를 보자면 여러 군주의 노력을 거친 결과였다. 그래서 한나라 초기의 정치가 가의賈誼는 「과진론過秦論」이란 글에서 진시황은 6대에 걸친 강렬한 힘을 바탕으로 했다고 지적했다.

진시황의 증조부인 소양왕昭襄王은 56년 자리를 지키면서 문무 모두에서 큰 성과를 남겨 천하통일을 위한 중요한 기초를 닦았다. 백기와 왕흘王齕 등은 이때의 명장들로 진나라를 위해 피와 땀을 바쳤다. 백기는 평생 전쟁터에서 살았고, 특히 장평長平 전투로 그 명성을 천하에 떨쳤다.

기원전 262년, 진나라는 한韓나라의 야왕성野王城을 포위했다. 한나라의 상당군上黨郡은 국내와의 교통이 끊겨 고립되었다. 상당군의 장관 풍정馮亭은 조趙나라에 투항했고, 이 때문에 진나라가 조나라를 공격하는 장평 전투가 벌어졌다.

조나라의 명장 염파廉頗는 첫 전투에서 패배한 뒤 지리적으로 유리한 조나라의 국경 상황에 맞추어 수비에 들어갔다. 진나라 병사를 지치게 만들어 승리하겠다는 전략이었다. 이에 진나라는 이간책으로 조왕으로 하여금 염파를 그자리에서 내치고 마복군馬服君 조사趙奢의 아들 조괄趙括로 대체하게 했다. 조괄은 아버지 조사와는 영 딴판이어서 병법을 놓고 말로는 따를 사람이 없었지만 실제 전투 경험은 없었다. 진나라는 거짓으로 노련하고 경험이 많은 무안군 백기를 교체하여 전선에서 비밀리에 총지휘를 하게 했다. 전선에 도착한 조괄은 바로 수비를 공세로 바꾸었다. 이에 백기는 패배한 척하며 조나라 군대를 깊숙이 유인하여 식량 보급로를 끊고 끝내 대승을 거두었다. 조괄은 화살에 맞아 전사하고 40만이 넘는 조나라 군대는 항복했다. 백기는 40만이 넘는 조나라 군대가 혹시나 반발하면 통제가 불가능할 것으로 판단하여 전부 산 채로 파묻어 죽였다. 기원전 260년 5월의 일이었다. 이 일로 조나라 사람들은 진나라 군대 이야기만 들어도 벌벌 떨었고, 조나라는 더 이상 힘을 쓰지 못하고 주저앉았다.

전쟁터에서 백기가 세운 공로로 말하자면 장평 전투는 아무것도 아니었다. 그는 일찍이 기원전 294년 진나라의 장군에 상당하는 좌서장左庶長에 임명되어 한나라와 싸웠고, 그 뒤 다른 나라들의 70개가 넘는 성을 공략하여 100만에 가까운 군대를 없앴다.

장평 전투의 승리는 백기에게는 생애의 정점이자 변곡점이기도 했다. 장평 전투를 승리로 이끈 백기는 군대를 두 갈래로 나누어 조나라 상당군 전체를 공략하고 바로 승기를 몰아 조나라 수도 한단을 점령하여 조나라를 멸망시키려 했다. 이때 조나라는 물론 국경을 접하고 있는 한나라와 위魏나라도 백기의 계속된 공격에 겁을 먹고 유세가 소대蘇代를 진나라 도성 함양으로 보내 진나라 실권자 응후應侯 범수范雎에게 유세하게 했다. 소대의 유세 내용은 이랬다.

지금 무안군武安君 백기의 공로가 하늘을 찌르고 있다. 그런데 이번에 또 조나라를 멸망시키고 돌아오면 서열이 3위 안에 들 것이고, 당신(범수)의 재상 자리도 지키기 힘들어진다. 그런데 진나라가 군대를 철수하면 한나라와 조나라는 땅을 떼어 바치며 평화를 구걸할 것이니 진나라는 싸우지도 않고 땅과 백성을 얻게 된다. 이렇게 싸우지 않고 땅과 사람을 얻을 수 있는 공을 차지하려 하지 않고 어째서 싸움으로 무안군 백기의 공을 더 보태주려 하나?

범수는 소양왕에게 진나라 병사들이 지쳤으니 조와 한 두 나라의 요청을 받아들이라고 설득했고, 소양왕은 범수의 말을 받아들였다. 이로써 한단을 공격하려던 백기의 계획은 좌절되었다. 이 일에 범수가 간여되었다는 말을 들은 백기는 범수와 척을 지게 되었다.

얼마 뒤 소양왕이 다시 조나라를 정벌하려 하자 백기는 병이 들어 출전할 수 없었다. 소양왕은 오대부 왕릉에게 조나라 수도 한단을 공격하게 했다. 그러나 결과는 패배였다. 몇 달 뒤 백기의 병이 낫자 소양왕은 백기에게 조나라의 공격을 맡기고자 했다. 백기는 이렇게 말했다.

"한단은 확실히 공략하기가 쉽지 않습니다. 당초 장평에서 패했을 때 조나라 사람들은 떨었고 한단도 하룻밤에 몇 번이나 놀랐습니다. 그때 공격했어야 합니다. 지금 조나라 병사들의 당시 고통은 이미 진정되었고, 게다가 노장 염파가 방어를 이끌고 있습니다. 여기에 제후국들이 조나라를 돕기라도 하는 날에는 우리 진나라는 앞으로 조나라의 저항, 뒤로 제후국의 포위에 직면하여 패할 것이 뻔합니다. 신은 출정할 수 없습니다."

이에 소양왕은 몸소 백기를 찾아가 다시 청했지만 백기의 마음을 돌리지 못했다. 소양왕은 범수에게 백기를 찾아가 부탁하라고 했다. 그러나 백기와 범수의 사이는 오래전에 깨진 터라 백기가 범수의 체면을 세워줄 리 만무였다.

소양왕은 이 일로 백기에게 불만을 품지 않을 수 없었다. 소양왕은 왕릉 대신 왕흘에게 한단을 공격하게 했다. 결과는 백기의 예상을 벗어나지 않았다. 조나라는 완강하게 버텼고, 여기에 초나라가 구원병을 보냈다. 왕흘의 공격은 실패로 끝났다. 이 소식을 들은 백기는 빈객에게 "내가 일찌감치 조나라는 쉽게 이길 수 없다고 했거늘 대왕께서 내 말을 듣지 않더니 지금 어찌되었나."라고 했다.

백기의 이 말이 왕의 귀에 들어갔다. 소양왕의 심기는 더욱 불편해졌다. 이제 이 일은 장수를 맡고 안 맡고의 문제가 아니었다. 백기의 말 속에 자기 생각이 왕보다 낫다는 뜻이 분명했고, 이는 군신 관계에서 가장 중대한 금기의 하나였다. 봉건시대의 일반적 상황에서 공로와 시시비비는 군왕의 몫이다. 신하의 생각과 의견이 아무리 수준이 높아도 그것은 군왕이 가르치고 깨우쳐준 결과여야 한다. 군왕의 의도를 우연히 어느 정도 일깨워주었다는 정도까지는 말할 수 있겠지만, 대놓고 자기 생각이 왕보다 낫다고 말하면 보통 군주는 용인하지 않는다.

소양왕은 화를 참고 다시 백기에게 조나라 정벌에 나서라고 압박했다. 백기는 병을 핑계로 거절했다. 왕은 또다시 범수를 보냈지만 역시 거절당했다. 범수는 소양왕에게 "백기가 진짜 아픈지 어쩐지는 알 수 없습니다만 출정을 거부하는 것만은 확실합니다."라고 보고했다.

마침내 소양왕이 폭발했다. 백기의 관작을 박탈하고 음밀陰密이란 곳으로 내쳤다. 이 무렵 백기는 석 달 동안 어느 정도 병이 나서 움직이지 못했다. 음밀로 못 간 것은 당연했다. 그런데 이 석 달 사이 진나라의 패배 소식이 끊임없이 들려왔다. 소양왕은 더욱더 난감했다. 화가 나고 수치스러웠다. 다시 사람을 보내 백기를 재촉했고, 함양에 더 머물지 못하게 했다.

백기는 하는 수 없이 함양 서쪽 문을 나서 음밀로 향했다. 움직이기 전에 백기는 이렇게 탄식했다.

"당시 범려는 '약삭빠른 토끼를 잡으면 사냥개는 삶긴다.'고 했지. 내가 진왕을 위해 20년 넘게 전쟁터에 나가 70개가 넘는 성을 공략했으니 이제 사냥개가 삶기듯 삶길 때가 되었겠지."

그런데 또 어떤 자가 이 말을 왕에게 보고했다. 소양왕은 범수 등과 상의한 끝에 "백기가 떠나면서도 불쾌해하며 원망의 말을 늘어놓는구나."라며 마침내 백기에게 자결을 명령했다. 백기가 두우杜郵에 이르렀을 때 진왕의 특사가 도착하여 보검을 내리며 자결 명령을 전했다. 백기는 검을 어루만지며 "내가 하늘에 무슨 죄를 지어서 이 지경에 이르렀단 말인가."라고 탄식했다. 그러고는 잠시 뒤 "나는 죽어 마땅하다. 장평에서 항복한 조나라 병사 수십만을 속여서 모두 파묻었으니 죽어 마땅하다."며 자결했다.

한 시대에 탁월한 공적을 남긴 일대 명장의 최후가 이렇게 막을 내렸다. 누구를 원망하겠는가? 소양왕이 좀더 너그러웠더라면, 범수가 그의 공을 질투하지 않았더라면

● 일대 명장 백기의 자결은 막주와 막료의 관계 설정, 특히 넘지 말아야 할 관계의 마지노선에 대해 많은 것을 말해준다. 무장들 중에는 정치가가 될 수 없는 순진무결한 사람들이 많았다. 백기가 그랬고, 한나라 초기의 명장 이광李廣도 그랬다. 백기의 초상화이다.

이런 비극은 당연히 없었을 것이다. 백기 자신에게는 문제가 없었던가? 만약 백기가 군주 대하기를 호랑이를 마주친 것처럼 조심하고 경계했더라면, 만약 자신의 생각을 그렇게 강하게 강조하지 않았더라면, 만약에 마지막으로 함양을 떠나기에 앞서 그런 불만을 나타내지 않았더라면 억울하게 죽지는 않았을 것이다. 안타깝게도 '만약'은 존재하지 않는다.

식객을 거두지 않는 또 다른 의미

서한 때 소건蘇建이란 사람이 대장군 위청衛靑에게 이런 질문을 던진 적이 있다.

"대장군의 공로와 신분이 더할 수 없이 크고 무거운데 천하의 대부들은 대장군을 칭송하지 않습니다. 옛 명장들에 관해 더 공부를 하시고 재능 있는 사람들을 식객으로 길러 그들을 벼슬자리에 추천하면 좋지 않겠습니까? 그렇게 하시면 좋은 명성도 얻고 장군의 식객들이 천하에 가득 찰 것 아닙니까?"

이에 대한 위청의 답이다.

"사대부들을 모아 그중에서 유능한 사람은 기용하고 재능과 학식이 떨어지는 자들을 내치는 일은 황제 폐하의 직권이다. 신하인 내가 사람을 길러 뭐 하자는 건가?"

위청의 이 말에는 심오한 이치가 내포되어 있다. 유능한 인재를 부르고 기용하는 일은 황제만이 할 수 있는 일로 신하의 직권 범위를 넘어선다. 신하가 그랬다간 황제의 이목을 끌고 의심을 사서 위험해진다. 신하는 신하의 본분을 알아서 자기 일을 잘 해야지 마지노선을 넘어 명예를 탐하고 세력을 키워 자신을 드러내려 해서는 안 된다. 병권을 쥐고 있는 사람이라면 특히 그렇다.

위청은 원래 평양平陽 공주의 가노家奴라는 미천한 신분이었다. 훗날 누이 위자부衛子夫가 황후가 되면서 위청은 치맛바람을 타고 무제에게 중용되었고, 시간이 흐르면서 대장군에 장평후長平侯라는 작위까지 받았다. 무제 원삭 2년인 기원전 127년, 위청은 군대를 이끌고 흉노를 크게 무찌르고 하투河套 지구를 통제하기에 이르렀다.

8년 뒤인 기원전 119년에는 조카 곽거병霍去病과 함께 흉노의 주력군을 무찌르는 등 전후 일곱 차례 정벌 전쟁을 치르며 흉노를 사막 깊은 곳까지 몰아내어 한나라에 대한 흉노의 위협을 해소했다. 무제는 평양공주를 위청에게 시집보냈다. 이렇듯 위청은 빛나는 군공에다 황가와 인척 관계를 갖게 됨으로써 그 권세와 부귀가 하늘을 찌를 정도였다.

그럼에도 불구하고 위청의 두뇌는 상당히 깨어 있었다. 동료들에게 자신의 공을 자랑하거나 명성과 이익을 다투지 않았다. 황제에게는 늘 부드럽고 공손한 태도로 대했다. 황제는 이런 위청에 대해 마음을 놓았다. 이렇게 해서 위청은 부귀와 명예에 으레 따라다니는 동료들의 시기와 질투, 권력자의 의심을 피하고 느긋하게 자리를 누렸다.

그러나 지식인 사대부들과는 그다지 좋은 관계를 갖지 못했다. 그가 빈객들을 좋아하지 않았기 때문이다.

조카 곽거병은 위청과 달랐다. 위청 문하에 있던 사람들이 곽거병에게로 가면 금세 관직을 얻었다. 이 때문에 문인 사대부들은 위청에 대해 좋은 말을 하지 않았다. 이는 위청이 자신의 공로를 믿고 사대부들을 깔보거나 그들과 어울리길 싫어해서가 아니었다. 또 위청이란 사람이 고고해서 교류를 잘 못하는 것도 아니었다. 그나마 있는 빈객과 식객들을 제대로 접대하지 않은 것은 더더욱 아니었다. 이는 자신이 할 수 있는 일의 범위를 넘어 마지노선을 밟지 않겠다는 위청 자신과의 약속 때문이었다.

이와 관련해서는 앞선 사례가 있었다. 위청으로부터 그리 오래지 않은 경제 때 위기후魏其侯 두영竇嬰, 무안후武安侯 전분田蚡은 널리 빈객들을 불러모아 자신들의 세를 과시했다. 끊임없이 관리를 추천하는 등 황제의 권한을 침범하여 경제의 불만을 샀다. 경제는 듬직하게 자중하지 못하고 자기 자랑에 바쁜 두영은 재상으로 알맞지

● 위청은 당시 모든 면에서 최고의 권세와 명예를 누릴 수 있는 위치에 있었다. 무장임에도 불구하고 그는 당시의 정치 상황과 역사적 교훈을 잘 이해하여 자신의 한계를 명확하게 그었다. 막료로서의 신분과 그 한계를 제대로 파악한 막료가 성공할 수 있다. 사진은 한 무제(가운데), 위청(왼쪽), 곽거병의 석상이다.

않다고까지 말할 정도였다. 또 끊임없이 관리를 추천하는 전분에 대해서는 그의 면전에 대고 "아직 추천할 관리가 남았는가? 나도 관리들 좀 임명하자."며 노골적으로 불만을 나타냈다.

빈객을 불러모으고 재능 있는 인재들을 기르는 풍조는 일찍이 춘추시대 이후 하나의 유행이 되었다. 당시는 천하가 누구 손에 들어갈지 정해지지 않은 상황이라 세력 확대를 통해 정치의 각축장에 뛰어들려 했기 때문이다. 그러나 무제 시대는 달랐다. 무제는 절대 권력을 장악했고, 위협이 되는 정치세력의 존재를 인정할 수 없었다. 하물며 경제 때 이미 권세가들의 이런 풍조가 크게 문제가 되지 않았던가!

위청은 역사와 당대의 교훈을 받아들여 애써 빈객들을 모으지 않았고 관직에 추천하지 않음으로써 자신도 모르는 사이에 마지노선을 밟아 화를 당하는 것을 막았던 것이다.

4) 부드러운 바람처럼 일하되 다투지 않는다

'부드러운 바람처럼'이란 말은 변화를 추구하라는 뜻을 담고 있다. 모든 지식과 학문 그리고 그 방법은 죽은 것들이다. 막료가 되는 데 정해진 법이나 공식은 없다. 일이 닥치면 그에 맞추어 변화를 주어야 한다. 선현의 사례는 참고가 될 뿐이지 고지식하게 그대로 본받아서는 안 된다. 이것이 바람의 성질이다.

어떤 고승이 아리따운 여자가 발을 헛디뎌 물에 빠지는 모습을 목격했다. 고승은 그녀를 물에 꺼내 인공호흡을 하여 살려냈다. 불교의 계율은 여색을 멀리하라고 했으나 고승은 그녀를 구하지 않는 것은 중생을 구제하라는 가르침과 어긋나는 일이라 판단했다. 계율과 가르침이 서로 어긋나는 이 모순된 상황에서 어떻게 하는 것이 옳은가? 머뭇거리다가는 사람이 죽는다.

나서서 일을 해도, 일을 하지 않아도 막주의 마음에 차지 않을 수 있다. 어떤 때는 아무것도 하지 않는 것도 한 방법이자 막료로서의 태도가 될 수 있다. '부드러운 바람처럼' 막주와 동료들과의 관계를 처리하는 것도 한 방법이다. 그렇게 해서 자연스럽게 융합을 이룰 수 있기 때문이다. 일을 하는 것은 말 그대로 일을 위해 하는 것이고, 일을 하지 않는 것은 인간관계를 처리하기 위해 하지 않는 것이다. 이 구분은 분명하다.

자연을 본받아 억지로 추구하지 않고, 바람처럼 구속받지 않으면서 딱히 정해진 법칙 없이 편안한 심경을 유지하는 것이다. 인간은 자연과 어울려 심신을 느긋하게 만들 수 있다. 우리가 앞에서 말한 자신의 몸을 지키고, 가려가면서 나아가고 물러가는 것이 유가의 관념이라면, 억지로 일삼지 않고 부드럽게 처신하는 것은 도가의 처세 원칙이다. 막료는 대체로 투쟁의 소용돌이 속에 있다. 늘 긴장해야 하고 많은 일에 신경을 써야 한다. 따라서 막료들과 다투지 않고 서로 양보하는 일은 대단히 어렵고 희귀한 경우다. 사람이 무엇을 위해 왜 다투는가? 나은 생활, 즉 풍족한 의식과 편안하고 자유로운 삶, 남보다 큰 권력 등등 때문이 아니겠는가? 그런데 사람들은 왕왕 이 과정에서 자연스러운 심정을 포기한다. 그 결과 마음은 늘 긴장되고 우울하여 추구하고자 하는 근본을 잃거나 심지어 출발점조차 잃어버린다. 자연을 본받으라는 말은 세속을 떠나라는 말이 결코 아니다. 세속을 떠나는 것은 소극적인 인생 태도다. 투쟁의 중심에 있는 막료 관련 조직에서는 인간의 심성을 오로지 자신이 지키지 않으면 안 된다.

동료나 막주와 일정한 거리를 유지하는 일은 겨울날의 '고슴도치 철학'과 같다.(고슴도치 철학이란 다른 말로 '고슴도치 딜레마'라고 한다. 겨울에 두 마리의 고슴도치가 모여 서로를 따뜻하게 해주고 싶지만 가시 때문에 가까이 갈 수 없다는 쇼펜하우어의 우화에서 기원했다. 자립과 상대와의 일체감이라는 두 가지 욕망에 대한 딜레마를 말한다. _옮긴이)

여기서 말하는 일하지 않는다는 '무위無爲'는 정말 한가하게 아무 일도 하지 않는다는 뜻이 결코 아니다. 노자가 제창한 '무위'는 세상을 벗어나라는 철학이다. 유가는 진취를 주장하며 세상 속으로 들어가라는 철학이다. 이 둘은 고대 중국 지식인의 처세철학을 구성했다. 즉, 세상을 벗어나는 태도로 세상의 일 속으로 들어가라는 것이다. 나가면 공명을 얻고 세상을 구제하며, 벗어나면 산속에 숨어 수양한다. 이 둘은 표면적으로는 모순이지만 실제로는 일치한다. 현명한 사람의 은거는 세속을 벗어나는 것이 아니라 심리의 평정을 유지하기 위한 것일 뿐이다.

산 조참曹參이 죽은 소하蕭何를 받들다

무력과 법을 빌려 천하를 제패한 진나라는 한비자가 말한 "바꿀 것이냐 바꾸지 않을 것이냐에 대해 성인은 개의치 않는다. 그저 상황에 맞추어 다스릴 뿐이다."(『한비자』「남면」)는 이치를 몰랐고, 형세가 무엇을 요구하는지 깨닫지 못한 채 그저 바꾸고 일만 벌이고 가혹한 법 집행으로 백성들의 힘을 남용했다. 세금은 가혹했고, 문화 방면에서는 야만적인 독재로 일관하여 결국 농민 봉기와 전국적으로 이미 망한 6국의 귀족들을 들고 일어나게 만들었다. 겨우 10여 년을 통치하고는 역사의 뒤안길로 사라졌다.

유방은 한 왕조를 세운 뒤 진나라 멸망의 교훈에 대해 무척이나 신경을 썼다. 이에 육고陸賈가 12편의 논문을 써서 하나의 책으로 만들자 유방은 이 책을 『신어新語』라 불렀다. 육고의 관점은 "억지로 일을 만들지 않고 다스리자."는 노자의 '무위이치無爲而治'와 전설 속 황제의 통치방식을 결합한 황로학黃老學에 바탕을 두고 있었다. 그는 이렇게 말했다.

"일이 번거로울수록 세상은 더 어지러워지고, 법이 많아질수록 백성은 기세가 더 세지고 적도 더 많아집니다. 진나라가 다스리기 싫어서 못 다스린 것이 아닙니다. 백성에게 포악하게 굴고 형벌이 지나쳤기 때문입니다."

요컨대 '억지로 일삼지 않고 다스리는' 것이 오래가는 방법이라는 것이다. 유방은 이 의견을 받아들였다. 이렇게 해서 황로학에 대한 숭상은 한나라 초기 정치의 특징이 되었다.

'무위이치'의 관점은 정치에 응용되었을 뿐만 아니라 더 중요한 것은 인간관계를 처리하는 데 활용되었다는 점이다. "소하가 만들고, 조참이 따랐다."는 '소규조수蕭規曹隨'는 바로 이 점을 잘 보여주는 고사로 남아 있다. 과거 역사가들은 이 고사의 의의를 주로 치국에 두었지만 실제로는 조참의 처세 방법이기도 했다.

유방에 이어 아들 혜제惠帝가 즉위할 때까지 승상은 줄곧 소하였다. 혜제 2년인 기원전 194년 7월, 원로 소하가 중병이 들었다. 혜제는 몸소 병문안을 갔다. 혜제와 소하의 대화다.

"100년 뒤 누가 승상의 자리를 물려받을 수 있겠습니까?"

"주상만큼 신하를 아는 사람이 누가 있겠습니까?"

"조참은 어떻습니까?"

"주상께서 정말 사람을 잘 보셨습니다. 그 사람이면 저는 죽어도 여한이 없습니다."

소하는 얼마 뒤 세상을 떠났다.

조참은 본래 무장으로 유방을 따라 전쟁터에서 잔뼈가 굵은 사람이었다. 그가 세운 공은 누구 못지않았다. 그러나 건국 후 논공행상에서 1등 공신이 된 소하와 틈이 벌어져 두 사람은 서로 내왕을 하지 않았다. 그 뒤 조참은 제나라 승상이 되었다. 여기부터 조참은 자신의 스타일을 바꾸었다. 육고가 건의한 대로 황로학을 받들어 차분히 억지로 일삼지 않는 정치를 해나갔다. 소하가 임종을 앞두고 조참을 자신의 후임으로 추천한 일은 정말 통이 큰 모습이자 아름다운 일화가 아닐 수 없다. 소하는 인격이란 면에서 조참보다 한 수 위였다.

소하의 뒤를 이은 조참은 아무 일도 하지 않았다. 새로운 일도 만들지 않고 그저 모든 일을 소하가 만들어놓은 대로 따라 했다. 이는 모든 사람의 예상을 빗나간 처신이 아닐 수 없었다.

그는 각 군에서 문장이 소박하고 중후한 장자의 풍모를 지닌 관원들을 승상부의 소속 관리로 선발했다. 반면 화려한 문장과 공명을 추구하는 자들은 모조리 내보냈다. 그리고 조참은 밤낮 없이 술로 세월을 보내며 정치는 돌보지 않았다. 다른 관리들과 빈객들이 이런 그에게 충고하기 위해 찾아오면 그는 술상을 차려 술을 대접했다. 중간에 무슨 말이라도 하려고 하면 바로 술을 따라 취하게 만들었다. 어떤 때는 빈객들이 단 한마디도 못 하고 자리를 떠났다.

조참은 작은 실수는 그냥 넘겼을 뿐만 아니라 방법을 찾아 도와주기까지 했다.

이렇다 보니 승상부는 조용하다 못 해 썰렁했다.

조참에게는 조줄曹窋이란 아들이 있었는데, 중대부中大夫로 있었다. 젊은 황제 혜제는 조참이 조정의 일은 아랑곳하지 않는 모습을 보고는 속으로 놀라 "조 상국(당시 재상을 부르던 이름)이 나를 무시하고 있는 것 아닌가?"라고 생각했다. 그래서 아들 조줄에게 "집으로 돌아가거든 틈을 봐서 아버지께 '고조 황제께서 세상을 떠나신 지 얼마 되지 않고 지금 황상은 젊기 때문에 군왕을 보좌하여 천하를 다스리는 일은 시각을 다투어야 할 정도로 급하고 큰일이거늘 상국이라는 중요한 자리에 계신 분이 하루 종일 술만 마시며 군왕을 만나지도 않고 정사를 처리하지도 않고 있으니 그러고도 상국이라는 중직을 맡으실 수 있냐?'고 여쭤보시오. 이 이야기를 내가 했다는 말은 절대 하지 말고."라고 말했다.

그 후 휴가를 받은 조줄은 집에 돌아와 아버지 조참을 모실 기회를 이용하여 황제가 한 말을 가지고 아버지에게 충고했다. 조참은 벼락같이 화를 내면서 아들에게 곤장 200대를 치게 하고는 "빨리 궁으로 돌아가서 황제를 모셔라. 너는 아직 천하의 일을 논할 자격이 없느니라."라며 아들을 궁으로 돌려보냈다.

이 이야기를 들은 혜제는 조참이 입조하자 "어째서 아들을 그렇게 야단치셨소? 실은 내가 그에게 시켜서 한 말인데."라며 조참을 나무랐다.

그러자 조참은 황급히 관모를 벗고 무릎을 꿇은 다음 황제에게 사죄했다. 그러고는 이렇게 말했다.

"폐하께서는 한번 생각해보십시오. 폐하의 영명하심을 고조 황제와 비교한다면 어떻습니까?"

"내가 어찌 선제와 비교될 수 있겠소!"

"그럼 전임 재상 소하와 저는 누가 더 재능이 뛰어나다고 생각하십니까?"

"그야 소하가 낫지요."

"폐하의 말씀이 백번 옳습니다. 고조 황제와 소하는 함께 천하를 평정하셨고, 그분들이 만든 법령은 아주 분명하고 깨끗합니다. 지금 폐하께서는 뒷짐만 지고 계시면 되고 저는 그 법령들을 어기지 않고 그저 제자리만 잘 지키면 천하가 태평할 것 아니겠습니까?"

"맞는 말씀이오!"

이 일화는 '무위이치'의 구체적인 방법이 어떤 것인지를 잘 보여준다. 이 방법은 힘도 마음도 덜 쓰고 모두를 기쁘게 만든다. 그 뒤 문제와 경제 역시 이 방식으로 통치하여 역사상 '문경지치文景之治'로 칭찬 받는 좋은 시기를 만들어냈다.

'무위이치'가 어느 시대나 통하는 것은 물론 아니다. 당시의 구체적인 사회정세를 봐가며 실행해야 한다. 하물며 '무위'라고 정말 아무 일도 하지 않는 것이 절대 아니다. 한나라 초기에 이 방법이 먹힌 것은 "진나라의 제도를 한나라가 계승한다."는 큰 전제 조건과 관련이 깊다. 진나라의 제도를 먹을 것을 요리하는 것에 비유하자면 한나라 초기는 그 요리를 먹고 천천히 소화하는 과정이었다. 사회와 정치도 이처럼 만드는 것과 소화하는 것을 구별해야 한다.

송나라 때 개혁가인 왕안석王安石이 법을 바꾸는 변법 개혁 시기 송나라는 이미 약해질 대로 약해진 상태였다. 말하자면 한참을 굶주린 사람과 같아서 서둘러 먹을 것을 찾아 배를 채워야 하는 상황이었다. '무위'는 배를 채운 다음 내세워야 하고, 조상들의 좋은 법도도 그런 다음 받들어야 한다. 만약 거기 앉아 소화한다고 하면 소화하는 것은 자기 지방, 피부, 혈액 그리고 목숨이다. 또한 청나라 말기에 폐쇄적 봉건사회는 숨이 끊어질 상황이었다. 제국주의의 대포와 함대가 문을 열었고, 국내는 아편이 활개를 쳤다. 잔뜩 쌓여 있던 백은이 다 빠져나갔고, 백성들은 병이 들었다.

● '소규조수'는 오늘날 정치와 조직 관계에도 시사하는 바가 적지 않다. 전임자가 만든 좋은 시스템과 계획을 이어받기는커녕 무조건 다 뒤집거나 폐기함으로써 일과 조직을 엉망으로 만드는 경우가 많기 때문이다. 사진은 소하(왼쪽)와 조참의 조각상이다.

안팎으로 불치병이 든 이런 상황에서는 아무리 바꾸지 않고 옛것을 지키려 애를 써봤자 두들겨 맞고 쓰러질 수밖에 없었다. 이런 상황에서의 '무위'는 마음에는 들지 모르지만 보험료만 올라갈 뿐이다. '무위'는 모든 상황, 모든 시대에 적용할 수 없다.

정치라는 각도에서 빠져나와 처세에 초점을 두고 동료와의 관계를 다시 보아도 '소규조수' 고사에는 또 다른 점이 있다.

조참과 소하 사이에는 갈등과 모순이 있었다. 그것은 명예와 이익을 다투는 과정에서 나왔다. 그러나 소하는 죽기 전에 뜻밖에도 자신의 후임으로 조참을 추천했다. 이렇게 해서 소하는 명예를 선점하고 자신은 개인적 감정에 흔들리지 않는 사람이라는 것을 보여주었다. 한편 승상 자리를 이어 받은 조참은 소하와의 묵은 감정이 있기 때문에 자기가 하고 싶은 대로 일을 처리할 수 있었다. 누구든 그러리라 예상했다. 대부분의 사람들은 그런 식으로 분을 풀고 자신을 부각시킨다. 하지만 그렇게 했다면 은혜를 저버리는 자라는 인격상의 오명을 얻어 소하의 사심 없는 양보와 선명한 대조를 이루었을 것이다. 또 이런 점도 생각해보자. 당시 스스로 승상 자격이 있다고 생각하는 사람이 소하 한 사람뿐이었을까? 승상 자리를 넘보는 자가 없었을까? 이런 점에서 조참의 '소규조수'는 죽은 동료 소하와의 관계와 살아 있는 다른 동료들과의 관계를 정말이지 기가 막히게 처리한 묘수 중의 묘수가 아닐 수 없다.

이런 경험을 한 번쯤은 해보았을 것이다. 얽히고설킨 복잡한 상황에서는 빠져나오려 할수록 점점 빠져드는 경우가 있다. 이때는 발버둥치지 말고 차분히 그리고 천천히 그물코를 잡아당기듯 해야 곤경에서 벗어날 수 있다.

참고 양보한 장수와 재상의 우정

전국시대 조나라 사람들인 염파廉頗와 인상여藺相如의 은원에 얽힌 이야기는 '부형청죄負荊請罪'라는 제목으로 중국의 초등학교 교과서에 실려 있고, 또 중학교 과정에서 반드시 읽어야 할 글이기도 하다. 이 덕분에 '부형청죄'라는 고사성어는 지금도 응용하는 일이 대단히 많다. 실제로 이 고사의 이면에는 인상여가 막료로서 동료와의 관계를 얼마나 예술적으로 처리했는가라는 점이 포함되어 있다. 이는 이 책에서 말하고자 하는 막료의 처세 원칙들 중 하나이기도 하다.

전국시대 말기 7국의 세력 균형은 이미 깨졌다. 초나라는 진나라 백기白起의 공격으로 수도 영郢이 크게 피해를 입고 천도를 해야 할 판이었고, 제나라는 연나라 장수 악의樂毅에게 망할 정도로 참패한 뒤 전단田單이 간신히 복구했지만 기력을 되찾지 못하고 있었다. 연나라는 제나라와 수년에 걸쳐 싸워 제나라를 멸망 직전까지 몰았지만 막판에 악의를 내치는 바람에 제나라에서 물러나와야 했다. 이 때문에 국력이 크게 손상되었다.

한편 서방의 진나라는 '원교근공'의 외교 책략을 구사하면서 싸울수록 강해져 나머지 6국의 실력을 모두 합쳐도 상대할 수 있을 정도로 뚜렷한 우위를 차지하고 있었다. 진나라와 국경을 맞대고 있는 조나라의 상황은 조금 달랐다. 무령왕武靈王의 개혁으로 비교적 튼튼한 기초를 닦은 데다 군사 방면에서는 명장 염파가, 외교에서는 인상여가 애를 쓰고 있었다. 조나라는 아직 버틸 힘이 남아 있었다. 이 때문에 진나라는 12년 동안 조나라를 제대로 공략

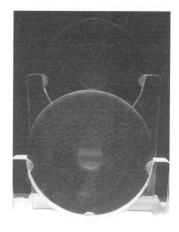

● '화씨벽'은 절세의 보물이었다. '벽'이란 옥기의 일종으로 둥근 모양에 가운데에도 둥근 구멍이 나 있다. '화씨벽'은 전국시대 후기 진나라와 조나라의 상황을 비롯하여 염파와 인상여의 갈등과 화해에 중요한 매개체가 되고 있다. 옥기는 당시 가장 귀중한 보석이었다. 사진은 벽옥이다.

하지 못하는 상황이었다. 염파와 인상여가 한마음으로 서로 돕지 않았다면 조나라는 일찌감치 사라졌을지 모른다.

염파는 실제 전투에서 많은 공을 세워 대장이 되었지만, 인상여가 가장 높은 벼슬을 차지한 것은 그저(?) 두 차례 중대한 외교에서 공을 세웠기 때문이었다.

진나라는 끊임없이 조나라를 두드렸지만 별다른 성과를 거두지 못했고, 특히 염파는 상대하기가 더 어려웠다. 진나라는 다른 방법으로 조나라를 압박하기로 하고, 거짓으로 관계를 개선하려 했다. 외교 수단으로 조나라를 수동적 위치로 몰겠다는 계산이었다.

기원전 283년, 진나라 소양왕昭襄王(또는 소왕)은 조나라의 혜문왕惠文王이 초나라에 전해오는 희귀한 보물 '화씨벽和氏璧'이라는 옥을 얻었다는 정보를 들었다. 소왕은 사신을 보내 성 15개와 화씨벽을 교환하자고 제안했다. 조나라는 아주 난처해졌다.

옥이 아까워서가 아니라 진나라를 믿을 수 없었기 때문이다. 자칫 진나라에 속아 나라의 위신이 깎이고 다른 나라의 웃음거리가 될 수 있다. 반면, 옥을 진나라에 주지 않았다가는 진나라의 공격을 자초할 수도 있다. 말 그대로 진퇴양난이었다.

이때 혜문왕의 측근인 환관 무현繆賢이 자기 집 식객들 중 한 사람인 인상여가 지혜와 용기를 두루 갖춘 인재이니 그에게 맡겨보면 어떠냐고 제안했다. 뾰족한 수가 없던 혜문왕은 인상여를 불러 화씨벽을 주어야 하는지 거절해야 하는지를 물었다. 인상여는 당연히 거절할 수 없다고 답했고, 혜문왕은 그랬다가 성을 받지 못하면 어쩌냐고 되물었다. 인상여는 이렇게 답했다.

"진나라가 요구했는데 응하지 않으면 조나라의 도리가 아니지요. 마찬가지로 진나라가 우리 화씨벽을 가지고도 성을 주지 않는다면 그것은 진나라의 도리가 아닙니다. 신이 볼 때 뒤의 방법이 좋을 듯합니다. 대왕께서 진나라에 보낼 마땅한 사람이 없다면 신이 그 일을 맡을 수도 있습니다. 진왕이 성을 우리에게 주면 화씨벽을 진나라에 주면 그만이고, 성을 주지 않으려 하면 제가 화씨벽을 온전히 되가지고 오겠습니다."

조왕은 인상여를 진나라로 보냈다. 소왕은 궁에서 인상여를 맞이했다. 인상여는 두 손으로 공손히 화씨벽을 진왕에게 건네주었다. 소왕은 기뻐하며 궁녀와 후궁들에게 돌아가며 구경하게 했다. 모두들 정말 보물이라며 소왕에게 축하의 말을 건넸다. 화씨벽이 이미 자기들 차지가 된 것처럼 굴었다.

인상여가 궁전에 있었지만 아무도 쳐다보지 않았다. 한참을 그렇게 서 있었지만 소왕은 성 이야기는 꺼내지도 않았다. 소왕의 속셈을 확인한 인상여는 그 즉시 하나의 꾀를 생각해내고는 "벽옥에 아주 작은 하자瑕疵가 있는데 그냥 봐서는 찾을 수 없습니다. 신이 그 부분을 찾아 보여드리겠습니다."라며 화씨벽을 돌려받았다.

화씨벽을 돌려받은 인상여의 태도가 순간 돌변했다. 인상여는 대전의 기둥 쪽으로 다가가서는 머리카락이 곤두설 정도로 화를 내면서 큰 소리로 이렇게 말했다.

"대왕께서는 이 화씨벽을 얻을 생각으로 사람을 보내 요구하셨습니다. 우리 조나라 대신들은 모두가 진나라는 욕심은 많은 반면 신의가 없는 데다 힘만 믿고 빈말로 조나라를 속여 화씨벽을 차지하려 한다면서 화씨벽을 주면 안 된다고 반대했습니다. 그러나 저는 보통 백성들도 신의를 지키는데 하물며 한 나라의 군주야 말해서 무엇 하겠냐고 했습니다. 그리고 크고 쓸모도 없는 옥 한 덩어리 때문에 두 나라의 관계를 해치는 일은 가치가 없다고 했습니다. 조왕께서는 이런 제 말을 듣고는 닷새 동안 목욕재계하고 몸소 조정의 사당에서 국서와 화씨벽을 제게 주시며 진나라에 가서 드리라고 했습니다. 이 얼마나 공경스러운 예절입니까! 그런데 신이 화씨벽을 대왕께 드렸는데 대왕께서는 오만무례한 태도로 아무렇지 않게 화씨벽을 받고는 궁녀들에게 돌아가며 보게 했습니다. 이는 조나라로서는 치욕입니다. 게다가 주기로 한 성 이야기는 입도 뻥긋하지 않으니 이는 성을 줄 뜻이 없다는 것일 겝니다. 그래서 벽옥을 되돌려 받았습니다. 지금 벽옥은 제 손에 있습니다. 강제로 이것을 빼앗으려 한다면 저는 제 머리와 이 벽옥을 기둥에 함께 박아버릴 것입니다."

그러고는 기둥을 바라보며 벽옥을 던질 자세를 취했다. 소왕은 화씨벽이 깨질까 걱정이 되어 서둘러 인상여에게 사과하는 한편 지도를 가져오게 해서는 조나라에게 주겠다고 한 15개 성의 위치를 짚어 보였다. 인상여는 진왕의 진심이 아니라 시간을 끌려는 것임을 알고는 "대왕께서 화씨벽을 이렇게 아끼시니 조나라가 어찌 드리지 않을 수 있겠습니까. 다만 저희 왕께서 닷새 동안 목욕재계하셨듯이 대왕께서도 그

런 성의를 보이시고 화씨벽을 받으십시오."라고 했다. 소왕은 어쩔 수 없이 그러겠노
라 답했다.

숙소로 돌아온 인상여는 서둘러 대책을 마련했다. 수행원 중 하나를 평범한 백
성처럼 꾸며 몰래 화씨벽을 조나라로 도로 가져가게 했다.

닷새 뒤 소왕은 조정에서 성대한 의식으로 화씨벽을 받을 준비를 했다. 그런데
인상여는 빈손으로 조정에 나타나서는 이렇게 말했다.

"진나라는 목공穆公 이후 20여 명의 국군들이 계셨지만 신의를 지켰다는 국군 이
야기는 들은 적이 없습니다. 그래서 저 역시 속을 것이 두려워 화씨벽을 조나라로
돌려보냈습니다. 조나라는 약하고 진나라는 강한 나라입니다. 진왕께서 진심으로
성 열다섯을 조나라에 주셔야만 조나라도 화씨벽을 드릴 수 있습니다. 과거 맹명시
孟明視는 진晉나라를 속였고, 상앙商鞅은 위魏나라를 속였으며, 장의張儀는 초楚나라
를 속였습니다. 지금 신은 대왕을 속였으니 저의 죄를 물으시길 바랍니다."

소왕과 그 신하들은 인상여에게 엄청나게 화가 났지만 하나 틀린 말이 없기에
반박도 하지 못했다. 더욱이 인상여가 죽일 테면 죽여보라는 식으로 나오니 소왕도
어쩔 수가 없었다. 죽이고 싶어도 마땅한 구실이 없고, 다른 나라들로부터 나쁜 소리
만 들을 것이 뻔했다. 차라리 인상여를 고이 돌려보내 진나라의 관대함을 보여주고
화씨벽을 갈취하려 한 것이 아니라는 사실을 보여주는 쪽이 낫겠다고 판단했다.

인상여가 화씨벽을 조나라로 온전히 되가져온 '완벽귀조完璧歸趙'는 단순히 화씨
벽을 온전히 지킨 이야기가 아니다. 진나라에 주도권을 넘기지 않고 위기를 넘겼을
뿐만 아니라 주위로부터 좋은 평가까지 얻었기 때문이다. 인상여의 명성이 크게 알
려진 것은 말할 필요조차 없다. 인상여는 이렇게 단숨에 정치무대에 올랐고, 혜문왕

은 그를 상대부로 승진시켰다.

그로부터 2년 뒤 진나라는 조나라의 성 둘을 빼앗고 그 기세로 조나라를 공격했지만 큰 성과는 없었다. 이대로는 안 되겠다 싶어 진나라는 병력의 대부분을 철수시키고 조나라와 외교로 문제를 풀기로 했다. 이러면 일단 다른 나라들이 조나라라는 뼈다귀를 넘보지 못하기 때문이기도 했다. 그렇게 해서 '민지澠池의 회맹'이 열렸고, 인상여는 다시 한번 자신의 능력을 발휘할 기회를 가지게 되었다.

기원전 279년, 진나라 소왕은 사신을 보내 조나라 혜문왕과 민지에서 만나기로 약속했다. 혜문왕은 제2의 초 회왕懷王이 될까 몹시 겁을 먹었다.(초나라 회왕이 진나라와의 회맹에 참석했다가 붙잡혀 진나라에 억류당해 결국 죽은 일이 있었다. _옮긴이) 염파와 인상여는 회맹에 나가지 않으면 궁지에 몰려 진나라에게 무시당할 것을 걱정했다.

회맹에 앞서 조나라는 주도면밀하게 준비를 했다. 인상여는 혜문왕을 수행하여 회맹에 참여하고, 염파는 국내에서 태자를 보좌하기로 했다. 혜문왕이 한 달 안에 돌아오지 못할 경우 염파는 즉시 태자를 국군으로 즉위시켜 진나라가 혜문왕을 볼모로 조나라를 위협할 수 없게 했다. 대장군 이목李牧은 5천의 정예병을 인솔하여 왕을 호위했고, 평원군平原君은 수십만 병사와 함께 그 뒤를 따랐다. 염파는 변방의 부서들을 엄밀하게 재배치했다.

민지의 회맹이 마침내 열렸고, 두 군주는 술잔을 나누며 이런저런 이야기를 나누었다. 서로가 만족해하는 것 같았다. 취기가 오르자 진왕은 농담하듯이 조왕에게 "듣자하니 왕께서 음악에 조예가 깊다고 하던데 나를 위해 한 곡 연주해주시겠소?"라고 했다. 조왕은 사양하기가 그래서 그저 거문고를 연주하는 흉내만 냈다. 그러자 진왕은 옆에 있던 사관에게 "모년 모월 모일 진왕이 조왕과 회맹의 연회에서 거문고를 연주하라고 명령했다."라고 쓰게 했다.

진나라는 조나라를 속국처럼 여기면서 조왕을 악사처럼 대했다. 거문고를 연주했다는 기록이 역사에 남게 되었으니 이는 분명 큰 치욕이었다. 조왕은 성이 났지만 되갚을 방법이 생각나지 않아 끙끙 앓았다.

이때 인상여가 그릇 하나를 들고 와서는 진왕 앞에 내려놓으며 "듣자하니 대왕께서는 그릇을 두드리며 장단을 잘 맞춘다고 하던데 조왕을 위해 한 번 두드려주십시오."라고 했다. 진왕이 응하지 않자 인상여는 진왕을 향해 "대왕의 군대가 많다고 하지만 여기서는 쓸모가 없습니다. 다섯 걸음 안에서 이 인상여가 대왕을 피로 물들일 수 있습니다."라고 압박했다. 인상여가 죽음을 무릅쓰고 압력을 가하니 진왕도 하는 수 없이 그릇을 한 번 두드리는 시늉을 했다. 인상여는 즉각 조나라 사관을 향해 "모년 모월 모일 진왕이 조왕을 위해 그릇을 두드렸다."라고 쓰게 했다.

진나라 대신들은 진왕의 체면이 깎이자 "조왕으로 하여금 성 열다섯 개를 바쳐 진왕에게 축하들 드리게 하자."며 도발했다. 그러자 인상여는 이에 맞서 "진왕께 청하여 함양성을 바쳐 조왕을 축하하게 하자."고 응수했다.

이렇게 연회가 계속되는 내내 쌍방은 격렬한 외교투쟁을 벌였다. 진나라가 수시로 공세를 취했지만 인상여는 이에는 이로 대응하면서 한 치도 양보하지 않았다. 진왕은 얻은 것이 없었을 뿐만 아니라 더 심하게 보복 당했다. 조왕이 진왕을 위해 거문고를 쳐서 악사의 지위로 떨어졌지만 진왕은 조왕을 위해 그릇을 두드림으로써 저잣거리의 하찮은 사람들 짓을 하고 말았다. 진나라 대신들이 성 열다섯으로 도발하자 인상여는 진나라의 도성인 함양을 가지고 응수했다.

물론 외교수단은 강력한 군사수단이 뒷받침되어야 한다. 나라 사이의 경쟁은 결국은 실력 겨루기다. 진나라는 조나라가 일찌감치 국경에 대군을 결집시켜놓고 치밀한 준비를 마쳤다는 보고를 받은 터라 함부로 움직일 수 없었다. 이 또한 외교에서 인상여가 공을 세우는 힘이 되었다. 진왕은 조나라의 상황이 과거 초나라 회왕 때와는 완전히 다르다는 것을 알았고, 이에 짐짓 기분 좋은 척 회맹을 마무리했다.

인상여는 눈에는 눈, 이에는 이라는 원칙으로 강력한 진나라를 상대로 시종 주도권을 쥐고 진왕을 두 번이나 꺾었다. 이로써 조나라의 체면을 한껏 세웠다.

중국 외교사를 보면 약한 나라 앞에서는 거만하게 굴고 강대국 앞에서는 굴욕을 당한 사례가 당나라 이후에는 끊이질 않았다. 반면 춘추전국시대에는 이런 이중성이 강하지 않았던지 약하다고 굴욕을 감수하지 않았고, 강하다고 상대를 능욕하지 않은 사례가 많았다. 이런 점에서 중국 외교사는 퇴보했다고 말하지 않을 수 없다.

다시 우리 이야기로 돌아가자. 민지 회맹을 마치고 돌아온 혜문왕은 인상여를 상경으로 승진시켰다. 그 위치가 염파보다 높았다. 환관 무현 집안의 식객으로 이름도 없던 인상여가 신하로서 오를 수 있는 최고 자리에 올랐다.

염파는 심기가 불편했다. 그는 이런 상황을 도무지 이해할 수 없었다. 무장답게 그는 자신의 불만을 솔직하게 드러냈다.

"내가 조나라 장수로서 전쟁터에서 이런저런 공을 세웠다. 그런데 인상여는 그저 입으로 공을 세워 나보다 높은 자리에 올랐고, 게다가 신분까지 천한 자 아닌가? 나 염파로서는 참으로 치욕이고 차마 그자 밑에 있을 수 없다."

그러면서 염파는 인상여를 만나면 면전에서 욕을 보일 것이라 큰소리를 쳤다. 염파가 보기에 목숨을 건 무장이 세운 공이 진짜 공이고 문신이 세운 공이라야 그저 혀만 놀린 보잘것없는 것이었기 때문이다. 하물며 인상여의 출신으로 볼 때 이런 파격적인 승진은 정말 견딜 수 없는 일이었다. 그러나 인상여는 염파의 이런 도발에 전혀 개의치 않았다. 행여 마차를 몰고 집을 나섰다가 저만치 염파의 마차가 보이면 조용히 돌아서 갈 정도였다. 그러자 인상여의 문객들이 이를 참지 못하고 항의하고 나섰다.

"우리가 천리를 멀다 않고 고향을 떠나 당신의 문하에 몸을 맡긴 것은 당신을 존경하기 때문입니다. 지금 당신의 지위가 염파보다 높은데도 그를 피해 다니니 대체 왜 그러십니까? 당신께서 이렇게 나약함을 보이시니 우리조차 부끄럽습니다. 집으로 돌아가게 해주십시오."

인상여는 정면으로 대답을 피하면서 도리어 "염파 장군과 진나라 왕을 비교하자면 누가 더 무섭겠소?"라고 물었다. 문객들은 당연히 진나라 왕이라고 대답했고, 인상여는 차분히 다음과 같이 말문을 열었다.

"맞는 말씀이오. 한번 생각해보시오. 진나라 왕은 다른 제후들이 호랑이처럼 두려워할 정도로 막강한 사람이오. 그런데 나 인상여가 여러 사람이 보는 앞에서 진왕을 욕했소. 이 인상여가 별것 아니지만 염파 장군을 두려워할 리 있겠소이까. 나는 포악한 진나라가 감히 우리 조나라를 공격하지 못하는 까닭은 그래도 나와 염파 장군 두 사람이 합심해서 진나라에 맞서고 있기 때문이라고 생각하오. 우리 두 사람이 싸우면 진나라는 틀림없이 그 틈을 노릴 것이오. 내가 염파 장군을 그렇게 대하는 것은 나라의 안위가 먼저고 사사로운 감정은 나중이기 때문이오!"

인상여의 이 말은 곧 염파의 귀에 들어갔다. 염파는 그제야 크게 깨닫고 부끄러워 어쩔 줄 몰랐다. 염파는 솔직담백한 사람이라 잘못을 알고 바로 고칠 줄 알았다. 염파는 자신의 마음을 나타내기 위해 옛사람들이 사용한 가장 엄중한 방식을 택했다. 웃통을 벗고 가시나무를 등에 진 채 인상여를 찾아가 잘못을 빌었다. 이것이 '부형청죄負荊請罪'라는 가장 극적인 사과의 방식이었다. 염파는 인상여 앞에 무릎을 꿇은 채 사람을 몰라보고 속 좁게 군 자신을 용서해달라고 빌었다. 인상여도 감격하여 염파를 부축해 일으켰다. 이로써 두 사람은 서로를 존중하여 생사를 같이하는 사이가 되었다. 장수와 재상이 화해하고 협심하여 조나라를 지켰다. 훗날 사람들은 이 두 사람의 고사를 문학 작품으로 각색하여 민간에 널리 전파했다. 그 주제가 바로 '장상화將相和'였다. 장수와 재상이 화합한다는 뜻이다.

여기서 감정적인 색채를 걷어내고 이성적으로 인상여의 행동을 분석해보자. 그는 꾹 참으며 동료에게 양보하는 원칙을 고수했고, 이는 처세의 책략이기도 했다. 나중에 두각을 나타낸 사람이 기존의 강력한 세력으로 뿌리가 깊은 동료와 심각하게 맞선다면 그것이 정면이든 측면이든 자신의 이익에 큰 위협이 될 수밖에 없다. 자칫둘 다 치명상을 입을 수도 있고, 나아가 막주(군주)와 막부(나라)의 이익에도 손해를 끼칠 수 있다. 가죽이 없는데 터럭이 어디 가서 붙는단 말인가? 강대한 진나라가 호시탐탐 노리는 위중한 상황에서는 나라의 안정을 지키는 것이 곧 자신의 이익을 지키는 것이다. 소탐대실하지 않는 것, 이것이 멀리 내다볼 줄 아는 막료가 갖추어야할 도량이다. 인상여는 또한 훌륭하게 자신의 상황을 변명함으로써 염파를 부끄럽게만들었다. 염파에 대한 양보가 사사로운 감정이 아니라 나라를 위하는 마음에서 나온 것이라는 사실을 밝힘으로써 자신의 고상한 인격을 보여주었다. 이는 물러섰다나아가는 고수의 전략이었다. 이렇게 해서 두 사람은 어떤 손해도 입지 않았다. 인상여의 양보는 통 큰 사람이라는 칭찬을 들었고, 염파도 '부형청죄'함으로써 잘못하면반드시 고치는 사람이라는 명성을 얻었다. 장수와 재상의 화합은 이렇게 조나라의정치를 안정시키고 진나라에 맞설 수 있게 하는 큰 힘이 되었다. 사마천은 『사기』에서 「염파인상여열전」이라는 기록을 통해 두 사람을 아주 높게 평가했다.

5) 균형을 맞추고 중용을 지켜라

막료와 막료의 관계, 즉 동료 사이의 관계도 잘 처리해야 한다는 문제가 또 있다. 이게 제대로 안 되면 '내분'이 일어나기 쉽다. 좋은 막료라면 당연히 막주에게 충성해야 하지만 충성이 지나치면 권력 농단으로 변질한다. 이러면 그는 다른 동료와 막주를 가로막는 차단막이 된다. 이래서는 안 된다. 우아하지 못한 비유를 들자면 이렇다. 막료와 막주의 관계는 자식과 부모에 비유할 수 있다. 자식의 효도는 미덕이지만 자식 하나의 효도와 순종이 지나치면 다른 형제자매는 불효자라는 낙인이 찍힌다. 막료와 막주의 관계가 지나치게 가까운 것은 부부관계에 비유할 수 있다. 아내가 남편을 사랑하면 가정은 화목해진다. 그런데 남편에게 첩이 생겼는데 아내가 남편을 독차지하고 첩의 존재는 인정하지 않는다면 집안 꼴은 엉망이 된다. 막부는 일부다처의 가정과도 같다.

음양이 조화를 이루어야 만물이 고루 자란다. 약초와 독초가 공존해야 균형과 조화를 이룬 세계다. 한 여자가 남편을 독점하면 다른 부인들이 난동을 부린다. 막료 하나가 공을 독점하여 두각을 나타내면 다른 막료들은 찬밥 신세가 된다. 막료의 적극성은 억눌리고, 속으로 불만이 끓어올라 다른 마음을 품는다. 이렇게 되면 위험하다.

뛰어난 막료가 막주에 충성을 다하는 것은 맞다. 하지만 동료에게 양보하는 것도 마찬가지로 중요하다. 날카로운 날을 가진 검을 휘두르면 다른 사람은 피하거나 그 검을 톱으로 만들려고 한다. 동료들 사이에서 자신의 총명을 과시하면 동료들은 그 총명함이 자신들의 길을 가로막는다고 원망하며 그 사람을 멍청이로 만들려고 할 것이다.

막료로서 동료와의 관계를 잘 처리하는 일은 막주와의 관계를 처리하는 일만큼이나 중요하다. 좋은 막료는 균형을 잡는 고수다. 막주, 자신 그리고 동료의 3자 관계에서 균형을 파악하여 정삼각형이나 그에 가까운 모습을 만드는 일이 중요하다. 한 사람이 상사의 관심과 사랑을 독점하면 동료의 시기와 질투는 피할 길이 없다. 승진은 좋은 일이지만 그 좋은 일 안에 불길한 징조가 씨를 뿌리고 있다.

처세에서 주의할 일은 순박하고 서툰 것처럼 하는 것이 좋다. 그렇다고 자신의 재능을 묻어버리라는 말이 결코 아니다. 자신을 보호하고 화를 당하지 않으면서 자신의 장점을 더 잘 발휘하는 것이 중요하다. 탁월함을 추구하고 남보다 뛰어나길 바라는 것은 그 자체로 적극적인 태도다. 하지만 오로지 나 하나 잘나면 그만이라는 식으로 주위의 환경은 무시하고 동료들과 사사건건 충돌하여 혐오를 불러일으키는 짓은 절대 피해야 한다. 특정한 나무 한 그루가 출중하

● 한비의 비극은 여러 관점에서 파악할 수 있다. 그의 처세법에 문제가 있다는 글쓴이의 지적 또한 귀담아들을 필요가 있다. 다만 한 가지, 한비가 말을 더듬었다는 기록 또한 놓쳐서는 안 될 것이다. 아무튼 막료로서의 동료 관계를 어떻게 설정할 것인가의 문제는 막료의 현재는 물론 미래의 운명에 결정적으로 작용할 수 있는 예민한 문제가 아닐 수 없다.

면 숲 전체가 마르고 바람이 언젠가는 그 뿌리를 뽑고 만다. 막료의 운명은 자기 손에 달려 있지 않다. 막주의 손에 달려 있는 것도 아니다. 다름 아닌 동료의 손에 달려 있다.

전국시대 말기 한나라의 귀족 한비韓非(기원전 약280-233)는 오기吳起나 상앙商鞅과 법가라는 점에서 사상이 일치했고 재능 또한 출중했다. 글을 써서 사회변혁을 고취했다. 당시 통치와 관련한 논쟁에서 중요한 학파의 주류, 즉 법가의 중요하고 대표적인 인물이었다. 한비의 글은 진나라에까지 흘러 들어갔고, 그의 글을 본 진왕 정政(훗날의 진시황)은 침이 마르도록 칭찬하며 전쟁까지 일으켜 한비를 진나라로 데려왔다. 진나라 최고 기구의 고급 관료인 이사李斯는 그와 동문수학한 사이였고 학술 주

장 역시 다를 것이 없었다. 다시 말해 정치와 학술적 주장에서 어떤 충돌이 있을 수 없는 사이였다. 그러나 재능이 뛰어나면 질투를 부른다고 했듯이 한비의 재능과 언행은 이사 등의 자리를 크게 위협했다. 진나라로 온 한비는 진왕으로부터 중용되기도 전에 이들의 모함을 받아 옥중에서 독약을 강요받고 죽었다. 큰 뜻을 펼치기도 전에 몸이 먼저 죽었으니 가슴속에 아무리 큰 뜻과 경륜을 품고 있다 한들 무슨 소용인가?

만약 한비가 동료와의 균형 있는 관계의 중요성을 이해해서 적당히 재능을 내보이고 겸손하게 기회를 기다리거나 완곡한 글 등으로 자신의 정치적 주장을 권력기관을 통해 실현시키려 했다면 그는 일가를 이룬 사상가일 뿐만 아니라 성공한 최고의 막료라는 평가를 얻었을 것이다. 물론 동료의 희생양이 되지도 않았을 것이다. 비극적인 역사의 한 장면으로 한비의 비극은 "악인이 세력을 얻으면 한 집안에서 서로 볶는다."는 탄식이 절로 나오게 만들었다.

뜻을 얻지 못한 소년 영재

한나라 초기 정치가 가의賈誼(기원전 200-168)는 낙양洛陽 출신으로 18세 때 이미 시와 문장으로 이름을 알렸다. 오정위吳廷尉가 태수로 있을 때 가의의 재능에 대해 듣고 그를 자신의 문하로 초빙하여 막료로 삼고는 매우 아꼈다. 가의는 몸과 마음을 다해 그를 도와 남다른 실적을 냈다.

문제가 즉위한 뒤 하남태수 오공吳公의 치적이 전국에서 으뜸이라는 보고를 받고는 그를 정위로 승진시켰다. 오공은 젊지만 제자백가에 정통한 인재라며 가의를 추천했다. 문제는 가의를 불러 박사로 삼았다. 그때 가의 나이 스무 살 무렵이었다. 조정에서 가장 젊은 대신이었다. 가의는 갓 태어난 송아지가 호랑이를 겁내지 않듯이 무슨 일이든 거리낌없이 나서서 척척 해냈다. 그리고 그의 답이나 해결책은 늘 정확하게 들어맞았다. 심지어 나이 많은 선생들조차 후배가 무섭다며 가의를 칭찬했다. 문제는 이런 가의를 1년 만에 파격적으로 태중대부太中大夫에 앉혔다.

이 승진은 가의를 더욱 고무시켰다. 가의는 한나라가 건국된 지 20년이 넘으면서 천하가 안정되었으니 다음으로는 역법을 고치고, 복색을 바꾸고, 법령을 개정하는 등 나라의 체제를 정비해야 한다고 생각했다. 그리고 수도에 올라와 있는 제후들은 모두 자신의 봉지로 돌아가야 한다고 주장했다.

문제는 가의에게 공경의 자리를 맡기고자 했다. 주발周勃, 관영灌嬰, 장상여張相如, 풍경馮敬 등 기득권 세력은 가의를 시기하고 질투하면서 문제에게 "낙양의 젊은 놈 하나가 좀 배웠다고 혼자 모든 것을 뒤엎겠다며 난리를 친다."고 모함했다. 이 때문인지 문제는 점점 가의를 멀리했고, 결국은 도성에서 멀리 떨어져 있는 장사왕長沙王의 태부太傅로 보냈다. 뿐만 아니라 가의의 건의도 더 이상 받아들이지 않았다.

가의의 앞길은 완전히 막혔다. 가슴속에 남다른 재능을 가득 품고 있던 그였지만 더 이상 펼칠 길이 없었고 공경과 같은 관직도 얻지 못한 채 울분의 나날을 보내다가 33세의 젊은 나이로 요절했다.

젊은 날 가의는 세상에 두려울 것이 없었다. 그만큼 그의 재능은 출중했고, 그의 주장과 정치적 견해는 당시 한나라 발전에 크게 도움이 되는 것들이었다. 농업 생산을 발전시켜 식량을 늘리고 비축하자는 그의 「논적저소論積貯疏」는 바로 채용되어 실시되었다.

제후들을 봉지로 돌려보내자는 주장도 문제에 의해 받아들여졌다. 그런데 이 주장이 공신들과 기득권 세력의 심기를 건드렸다. 공신들은 도성을 떠나고 싶지 않았다. 당시 승상을 지낸 진평陳平은 이미 세상을 떴고, 공로와 권위가 가장 높았던 사람은 강후絳侯 주발이었다. 문제는 주발을 본보기로 삼아 그의 승상 직무를 해제하고 자신의 봉지로 돌아가게 했다. 이렇게 해서 제후들이 하나둘 도성을 떠나 자신의 봉지로 돌아갔다. 황제의 명령이라 어쩔 수 없었지만 이를 건의한 가의에 대해 감정이 좋을 리 없었다.

그런데 황제가 가의를 공경의 자리에까지 올리려고 조정의 대신들과 상의를 하자 이들은 이를 분풀이 기회로 삼아 죄다 반대하고 나섰다. 공신 원로들은 한나라가 천하를 얻는 과정에서 공을 세웠을 뿐만 아니라 그 뒤 여씨 세력들을 제거하고 문제를 옹립하는 데도 공을 세웠기 때문에 문제조차 이들의 눈치를 보지 않을 수 없었다.

게다가 주발 같은 공신들은 대부분 무식한 자들이었다. 주발은 젊은 날 돗자리를 짜고 북 따위를 치던 사람이고, 관영은 옷감을 팔던 사람이었다. 이런 자들이 유방을 따르면서 전공을 세워 공신이 되었다. 따라서 이들의 사상은 수구적일 수밖에 없었고, 자연 자신의 공로만 앞세우며 새로운 생각이나 개혁에 무관심했다. 그런데 제자백가에 능통하고 재능이 넘치는 가의가 조정에서 다른 대신들을 멍청이로 만들었다. 가의가 발언권만 있는 박사나 태중대부에 머물렀더라면 그나마 봐주었겠지만 자신들과 맞먹는 권한을 가진 공경에 오르는 것은 용인할 수 없었다. 문인은 무식한 원로를 무시하고, 무식한 원로 역시 문인을 깔본다는 말이 있다. 권한이 없는 문인이 권한을 가진 무식한 원로를 만나는 것은 수재가 군대의 일을 만나 눈만 껌벅이는 꼴이나 마찬가지다.

"호랑이 엉덩이는 건드리지 말라."는 속어가 있다. 가의는 시작부터 호랑이의 엉덩이를 너무 많이 건드렸다. 그가 중앙 조정을 떠나지 않았다면 박사와 태중대부 자리도 못 버텼을 것이다. 그 결과 장사왕의 태부로 좌천되었다.

송나라 때의 개혁가 왕안석王安石은 「가생賈生」이란 시에서 가의가 제기한 정책과 대책들이 모두 실시되었음에도 황제로부터 박대당했다면서 예로부터 뛰어난 사람의 언론은 그 벼슬의 높고 낮음에 상관없이 제왕에게 폐기 당했다고 혀를 찼다.

왕안석은 다 아는 개혁가였고, 가의 역시 개혁을 주장했다. 두 사람의 공통점이다. 왕안석이 가의를 칭찬한 것은 가의의 처지를 빌려 자신의 감정을 나타내려 했기 때문이다. 당시 왕안석이 추진하던 신법新法은 기득권에 겹겹이 둘러싸여 뜻을 이루지 못하고 있었고, 이는 가의가 처했던 처지와 비슷했다.

문제 7년인 기원전 173년, 문제는 가의가 생각나 장사에서 장안으로 불러들였다. 두 사람은 밤새 이야기를 나누었고, 문제는 이 자리에서 귀신에 관한 이야기를 많이 물었다고 한다. 역사책에 그 내용에 대한 기록은 남

● 가의는 천재로 불렸다. 천재들은 대체로 인정 욕구가 강하다. 가의 역시 인정받고자 하는 욕구가 강했고, 특히 그 욕구를 통제하지 못하고 언제 어디서든 드러내려 했다. 이것이 그를 해쳤고, 목숨까지 앗아갔다. 천재형 막료들은 늘 이 점에 주의해야 한다.

아 있지 않다. 이후 문제는 "내가 가생을 안 본 지 오래되었고, 배움은 늘 그를 따를 수 없다고 생각했는데 지금 그의 이야기를 들으니 아직도 그를 따르지 못하겠구나."라고 했다. 이에 대해 당나라 때 시인 이상은李相殷은 당대 최고의 인재를 앞에 두고 살아 있는 사람에 대해 묻지 않고 하필이면 귀신에 대해 물었냐며 반문하면서 한밤에 쓸데없는 자리를 만들었다고 문제를 비판했다.

이 당시 문제는 이미 권력 기반을 다진 뒤였다. 가의를 억압하던 관영은 죽고 주발도 조정 일에 간여하지 않고 있었다. 가의를 기용하자면 얼마든지 할 수 있었다. 그런데도 문제는 그를 양왕梁王의 태부로 보냈다. 대체 문제는 왜 그랬을까? 자신의 재능이 늘 가의에 미치지 못한다는 문제의 탄식에서 그 이유를 찾을 수 있다. 그 탄식에는 은근히 인재의 재능을 시기하는 감정이 배어 있다. 재능이나 공적이 너무 뛰어

나면 주군을 떨게 한다는 말이 있듯이 가의가 자신의 광채를 가리는 것이 아닌가 하는 의심이 가장 큰 원인이었다. 그래서 야밤에 정치가 아닌 귀신에 관해 물으면서 가의를 떠보았던 것이 아닐까? 가의가 그때 지난날을 교훈삼아 겸손하게 굴었더라면 옛 정을 봐서라도 그를 다시 중용했을 것이다. 그러나 재능을 뽐내는 가의의 치명적인 약점은 바뀌지 않았고, 비할 데 없는 재능을 가진 가의는 하는 수 없이 보잘것없는 태부 자리로 돌아갈 수밖에 없었다.

시인의 벼슬길은 더 힘난하다

시인은 흔히 재능의 화신으로 보인다. 중국은 시의 나라로, 뛰어난 시인이 수없이 출현했다. 이들은 마치 하늘에 반짝이는 뭇별들과 같았다. 그런데 이 많고 많은 뛰어난 재능을 가진 시인들 중에 어째서 높은 자리에 올라 정치적으로 자신의 포부를 펼친 사람은 별로 없을까? 시인들이 벼슬을 원하지 않아서가 아니다. 시인도 지식인이다. 중국의 지식인은 거의 대부분 세상에 나가 자신의 경륜을 펼쳐 보이고자 하는 이상을 갖고 있다. 문제는 시인의 기질이 자신의 길을 가로막았다는 사실이다. 이제 중국 역사상 가장 이름난 두 명의 시인 굴원屈原(기원전 약340-278)과 이백李白(701-762)을 통해 시인의 개성과 기질이 그들의 성공 및 실패와 어떤 관계에 있는지를 분석해 보고자 한다.

굴원은 전국시대 초나라 귀족의 후예로 태어났다. 회왕懷王 때 벼슬이 좌도左徒에 이르러 중요 문서를 작성하고 외국 손님을 맞이하는 일을 했다. 굴원은 재능과 학식이 뛰어났다. 전해오는 그의 시가에는 속세를 벗어나 노닐고자 하는 그의 정신세계가 잘 나타나 있다. 이 경지가 문학 작품에 표출되면 강렬한 개성을 가진 예술로서의 생명력과 특별한 미적 감각으로 평가받지만 정치에서 이를 나타내면 의심할 바 없이 실패한다. 처세에서도 화려해 보일지 몰라도 실속은 없다.

당초 회왕은 굴원을 신임하여 그와 나라의 큰일을 함께 논의했고, 굴원도 몸과 마음을 다해 회왕을 도우면서 자신의 포부와 이상을 실현하고자 했다.

그러나 간신 소인배들은 굴원의 재능을 시기하고 질투하여 그를 따돌리고 초왕과의 관계를 이간했다. 간신에게 농락당한 회왕은 굴원을 멀리하기 시작했고, 끝내 그를 내쫓았다.

당시 전국 7웅 중 진나라를 제외하면 초나라가 가장 강했다. 초나라가 다른 나라와 힘을 합쳐 진나라에 대응하는 합종을 견지했더라면 진나라는 6국을 합병하기는커녕 도리어 초나라에 합병 당할 수도 있었다. 진나라를 돕고 있던 유세가 장의는 이 점을 잘 알았다. 장의는 각개격파의 책략으로 초나라와 다른 다섯 개 나라의 관계를 도발하는 한편 초나라에 대해서는 끊임없이 회유하고 속였다. 초 회왕은 소인배와 여자들에게 둘러싸여 갈수록 어리석게 굴었다. 한 번 당하고 두 번 당하면 당하는 것이 자연스러워지듯이 군사와 외교에서 실패를 거듭했고, 결국은 자신도 속아 진나라에 갔다가 억류되어 거기에서 죽고 말았다.

그사이 굴원은 배척되어 쫓겨났지만 시국과 형세에 대한 관심을 놓지 않고 끊임없이 글을 올려 회왕에게 충고했다. 회왕은 듣지 않았고, 간신들은 계속 굴원을 모함했다. 양왕襄王 때 굴원은 다시 강남으로 추방되었다.

굴원의 대표작인 『초사楚辭』 중 「어부漁父」라는 편은 이때의 일을 말하고 있는데 그 부분을 한번 보자.

쫓겨난 굴원은 강호를 떠돌았다. 하루는 강가를 배회하고 있었는데 그 모습이 초췌하기 짝이 없었다. 얼굴은 야위고 머리는 풀어 헤친 것이 미친 사람 같았다. 굴원은 큰 소리로 비통한 노래를 불렀다.

그의 목소리가 바람을 타고 떠도는데 강 갈대숲에서 작은 배 한 척이 다가왔다. 배 안에는 신선의 풍모를 한 범상치 않은 어부가 타고 있었다. 어부는 한눈에 굴원을 알아보고는 "삼려대부 아니시오? 어째서 여기 계시오? 그리고 그 몰골은 무엇입니까?"라고 물었다.

굴원은 하늘을 우러러 "세상이 온통 흐린데 나 홀로 깨끗하고, 모두가 취해 있는데 나만 깨어 있어 이렇게 여기까지 쫓겨났습니다."라고 탄식했다. 그런데 어부의 입에서 나온 반응은 뜻밖이었다.

"대저 성인은 어떤 대상이나 사물에 얽매이지 않고 세상과 더불어 밀고 밀리는 것이오. 온 세상이 혼탁하다면 어째서 그 흐름을 따라 그 물결을 뒤바꾸지 않고, 모든 사람이 다 취했다면서 어째서 술 찌꺼기를 먹고 그 모주를 마시지 않는 것이오? 대체 무슨 까닭으로 아름다운 옥과 같은 재능을 가지고도 내쫓기는 신세가 되었단 말입니까?"

이에 굴원은 비분에 찬 격렬한 목소리로 이렇게 말했다.

"듣자하니 머리를 새로 감은 사람은 갓에 앉은 먼지를 털어내며, 새로 몸을 씻은 사람은 옷에 묻은 티끌을 떨어버린다 했소. 깨끗한 모습을 가진 사람이 때 끼고 더러워진 것을 어떻게 받고 견딜 수 있단 말이오? 차라리 장강에 몸을 던져 물고기의 배 속에서 장례를 지낼지언정 어찌 희고 깨끗한 몸으로 세상의 먼지를 뒤집어쓴단 말이오?"

이 말에 어부는 처연하고 묘한 미소를 띤 채 배를 돌려 떠내려갔다. 그러면서 노로 배를 두드리며 이렇게 노래를 불렀다.

창랑의 물이 맑다면 내 모자를 깨끗하게 씻을 수 있고,
창랑의 물이 혼탁함을 씻어낸다면 내 발을 씻을 수 있다네.

어부의 노랫소리는 점점 작아졌고 어부는 끝내 고개를 돌려 굴원을 쳐다보지 않은 채 사라졌다.

이 일이 있는 지 오래지 않아 굴원은 먹라수에 몸을 가라앉혀 자결함으로써, 몸을 던져 깨끗하게 흘러갈지언정 더러운 물과는 함께하지 않겠다는 맹세를 실천했다.

이 고사는 달리 할 말이 없을 만큼 아주 간단하지만 그 안에 함축된 의미는 한없는 매력과 생각을 자극한다. 어부는 굴원에게 함께 쓸려가라고 권했지만 굴원은 자신의 신조를 지켰다. 이 둘의 대비가 해와 달처럼 빛나는 굴원의 고귀한 품성을 더욱 두드러지게 해준다.

그러나 사정은 왕왕 겉으로 드러난 것처럼 그렇게 간단하지 않다. 시와 같은 낭만적 분위기에서 걸어 나와 당시의 정치 현실에 비추어보면 어부의 말이 한결 의미심장하다. 특히 어부가 그자리를 떠나면서 부른 마지막 노래는 더 심각하다. 앞부분 굴원과의 대화로 볼 때 어부는 굴원에게 마치 소인배들과 함께 어울려 술에 취한 듯 그렇게 살라고 권하는 것 같다. 하지만 후반부의 노래로 보아서는 이렇게 간단하게 결론을 내릴 수는 없다.

굴원의 전기 기록은 그가 좌도 벼슬에 있을 때 이런 일이 있었다고 전한다. 한번은 굴원이 명을 받고 문서를 기초했는데 완성되기 전에 상관대부란 자가 보고는 그 뛰어난 문장이 탐이 나서 자기가 쓴 것으로 해달라고 부탁했다. 그러나 굴원은 당연히 이를 거절했다. 이 일로 상관대부는 회왕에게 굴원이 자신이 아니면 누구도 문서

● 굴원의 자결에 대해서는 여러 가지 다른 평가가 있지만, 그것이 하나의 강렬한 저항의 표시일 수도 있다는 평가에도 귀를 기울일 필요가 있다.

를 작성할 수 없다며 오만하게 군다고 굴원을 헐뜯었다. 귀가 얇은 회왕은 불쾌해하며 굴원을 멀리하기 시작했다.

이 사건은 명백히 상관대부라는 자의 욕심이자 잘못이다. 이치로 따지자면 굴원이 옳다. 그러나 관료사회는 옳고 그름으로 따지기 힘든 일들이 많다. 굴원이 자신의 정치적 포부를 실현하려고 했다면 그런 소인배 동료들과 어울리거나 무능한 동료에게 문장을 빌려주었을 것이다. 그랬더라면 소인배들은 굴원의 능력을 존경하며 공격하지 않고 오히려 굴원을 감쌌을 것이다. 또 문장의 내용은 결국 굴원의 의지를 나타내는 것으로 정치적으로 자신의 주장을 관철할 수 있었을 것이다. 이러면 일거양득이다. 동료 소인배들은 이익이나 녹봉에 관심이 더 많았다. 그들은 공을 세우지 않고 혜택을 누리고, 힘들이지 않고 이름을 얻으면 틀림없이 더 기뻐했을 것이다. 문장의 내용이야 어떻든 상관없는 자들이었다. 굴원이 동료들과 균형 잡힌 관계를 잘 유지하면서 함께 움직이다가 때를 보아 움직였다면 정치적 주장은 실현되었을 것이다.

정치활동은 그 목적에 주의해야 할 뿐만 아니라 수단에도 주의해야 한다. 특히 법이 제대로 갖추어져 있지 않고 민의가 바로 전달되지 못하는 봉건 전제제도에서 정치가가 자신의 웅대한 뜻을 실현하려면 충정과 고고함만으로는 절대 안 된다. 수준 높은 정치적 수완이 필요하다.

이런 분석을 가지고 다시 어부의 노래를 보면 그 의미가 달리 보일 것이다. 그 노래의 가사는 이런 뜻을 포함하고 있다. 먼저 굴원에게 형세를 잘 살펴 유리한 쪽으로 이끌고, 다양한 사회적 환경에 잘 적응하길 희망하고 있다. 강물은 맑기도 하고 흐리기도 한다. 이는 마치 고대 정치가들이 군주를 만나는 것과 같다. 영명한 군주도 있고, 어리석고 못난 군주도 있다. 강물이 맑든 흐리든 다 나를 필요로 한다. 맑으면 갓끈을 씻고, 흐리면 발을 씻는다. 마지막에 얻는 것은 깨끗함이지 흐림이 아니다. 군주가 현명하면 동료와 기운을 맞추어 여러 사람의 뜻을 모아 큰 사업을 벌일 수 있다. 반대로 군주가 못나고 동료들은 음험하고 사납다 해도 목적을 이룰 기회가 없는 것은 아니다. 전부는 아닐지라도 부분은 가능하다. 완전 포기보다는 낫다.

군주가 어리석고 소인배가 설치는 것은 사회환경의 문제다. 역경 속에서 어떻게 세상을 바꾸는가는 당사자의 개성과 관계가 있지만 성공과 실패를 결정하는 요인이기도 하다. 재능 있는 인재가 재능만 믿고 남을 무시하고 어울리지 못하는 것은 현실 생활은 물론 벼슬살이에서 가장 큰 금기사항이다. 음양이 조화되어야 하듯이 균형을 잡고 세상과 더불어 움직여야 좀더 쉽게 자신의 이상을 실현할 수 있다.

벼슬살이에서 성공을 거두지 못한 또 다른 인물로 위대한 시인 이백이 있다. 이백은 어려서부터 뛰어난 기질과 재능을 드러냈다. 열 살 때 시와 문장을 지었고 검술도 익혔다. 여기에 선진시대 제자백가의 다양한 학술을 연구하면서 큰 정치적 포부를 길렀다. 그러면서 늘 자신을 강태공, 제갈량, 장량, 사안 등 이름난 재상들과 비교했다. 그는 시 방면에서는 실로 전인미답의 성취를 이루었다고 할 수 있겠지만 벼슬살이에서는 좌절을 거듭하는 등 순탄치가 않았다.

천보 초기인 745년 무렵, 이백은 오균吳筠의 추천으로 현종의 부름을 받고 장안에 왔다. 그가 장안에 오자 재능 넘치는 많은 시인묵객들, 특히 하지장賀知章 같은 당대 최고의 시인조차 그를 "신선 세계에서 인간 세상으로 귀양 온 사람"이란 뜻의 '적선謫仙'으로 부를 정도였다. 금란전金鑾殿에서 이백을 만난 현종은 그와 시사에 대해 대화를 나누었다. 그 자리에서 이백은 단숨에 붓을 휘둘러 시 한 수를 바치니 현종은 기쁨에 들떠 그를 당장 한림학사翰林學士에 임명했다. 한림학사 자리는 권력의 중심으로 가는 가장 빠른 길이었다. 이때의 이백은 황제의 눈에 들어 한림학사 자리를 얻은 데다 명성까지 자자했다. 천시, 지리, 인화 세 가지를 다 갖추었으니 제왕을 위해 일하면서 그를 보필하는 자리에까지 이르는 것은 정치적 재능이 있는 사람이라면 손바닥 뒤집기나 마찬가지였다.

바로 그때 시인으로서 이백의 광기가 길을 가로막았다. 이백은 단숨에 하늘을 훨훨 날아올랐다. 그는 자부심으로 넘쳐났다. 여기에 목숨처럼 아끼는 술이 거들었다. 궁궐 안 황제 앞에서 여러 차례 술에 취해 광기를 부렸다. 이백의 재능을 질투하던 권신들은 이런 행동이 영 못마땅했다. 그중에서 가장 대표적인 인물이 고력사高力士였다.

고력사는 당시 현종과 양귀비가 가장 총애하던 인물이었다. 그러나 이백에게 고력사란 인물은 그저 눈웃음이나 치고 아부나 일삼는 그런 불쾌한 존재였다. 그를 보아도 본 체 만 체했고, 심지어 고력사에게 먹을 갈고 신을 신기게 하는 등 인격적으로 모욕까지 주었다. 고력사로서는 이백에게 보복하지 않으려야 않을 수 없었다.

마침내 고력사가 이백의 멱살을 움켜쥘 기회가 왔다. 한번은 현종이 이백에게 양귀비의 미모를 칭찬하는 글을 짓게 했다. 술에 취한 이백은 「청평조清平調」라는 시를 단숨에 세 수나 써냈다. 그중에 "한나라 궁궐에 누가 너와 같을까 생각하니, 가련한 조비연趙飛燕이 새로 단장하고 나타나면 모를까"라는 대목이 있다. 한나라 때의 미녀 조비연을 양귀비에 비유한 것으로 예술적 수법이다. 양귀비는 이 시를 읽고는 너무 좋아했다. 그러나 고력사는 달걀 속에 뼈가 있다며 딴지를 걸고 나섰다. 즉, 비천한 출신으로 한나라 궁궐을 더럽게 물들인 조비연을 양귀비에 비유한 것은 어떤 의도가 담긴 풍자라는 것이었다. 이 말에 양귀비는 격노했고, 그 뒤로 현종이 여러 차례 이백에게 자리를 주려 할 때마다 양귀비에 의해 다 막혔다.

간신 고력사만이 이백과 사이좋게 지내지 못했던 것일까? 사실 이백은 다른 사람들과도 사이좋게 지내지 못했다. 고력사는 이미 총애를 받고 있었는데, 이백이 정치적 포부를 실현하고자 했다면 왜 관료 사회에서 필요한 처세의 수완을 발휘하지 않고 거꾸로 그를 희롱하고 모욕을 주는 방식으로 원한을 샀을까? 그렇게 해서 자신의 고결한 재능을 뽐내고 간신과 권세가를 두려워하지 않는다는 칭찬을 들을 수는 있겠지만 앞날에 대한 대가는 치를 수밖에 없었다. 이것이 바로 사람이 되는 것과 관리가 되는 것의 차이고, 좋은 사람이 반드시 좋은 관리가 되는 것은 아니라는 이치다. 춘추시대 제나라의 재상 관중은 죽음을 앞두고 후임자를 추천하라는 환공의 요청을 받고는 누구나 예상했던 절친 포숙을 추천하지

● 기질이 운명을 결정한다는 말이 있듯이 예술가로서 이백의 기질이 결국은 그의 출세를 막았을 뿐만 아니라 정치적 포부마저 꺾었다. 그런데 이백의 실의가 당나라의 몰락과 함께했다는 사실이 참으로 아이러니하다.

않았다. 관중은 포숙이 너무 강직하고 악을 원수처럼 미워하는 성품이라 소인배들에게 모함을 당할 가능성이 크다고 보았기 때문이다. 그리고 사실이 그러했다. 이백이 관료 사회에서 실패한 까닭은 세상 사람들을 죄다 자기 발밑으로 보는 지나친 자부심과 어디에도 매이지 않는 호방하고 천진난만한 시인의 기질 때문이었다.

소진蘇秦과 장의張儀의 좋지 못한 최후

중국 고대사에서 가장 이채롭고 특이한 모략가를 들라면 단연 귀곡자鬼谷子가 될 것이다. 본명조차 알려져 있지 않은 수수께끼 같은 학자다. 그의 명성이 2천 년 넘게

역사에 드리울 수 있었던 까닭은 첫째는 모략 이론서인 『귀곡자』를 남겼기 때문이고, 또 하나는 역사상 크게 이름을 떨친 두 제자 소진蘇秦(?-기원전 284)과 장의張儀(?-기원전 309)를 배출했기 때문이다.

소진은 낙양의 가난한 가정에서 태어났다. 귀곡자 선생 문하에서 공부한 후 여러 나라를 다니며 자신의 재능을 펼치고 이로써 부귀와 공명을 얻고자 했다. 장의는 학교에 남아 귀곡자를 대신하여 학생들을 가르쳤다.

소진은 먼저 자기 나라인 주나라 현왕顯王에게 유세했지만 기용되지 못했다. 진秦나라로 갔지만 역시 뜻을 이루지 못했다. 그 뒤 스승 귀곡자의 권유로 연燕나라로 갔다. 그는 합종合縱이란 계책으로 문후文侯에게 다음과 같이 유세했다.

"연나라는 땅이 넓고 무력은 강대하며 국고는 충족합니다. 게다가 전쟁이 적습니다. 이는 조나라가 병풍처럼 막아주고 있기 때문인데, 진나라가 이 때문에 공격해 들어올 길이 없습니다. 그래서 진나라가 연나라를 공격하려면 먼길을 돌아와야 합니다. 그러나 만에 하나 진나라가 조나라를 무너뜨린다면 겨우 100리를 사이에 두고 아주 빠르게 연나라를 침입할 것입니다."

요컨대 소진은 연나라가 조나라와 동맹해야만 안전할 수 있음을 강조한 것이다. 이에 문후는 소진을 재상으로 삼아 연나라 사신 신분으로 조나라에 보냈다. 소진은 조나라 숙후肅侯를 만나 세력을 점점 키우고 있는 진나라가 머지않아 중원으로 진출하고 그 실력으로 6국을 가볍게 각개격파할 것이라는 점을 말했다. 그러면서 6국이 혼자 힘으로는 강력한 진나라에 대항할 수 없지만 6국이 합종으로 동맹하면 진나라가 아무리 강해도 손을 쓸 기회가 없을 것이며, 그러기 위해서는 연나라와 조나라의 동맹이 절대적으로 필요하다고 유세했다. 숙후는 소진의 유세를 들은 다음 정말 두 나라가 동맹하면 진나라가 공격할 수 없냐고 물었고, 소진은 단호히 그럴 것이라고 대답했다.

말은 그렇게 했지만 소진은 확신이 없었다. 진나라가 보기에 사실 연·조 이 두 나라의 동맹은 군사적으로 그다지 큰 영향력이 없었기 때문이다. 다만 연나라가 유리한 위치를 차지하는 것만은 틀림없었다.

소진에게는 큰 야심이 있었다. 당시 전국 7웅 중에서 진나라의 세력이 빠르게 발전하여 선두로 나서고 있었다. 이런 진나라에 맞서려면 연·조·위·한·제·초 여섯 나라를 모두 동맹에 나서게 해야 한다. 이것이 합종책의 핵심이었다. 소진은 이 합종책을 성사시켜 6국의 공동재상이 되고, 이로써 진나라를 물리치고 나아가 천하를 통일하는 군주가 되길 희망했다.

그리고 지금 연과 조의 동맹을 1차 성사시켰으니 좋은 출발이었다. 그런데 얼마 뒤 진나라는 조나라의 이웃나라인 위나라를 공격했다. 위나라는 고전을 면치 못했고, 진나라는 승세를 몰아 동쪽으로 진격하여 조나라를 압박해 왔다.

소진은 좌불안석이었다. 연나라와 동맹하면 진나라는 조나라를 공격하지 못할 것이라는 호언장담은 사실 공허한 약속이었기 때문이다. 위나라가 이미 위급한 상황에 몰렸는데 조나라야 말해서 무엇 하겠는가? 소진은 또 진나라 내부에 대한 정보를 입수하고는 진나라가 위나라를 멸망시킨 후 조나라를 공격할 것이라고 단정했다. 자신의 호언장담이 들통날 상황이 코앞에까지 닥쳤다. 6국 공동재상의 꿈은 출발도 못하고 깨어질 판이었다. 조나라의 입장에서 진나라에 무력으로 대항하는 것은 애당초 불가능했다. 소진은 속수무책이었다.

이런 난감한 상황에서 느닷없이 자신의 동문인 장의가 찾아왔다는 보고를 받았다. 순간 소진은 눈앞이 탁 트이는 것 같았다. 현재 유일한 방법은 유세에 능한 누군가가 진나라로 가서 진나라 왕에게 조나라를 공격하지 못하게 설득하는 것이었는데, 장의라면 할 수 있을 것 같았기 때문이다. 하지만 장의의 성격과 포부를 잘 아는 소진으로서는 장의를 자극하는 '격장법激將法'이라야 장의를 진나라로 보낼 수 있다고 생각했다. 이리하여 완벽한 계획 하나가 소진의 머릿속에서 자리를 잡았다.

그는 사람을 보내 먼저 장의를 들어오지 못하게 하고는 며칠 뒤에야 그를 만나주었다. 만난 뒤에도 아주 쌀쌀맞게 대했다. 당 아래에 앉게 하고는 하인을 시켜 먹을 것을 갖다주었다. 장의는 조나라 왕을 만나 자리를 얻을 수 있게 해달라고 청했다. 소진은 "자네가 이렇게 궁색해진 꼴을 보니 큰일을 맡기기는 어려울 것 같네."라며 장의를 나무라고, 뒤도 돌아보지 않고 그 자리를 나와버렸다. 동창에게 모욕을 당한 장의는 울분에 가득 찼다. 그는 진나라만이 연나라와 조나라를 제압할 수 있겠다고 생각하여 서쪽 진나라로 들어갔다.

장의가 떠나자 소진은 곧바로 가신에게 마차와 돈을 주어 장의의 뒤를 따라가며 그와 사귀도록 했다. 가신은 장의에게 갖은 편의를 제공하며 편안하게 진나라로 들어가게 배려했다. 진 혜왕惠王을 만나 유세에 성공한 장의는 객경에 임명되었다. 혜왕은 장의를 매우 신임하여 제후국들을 정벌하는 일에 대해 상의했다. 그때 소진의 가신은 장의에게 이제 헤어질 때가 되었다면서 이 모든 일이 다 소진이 안배한 것임을 알려주었다. 장의는 그제야 모든 사실을 알게 되었고, 가신에게 돌아가 소진에게 감사의 말을 전하라면서 소진이 조나라에 있는 한 진나라가 조나라를 공격하는 일은 없을 것이라고도 했다.

소진은 "닭대가리가 될지언정 소꼬리는 되지 말라."는 말로 한 사람의 자존심이 얼마나 중요한가를 강조했는데, 큰 나라의 위력에 떨고 있는 군주에게 이 말은 가장 달콤한 속삭임이 아닐 수 없었다.

이렇게 해서 소진의 합종책은 순조롭게 진행되었고, 머지않아 그는 6국의 공동 재상이 되어 첫 목표를 달성했다.

● 합종은 강력한 진나라에 맞서기 위한 가장 유력한 대응책이었다. 소진은 천하 형세를 파악한 끝에 합종을 들고 나섰고, 상당 기간 진나라의 동진은 막혔다. 그림은 스승 귀곡자를 떠나 하산하는 소진의 모습이다.

문제는 장의였다. 장의는 합종에 대응하기 위해 연횡連橫의 책략을 개시했다. 사실 소진은 한때의 위기를 넘기기 위해 장의를 이용했지만 실은 장기적 위기를 초래할 씨앗을 심어놓았던 셈이다.

장의가 진나라에 들어가 객경이란 벼슬을 얻어 국가 대사를 계획하는 일에 참여하게 되었을 때, 앞서 말한 대로 소진의 가신이 장의에게 사실을 다 알렸다. 이때 장의는 이렇게 말한 바가 있었다.

"아이야! 이 모든 방법이 내가 심혈을 기울여 연습한 모략들인데 내가 타인의 덫에 빠지고도 몰랐구나. 보아하니 나는 소진에 한참 못 미친다. 내가 이제 막 힘을 얻었지만 어찌 조나라를 도모할 수 있겠는가. 돌아가 소진에게 감사 인사를 전해주고 소진이 권력을 쥐고 있는 동안에는 아무런 건의도 하지 않을 것이라고 전하라. 하물며 소진이 자리에 있는데 내가 어찌 그의 손아귀에서 벗어날 수 있을까."

동창들 사이에 벌어진 이 두뇌 게임에서 표면적으로는 장의가 졌지만 장의는 일생의 부귀영화를 얻었다.

기원전 328년, 진나라 혜왕은 장의에게 공자 화상華茶과 함께 군대를 이끌고 위나라를 공격하게 했다. 장의는 분석을 거듭했다. 그 결과 당시 천하의 대세는 땅으로는 제후국들이 진나라의 다섯 배, 병력은 열 배였다. 이에 진나라는 총체적인 전략 방침을 새롭게 정했다. 즉, 무력을 통한 공격과 정치외교적 회유라는 강온 두 가지 책략을 함께 구사하되, 이웃한 위나라와 한나라를 집중 공략하기로 했다. 이를 위해 장의는 여러 차례 작은 모략을 실시하여 진나라에 적지 않은 이익을 가져다주었다.

장의가 진나라의 상국을 맡은 지 4년째에 혜왕은 왕을 자칭했고, 다시 3년 뒤 장의를 제나라와 초나라에 보내 교상嚙上에서 회맹하게 했다. 이때 위나라의 외교정책이 흔들리기 시작했다. 일찍이 기원전 334년 위나라는 상국 혜시惠施의 책략을 받아들여 동쪽으로 제나라와 연합하고 남쪽으로 초나라와 동맹하여 함께 진나라를 공격했다. 그런데 상황은 바라던 대로 흘러가지 않았다. 진나라가 한나라와 연합하여 제나라와 초나라에 보복을 가했다. 이런 상황에서 장의는 진 혜왕에게 자신을 진나라 상국에서 파면시키고 은밀히 위나라로 보내달라는 음모를 제안했다

위나라에 도착한 장의는 자신의 언변으로 천하 형세에 대해 깊이 있게 분석하여 위 혜왕을 설득시키고 상국이라는 중책을 맡았다. 이 자리를 얻은 후 장의는 소진이 만들어놓은 관동 제후국들의 합종을 깨는 데 착수하여 위나라를 진나라와 연합하게 하는, 즉 연횡의 선두에 서게 했다. 이 목적을 이루기 위해 장의는 강경책과 온건책을 함께 구사했다. 몰래 진나라 왕에게 불시에 위나라를 공격하여 무력으로 위협하게 하는 한편, 위나라 군신들을 선동하여 진상을 파악할 수 없게 만들었다. 관련하여 장의는 위나라의 약점을 이렇게 지적하고 나섰다.

"위나라의 땅은 사방 천리도 안 되고, 병사는 30만에 지나지 않습니다. 게다가 사방이 평지라 험준함을 입에 올릴 수조차 없습니다. 그러니 사방으로 적을 맞아 공격도 못 하고 방어도 못 합니다. 이를 두고 사분오열의 지리적 위치라고 합니다."

위나라의 급소를 찌른 뒤 장의는 다시 합종으로 진나라에 대응하는 것이 어렵다면서 이렇게 말했다.

"지금 합종에 나선 나라들은 천하를 통일할 생각으로 형제를 맺고 소 피를 마시며 동맹하여 서로 약속을 합니다. 그런데 이게 가능하겠습니까? 같은 부모에게서 난 형제도 돈 때문에 서로를 죽이는 판에 하물며 이해관계가 다른 나라 사이야 오죽하겠습니까?"

이렇게 한바탕 떠들고 나서 장의는 비로소 자신의 생각, 즉 진나라와 연합하는 것과 진나라를 배신하는 것 중 어느 쪽이 유리한가를 설명했다.

"대왕께서 진나라에 굴복하지 않는다면 진나라는 틀림없이 군대를 동원하여 황하 이남의 땅을 공격하여 위나라를 협박할 것입니다. 조나라가 남쪽으로 우리 위나라를 구원하기 힘들고, 위나라도 북쪽으로 조나라와 연계할 수 없습니다. 합종이든 연횡이든 그 길은 끊어집니다. 이렇게 되면 위나라가 위태로워집니다. 게다가 진나라가 한나라와 연합하여 위나라를 공격한다면 위나라의 멸망은 시간문제입니다. 대왕을 위해 신은 진나라에 귀순해야 한다고 말씀드립니다. 그래야만 편하게 잠을 잘 수 있을 것입니다."

장의는 이렇게 세 치의 혀로 위나라 군신들을 설득하여 마침내 위나라의 외교정책을 바꾸었고, 이로써 소진의 합종책은 무너지기 시작했다. 동쪽으로 진출하려는 진나라는 이에 발전의 중요한 발판을 마련했다. 그러나 몇 년 뒤 장의의 간첩 신분이 폭로되었고, 장의는 위나라에서 쫓겨나 다시 진나라로 돌아와 상국 자리를 맡게 되었다.

진나라는 위나라와 한나라를 굴복시킨 다음 더욱더 압박을 가했고, 다시 공격의 목표를 가장 땅이 넓은 초나라로 돌렸다. 초나라는 당시 제나라와 연합하여 진나라에 맞서고 있었기 때문에 진나라로서는 이 두 나라의 동맹을 깨는 것이 가장 급했다. 이에 대해 진나라 신하들은 너 나 할 것 없이 대책을 내놓았다. 그러나 혜왕은 장의의 대책 외에는 다 성에 차지 않았다. 장의는 심사숙고 끝에 혜왕에게 자신의 생각을 올렸고, 혜왕은 바로 결단을 내려 장의를 초나라로 보냈다.

기원전 313년, 장의는 먼길을 달려 초나라에 왔다. 초 회왕은 장의가 오자 특별히 그를 최고급 객사에 머무르게 하고 정중하게 가르침을 청했다.

"선생께서 누추한 이 나라까지 오셨는데 무슨 가르침이라도 있습니까?"

장의는 초왕의 환대와 겸손한 태도에 크게 감사의 뜻을 나타낸 다음 화제를 돌렸다.

"진나라 왕과 이 장의가 가장 좋아하는 분이 바로 초왕이고, 가장 미워하는 사람이 제왕입니다. 대왕께서 만약 제 의견을 받아들여 제나라와의 맹약을 파기하고 왕래를 끊는다면 진왕께서 상우商于 땅 600리를 초나라에 돌려주라고 요청하겠습니다. 그리고 진나라는 초나라와 혼인관계를 맺어 영원히 형제의 나라가 되도록 하겠습니다. 이렇게 해서 제나라의 힘을 약하게 만들고 진나라와 사이좋게 지낼 수 있다면 일거양득 아니겠습니까?"

장의의 제안에 초왕은 좋아라하며 승낙했다. 대신들은 너 나 할 것 없이 축하를 올렸다. 그러나 모신 진진陳軫은 장의의 속임수를 꿰뚫고 초왕에게 강력히 권했다.

"지금 진나라가 초나라를 중시하는 것은 우리가 제나라와 상호원조 관계를 맺고 있기 때문입니다. 대왕께서 제나라와의 맹약을 파기하신다면 초나라는 고립될 것입니다. 진나라가 고립무원의 초나라에게 뭐가 좋다고 상우 땅을 준단 말입니까? 장의가 진나라로 돌아가면 틀림없이 약속을 어기고 대왕을 버릴 것입니다. 이러면 진나라를 원망하게 되고 제나라와도 원수가 될 터인데 이 어찌 안타까운 일이 아니겠습니까?"

진진의 말에 초왕은 기분이 몹시 상해 진진을 쳐냈다. 초왕은 오로지 장의의 심기를 불편하게 만들어 600리 땅을 얻을 절호의 기회를 놓칠까 그것이 걱정이었다. 그래서 장의를 더욱 우대하여 초나라 재상의 도장까지 주었다. 그러고는 바로 제나라와의 동맹을 파기하고 왕래를 끊었다. 장의가 진나라로 돌아갈 때 초왕은 장군 봉추보逢丑父를 딸려 보내 장의가 약속한 땅을 받아 오게 했다.

귀국한 장의는 수레에서 내리다 발을 헛디뎌 부상을 당했다며 석 달 동안 조정에 나오지 않았다. 이제나 저제나 장의를 기다리던 봉추보는 진나라가 땅을 줄 것 같지 않자 서둘러 초왕에게 보고했다. 초왕은 초조했다. 생각 끝에 초왕은 장의가 저렇게 나오는 것은 초나라에 대한 의심을 아직 거두지 못했기 때문이라고 지레 짐작했다. 초왕은 자신의 결심을 보여주기 위해 특별히 용감한 병사를 뽑아 부절을 들려 제나라로 보냈다. 이 병사의 유일한 임무는 제왕 앞에서 제왕을 욕하는 것이었다. 제왕은 초나라의 배신에 극도로 분노하며 초나라와의 국교를 끊고 진나라와 우호관계를 맺어 초나라를 공격하겠다고 선언했다.

자신의 계책이 대성공을 거두자 장의는 언제 그랬냐는 듯이 바로 건강한 모습으로 입조했다. 기다리던 봉추보가 장의를 만나 상우 땅 600리를 요구했다. 장의는 깜짝 놀란 표정을 지으며 "어째서 아직 여기에 있는 겝니까? 얼른 가서 땅을 가져가지 않고?"라고 했다. 봉추보 역시 놀라면서 "땅이 어디 있단 말이오?"라고 물었고 장의는 "저의 봉지 6리를 초왕께 드리겠습니다."라고 했다. 봉추보는 더욱더 놀라며 "초왕께 자신의 입으로 상우 일대 600리를 드린다고 해놓고서는 이제 와서 갑자기 딴 소리를 하는 게요?"라고 다그쳤다.

장의는 차분한 목소리로 "그건 초왕께서 잘못 들으신 겁니다. 봉지 6리를 상우 600리로 잘못 들으신 것인데 저를 나무랄 수는 없지요."라고 시치미를 뗐다.

그제야 봉추보는 초왕이 장의에게 속았음을 알았다. 하지만 뾰족한 수가 없어 하릴없이 초나라로 돌아올 수밖에 없었다. 보고를 받은 초왕은 화가 머리끝까지 뻗쳐 군대를 동원하여 진나라를 치겠다고 했다. 모신 진진이 이번에도 말리고 나섰다.

기원전 312년, 초왕은 기어이 진나라 공격에 나섰다. 진나라는 초나라에 이를 갈고 있던 제나라와 연합하여 초나라를 공격했다. 두 나라는 초나라 군사 8만의 목을 베고 단양丹陽과 한중漢中 등지를 빼앗았다. 초나라는 다시 병력을 늘려 진나라를 습격하여 남전藍田에서 격전을 벌였지만 또 대패했다. 초나라는 두 개의 성읍을 떼어주고 진나라와 강화하는 수밖에 없었다.

진왕을 늘 걱정하게 만들었던 초·제 동맹은 이렇게 장의의 입에 의하여 무너졌다. 게다가 서로를 원수처럼 만들고, 나아가 초나라 땅까지 얻었다. 훗날 사람들이 장의의 꾀가 천군만마보다 낫다고 한 말이 괜한 소리가 아니었다.

초나라의 검중黔中은 풍요로운 곳이자 전략상 중요한 요충지로서 진왕이 오래전부터 침을 흘리던 지역이었다. 이에 진왕은 초왕에게 편지를 보내 무관 밖의 땅과 검중을 교환하자고 제안했다. 초왕은 "땅을 교환하는 일에는 관심이 없다. 장의만 주면 검중은 거저 주겠다."고 했다. 진왕은 장의를 보내고 싶었지만 차마 입 밖으로 그 말을 할 수가 없었다. 그런데 장의가 진왕의 이런 심기를 헤아리고는 자진해서 초나라로 가겠다고 나섰다. 진 혜왕은 "초왕이 그대의 배신에 화가 많이 나서 그대에게 분풀이를 할 것이오."라고 걱정하자 장의는 이렇게 자신의 생각을 말했다.

"우리 진나라는 초나라보다 강합니다. 제게는 진나라라는 의지할 곳이 있고, 대왕은 저의 든든한 방패이십니다. 그러니 초왕이 함부로 저를 해치지는 못할 것입니다. 또 초왕의 측근이자 아부꾼인 근상靳尙은 저와 관계가 좋고, 근상은 초왕의 부인 정수鄭袖를 모시고 있습니다. 초왕은 정수의 말이라면 다 들어줍니다. 이 두 사람이 있는 한 걱정하실 것 없습니다. 초나라가 진짜 저를 죽인다 해도 진나라는 검중의 땅을 얻을 수 있으니, 이는 오히려 제가 바라는 바입니다."

이리하여 장의는 다시 초나라 땅을 밟게 되었다.

장의가 초나라에 들어오자 회왕은 무조건 그를 감옥에 가두었다. 그러나 장의는 태연자약했다. 그는 사람을 찾아 근상을 불러 묘책 하나를 일러주었다. 근상이 그에 따라 움직였다. 근상은 초왕을 만나 이렇게 말했다.

"대왕께서 장의를 잡아 죽이면 동맹국인 진나라에 크게 실수하는 것이 되고 나아가 천하가 대왕을 깔보게 됩니다. 다시 생각해주십시오."

이 말에 초왕은 머뭇거렸고, 기회를 잡은 근상은 다시 정수에게 달려가 "대왕께서 당신을 무시하는데 알고 계십니까?"라고 도발했다. 정수가 영문을 모르겠다고 하자 근상이 말했다.

"진나라 왕은 장의를 총애하기 때문에 틀림없이 그를 구하기 위해 상용 지역 여섯 개 현을 초나라에 주려고 합니다. 그뿐 아니라 미인들도 함께 보내 왕궁의 무녀들과 짝을 지워주려고 합니다. 우리 대왕께서는 땅도 중시하지만 진나라 미녀들도 총애할 것이 분명합니다. 그렇게 되면 부인께서는 쫓겨날 수도 있습니다. 대왕께 장의를 석방시키라고 말씀드리십시오."

자신의 이익과 직접 관계된 일이 거론되자 정수는 전력을 다해 나서는 수밖에 없었다. 그녀는 밤마다 초왕에게 장의를 석방하라고 졸랐다. 초왕은 하는 수 없이 장의를 풀어주고 환대했다. 감옥에서 나온 장의는 기회를 보아 초왕에게 진나라와 초나라의 동맹이 가져다줄 이익과 그 반대의 경우를 적극 유세했다. 앞서 전투에서 거듭 패한 경험이 있는 초왕은 마침내 장의의 건의를 받아들여 진나라와 다시 우호 동맹을 맺었다.

초나라를 떠난 장의는 한나라로 가서 양왕襄王에게 유세했다. 한나라의 약점을 누구보다 잘 알고 있던 장의였기에 유세마다 소득이 대단했고, 양왕은 엎드려 진나라의 명령을 받들었다.

큰 성과와 함께 귀국하자 진 혜왕은 장의에게 다섯 개 읍을 상으로 내리고 무신군武信君에 봉하여 장의에 대한 총애를 확인시켰다. 그 후로도 혜왕은 장의를 제·조·연 등으로 보내 두루 유세를 펼치게 했고, 각국은 너 나 할 것 없이 장의의 제안을 받아들였다. 이렇게 되자 6국이 연합하여 진나라에 대항하자는 합종의 국면은 뿌리 채 뽑혔다. 장의는 의기양양 귀국하여 진왕에게 그동안의 실적을 보고할 준비를 하고 있었는데 공교롭게 한 사건이 터졌다.

기원전 311년, 장의가 귀국길에 올랐다. 그때 진 혜왕이 죽고 그 아들 무왕武王이 즉위했다는 급보가 날아들었다. 무왕은 태자 시절부터 장의를 좋아하지 않았고, 게다가 장의가 오랫동안 혜왕의 총애를 받은 탓에 뒷전으로 밀려난 신하들이 장의에 대해 원망이 깊었다. 여기에 새 임금이 들어섰으니 곧바로 무왕 앞에서 나발을 불어 대기 시작했다. 형세는 장의에게 아주 불리했다.

장의가 귀국했다. 그러나 무왕이 장의를 바로 죽이려는 조짐은 보이지 않았다. 대신 장의에 대한 태도가 냉담하기 짝이 없었다. 총명한 장의는 분명 무슨 까닭이 있을 것으로 짐작했다. 그 결과 장의는 당장은 아니겠지만 조만간 무왕이 자신을 그냥 두지 않을 것으로 판단했다. 지금까지의 상황으로 보아 이 형세는 만회할 수 있는 것이 아니었다. 이리저리 생각한 끝에 장의는 마침내 빠져나갈 묘책을 구상해냈다. 어느 날 장의는 무왕에게 계책 하나를 올리겠다고 나섰다. 무왕이 무슨 계책이냐고 묻자 장의는 다음과 같이 아뢰었다.

"진나라를 위해 생각해봅니다. 동방 여러 나라에 큰 변란이 발생할 경우 대왕은 그 땅을 얻을 수 있습니다. 지금 듣자하니 제나라 왕이 저를 가장 미워한답니다. 그러니 제가 어느 나라로 가든 제나라는 틀림없이 군대를 내서 그 나라를 칠 것입니다. 그래서 못난 이 장의가 위나라로 갈까 합니다. 위나라에 가면 제나라는 위나라를 공격할 것이고, 이 두 나라가 싸울 때 대왕께서는 한나라를 공격하십시오. 함곡관을 나가 공격하지 않고도 주 왕실을 압박하여 제기祭器를 내놓게 하십시오. 그러면 대왕께서는 천자를 곁에 끼고 천하의 형세를 장악하게 될 것입니다. 이것이 말 그대로 제왕의 대업 아니겠습니까?"

일리가 있다고 생각한 무왕은 마차 30량을 내어 장의를 위나라로 보냈다. 그러나 무왕이 어찌 알았겠는가? 이것이 장의가 진나라를 탈출하려는 계책이었다는 것을.

장의가 위나라에 도착하자 제나라는 정말 위나라를 공격해 왔다. 위 양왕襄王은 불안에 떨었지만 장의는 태연하게 "대왕께서는 걱정하지 마십시오. 제게 제나라 군대를 물릴 계획이 있습니다."라고 했다. 위 양왕은 반신반의했다.

장의는 자신의 가신 풍희馮喜를 초나라에 보내, 초나라 사신의 신분으로 제나라에 가서 제왕에게 이렇게 말하게 했다.

"대왕께서 장의를 몹시 미워하고 계시지만 사실 그것은 진나라에서 장의를 더욱 편하게 만드는 것입니다."

제왕이 이해를 하지 못하자 풍희는 장의와 진왕이 짠 계책을 다 일러바치면서 이렇게 말했다.

"지금 장의가 위나라에 들어오자 아니나 다를까 대왕께서는 위나라를 공격하셨습니다. 이는 안으로는 제나라의 국력을 소모하는 것이자 밖으로는 동맹국을 공격하는 일로 사방에 적을 만들고 장의에 대한 진왕의 신임만 굳히는 꼴입니다."

이 말에 제왕은 군대를 철수시켰다.

장의는 위나라에서 재상 신분으로 1년 가까이 있다가 세상을 떠났다. 만년의 그는 신세가 몹시 처량했다. 그가 진나라 혜왕 곁에서 총애를 듬뿍 받고 있을 때 자신의 칼날을 적당히 숨기고 동료 대신들과의 관계를 어느 정도 맞추었더라면 그런 남다른 공을 세우고도 진나라에 발붙이지 못하는 꼴이 되었을까? 그는 사업에서는 성공했지만 처세에서는 실패한 사람이었다.

여기서 다시 장의의 동창 소진을 보자. 그는 간신히 합종을 성공시켜 6국의 공동재상이 되어 천하를 하나로 통일시키려 했다. 그런데 그 즈음 그는 연나라 역왕易王의 어머니와 부적절한 관계를 가졌다. 연왕의 심정이 어땠겠는가? 바로 이때 장의가 이 약점을 잡고 흔들었다. 연왕에게 소진이 왕위를 빼앗으려 한다고 도발한 것이다. 이쯤 되면 연왕이 소진을 죽이지 않을 까닭이 무엇인가? 간신히 6국 재상의 도장을 찼던 소진은 하는 수 없이 연나라를 떠나 제나라로 갔다.

연나라에서의 교훈도 있고 해서 소진은 제나라에서 다시 적지 않은 활약을 펼쳤다. 이 무렵 합종을 깨는 장의 의 활동도 더욱 거세졌다. 소진은 전력을 다해 자신을 무너뜨리려는 동창에 대항했지만 제나라의 다른 대신들에 대해서는 신경을 쓰지 않았다. 소진은 제나라에 와서 그 빛나는 재주로 제나라의 신하들을 무색하게 만들었고, 소

● 장의의 연횡은 당연히 합종의 출현과 동시에 나올 대응책이었다. 두 사람의 천하 형세에 대한 분석과 판단으로는 어느 쪽이든 다 알고 있었다. 다만, 그들 자신의 출신과 배경 그리고 그 기질이 각자 다른 길을 걷게 했을 뿐이다. 장의의 모습을 그린 그림이다.

진에 불만을 품은 신하들은 너 나 할 것 없이 들고 일어나 소진에 반대하고 나섰다. 심지어 꼭 죽여야만 속이 풀리겠다는 지경에까지 이르렀다. 급기야는 자객을 사서 소진을 칼로 찔렀다.

중상을 입은 소진은 자신을 보러 온 제왕에게 "신이 죽으면 저를 역적으로 처리 하십시오. 그러면 저를 죽인 자들이 제 발로 나타날 것이고, 그때 그들을 일망타진하 시면 됩니다."라고 대책을 일렀다.

제왕은 소진의 말대로 그의 시신을 다섯 말이 사지를 끄는 '오마분시五馬分尸'로 찢어 죽였다. 역적을 죽인 사람은 상을 받을 수 있기에 자객이 제 발로 나섰고, 제왕 은 그를 잡은 뒤 일당 전부를 죽여 소진의 복수를 대신해주었다.

장의와 소진은 그 최후가 좋지 않았다. 이는 아무리 재주가 뛰어나도 막주와 동

료와의 관계를 제대로 처리하지 않으면 안 된다는 사실을 잘 보여준다. 그들의 스승인 귀곡자 선생이 살아 있어 이 두 수제자의 최후를 알았더라면 틀림없이 자신의 교육 방식을 바꾸어 처세술 과목을 따로 마련했을 것이다. 『귀곡자』를 살펴보아도 처세술에 관한 내용은 없다. 그렇다면 이 두 수제자의 비참한 최후도 뭐라 할 것이 못 된다. 다행히 귀곡자 선생은 산을 나오지 않았기에 망정이지 자칫 그도 이런 액운을 면키 어려웠을지 모른다. 예민한 정치 관측과 인정에 대한 반응이 느리면 아무리 높이 올라가도 추락은 필연이다.

삭변削藩을 주장하다 그 자신이 깎인 조조晁錯

역사에 관심 있는 사람이라면 '오초 7국의 난'과 '조조삭변晁錯削藩'의 고사를 들어보았을 것이다.

조조晁錯(기원전 200-154)는 하남성 영천潁川 사람으로 처음에는 법가의 학설을 배웠고, 벼슬을 한 다음에는 태자 유계劉啓(훗날 경제景帝)의 태자사인太子舍人, 가령家令 등과 같은 자리를 지냈다. 태자부에 있을 때는 사람들이 모두 '지낭', 즉 '꾀주머니'라 불렀다. 「논귀속소論貴粟疏」, 「언병사소言兵事疏」, 「모민실새소募民實塞疏」, 「수변권농소守邊勸農疏」 등과 같은 글을 올렸다. 주로 농업을 중시하고 상업을 억제할 것과, 전술을 개선하여 흉노에 대응하자면서 죄인과 백성을 북방 변경으로 옮겨 살게 하여 흉노에 대한 저항력을 높이자고 주장했다. 당시 문제文帝는 그의 건의를 모두 받아들이지는 않았지만 그를 인재로 생각하여 중대부中大夫로 승진시켰다.

문제가 세상을 떠난 뒤 태자 유계가 즉위하니 이가 경제다. 조조에 대한 경제의 신임은 대단하여 곧바로 그를 어사대부御史大夫로 중용했다. 조조는 법가사상의 교육을 받았기 때문에 문제 때부터 여러 차례 날로 커지고 있는 번국, 즉 지방의 왕국과 제후국의 권력과 땅을 줄이거나 빼앗자는 이른바 '삭번'의 주장을 담은 글들을 올렸다. 너그러운 인품의 문제는 이를 실행으로 옮기지 못했다. 그러나 제후들은 이미 이런 움직임에 대한 이야기를 듣고 있었고, 자연스럽게 조조에 대해 앙심을 품을 수밖에 없었다.

경제가 즉위하자 조조는 더 적극적으로 '삭번'을 주장하고 나섰다. 그리하여 경제 3년인 기원전 154년, 초왕 유무劉戊, 조왕 유수劉遂, 교서왕 유앙劉卬의 봉지 일부를 박탈하는 조치가 취해졌다. 제후왕들은 당연히 불만을 터뜨렸고, 이렇게 조조는 도성 밖에 적들을 심는 상황을 만들었다.

조조는 사람이 각박하고 남들과 잘 어울리질 못했다. 이 때문에 정치적 견해가 다른 승상 신도가申屠嘉, 태상 원앙袁盎, 대장군 두영竇嬰 등에게 미움을 샀다. 특히 신도가는 조조 때문에 울화병으로 죽기까지 했다. 그는 원로대신 원앙과도 사사건건 부딪혔다. 심지어 같은 자리에 앉지도 않았고 이야기조차 나누지 않는 사이가 되었다. 이렇게 조조는 조정 안에도 적들을 심었다.

오왕 유비劉濞는 오초 7국의 난을 주도한 우두머리였다. 유비의 아버지는 유방의 형님 유희였다. 항렬로 보자면 유비는 경제 유계의 아버지뻘이었다. 일찍이 유방은 유비를 오왕에 봉하면서 그가 언젠가는 반란을 일으킬 것으로 예상했다. 오초 7국이 반란을 일으키면서 이구동성으로 내세운 구호는 "조조를 죽여 군주의 곁을 깨끗하게 청소하길 바란다."는 것이었다. 물론 구호에 지나지 않았다. 사실 오왕은 경제 유계에 대해 불만이 많았다. 단순히 경제가 조조의 삭번책을 받아들인 것만이 아니라 일찍이 경제가 태자 시절 자신의 아들을 죽인 데 대한 원한이 쌓여 있었다.

경제가 태자였던 시절, 한번은 오왕의 태자 유현劉賢이 도성으로 들어와 경제와 술을 마시며 바둑을 두었다. 바둑을 두던 두 사람이 무슨 일 때문인지 다투었다. 화가 난 경제는 바둑판을 들고 유현을 때려 죽였다. 문제는 유현의 시신을 정중하게 염을 해서는 오나라로 돌려보내 안장하도록 했다. 아버지 오왕 비는 당연히 불만이었다. 아들 유현의 시신이 도착하자 "천하에 성이 같으면 한 집안이고, 장안에서 죽었으면 장안에다 묻어야지 어째서 돌려보내 안장한단 말인가!"라며 화를 냈다. 그리고 사람을 시켜 영구차를 다시 장안으로 돌려보내 안장하게 함으로써 대놓고 황제 부자에 대한 불만을 드러냈다.

이때부터 유비는 본격적으로 반란의 뜻을 품고는 건강을 핑계로 더 이상 도성에 올라가 황제를 알현하지 않았다. 관례에 따르면 제후국의 왕들은 매년 봄가을에 몸소 도성으로 올라가 황제에게 인사를 드려야 했다. 이를 '춘조春朝', '추청秋請'이라 했다. 오왕의 의중을 문제도 잘 알고 있었다. 그래서 신하의 의견을 받아들여 오왕에게 사신을 보내 지팡이를 내리며 나이도 많고 하니 입조를 면해준다는 특혜를 베풀었다. 이는 보기에는 오왕 비의 비위를 맞추는 것 같지만 실은 무언의 압박이었다. 이에 오왕 비는 반란 모의를 잠시 중단했다.

그런데 지금 유계가 황제가 되었다. 그리고 조조의 계획에 따라 끊임없이 삭번을 실행하니 오왕 비는 불안하지 않을 수 없었다. 게다가 조조가 공개적으로 오나라의 땅을 줄이겠다고 제안했다. 오나라는 광산을 개발하여 돈을 주조하고 바닷물을 걸러 소금을 만들어 경제력을 갖추고서 반란에 가담할 자들을 받아들이는 한편 범법자들까지 모아 반란을 준비했다. 이에 대해 조조의 분석은 정확하고 냉정했다. 그는 오왕 비가 땅을 빼앗아도 반발하고 그렇지 않아도 반발할 것이니, 땅을 빼앗으면 반발은 빠르겠지만 피해는 작고 그렇지 않으면 반발은 늦겠지만 피해가 클 것으로 분석했다.

결과는 역시 조조의 분석대로였다. 유비는 초왕, 조왕, 교서왕의 봉지가 깎이는 것을 보았고, 또 경제가 조정에서 오나라의 땅을 깎는 일을 토론하라고 명령했다는 사실을 듣고는 바로 움직이기 시작했다. 그는 먼저 교서왕 유앙에게 연락을 취했고, 유앙은 반란에 동의했다. 이에 유비는 직접 유앙을 찾아가 그자리에서 확답을 받고 제왕 유장려劉將閭, 치천왕 유현劉賢, 교동왕 유웅거劉雄渠, 제남왕 유벽광劉辟光에게 편지를 보냈다. 이 제후왕들 또한 오왕의 반란을 지지하고 나섰다. 초왕 유무도 측근과 친인척들의 만류에도 불구하고 오왕의 모반에 동의했다.

이때 조정에서는 조조 등의 주장을 경제가 받아들여 오나라의 봉지 중 회계會稽와 예장豫章 두 군을 박탈하라는 조서를 내렸다. 이에 오왕 비는 바로 군사를 일으켜 서쪽 도성을 향해 진격했다. 그 나머지 초와 조 등 6국도 따라서 군대를 동원하니 이것이 서한 시대에 가장 유명했던 7국의 난이고, 오나라와 초나라가 주동이었기 때문에 오초 7국의 난이라 부른다. 오왕 비는 특히나 강력해서 죽기 살기로 나서며 천하를 향해 "내가 올해 62세의 나이에 몸소 군대를 이끌고 출정한다. 나의 어린 아들은 금년 14세로 전쟁에 나선다. 나라 안에 위로는 내 나이, 아래로는 아들 나이에 해당하는 사람은 모두 출전하라!"고 큰소리를 쳤다. 이렇게 해서 무기를 들 수 있는 남자 20만이 둥지를 털고 출동했다.

모반에는 명분(구호)과 구실이 필요하다. 대놓고 황제를 무너뜨리겠다는 기세는 사납고 무시무시했지만 민심을 모으기란 쉽지 않았다. 이에 반란군은 우리는 좋은 사람이고 황제 주변은 나쁜 자들이라 우리가 나서서 그자들을 토벌하려 한다는 구호를 내세웠다.

7국의 제후왕들은 진짜로 조조를 미워했고, 조조를 죽이기 위해 반란을 일으켰다고 둘러댔다. 그리고 이것이 조조를 사망의 길로 한 걸음 한 걸음 밀어넣었다.

삭번은 황실과 같은 유씨 성을 가진 많은 왕들을 화나게 만들었다. 조조 스스로가 위험에 빠진 것이다. 조조의 아버지조차 아들의 운명을 예감할 정도였다. 반란이 일어나기 10여 일 전에 아버지는 집 영천에서 장안까지 올라와 아들 조조에게 "황상께서 막 즉위하시고 너는 중용되었다. 그런데 제후의 땅을 깎고 빼앗으려 하니 이는 황제와 제후왕들의 골육의 정을 갈라놓은 것으로 적지 않은 사람들이 너를 원망하고 미워한다. 왜 그리했느냐?"고 물었다.

조조는 그런 일이 있다고 대답했지만 "그렇게 하지 않으면 천자의 존엄은 지켜질 수 없고 종묘사직이 불안해집니다."라며 자신의 주장을 꺾지 않았다. 아버지는 "유씨는 안정되겠지만 조씨가 위험해지겠구나."라고 탄식하고, 독약을 먹고 자살했다. 아버지는 죽기에 앞서 "내가 차마 조씨 집안이 멸문 당하는 재앙을 볼 수 없구나."라고 했다.

오초 7국의 난이 터지자 조조는 경제와 이에 대처할 방안을 상의하지 않고 정적 원앙을 처리할 생각만 했다. 그는 어사에게 원앙이 오나라에서 재상을 지낼 때 오왕에게 대접을 잘 받았고, 그 때문에 줄곧 오왕이 반란을 일으키지 않을 것이라며 변호했는데 지금 오왕이 반란을 일으켰으니 그 죄를 물어야 한다고 말했다. 담당 관리는 이 말에 동의하지 않았고, 자연 조조도 잠시 멈출 수밖에 없었다.

그런데 이 사건이 조조가 죽임을 당하는 직접적인 원인이 되었다. 그가 멈추지 않고 굳세게 원앙의 죄를 물고 늘어졌거나 경제에게 원앙의 죄를 보고했더라면 원앙의 실각은 그리 어렵지 않았을 것이다. 첫째, 조조는 경제의 신임을 받으며 큰 권력을 갖고 있었다. 둘째, 원앙은 오나라에서 재상을 지냈고 줄곧 오왕을 엄호해왔다. 오왕도 원앙에게 돈과 재물을 보내는 등 후하게 대했다. 조정 대신들이 다 아는 사실이었다. 셋째, 오왕은 6국을 규합하여 서쪽으로 달려오던 중이었다. 이상의 사실들로 볼 때 오왕 밑에서 재상을 지낸 원왕은 죽은 목숨이나 마찬가지였다.

그러나 조조는 독수를 끝까지 지키지 못했다. 게다가 조조가 원앙을 어쩌려고 한다는 사실이 새어나가 원앙까지 알게 되었다.

원앙은 이를 깨물며 조조를 단두대로 보내겠다고 마음을 먹었다. 원앙은 조조의 정적인 대장군 두영을 찾아 황제와의 만남을 주선하게 해달라고 부탁했다. 원앙이 경제를 만났을 때 경제는 마침 조조와 반란군을 평정할 군대의 식량 문제를 상의하고 있었다. 원앙을 맞이한 경제는 원앙에 대한 불만이 담긴 어투로 "그대는 과거 오나라 재상을 지냈고, 지금 오나라와 초나라가 반란을 일으켰는데 어떻게 생각하시오?"라고 물었다. 원앙은 걱정할 것 없다며 이렇게 분석했다.

반란을 일으킨 오나라에는 진정한 능력자가 없고 모두 시정잡배들이자 망명해 온 무리들 그리고 사사로이 화폐나 주조하는 나쁜 자들뿐이다, 이런 분석이었다. 그런데 곁에 있던 조조가 슬그머니 끼어들어 원앙의 말이 옳다고 거들었다. 다른 기록을 보면 오초가 반란을 일으킨 후 조조는 곧바로 대책을 세우지 못한 채 경제에게 오왕에게 가까운 현 두 개를 주라고 청했다.

아무튼 걱정할 것 없다는 원앙의 말에 경제는 좀더 구체적인 대책을 물었다. 그런데 원앙은 거리낌없이 조조를 내보내달라고 청했고, 조조는 하는 수 없이 그 자리에서 물러났다.

원앙은 경제에게 지금 7국의 난을 일으킨 왕들이 모두 조조를 죽여야 한다는 것을 구실로 삼고 있으니 조조를 죽이고 사람을 7국에 보내 해명을 하면 군대를 돌려 물러갈 것이라고 했다.

경제는 한참 말이 없더니 "내가 조조의 목숨이 아까워서가 아니라 정말 어찌해야 할지 모르겠구나."라고 탄식했다. 이에 원앙은 "신은 그보다 더 좋은 방법은 없다고 생각하오니 진지하게 고려해주십시오."라고 쐐기를 박았다.

이렇게 경제는 원앙과 비밀리에 조조를 팔아 천하에 사죄한다는 방법에 동의했다. 경제는 원앙을 태상으로 삼고, 수도에 있던 오왕의 아들 유광을 황실의 친인척을 관리하는 종정이라는 중책에 임명했다. 종실과 외척이 죄를 지으면 모두 이곳을 통해 처리했다. 경제는 이어 원앙과 사신 둘을 오초에 보내 철군을 청했다.

● 역사상 거의 모든 개혁의 성공에는 희생이 필요했다. 상앙이 그랬고, 조조가 그랬고, 훗날 담사동譚嗣同 등이 그랬다. 경제는 조조를 희생양으로 삼아 민심과 명분을 얻었고, 결국 오초 7국의 반란을 진압했다. 사진은 한 경제의 석상이다.

그런데 경제는 당장 조조를 죽이라고 명령을 내리지 않았다. 원앙이 떠난 뒤 10여 일 뒤 경제는 승상 도청陶靑과 정위 장구張歐 등에게 글을 올려 조조를 탄핵할 것을 암시했다. 이유는 조조의 언행이 황제의 은덕을 청송하기는커녕 황실과 신하 그리고 백성들 사이를 이간질한다는 것이었다. 이에 신하들은 여기에 덧붙여 조조가 오나라의 봉지를 늘려주라고 청하는 등 신하의 예를 지키지 못하고 대역무도하게 굴었으니 허리를 자르는 형벌에 처하고, 부모와 처자 그리고 형제는 남녀노소를 막론하고 모두 사형에 처해야 한다고 주장하고 나섰다. 경제는 잔인하게 이 주청을 허가했다.

경제 3년인 기원전 154년 정월, 경제는 중위를 보내 속임수로 조조에게 입조하라고 했다. 조조는 아무것도 모른 채 조복으로 갈아입고는 중위를 따라 입조했고, 그 옷을 입은 채로 허리가 잘리는 형벌을 받았다.

물론 가족들도 다 죽임을 당했다. 일찍 약을 먹고 자살한 아버지만 이 고통을 피했을 뿐이다.

조조의 삭번과 전국시대 진나라를 개혁한 상앙의 변법은 비슷한 점이 많다. 둘 다 군왕 개인의 신임과 지지를 받았지만 그 밖에 너무 많은 사람들의 눈 밖에 나서 최후가 좋지 않게 끝났다. 필연적이지 않았나 하는 생각도 든다. 그런데 조조를 죽인 경제의 심리를 헤아리자면 결코 단순하지 않다. 아무튼 군대와 피를 보지 않을 수 있다는 원앙의 주장이 주효했다. 여기에 조조가 평소 다른 사람에게 각박하게 굴어 좋은 관계를 갖지 못했던 것도 경제의 결심에 한몫을 했던 것 같다. 무엇보다 오초가 반란을 일으켰음에도 제때 대처하지 못하고 우왕좌왕했던 조조의 행동 역시 희생의 한 원인이 되었다고 말하지 않을 수 없다.

잘못은 늘 신하들의 몫이다. 옳은 것은 언제나 군왕이다. 그런데 조조는 죽었지만 7국은 군대를 철수시키지 않았다. 경제는 진짜 자기편을 동원하지 않을 수 없었다. 대장군이 진압에 나섰다. 그제야 경제는 조조를 잘못 죽였다고 후회했다. 그런다고 떨어져 나간 조조의 목이 다시 돌아올 수는 없는 노릇이었다.

6) 현명하게 몸을 지키다 공을 이루면 물러나다

강함을 다투고 기어이 이기려 하면 길이 좁게 느껴지지만, 한 발 물러나면 길이 넓고 평평해 보인다. 『채근담菜根譚』에 나오는 경구다. 또 부드럽고 약해 보이는 것이 늘 이긴다는 말도 있다. 나아가야 하는데 나아가지 않는 것은 자포자기고, 물러나야 하는데 물러나지 않는 것은 자기 역량을 모르는 것이다. 막료로서 현명하게 몸을 지키고 공을 이룬 다음 물러날 줄 알아야 지혜로운 사람이다.

막주의 총애를 받아 중용되는 등 순조로울 때 왕왕 화가 닥친다. 그러므로 한 사람의 명리와 자리는 득의만만할 때 바로 거두어들일 줄도 알아야 한다. 급류가 밀어닥칠 때 용퇴할 줄 아는 각오와 결심이 필요하다. 유능한 사람을 시기하고 질투하는 것은 거의 인간의 본성에 가깝다. 다른 사람이 나보다 강하길 바라는 사람은 많지 않다. 그래서 재능이 뛰어난 사람이 더 많은 불행과 고난을 당하는 것이다.

시들거나 말라 죽을 때의 모습은 흔히 잎이 무성할 때 그 화근이 뿌려진다. 반대로 기회와 운의 변화는 풀이 죽었을 때 좋은 열매의 씨를 심는 경우가 많다. 이것이 인생의 변증법이다. 따라서 재능과 덕을 수양하는 사람은 평안하고 일이 없을 때 더 또렷한 이성과 지혜를 유지하여 미래에 일어날지 모르는 나쁜 일의 발생을 막아야 한다. 이것이 『역』에서 말하는 "달이 차면 이그러진다."는 이치다. 이는 천지만물이 모두 번성에서 쇠퇴로 가고 가장 번성할 때 쇠퇴의 조짐이 드러난다는 말이다. 인생의 오묘함은 예측하기 어렵다. 운명에 대한 인간의 지배 역시 예상하기가 아주 어렵다. 먼저 역경에 처했다가 뜻을 얻는 경우도 있고, 잘 나가다가 좌절을 맛보는 경우도 있다. 따라서 재능과 덕을 갖춘 막료라면 이 이치를 더 심각하게 깨쳐야 한다. 뜻대로 되지 않을 때는 환경에 적응하고, 역경과 고난이 닥치면 참아야 하며, 평안무사하고 공명을 성취했을 때 위험이 닥칠 수 있다는 생각을 해야 한다. 막료로서 이 정도 경지에 오를 수 있다면 운명도 그 사람을 마음대로 농락할 수 없을 것이다.

범려范蠡의 안락한 마무리와 문종文種의 자결

기원전 473년 11월 10일, 월왕 구천句踐이 이끄는 군대에게 포위당한 오왕 부차夫差는 아주 드라마틱한 생명의 마지막 장면을 연출했다. 이때 오나라의 도성은 이미 월나라 군대에게 점령당한 뒤였다. 부차는 월나라의 속국이 되겠노라 청했으나 구천은 받아들이지 않았다. 대신 용동甬東이라는 한갓진 곳에서 평민으로 살겠다면 허락하겠다고 했다. 부차는 평민 신분으로는 살 수 없다며 스스로 자결을 선택했고, 이로써 오나라는 망했다.

부차가 누구던가? 한 시대를 풍미한 풍운아로, 공자의 수제자이자 거상이었던 자공子貢의 건의를 받아들여 북으로 올라가 중원의 대국 진晉과 쟁패하지 않았던가? 이 부차가 또 누구던가? 일찍이 월나라를 마음껏 두들겨 패지 않았던가? 월왕 구천은 모신들의 계책에 따라 오나라 신하 백비伯嚭와 내통하여 강화를 애걸하는 한편, 부인과 함께 오나라로 가서 3년 동안 오왕 부차의 시중까지 들었다. 심지어 아픈 부차의 똥까지 찍어 먹으며 쾌유를 기원하지 않았던가? 그런데 부차가 지금 월왕 구천의 손에 죽었다.

오나라에 의해 멸망 직전까지 갔던 월나라였지만 정작 멸망한 쪽은 오나라였다. 구천은 오나라의 죄수와 같은 신세에서 가까스로 귀국하여 끝내 오나라에 설욕했다. 그리고 춘추시대 최후의 패주가 되었다. 구천은 이 과정에서 오로지 두 모신, 즉 두 막료의 모략에 전적으로 의존했다. 범려와 문종이 그들이었다. 그런데 불세출의 공을 세운 이 두 막료의 최후는 강렬한 대비를 이루고 있다.

범려范蠡(기원전 536-448), 자는 소백少伯이다. 일찍이 기원전 494년 부차가 대거 월나라를 공격했을 때 그는 월나라의 기세를 제대로 파악하여 굳게 수비할 것을 주장했다. 문종도 몸을 낮추고 후한 예물로 화의를 청하자고 주장했다. 구천은 두 사람의 주장을 받아들이지 않았고, 결과는 알다시피 대패였다. 구천은 5천 명의 중무장 군사를 데리고 회계산會稽山으로 도망친 후에야 비로소 오나라에 화의를 구걸했다.

이 당시 오나라의 기세는 월나라를 멸망시키고도 남았다. 그러나 오왕 부차는 매국노 백비의 유혹에 넘어가 화의를 허락하고, 대신 구천에게 오나라에 와서 시중을 들게 했다. 오나라로 떠나기에 앞서 구천은 여러 신하들의 뜻을 물었고, 범려는 구천을 따라 오나라에 가서 부차에게 믿음을 주는 한편 구천을 모시면서 반드시 되돌아와 원한을 갚겠다고 했다. 구천은 범려를 데리고 오나라에 들어갔다.

오나라에 온 범려는 구천에게 정중한 신하의 예를 올렸고, 구천이 망국의 포로라 해서 조금도 소홀히 하지 않고 그를 곁에서 모셨다. 한번은 오왕 부차가 간곡하게 범려에게 투항을 권하면서 "총명한 여자는 망한 집안에 시집가지 않으며, 현명한 사람은 망한 나라에서 벼슬하지 않는다고 했소. 지금 구천의 나라는 이미 망했고, 몸은 포로가 되었는데 그대는 어째서 어리석게도 그를 돌보고 있는가? 나의 신하가 된다면 틀림없이 그대를 중용할 터이고, 그러면 부귀영화를 누릴 텐데 어떤가?"라고 꼬드겼다. 당시 월왕 구천도 그 자리에 있었는데 범려가 진짜 오나라에 투항하면 어쩌나 겁이 나서 바닥에 엎드려 눈물을 흘렸다고 한다. 범려는 차분하게 부차의 권유를 거절했고, 구천 옆에서 변함없이 힘들게 시중을 들었다.

얼마 뒤 부차가 병이 났다. 범려는 구천에게 직접 가서 문병하고 똥을 맛보라고 권했다. 이런 행동을 통해 부차에게 지극한 성의를 보이라는 뜻이었다. 처음에 구천은 내켜하지 않았다. 아무리 못났어도 한 나라의 군주가 어찌 그런 굴욕적인 일을 할 수 있냐는 것이었다. 범려는 옛날 사례를 끌어다 이 행동이 가져다줄 이점을 분석했고, 결국 구천도 받아들였다. 이에 오나라 태재 백비의 주선으로 부차를 만나 문병하면서 직접 변기통을 끌어다 놓고 대변을 맛보았다. 그러고는 부차에게 대변의 맛이 쓰기도 하고 시기도 한 것이 곧 나을 것이라며 부차를 안심시켰다.

범려의 이 수는 과연 영험했다. 병이 나은 부차는 구천을 석방하여 귀국시키기로 결심했다. 충신 오자서伍子胥가 극구 말렸지만 부차는 단칼에 이를 물리치고 바로 구천을 귀국시켰다.

고국으로 돌아온 구천은 겉으로는 오나라를 지극하게 받들었지만 실제로는 치욕을 잊지 않고 와신상담臥薪嘗膽, 복수의 칼날을 갈았다. 범려는 군대의 일을 도맡았다. 범려는 검술에 정통한 여 선생 월녀越女를 찾아 병사들에게 전수하게 했고, 초나라 사람 진음陳音을 활쏘기 선생으로 초빙하여 병사들에게 궁술을 가르치게 했다. 월나라 군대의 전투력은 이로써 크게 높아졌다. 그로부터 10여 년 뒤인 기원전 482년 6월, 부차가 북상하여 진晉나라와 패권을 다투기 위해 황지黃池로 떠난 틈을 타 범려는 몸소 군대를 이끌고 오나라를 공격하여 승리를 거두었다. 이 패배로 오나라는 단번에 기가 죽었다.

다시 7년이 지난 기원전 475년, 월왕 구천은 만반의 준비를 갖추고서 재차 오나라를 공격했다. 범려와 문종이 좌우 양군을 나누어 통솔했다. 2년이 넘는 전쟁 끝에 구천은 마침내 오나라를 멸망시키고 곧바로 군대를 제·진 쪽으로 출동시킴으로써 패주가 되었다.

구천이 오나라에 들어가 부차의 시중을 든 해로부터 중원의 패권을 차지하기까지 20년이 넘게 걸렸다. 이 동안 범려는 충성과 자신의 지혜를 다 바침으로써 남다른 공을 세웠다. 중원에서 점령지 오나라의 도성으로 돌아온 구천은 대대적인 축하 연회를 베풀었고, 그 자리에서 범려를 상장군에 임명했다. 이 순간 범려의 두뇌는 전에 없이 냉정해졌다. 그는 단번에 "큰 명성 아래에 오래 머물기 어렵다. 구천은 고난을 함께할 수 있어도 편안할 때는 함께하기 어렵다."는 사실을 직감하고 구천에게 사직의 뜻을 나타냈다. 그는 사직의 뜻을 밝히며 이렇게 말했다.

"옛사람이 말씀하시길 주군이 걱정하면 신하는 수고롭고, 주군이 굴욕을 당하면 신하는 죽는다 했습니다. 신이 무능하여 지난날 회계에서 주군을 치욕스럽게 만들었으니 대왕께 신의 죄를 청합니다. 대왕께서 신의 죽음을 면제해주신다면 이참에 대왕을 떠나 강호에서 늙어 죽기를 바랍니다."

사실 범려의 요청은 구천의 뜻과도 맞는 것이었다. 구천은 짐짓 범려를 붙잡는 것처럼 하면서 "내가 그대와 함께 천하를 누리고자 하는데 어찌 그런 말씀을 하는가? 남아준다면 그대와 천하를 누리겠지만 떠난다면 그대의 처자식에게 벌을 내리겠소."라고 했다.

범려는 "군주는 명령을 내리고 신하는 자신의 뜻을 행합니다."라고 답했다. 뜻인즉 이랬다. 나한테는 비록 죄가 있을지 모르겠으나 처자식에게는 죄가 없으니 처자

● 막료로서 범려는 최고의 수준을 보여주었다. 그는 천하 정세를 정확하게 파악했을 뿐만 아니라 특히 막주의 본성과 기질을 제대로 알아본 고수였다. 사진은 범려의 무덤이다.

식의 생사는 오로지 당신 손에 달렸다. 당신은 명을 내려 죄를 다스리면 그만이고, 나는 내 생각대로 떠나겠다.

아니나 다를까, 범려는 야밤에 간편한 패물 따위를 대충 챙겨 식구들과 배를 타고 달아났다. 바닷길을 통해 제나라로 간 후 이름을 치이자피鴟夷子皮로 바꾸어 해변에서 살았다. 그는 여기서 사업을 경영했고, 오래지 않아 큰 부를 일구었다. 제나라가 이 이야기를 듣고는 단번에 그를 재상으로 기용하려 재상의 도장을 보냈다. 범려, 아니 치이자피는 "집에는 천금이 있고, 벼슬은 경과 재상에까지 이르렀으니 평민으로는 더 갈 곳이 없다. 귀한 명성을 오래 갖고 있으면 상서롭지 못하다."며 재상의 도장을 돌려주는 한편 모든 재산을 친구와 인척들에게 나누어주고는 특별히 값이 나가는 물건들만 챙겨 도陶로 떠났다. 도에 도착한 범려는 다시 이름을 도주공陶朱公으로 바꾸고 사업을 시작하여 큰 부를 일구었고 장수를 누리다 편안히 세상을 떠났다.

문종文種(?-기원전 472)의 자는 자금子禽이고 원래 초나라 사람이었다. 범려와 함께 월왕에게 몸을 맡겨 벼슬을 했다. 월왕에 대한 공로로 따지자면 범려보다 위였다. 구천이 범려와 문종의 충고를 듣지 않고 오나라에 대패하자 문종은 오왕 부차의 신하인 백비와 몰래 관계를 맺었고, 오왕은 백비의 말대로 월나라를 멸망시키지 않았다. 월왕 구천은 오나라로 들어가서도 백비의 도움을 받았다. 이 모두가 문종이 백비와 내통한 덕분이었다. 구천이 오나라로 간 뒤 문종은 월나라에 남아 국정을 처리하면서 국력을 회복했다.

구천이 돌아오자 문종은 구천에게 오나라를 없앨 수 있는 일곱 개의 계책을 바쳤다. 그 내용은 다음과 같았다.

하나, 보석과 돈을 대량 바쳐서 오왕 부차를 마비시킨다.

둘, 비싼 값으로 오나라 식량과 가축용 먹이풀을 사들여 오나라의 식량과 먹이풀을 바닥나게 만든다.

셋, 미녀를 오나라 군주와 신하들에게 바쳐 심신을 어지럽힌다.

넷, 뛰어난 장인과 좋은 건축 재료를 보내 대대적으로 토목공사를 벌이게 만들어 국고를 바닥나게 한다.

다섯, 오나라의 아첨꾼들에게 뇌물을 먹여 정치를 어지럽힌다.

여섯, 바른말 하는 곧은 신하들을 더욱 강직하게 만들어 죽게 만듦으로써 오왕의 날개를 자른다.

일곱, 월나라는 식량을 비축하고 군사를 훈련시키며 기회를 기다린다.

구천은 문종의 이 계책에 따라 먼저 국내의 특별히 좋은 목재를 구해 강을 통해 부차에게 바쳤다. 부차는 이 목재를 대들보와 기둥으로 사용하여 장장 4년에 걸쳐

고소대姑蘇臺를 지었다. 그사이 엄청난 돈과 자재가 소모되었음은 말할 필요가 없다. 이어 구천은 미녀 서시西施와 정단鄭旦 등을 선발하여 춤과 노래 및 의례 등을 가르치고는 부차에게 보냈다. 부차는 이 미녀들에 빠져 국정을 망가뜨렸다.

어느 해 월나라의 수확이 시원찮았다. 문종은 극진한 언사로 부차에게 식량을 빌려달라고 애걸했다. 부차는 오자서의 만류에도 불구하고 시원스럽게 식량을 빌려주었다. 이듬해 월나라는 큰 풍년이 들었다. 구천은 문종의 계책에

● 문종은 충직한 막료였다. 그는 인간의 심성을 좋은 쪽으로 믿었고, 막주인 구천 역시 그럴 것으로 믿었다. 살벌한 권력 관계의 속성을 너무 순진하게 보았고, 그 결과는 비참했다.

따라 빌린 식량을 오나라에 돌려주되 낱알이 굵은 것만 골라 그것을 쪄서 종자로 사용할 수 없게 만들었다.

돌려받은 곡식을 본 오나라는 그 굵기만 보고 좋아라하며 종자로 심었다. 그러나 전혀 수확을 할 수 없었고 백성들이 크게 굶주렸다. 문종은 이와 같은 계책들을 통해 오나라를 멸망시킬 조건을 창조했다.

다시 범려 이야기로 돌아와, 구천이 오나라를 멸망시키자 범려는 자신의 앞날을 예견하고는 자리에서 물러난 배를 타고 제나라로 숨었다. 그때 범려는 문종에게 편지를 보내 이렇게 권했다.

"날던 새가 다 잡히면 좋은 활을 넣어두고, 약한 토끼를 잡으면 사냥개는 삶기는 법이오. 월왕은 근심과 어려움은 함께할 수 있지만 즐거움은 함께할 수 없는 위인인데 그대는 어째서 떠나지 않는가?"

문종은 당시 범려의 이 편지에 크게 신경을 쓰지 않았다. 범려가 지나치게 생각한다고 여겼다. 내가 구천을 20년 넘게 섬겼는데 그가 어떻게 나를 해칠 수 있단 말인가? 이런 심경이었다.

현실은 시간이 흐를수록 범려의 예상대로 흘렀다. 군사를 이끌고 귀국한 구천은 오나라 멸망에 공을 세운 공신들에게 땅도 재물도 주지 않았을 뿐만 아니라 그들과 점점 멀어졌다. 공신들은 의기소침해졌다. 태사 계예計倪는 병을 핑계로 사직한 뒤 행방불명이 되었다. 외교를 주관했던 객경 예용曳庸은 나이를 핑계로 사퇴했다. 구천은 가장 먼저 떠난 범려에게 간단하게 예를 갖추어 표창했다. 범려의 아내와 아들에게 사방 100리 땅을 주는 한편 범려의 상을 주조하여 자기 곁에 두게 했다.

문종의 심기는 불편했다. 이 때문에 툭하면 병을 핑계로 조정에 나가지 않았다. 문종과 사이가 좋지 않은 신하들이 구천의 귀에 대고 문종을 비난하는 말을 떠들어댔다. 문종이 큰 공을 세웠는데 상이 박해 원망하는 마음을 품고 병을 핑계로 조정에 나오지 않는다는 것이었다.

거듭되는 모함의 말에 구천의 심기는 갈수록 불편해졌다. 구천은 지난 20년 넘게 문종과 군신 관계를 맺어왔고, 따라서 문종의 남다른 능력을 너무 잘 알고 있었다. 더욱이 오나라를 멸망시키고 원수를 갚은 것은 문종의 탁월한 재능이 있었기 때문에 가능했다. 지금 오나라는 이미 망했고 월나라가 천하의 패권을 쥐었다. 천하는 태평하고 안팎으로 걱정할 일이 없었다. 문종이 재능을 발휘할 마당은 없었다. 그러나 만에 하나 그가 반란을 마음먹는다면 누가 그를 말릴 수 있겠는가? 그렇다고 문종을 죽이려 해도 마땅한 죄목이 없었다. 문종을 방비하려다 보니 구천은 패주가 해야 할 일을 하지 못했다. 다른 제후국에 문제가 발생하면 패주가 나서 해결해야 하는데 문종 때문에 도성을 떠나지 못하고, 군대를 동원하여 다른 제후국의 일에 간섭할 수도 없었다.

시간은 마냥 흘러갔다. 더 이상 기다릴 수 없던 구천은 마침내 문종을 제거하기로 결심했다. 공개적으로 죄를 씌워 죽이는 것도 아니었고, 자객을 보내 죽이는 것도 아니었다. 사대부의 충성심을 이용하여 문종에게 자살을 암시하는 방법을 쓰기로 했다.

구천은 먼저 문병을 핑계로 문종의 집을 찾아 문종의 상태를 살폈다. 문종은 억지로 괜찮은 척 나와 구천을 맞이했다. 자리에 앉자 구천은 몸에 차고 있던 검을 풀어 자리에 놓으며 문종에게 이렇게 물었다.

"과인이 듣자하니 뜻있는 사람은 자신의 몸을 걱정하는 것이 아니라 자기 주장과 지혜가 세상에 받아들여지지 않는 것을 걱정한다고 하더이다. 그대는 일찍이 과인에게 오나라를 멸망시킬 일곱 가지 계책이 있다고 했고, 나는 그중 세 가지만 가지고 오나라를 멸망시켰소. 네 개나 남았는데 어디다 쓸 생각이오?"

문종은 어디다 써야 할지 모른다고 대답했고, 구천은 사나운 얼굴을 드러내며 "아직 네 가지 계책이 남아 있으니 나 대신 지하에 가서 오왕 부차의 조상들을 상대하도록 하시오."라고 말한 다음 바로 몸을 일으켜 돌아갔다.

구천의 마지막 말에서 문종은 구천이 자결을 압박하고 있다는 것을 알았다. 게다가 구천은 일부러 보검을 놓아두고 자리를 떠났다. 검에는 '촉루屬鏤'라는 두 글자가 선명했다. '촉루'는 천하의 명검으로, 다름 아닌 부차의 검이기도 했다. 당시 부차는 충신 오자서의 거듭된 직언을 못마땅해하며 끝내 오자서에게 이 검을 내려 자결을 강요했다. 월나라가 오나라를 멸망한 뒤 이 검은 구천의 손에 들어왔고, 지금 구천은 다시 이 검으로 문종에게 자살을 강요한 것이다.

문종은 '촉루' 검을 손에 들었다. 만감이 교차했다. 20년 넘게 구천을 위해 갖은

● 사진은 당시 월나라 땅이었던 절강성 소흥紹興에 남아 있는 문종의 무덤이다.

계책과 일을 마다하지 않았기에 멸망의 위기에 놓인 월나라를 다시 일으킬 수 있었다. 구천은 망국의 군주가 될 뻔했으나 문종의 도움으로 천하의 패주가 되었다. 그런데 정작 문종 자신은 지금 이런 꼴이 되었으니. 문종은 자신도 모르게 탄식했다.

"옛사람들이 말하길 '큰 덕은 보답을 받지 못한다.'고 하더니 과연 그렇구나! 범려의 선견지명을 모르고 머뭇거리다 때를 놓치고 지금 구천에게 죽임을 당하는구나. 범려야말로 참으로 총명하구나. 누가 구천의 저런 본성을 짐작이나 했겠는가? 나야말로 정말 어리석고 어리석도다!"

잠시 뒤 문종은 또 검을 어루만지며 자조 섞인 목소리로 "이것이 오나라 충신 오자서가 자결할 때 사용한 검이 아니더냐? 내가 지금 이 검으로 자결하면 훗날 사람들은 틀림없이 오자서와 나를 나란히 거론할 터이니 죽어도 여한이 없구나."라고 냉소했다.

문종은 검에 엎어져 자결했다. 문종이 죽었다는 보고에 구천의 마음은 활짝 갠 하늘처럼 편안해졌다. 그는 서둘러 문종을 와룡산臥龍山에다 성대히 장례를 치르라고 명령했다. 전설에 따르면 1년 뒤 큰물이 나서 문종의 무덤이 갑자기 갈라지더니 오자서가 그 파도를 타고 와 문종을 데리고 갔다고 한다. 이후 매년 6월 전당강에서 발생하는 엄청난 조수潮水의 파도는 오자서와 문종이 바람을 불러일으킨 것이라는 전설이 생겨났다.(매년 6월 6일 전후로 바닷물이 전당강으로 몰려와 엄청난 파도를 일으키는데 중국 사람들은 이를 '전당조錢塘潮'라 부른다. 많은 사람들이 이를 보기 위해 몰려든다. _옮긴이)

전설은 어디까지나 전설일 뿐이지만 문종이 구천의 핍박으로 자결한 것은 분명한 역사적 사실임에는 틀림없다.

'오마분시五馬分尸'로 생을 마감한 풍운의 개혁가

상앙商鞅(기원전 약390-338)이 진나라에 도착한 이후의 상황을 역사는 다음과 같이 기록하고 있다.(『사기』 「상군열전」, 『상군서』) 상앙은 효공孝公이 아끼는 신하 경감景監의 추천을 받아 효공에게 유세하게 되었다. 첫 유세에서 상앙은 '제도帝道'를 말했고, 효공은 듣다가 잠이 들었다. 다음 날 효공은 경감에게 "그대가 추천한 자는 미친 자였다. 그 말은 아무 짝에도 쓸모가 없는데 어쩌자고 그런 자를 내게 추천했단 말인가."라며 나무랐다. 닷새 뒤 두 번째 유세에서 상앙은 '왕도王道'를 이야기했고, 효공은 상앙의 박학다식을 인정했지만 이번 역시 진나라에 적용할 만한 것은 없다고 여겼다. 다시 닷새 뒤 상앙은 '패도霸道'로 유세했고, 효공은 이런 학설은 실용적 가치가 있다고 느껴 태도를 바꾸었다. 네 번째 유세에서 상앙은 법을 바꾸어 나라를 강하게 만드는 계책을 말했고, 효공은 크게 기뻐하며 사흘을 내리 피곤한 줄 모르고 대화를 나누었다. 그러고는 마침내 상앙을 좌서장左庶長에 임명하여 진나라의 변법 개혁을 이끌게 했다.

그러나 변법은 결코 쉬운 일이 아니었다. 처음에는 효공조차 세상 사람들이 자신을 비난하지 않을까 두려워했다. 상앙은 효공의 이런 심리적 부담에 맞추어 이렇게 말했다.

"행동에 의심이 따르면 명성을 이룰 수 없고, 일을 의심하면 공을 세울 수 없습니다. 뛰어난 사람의 행동은 세상의 비난을 만나기 마련이고, 남다른 사람의 생각은 일반 사람의 비방을 만나기 마련입니다. 어리석은 자는 일이 이루어져도 모르고, 지혜로운 자는 싹트기 전에 봅니다. 보통 사람과는 시작부터 함께 생각할 수 없지만 성과를 함께 즐길 수는 있습니다. 지극한 덕을 말하는 사람은 세속과 불화하며, 큰 공을 이루는 사람은 여러 사람과 꾀하지 않습니다. 따라서 성인이 진정으로 나라를 강하게 만들려면 옛날을 본받지 않으며, 진정으로 인민을 이롭게 하려면 낡은 예법을 따르지 않습니다."

상앙이 말하는 핵심은 나라를 강하게 만들고 백성들을 이롭게 만들기 위한 방법이 있다면 단호하고 과감하게 실시해야지 사람들의 비난과 책망에 흔들려서는 안 된다는 것이었다.

변법은 진나라를 강하게 했지만 상앙은 죽임을 당했다. 상앙의 비극은 여러 사람들에 대해 설득도 필요 없고 가르침도 필요 없이 무조건 법을 집행해야 한다는 관점 때문이었다. 역사상 많은 개혁이 이렇게 비극적으로 끝난 까닭도 바로 여기에 있었다. 오늘날 용어로 말하자면 군중을 동원하지 않고 혼자만의 의지로 외롭게 고집을 부린 것이다.

변법의 구체적인 내용은 낡은 제도를 개혁하여 부국강병을 이루는 것이다. 그러나 낡은 제도를 개혁하려면 낡은 세력 전체와 맞서야 한다. 격렬한 반항은 불을 보듯 뻔했다. 상앙은 효공의 철석같은 지지를 믿고 이를 위해 이런저런 반대파들과 싸우길 마다하지 않았다. 그리고 이 때문에 인심을 잃었다.

그는 먼저 말 많은 자들의 반대에 부딪혔다. 상앙은 새로운 법이 공포되면 그들이 당연히 따를 줄 알았다. 신법 자체에 대해 이러쿵저러쿵 시비를 걸지 못할 것이라 생각했다. 그런데 이들이 반대하자 상앙은 그들을 수도 함양에서 먼 변방으로 쫓아내버렸다.

다음으로 수구 관료를 대표하는 감룡甘龍과 두지杜摯 등의 반대에 부딪혔다. 두 사람은 신법을 공격하다 서인으로 강등 당했다. 상앙은 또 진나라 종실 귀족들과도 척을 졌다. 종실 귀족들 대부분이 상앙을 원망했다. 끝으로 상앙은 태자 사駟와도 원한을 만들어 스스로 무덤을 팠다.

신법의 첫 단계는 함양으로의 천도였다. 태자 사는 천도에 반대하며 변법이 잘못되었다고 지적하고 나섰다. 상앙은 효공에게 이를 보고하며 태자를 처벌하길 청했다. 태자는 앞으로 군주가 될 몸이기 때문에 육형은 가할 수 없어 대신 태자의 사부를 처벌했다. 이렇게 해서 태부 공자 건虔이 코가 잘리는 의형劓刑을 받았고, 태사 공손고公孫賈

● 효공은 개혁을 갈망했고, 상앙은 그 갈망을 제대로 채워줄 수 있는 인재였다. 이런 점에서 두 사람의 궁합은 거의 완벽했다. 문제는 어느 한쪽이 존재하지 않을 때였다. 모든 문제가 한 사람의 부재로 동시에 폭발했다. 사진은 진 효공의 석상이다.

는 먹으로 얼굴에 글자를 뜨는 묵형墨刑을 당했다. 제사 등을 담당하는 축환祝歡이란 자는 신법을 비난하다가 죽임을 당했다.

신법을 두고 나쁘다고 해도 처벌을 받았고, 좋다고 해도 처벌을 받았다. 신법이 시행된 뒤 어떤 사람이 신법이 좋다고 말하자 상앙은 그 사람을 함양에서 변방으로 내쫓았다. 신법을 두고 이러쿵저러쿵하는 것 자체를 용인하지 않았다.

신법은 부강의 방법이었다. 그러나 상앙은 신법이 반포되어 실행되는 과정에서 백성들에게 적응할 수 있는 시간을 주지 않고 그저 엄벌로만 일관했고 심지어 조금만 법에 걸려도 사형에 처했다. 이 때문에 그가 신법을 시행한 지 10년 사이 위수가 붉게 변할 정도로 처형당하는 사람이 많았고, 원망은 쌓여만 갔다.

태자가 죄를 지으면 태자의 사부가 육형을 당했고, 종실 귀족들도 죄다 죄인이 되었고, 조정 대신들도 죄인이 되었다. 신법을 찬양하거나 신법을 비난하는 함양의 많은 사람들도 죄인이 되었다. 상앙의 변법은 본질적으로 말하자면 전국 백성의 지지를 얻었지만 가혹한 법 집행은 일부 백성들의 원망을 샀다. 그리고 변법이 위에서 아래로 시행되다 보니 지배층 사람들을 너무 많이 적으로 돌렸다. 진나라에 뿌리를 두지 않은 외국 출신인 데다 적을 너무 많이 만들었으니 앞날에 위기와 지뢰가 곳곳에 잠복해 있는 상황이 되었다. 상앙은 아랑곳하지 않았다.

기원전 340년, 상앙은 군대를 이끌고 위魏나라를 공격하여 위나라 장수 공자 앙卬을 포로로 잡는 등 대승을 거두었다. 효공은 논공행상을 통해 상앙을 후侯에 봉하고 상商 지역 15개 읍을 봉지로 주었다. 이로부터 사람들은 그를 상군으로 불렀고, 역사상 상앙이란 이름이 여기서 유래되었다. 상앙은 득의만만했다.

잠복해 있는 상앙의 위기를 간파한 사람이 없는 것은 아니었다. 또 이를 지적해 주는 사람도 있었다.

그가 봉지를 받고 후가 된 이후 어느 날 조량趙良이라는 사람이 그를 만나고자 찾아왔다. 조량은 상앙도 잘 알고 있는 사람이었다. 요즘 식으로 말하자면 벼락출세를 한 상앙은 의기양양 그를 만났고 그와 친구가 되고 싶다고 했다. 뜻인즉, 자신과 함께 부귀를 누려보자는 것이었다. 조량은 화복과 영욕의 이치를 들먹이며 상앙에게 쓴소리를 마다하지 않았다. 상앙은 자신이 진나라를 이렇게 크게 만들었는데 기쁘지 않냐고 물었다. 이에 조량은 다음과 같이 말했다.

"남의 말을 돌이켜 듣는 것을 총聰이라 하고, 안을 들여다보는 것은 명明이라 하며, 자신을 이기는 것을 강强이라 합니다. 순 임금은 '스스로를 낮추면 존중받는다.'고 했습니다. 군께서는 순舜의 도를 따르시면 될 일이지 제게 물을 것 없습니다."

그러면서 조량은 상앙이 스스로를 낮출 줄 모르고 자리와 명성만을 탐하면서 뒷날은 생각하지 않는다고 지적했다. 상앙은 다음과 같은 질문으로 자신의 뜻을 굽히지 않았다.

"처음 진나라는 융적戎翟의 풍습처럼 아비와 아들의 구별도 없이 한집에서 살았습니다. 지금 내가 그 풍습을 바꾸어 남녀를 구별하게 하고, 노魯나라와 위衛나라처럼 궁궐을 크게 지었습니다. 그대가 보기에 내가 진을 다스린 것과 오고대부五羖大夫의 현명함 중 어느 쪽이 낫습니까?"

조량의 대답은 이랬다.(이 대목은 상당히 길기 때문에 간략하게 줄여서 핵심만 전달한다. _옮긴이)

오고대부는 목공을 보좌하여 서융의 패주가 되게 했지만 자신은 늘 검소하게 살았

● 상앙은 돌아갈 줄 몰랐다. 아니 돌아가려 하지 않았다. 그가 자신의 운명을 예감했는지 알 수 없지만, 진나라는 그의 직진 덕분에 부국강병을 이루었다. 그것이 훗날 천하통일의 밑거름이 되었음은 물론이다. 사진은 섬서성 한성시 사마천 광장에 조성되어 있는, 상앙의 개혁을 나타낸 조형물이다.

다. 더워도 마차의 지붕을 씌우지 않았고, 힘들어도 수레에 앉지 않았다. 다닐 때 수행원이나 의장대도 없었다. 그가 죽자 진나라 남녀노소 모두가 눈물을 흘렸고, 세상물정을 모르는 아이들도 노래 부르는 것을 멈추었다. 이는 그가 백성들에게 은 혜를 베풀었기 때문이다. 그런데 당신 상군은 진나라 재상이 된 뒤 성공에만 급급 하여 많은 사람들을 해쳤고, 이 때문에 원한이 너무 많이 쌓였다. 게다가 당신은 한껏 부귀영화를 누리고 외출할 때는 앞뒤로 무사들이 호위하고 의장대들이 늘어 선다.

이렇게 지적한 다음 조량은 마지막으로 당신의 처지가 해만 뜨면 증발하는 아 침 이슬처럼 위태로운데 여전히 오래도록 장수하고 영원히 부귀영화를 누릴 것으로 생각하냐면서 다음과 같이 일침을 박았다.

"군께서 앞으로도 여전히 상오 땅의 부유함을 탐하고 진나라의 정권을 오로지하며 백성들의 원한을 사게 된다면 진왕께서 어느 날 갑자기 불귀의 객이 되어 조정에 서지 못하시게 되었을 때 진나라에서 군을 잡으려는 자들이 얼마 안 된다고 할 수 있겠습니까? 멸망이 발뒤꿈치를 세운 채 기다리고 있습니다."

스스로 대업을 성취했다고 자부하면서 인생의 최고 절정기에 올라 있던 상앙의 귀에 조량의 이 충고가 제대로 들릴 리 없었다. 조량의 이 날카로운 분석과 예상은 얼마 되지 않아 엄혹한 사실로 입증되었다.

기원전 338년, 진 효공이 세상을 떠났다. 당연히 태자 사가 뒤를 이으니 이가 혜문왕惠文王이다. 상앙에게 코가 잘린 채 한을 품고 7년 동안 두문불출하던 혜문왕의 태자 시절 사부 공자 건이 사람을 시켜 상앙이 반역을 꾀한다고 고자질했다. 혜문왕은 상앙에 대한 체포령을 내렸고, 상앙은 위나라로 달아났다. 위나라 역시 상앙에 대한 원한이 깊었다. 상앙이 공자 앙을 속임수로 잡아간 일이 있었기 때문이다. 그러니 그를 받아줄 리 만무했다. 위나라는 상앙을 진나라로 돌려보냈다.

위나라에 의해 진나라로 압송된 상앙은 국경에 이르러 다시 자신의 봉지인 상으로 도망쳤다. 혜문왕의 또 다른 사부인 공손고가 군대를 이끌고 상앙을 잡으러 왔다.

이렇게 당초 상앙의 변법을 반대하던 세력이 일제히 반격에 나섰고, 오갈 데 없는 상앙은 공손고에게 잡혀 함양으로 압송되었다. 혜문왕은 상앙의 사지를 묶고 다섯 마리 말이 끄는 수레를 각기 다른 방향으로 움직여 몸을 다섯 조각으로 찢어버리는 '오마분시五馬分尸'의 거열형車裂刑으로 죽였다.

상앙의 죽음에는 역사적, 객관적 원인이 있었다. 그러나 주관적으로 볼 때 상앙은 진 효공 한 사람의 지지에 기대어 너무 많은 사람을 해쳤다. 법 집행은 가혹하기 이를 데 없었다. 또 급류에 뒤로 물러날 줄 모르고 공에 집착하며 부귀를 지나치게 탐했던 것도 치명적인 원인이 아닐 수 없다.

산속으로 들어가 숨은 이필李泌

757년 당나라 군대는 안록산安祿山과 사사명史思明이 잇따라 일으킨 '안사의 난'을 가까스로 진압했다. 동도 낙양도 곧 되찾았다. 숙종肅宗 황제는 더할 수 없이 기뻤다. 반란군을 진압하는 데 가장 큰 공을 세운 이필(722-789)이 숙종에게 보고를 드리자 숙종은 연회를 베풀어 이필을 위로했다. 이 자리에서 이필은 뜻밖에 은퇴를 요청했다. 이필은 이렇게 말했다.

"신은 폐하께서 곤경에 처했을 때 달려와 폐하를 보좌했으니 폐하의 은덕은 이미 갚았다고 생각합니다. 지금 보시다시피 큰일을 마무리했으니 신은 산속으로 들어가 편히 쉬고자 합니다."

숙종은 성심을 다해 이필을 말렸다. 이필은 남아 있으면 안 되는 다섯 가지 이유를 말하면서 뜻을 굽히지 않았다. 이필이 말한 다섯 가지 이유는 다음과 같았다.

1. 폐하와 내가 너무 일찍 만났다.
2. 나에 대한 폐하의 신임이 너무 무겁다.
3. 나에 대한 폐하의 총애가 너무 깊다.
4. 내가 세운 공이 너무 크다.
5. 내가 보인 행적이 너무 기이하다.

그러면서 이필은 보내지 않으시려면 자신을 죽여야 할 것이라고 했다. 이필이 은퇴하겠다는 이유를 좀더 이해하려면 그의 경력을 알아볼 필요가 있다. 이필은 어려서부터 총명했고 박학다식하여 먼 곳까지 신동으로 이름을 떨쳤다. 그는 천자가 있는 장안에서 태어났기 때문에 그에 대한 소문은 당시 황제였던 현종의 귀에까지 들어가 궁으로 초청을 받았다. 당시 상황을 한번 보자.

728년, 현종 황제는 일곱 살 난 이필이 시를 지을 수 있다는 이야기를 듣고는 호기심에 어린 이필을 궁으로 불렀다. 이필이 궁궐로 들어올 때 현종은 마침 재상 장열張說과 바둑을 두고 있었다. 이필이 인사를 올리자 두 사람은 눈짓으로 이필을 한번 테스트해보자고 했다. 장열은 '방원동정方圓動靜'이란 시제詩題를 내주면서 먼저 "모난 것은 바둑판과 같고 둥근 것은 바둑돌과 같으며, 움직임은 바둑돌이 살아 있는 것과 같고 고요함은 바둑돌이 죽어 있는 것과 같다."고 운을 떼자, 이필이 그 즉시 "재상께서 편하게 말씀은 하셨지만 바둑알만 말씀하신 것 같지 않습니다."라고 말하며 "제가 한번 아주 쉽게 지어보겠습니다."라고 대꾸했다. 현종은 "이 아이의 재치가 보통 아니구나."라며 웃었다. 잠시 생각에 잠겼던 이필은 이렇게 읊었다.

모난 것은 의義를 행함과 같고
둥근 것은 지智를 쓰는 것과 같으며,
움직임은 인재를 초빙하는 것과 같고
고요함은 뜻을 얻음과 같다.

이필은 '방원동정'을 가지고, 인물의 품덕과 지혜, 재능과 처세 태도를 비유한 것인데, 장열이 말한 '방원동정'의 뜻보다 심오했다. 장열은 깜짝 놀라며 이필을 기특하게 여겼다. 장열은 어린 이필이 이렇게 간결하게 치국의 도리를 간파한 것은 물론 당찬 기개마저 지니고 있음에 놀라지 않을 수 없었던 것이다. 장열은 침이 마르도록 칭찬을 아끼지 않으면서 현종에게 걸출한 인재를 얻겠다며 축하를 올렸다.

현종도 매우 흡족해하며 이필을 끌어 품에 안고 머리를 쓰다듬으며 칭찬했다. 이어 과자와 점심을 대접하게 하고, 황궁 신정원申王院으로 보내 두 달을 머물게 한 다음 집으로 돌려보냈다. 이필 집안 식구들에게는 앞으로 이필을 잘 키우라고 당부에 당부를 잊지 않았다.

그 뒤 이필은 조정으로 들어와 대조한림待詔翰林이 되었고, 훗날 숙종이 되는 충왕忠王 이형李亨은 이필을 특별히 좋아하여 평소에도 그를 '선생'이라 부를 정도였다. 그러나 이필은 권신 양국충楊國忠의 시기를 받아 외지로 쫓겨나다시피 했고, 이에 이필은 관직을 버리고 조용히 숨어들어가 은사가 되었다.

안사의 난이 터지자 현종은 사천으로 도망쳤고, 태자 이형이 황제로 즉위하여 이필을 불러들였다. 이필은 영무에서 황제 숙종을 만났다. 숙종은 너무 기뻐하며 태자 때와 같이 함께 마차를 타고 자신의 침대 맞은편에 이필의 침대를 마련해 함께 잤다. 크든 작든 모든 일을 이필에게 가르침을 청했다. 이렇게 해서 이필은 황제의 고급 막료가 되었다.

일반인이 보기에 이필은 충분히 뜻을 이루었다. 황제라는 거대한 나무에 기대어 무슨 벼슬이든 하고 싶은 대로 할 수 있었고, 권력을 원하면 얼마든지 가질 수 있었다. 그러나 이필은 음양 변화의 이치를 잘 알고 있었다. 그는 벼슬도 원치 않았고, 황제 곁에 오래 머물러 있으려 하지도 않았다.

숙종은 이필을 우상으로 삼아 막강한 권력과 영예를 주려고 했다. 그러나 뜻밖에 이필은 완곡하게 사양하며 "폐하께서는 신을 그저 평범한 친구처럼 대하셨습니다. 이는 재상보다 훨씬 더 영광스럽고 귀합니다. 어찌 그보다 더 못한 자리와 영광을 주시려 합니까?"라고 했다. 이필은 사실 이마저도 원하지 않았다. 그래서 술자리를 빌려 다섯 가지 머물러서는 안 되는 이유를 대며 사직을 청했던 것이다. 이 부분을 좀더 살펴보자.

첫째, "폐하와 내가 너무 일찍 만났기" 때문에 머물러서는 안 된다는 말은 일찍이 숙종이 태자였을 때, 이필의 재능을 잘 알고 있던 현종이 태자에게 이필과 신분을 초월한 친구 사이처럼 지내라고 한 사실을 가리킨다.

둘째, "나에 대한 폐하의 신임이 너무 무겁다."는 말은 숙종이 무슨 일이든 이필에게 가르침을 청하기 때문에 그 권한이 재상을 뛰어넘을 정도라는 뜻이다.

셋째, "나에 대한 폐하의 총애가 너무 깊다."는 말은 황제가 되었음에도 이필은 평범한 신분으로 황제 곁에 친구로 있으면서 한시도 그 곁을 떠나지 않는 것을 가리킨다.

넷째, "내가 세운 공이 너무 크다."는 말의 뜻은 숙종을 보좌하면서 나라의 크고 작은 일에 빠짐없이 간여했을 뿐만 아니라 안사의 난을 진압하면서 다른 장수들과 함께 전략을 짤 때도 이필의 견해가 독보적이었고 그에 따른 공도 확실했다는 것이다.

마지막 "내가 보인 행적이 너무 기이하다."는 말은 매우 의미심장하다. 이필은 도가의 기풍이 다분한 인물이었다. 벼슬을 거듭 사양했을 뿐만 아니라 아내를 얻어 가정을 이루지도 않았다. 늘 곡기를 끊는 등 수련을 게을리하지 않았다. 그러니 그의 재능과 지혜는 남다를 수밖에 없었다.

숙종은 그래도 이필의 뜻을 이해하지 못했다. 그래서 "선생은 어째서 나를 의심하시오? 짐이 미치지 않았는데 왜 선생을 죽인단 말이오?"라고 물었다. 이에 이필은 이렇게 다시 해명했다.

"바로 폐하께서 저를 죽일 리 없기 때문에 제가 감히 산으로 돌아가겠노라 청을 드릴 수 있는 것입니다. 그렇지 않다면 어떻게 감히 청을 드릴 수 있겠습니까? 그리고 제가 죽을 것이라는 말은 폐하께서 저를 죽인다는 것이 아니라 말씀드린 그 다섯 가지 이유 때문입니다. 저에 대한 폐하의 신임이 이러할 때 말씀을 드릴 수 있지 천하가 안정된 다음 어떻게 감히 말씀드리겠습니까?"

이필의 깊이 있는 이 분석은 결코 헛소리가 아니었다. 당시 당나라는 안사의 난을 진압하긴 했지만 최고 통치 집단은 안팎으로 갈등과 모순의 소용돌이에 있었다.

밖으로도 토번吐藩과 회흘回紇의 침략이 하루가 멀다 하고 계속되던 상황이었다. 게다가 안사의 난을 진압하는 데 도움을 준 회흘의 요구는 도가 지나쳐 당나라의 살림을 거덜낼 판이었다.

안으로는 무엇보다 황제 이형과 살아 있는 부황, 즉 현종과의 모순이 가장 큰 문제였다.

숙종 이형은 아버지 현종의 확실한 지지를 얻지 못한 채 창졸지간에 황제 자리에 올랐다. 현종이 이를 승인하기는 했지만 숙종은 늘 자리를 빼앗기지는 않을까 하는 의심 속에서 살아야 했다. 더 중요한 것은 숙종과 그 아들 이숙李俶의 관계도 미묘한 긴장 상태에 있었다는 사실이다. 이형은 훗날 황후가 되는 장량제張良娣를 총애했고, 동시에 환관의 우두머리 이보국李輔國을 신임했다. 이보국은 장량제와 결탁하여 권력을 농단했고, 숙종을 사주해서 숙종의 또 다른 아들인 건녕왕建寧王 이담李倓을 죽이게 했다. 이담은 뛰어난 재능을 갖고 있었지만 이를 겉으로 드러내어 이보국과 장량제에 대해 불만을 노골적으로 표시했다. 이것이 결국 큰 화를 불러왔다. 이필은 이담이 억울하다고 생각했다. 이 때문에 숙종 부자와 부부의 갈등 속에 휘말렸고, 이보국과 장량제는 이필에게 한을 품었다.

이런 상황에서 이필이 서둘러 떠나지 않았다면 어떤 화를 당했을지 모른다. 훗날의 장 황후와 이보국, 태자 이숙은 숙종이 병이 들어 위급해지자 각자 쿠데타를 일으켜 서로를 물고 뜯는 투쟁을 벌임으로써 이런 예상이 사실로 입증되었다. 이필이 깊은 산속으로 숨지 않았더라면 십중팔구 장 황후 또는 이숙에게 죽임을 당했을 것이다.

그러나 이필의 은퇴는 완전히 수동적인 은퇴도 아니었다. 그는 마지막 노력으로 황태자 이숙을 온전히 지킨 뒤에야 비로소 은퇴했기 때문이다. 장면을 다시 숙종과 이필의 술자리로 돌려보자. 이필이 한사코 떠나려 하자 숙종은 자신의 행동을 스스로 점검했다. 두 사람의 대화다.

숙종: 내가 선생이 왜 떠나려는지 알겠소. 선생이 북벌을 건의했는데 내가 그 말을 듣지 않아 화가 난 것 아니오?

이필: 아닙니다. 제 말씀은 건녕왕(이담) 일입니다.

숙종: 건녕왕은 소인배들의 거짓말을 듣고 형을 해치고 자리를 빼앗으려 했기 때문에 하는 수 없이 죽였다는 사실을 선생이 모른단 말이오?

이필: 건녕왕에게 그런 마음이 있었다면 광평왕廣平王(이숙)께서 틀림없이 그를 원망하고 미워했을 겁니다. 그러나 광평왕께서는 저와 여러 차례 이야기를 나누면서 늘 동생이 억울하다며 비처럼 눈물을 쏟으셨습니다. 하물며 그 전에 폐하께서는 건녕왕을 군대의 대원수로 기용하라고 하셨는데 제가 광평왕을 임명하라고 했습니다. 건녕왕이 태자 자리를 빼앗으려 했다면 틀림없이 저한테 원한을 품었을 터인데 어째서 저의 충심을 인정하셨을까요? 저한테도 이럴진대 하물며 혈육이야 오죽하겠습니까?

● 이필에 대한 당 숙종의 신임은 의심할 바 없이 확고했다. 하지만 자신을 둘러싼 주변 상황이 이필에게 어떤 영향을 미칠 수 있을 것인가에 대해서는 깊이 생각하지 못했다. 초상화는 당 숙종 이형이다.

● 이필은 중국 역대의 명사들 중에서도 아주 특별한 존재로 꼽힌다. 황제의 둘도 없는 막료로서 얼마든지 막강한 권력을 휘두를 수 있었지만 그는 이를 순순히 포기하고 물러났다. 그가 물러난 뒤 당나라의 정치 상황이 보여주었듯 당은 이미 쇠퇴의 길로 들어선 지 한참 뒤였다. 초상화는 이필이다.

이 말에 숙종은 자신이 좋은 아들 하나를 죽였다는 것을 알고는 눈물을 흘리며 "선생의 말이 옳소. 내가 잘못했소. 그러나 이미 지난 일이고 더는 이 일에 대해 듣고 싶지 않소."라고 했다. 이에 이필은 다음과 같이 말했다.

"제가 지난 일을 따지려는 것이 아닙니다. 폐하를 위해 앞날을 경고하기 위함입니다. 왕년에 무측천에게는 네 명의 아들이 있었고 태자 이홍李弘을 실수로 죽였습니다. 둘째 아들 이현李賢이 태자가 되었지만 태자는 속으로 두려워 「황대과黃臺瓜」라는 글을 지어 무측천을 감동시키려 했습니다. 무측천은 본체만체했고, 이현은 폐위되어 유배지인 검중에서 죽었습니다. 「황대과」에서 이현은 이렇게 자신의 심경을 나타냈습니다. '황대 아래에다 오이를 심었더니 오이가 주렁주렁 익었네. 처음에는 오이가 좋다고 따고, 다음에는 귀하다고 따고, 세 번째는 맛이 좋다고 따고, 네 번째는 덩굴째로 걷어가네.' 폐하께서는 이미 오이 하나를 따셨습니다. 다시는 따지 마십시오."

숙종은 놀라면서 "어찌 그런 일이 있을 수 있겠소? 내가 이 글을 허리띠에 써놓고 수시로 뜻하지 않은 상황이 나타나지 않도록 경계하고 있소."라고 했다. 이렇게 볼 때 이런 일이 가족에게 발생하면 그 심리적 충격이 얼마나 큰 지 알 수 있다.

이필은 깊은 숨을 내쉬며 "폐하께서 마음에 새기시면 그만이고 밖으로 드러내실 필요는 없습니다."라고 했다.

이 대화가 있는 후 이필은 형산衡山으로 들어가 은퇴했다. 그의 말이라면 늘 황제인 숙종이 중시했기 때문에 장량제와 이보국이 태자를 해치려 했지만 태자는 끝내 보호를 받을 수 있었다.

이필은 앞날을 내다볼 줄 알았다. 그의 책략은 "편안할 때 위기를 생각하라."는 '거안사위居安思危'와 싸울 수 없으면 숨으라는 것이었다. 태자가 즉위하면 정치무대로 되돌아올 수 있겠지만 태자가 자리를 지키지 못하면 조정에서 자신이 무슨 쓸모가 있겠는가. 이런 판단이 섰기 때문에 그는 일찌감치 몸을 빼고 판에서 벗어나 자기만의 자유로운 삶을 살았던 것이다.

제 3 편

막료술

막료의 비급

1.
불을 보듯 뻔한 관측·분석술

중국 막료학의 할아버지라 할 수 있는 귀곡자가 저술한 막료에 관한 비급 『귀곡자』에 이런 구절이 보인다.

"다스리면서 살피지 않으면 정황을 제대로 파악할 수 없다. 정황을 제대로 파악하지 못하면 내린 터를 제대로 살필 수 없다."

이 말의 뜻은, 수립한 계획을 제대로 살피지 못하는 원인은 파악한 정황이 분명치 않거나 정확하지 못하기 때문이며, 얻은 정보가 정확하지 않으면 수립한 책략이 통하지 않게 된다는 것이다. 정치·경제 등 사회투쟁에 나서려면 사회 내의 정치·경제가 돌아가는 형세를 이해하지 않으면 안 된다. 이는 투쟁의 기초이자 근거다. 그렇게 하지 못하면 그 투쟁은 한낱 야만적 싸움에 지나지 않으며, '치인治人'은커녕 도리어 남에게 통제당하고 말 것이다.

장의張儀는 귀곡자를 스승으로 모시고 온 힘을 다해 실력을 쌓았지만 처음 집을 나설 당시는 전혀 성숙하지 못한 인물이었다. 그가 공을 세우고 부귀영화를 얻고자 산을 나와 맨 먼저 선택한 나라는 초나라였다. 장의는 초나라가 남방에 둥지를 틀고 있으면서 국토는 수천 리에다 산물은 풍부하고 백성의 수도 많으며, 군사 백만, 전차 천승, 기병 수만, 나라의 창고에는 10년을 버틸 만한 식량이 비축되어 있어 초나라를 패자로 만들 수 있는 물질적 기초가 된다고 분석했다. 아울러 초나라는 이미 왕으로 자칭한 지 오래되어 중원을 엿보며 주 왕조를 차지할 야심도 가지고 있었다. 이런 표면적 현상이 우선 장의의 눈에 들어왔고, 장의는 당연히 나름대로 주도면밀하게 분석을 가했다.

그러나 또 다른 면을 장의는 보지 못했다. 초왕은 야심만만한 인물로 무력만 앞세웠지 장의와 같은 책사는 안중에 없었기 때문이다. 이 때문에 장의의 초나라 행은 완전 실패였다. 뜻을 제대로 전달하여 기용되기는커녕 집에 돌아갈 여비마저 구하지 못하는 참담한 곤경에 빠지고 말았다. 그러나 누가 뭐래도 장의는 역시 장의였다. 장의는 초왕이 여색을 좋아해서 널리 미녀를 구해다 허구한 날 음락에 빠져 있다는 정보를 얻어냈다. 당시 초왕이 좋아하던 여자들은 남후南后와 무녀 정수鄭袖였다.

이런저런 정보를 입수한 장의는 여비를 구할 방법을 짜냈다. 장의는 다시 초왕을 찾아갔다. 초왕은 장의가 또 유세를 하러 온 줄 알고 언짢은 기색을 감추지 않았다.

"대왕께서 저를 기용하지 않으시니 삼진三晉으로 돌아갈까 하니 허락해주십시오."

장의가 대뜸 던진 첫마디는 뜻밖이었다. 초왕은 속으로는 기뻐하면서도 짐짓 아무렇지도 않다는 듯, "그야 당신 마음이지."라고 말했다.

"그런데 대왕, 삼진의 특산품을 얻고 싶지 않으십니까?"

"우리 초나라는 산물이 풍부하여 없는 것 없이 다 나는데 삼진의 물건을 탐내서 무엇 한단 말이오?"

"아름다운 여자는 어떻습니까? 듣기에 왕께서는 여자를 그다지 좋아하시지 않는다고 들었습니다만…."

장의는 진작부터 초왕의 표정을 살피며 목소리의 강약을 조절했다. 아니나 다를까, 초왕은 표정이 싹 바뀌며, "그게 무슨 말이오?"라며 장의 쪽으로 몸을 끌어당겼다.

"정鄭과 주周의 여자들은 피부가 눈처럼 희고 까마귀 같은 검은 머리카락을 가지고 있습니다. 이런 미녀들이 나타나면 사람인지 선녀인지 분간하기가 어려울 정도입니다."

초왕의 눈이 반짝였다. 그와 동시에 장의에 대한 태도가 한결 부드러워져 있었다.

"우리 초나라가 비교적 외진 곳이라 그처럼 아름다운 중원의 여자를 본 적이 없소. 내가 미인을 좋아하지 않는다고 누가 그럽디까?"

초왕은 완전히 몸이 달아 있었다. 그러고는 선뜻 금과 은 그리고 비단 따위를 장의에게 내주고는 미인을 얻어 오라고 부탁했다.

노잣돈을 두둑하게 챙긴 장의건만 그대로 물러서지 않았다. 이번에는 일부러 초왕과 나누었던 미녀 이야기를 남후와 정수에게 흘렸다. 두 여자는 화도 나고 두렵기도 했다. 초왕이 그런 중원의 미녀를 구하는 날에는 자신들이 누려왔던 총애를 잃을 것이 뻔했기 때문이다. 무슨 수를 써서라도 중원의 미인이 초나라에 발을 못 붙이도록 해야 한다. 남후와 정수는 장의를 불러 두둑하게 돈을 집어 주며 중원 미녀가 초나라에 들어오지 못하도록 막아달라고 간청했다. 장의는 물론 그러겠노라 대답했다. 사실 말이지 장의는 진작부터 더 이상 초나라에 머물러 있을 수 없다는 것을 잘 알고 있었다. 돌아갈 여비도 없는 절박한 상황에서 장의는 최후의 기지를 발휘하여 넉넉하게 금은보화를 챙겼고, 그것도 모자라 초왕의 두 여인까지 농락하여 한몫 더 챙겼던 것이다.

장의의 배짱과 기지는 여기서 끝나지 않는다. 여비도 두둑하게 챙겼겠다, 장의는 집으로 돌아갈 준비를 차렸다. 장의는 떠나기에 앞서 작별의 인사를 구실로 초왕을 한 번 더 찾아갔다.

"지금 천하의 정세는 여러 나라가 땅을 이리저리 나누어 가지고 있는 상황이기 때문에 교통이 여간 불편하지 않습니다. 그러니 이제 가면 언제 다시 대왕을 뵐 수 있을지 기약할 수 없군요. 그래서 말씀이온데, 떠나기 전에 술 한 상 차려주시면 먼길에 큰 힘이 될 것입니다."

중원의 미녀를 구해 올 장의인데 술 한 상 정도야 무슨 문제인가? 초왕은 즉시 명령을 내려 연회를 베풀었다.

술자리가 어느 정도 무르익자 장의는 쑥스러운 듯 미녀들을 불러 술 한 잔 따르게 해주십사 요청했다. 기분이 오를 대로 오른 초왕은 두 말 않고 자신이 아끼는 남후와 정수에게 사람을 보내 연회에 참석하라고 전했다. 이윽고 두 미녀가 연회 석상으로 걸어 들어오는 것을 본 장의는 갑자기 놀라는 표정을 지으며 자리에서 벌떡 일

어나 초왕에게로 다가가 넙죽 큰절을 했다. 모두들 무슨 영문인지 몰라 어리둥절할
수밖에 없었다.

"이 장의, 대왕께 큰 죄를 지었사옵니다!"

초왕은 느닷없는 장의의 큰절과 사죄에 영문을 몰라 하며 "무슨 소리요, 그게?"
라며 다그치듯 물었다. 장의는 남후와 정수 쪽을 바라보며 떨리는 목소리로 이렇게
말했다.

"이 장의가 지금까지 천하를 두루 돌아다녔지만 이렇게 아름다운 여인들은 처음
봅니다! 그런데도 감히 중원의 미녀를 구해드리겠노라 큰소리를 쳤으니, 어디서 이
보다 더 아름다운 여인을 찾는단 말씀입니까? 그러니 군주를 속인 죄를 범한 것과
무엇이 다르겠습니까?"

참으로 기막힌 수작이 아닐 수 없었다. 노골적으로 말해 장의는 사기에 가까운
수단으로 초왕과 두 여인으로부터 두둑하게 여비를 긁어냈을 뿐만 아니라, 중원의
미녀를 구해 와야 하는 부담까지 털어냈던 것이다.

장의는 뛰어난 관찰과 분석력으로 초왕의 호색과 남후·정수의 시기와 질투심을
꿰뚫어보았다. 하지만 장의의 인생 목표에 비하면 이 정도의 금은보화는 아무것도
아니었다. 그의 역량은 인정人情을 관찰할 수 있는 정도였지 아직 세상물정을 관측할
정도는 아니었다. 더욱이 그 관측술마저도 아직 무르익지 않았음은 물론 '인정'도 아
직 완전하게 파악하는 수준이 아니었다.

초나라 회왕懷王 곁에서 일하는 승상이란 자는 능력 있는 사람을 시기하고 질투

하는 인물이었다. 그는 자신의 지위를 위협하는 유능한 인재를 결코 용납하지 않았다. 장의의 재능에 대해서도 이자는 충분히 인식하고 있었다. 당시 남후와 정수가 장의에 대해 상당히 호감을 갖고 있었기 때문에 승상은 이 여자들이 장의를 도와 자신의 지위를 빼앗지나 않을까 두려워하고 있었다. 그래서 승상은 장의가 초왕의 벽옥을 훔쳤다고 모함해서 장의를 잡아다 수백 대의 채찍질을 했다. 장의는 온몸이 피투성이가 되어서 도망치듯 집으로 돌아올 수밖에 없었다. 그러나 그는 초나라에서 남후와 정수 두 사람과 친분을 맺었고, 이 두 사람이 훗날 장의의 사업에 어떤 작용을 하리라고는 아무도 생각하지 못했다. 어쨌거나 그 일은 뒷일이고….

우여곡절 끝에 장의는 집에 돌아왔다. 몰골이 말이 아닌 장의를 본 장의의 아내는 "공부는 부귀영화를 위해 하는 것인데 당신은 오히려 공부 때문에 이런 치욕을 당하고 다니니 이게 무슨 고생이오?"라며 장의를 원망했다. 그러자 장의는 혀를 쑥 내밀며, "내 혓바닥이 아직 그대로 있는지 보시오, 어떻소?"라며 엉뚱한 소리를 했다.

아내는 어이가 없다는 듯, "아직 그대로 있구려, 혓바닥은. 그런데 그게 뭐 어쨌길래요."라고 시큰둥하게 대꾸했다.

"그럼 됐소!"

장의는 여전히 자신의 세 치 혀를 의지해 천하를 아우르고 부귀영화를 얻을 수 있다고 확신하고 있었고, 자신만만했다. 이런 불굴의 정신이야말로 참으로 소중한 것이 아닐 수 없었다.[19]

실패는 성공의 어머니라고 했다. 초나라 승상의 늙은 채찍질이 도리어 장의를 총명하게 만들었다. 좌절에도 불구하고 장의는 벼슬이나 출세를 서두르지 않고 진지

---

19 이상 장의에 관한 대목은 사실과 크게 다르지는 않지만 스토리의 순서가 맞지 않다. 장의가 곤욕을 치르고 집으로 돌아온 대목은 장의가 초기 유세에서 실패한 때이며, 앞부분 초왕에 대한 유세는 훗날 장의가 진나라에서 크게 인정받은 다음의 일이다. 문맥과 저자의 의도를 살려 그대로 두었다.

하게 형세를 분석하여 큰 계획을 그렸다. 이 무렵 그는 표상에 현혹되어 문제의 실질을 꿰뚫어보지 못하는 그런 사람이 아니었다. 그는 각국의 상황을 두루 분석하여 초나라 외에 자신의 조국 위魏나라가 가장 강한 나라임을 확인했다. 당시 위나라는 동방의 강국 제나라와 서로 왕을 자칭할 정도였다. 초나라에서 뜻을 이루지 못하면 당연히 다음 순서는 위나라였다. 장의는 분석 끝에 위나라의 약점을 찾아냈다. 위나라는 중원에 위치한 관계로 사방이 제후국들이었다. 국경을 접하고 있는 이웃나라들, 즉 잠재적 적국들이 많았다. 여기에 중원의 요충은 각국이 서로 차지하려는 대상이었다. 또 위나라는 평원이 많아 지리적으로 방어에 불리했다. 따라서 시간이 흐를수록 잠식당해 발전하기 어려운 처지였다.

● 장의는 몇 차례 유세에서 실패한 뒤 당시의 국제 정세는 물론 권력자와 그 주변까지 샅샅이 정보를 구해 그에 맞추어 유세했다. 심지어 동문수학했던 소진의 유세 방법을 벤치마킹해 그것을 역이용하기까지 했다. 그림은 진나라 왕에게 연횡책을 설파하는 장의의 모습이다.

　　제나라도 강국이긴 했지만 당시 제나라에는 인재가 흘러넘쳐 자신의 능력을 드러낼 기회조차 갖기 어려워 보였다. 서방의 진나라는 서쪽에 치우쳐 있고 제나라와 위나라만큼 강하진 못했지만 상앙의 개혁으로 경제적 기반이 상당했다. 게다가 이 무렵 진나라는 동쪽으로 세력을 확장하려 하고 있었다. 황하 근처까지 발전한다면 동으로는 황하를 참호로 삼고, 남으로는 진령의 견고함에 의지하고, 서북에는 위협이 될 만한 나라가 없다. 이렇게 된다면 진나라는 동방의 다른 나라들을 공격하여 땅을 얻어내기 편하고, 물러나도 큰 손실 없이 방어할 수 있는 형세라 천하의 왕이 될 수 있는 탄탄한 기초가 마련되어 있었다. 더 중요한 것은 당시 진나라가 이런 대업을 꿈꾸며 천하의 인재들을 초청하고 있다는 사실이었다.

　　투철하게 분석을 끝낸 장의는 더 이상 조국에 머물러 있을 필요가 없었다. 쇠약해질 대로 쇠약해진 동주가 장의를 붙잡았지만 장의는 뒤도 돌아보지 않고 진나라로 들어갔다. 과연 그는 물을 만난 물고기처럼 종횡무진 활약하며 경천동지할 대업을 이루어내기 시작했다.

장의의 실패와 성공은 모두 세상사와 인정 그리고 역사와 미래에 대한 파악에서 비롯된 것이다. 정확한 관측과 분석이 어떤 일, 어떤 사람의 성공에 얼마나 중요하게 작용하는지를 잘 보여주었다.

이제 제3편에서 우리는 이런 관측과 분석의 기술에 대해 전문적으로 연구하고 토론할 것이다. 관측과 분석의 방법 그리고 기교는 사회발전, 형세변화, 일의 전환 등과 같은 방면에서 벗어나지 않는다. 다시 말해 다음 네 가지에서 벗어나지 않는다.

첫째, '인정人情'에 대한 성숙한 인식이다.
둘째, '세상사 물정', 즉 '세정世情'에 대한 통찰이다.
셋째, 사물이 발전해가는 추세에 대한 예측이다.
넷째, 역사의 교훈을 흡수하여 과거를 현재에 활용하는 것이다.

이 네 가지를 제대로 해낸다면 인정과 세상사는 물론 미래와 역사도 일목요연하게 가슴을 환하게 열어줄 것이다.

1) '인정人情'을 파악하라

세상사 모든 일은 사람이 한다. 하나의 개체로서 인간은 성격상의 특징과 개인의 취향이 있기 마련이다. 그러나 인간은 고립된 존재가 아니라 사회와 관계를 맺고 있다. 친척관계, 혈연관계, 친구관계, 상하관계 등등의 관계로 엮여 있다. 인간의 행위는 이런 사회관계 속의 객체로서 작용하는 행위다. 따라서 한 사람으로서의 공통성도 있고 개성도 있다. 우리가 여기서 말하고자 하는 '인정의 파악'은 주로 개성이란 특징과 사회관계의 총화로서 인간의 특징을 파악하라는 것이다. 막료가 생각하고 행동하는 모든 것 역시 인간관계에서 비롯되므로 인정을 분명히 파악하는 일은 매우 중요하다.

인정의 파악은 먼저 자신을 파악하는 데서 시작한다. 자신 또한 인간이고, 그 사람이 막료라면 자신의 실력을 정확하게 계산하고 자기 재능의 정도를 제대로 인식해야 한다. 당연히 자신의 장단점도 알고 있어야 한다. 그래야 장점과 특기를 발휘하여 자신의 단점과 부족한 점을 극복할 수 있기 때문이다.

그다음은 막주의 '성정性情'을 파악하는 것이고, 세 번째는 동료의 '인정人情'을 파악하는 일이다. 내부를 잘 처리해야 이상을 실현하고 미래와 상대의 인정을 파악할 수 있다. 『귀곡자』는 관련하여 이렇게 말한다.

"누군가에게 쓰이려면 지능을 헤아리고, 재능과 능력을 가늠하고, 기세를 예측하는 일이 관건이다."

복숭아 두 개로 세 장사를 죽이다

춘추시기 제나라의 걸출한 재상 안영晏嬰은 인간의 감정을 정확하게 파악할 줄 아는 고수였다. 그는 인간에게 내재되어 있는 영예에 대한 욕구와 무장武將 특유의 민감한 자존심을 이용하여 잠복해 있던 나라의 3대 화근을 제거하는 고사를 남겼다. 그 마음 씀씀이의 음험함 여부는 굳이 말할 필요도 없고, 단순히 그 세 사람의 성격과 감정을 정확하게 파악한 점은 정말 감탄하지 않을 수 없다.

기원전 548년, 제나라 장공莊公이 권신 최저崔杼에게 피살당했다. 최저는 장공의 동생인 저구杵臼를 옹립하니 이가 경공景公이다. 이 경공 때 조정의 정치를 두루 살핀 승상이 바로 안영이다. 경공은 아첨꾼 양구거梁邱據를 총애하여 밤낮없이 향락에 빠졌다. 양구거는 또 당시 '삼걸三杰'과 한통속이 되어 끊임없이 세력을 확대함으로써 제나라의 큰 근심거리가 되었다. 안영은 이들이 나라를 어지럽히는 것이 몹시 걱정이 되어 이들의 힘을 약화시키고 유능한 인재를 기용하여 환공 때의 패권을 회복하고자 했다.

'삼걸'이란 세 명의 무장을 말하는데 전개강田開疆, 고야자古冶子, 공손첩公孫捷이 그들이었다. 모두 몸은 굳세지만 머리는 단순한 무부로서 전장에서 세운 공만 믿고 자기들끼리 의형제를 맺어 제나라 삼걸로 자칭하고 있었다. 이 세 사람은 맨손으로 사나운 맹수를 때려잡을 만큼 힘이 장사고 용감하기 이를 데 없어 경공이 아주 아끼는 자들이기도 했다. 이들은 군주의 총애를 끼고 호가호위하며 조정을 어지럽혔다. 군신들을 겁박하는가 하면 향리에서도 행패가 이만저만 아니었다. '삼걸'은 양구거와도 짝을 이루어 재상인 안영조차 안중에 없었다. 안영을 만나도 인사조차 하지 않을 정도였다. 안영은 이 세 사람이 있는 한 능력 있는 인재들은커녕 나라에 가망이 없다고 판단했다. 더욱이 이들이 건재하면 양구거의 세력은 더 커질 것이 뻔했다. 안영은 이 세 사람을 제거하여 양구거의 날개를 꺾기로 마음먹었다. 문제는 시기였다.

먼저 이 '삼걸'을 죽이려면 경공의 동의가 필요했다. 이에 안영은 인내심을 가지고 기회를 엿보다 어느 날 "사나운 개가 손님을 내쫓는다."는 다음과 같은 고사를 경공에게 들려주었다.

쌀로 빚은 술을 파는 사람이 있었다. 그가 빚은 술은 최고 등급의 좋은 술이었다. 그는 술집 문 앞에 깃발을 높이 달아놓고 더 많은 손님을 끌려 했다. 그런데 어찌된 일인지 찾아오는 손님이 한 명도 없었다. 알고 봤더니 술집 문 앞에 사나운 개가 지키고 서서 으르렁거리는 통에 물릴까 봐 들어오질 못하는 것이었다.

이야기를 마친 안영은 경공에게 제나라의 유능한 인재들이 나라를 위해 일을 하고 싶어도 마치 그 술집의 사나운 개처럼 무서운 세 명의 무장 때문에 오지 못하고 있다고 했다. 아울러 이들이 나라의 근심거리가 되고 있으니 제거하지 않는 한 걱정은 끝이 없을 것이라고 경고했다. 그러나 경공은 반신반의하며 머뭇거리다가 "그 세 사람을 죽

● 안영은 인정에 대한 깊은 통찰을 바탕으로 풍자와 유머로 권력자에게 충고하며 제나라 정국을 비교적 안정적으로 이끌었다. 쇠퇴해가던 제나라가 그나마 강국으로서의 면모를 잃지 않고 버틴 것은 안영의 이런 정치력이 크게 작용했기 때문이다. 사진은 제나라 수도였던 임치 제국박물관에 조성되어 있는 안영의 상이다.

이기란 거의 불가능한데 누가 그들을 없앨 수 있단 말이오?"라고 했다. 이에 안영은 조금도 두려움 없이 자신이 알아서 하겠다며 경공을 안심시켰다. 그러고는 마침내 기회를 잡아 이 근심 덩어리들을 제거했으니, 그 과정은 다음과 같았다.

제나라와 이웃한 노魯나라의 소공昭公이 북방의 강대국 진晉나라와 사이가 안좋아져 제나라와 수교하러 몸소 제나라를 찾아왔다. 경공은 술자리를 베풀어 소공을 환영했다. 두 나라 국군 외에 노나라의 승상 숙손야叔孫婼가 배석했고, 제나라는 재상 안영이 자리를 같이하여 손님을 맞이하는 일을 했다. 전개강, 고야자, 공손첩 세 사람은 보검을 쥐고 당 아래 다른 신하들과 함께 서 있었는데 그 행색이 여간 도도하지 않았다. 술잔이 돌고 어느 정도 취기가 오르자 안영이 경공에게 "뒤뜰의 금복숭아가 잘 익었으니 두 나라 국군의 장수를 위하여 한번 맛보시는 것이 어떨지요."라고 했다.

경공은 흔쾌히 응하며 "이 복숭아나무는 바다 밖 도색산度索山에서 가져온 것이라 과인이 혼자 맛볼 수 없으니 당연히 귀빈께 올려야지."라며 외교상 접대성 발언을 했다. 안영도 "그 금복숭아는 보기 힘든 아주 귀한 것이니 신이 직접 가시 따는 것을 감시하겠습니다."라고 맞장구를 치며 후원의 열쇠를 가지고 나갔다.

경공은 소공에게 "이 복숭아나무는 이전 국군 때 심은 것으로 동해 사람이 큰 복숭아씨를 바치며 '만수금도'라 했지요. 바다 밖 도색산에서 나는 것으로 '번도'라고도 한답니다. 심은 지 30년이 넘었지만 잎이 여전히 무성하게 자라납니다. 그런데 꽃만 피우고 열매는 달리지 않았는데 올해 몇 개 달렸지 뭡니까? 너무 아까워 문을 잠그고 잘 지키게 했습니다. 오늘 군께서 광림하셨으니 과인이 혼자 맛볼 수는 없고 귀국의 군신들과 함께 맛보려 합니다."라고 복숭아나무에 대해 장황하게 소개를 늘어놓았다. 소공도 이에 맞추어 칭찬과 감사의 말을 아끼지 않았다.

이윽고 안영이 복숭아나무를 관리하는 자를 데리고 돌아왔다. 아름답고 정교한 조각이 돋보이는 그릇에 여섯 개의 복숭아가 놓여 있었다. 순간 진한 복숭아 향이 코를 찔렀고 모두가 군침을 삼켰다.

"이것밖에 없습니까?"
"네 개가 더 있긴 합니다만 아직 덜 익어 이 여섯 개만 따 왔습니다."

경공은 안영에게 술을 돌리게 했고, 안자는 옥으로 만든 술잔을 소공에게 올리며 축복의 말을 곁들였다. 소공은 술을 비우고는 복숭아 하나를 입으로 베어 물었다. 이루 말로 할 수 없는 달콤함이 입안을 가득 채웠고, 소공은 칭찬을 아끼지 않았다. 이어 경공, 숙손야, 안영 세 사람이 술잔을 비운 다음 복숭아를 하나씩 먹었다. 여섯 개 중에 네 개를 먹고 접시에는 두 개만 남게 되었다. 당 아래의 '삼걸'은 눈을 크게 뜬 채 남은 두 개의 복숭아를 쳐다보고 있었다.

안영은 그들의 표정을 슬쩍 살핀 후 차분하게 경공에게 "접시에 두 개가 남았으니 주군께서 여러 신하들을 향해 자신의 공로를 자랑하게 해서 그 상으로 이 복숭아를 주어 공덕을 표창하심이 어떨까 합니다."라고 건의했다. 경공은 좋아라하며 바로 명을 내렸다. 공로에 대한 심사는 안영이 맡기로 했다. 그런데 위세가 하늘을 찌르는 '삼걸'을 놔두고 다른 신하들이 선뜻 자기 공로를 자랑하러 나설 수가 없는 상황이었다. 그러니 안영의 이 제안은 사실상 '삼걸'을 겨냥한 것이나 마찬가지였다.

경공의 허락이 떨어지기 무섭게 전개광과 고야자가 나서려 하는데 공손첩이 먼저 튀어나왔다. 공손첩은 가슴을 한껏 내밀며 큰 소리로 "전에 국군을 모시고 동산으로 사냥을 나갔다가 국군을 향해 달려드는 사나운 호랑이를 때려잡아 국군을 구한 일이 있는데, 이 정도면 작은 공로라 할 수 없겠지요."라고 뻐겼다.

안영은 "목숨을 걸고 군주를 구했으니 나라에 공을 세운 셈이지. 복숭아 받을 자격이 충분하오."라며 공손첩에게 복숭아 하나를 건네주었다. 공손첩은 큰 복숭아 하나를 먼저 맛나게 먹어치운 다음 자기 자리로 돌아갔다.

옆에 있던 고야자가 인정할 수 없다는 얼굴로 튀어나오더니 "호랑이를 때려잡은 일이 뭐 대수란 말이오? 일전에 국군과 황하에서 배를 타다가 갑자기 작은 산만 한 요상한 자라가 국군께서 타고 다니는 말을 물속으로 끌고 들어간 일이 있었지요. 내가 물속으로 뛰어들어 백보를 거슬러 올라가 그 자라를 찾아 말을 되찾아왔소. 이렇게 해서 국군을 위험에서 구했는데 이 정도면 어떻소?"라고 자신의 공을 떠벌렸다.

이 이야기를 듣고 있던 경공이 나서며 "그때 파도가 사나운 것이 정말 위급한 상황이었지. 장군이 아니었다면 과인은 큰 위험에 빠졌을 것이오. 그야말로 진짜 큰 공이지. 술과 복숭아를 받을 자격이 충분하지."라며 거들었다. 안영은 얼른 고야자에게 복숭아를 건넸고, 쟁반의 복숭아는 이렇게 동이 났다.

기회를 놓친 전개강이 그냥 있을 리 만무였다. 그는 씩씩거리며 "내가 국군의 명을 받고 서徐나라 정벌에 나가 적의 명장을 죽이고 포로 500명의 목을 베니 서나라 국군과 신하들은 두려움에 떨며 보물을 바치고 맹서했소. 또 담郯과 거莒 등과 같은 나라들도 내 위세에 놀라 모두 우리나라에 와서 우리 국군을 맹주로 모셨지요. 이런 공로를 세우고도 복숭아를 못 먹는단 말입니까?"라며 분을 삭이지 못했다.

안영은 당황한 표정을 지으며 "전개강 장군의 공로야말로 진짜 대단하군요, 앞두 사람보다 열 배는 더 큰 것 같습니다. 하사할 복숭아가 없으니 어쩌지요? 먼저 술 한잔 받으시고 기다렸다가 내년에 열리면 그때 잡수시도록 하시오."라며 전개강의 약을 올렸다. 안영의 의중을 모른 채 경공도 아쉽다는 말을 연신 내뱉었다.

전개강은 눈을 부릅뜨고 검의 손잡이를 꽉 잡은 채 "호랑이와 자라를 잡은 일이야 정말 별것 아니지. 나는 천리를 멀다 않고 전쟁터에 나가 피 흘리며 싸웠는데 복숭아를 먹을 수 없다니 두 나라의 국군과 대신들 앞에서 이보다 더한 치욕이 어디 있는 말인가? 훗날 무슨 면목으로 후손들을 대하겠는가?"라며 바로 검을 빼서 자신의 목을 그었다. 전개강이 피를 뿜으며 쓰러졌다.

전개강이 쓰러지는 모습을 본 공손첩은 한숨을 내쉬며 "내가 확실히 전개강만 못한데 그의 복숭아를 가로챘구나. 그가 복숭아 때문에 죽었으니 내가 그를 따르지 않으면 어찌 친구라 하겠는가?"라며 자신의 목을 그었다.

남은 고야자는 난처한 얼굴로 생사를 같이하기로 한 두 친구가 죽었는데 자기만 살아서 무슨 의미가 있냐며 역시 자결했다.

사건은 순식간에 일어났다. 차 한 잔 따를 시간 안에 세 사람이 잇따라 목숨을 끊고 저승으로 갔다. 경공은 애석한 표정으로 "세 장군 모두 만 사람이 당해내지 못할 용장들이었는데 복숭아 하나가 모자라 죽다니 이제 이런 장수들을 어디서 구한단 말이오."라며 혀를 찼다. 이에 안영이 말했다.

"그들은 용감하긴 하지만 생각이 모자란 자들이었습니다. 신이 장수로서의 재능을 갖춘 전양저田穰苴를 추천하고자 합니다. 그 세 사람보다 틀림없이 뛰어날 것입니다. 그는 출신이 비천하다고 멸시를 당해 지금은 바닷가에 은거하고 있습니다. 나라에 보답하고자 하는 뜻은 있지만 저들 세 사람과 같은 무부들이 길을 가로막았으니 어찌 제대로 된 인재를 뽑을 수 있었겠습니까."

경공은 이 말을 받아들여 전양저를 장수로 기용했다. 과연 전양저는 능력이 남 달랐다. 그가 군대를 통솔한 지 몇 년 되지 않아 제나라는 진晉나라와 연燕나라의 침 공을 물리치고 잃었던 땅을 되찾았다.

"복숭아 두 개로 세 장사를 죽였다."는 '이도살삼사二桃殺三士'의 고사는 훗날 누군 가 허구를 보탠 드라마와 같은 요소가 다분하다. 그러나 적어도 안자는 고급 막료로 서 당시 사회의 주도적인 윤리도덕이나 세태와 인정을 너무나 잘 알고 있었을 뿐만 아니라 인간의 심리활동과 그 과정을 완전히 이해하고 있었다. 다시 말해 '인정人情'을 잘 알아 이에 따라 '복숭아'를 빌려 '사람을 죽이는' 이 드라마를 성공적으로 연출했던

● 복숭아 두 개로 세 용사를 죽게 만든 '이도살삼사'는 그 후 민간에까지 널리 전해졌고, 귀족의 무덤을 만드는 벽돌에 그림으로 장식되기도 했다. 위 그림이 그것이다.

것이다. 그는 이렇듯 절묘하게 '삼악三惡'을 제거했다.

이 고사에 담겨 있는 의미를 좀더 이야기해보자. 먼저, 중국 봉건사회는 사회적 윤리규범과 원칙이 도드라진 사회였다. 이런 사회는 윤리라는 형식으로 개인의 행동과 그에 따른 동기를 통제한다. 그러면서 인·의·예·지·신과 같은 오상五常 등을 지고무상한 가치라고 강조한다. 이런 사회의 상층부에 위치한 인사들은 자신의 명예와 명성을 대단히 중시하고, 인의를 생명보다 더 무겁게 여긴다. 이것이 안자가 자신의 지혜를 활용할 수 있었던 사회적 기초였다.

다음으로 안영은 '삼악'이 지혜는 부족하고 정과 의리는 넘친다는 사실을 잘 알고 있었다. 명성이 높은 무사는 더 그랬다. 이에 안영은 복숭아를 하사하여 그들의 명예심과 경쟁심을 도발했다. 복숭아라는 아주 평범한 먹을 것 하나로 명예욕과 연계시키는 절묘한 수가 아닐 수 없었다.

끝으로 공과 명예를 다툰 결과 공과 명예가 큰 쪽이 복숭아를 얻지 못해 결과적으로 군주 앞에서 체면이 크게 깎였다. 당연히 수치심을 느꼈고, 다른 사람의 비웃음을 사지 않으려고 극단적인 해결책을 취했다. 앞 두 사람의 자살은 남은 한 사람에게 자살하고 싶지 않아도 자살할 수밖에 없는 심리적 압박이 되었다.

안영이 이 세 사람의 '인정'에 대해 얼마나 정확하고 철저하게 파악했는지를 이 고사는 잘 보여준다. 안영은 복숭아의 숫자까지 계산하고서 그들을 끌어들였다. 안영은 전개강이 자신이 세운 공이라면 복숭아는 틀림없이 자기 차지가 될 것으로 확신하고 먼저 나서서 공을 자랑하지 않을 것이라는 점을 예상했다. 누가 봐도 공로가 크고 분명하면 상은 당연히 자기에게 돌아올 것이라는 심리가 작용하고, 굳이 먼저 공을 자랑할 필요가 없기 때문이다. 그런데 다른 두 사람이 먼저 나섰고, 결과는 공은 큰데 복숭아를 얻지 못하자 전개강은 심리적으로 크게 흔들렸다. 명예가 크게 걸린 상황에서 전개강은 자살로 자신의 존재를 모두에게 확인시킬 수밖에 없었다. 여

● 안영은 지혜의 대명사다. 그리고 사심 없이 나라를 이끌며 좋은 인재 차별 없이 추천한 사례를 많이 남겼다. 사진은 임치에 남아 있는 안영의 무덤이다.

기에 안영은 세 사람이 함께 죽기로 맹서한 형제와 같은 사이라는 점도 잘 알고 있었다. 그런데 전개강이 죽었고, 외국의 귀빈까지 모신 자리에서 남은 두 사람도 무대에서 내려갈 수 없는 상황으로 몰렸고 결국 따라서 자결했다.

이것이 "복숭아 두 개로 세 용사를 죽인" '이도살삼사'의 고사다. 혹자는 안영이 음모로 나라의 장수들을 해쳤다고 비난했다. 그러나 안영의 그런 수에 쉽게 걸려든 자라면 남에게 쉽게 이용당한다. 복숭아 한 알 때문에 자살한 자들이 뭐가 대단한가? 당시 양구거가 미인과 보석 따위로 유혹했다면 그 결과는 어땠을까? 안 봐도 뻔하지 않을까? 세 사람이 조금만 사리에 밝았다면 어찌 자살할 것이며, 안자의 꾀가 어떻게 통했겠는가?

거북이 그림과 대추나무 가지로 적의 내분을 이끌어낸 종세형種世衡

북송은 후기로 갈수록 힘이 약해졌지만 그래도 조정에 능력이 뛰어난 사람이 없는 것은 아니었다. 종세형(985-1045)도 그중 한 사람이었고, 특히 그는 서하西夏와의 전쟁을 끝내는 데 두드러진 역할을 했다. 종세형은 사람이 호탕하여 어렸을 때 형제들 사이에서 재산 다툼이 일어나자 아낌없이 자기 몫을 다른 형제들에게 나눠주고 자신은 책만 챙겼다. 큰 뜻을 가슴에 품고 실력이 재물보다 더 중요하다는 점을 제대로 알고 있던 인물이었다.

그 뒤에 8품의 낮은 벼슬을 시작으로 관직의 길을 걸었다. 그러나 그는 뛰어난 안목과 능력으로 북방에다 청간성淸澗城을 쌓아 북방의 강력한 상대인 서하를 견제하는 기반을 마련하는 등 놀라운 성과를 냈다. 서하의 입장에서도 청간성은 요충지라 성을 쌓는 중에도 여러 차례 군사를 보내 이곳을 빼앗으려 했다. 종세형은 이를 잘 막아내고 마침내 성을 완공했다.

서하의 왕 원호元昊는 여러 가지 방법으로 성을 공략했지만 만족할 만한 성과를 거두지 못했다. 종세형은 서하 내부 사정을 파악하고 원호와 그가 신임하는 대장 야리野利의 관계를 갈라놓는 이간책을 구사했다. 이에 대한 기록은 『송사』 등에 남아 있는데 이를 중심으로 그 내용을 한번 보자.

서하의 왕 원호에게는 두 명의 심복 장수가 있었다. 하나가 야리왕이고 하나가 천도왕天都王이었다. 두 장수는 각자 정예병을 거느린 맹장들로 송나라 입장에서는 매우 위험한 인물들이었다. 종세형은 이 두 사람을 제거할 방법을 구상했다. 이때 야리왕이 낭매浪埋, 상걸賞乞, 미낭媚娘 세 사람을 보내와 종세형에게 투항을 청한다고 알렸다. 종세형은 분명 거짓 투항임을 알아챘다. 종세형은 은밀하게 계획을 세워 "저들을 죽이는 것보다 형세를 잘 파악하여 간첩으로 이용하는 쪽이 낫겠다."는 결론을 얻었다. 종세형은 그들을 남겨두고 세금 거두는 일을 관리하게 했다. 그러고는 출입할 때 자신을 수행하는 기마 수행원처럼 보이게 했다. 보기에 큰 신임을 받는 것 같았다.

자산사紫山寺에 법숭法崧이란 중이 있었다. 종세형은 이 중의 충성심을 충분히 믿을 만하다고 판단하여 그를 중용하기로 했다. 종세형은 그를 군중으로 불러 환속하여 종군하도록 설득했다. 법숭은 출정하여 적을 잡는 공을 세웠다. 종세형은 상부에 보고하여 그를 세 계급 특진시켜 지휘사로 삼는 한편, 그의 집안일을 적극 도왔다. 주택, 말, 수행원 등등 모든 일을 주도면밀하게 안배해주었다. 법숭이 술을 마시고 도박을 해도 나무라기는커녕 오히려 더 친밀하게 대했다. 법숭은 감격했다.

하루는 종세형이 불같이 화를 내면서 법숭에게 "내가 너를 친자식처럼 대해주었거늘 네놈은 오히려 적과 결탁하다니 대체 왜 나를 배신하려 했느냐?"며 꾸짖었다. 종세형은 수십 일 동안 법숭에게 매질 등 형벌을 가했다. 법숭은 극한 고통 속에서도 종세형을 원망하지 않으며 "나 법숭은 대장부요! 종공께서 간사한 자들의 거짓을 믿고 나를 죽이려 하시니 한번 죽으면 그만일 뿐이오."라고 했다.

그로부터 반년 뒤 종세형은 법숭이 자신을 배신하지 않을 것이라는 점을 확신했다. 그는 법숭의 포박을 풀고 목욕을 시킨 다음 자신의 처소로 불렀다. 종세형은 법숭을 진심으로 위로하면서 그에게 "원래 네게는 죄가 없었다. 내가 너를 한번 시험해본 것이다. 너를 간첩으로 파견할 생각인데 그때 혹시 네가 당할 고통은 이것에 비하면 아무것도 아니다. 끝까지 기밀을 누설하지 않을 수 있겠느냐?"라고 물었다. 법숭은 감격의 눈물을 흘리며 종세형의 제안을 받아들였다.

종세형은 야리왕에게 보내는 편지를 써서는 밀랍으로 잘 봉하고 법숭의 승복 안에다 넣고 꿰맸다. 종세형은 법숭에게 "이 편지는 죽음에 임박하기 전까지 절대 노출되어선 안 된다. 만약 노출되었을 때는 '내가 장군의 은덕을 저버리고 장군이 부탁하신 일을 완수하지 못하는구나.'라고 말해라."라고 당부했다. 그리고 거북이 한 마리와 대추나무 가지 하나를 함께 그려서 야리왕에게 보냈다.

대추와 거북 그림을 본 야리왕은 분명 편지가 있을 것으로 의심하여 법숭을 다그쳤다. 법숭은 야리 주변의 사람들을 보면서 편지는 없다고 말했다. 야리는 대추와 거북 그림을 함께 잘 봉하여 원호에게 보냈다. 원호는 법숭과 야리왕을 백 리 밖으로 불러 법숭에게 편지가 없는지를 다그쳤다. 법숭은 한사코 없다며 버텼다. 잔혹한 고문이 따랐지만 법숭은 자백하지 않았다. 며칠 뒤 원호는 몰래 법숭을 궁중으로 부르고 사람을 시켜 "빨리 자백하지 않으면 죽일 수밖에 없다."고 전했다. 법숭은 말하지 않았다. 그를 끌어내 죽이라는 명령이 떨어졌다. 법숭은 울면서 "이렇게 죽다니 장군의 일을 완수할 수 없구나! 참으로 장군께 미안할 따름이다! 내가 정말 장군을 볼 면목이 없구나."라고 외쳤다. 형을 집행하려던 자가 급히 그 까닭을 물으니 법숭은 그제야 법복 안에서 편지를 꺼냈다. 편지는 궁중으로 보내졌고, 이윽고 원호는 법숭을 객사에 머물게 하는 동시에 측근 관리를 야리왕의 사신인 것처럼 꾸며 종세형에게 보냈다.

종세형은 원호가 보낸 간첩일 것으로 의심하여 즉시 그들을 불러들이지 않고 부하 관리들에게 매일 객사로 보내 안부를 묻는 한편, 원호가 있는 홍주興州 부근의 상황을 물었더니 그에 대해 상세하게 답을 한 반면 야리왕이 있는 곳에 대해서는 아는 것이 없었다. 이때 마침 적 몇 명을 포로로 잡았다. 종세형은 포로들에게 담장 틈으로 원호가 보낸 사신들을 보게 했더니 사신의 이름을 알고 있었다. 종세형의 의심대로 원호의 사신들이었던 것이다. 종세형은 사신들을 접견하고는 그들에게 귀한 예물 등을 주어 보냈다. 종세형은 사신들이 돌아가면 법숭도 석방되어 돌아올 것으로 예상했고, 이때 야리왕이 원호에게 피살되었다는 정보가 입수되었다.

종세형은 야리왕이 죽자 이참에 천도왕도 함께 제거할 심산이었다. 그래서 변경에다 제단을 마련해서 제문을 목판 위에 잘 썼다. 제문은 야리왕과 천도왕 두 장수가 자신과 좋은 관계를 맺어 조정에 귀순할 뜻이었고 조정에서도 이들의 공을 기념한다는 것이었다. 종세형은 제문을 제사 때 태우는 지전 중에 섞어 넣었다. 이때 서하 군대가 공격을 해 왔고, 종세형은 서둘러 제문과 지전을 버린 채 돌아갔다. 지전 속에 섞어놓은 목판의 글자는 타지 않고 남았다. 적은 이 목판을 원호에게 갖다 바쳤고 천도왕도 처벌되었다.

그 뒤 서하와 강화가 체결되었고 법숭은 본명인 왕숭을 되찾았다. 왕숭은 관직이 제사사諸司使까지 승진했다.

이 사건은 『자치통감』 「송기」와 심괄沈括의 『보필담補筆談』에도 기록되어 있는데 내용은 대동소이하다. 『보필담』의 내용은 이렇다. 종세형은 법숭을 보낼 때 아주 많은 예물과 "이것으로 도움을 받을 수 있는" 군사 기밀 몇 가지를 함께 딸려 보냈다. 떠나기에 앞서 종세형은 자신의 솜옷을 벗어 법숭에게 주면서 "북방의 겨울은 몹시 추우니 이 웃옷을 우리 이별의 기념으로 주마. 그곳에 가면 반드시 백방으로 우걸遇乞을 수소문해서 찾아라. 그를 통하지 않으면 내부로 침투할 수 없다."고 일렀다. 법숭은 종세형의 지시대로 서하에 도착하자마자 사람들을 넣어 우걸을 찾았다. 이 때문에 적은 우걸을 의심하기 시작했고, 법숭을 잡아다 관아에 넘겼다. 며칠 뒤 누군가가 법숭이 갖고 있던 솜옷 속에서 종세형이 우걸에게 보내는 비밀 편지를 발견했다. 그 내용은 아주 친근하고 간절했다. 법숭은 당초 옷 속에 비밀 편지가 숨겨져 있다는 사실을 몰랐다. 그래서 적의 고문에도 끝까지 입을 열지 않았던 것이다. 의심스러운 우걸에 대한 물증이 나오자 적은 우걸을 죽였다. 그리고 법숭을 북방 변경으로 추방했다. 법숭은 훗날 살아서 돌아왔다.

『보필담』에 따르면 옷 속에 편지가 있다는 사실은 법숭조차 몰랐고, 그 때문에 그의 담이 그렇게 클 수 있었던 것이다. 간첩을 사용하는 방법은 비밀스러울수록 그 계책은 더욱더 절묘해질 수 있다. 『삼십육계』의 '고육계苦肉計'는 이렇게 말한다.

"자기 살을 도려내는 계책이다. 사람들은 일반적으로 육체적 고통을 원치 않는다. 상해를 입는다는 것은 심각하고 진지한 상황이 된다. 진실을 가장하여 적이 의심하지 않게 한 후에 간첩을 활용하여 목적을 실현한다."

이 계책은 사람이 일반적으로 자신에게 상해를 가하는 것을 원치 않는 본능을 이용하여 상식을 초월한 방식으로 자해를 가하는 수단으로 적을 속이고 신임을 얻어 적을 이간하고 적을 통제하는 목적을 달성하는 것이다.

종세형은 법숭의 용기와 지략, 성품을 관찰하여 그의 식구들을 우대하고, '고육계'를 거친 후 최종적으로 그를 간첩으로 보냈다. 그리고 편지로 원호와 야리왕 등의 관계를 이간했다. 종세형은 간첩을 선택하는 데 마음을 많이 썼다. 아주 주도면밀하게 간첩을 이용하는 고차원의 방법을 구사했다. 그렇지 않았으면 원호가 야리왕 등을 죽이게 만들 수 없었을 것이다.

이 사례에서 법숭은 살아서 돌아오는 간첩 생간生間의 역할을 훌륭하게 해냈다. 일반적으로 이런 인물은 큰 지혜와 용기 그리고 굳건한 마음을 갖고 있어야 하는데, 겉으로 봐서는 어리석지만 안으로는 현명한 자질 등 여러 가지 특성을 한몸에 갖추고 있어야 한다. 그렇지 않으면 일을 맡겨 성사시킬 수 없다. 물론 법숭과 종세형의 관계에는 개인적 은혜와 같은 요인이 포함되어 있어 그 나름의 조건도 무시할 수 없다.

그런데 이런 '고육계'는 군사 활동에서 아무렇게나 사용되어서는 안 된다. 설사 사용하지 않으면 안 될 경우라도 매우 신중해야 하고 주도면밀한 안배가 따라야 한다. 또 간첩 역할이 실제와 똑같지 않으면 큰일이 날 수 있다. 적이 이를 간파하여 역이용할 경우 간첩의 목숨은 물론 전체 국면을 그르칠 수 있기 때문이다.

종세형 등의 뛰어난 활약으로 서하와의 평화 관계가 체결되고 송나라는 체면을 차릴 수 있었지만 그 대가로 매년 막대한 경제적 손실을 감수해야 했다. 아무튼 종세형이 전쟁을 끝내는 중요한 작용을 해낸 것은 틀림없고, 이는 서하 내부의 군신 관계에 작동하고 있던 '인정'을 제대로 간파하여 이용한 결과였다.

아주 작은 것까지 살핀 명장 악비岳飛의 용간술用間術

남송 때가 되면 대외적으로 주된 상대는 서하에서 금으로 바뀐다. 송나라는 건국 후 줄곧 무장들에 대한 경계와 견제 정책을 유지했고, 이 때문에 국방력의 약화를 가져왔다. 경제가 번영하여 경제력을 갖추고 북방 민족들에게 평화를 구걸했지만 언제 이 평화 관계가 끝날지는 아무도 모르는, 그야말로 시한폭탄 같은 상황이었다.

남송 때에 이르러 동북의 금나라가 점점 세력을 확장하기 시작했다. 심지어 회수 지역을 지키고 있던 장수 유예劉豫가 금에 투항하는 내분까지 겹쳤다. 금은 유예를 대제大齊의 황제로 책봉하여 송의 내부를 더욱더 흔들었다. 괴뢰 정권을 세워 이이제이以夷制夷가 아닌, 역으로 이한제한以漢制漢하겠다는 계책을 구사한 것이다.

당시 항금抗金의 기수였던 명장 악비(1103-1142)는 재상 장준張浚과 뜻이 맞지 않아 병권을 빼앗긴 상태였다. 그러나 금의 조종을 받는 유예가 계속 병력을 확충하고 금과 결탁하여 남쪽으로 진격해 오자 하는 수 없이 악비를 다시 기용하기에 이르렀다. 상황을 파악한 악비는 유예를 이용하여 금나라를 견제하는 이간책을 세웠다. 『송사』「악비전」의 해당 내용을 보자.

악비는 금나라가 세운 대제의 괴뢰 황제 유예가 점한粘罕 즉 여진의 완안종한完顏宗翰과 결탁하려는 것을 알아냈다. 이와 함께 악비는 점한의 휘하에 있는 김올술이 유예를 몹시 미워하고 있다는 사실도 알아냈다. 그래서 그들의 관계를 이간시킬 수 있다고 판단했다. 이때 마침 김올술이 보낸 간첩 하나를 체포하는 일이 발생했다. 악비는 사람을 잘못 알고 잡았다면서 "너는 아군의 장빈張斌 아니더냐? 내가 일찍이 대제로 가서 유예와 올술을 속이는 일을 상의하라고 보냈는데 돌아오지 않길래 내가 하는 수 없이 다시 대제로 사람을 보내 이 일을 알려서 유예의 승낙을 얻어놓았다. 올겨울 연합하여 장강을 공격한다는 구실로 올술을 속여 청하清河로 유인하기로 되어 있다. 너에게 편지를 보내라고 했는데 보내지 않았으니 왜 내 명령을 어겼느냐?"라고 나무랐다.

간첩은 곧 죽지 않을 수 있다는 희망에 거짓으로 악비의 말에 순종하는 것처럼 했다. 악비는 "적의 계책에 맞추어 계책을 마련한다."는 장계취계將計就計의 전략으로 유예에게 함께 올술을 죽이자는 계획이 담긴 편지를 썼다. 그러고는 간첩에게 "내가 이번에는 너를 용서하고 다시 유예에게 보내 기병할 날짜를 받도록 하겠다."라고 했다. 그러고는 간첩의 대퇴부를 갈라 편지를 그 안에 감추고는 절대 기밀이 새어나가지 않도록 유의하라고 일렀다. 간첩은 돌아가 그 편지를 올술에게 바쳤고 올술은 크게 놀라 신속하게 이 일을 금나라 태조에게 보고했다. 태조는 괴뢰 황제 유예를 바로 폐위시켰다. (유예는 내몽고 임황臨潢으로 보내졌다가 죽었다. _옮긴이)

악비가 구사한 반간계는 대단히 참신하다. 그는 김올술이 보낸 간첩을 잡아서는 "남의 칼을 빌려 적을 죽이는" '차도살인借刀殺人'이란 계책을 교묘하게 활용했다. '차도살인'은 『삼십육계』 '승전계'의 세 번째 계책이자 세심한 주의와 절묘한 안배를 요구하는 수준 높은 계책이기도 하다. 악비는 간첩이 죽음을 두려워한다는 심리적 특징과 김올술과 유예의 관계가 좋지 않다는 사실을 파악하여 일부러 그 간첩을 과거 자신의 부하인 것처럼 하여 중대한 사명까지 부여하는 치밀한 수순을 밟았다.

● 명장 악비는 무조건 싸우자는 막무가내 식의 '항금주의자'가 결코 아니었다. 그는 인간관계에 작동하고 있는 '인정' 안에 내포되어 있는 치명적인 함정을 정확히 이해하고 이를 이간책으로 연계시키는 탁월한 전술가였다.

특히 악비는 편지를 간첩의 신체 속에 감추는 과정을 연출했는데, 악비가 만든 편지를 납서蠟書라 한다. 편지를 써서 이것을 아주 작게 돌돌 말아 촛농을 떨어뜨려 알약처럼 만드는 것이다. 이것을 납서환蠟書丸이라 하고 이런 편지를 납환서蠟丸書라 한다. 또 극비 사항을 들키지 않게 전달하는 방법으로 밀장密藏이라고도 한다. 무엇보다 대퇴부를 열고 그 안에 편지를 감춤으로써 더욱더 기밀에 신경을 씀으로써 상대가 더 쉽게 믿을 수 있게 상황을 연출했다.

복잡하고 변화가 많은 전쟁 상황에서 모략 수준이 높은 군사가는 유리한 시기를 잘 파악하여 적들 간의 모순을 이용하여 반간계를 구사함으로써 자신의 목적을 달성한다. 제갈량의 사례를 하나 더 보자. 제갈량이 북벌에 나섰을 때 서남 지역 소수민족의 우두머리 맹획孟獲이 반란을 일으켜 굉장한 기세를 떨쳤다. 옹개나 고정 등과 같은 몇몇 태수들이 잇따라 맹획에게 투항했다. 제갈량은 대군을 이끌고 반란을 평정하러 나서 옹개와 고정을 물리치고 그들의 장병 여럿을 잡았다. 제갈량은 이들을 반간으로 이용하여 '차도살인'하게 함으로써 맹획에게 투항한 고정이 잇따라 옹개 등을 죽이게 만들었다. 제갈량은 적의 역량, 적의 입을 빌려 적을 서로 죽이게 만들었는데, 그는 명실상부 적으로부터 무엇인가를 빌리는 데 대가였다. 풀로 만든 허수아비를 잔뜩 실은 배를 이용하여 적의 화살을 빌리는 '초선차전草船借箭' 또한 제갈량의 계책이었다.

악비의 계책이 성공할 수 있었던 것은 금나라 내부의 권력투쟁과 그 사이에 얽혀 있는 '인정' 관계를 제대로 이해했기 때문이다. 그것은 교묘한 계책이라기보다 얽히고설킨 인정人情 관계에 잠복해 있는 작은 터럭 하나라도 놓치지 않겠다는 치밀한 관찰의 결과였다.

가도벌괵假道伐虢

'가도벌괵'은 『좌전』(기원전 658년 희공僖公 2년조)에 나오는 아주 유명한 고사에서 나온 사자성어다. 당시 진晉나라는 10대가 넘는 국가 경영을 거치면서 북방의 강국으로 발돋움했다. 이에 가까이에 있는 제후국들을 넘보기 시작했다.(이하 원문의 내용은 번거로운 부분들이 있어 내용을 줄였다. _옮긴이)

당시 진나라와 이웃한 나라들로는 우虞와 괵虢 두 나라가 있었다. 헌공獻公은 먼저 괵을 없애기로 했다. 그런데 우가 공교롭게 그 중간에 끼어 있었다. 헌공은 대부 순식荀息을 불러 대책을 논의했다.

순식은 괵을 치기 위해 굴屈에서 나는 명마와 수극垂棘에서 나는 귀한 옥을 뇌물로 써서 우로부터 길을 빌리자고 했다. 헌공은 "그것들은 내 보물들이다."라며 난색을 표명했다. 순식은 "우나라가 만약 길을 빌려주기만 한다면 보물을 외부의 창고에 넣어두는 것이나 마찬가지입니다."라고 말했다. "그렇지만 우나라에는 궁지기宮之奇가 있지 않은가?" "궁지기는 위인이 나약해서 강력하게 얘기하지 못할 것입니다. 게다가 임금과는 어려서부터 함께 자라서 스스럼이 없는 사이이기 때문에 충고한다 해도 임금이 듣지 않을 것입니다."

이렇게 해서 순식으로 하여금 이 보물들을 뇌물로 삼아 우나라의 길을 빌리도록 했다. 순식은 우나라 임금에게 가서 이렇게 말했다.

"지난날 기冀(지금의 산서성 하진河津 동·북)가 무도해서 전령顚軨(산서성 평륙平陸 동·북)의 고개를 넘고 명郹(평륙 동·북 20리)의 삼문산三門山까지 공격해서 기를 이미 병든 신세로 만들 수 있게 된 것은 오로지 그 나라 임금 덕분이었습니다. 그런데 지금 괵이 무도하게도 귀국을 발판으로 우리의 남쪽 국경을 침범하고 있습니다. 괵을 치도록 길을 빌려주십시오."

뇌물에 마음이 흔들린 우공이 이를 허락하고, 앞장서서 괵을 치기를 희망했다. 궁지기가 충고했으나 듣지 않았다. 마침내 여름, 진의 순식과 이극里克이 군사를 거느리고 우나라 군대와 함께 괵을 치고 하양을 쳐 없앴다.

괵과 우는 본래 이웃한 작은 나라들이었다. 진국은 이 두 나라를 모두 손아귀에 넣으려고 먼저 괵을 공격할 계획을 세웠다. 그러나 진군이 괵으로 가려면 먼저 우를 거쳐야만 했다. 만약 우가 진을 막거나 한 걸음 더 나아가 괵과 연합하여 진에 맞선다면 진이 강하다 해도 성공하기 어려울 판이었다. 그래서 대부 순식의 꾀를 받아들여 뇌물로 우의 임금을 꼬드겨 길을 빌리는 데 성공했다. 그리하여 큰 힘 들이지 않고 괵국을 멸망시켰다.

● '가도벌괵'은 상대의 심리 파악을 기본으로 하여 주변 상황을 정확히 분석한 결과로 나온 유명한 고사다. 그림은 이 고사를 나타낸 것이다.

진군은 승리를 거두고 돌아오는 길에 군대를 정돈한다는 구실로 우에 잠시 주둔했다. 우는 의심하지 않고 경계를 전혀 하지 않았다. 그런데 진군은 갑자기 군대를 동원하여 단숨에 우까지 멸망시켜버렸다. 우의 임금은 포로로 잡혔고, 뇌물로 주었던 귀중한 명마와 옥은 다시 진 헌공의 손으로 돌아갔다. 순식은 "그사이에 옥은 더 좋아진 것 같고 말은 이빨이 더 길어진 것 같구나."라며 교활하게 웃었다.

헌공이 포로로 잡은 우나라 임금을 죽이려 하자 순식은 "그자는 멍청한 자에 지나지 않습니다. 무슨 큰일을 벌일 수 있는 위인이 못 되니 죽이지 않는 쪽이 낫습니다."라고 했다.

순식의 계책이 성공할 수 있었던 것은 전적으로 그가 우공과 괵공이라는 두 사람의 개성, 그리고 우나라의 군신 관계 및 그 특징을 정확하게 이해했기 때문이다. 즉, 인정을 파악하여 그에 맞춘 결과였다.

도박 심리를 이용하여 겹겹의 포위를 푼 장항張亢

양군이 대치하고 있을 때는 사기士氣가 승부를 결정하는 중요한 요소의 하나이다. 따라서 장수는 전투에 앞서 사기를 올려 전투력을 증강시키는 데 특별히 주의를 기울인다. 현대전도 마찬가지다. 전투에 앞서 장병들을 움직이는 '동원動員'은 사기를 북돋우는 효과적인 형식이다.

송나라 때 변방의 장수 장항(998-1061)이 장병들의 사기를 올린 방법은 동서고금 군사 방면에서 아주 독특한 사례로 남아 있다. 장항은 인성에 잠재되어 있는 도박 심리를 이용하여 전투력을 성공적으로 끌어올려 겹겹이 쌓인 포위를 뚫는 절묘한 방법을 구사했다.

송나라는 건국 후 초반에 서하와 전쟁을 적잖이 치렀다. 송나라 조정 내부의 정치투쟁까지 겹쳐 서하와의 싸움에서 많은 것을 잃었다. 그런데 송의 패배는 무기, 양식, 장수가 부족해서가 아니었다. 간사하고 어리석은 자들이 앞을 가로막고 있어 장수들이 재능을 발휘하지 못했기 때문이다.

1041년, 서하가 다시 부주府州와 인주麟州를 공격해 왔다. 이곳을 지키고 있는 장수 강덕여康德與는 지레 겁을 먹고 싸움을 피하기만 했다. 그가 우유부단하게 굴자 부하들이 배반하여 서하의 군대를 끌어들이기까지 했다. 서하의 군대는 약탈과 살육을 일삼았다. 그런데도 강덕여는 성문을 걸어 잠근 채 나가 싸우지 않았다. 식량이 떨어지고 물이 끊겼다. 전운사轉運使 문언박文彦博이 식량을 가지고 성밖까지 왔는데도 성문을 열고 받아 오지 못할 정도였다. 물이 떨어지자 목이 타 죽는 사람이 속출했고, 물 한 잔에 황금 한 냥이 나갈 정도였다. 강덕여는 여전히 성문을 잠그고 출입을 엄격하게 막았다. 인주와 부주 두 주는 외부와 완전히 고립된 성이 되었다.

10월, 장항이 긴급하게 두 주를 책임지는 장수로 임명되었다. 장항은 밤에 혼자 말을 달려 부주의 성문을 두드렸다. 그는 곧바로 성안의 백성들을 호위하여 성밖을 나와 물을 길었다. 이렇게 해서 성안에 필요한 물과 채소를 확보했다. 문을 걸어 잠그고 스스로를 폐쇄했던 상황이 이로써 완화되었다. 이어 장항은 적극적인 방어 조치에 들어갔다. 부주 밖에 세 개의 보루를 쌓아 활동 범위를 넓히는 한편 용감한 장병과 백성들을 모집하여 가을 식량을 수확하게 했다. 이때 장항은 백성들을 보호하는 사람과 식량을 수확하는 사람에게 수확한 식량을 나눠주겠다고 공표했다. 이로써 많은 병사와 백성들이 성밖으로 나가 식량을 수확하여 확보할 수 있었다. 식량이 확보됨으로써 두 주의 민심이 자연스럽게 안정을 찾았다. 상황에 맞추어 즉시 군에 필요한 물자를 해결하는 장항의 이 방법은 앉아서 수송을 기다리는 것보다 훨씬 효과적이었다.

인주와 부주가 이미 장항에 의해 견고하게 변한 상황을 본 서하의 군대는 포위하여 곤궁에 빠트리는 책략을 취했다. 두 주 밖에 주둔하고 있는 송나라 군대의 식량과 물 수송로를 계속 습격하여 이 두 성을 고립시키자는 것이었다. 서하는 강공책을 버렸다.

눈앞의 급한 불을 끈 장항 역시 성을 사수하는 것은 오래갈 대책이 아니라는 사실을 잘 알았다. 다음 단계는 적군의 봉쇄를 깨고 중요한 길목의 서하 군영을 무너뜨림으로써 인주와 부주 두 성과 내륙을 하나로 연계시키는 것이었다. 문제는 부대의 전투 의지를 높이는 일이었다.

전임 장수였던 강덕여가 오랫동안 부대를 이끌면서 주둔군은 훈련도 부족하고 강덕여처럼 싸우길 겁냈다. 이 때문에 종횡으로 내달리는 서하의 기병을 보면 지레 겁을 먹고 무너지곤 했다.

그렇다고 지나치게 엄격하게 다스리면 전투 의지를 높이기는커녕 도리어 적군에 투항하게 만들어 정작 전투는 해보지도 못하고 무너질 가능성이 컸다. 전투 의지를 격발하려면 심리적으로 두려움을 갖게 만들어서는 안 된다. 마음을 움직여야만 했다. 장항은 심사숙고 끝에 투지를 이끌어낼 대책 두 가지를 생각해냈다.

장항은 현지 출신의 용감한 전사를 초빙하여 성을 나가 잠복해 있다가 밤중에 적을 습격하게 했다. 그리고 다음 날 적의 머리 등을 들고 성으로 돌아와 전과를 보고하면 그에 따라 비단옷 따위를 상으로 내렸다. 현지인으로 비단옷을 입는 사람이 점점 늘었고, 비단옷은 명예의 상징이자 용감한 병사의 영광을 나타내는 표지가 되었다. 이리하여 일군의 용병이 형성되었다. 관군은 이를 보고는 "우리가 저들만 못하단 말인가."라며 부끄러워했다.

장항은 이를 관군들이 용병을 본받게 하는 계기로 활용했다. 이때 장항은 관군들 사이에 널리 퍼져 있는 도박을 이용했다. 장항은 일부러 관군들이 도박하는 것을 방치했다. 도박에서 돈을 잃은 병사는 본전을 찾기 위해 판돈을 마련하려 했고, 가장 빠른 방법은 적을 죽여 상을 받는 것이었다. 그 결과 너 나 할 것 없이 출전하여 상을 받으려고 죽으라 싸우고자 했다.

장항은 이렇게 투지와 부끄러운 마음을 부추기는 동시에 도박 심리를 교묘하게 이용하여 모험에 나서도록 자극했다. 관군 중에는 비단옷을 입기 위해 전투에 나가 겠다는 수가 점점 늘었다. 지난날 일격을 견디지 못했던 군사들이 대부분 목숨을 걸고 용감하게 싸우는 전사로 탈바꿈했다. 동서양 군사의 역사에서 일부러 장병들의 도박 심리를 부추긴 사람은 장항 밖에는 없을 것이다.

사기가 오르자 장항은 가장 가까운 적의 보루인 유리보琉璃堡를 공격하여 빼앗을 계획을 세웠다. 먼저 사람을 보내 상황을 정찰하게 했다.

유리보에 주둔하고 있던 서하의 군사들 중 나이가 든 이 하나가 마침 양의 뼈를 불로 지져 길흉을 점치고는 놀라면서 "내일 적군이 공격해 올 것이니 빨리 숨어야 한다."고 했다. 영내 서하의 군사들은 큰 소리로 "저놈들은 머리통을 바지춤에 처박는 겁쟁이들인데 우리를 공격해 온다고?"라며 비웃었다. 이들은 여전히 이전과 같은 눈으로 송나라 군대를 보고 있었다.

이런 상황은 장항의 정찰병에게 관찰되어 곧바로 장항에게 보고되었다. 적이 방비하지 않고 있는 사실을 안 장항은 그날 밤으로 병사를 이끌고 기습을 가해 서하의 군대를 대파하고 순조롭게 유리보를 공략했다. 장항은 여기에 보루와 참호를 더 쌓으니 형세가 역전되었다. 유리보는 송나라의 요충지를 틀어쥔 적의 보루에서 송나라 군대가 적을 통제하는 요새로 변하여, 부주와 내륙의 다른 곳과 연락을 취할 수 있게 되었다.

부주와 내륙의 연락망이 열려 부주는 내지로부터 군수품을 공급 받게 되었지만 인주는 여전히 고립된 성이었다. 부주에서 인주에 이르는 도로를 서하가 막고 있었기 때문이다. 장항은 직접 나서 식량과 건초를 인주로 보냈다. 서하의 군대가 물자를 빼앗을 생각으로 진지를 나와 출동했는데 그 수가 수만에 이르렀다. 장항이 이끄는 3천의 병사와 말이 인주에서 멀지 않은 백자채柏子寨에 이르자 서하의 군대가 사방으로 포위하여 전군이 전멸할 위기에 몰렸다. 장항은 병사들의 화와 사기를 북돋우는 방법을 썼다. 그는 큰 소리로 "지금 우리는 이미 사지에 빠졌다. 싸워야만 살길이 생기고, 한 걸음이라도 뒷걸음질치면 전부 도살당한다."며 병사들을 자극했다. 장병들은 필사의 기세로 적진을 향해 돌진했고, 마침 불어온 큰바람을 타고 적을 무찔러나갔다. 역풍을 맞이한 적은 당황했고, 자기들끼리 서로 밟으면서 후퇴하다가 무수히 많은 병마가 절벽으로 떨어졌다. 노획한 전투마가 천 필이 넘었다. 송군은 대승을 거두었고, 그 기세로 두 성의 중간에 건녕채建寧寨라는 보루를 하나 더 쌓아 두 지역의 연계를 확보함으로써 고립되었던 두 성은 완전히 포위가 풀렸다.

두 성을 송나라 군대가 회복하자, 서하의 군대는 계속 공격을 가해 백자채와 건녕채를 무너뜨리려 했다.

장항은 시기가 무르익었다고 판단, 주도적으로 결전에 나섰다. 포모천에 적을 공격할 큰 진을 치고, 용감한 장수들에게 강력한 활을 지닌 보병 수천을 데리고 산 뒤에 매복하게 했다. 장항은 서하의 군대가 송나라 군대에 대한 정보를 잘 알고 있다는 사실에 착안하여 또 다른 작전을 짰다. 장항의 부대 중 만승군萬勝軍이란 이름을 가진 부대는 경성에서 모집된 시정잡배들로 전투에서는 별 쓸모가 없었다. 서하는 이 부대를 '동군'이라 부르며 깔보고 있었다. 반면 호익졸虎翼卒로 불리는 부대는 싸움을 잘하는 용감한 병사들로 이루어져 있었다. 장항은 이 두 부대의 깃발을 바꾸는 방법으로 적을 유인했다.

적병 수만이 진지를 향해 달려들었다. 과연 장항이 예상한 대로 서하는 만승군을 먼저 공격하여 혼란에 빠뜨린 다음 완전한 승리를 거두고자 했다. 그러나 서하의 군대가 만난 것은 만승군이 아닌 호익졸이었다. 예상이 빗나가자 적은 사기가 크게 꺾였고, 이때 복병이 기습을 가하자 서하는 앞뒤에서 공격을 당하는 꼴이 되었다. 강력한 화살이 계속 날아들었고, 서하의 군대는 완전히 붕괴되었다. 이참에 장항은 인주 부군에 다시 다섯 군데의 군영과 보루를 세워 부주와 인주 두 주를 더욱 튼튼하게 만들어 전세를 완전히 역전시켰다.

그러나 장항 역시 송나라의 다른 유능한 장수들이 맞이한 운명에서 벗어나지 못했다. 그 역시 시기와 질투는 물론 여기저기서 공격을 받았고, 결국 더는 빛을 발하지 못한 죽은 별이 되고 말았다.

● 文文을 버리고 武무를 선택한 유장 장항은 뛰어난 기지로 위기를 극복하고 전세를 역전시키는 놀라운 전과를 올렸다. 그와 같은 승리 뒤에는 상대에 대한 정확한 파악과 예측이 있었다.

2) '세정世情'을 통찰하라

흔히 '세상물정'으로 통하는 '세정'을 통찰하라는 말은 관측과 분석의 주요한 측면이다. '인정'에 대한 파악이 작은 곳에서 착안하는 것이라면 '세정'에 대한 통찰은 큰 곳에서 착안하는 것이다. 여기에는 극도의 높은 안목과 학식이 뒷받침되어야 한다. '세정'은 정확한 방침의 책략을 확정하는 근거이며, 정확한 방침의 책략은 '세정'에 대한 정확한 분석을 근거로 한다. 이 둘은 인과관계에 있다. 『귀곡자』(「췌편揣篇」)에 이런 대목이 있다.

"옛날 천하를 잘 쓰는 사람은 반드시 천하의 권세를 헤아려 제후들의 속마음을 알아냈다. 권세를 잘 살피지 못하면 누가 강하고 약한지 모르고, 진실을 꼼꼼하게 보지 못하면 숨은 변화의 양상을 파악하지 못한다."

"권세를 헤아린다는 것은 무슨 뜻인가? 나라의 땅이 얼마나 크고 작은지, 백성과 물산은 어느 나라가 많은지, 백성은 어디가 부유한지, 지형의 험난함과 평탄함은 누구에게 유리한지, 군주의 지혜는 누가 더 뛰어난지, 군주와 신하의 사이는 얼마나 가까운지, 누가 현명하고 모자란지, 실력 있는 빈객은 누가 더 많은지, 천시의 화복을 보면 누구에게 길하고 흉한지, 민심의 향배를 볼 때 누가 위험하고 안전한지, 백성은 누구를 좋아하고 미워하는지, 누가 상황에 따라 재빨리 움직여 변신을 꾀할지를 알아야 한다는 뜻이다. 이것이 바로 권세를 헤아린다는 것이다."

여기서 말한 '천하의 권세'가 곧 '세정'이다. 세정에 대한 파악이 전국시대에 이미 높은 이론적 수준에 이르렀으며 세정에 대한 이해의 중요성을 알고 있었음을 알 수 있다. 역사상 이름난 막료들은 대부분 이 '세정'을 말함으로써 막주에게 중용되었다. 장의는 위왕에게 진나라와 연횡할 것을 유세했고, 제갈량은 융중에서 유비에게 천하삼분을 이야기했고, 조보趙普는 눈 내린 밤 조광윤趙匡胤에게 천하통일의 확립에 대해 논했고, 한신은 유방에게 항우와의 전력을 비교 분석했다. 이런 예들은 세정에 대한 그들의 정확한 파악력을 잘 보여준다. 그들은 넓은 가슴으로 세상을 바라보았기에 차분하면서도 세상을 종횡으로 가로지르는 식견과 소탈한 매력으로 막주들을 감복시켰다. 세정에 대한 고도의 파악과 통찰은 확실히 막료의 재능과 수준 그리고 그 자신의 매력을 가장 잘 드러낸다. 좋은 막료로서 높은 곳에서 멀리 내려다보며 세정을 파악하는 일은 없어서는 안 될 소질이다.

고리대금과 벌인 두 차례의 투쟁

춘추시대 제나라의 재상 관중은 젊은 날 경험한 상인 특유의 감각으로 국내의 고리대금과 투쟁을 벌인 최초의 사례를 남겼다. 그는 환공에게 '반준법反准法'으로 백성들을 괴롭히는 고리대금을 청산하자고 제안했다. 그 방법이 참으로 절묘했다.

정상적인 대출이라면 일시적 곤란함을 해결할 수 있다. 또 이자가 적절하면 자금 순환이 빨라져 생산의 발전을 촉진한다. 그러나 높은 이자는 돈 빌린 사람을 위기에 빠뜨린다. 대출에서 이자가 정상을 벗어나 50%에서 심하면 100%를 넘는 경우도 있다. 이 때문에 높은 이자의 깊은 늪에 빠져 헤어나오지 못하고 파산하는 일이 흔히 있다. 이는 경제발전에도 아주 나쁘게 작용한다.

중국 춘추시대의 제나라에서도 고리대금이 아주 심각하여 농민들이 지나치게 수탈을 당했고, 그 영향이 농민의 생산발전에까지 미쳤다. 환공은 부유한 상인과 고리대금업자들에게 세금을 더 물려서 농민의 어려움을 해결하려고 했다.

관중은 '반준反准'이라는 책략을 제기하여 국가가 재정을 들이고 여기에 정치적 수완을 결합하여 고리대금에 맞서자고 주장했다. 관중의 제안은 환공의 동의를 거쳐 집행되었다. 먼저 실태를 파악하고 1차 자료를 수집하여 대증처방하기로 했다.

관중은 빈수무賓須無를 남방으로, 습붕隰朋을 북방으로, 영척甯戚을 동방으로, 포숙鮑叔을 서방으로 파견했다. 그들의 임무는 사방의 고리대금 상황을 조사하고 채무자가 얼마나 많은지 파악하는 것이었다. 서방으로 파견된 포숙이 조사를 마치고 돌아와 다음과 같이 보고했다. 서방의 백성들은 제수濟水 주위와 황하 부근의 풀이 많고 연못이 많은 곳에서 물고기를 잡고 땔감을 해서 살고 있다. 이들에게 고리대금업자들은 양식을 많이 빌려주는데 그 이자가 100%였다. 고리대금을 빌리는 가난한 집안이 500가구가 넘었다. 빈수무도 남방에서 돌아와 보고했는데 고리대금의 이자가 50%에, 가난한 집안이 800가구가 넘었다. 정도의 차이는 있어도 사방의 상황이 비슷했다. 사방의 고리대금을 전부 합쳐보니 돈이 3천만 전에 양식도 상당했고 가난한 집안은 3천 가구가 넘었다. 이는 비교적 정확한 1차 자료였다.

● 관중은 탁월한 정치가이자 군사가였지만 그보다는 경제 방면에서 훨씬 뛰어난 업적을 남겼다. 사진은 춘추시대 제나라의 도읍이었던 지금의 산동성 치박시 임치구 관중기념관 앞에 조성되어 있는 관중의 석상이다.

보고를 받은 관중은 크게 놀라며 "제나라의 백성들이 이렇게 괴로움을 겪고 있는데 이러고도 나라가 가난해지지 않긴 바라고 군대가 약하지 않길 바랄 수 있겠는가."라고 생각했다. 환공은 어떻게 하면 백성들의 고통을 풀어줄 수 있겠냐며 가르침을 청했다. 관중은 다음과 같은 방법을 내놓았다. 먼저 고리대금업자들을 조정으로 불러들이라는 명령을 내린다. 단, 입조할 때 '옥지난고 玉枝蘭鼓라는 최고급 비단을 바치게 했다. 그러자 이 비단의 가격이 열 배로 뛰어 한 필에 만 전이 나갔다. 환공이 원래 가지고 있던 비단 가격도 덩달아 뛸 수밖에 없었다. 고리대금업자들이 입조하자 환공은 가난한 백성들에게 돈을 빌려주어 세금을 낼 수 있게 해주니 고맙다면서 자신의 비단으로 백성들이 진 빚을 갚고 싶다고 했다. 이렇게 환공은 자신의 비단으로 백성들이 진 빚을 갚아주었다.

이것이 관중이 제안한 '반준'이란 방법이다. 관중이 사용한 방법은 물가 안정을 위한 일종의 평준법과 비슷했다. 그 의미는 컸지만 국가가 얻는 것은 전혀 없고 도리어 엄청난 양의 비단을 대가로 치렀기 때문에 '반준'이라 불렀던 것이다. 대신 백성을 안정시키고 고리대금업자들에게 타격을 주어 국가경제가 정상적으로 돌아가게 되었다. 이로써 얻은 이익이 훨씬 더 컸다. 이는 오늘날 여러 나라의 정부가 농민들이 생산에 적극 나서도록 양식을 사주는 것과 같은 이치다.

관중의 '반준법'은 참으로 절묘했지만 백성의 상황을 충분히 전면적으로 이해하지 못하면 안 되는 방법이었다. 즉, 백성들이 지고 있는 빚의 규모를 정확하게 알고,

여기에 고리대금업자들이 바친 비단의 수량을 제대로 계산하고, 값이 오른 비단의 가격과 빚이 어느 정도인지, 그래서 국가가 비단을 얼마나 내놓아야 빚을 청산할 수 있는지 등등을 알아야만 해결할 수 있는 어려운 문제였기 때문이다.

그런데 역사에는 이와 비슷하게 국가가 나서 통제하는 방법으로 고리대금업자에게 타격을 가하고도 끝내 실패한 자도 있었다. 왕망王莽(기원전 약45-기원후 23)이 그 주인공이다.

왕망 이전 서한 초기부터 고리대금업자의 횡포는 심각해서 백성들의 생계에 적지 않은 영향을 주었다. 왕망은 서한 정권을 빼앗은 뒤 싼 이자로 돈을 빌려주는 '사대법賖貸法'을 실시하여 고리대금의 피해로부터 백성들을 구하고자 했다. 그러나 오히려 역효과를 내고 말았다. 서한 초기부터 왕망에 이르기까지 일련의 과정을 보자.

서한 문제 때 가의賈誼는 부유한 상인들이 물건을 사재기하고 높은 이자로 고리대금업을 일삼아 농민들에게 피해를 준다고 지적했다. 그는 그 실상에 대해 이렇게 분석했다. 부유한 상인들은 온갖 수단으로 부를 축적하여 호화 사치스러운 생활을 누리며, 이런 풍조가 아래에까지 퍼져 남자는 농사를 짓지 않고 여자는 베를 짜지 않으면서 이런 자들을 흉내내어 수를 화려하게 놓은 옷을 입고 고기가 없으면 밥을 먹지 않는다. 부유한 자들은 권세가들과 결탁하여 서로를 봐주며 이권을 더 챙긴다. 이도 저도 못 하는 농민들은 재산을 빼앗기고 떠돌이가 되었다.

그 뒤 경제 때 오초 7국의 난이 터지자 눈치 빠른 고리대금업자들도 발 벗고 나섰다. 중앙정부의 군자금이 딸리자 경제는 장안에 거주하고 있는 세력가들에게 반란 진압에 참전하라는 명령을 내렸다. 세력가들은 무기와 말 등을 사기 위해 돈을 빌리고자 했다. 그러나 전쟁의 승부가 어찌될지 몰라 선뜻 돈을 빌려주려고 하지 않았다. 그런데 무염씨無鹽氏는 과감하게 이들과 중앙정부에 거금을 빌려주었다. 얼마 뒤 난이 평정되고, 무염씨는 열 배의 이자까지 회수하여 그 부가 관중 전체와 맞먹을 정도가 되었다.

　　왕망이 서한을 무너뜨리고 이런 고리대금의 폐단을 막기 위해 앞서 말한 '사대법'을 제정했다. 대상은 물론 가난한 농민들 위주였다. 그 규정에 따르면 백성들이 어려운 일이나 상을 당하여 돈이 없으면 관청으로부터 돈을 빌릴 수 있게 되어 있었다. 이자는 낼 필요 없고, 약속한 날짜에 원금만 갚으면 되었다. 이 밖에 생계가 어려운 사람에게도 3%의 이자로 자금을 빌려주었다. 이 법은 당연히 백성들에게 이롭고 도움이 되는 것이었다. 그러나 궁중 투쟁을 통해 위로부터

● 왕망은 이상적인 개혁주의자였지만 현상을 제대로 파악하지 못했기 때문에 처절하게 실패했다.

정권을 탈취한 왕망은 서한 정권 때부터 뿌리를 내려온 관료체제를 뒤흔들 수가 없었다. 이 때문에 돈을 빌려주는 관청이 탐관오리와 상인들 손에서 놀아났다. 기금은 모두 이들이 빌려가는 바람에 텅 비었고, 그 돈은 다시 높은 이자로 가난한 백성들에게 대출되었다. 이렇게 오히려 고리대금업자들의 배를 더 불려주는 꼴이 되었다.

　　결국 왕망의 시도는 철저히 실패로 돌아갔다. 그 실패의 원인을 따져보면 왕망이란 자가 낡은 관료기구에 보편적으로 퍼져 있던 부패의 실상을 제대로 이해하지 못한 채 그저 고리대금으로 피해 보는 표면적 현상만 보았기 때문이다. 즉, 세상 돌아가는 정세에 어두웠기 때문에 실패한 것이다.

세상 정세와 시세에 순응하여 대업을 이룬 쿠빌라이

칭기즈칸(1162-1227)이 몽고의 각 부락을 통일했을 때 서하는 쇠퇴하고 금나라는 부패하여 여러 영웅들이 들고 일어나 웅략을 펼치기 시작했다. 몽고의 철기병은 서하

를 멸망시키고 번개가 치듯이, 폭풍우가 몰아치듯이 유럽 대륙을 휩쓸었다. 칭기즈칸은 이렇게 그 후손들에게 광활한 터전을 남겨주었다.

그런데 이 터전이 최종적으로 누구 손에 들어갈지는 미지수였다. 칭기즈칸이 죽은 뒤 칸의 자리를 놓고 격렬한 쟁탈전이 벌어졌고, 칭기즈칸의 손자인 몽케에게 칸 자리가 돌아갔다. 몽케는 툴루이의 큰아들이었다. 툴루이에게는 네 명의 아들이 있었다. 첫째가 몽케, 둘째가 쿠빌라이, 셋째가 훌라구, 넷째가 아리크부카였다. 툴루이의 둘째 아들인 쿠빌라이(1215-1296)는 형님인 칸 몽케의 치하에서 잠행의 기간을 가졌다.

쿠빌라이의 어머니는 한족 문화에 대한 이해가 깊었다. 쿠빌라이는 어머니의 영향을 깊게 받아 어려서부터 한족 문화에 큰 흥미를 가졌다. 청년이 되자 그는 큰일을 하겠다는 당찬 포부를 가졌다. 1242년, 쿠빌라이는 당시 유명한 선승을 자신의 관저로 초청했다. 몽고족은 라마교를 신봉했기에 중원의 불교와는 그다지 관계가 없었다. 쿠빌라이는 이 선승에게 불교에 대해 묻는 대신 나라를 다스리는 방법을 물었다. 중원문화에 대한 쿠빌라이의 관심이 어디에 있었는지를 잘 보여주는 대목이다. 그는 선승에게 "불법 중에 천하를 편안하게 하는 방법이 있냐?"고 물었다. 선승의 대답은 이랬다.

"나라를 다스리고 안정시키는 방법이라면 당연히 천하의 뛰어난 유학자들을 찾아야 합니다. 불가에도 이런 인재가 없는 것은 아니지만 그 능력과 뜻을 다 발휘할 수 없습니다."

그는 제자 유병충劉秉忠을 쿠빌라이에게 추천했다. 유병충은 재능과 학식을 두루 겸비하여 쿠빌라이의 환심을 크게 얻었다. 그로부터 얼마 뒤 쿠빌라이는 가까이

에 있던 유명한 유학자 조벽趙璧을 찾아 마음을
터놓고 그에게 배웠다.

像 晦 仲 劉

쿠빌라이는 중원문화의 세례를 깊이 받아
거칠고 사나운 몽고 민족에게 한 문화의 성분을
침투시켰다. 이는 훗날 그가 큰 정치가로 성장하
는 데 좋은 기초가 되었다. 아울러 권력투쟁의
과정에서도 큰 역할을 했다.

툴루이의 네 아들들 중 쿠빌라이의 재능이

● 유병충은 쿠빌라이가 중원을 통치하는
데 가장 큰 역할을 한 한족 출신의 지식
인이었다.

가장 뛰어났다. 당시 몽고는 황하 유역과 장강 이
남에 이르는 광활한 지구를 점령했지만 중원의
한족 지역은 몽고의 문화와 차이가 많아 다스리기가 매우 어려웠다. 이 때문에 몽고
군대가 동서로 원정하기 위한, 안정된 후방 근거지로 만들기가 아주 어려웠다. 이에
몽케는 동생 쿠빌라이에게 사막 남쪽 한족 지역을 총책임지고 통치를 단단히 다지도
록 명령했다. 이 명령은 쿠빌라이를 아주 기쁘게 했다. 형님의 그림자에서 벗어나 오
랫동안 칩거해온 상황에서 탈출하여 마치 용이 바다로, 호랑이가 산속으로 돌아가
듯 자신의 둥지를 찾을 수 있었기 때문이다.

쿠빌라이는 곧바로 큰 잔치를 열어 신하들과 기쁨을 나누고자 했다. 그러나 그
의 막료들 중 요추姚樞라는 한족 유학자가 나서 찬물을 끼얹었다. 그는 쿠빌라이에게
'도광양회韜光養晦'하라고 권했다. 즉, 빛을 감추고 어둠 속에서 은밀히 실력을 길러야
한다는 뜻이었다. 쿠빌라이는 요추의 이 충고에 정신이 퍼뜩 들어 잔치를 취소했다.

1년 뒤 쿠빌라이는 자신의 번부藩府를 항주恒州로 옮기고 그곳에 정식으로 막부
를 열어 한족 지식인들을 두루 찾아 나섰다. 상당한 노력 끝에 쿠빌라이는 한족 출
신 지식인 위주의 자문(막료) 집단을 세울 수 있었다. 이 기간에 쿠빌라이는 각지에

안무사安撫司 등과 같은 기구를 세워 사람을 선발하고 자리를 주었다. 이를 통해 혼탁한 정치를 청산하고, 농사를 장려하여 농민들을 부유하게 만드는 등 한족 지역의 구체적인 상황에 적응하기 시작했다. 그는 백성들의 생활에 이로운 일을 많이 추진했고, 세금도 줄이는 등 한족 백성들과의 모순을 누그러뜨렸다. 이런 정책들은 모두 한족 출신 막료들의 건의에 따른 것으로, 전국의 점령지에서는 더욱더 필요한 조치들이었다.

1252년 6월, 몽케는 남송을 완전히 포위하기 위해 쿠빌라이에게 대리大理로 출정하게 했다. 쿠빌라이는 요추와 유병충 등을 데리고 원정에 나섰다. 12월, 황하를 건너 섬서를 지나 육반산六盤山을 나섰다. 여기서 쿠빌라이는 요추를 남겨 관중과 그 서쪽 농隴 지구를 경영하게 했다. 요추는 이 지역에서 농사와 누에치기를 장려하고 학교를 여는 등 좋은 성과를 내, 쿠빌라이가 남쪽으로 내려갈 수 있는 후방 기지를 제공했다. 이에 쿠빌라이는 또 한번 한족을 통치하는 방법의 효력을 볼 수 있었다.

이후 쿠빌라이는 군대를 세 갈래로 나누어 남하하여 대리성을 함락하고 대리국의 왕 단흥지段興智 등을 죽였다. 이렇게 대리의 중앙과 지방을 모두 석권했다. 쿠빌라이는 대장 올량합대兀良哈臺를 이곳에 주둔시켰다. 이듬해인 1253년 12월에 군대를 돌렸고, 다음 해 가을 난하灤河로 돌아와 주둔했다. 쿠빌라이의 이 남정은 황하를 건너고 대설산大雪山과 금사강金沙江을 넘는 2천여 리의 대장정으로, 중국 군사사에 남을 대원정이었다.

쿠빌라이는 군사 방면에서 거대한 업적을 거두었을 뿐 아니라 중원에 대한 통치에서도 탁월한 성과를 냈다. 이로써 한족과 몽고 귀족 사이에서 그의 명망이 더욱 커졌다. 그러나 그가 한족의 방법으로 하남과 섬서 일대를 다스리자 몽고 귀족과 서역 상인들은 직접 손해를 입었고, 심지어 몽케의 재정 수입에도 영향을 주었다. 당연히 쿠빌라이가 자립하여 왕이 되려 한다는 등 여러 유언비어가 사방에서 일어났다.

몽케는 쿠빌라이의 재능을 잘 알고 있었고, 이런 소문이 돌자 쿠빌라이가 다른 마음을 먹고 있다고 의심했다. 1257년, 몽케는 쿠빌라이의 군권을 거두어들이는 동시에 측근을 섬서 일대로 보내 돈과 양식을 거두도록 재촉했다. 나아가 쿠빌라이의 부하들에게 죄목을 씌워 박해했다. 요추 등의 권고로 쿠빌라이는 아내와 자녀를 몽케에게 인질로 보내 다른 뜻이 없음을 나타냈다. 그리고 직접 몽케를 찾아가 해명했다. 형제는 묵은 감정을 풀고 다시 관계를 회복했다.

남송을 없애고 전국을 통일하려면 어쨌거나 쿠빌라이가 아니면 불가능했다. 몽케는 군권을 다시 쿠빌라이에게 돌려주었다. 1258년 2월, 몽케는 출정 명령을 내렸다. 넷째 동생 아리크부카를 합림哈林에 남겨두고 직접 서로군을 이끌고 사천을 공격했다. 탑찰아塔察兒와 장유장張柔章에게는 중로군을 이끌고 장강 상류를 공격하게 하고, 쿠빌라이에게는 동로군으로 황주 일대를 공격하게 했다. 그리고 유수대리 올량합대에게는 남송의 남쪽을 공격하게 하니 남북에서 협격 내지 포위하는 형세가 되었다. 몽케의 부대는 사천과 합주合州 조어성釣魚城을 공격했으나 산 위에 쌓은 단단한 성인 데다 군민이 한마음으로 저항하는 바람에 쉽게 공략하지 못했다. 설상가상으로 직접 전투를 지휘하던 몽케가 화살에 맞아 중상을 입고 사망하는 돌발 사태가 발생했다. 조어성의 견고함을 두고 훗날 서양 역사가들은 중국의 메카라는 명예로운 이름으로 부르기까지 했다.

몽케 칸이 죽었다는 소식은 곧 쿠빌라이 군중으로 전해졌고, 합림에 남아 있던 아리크부카에게도 전해졌다. 후방에서 주도권을 쥐고 있던 아리크부카는 일부 사람들의 책동으로 칸 자리를 이을 준비에 들어갔다. 그러나 아리크부카의 재능과 문무 방면의 공적은 쿠빌라이와 비교가 될 수 없었다. 그는 쿠빌라이의 군대가 북상하여 칸 자리를 다투는 것을 막기 위해 비밀리에 대사막 남북의 군대를 움직여 쿠빌라이를 막고 공격할 준비를 갖추었다. 쿠빌라이의 아내 찰필察必은 이런 형세를 감지하고는 서둘러 사람을 쿠빌라이에게 보내 알렸다.

쿠빌라이는 이 일을 처리하면서 막료들의 의견을 충분히 들었다. 학경郝經은 대체로 이런 건의를 냈다. 먼저 남송과 비밀리에 휴전을 맺은 후 빠르게 군대를 돌린다. 아리크부카가 일단 몽케 칸의 유언을 발표하면 아무리 군대가 강해도 돌아가기 어렵다고 본 것이다. 당장 급한 일은 사람을 보내 몽케의 영구차를 막고 칸의 옥새를 회수한 다음 형제와 왕들에게 다 모여서 몽케 칸의 장례를 치르자고 통보하는 일이다. 이어 직접 빠른 기병들을 데리고 연도燕都로 가서 중원 일대를 진정시켜야 한다.

쿠빌라이는 남송을 향해 맹공을 퍼부을 듯한 태세를 취했고, 송의 권신 가사도賈似道는 바로 휴전을 요청해 왔다. 이렇게 해서 일단 남송과 화의가 이루어졌고, 쿠빌라이는 군대를 이끌고 북으로 돌아갔다. 연도에 도착하자 쿠빌라이는 탈리적脫里赤이 군대를 모아 훈련시키고 있다는 사실을 알게 되었다. 탈리적은 몽케 칸의 명령이라고 둘러댔지만 쿠빌라이는 아리크부카의 의도임을 바로 알아채고 탈리적의 군대를 해산시켰다. 그리고 몽케 칸의 장례에 관한 아리크부카의 통지에도 아랑곳 않고 개평開平으로 가서 상당수의 왕과 제후들의 지지를 받으며 먼저 칸 자리에 올라버렸다.

쿠빌라이가 칸에 올랐다는 소식에 아리크부카는 서둘러 대신들과 왕들을 소집하여 칸 자리를 계승한다고 선포했다. 두 명의 칸이 섰으니 형제의 전쟁은 불가피해 보였다. 물론 쿠빌라이는 자신의 재능과 군사력으로 승리를 거두었다 1264년, 대패한 아리크부카는 측근 몇 사람과 함께 쿠빌라이에게 투항했다. 쿠빌라이는 아리크부카에게 "터놓고 말해 우리 둘 중 누가 칸 자리를 이어야 마땅한가?"라고 물었다. 이에 아리크부카는 "원래 내가 잇는 것이 맞지만 지금은 형님이 대칸이 되는 것이 옳다."고 답했다. 쿠빌라이가 승리한 것은 인정하겠지만 칸 자리는 인정할 수 없다는 뜻이었다. 쿠빌라이는 웃으면서 칭기즈칸의 후손만 남기고 나머지는 반역으로 몰아 목을 베었다.

칸이 된 쿠빌라이는 한족의 방법을 적극 추진했다. 즉위 조서를 통해 자신의 할아버지 칭기즈칸은 50년이 넘는 창업의 생애에서 "무에서는 큰 공을 세웠지만 문치는 부족했다."면서 조상들의 과거를 검토해 한족의 법을 실행해야만 오래갈 수 있음을 분명히 했다. 이후 정책들은 확실히 한족의 법을 맨 앞에 놓고 시행되었다. 쿠빌라이는 유목민의 관념을 바꾸어 농업의 발전을 장려했으며, 한족의 문화가 선진 문화임을 인정했다. 한족의 문화로 몽고의 귀족들을 교육시켰고, 한족 지식인을 존중했다. 한족 정권의 체제를 본받아 중앙집권적 전제통치를 확정하고 완비된 국가기구를 세웠다. 국호와 연호 및 예의제도가 모두 한족의 제도에 따라 만들어졌다. 이는 민심의 대세에 순응하는 조치로서 한족의 인심을 크게 얻었고, 한족은 자신들이 이민족의 통치를 받는다고 여기지 않게 되었다.

● 쿠빌라이의 성공은 시세에 순응하며 기회를 잘 살피고, 기회가 왔을 때 바로 결단을 내린 데 있었다. 이런 점에서 쿠빌라이는 불세출의 모략가 반열에 들기에 충분하다.

시세에 순응한 쿠빌라이의 방식은 남달랐다. 그는 '천시', '지리', '인화' 세 방면을 제대로 파악했다. 몽케가 전사하고 몽고는 새 칸을 세워야 했다. 더 중요한 사실은 천하대세가 한족의 제도를 추진하여 유목민의 약점을 개선할 수 있는 새로운 개념의 군주를 더 필요로 한다는 것이었다. 이것이 바로 '천시'였다. 이 점에서 쿠빌라이는 가장 유리한 입장이었다. 쿠빌라이는 몽고가 문화 방면에서 뒤떨어져 있다는 점을 인정했다. 이에 뛰어난 한족 막료들을 대거 이용했고, 이것이 그가 성공을 거둔 관건 중 하나였다.

다만 안타까운 점은 쿠빌라이가 만년으로 갈수록 보수화되고 힘에만 의존하여 몽고 귀족의 간신배에게 포위당했다는 사실이다. 이로 인해 그가 추진했던 일들이 무산되었다. 만주족의 청나라처럼 일관되지 못했기 때문에 청나라처럼 오래가지 못했던 것이다.

장성은 무너져도 인심이 성을 쌓는다

강희제(1654-1722)의 통치술에는 돋보이는 점이 많다. 그중에서 가장 예술적인 방면의 하나가 자신의 장성인 '목란위장木蘭圍場'과 '피서산장避暑山莊'을 쌓았다는 것이다.

말을 타고 중국 전역을 거의 다 다닌 강희제는 여러 차례 장성을 지나갔다. 역대 제왕들의 지극한 관심을 받았지만 지금은 그 역할을 다하고 무너진 담장을 본 강희제는 생각이 많았다. 자신의 조상은 장성을 넘어 산해관을 통해 중원의 주인이 되었다. 물론 오삼계가 돕긴 했지만 그가 없었어도 장성을 넘었을 것이다. 그렇다면 장성이 무슨 소용이 있단 말인가? 위풍당당한 대청 제국을 한족의 벽돌로 보전할 수 있단 말인가? 장성이 없다면 대청 제국의 방어선은 어디일까?

1691년 5월, 고북구古北口의 총병관 채원蔡元이 자신이 관할하고 있는 일대의 장성이 많이 무너져 수축할 것을 조정에 요청했다. 강희제는 그의 요청에 동의하지 않고 이렇게 말했다.

"진나라가 장성을 쌓은 이래 한·당·송 역시 장성을 수리해왔다. 그런데 그때는 문제가 없었던가? 명나라 말기 우리 태조께서 대군을 이끌고 곧장 쳐들어가니 순식간에 와해되어 감당하지 못했다. 나라를 지키는 이치는 덕을 쌓고 백성을 안정시키는 일이 중요하다. 민심을 기쁘게 하는 것이 나라의 근본이고, 그러면 변방은 절로 튼튼해진다. 이른바 '여러 사람의 의지가 성을 만든다.'는 말이 바로 이것이다. 북구와 희봉구喜峰口 일대를 짐은 모두 다 살펴보았다. 무너진 곳이 많아 지금 수리하려는 것을 잘 안다. 하지만 공사를 일으켜 백성들을 노역에 동원하면 어찌 피해가 없겠는가? 장성을 수천 리 연장하는 것과 병사를 양성하는 일 중 어느 쪽이 지키기에 충분할까?"

강희제의 이 말 한마디로 수천 년 동안 줄곧 사용해왔던 장성은 관심 밖으로 멀어졌고, 청나라는 고대 중국에서 기본적으로 장성을 수리하지 않은 왕조가 되었다. 물론 덕을 쌓고 백성을 안정시켜 눈에 보이지 않는 장성을 쌓는 것이 중요하다는 말은 이론적으로 아름답다. 그러나 역대 통치자들이 늘 종이 위에 쓰던 이상에 지나지 않을 뿐이다. 이 덕을 실질적인 효능으로 바꾸기란 결코 쉽지 않았다.

강희제는 장성에서 멀리 떨어져 있는 북방에 '목란위장'을 세워 매년 가을이면 직접 왕공대신들을 거느리고 이곳으로 행차했다. 팔기군 1만여 명이 이 '목란위장'에 와서 20일 동안 가을 사냥에 나섰다. 그 모습은 정말 장관이었다. 강희제는 매년 사냥 장소를 바꾸어가며 사냥에 나섰고, 사냥이 끝나면 그곳에다 엄청난 규모의 장막으로 이루어진 내성을 구축했는데 무려 170군데가 넘었다. 그리고 그 밖으로는 250군데가 넘는 대장막을 외성으로 구축했다. 물론 안팎 모두에 경비병을 두었다.

아침에 날이 밝으면 팔기군이 황제의 지휘 아래 결집하여 하늘을 향해 함성을 질렀다. 황제가 앞장서서 활을 당겨 사냥에 나서면 남은 만여 기의 군마가 그 뒤를 따랐다. 그 기세와 규모는 사냥이라기보다 대규모 군사훈련에 가까웠다. 이런 방법은 단순한 사냥이 아니었다. 강희제는 제도화된 사냥을 통해 만주족 왕공대신과 팔기군 자제들의 용맹하고 강인한 자세를 유지시켰으며, 북방 변경의 외적들의 동태를 살피고 위협을 가해 경거망동 못 하게 했다. 강희제는 새로운 장성을 쌓는 일에 힘찬 발을 내디뎠다. 그는 장성을 쌓아 변경을 지키는 군사 활동을 1년에 한 번 대규모 사

● 강희제는 소수의 만주족으로 절대 다수의 한족을 통치하기 위해서는 변경의 안정이 매우 중요하다는 점을 정확하게 인식했다. 그래서 무력으로 변방을 확장하는 동시에 소수민족의 풍습과 종교를 인정하고 이를 위한 온건책으로 목란위장과 피서산장을 건설했다. 사진은 피서산장의 모습이다.

냥과 훈련이라는 형태로 전환하는 예술적 경지의 활동을 창조해냈다.

'목란위장'은 야수들이 출몰하는 장성 이북의 원시 산림 지역에 설치되었다. 도성인 북경에서도 비교적 먼 거리여서 당시 교통 상황에서 이렇게 많은 인원이 사냥에 나서려면 중간에 쉴 수 있는 행궁이 필요할 수밖에 없었다. 위장의 위치와 가는 길의 지리적 환경을 고려하여 강희제는 열하에 행궁을 짓기로 결정했다. 이것이 지금의 승덕承德 피서산장이다. 열하행궁은 조정 관리들이 사냥을 가던 도중에 묵을 수 있는 군영으로서 역할을 했을 뿐만 아니라 식량 운반의 기지와 여름 황제들이 더위를 피해 정무를 처리하는 장소이기도 했다. 이렇게 강희제는 자기만의 새로운 장성을 구축함으로써 부드러운 방법으로 통치 효과를 거두는 장소와 무대를 실현했다.

이 결과 남북의 풍경이 일체가 되고, 산과 나무, 숲과 물이 한데 모인 광활한 제왕의 궁궐과 놀이터가 완성되었다. 동시에 피서산정 밖으로 뭇별들이 달을 둘러싸고 있는 듯한 산장 외팔묘外八廟까지 들어섰다. 이곳에서 강희제는 북방 변경의 여러 소수민족들과 수시로 오가는 우호관계를 수립했다. 소수민족의 수령들은 굳이 먼길을 돌아 북경에 올 것 없이 이곳에서 청나라 조정의 고위 관리들과 교류할 수 있는 기회와 장소를 얻을 수 있었다. 이리하여 종교와 신앙이 다른 각 소수민족들이 각자 종교 활동을 가질 수 있는 성지가 되었다.

강희제는 북부 변경에 대해 강경과 온건을 함께 구사하며 산장에다 행궁을 건설했다. 피서와 휴식 그리고 숙박지로서 산장이 갖는 의미는 표면적인 기능을 훨씬 뛰어넘는 것이었다. 강희제는 이 커다란 그림으로 복잡한 정치적 목적과 첨예한 군사투쟁을 식탁에서의 대화, 호수에 비친 산수를 보며 걷는 산책 내지 한적한 원림으로의 여행과 피어오르는 향불의 연기에 쌓인 신비한 사당 참배로 바꾸어놓았다. 창칼이 부딪치는 군사투쟁과 복잡하고 박 터지는 정쟁이 모두 원림과 사당에서 녹아버렸다.

3) 미래를 예측하라

중국은 역대로 많은 예언가를 배출했다. 유백온劉伯溫(유기), 제갈량, 강태공은 이런 예언가들을 대표한다. 민간 전설에서 그들은 위로 800년, 아래로 800년을 알아 계산해내거나 등불 아래에서 귀신과 이야기를 나누는 신통술로 신격화되어 있다. 그러나 실제로 그들은 따뜻한 살과 피가 흐르는 보통 사람이다. 사회 형세와 인간사 변천에 근거하여 득실 및 성패의 추세와 각종 역량이 발전해나가는 방향을 잘 분석해낼 뿐이다.

예를 들어 삼국시대의 제갈량은 바람과 비를 부르고 동풍을 빌려 조조의 군대에 불을 질렀다지만 실은 천문과 기후의 규칙에 밝았을 뿐이다. 기상의 전조에 근거하여 그다음의 날씨 상황을 추측 분석해냈을 따름이지 특이한 사람이 결코 아니었다. 그가 융중에서 나와 유비에게 천하대세에 대해 자문하면서 천하에 둘도 없는 기가 막힌 '천하삼분'을 제기했고, 이는 그의 예언대로 실현되었다. 이렇게 보면 제갈량은 신출귀몰한 정치 예언가라 할 수 있다. 하지만 그 분석을 자세히 들여다보면 완전히 현실 형세와 인간사에 근거하여 정확하고 전면적으로 분석해낸 것이지 무슨 귀신 등의 담론이 결코 아님을 알 수 있다. 따라서 주의 깊게 학습한다면 보통 사람도 얼마든지 예언가가 될 수 있다.

예측은 어렵지만 중국 역사상 예측에 성공한 사례는 무척 많다. 그들은 세상사를 철저하게 분석하여 미묘하고 미세한 부분을 통찰했다. 이를 통해 풍부한 경험이 쌓였다.

기원전 287년, 제·연·위·한·조 5국 연합군이 진나라를 공격했다. 연합군은 성고成皐에 이르렀을 무렵 이미 피곤에 지쳤다. 조나라는 진나라와 강화하려고 했지만 제나라가 원치 않았다. 5국 연합군은 분열될 위기에 놓였다. 소진이 조나라로 가서 실세 이태李兌에게 유세하며 조나라가 진나라와 연합할 경우 벌어질 여섯 가지 상황을 분석했다. 소진은 이렇게 말했다.

"각 제후국이 진나라에 대해 힘으로 공격하지 않고 타협할 경우 여섯 가지 조나라에 불리한 결과가 나타날 것입니다. 진나라가 천하 제후의 도움을 얻는다면 틀림없이 외부로 확장할 것이고, 삼진의 땅에 있는 한·조·위가 진나라 확장의 1차 목표가 됩니다. 이렇게 해서 진나라가 뜻을 이루면 조나라에 불리해지고, 제나라가 조나라에 주기로 한 도움을 얻지 못합니다. 이것이 첫 번째 결과입니다. 천하의 제후들이 앞다투어 진나라와 우호관계를 맺는다면 진나라는 곧 패주가 되어 틀림없이 믿는 신하를 각국의 재상으로 삼아 각국의 내정과 외교를 조종할 것입니다. 이러면 조나라에 불리하고, 당신은 도움을 얻지 못합니다. 이것이 두 번째입니다. 천하 제후들이 진나라와 우호 관계를 맺는다면 진나라는 그중 강대한 제나라와 조나라를 골라 동맹을 맺을 것이고, 틀림없이 위나라를 공격하여 안읍安邑을 취할 것이며, 위나라가 안읍을 포기하고 진나라와 연횡하기로 약속한다면 두 나라는 사이가 좋아질 것이고, 그러면 한나라도 그 바람에 진나라와 우호 관계를 맺게 됩니다. 이러면 조나라만 고립되어 불리해지고 도움도 얻지 못합니다. 이것이 세 번째입니다. 천하 각국이 진나라와 우호하고 진나라가 조나라, 연나라와 연횡한다면 틀림없이 제나라와 초나라 그리고 위나라를 공격합니다. 그러면 진나라는 조나라와 연나라로 하여금 가까운 제나라를 공격하게 할 것이고, 진나라는 가까운 위나라와 초나라를 공격할 것입니다. 그러면 위나라는 오래 버티지 못하고 한두 달이면 안읍 등을 빼앗깁니다. 이렇게 되면 한나라 본토와 태원으로 통하는 길이 끊어지고 진나라와 국경을 접하고 있는 조나라는 진나라에 먹힐 가능성이 크니 역시 조나라에 불리하고 도움도 절대 얻지 못합니다. 이것이 네 번째입니다. 진나라가 조나라와 위나라 그리고 한나라와 동맹한다면 분명 제나라를 공격할 것입니다. 진나라는 동맹국의 군대를 이끌고 제나라를 치려고 안읍에서 군대를 차출할 것입니다. 조나라가 안읍을 구하러 나서려 해도 제나라를 공격하던 군대는 이미 피곤해 지쳐 있습니다. 안읍을 구하지 못하면 진나라는 다시 한과 위 두 나라를 위협하여 조나라를 고립시킬 것이니 이 역시 조나라에 불리하고 도움도 얻지 못합니다. 이것이 다섯 번째입니다. 각국이 연합하여 진나라에 대항하지 않으면 진나라는 패주가 됩니다. 다른 나라를 공격하지 않더라도 패주의 뜻을 빙자해 이미 없어진 중산국을 다시 일으킬 것입니다. 중산국은 조나라로부터 독립해 나갈 것이고, 이 역시 조나라에 불리할 뿐만 아니라 도움도 얻지 못합니다. 이것이 여섯 번째입니다."

소진의 청산유수와 같은 이 유세에서 우리는 여섯 가지 가설의 결론이 한 방향을 향하고 있음을 알 수 있다. 즉, 조나라가 진나라와 타협할 경우 발생할 서로 다른 여섯 가지의 미래를 앞세워, 도읍을 갖고자 하는 이태의 사사로운 욕심과 조나라가 망하면 어쩌나 하는 두려운 마음을 움켜쥐고 있는 것이다. 이 분석의 결과 조나라에 불리하면 모두 이태에게도 불리한 것으로 나타났다. 이는 엄청난 설득력을 가진 유세로, 이태는 결국 진나라와 강화하려는 마음을 단념할 수밖에 없었다.

소진이 조나라와 진나라의 강화, 이로써 일어날 진나라를 향한 각국의 복종, 그리고 그것이 가져올 여섯 가지 결과를 예측할 수 있었던 것은 그가 진나라와 동방 6국의 국력을 비롯하여 병력, 지세, 상호관계 등을 잘 알고 있었기 때문이다. 당시 진나라는 이미 충분히 강력하여 관동 여러 나라를 집어삼킬 야심을 진즉부터 드러내고 있었다. 6국 중에 진나라와 단독으로 맞설 수 있는 나라는 하나도 없었고, 오로지

● 소진을 비롯한 유세가들의 공통된 특징은 형세에 대한 철두철미한 분석이었다. 여기에 유세 대상의 심리까지 꿰뚫는 통찰력도 필요했다. 그림은 합종책을 성사시켜 6국의 공동재상이 되는 소진의 모습을 그린 것이다.

연합만이 진나라에 대응할 수 있었다. 이른바 합치면 영광이요, 떨어지면 모두 패배하는 형세였다.

미래의 예측에는 '세정'과 '인정'에 대한 숙지를 기초로 한다. 하지만 이것만으로는 부족하다. 자료들에 근기하여 종합적으로 분석하고 사물 발전의 추세를 판단하여 결정해야 한다. 그래야 비가 오기 전에 우산을 준비할 수 있고, 미리 모략을 설계하여 승리를 거둘 수 있다.

분석과 판단 능력을 높이려면 한편으로는 계통적인 이론의 학습이 필요하며, 또 한편으로는 주로 현실의 투쟁을 통해 단련되어 나와야 한다.

앉아서 5국 연합군을 물리친 정鄭 장공莊公

춘추 초기 정나라의 권력자 장공은 제후들 사이에서 명성이 그리 좋지 않았다. 주로 음험하고 각박하고 덕이 부족하다는 평가가 많았다. 그러나 춘추 초기 정치무대에서 그의 활약은 대단했다. 오패의 반열에는 오르지 못했지만 남다른 재능, 특히 천하 각 제후들의 상황을 철저하게 파악하고 정치 형세의 발전에 대해 선견지명을 갖고 있었다. 이 때문에 역사서는 장공 희오생姬寤生을 두고 "뜻이 크고 의심이 많은 군주"로 불렀다. 그의 행적을 간략하게 살펴본다.

장공은 춘추시대 정나라의 국군으로 기원전 743년부터 기원전 701까지 43년 동안 재위했다. 아버지는 무공武公(굴돌掘突)이었고, 어머니는 신申(지금의 하남성 남양시 동북) 지역의 권력자 신후申侯의 딸 무강武姜이었다. 장공은 출생 시 아주 힘들게 태어나 어머니 무강을 놀라게 만들었는데 이 때문에 이름을 '오생寤生'으로 지었다. 이 때문에 어머니는 아들을 좋아하지 않았다. 그러나 장공은 속에 계산이 많고 모략을 잘 운용할 줄 알아, 그가 국군이 된 뒤 정국은 춘추 초기 가장 강력한 제후국의 하나로 성장했다.

장공과 그 동생 공숙단共叔段은 같은 어머니에게서 난 형제였다. 어머니는 장공을 미워하여 여러 차례 아버지 무공 앞에서 작은 아들 공숙단이 재주가 나으니 그를 계승자로 삼아야 한다고 말했다. 무공은 허락하지 않고 오생을 태자로 삼았다. 뜻을 이루지 못한 무강은 마음이 편치 않았다. 그녀는 장공이 즉위한 뒤에도 경성京城(정의 도읍으로 지금의 하남성 형양현 동남)을 동생 단의 봉지로 주라고 장공을 핍박했다.

공숙단은 경성에서 자신의 세력을 강화하면서 어머니 무강과 함께 안팎으로 호응하여 정의 정권을 탈취할 준비를 했다.

장공은 자신이 즉위함으로써 어머니가 크게 마음이 상해 있다는 것을 너무 잘 알고 있었다. 또 어머니와 동생이 안팎으로 힘을 합쳐 정권을 탈취하려 한다는 음모도 훤히 꿰뚫고 있었다. 그는 전혀 내색하지 않았다. "지혜로운 자는 말하지 않는다."는 자세로 "없애려거든 치켜 세워주고" "얻으려거든 주어야 한다."는 계책을 세워놓고 때를 기다렸다.

이때 정나라의 대부 제중祭仲은 공숙단이 군대를 모으고 군마를 사들이며 성지를 확대하고 있어 장차 큰 골칫거리가 될 것이라는 보고를 올렸다. 장공은 "그것은 어머니의 뜻이니라."라고 대답했다. 제중이 거듭 선수를 쳐서 우환을 제거하자고 건의했으나 장공은 기다리라고만 말했다. 얼마 뒤 공숙단이 경성 부근의 작은 성 두 곳을 차지하자 이번에는 대부 공자 여呂가 "한 나라에 두 명의 국군이 있을 수는 없습니다. 어찌실 생각이니까? 대권을 숙단에게 넘기실 작정이라면 우리는 그의 대신이 될 것이고, 아니라면 그를 제거하여 백성들로 하여금 두 마음을 품지 않게 하십시오."라며 강경하게 건의했다. 장공은 일부러 화를 버럭 내며 "이 일은 당신이 상관할 바가 아니다."라고 소리를 질렀다.

장공은 너무 일찍 손을 썼다간 쓸데없는 시빗거리만 생기고 자신은 불효불의한 사람이라는 소리를 듣게 될 가능성이 있다는 점을 알았다. 그래서 일부러 공숙단의 음모가 잇따라 드러날 때까지 놔두었다가 결정적인 순간에 공자 여에게 경성을 치도록 명령했다. 숙단은 언鄢(정나라의 시명으로 지금의 하남성 언능현)으로 도망쳤다. 장공은 언을 공격했고, 숙단은 다시 공共(나라 이름으로 도성은 지금의 하남성 휘현)으로 달아났다. 장공은 또 숙단을 부추겨 난을 일으키게 한 어머니를 영성潁城(지금의 하남성 임영 서북)에 가두고는 "황천에 갈 때까지 보지 않으리라." 맹서했다.

기원전 714년, 중원의 제후국들이 해마다 혼전을 벌이는 틈을 타 북융 부락이 정국을 남침해 왔다. 장공은 몸소 군대를 이끌고 방어에 나섰다. 당시 북융의 군대는 용감하고 강력했다. 게다가 지형적으로 보아도 정국의 병사와 수레가 북융을 맞서기에 불리했다. 적과 나의 장단점을 잘 알고 있는 장공은 몹시 걱정이 되었다. 이때 공자 돌突이 북융 군대의 약점을 상세히 분석하고, 매복으로 유인하여 적을 나누어 섬멸하는 것이 좋겠다는 계책을 올렸다. 장공도 그 계책이 타당하다고 판단하여 군사를 셋으로 나누어 매복시키고, 대부 축담祝聃에게 일부 부대를 이끌고 나가 먼저 적과 싸워 일부러 패한 척하며 융의 군대를 유인하도록 했다. 북융은 이 계책을 눈치채지 못하고 정의 군대가 매복하고 있는 곳으로 뒤쫓아왔다. 매복권 안으로 완전히 적이 들어오자 세 곳에서 일제히 병사들이 고함을 지르며 북융의 군대를 공격했다. 북융의 군대가 앞뒤로 서로 호응하지 못하도록 중간을 끊어 공격했으며, 도망치던 축담의 군대도 되돌려 반격을 가하니 북융의 군대는 앞뒤로 협공을 받는 처지가 되었다. 북융의 후속 부대는 앞서간 군대를 도울 수 없는 상황에 몰렸고, 정의 군대로부터 협공을 당한 북융의 전방 부대는 완전히 섬멸 당했다.

'원교근공遠交近攻'은 전국시대 범수가 진나라 왕에게 펼친 외교모략의 하나다. 그러나 구체적으로 이 모략을 처음 운용한 사람은 그보다 200여 년 전인 정 장공이었다. 주 평왕平王이 동쪽 낙읍으로 천도한 뒤 주 왕실은 힘을 잃고 열국이 패권을 다투었다. 정국의 동쪽 이웃인 송宋, 북쪽 이웃인 위衛는 정과 사이가 좋지 않았다. 정은 언제든지 두 나라의 협공을 받을 수 있는 위험을 안고 있었다. 장공은 적절한 기회에 노魯와 수교 관계를 맺고 자진해서 대부 완宛을 노나라로 파견하여 정국을 방枋(지금의 산동성 비현 동남에 있었던 성으로 주 천자가 정후에게 태산에 제사를 드릴 때 드는 비용을 충당하라고 내린 탕목읍湯沐邑이다. 노나라와 가까운 곳에 있었다.) 지방을 노나라에 넘겨주어 두 나라의 관계를 개선하고 싶다는 뜻을 밝혔다.

이에 강대국 제齊가 나서 정과 송의 화해를 권했다. 장공은 송과의 모순은 결코 해결할 수 없다는 것을 알고 있으면서도 재빨리 제나라의 의견을 존중하여 송·위와 결맹하겠다는 의견을 밝혔고, 이로써 제나라의 호감을 얻었다.

장공은 멀리 있는 제·노 두 나라와 수교하는 원교의 목적을 달성함으로써 송·위의 동맹을 깨고 두 나라를 고립시키는 데 성공했다. 그리고 두 나라를 공격하는 근공의 계책을 실행에 옮겨 마침내 두 나라를 굴복시켰다.

장공이 다스리는 정나라의 세력은 갈수록 커졌고, 종주국인 주 평왕마저 깔보기 시작했다. 그 뒤 주 환왕桓王이 집정했는데도 장공은 인사를 드리러 가는 절차인 조견朝見조차 이행하지 않았다. 기원전 707년, 주 환왕은 직접 주의 군대와 진陳·채蔡·곽괵虢·위衛 4개국 연합군을 이끌고 정나라 정벌에 나섰다. 장공은 수갈繻葛(지금의 하남성 장갈현 이북)에다 진을 쳤다. 당시 주의 군대는 셋으로 나뉘어 있었고 환왕은 좌군과 진국 군대를 이끌며 장공을 공격하려 했다. 이때 정국의 자항子亢이 나서 다음과 같은 계책을 건의했다. 현재 진국의 정세가 불안하여 병사들이 싸울 의욕을 잃고 있으니 먼저 가장 약한 진국의 군대를 공격하면 진이 흩어질 것이다. 진의 군대가 흩어지면 주나라 군대의 진열도 틀림없이 혼란에 빠질 것이다. 채와 위는 원래 힘이 약하니 틀림없이 앞을 다투어 후퇴한다. 그때 다시 힘을 모아 주의 군대를 공격하면 승리를 거둘 수 있으리라는 계획이었다.

장공은 자항의 계책에 따랐다. 아니나 다를까, 진의 군대는 단 한 번 접전에 바로 궤멸되었고, 채·위는 바로 꽁무니를 뺐다. 장공의 삼군은 즉각 힘을 보아 주의 군내를 공격했다. 정의 군대는 싸울수록 용맹해졌고, 주의 군대는 대패했다. 주 환왕은 정의 군사가 쏜 화살에 어깨를 맞고 고통을 참으며 억지로 군대를 지휘하여 포위를 뚫고자 했다. 축담은 주 환왕을 사로잡자고 주장했으나 장공은 짐짓 인의가 중요하다는 듯 "우리는 자신을 지킬 따름이지 천자를 욕보일 수는 없다."며 손을 내저었다. 전투가 끝난 뒤 장공은 주 왕실에 대한 존중의 뜻을 표시하기 위해 특사를 보내 부상당한 환왕을 위문했다. 이로부터 주 왕실의 위신은 완전히 땅에 떨어졌다. 정국은 당시 중원에서 가장 강한 제후국이 되었다.

● 장공은 능수능란한 처신과 남다른 안목으로 춘추 초기를 주도했던 뛰어난 책략가였다.

내란을 부추겨 송나라 조정을 부린 금 장종章宗의 지혜

금나라 장종 완안경完顔璟(1168-1208)은 제9대 군주로 지략이 탁월했다. 그는 특히 예견력이 뛰어나 사람들을 감탄시켰다. 그는 송나라와의 싸움에서 부서를 잘 조정하고 강경책과 온건책을 이용하여 송나라 조정의 내분을 가속화시켰다. 그는 송나라와의 제3차 화의와 조약 과정에서 상황을 완전히 자신이 생각한 대로 끌고 가 놀라운 성공을 거두었다.

금나라는 완안경 통치기에 와서 여러 폐단을 없애고 중흥을 일으켰다. 그러나 북방 몽고족의 테무진(칭기즈칸)도 기지개를 켜고 있었다. 완안경은 불리한 형세에서 현명하고 지혜로운 정책을 취해 남쪽으로 송나라와 연합하여 북방의 강적에 대항했다.

이 무렵 남송으로 보낸 사신이 돌아와 송의 권신 한탁주韓侂冑가 군대를 훈련시키며 북벌을 준비하고 있다는 보고를 올리자 그는 순간 기지를 발휘하여 사신에게 곤장 50대를 치게 하고 강등시켰다. 그는 이 조치로 송나라 조정이 군대를 일으키려는 생각을 버리길 희망했다.

금나라에 와 있던 송나라 사신들은 귀국하여 여러 가지 보고를 내놓았다. 금나라가 몽고 때문에 골치를 썩이고 있는 상황을 과장하고 백성들의 생활을 돌보지 않아 국고가 텅 비었다는 등 한탁주의 뜻에 맞추어 보고를 올려 상과 벼슬을 얻어보려 했다.

한탁주는 태사太師라는 벼슬에 있었는데 다른 고위직과 비교할 수 없을 만큼 높은 자리였다. 진자강陳自强이란 자는 한탁주 덕에 우승상을 꿰어찼는데, 진자강은 이런 한탁주를 은주恩主 또는 은부恩父라 부르며 꼬리를 쳤다. 송 태조 조광윤의 9세손인 조사택趙師擇이란 자는 한탁주와 어울려 새로 지은 산장에서 놀다가 한탁주가 주변에 닭이나 개가 우는 소리가 들리지 않아 아쉽다고 하자 울타리에 올라가 왕왕 개 짖는 소리를 내어 한탁주를 크게 웃게 했다. 조사택은 이 일로 공부시랑에 임명되었다. 이 두 가지 사례만 보아도 한탁주란 자가 어떤 인물이며 그 권세가 어느 정도인지 알 만하다.

기세가 하늘을 찌르고도 남을 한탁주는 측근과 신하들의 부추김에 세상을 놀라게 할 공명을 세우고 싶은 욕심에 금나라 정벌을 결정했다.

그렇다고 한탁주에게 무슨 계획이 있는 것도 아니었다. 재능이나 학식이 뛰어난 자도 아니었다. 먼저 약간의 병력으로 변경에서 금나라를 기습하여 금나라의 실력을 엿보게 했다.

장종 완안경은 송나라의 이런 움직임을 손바닥 들여다보듯 훤히 알고 있었다. 변경의 정보뿐만 아니라 한탁주가 보낸 간첩까지 잡았다. 완안경은 상황을 좀더 파악하기 위해 섣불리 군대를 움직이지 않았다. 사신을 보내 왜 아무런 이유 없이 동맹을 깨냐며 군사 행동을 중지하라고 요청했다. 한탁주는 변방을 책임진 자의 행동일 뿐이고 이미 조치를 취했다는 얄팍하고 뻔한 변명으로 완안경을 속이려 했다.

송의 군대가 다시 변경을 넘어 섬서의 진주秦州, 하남의 공주鞏州, 안휘의 정원定遠 등을 침공했다. 완안경은 사신을 보내 침공을 중단하고 군대를 물리라고 요청했다. 그리고 송나라 사신 진경준陳景俊이 금나라에 오자 강경하면서도 부드럽게 "두 나라가 대대로 숙부와 조카 사이가 되자고 맹약했고 짐은 지금까지 이를 지키고 있다. 그런데 송은 여러 차례 우리 변경을 침공하고 있다. 송이 변방의 장수를 파면했다고 해서 짐은 바로 군대를 철수시켰는데 전보다 더 심각하게 변경을 침공했다. 짐이 좋은 관계를 오래 유지하기 위해 완곡하게 부탁하니 경은 돌아가 분명히 전하기 바란다. 짐은 군대를 쓸 생각이 없다는 점을 거듭 밝힌다."고 했다.

한탁주는 완안경의 말 속에 성의와 함께 "약한 모습을 보여 상대를 교만하게 만든다."는 계책이 함축되어 있음을 몰랐다. 상대가 이렇듯 약한 모습을 보이니 얼마든지 속일 수 있다고 오판하여 이번에는 대거 북벌을 결정했다.

한탁주는 먼저 '항금抗金'의 상징이었던 명장 악비岳飛를 악왕鄂王으로 추증하여 '항금'의 의지를 높이고 장수들을 격려했다. 이어 악비를 죽게 만들었던 간신 진회秦檜의 왕 작위를 박탈하고 간신에게 붙이는 무추繆丑라는 혐오성

● 대책 없는 강경 노선은 엄청난 후폭풍을 몰고 오기 마련이다. 여기에 사리사욕이 개입하면 폭풍의 강도는 더욱 거세진다. 한탁주는 당시 송나라의 힘이 어느 정도 인지도 가늠하지 않고 금나라를 도발했다가 나라가 망할 뻔했다.

시호로 바꾸어 자신에게 반대하는 자들의 체면을 깎았다. 나아가 황제인 영종寧宗에게 자신을 평장군국사平章軍國事로 봉하게 하고, 재상의 권력을 쥐고 있던 대신들을 모조리 평장사로 임명하여 국사를 처리하게 했다. 한탁주에게 붙은 '군국軍國'이란 두 글자는 직접 군대를 통제하여 전쟁을 지휘할 수 있음을 뜻했다.

감찰어사 사루기史婁機 등은 한탁주가 전쟁을 일으키면 필패할 것이라는 사실을 알고는 극구 반대했다. 그들은 지금 병사들이 교만하고 나태하며, 군수물자 등도 부족한 상황에서 전쟁을 일으켜 패하면 그 난리는 수습하기 어렵다고 지적했다. 또 지금 군대를 동원하면 누가 대장이 될 것이며 누가 작전을 짤 것이냐고 물었다. 한탁주와 그 측근 소사단蘇師旦, 등우룡鄧友龍은 누구 하나 시원한 대답을 내놓지 못했다.

1206년 6월 14일, 송나라 조정은 한탁주의 주도 아래 금나라를 정벌한다는 조서를 발표했다. 조서가 내려가기 전에 한탁주는 선전포고도 없이 사주泗州, 신식新息 등 네 곳을 기습해서 취했다. 한탁주는 자신의 계책이 맞았다고 생각하고, 예정대로 북진하면서 그제야 정식으로 금나라에 선전포고를 했다.

완안경은 일찌감치 준비를 끝내고 일부러 송나라 군대가 경계를 넘어 작은 승리를 거둘 수 있게 유도했다. 이렇게 송나라가 맹약을 어기고 선전포고를 했다는 명분을 만든 후, 여러 갈래로 대군을 나누어 반격을 시작했다. 자잘한 승리에 광분한 송나라 군대는 화들짝 놀랐고, 완안경은 아홉 개 길로 나누어 재차 공격을 가해 장강 쪽으로 몰면서 맹약을 압박했다. 송나라 군의 대패는 기정사실이 되었다.

완안경은 전쟁의 전체 국면과 송나라 조정의 상황을 속속들이 파악하여 남김없이 계산하고 대책을 세워놓고 있었다. 그는 포살규布薩揆를 송나라로 보내 맹약을 어긴 점을 추궁하는 한편, 군대의 철수 조건으로 송나라 황제에게 앞으로 금나라의 신하가 될 것, 해마다 바치는 진상품의 양을 늘릴 것, 포로를 돌려보낼 것 등을 요구했다.

완안경은 장강 북쪽을 장악하면 송나라로서는 두 가지 선택밖에 없다는 점을 정확히 계산하고 있었다. 하나는 장강을 경계로 확정하는 것과, 송나라 황제를 신하로 삼아 매년 조공을 늘리며 포로를 교환하는 한편 이번 전쟁을 일으킨 자를 잡아보내는 것이었다.

그중에서도 가장 중요한 것은 송나라 조정에게 한탁주를 내놓도록 압박하여 그 내부를 어지럽히자는 것이었다. 한탁주를 죽여 송나라 신하들에게 경고하여 앞으로 감히 금나라에 맞서지 못하게 하고 남쪽 국경의 위협을 없애고자 했다. 완안경은 다시 포살규를 보내 이 점을 확실하게 밝히고 송나라를 압박했다.

완안경은 전략상 먼저 물러서 양보하고 참으며 평화 공존을 내세웠다. 이어 완전히 유리한 상황에서 반격을 가해 장강 쪽으로 군대를 몰아내고, 강을 건너 송나라를 없애겠다고 기세를 올림으로써 송나라 조정이 겁을 먹고 강화에 나서게 하며, 이어 가혹한 조건을 받아들이게 했다.

한탁주는 다른 방법이 없었다. 사람을 보내 강화에 응했다. 파견되었던 사신 방신유方信孺가 돌아와 금나라가 제시한 다섯 개 조건을 보고했다. 그런데 마지막 하나는 빼놓고 말하지 않았다. 한탁주가 아무 일 없을 테니 마저 말하라고 하자 방신유는 그제야 "저들이 태사의 머리를 원합니다."라고 했다. 한탁주는 즉각 성을 내며 방신유의 직무를 정지시키고, 사신으로 일하면서 공금을 마구 썼다는 죄목을 걸어 임강臨江으로 유배를 보내버렸다.

몇 차례 교섭이 오갔지만 금나라는 한 치도 양보하지 않았다. 기어코 한탁주의 머리를 내놓아야만 강화하겠다고 고집했다. 급하기도 하고 화가 나기도 했지만 한탁주로서도 방법이 없었다. 그는 측근 소사단을 죽이고 출병하여 세상을 놀라게 할 공을 세우라고 부추겼던 등우룡과 황실의 일족 등도 축출한 다음, 출병은 소사단 등의 짓이라고 변명했다. 그래도 금나라는 꿈쩍하지 않았다.

송나라 조정은 완안경이 예상한 대로 내란이 벌어졌다. 결국 예부시랑 사홍원史 弘遠과 양楊황후가 계략을 꾸며 한탁주를 죽였다. 이리하여 3차 화의가 성립되었다. 국경은 이전과 같고, 대대로 금나라를 큰아버지로 섬기며, 해마다 30만 냥과 비단 30 만 필을 더 바치기로 했다. 금나라 군대를 위로하는 은 300만 냥은 별도였다. 앞선 두 차례의 화의와 다른 점이 있었다면 한탁주와 소사단 두 사람의 목이 보태졌다는 사실이다.

한탁주와 소사단의 잘린 목은 금나라로 보내졌고, 장종은 직접 도성의 응천문應 天門으로 나와 이들의 목을 장대에 걸어 전시하고 옻칠을 하여 창고에 보관하게 했다. 금나라 장종 완안경은 적의 목으로 적을 굴복시켰다. 이후 40년 넘게 송나라는 금나 라에 대한 무력 도발은 생각도 하지 못했다.

다른 나라의 정세를 훤히 꿰었던 군주와 신하의 문답

1972년 산동성 임기臨沂에 있는 서한 시대의 무덤이 발굴되었다.(은작산에서 발굴되었 기 때문에 대개 '은작산한묘銀雀山漢墓'라 부른다. _옮긴이) 그중에『오문吳問』이란 제목이 붙 은 죽간이 몇 매 나왔는데, 죽간에는 간략하면서 또렷하게 손무孫武와 오왕吳王(시기 로 보아 합려闔閭일 것이다. _옮긴이)의 문답이 기록되어 있었다. 당시 손무는 벼슬을 얻 기 위해 유세하러 나섰고, 오왕은 이런 손무의 재능을 시험하기 위해 그와 천하 정세 에 대해 이야기를 나눈 것이 아닌가 한다. 오왕은 당시 진晉나라의 유력한 여섯 가문, 즉 육경六卿 중에 누가 먼저 멸망할 것인가를 물었다. 손무는 범씨范氏와 중항씨中行氏 가 먼저 멸망하고, 그다음은 지씨智氏, 그다음은 한韓과 위魏라고 답하면서 남은 조趙 씨가 진나라를 통일할 것이라고 했다.

역사의 발전은 과연 손무가 예견한 대로 맞아떨어졌다. 그렇다면 손무는 정말 위로 500년, 아래로 500년을 아는 신선이란 말인가? 진짜 몸에 신비로운 법술을 지녀 길흉화복을 내다볼 수 있단 말인가?

사실 손무의 답으로 볼 때 그의 예언은 완진히 현실 상황에 대한 분석이라는 기초를 바탕으로 하고 있다. 그는 오왕에게 말했다.

"범시와 중항씨는 논밭의 면적 단위를 작게 해서 세금을 많이 거둡니다. 집안의 가신과 무사도 많이 기르고 있습니다. 이렇게 가면 두 집안은 점점 사치하고 교만해져 전쟁에 나가 공을 세우고자 하는 자들만 잔뜩 길러내어 인심과 멀어지고 결국은 일찍 망할 것입니다. 지씨의 상황은 이 두 집안보다 조금 낫기는 하지만 본질은 같아 이 두 집안에 이어 망할 것입니다. 그다음 한과 위의 상황 역시 지씨와 같기 때문에 잇따라 멸망할 것입니다. 마지막 진나라를 통일하는 것은 조씨인데, 조씨 집안은 논밭의 면적 단위가 커서 세금이 상대적으로 적습니다. 또 각종 세금을 면제해주고 일처리도 검소합니다. 기르는 무사도 적어 민심이 따릅니다. 이런저런 어려움을 겪기는 하겠지만 결국 진을 통일합니다."

손무가 이런 예측을 내릴 수 있었던 논리적 근거는 인심을 얻은 사람이 천하를 얻는다는 철칙이었고, 그는 이것으로 진나라 육경의 장래와 운명을 분석해냈다.

중국 역사상 인심의 향배는 흔히 국가 정권의 존망을 결정했다. 특히 냉병기 시대에는 일부 인위적 요인을 제외하면 전쟁의 승부는 주로 군대의 사상으로 결정되었다. 춘추전국시대는 특히 더했다.

당시 각국의 토지는 일반적으로 좁았고, 통치자와 신하 및 백성들의 관계도 비교적 직접적이었다. 통치자가 제정한 정책이나 법령 및 통치자 개인의 행동은 빠르고

● 손무와 오왕 합려의 대화를 기록한 『오문吳問』 등 여러 병법서가 출토된 '은작산한묘'의 죽간

직접적으로 백성들의 생활에 영향을 주었다. 백성들의 국가와 통치자에 대한 인식도 비교적 분명했다. 잔인한 폭군에 대해서는 흔히 노래 같은 것을 만들어 그들을 저주했고, 전쟁 때는 적극적으로 나서지 않고 도망쳤으며, 심지어 창과 검을 거꾸로 돌리기까지 했다.

반면, 백성을 아끼고 사랑하는 통치자에 대해서는 있는 힘을 다해 도왔다. 통치자를 지키는 일이 곧 자신의 보다 나은 생활을 지키는 것과 같았기 때문이다. 따라서 춘추전국시기는 '인정仁政'이란 구호가 영향력이 컸다. 누구든 인심을 얻어 나라를 안정시키면 전쟁이 아무리 많아도, 일이 아무리 어려워도 승리를 거두고 발전할 수 있었다.

조나라가 다른 나라들을 없애고 진을 통일하기까지는 길고도 복잡한 과정을 거쳤다. 그러나 이 과정을 통해 우리는 조나라의 모든 행보가 "백성을 사랑한다."는 방침에 기본을 두고 '인정'이라는 이상을 향해 발전했음을 분명히 볼 수 있다. 조나라의 부강은 기나긴 축적의 과정이자 되돌릴 수 없는 과정이기도 했다.

춘추 중기에 들어서면서 진의 대권은 점점 일부 대부의 손으로 흘러들어가 10대 대부가 권력을 오로지하는 국면이 나타났다. 이것이 이른바 "정치가 가문에서 나온다."는 말이다. 진나라 통치자인 국군은 신하들을 어찌할 수가 없었다. 난서欒書라는 자가 여공厲公을 죽이고 서공悼公이 즉위했지만 난서를 어찌지 못하고 중요한 직위를 차지하게 놓아둔 것이 가장 좋은 사례라 하겠다. 이렇게 세력이 막강한 집안들 중에 앞서 말한 범씨, 중항씨, 지씨, 한씨, 위씨, 조씨의 여섯 가문이 가장 두드러졌다. 그 후 오래지 않아 어진 정치를 펼치지 않아 조야의 원망과 비난을 사고 있던 범씨와 중항씨가 도읍에서 쫓겨나고 네 집안만 남아 서로를 물고 뜯었다. 역사에서는 일반적으로 그 이후를 전국의 시작이라고 한다.

남은 네 집안 중에서는 지씨가 가장 세력이 막강했지만 아주 교만했다. 조씨의 세력은 비교적 약했다. 그러나 좋은 정치에 힘을 쏟고 백성을 사랑하고 아꼈다. 이 때문에 재물의 축적은 다른 집안보다 부족하고 더뎠다. 이것이 손무가 오왕에게 말한 조씨 집안이 이런저런 어려움을 겪을 것이라고 진단한 근거였다. 이 네 집안을 이끈 실력자들은 진나라의 최고 신분인 경卿이었지만, 그 성격은 서로 다른 특징을 보였는데, 바로 여기에 미래 성패의 씨앗이 숨겨져 있었다.

먼저 계승자 선정에서 그들은 뚜렷한 대조를 보였다. 계승자 선정은 국가의 흥망과 성패가 걸린 큰일로, 당연히 신중하고 또 신중하게 유능하고 어진 사람을 골라야 한다. 그러나 지선자智宣子의 태도는 이와는 반대였다.

지선자는 자신의 아들 요瑤를 후계자로 삼을 생각이었다. 지선자의 동족이자 진나라 대부 지과智果가 이 일을 알고는 바로 달려와 지선자에게 격렬하게 요의 단점에 대해 말했다.

"요는 다른 사람보다 나은 다섯 가지 강점이 있고, 다른 사람보다 못한 한 가지 단점이 있다. 첫째, 몸이 크고 잘생겼으며 수염도 멋지다. 둘째, 빨리 달리고 말을 타고 활을 잘 쏜다. 셋째, 여러 방면에서 재주가 뛰어나다. 넷째, 글도 잘 쓰고 말도 잘한다. 다섯째, 강인하고 용감하다. 이상 다섯 가지가 남보다 뛰어난 강점이다. 그런데 어질지 못하고 아주 각박하며 제멋대로라는 단점이 있다. 이런 다섯 가지 강점에다 잔인함을 보태 나라를 다스린다면 누가 그를 통제할 수 있겠는가? 누가 그를 군주로 모시며 봉사하려 하겠는가? 요를 계승자로 세워서는 안 된다. 그를 세우지 않으면 안 된다고 하면 지씨 집안은 멸족의 재앙을 당할 것이 뻔하다!"

지선자는 지과의 의견을 진지하게 생각하지 않고 도리어 백성을 통치하려면 요와 같이 강력한 인물이 낫겠다며 후계자로 확정해버렸다.

지선자가 자신의 말을 무시하자 지과는 목숨을 보전하기 위해 호적을 관리하는 태사에게 달려가 자신은 지씨 집안에서 떨어져 나가 보씨輔氏라는 집안을 따로 세우겠다고 선언했다. 지과의 예상대로 지씨는 멸족을 당했고 지과 혼자만 살아남았다.

조씨의 후계자 선정은 완전히 달랐다. 조간자趙簡子에게는 백노伯魯와 무휼無恤이라는 두 아들이 있었다. 조간자는 두 사람의 우열을 가리기가 어렵자 이들을 시험할 수 있는 방법을 생각해냈다. 조간자는 훈계를 잔뜩 적은 죽간 두 뭉치를 두 아들에게 하나씩 주면서 "거기에 적힌 말들을 잘 기억하라."고 했다.

3년 뒤 백노에게 죽간에 적힌 말들을 기억하냐고 물었으나 백노는 다 잊었다고 했다. 죽간을 내놓으라고 했더니 버렸다고 했다. 무휼에게 물었더니 죽간의 내용을 빠짐없이 다 기억했고, 소맷자락에서 죽간을 꺼내 조간자에게 건네주었다. 조간자는 무휼을 자신의 후계자로 결정했다. 이렇게 후계자의 유능함을 시험하는 방법은 실로 뛰어난 안목이 아니면 불가능했을 것이다.

나라를 다스리는 방면에서도 조간자는 독특한 스타일을 보였다. 한번은 조간자가 윤탁尹鐸을 진양晉陽으로 보내 다스리게 했다. 떠나기에 앞서 윤탁은 조간자에게 "무슨 생각이 있으셔서 저를 진양으로 보내시는 겁니까? 진양을 누에고치처럼 만들어 끝없이 그 실을 뽑아내시겠습니까, 아니면 나라가 기댈 만한 울타리로 만들길 원하십니까?"라고 물었다. 조간자는 조금도 머뭇거리지 않고 당연히 후자라고 했다.

진양으로 부임한 윤탁은 진양 호구의 수를 적게 보고하는 방법으로 진양의 백성들이 내야 할 세금을 줄였다. 이렇게 느슨한 정책으로 생산을 장려하고 백성들을 아꼈다. 진양은 점점 부유해졌고, 민심도 크게 달라졌다. 이런 상황을 파악한 조간자는 아주 진지하게 태자 무휼에게 "앞으로 조씨 집안에 위기가 닥치면 반드시 진양으로 피하거라. 진양이 멀고 좁고 인구가 적다고 업신여기지 말라. 그곳이 조씨 집안의 가장 좋은 울타리다."라고 당부했다.

이와는 반대로 지씨의 일처리는 오만하고 포악했다. 지선자가 죽고 요가 즉위하니 이가 유명한 지백智伯이다. 지백이 한강자韓康子, 위환자魏桓子와 함께 남대藍臺에서 술자리를 가진 일이 있었다. 지백은 아무 생각 없이 한강자를 희롱하고 위환자와 그 재상 단규段規에게 모욕을 주었다. 지과가 이 일을 듣고는 바로 지백에게 달려와 "서둘러 닥칠 재난에 대비하시오. 그렇지 않으면 진짜 재난이 닥칠 것이오."라고 했다.

지백은 오만하게 "재난은 내가 일으키는 것이오. 내가 재난을 일으키지 않는데 누가 재난을 만든단 말이오."라며 거들먹거렸다. 지과는 거듭 다음과 같은 말로 충고했다.

"『하서夏書』라는 책에 이런 말이 있습니다. '누구나 잘못은 한다. 사람들은 그 잘못에 대한 원한을 꼭 큰 잘못이 드러날 때 표출하지는 않지만 작은 잘못도 쌓이면 큰 원한을 불러일으킨다. 군주가 작은 잘못을 막지 못하면 큰 잘못이 나오기 마련이다.' 군자는 사소한 일이라도 늘 조심해야 큰 잘못을 저지르지 않습니다. 지금 술자리에서 다른 나라 국군과 재상을 욕보이고도 아무런 준비도 않고 도리어 다른 사람은 재난을 일으키지 못한다고 하니 안 될 말 아닙니까? 개미, 벌, 누에 등과 같은 미물도 사람을 해칠 수 있거늘 하물며 한 나라의 국군과 재상이야 말해서 뭣 합니까?"

지백은 무슨 말인지는 알았지만 듣지 않았다. 지과가 지선자와 그 아들 지백 2대에 걸쳐 이런 충고의 말을 한 것을 보면 지씨 집안에 "인심을 얻는 자가 천하를 얻는다."는 이치를 모르는 사람이 없지는 않았을 것이다. 다만 이런 통찰력이 조씨 가문에서 하나의 문화적 주류로 정착하지 못했던 것 같다.

지씨는 육경의 싸움에서 그 실력이 가장 막강했다. 망한 범씨와 중항씨의 땅도 가장 많이 가져갔다. 이 때문에 지·한·조·위 네 집안에서 땅이면 땅, 군사력이면 군사력 모두 지씨가 가장 강했다. 지백은 남은 세 집안도 집어삼킬 야심을 품었지만 구실이 없어 행동으로 옮기지 못하고 있었다. 생각 끝에 지백은 묘책을 하나 짜냈다. 지백은 세 집안에게 "진나라의 미래는 중원의 패주인데 뜻하지 않게 오나라가 차지했고, 서주 회맹에서는 월나라에게 선수를 빼앗겼다. 진나라의 치욕이 아닐 수 없다. 월나라를 물리치면 진나라는 여전히 패주가 될 수 있다. 나는 세 집안이 100리의 땅과 호구를 공실公室에 내놓아 하나로 관리하여 재물을 축적하고 군사를 길러 국력을 증강시키길 주장한다."라고 했다.

세 집안은 지백이 말하는 '공실'은 구실에 지나지 않고 실제로는 자기가 차지하겠다는 뜻임을 잘 알았다. 그런 뒤에 야금야금 자신들을 집어삼키겠다는 속셈이라는 점도 바로 알아차렸다. 그러나 세 집안의 생각이 일치하지 않아 지백에게 공동으로 맞서지 못했다.

지백은 사람을 각 집안에 보내 땅을 요구했다. 한강자는 내놓길 원치 않았다. 그러자 한강자의 신하는 이렇게 말했다.

"지백은 이익에 욕심이 많은 데다 제멋대로입니다. 그에게 땅을 주지 않았다가는 바로 우리를 공격할 것입니다. 땅을 주는 것이 낫습니다. 땅을 얻으면 지백은 틀림없이 기뻐할 것이고, 이어 다른 집안에게도 땅을 요구할 것입니다. 다른 집안이 이를 거부하면 그 집안을 공격할 것이고, 우리는 그 참에 화를 면하고 상황이 달라지길 기다렸다가 기회를 잡아 움직이면 됩니다."

한강자는 일리가 있다고 생각하여 지백의 요구를 받아들였다. 땅을 얻은 지백은 몹시 기뻐하며 위환자에게도 땅을 요구했다.

위환자도 처음에는 땅을 주고 싶지 않았으나 신하 임장任章이 "왜 주려 하지 않으십니까?"라고 물었다. 환자가 "아무 까닭도 없이 땅을 내놓으라 하니 내가 주기 싫은 것이다."라고 대답하자 임장이 말했다.

"지백이 아무런 이유도 없이 땅을 내놓으라 하니 대부들은 틀림없이 겁을 먹을 겁니다. 우리가 땅을 주면 지백은 더욱더 교만해져 다른 사람을 우습게 봅니다. 우리와 대부들은 두려움 때문에 서로 더 가까워질 겁니다. 이렇게 단결된 군대로 지백의 교만한 군대를 상대한다면 지백은 살지 못합니다. 『주서周書』라는 책에 '적을 치려면 먼저 그가 좋아하는 것을 주어라. 그가 그곳에서 얻고자 하는 것이 있으면 먼저 그가 좋아하는 것을 주어라.'고 했습니다. 지백에게 땅을 주어 교만하게 만들고, 다른 나라들과 접촉하여 지백을 없애는 쪽이 낫습니다. 왜 우리만 나서서 지백의 공격을 자초합니까?"

환자는 이 말에 따라 지백에게 100리의 땅을 내주었다. 잔뜩 배가 커진 지백은 이번에는 조양자趙襄子에게 채蔡와 고랑皐狼의 땅을 내놓으라고 요구했다. 100리 정도로는 성이 차지 않는 모양이었다.

조양자는 조간자의 어린 아들 무휼이다. 그는 자기 백성들에게는 어질고 너그럽게 대했지만 대외적으로는 아주 강경했다. 그는 지백의 요구를 단번에 거절했다. 발끈한 지백이 한과 위의 군대와 함께 조나라를 공격하러 나서면서, 이기고 나면 조나라 땅을 고루 나눠 가지겠다고 약속했다. 조나라의 도성은 지키기가 어려워 조양자는 다른 성으로 이동할 준비를 갖추고서 막료들에게 어디가 좋겠냐고 물었다. 막료들이 장자현長子縣과 한단邯鄲을 이야기했지만, 조양자는 오래전 조간자가 말했던 진양을 선택했다. 자신과 함께 싸워줄 곳이 필요했기 때문이다.

조양자가 진양에 도착하자 백성들은 과연 기꺼이 그와 함께 성을 지키겠다고 나섰다. 진양은 일찍이 가신 동우안董子安이 경영하면서 성을 단단하게 쌓았다. 성안에는 큰 궁전이 있었고, 궁전의 담장 역시 단단했다. 궁전의 기둥들은 심지어 동銅으로 주조한 것이었다. 동우안에 이어 부임한 윤탁은 앞서 말한 바와 같이 백성들의 생활을 돌보는 데 온 힘을 기울였다. 진양성은 말 그대로 난공불락의 철옹성이 되어 있었다.

세 집안의 군대가 진양성을 포위했다. 그러나 아무리 공격해도 진양성은 흔들리지 않았다. 이렇게 2년이 지나갔다. 진양성의 화살이 바닥이 났다. 만들 재료조차 남아 있질 않았다. 조양자는 조급했다. 이때 누군가 그에게 당초 동우안이 궁전에다 무수히 많은 화살대를 숨겨두었는데 찾아보자고 했다. 궁전을 샅샅이 뒤진 끝에 조양자는 쓰고도 남을 만큼의 재료를 찾아냈고, 동 기둥을 녹여 화살촉을 만들었다. 조양자는 "동우안이 아니었다면 어찌 이 무기를 얻을 수 있었으며, 윤탁이 아니었다면 백성들이 어찌 나와 성을 사수하려 했겠는가."라며 감탄했다.

처음부터 미래를 내다본 조간자의 식견에 놀라지 않을 수 없다. 그는 일부러 자손들을 위해 튼튼한 근거지를 마련하기 위해 먼저 동우안을 보내 든든한 물질적 기초를 마련하게 했고, 이어 윤탁을 보내 인심을 얻게 했다. 비가 오기 전에 우산을 준비하듯 그는 자신이 죽은 뒤 벌어질 사태를 일찌감치 예견이나 한 듯 준비를 해놓았고, 게다가 아들 조양자에게 큰일이 터지면 진양성으로 가라고 당부하지 않았던가. 조간자의 마음 씀씀이가 참으로 놀랍다.

진양성을 포위한 지 3년, 지백은 진양성의 지형을 살피다가 진수晉水를 떠올렸다. 그는 바로 진수 위에 댐을 쌓고 물길을 진양성 쪽으로 돌리게 했다. 마침 우기라 강물은 진양성을 향해 사정없이 흘러들어갔다. 성이 곧장 물에 잠길 판이었다. 성안으로 흘러들어온 물 때문에 모든 기물들이 젖어 솥단지 안에서 개구리며 두꺼비가 살 정도였다. 그러나 백성들의 의지는 전혀 흔들리지 않았다.

지백은 위환자와 한강자를 데리고 이런 상황을 살폈다. 그리고 "내가 오늘에야 물로 다른 나라를 멸망시킬 수 있음을 알았다."며 좋아라 했다. 이 말에 위환자와 한강자는 큰 자극을 받았다. 위환자가 팔꿈치로 한강자를 툭 쳤고, 한강자는 발로 위환자의 발을 밟으며 눈짓으로 생각을 주고받았다. 분수汾水를 끌어들이면 위나라의 안읍安邑을 잠기게 할 수 있고, 강수降水를 끌어들이면 한나라의 평양平陽을 잠기게 할 수 있기 때문이다. 이로써 한과 위 두 나라는 지백을 배반하겠다는 뜻을 굳혔다.

지백의 모신 치자絺疵는 그래도 똑똑한 자라 이런 상황을 눈치채고 지백에게 "한과 위가 틀림없이 배반할 것입니다."라고 경고했다. 지백이 그 근거가 무엇이냐고 묻자 치자는 이렇게 답했다.

"세상사 인정이란 이치로 따져보면 알 수 있습니다. 한과 위 두 나라 군대를 이끌고 조나라를 공격하여 조나라가 망한다면 당신께서는 바로 한과 위 두 나라마저 공격할 것 아닙니까? 당신은 이미 두 나라와 약속했습니다. 조나라가 망하면 그 땅을 나누겠다고. 지금 진양성은 물에 잠기고 성안의 양식은 바닥이 나서 사람을 잡아

먹고 있을 정도니 성은 곧 무너질 겁니다. 그러나 한·위 두 나라의 군주는 결코 좋아하지 않을 겁니다. 왜냐? 자신들의 미래를 보는 것 같기 때문입니다. 그러니 저들이 왜 배반하지 않겠습니까?"

그런데 이튿날 지백은 이 이야기를 한강자와 위환자에게 그대로 들려주었다. 두 사람은 깜짝 놀라면서 말했다.

"그 사람은 틀림없이 조씨의 식객일 겁니다. 그런 이야기로 우리를 이간질하여 진양성을 공격하지 못하게 하려는 것을 모르시겠습니까? 우리 두 집안은 내일이면 조나라 땅을 나눠 가질 터인데 어째서 이런 좋은 일을 마다합니까? 우리가 조나라를 도와서 성공할 가능성은 전혀 없는데 그런 일을 하겠습니까?"

지백은 두 사람의 말을 믿었다. 두 사람이 나가자 치자는 바로 지백에게 "제가 드린 말을 두 사람에게 하셨지요?"라고 했다. 지백이 놀라며 어떻게 알았냐고 묻자 치자는 말했다.

"두 사람이 떠날 때 모습을 보니 불안한 표정에 앞만 보고 아주 빠르게 자리를 떠났습니다. 제가 저들의 속셈을 눈치챘다는 것을 알았기 때문입니다."

그러나 지백은 깨닫지 못했다. 치자는 더 이상 방법이 없다는 것을 알고, 제나라로 가는 사신을 자청해서 멀리 달아났다.

진양성의 상황은 점점 더 어려워졌다. 백성들의 의지는 변함이 없었지만 성이 물에 잠기고 양식이 떨어져 정말 오늘내일할 정도로 위급했다. 이때 조양자의 막료

장맹담張孟談이 제안했다.

"형세가 위급하긴 하지만 저는 한과 위 두 집안이 땅을 떼어 지백에게 줄 마음이 있다고는 생각하지 않습니다. 상황이 어쩔 수 없이 그렇게 만들었을 뿐입니다. 제기성을 나가 그들과 담판을 지어보겠습니다."

조양자는 장맹담의 건의를 받아들였고, 장맹담은 밤을 틈타 성을 빠져나갔다. 한강자와 위환자를 만난 장맹담이 말했다.

"순망치한脣亡齒寒이라 했습니다. 지금 지백이 두 분 집안의 군대를 이끌고 조씨 집안을 공격하고 있습니다. 조나라가 망하면 그다음은 위나라와 한나라가 망하게 될 겁니다."

두 사람도 이 말에 동의하면서 그래서 경거망동하지 않고 있다고 했다. 장맹담은 "두 분의 입에서 계책이 나오고 제 귀로 들어간다면 무엇이 두렵겠습니까?"라며 밀담을 제안했고, 세 사람은 구체적인 행동을 밀약했다.

약속한 날이 되자 조양자는 군대를 이끌고 댐을 무너뜨려 지백의 군대를 물에 잠기게 했다. 잠에서 미처 깨기도 전에 지백의 전군이 수장되었다. 정신을 차리자 한·조·위 세 집안의 군대가 작은 배를 타고 쳐들어오고 있었다. 조나라 군대가 앞장을 섰고, 위와 한 두 집안의 군대는 측면에서 공격했다. 지백은 당해내지 못하고 가신의 호위를 받으면 간신히 빠져나왔다. 이번에는 조양자의 복병이 기다리고 있다가 그의 목을 잘라버렸다. 한·조·위 연합군은 지백의 근거지인 강주에 들어가 지씨 집안의 남녀노소를 모조리 죽였다. 지과는 이미 지씨 집안에서 떨어져 나간 뒤라 살아남을 수

● '삼가분진'이라는 역사의 전환기에 가장 중요한 장면을 연출했던 진양성의 현재 모습이다.

있었다.

세 집안은 지씨의 땅을 나누어 가졌다. 그 뒤 세 집안은 다시 진나라의 땅까지 나누어 가지니 역사에서는 이를 '삼가분진三家分晉'이라 부르며, 이렇게 해서 전국시대의 시작을 알렸다. 그리고 이 세 집안을 '삼진'이라 불렀다.

'삼진' 중에서 조나라는 가장 강한 나라가 아니었다. 당시는 위나라가 가장 강했다. 초기 위나라는 군주가 유능하기도 했다. 그러나 조나라는 처음과 끝이 다 좋았다. 줄곧 어진 정책을 펼쳤고, 국내는 물론 외교와 군사 방면이 두루 건실하여 전국 후기에 오면 강국으로 올라설 수 있었다.

조나라의 탄생과 쇠망의 과정 전체를 살펴볼 때 조나라 성공의 가장 중요한 요인은 인심이었다. 병성兵聖 손무도 "인심을 얻는 사람이 천하를 얻는다."는 이 만고의 진리를 움켜쥐고 그와 같은 예측을 내놓을 수 있었다. 조나라의 파란만장한 역사에서 복잡한 일들이 많이 발생했지만, 그 대세는 늘 손무의 예측을 벗어나지 않았다.

4) 역사를 느끼고 깨닫다

"과거를 살펴 현재를 안다."

종횡으로 살펴보면 인간은 각종 사회관계를 싣고 다니는 몸뚱아리다. 그러나 종적으로 역사적 관점에서 보면 인간은 역사가 축적한 산물이기도 하다. 중국의 막료 문화가 넓고 크고 꼼꼼하고 깊은 까닭은, 또 중국에서 이렇게 많은 지혜롭고 현명한 위대한 예언가들이 출현한 까닭은, 먼저 앞사람들의 경험을 흡수하고 앞사람들이 남긴 교훈을 종합했기 때문이다. 막료가 되려면 깊은 역사 지식이 있어야 실천에 응용할 수 있고, 그래야 현실과 미래의 통찰에 큰 도움을 받을 수 있다. 물론 역사의 경험으로도 이루지 못한 족쇄에도 눈길을 돌려야 한다.

과거와 현재를 두루 살펴 천하대세를 치밀하게 논한 장량張良

초한쟁패 때인 기원전 204년, 유방은 형양滎陽에 갇혀 곤욕을 치를 적이 있다. 당시 장량은 늘 이런저런 병에 시달리고 있었다. 유방은 여러 사람의 지지와 의견을 얻기 위해 역이기酈食其에게 대책을 물었다. 역이기는 다음과 같은 대책을 내놓았다.

> "과거 상나라 탕 임금이 하나라 걸 임금을 토벌하고 그 후손을 기杞라는 곳에 봉했으며, 주 무왕은 은 주왕을 정벌하고 그 후손을 송宋에 봉했습니다. 지금 진나라는 잔악하고 무도하여 6국을 멸망시키고도 그 후손들은 한 뼘의 땅도 갖지 못했습니다. 폐하께서 6국의 후손들을 왕으로 다시 봉하신다면 이들은 틀림없이 폐하의 큰

덕에 감동하여 기꺼이 신하와 희첩이 되길 바랄 것입니다. 큰 덕의 바람이 제후 왕들에게 불면 남면하여 황제가 되실 수 있으며, 초나라도 분명 의관을 바로 하고 공경한 자세로 폐하에게 인사를 올릴 것입니다."

역이기의 말은 근거가 있고 정리에 맞아 보였다. 덕으로 천하를 얻는다는 이론적 근거는 일찍이 공자 때도 있었다. 유방은 "아주 좋다. 서둘러 6국 왕들의 도장을 새기게 하고 선생은 이들을 왕으로 봉하는 조서와 함께 도장을 가지고 가시오."라고 했다. 역이기는 바로 이 일에 착수했다.

도장이 새겨지고 역이기가 출발하려는데 다른 곳에 있던 장량이 돌아와 유방을 만났다. 유방은 마침 밥을 먹고 있었는데 장량을 보고는 "막료 중에 초나라의 힘을 약하게 만들 계책을 올린 사람이 있소."라며 역이기의 계책을 상세하게 알려주고 장량의 생각을 물었다. 장량은 서슴지 않고 누가 그런 계책을 올렸냐며, 그대로 했다가는 모든 일이 끝장이라고 못을 박았다. 그러면서 유방의 식탁에 있는 젓가락을 빌려 다음과 같이 당시 형세를 분석했다.[20]

과거 상탕과 무왕이 하걸과 은주를 정벌하고, 그 후손을 봉한 것은 걸과 주가 죽을 운명이라는 것을 파악했기 때문이다. 그런데 지금 항우가 죽을 운명이라는 것을 확신하는가? 이 모략을 쓰면 안 되는 첫 번째 까닭이다.

무왕이 은나라 땅에 들어가 상용의 마을을 위로하고, 기자의 문 앞에서 경의를 표하고, 비간의 무덤을 다시 쌓았다. 지금 상황이 그렇게 할 수 있는 상황인가? 이것이 안 되는 두 번째 까닭이다.

---

20 가능한 한 현대어로 바꾸어 요약했다.

무왕은 은주가 재물을 쌓아두었던 녹대의 재물을 가난한 사람들에게 나누어주었는데 지금 폐하께서 그렇게 할 수 있는가? 이것이 세 번째 까닭이다.

은나라와의 전쟁이 끝난 뒤 전차를 보통 수레로 바꾸고 창칼을 보관하게 하여 사용하지 않겠다는 뜻을 보였는데, 지금 그렇게 할 수 있는가? 이깃이 네 번째 끼닭이다.

무왕은 군마를 화산 남쪽으로 보내 더 이상 쓰지 않겠다고 했는데, 지금 그게 가능한가? 이것이 다섯 번째 까닭이다.

군수품을 운반하던 소와 말을 도림의 초원에다 방목하게 하여 더 이상 군수품을 운반하거나 쌓아놓는 일은 없을 것임을 천하에 보였는데, 지금 이렇게 할 수 있는가? 이것이 여섯 번째 까닭이다.

천하의 유세가들이란 자들이 부모와 처자식을 떠나고, 조상의 무덤이 있는 땅을 버리고, 사귀던 오랜 친구들을 떠나 와 폐하께 그 작은 땅덩어리 하나 얻으라고 6국의 후손을 왕으로 삼으라고 하니 공을 세운 사람에게 줄 땅도 없는 상황에서 유세가들이 각자 집으로 돌아가 자기 주인을 모시고 가족 친구들과 모여 살게 되면 폐하는 대체 누구와 함께 천하를 얻으려는가? 이것이 일곱 번째 까닭이다.

초나라가 강하지 않다면 그만이지만 강하다면 6국은 초나라에 굴복할 것이 뻔한데, 어디서 신하로 자청할 6국의 후손을 찾는단 말인가? 이것이 여덟 번째 까닭이다.

그런 계책을 썼다가는 일은 끝장이다.

장량의 분석은 신랄하고 지독했다. 그만큼 형세에 대한 분석이 정확했기 때문이다. 정신이 번쩍 든 유방은 먹던 밥을 토해내면서 "이놈 때문에 하마터면 일을 다 망칠 뻔했다."며 욕을 해댔다. 그러고는 즉시 6국의 도장을 부수게 했다.

여기서 우리는 역사적 교훈에 대한 역이기의 파악과 통찰이 장량에 비하면 한

● 유방은 장량을 두고 "천리 밖 군막 안에서 승부를 결정짓는" 책략의 고수라고 칭찬했다. 유방에게 장량이라는 막료가 없었다면 유방의 승리는 불가능했을 것이다. 사진은 신비의 노인 태공으로부터 병법을 전수받는 장량의 모습이다. (섬서성 유패현留壩縣 장량 사당)

참 못 미치는 것을 볼 수 있다. 물론 여기에는 마음을 험악하게 쓰는 역이기의 의중을 배제할 수는 없지만, 어쨌거나 사실상 역이기의 수법은 장량에 비해 한참 못 미친다고 하겠다.

역사를 알아 치욕을 면한 강융씨姜戎氏

춘추시기 진晉나라 도공悼公은 제齊·노魯·송宋·위衛·정鄭·조曹·거莒·주邾·등滕·설薛·기杞·소주小邾·오吳와 서쪽 소수민족 융 부락의 융자구지戎子駒支를 정나라 경내의 향성向城에 모이게 했다. 당시 진나라는 이미 쇠락하던 때라 이번 회맹을 통해 진나라의 위세를 높여볼 생각이었다. 이 회맹을 주도한 사람은 진나라의 정경이자 중군의 원수 범선자范宣子였다.

한편 오나라는 이번 회맹을 통해 진나라와 우호관계를 맺고자 했다. 오나라가 초나라와의 싸움에서 크게 패한 티라 이 회맹에서 오나라 사신은 초나라 공왕共王이 막 죽었기 때문에 이 틈에 초나라를 공격하자고 제안했다. 범선자는 일부러 화를 내며 상을 틈타 공격하는 것은 부도덕하다며 오나라 사신을 나무랐다. 이어 사람을 시켜 거莒나라의 공자 무루務婁를, 초나라와 개인적으로 오가며 옳지 않은 일을 꾀했다는 죄명으로 잡아들이게 했다. 진나라는 이 두 사람을 이용하여 위신을 세워보려고 멋대로 죄목을 만들어낸 혐의가 짙어 보였다.

그리고 세 번째로 벌을 받은 사람은 융자구지였다. 범선자는 위압적으로 융자구지를 나무랐다.

"강융씨, 이리 와라! 과거 진秦나라 사람이 너희들의 선조 오리吾離를 뒤쫓자 오리는 과주瓜州로 왔다. 너희들의 선조 오리는 풀로 엮은 옷을 입고 온몸에 가시나무를 덮어쓴 채 우리 진晉나라의 혜공惠公에게 몸을 맡기려 했다. 혜공께서는 땅이 넉넉하지 않음에도 너희에게 나누어주어 먹고살게 했다. 지금 제후들이 우리 국군을 대하는 태도가 예전 같지 않은 것은 너희들이 우리 국력이 비어 있다고 누설하고 다녔기 때문이다. 지금 회맹에서는 너 융자구지의 몫은 없다. 그렇지 않으면 너를 잡아들일 것이다!"

범선자는 식량이 빠져나간 몇 년 동안의 장부를 가져오게 해서 구지가 비밀을 누설했음이 분명하니 이는 진나라에 대한 불충이라고 꾸짖었다. 이는 융자구지를 회맹에서 내쫓아 모욕으로 징벌함으로써 진나라의 위신 수립을 위한 희생양으로 삼겠다는 것이었다.

당초 융자구지의 사신은 기분 좋게 회맹에 참가하여 융 부락에 대해 이런저런 설명을 하며 영향력을 발휘하려 했는데 뜻하지 않게 회맹에서 쫓겨나는 수모를 당하게 생겼다. 강융씨는 냉정하게 범선자에게 말했다.

"과거 진秦나라는 강력한 군대를 믿고 우리 땅을 탐내서 우리 융 부락들을 쫓아냈습니다. 진晉나라 혜공께서 큰 덕으로 우리 융 부락이 요 임금 때 사방 제후의 후예이니 버릴 수 없다며 남쪽 땅을 우리에게 주셨습니다. 그 땅은 늑대와 이리가 출몰하는 곳으로 우리 융 부락들은 가시나무를 뒤집어쓰고 늑대와 이리를 내쫓았습니다. 그 이후로 우리 선조들은 땅을 침범하지도 반란을 꾀하지도 않는 신하가 되겠다고 결심했고 지금까지 그 결심은 흔들리지 않고 있습니다. 과거 진晉 문공文公께서 진秦나라와 연합하여 정나라를 쳤을 때 진秦나라 사람은 몰래 정나라와 맹서하고 군대를 철수했습니다. 이로써 두 나라 사이에 효산崤山의 전투가 벌어졌습니다. 진晉나라는 위에서 적을 막았고, 우리 융 부락은 아래에서 적을 공격하여 진秦나라 군대를 크게 물리쳤습니다. 당시 우리는 온 힘을 다했습니다. 사슴을 쫓듯이 진나라는 정면에서 사슴뿔과 싸우고 우리 융은 뒤에서 꼬리를 잡아 함께 사슴을 쓰러뜨렸습니다. 진나라가 참가한 모든 싸움에 우리 융 부락은 늘 함께했습니다. 그러니 어찌 감히 진나라를 떠날 수 있겠습니까? 지금 진나라 군대는 원래의 실력에서 많이 약해졌고, 제후들이 진나라를 배신하려는 의중은 시세에 따른 것인데 우리에게 죄를 물으니 이는 정말이지 죄를 만들어낸 것에 지나지 않습니다. 우리 융 부락의 습관은 중원과 다르고, 화폐도 서로 유통되지 않으며, 언어도 다릅니다. 회맹에 참가하느냐 참가하지 않느냐는 그렇게 큰 문제도 아닙니다."

강융씨는 이렇게 거침없이 말하고 자리를 떠나면서 『시경』의 다음과 같은 노래를 불렀다.

윙윙거리는 서 쉬파리, 울타리에 앉네.
인자하고 후덕하신 님, 모함의 말 믿지 마시오.
윙윙거리는 저 쉬파리, 가시나무에 앉네.
모함하는 자들 바르지 않아, 온 나라 어지럽히네.
윙윙거리는 저 쉬파리, 개암나무에 앉네.
모함하는 자들 바르지 않아, 우리 둘 이간질하네.

이 노래는 주나라 유왕幽王이 정치를 엉망으로 만들고 소인배를 가까이하는 등 황음무도함을 풍자한 것이다. 당시 위衛 무공武公은 주왕의 경사로 있었는데 모함 때문에 울분으로 이 노래 '쉬파리'「청승靑蠅」을 지었다. 강융씨는 이 노래를 부르며 자리를 떠나 자신의 숙소로 돌아갔다.

범선자는 몹시 속이 쓰렸다. 그는 본래 융자구지를 나무라고 벌을 주어 위신을 세우려다가 강융씨에게 반격을 당했다. 강융씨는 역사 사실을 전면적으로 파악하고 이해한 바탕 위에서 범선자가 무고하게 말도 안 되는 말로 죄를 씌우려 한다는 점을 당당하게 지적했다. 이에 이 노래를 부르고 물러나며 범선자가 소인배의 모함에 빠져 진나라와 융자구지의 좋은 관계를 이간시키려 한다고 풍자한 것이다.

범선자는 진나라의 정치를 주도하는 정경이자 중군의 원수로서 이 일로 체면을 크게 깎였다. 그가 위신을 세우려 했던 당초의 생각과는 크게 어긋나는 것이자, 야만이라 생각했던 강융씨에게 이렇게 당할 줄은 미처 생각하지 못했다. 범선자는 불쾌하고 속이 편치 않았다. 그러나 범선자는 평정심을 찾고 몸소 강융씨를 찾아가 사과

하는 한편 회맹에 참석하도록 당부하여 군자다운 풍모를 보였다. 이는 대인배의 아량을 보여준 행동이었을 뿐만 아니라 외교 무대에서도 나름 성과를 거두었다.

역사의 이름난 계책을 활용한 필재우畢再遇

모택동은 줄곧 "현재를 위해 과거를 활용"할 것을 주장했다. 앞사람들의 성공은 뒷사람들에게 계시를 준다. 앞사람들의 실패 역시 뒷사람들에게 투쟁에서 경고의 작용을 한다. 앞서간 수레바퀴는 뒤에 가는 수레의 스승이 된다는 말이다. 이는 막부의 구성원들이 '역사의 정황'을 숙지해야 할 이유이기도 하다.

역사상 선인의 모략과 계책을 활용하여 큰일을 이룬 대표적인 사례는 남송 시대의 필재우(1148-1217?)라는 인물이다. 그는 금나라 군대를 막는 과정에서 지혜와 기발한 모략을 자유자재로 구사했다. 그런데 그가 활용한 모략은 역사상 누군가가 사용하여 효과를 본 것들이다. 그는 이런 것들을 빌려 자기 것으로 활용함으로써 기가 막힌 효과를 거두었다.

송나라 영종寧宗 조확趙擴은 1206년 6월 북벌을 명하고 금나라에 대해 선전포고를 했다. 그러나 오래지 않아 송나라 군대는 모든 전선에서 패배했다. 필재우는 기병 480기로 금나라 군대 5천 철기병과 싸웠다. 그는 안휘성 영벽靈璧 부근의 봉황산鳳凰山에서 적을 성공적으로 저지하여 주력군이 철수할 수 있게 했다. 당시 필재우는 영벽성을 불태우라는 명령을 내렸다. 장수들은 이해가 되지 않았다. 불을 피우면 아군의 움직임을 적이 쉽게 알아챌 수 있었기 때문이다. 이에 필재우는 말했다.

"병법에서는 밤에 불을 밝히지 말라고 했지만 지금은 대낮이다. 낮에는 연기가 하늘을 가리기 때문에 철수를 보호할 수 있다."

그는 병법에서 영감을 얻어 역발상으로 당시 상황을 통괄하여 병법의 원칙을 반대로 활용함으로써 불가능을 가능으로 만들었다. 결과적으로, 그는 실을 하나만 끊었고 송나라 군대는 궤멸되지 않고 철수할 수 있었다. 잘 패하면 망하지 않을 수 있고, 절망적인 상태에서도 살아날 수 있다.

그 뒤 금나라 군대가 남하하자 필재우는 먼저 육합六合이라는 요충지를 차지한 뒤 중요한 길을 가로막음으로써 금을 견제할 수 있었다. 이때 금나라 군대는 육합에서 불과 20리 떨어진 곳까지 진군해 왔다. 필재우는 천천히 준비를 갖추면서 성 위의 깃발을 내리고 북을 울리지 못하게 했다. 그리고 스스로 정예병을 이끌고 남문에 잠복했다. 금의 군대는 참호를 건너 성을 기어올랐다. 그때 갑자기 성에서 북이 울리고 깃발이 펄럭이기 시작했다. 조용하던 분위기가 갑자기 요란해지자 금나라 군대는 대경실색했고, 이 틈에 필재우가 남문을 뛰쳐나와 공격을 가했다. 금나라 군대는 혼비백산 달아났다.

금나라 장수 완안도랍完顏圖拉은 10만 대군을 모아 육합을 겹겹이 에워싸고 계속 강공을 퍼부었다. 성안의 화살이 다 떨어져 활의 이점이 소용없어지자 송나라 군대는 원거리에서 금나라 군대를 공격할 수 없게 되었다. 접근해서 육박전을 벌인다면 송나라 병사 전부가 다 죽어도 수십 배나 되는 적을 이길 수 없었다. 당연히 육합도 적에게 넘어간다. 필재우는 삼국시대 제갈량이 구사한 '초선차전草船借箭' 모략에서 계발을 얻어 성 위에 푸른 덮개를 세우고 풀로 만든 사람에게 갑옷을 입혀 성 위를 왔다갔다하게 했다. 금나라 병사는 송나라의 주장이 순시에 나선 줄 알고 앞다투어 강궁을 당겨 화살을 쏘아댔다. 화살은 폭우처럼 쏟아졌고, 담장에 세운 덮개에 고슴도치처럼 박혔다. 이렇게 송나라 군은 화살 20만 개를 얻었다.

금나라 군대가 겹겹이 포위한 상황에서 송나라는 엄청난 정신적 압박을 받았다. 필재우는 성안의 악대를 소집하여 성문 가까운 곳에서 연주를 하게 했다. 악대는 돌아가며 연주를 했고, 관현악기의 소리가 끊이질 않았다. 금나라 군대는 도대체 송나라 군대가 무슨 일을 하는지 몰랐다. 성안의 송나라 군사들은 음악 소리를 들으며 불안한 마음을 가라앉혔고, 인심도 크게 안정되었다. 동시에 이 음악 소리는 금나라 군대로 하여금 10만 대군에게 포위를 당했어도 송나라 병사들이 투지를 잃지 않았다는 착각까지 불러일으켰다. 필재우는 성문 앞에서 느긋하게 음악을 연주하게 함으로써 금나라 군대의 심리를 마비시키는 한편, 계속 소수의 병력으로 밤낮없이 기습을 가해 쉬지 못하고 늘 마음을 졸이게 만들었다. 금나라 군대는 하는 수 없이 물러갔다. 성문 앞에서 음악을 연주하는 이 묘책은 얼마 전 남송의 장수 하나가 순창順昌에서 대나무 피리를 불어 적을 어지럽힌 사례에서 계발을 얻은 것이었다.

금나라 군대가 후퇴하자 필재우는 병사들을 이끌고 적의 뒤를 공격하기에 앞서 향료를 넣어 볶은 콩을 지상에 잔뜩 뿌려놓았다. 그러고는 적의 뒤를 쫓아 공격하는 척하면서 후퇴하자, 적은 기세를 올리며 뒤를 쫓아왔다. 금나라 군대가 콩을 뿌려놓은 곳에 이르자 날은 이미 저물고 사람과 말이 배가 고플 때가 되었다. 금나라의 군마가 콩 냄새를 맡고는 걸음을 멈추고 허겁지겁 콩을 먹기 시작했다. 채찍을 휘둘렀지만 맛난 콩을 두고 말들은 움직이려 하지 않았고, 이 때문에 금의 군대가 혼란에 빠졌다. 병사들을 숨겨놓고 기다리던 필재우가 이 틈에 출격하여 대승을 거두었다.

이 계책 역시 오대 시기 오월의 대장이었던 전전권錢傳瓘과 오나라 대장 팽언장彭彦章이 통주通州 낭산강浪山江에서 치른 전투에서 나왔다. 당시 두 군대는 강 위에서 전투를 벌였다. 오나라의 전함이 먼저 바람을 타고 전진했고, 전전권은 함대를 이끌고 이리저리 피하다가 바람의 방향을 선점했다. 결국 두 함대가 서로 접촉하려는 순간 전전권은 장사들에게 콩을 오나라의 배 안에 뿌리게 하는 한편 자신의 배 안에다

● 역사적 사례에 대한 연구는 리더, 특히 막료들에게는 필수 요소이다. 실제 경험의 축적이자 결과인 역사는 현상을 넘어 본질을 통찰할 수 있게 하는 무한한 보물창고이기 때문이다. 초상화는 다양한 전투 사례를 창조적으로 재활용하여 승리를 거둔 필재우다.

가는 모래를 뿌리게 했다. 이어 바람이 불자 전전권은 바람을 타고 재를 날리게 했고 오나라 병사들은 재 때문에 눈을 뜰 수가 없었다. 이윽고 배가 부딪히고 접전이 벌어졌다. 오월의 병사들은 닥치는 대로 오의 병사들을 죽였다. 피가 갑판을 적셨고, 오월이 뿌린 콩이 피에 젖으면서 마치 윤활유처럼 변했다. 오나라 병사들은 제자리에 서 있지 못하고 바닥으로 미끄러졌고, 이 때문에 오월의 병사들에 대한 공격은 엄두도 내지 못했다. 반면 오월의 병사들은 모래를 밟았기 때문에 미끄러지지 않고 상대를 마음껏 공격할 수 있었다. 전전권은 적의 함선에 불을 질러 완승을 거두었다. 적장 팽언장은 자살했다.

필재우는 이런 역사상의 전투 사례에서 계발을 받아 콩을 적의 군마에게 먹여서 같은 효과를 거두었다.

필재우는 오대 시기 후량의 명장이 깃발을 앞세워 성을 돌면서 강적을 속이고 진양晉陽을 기습한 계책을 또 한번 활용했다. 당시 그는 금나라 군대와 보루를 사이에 두고 대치하고 있었다. 금나라가 원군을 보내 병력이 증강됨으로써 송나라 군대는 열세에 놓였다. 필재우는 전력을 보전하기 위해 철수한 다음 다시 싸우기로 했다. 그러나 철수하다가 공격을 받으면 자칫 전멸할 위험도 있었다. 이에 필재우는 양들을 거꾸로 매달아 그 앞발 앞에 북을 갖다 놓게 했다. 거꾸로 매달린 양들이 고통에 앞발을 버둥거리면서 자연스럽게 북을 두드렸고, 필재우는 저녁때 철수를 시작했다. 적군은 송의 군영에 깃발이 여전히 휘날리고 북소리가 끊임없이 들려오는 것을 보고는 대비를 하지 않았다. 이렇게 며칠이 지난 다음에야 성이 비었다는 사실을 알게 되었지만 필재우는 이미 전군을 이끌고 철수한 뒤였다.

필재우의 이런 계책은 '장개취전張蓋取箭(덮개를 세우고 화살을 빌리다)', '고악시한鼓樂示閒(악기를 연주하며 느긋함을 보이다)', '살두외마撒豆餵馬(콩을 뿌려 말에게 먹이다)', '박양격고縛羊擊鼓(양을 매달아 북을 치게 하다)'라는 고사성어로 남아서 전하고 있다. 이런 계책들은 역사에게 기원했고, 역사를 현실에서 운용하고 새롭게 창조한 생생한 사례였다.

부지런히 배우길 좋아한 심괄沈括의 학식이 적국을 놀라게 하다

두 나라 사이에 국경분쟁이 있으면 자국의 입장과 논리를 앞세우기 마련이다. 오늘날에도 마찬가지다. 이런 분쟁에서 어느 한쪽이 이런저런 구실을 달아 고의로 상대를 도발할 경우 사정은 더욱 골치 아파진다. 이런 문제를 제대로 처리하려면 담판에 나선 대표가 지리에 관한 전반적이고 확실한 지식, 정치적 지리의 변화에 대한 치밀하고 심각한 이해를 가지고 있어야 한다. 중국 역사에서 송나라는 여러 차례 이와 같은 국경 문제 때문에 곤혹을 치른 왕조였다.

송나라의 상대였던 하夏는 이원호李元昊에 이어 아들 이량조李諒祚가 불과 두 살의 나이로 왕위를 계승했다.(1048년) 송과 하 사이에 다시 전쟁의 불길이 붙었다. '어부지리'라고 했듯이 1차 송·하의 전쟁 중에 요遼는 송에게 막대한 돈을 긁어 갔다. 얼마 뒤에는 다시 사신을 보내 송나라 군대가 변경을 침범하여 성을 쌓고 있다고 나무라며 요의 지도에 따라 이것들을 허물고 뒤로 물러나 다시 경계를 확정하자고 요구했다.

재상 왕안석王安石은 흔쾌히 이 요구를 받아들여 유침劉忱과 여대충呂大忠을 보내 국경 문제를 담판 짓게 했다. 이들이 떠나기에 앞서 황제 신종은 두 사람에게 "요가 받아들이지 않으면 그들이 말한 보루 등을 모두 헐고 주둔한 군대를 철수시키도록 하라."고 말했다. 이에 유침은 말했다.

> "신이 명을 받은 후 추밀원에서 선배들이 남겨놓은 자료를 검토하니 우리가 침범한 요나라 땅은 한 치도 없었습니다. 신은 나라의 신하로 죽을힘을 다해 다투어 굴욕적으로 땅을 잃는 일이 없도록 하겠습니다."

그러나 유침이 변경에 도착하자 왕안석은 신종을 보채어 "만약 요나라의 논리가 궁해지면 화를 낼 것이니 그들이 원하는 대로 확정하도록 하라."는 명령을 내렸다. 왕안석과 황제가 얼마나 비굴하고 나약한지를 보여주는 대목이다.

유침은 강골의 대장부였다. 그는 황제의 명령에 따르지 않고 요나라와 국경 문제를 끝까지 따지고 들었다. 요나라는 목적을 이루지 못하자 다시 사람을 보내 송나라를 압박했다. 송 조정은 유침과 여대충을 소환했다. 재상 한강韓絳과 부상 여혜경呂惠卿은 땅을 떼어주자는 입장에서 신종과 왕안석 편이었다. 요나라의 심기를 건드리는 것을 겁내는 인물들이었기 때문이다. 유침과 여대충은 신종 앞에서 이 두 재상들과 논쟁을 벌이며 말했다.

> "저들이 달랑 사신 한 명 보내 500리 땅을 떼어달라 합니다. 그런데 신분이 높은 자를 보내 관중 이남 땅을 다 떼어달라고 하면 어쩔 겁니까?"

신종은 입이 있어도 할 말이 없었다. 그러나 태도가 불량하고 일을 제대로 처리 못 했다며 이 두 사람을 내치고 새로운 사람을 보내 국경 문제를 논의하게 했다. 그런데 이 두 사람도 땅을 떼어주었다는 굴욕의 책임을 지고 싶지 않아 이듬해 봄까지 회담을 끌었다. 요는 다시 사신을 보내 이번에는 땅을 얻어야만 돌아갈 것이라고 으름 장을 놓았다.

　신종은 하는 수 없이 지제조知制誥 벼슬에 있던 심괄(1031-1095)을 요나라로 보내 변경 문제를 논의하게 했다. 이때 요나라는 연막을 피우는 작전으로 땅을 얻겠다는 목적을 이루기 위해 여러 차례 국경선을 바꾸는 식으로 송나라 조정을 흔들어놓았다. 나아가 산서 북부 관잠산管岑山에 속한 황외산黃嵬山을 경계로 삼자고 제안했다. 심괄은 박학다식한 학자이자 대단한 성취를 이룬 과학자였다. 그는 자신의 지리 지식과 추밀원의 관련 자료를 상세히 검토하여 협상에 필요한 확실한 증거들을 수집한 결과 두 나라는 원래 옛 장성을 경계로 삼았음을 알아냈다.

　심괄은 이를 근거로 정확하게 지도를 그려 요나라가 제기한 황외산은 옛 장성에서 남쪽으로 30여 리 떨어진 곳임을 지적했다. 신종은 지도를 보고 심괄의 설명을 듣자 "대신들이 진상을 제대로 연구하지 않아 나라의 큰일을 그르칠 뻔했다."며 기뻐했다. 신종은 심괄에게 지도를 요나라 사신에게 건네주고 설명하게 했고, 요나라 사신은 적절하게 대응하지 못했다.

　신종은 심괄에게 은 천 냥을 내리고 그를 요나라에 사신으로 보냈다. 요는 말을 잘하고 꾀가 많은 양준훈楊遵勖을 보내 심괄과 담판하게 했다. 심괄은 일찌감치 풍부한 지식을 바탕으로 담판에서 오고 갈 예상 답변을 준비하여 수행원들에게 외우게 했다. 양준훈이 던지는 질문에 대해 심괄은 수행원으로 하여금 사실에 근거하여 답변하게 했다. 양준훈은 사실 앞에 뭐라 할 수 없었고, 결국 심괄에 맞서지 못했다. 요나라는 하루를 건너 다시 협상한다는 전략으로 나왔다. 둘째 날 요는 다시 언변술과 문제제기로 나섰으나 결과는 처음과 마찬가지로 얼굴을 붉힐 정도로 패했다. 이치를 따져 내세울 말이 없자 "몇 리 되지도 않는 땅을 못 내놓겠다니 두 나라의 우호관계를 끊겠다는 생각이냐?"며 욕을 해댔다. 심괄은 이렇게 맞섰다.

"일단 싸움이 붙어 명분이 있으면 병사의 사기가 오르겠지만 명분이 없으면 필패입니다. 지금 요가 맹약을 저버리고 백성을 몰아 전쟁의 불길로 뛰어들게 한다면 우리 송에게는 그보다 더 좋은 일은 없을 겁니다."

엿새 동안의 담판에서 양준훈은 시종 수세에 처했다. 심괄은 철저한 사전 준비, 이치와 사리를 근거로 삼고 여기에 단단한 지리적 지식으로 무장하여, 지명을 바꾸는 방식으로 속이려 드는 요나라의 책략을 확실하게 좌절시키고 단 한 치의 땅도 주장할 수 없게 했다.

요는 하는 수 없이 황외산을 포기하고 천지天池의 땅을 달라는 최소한의 요구로 돌아섰다. 송 조정 권력 상층부의 태도를 잘 알고 있었던 심괄은 더 이상 강경하게 밀어붙여 담판이 결렬된다면 지난번 유침처럼 처벌을 받게 될 경우 하나 좋을 것이 없다고 판단하여 요의 요구를 받아들였다.

국경을 확정 짓는 담판은 담판에 나선 대표의 재능이 결정적인 작용을 하는 것이 아님을 알아야 한다. 관건은 자기 나라가 얼마나 강한가에 달려 있고, 그것이 진정한 마지노선이다. 약소국의 외교는 이래야 한다.

심괄은 땅을 떼어주는 이런 담판에 결코 찬성한 사람이 아니었다. 그는 귀국하는 길에 여러 차례 길을 돌아 각지를 답사하여 요나라의 산천, 도로 등을 살펴서 지도로 그린 것은 물론 요의 풍속과 인심의 향배 등을 상세히 조사했다. 그리고 그 정보들을 모은 『거란도契丹圖』라는 책을 만들어 만에 하나 전쟁이 벌어질 경우 송의 공격과 수비에 참고하도록 준비했다.

귀국한 심괄은 책을 조정에 바쳤고, 그는 한림학사로 승진했다. 그러나 송나라 조정의 못난 지도층은 오로지 땅을 떼어주고 화의하려고 했다. 그들은 심괄이 지나치게 강경하다고 여기고는 한진韓縝을 사신으로 보내 땅을 떼어주는 사명을 집행하게 했다. 그러자 요는 태도를 바꾸어 더 심한 요구 조건을 내세웠다. 한진은 스스로 결정할 수 없었다. 이때 왕안석이 다시 재상 자리에 복귀했다. 그는 통 큰 자신의 모습을 과시하기 위해 먼저 땅을 떼어주기로 결정하면서 "얻고 싶으면 먼저 주어야 한다."며 큰소리를 쳤다. 잠시 땅을 요나라에 주고, 이후 더 많은 땅을 얻어내겠다는 뜻이었다. 그리하여 요가 요구한 대로 황외산을 경계로 그어 그 북쪽 땅 전부를 요나라에 주었다. 이렇게 동서 700여 리를 잃었고, 이는 상대가 요구한 땅보다 더 많았다. 이로써 송나라 군대는 험준한 요지를 지키지 못한 채 철수했고, 요나라 군대는 안문관 깊숙이 들어오게 되었다.

● 막료가 갖추어야 할 적지 않은 자질들 중 끊임없는 공부와 연구는 가장 기본적인 것이다. 모든 대책과 뛰어난 모략이 이를 통해 나오기 때문이다. 심괄은 송 왕조에서는 보기 드문 과학자이자 관리로서, 국경분쟁에서 자신의 능력을 발휘했다.

이는 이후 요나라가 남하하여 송나라의 땅을 갉아먹는 발판이 되었다. 땅을 내어주고 화의를 구걸한 왕안석의 이런 역사의 오점은 개혁가로서 그의 빛나는 모습을 가리고도 남는다. 그의 희망대로 개혁에 성공하여 국력을 키워 다시 땅을 찾았을 수는 있다. 그러나 개혁의 성공 여부는 말하기 어렵지만 땅을 내준 것은 명명백백 사실이었다.

심괄은 명백한 사실, 정확한 이치와 사리로 강한 이웃을 압박했다. 그는 풍부한 지리적 지식을 바탕으로 공격할 때는 앞으로 나아갈 수 있게 도왔고, 수비할 때도 제대로 수비할 수 있게 도왔다. 심괄의 끊임없는 공부의 결과였다.

2.
현란한 유세술

'유세'는 사회·정치·경제 투쟁에서 흔히 볼 수 있는 형식이다. 현대 정치생활에서 벌어지는 경선에서의 연설, 경제생활에서 흔한 비즈니스 담판, 법정에서의 변론 등이 모두 유세라는 투쟁방식에 속한다. 유세는 국가와 기업의 생존과 발전에 관계될 뿐만 아니라 특정한 막료의 생존과 발전에도 중대한 관계를 갖는다. 이런 유세와 변론 등에 참여하는 개인에게는 거대한 기회이자 도전이며, 그 과정은 사실 개인이 자신의 재능을 펼치는 통로이다. 즉, 재능과 지혜를 모아서 큰 그림을 그리고 뛰어난 모략을 제기하여 부귀를 얻고 인생의 가치를 실현하는 과정이자 계기이다.

'유세'라는 단어에서 '유游'는 선진시대 책사들이었던 이른바 종횡가縱橫家로부터 비롯되었다. 그들은 대부분 부귀와 공명을 추구하기 위해 여러 제후국들을 떠돌며 자신을 팔거나 특정 제후국의 사신이 되어 다른 제후국들을 다녔다. 그들의 특징은 일정한 거처 없이 유동성이 컸다. 이것이 '유'의 본질이다. 그 뒤 호적 제도의 속박 때문에 이런 '유'의 속성이 크게 제한되었고, '유'의 특징도 많이 약화되었다. 현대에 와서

도 사회적 형세와 교통의 빠른 발전으로 '유'의 중요성은 상대적으로 감소되었지만 '세
說'가 본질이 되고 있다.

　　앞서 언급한 관측과 분석술은 정보의 수집과 두뇌의 사고에 편중되어 있다. 유
세는 이런 사고에 근거하여 교묘한 방식으로 입을 통해 표출하는 것이다. 유세는 막
료의 실력과 재능을 드러내는 일종의 방식이기 때문에 여기에서 좀더 연구하여 단락
을 나누어 상세하게 기술하고자 한다.

1) 상대를 연구하라

앞에서 우리는 관측과 분석의 방법과 중요성을 전문적으로 논술했다. 얻은 '정황'은
당연히 유세의 기초가 된다. 그러나 유세 자체를 구체화하려면 담판 상대에 대한 더
욱 치밀한 연구를 강화해야 한다. 행위를 통해 겉으로 드러나는 정황을 이해하고,
나아가 상대 내부의 감추어진 정황까지 깊게 이해해야 한다.

　　얻어낸 세간의 정황, 인간의 정황, 미래의 관측은 지극히 표면적일 수 있다. 인간
의 행위와 그 내면세계는 완전히 일치할 수 없다. 인간은 선과 악의 복합체이고, 인간
의 행위는 도덕에 구속을 받는다. 앞에서 논술한 "정황을 얻는다."는 것은 흔히 상대
방에 대한 정보와 자료를 말하지만 행위라는 방면도 포함한다. 그러나 심리는 파악
하기 어렵다. 사람 마음은 헤아리기 어렵다. 유세의 대상은 대체로 구체적인 한 개인,
또는 한 집단이다. 그 내면의 세계 또는 집단 내부의 가려져 있는 정황을 이해하는
것이 필수적이다. 가려져 있거나 감추어져 있는 드러나지 않는 정황이야말로 진실이
자 본질일 수도 있다.

"옛날 천하를 잘 쓴 사람은 반드시 천하의 권세를 재어보고 제후들의 진심을 알아냈다. 권세를 제대로 살펴보지 못하면 누가 강하고 누가 약한지 그 정황을 알지 못하고, 진심을 면밀하게 보지 못하면 숨어 있는 변화의 양상을 파악해내지 못한다."
(『귀곡자』「췌편」)

이 대목 또한 비슷한 이치를 말하고 있다. "권세를 재어보고" 얻는 것은 공개된 상황일 뿐이며, "진심을 면밀하게 보아야" 숨어 있는 변화의 양상을 얻어낼 수 있다는 뜻이다. 즉, 표면적 현상 배후에 감추어져 있는 진실한 정황을 파악할 수 있어야 한다는 것이다. 이렇게 숨어 있는 정황을 면밀히 살펴야만 유세 대상의 내부 정황을 정탐할 수 있고, 이를 통해 세상과 인간의 진실한 정황을 얻어낼 수 있고, 이를 통해 사물의 발전 동향을 유추하여 정확한 유세 책략을 제정하는 근거로 삼을 수 있다.

그렇다면 숨어 있는 정황을 어떻게 이해할 수 있나? 한 집단의 내부 정황 또는 한 개인의 내면세계는 대개 비밀스럽고 드러나지 않는다. "사람의 마음을 헤아리기 어렵다."는 말이 바로 이런 이치를 가리킨다. 그러나 기교와 방법을 파악한다면 숨어 있는 정황을 알아내는 것도 불가능하지는 않다. 다음에서 가장 많이 활용하는 방법들을 소개한다.

청취聽取

인간의 의지, 지향, 희열, 정욕, 사려, 지모 등은 흔히 가장 먼저 입을 통해 표출된다. "입은 마음의 문이다."라는 말은 이를 잘 표현하는 말이다. 그러나 말을 듣는다는 것은, 바람 부는 소리를 들으니 비가 올 것 같다는 식은 결코 아니다. 제대로 분석해야 한다. 인간은 마음과 말이 일치하지 않는 경우가 많기 때문이다. 들리는 말을 뒤집어 청취하는 법도 배워야 한다.

관상觀象

관상이란 표상과 현상을 관찰하는 것을 말한다. 관찰을 통해 얻는 정황이 말을 듣는 것보다 훨씬 더 믿을 만한 경우가 있다. 예를 들어 전화기를 통해 들리는 말을 통해 그 사람을 이해할 경우 엉뚱한 쪽으로 빠지기 쉽다. 그 사람의 표정을 볼 수 없기 때문이다. 상대방을 관찰하려면 먼저 유세 대상의 동작, 말투, 표정, 정서 등에 유의해서 표상을 통해 그 사람 내심의 생각, 감정 상태, 욕망을 탐지해야 한다. 그다음으로는 유세 대상 국가의 정황, 백성들의 정황, 단체의 정황 등을 관찰하는 데 주의해야 한다.

탐색探索

언어를 사용하여 상대로부터 정황을 이끌어내는 것이다. 상대방이 말하는 정황에 대해서는 드러나지 않게 분석 비교하여 그 진실한 의도를 파악하고 상대의 요지를 파악해야 한다. 때로는 자신의 동정을 흘려 상대를 유인하거나 고의로 특정 방면을 압박하여 상대방이 자신의 의지를 끝까지 견지하는가를 살펴서 상대의 요지를 얻어낸다.

유인誘引

언어나 표정을 사용하여 상대로부터 실제 정황을 끌어내는 것이다. 낚시처럼 언어의 방식으로 물고기에게 미끼를 던져 탐색하는 것과 같다. 다른 물고기를 낚으려면 다른 미끼를 써야 하듯이 서로 다른 상황을 파악하려면 다른 언어로 상대를 유인해야 한다. 먼저 던지는 언어로 필요한 상대의 상황 또는 모든 상황을 얻을 수는 결코 없다. 이럴 때는 여러 가지 언어로 상대방을 유인해야 한다. 표정과 동작으로 상대의 진심을 토로하게 하는 수단도 사용할 수 있다.

추정推定

추정은 헤아림이다. 이 기술의 관건은 '미세하고 미미한 것을 보고 종류나 유형을 아는' 데 있다. 유세 대상의 당초 의도, 발전 방향을 유추할 때는 미세한 방면에 주목해야 한다. 왜냐하면 유세 대상이 유세가에게 자신이 무엇을 생각하는지, 무슨 문제를 해결하려는지, 무슨 목적을 이루려는지 등을 직접 알려주지 않기 때문이다. 유세가가 이런 것들을 알아내려면 전적으로 유세 대상의 언어를 통해 추측하고 분석할 수밖에 없다.

이를테면 이런 상황이 있을 수 있다. 유세 대상이 큰소리를 치면 그것은 진실일 가능성이 적다. 반면 찔끔찔끔 이야기를 흘리는 식이면 그 안에 진짜 욕망이 포함되어 있을 가능성이 있다. 내심의 생각과 의도는 언어를 통해 나타나는 것 외에 표정과 동작을 통해서도 나타난다. 겉모습으로 속마음을 헤아리는 것은 아주 중요하다. 당나라 때 사람인 윤지장尹知章(약669-약718)은 사람의 겉모습은 큰 차이가 없지만 내면

이 변하면 반드시 겉으로 드러나기 때문에 그 겉을 잘 살펴 그 안을 알아내야 한다고 했다. 그래서 안색은 보이는데 그 감정을 모르겠으면 이 방법을 사용해야 한다고도 했다.

전국시대 조나라의 실세 평원군平原君이 모수毛遂 등 식객들을 거느리고 초나라 고열왕考烈王에게 유세하러 갔다. 아침부터 해가 중천에 뜰 때까지 담판을 했지만 성과가 전혀 없었다. 고열왕은 좌우를 두리번거리며 이야기를 하는데 정작 주제에 대해서는 자꾸 피하는 모습이었다. 옆에 있던 모수는 고열왕의 '미묘한 말' 속에서 그가 진나라를 두려워하고 있으며 합종으로 얻을 이익이 없다고 생각해서 그렇게 미적댄다고 유추했다. 모수는 고열왕이 내뱉는 언어의 파편 속에서 진정한 의도가 무엇인지를 간파했고, 이에 검을 들고 앞으로 나가 "초나라는 땅이 사방 천리에 군대가 백만입니다."라는 과장된 말로 진나라를 두려워하는 고열왕의 심리를 해소시키는 한편, "합종은 초나라를 위한 것이지 조나라를 위한 것이 결코 아닙니다."라며 합종이 초나라에 가져다줄 이익을 밝힘으로써 결국 초나라 고열왕으로부터 구원병을 보내겠다는 약속을 받아냈다.

춘추시대 제나라 환공은 재상 관중과 거莒라는 작은 나라를 정벌하는 일을 논의했다. 자리 아래에는 일하는 사람들이 올려다보고 있었다. 머지않아 제나라 전역에는 제나라가 거를 정벌한다는 이야기가 쫙 퍼졌다. 환공이 그 까닭을 물었고, 관중이 조사를 해보니 그때 일하던 사람들 중 동곽아가 퍼뜨렸다는 사실을 알았다. 이에 관중은 동곽아를 불러 그 일을 어떻게 알았냐고 물었다. 이에 동곽아는 이렇게 말했다.

"신이 듣기에 군자는 모략을 잘 운용하려면 뜻이 새어나가지 않게 조심해야 한다고 합니다. 신이 그 뜻을 훔쳤을 뿐입니다. 신이 듣기에 군자의 안색에는 세 가지가 있다고 합니다. 아주 기쁠 때는 음악을 들을 때의 안색이고, 쓸쓸하거나 차분할 때는 슬픈 표정이며, 발끈하여 주먹을 움켜쥐면 싸우려는 기색입니다. 저번에 신이 두 분을 보았을 때 싸우려는 기색이었습니다. 주군께서 이를 갈고 어깨를 들썩이며 손가락질 한 것은 거를 가리키는 것 아니겠습니까? 신이 이로써 가만히 생각해보니 지금 제후들 중 복종하지 않는 자는 거 외에 누가 있겠습니까? 그래서 그렇게 말한 것입니다."

동곽아는 환공과 관중이 거를 정벌하겠다는 말은 단 한마디도 듣지 못했다. 그저 그들의 기세와 안색 그리고 입과 손 모양을 관찰하는, 즉 표면에서 내면을 헤아리는 방법으로 유추했던 것이다.

● 인간은 여러 가지 언행을 통해 자신의 심경을 나타낸다. 때로는 직접적인 말보다 몸동작, 표정이 더 많은 것을 알려준다. 전국시대 유세가의 한 사람으로 '모수자천'이란 고사로 유명한 모수는 초왕의 미묘한 표정과 동작으로부터 중요하 정보를 관측해내서 담판을 성사시켰다. 그림은 초왕 앞에서 유세하는 모수의 모습을 그린 만화다.

2) 유세 책략과 방안을 확립하라

대상에 대한 연구를 철저히 했으면 다음은 유세의 주제를 확정해야 한다. 유세 대상이 무슨 문제를 해결하려고 하는지를 비롯해서 이 문제를 어떻게 해결할지, 즉 유세의 내용을 확정하는 것이다. 중국은 고대로부터 오랜 유세의 실천경험을 통해 유세의 주제를 확정하는 데 지켜야 할 원칙을 종합 정리했다. 이 원칙들이 대체로『귀곡자』에 보존되어 있는데, 이 책은 앞사람들의 유세모략을 종합하고 그 수준을 높여놓은 유세이론의 원조와도 같아 오늘날에도 그 의미를 잃지 않고 있다.『귀곡자』는 다음과 같은 유세 내용의 네 가지 원칙을 제시하고 있는데, 이 원칙들을 잘 따르기만 하면 문제해결을 위한 유효한 책략을 내서 승리할 수 있다고 한다.[21]

반복상구反覆相求, **인사위제**因事爲制

『귀곡자』의 관련 대목은 다음과 같다.

"추세를 따라 합치고 등을 돌리는 것에도 다 적합한 계책이 있다. 일이 서로 맞물려 돌아가는 것이 서로 방향을 바꾸며 엮여 있는 것처럼 서로 맞물려 돌아가니(반복상구反覆相求) 모두 일의 상황에 따라 처리해야 한다(인사위제因事爲制)."("오합忤

---

21   이하 네 가지 원칙과 관련한 내용은『귀곡자』의 특정한 한 편에 집중적으로 나타나는 것이 아니라 여러 편에 흩어져 있다. 저자가 나름대로 네 항목으로 추린 것으로 보인다. 관련 대목을 간략하게 함께 소개한다. _옮긴이

습」편)

'반복상구'는 먼저 거듭 사색하여 유세 대상이 가장 급하게 해결해야 할 문세가 무엇인지를 유추하거나 어느 방면에서 이 문제를 해결해야 하는가에 대한 생각을 포함한다. 다음으로 유세 대상의 성격은 어떠하며 박력은 있는지 그 집단 내부가 일치 단결하고 있는지 등을 연구한다.

'인사위제'는 실제 상황에 근거하여 유세의 주제를 확정하고, 유세 대상을 위해 유세의 주제를 정한 다음 실제 상황에서 출발하여 연구 상대로부터 얻은 자료에 근거해 문제해결을 위한 모략을 확정하는 것이다.

관련한 역사 사례로 춘추시대 진晉나라의 촉지무燭之武가 강력한 논변으로 진秦나라 군대를 철수시킨 사실을 한번 보자.

기원전 630년, 진晉 문공文公은 남방의 강국 초나라와의 성복城濮 전투에서 승리한 뒤 서방의 강대국 진秦과 연합하여 정鄭을 토벌하기로 했다. 문공은 왜 정나라를 공격하려 했을까? 첫째는 정나라가 줄곧 초나라에 붙어 성복 전투에서도 초나라를 도와 진晉나라를 공격했기 때문이다. 또 하나 주요한 까닭은 진 문공과 정 문공 사이에 케케묵은 깊은 원한이 있었기 때문이다. 진 문공이 과거 망명 생활을 하던 때 정나라를 지나갔는데 이때 정 문공이 푸대접한 것은 물론 대부 숙첨의 사주를 받아 진 문공을 죽이려 하는 등 위협을 가해 내쫓은 일이 있었다. 셋째로 정나라가 장공 이후 국력이 갈수록 쇠퇴해져 문공 때 이르러 다섯 아들이 모두 시원찮아 난을 일으키거나 일찍 죽는 등 국내가 말이 아니었다. 정 문공은 이런저런 일 때문에 화가 나서 공자들을 모조리 정나라에서 내쫓았는데 거기에는 선왕의 아들도 포함되어 있었다. 공자 난蘭은 정 문공의 배다른 동생이었는데 진晉나라로 달아났고, 진 문공은 그를 잘 대우했다. 공자 난은 진 문공에게 자신이 태자가 될 수 있게 도와달라고 부탁했고, 이 또한 정나라 정벌 원인의 하나였다.

　이런 세 가지 이유 때문에 진 문공은 진秦나라와 연합하여 정나라에 군사력을 동원하기로 했던 것이다. 당시 진晉의 원수 선진先軫은 "정나라 하나를 상대하는 데는 우리 군대면 충분합니다만 정나라는 중국의 목구멍과 같아 동방의 제나라 환공이 패주가 되려면 먼저 정나라를 굴복시켜야 합니다. 서방 진秦나라를 이 일에 가담시킨 다면 진秦나라는 틀림없이 우리와 이권을 다투려 할 것입니다."라며 진秦나라와의 연합을 말렸다. 이에 진 문공은 "정나라는 우리 진晉과 가깝고 저쪽 진秦나라와는 멀리 떨어져 있다. 정나라 공격에서 저쪽 진나라는 별다른 이익을 얻을 수 없을 것이오." 라고 했다. 이렇게 해서 저쪽 진나라 목공이 군대를 거느리고 함께 정나라 토벌에 나섰다. 남의 힘을 빌려 일을 이루어보겠다는 뜻이었다.

　큰 나라 둘이 작은 나라 하나를 공격하려는 것은 마치 호랑이 두 마리가 양 한 마리를 덮치는 것처럼 승부는 따져볼 것도 없었다. 게다가 정나라 문공이란 사람이 비열하고 인색한 자라 정나라는 싸우는 족족 패했고, 사방에서 급보가 날아드는 등 상황이 다급하기 짝이 없었다. 정 문공은 군신들을 소집하여 대책을 논의했다. 일지호佚之狐가 다음과 같은 계책을 올렸다.

　"촉지무를 진秦나라 국군에게 보내면 진晉나라 군대는 틀림없이 철수할 것입니다. 두 강국 중 하나를 먼저 제거하면 남은 진秦나라도 마음이 흔들릴 것이고, 그럼 진 晉나라 역시 철수시키기 수월할 것입니다."

　정 문공은 촉지무가 어떤 사람이냐고 물었다. 일지호는 "신이 당초 국군께 추천했으나 번번이 물리쳤던 그 사람입니다. 지금 말을 기르는 벼슬에 있습니다."라고 했다. 정 문공은 "그 사람이 무슨 재주가 있어 강대한 진晉나라 군대를 철수시킬 수 있단 말인가."라며 미심쩍어했다. 이에 일지호는 이렇게 말했다.

"이 사람이 무슨 능력을 가지고 있는지는 저도 완전히 알 수 없습니다. 그러나 미세
한 것을 보고 그 실질을 통찰하는 능력이라면 전국에서 이 사람을 뛰어넘을 사람
은 없습니다. 신이 목숨을 걸고 바라옵건대 주공께서 이 사람을 기용하여 벼슬을
주고 진秦나라 군영으로 보내신다면 틀림없이 뜻밖의 공을 세울 수 있을 겁니다."

정 문공도 뾰족한 수가 없었다. 평소 중용한 사람이 중요한 시기에 쓸모가 없고
병은 급하고 의사는 당장 필요하니 마부에게라도 희망을 걸자는 생각에 촉지무를
불렀다.

정 문공이 도착한 촉지무를 보니 수염이 허연 나이 70이 넘은 노인이었다. 몸은
굽어 있었고 걸음도 시원찮았다. 아무리 보아도 남보다 뛰어난 능력의 소유자처럼 보
이지 않았다. 몸에서는 말똥 냄새까지 풍겼다. 좌우에서 웃지 않는 사람이 없었다.
이런 자가 어찌 일을 해낼 수 있겠느냐는 표정으로 모두 비웃었다. 정 문공도 실망을
금할 수 없었다. 그러나 일이 여기까지 왔으니 하는 수 없이 "일지호가 과인에게 그대
가 남다른 언변을 갖고 있다고 하니 오늘 수고스럽지만 가서 진晉나라 군대를 물러가
게 한다면 과인이 큰 상을 내릴 것이다."라고 했다. 이에 촉지무는 이렇게 말했다.

"일개 마부에 지나지 않는 제게 무슨 재능이 있겠습니까? 젊었을 때도 하찮은 공
하나 세우지 못했는데 하물며 이렇게 다 늙은 나이에 어떻게 임금의 뜻대로 천승
의 대국을 움직일 수 있겠습니까? 게다가 큰 상과 벼슬이 이 늙은이에게 무슨 소용
이 있겠습니까?"

정 문공이 사양하는 촉지무의 말을 들으면서 좌우의 고관대작들을 둘러보았다. 호화로운 옷과 큼직한 모자를 쓴 위풍당당한 자들이었지만 나라가 위기에 처했는데 어느 누구 하나 나서지 않고 거북이처럼 목을 움츠리고 있었다. 문공은 촉지무에게 다시 말했다.

"선생이 3대에 걸쳐 정나라를 섬겼는데 이렇게 늙도록 기용되지 못한 것은 과인의 잘못이오. 이제 선생을 아경亞卿에 봉하니 과인을 위해 한번 다녀와주시오."

이때 곁에 있던 일지호는 촉지무가 사양하는 것을 보고는 앞으로 나서 이렇게 말했다.

"더 이상 사양하지 마십시오. 지금 나라가 망할 위기에 놓여 있습니다. 당신께서 한번 나서 힘을 써주십시오. 이는 정나라 주공을 위한 일일 뿐만 아니라 실제로는 정나라 백성을 위해 전쟁의 피해를 막을 수 있습니다. 무고한 백성을 도탄에 빠트릴 셈입니까?"

촉지무는 그제야 마지못해 제안을 받아들였다. 사실 촉지무는 정나라가 인재를 기용하는 정책, 특히 정 문공은 말뿐이고 인색하기 짝이 없어 진작부터 마음에 들지 않았다. 그러나 정나라 백성을 위해서라는 말에 받아들였다.

정 문공은 이렇게 해서 가까스로 촉지무의 허락을 얻고 그를 아경에 임명했다. 춘추전국시대는 경에 3등급이 있었는데 아경은 경 다음이었다. 이렇게 보면 정 문공은 죽음이 코앞에 닥치자 그때까지의 인색함을 버리고 촉지무에게 이런 벼슬을 내린 것을 알 수 있다. 그러나 아경의 신분으로 진秦나라 군영에 사신으로 가봤자 충분한 대접을 받기는 어려웠다. 진나라 장수를 설득하기도 어려울 것이 뻔했다. 이를 잘 알았던 촉지무는 의관을 정제하지 않고 사신에게 필요한 부절도 없이 밤을 틈타 혼자 밧줄을 타고 성을 빠져나와 진나라 군영으로 갔다.

군영을 지키고 있던 진나라 병사는 곧 자칭 정나라 사신이라는 사람을 발견했다. 그런데 수행원은커녕 사신이 지녀야 할 부절도 없고 의관도 갖추지 않았기 때문에 임금에게 보고조차 하지 않았다. 그러자 촉지무는 땅바닥에 엎드려 대성통곡을 했고, 이 통곡 소리에 진나라 군영은 물론 목공도 놀랐다.

늦은 밤에 곡소리가 들리자 목공은 누가 곡을 하는지 물었고, 자칭 정나라 사신이라는 사람이 뵙기를 청했는데 이것이 받아들여지지 않자 통곡을 하고 있다고 보고했다.

목공은 정나라 사신을 데려오게 했다. 백발노인 촉지무를 본 목공은 왜 통곡을 하냐고 물었다. 촉지무는 "정나라가 망하려 하기 때문에 통곡하는 것입니다."라고 했다. 목공은 이 늙은이가 무슨 말을 하는 것인지 이상해서 "정나라가 곧 망하는데 감히 우리 군영 밖에서 통곡한단 말이냐."라고 다그쳤다.

촉지무는 눈물 콧물을 줄줄 흘리면서 "이 늙은이는 그저 정나라 때문에 우는 것만이 아니라 진나라 때문에 우는 것이기도 합니다. 정나라가 망하는 것은 아깝지 않지만 아까운 것은 진나라가 망하는 것입니다."라고 답했다.

목공은 버럭 화를 내며 "내 나라가 무엇이 아깝다고? 이 늙은이가 한 번 더 헛소리하면 머리가 날아갈 줄 알아라."며 호통을 쳤다.

목공의 위협에도 촉지무는 전혀 두려워하는 기색 없이 마치 수수께끼라도 내듯 손을 뻗어 손가락 두 개를 내보이며 말했다.

"진·진 두 나라가 함께 정나라를 공격하니 정나라는 말할 것도 없이 망할 수밖에 없습니다. 그러나 정나라가 망하고 진나라에 이익이 된다면 이 늙은이가 어찌 감히 당신의 면전에서 이러쿵저러쿵하겠습니까? 정나라의 멸망은 진나라에 터럭만큼도 이익이 없을 뿐만 아니라 오히려 손해입니다. 주공께서 군사를 피곤하게 하고 재물도 날릴 판이니 이는 남을 위해 수고하는 것 아닙니까?"

진 목공은 촉지무의 말에 마음이 움직였다. "이익이 없고 손해만 있다는 말이 무슨 뜻인가?"라고 물었다. 촉지무는 한 걸음 더 나아가 다음과 같이 분석했다.

"정나라는 진晉나라와 동쪽으로 경계를 접하고 있고, 진秦나라는 진晉나라와 서쪽으로 접해 있습니다. 진秦나라는 정나라와 동서로 수천 리 떨어져 있고, 동쪽으로 진晉나라, 남쪽으로 주 왕실에 가로막혀 있습니다. 진나라가 주 왕실과 다른 진나라를 뛰어넘어 정나라 땅을 차지할 수 있겠습니까? 정나라가 망하면 국경을 접하고 있는 저 진나라가 모조리 다 차지할 터인데 진나라에 무슨 득이 있겠습니까? 진·진 두 나라는 모두 강대국입니다. 지금 진秦나라가 저쪽 진나라를 도와 정나라를 침략했는데 저쪽 진나라의 실력만 키우고 진나라 실력은 깎인다면 이것은 고기를 잘라서 호랑이에게 던져주어 스스로를 해치는 꼴과 무엇이 다르겠습니까? 저들이 땅을 늘리는 일을 돕는다고 자신의 국력을 약화시키는 이런 멍청한 일을 총명한 사람이라면 어떻게 할 수 있겠습니까? 제가 듣기에 두 영웅이 공존할 수 없다고 합니다. 하물며 저 진나라는 평소 교만하고 의리가 없는 나라입니다. 혜공이 황하 바깥 다섯 개 성을 주공의 진秦나라에 주기로 해놓고는 끝내 약속을 저버렸습니다. 이 일은 주공께서도 잘 알고 계실 겁니다. 게다가 저 진나라의 지금 군주는 주공께서 옹립한 사람 아닙니까? 주공의 진나라는 이렇게 몇 대에 걸쳐 은혜를 베풀었는데 그에 대해 보답했다는 말은 듣지 못했습니다. 저 진나라 문공은 나라를 다시 회복한 이후 군대와 장수를 늘려 오로지 다른 나라를 차지하는 데만 힘을 기울여 갈수록 강력해졌습니다. 그리고 지금 동쪽으로까지 힘을 뻗쳐 정나라를 멸망시키려 합니다. 그러니 내일은 서쪽으로 확장을 꾀하여 진나라에까지 화가 미치시 않는다고 장담할 수 있겠습니까? 주공께서는 과거 진晉나라가 길을 빌려 괵虢이란 나라를 멸망시킨 일을 들으셨을 것입니다. 우虞나라의 힘을 빌려 괵나라를 멸망시키고, 바로 거꾸로 창을 돌려 우나라까지 일격에 멸망시켰습니다. 우나라의 국군이 너무 어리석어 진나라를 도와 괵나라를 멸망시키고 자기 나라까지 망쳤으니 이 어찌 귀감이 되지 않겠습니까? 저 진晉나라가 진秦나라를 끌어들여 정나라를 멸망시키려는 꿍꿍이를 현명하신 주공께서 헤아리지 못하고 저들의 술수에 말렸기에 이렇게 통곡을 한 것입니다."

촉지무는 두 손가락 중 하나를 접으면서 정나라의 멸망이 진나라에 도움이 되기는커녕 손해가 날 것임을 분명하게 지적했다. 목공은 자신도 모르게 진땀을 흘렸고, 평소 지혜롭기로 이름난 백리해百里奚조차 한마디도 못 했다. 촉지무는 또 말했다.

"이웃 나라의 힘이 강하면 내 나라의 국력은 약해집니다. 그러니 왜 정나라를 멸망시켜 이웃 저 진나라를 강하게 만듭니까? 이제 주공께서 정나라에 대한 공격을 멈추시면 우리 정나라 국군께서는 주공께 감사를 드리는 것은 물론 정나라 백성들도 주공의 큰 은혜와 덕에 감격할 것입니다. 또 진나라가 어느 날 저 진나라의 공격을 받는다면 우리 정나라는 진나라를 위해 갖은 수단과 방법으로 진나라 군대를 도울 것입니다."

촉지무는 남은 손가락 하나를 마저 거두어들였다. 목공은 기쁜 마음으로 촉지무의 말을 받아들였고, 백리해조차도 고개를 끄덕이지 않을 수 없었다. 그러면서 "선생이 하신 말씀까지 우리가 미처 생각하지 못했습니다."라고 했다.

진 목공은 즉시 철수를 명령하는 한편 촉지무와 입에 피를 바르며 맹서했다. 이렇게 정나라는 진나라와 협상을 성공시켰고, 진나라는 군대를 철수시키는 한편 기자杞子, 봉손逄孫, 양손楊孫을 보내 3천 명의 군사로 정나라를 도와 성을 지키게 했다.

진나라는 몰래 군대를 돌려 돌아갔다. 이 소식을 접한 진晉나라 문공은 벼락같이 화를 냈다. 어떤 대신이 뒤쫓아가서 공격하자고 했지만 문공은 다음과 같은 말로 물리쳤다.

"안 된다! 우리가 이전에 진나라의 도움을 받아 사직을 지킬 수 있었다. 이를 잊는 것은 사람이 할 일이 아니다. 과거의 우호동맹을 버리는 일은 지혜롭지 못하다. 두 나라가 서로를 공격하는 일은 진정한 싸움이 아니다. 우리도 군대를 돌려 철수한다!"

진晉 문공은 저쪽 진나라와 서로 공격하여 웃음거리가 되길 원치 않았다. 대신 정나라에 사람을 보내 조건을 분명하게 제시했다. 첫째, 숙첨을 죽여라. 둘째, 공자 난을 태자로 삼아라. 숙첨은 지난날 자신이 한 일이 죽음을 초래할 줄은 미처 몰랐다. 숙첨은 자살했다. 정 문공의 다섯 아들은 모두 일찍 죽거나 난을 일으켰다. 따라서 공자 난을 후계자로 삼는 일은 명분도 있고 순리를 따르는 것이었고, 무엇보다 진나라의 환심을 얻을 수 있었다. 정 문공은 진나라의 요구를 받아들였다. 진 문공은 이렇게 체면을 세우고 군대를 돌렸다.

촉지무는 밝고 지혜로운 안목과 미세한 것을 통찰하는 능력 그리고 투철하고 간명한 언변으로 진·진 두 나라가 미처 살피지 못한 객관적으로 존재하는 은밀한 흔적으로부터 먼저 귀가 솔깃할 수밖에 없는 위협조의 언어로 목공의 마음을 움직였다. 목공은 서둘러 촉지무가 던지는 말의 뜻을 헤아리고 싶었고, 이에 촉지무는 한 겹 한 겹 이해관계를 분석했다. 여기에 촉지무는 과거 진晉나라 역사에 남은 떳떳하지 못한 오점을 움켜쥐고 두 나라 사이의 미묘한 혐오와 틈을 찾아내서는 바위를 가르는 힘으로 조리 있게 정나라를 멸망시키는 것보다 살리는 것이 낫다는 이치를 분명하게 밝혔다. 목공은 진심으로 촉지무의 설득을 받아들였고, 이로써 철판 같았던 진·진 두 나라의 연맹을 깨고 끝내 진나라의 철수를 끌어냈다. 진나라 목공은 군대 철수를 명령했을 뿐만 아니라 세 장수와 장병을 보내 정나라를 지켰다.

또 한 가지 알아야 할 것이 있다. 진 목공을 따라 종군한 인물로 백리해가 있었다. 그는 지혜와 모략이 뛰어난 명사였다. 다른 사람은 몰라도 그를 속일 수는 없었다. 그런 백리해를 설득하려면 논리와 이치는 더욱 단단해야만 했다. 이렇게 보면 촉지무는 말만 기른 것이 아니라 말을 기르면서 천하를 걱정하며 천하 형세를 환히 꿰뚫고 있었다. 다만 머리칼이 다 셀 때까지 기회를 얻지 못했을 뿐이다. 정나라가 위기에 처하지 않았더라면 마구간에 그대로 처박혀 있었을 것이다. 다행히 남은 세월 세상에 이름을 날렸다 해도 나라를 위해 얼마나 오래 힘을 보탰을까? 이래저래 탄식하지 않을 수 없다.

인화설사因化說事, 통달계모通達計謀

『귀곡자』의 관련 대목을 먼저 보자.

"사태의 위급함을 미리 알아채서 방법을 쓸 수 있는 까닭은 조화에 따라 일을 처리하고 지략에 통달하여 세밀하고 미묘한 것을 모두 알기 때문이다."(「저희抵巇」 편)

'조화에 따라'로 번역한 '인화因化'는 형세의 발전과 변화에 근거한다는 뜻인데 전체를 전반적으로 고려하는 것이다. 형세는 발전하고 사물은 변화한다. 유세가는 세상과 인간의 정황을 탐구하고 장악하려 한다. 이미 드러난 지난날의 상황과 정세를 마음에 정확하게 담고 이에 의거하여 모략을 제정한다. 이 모략을 운용하여 문제를 해결하려 할 때는 늘 시간상의 거리가 있다. 시간적으로 문제해결이 늦어지는 것을 보완하기 위해서는 '조화에 따라', 즉 사물의 발전과 변화에 근거하여 모략을 제정할 필요가 있다. 그러나 사물 내부의 발전과 변화는 불균형이다. 어떤 요소는 발전하지만 어떤 요소는 그대로이다. 어떤 요인은 빠르게 변화하지만 어떤 요인은 변화가 느리다. 따라서 유세의 주제와 해결 방법을 확정할 때는 '지략에 통달할' 필요성이 있다. 즉, 사물이 변화하는 정도를 전반적으로 고려하여 사물의 주체적 요소에 변화가 일어났는지 고찰해야 한다. 그런 다음 부차적인 요소의 변화도 살펴야 한다. 주체적 요소가 빠르게 변화하면 부차적 요소의 변화도 빠르다. 그리고 모략의 조정과 제정을 전반적으로 고려해야 한다.

주도권의 전환

제나라는 네 나라 사신을 욕보인 소태부인蕭太夫人의 비웃음 때문에 계속 싸움이 일어나 하루도 편할 날이 없었다. 진晉나라는 제나라 도성을 두 차례 공격하여 대대적인 약탈과 함께 굴욕적인 화의를 압박했다. 장공莊公 여광呂光이 즉위한 후에도 병란은 끊이지 않았고, 제나라에 충직하고 뛰어난 인재가 나타나 나라를 위해 몸을 바치지 않는 한 제나라는 곧 망할 판이었다.

기원전 551년 가을, 진晉나라에 내란이 터졌다. 대부 난영欒盈이 제나라로 망명해 왔다. 상대부 안영晏嬰은 장공에게 난영을 거두어서는 안 된다고 충고했으나 장공은 듣지 않고 난영을 후하게 대접했다. 언젠가 난영이 진나라로 돌아가면 안팎으로 호응해서 진나라를 공격하여 과거의 치욕을 갚겠다는 망상 때문이었다. 장공은 진나라 범앙范鞅에게 패배하여 철수하면서 진나라의 변방 읍인 조가朝歌를 점령했다. 이에 진나라는 대대적으로 제나라를 공격할 준비를 했다.

이 소식을 접한 장공은 겁이 났다. 그리고 그제야 안영의 말을 듣지 않은 걸 후회했다. 안영은 초나라와 연합하여 진나라에 맞서자고 제안했다. 당시 형세를 보면 초나라는 진나라만 못했고, 제나라는 초나라만 못했다. 저쪽 서방의 또 다른 진秦나라도 막강했다. 제나라를 포함한 이른바 4대 강국 중 제나라가 가장 약했다. 제나라는 초나라와 관계가 좋지 않아 사신의 왕래도 아주 드물었다. 아무튼 제나라는 초나라를 설득하여 제나라를 돕게 하기 위해 사신을 보내기로 했다. 이 임무는 결코 쉽게 성사시킬 일이 아니었다. 안영이 이 중책을 떠맡았다.

당시 초나라 강왕康王은 그 아버지 공왕共王과는 달리 즉위 11년 동안 군대를 거의 동원하지 않았다. 따라서 재위하는 동안 초나라는 태평을 누리고 있었다. 강왕은 안영이 사신으로 왔다는 이야기를 듣고는 바로 제나라의 의중을 짐작했다. 강왕은 탐탁지 않은 표정으로 신하들에게 이렇게 말했다.

"선왕께서 세상을 떠난 후 과인은 중원 땅을 밟지 못했다. 초나라 군대는 10년 동안 출정하지 않고 백성들과 휴식하면서 천시의 변화를 기다려왔다. 지금 제나라가 진나라와 맞서는 중에 안영이 온 것은 말하지 않아도 그 뜻을 알 수 있다. 과인은 그의 심지를 꺾고 그의 인격을 욕보여 그가 말재주를 발휘하지 못하도록 하고 싶다. 무슨 묘책이든 다 말해보라."

초나라 대신들은 왕이 제나라 사신을 욕보이겠다는 말을 들었고, 더욱이 그 상대가 현명하기로 이름난 제후 안영이라는 사실에 엉뚱한(?) 마음을 먹었다. 스스로 잘났다고 생각하는 자들이 나름 기묘한 대책으로 안영을 욕보일 수 있다면 자신의 능력과 몸값을 높이는 좋은 기회라고 생각했기 때문이다. 그리하여 제각기 서둘러 함정을 파놓고 안영이 걸려들기만 기다렸다. 이는 동서고금의 외교사에서 최초로 상대를 욕보이는 것을 목적으로 삼은 접대였다. 이는 앞서 언급한 소태부인이 네 나라 사신을 비웃은 것과는 엄연히 달랐다. 그녀는 의도적으로 네 나라를 욕보인 것이 아니었기 때문이다.

초나라의 수도인 영郢에 도착한 안영은 사람을 보내 통보했지만 그를 맞이하러 나오는 초나라 관리는 아무도 없었다. 성문은 굳게 닫혀 있고, 성문 옆쪽 담장 아래쪽으로 작은 문이 하나 열려 있을 뿐이었다. 마차가 출입할 수 있는 그 옆의 큰 성문에 비하면 개구멍이나 마찬가지로 작았다. 게다가 문 옆에 서 있다가 안영을 맞이하여 성으로 안내하는 사람들은 모두 난쟁이였다.

안영은 다섯 자 정도밖에 되지 않는 왜소한 사람이었다. 초나라 군신들의 의도는 분명했다. 안영을 욕보이기 위해 일부러 이런 작은 문을 만든 것이다. 사신에 대한 초나라의 이런 태도는 제나라에 대한 태도와 마찬가지였다. 안영은 이번 사신 임무가 험난할 것이라는 점을 직감했다. 지혜롭고 신분이 있는 안영이 난쟁이의 안내를 받아 개구멍으로 들어가는 접대는 당연히 인정할 수 없었다. 그렇다고 화를 내며 돌아서서 이번 사절의 목적을 허공에 날릴 수는 없었다. 더욱이 초나라 사람 앞에서 제나라 사람의 무능을 드러낼 수도 없는 노릇이었다. 순간 안영의 뇌리에는 수많은 생각이 스쳐갔다. 그는 문제의 핵심이 어디 있는지 간파했다. 즉, 연약한 제나라를 평소 깔보는 초나라의 경시 태도였다. 따라서 정신적으로 초나라 사람을 이기지 못하면 외교의 실패는 물론 세상 사람의 비웃음거리로 남게 된다.

안영은 서두르거나 성을 내지 않았다. 대신 아주 냉정한 자세로 마차에 앉아 수행원을 시켜 대문을 열게 하라고 했다. 난쟁이는 작은 문, 즉 개구멍을 가리키며 안영에게 "대부께서는 이 문으로 들어가셔도 충분한데 왜 힘들게 대문을 열라고 하십니까?"라고 말했다. 그는 안영에게 마차에서 내려 수행원을 따라 작은 문으로 들어가라고 요구한 것이다. 안영은 아주 무거운 목소리로 이렇게 말했다.

"돌아가 왕께 '신이 개의 나라에 사신으로 왔다면 개구멍으로 기꺼이 들어가겠습니다. 초나라는 당당한 일류 국가이거늘 신이 어찌 개구멍으로 들어가 초나라 왕의 체면을 손상시킬 수 있겠습니까?'라고 아뢰거라."

난쟁이는 사람을 보내 초왕에게 보고했다. 초왕과 대신들은 이른바 지혜와 현명의 대명사로 불리는 제나라 대부 안영이 어떻게 욕을 당하고 돌아갔는지를 기다리고 있었다. 그런데 안영이 전해온 사신의 말을 듣고는 모두들 놀라지 않을 수 없었다. 초왕은 감탄하며 "과인이 선생을 욕보이려다 도리어 희롱을 당했구나."라며 자신도 모르는 사이에 존경의 마음이 생겨 즉시 성문을 열고 정중하게 맞아들이게 했다.

왜소하고 신체적으로 결함이 있는 보잘것없는 안영의 모습을 본 강왕은 기세로 먼저 안영을 꺾기 위해 웃으면서 "제나라에는 사람이 없소이까?"라고 물었다. 안영은 이렇게 답했다.

"제나라 도성 임치臨淄에는 골목의 문들만 300군데가 넘고, 사람들이 내뿜는 입김과 땀이 비가 되어 내릴 정도이며 서로 어깨를 부딪힐 정도로 사람이 많습니다. 그러니 어찌 제나라에 사람이 없겠습니까?"

강왕은 "그런데 어째서 선생을 초나라에 사신으로 보냈단 말이오?"라고 했다. 안영의 외모를 은연중에 비웃은 것이다. 안영은 전혀 흔들림 없이 이렇게 응수했다.

"대왕께서 모르는 것이 있습니다. 제나라가 사신을 보낼 때는 경우마다 다 다릅니다. 현명한 사람을 사신으로 보내는 나라는 그 군주가 현명할 경우이고, 시원찮은 사람은 시원찮은 군주의 나라에 보냅니다. 신은 가장 시원찮은 사람이라 초나라에 사신으로 온 것입니다."

강왕은 안영의 약점을 공격하여 그를 부끄럽게 만들고 굴복시키려 했지만 도리어 안영의 날카로운 반격을 받아 낭패했다. 강왕이 곤경에 빠진 모습을 본 초나라 대부 양계강陽啓疆은 서둘러 다음 수를 냈다. 양계강은 무사에게 한 사람을 묶어 대전 앞으로 끌고 오게 했다. 강왕은 "이자가 어디 사람이고 무슨 죄를 지었는가?"라고 물었다.

무사는 "제나라 사람이고 절도죄를 저질렀습니다."라고 답했다.

강왕은 안영을 보며 "제나라 사람은 천성이 훔치기를 좋아하오?"라며 웃었다. 안영은 여전히 차분한 목소리로 말했다.

"신이 듣기에 귤나무를 회수淮水 남쪽에 심으면 귤이 달지만 북쪽으로 옮겨다 심으면 잎사귀는 비슷하지만 열매의 맛이 달라집니다. 왜 그렇겠습니까? 물과 땅이 다르기 때문입니다. 저 제나라 사람이 제나라에 있을 때는 남의 물건을 훔치지 않았는데 초나라에 와서 절도를 했다는 것은 초나라의 물과 땅이 이렇게 만든 것 아닐까요?"

강왕은 세 번이나 안영을 욕보이려 했지만 번번이 거꾸로 비웃음을 당했다. 강왕은 감탄을 연발하며 "진정 성인이로다."라며 안영을 칭찬했다.

초나라의 군신들은 안연의 언변과 지혜에 감탄한 것은 물론 그의 뛰어난 인품에 반하지 않을 수 없었다.

안영은 초나라 군신들 앞에서 천하의 정세를 분석한 다음 춘추오패였던 제 환공, 진 목공, 진 문공, 송 양공, 초 장왕 이후 헤아리기 힘든 시국의 변화를 설명하고 동맹을 통해 진나라에 맞서야 한다는 이치를 강조했다. 초나라 대부들이 잇따라 안영과 변론에 나섰지만 모두 안영에게 반박을 당해 입을 다물었다. 초왕은 탄복하면서 바로 안영과 동맹을 맺어 제나라와 초나라가 연합하여 함께 진나라에 맞서기로 했다.

그해 8월 진晉나라는 송·노·조·위 등 여러 나라의 군대를 모아 제나라 정벌에 나섰다. 초 강왕은 몸소 총사령관이 되어 진·채의 군대와 합류, 정나라를 정벌하여 제나라를 구했고, 제나라는 위기에서 벗어났다.

안영은 거의 불가능한 일을 성사시켰다. 이는 그 자신의 재능 때문이었지만 더 중요한 것은 인격으로 초나라 군신들을 정복했기 때문이다. 군대를 동원하길 원치 않았던 초나라 강왕이 몸소 군대를 이끌고 제나라를 도운 것도 이 때문이었다. 안영의 인격과 인품은 평소 사람들로부터 존경을 받고 있었고 이 때문에 초나라에 사신으로 파견되었다. 그는 자신의 재능과 인품으로 초나라 군신들을 굴복시켰다. 이후 수십 년 안영이 제나라 재상으로 있는 동안 제나라와 초나라의 우호관계는 계속 유지되었다.

● 안영의 언변, 학식, 인품 및 다양한 실천 경험은 막료들이 갖추어야 할 자질이 어떤 것인가를 잘 보여준다. 사진은 제나라 수
도 임치(지금의 산동성 치박시 임치구)에 남아 있는 안영의 무덤이다.

　　제나라 장공은 안영의 공을 칭찬하며 그를 재상으로 올리고 천금과 땅을 상으
로 내렸다. 안영은 모두 사양했다. 안영은 제나라 재상이었지만 끝까지 좋은 옷, 음
식을 탐하지 않았고, 처첩에게 비싼 옷을 입지 못하게 할 정도로 검소하게 살았다.

　　안영의 인격적 매력은 그의 마부조차 감화시켰다. 이 일도 흥미롭다. "재상 문에
서 7품 관리 난다."고 했듯이 안영의 마차를 모는 마부는 늘 의기양양 뽐을 내고 다녔
다. 고위층 차를 모는 운전수가 보잘것없는 차를 모는 운전수를 무시하는 것과 같다
고 하겠다. 그런데 어느 날 이 마부의 태도가 갑자기 공손해졌다. 불과 하루 전과 달
라도 너무 달랐다. 안영이 그 까닭을 물었더니 마부의 아내가 마부를 비판했다는 것
이었다. 아내는 마부에게 이렇게 말했다고 한다.

　　"키가 여섯 자도 못 되는 안자는 제나라 재상이 되어 제후들 사이에 명성을 날리고

있지요. 오늘 재상이 외출하는 모습을 보니 품은 뜻은 깊고 항상 자신을 낮추는 겸허한 자태였어요. 그런데 키가 여덟 자나 되는 당신은 남의 마부 주제에 아주 만족스러워하더군요. 제가 이혼을 요구하는 이유는 바로 이 때문이에요."

사마천은 안영의 이런 인품을 다음과 같은 말로 칭찬했다.

"만약 안자가 지금 살아 있다면 그를 위해 마부가 되어 채찍을 드는 일이라도 마다하지 않았을 것이다!"

주밀귀미周密貴微, 여도상추與道相追

관련한 『귀곡자』의 대목을 보면 이렇다.

"열 때는 넓고 상세함이 관건이고, 닫을 때는 은밀함이 관건이다. 주도면밀함은 미묘한 것을 귀하게 여긴다. 그래야 도와 합치한다. 열어서 상대의 본심을 파악한 다음 그 본심과 완전히 결합하면 닫아건다."(「패합捭闔」편)

세상 만물은 종적으로 관찰해보면 변화·발전하고, 횡적으로 관찰하면 번잡하고 복잡하다. 큰 일 안에 작은 일이 포함되어 있고, 작은 일 안에는 더 작은 성분이 포함되어 있다. 따라서 주요한 것과 부차적인 것을 가릴 줄 알아야 한다. 내용을 확립할 때는 반드시 각종 상황에 대해 엄밀하게 고찰한 기초 위에서 주도면밀하고 신중하게 처리하여 그에 상응하는 각종 책략을 제정해야 한다. 이것이 주도면밀함과 미묘함의 원칙을 실시하는 주요 방법이다.

이와 관련하여 상대의 틈을 가르고 동맹을 공격하여 망국의 우려를 해소한 유세가 진진陳軫의 사례를 소개한다.

전국 후기 각국의 형세를 두루 살펴보았을 때 진나라가 6국을 통일할 수 있었던 까닭은 주로 대외정책의 일관성과 이를 원활하게 결합했기 때문이다. 일관성 방면에서는 처음부터 끝까지 범수范雎의 '원교근공遠交近攻(멀리 있는 나라와는 가까이 지내면서 가까운 나라를 먼저 공략한다)' 원칙을 관철했다. 6국은 눈앞의 이익 때문에 서로 힘을 합쳐 진나라에 대항하자는 '합종合縱'의 책략을 끝까지 유지하지 못했다. 이 때문에 서로 다른 뜻을 품고 정책을 바꾸면서 서로 견제하다가 끝내는 멸망의 길을 걸었다.

이 과정에서 진나라가 한나라를 공격한 사례는 '근공'이란 책략을 관철한 구체적인 표현이다. 이 두 나라는 탁택濁澤에서 맞붙었다. 한나라는 위급한 상황에 몰렸고, 상국 공중붕公仲朋은 중대한 시기에 '합종'으로 진나라에 대항하는 것이 소용없다는 것을 보고는 급한 대로 알아서 눈앞의 위기에 대처하기 위해 한왕에게 이렇게 말했다.

"우리 동맹국들은 하나같이 믿을 수가 없습니다. 지금 진나라는 이미 초나라와 싸우기로 결심한 것 같으니 이 전쟁의 불길을 초나라 쪽으로 돌리는 것이 낫습니다. 우리는 진나라의 장의를 통해 진나라와 화의를 진행하는 한편 큰 성 하나를 진나라에 뇌물로 주고 진나라와 함께 초나라를 공격하는 것입니다. 그렇게 되면 우리는 도성 하나만 희생하여 진과 초라는 두 강국의 힘을 약하게 만들 수 있으니 이야말로 일석이조의 계책이 아니겠습니까?"

선혜왕宣惠王은 이 말에 귀가 솔깃하여 바로 공중붕을 진나라에 사신으로 보내

화의를 청하고 아울러 연합하여 초나라를 공격할 일에 대해 상의하게 했다. 그러나 보안이 허술한 탓에 이 일이 초나라에 바로 새어나갔다. 초왕은 화가 났지만 몹시 두려웠다. 진나라 하나를 상대하기도 벅찬데 한나라까지 합세하여 초나라를 공격한다면 더욱 위험하기 때문이었다. 초왕은 서둘러 진진을 불러 이 일에 대해 상의했다. 진진은 다음과 같이 분석했다.

"진나라가 초나라를 공격하려고 한 지는 오래되었습니다. 지금 또 한나라로부터 큰 성을 하나 얻어서 그곳에다 무기 등을 비축하려고 합니다. 지금 진나라가 그렇게 바라던 기회를 얻었으니 초나라는 공격을 피하기 어려울 것 같습니다."

초나라 회왕懷王은 본디 어리석은 자라 자기 의견이라는 것이 없었다. 이에 진진은 다시 이렇게 말했다.

"대왕께서는 신의 건의를 받아주시기 바랍니다. 일단 사방 경계 지점에다 경계령을 내리고 정예병들을 선발한 뒤 진나라가 한나라를 공격하면 한나라를 돕겠다고 선포하십시오. 그러고는 전차를 길거리에 배치하여 언제든지 한나라를 돕겠다는 것을 보여주십시오. 다시 사신을 한나라로 보내 그들에게 많은 수레와 예물을 주어 초나라가 진짜 한나라를 돕는다고 믿게 하십시오. 이렇게 하면 한나라가 우리의 호의를 받아들이지 않고 여전히 진나라에 땅을 떼어주길 원한다 해도 한왕은 틀림없이 우리의 마음에 감격하여 진나라와 함께 초나라를 침략하는 앞잡이가 되길 원치 않을 겁니다. 이렇게 해서 진과 한을 갈라놓고 그 세력을 약화시키면 초나라는 그렇게 큰 압력을 받지 않을 것이고 손실도 최소화할 수 있습니다. 물론 가장 좋은 상황은 한나라가 우리 초나라의 말을 듣고 진나라와 외교관계를 끊는 것입니다.

그리되면 진나라 왕은 화가 나서 한나라를 더욱더 미워할 것입니다. 한나라가 우리 초나라가 돕는다는 것을 알게 되면 더는 진나라를 두려워하지 않게 됩니다. 이렇게 해서 진나라와 한나라의 군대를 곤란하게 만들면 우리 초나라의 걱정은 사라질 수 있습니다."

진진의 이런 분석을 통해 우리는 다음과 같은 점을 읽어낼 수 있다. 진진은 한나라와 진나라가 연합하여 초나라를 공격하려는 책략을 갈라놓으면서 먼저 눈앞에 이미 발생한 모든 상황을 고려하고 여기에 상황의 발전추세를 예측했다. 진나라가 초나라를 공격하려는 의도는 이미 오래되었고, 한나라에 대한 공격은 한나라의 전력을 규합하여 초나라를 공격하려는 것에 불과했다. 한나라는 이미 땅을 떼어주고 진나라와 연합하여 공동으로 초나라를 공격할 준비를 하고 있었다. 이런 상황에서 초나라의 위기를 해소할 수 있는 유일한 방법은 두 나라의 연맹을 깨거나 약화시키는 것뿐이었다. 진진은 이 책략을 한나라에 실시할 경우 발생할 모든 효과를 예측했고, 최선은 두 나라의 연맹을 갈라놓는 것이고, 차선은 연합군의 전력을 약화시켜 초나라가 입을 손실을 최소화하는 것이었다.

진진의 책략을 들은 회왕은 아주 기뻐하며 바로 사방의 경계를 강화하라고 명령하는 한편 정예병을 안배하여 한나라를 돕겠다며 준비에 들어갔다. 동시에 사신을 한나라로 보냈다. 이렇게 대대적인 홍보를 통해 한나라로 하여금 초나라가 자신을 돕는다는 의지를 믿게 만드는 동시에 이런 모습을 진나라가 보게 만들었다.

사신은 한나라에 도착하여 선혜왕에게 "우리 초나라가 약소하긴 하지만 이미 전국의 군대를 조종하여 대왕께서 어떻게 진나라를 대하든 우리 초나라는 한나라와 존망을 함께할 준비를 끝냈습니다."라고 했다.

한나라 선혜왕은 이 말에 뛸 듯이 기뻐하며 막 진나라로 떠나려던 공중붕의 행차를 막았다. 한왕은 초나라가 원조하면 진나라에 충분히 맞설 수 있다고 여겼기 때문에 큰 성 하나를 괜히 진나라에 줄 필요가 없다고 보았던 것이다. 공중붕은 초나라의 의도를 간파하고는 선혜왕에게 말했다.

"실제로 우리를 공격하려는 나라는 진나라입니다. 진나라에게 한나라의 큰 성은 초나라 공격을 위한 기지로 삼으려는 것입니다. 그러나 우리 한나라를 돕겠다는 빈말로 우리를 농락하는 나라는 초나라입니다. 이런 초나라의 알맹이 없는 말만 믿고 경솔하게 막 회복된 강대한 진나라와의 관계를 끊는다면 천하 제후의 조롱거리가 될 것이 뻔합니다. 하물며 초나라와 한나라는 형제의 나라가 아닙니다. 또 함께 진나라를 공격하자고 약속한 바도 없습니다. 진나라는 당초 초나라를 공격하려 했고, 초나라는 이 때문에 군대를 발동하여 한나라를 구원하겠다고 큰소리를 쳤는데 이는 진진의 음모에 불과합니다. 게다가 대왕께서 이미 사신을 진나라에 보내 알렸는데 원래 방침을 바꾼다면 이는 진나라를 속이는 것과 같습니다. 진나라로부터 올 우환은 가볍게 여기고 반대로 초나라 모사의 빈 약속을 믿는다면 대왕께서는 틀림없이 후회하실 것입니다."

이처럼 한나라에 진진의 계책을 간파한 사람이 없었던 것은 결코 아니었다. 그러나 최종 결정은 한왕의 손에 있었고, 선혜왕은 진나라와의 외교를 단절했다. 진왕은 크게 노하여 군대를 동원하여 한나라를 공격하여 안문岸門에서 전투가 벌어졌다. 초나라의 구원병은 도착하지 않았고, 한나라는 대패했다. 초나라는 이렇게 해서 위기를 해소했다. 주도면밀한 진진의 계책이 성공의 관건이었다.

이심선정已審先定, 이무형용而無形容

『귀곡자』의 관련 대목은 다음과 같다.

> "자신이 기준을 정하지 못하면 상대를 바르게 활용하지 못하고 일의 쓰임이 교묘하지 못하게 되는데, 이것을 상대의 본심을 읽지 못해 도를 잃었다고 한다. 자신을 깊이 관찰하여 먼저 기준을 정하고 남을 활용하면 그 방책은 형상이 없고, 그 문을 볼 수도 없는데 이를 천신天神(최고의 경지)이라고 한다."(「반응反應」편)

비밀을 지키는 것은 책략을 실시하는 관건의 하나다. 상대가 나의 내막을 모르면 내가 갑자기 공격하는 것이 유리해진다. 계책을 실시할 때도 가능한 한 '형상을 모르게 만들어' 상대가 나의 의도를 알아채지 못하게 해야 한다. 그래야 상대는 속수무책으로 허둥대다 파탄을 드러낸다.

대증처방對症處方, 친소유별親疏有別

"증세에 맞게 처방하고, 멀고 가까움을 구별할 줄 알아야 한다." 유세의 내용을 확정했으면 유세 대상을 위해 문제해결의 방법을 내야 한다. 그러나 책략을 취하고 활용하겠다는 결정은 유세가(막료) 본인이 아니라 유세 대상인 막주다. 따라서 책략이 실시되려면 반드시 유세를 거쳐 실권을 쥔 자가 그 책략의 우월성과 승리할 확률을 인식해야 한다. 이 목적을 이루기 위해 유세가는 가장 효과적인 유세 방법을 제정할 필요가 있다. 그리고 여기에는 위에서 말한 '대증처방, 친소유별'이란 두 가지 원칙이 있다.

유세로 상대를 설득하고 둘 사이에 공감이 생겨 유세가가 계획한 문제해결의 책략을 인정하게 만들려면 반드시 상대를 이해해야 한다. 즉, 유세 대상의 특징에 근거하여 유세 방법을 제정해야 한다. 유세 대상의 특징을 파악하려면 다음 세 가지에 근거해야 한다. 욕망, 지식의 정도 그리고 품행이 그것이다.

막료가 계획한 책략은 유세 대상의 문제를 해결하기 위한 것이다. 따라서 책략의 선택과 결정권은 유세 대상에게 있을 뿐만 아니라 이 문제를 해결할 수 있느냐 여부의 결정권도 유세 대상에게 있다. 만약 유세 대상이 어떤 문제를 해결하는 데 급하지 않다면 유세가는 유세의 방안을 제정할 때 이 점부터 고려하여 그 문제를 해결하는 것이 얼마나 중요하고 절박한지를 유세 대상에게 먼저 인식시켜야 한다. 그렇게 해서 그 문제를 서둘러 해결해야 한다는 데 동감하게 하여 문제해결을 위한 책략을 받아들이는 전제를 제공해야 한다. 그렇지 않으면 유세가가 제기한 책략이 아무리 우월하고 치밀해도 헛일이 된다.

다음으로, 유세 대상의 지식 정도는 유세의 방안을 만들고 사용을 확정할 때 맨 먼저 고려해야 할 점이다. 상대의 지적 정도가 낮다면 유세가는 평범하고 쉬운 언어, 통속적인 사례, 이해가 쉬운 이치로 설득해야 한다. 그 반대라면 심오한 이치와 간결한 언어를 사용할 수 있다. 만약 지식 정도가 떨어지는 유세 대상에게 간결한 언어를 사용하면 틀림없이 그 안의 이치를 깨닫지 못하고 어리둥절할 것이다. 심오한 이야기는 더 말할 것 없다. 그러면 아무리 뛰어난 책략이라도 소용없고 유세는 실패로 돌아간다. 반면 지식 정도가 깊은 유세 대상에게 평범한 언어를 사용할 경우 유세 대상은 틀림없이 유세가를 평범하고 저속하다고 느낄 것이다. 그렇게 되면 문제해결을 위한 책략에도 영향을 주고 유세도 성공하지 못한다.

셋째, 유세 대상의 품성도 유세 방안을 설정하는 데 중요한 근거가 된다. 관련하여 귀곡자는 다음과 같이 말한다.

"대개 어진 사람은 재물을 가볍게 여기므로 이익으로 유혹할 수 없지만 오히려 일을 시킬 비용은 쓸 수 있다. 용감한 자는 어려움을 두려워하지 않으므로 우환으로 겁을 줄 수는 없지만 위험한 곳을 지키게 할 수는 있다. 지혜로운 자는 술수와 이치에 밝으니 속일 수는 없지만 도리를 내세워 공을 세우게 할 수는 있다. 이들이 세 종류의 인재다. 그러나 어리석은 이는 쉽게 속일 수 있고, 모자라고 유약한 자들은 쉽게 겁줄 수 있고, 탐욕스러운 자들은 쉽게 유혹할 수 있다. 각각의 방법은 일에 따라 선택하면 된다."(「모모謀」편)

귀곡자의 말은 귀담아들을 가치가 있다. 어진 사람은 이익으로 유혹할 수 없고 그보다는 도덕적 의무로 그의 마음을 움직이는 것이 낫다. 용감한 성격의 사람은 위협적인 수단으로는 효과가 없기 때문에 결사적으로 뛰어들 수 있는 일로 자극을 주면 된다. 지혜로운 사람은 모든 일에 밝기 때문에 속임수가 통하지 않고, 어리석은 사람은 가릴 수 있고, 불초한 자는 놀라게 만드는 방법을 쓸 수 있고, 욕심꾸러기는 이익으로 유혹할 수 있다.

유세 방안을 제정하고 확정할 때 유세가는 또 유세 대상의 가깝고 먼 관계, 즉 사람과 쉽게 친해지는 성격인지 멀리하는 성격인지, 나와 가까운 사이인지 먼 사이인지를 고려해야 한다. 여기서 출발하여 직설법으로 나갈 것인지 돌아갈 것인지, 빠르고 급하게 말할 것인지 느긋하게 말할 것인지를 확정한다. 친근한 성격이라면 돌아갈 것 없이 격식 따지지 말고 바로 말하는 것이 낫다. 그 반대면 반드시 차근차근 한마디도 틀리지 않게 또박또박 유세하여 유세 대상의 심기를 건드리지 않게 해야 한다. 유세가가 '권외圈外'에 있고 유세 대상이 유세가를 심복으로 여기지 않는데 마치

가깝다는 투로 일상적인 언어로 내부 일에 간섭하듯이 하면 의심을 사게 된다.

관련하여 『설원說苑』에 다음과 같은 일화가 전한다. 전국시대의 이름난 악사 옹문주雍門周가 맹상군을 만나러 왔다. 맹상군은 다짜고짜 "선생의 거문고 연주로 나를 슬프게 만들 수 있소?"라고 물었다. 이에 옹문주는 이렇게 말했다.

"제가 슬프게 만들 수 있는 사람은 이런 사람입니다. 전에는 부귀영화를 누렸으나 지금은 가난에 빠진 사람, 품성이 고귀한데도 믿음을 받지 못하는 사람, 아주 가까운 친척 친구들과 헤어진 사람, 고아와 과부처럼 기댈 곳 없는 사람… 이런 사람들은 새 울음소리만 들어도 마음 아파하고 제 거문고 연주를 들으면 눈물을 흘리지 않는 경우가 없습니다. 당신처럼 아무 걱정 없는 높은 사람은 제가 아무리 연주를 잘해도 감동시킬 수 없습니다."

맹상군은 이 말에 크게 공감했지만 옹문주는 계속 말을 이어나갔다.

"그러나 제가 보기에 당신에게도 당신만의 슬픔이 있습니다. 당신은 진나라에 저항하고 초나라를 공격하다가 두 나라의 미움을 샀습니다. 그런데 지금 천하의 대세는 진 아니면 초입니다. 당신은 구석진 곳에 있는 보잘것없는 사람으로 누군가 당신을 거두기란 도끼로 버섯을 자르는 것만큼 쉽습니다. 당신이 죽으면 제사 지낼 집안 사람도 없고, 무덤에는 풀만 무성히 자라며 여우며 토끼가 출몰하고 목동들이 무덤 위에서 뛰어놀 것입니다. 그러면서 사람들은 '맹상군처럼 귀하디귀하신 몸도 결국은 이렇게 되는구나.'라고 말합니다."

이 말에 맹상군은 얼굴이 벌게졌다. 이 순간 옹문주는 거문고를 연주하기 시작했고, 맹상군은 감정이 북받쳐 통곡하면서 "내가 선생의 거문고 소리를 들으니 마치 망한 나라 사람 같은 느낌이 드는구려."라고 했다.

옹문주는 악사로서 권세가를 만나러 왔다. 그 목적은 맹상군의 눈에 들어 한자리할 수 있는 기회를 얻자는 데 있었다. 그러나 맹상군의 주의를 끌기란 결코 쉽지 않았다. 맹상군 문하에는 식객만 수천이었고, 맹상군이 얼굴도 모르는 사람이 수두룩했다. 이런 상황을 잘 알기에 옹문주는 착오 없이 정확하게 정치 소용돌이에 처한 맹상군의 약점을 파악하여 '대증처방'함으로써 그의 마음을 움직였던 것이다.

3) 현장 유세의 원칙

막료들은 오랜 실천을 통해 변론에서 많은 원칙을 이끌어냈다. 아래에 주요한 몇 가지를 소개한다.

임기응변臨機應變

유세 방안을 잘 제정했다고 하자. 그런데 이 유세 방안은 죽어 있는 것이고, 사람은 살아 있는 존재다. 사전에 이런저런 추측과 가설을 꼼꼼하게 했어도 어디까지나 가설은 가설일 뿐이다. 유세라는 국면은 유세가가 일방적으로 통제할 수 있는 것이 결코 아니다. 유세 대상이 뜻하지 않았던 문제를 제기할 수 있고, 유세 과정에서 돌발 상황이 나타날 수도 있다. 이 때문에 유세가의 임기응변 능력이 필요하다고 하는 것이다. 상대의 변화에 따라 수시로 제때에 유세 방안을 조정하고 보충해야 한다.

유세 대상이 유세가의 이야기를 들은 후 의문을 가지면 십중팔구는 표정에 변화가 나타난다. 또 고개를 젓거나 눈살을 찌푸리기도 한다. 다 의문이나 의심이 생겼다는 표시다. 이때 유세가는 자신의 유세 방법을 바꾸어야 한다. 실례를 들어 유세 대상의 의문을 해소하거나 화제를 바꾸어 논증을 보충해야 한다. 겉으로 드러나는 상대의 변화에 근거하여 유세를 조정하는 것이다.

> 범의 굴에 몸을 붙여 구차하게 사는 터에
> 영웅이라 설파하니 간이 다 덜컹한다.
> 임기응변으로 우레 듣고 놀란 척
> 둘러대는 그 수단은 귀신 같아라.

위는 『삼국연의』 제21회의 조조와 유비가 술을 데우며 영웅에 대해 논한 장면으로, 유비의 임기응변에 작가가 감탄하여 남긴 시다.

본래 유세가와 유세 대상은 유세를 통해 서로 투기를 한다. 그러나 유세가 끝나도 유세 대상의 반응은 여러 가지로 나타난다. 태도를 바꾸거나 회의를 품거나 부정적인 의사를 나타내기도 한다. 이때 유세가는 대상의 이런 변화에 근거하여 방법과 말을 바꾸어야 한다. 상대의 뜻을 간명하게 요약하여 핵심으로 의문을 해소하거나, 상대가 한 이야기 중에 자신에게 필요한 것들을 골라 적절하게 이용할 수 있는 화제를 찾아내서 교묘하게 자신이 원래 생각했던 길로 이끌어야 한다.

유세가는 유세 때 수시로 상대의 눈을 똑바로 쳐다보아야 한다. 이는 상대의 말에 귀를 기울이고 있다는 표시이자, 상대 심기의 변화를 수시로 찾아내는 것이다. "눈은 심령의 창이다."는 말이 바로 이것이다. 이 창을 잘 보아야 그 내면의 활동을 파악할 수 있다. 유세를 듣고 나면 상대의 심리 활동은 알게 모르게 얼굴과 표정으로 드러나기 마련이다. 유세가는 이 표정과 안색을 통해 유세 대상의 심리적 변화를 추측하고 이에 맞추어 유세 내용이나 방법 등을 조정한다. 유세 대상이 유세가가 제기한 어떤 일에 혐오감을 드러내면 즉시 화제를 돌려 그 감정이 더 커지지 않게 해야 한다. 이것이 안 되면 상호공감은 어려워진다. 유세 대상이 제기된 문제에 두려움을 드러내면 그 부분에 대한 언급은 바로 포기해야 한다. 그러나 특수한 상황에서는 일부러 관련한 일을 과장하거나 해서 겁을 줄 수 있다.

여기서 원칙을 견지하면서 기민하게 책략을 구사하여 강동을 안정시킨 노숙魯肅의 사례를 한번 보자.

삼국시대는 인재들의 시대였다. 그중 먼 앞날을 내다보는 탁견을 가졌던 정치가이자 모략가로 노숙이 있었다. 건안 5년인 200년, 손책孫策이 단도丹徒에서 피살되었다. 18세의 손권孫權이 뒤를 이었다. 이때 주유周瑜는 노숙에게 함께 손권을 모시자고 권했다. 노숙은 흔쾌히 동의하며 주유와 함께 손권을 찾아갔다. 당시 손권의 세력 기반은 회계會稽와 단양丹陽 등 몇 개 군에 지나지 않을 정도로 취약했다. 이후 이들은 긴밀하게 천하 형세에 대해 이야기를 나누었고, 손권은 생각이 민첩하고 말을 잘하는 노숙에게 푹 빠졌다. 언젠가 손권은 다른 사람들을 다 물리고 노숙과 단둘이 밀담을 나누었다. 손권은 노숙과 평상에 합석하여 술을 나누면서 이렇게 말했다.

"지금 한 황실은 위기에 처했고 사방에서 호걸들이 구름처럼 일어나고 있소. 내가 부형의 기반을 물려받아 제나라 환공과 진나라 문공 같은 공을 세우고자 하니 그대가 도와주시오."

자신을 높이 평가하는 손권의 간절한 태도에 노숙은 오랫동안 생각해왔던 책략을 털어놓았다.

"지금 한 황실은 이름뿐이고 실제로는 망하여 회복이 불가능합니다. 조조는 천자를 끼고 제후들을 호령하고 세력도 비교적 커서 지금 당장은 그를 없앨 수 없습니다. 지금 장군의 상황에서 어떻게 제나라 환공이나 진나라 문공 같은 공을 세울 수 있겠습니까? 지금으로서는 강동에 발을 단단히 내리고 천하 형세의 변화를 관망하는 수밖에 없습니다. 조조가 관도에서 원소를 물리치고 북방을 통일하려고 합니다만 여전히 해결해야 할 일들이 많이 남아 있습니다. 장군께서는 조조가 북방의 군사 때문에 분주한 틈을 타 강서 쪽으로 올라가면서 황조黃祖를 없애고 유표劉表를 쳐서 장강 유역을 점령한 뒤 황제를 칭하십시오. 그런 다음 때가 무르익으면 중원을 북벌하여 천하를 도모하시면 제왕의 대업을 이룰 수 있을 것입니다."

당시 28세의 노숙의 입에서 처음으로 천하를 삼분하라는 계책이 나왔다. 이것이 이른바 '탑상대책榻床對策'으로 제갈량의 '융중대책隆中對策'과 일쑤 함께 거론된다. 손권은 꽉 막혔던 속이 뚫리는 것 같았다. 그는 노숙을 너무 늦게 만났다고 한탄하면서 칭찬과 감탄을 멈추지 못했다. 훗날 손권은 이날의 대화를 자신의 평생에서 가장 기뻤던 큰일이라고 회고했다.

노숙의 '탑상대책'에 따라 손권은 인재들을 모시고 내부를 정돈했다. 그리고 군대와 장수들을 보내 각지의 반란을 잇달아 분쇄함으로써 강동의 강력한 토착 무장 세력들을 평정했다. 남쪽 백월의 반항도 눌렀다. 몇 년에 걸친 노력 끝에 강동의 통치가 안정을 찾았고 노숙이 제기한 '강동에 단단히 발을 내리는' 목적을 1차적으로 실현했다.

건안 13년인 208년 봄, 강동에다 안정된 큰 국면을 세운 손권은 몸소 대군을 이끌고 서쪽의 황조 정벌에 나섰다. 몇 차례 작전 끝에 손권의 오나라 군대는 황조를 죽이고 강하를 손에 넣었다. 손권은 이어 유표를 쳐서 형주를 빼앗으려 했으나 미처 손을 쓰기 전에 조조의 30만 대군이 남하하여 먼저 형주를 공략하려 했다.

8월, 유표는 조조의 침공 소식에 놀라 그만 죽었다. 노숙은 때를 놓치지 않고 유비와 연합하여 조조의 전략 방침에 함께 맞설 것은 제안했다. 노숙은 손권에게 다음과 같은 계책을 올렸다.

"형주 밖에는 장강이 있고, 한수가 둘러싸고 있습니다. 성안은 산들이 병풍처럼 두르고 있어 지세가 험하고 기름진 땅이 천리라서 백성은 부유합니다. 형주를 차지한다면 제왕의 위업을 세울 수 있는 밑천이 될 것입니다. 그러나 형주는 그 내부의 갈등이 첩첩입니다. 유표가 죽고 두 아들이 불화하여 군대 장수들도 각자 한쪽을 차지한 채 둘로 갈라졌습니다. 유비에게는 나름 역량이 있으나 조조와는 양립할 수 없습니다. 지금 형주에 몸을 맡기고 있지만 유표 집단에게 중용되지 못하고 있습니다. 만약 유비가 형주 쪽에서 뜻을 같이하는 사람들과 하나로 힘을 합치면 그를 지지하며 동맹을 맺는 것이 좋습니다. 그 반대라면 당연히 시기를 기다렸다가 움직이되 다른 방법을 생각해야 합니다. 장군께서 저를 형주로 보내주시면 문상을 명목으로 군의 장수들을 위로하는 한편 유비에게 유표의 옛 집단들과 힘을 합쳐 조조에 맞서라고 권하고자 합니다. 유비는 틀림없이 제 말을 들을 것입니다. 서두르지 않으면 기회는 조조에게 돌아갈 것입니다."

노숙의 이 말에 손권은 적극 찬성하며 바로 노숙의 건의를 받아들여 그를 형주로 보냈다.

노숙이 하구夏口에 도착할 즈음 조조가 이미 형주로 남하하고 있다는 소식을 들었다. 이에 노숙이 밤을 재촉하여 남군南郡에 이르렀지만 형세는 급하게 변하고 있었다. 유표의 아들 유종이 이미 조조에게 항복하고, 유비도 번성樊城으로 도망쳐 남쪽에서 강을 건널 준비를 하고 있었다. 이 엄중한 상황에서 노숙은 자기 한 몸의 인위와 극심한 피로도 돌보지 않고 전선으로 직접 달려가 당양當陽 장판長坂에서 유비와 만났다. 이때 유비는 패군 신세와 같았다. 유비를 만난 노숙은 유비에게 어느 쪽으로 갈 것이냐고 물었고, 유비는 창오蒼梧 태수 오거吳巨에게로 갈 생각이라고 했다. 노숙은 유비에게 이렇게 권했다.

"손 장군께서는 현명하고 인자하여 어진 인재들을 예우하십니다. 그래서 강동의 영웅들이 모두 그에게 몸과 마음을 맡겼습니다. 병사와 장수들도 크게 늘어났으니 우리와 동맹하여 함께 조조에 맞서는 것이 나을 것입니다. 오거가 있는 곳은 한갓 진 곳이고 그의 안목 또한 얕은데 어째서 그에게 몸을 맡기려 하십니까?"

● 촉한에 제갈량이 있었다면 손오에는 노숙이 있었다. 두 사람은 '천하삼분'에 뜻을 같이했고, 적벽전투로 이 대세는 결정되었다.

사실 유비는 이러지도 저러지도 못하고 있던 상황이었는데 노숙의 제안이 들어오자 바로 기꺼이 받아들였다. 그리고 노숙은 여기서 처음으로 제갈량을 만났고, 두 사람은 단번에 오랜 친구처럼 의기투합했다. 이후 노숙과 제갈량 두 사람은 서로 두 나라를 오가며 공동으로 조조에 맞서는 '손유연합' 또는 '촉오동맹'을 수립했다.

'손유연합'이 막 성사되었을 때 사태는 급박하게 돌아가고 있었다. 조조는 형주를 점령한 다음 몸소 80만 대군을 이끌고 강동에서 손권과 자웅을 가릴 준비를 하고 있었다. 이에 대해 장소張昭를 필두로 한 강동의 신하들은 조조가 천자의 깃발을 앞세운 막강한 병력에 형주의 수군까지 도와주고 있어 당하기 어렵다고 보고는 극구 투항을 주장했다. 젊은 손권은 마구 흔들어대는 투항파 때문에 어찌할 바를 몰랐다. 손권 집단의 생사존망이 걸린 이 중대한 때 노숙은 다수 투항파의 의견에 맞서 손권 집단의 이해관계라는 각도에서 출발하여 손권에게 조조에 맞서는 큰 그림을 빨리 결정하고 권했다. 그는 손권에게 이렇게 말했다.

"제가 여러 사람의 의견을 보니 다들 자신의 벼슬을 지키기 위한 것이지 장군을 아끼는 자는 없습니다. 이런 자들과 큰일을 상의하는 것은 낭비입니다. 만약 제가 조조에게 투항한다면 조조는 저를 고향으로 돌려보내거나 벼슬을 줄 수도 있을 겁니다. 그러나 장군은 이야기가 다릅니다. 어떤 결과가 나올지 생각해보셨습니까?"

당시 주유는 파양鄱陽과 시상柴桑에 주둔하고 있었기에 오로지 노숙 한 사람만 조조에 대항하자고 주장했다. 노숙의 단호한 태도는 조조에 맞서겠다는 손권의 결심을 크게 굳혀주었다. 이에 '손유연합'이 성사되었고, 다들 아는 대로 적벽에서 조조의 군대를 대파함으로 삼국정립이라는 큰 국면이 형성되었다.

양장피단揚長避短

'임기응변'이 유세 대상과 마주한 현장의 변화에 따라 설계하는 것이라면 "장점은 살리고 단점은 피한다"는 '양장피단'은 원칙적으로 유세가 자신의 특징에 따라 제기되는 것이다.

거북은 아주 단단한 껍질을 갖고 있고, 이것이 거북의 장점이다. 그러나 둔하고 빠르지 못한 것은 단점이다. 거북은 적을 만나면 껍질 안으로 머리를 숨긴다. 그러면 상대는 어쩌지 못한다. 말벌은 날카롭고 독성이 있는 침을 갖고 있다. 그러나 몸체가 약해 강한 적을 만나면 자신의 독침을 이용하여 선공을 가해 자신을 지킨다. 막료의 유세도 이래야 한다. 자신의 장점을 살리고 자신의 우세한 점을 찾아내야 한다.

이 점을 양선楊善이란 인물과 관련한 역사적 사례를 통해 한번 알아보자. 1449년 명나라 영종英宗 때 있었던 '토목보吐木堡의 변變'은 명나라 역사상 가장 치욕스러운 사건으로 무려 50만 군사를 잃었다. 황제 영종까지 와랄瓦剌에 포로로 잡혔다. 영종 주기진朱祁鎭이 와랄의 수중에 들어가자 한족이 충효를 가장 앞세우고 나라에 하루라도 군주가 없으면 못 산다는 사실을 잘 알고 있던 와랄의 태사 야선也先은 이를 이용하여 싸움이나 협상 모두에서 늘 주도권을 잡을 수 있었다. 그는 포로 영종의 성지를 가진 사신을 보내 유화적 수단으로 대량의 금전을 긁어내는 한편, 영종을 끼고 관문을 넘어 남하할 준비를 하면서 중국을 한때 완전 정복했던 몽고제국의 꿈을 키웠다.

영종이 포로로 잡히자 명나라 조정은 발칵 뒤집혔고, 전국이 공포에 사로잡혔다. 당시 황태자는 겨우 두 살이고, 황태후와 황후는 울고불고 통곡하는 것 외에 다른 길이 없었다. 명나라 조정은 한순간 아수라장이 되었다. 황태후와 황후는 궁중의 패물들을 모조리 긁어모아 여덟 마리의 준마에 실어 와랄의 군영으로 보내 영종의 석방과 두 나라의 화의를 시도했다. 와랄은 품목에 따라 패물 따위를 전부 받아들였지만 영종은 풀어주지 않았다. 뿐만 아니라 더 크게 입을 벌리고 가혹한 요구사항을 들이밀었다. 조정에서는 어떤 대가를 치르더라도 야선의 요구를 만족시키고 굴욕적인 맹서로라도 영종을 귀국시켜야 한다고 했다. 그러나 일부는 남경으로 천도하여 와랄의 공격을 피해야 한다고 주장하기도 했다.

병부시랑 우겸于謙은 다수의 의견을 물리치고 이해관계를 잘 가늠한 뒤 야선의 요구는 아무리 충족시켜도 만족하지 않을 것이니 화의를 취할 수 없다고 지적했다. 우겸은 북송의 멸망 사례를 들었다. 즉, 송나라 고종이 남쪽으로 천도함으로써 송이 북방을 모조리 잃고 멸망한 처참한 결과를 강조했다.

우겸의 항전 주장은 표면적으로는 영종의 귀국을 막는 꼴이 되었다. 태후와 황후, 그리고 와랑에 억류된 영종은 당연히 우겸에게 불만을 품었다. 그러나 객관적으로는 성왕郕王 주기옥朱祁鈺이 영종의 귀국을 바라지 않고 있었다. 이참에 황제 자리에 오르려는 야심 때문이었다. 거기에 성왕의 주위에는 이를 기회로 한자리 차지하고 싶어 하는 신하와 환관들이 있었고, 이들은 자연스럽게 우겸의 항전에 찬성했다.

이렇게 항전이 결정되고, 우겸은 병부상서로 승진하여 항전과 관련한 일을 모두 책임지게 되었다. 그리고 얼마 뒤 성왕의 황제 즉위가 선포되었다. 우겸도 이에 찬성했다. 이가 경제景帝이다. 경제의 즉위로 와랄의 계획은 심각한 타격을 입었다. 수중의 영종이 순식간에 쓸모가 없어졌기 때문이다. 우겸이 성왕의 즉위에 찬성한 까닭도 여기에 있었다.

와랄은 외교적 요구가 뜻대로 되지 않자 북경을 향해 대거 공격을 시작했다. 그러나 명의 군대가 생각만큼 약하지 않자 영종을 돌려보내는 조건으로 돈과 재물 따위를 얻어내려 했다. 우겸은 이를 받아들이지 않고 와랄과 싸워 야선을 거용관居庸關 밖으로 내쫓았다.

야선은 대패하여 기가 꺾였다. 이 때문에 포로로 잡고 있는 영종이 더 이상 쓸모가 없어졌을 뿐만 아니라 거추장스러운 존재가 되었다. 야선은 여러 차례 사신을 보내 영종을 돌려보낼 테니 자신이 제시하는 조건을 요구했다.

성왕은 영종의 귀국을 원치 않았지만 내놓고 말할 수는 없고, 대신 야선의 의도가 무엇인지 정확하게 알 수 없다며 사람을 보내 상황을 파악하게 했다. 좌도어사 양선이 자진해서 나섰다. 야선도 꾀가 많은 전씨田氏를 보내 양선을 맞이하여 명나라의 의도를 살피게 했다. 양선을 맞이한 전씨는 "나도 중국인인데 포로로 잡혀 여기까지 왔소이다."라고 말하고는 "당시 토목보에서 포위당했을 때 명나라 군대는 왜 싸우지도 못하고 무너졌소이까?"라고 물었다. 이에 양선은 이렇게 말했다.

"나라가 오랫동안 태평무사하여 장병들은 오랫동안 싸움이란 걸 몰랐소. 게다가 그 당시 파견된 장병은 황제를 호위하는 정도였고 당초 적과 싸울 준비를 하라는 명령조차 받지 못했소. 그러다 당신들의 군대가 갑자기 기습을 했으니 어찌 흩어지지 않을 수 있소이까? 어쨌든 당신들은 요행히 승리를 거두었을 뿐이니 그 또한 복이지요. 지금의 새 황제께서는 총명하고 용감하신 데다 신하들의 건의를 충분히 받아들이고 계십니다. 누군가 이런 계책을 올렸지요. '와랄이 감히 중국을 침범한 것은 좋은 말이 있기 때문에 산과 고개를 넘어 관문을 지났을 뿐이다. 따라서 변방 관문 일대에 뾰족한 송곳을 박은 기둥을 만들어 사람과 말이 지나는 곳곳에 뿌려 놓으면 지나는 말과 사람은 부상을 당할 수밖에 없다.' 이에 황상께서는 이 건의를 받아들이셨습니다. 그러자 또 어떤 사람이 이런 계책을 올렸습니다. '지금 쓰고 있는 동으로 만든 대포는 총구가 작고 한 번에 한 발밖에 장전을 할 수 없어 사람을 맞추기가 어렵습니다. 총구를 키워 달걀만 하게 하면 사람이든 말이든 맞으면 바로 죽습니다.' 이 계책도 받아들이셨습니다. 또 누군가는 이런 계책을 올렸습니다. '광서와 사천 등지에서 호랑이를 잡을 때 쓰는 활에 바르는 아주 지독한 독약을 화살에 바르면 됩니다. 피부에 닿기만 해도 사람이든 말이든 바로 죽습니다!' 이 건의도 받아들여졌습니다. 지금 독약이 운반되고 있고 전국에서 30만에 이르는 힘센 궁수들을 훈련시키면서 죄수들을 대상으로 시험을 하고 있습니다. 또 어떤 사람은 이런 계책을 내놓았습니다. '지금 쓰고 있는 화총은 한 번에 한 발밖에는 장전할 수 없는데, 이를 개선하여 여러 발을 장전하고 총알에 독약까지 발라 일제히 발사하면 총알이 말의 배를 뚫을 수 있습니다.' 시험을 해보니 300보 밖에서도 명중시켰습니다. 이런 계책들을 올린 사람들이 모두 승진하고 상을 받자 천하에 지혜롭고 꽤 많은 사람들이 너 나 할 것 없이 대책을 올리고 있습니다. 그리고 훈련받은 전투마는 이미 단단히 채비를 하고 있습니다. 다만 이런 것들을 쓸 곳이 없을 따름입니다."

"어째서 쓸 곳이 없다는 겁니까?"

"두 나라가 강화한다면 무슨 쓸모가 있겠습니까?"

전씨는 서둘러 야선에게 보고했고, 며칠 뒤 양선은 와랄의 본부로 와서 야선을 만났다. 야선은 양선의 관직을 물었다. 양선이 도어사라고 대답하자 야선은 이렇게 말했다.

"우리 두 나라는 오랫동안 사이가 좋았다. 그런데 근래 들어 어째서 우리 사신을 억류하고 말 값을 떨어뜨렸는가? 또 우리에게 준 옷감은 한 필을 잘라 두 필로 둔갑시켰다. 우리 사신은 역관에 갇혀 외출도 못 하고 있으니 무슨 까닭인가?"

야선의 추궁성 질문에 양선은 차분하게 대응했다.

"앞서 당신의 선친 때 우리에게 보낸 사람과 말은 서른이 조금 넘었을 뿐입니다. 요구한 물건들도 열에 셋 정도였고 계산을 넘어서지도 않았습니다. 그래서 줄곧 아주 좋은 관계를 유지했지요. 그런데 지금은 당신께서 보낸 사람만 3천이 넘습니다. 황제를 뵙고 이 사람들이 모두 각자 옷감이며 황금이며 의복을 요구합니다. 심지어 열 살 남짓한 어린아이들까지 같은 상을 요구합니다. 당신의 체면을 봐서 황제께서는 황궁에서 그들을 위해 연회를 베풀어주셨는데 나가면서 또 상을 요구했습니다. 황제께서는 그럼에도 불구하고 사람을 시켜 객관까지 편히 모시게 했는데 그들을 억류했다니 말이 안 됩니다. 다만 함께 온 젊은 사람들이 중국에 온 뒤로 도둑질과 같은 나쁜 짓을 저지르고는 사신이 알까 두려워 멋대로 다른 곳으로 도망을 쳤습니다. 그러다 누구는 길에서 호랑이와 이리를 만나기도 하고, 어떤 사람은 다른 지방으로 흘러 들어갔습니다. 우리 중국이 그들을 억류해봐야 소용이 없습니다. 말 값이 떨어진 일에도 까닭이 있습니다. 지난번 우리에게 서신을 보내면서 사신 왕희王喜더러 우리의 누구에게 건네주라고 했습니다. 그런데 왕희가 없는 사이 서신이 오량吳良에게 잘못 전달되었습니다. 그러면서 일부러 이번에 보내온 말들은 정식 사신을 통해 온 것이 아니라고 했고, 이 때문에 관례대로 그에 합당한 상을 내릴 수 없는 바람에 말 값이 떨어진 것입니다. 모씨는 사신으로 가서는 도리어 오량이 수작을 부려 말 값이 떨어졌다고 했습니다. 목적은 당신께서 오량을 죽이게 하려는 것이었습니다. 그런데 뜻밖에 당신께서 그 계략에 당한 것입니다."

야선은 양선의 말에 동의했고, 양선은 계속 말을 이어갔다.

"솥을 사는 일까지 말씀드립니다. 그런 솥은 광동에서 만드는데 경성과 1만 리나 떨어져 있고 솥 하나당 옷감 네 필입니다. 그런데 사신은 그 솥을 사면서 한 필밖에 쳐주지 않아 분쟁이 일어났고, 솥을 파는 사람들이 문을 걸어 잠그고 팔려 하지 않았던 것입니다. 황제께서 이런 일까지 어찌 알겠습니까? 예를 들어 남쪽 사람들이 사신에게 말을 사면서 값을 적게 치르겠다고 하면 당연히 팔지 않으려 할 텐데 이런 일까지 당신께서 분부하시겠습니까?"

야선은 웃으면서 양선의 말에 동의했다. 양선은 계속해서 말했다.

"옷감을 자른 일의 경우는 그렇게 한 필을 두 필로 자르는 사람들이 있긴 합니다. 믿지 못하겠다면 그들의 짐을 조사하면 됩니다. 거기에 잘 보관되어 있을 겁니다."

야선은 "도어사의 말이 모두 사실이다. 이미 지난 일이고 모두 소인배들이 한 나쁜 말들이다."라고 했다.

한 차례 탐색전 끝에 양선은 야선이 생각처럼 그렇게 잔인하거나 무뢰배가 아니며, 명나라에 대해 두려워하는 심리가 있다는 점을 간파했다. 이에 기세를 타고 이해관계로 이끌며 그를 설득하기로 결심했다. 그는 야선의 태도가 누그러진 것을 확인하고는 "당신은 북방의 큰 장수로 군대를 이끌면서 소인배들의 말을 믿고 대명 황제의 은덕을 잊은 채 백성들을 약탈하고 죽였습니다. 하늘은 사람의 목숨을 아끼거늘 당신은 사람의 목숨을 빼앗았습니다. 부모와 형제, 아내와 자식이 보고 싶어 달아난 사람들도 잡아 심장을 도려냈습니다. 이들의 비명 소리를 하늘이 못 듣는다고 생각하십니까?"라고 강하게 호소했다.

야선은 "내가 그들을 죽이지 않았다. 모두 아랫사람들이 죽인 것이지."라며 발을 뺐다. 그러자 양선은 "지금까지 우리 두 나라는 잘 지내왔습니다. 그러니 서둘러 군대를 돌리십시오, 하늘이 노하면 재난이 닥칩니다."라고 했다.

양선은 영종의 귀국에 대해서는 한마디도 꺼내지 않았지만 오히려 야선이 먼저 "선생의 말이 옳다. 다만 황제가 돌아간 다음 황제 자리로 되돌아갈 수 있는지 묻겠다."라며 영종의 이야기를 꺼냈다. 양선은 새 황제가 들어섰는데 어떻게 바꿀 수 있겠냐고 했다. 이에 야선은 요·순 선양의 일을 꺼내 물었다. 그러자 양선은 "요 임금은 자리를 순에게 양보한 것이고, 지금은 형님이 동생에게 자리를 양보한 것으로 둘 다 마찬가지입니다."라고 답했다.

이때 야선의 신하 하나가 나서며 "황제를 맞으러 오면서 재물을 가져오셨소이까?"라고 물었다. 양선은 이렇게 말했다.

"신이 돈이며 재물 따위를 가지고 왔다면 모두들 대장군(야선)께서 재물을 탐낸다고 말할 것입니다. 제가 빈손으로 온 것은 대장군께서 인의를 밝히고 큰 도에 순응하는 분이라는 것을 밝히기 위한 것입니다. 즉, 예로부터 이런 뛰어난 사람은 없었다는 뜻입니다. 지금 저는 역사서의 수정을 감독하고 있으니 이번 일을 상세히 기록하여 대대손손 사람들이 대장군을 칭송하도록 할 것입니다."

● 와랄에게 치욕을 당한 토목보 사건은 명나라 쇠퇴를 알리는 표지였다. 그러나 당시 우겸의 강경책은 이 문제를 더 키우지 않고 수습하는 데 큰 역할을 했다.

양선은 이 비위 맞추기는 절묘했다. 와랄인은 본래 문화적으로 중원에 비해 한참 뒤떨어져 있었다. 요·순의 일에 대해서도 야선 쪽은 어느 정도 알고 있었지만 제대로 알고 있지 못했다. 당시 소수민족 정권은 군사상의 강력함과 문화상의 낙후가 뚜렷하게 나누어져 있었다. 야선은 명예를 좋아하는 사람이었다. 명나라의 역사에 자신의 이름이 오른다고 하니 기분이 확 풀려서 "맞는 말이다. 도어사의 말이 정말 옳다."라며 그 자리에서 영종의 귀국을 결정했다.

양선이 영종을 데리고 돌아감으로써 맞이하게 될 정치적 문제는 별도로 하자. 양선의 담판과 유세에 초점을 맞춰 보면, 그는 유창한 웅변으로 상대가 중시하는 것을 가벼운 것으로, 상대방의 강한 것을 약한 것으로 바꾸어 상대에게 이치로 반박했다. 양선은 전 과정에서 철저하게 침착함과 냉정함을 유지했다. 그 결과 단 한 사람의 병사도 동원하지 않고, 또 단 한 푼의 돈도 쓰지 않고 오로지 세 치의 혀로 영종을 구해서 귀국시켰다. 이 사건은 그 자체만으로도 충분히 학습할 가치가 있다.

신언물실愼言勿失

"재앙은 입에서 나오고, 말이 많으면 실수하기 마련이다."는 속담이 있다. 그러나 유세는 그 자체로 입을 사용하여 말을 많이 하는 활동이다. 그렇다면 어떻게 해야 이 '재앙'을 피하고, 이런 '실수'가 나오지 않게 할 수 있나? 다른 방법이 없다. '신언愼言', 즉 '말을 신중'하게 하는 수밖에. 말을 삼가고 조심해서 절대 상대가 칼자루를 쥐지 않게 해야 한다. 다음, "실수하지 말라."는 '물실勿失'은 담판과 변론이 어떻게 변화하든 요지와 핵심에서 벗어나지 않아야 한다는 뜻을 담고 있다.

유세는 말로 상대를 움직이는 행위다. 따라서 언어의 구사는 절대 신중해야 한다. 신중이란 말에는 두 가지 뜻을 함축하고 있다. 하나는 피해야 할 것이 있다는 뜻이다. 유세에서는 상대의 금기, 상처, 단점 등을 건드려서는 절대 안 된다. 그렇지 않으면 상대의 심기를 건드려 유세가 경색 국면에 빠진다. 둘째, 언어에 신중을 기해야 한다. 지식에서 착오를 범하거나 그 자리에서 추한 모습을 드러내어 상대의 신뢰감을 잃어서는 안 된다. 상대가 자신이 제시하는 문제해결의 책략을 인정하게 만들려면 유세가는 반드시 먼저 상대의 신임을 얻어 유세가의 지식이 남달라 충분히 일을 맡길 수 있다고 인정하게 해야 한다. 유세가의 말에 허점이 생기면 상대의 신뢰감은 순식간에 흩어지고 유세가의 제언을 받아들이지 않을 수 있다. 셋째, 쓸데없는 말을 줄여라. 요지와 주제의 핵심에서 벗어나지 않도록 하라. 단도직입이 불가능할 때는 우회하여 유세하는 것도 괜찮고 여러 가지 사례로 밑바닥을 까는 것도 좋지만 유세와 핵심이나 주제와 관련이 있어야 한다. 그렇지 않으면 시간 낭비요, 상대가 요령을 얻지 못하게 된다.

관련하여 '원교근공'을 유세하여 진나라 천하통일의 기초를 놓은 범수의 사례를 한번 보자. (이 부분은 『사기』 「범수채택열전」에 근거하고 관련 자료들을 참고하여 역자가 재구성했다.)

범수范睢는 전국시대 위魏나라 사람(초나라 출신이라는 설도 있다)으로 가난한 집안 출신이었다. 제후에 유세하여 관직을 얻으려 했지만 가진 돈이 없어 먼저 중대부 수고須賈의 가신이 되었다.

진秦 소왕 37년인 기원전 270년, 범수는 중대부 수고를 수행하여 제나라에 갔다. 제나라 양왕襄王이 말 잘하고 재능 있는 범수를 보고는 황금 10근과 술을 상으로 내렸다. 범수가 요구한 것도 아니었는데, 이 일을 알게 된 수고는 범수가 제나라와 내통하여 위나라의 기밀을 팔아넘겼다고 생각했다. 그래서 제왕이 범수에게 황금과 술을 내린 것이라 판단한 것이다. 수고는 범수에게 술은 받되 황금은 돌려주게 했고, 범수는 그에 따랐다. 귀국한 뒤 수고는 그냥 넘어가지 않고 이 일을 위나라 재상, 즉 위공자 위제魏齊에게 보고했다.

화가 몹시 난 위제는 가신에게 명령하여 범수에게 고문을 가하게 했다. 뼈가 부러지고 이가 빠지는 등 범수는 피투성이가 되어 사경을 헤맬 정도로 두들겨 맞았다. 이런 절체절명의 위기 상황에서 범수는 어떻게든 살아남기 위해 죽음을 가장했다. 위제는 범수의 시신(?)을 멍석에 말아 뒷간에 던져버리도록 했다. 술에 취한 위제의 빈객들은 일부로 범수의 시신에다 오줌을 갈겨 모욕을 주었다. 물론 타인에 대한 경고의 의미이기도 했다. 외국과 내통한 자의 최후를 똑똑하게 보라는 섬뜩한 경고였다.

멍석 속에서 가쁜 숨을 몰아쉬던 범수는 틈을 봐서 많은 돈을 주겠다며 간수를 매수했다. 간수는 위제에게 가서 시체를 내다버리게 해달라고 청했다. 술에 취한 위제는 범수의 시신을 교외에 내다버려 짐승들이 뜯어먹게 하라고 했다. 이렇게 해서 범수는 천신만고 끝에 사지에서 빠져나올 수 있었다.

얼마 뒤 위제는 문득 범수가 진짜 죽었는지 의심이 들어 사람을 보내 사방을 뒤지게 했다. 범수는 여기까지 예견하고 집안사람들에게 거적에 덮인 자신의 시신 앞에서 통곡하라고 일러두었다. 온 집안식구들이 범수의 죽음 앞에 통곡하고 있다는 보고를 받은 위제는 그제야 마음을 놓았다. 범수는 친구 정안평鄭安平의 보살핌을 받아 도망쳤다. 이름까지 장록張祿으로 바꾸고 몸을 숨겼다.

공교롭게도 이때 진 소양왕 영직嬴稷(재위 기원전 306-251)이 사신 왕계王稽를 위나라로 보냈다. 범수의 친구인 정안평은 근무병으로 분장하여 공관에서 왕계를 보살피게 되었다. 왕계는 예사롭지 않게 보이는 근위병 정안평에게 "나를 따라 서쪽으로 가서 유세할 유능한 인재가 위나라에는 없는가?"라고 물었다. 정안평은 기다렸다는 듯이 "제 고향에 장록이란 선생이 계시는데 대인을 뵙고 천하 대사를 논하고 싶어 합니다. 하지만 위나라와 원수지간이라 대낮에 얼굴을 드러낼 수 없는 처지랍니다."라고 대답했다.

왕계는 밤에 함께 오도록 했다. 그날 밤, 정안평은 범수를 데리고 왕계를 만났다. 이야기를 끝내기도 전에 왕계는 범수가 인재임을 알아채고 "내 공무가 다 끝나 돌아가는 길에 삼정三亭 남쪽 인적이 드문 곳에서 나를 기다리도록 하시오."라고 말했다.

공무를 마친 왕계는 위왕에게 작별 인사를 드리고 수레를 몰아 삼정에 이르렀다. 약속한 장소에서 범수와 정안평이 왕계의 수레에 올랐고, 일행은 함께 진나라로 들어갔다. 왕계 일행이 호지湖地에 이르렀을 때 서쪽에서 마차가 잔뜩 몰려오는 것이 보였다. 장록, 아니 범수가 "저쪽에서 오는 사람은 누굽니까?"라며 궁금함을 나타냈다. 왕계는 "진나라 재상 양후穰侯가 동부 현읍을 순시하고 있는 중입니다."라고 대답했다. 범수는 짐짓 어두운 표정을 지으며 말했다.

> "제가 듣기에 양후는 진나라 조정의 대권을 혼자 주무르며 유능한 인재를 질투하고 제후의 빈객을 혐오한다던데 나를 보면 모욕을 줄지 모르니 수레 상자 안에 잠시 숨어 있겠습니다."

잠시 뒤 양후가 다가왔다. 왕계와 인사를 나눈 뒤 양후는 마차 앞에서 왕계를 위로하고 "관동(함곡관 동쪽)에 무슨 소식 없습니까?"라고 물었다. "별다른 것 없습니다." 왕계는 형식적으로 대답했다. "혹 제후의 유세객들과 함께 계시는 것은 아니겠죠? 그런 자들은 아무짝에 쓸모가 없어요. 그저 남의 나라를 혼란에 빠뜨리기만 하지." 양후는 근엄한 목소리로 경고하듯 왕계를 타일렀다. 왕계는 감히 어떻게 그럴 수 있냐며 능청을 떨었고, 양후는 안심한 듯 그 자리를 떴다. 이윽고 짐 상자에서 나온 범수는 이렇게 말했다.

> "양후가 매우 총명한 사람이라고 들었는데 어떤 일에서는 반응이 느리군요. 방금전 수레에 외부인이 있지 않느냐며 의심까지 해놓고 그저 한번 흘깃 보기만 하고 조사는 하지 않는군요."

이렇게 말하고 범수는 수레에서 내려 걸었다. 그러면서 "조금 있으면 양후가 틀림없이 후회할 것입니다."라고 말했다. 10리쯤 갔을까? 놀랍게도 범수의 예상대로 양후가 기병을 보내 수레를 뒤졌고, 외부인이 없는 것을 확인하자 바로 돌아갔다. 범수는 이렇게 해서 왕계, 정안평과 함께 진의 도성 함양에 진입하는 데 성공했다.

왕계는 진왕에게 위나라에 다녀온 상황을 보고하고, 틈을 봐서 슬그머니 이렇게 말했다.

"위나라에 장록 선생이란 분이 있는데 천하가 알아주는 인재랍니다. 그가 말하길 '진나라의 형세가 달걀을 올려놓은 것처럼 위험합니다. 저의 대책을 채택해야만 안전할 것입니다. 하지만 대책을 글로 써서 대왕께 전달할 수는 없습니다.'라고 했습니다. 그래서 제가 저의 수레로 모셨습니다."

소양왕은 평소 유세객들을 혐오하던 터라 왕계가 전한 이 말을 믿지 않았다. 범수의 정착을 허락하긴 했지만 푸대접에 1년 넘도록 만나주지 않았다.

이에 앞서 진은 소양왕 36년인 기원전 271년에 남쪽 초나라의 수도 언영鄢郢을 점령하고 계속 동쪽으로 진격하여 제나라까지 물리친 바 있다. 또 삼진(한·조·위)을 여러 차례 곤경에 빠뜨리기도 했다. 그 후 양후는 자신의 봉지를 확대하기 위해 군대를 거느리고 한·위를 지나 제나라 강읍과 수읍을 공격할 준비를 했다. 바로 이때 범수가 글을 올려 소양왕에게 간곡하게 면담을 요청했다. 편지 마지막에 "저를 만나신 다음 한마디도 쓸모가 없다면 죽음으로 보상하겠습니다."라는 대목이 들어 있었다.

장록이란 존재를 까맣게 잊고 있었던 소양왕은 뜻밖의 편지를 읽고는 무척 흥분하여 왕계를 불러 그의 수레로 범수를 모셔 오게 했다. 기원전 270년, 마침내 범수(장록)는 진나라 궁전에 발을 들여놓았다. 소양왕은 아직 오지 않았다. 범수는 궁중의 길을 모르는 것처럼 하면서 일부러 후궁 쪽으로 발길을 옮겼다. 바로 이때 소양왕이 도착했고, 환관이 기세등등하게 범수를 내쫓으며 "대왕 납시오."라고 고함을 질렀다. 범수는 못 들은 척 일부러 헛소리를 지껄였다. "진나라에는 태후와 양후밖에 없거늘 무슨 군왕이란 말인가?" 이렇게 중얼거리면서 범수는 계속 후궁 쪽으로 들어가려 했다. 범수는 일부러 소양왕의 화를 돋우려는 심산이었다. 범수와 환관이 말다툼 하는 소리를 들은 소양왕은 화를 내지 않고 자신이 직접 다가가 범수를 맞이했다.

소양왕은 좌우를 물리쳤다. 궁중에는 이제 두 사람만 남았고, 소양왕은 두 무릎을 바닥에 꿇고 몸을 세운 채 정중하게 범수를 맞이했다. 그러고는 "선생께서 과인에게 가르칠 것이 있다고요?"라고 물었다. 범수는 "그렇습니다."를 두 번이나 내뱉었다. 소양왕은 다시 두 무릎을 꿇고 진지하게 "선생께서 과인에게 무엇을 지도하려 하십니까?"라고 물었다. 범수는 또 "그렇습니다."를 두 번 반복했다. 이렇게 하길 세 차례, 소양왕은 다시 똑같은 자세로 "선생은 과인을 가르칠 생각이 없으신 겁니까?"라고 물었다. 범수는 그제야 표정을 풀며 말했다.

"제가 어찌 감히! 그 옛날 여상(강태공)이 문왕을 만날 당시 그는 위수 가에서 낚시나 하는 인물이었습니다. 그들의 관계는 아주 멀었습니다. 두 사람이 한 자리에서 대화를 나눈 다음 문왕은 그를 바로 태사(군대 최고사령관)에 임명했습니다. 문왕은 여상의 모략을 채용하여 마침내 상을 멸망시키고 천하를 통치하기에 이릅니다. 지금 저는 타국에 머무르는 나그네로 대왕과의 관계라면 관계랄 것도 없을 정도로 까마득합니다. 하지만 제가 드리고 싶은 말은 모두 국군을 돕거나 군왕의 인척과 관련된 큰일들입니다. 원래 단도직입적으로 말씀드리려 했으나 대왕의 속내를 알 수 없는지라, 대왕께서 세 차례나 추궁하시듯 물었음에도 바로 대답드리지 못한 것입니다."

이 말에 소양왕은 몸을 범수 쪽으로 더욱 기울이며 말했다.

"무슨 말씀이십니까? 진은 중원과 멀리 떨어져 있는 데다 이 사람 또한 어리석고 무능합니다. 선생께서 불고체면하고 이렇게 오신 것은 하늘이 진을 도운 것입니다. 일이 크건 작건 위로는 태후로부터 아래로는 대신에 이르기까지 모두 선생의 말씀을 듣고자 합니다. 그러니 과인의 뜻을 의심하지 마십시오.”

소양왕의 진심을 확인한 범수는 무릎을 꿇고 정중하게 절을 올렸고, 소양왕도 같은 예로 화답했다. 범수는 드디어 원교근공의 원대한 책략을 소양왕에게 펼치기 시작했다.

“용감한 병사를 거느린 강력한 진나라가 제후를 정복하기란 마치 뛰어난 사냥꾼이 토끼 발자국을 뒤쫓듯 쉽습니다. 하지만 지난 15년 동안 진나라는 다른 나라를 정복하지 못했습니다. 이는 양후가 대왕께 불충하는 데다, 대외적으로 대처하는 방법이 옳지 못했기 때문입니다. 또 대왕께 좋은 책략이 없기 때문이기도 합니다.”

소양왕은 범수에게 다시 한번 정중하게 가르침을 요청했고, 범수는 본격적으로 원교근공의 책략을 풀어놓았다.

“한·위는 진나라의 이웃입니다. 진나라가 영토를 넓히려면 먼저 이 두 나라를 병합해야 합니다. 그런데 양후는 이 두 나라를 건너뛰고 제나라를 공격하자고 합니다. 이는 매우 모자란 생각입니다.”

범수는 소양왕을 설득하기 위해 제 민왕湣王이 멀리 초나라를 치다가 실패한 사례를 끄집어냈다.
제 민왕은 이웃 나라를 넘어 멀리 초를 공격하여 적장의 목을 베는 등 단숨에 1

천 리 땅을 공략했다. 하지만 결국 단 한 자의 땅도 얻지 못했다. 원인은 전략을 잘못 구사한 데 있었다. 먼길을 와서 전투를 하다 보니 군대가 지치고 소모가 너무 컸다. 게다가 거리가 너무 멀어 애써 땅을 얻고도 계속 유지할 수 없었다. 이때 다른 나라가 제나라의 허술한 수비와 피로를 틈타 후방을 공격하니 제는 크게 패하고 말았다. 힘들게 빼앗은 초나라 땅은 한·위 두 나라 차지가 되었다. 이는 군대를 도적에게 빌려주고 양식을 훔친 도적에게 양식을 보내는 것과 다를 바 없었다. 제나라의 사례를 들어 설명한 다음 범수는 이렇게 이야기를 마무리했다.

"대왕께서는 제 민왕의 교훈을 거울삼아 '원교근공'의 책략을 취하셔야 합니다. 먼 나라와는 우호관계를 맺고, 가까운 나라를 공략하는 '원교근공' 말입니다. 이렇게 영토를 한 치 한 치 한 자 한 자 넓혀가면 누구도 빼앗을 수 없습니다. 그런데 지금 대왕께서는 이웃나라는 버리고 먼 나라를 공격하려 하니 잘못되어도 한참 잘못된 것입니다. 한·위 두 나라는 중원지대에 위치한 나라로 천하로 통하는 중추와 같습니다. 패업을 이룰 생각이라면 먼저 한·위를 통제하여 멀리 있는 초와 조를 위협해야 합니다. 그리고 이 목적을 이루기 위해서는 먼저 이 두 나라와 외교관계를 수립해야 합니다. 이 두 나라가 진에 붙으면 제는 두려워할 것이고, 이때 제와 다시 우호관계를 맺으면 됩니다. 이웃 한·위 두 나라는 이쯤 되면 문제가 되지 않습니다, 전하!"

소양왕은 범수의 책략을 칭찬했고, 그를 객경에 임명하여 대외 군사행동을 전문적으로 기획하고 논의하도록 했다. 범수의 모략에 따라 진나라는 위나라를 공격하여 회성(지금의 하남성 무척현 서남)을 차지했다. 2년 뒤에는 형구(지금의 하남성 온현 동쪽 부평 옛 성)를 공략했다. 소양왕 41년인 기원전 266년, 소양왕은 옹(지금의 하남성 노산현 동쪽) 땅을 범수에게 봉지로 내리고 응후라는 작위를 내림으로써 양후의 재상 자리를 대신하게 했다. 이듬해인 기원전 265년, 진은 다시 동쪽 한나라를 공격했다.

사마천은 범수를 평가하면서 한비자의 말을 빌려 "소매가 길어야 춤이 아름다워 보이고, 밑천이 든든해야 장사를 잘 할 수 있다."고 했다. 정곡을 찌른 말이다. 범수가 당대 최고의 변사로 진국의 재상이 될 수 있었던 까닭은 그가 강력한 진나라에 의지하여 자신의 지혜와 모략을 한껏 발휘했기 때문이다. 아울러 그는 유세가가 유세를 어떻게 해야 하는지에 대한 가장 모범적인 사례를 보여주었다.

한비자는 「오두五蠹」라는 글에서 정치가 안정되고 강성한 나라가 수준 높은 모략을 실행하기 쉽고, 정치가 어지럽고 약소한 나라는 제아무리 좋은 계책이 있어도 성공하기 어렵다고 했다.

범수는 평생 진 소양왕을 섬겼고, 그의 유세와 모략은 대부분 성공했다. 이는 진이 통일이라는 대업을 이루는 데 크게 공헌했다. 범수는 또한 굴욕을 참고 일어선 대장부였다. 힘들다고 뜻을 꺾지 않았으며, 불굴의 의지로 분발하여 성공했다. 그는 성공했다고 자만하지 않았으며, 그와는 반대로 격류 속에서 용퇴할 줄 알았다. 그는 전국시대를 통틀어 가장 걸출한 책사이자 진정한 모략가였다.

4) 유세 방법

유세 방법은 조작성이 아주 강한 문제다. 따라서 관련한 방법들을 정확하고 철저하게 익히고, 이를 상황에 맞게 적용해야 한다. 주요한 몇 가지 방법들을 소개한다.

조건 분석법

쌍방의 조건이 명확하게 갖추어져서 이에 따라 유세 대상을 설득하는 것이다. 이는 유세에서 가장 일상적으로 사용하는 방법이자 오늘날 사람들이 흔히 말하는 "사실 事實을 밝히고 도리道理를 말한다."는 것이다.

사실은 잘 늘어놓을 수 있지만 도리는 아주 신경을 써야 한다. 사실의 취사는 도리를 강구하는 데 봉사하며 최종적으로는 유세가의 목적에 봉사하는 것이다.

우리는 전국시대를 대표하는 두 명의 유세가, 즉 장의張儀가 초나라와 진나라의 연횡을 유세한 일과 소진蘇秦이 조나라와 합종하여 진에 맞서자고 초왕에게 유세한 일을 대비해보겠다. 두 사람의 유세 대상은 모두 같은 초나라였음을 미리 밝혀둔다.

먼저 소진의 사례를 보겠다. 소진의 유세로 초나라가 왜 합종과 연횡 사이에서 왔다갔다했는지를 알아보자. 소진은 조나라를 대신하여 합종 연맹을 성사시키기 위해 초나라 위왕威王을 찾아 이렇게 유세했다.(원문의 내용이 다소 장황하여 단락을 나누고 줄였다. _옮긴이)

① 초나라는 천하의 강대국이고 대왕은 천하에 현명한 군주이십니다. 초는 서쪽에 는 검중黔中과 무군巫郡이 있고…

② 이상은 패왕이 될 수 있는 바탕입니다. 이를 바탕으로 떨치고 일어서면 천하에 당할 나라가 없을 것입니다. 그런데 이제 서쪽의 진나라를 섬기고자 한다면 제 후들은 모조리 서쪽을 향하여 진나라의 궁궐 아래에서 조아리고 조회하지 않 을 수 없을 것입니다.

③ 진나라를 제지할 수 있는 나라로 초나라만 한 나라는 없습니다. 초나라가 강해 지면 진나라가 약해지고, 진이 강해지면 초가 약해지므로, 서로 양립할 수 없는

형세입니다. 따라서 대왕을 위해서는 여섯 나라가 종으로 화친하여 진나라를 고립시키는 것보다 나은 계책은 없습니다.

④ 만약 대왕께서 이 계책을 따르지 않으면 진나라는 틀림없이 대군을 일으켜 무관과 검중으로 쳐들어올 것입니다. 그리되는 날에는 초나라의 언 지방과 영 지방이 흔들릴 것이 뻔합니다.

⑤ 신은 "어지러워지기 전에 다스리고, 일이 터지기 전에 대책을 세우라."고 들었습니다. 환란이 닥친 다음에 근심하면 늦습니다. 대왕께서는 서둘러 깊이 생각하시기 바랍니다.

⑥ 대왕께서 신의 말씀을 받아들이신다면, 신은 산동에 위치한 나라들로 하여금 사시사철 특산물을 바치고 왕의 명령을 받들게 하겠습니다. 그들의 종묘사직을 대왕께 맡기고 군사를 제대로 훈련하여 대왕의 뜻대로 쓸 수 있도록 하겠습니다.

⑦ 대왕께서 진정으로 신의 계책을 따르신다면, 한·위·제·연·조·위의 아름다운 음악과 미인으로 대왕의 후궁을 채울 것이며, 연나라와 대 지방의 낙타와 좋은 말로 대왕의 외양간을 채울 것입니다.

강대국 초나라의 상황과 그 나라 군주의 자존심을 정확하게 겨냥한 소진의 유세는 위왕의 마음을 크게 흔들었고, 위왕은 이렇게 말했다.

"과인의 초나라는 서쪽으로 진나라와 국경을 맞대고 있고, 진나라는 우리 파촉과 한중을 공격하여 빼앗을 야심을 갖고 있소. 나는 본래 진나라가 호랑이나 이리같이 잔인하다는 것을 알고 절대 잘 지내려 하지 않았소. 한과 위는 진나라가 날조한 협박을 받고 있으니 진나라의 속내를 알 수가 없소. 이 때문에 과인은 저들이 우리

초나라를 배반하고 모든 책략을 진나라에 누설할까 심히 걱정이오. 그렇게 되면 계
책을 실행하기도 전에 우리나라는 위험에 빠질 것이오. 과인의 생각으로는 초나라
가 진나라에 맞선다 해도 꼭 승리하리란 보장은 없고, 조정과 신하들의 책략도 믿
을 수 없소. 이 때문에 과인은 잠도 못 자고 심사가 복잡하니 마치 바람에 흔들리
는 깃발 같소이다. 그런데 지금 그대가 천하를 단결시키고 제후들을 편히 어루만지
며 나라를 보존할 수 있는 책략을 내니 이는 인의에 부합하는 옳은 길이고, 과인은
우리나라의 신하와 백성들을 거느리고 따를 것이오."

이렇게 해서 6국은 서로의 이해관계에 입각하여 동맹을 맺기에 이르렀고, 소진
은 6국 전체를 대표하는 재상의 도장을 허리에 차게 되었다. 조나라 왕은 소진에게
땅을 떼어주고 무안군武安君에 봉했다. 이에 따라 조나라가 소진의 주 활동무대가 되
었다.

한편 소진보다 늦게 장의는 진나라의 합종 연맹을 무너뜨리고 연횡을 실현하기
위해 초 회왕懷王(위왕의 아들)을 찾아 다음과 같이 유세했다.

① 초나라의 영토는 천하의 절반이나 되고, 그 군대는 네 나라 전체 군대와 맞먹을
   만하며, 험준한 지형에다 황하가 둘러싸고 있어 사방이 막힌 타고난 요새와 같
   습니다.
② 한편 진나라에는 호랑이와 같이 용맹한 군대가 100여 만, 전차가 1,000승, 군마
   가 1만 필에 곡식은 산더미처럼 쌓여 있는 데다, 법령은 분명하여 병사들은 어
   떤 어려움도 감수하고 죽을 각오로 맞섭니다. 군주는 현명하면서도 엄하고, 장
   수들은 지략과 용기를 겸비하고 있습니다. 따라서 진나라는 굳이 출병하지 않고
   상산常山의 험준한 지형을 손에 넣기만 하면 천하의 척추가 꺾이고 말 것입니다.

그러니 진나라에 빨리 굴복하지 않으면 않을수록 멸망은 빨리 닥칠 것입니다.

③ 이른바 합종이란 것은 양떼를 몰아 맹호를 공격하자는 것과 다를 바 없는 논리입니다. 호랑이와 양이 적수가 된다고 생각하십니까? 지금 왕께서 맹호와 동맹하지 않고, 양떼와 동맹을 맺고 있으니, 이는 왕의 정책이 잘못된 것이 아니고 무엇이란 말입니까?…

④ 천하의 강국은 진나라이지 초나라가 아닙니다. 두 나라가 서로 다투면 그 세력은 양립할 수 없습니다.…

⑤ 진나라의 서쪽에는 파·촉이 있어 큰 배에 곡식을 싣고 문산汶山에서 장강을 따라 내려오면 초까지 3,000여 리가 됩니다. 그러나 배 한 쌍에 50명의 군사와 석 달 식량을 싣고 강물을 따라 내려오면 하루에 300리를 갈 수 있으므로, 소나 말의 힘을 빌리지 않아도 열흘 안에 한관扞關에 이를 수 있습니다.…

⑥ 진나라의 군대가 초나라를 공격하면 석 달 이내에 위기가 닥쳐오지만, 초나라가 제후들의 구원을 기다리려면 반년 이상 걸리므로, 서로 구원할 형편이 전혀 못 됩니다. 약국의 구원을 믿고 강국 진으로부터 다가오는 화를 잊는다는 것은 대왕의 근심거리가 아닐 수 없습니다.…

⑦ 지금 초나라는 진나라와 국경을 접하고 있어 본래는 지리상 친할 수 있는 사이입니다. 대왕께서 성심껏 신의 의견을 들어주신다면 신이 진나라의 태자를 인질로 보내도록 할 테니 대왕께서는 초나라의 태자를 진에 보내십시오. 또 진나라의 처첩을 대왕 측근에서 시중하는 비첩으로 바치고, 1만 호의 읍도 바치도록 할 테니, 그것을 탕목읍湯沐邑으로 삼으십시오.

⑧ 이렇게 하면 두 나라는 오래오래 형제의 나라가 되어 평생 서로 공격하는 일이 없을 것입니다. 신의 생각에 이보다 더한 상책은 없을 것 같습니다.

● 소진은 평민의 신분에서 입신양명하여 6국을 연결시키고 마침내 합종이란 거대한 국제관계를 형성하는 위업을 달성했다. 이 과정에서 그가 보여준 현란한 언변과 임기응변은 지금 보아도 부가가치가 대단하다. 사진은 6국의 공동재상으로 임명되는 소진의 모습을 그린 그림이다.

초나라 수도 영郢은 장강 중류, 지금의 호북성 강릉현江陵縣에 자리잡고 있는데 사천성 중경重慶에서 장강 삼협三峽에 이르는 약 수백 킬로미터의 거리로, 배로 움직일 경우 이틀이 걸린다. 장의가 말한 한관은 수도 영에서 서북쪽으로 약 250킬로미터 떨어져 있지만 진나라에서 물길로 들어와 초나라의 수도 영에 이르기 위해서는 반드시 거쳐야만 하는 요충지라 할 수 있다.

탕목읍이란 천자가 조회 온 제후에게 목욕재계하는 데 쓰라고 내린 땅이란 뜻인데, 그 뒤로 왕은 물론 왕비와 공주들까지도 사사로이 탕목읍을 소유하게 되었다. 장의가 진나라로 하여금 1만 호를 초왕에게 바치도록 하겠다며 '탕목읍'이란 용어를 동원한 것은, 어디까지나 힘이란 면에서 진나라가 우위에 있으므로 진이 탕목읍을 내린다는 뜻을 암시한 것이다.

장의의 논리는 철저하게 '힘의 논리'다. 국력은 약하지만 지리적 이점과 군사들의 사기 및 국왕의 통치력 등을 분석한 다음 '동맹의 논리'로 6국을 설득하던 소진의 정교함에 비해 다소 거칠기는 하지만 설득력에서는 결코 뒤떨어지지 않는다. 더욱이 소진이 열거한 각국의 장점을 약점으로 지적하고 있는 점도 돋보인다. 장의의 연횡이 갖는 가장 큰 장점이 바로 이것이다.

초 회왕은 장의의 유세에 완전히 설득당했고, 바로 특사에게 전차 100량을 비롯하여 진기한 동물과 보물 등을 딸려 진나라에 보냈다.

그런데 여기서 한 가지 드는 의문이 있다. 두 사람 모두 다 같은 초나라를 대상으로 유세를 펼쳤는데 어째서 두 사람이 내세운 조건이 이렇게 큰 차이를 보였을까? 유세가는 달성하고자 하는 목적에 의거하여 상대의 말이나 갖추고 있는 조건을 취사하고 바꾸어 유세 목적에 봉사하도록 한다. 그에 따른 기교는 취사의 정도를 장악하는 데 달려 있다. 지나친 과장은 유세 대상의 의심을 사서 유세의 목적을 이룰 수 없다. 정도의 장악은 유세술의 성숙을 가늠하는 척도다.

소진이 초 위왕에게 조나라와 합종하여 진나라에 맞설 것을 유세할 때 먼저 조건을 나열하는 것을 시작으로 초나라의 넓은 땅, 다수의 병력과 군사력, 강력한 국력 등을 밝힘으로써 초나라의 강력함을 증명했다. 이런 초나라가 조나라 등과 합종하여 진나라를 공격하면 천하 제후의 패주가 될 수 있다고 설득한 것이다.

초 회왕을 대상으로 한 장의의 연횡 유세는 진·초 두 나라의 조건을 대비하는 데 중점을 두고 나가면 공격할 수 있고 물러나면 지킬 수 있는 유리한 형세와 강대한 진나라의 국력을 강조했다. 반면 초나라의 형세는 공격당하기는 쉽고 지키기는 어려워 진나라의 공격을 받으면 석 달 안에 망할 수밖에 없다는 점을 힘껏 내세웠다. 그러면서 약소한 다른 나라들은 반년이면 다 정리될 것이라 했다. 장의는 이런 대비를 통해 초왕에게 진나라와 연횡하라고 설득했다.

이익으로 유인하고, 위세로 압박하다

이익을 좇고 손해를 피하는 것은 인간의 본능이자 문제를 처리하는 원칙이고 바람이기도 하다. 따라서 이해관계로 유세 대상을 유인하거나 위협하는 것이 유세가의 방법이 되었다. 타인에 대한 유세는 일종의 심리전이다. 유세가가 우세한 지위에 있다면 먼저 그 기세로 상대를 두렵게 만들어 유세 목적을 달성한다. 또는 다시 이익으로 유혹하기도 한다. 즉, 채찍과 당근을 함께 구사하여 상대를 그물에 쉽게 넣는 것이다.

때로 유세가가 전체적으로 열세에 놓여 있지만 유세 대상의 부분적인 두려움을 이용하여 겁을 준 뒤에 다시 부분적 이익으로 유인하기도 한다. 관련하여 유세가 장의가 날카로운 언변으로 조나라와 위나라를 통제한 사례를 보자.

진나라는 범수가 제시한 '원교근공'이라는 대외정책을 확립하자 나머지 6국도 진나라의 위력에 두려움을 느끼고 연합에 나섰다. 진나라의 외교는 이 연합, 즉 합종을 깨서 힘을 합치지 못하도록 하는 것이었다. 이 당시 진나라 외교의 중책은 장의의 어깨에 놓여 있었다.

장의는 진나라를 위해 연횡이란 책략을 들고 조나라 무령왕武靈王을 대상으로 유세에 나섰다. 진나라는 조나라를 먼저 옭아매어 6국의 연합을 갈라치기할 심산이었다. 조나라 무령왕을 만난 장의는 다음과 같이 입을 열었다. 이해하기 쉽게 단락을 나누어 제시한다.

① 대왕께서 천하의 제후를 이끌고 진을 배척하는 바람에 진이 함곡관을 나오지 못한 지 15년이 되었습니다. 대왕의 위엄은 산동에 떨쳤고, 우리 진은 두려움에 질려 고개도 들지 못한 채 무기와 수레, 말을 정비하고 말타기와 활쏘기를 익히

며 농사에 힘써 곡식을 쌓아두었습니다. 두렵고 슬픈 나날 속에서 국내를 지키고 감히 움직일 수 없었던 것은 오직 진을 질책하려는 대왕의 마음 때문이었습니다.…

② 진은 비록 구석진 곳에 멀리 떨어져 있으나 분한 마음을 품은 지 오래입니다. 지금 진은 지치고 쇠약한 군대이긴 하지만 민지澠池에 진을 치고 있으며, 황하와 장수漳水를 건너 번오番吾를 점거하고, 한단邯鄲 성 아래에서 그 옛날 주 무왕이 은나라 주왕의 잘못을 바로잡은 그 일을 재현코자 합니다.

③ 대왕께서 합종을 믿은 것은 소진의 말을 믿었기 때문일 것입니다. 소진은 제후를 꼬드겨 옳은 것을 그른 것으로, 그른 것을 옳은 것으로 주장하였으며, 제나라를 배반하려다 저잣거리에서 몸이 찢기는 최후를 자초했습니다.

④ (이제 그의 죽음으로) 천하가 하나로 뭉칠 수 없음이 분명해졌습니다. 지금 초와 진은 형제의 나라가 되었으며, 한과 위는 진의 동쪽 울타리를 지키는 신하가 된 것과 다름없습니다. 또한 제는 물고기와 소금이 나는 땅을 진에게 바쳤습니다. 이는 조나라의 오른팔을 자른 것이나 마찬가지입니다. 오른팔이 잘리고도 싸우려 하고, 동지를 잃고 고립되어 있으면서도 안전하기를 바라는 것이 가능합니까?

⑤ 지금 진이 세 명의 장군을 보내어, 1군으로 오도午道를 차단한 다음 제나라에 통고하여 청하를 건너 한단의 동쪽에 군대를 주둔시키도록 하고, 2군은 성고城皐에 주둔하여 한과 위의 군대를 황하 밖으로 출병시키도록 하며, 3군을 민지에 주둔시키면 네 나라가 연합하여 조를 공격하게 되니 조의 땅은 넷으로 갈라질 것이 틀림없습니다.

⑥ 신이 감히 사실을 속이지 못하고 대왕의 좌우에게 먼저 말씀드리는 것은 이 때문입니다. 신이 대왕을 위해 대책을 강구해보니, 민지에 가서 진왕과 만나 서로

얼굴을 맞대고 직접 화친을 맺는 것이 가장 상책인 것 같습니다. 그러면 신은 그 때까지 진의 군대를 점검하며 공격을 미루도록 하겠습니다. 잘 생각해서 결정 하십시오.

장의의 유세에서 전반부는 사신으로 온 신분으로 겸손한 말투가 적지 않지만 손님의 상투적인 겸손함 속에 은근히 위협이 포함되어 있다. 후반부는 사신의 신분 을 버리고 거의 비밀을 고하는 형식으로 직접 진나라가 조나라를 공격하려고 한다 는 군사적 위협을 더 보태고 있다. 당시 진나라는 내부 개혁과 외부 확장으로 국력이 강성한 상태였고, 조나라는 아직 개혁을 시작하지 못해 국력이 약했다. 따라서 장의 의 위협은 진나라의 실력을 뒷배로 삼은 것이었다.

장의의 한바탕 위협은 아니나 다를까, 주효했다. 조 무령왕은 지체 없이 장의의 유세를 전적으로 받아들이는 한편 그렇지 않아도 300량의 전차를 몸소 이끌고 민지 로 가서 진나라 혜왕을 만나 하간河間의 땅을 진나라에 바칠 생각이었다고 했다.

물론 무령왕이 땅을 떼어준 이 일은 단순히 장의의 유세 때문만은 아니었다. 무 령왕은 비교적 능력 있는 군왕이었다. 그는 장의의 책략에 대해 먼저 진나라를 달램 으로써 자신의 실력을 키울 수 있는 시간을 벌고자 했다. 그 뒤 무령왕은 간편한 오 랑캐 옷을 입고 말을 타고 활을 쏘는 이른바 '호복기사胡服騎射'의 개혁으로 조나라의 실력을 크게 키웠다. 즉, 장의가 사신으로 온 것을 계기로 삼았을 뿐이다.

장의는 연횡을 유세하는 과정에서 위협과 이익으로 유인하는 수법을 특히 즐 겨 사용했다. 이것이 가능했던 것은 막강한 진나라가 등뒤에 있었기 때문이다. 이번 에는 한왕을 몰아붙이는 장의의 기세등등한 모습을 상상하며 다음 유세를 음미해 보자.

① 한은 험한 산악지대라 오곡 중 나는 것이라곤 콩 아니면 보리에 지나지 않습니다. 그래서 백성들은 콩밥이나 콩잎 따위로 끓인 국을 먹고 있으며, 단 한 해라도 수확이 시원찮으면 술 담그고 남은 지게미조차 배불리 먹지 못할 정도입니다.

② 한의 땅은 사방 900리에 지나지 않고 2년 먹을 식량도 없습니다. 대왕의 병졸은 잡역과 취사병까지 몽땅 합해야 불과 30만, 국경 초소와 요새를 지키는 병사를 빼면 현 병력은 20만에 지나지 않습니다. 그러나 진의 군사는…

③ 산동의 군사들은 갑옷을 입고 투구를 쓰고 싸우지만, 진의 병사들은 갑옷을 벗어던지고 맨발과 알몸으로 적진에 뛰어들어 왼손에는 적의 머리를 쥐고 오른손으로는 포로를 끼고 돌아옵니다. 두 나라 군대는 마치 유명한 용사인 맹분孟賁과 겁쟁이가 싸우는 것 같고, 그 힘으로 보면 저 유명한 장사 오획烏獲이 어린아이를 누르는 것과 같습니다. 따라서 진이 한을 공격하는 것은 1,000근의 쇳덩이를 새알 위에 떨어뜨리는 것과 다를 바 없으니, 요행이란 있을 수 없습니다.

④ 앞장서서 진을 섬기면 안전하지만, 진을 섬기지 않으면 위험합니다. 한편으로 화근을 만들면서 복을 바라는 것은 얄팍한 꾀에 지나지 않을뿐더러 원한만 깊어지게 합니다. 진을 거역하고 초를 따르면 멸망은 기정사실입니다.

⑤ 그러므로 대왕은 진을 섬기는 것이 상책입니다. 진이 가장 바라는 바는 초를 약하게 만드는 것인데, 한나라만큼 초나라를 약하게 만들 수 있는 나라는 없습니다. 한이 초보다 강해서가 아니라 지형 때문입니다. 지금 왕께서 서쪽으로 방향을 돌려 진을 섬기며 초를 공격하면 진왕은 기뻐할 것이 틀림없습니다. 이보다 더 좋은 계책이 어디 있겠습니까?

장의의 논리는 철저하게 '힘의 논리'다. 국력은 약하지만 지리적 이점과 군사들

● 동문수학한 소진의 '합종론'을 깨기 위해 장의는 '연횡론'을 들고 나왔다. 소진의 합종론이 있었기에 장의의 연횡론이 가능했다. 이런 점에서 장의는 여러 가지로 소진에게 빚을 졌지만 소진의 '합종론'이 갖고 있는 약점을 정확하게 파악하여 자신의 논리를 더욱 다듬었다.

의 사기 및 국왕의 통치력 등을 분석한 다음 '동맹의 논리'로 6국을 설득하던 소진의 정교함에 비해 다소 거칠기는 하지만 설득력에서는 결코 뒤떨어지지 않는다. 너욱이 소진이 열거한 각국의 장점을 약점으로 지적하고 있는 점도 돋보인다. 장의의 연횡이 갖는 가장 큰 장점이 바로 이것이다.

장의의 유세를 좀더 분석해보면 이렇다. 먼저 위협한 뒤에 이익으로 유혹했다. 진나라는 먼저 상대적으로 약하고 지리적으로 가까운 한나라를 공격하여 한나라와 국경을 접하고 있는 조나라와의 연합을 끊어 합종 연합한 나라가 한나라를 구원하지 못하도록 위협했다. 한나라가 혼자 진나라에 맞서보았자 상대가 되지 않기 때문이다. 한왕에 대한 위협이 통할 수 있었던 것도 이 때문이다. 그런 다음 다시 초나라를 공격하는 일을 도우면 얻게 될 이익으로 한왕을 유혹했다. 이렇게 심리전을 통해 상대의 공포 심리를 조성하고, 다시 이익으로 유혹하여 상대를 끌어들였다. 물론 이는 유세가가 우세한 입장일 때 취할 수 있는 방법이다.

이와 관련하여 두 가지 사례를 짧게 더 보충해본다. 먼저 춘추시대 초나라 사람으로 죽음을 피하여 오나라로 망명한 오자서伍子胥가 초나라 관문을 벗어날 때의 일이다.

오자서는 초나라의 대신 오사伍奢의 아들이었다. 그런데 초나라 평왕平王이 간신에게 놀아나 오자서의 아버지 오사와 오자서의 형님을 죽였다. 오자서는 평왕의 부름에 응하지 않고 초나라를 탈출하기로 했다. 당연히 수배령이 내렸다. 오자서가 초나라에서 수배를 피하여 다른 나라로 **빠져나가던** 중 국경 수비병에게 체포당했다. 그러자 오자서는 그 병사에게 이렇게 말했다.

"초나라 왕이 나를 잡고자 하는 것은 내가 진귀한 보석을 가졌기 때문이다. 그런데 내가 그 보석을 잃어버렸다. 그런데 네가 나를 체포하여 왕에게 넘기면 나는 왕에게 '네가 내 보석을 빼앗았다.'고 말하겠다. 그러면 모르긴 해도 초왕은 너의 배를 가르고 말 것이다."

그 병사는 오자서의 속임수에 넘어가 오자서를 놓아주고 말았다. 오자서의 협박 공갈은 그 병사를 겁주기에 충분했다. 오자서를 놓아주지 않았다가는 배를 갈라야 할 판이었으니. 이렇게 오자서는 탈출에 성공해 오나라로 가서 군사 전문가 손자와 협력하여 오나라를 강국으로 만드는 데 큰 역할을 했다. 수비병이 오자서를 놓아준 것도, 알고 보면 오자서가 수비병의 행동이 가져올 피해를 지적함으로써 경비병으로 하여금 오자서를 놓아주지 않으려야 않을 수 없게 만든 것이다.

『삼국연의』 제43회에 이런 대목이 있다. 조조의 백만 대군이 강남으로 내려오자 동오의 조야는 겁에 질렸고 민심은 흉흉했다. 조조에게 투항하자는 자들이 속출했다. 장소張昭는 "조조에게 항복한다면 동오 백성들이 다 편안하고 강남 6군을 보전할 수 있습니다."며 투항을 주장했다. 손권孫權은 머리를 숙이고 잠자코 있었다. 잠시 뒤 손권이 옷을 갈아입으러 일어나자 노숙魯肅은 손권의 뒤를 따라 들어갔다. 노숙의 의중을 알아챈 손권은 그의 손을 잡으며 "경의 생각은 어떻소?"라고 물었다. 이에 노숙은 이렇게 말했다.

"여러 사람들이 한 말은 모두 장군을 크게 그르치게 만듭니다. 그 사람들은 조조

에게 항복할 수 있지만 장군만은 절대 조조에게 항복해서는 안 됩니다. 이 노숙 등이 조조에게 항복한다면 돌아갈 고향이 있고 잘 하면 벼슬도 할 수 있겠지만 장군께서 조조에게 항복한다면 돌아갈 곳이 어딥니까? 작위를 받는다 해도 후에 지나지 않을 것이요, 출입에 수레는 불과 한 채, 말도 불과 한 필, 시종은 겨우 두어 명에 지나지 않을 것이니 일국의 주인이 되기 어렵습니다. 여러 사람들의 생각은 다들 자신들을 위한 것이라 들으시면 안 됩니다."

● 오자서는 관문을 지키는 수비병이 받게 될 수 있는 결과로 협박하여 설득에 성공했다.

장소는 동오 백성들의 이익을 앞세워 조조에게 투항하는 것이 유리하다고 했고, 반면 노숙은 보다 구체적으로 손권이 조조에게 투항할 경우 초래되는 손익을 앞세웠다. 노숙은 개인적 이해관계를 더욱 강조하여 손권의 마음을 움직였다. 특히 노숙은 투항한 뒤 받게 될 자신과 손권의 대우라는 문제를 꺼내 들었다. 그렇지 않아도 투항할 마음이 없었던 손권은 노숙의 설득을 받아들이지 않을 수 없었다.

형세를 만들어서 주도하라

유세를 성공시키기 위해서는 유세에 유리한 국면을 만들어야 한다. 즉, 유리한 유세 분위기를 창조하여 기선을 제압하고 상대를 통제권에 넣은 뒤 다시 유도하는 것이다. 관련하여 춘추시대의 역사 사례를 보자.

기원전 645년 춘추시대, 서방의 강대국 진秦나라 목공은 군대를 일으켜 동쪽의 진晉나라를 공격하여 한원韓原에서 대파하고 혜공惠公을 포로로 잡았다. 석 달 뒤 목공은 진나라와의 강화를 받아들였다.

여생呂甥이 진晉나라의 사신으로 진秦나라에 와서 혜공을 맞이했다. 여생은 전쟁에서 진晉나라가 이미 큰 손실을 입었고, 게다가 국군인 혜공까지 진秦나라 수중에 있다는 사실을 의식하지 않을 수 없었다. 그의 말 한마디 한마디가 국군은 물론 나라의 앞날에 영향을 줄 수 있기 때문이었다. 여생에게 놓인 것은 그야말로 중차대한 외교 투쟁이었다.

목공은 왕성에서 여생을 만났다. 주인과 손님의 자리가 정해지자 목공은 "진晉나라 사람들이 최근 단결된 모습을 보이고 있소이까?"라고 물었다. 여생의 입에서 나온 대답은 뜻밖에도 "단결하지 못하고 있습니다."라는 것이었다.

목공은 급하게 상대방의 상황을 탐색하여 틈이 보이면 일을 일으킬 생각이었는데 여생이 예상 밖으로 자기 나라의 결점을 통째로 내보였다. 목공은 자기도 모르게 주도권을 상대에게 넘겨주었다. 목공은 당연히 그 까닭을 물었고, 여생은 이렇게 답했다.

"백성들은 국군이 포로가 된 것을 부끄러워하고 전쟁에서 죽은 사람들을 애도하고 있습니다. 그러면서 군사를 훈련시키기 위한 세금을 두려워 않고 반드시 복수하겠다고 외칩니다. 그러나 자기 국군을 옹립한 신하들은 자신들의 잘못을 알기에 세금을 거두어 군대를 훈련시키는 일을 원하지 않고 진秦나라의 명령을 기다리고 있습니다. 그들은 진나라의 은덕에 반드시 보답하겠다며 죽어도 두마음을 품지 않겠다는 것입니다. 이 때문에 진晉나라는 단결을 하지 못하고 있습니다."

여생은 진晉나라 관민의 의견 차이를 빌려 목공에게 진晉나라가 두 가지를 준비하고 있다는 것을 암시한 것이다. 강경과 온건 두 가지 준비 모두 실제로는 국군을 맞이하기 위한 것이었다. 하나는 백성의 입을 빌려 강한 진秦나라를 두려워 않고 죽기를 각오하고 설욕하겠다는 결심을 보임으로써, 즉 강경한 수난으로 혜공의 석방을 압박한 것이다. 또 하나는 진晉나라 관리들의 입을 빌려 순종하는 말로 혜공의 석방을 희망하고 있다는 뜻을 나타낸 것이다. 그러면서 그 기대 안에다 진나라에 대한 감사와 은혜라는 부드러운 성분을 첨가했다.

여생의 이 말은 사실상 목공에게 둘 중 하나를 선택하라는 은근한 압박에 다름 아니었다. "단결되지 않고 있다."는 여생의 대답은 바로 진晉나라가 전에 없이 한마음으로 완전히 뭉쳐 있다는 뜻이었다.

여생의 대답으로 선수를 놓친 목공은 바로 화제를 돌려 "진晉나라 사람들은 자신들의 국군을 어떻게 생각하고 있는가?"라고 물었다. 여생은 목공이 화제를 돌린 목적은 혜공에 대한 진나라 내부의 태도를 살펴서 자기 수중에 있는 혜공의 가치가 얼마나 되는지 헤아리려는 것임을 바로 알아차렸다. 여생은 자신의 대답에 따라 혜공을 석방하는 데 따른 조건이 달라질 것임을 잘 알았다. 여생은 먼저 목공의 입을 막고 그를 수동적인 상황으로 몰아야겠다고 판단하고는 이렇게 답했다.

"소인은 사리 분별은 잘 모릅니다. 그저 우리 국군이 죽지나 않을까 걱정만 많을 뿐입니다. 군자들은 자신의 마음으로 다른 사람의 마음을 헤아려 당신께서 틀림없이 우리 국군을 돌려보낼 것이라 생각합니다. 그리고 소인배들은 '우리가 이미 죄를 인정했으니 진나라가 우리 국군을 돌려보낼 것이야.'라고 말합니다. 우리 국군을 돌려보내는 일보다 더 큰 은덕은 없고, 처벌로는 우리 국군을 포로로 잡은 일보다 더 엄중한 것은 없습니다. 죄를 용서받은 사람은 그 은덕을 가슴에 품고, 두마음을 가진 자는 형벌을 두려워합니다. 진나라가 이 둘을 잘 헤아리면 천하의 패주가 될 수 있습니다. 우리 국군을 묶어놓고 풀어주지 않는다면 이는 은덕으로 원한을 사는 꼴이 되니 당신께서 그렇게는 하시지 않을 것입니다."

표면상 여생의 답은 아주 공손하게 목공의 비위를 맞추고 있다. 그러나 실제로는 부드러움 속에 강함을 감추고 있는 말이었다. 먼저 소인배를 깎아내리고 군자를 추켜세운 것은 목공으로 하여금 군자와 소인 둘 중 하나를 선택하라는 압박이었고, 사실상 선택의 여지가 없게 만들었다.

이렇게 해서 목공은 윽박지를 수 있는 조건을 잃고 여생이 바라던 길로 들어설 수밖에 없었다. 목공은 이해관계를 헤아려본 뒤 "그 말이 곧 나의 본심이오."라며 군자 역할을 자청하고는 혜공을 석방했다.

"약한 나라에 외교는 없다."'는 말이 있듯이 외교담판에서 언어의 비중과 힘은 본국의 실력과 관계될 수밖에 없지만 주도권을 잘 잡아서 내 방향으로 이끌 수만 있다면 얼마든지 목적을 달성할 수도 있다.

다음으로 전국시대 한 무명씨의 유세 장면을 한번 감상해보자. 담판의 분위기를 창조해내는 절묘한 수를 볼 수 있을 것이다.

● 목공은 춘추오패의 한 사람으로 진秦나라의 국세를 명실상부 중원까지 뻗치게 했다. 이 과정에서 국경을 접하고 있던 맞수인 또 다른 진晉나라를 눌러야 했고, 혜공을 포로로 잡기까지 했다. 이 과정에서 막료(외교관)들의 화려한 외교 언사들이 오고 갔다. 여생은 그중 한 예에 지나지 않았다. 사진은 진 목공의 석상이다.

전국시대 초나라는 서방의 진秦나라와 연합하여 동쪽의 한·조·위 세 나라를 공격할 생각이었다. 이때 이름 없는 한 책사가 조나라 무령왕에게 와서 세 나라가 합종하여 진나라에 맞서자는 유세를 했다. 그는 무령왕을 보자 대뜸 이렇게 말했다.

"삼진三晉(한·조·위)이 힘을 합치면 진나라는 약해지고, 삼진이 떨어지면 진나라는 강해집니다. 이는 천하의 분명한 형세입니다. 진나라가 연나라를 차지하면 조나라를 칠 것이고, 조나라를 차지하면 연나라를 칠 것입니다. 위나라를 차지하면 조나라를 치고, 조나라를 차지하면 위나라를 칩니다. 또 초나라를 차지하면 한나라를 치고, 한나라를 차지하면 초나라를 칩니다. 이 또한 천하가 다 아는 일입니다."

무명씨는 먼저 형세를 분명하게 지적하고 위급한 사태를 강조하면서 급박한 분위기를 이끌어냄으로써 무령왕의 풀을 죽였다. 무명씨는 이 분위기를 살려 한 걸음 더 나아가 다음과 같이 분석했다.

"이럼에도 산동의 여러 나라는 여전히 진나라의 연횡 노선을 바꾸려 하지 않습니다. 병력이 약할 뿐만 아니라 일치단결하지 못하기 때문입니다. 진나라는 아주 총명하고 산동 여러 나라들은 아주 어리석기 짝이 없어 신은 산동의 여러 나라들이 걱정입니다. 호랑이는 다른 짐승들을 잡으려 준비하고 있는데 다른 짐승들은 그 호랑이가 자신을 노리고 있다는 사실을 모르고 서로 싸웁니다. 저들이 싸우다 지칠 때 결국 기다리는 것은 호랑이 아가리라는 사실을 알게 됩니다. 짐승들이 호랑이가 자신들을 잡아먹으려 한다는 사실을 안다면 서로 싸우지 않을 것입니다. 지금 산동의 여러 나라들이 진나라가 자신들을 없애려 한다는 사실을 모르고 여전히 서로 싸우는 꼴이 이와 똑같습니다. 여섯 나라 국군의 지혜가 짐승들만 못하다니 대왕께서는 심사숙고하시기 바랍니다!"

이렇게 상황을 크게 과장한 다음 무명씨는 말을 이어나갔다.

"오늘 당장 해결해야 할 일이 있습니다. 진나라는 일찌감치 한·위 두 나라를 공격할 생각을 갖고 있고, 또 서둘러 동쪽의 주 왕실을 살피고 있습니다. 이는 잠자고 있는 사람이 아니라면 모두가 아는 일입니다. 진나라가 지금 남쪽의 초나라를 공격한 것은 삼진이 완전히 연합하는 것을 두려워했기 때문입니다. 진나라가 초나라를 공격한 다음 군대를 정돈하고 다시 군대를 일으킨 지 5년이고 차지한 땅은 1천 리가 넘습니다. 그리고 지금 진나라는 초왕에게 '지금 당신이 진나라로 행차하여 나를 만나면 우리 두 나라는 틀림없이 형제의 나라가 될 것이고, 함께 한·위 두 나라를 치면 잃은 땅을 되찾을 것이오.'라고 말합니다. 초왕은 진왕의 달콤한 유혹에 빠진 데다 동시에 한·위 두 나라가 초나라를 구원하지 않은 일에 한을 품고 있기 때문에 틀림없이 진나라 편을 들 것입니다. 진나라는 애당초 사신을 조나라에 보내 연나라를 미끼로 조나라를 낚으려는 음모를 품고 있었습니다. 목적은 한·조·위 세 나라를 이간하기 위해서입니다. 지금 왕께서도 진왕의 감언이설에 넘어가 연나라를 공격하려 합니다. 밥은 먹지도 않았는데 재앙이 이미 닥치고 있는 꼴입니다."

무명씨의 유세는 한층 구체적인 분석으로 이어졌고, 상황에 대한 무령왕의 경각심은 더욱 높아졌다. 무명씨의 유세는 더 뜨거워지고 있다.

"초왕이 진나라로 가서 두 나라가 연합하면 동쪽의 한나라를 공격할 것입니다. 한나라는 남쪽 초나라의 구원이 없고 북쪽 조나라의 지지가 없기 때문에 적국이 미처 공격해오기 전에 쏜살같이 진나라에 땅을 떼어주고 평화를 구걸합니다. 그러면 진나라는 한나라와 힘을 합치고, 거기에 초나라와 한나라 두 나라의 도움을 받으며 싸웁니다. 그러면 위나라는 공격할 필요도 없습니다. 일찌감치 진나라에 땅을 떼어주고 화친을 구걸합니다. 위나라까지 연합하면 진나라의 화살은 당연히 조나라를 향하게 됩니다. 진나라의 막강한 병력에 한·위·초 세 나라까지 부리고, 게다가 맺힌 원한까지 있으니 조나라 땅은 틀림없이 이리저리 뜯겨나갈 것입니다. 나라에 이렇게 급하고 중대한 일이 있기에 신이 황망히 왕에게 달려와 지금 당장 해결해야 할 일을 아룁니다. 초왕이 아직 진나라로 가기 전에 삼진이 서둘러 연합하고, 조나라는 다시 정예병을 한·위 서쪽 국경으로 보내야 합니다. 이 사실을 초왕이 알면 진나라로 가는 일을 취소할 것입니다. 그러면 진왕은 틀림없이 화가 나서 초나라를 공격할 것입니다. 진나라의 이해관계는 초나라와 떨어질 수 없기 때문에 이것이 삼진에 유리합니다. 설사 초왕이 진나라로 가더라도 삼진이 연합하고, 진나라 군대를 동원한다 해도 이 역시 초나라와 엮일 수밖에 없기 때문에 삼진에 유리합니다. 왕께서 서둘러 하나하나 자세히 살피시길 바랄 뿐입니다.”

조 무령왕은 이 책사의 건의를 받아들여 군대를 한·위 서쪽 국경으로 보냈다. 삼진이 연합한 사실을 안 진왕은 기어이 진나라를 방문한 초 회왕懷王을 억류시켜 인질로 삼고서 초나라에 땅을 떼어달라고 협박했다.

5) 설변 기교

합당한 유세 방법의 선택은 유세를 성공으로 이끌 수 있다. 교묘하고 원활한 설변 기교를 이용하는 데 주의하면 빠른 승리라는 기적을 거둘 수도 있다.

나의 급함을 다른 사람의 급함으로 전환하라

유세와 담판을 서둘러 성사시키고 어떤 목적을 이루려는 쪽은 상대의 통제를 받기 일쑤다. 담판에 참여하는 막료는 교묘하게 내 쪽의 급함을 상대의 급함으로 바꾸어 수동을 주동으로 만드는 데 주의해야 한다. 급하고 그렇지 않고는 실제로는 설변이나 유세의 주도권 전환이다. 서둘러 일을 성사시키려는 쪽은 담판에서 주도권을 잃고 상대의 처분을 기다리게 된다. 이 '급함'을 상대에게로 넘겨 상대가 목적을 이루는 데 급급하게 만들면 주도권을 빼앗게 된다.

이 기교를 사용하는 관건은 '급함'을 전환시킬 수 있는 급소를 찾는 데 있다. 특히 상대의 두려움을 잘 이용하여 상대방을 '급하게' 만드는 것이다. 전국시대 사례를 들어 이 문제를 좀더 살펴보자.

기원전 306년, 초나라가 한나라를 공격하여 옹지雍氏라는 곳을 포위한 지 다섯 달이 넘었다. 이 다섯 달 동안 한나라는 끊임없이 진나라에 사람을 보내 구원을 청했다. 먼저 보낸 사신이 돌아오기도 전에 다음 사신의 수레가 떠나 서로 마주치는 일까지 있었다. 진나라의 구원병은 효산崤山에서 출발하지 않고 뭉그적거렸다. 한나라는 다시 특사 상근尚靳을 진나라 소양왕昭襄王에게 보냈고, 상근은 이렇게 유세했다.

"진나라에 대해 우리 한나라는 평소 울타리가 되어 싸울 때마다 진나라의 선봉에 섰습니다. 지금 한나라는 견디지 못할 만큼 지쳤는데 진나라의 구원병은 여전히 함곡관을 넘지 않고 있습니다. 신은 '입술이 없어지면 이가 시리다.'는 '순망치한脣亡齒寒'의 이치를 너무 잘 알고 있습니다. 대왕께서 잘 살펴주시길 바라옵니다."

상근의 유세책략은 정확했다. 한나라와 진나라의 주종관계를 가리키며 이를 통해 이해관계를 밝혔기 때문이다. 그러나 이 정도로는 진나라를 절박하게 만들 수 없었다. 사실 진나라는 초나라를 이용하여 한나라를 더 세게 몰아치게 한 뒤 구원에 나설 생각이었다. 그래야 한나라로부터 얻어낼 것이 많아지기 때문이다.

이때 진왕의 어머니 선宣태후가 "구원을 청하러 온 한나라의 사신이 수없이 많았지만 오로지 상근의 말이 옳구나."라고 거들고 나섰다.

선태후는 정치에 간여하려는 욕심이 강했던 사람이라 상근을 혼자 불러들여 말했다.

"내가 선왕을 모셨을 때 선왕께서 다리를 내 몸에 올려놓으면 나는 몸을 마음대로 움직일 수 없었다. 그런데도 피곤함을 전혀 느끼지 못했다. 온몸을 내 몸에 올려놓아도 무거운 줄 몰랐다. 왜 그런 줄 아는가? 그것이 내게 좋고 편했기 때문이다. 지금 우리 진나라가 한나라를 구원하려는데 병력과 식량이 부족하다면 근본적으로 한나라를 도울 수 없다. 한나라의 위기를 해결하려면 하루에 천금이 드는데 내게 단 하나라도 좋은 점이 있는가?"

태후의 의중은 볼 것도 없이 분명했다. 이 기회에 한몫 챙기겠다는 것이다. 태후는 상근이 알아듣기 쉽게 자신의 침상 체험까지 끌어들일 정도로 재미난 인물이었다. 요컨대 무엇인가를 얻고 싶으면 그에 합당한 대가를 치르라는 뜻이었다. 진나라가 한나라를 구원하여 위기를 넘기면 진나라에도 좋은 일이니 땅이며 돈을 아끼지 말고 진나라에 보답하라, 바로 이 말이었다.

상근은 진나라의 의중을 정확하게 알게 되었다. 그러나 땅을 떼어주는 일은 특사 한 사람이 나서 해결할 수 있는 일이 아니었다. 상근은 서둘러 한의 양왕襄王에게 편지를 보내 보고했고, 한왕은 다시 장취張翠를 진나라로 보냈다. 그런데 뜻하지 않게 장취가 병이 나서 너무 늦게 도착했다. 장취는 진왕을 만나지도 못했다. 장취는 실권자인 감무甘茂를 찾았다. 감무는 장취에게 "한나라의 위급함이 목구멍까지 차올랐는데 이렇게 병든 사람을 보내다니요."라며 빈정댔다. 장취는 "내가 올 때까지만 해도 급하지 않았는데 지금부터 진짜 위기가 시작됩니다."라고 받아쳤다. 감무는 다음과 같이 응수했다.

"진나라는 천하 제후들이 중시하는 큰 나라고 현명한 군주께서 조정을 이끌고 계십니다. 한나라가 급한지 아닌지는 손바닥 들여다보듯 훤하건만 선생은 어째서 한나라가 아직 위급하지 않다는 게요?"

"한나라의 위급한 상황이 더 이상 버틸 수 없을 정도가 되면 전국의 군대와 백성들은 모두 초나라에 투항할 것이고, 그러면 우리가 어떻게 진나라를 도울 수 있겠습니까?"

장초의 이 말에 감무는 "선생은 더는 말하지 마시오."라며 말을 끊고는 바로 진왕에게 달려가 말했다.

"한나라가 우리 진나라에 구원병을 요청하는 것은 우선은 초나라에 맞서기 위해서입니다. 지금 한나라 옹지의 성이 초나라 군대에 포위당했고, 진나라의 구원병은 함곡관을 넘지 않고 있으니 이는 한나라를 포기하는 것과 같습니다. 그리되면 한나라는 고개를 돌리고 진나라에 조공하지 않을 것이고, 한나라의 군과 백성은 전부 초나라에 귀순합니다. 초와 한이 결합하면 위나라는 초나라와 한나라의 명을 듣지 않을 수 없고, 초나라는 세 나라의 힘을 이용하여 우리 진나라를 도모할 것입니다. 초나라를 맹주로 하는 진나라에 대항하는 집단이 만들어지는 겁니다. 여기

앉아서 적의 공격을 기다릴지, 주동적으로 나서서 적을 공격할지 어느 쪽이 더 유리하겠습니까?"

진왕은 감무가 지적한 불리한 국면의 형성에 두려움을 느끼고 서둘러 병력을 한나라로 보냈다. 사례 하나를 더 보자.

기원전 273년, 위나라는 진나라의 공격을 받았다. 한나라는 위나라를 구하지 않았다. 위나라는 조나라와 연합하여 한나라를 공격했다. 한나라의 화양華陽 지역에서 급보가 날아들었다. 한나라는 서둘러 진나라로 계속 사신을 보내 구원을 청했다. 진나라는 불난 집 구경하듯 하면서 어부지리를 얻을 심산이었다. 한나라가 더 큰 위기에 몰리면 그때 나서 한나라의 땅을 얻겠다는 것이었다. 한나라는 노련한 책사 전령田苓을 찾아 "사태가 급하니 설사 병이 나고 힘이 들어도 한번 다녀오시오."라고 했다.

위급한 상황에서 명령을 받은 전령은 과연 노련한 책사답게 직접 진왕(소양왕)을 찾아가지 않고 진나라의 실세인 양후穰侯 위염魏冉을 찾았다. 늙은 전령을 만난 위염은 기선을 제압하려는 듯 "한나라가 위급한 것 맞소? 어째서 이렇게 나이든 분을 보냈단 말이오."라고 빈정거렸다. 전령은 전혀 당황하지 않고 느긋하게 "한나라는 급하지 않습니다."라고 했다.

위염은 전령이 서둘러 도움을 요청할 줄 알고 준비했는데 뜻밖에도 배짱을 퉁기는 모습에 화가 나서 큰 소리를 쳤다.

"급하지 않다면 당신은 어째서 한왕을 대신하여 구원병을 요청하러 왔단 말이오? 당신네 한나라가 하루가 멀다 하고 사신을 보내길래 아주 급하다고 생각했는데 당신은 급하지 않다고 하니 대체 무슨 뜻이오?"

전령은 "만약 한나라가 진짜 위급하다면 진나라를 배반했을 겁니다."라고 답했다. 이 말에 위염은 곧바로 "당신은 우리 왕을 만날 필요 없소이다. 내가 곧장 군대를 동원해서 한나라를 구할 테니."라고 했다.

어째서 전령의 마지막 한마디가 이런 위력을 발휘했을까? 한·조·위 세 나라 중 조나라와 위나라는 한나라보다 강했다. 두 나라가 합쳐 한나라를 공격하면 한나라의 위급은 말할 필요가 없다. 그러나 전령은 자기 쪽의 급함을 교묘하게 진나라의 급함으로 돌려 진나라의 구원이 늦어질 경우 진짜 급한 것은 한나라가 두 나라에 땅을 떼어주고 강화하는 일이라는 점을 암시한 것이다. 그럴 경우 세 나라가 연합하여 진나라에 맞설 것이니 진나라로서는 불리할 것이 뻔하다. 바로 이 점이 위염의 정신을 번쩍 들게 했다. 위염은 한나라를 구원하지 않을 경우 진나라에 닥칠 불리함을 정확하게 감지했고, 급하게 군대를 보내 한나라를 구원했다.

진나라는 불과 8일 안에 군대를 제대로 조직하여 한나라 구원에 나섰고, 화양 전투에서 조·위 연합군을 물리치고 한나라의 위기를 해결했다. 전국시대의 출발을 알리는 이른바 '삼가분진三家分晉'의 과정을 통해 나의 급함을 상대의 급함으로 전환하는 유세의 방법에 대해 더 알아보자.('삼가분진'은 진晉나라가 한·조·위 세 나라로 쪼개진 사건을 가리키는데 이후 천하는 진·한·조·위·초·제·연의 일곱 나라로 재편되었다. 이를 전국 7웅이라 하고, 본격적인 전국시대가 시작되었다. _옮긴이)

『역』에 따르면 세상은 100년에 한 번 크게 변하고, 30년마다 작은 변화를 겪는다고 한다. 사람이 하늘을 이기고, 하늘 또한 사람을 이긴다. 풍수는 돌고 돌며, 음양은 서로 바뀌고, 세상사 역시 돌고 돈다. 이 이치가 춘추시대 강대국의 하나였던 진晉나라를 통해 아주 제대로 실현되었다.

진나라는 문공이 패주로 올라서면서 사방을 공략하여 가장 큰 제후국이 되었다. 그러나 이 와중에서도 국내의 상황은 심각한 위기가 잠복해 있었다. 공신들은 천하를 자신들이 좌우할 수 있다고 늘 큰소리를 쳤고, 진나라의 땅은 점점 이들이 갈라 먹었다. 애공哀公(?-기원전 434) 때 오면 진나라 땅 대부분을 6경으로 불리는 지씨智氏·위씨魏氏·한씨韓氏·조씨趙氏·중항씨中行氏·범씨范氏가 차지했다. 원래 진나라에는 신강新絳과 곡옥曲沃 두 군데의 좁은 땅만 남았다. 여기에 지·조·한·위 네 집안이 다시 힘을 합쳐 범씨와 중항씨를 없애고 땅을 나누어 가졌다. 이렇게 해서 진나라는 4대 가문과 진 공실이 공존하는 국면이 되었지만 이 역시 오래가지 못할 상황이었다. 이는 주나라 초기 제후들에게 땅을 주어 나라를 세우게 했지만 결국 주 왕실이 쇠퇴한 것과 비슷했다.

지씨 가문의 지백智伯 요瑤는 네 집안 중에서도 가장 세력이 강하여 진나라의 대권을 대부분 장악했다.(이하 지백으로 부름) 범씨와 중항씨를 없앤 이듬해 지백은 한·조·위 세 집안에 땅을 달라고 요구했다. 한강자韓康子와 위환자魏桓子는 지백의 심기를 건드리지 않으려고 각각 100리의 땅과 1만 가의 읍을 지백에게 바쳤다. 그러나 조양자趙襄子 무휼無恤은 이에 응하지 않았다. 지백은 한·위 두 가문을 압박하여 함께 조양자를 공격하여 멸망시키면 그 땅을 셋으로 나누겠다고 약속했다. 조양자는 남은 군사와 백성들을 데리고 진양晉陽으로 물러났다. 지백은 자신이 중군을 거느리고 한강자와 위환자에게 각각 우군과 좌군을 거느리게 하여 세 길로 나누어 대군을 몰아 진양으로 들이닥쳤다. 이들은 세 개의 큰 군영을 짓고 진양을 포위했다. 이 사건은 앞서도 알아보았지만 다른 내용도 있고 해서 간략하게 한 번 더 언급해둔다.

조양자의 아버지 조간자趙簡子는 일찌감치 이런 일이 생길 줄 알고 진양성을 아주 견고하게 수리해놓았다. 세 집안의 군대가 1년을 포위 공격하여 많은 사상자가 났지만 성을 공략하지 못했다. 1년 동안 공격을 받은 진양성은 양식이 다 떨어져 심지어 자식을 바꾸어 잡아먹는 차마 눈 뜨고는 못 볼 참상이 벌어지기 시작했다. 신하들과 병사들의 사기가 흩어졌다. 진양성의 함락은 시간문제처럼 보였다.

그러나 시운이 인간을 희롱한다고 했던가. 지백이 서두르지 않고 서서히 진양성을 압박했다면 승률은 100%였을 것이다. 그런데 일이 뜻하지 않은 방향으로 흐르기 시작했다.

하루는 지백이 전차를 타고 진양성을 살피다가 진양성의 모양이 쇠솥처럼 생겼다는 사실을 발견했다. 그는 진양성을 함락시킬 방법을 생각하다가 문득 새로운 아이디어를 떠올렸다. 이리하여 역사의 바퀴가 방향을 틀어 지백과 함께 한바탕 큰 웃음거리를 만들어냈다.

지백은 현옹산懸甕山으로 올라가서 진수晉水가 흐르는 방향을 살폈다. 진수는 동쪽으로 흐르다가 진양성에서 분하汾河와 합치고 있었다. 때는 마침 우기라 강물이 넘쳤다. 지백은 손무孫武(손자)가 초나라 도성을 물에 잠기게 한 전례를 떠올리며 바로 진양성을 격파할 계획을 세웠다. 그는 한강자와 위환자를 불러 도랑을 만들고 둑을 쌓아 물을 채운 다음 그 물을 진양성으로 흘러가게 하여 잠기게 하겠다는 계획을 알렸다. 군사들은 모두 도랑을 파고 둑을 쌓는 일에 동원되었다. 이제 진수와 분하의 물이 흘러 들어와 가득 차기만 하면 진양성은 끝장이었다.

홍수가 진양성을 덮쳤고 이틀도 되지 않아 진양성이 거의 다 물에 잠겨 마른 땅을 찾아볼 수 없게 되었다. 침착하고 냉정한 조양자도 공포에 질렸다. 이대로 가다가는 성안에서 반란이 일어나고 모두 물에 잠겨 죽을 판이었다. 빠져나갈 구멍이 없어 보였다. 죽음의 문턱에서 조양자는 장수들과 방법을 상의했다. 성을 지킬 수도 없고, 포위를 돌파할 수도 없어 보였다. 다행히 포위를 뚫는다 해도 갈 곳이 없었다. 남아 있는 유일한 길은 자살하거나 싸우다 죽는 것이었다. 설사 항복한다 해도 잔인한 지백이 조씨 집안을 남겨둘 리 없었다. 항복해도 항복하지 않아도 다 죽는다. 이런 상황에서 조양자의 막료 장맹동張孟同이 나서 이렇게 말했다.

"어차피 죽을 바에는 모험을 해서 살길을 찾아봅시다. 한강자와 위환자를 이간질하여 거꾸로 지백을 공격하게 할 수만 있다면 재앙을 면할 뿐만 아니라 3가의 군대로 지백을 없앨 수 있습니다."

"군대가 포위하고 물이 넘쳐 날개가 없이는 성을 나갈 수도 없다. 게다가 지백은 이미 우리 조나라를 셋으로 나누겠다고 했다. 지금 승리를 눈앞에 두고 있는데 저들이 손안에 다 들어온 이익을 버리고 지백을 배신할 모험을 하겠는가?"

"사실 출구가 없는 상황입니다만 만에 하나 성공한다면 기사회생할 수 있고, 성공하지 못한다 해도 밑질 것 없지 않습니까? 이 목숨 오늘 죽으나 내일 죽으나 다를 것이 뭐겠습니까?"

이렇게 해서 장맹동은 지백의 군사로 분장하여 밤을 틈타 성을 나가 한강자의 군영에 잠입했다. 그는 한강자를 찾아 다음과 같이 유세했다.

"우리 주군께서 특별히 저를 장군에게 보내 말씀을 드리라고 했습니다. 지난날 6경이 화목하여 함께 진나라의 정권을 담당했습니다. 그런데 범씨와 중항씨가 망하고, 지백은 자신의 힘만 믿고 한·조·위 세 집안의 땅을 침탈하려 합니다. 지금 한·위 두 집안이 지백을 따라 조씨 집안을 공격하는 까닭은 땅을 나눠 가질 희망 때문입니다. 그러나 당신께서도 보았다시피 지백은 욕심이 끝없어 진나라 땅 전부를 차지할 야심을 갖고 있습니다. 이미 한·위 두 집안의 땅을 빼앗아갔는데도 두 집안은 한마디도 못하고 내주었습니다. 지금 지백이 당신들 두 집안을 이끌고 조씨 집안을 없애면 지씨의 힘은 더 커질 것이고, 그러면 지백은 다시 위씨 집안 군대를 이끌고 한씨 집안을 없애고 다시 위씨 집안을 없앨 것입니다. 그 결과는 말할 것도 없이 순망치한입니다. 이는 '껍질을 벗겨 참외를 먹는다.'는 지백의 계책입니다. 괵을 친다고 길을 빌려 달라는 '가도벌괵假道伐虢'의 결과 괵은 물론 길을 빌려준 우虞나라까지 망한 역사를 모르십니까? 조씨 집안이 망하고 나면 한과 위 두 집안의 멸망도 그리 멀지 않을 것입니다."

장맹동의 말에 한강자는 가시방석에 앉은 것 같았다. 장맹동이 하고자 하는 뜻을 모르는 바는 아니었으나 지백의 위세에 눌려 무엇이든 하자는 대로 다 따라 해 왔기에 조양자와 같은 용기가 없었다. 이를 잘 알고 있는 장맹동은 다음과 같이 권했다.

"지금 형세는 조씨 집안을 보존하면 한·위도 지킬 수 있습니다. 또 한·위를 보존하려면 반드시 조씨 집안이 망해서는 안 됩니다. 그러니 세 집안이 힘을 합쳐 지백을 없애고 그 땅을 나누는 것이 낫습니다. 이와 잇몸이 서로 의지하는 것이 더 좋지 않겠습니까?"

한강자는 한참을 생각한 끝에 "그대의 말에 일리가 있긴 하지만 중요하고 심각한 일이니만치 위환자와 상의한 다음 결정하겠소."라고 했다. 한강자는 아무도 모르게 장맹동을 군영에 머무르게 하고는 측근 단규段規를 위환자에게 보내 장맹동의 제안을 전하게 한 다음 그의 생각을 듣게 했다. 위환자는 "지백이란 미친 도적놈에게 한이 맺힌 지 오래다. 하지만 워낙 중대한 일이라 호랑이를 잡지 못하고 반대로 해를 당하면 어쩌나 걱정이다."라고 했다. 위환자가 머뭇거리자 단규는 이렇게 말했다.

"지백이 우리를 그냥 두지 않을 것은 뻔합니다. 치욕을 당하느니 지금 결단하는 것이 옳습니다. 조씨 집안은 망할 위기에 놓여 있고, 한·위가 함께 구원하면 그 은혜에 감동할 것입니다. 그 후 세 집안이 잘 지내는 것이 지백이란 흉악한 자와 함께 지내는 것보다 낫지 않겠습니까?"

위환자는 여전히 마음을 정하지 못하고 더 생각한 뒤에 결정하겠다고 했다. 한·위 두 사람은 우유부단한 자들이었다. 지백의 위력에 눌려 두려워하고 있었다. 세 집안의 연합이 성사되지 않으면 진양성은 하루이틀이면 물에 잠긴다. 한·위 두 집안은 고개를 숙인 채 지백의 명령에 슬슬 기면서 지백에게 당할 날만 기다려야 하는 처지가 될 것이다. 이 미묘한 역사의 전환점에서 한편으로는 지백의 운명에 위기가 닥치고 있었고, 또 한편으로는 진양성이 거의 다 손안에 들어오고 있었다. 진양성 함락을 눈앞에 두고 지백은 의기양양했다. 물로 성을 격파하는 이 방법이 전에도 있었지만 지백은 자신을 손무에 비교하며 교만을 떨었다.

지백은 이런 자신의 계책을 자랑할 겸 한강자와 위환자를 불러 함께 현옹산에 올라 물이 흘러가는 형세를 구경했다. 그러고는 술자리를 마련하여 득의만만한 표정으로 진양성을 가리키며 큰소리를 쳤다.

"이제 진양성은 여섯 자만 물이 더 차면 완전히 잠길 것이오. 내가 오늘에야 비로소 물로 나라를 멸망시킬 수 있음을 알았소! 진나라는 땅이 넓고 산과 강이 도처에 널렸소. 내가 보기에 물은 의지하고 믿을 수 없을 뿐만 아니라 나라를 빨리 망하게 할 수 있소."

말을 마친 지백은 이글거리는 눈빛으로 한강자와 위환자를 응시했다. 한강자와 위환자가 보기에 지백은 누구든 멸망시킬 수 있는 둘도 없는 방법을 찾은 것 같았다. 그리고 앞으로 또 이 방법을 사용할 것 같았다. 둘은 서로의 얼굴을 쳐다보며 두려움에 떨었다. 두 사람이 떠나자 뒤에 숨어 있던 지백의 막료 치자絺疵가 나와 "한·위 두 집안이 분명 배반할 것입니다"라고 했다. 지백이 왜 그렇게 생각하느냐고 묻자 치자가 대답했다.

"주군께서는 저 두 집안과 조나라를 쳐서 멸망시킨 뒤 그 땅을 3등분하기로 약속했습니다. 지금 진양성은 곧 무너집니다. 그런데도 저 두 사람은 기뻐하는 표정이 아니라 오히려 두려운 기색이었습니다. 이렇게 볼 때 반드시 배반합니다."
"그건 지나친 억측이다."
"주군께서 아까 두 사람에게 물은 믿기 어렵고 오히려 나라를 빨리 망하게 할 수 있다고 하셨습니다. 지금 진수를 끌어들여 진양성을 잠기게 하면, 다음은 자연스럽게 분수를 끌어들여 위의 안읍安邑을, 그다음은 강수絳水로 한의 평양平陽을 잠기게 할 수 있습니다. 그러니 두 사람이 어찌 두렵지 않겠습니까?"

이튿날 한강자와 위환자는 좋은 술을 마련하여 지백의 군영으로 와서는 어제 지백이 베푼 현옹산의 술자리에 감사했다. 지백은 술잔을 높이 들며 "누군가 그대 두 장군이 배신할 것이라고 하던데 정말이오?"라고 물었다. 두 사람은 일제히 "그 말을 믿으십니까?"라고 되물었고, 지백은 "내가 그 말을 믿었으면 두 사람에게 이 말을 꺼냈겠소?"라고 했다. 이에 두 사람은 "그렇다면 조씨 집안에서 사람을 보내 돈과 보석으로 그자를 매수하여 우리의 관계를 이간시켜 포위를 뚫고 빠져나가려는 것일 겝니다."라고 했다. 지백은 "두 사람에게 배신할 마음이 없다는 것을 알았으니 되었소. 치자의 지나친 우려일 뿐이오."라며 대화를 마무리했다.

사실 이 술자리는 쌍방이 서로의 마음을 떠보려는 자리였다. 지백은 치자의 말을 이용하여 두 사람을 놀라게 하여 그 속마음을 떠보려 했다. 두 사람은 술을 들고

● 절체절명의 위기에서 조양자는 장맹동의 계책을 받아들여 상대의 이해관계를 밝힘으로써 나의 급함을 상대의 급함으로 전환시켜 위기를 벗어났다. 그림은 지백의 가신이었던 예양이 조양자를 암살하려는 장면을 나타낸 벽돌 그림이다.

와서 마지막으로 지백이 조씨를 멸망시킨 다음 정말 땅을 나누겠다는 약속을 지킬 것인가, 또 이후 다시 한·위를 탐내지 않을까 하는 것을 염탐하려 했다. 위험이 없다면 한·위는 기꺼이 눈앞의 이익을 나눌 것이다. 그러면 조씨와 연합하여 지백을 공격하는 모험은 필요가 없어진다. 지백은 스스로를 총명하다고 여겼기에 이런 기만술로 두 사람을 겁주고 그 속내를 확인할 수 있다고 생각했다. 설사 배반할 마음을 먹었어도 감히 움직이지 못한다고 확신했다. 그러나 어찌 알았으랴! 이 기만술이 오히려 두 사람의 배반을 굳히게 만들 줄.

두 사람이 떠나자 치자는 지백을 찾아와 "어째서 제가 드린 말씀을 저 두 사람에게 전했습니까?"라고 물었다.

"그대는 그걸 어찌 알았나?"

"방금 문을 나서는 두 사람을 보았는데 저를 째려보고는 급하게 떠나길래 알았습니다."

"그대는 더 이상 말 말라. 내가 두 사람과 이미 술을 따르면서 맹서했다. 서로 의심하지 않고 저들도 감히 나를 배반하지 않기로."

치자는 밖으로 나와 "지씨의 명이 다했구나."라며 탄식하고 병 치료를 핑계 삼아 진秦나라로 달아났다.

한편 한강자와 위환자는 군영으로 돌아와 장맹동과 소의 피를 입에 바르며 맹서했다. 시간을 정한 다음 둑을 열어 진양성이 아닌 지백의 군영으로 물을 흘려보냈다. 지백은 꿈에서 깬 듯 이미 물에 잠긴 자신의 군영을 보고는 놀라 자빠졌다. 한·조·위 세 집안은 진즉 준비를 마치고 뗏목을 타고 지백을 공격했고, 지백은 패하여 조양자에게 붙잡혔다. 조양자는 지백의 목을 자르고 그 해골을 오줌통으로 썼다. 지씨 집안은 멸족당했다. 세 집안은 약속대로 지백의 땅을 나누어 가졌다. 이로써 앞에서 말한 대로 춘추시대는 끝이 나고 세 집안은 전국 7웅의 하나가 되었다.

힐난詰難과 추궁追窮으로 상대를 공격하라

말로 승리를 거두려면 상대의 틈과 돌파구를 찾아 공세로 전환하고 맹렬하게 추궁하여 단숨에 돌파해야 한다. 이 기교를 잘 운영하면 누군가의 마음 쏨쏨이를 드러내서 유세 대상에게 경고할 수 있고, 또 상대의 허점을 잡아 계속 추궁하고 힐난할 수 있다. '힐난'이란 상대가 거북하리만큼 트집을 잡아 따지고 든다는 뜻을 가진 단어다. '추궁'은 끝까지 몰아붙이는 것을 말한다.

이와 관련한 역사 사례로서 춘추시대 정나라의 정치가 정자산鄭子産(?-기원전

522)이 강대국 진나라에 외교 사절로 가서 저들의 무례를 추궁과 힐난으로 지적한 일을 소개한다.

춘추 전기의 유사游士(정치가와 유세가)들은 뛰어난 언변과 정보력으로 종횡무진 천하를 누볐지만 시간이 흐를수록 환영을 받지 못했다. 대부분 일신의 출세와 부귀영화에 집착했기 때문이다. 이들은 일정한 정치적 신앙 없이 젖을 주는 사람이 곧 어머니라는 생각으로 권력과 이익을 뒤쫓는 무리들이었다. 아침에는 이 나라, 저녁에는 저 나라를 전전했고, 이 때문에 갈수록 버림을 받게 되었다. 그러나 그 후 일부 유세가나 막료 및 정치가들은 자신의 인품과 덕을 수양하는 데 힘을 쏟아 품덕과 지모를 함께 갖추기에 이르렀다. 이를 대표하는 정치가이자 외교가로 정자산과 안영을 들 수 있다. 두 사람은 말 그대로 순박함과 재능 및 덕성을 함께 갖춘 정치가였다. 게다가 당시 제후 귀족들은 대부분 도덕으로 자신을 치장하여 덕망을 높였기 때문에 종횡가나 유세가들이 생존할 공간이 갈수록 좁아졌다.

춘추 중후기로 오면서 제후의 쟁패는 갈수록 치열해졌고, 정鄭·위衛·조曹·송宋 등과 같은 약소한 제후국들은 생존을 위해 어쩔 수 없이 강대국들의 눈치를 보지 않을 수 없었다. 이런 상황을 잘 보여주는 것이 '조진모초朝晉暮楚'라는 성어다. "아침에는 진나라에 붙었다가 저녁에는 초나라에 붙는다."는 뜻으로, 여러 가지 방식으로 강국의 심기를 건드리지 않으려 했던 당시 현실을 반영하고 있다. 노나라와 제나라와 같이 예의를 앞세우는 비교적 큰 나라는 내부의 심각한 권력투쟁 때문에 국력이 소모되자 하는 수 없이 큰 나라들을 오가며 외부로부터 오는 불안을 해소하려 했다. 한편 주邾·거莒·설薛 등과 같이 원래 약하고 작았던 나라들은 힘센 나라에 붙어 바람이 부는 대로 따라다녔다. 이런 나라의 군주들에게는 늘 망국의 걱정이 함께했지만 그 백성들은 오히려 내란과 전란의 고통을 당하지 않았다. 반면 강국들은 시도 때도 없는 전쟁과 경쟁 때문에 백성들에게 막중한 세금을 매겼고, 이기든 지든 백성들은 전쟁과 세금에 시달리지 않으면 안 되었다. 강대국 백성이라는 위세는 아예 없었고, 한 귀퉁이에서 싸우지 않고 상대적으로 평온하게 사는 작은 나라의 백성들보다 훨씬 못했다.

정나라는 크지도 작지도 않은 나라였지만 그 위치가 중원의 목구멍에 해당해서 강국이 반드시 차지해야 할 요충지였다. 이 때문에 늘 강대국에게 시달리는 신세였다. 그런데 간공簡公(기원전 570 - 530) 때 와서 정나라에 걸출한 인물 하나가 등장했으니 그가 바로 정자산이다. 정자산은 20세 무렵부터 정치에 나서 60세 무렵 세상을 떠날 때까지 약 40년 동안 정나라 정치 전반을 이끌었다. 그는 안으로는 덕정을 베풀고 밖으로는 여러 나라와 우호관계를 유지하면서 정나라의 정국을 안정시켰다. 백성들은 평안을 얻었고 열강들에게 당해왔던 정나라의 굴욕도 갈수록 줄어들었다. 한 나라가 뛰어난 인재를 중용하면 백성들에게는 복이 되고, 나쁜 자를 중용하면 고통을 받는다는 평범한 이치를 정자산은 똑똑히 보여주었다. (이하 내용은 요지에 맞게 역자가 줄이거나 보태어 조정했다.)

기원전 542년 5월, 노나라 양공襄公이 새로 건설한 초궁楚宮에서 사망했다. 공교롭게 정나라 간공이 이달에 자산을 재상으로 삼았다. 간공과 자산은 공물을 수레에 싣고 강국 진晉나라의 도읍 강絳으로 가서 조회를 드리려던 참이었다. 바로 이때 노나라 양공이 죽는 바람에 간공은 진 평공을 만나지 못하고 영빈관에 체류하게 되었다. 그러나 영빈관이 좁아 가져온 공물을 다 들여놓을 수가 없었다. 이에 자산은 주저 없이 영빈관 담장을 허물게 하고는 수레와 말을 안으로 들여놓았다. 진나라의 사문백士文伯이 와서는 다른 나라 손님들은 어떻게 하라고 이런 외교적 결례를 저질렀냐며 따졌다. 이에 자산은 이렇게 맞받았다.

"작은 우리나라는 큰 나라들 틈에 끼어 있어 큰 나라들이 툭하면 공물을 요구한다. 그렇지만 백성들을 쥐어짜서라도 일이 있으면 언제든 찾아왔다. 그런데 진나라에 도착했는데 국군은커녕 담당관도 만나지 못했다. 기약이 없으니 가져온 공물을 풀 수도 없고, 밖에서 이슬을 맞게 할 수도 없으니 걱정이다. 그 옛날 당신 나라 문공은 궁실은 형편없었어도 손님을 맞는 관사는 으리으리했다. 지금처럼 이런 걱정은 전혀 할 필요가 없었다. 그런데 지금 이곳 영빈관은 종들이 사는 집 같다. 좁아 터져서 가져온 공물을 들일 곳조차 없으니 하는 수 없이 담장을 허물어서라도 귀한 공물을 잘 간수하려 한 것이다. 공물을 다 진상하고 허문 담장을 고쳐놓고 돌아가게 한다면 더 바랄 것 없다."

사문백은 부끄러워 어쩔 줄 몰라 하다가 상관에게 보고했고, 상관은 즉시 사과했다. 진나라의 국군 평공平公도 간공에게 잘못을 인정하며 후한 예로 접대하는 한편 영빈관을 예전처럼 크게 만들어 외국 사신들을 맞이했다.

자산의 이 당당한 외교 사례에서 "손님을 마치 자기 집에 온 것처럼 접대한다."는 '빈지여귀賓至如歸'의 고사성어가 탄생했고, 이는 역대로 중국이 사신을 대우하는 기준이 되었다. 자산은 과거 진 문공의 사례를 들어 평공의 체면을 높여주었고, 이를 가지고 사신에 대한 적절한 대우를 요구했다. 그것이 주인을 높이는 것이었기 때문이다.

춘추시대 정나라는 수많은 전쟁의 발단이 되었고, 그 전쟁에 동원되는 불안하고 고달픈 신세였다. 정나라가 전략적으로 버릴 수 없는 위치, 즉 '구주의 목구멍'인데다가 다른 나라들이 차지해서 지키기 어려운 위치에 있었기 때문이다. 자산 이전까지만 해도 정나라 정치가들은 이런 지리적 조건을 활용할 줄 몰랐다. 하지만 자산은 이를 한껏 활용했다. 여기에 주변국들의 상황을 면밀히 살펴 그들의 내부 정보를 입수하는 한편, 이를 외교 전략으로 이용함으로써 전쟁 발생을 억제했다.

자산은 또 강대국에 바치는 공물, 실은 전쟁물자의 양을 대폭 줄였다. 그가 영빈관 담장을 허문 것은 이런 과도한 공물 요구에 대한 항의에 다름이 없었다. 자산은 외교무대에서도 강대국의 요구를 다 들어주다가는 나라가 거덜이 난다는 주장을 거듭 당당하게 밝혔다. 자산이 이런 요구를 제기할 수 있었던 것은 무엇보다 그가 국제정치의 현실을 냉정하게 분석하고, 그 이면에 내재된 이론을 간파했기 때문이다.

　　자산은 약소국 정나라의 생존이라는 기본 전제하에서 내부정책과 외교전략 및 목표를 수립했다. 자산의 제1 목표는 침략당하지 않는 것이었다. 제2 목표는 강대국의 착취를 최대한 줄이는 것이었다. 이렇게 해서 궁극적으로 기존 국제정세의 틀에 틈을 내어 정나라의 생존을 지속시키고 나아가 정나라를 강대국은 아니더라도 강소국으로 만들겠다는 것이었다.

　　강대국에 둘러싸인 정나라에게 외교는 생사존망이 달린 결정적인 분야가 아닐 수 없었다. 지정학적 여건 때문에 정자산도 줄타기 외교, 양다리 외교 등과 같은 정책에 의존할 수밖에 없었다. 즉, 등거리 외교가 외교의 기저였다. 하지만 정자산은 자국의 자존심을 지키면서 강대국과의 외교관계를 유지하는 노련한 외교술을 펼쳐 보였다.

　　정자산이 국제 외교무대에서 자국의 자존심을 지키면서 외교활동을 전개할 수 있었던 것은 철저한 내부 개혁이 있었기 때문이다. 위에서 말한 법 제정이 대표적인 경우였다. 법을 개혁해서 서민들의 기초 생활권을 보장하고 궁극적으로는 부국강병을 이루어 국제무대에서 국위를 떨칠 수 있는 자신감을 확보하는 것이 중요했다. 그리고 이를 위해서는 동시에 국제정세를 안정시키기 위한 외교의 성공이 절실했다. 내부 개

● "춘추시대 전반기는 관중이요, 후반기는 정자산이었다."는 말이 있을 정도로 정자산은 걸출한 정치가였다. 특히 약소국이 강대국에게 능멸당하지 않고 생존할 수 있는 방법을 잘 보여주고 있다. 초상화는 청나라 때의 화가 김농金農이 그린 정자산의 모습이다.

혁에 박차를 가하고 있는데 강국의 공격이라도 받는다면 개혁은 그 충격으로 좌절할 것이 뻔한 상황이었기 때문이다.

앞서 말한 대로 자산은 정나라의 정치를 약 40년 동안 주도하며 많은 업적을 남겼다. 백성들은 그런 그를 자기 몸처럼 사랑했고, 국제적으로도 그의 명성은 널리 퍼졌다. 그가 세상을 떠나자 정나라 전국이 비통함에 잠겼다. 백성들은 부모를 잃은 듯 슬퍼하며 통곡했다. 이 소식을 접한 공자도 눈물을 흘리며 그의 인품을 칭찬했다. 그런데 공자로 하여금 칭찬을 아끼지 않게 했던 또 한 사람의 정치가가 있었으니 바로 안영이었다. 정자산과 안영은 인덕으로 나라를 다스리라는 공자의 주장을 온몸으로 실천한 사람들이었다. 공자는 춘추시대 최고의 정치가로 꼽히는 관중에 대해서는 오히려 낮은 점수를 주었는데 관중이 자산이나 안영만 못하다는 것이 아니라 관중에게는 지혜와 책략은 남아돌았지만 인덕이 부족했다는 뜻이었다.

인정人情으로 상대의 마음을 움직여라

유세가와 상대는 각자의 이익집단을 대표하지만 참여자 쌍방은 우선 누가 뭐라 해도 뜨거운 피와 감정을 가진 사람이다. 유세가가 인정으로 상대의 감정을 끌어내어 서로 교류할 수 있다면 어렵지 않게 목적하는 바를 달성할 수 있다. 여기 한가한 잡담을 통해 인간의 감정으로 권력자의 마음을 흔든 유명한 사례가 있다. 때는 기원전 266년 무렵이고, 장소는 조趙나라 태후의 거처였다.

전국시대 말기인 기원전 266년 조나라 효성왕孝成王이 어린 나이로 즉위하자 태후가 섭정을 했다. 서방의 강국 진秦나라는 이때가 기회다 싶어 조나라를 침략했다. 조나라는 하는 수 없이 제齊나라에 구원을 요청했다. 제나라에서는 조건으로 태후의 아들 장안군長安君을 인질로 요구했다. 태후는 거절했다. 대신들이 모두 간청했지만 태후는 막무가내였다. 게다가 태후는 "누구든지 장안군을 인질로 주자는 말을 꺼내기만 하면 그 얼굴에 침을 뱉겠다."고 선포했다. 이때 촉섭觸讋(또는 촉룡觸龍)이 태후에게 면담을 청했다. (이하 이 두 사람의 대화는 설전과 관련하여 교과서와 같은 사례로 남아 있다. 기록은 『전국책』과 『사기』 「조세가」다. 두 기록을 참조하여 가능한 한 쉬운 구어체로 바꾸어 제시한다. 다소 긴 편이지만 꼼꼼히 읽어야 언어의 묘미를 맛볼 수 있다. _옮긴이)

태후는 화난 얼굴로 촉섭을 맞이했다. 촉섭이 장안군을 인질로 보내자는 말을 꺼낼 것으로 지레짐작했기 때문이다. 촉섭은 천천히 걸어 들어와 태후에게 사죄하며 이렇게 말했다.

"다리에 병이 나 빨리 걸을 수가 없습니다. 꽤 오래 뵙질 못했군요. 제 생각으로는 태후의 옥체도 혹 불편하시지나 않을까 걱정이 되어 이렇게 뵙고자 했습니다."

"나도 가마에 의지해 거동하는 형편입니다."

"식사량은 줄지 않으셨는지요?"

"죽만 겨우 먹지요."

"저는 식욕이 너무 없어 억지로라도 매일 조금 걷습니다. 그렇게 해서 간신히 식욕을 돌려놓아 이제 몸도 좀 나은 것 같습니다."

"나는 못 할 것 같소."

이런 일상적인 대화가 오고 가자 태후의 마음은 조금씩 풀렸다. 이때를 놓치지 않고 촉섭은 다음과 같은 말을 꺼냈다.

"제 아들놈 중에 서기舒祺란 놈이 있는데 제일 어리고 버릇도 없지요. 제가 나이가 자꾸 들어갈수록 그놈이 유별나게 더욱 가엾어지는군요. 원하옵건대 궁중의 호위 병으로나마 쓸 수 있다면 채용해주십시오. 신, 죽음을 무릅쓰고 태후께 간청하는 것입니다."

"그야 어려울 것 없지만, 그래 지금 몇 살입니까?"

"열다섯입니다. 어리긴 하지만 제가 죽기 전에 태후께 부탁드리고 싶습니다."

"남자가 어찌 그리 자식을 사랑합니까?"

"모성애보다 더 지독할 것입니다."

"아무리 그래도 모성애만 하겠습니까?"

"제가 보기에는 태후께서는 아들 장안군보다 연후燕侯(연나라로 시집간 공주)를 더 사랑하는 것 같습니다만…."

"무슨 그런 말씀을! 아무리 그래도 장안군을 아끼는 것만 하겠습니까?"

"아닐 것입니다. 부모가 자식을 사랑하는 척도는 그 자식의 장래를 얼마나 깊고 멀리 내다보고 계획을 세우느냐에 달려 있다고 봅니다. 태후께서 연후를 시집보낼 때 그 뒤꿈치를 잡고 우시면서 슬퍼하셨습니다. 이 얼마나 연후를 아끼신 것입니까? 이미 떠난 뒤에도 하루도 생각하지 않는 날이 없고, 또 '제발 잘못되어 돌아오는 일이 없도록 해주십사.'라며 기도를 드리시니, 이야말로 장구한 계획을 비는 것 아니겠습니까? 다시 말해 연후의 자식이 왕위를 이어받길 원하시는 것이지요?"

"그야 그렇지요."

"지금 3대 이전부터 조나라가 건국될 때까지 조나라 임금의 자손이나 제후로 그 자리를 대대로 이어온 사람이 있습니까?"

"없지요."

"어찌 조나라뿐이겠습니까? 다른 제후들의 자손들 중에서라도 3대 이전을 지켜 내려오는 자가 있습니까?"

"들어보지 못했습니다만."

"이는 왜냐하면 가까운 화는 자신에게 미치지만 먼 화는 자손에게 미치기 때문이지요. 임금의 자손이 다 나빠 그런 것이 아닙니다. 지위만 높고 공이 없거나 봉록만 넉넉히 받고 노력하지 않으며, 재물 따위만 긁어모아 꼭꼭 지키고 있기 때문이지요. 지금 태후께서는 장안군에게 기름진 땅과 많은 재물만 주었지 나라를 위해 공을 세울 기회는 주지 않고 계십니다. 이러다 어느 날 갑자기 임금이 세상을 떠나기라도 하면 장안군이 조나라를 지탱할 수 있으리라 보십니까? 제 생각으로는 장안군을 생각하시는 태후의 계획은 짧고 얕습니다. 자식을 사랑하면 미리 고생을 시켜야 합니다. 그래서 제가 연후보다 장안군을 덜 사랑하신다고 말씀드린 것입니다."

"아! 그렇군요. 내 그대가 시키는 대로 따르겠소."

멀고 긴 우회迂廻 도로가 흔히 목표에 이르는 가장 짧은 길이 될 수 있다. 정면으로 대놓고 말하는 것이 막힐 때는 옆이나 뒤로 돌아서 말한다. 즉, 꼬불꼬불한 작은 길을 통해 깊숙이 파고드는 것이다. 말을 많이 해야 하는 것처럼 보이지만 사실은 '단도직입單刀直入'으로도 기대하기 힘든 효과를 거둘 때가 있다.

설전이 벌어지면 '단도직입'이 필요할 때도 있지만, 때로는 이 '우회'가 필요하다. 막혀 있거나 튼튼한 곳을 피해 열려 있고 허점이 있는 곳을 파고드는 것인데, 상대방이 기대하고 있는 공격노선 또는 목표를 비켜나서 언뜻 관계가 없는 것처럼 보이는 화제로부터 시작하여 상대방의 경계 심리를 누그러뜨리고, 점차 원래 제기하려고 준비했던 본론으로 파고드는 것이다. 적에 대해 정면으로 논쟁을 전개해나가는 것이 아니라 저것으로부터 이것에 미치는 것이기 때문에, 일단 상대가 저것을 받아들이면 내 쪽에서는 다시 방향을 360도 완전히 바꾼다. 상대방은 그제야 자신이 접수한 것이 저쪽이 '오래 기다려왔던' 문제라는 사실을 알아채게 된다.

（9）触讋先从自己的健康不佳谈起，谈到自己非常疼爱小儿子。他见赵太后的气色转为和悦，才转入正题说："太后爱护长安君，封给好地方，赏给贵重器物，而不让他为国立功。一旦太后有个好歹，长安君如何在赵国立足？"

● 조태후를 설득하는 촉섭의 모습을 그린 만화의 한 컷이다.

　　설전의 최종 목적은 누가 뭐라 해도 논리로 상대방을 설복하는 것이다. 일반적 상황에서라면 대개는 곧은 노선이 가깝고, 돌아가는 길이 멀다고 생각한다. 그러나 직선 운동이 방해를 받거나 난관에 봉착했다고 판단되면 즉시 우회하거나 양옆에서 싸고 들어가는 대책을 취해, 상대방의 예리한 반격을 피한다. 이를 '돌아가는 것이 바로 가는 것이다'라는 뜻의 '이우위직以迂爲直'이라고 한다.

　　권력자에게 가족 문제가 공공의 이익과 개인의 감정 사이에서 충돌을 일으킬 때, 특히 자식 문제라면 판단력이 흐려지기 일쑤다. 촉섭은 그 이치를 너무나 잘 그리고 정확하게 알고 있었다. 그는 조태후 감정의 흐름을 따르되 상대가 거부감을 갖지 않게 이성적 논리로 그 흐름을 유지시켜 내 논리를 수긍하고 받아들이게 만들었다.

3.
독창적인 싸움의 기술

우리는 앞에서 유세에 대해 이야기했다. 유세는 '입'을 사용하는 투쟁 형식의 하나이다. 이제 여기서는 무엇을 이루기 위한 방법이나 도구를 뜻하는 '수단手段'을 집중 소개하겠다. 싸움에서는 싸움의 기술을 장악해야만 주도권을 쥐고 패하지 않는 자리에 설 수 있다.

1) 싸움의 원칙

정치투쟁이 되었건 경제경쟁이 되었건 '이익利益을 위해서'를 벗어나지 않는다. 이익이 출발점이다. 공자孔子라는 성인은 인의仁義를 외치며 이익을 가볍게 여겼지만 큰 이익 앞에서는 인의도 자리를 내줄 수밖에 없었다. 당시 제나라가 노나라를 공격하려 하자 공자는 제자 자공子貢을 보내 제나라에 유세하게 했다. 그 결과 제나라는 방향을 돌려 오나라를 공격했다. 또 월나라에 유세하여 오나라의 위기를 틈타 오나라를 멸망시키는 등 다섯 나라의 전쟁을 도발하여 오나라를 희생시키고 노나라를 보전했다.

공자는 노나라가 자신의 출생지, 즉 조국이라는 이유만으로 전쟁을 도발하여 백성들을 도탄에 빠지게 했다. 이는 '인仁'이라 할 수 없다. 속임수로 제·오·월의 관계를 도발했으니 '의義'라고도 할 수 없다. 이때의 인의는 이익 앞에서 내팽개쳐졌다. 지금 사람들은 "국가의 이익이 모든 것보다 앞선다."고 말한다. 이는 작은 이익을 버리고 큰 이익을 추구하라는 뜻이다. 이제부터 소개하는 싸움의 원칙은 모두 이익이라는 필요성에서 기원한다.

상호이용相互利用

민간에 이런 말이 있다. "몽둥이로 해결하지 못하는 일, 마오타이 술 한 상자면 해결된다. 일을 성사시키려면 일과 일을 바꾸어라." 상호이용의 중요성을 가리키는 속어다.

정치든 경제든 모든 영역에서 발생하는 싸움에서 일체의 활동은 이익에서 출발하고 상호이용으로 엮인다.

상호이용의 원칙은 외부 투쟁에서 적용되고, 주객의 관계인 막료기구 내부에서도 적용된다. 어떤 의미에서 막료라는 존재는 우선은 이익을 위해 오고, 그다음은 포부를 펼쳐 자신의 정신적 만족을 위해 온다. 또 있다면 그것은 명성을 남기기 위해서이다.

상호이용은 역대로 투쟁의 가장 큰 원칙이었다. 예로부터 지금까지 국가 사이의 숱한 동맹이 다 이 원칙에서 나온 결과였다. 멀리 중국 춘추시대에는 합종연횡을 기조로 500년 가까이 국제투쟁이 있었다. 그 실질은 상호이용의 게임으로 어떤 나라는 이 게임을 잘한 반면 어떤 나라는 서툴렀을 뿐이다.

오늘날 세계는 하나의 큰 덩어리가 되었다. 국가 사이의 관계는 지구적 범위로 확대되었다. 국제관계의 상호이용은 다양한 국가동맹으로 나타나고 있으며, 구체적 형식은 각종 삼각관계를 보이고 있다. 중국 국공내전에서 있었던 사례를 들어 이 문제를 좀더 살펴보자.

4·12 반혁명 쿠데타[22]에서 두월생杜月笙 등은 특별한 공을 세웠다. 장개석蔣介石 국민정부는 두월생을 '군사위원회 소장참의'에 임명하는 한편 훈장을 수여하기 위해 두월생 등을 불렀다. 직접 남경으로 날아온 두월생은 만세 소리와 함께 만면에 웃음을 띠고 장개석을 만났고, 이로써 두 사람은 특별한 관계가 되었다.

1927년 8월 12일, 장개석은 배를 타고 남경에서 고향 봉화奉化로 가던 도중에 상해를 들렀다. 두월생은 배를 방문하여 충성을 표시하는 한편, 부하를 보내 상해 항구 주위를 물샐틈없이 경호했다. 당시 장개석은 자신에 반대하는 거대한 외침 때문에 사면초가에 몰려 있었다. 이런 상황에서 두월생이 보여준 충성에 장개석은 크게 고마운 마음을 가졌고, 이로써 두 사람의 관계는 더욱 돈독해졌다.

1936년 12월 12일 서안사변西安事變[23]이 발생하자 두월생은 불안에 사로잡혔다.

---

22   1927년 4월 12일 장개석이 제국주의를 공고히 다지고 대지주 자산계급의 이익을 지키기 위해 상해에서 일으킨 쿠데타를 말한다. 3일 만에 300명이 넘는 사람이 죽고, 500여 명이 체포되었으며, 5천여 명이 실종되었다. 이 반동 쿠데타는 중국 사회주의 대혁명의 기세가 꺾이는 전환점이 되었다.

23   '서안사변'은 1936년 12월 동북군(만주군)의 지휘관인 장학량이 공산당을 토벌하러 서안에 온 장개석을 감금하고 내전 중지와 항일투쟁을 호소한 사건을 가리킨다. 일본의 중국 침략이 본격화되면서 군벌 내부에는 공산당에 대한 공격보다는 항일이 먼저라는 여론이 높아졌으나 장개석은 이를 묵살했다. 이에 장학량과 양호성楊虎成 등이 화청지華淸池 내에 있던 장개석의 숙소를 급습하여 그를 잡아 감금하여 국공합작을 요구하여 제2차 국공합작

그는 상해 상공회와 금융계의 주요 인물들과 연계하여 '상해 지방협회'와 '상해시 상회'의 이름으로 장학량張學良에게 연락을 취하여 자신이 서안으로 가서 인질이 되겠다는 것과 장개석의 석방을 요구했다. 서안사변이 평화롭게 해결된 뒤 두월생 등은 장개석을 방문하여 위로와 축하의 인사를 드리는 한편 장개석 및 서안에서 수난을 당한 사람들과 함께 기념 촬영까지 했다.

두 사람의 의기투합으로 장개석의 두월생에 대한 신임은 더욱 깊어졌고, 두월생의 충성심도 변함이 없었다. 장개석은 자신이 나서기 불편한 일은 두월생에게 맡겼고, 두월생도 장개석의 마음을 헤아려 일을 잘 처리했다.

장개석이 통치하던 시기에 나온 정책들 가운데 최악은 아편 관련한 정책이었다. 아편을 금지하면서 세금을 거둔 것인데, 아편에 특별 세금을 물려 중요한 재정적 기반으로 삼았다. 이를 위해 곳곳에 아편을 단속하는 기구를 설치했지만, 실상은 아편을 판매하는 검은 소굴로 변질했다.

두월생은 이 아편으로 성공한 자라 장개석의 이 정책에 크게 흥분했다. 그는 사방으로 뛰어다니며 자신의 인맥들을 총동원하여 장개석이 설치한 각지의 아편 금지 기구의 관리로 만들었다. 그 한 예로 상해에 설치된 강소江蘇 금연국禁煙局의 국장은 증용曾鏞이었고, 그 아들 증헌경曾憲瓊은 두월생을 양아버지로 모셨다. 말하자면 두 집안은 한 집안이나 마찬가지였다. 또 강소 금연국의 김정손金廷蓀, 소희선蘇喜善은 재무부의 국장과 부국장이었고, 고가당顧嘉棠은 운수처장, 마상생馬祥生은 조사와 체포를 담당한 처장, 예경영芮慶榮은 수비대 대장이었는데 이들 모두 두월생의 손발과 같은 존재들이었다. 이 밖에 측근 사보생謝葆生은 상해현 금연국 부국장, 고흠보高鑫寶는 금산현 금연국을 맡았다.

—

이 이루어졌다.

상해에는 이들의 '금연' 결과 아편 시장이 번영을 누리는 기이한 모습이 출현했다. 이로써 원래 숨어서 장사하던 아편 장사꾼들은 아예 공개적으로 영업을 시작했다. 시내에는 아편 판매점이 우후죽순처럼 들어섰고, 휘황찬란한 간판과 불빛이 거리를 밝혔다. 불법적인 검은 아편이 당당하고 새하얀 아편으로 변했다. 상해 아편 시장은 번영의 극을 달렸고, 이는 장개석의 정책을 넘어 장개석의 마르지 않는 재정의 근원이 되었다.

1931년, 장개석은 30만 대군을 동원하여 강서江西에서 이른바 '공산당 소탕' 작전을 벌였다. 이때 장개석은 전투지에 군영을 만들어 직접 아편 관련 업무를 처리했고, 자신은 '금연총감'이 되어 아편 금지를 명목으로 압수한 아편을 끊임없이 상해의 두월생에게 넘겨 팔게 했다. 뿐만 아니라 두월생은 장개석을 도와 자신의 생각과 방법 등을 내서 더 많은 돈을 긁어 들였다.

한번은 장개석이 상해에 오자 두월생은 자기 집에서 거창한 술자리를 마련했다. 자리에는 장개석의 아내 송미령宋美齡, 상해시 시장 오철성吳鐵城 등이 참석했다. 이 자리에서 장개석은 아편 장사의 상황을 물었고 두월생은 이런 말을 했다.

"아편 판매가 모르핀을 파는 것보다 수익이 떨어지니 공장을 지어 아편을 모르핀으로 가공하면 훨씬 나을 겁니다."

이 말에 장개석은 눈을 반짝이며 바로 그 자리에서 오철성에게 두월생과 상의하여 빨리 공장을 지으라고 명령했다.

이렇게 해서 두월생과 오철성은 상해시 남쪽 보안대 내의 한 중대에 비밀리에 장개석을 위한 모르핀 제조공장을 지을 계획을 세웠다. 두월생은 상해에서 이름난 모르핀 전문가 진곤원陳坤元을 책임자로 초청하고 300여 명의 직원을 고용하는 한

● 장개석과 두월생은 권력과 장사꾼의 조합으로 서로
를 이용하는 상호이용의 관계를 잘 보여주고 있다.
사진은 장개석과 그 아내 송미령이다.

편 일본 특무와 국제 마약판매조직 등과도 연계했
다. 이 공장에서 일어나는 중요한 일들은 모두 두월
생이 직접 장개석의 아내 송미령과 장개석의 재정담
당 공상희孔尙熙에게 보고한 다음 결정되었다. 모르
핀 공장은 장개석의 끊임없이 쏟아지는 화수분이 되
었다.

당시 장개석은 상해에 있던 자신의 특무조직을
통해 모르핀 장사가 아주 잘되는 것을 보고받고 공
장을 따로 하나 더 차렸다. 그런데 이 공장이 특무대에 의해 발각이 되어 수색을 당
했다. 특무대는 보안대 안에 모르핀 공장이 세워진 배경을 모르고 공장으로 쳐들어
가 적지 않은 물건과 기기를 몰수해 갔다. 일이 시끄러워지자 남경의 장개석은 사람
을 보내 조사하게 했고, 조사단은 전보를 통해 장개석의 명령을 기다렸다. 장개석은
여론을 의식해서 엄정한 조사를 명령했다. 이렇게 해서 남경의 조사단은 공장으로
들어가 10여 명을 체포했고 진곤원까지 체포하려 했다. 진곤원이 붙잡혀 간다면 기
밀이 새어나갈 판이었다. 상황이 여의치 않음을 안 두월생은 진곤원을 외지로 피신
시키고 또 다른 모르핀 전문가 왕나춘王羅春을 자수시켰다. 왕나춘은 하루 구속되어
있다가 석방되었고, 나머지 사람들은 각각 반년에서 1년형을 선고받았으나 며칠 지
나지 않아 석방되었다.

상황이 가라앉은 뒤 진곤원은 두월생에게 이번 난리로 공장이 60만 대양大洋의
손실을 입었다고 보고했다.(대양은 은으로 만든 화폐다. 60만 대양이 지금으로서는 어느 정
도인지 계산할 수 없지만 엄청난 금액임에는 분명하다. _옮긴이) 두월생은 이를 송미령에게
보고했다. 송미령은 이들을 위로하여 "내가 배상하면 되지."라고 했다. 이렇게 해서
풍파는 가라앉았고 모르핀 장사는 계속되었다.

이렇듯 상당히 오랫동안 장개석에게 두월생은 상당히 비중이 큰 인물이었음을 알 수 있다. 이와 함께 나쁜 사례이긴 하지만 상호이용의 관계가 어디까지 갈 수 있는가를 극명하게 보여주었다.

형세를 가늠하여 칼자루를 쥐어라

막료가 외교를 통해 유세하거나 내부에서 공과 총애를 다투는 일은 모두 일종의 사회적 유세투쟁이다. 이 투쟁에서 승리하려면 반드시 투쟁의 주도권을 잡고 투쟁의 국면과 형세를 자신이 몰아가야 한다. 이것이 바로 형세를 가늠하여 칼자루를 쥐라는 것이다.

남을 통제하면 투쟁의 주도권을 장악하는 것이다. 남에게 통제당하면 내 운명은 남의 손에 들어가는 것이다. 막료로서 외부투쟁이든 내부투쟁이든 이 원칙을 지켜야만 승리를 얻을 수 있다.

인간 사이의 투쟁에서 누구든 주도권을 장악하여 투쟁의 국면과 형세를 통제하면 상대와 싸워 이길 수 있다.

투쟁에서 주도권의 전환은 막료들이 신봉하는 투쟁 중의 '음양 전환'의 문제이기도 하다. 목표에 이르기에 앞서 공세를 취하는 쪽은 줄곧 주도적 공세의 위치에 놓이게 되고, 상대는 수동적 지위에 놓이게 된다. 공세자가 이 위치를 일단 빼앗고 나면 그는 곧 투쟁의 주도권을 잃는다. 음양이 바뀌었기 때문에 투쟁에서 수비하는 수동적 위치에 놓이게 된다. 수동적 위치에 놓인 쪽은 또 여러 가지 방법으로 상대가 승리를 거둘 시간을 늦추려 한다. 따라서 영구적 승리자가 될 수 없다. 이것이 사회투쟁의 필연적 규율이다.

역사적 사례를 통해 이 문제를 좀더 알아보자. 춘추시대 천자를 끼고 주도권을 장악했던 정나라 장공莊公의 사례다.

장공은 자신의 일 때문에 오랫동안 낙읍에 가지 못했다. 그런데 느닷없이 주 왕실의 천자 평왕平王이 장공을 조정의 경사卿士로 기용할 뜻이 없다는 소리를 들었다. 장공은 서둘러 낙읍으로 달려갔다. 그러고는 평왕에게 자신은 원래 별다른 능력이 없고 그저 왕실에 충성한 조상의 음덕에 힘입어 과분한 자리를 얻었을 뿐이라며 사직을 청했다.

평왕은 본래 괵공虢公 기보忌父를 경사로 기용할 생각이었는데 뜻밖에 장공이 먼저 선수를 치는 통에 난감해져 경사를 바꿀 생각이 없다고 부인했다. 평왕이 부인할수록 장공도 자신의 능력이 기보에 훨씬 못 미친다며 사직을 고집하여 평왕을 거의 굴복시켰다. 평왕은 장공에게 자신의 말을 믿지 못하겠다면 태자 고孤를 정나라에 인질로 보내겠다고까지 했다. 평왕의 신하들은 너무 지나친 처사라고 여겼지만 장공이 겁이 나서 두 사람의 아들을 각각 인질로 교환하자는 의견을 냈고, 장공도 동의했다.

태자를 인질로 삼은 일은 이것이 최초였고, 이 일로 주 왕실의 체면은 완전히 구겨졌다. 신하가 천자의 아들을 인질로 잡아두는 것은 대역무도한 일이 아닐 수 없었기 때문이다. 정 장공의 이 사례는 춘추전국 시기 제후국들이 공자를 인질로 교환하는 선례를 남겼고, 이후 각국이 두루 사용하는 외교의 보증수표 같은 것이 되었다.

평왕이 죽은 뒤 태자 고는 정나라에서 낙읍으로 돌아왔지만 오래지 않아 죽었다. 정나라에서 어떤 대접을 받고 살았는지 짐작케 하는 대목이다. 주 왕실은 태자 고의 아들을 천자로 삼았고, 이가 환왕桓王이다. 뜻밖에 환왕은 매우 강경한 성격이라 장공의 횡포를 참지 못하고 즉위하자마자 장공의 경사 자리를 철회하려 했다. 이 일을 안 장공은 사람을 보내 주 왕실의 보리를 베게 하는 행동으로 도발했다. 한순간 양쪽의 관계는 긴장 국면에 들어갔지만 무력 충돌로 번지지는 않았다.

몇 년 뒤 환왕은 기어코 장공을 경사 자리에서 내치고 괵공을 임명했다. 장공도 어쩔 방법이 없었다. 환왕은 여기에 그치지 않고 자기 땅도 아닌 12개 읍과 장공의 4개 읍을 바꾸어버렸다. 장공은 눈 뜨고 4개 읍을 빼앗긴 꼴이 되었다. 화가 난 장공은 환왕에게 조회를 드리지 않았고, 환왕은 진陳·채蔡·위衛 등의 군대를 이끌고 토벌에 나섰다.

상나라 이래 형성된 진법을 보면 주 왕실의 군대는 좌·중·우 3군으로 진을 펼치는데 중군이 천자가 이끄는 주력군이고, 좌우는 중군을 엄호하는 작용을 했다. 정나라의 자지子之는 전통적인 진법과는 다른 새로운 진법을 제안했다. 즉, 주력을 좌우군에 두는, 말하자면 중군을 좌우 양군의 뒤에 두자는 것이었다. 그리고 전차를 앞세우고 보병은 뒤에 두어 적의 좌우 두 날개를 먼저 치고 들어가 적의 중군을 포위하려는 새로운 전술이었다. 자지는 먼저 주 왕실 군대의 우익을 공격하자고 했다. 우익인 진나라가 마침 내란의 와중이라 사기가 높지 않아 공격을 견디지 못할 것으로 보았기 때문이다. 전투 준비는 완전히 자지가 예상한 대로 전개되었다. 진의 군대가 패하여 물러나자 괵의 군대도 잇따라 패주했다. 주 왕실의 중군은 단단히 포위당했고, 여기에 정나라의 축담祝聃이 활을 쏘아 환왕의 어깨에 부상을 입혔다. 왕실의 군대는 대패했다. 축담은 뒤를 쫓으려 했지만 장공은 너무 압박하면 되려 반격해 올 것이라며 반대했다.

장공은 사람을 보내 환왕의 상처와 장병들을 위로하게 하는 한편 화의를 원한다고 밝혔다. 천명을 받는다는 주 천자의 체면은 완전히 깎였다. 장공은 역사의 발전 과정에서 나타나는 필연적이고 지표가 되는 인물이었다. 태자를 인질로 잡고 천자에게 부상을 입힌 이 두 사건을 모두 장공이 해냈고, 이는 춘추시대의 개막을 알리는 사건이기도 했다. 이후 장공은 앉아서 5국 연합군을 물리침으로써 정식으로 춘추라는 역사의 첫 페이지를 활짝 열었다.

장공은 형세의 국면을 단단히 통제하여 주도권을 잡는 데 능숙한 인물이었다. 그가 선수를 쳐서 사직을 표명한 것도 그렇고, 천자에게 활을 쏜 다음 바로 위로한 것도 그렇고, 태자를 인질로 잡은 일은 더더욱 그랬다. 이야기가 나온 김에 장공과 관련한 사례를 좀더 살펴보자.

역사상 가장 이름난 궁중의 권력투쟁이자 "늦게 출발하여 상대를 제압하는" '후발제인後發制人'의 전형적인 사례가 장공과 그 동생 태숙太叔 단段의 투쟁이다. (원문의 내용이 다소 길어 의미를 해치지 않는 선에서 줄였다. _옮긴이)

앞서 언급했듯이 정 장공은 춘추시대 정나라의 국군으로 기원전 743년부터 기원전 701까지 43년 동안 재위했다. 아버지는 무공武公(굴돌掘突)이었고, 어머니는 신申(지금의 하남성 남양시 동북) 지역의 권력자 신후申侯의 딸 무강武姜이었다. 장공이 태어날 때 아주 힘들게 나와서 어머니 무강을 놀라게 만들었는데 이 때문에 이름을 '오생寤生'으로 지었다. 그래서인지 어머니는 아들을 좋아하지 않았다. 그러나 장공은 속에 계산이 많고 모략을 잘 운용할 줄 알아 그가 국군이 된 뒤 정나라는 춘추 초기 가장 강력한 제후국의 하나로 성장했다.

장공과 그 동생 태숙 단은 같은 어머니에게서 난 형제였다. 그 어머니가 장공을 미워하다 보니 여러 차례 아버지 무공 앞에서 작은아들 단이 재주가 나으니 그를 계승자로 삼아야 한다고 말했다. 무공은 허락하지 않고 오생을 세자로 삼았다. 뜻을 이루지 못한 무강은 마음이 편치 않았다. 그녀는 장공이 즉위한 뒤에도 경성京城(정의 도읍으로 지금의 하남성 형양현 동남)을 동생 단의 봉지로 주라고 장공을 핍박했다.

단은 경성에서 자신의 세력을 강화하면서 어머니 무강과 함께 안팎으로 호응하여 정의 정권을 탈취할 준비를 했다.

장공은 자신이 즉위함으로써 어머니가 크게 마음이 상해 있다는 것을 너무 잘 알고 있었다. 또 어머니와 동생이 안팎으로 힘을 합쳐 정권을 탈취하려 한다는 음모도 훤히 꿰뚫고 있었다. 그러나 그는 전혀 내색하지 않았다. "지혜로운 자는 말하지 않는다."(『장자』)는 자세로 "없애려거든 치켜 세워주고" "얻으려거든 주어야 한다."(『노자』)는 계책을 세워놓고 때를 기다렸다. 이때 정나라의 대부 제중祭仲이 단이 군대를 모으고 군마를 사들이며 성지를 확대하고 있어 장차 큰 골칫거리가 될 것이라는 보고를 올렸다. 장공은 "그것은 어머니의 뜻이니라."라고 대답했다. 제중이 거듭 선수를 쳐서 우환을 제거하자고 건의했으나 장공은 기다리라고만 말했다. 얼마 뒤 단이 경성 부근의 작은 성 두 곳을 차지하자 이번에는 대부 공자 여呂가 "한 나라에 두 명의 국군이 있을 수는 없습니다. 어쩌실 생각입니까? 대권을 단에게 넘기실 작정이라면 우리는 그의 대신이 될 것이고, 아니라면 그를 제거하여 백성들로 하여금 두마음을 품지 않게 하십시오."라며 강경하게 건의했다. 장공은 일부러 화를 버럭 내며 "이 일은 당신이 상관할 바가 아니다."라고 소리를 질렀다.

장공은 너무 일찍 손을 썼다간 쓸데없는 시빗거리만 생기고 자신은 불효불의한 사람이라는 소리를 듣게 될 가능성이 있다는 점을 잘 알고 있었다. 장공은 일부러 단의 음모가 잇따라 드러날 때까지 놔두었다가 결정적인 순간에 공자 여呂에게 경성을 치도록 명령했다. 단은 언(정나라의 지명으로 지금의 하남성 언능현)으로 도망쳤다. 장공은 언을 공격했고, 단은 다시 공共(나라 이름으로 도성은 지금의 하남성 휘현)으로 달아났다. 장공은 또 단을 부추겨 난을 일으키게 한 어머니를 영성潁城(지금의 하남성 임영 서북)에 가두고는 "황천에 갈 때까지 보지 않으리라." 맹세했다.

사실 20년 넘게 장공은 겉으로는 태숙 단에 대해 아무런 조치를 취하지 않고 양보에 양보를 거듭했지만 실제로는 몰래 대비를 충분히 하고 있었다. 태숙 단의 야심과 역심이 드러나게 해서 그 칼자루를 쥔 다음 조정 대신의 지지와 백성들의 성원 및 대외적 지지를 얻기 위해서였다. 이렇게 주도권을 쥐고 명분을 앞세워서 순리대로 태

● 정 장공은 작은 정나라의 위상을 처음으로 떨쳤던 국군이었다. 사진은 하남성 형양에 세워져 있는 정나라의 국세를 떨친 초기 세 명의 군주들이다. 왼쪽부터 1대 환공桓公, 2대 무공武公, 3대 장공의 상이다.

숙 단을 제거했다.

당초 모반의 증거가 있었고, 태숙 단을 제거할 당당한 이유도 있었다. 그러나 장공은 태숙 단의 모반이 행동으로 나타날 때까지 기다렸다. 태숙 단은 국군 자리를 손만 뻗치면 얻을 수 있을 것으로 판단하고 5월 초에 전군을 동원하여 경성을 떠나 도성을 습격했다. 누가 알았으랴! 장공은 이미 여름 시켜 도성 밖에 병사를 매복시켜 놓고 태숙 단이 경성을 떠나기를 기다렸다가 거의 비어 있는 경성을 점령했다. 뜻하지 않게 등뒤에서 불이 나자 태숙 단은 바로 경성으로 군대를 돌렸다. 군사들은 태숙 단이 국군 자리를 빼앗는 모반을 꾀했다는 사실을 알고는 모두 흩어졌다. 태숙 단은 첫 봉지인 공共으로 달아났다가 하는 수 없이 자살했다. 어렵사리 준비한 모든 계획이 이로써 허망하게 막을 내렸다.

"일단 지혜를 쓴 다음 봐서 되겠다면 일을 선택해서 스스로 실행하고, 봐서 안 되

겠어도 일을 가려서 실행하는데 남이 하게 하면 된다."(『귀곡자』 「모」 편)

이상은 옛사람들의 경험을 총결한 것이다.

쉽게 성공하고 쉽게 이익을 얻을 수 있는 일을 하는 사람을 지혜로운 사람이라

하고, 쉽게 성공하지 못하고 얻는 이익이 적거나 심지어 전혀 얻지 못하는 사람을 어

리석은 사람이라 한다. 성공의 낌새를 파악하고 그에 근거하여 이익을 얻을 수 있다

면 장기적 이익이 되었건 눈앞의 이익이 되었건 결코 그 기회를 포기하거나 선선히

물러나서는 안 된다.

이럴 때는 형세를 잘 살펴 진퇴를 결정해야 한다. 이를 '도세진퇴'라 한다. 강경하

게 부딪치거나 싸우지 말고 차분히 자신의 실력을 보전하여 최종 승리를 거두어야

한다. 실무를 아는 사람이 준걸이고, 이것이 실용주의 원칙이다. 관련하여 역사 사례

몇 가지를 들어보겠다.

"닭 우는 소리를 듣고 일어나 검술을 연마하다."는 '문계기무聞鷄起舞'라는 고사성

어가 있다. 이 고사는 진晉나라 사람 조적祖逖(266-321)에게서 비롯되었다. 조적은 어

렸을 때는 공부를 게을리했지만 청년이 되면서 지식의 빈곤을 절감하고 분발하여

공부했다. 그 뒤 유곤劉琨과 함께 벼슬을 하면서 침식을 같이할 정도로 깊은 우정을

나누었다. 두 사람은 나라를 위한 기둥이 되어 큰 공을 세우겠다는 원대한 이상도

함께 품었다. 어느 날 밤, 조적이 꿈에서 수탉이 우는 소리를 듣고는 잠에서 깼다. 조

적은 곤히 자고 있는 유곤을 깨워 "남들은 한밤중에 닭 울음소리를 들으면 불길하다

고 하는데 나는 그렇게 생각하지 않는다. 앞으로 닭이 울면 일어나 함께 검술을 연마

하는 게 어떨까?"라고 말했다. 유곤은 흔쾌히 동의했고, 두 사람은 매일 닭이 울면 일어나 검술을 닦았다. 두 사람은 비가 오나 눈이 오나 함께 문무를 갈고닦아 서로 약속하고 꿈꾼 대로 나라의 동량이 되었다. '문계기무'는 뜻을 가진 인재가 때맞추어 분발하여 각고의 노력을 다하는 것을 묘사한 성어이다.(『진서晉書』「조적전祖逖傳」)

조적은 공허한 담론을 숭상하던 위진 시기의 풍조와는 전혀 다른 인물이었다. 그의 북벌은 시간적으로는 짧았지만 암울했던 진나라에서는 우뚝 솟은 산과 같은 쾌거였다.

사마씨가 위나라를 무너뜨리고 진나라를 세운 지 오래지 않아 사마씨 집안에 내분이 일어나고 8왕의 난이 폭발했다. 조적은 집안사람들과 남쪽으로 옮겨갔다. 그리고 그는 건업建業의 낭야왕琅邪王 사마예司馬睿 밑에서 벼슬을 했다. 사마씨 집안의 내분은 결국 오호五胡가 중원을 어지럽히는 결과를 초래했다. 흉노의 유연劉淵은 서진의 도성 낙양을 함락시켰고, 민제愍帝는 장안으로 도망쳤다. 유연은 다시 장안을 공격했다. 사마예는 구원에 나서려 하지 않았다. 아무도 나서지 않을 때 조적이 나서 북벌을 청했지만 사마예는 자신의 힘을 잃지 않으려고 출병을 주저했다. 그러나 황족으로서 그냥 앉아서 구경만 할 수 없었기에 조적에게 예주자사라는 이름뿐인 직함을 내리는 한편 1천 명분의 식량과 옷감 3천 필을 주어 알아서 무기와 군대를 마련하라고 했다.

조적은 용병 2천을 모아 장강을 건너 북상했다. 당시 예주는 각지에 군벌들이 난립하고 있었다. 조적은 우선 초군을 차지하고 있던 군벌 번아樊雅를 공략하여 하남에 근거지를 마련했다.

당시 갈족羯族의 석륵石勒에게 붙어 있던 군벌 진천晉川은 봉피蓬陂를 차지하고 있었다. 이 진천의 부하 중에 이칠李柒이란 장수가 있었다. 이칠은 조적의 사람됨을 몹시 존경했다가 진천에게 죽임을 당했다. 이칠의 친족과 부하 400명이 이 일을 계기로 조적에게 달려왔다. 진천은 화가 나서 군대를 동원하여 하남 각지를 돌아다니며 분탕질을 하며 조적을 위협했다. 조적은 군대를 이끌고 진천과 싸워 물리치는 한편 진천이 잡아간 포로며 수레 등을 되찾아 백성들에게 돌려주었다.

석륵石勒이 5만 대군을 내서 진천을 원조하고 나섰다. 조적은 기습전으로 석륵의 군대를 대파했다. 승기를 잡은 조적은 봉피성의 동대東臺를 빼앗았다. 당시 석륵의 부하로서 용맹한 장수 도표桃豹는 서대西臺를 지키면서 완강하게 버텼다. 이렇게 해서 양쪽이 각각 성의 한쪽씩을 차지한 채 대치했다. 전선은 일시적으로 기이하게 공존하는 현상이 벌어졌다. 조적의 부하들은 동쪽 문을 나가 일을 보았고, 도표의 사람들은 남문을 오가며 양을 쳤다. 이런 상황이 40일 넘게 지속되었고 양쪽 모두 식량 위기가 닥쳤다. 도표는 몇 번이나 석륵에게 식량을 요청했으나 식량은 오지 않았다.

조적은 누구든 먼저 식량을 확보하는 쪽이 승리하는, 말하자면 식량이 승부의 관건이라는 사실을 알아챘다. 이에 그는 적을 속이는 묘안을 생각해냈다. 조적은 군사들에게 모래를 채운 1천 개의 자루를 만들게 하고 양식처럼 속여 동문을 통해 계속 동대로 운반하게 했다. 서대의 도표와 부하들이 이 모습을 고스란히 볼 수밖에 없었고 굶주림에 지친 병사들도 당연히 보게 되었다. 그러다 도표의 병사들은 식량(?)을 운반하던 조적의 병사들 10여 명이 뒤떨어져 식량 자루를 내려놓고 쉬고 있는 모습을 목격하게 되었다. 도표는 앞뒤 생각 없이 병사를 보내 그 식량을 빼앗았다. 그러나 이는 조적이 미리 손을 써둔 것이었다.

빼앗아 온 10여 자루의 식량이 모두 질 좋은 쌀임을 확인한 도표는 병사들을 배불리 먹였다. 그러다 문득 이런 걱정이 들었다. 그렇다면 조적의 군대는 이미 배불리 먹을 수 있는 상태가 되었고, 우리는 여전히 굶주릴 수밖에 없는 것 아닌가? 그 결과는 안 봐도 뻔했다. 도표는 성을 지켜서는 안 되겠다는 생각이 들었다.

한편 조적은 성밖을 순시하다가 석륵이 보낸 1천 대에 이르는 식량 운반 수레를 발견했다. 조적은 식량 운반을 호위하는 적을 공격하여 식량과 건초를 전부 빼앗았다. 도표는 더 이상 성을 지킬 수 없어 밤을 틈타 성을 버리고 달아났다. 조적은 승기를 잡아 옹구로 출병하여 석륵의 군영 가까이로 들이닥쳤다. 예주 경내의 많은 군벌들이 투항해 왔고, 황하 이남의 대부분을 수복했다.

그런데 조적이 한 걸음 더 나아가 큰 계획을 세우려 하자 그때까지 나서지 않던 자들이 곳곳에서 들고 일어나 조적을 견제하고 시기하기 시작했다. 조적의 성과는 이렇게 해서 모두 허사가 되었고, 조적은 울분으로 세상을 떠났다.

조적처럼 교묘하게 적을 속여 구사일생한 또 하나의 사례로 남북조 시기 남조 송나라의 단도제檀道濟(?-436)가 있었다. 그가 구사한 '창주양사唱籌量沙'라는 계책은 그 기발함으로 지금까지 사람들의 입에 오르내리고 있다.

단도제는 남북조 시대 송나라 무제武帝(유유劉裕)가 나라를 세우는 데 공을 세운 무장으로, 일찍이 군대를 이끌고 북으로 전진前秦을 정벌하여 큰 공을 세운 바 있었다. 송 문제文帝(유의륭劉義隆)는 무제에 이어 왕위에 오른 후 단도제를 정남대장군征南大將軍으로 삼고 '무릉군공武陵郡公'에 봉했다.

『남사南史』「단도제전檀道濟傳」에 보이는 단도제가 사용한 '창주양사'의 모략에 관한 기록이다. 431년, 단도제는 북위 정벌에 나서 "위군과 잇달아 30여 차례 싸워 승리를 거두고" 역성歷城(지금의 산동성 제남시濟南市 교외)에 이르렀다. 그러나 식량이 바닥나서 철수를 준비할 수밖에 없었다. 위군에 투항한 병사로부터 송군의 식량이 떨어져 철군을 꾀하고 있다는 보고를 받은 위군은 몰래 사람을 보내 송나라 군영을 정탐하게 했다.

단도제는 일찌감치 이런 동정을 알고는 비밀리에 군량미를 담당하고 있는 관리에게 저녁이 되면 양식을 점검하면서 병사들에게 모래를 쌀처럼 됫박으로 재게 했다. 병사들은 쌀(모래)을 됫박으로 퍼 담으면서 한 되, 두 되…
한 석, 두 석… 열 석… 이렇게 큰 소리를 질러댔다. 쌀(모래)
이 한 가마 두 가마 높게 쌓여갔다. 그리고 주위에 (진짜) 쌀알
을 어지럽게 흩어놓았다. 위군의 밀정이 돌아가 송군에 양식
이 넉넉하다고 보고했다. 이 소식을 접한 위군은 섣불리 쳐들
어가지 못했을 뿐만 아니라 항복해 온 송의 병사를 죽여버렸
다. 이렇게 해서 송군은 안전하게 철수할 수 있었다.

● 진짜 의도를 감추는 방법으로서 겉으로 공개적으로 드러내어 가상을 만들어 적을 혼란시키는 방법은 간파당하기 쉽지만 준비가 철저할 경우 의외의 효과를 거둘 수 있다. 단도제의 초상화이다.

　　이후 "큰 소리로 외쳐가며 모래를 (식량인 듯) 센다."는 뜻
의 '창주양사'는 가짜로 진짜를 숨기는 모략으로 널리 운용되
었다.

2) 싸움의 기술

힘을 빌려 싸우는 기술

남의 힘을 빌려 자신의 일을 성사시키고, 타인을 도발하여 서로 싸우게 하여 이익을
얻는다. 이 방법은 늘 국제 투쟁에서 사용된다. 국제관계에서 흔히 나타나는 삼각관
계에서 이런 상황이 자주 보인다.

　　남의 힘을 빌리고 다른 사람들의 싸움을 도발하는 관계는 연계되어 있다. 이렇
게 힘을 빌려 싸우는 술수에 대해 『귀곡자』(「중경中經」)는 다음과 같이 종합적인 결론
을 내리고 있다.

"강자를 서로 싸우게 만드는 것을 '투극鬪郤'이라 한다. 강자가 이미 서로 싸우고 나면 이긴 쪽을 칭송해야 한다. 승리자의 공로를 높이 치켜세우고 그 기세를 칭찬해야 한다. 약자에 대해서는 실패의 상처와 미약한 힘, 손상된 명성, 조상을 욕보인 일 등 아픈 마음을 드러내야 한다. 따라서 승리한 쪽은 자신의 공로와 기세를 드날리며 후퇴와 양보를 모른 채 밀어붙인다. 약자는 자신의 실패를 가련히 여기는 말을 듣고는 상처의 고통으로 자신의 힘을 키워 상대와 죽기를 각오로 싸운다. 이렇게 해서 강자의 역량은 더 이상 강대해지지 못하고 방어도 강해지지 못한다. 그때 나는 그 와중에 이익을 취하고 쌍방을 협박하여 합병해버린다."

귀곡자가 말하는 '투극'이란 서로 미워하고 틈이 벌어진 사람들을 서로 싸우게 만든다는 뜻이다. 그들의 싸움이 한 차례 끝나면 제삼자는 승리한 자를 크게 칭찬하여 의기양양 승리에 도취하게 만든다. 그러면 승리한 자는 차분히 형세를 분석할 시간을 갖지 못하고, 언제 나아가고 물러날지를 헤아리지 못한 채 그냥 밀어붙이기만 한다. 한편 패배한 자에 대해서는 애석함을 표시하는 한편 실패한 오명, 조상에 대한 불충과 불효를 드러내서 승자와의 사생결단을 지지한다며 부추겨야 한다. 이렇게 해서 몇 차례 싸우고 나면 쌍방의 실력은 크게 손상되고, 바로 이때 나서서 남은 국면을 수습한다. 이렇게 각개격파하면 패자는 머리를 조아리고 명령에 따를 뿐만 아니라 승자도 맞설 힘이 없다. 이것이 바로 '어부지리'의 이치다.

그러나 쌍방이 미워하거나 틈이 없다면 은근히 혐오를 부추기거나 그들 사이에 오가는 말을 과장하여 다툼을 도발한 다음 국면을 수습한다. 이것을 "없는 것에서 무엇인가를 만들어낸다."는 '무중생유無中生有'라 한다.

양면 속임수

양쪽을 다 속이거나 이중으로 속이는 술수를 '반오배향술反忤背向術'이라 한다. 거슬러 거꾸로 가는 술수라는 뜻이다. 겉으로는 그 일에 충실하지만 등뒤에서 손발을 놀린다. 겉으로는 충심을 다하는 것 같지만 실제로는 다른 계산이 있다. 이는 땅 밑을 파는 음모이자 "겉으로는 받들면서 속으로 어기는" '양봉음위陽奉陰違'의 초식이다.

집단투쟁에서 양면 속임수의 하나로 흔히 사용하는 형식은 상대방 안으로 침투하여 유언비어 따위를 퍼뜨려 여론을 조작하는 것이다.

이 술수는 표면적으로는 상대에게 유리하게 시행되지만 실제로는 완전히 자신을 위한 계획이자 조치이다. 성공의 관건은 상대가 이 계획을 믿느냐, 이것이 시행될 경우 자신들에게 유리하고 적에게 불리하다고 믿을 수 있느냐에 달려 있다. 즉, 진짜처럼 분장할 수 있어야 한다.

두 번째 관건은 주위의 조건을 교묘하게 이용하는 데 있다. 셋째는 상대 쪽의 인사人事 상황을 제대로 파악하여 내부 모순을 교묘하게 이용하는 데 있다. 파리와 모기는 깨어진 부분이 없는 달걀을 빨지 않는다. 보루는 내부를 공격하여 깨는 것이 가장 쉽다. 역사 사례를 가지고 이 부분을 좀더 확실하게 인식해보자.

역사상 '반오배향술'을 가장 교묘하게 성공적으로 사용한 사례로는 전국시대인 기원전 260년 5월에서 10월까지 진나라와 조나라 사이에 벌어진 장평長平 전투를 꼽을 수 있다. 이 전투에서 진나라는 이 계책을 이용하여 조나라의 사령관을 교체하게 했고, 이로써 조나라 군대는 참패했다. 진나라는 조나라 병사 40만 이상을 산 채로 묻었다. 조나라는 이 때문에 더 이상 일어서지 못할 정도로 약해졌고, 진나라는 천하통일을 위한 명확한 추세를 형성했다. 장평에서의 '반오배향술'은 그 사용의 교묘함과 성공이라는 점뿐만 아니라 중국 역사에 큰 영향을 남겨 주유의 적벽대전과 함께 나란히 입에 오르내리고 있다. 이 대하 사극의 전모를 살펴보도록 하자.

기원전 264년, 진나라는 한나라 공격에 나섰다. 황하 북쪽 기슭을 따라 동쪽으로 진격하여 남양南陽(하남성 수무 이서)을 점령했다. 2년 뒤인 기원전 262년에는 야왕野王을 점령하여 한과 북방의 영토 상당군上黨郡의 관계를 끊어버렸다. 상당군의 책임자인 군장(군수) 풍정馮亭은 조나라에 투항했다. 이는 사실 뜨거운 감자를 조나라에 떠넘기는 것이었다. 조나라는 2만㎢에 이르는 이 광활한 땅이 주는 유혹을 뿌리칠 수 없었다. 기쁜 마음으로 이를 받아들이면서도 한편으로는 이것이 뜨거운 감자가 아니길 하늘에 빌었다.

진나라로서는 벌써 입에 다 들어온 맛있는 고기를 다른 사람이 먹도록 놔둘 수 없었다. 2년 뒤인 기원전 262년, 대장 왕흘王齕은 상당을 공격했다. 조의 대장 염파廉頗가 원군을 이끌고 왔을 때는 상당이 벌써 함락된 뒤였다. 진나라 군대의 기세를 염파는 당해내지 못하고 계속 밀리다 끝내는 장평관長平關에 이르러 군영을 치고 수비에 들어갔다. 염파는 진나라 군대가 먼길을 왔기 때문에 오래 버티지 못할 것이라고 판단했다. 그래서 진군이 철수할 때까지 기다렸다가 재차 반격을 가하기로 결정했다.

진나라가 보기에 이 백전노장 염파를 제거하지 못하면 조나라의 야전 병단을 섬멸할 수 없을 것 같았다. 진나라로 건너와 소양왕昭襄王에게 원교근공遠交近攻이라는 외교 책략을 제기하여 크게 성공한 범수范雎는 첩보전을 동원하기로 했다. 범수는 적시에 조나라 수도 한단邯鄲(하북성 한단)으로 첩자를 보내 당시 실권자들에게 이런 유언비어를 흘리게 했다.

"염파는 너무 늙어 벌써 기운을 잃었기 때문에 계속 패하는 것이다. 상당군이 함락되면 자신에게 돌아올 타격이 너무 크고 또 진 왕국의 상대가 안 된다는 것을 자신도 잘 알고 있기 때문에 겁쟁이가 되어 나가 싸우지 못하는 것이다. 모르긴 해도 조만간 진나라에 투항할 것이다. 진나라가 가장 두려워하는 사람은 젊은 장수 조괄趙括인데, 그가 출전하지 않으면 진나라의 승리는 굳은 것이나 마찬가지다."

유언비어에 홀린 조나라 조정 대신들은 너 나 할 것 없이 염파의 파면을 요구하고 나섰다. 조의 효성왕孝成王은 기어코 염파를 면직하고 조괄을 총사령관에 임명했다.

조괄은 조나라의 명장 조사趙奢의 아들로 남다른 총명함과 뛰어난 말재주의 소유자였다. 그 스스로도 자신의 군사적 재능에 대적할 상대는 없다고 여겼다. 조사가 살아 있을 때 아들을 데리고 병법에 관해 토론한 적이 있었는데, 아버지는 아들의 반박에 꼼짝 못 했다.(여기서 "종이 위에서 병법을 논한다."는 '지상담병紙上談兵'이란 고사성어가 나왔다.) 어머니는 "장수 집안에 호랑이라고 하더니 틀린 말이 아니었구나."라며 기뻐했다. 하지만 아버지 조사는 "전쟁은 사람을 죽음으로 모는 큰일이다. 그런데 조괄의 말은 너무 경솔하다. 대장군을 맡으면 틀림없이 실패할 것이다."라며 걱정을 감추지 못했다.

이 때문에 조괄이 총사령관에 임명되었다고 하자 어머니는 즉각 편지를 써서 효성왕에게 보냈다. 그 내용인즉슨 다음과 같았다.

"조괄은 사실 멍청합니다. 아버지의 병법서를 읽은 정도지 그것을 바로 운용할 줄은 모릅니다. 대장 감이 못되니 파견을 중지해주십시오."

효성왕은 조괄의 어머니가 너무 겸손해한다며 크게 신경을 쓰지 않았다. 이에 조괄의 어머니는 다시 간곡하게 아뢰었다.

"아들의 아버지가 사령관으로 있었을 때는 받은 상금과 상품은 모두 부하들에게 나눠주셨습니다. 명령이 떨어지면 그날로 군영에 머물며 병사들과 동고동락했고 집안일은 더 이상 묻지 않았습니다. 곤란한 일에 부딪히면 반드시 모든 사람의 의견을 청취하지 혼자 마음대로 결정하지 않았습니다. 그러나 이제 막 임명된 총사령관 조괄은 너무 위엄을 부려 병사들이 감히 그 얼굴을 올려다보지 못할 정도입니다. 상으로 내린 재물은 죄다 집으로 가지고 옵니다. 이 아이의 아비가 죽기 전에 몇 번이고 어떤 경우가 있어도 조괄에게 대군을 지휘하여 작전하지 못하도록 신신당부했습니다."

효성왕은 이 노모의 말에 귀를 기울이지 않았다. 노모는 마지막으로 "굳이 그를 기용하시어 군사를 잃고 나라가 욕을 당하더라도 우리 집안은 사면해주시기 바랍니다."라고 청했고 효성왕은 조괄 어머니의 이 간곡한 청을 마지못해 허락했다.

조괄이 총사령관에 임명되었다는 소식을 접한 진나라 소양왕은 기뻐 펄쩍 뛰었다. 그는 다른 나라들이 가장 두려워하는 백기를 총사령관에 임명하고, 원래 전방 총사령관을 맡고 있던 왕흘을 부사령관에 임명했다. 다만 한 가지, 조괄이 백기의 이름에 겁을 먹고 출전하지 않고 수비만 하면 어떡하나 하는 것이 걱정이었다. 그렇게 되면 조나라의 주력을 잡을 수 없기 때문이었다. 소양왕은 총사령관의 이름을 입에 담는 자는 그 자리에서 목을 벤다는 명령을 내렸다. 그리고 15세 이상 전국의 모든 후방 병력을 동원하여 전부 전장에 투입했다. 세계 역사상 최대의 전투 준비가 비밀리에 완성되었다. 진나라가 필요로 하는 것은 전쟁에서의 승리뿐만 아니라 조나라의 전력을 철저하게 무너뜨리는 것이었다.

조괄은 중앙돌파라는 전술을 택했다. 이자는 수비를 체질적으로 혐오하는 인물이었다. 최선의 공격이 최선의 방어라고 생각하고는 승리를 거두려면 중단 없이 공격하여 적진으로 파고든 후 좌우로 군대를 나누어 공격하면 모든 전선이 무너질 것이라고 판단했다. 조괄은 총사령관으로 취임한 후 즉각 방어 공사를 중지시키고 몸소 정예병을 이끌고 진군의 가장 취약한 군영을 공격했다. 백기는 후퇴를 명령했다. 진군의 전방을 돌파한 조괄은 더 강력한 공세로 더 큰 전과를 올리고자 했다. 백기는 또 한번 후퇴를 명령하는 한편 2만5천의 기습부대를 보내 사납게 진격해 오는 조괄의 퇴로를 끊었다. 이렇게 해서 조괄의 대군은 둘로 나누어졌다. 조괄과 일부 정예군은 전방에 격리되었고, 남아서 수비하던 군대는 장평관 진지에 그대로 분리되었다.

백기는 이어 조괄 군대의 식량 운반로를 끊었다. 조괄의 군대는 순식간에 식량난에 봉착했고, 중앙정부와의 연락도 끊겼다. 조괄은 여러 차례 맹공을 퍼부으며 진군의 포위를 돌파하고자 했지만 진군은 전혀 동요하지 않고 조괄의 공격을 막아냈다. 일찍이 명장 아버지의 입을 다물게 했던 이 군사이론의 귀재는 큰 낭패에 빠졌다. 하는 수 없이 염파의 건의를 받아들여 수비에 치중하면서 원병을 기다리기로 했다. 하지만 형세가 이미 변해 있었다. 병력은 분산되었고 양식도 떨어졌기 때문에 수비가 불가능했을 뿐만 아니라 이 긴급 상황을 수도 한단에 보고할 길도 없었다.

조괄은 억지로 46일을 버텼다. 배고픔에 지친 병사들은 미칠 지경이었다. 처음에는 말을 잡아 허기를 채웠지만 말도 다 잡아먹고 더 이상 먹을 것이 없자 이제는 자기들끼리 서로 죽여서 그 시체를 삶아 먹을 정도였다. 조괄은 최후의 선택을 할 수밖에 없었다. 그는 병사들을 넷으로 나누어 돌아가며 공격하게 했다. 하지만 강철 같은 진군의 방어선은 뚫리지 않았다. 속수무책인 상황에서 조괄은 자신이 직접 결사대를 뽑아 마지막 돌파를 시도했지만 결과는 전멸이었다. 조괄도 진나라 군대의 화살에 목숨을 잃었다. 남은 40만 병사들은 모두 항복했다.

진짜 참극은 항복 이후에 발생했다. 배고픔과 피로에 지쳤지만 다행히 목숨을 건진 조나라 포로 40만 명을 백기는 장평관 부근의 이름 모를 '죽음의 계곡' 깊은 곳에다 몰아넣고 계곡 양쪽 입구를 막게 했다. 그러자 산 정상에 미리 매복해 있던 진나라 군사들이 폭우가 쏟아지듯 돌을 굴려 40만 전부를 산 채로 매장시켜버렸다. 구사일생으로 살아남아 귀국한 자 240명이 이 무시무시한 소식을 전달했다. 조나라에는 통곡 소리가 하늘과 땅을 울렸다. 한 나라의 청년이 거의 모조리 희생되었으니 조나라는 더 이상 희망을 가질 수 없었다. 조나라는 급전직하 추락하여 멸망의 길을 걸었다.

장평 전투에서 진나라가 구사한 이 '반오배향술'은 공교롭게 역사의 전환점에서 응용되었고, 이것이 당시 중국 역사 전체의 운명을 결정했다. 이렇듯 계책의 중대한 작용은 입을 다물지 못하게 만든다. 이 대하 사극의 과정에서 잠깐 언급했듯이 '지상담병'이란 사자성어가 탄생했다. 이 네 글자는 큰소리만 치고 실질적인 업무에는 서툰 허풍쟁이를 비유하는 성어로 지금도 많은 사람들의 입에 오르내리고 있다. 지금 이 사자성어는 별생각 없이 가볍게 인용되고 있지만 2,300년 전 장평 전투의 결과 산 채로 묻힌 40만 시신을 생각한다면 그 무게는 결코 가볍지 않다. 지금도 피비린내가 풍겨 오는 것 같다. 사실 이 사례는 어느 시대를 막론하고 국가의 중책을 그 자리에 맞지 않는 사람에게 맡기면 어떤 재앙이 초래하는가를 여실히 보여준다.

이제 장평 전투를 승리로 이끈 백기의 최후를 한번 보자. 장평 전투 이후 진의 소양왕은 내친김에 조나라의 수도 한단을 공격하고자 무안군武安君 백기를 다시 장군으로 삼으려 했다. 당시 병으로 물러나 있던 백기는 진나라 장평에서 승리를 거두긴 했지만 진의 병사 절반이 사망했고, 국내에도 장정이 부족한 상황에서 공격하는 것은 불리하다며 장군직을 사양했다. 진 소왕은 자신의 명령을 듣지 않는 백기에게 다시 한번 간청했지만, 백기는 병을 핑계로 받아들이지 않았다.

진나라는 8·9월 한단을 공격했지만 함락시키지 못했다. 진의 군대는 위기에 몰렸다. 소양왕은 다시 백기를 억지로 출전시키려 했으나 백기는 여전히 병이 심하다며 거절했다. 화가 난 소왕은 백기를 일개 병졸로 강등하고 수도 함양에 머물러 있지도 못하게 했다.

상황은 여전히 진에 불리했고, 소양왕은 사람을 보내 백기에게 자결을 명했다. 백기는 칼을 받아들고 자신의 목을 찌르기에 앞서 "내가 하늘에 무슨 죄를 지었기에 이런 처지가 되었단 말인가."라고 통탄하고는 "나는 역시 죽어 마땅하다. 장평 전투에서 항복한 조나라의 병사 수십만을 땅속에 파묻어 죽였으니, 그것만으로도 죽어 마땅하다."며 자결했다.

지금의 산서성 고평현 서북에는 장평 전투에서 피살된 시신이 묻힌 유지가 있다. 동서남북 길이 60보 정도인데, '원통의 계곡'이란 뜻으로 '원곡寃谷', 또는 '죽음의 계곡'이란 뜻의 '살곡殺谷'이란 이름으로도 불리는 곳이다. 이곳은 40만 조나라 병사들이 죽임을 당하고 묻힌 한곳에 지나지 않지만 이곳에 서면 자기도 모르는 사이에 삶의 비극에 마음이 무거워지고 역사의 비극에 머리를 숙이지 않을 수 없다.

때리고 어르는 술수를 병행하라

싸움에서 때리고 싸우지 않고는 원하는 이익을 얻어낼 수 없고, 어르지 않고는 친구로 만들 수 없다. 싸우고 어르고를 잘 해야 힘을 키울 수 있다. 물론 현대 사회에서 때리고 싸우는 것은 글자로만 의미를 갖는 무력 행동이 되었지만, 아무튼 때리고 어르기를 교묘하게 활용할 줄 알면 모든 일에서 불패의 자리를 차지할 수 있다.

이 권술을 운용할 때 때리고 어르는 사이에 한도의 문제가 존재한다. 때리려면 상대가 충분히 고통을 느낄 수 있게 해야 한다. 그렇지 않으면 겁을 줄 수 없다. 그러나 뼈를 부러뜨리는 등 지나쳐서는 안 된다. 그랬다가는 어르는 등 다른 방법이 통하지 않게 된다.

이 방법을 사용하려면 반드시 상대가 처한 환경과 다른 방면의 관계를 종합적으로 파악하고 있어야 한다. 상대가 나를 떠나 다른 곳으로 가려고 하는데 때리면 그 즉시 달아나버릴 것이고, 그러면 어르고 싶어도 어를 수 없다. 관련한 사례 하나를 상세히 살펴보겠다.

장개석 밑에서 일했던 진포뢰陳布雷는 장개석의 '문담文膽'이자 막료의 우두머리였다. '문담'이란 최고 리더를 위해 연설문, 성명서, 기고문 등 각종 문서를 도맡아 작성하는 사람을 일컫는다. 글솜씨와 학식이 뛰어난 사람이 맡는 자리다. 진포뢰는 일찍이 이름난 기자로 동맹회에 가입했다. 북양군벌 통치기에 위험을 무릅쓰고 군벌들의 비리와 폭력 그리고 살인 등을 폭로했다. 민첩한 사유와 강건한 필력으로 혁명을 고취하여 손중산孫中山에게도 인정을 받았다.

진포뢰는 1927년 남창南昌에서 장개석을 처음 만난 것을 시작으로 1948년 자살로 일생을 마감할 때까지 전후 두 단계 장개석의 비서를 맡았다. 그러나 1927년부터 1934년 초까지는 그저 임시직인 객경客卿에 지나지 않았다. 장개석이 부르면 와서 중요 문서를 기초하는 정도였다. 그러다 1934년 4월 비로소 정식으로 소력자邵力子를 대신하여 시종실侍從室 주임이 되었다. 이때부터 진포뢰는 장개석의 복심이 되어 일을 했고, 시종실이 없어진 다음에는 총통의 국학고문이 되어 정치와 문서 등을 책임지고 장개석을 위해 계책을 내고 글을 썼다.

진포뢰는 늘 장개석의 곁을 지키는 중추와 같은 자리에서 문서와 연설을 모두 책임졌다. 이렇게 진포뢰는 그림자처럼 장개석을 22년 동안 모셨으니 그에 대한 장개석의 신뢰와 존중은 깊을 수밖에 없었다. 장개석의 비서들 중 그 의존도를 말하자면 진포뢰를 따를 사람이 없었다. 심지어 장개석은 그를 '선생'으로 높여 불렀는데 이런 존칭은 진포뢰가 유일했다. 장개석에 대한 진포뢰의 충정은 절대적이었다. 장개석이 사랑하는 것을 사랑했고, 장개석을 미워하는 자는 미워했고, 장개석의 생각을 썼다. 장개석을 따른 22년은 실제로 거의 한 편의 중국 현대사와 같았다. 장개석을 모신 비서들 중 진포뢰는 정치무대에서 장개석이 펼친 중요한 장면 모두를 함께했다.

진포뢰가 장개석의 막료가 되지 않았다면 그는 아마 학자가 되었을 가능성이 아주 컸고, 그러면 그의 일생은 또 다른 모습이었을 것이다. 그러나 그는 좁디좁은 장개석의 길을 선택했다. 이는 역사의 큰 틀 안에서 정해진 길이었겠지만 사람을 가지고 노는 장개석의 권모술수도 요인으로 작용했다.

진포뢰는 절강성 자계慈溪 출신이다. 비교적 일찍 좋은 교육을 받았고, 14세 때 영파부寧波府에서 실시한 부시府試에서 1등을 차지한 명실상부 청나라 말기의 수재였다.

진포뢰는 학문이 넓고 튼튼했을 뿐만 아니라 그 친척들로부터 혁명사상의 영향을 받아 내심 반청혁명으로 기울었다. 1907년 진포뢰는 절강 고등학당에서 철학과 역사, 정치와 법을 전공하는 과에서 공부를 시작하여 인생과 사업의 기초를 점점 높게 닦았다.

그가 정치무대에 들어선 것은 신문 일을 하면서였다. 《천탁보天鐸報》의 편집장인 대계도戴季陶가 적극 그를 신문사로 끌어들였고, 1911년 22세의 진포뢰는 《천탁보》의 편집인이 되어 붓으로 정치를 논하는 16년 언론인의 생애를 시작했다.

진포뢰는 《천탁보》에서 일하는 동안 반청혁명을 힘껏 고취하는 붓을 휘둘렀다. 훗날 누군가는 이런 진포뢰를 두고 "길을 잃고 헤매며 아직 깨어나지 못하겠거든 진포뢰의 울음을 청하라."는 시까지 남겼다. 이것이 혁명 활동을 하던 그의 진면목이었다.

1921년 1월 24일, 조임사趙林士가 돈을 대고 탕절지湯節之가 창간한 《상보商報》가

정식으로 출간되었다. 진포뢰는 이 잡지의 편집 주임이 되어 평론을 책임지고 썼다. 그의 글은 예리하고 논리는 투철했다. 사람들은 그의 글을 다투어 읽고 전했다. 언론계에서는 그를 두고 이색적인 전사 한 명이 튀어나왔다고 평가했다. 이 시기 진포뢰는 바람을 몰고 다니며 총명한 재능을 한껏 발휘하여 일생 중 가장 빛나는 시기를 연출했다. 1925년, 이름난 시인 유대백劉大白은 "지금 상해의 언론인으로 어느 누구도 진포뢰를 넘어설 수 없다."고 했다.

그러나 진포뢰는 봉건 사대부의 사상으로부터 깊은 영향을 받은 사람이라 "모든 계급의 역량을 합하여 군벌을 타도하고 주권을 쟁취하는" '전체 인민의 혁명'을 견지했다. 이는 실제상 부르주아민주주의혁명의 기치로 중국 공산당을 거부하는 입장이었다. 이렇게 보면 진포뢰는 부르주아민주주의자에 지나지 않았다. 그리고 그가 인생 후반부에 장개석의 길을 따르다 비극적 결말을 맞이한 것도 기본적으로는 이런 정치적 입장과 무관하지 않다.

고대 중국의 정치무대에서 충성과 의리 그리고 보은 등과 같은 정치도덕의 관념은 보편적이었다. 통치자는 자신의 정치적 목적을 이루기 위해 통상 자리와 작위를 베푸는 수단으로 부하들을 농락했다. 아랫사람을 부리려면 벼슬이 우선이라는 옛말이 바로 이것이다. 잘 알다시피 장개석은 이런 농락의 술수를 아주 잘 구사했던 사람이다. 벼슬을 주고, 원하는 바를 들어주고, 은혜와 총애를 보태주는 것은 장개석이 좋아하는 놀이와 같았다. 특히 그가 좋아하고 붙들어두고 싶은 사람에게는 이런 수단을 한껏 이용했다.

1927년은 사회가 한창 소용돌이치던 시기였다. 당시 장개석은 글을 잘 쓰고 뛰어난 계책을 내면서도 야심이 없는 막료가 절실하게 필요했다. 물론 많은 사람이 장개석에게 인재를 추천했지만 진포뢰와 같은 사람은 없었다. 진포뢰는 그 재능은 물론 온화하고 충성스러운 성품의 소유자였다. 오래전부터 진포뢰의 명성을 알고 있던 장개석은 철저히 사람을 농락하는 수단과 방법으로 진포뢰를 존중했고, 진포뢰는 "지사는 자신을 알아주는 사람을 위해 일을 한다."는 말처럼 장개석의 그물로 들어가기에 이르렀다.

1926년, 진포뢰는 아직 《상보》에서 일하고 있었다. 소력자는 장개석의 지시로 광주에서 상해로 건너와 상해의 언론인들을 초청하여 북벌 상황을 설명하는 자리를 가졌다. 소력자는 군복을 입고 찍은 장개석의 사진 한 장을 가져와 진포뢰에게 주었다. 사진에는 "진포뢰 선생에게 드립니다. 동생 장중정"이라는 장개석의 친필이 서명되어 있었다. 소력자는 장개석이 얼마나 진포뢰를 흠모하고 있는지를 진포뢰에게 전했다. 그러면서 장개석은 극히 일부 원로 외에 '선생'이란 존칭으로 부르는 사람은 없다고 덧붙였다. 진포뢰는 감격했다. 평소 군벌을 반대하던 진포뢰는 북벌에 앞장서고 있던 장개석에게 자연 호감을 가지고 있었는데 이런 우대를 받고 보니 자신도 모르게 장개석에게로 마음이 기울었다.

장개석이 진포뢰를 초청한 것은 1927년 2월로 북벌군이 남창에 있을 때였다. 장개석은 여러 차례 진포뢰와 대화를 나누면서 감정의 투자를 한껏 퍼부었다. 진포뢰는 존경과 감격에 겨워 "장 총사령관님의 북벌은 정말 대단하십니다. 일전에 주신 귀한 사진은 이승에서는 누리기 힘든 행운으로 참으로 황송합니다."라고 했다.

장개석은 크게 만족하며 진포뢰에게 존경 어린 목소리로 "앞으로는 총사령관이라 부르지 말고 편하게 하시오. 총사령관은 군대 직함이고 진 선생은 군인이 아니잖소."라고 했다. 두 사람은 대화를 나눌수록 의기투합했다. 진포뢰는 당시의 형세와 혁명에 따른 방략을 물었고, 장개석은 일일이 답을 해주었다. 진포뢰가 이미 자신의 그물로 들어온 것을 본 장개석은 진포뢰에게 국민당에 가입하여 함께 일하자고 제안했다. 장개석은 진포뢰의 국민당 가입을 공개적으로 발표했다. 장개석은 남창의 총부에서 자신을 위해 일해달라고 청했고, 진포뢰는 감격해서 이를 덥석 받아들였다.

● 장개석은 온갖 수단과 방법을 동원하여 마음 여린 서생의 마음을 농락했다. 사진은 진포뢰의 일생을 다룬 책자의 표지. 군복을 입은 사람이 장개석이다.

장개석은 당시 황포黃浦군관학교 출신의 동창들 사이에 파벌이 생겨 북벌에 영향을 주는 상황에 직면하고 있었고, 이에 진포뢰에게 자신을 대신해서 「황포 동창에게 알리는 글」을 쓰게 했다. 진포뢰는 장개석이 말하는 요지를 듣고는 잠깐 깊은 생각에 잠기더니 이내 붓을 휘둘러 단숨에 글을 써냈다. 옆에 있던 장개석은 과연 고수답다며 칭찬을 아끼지 않았다. 당시 장개석이 진포뢰에게 총부에 머물며 일을 해달라고 요청하자 진포뢰는 글과 신문 관련 일만 하고 관직을 원치 않는다고 했다. 장개석은 벼슬을 원치 않는 이 서생에 대해 호기심이 더욱 생겼다.

입당을 발표하고 막부에 머무르며 자신을 대신하여 글을 써나가는 진포뢰를 보며 장개석은 그의 인품과 학식에 대해 기본적으로 이해할 수 있었다. 정말이지 '백문불여일견百聞不如一見'이었다. 장개석은 지금까지 여러 방면으로 비서로 쓸 만한 인재를 찾았지만 늘 마음 같지 않았다. 이 서생이 비록 고집이 있긴 하지만 가장 이상적인 선택이었다. 장개석은 마음을 먹으면 반드시 얻는 성격이었지만 이 일은 서두르지 않았다. 서둘렀다가는 일을 망칠 수 있기 때문이었다. 장개석은 이런 사람이었다.

순진한 서생 진포뢰는 이것만으로도 대단히 만족했다. 그는 장개석이 손중산을 돕고 있으며 예를 갖추어 인재를 대우할 줄 아는 가슴이 넉넉한 사람이라 여기고 자신을 알아주는 사람을 만난 것에 크게 기뻐했다.

장개석은 많은 글쟁이들 중에 마지막으로 진포뢰를 골라 권술을 이용하여 진포뢰를 자신의 막부 안에 묶어두는 데 성공했다.

진포뢰는 장개석을 따라다니며 22년 동안 붓과 펜을 휘두르며 이른바 '영수의 문담'으로 '총재의 꾀주머니'로 세상에 이름을 날렸다. 중화민족의 생사존망이 걸린 때 그는 일본 왜구 침략자와 싸우라고 전국의 군인과 인민들을 고무시켰고, 투항 매국노들을 공격하는 격문을 써냈다. 특히 장씨 왕조에 충성하며 다른 파벌을 공격하고 반공, 반인민의 글은 더 많이 써댔다. 진포뢰는 어째서 언론과 사상의 자유를 주장하지 못했으며, 남을 위해 칼을 잡아 자신의 마음과 다른 글을 써내 욕을 먹었을까?

진포뢰는 장개석의 어용 문인으로 장개석의 의도를 너무 잘 알았다. 그저 그를 대신해서 글을 쓰고 전문을 보내면 장개석은 만족하고 마음을 놓았다. 장개석의 심리 상태에 대해 진포뢰는 아주 주도면밀하게 살피며 어느 한구석 소홀히 하지 않았다. 담당 부서에서 나가는 글과 전문은 자신이 직접 하나하나 다 검열하여 장개석의 지시를 정확하게 전달되도록 있는 힘을 다했다. 이렇게 장개석의 의도와 의중은 진포뢰의 붓을 통해 나왔고, 진포뢰가 써낸 '명문(?)'은 대부분 항전 전후에 집중되었다.

힘이 넘치면서도 유창한 이 문장들은 국민당 정부와 장개석의 이름으로 발표되어 당시 전국의 군민들에게 원수에 대한 적개심을 품게 하고 나아가 항전 국면을 확산시키는 데 중요한 작용을 해냈다.

장개석은 진포뢰의 이런 문장에 대단히 만족했다. 자신의 사상과 희망에 완전 부합했기 때문이다. 역사는 진포뢰라는 이 정직한 지식인에게 나라에 보답할 기회를 여러 차례 부여했지만 그의 주인 장개석은 그에게 그런 기회를 주지 않았다. 일제에 저항했던 이 기간 외에 장개석은 반공을 내세워 내전을 일으켰고, 심지어 일본과 철저하게 결별하지 못한 채 곳곳에서 이런저런 암시를 보냈다. 진포뢰는 영수의 중요한 포고문과 문장을 써낸 장본인으로 오명을 피하기 어렵다. 그러나 이런 반민족 문장들이 나오게 된 과정을 이해한다면 진포뢰의 고통스러운 심경과 말하기 어려운 고충에 어느 정도 동정을 보낼 수는 있겠다.

진포뢰는 장개석을 따르면서 자신과 자신의 붓을 영수의 장막 안에 묶었다. 사람들은 한순간 그를 '영수의 문담'에 비유했고, 그를 '총재의 꾀주머니'라며 칭찬했다. 장개석의 사상과 언론은 모두 진포뢰의 붓끝에서 나왔다. 그러나 진포뢰의 마음은 쓰라렸고 말하기 어려운 복잡한 심경이었다. 그 자신이 말한 대로 "문학을 이해하지 못하는 사람을 위해 글을 쓰는 일은 정말이지 세상에서 가장 고통스러운 일이었다." 또 "남을 위해 칼을 잡는 것은 고뇌에 찬 일이었다." 그는 이런 글을 여러 차례 썼지만 장개석은 가차 없이 삭제하거나 쓰레기처럼 한쪽으로 던져놓았다. "나의 붓으로 나의 말을 쓸 수 없다."는 것은 진포뢰의 가장 큰 고통이었다. 그는 여러 차례 이런 심경을 토로하며 과거 언론인 시절로 돌아가고 싶어 했다. 그러나 재주 넘치는 막료이자 귀신처럼 붓을 놀리는 '문담'을 장개석은 단 한순간이라도 자신으로부터 떨어져 있게 하지 않았다. 진포뢰가 알고 있는 기밀이 너무 많았고, 이는 진포뢰 스스로 어쩔 수 없는 처지였다.

진포뢰는 충성스럽고 있는 힘을 다해 명령에 따랐지만 역사 발전의 큰 대세를 바꿀 수는 없었다. 그리고 실패할 수밖에 없는 장개석의 필연적 운명을 바꿀 수도 없었다. 부패한 장씨 정권은 기력을 다했고, 무너져내리는 장씨 왕조를 되살릴 방법은 없었다.

냉혹한 현실은 갈수록 진포뢰가 바라던 길과 크게 어긋났다. 진포뢰는 병든 몸을 끌고 장개석을 위해 목숨을 팔아 얻은 결과를 생각하니 억장이 무너져내렸다. 진포뢰는 극단적 모순 상태에 빠졌다.

이런 지칠 대로 지친 심경은 자연스럽게 그의 건강을 갉아먹었다. 그러나 장개석이 던지는 일은 갈수록 많아졌다. 진포뢰는 국민당이 나라를 잘 다스리길 간절히 희망했지만 국민당은 갈수록 부패해져 더 이상 약을 쓸 수 없는 지경에까지 이르렀다. 일제와의 항전에서 승리한 후 장개석은 곧 내전을 일으켰다. 1948년, 국민당 군대는 인민 해방군의 반격을 받고 썩은 고목이 쓰러지듯 쓰러졌다. 진포뢰는 장개석에게 더 이상 싸울 수 없으니 군대를 철수시키라고 권했다.

장개석은 자기 집 뒤뜰에서 지진이 난 것처럼 깜짝 놀랐다. 자신 앞에 앉아 있는 병약한 서생의 가늘고 느릿한 목소리가 순간 낯설게 느껴졌다. 장개석은 성이 났다. 그러나 마음을 가라앉히며 "그렇다면 너는 공산당과 악수하고 대화하지 않으면 안 된다는 말인가?"라며 날카롭게 물었다.

진포뢰는 상대의 기를 죽이는 장개석의 사나운 눈초리를 피하며 정면으로 대응하지 않고 이렇게 말했다.

"지금의 형세는 북벌 때와 다릅니다. 장수들은 교만하고 병사들은 늘어져 모두가 싸우길 싫어합니다. 물가는 폭등하고 백성들은 생활을 돌보기 힘듭니다. 반쪽 강산이라도 지킨다면 언젠가 재기하여 전국을 통일할 수 있습니다."

이에 장개석은 이렇게 반박했다.

"예로부터 천하를 공평하게 나누고 오래간 자는 없었다. 싸우는 것 아니면 항복이고, 너 죽고 나 살자였다. 나는 한 대 맞고 쓰러지는 약해빠진 자는 눈 뜨고 볼 수 없다. 선생이 언제부터 실패주의자들과 함께했단 말인가?"

장개석에게 몸을 맡긴 지 20여 년, 진포뢰는 그동안 단 한 번도 이런 멸시와 모욕을 당한 적이 없었다. 그는 기가 질려 아무 말 할 수가 없었다. 진포뢰의 안색은 차마 봐주기 힘들 정도로 나빠졌고 몇 날 며칠을 우울함 속에서 절망했다. 바닥까지 실

● 진포뢰의 자결은 두 가지 점을 잘 보여준다. 즉, 권력자가 심약한 지식인을 어떻게 철두철미 농락했는가와 결기와 투철한 시대정신으로 무장하지 못한 지식인은 결국 추락하거나 타락할 수밖에 없다는 것이다. 사진은 진포뢰의 죽음을 전하는 당시 신문 기사다. 기사는 죽음으로 나라에 보답했다며 진포뢰를 영웅 취급하고 있다.

망한 진포뢰는 모든 정이 다 떨어졌고, 심정은 만신창이가 되었다. 1948년 11월 13일, 마침 가족들이 남경을 떠나 상해로 간 틈에 진포뢰는 대량의 독한 수면제를 먹고 자살했다. 그는 이렇게 자신의 일생을 스스로 마무리했다.

이익으로 유혹하고 속이는 술수

타인의 힘을 교묘하게 빌려 자신의 사업을 성사시키는 것은 막료들이 투쟁에서 흔히 사용하는 방법이다. 타인의 힘을 빌리려면 반드시 이익으로 유인해야 한다. 제시하는 이익이 너무 가벼우면 상대방으로 하여금 내 계획에 따라 움직이게 하기에 부족하고, 주겠다는 이익이 너무 무거우면 상대가 내 의도에 따라 움직이긴 하겠지만 주어야 할 보상을 주지 못하고 사기를 친 꼴이 된다. 이익으로 유혹하는 것과 속임수는 왕왕 하나로 결합되기도 한다.

이 두 술수를 운용하는 관건은 이익이란 틀을 만들어 상대의 마음을 충분히 움직이는 데 있다. 즉, 상대가 원하는 바에 맞추어 유혹하는 것이다.

단편적 속임수와 이익으로 유인하는 방법 외에 양면 또는 다면적으로 유인하고 속이기도 한다. 이익으로 유인하고 상대를 속여 자신의 이익을 챙기려면 상대방보다 훨씬 높은 수준의 수단과 기민한 두뇌 및 고급의 모략이 요구된다. 제대로 농락하지 못하고 서툴게 구사하면 되치기 당하기 십상이다.

투기소호投其所好

"남이 좋아하는 것이나 비위를 맞춘다."는 뜻의 '투기소호'는 겉으로 드러나는 양모陽謀와 드러나지 않는 은밀한 음모陰謀 모두를 포함하는 이중성을 갖고 있다. 상대가 좋아하는 것을 파악해 거기에 영합하는 것이다. 간신들은 그 사람이 좋아하는 것에 맞추어 간사함을 팔아먹는다.

'투기소호'가 음모로 사용될 때는 더욱 보편적인 모습을 띠고 등장한다. 그것은 동서고금을 막론하고 투기꾼의 뛰어난 장기였다. 이런 음모가 자라날 수 있는 토양만 존재한다면 언제든지 활용될 여지가 있었다. 선량한 사람들이 바란다고 바뀔 수 있는 성질의 것이 결코 아니다.

'투기소호'는 친구를 사서 친구를 맺는 권술이다. 사람은 누구나 좋아하는 것, 즉 애호하는 것이 있기 마련이다. 이 애호가 곧 그의 이상이자 힘을 쓰는 목표이다. 조건을 창출하여 다른 사람으로 하여금 이 목표를 달성하게 하거나 그가 애를 써서 얻고 싶어 하는 것을 갖게 해준다면 그는 틀림없이 감격에 겨워 내게 보답할 것이다.

'투기소호'는 인심을 매수하여 나를 위해 힘을 쓰게 만드는 것일 뿐만 아니라 상대의 구성원을 매수하여 자기 집단의 이익을 팔게 한다.

'투기소호'를 실시하는 관건은 그 사람이 좋아하는 것에 정확하게 맞추어 미끼를 던지고 유혹하여 어렵지 않게 상대를 통제하는 데 있다. 상대가 애호하는 것을 정확하게 맞추기만 하면 나의 필요성을 위해 상대를 매수할 수 있고, 나아가 내가 원하는 대로 상대를 통제하여 일하게 만들 수 있다. 역사 사례를 들어 이 문제를 좀더 밝혀보자.

남송 말기의 일이다. 북방에 원나라를 건국한 세조 쿠빌라이는 남하하여 송나라를 멸망시키기로 결정했다. 남송에서 투항해 온 신하 유정劉整이 쿠빌라이를 위해 다음과 같은 계책을 냈다.

"송을 공격하려면 책략을 강구해야 합니다. 먼저 양양襄陽부터 손을 써야 합니다. 양양은 일찍 우리가 점령한 바 있는데 그 뒤 버려두고 군대를 보내 지키지 않아 송의 손에 들어가 중요한 군사 기지가 되었습니다. 양양을 수복하여 그것을 거점으로 삼고 배로 한수를 따라 장강으로 들어간 뒤 장강을 따라 내려가면 송을 깨끗하게 평정할 수 있습니다."

유정은 공격의 중점을 양양에 두었다. 양양은 원래 금나라에게 점령당했는데 몽고가 금나라를 멸망시킨 후 경영을 포기했기 때문에 송나라가 그사이 회수해간 곳이었다.

유송의 책략은 기왕의 남북통일 전쟁과 관련한 책략과는 달리 상당히 참신했다. 지난 역사상 여러 차례 강남을 평정할 때는 강을 건너 작전하는 책략이 대부분이었다. 우세한 병력을 집중하여 그 기세로 장강을 건너 적을 압박하는 강경 일변도였다. 유정의 남하 책략은 이런 기존의 틀을 완전히 깨는 것이었다. 장강 상류에서 거점을 선택하고 전함을 만들어 물길을 따라 내려가자는 생각이었다.

유정의 계획은 이랬다. 양양을 취한 후 한수에서 장강으로 진입하여 먼저 송나라의 주력군인 호북 수비군을 소멸시킨다. 그런 다음 다시 강을 따라 내려가 송나라가 미처 손조차 쓸 수 없을 때 강남을 취한다. 유정의 전략적 안목은 전에 없던 독특하고 유별난 것이었다. 그는 송나라 사람으로 송 왕실의 폐단을 잘 알고 있었다. 송에는 나라를 지탱할 뛰어난 문무대신이 없는 현실이기 때문에 양양이라는 요충지를 취하기만 하면 송은 서서 멸망을 기다릴 수밖에 없다. 따라서 공격의 중점을 두어야지 그렇지 않고 바로 남하하면 양양의 송나라 군대가 출병하여 등뒤에서 적을 맞을 염려가 있다.

쿠빌라이는 중간을 자르고 들어가는 유정의 계획이 크게 마음에 들었다. 이 계획의 장점은 양양이 비록 송의 운명이 걸린 목구멍과 같은 곳이긴 하지만 일단 취하려고 하면 크게 힘들이지 않아도 되기 때문이었다. 왜냐? 송 왕실의 문무대신들은 멀리 호북의 양양을 그렇게 중요하다고 여기지 않을 것이기 때문이다. 양양이 유일한 팔다리라는 것을 모르고 그저 겨드랑이에 난 종기 정도로만 취급하여 강력하게 맞서지 않을 것이다. 따라서 이곳만 자르면 송나라는 금세 비틀거리며 쓰러질 것이다.

양양을 취한다는 구체적인 계획을 실행에 옮기기에 앞서 유정은 또 한번 상식을 뛰어넘어 먼저 외교수단을 통해 송나라와 통상을 텄다. 그는 양양에다 관에서 운영하는 상점을 세우라고 건의했다. 상업이란 수단으로 군사행동을 감추라는 뜻이었다. 양양성 밖에다 상품을 매매할 수 있는 권한을 얻은 다음 상품을 지킨다는 명목으로 담장과 보루를 쌓아 양양을 포위함으로써 양양을 고립시키는 것이다. 이렇게 되면 외부와 연락할 수 있는 길이 끊겨 독 안에 든 쥐가 된다.

송의 호북 절도사 여문덕呂文德은 조정의 권력을 쥐고 있는 간신 가사도賈似道의 심복으로 욕심이 많은 자였다. 유정은 '투기소호'로 여문덕을 상대하자고 했다. 이에 여문덕에게 뇌물을 주어 통상권을 얻어냈다. 그런데 여문덕과 유정은 묵은 감정이 있었다. 유정은 섬서성 사람으로 전국이 내란으로 어지러울 때 남쪽으로 내려와 송나라에 왔다. 그는 송나라 장수 맹공孟珙의 군대에서 전투에 참가했다. 당시 하남 신양信陽을 공격할 때 누군가 12명의 용맹한 병사를 거느리고 야간에 신양을 습격하여 그 장수를 사로잡았다. 맹공은 깜짝 놀라며 당나라 때 18기병으로 낙양을 공격한 이존효李存孝에 비유하며 칭찬을 아끼지 않았다. 이 용사는 그 뒤 거듭 큰 공을 세워 동천潼川 15군 안무사가 되었다. 그가 바로 유정이었다.

여문덕은 이런 유정의 공을 시기하여 여러 차례 그를 모함하여 해치려 했다. 유정은 조정에 이를 호소했으나 여문덕의 뒷배인 가사도가 버티고 있는 조정은 유정의 이야기를 들어주기는커녕 철저히 무시했다. 화가 난 유정은 바로 몽고에 투항했다. 쿠빌라이는 보물을 얻었다며 그를 중용하여 소무대장군昭武大將軍에 남경로선무사南京路宣撫使에 임명했다. 그리고 이번 양양 경략을 계기로 진국상장군鎭國上將軍에 도원수都元帥로 승진했다. 인간의 운명은 돌고 돈다고 했던가? 유정은 이렇게 공교롭게도 지난날 원수 여문덕과 만나게 되었다.

쿠빌라이는 사람을 보내 여문덕에게 옥으로 만든 귀한 혁대를 보내며 양양성 밖에다 상점을 설치하게 해달라고 청했다. 아니나 다를까, 이 옥대 하나가 여문덕을 움직였다. 하기야 욕심만 많은 여문덕이 그 옥대 안에 감추어져 있는 깊은 뜻을 어찌 알겠는가? 그는 두말 않고 통상을 허락했다. 몽고의 사신은 바로 이어 다른 지역의 영업장들이 도둑을 맞은 적이 있기 때문에 도둑 방지를 위해 축대와 담장을 쌓아야 한다고 말했다.

이 대목에서는 여문덕도 바보가 아닌지라 송나라 경내에 담장을 쌓는 것은 허용할 수 없다고 잘라 말했다. 그러나 돈이란 놈이 신통방통하여 사신이 한바탕 뇌물로 여문덕 주변을 공략하자 주변 측근들이 나서 여문덕을 설득하기 시작했다. 영업장이 들어서면 큰돈이 굴러들어 온다는 말에 여문덕은 귀가 솔깃해져 서둘러 조정의 허락을 구하는 글을 올렸다. 여문덕의 보고는 관료판의 요식행위에 지나지 않았다. 가사도는 그 자리에서 비준했고, 쿠빌라이는 도원수 아주阿珠와 유정에게 양양을 경영하라는 명령을 내렸다.

아주는 몽고 귀족 올량씨兀良氏의 후손으로 그 지위가 대단히 높았다. 유정과 같은 도원수였지만 실제로는 아주가 위였다. 유정과 아주는 양양에 도착한 후 녹문산鹿門山 밖에 담장을 쌓는 일에 착수했다. 외부로는 무역을 하고 내부에서는 보루를 쌓았다. 이렇게 해서 주객이 바뀌기 시작했고 양양과 그 맞은편의 번성樊城이 모두 몽고 군대의 위협에 놓이게 되었다.

양양을 지키고 있던 여문덕의 동생 여문환呂文煥은 형세가 심상치 않음을 알아챘다. 남북 두 길이 몽고의 보루에 의해 차단되고 나서야 몽고에게 속았다는 것을 알고는 글을 올려 공사를 중지시켜야 한다고 보고했다. 여문덕도 그제야 정신을 차렸지만 여문환에게 너무 떠벌리지 말 것을 명령했다. 그러면서 양양과 번성은 수비가 튼튼하고 식량도 10년 치나 비축되어 있다고 큰소리를 쳤다. 유정이 성을 공격한다면 자신이 직접 나가 안팎으로 협공하여 승리를 거두겠다고 했다.

양양을 경영하면서 점점 힘을 비축한 유정은 다들 보는 앞에서 대담하게 군사 시설을 세우기 시작했다. 바로 이어 유정은 한수 중류의 모래섬 위에다 대포와 활을 쏠 수 있는 시설을 세우고 사방으로 다섯 군데에 돌로 돈대를 쌓았다. 송나라 배가 통과하는 상황을 감시하고 막겠다는 의도였다. 이어 다시 양양과 번성 사면에 외성을 증축하여 모든 통로를 끊음으로써 두 성에 대한 포위 계획을 완성했다. 그리고 전함 5천 척을 건조하여 8만 수군을 훈련시키기 시작했다.

쿠빌라이는 좀더 안전하게 양양을 취하기 위하여 우승싱 사천택史天澤을 전선에 보내 성과 보루를 더 튼튼하게 보강하는 한편 다른 몇 곳에다 성을 더 쌓도록 감독하게 했다. 이렇게 해서 양양과 번성은 철통같이 포위되어 몽고군의 주머니 속에 든 물건이 되어버렸다.

송나라 조정에서는 여러 차례 이 봉쇄를 깨려 했으나 모두 실패했다. 양양은 완전히 외부와 단절되었다. 송나라 군대는 이 봉쇄에 구멍을 내려 했지만 3천 명이 희생당했다. 양양은 이렇게 5년 동안 갇힌 채 양식은 바닥나고 화살은 다 떨어졌다. 집의 기둥과 목재가 땔감이 되었고, 관청과 공공 기물을 장식하는 천은 옷감이 되었다. 결국은 얌전하게 항복하는 수밖에 없었고, 여문환도 투항했다.

양양이 함락된 지 2년째, 원나라 군대는 한수에서 장강으로 들어간다는 계획에 따라 파죽지세로 송을 공격했다. 별다른 전투 없이 송의 도성인 임안臨安(지금의 항주)에 이르러 송의 마지막 황제를 포로로 잡았다.

유정은 몽고를 위해 통상을 위한 땅을 얻어 보루를 쌓아 양양을 빼앗는 계획을 올렸다. 그러나 정작 공격이 시작되자 아주와 승상 백안伯顔은 유정이 장강을 건너지 못하게 했다. 송이 멸망했다는 소식이 전해지자 유정은 아쉬움에 한탄했다. 자신이 심은 나무의 열매를 남이 따 가는 마지막 큰 공을 빼앗겼기 때문이다. 그는 탄식과 울분을 견디지 못하고 그날 밤 숨을 거두었다. 유정은 남다른 재능을 가진 인재였지만 도량이 부족했다. 당초 모함을 당하지 않았다면 송을 버리고 원나라에 투항하지 않았을 것이다.

아무튼 유정은 '투기소호'로 탐욕스러운 여문덕을 공략하여 순조롭게 큰 계책을 밀고 나갈 수 있었다. 여기에 이미 무너질 대로 무너진 송의 기강이 한몫하여 원나라는 크게 힘들이지 않고 송을 멸망시킬 수 있었다.

인간은 공통점도 있지만 각자의 개성과 특성을 더 많이 갖고 있다. 속담에 "사람 수 백에 형형색색" "백 사람이면 백 가지 개성과 성질"이란 말이 있듯이 인간은 서로 다른 성격, 기호, 장점, 단점, 넘치는 점, 모자란 점 등등을 갖고 있다. 이렇게 모든 사람이 갖고 있는 서로 다른 약점은 타인에게 이용당할 수 있다. 서로 다른 특징과 결점에 맞추어 그에 알맞은 권술을 운용하여 그 사람을 통제할 수도 있다. 이는 투쟁 중에 일상적으로 사용하는 수단이다. '인인위제'란 그 사람에 따라 그에 맞는 방법으로 통제하라는 권술이다.

인간의 성격과 약점에 따라 그 사람을 통제하려면 먼저 상대의 성격과 약점을 정확하게 파악해야 한다. 그 사람이 탐욕스러우면 이익으로 유혹하고, 겁이 많으면 위협하면 된다. 그 사람이 제멋대로에 성질이 급하면 도발하면 되고, 어리석으면 속일 수 있다.

개성에 맞추어 상대를 제압하려면 상대의 성격을 이해하고 파악하는 외에 상대의 욕망을 헤아려 그에 맞는 계책을 설계해야 한다. 인간의 욕망은 왕왕 이용당하기 쉬운 약점이 된다.

또 그 사람의 이름(명성) 따위로도 그 사람을 통제할 수 있다. 아무튼 상대의 성격에 따라 통제하려면 상대보다 더 영리한 두뇌와 더 뛰어난 권술을 갖고 있어야 한다. 실제 역사 사례를 통해 이 문제를 생각해보자.

당나라 말기 회남淮南 절도사 고병高駢은 강한 군대를 소유한 대장이었다. 그런데 그는 미신에 빠져 있었고 특히 신선술을 맹신했다. 이 때문에 신선술로 그를 속여 출세한 자가 있었으니 제갈은諸葛殷이란 자가 그랬다. 제갈은은 여용지呂用之란 자의 교묘한 계책에 따라 고병에게 접근했다. 여용지는 강호를 떠도는 사기꾼으로 요사스러운 패거리라는 죄에 연루되어 여기저기 도망 다니던 중 고병이 신선에 깊이 빠져 있다는 것을 알고는 그를 찾아갔다.

하늘과 땅을 오가며 막힘없이 신선을 말하는 것은 물론 심지어 천제와도 통하고 미래도 예측할 수 있다는 여용지의 언변에 고병은 완전히 넋이 나가 그에게 요직을 맡겼다.

제갈은은 여용지와 친한 친구 사이였다. 두 사람은 배짱이 아주 잘 맞아 말하지 않아도 마음이 통했고, 함께 여러 차례 사기행각을 벌였다. 제갈은은 키가 작고 못생겼을 뿐만 아니라 온몸이 부스럼으로 덮여 있어 한 번 보기만 해도 구역질이 날 정도였다. 이 때문에 지금까지 사람들이 거들떠보지 않았다. 여용지는 고병의 신임을 얻자 바로 제갈은의 집을 찾아 고병을 만날 수 있는 묘책을 상의했다.

다음 날 아침 여용지는 고병을 만났다. 여용지는 흥분한 표정을 지으며 신기하다는 듯 고병에게 이런 말을 했다.

"어젯밤 제가 옥황대제의 꿈을 꾸었습니다. 꿈에서 옥황대제께서 고병 장군의 일이 너무 많아 손이 모자랄 것이라 하시면서, 대제를 곁에서 모시는 신선 하나의 일을 이미 중지시켰고 이 신선을 인간 세상에 내려보내 고병의 군정을 돕게 할 테니 장군께서 잘 대접하게 하라고 하셨습니다. 만약 그분을 막부에 오래 머무르게 하려면 중요한 직무를 맡겨야 할 것입니다."

여용지는 그 신선은 내일 해가 진 다음 막부에 올 것이라 하면서, 내려 올 신선의 얼굴을 묘사해주었다. 사실 이 말이 사기라는 것은 아이라도 금세 알아챌 것이다. 그러나 고병은 믿어 의심치 않고 부하에게 집무실을 깨끗이 청소해놓고 신선이 오길 기다리라고 명령했다.

저녁 무렵 문밖에서 누군가 고병을 만나러 왔다는 보고가 들어왔고, 고병은 서둘러 그 사람을 맞아들였다. 온몸에 부스럼이 나고 왜소한 몸집 등이 여용지가 말한 그대로였다. 고병은 놀라지 않을 수 없었다. 고병은 이자를 갈 장군으로 불렀다.

제갈은의 말솜씨는 말 그대로 청산유수였다. 먼저 자신을 소개한 다음 옥황대제 곁에서 자신이 한 일 등을 생생하게 묘사했고, 이어 옥황께서 고병 장군의 재능을 얼마나 중시하는지 등과 신선에 대한 고병의 독실한 믿음과 충성을 떠벌렸다. 고병은 혼이 나가 벌린 입을 다물지 못했다. 그리고 바로 그 자리에서 제갈은을 소금과 철을 관장하는 중요한 자리에 임명했다. 사실상 고병이 관할하는 구역의 재정을 옥황대제가 보낸 이 신선(?)에게 다 맡겨버린 것이었다.

고병은 결벽증이라 할 만큼 깔끔한 것을 좋아하는 성격이었다. 이 때문에 친인척도 그를 만나기 어려웠고, 더욱이 같은 식탁에서 식사조차 하지 못했다. 그러나 제갈은은 예외였다. 수시로 불러 묻고 보살피며 환대했다. 제갈은은 온몸이 부스럼 덩어리라 늘 고름 같은 것이 줄줄 흘렀고, 비듬 같은 것도 마치 눈처럼 날리는 몰골이었다. 게다가 손톱에서 피가 나서 피범벅이었다. 그런데 청결에 결벽증이 있는 고병은 이를 혐오하기는커녕 신선이 일부러 이런 모습으로 자신의 성심을 시험한다고 여겼다. 늘 제갈은과 무릎을 마주할 정도로 가까이서 이야기를 나누고, 같은 식탁에서 밥을 먹었다. 식사 때는 쉬지 않고 젓가락으로 음식을 신선에게 덜어줄 정도였다. 이때 고병이 기르고 있는 애견 몇 마리가 제갈은의 몸에서 나는 비린내를 맡고 그에게 달려와 머리와 꼬리를 흔들며 냄새를 맡으면서 얼굴을 핥았다. 그 광경은 개들이 마치 주인보다 제갈은을 더 따르는 것 같았다. 고병은 은근히 기분이 상했다. 제갈은은 미소를 지으면서 고병에게 이렇게 말했다.

"이 개들은 모두 천상의 신견神犬들로 옥황대제 앞에서 늘 나를 보았기 때문에 나를 잘 압니다. 이놈들이 나보다 먼저 인간 세상에 와서 장군을 돕고 있었던 것입니다. 수백 년 동안 못 보았는데 한 번 만에 나를 알아보다니 역시 신선계의 영물이 아니겠습니까?"

이 말에 고병은 기뻐 어쩔 줄 몰라 하며 제갈은의 신통함에 더욱 깊은 경의를 보냈다. 제갈은도 이렇게 고병의 우매함을 철저하게 이용하여 자신의 간사함을 팔아먹었다.

근심 걱정은 늘 작고 미세한 것이 쌓여 무르익고, 지혜와 용기는 지나침에 빠진다.

구양수歐陽修의 명언이다. 누구나 어느 한쪽에 지나치게 빠지면 다른 사람에게 이용당하기 마련이다. 고병이 사사건건 속임을 당한 것은 다름 아닌 그가 '신선'에 빠졌기 때문 아닌가. 사실 제갈은과 여용지가 부린 농간은 얼마든지 알아차릴 수 있는 것이었다. 꿈에서 신선을 보았다는 암시 자체도 황당무계하지 않은가. 시간과 모습까지 그렇게 똑똑히 알고 있는 것도 미리 조작해놓았다는 증거 아닌가. 고병이 조금만 생각해보고 살폈더라면, 또 두 사람의 이력을 간단하게나마 조사했더라면, 그 황당한 사기극이 시도조차 가능했겠는가.

환전인화環轉因化

돌아간다는 뜻의 우회迂回가 있다. 이와 비슷한 뜻을 가진 '환전인화'라는 권술이 있다. '환전인화'는 귀곡자가 제시한 것으로, '환전'은 돌다, 돌아간다는 뜻이다. '인화'는 그렇게 해서 상황이나 형세에 변화가 생기면 거기에 따라 적절한 행동이나 대응책을 마련하라는 것이다. 대체로 정면으로 진공하여 직접 처리해서는 불가능하거나 이익을 얻을 수 없을 때 이 권술을 채용할 수 있다. 또는 투쟁 방식을 바꾸거나 다른 해결 방법을 찾아 빙 돌아서 목적을 실현하는 것을 말한다.

그런데 때로는 한 번만 돌아서는 안 되는 경우도 있다. 이럴 때는 몇 차례 더 돌아 일을 제대로 성사시켜 이익을 얻어내야 한다. 일종의 연환계連環計라 할 수 있다.

'환전인화'의 권술을 사용하려면 남의 힘을 빌려 자신의 목적을 이루어야 하는 경우가 많다. 따라서 이익으로 상대를 교묘하게 유혹하여 그 힘을 빌려야 한다. 이 권술이 성공할 수 있는 관건은 정보를 정확하게 찾아내는 데 있다. 정확한 세정과 인정의 장악이 관건이다.

'환전인화'로는 이익을 취할 수 있을 뿐만 아니라 상대방끼리의 싸움을 도발하여 상대를 분열시켜 이익을 얻는 목적을 이룰 수도 있다.

'환전인화'는 막료가 신봉하는 "형세를 살펴 나아가고 물러난다." "안 되는 줄 알면 하지 말라."는 원칙과도 부합한다. 정면투쟁으로는 효과를 볼 수 없거나 승리를 얻을 수 없을 때는 우회전술을 취하여 한 번 또는 여러 번 돌아 일을 꾀하거나 상대를 설득해야 한다. 대표적인 역사 사례를 한번 들어보겠다. 이 사례는 심지어 적으로 하여금 나를 해치게 하는 독한 방법까지 동원하고 있다.

중국 군사와 전쟁의 역사에서 전국시대 제나라의 전단田單이 구사한 '고육계苦肉計'는 모든 '고육계' 중에서 가장 빛나면서 가장 참혹했다. 전단은 적을 끌어들여 자기 백성을 해치게 함으로써 자기 백성의 분노를 일으키고 나아가 전투력을 끌어올려 다 진 전쟁을 승리로 바꾸었다. 또 이를 통해 자신의 이미지를 크게 높임으로써 정치적 자산을 축적했고, 이것이 결국은 전씨 집안이 제나라를 차지하는 기반이 되었다. 그 과정이 매우 복잡하고 길기 때문에 긴 호흡으로 따라가야 할 것이다.

기원전 316년, 오랜 역사를 가진 동북방의 연燕나라에 내분이 터졌다. 연나라는 기원전 11세기에 건국된 주나리 종실과 같은 희姬 성의 제후국으로 무왕의 동생인 소공召公 석奭이 시조였다. 연나라는 오랜 역사를 가진 정통 제후국이었지만 국력이 늘 약했다. 다행히 중원에서 떨어진 지리적 관계 때문에 비교적 평화롭게 나라를 유지했다. 그러던 중 기원전 316년 무렵, 연왕 쾌噲가 신하 자지子之에게 속아 나라를 그에게 넘기고 자신이 신하를 자처하는 황당한 일이 터졌다.

이를 인정할 수 없었던 태자 평平이 장군 시피市被와 결탁하여 자지를 공격했다. 기원전 314년이었다. 그러나 태자 평과 시피의 반격은 실패했고, 두 사람 모두 피살되었다. 이 일로 전국이 내란에 빠져 몇 달 사이에 수만의 사상자를 냈다. 그 틈에 연나라와 오랜 앙숙 관계였던 제나라가 연나라를 공격하여 연왕 쾌를 죽이고, 자지를 잡아 소금에 절여 죽였다. 그러자 조趙 나라도 개입하여 공자 직職을 후원했다. 공자 직은 내분을 수습하고 왕위에 올랐다. 이가 소왕昭王이다.

젊은 군주 소왕은 약체 연나라를 중흥시키려고 마음먹었다. 그는 기원전 311년 현자 곽외郭隗에게 자문을 구하고는 그를 황금대黃金臺에 모시고 우대하는 한편 천하의 인재들을 구한다는 구현령求賢令을 발표했다. 여러 나라의 인재들이 연나라로 몰려왔다. 역사에서는 이를 '사쟁추연士爭趨燕'이라 한다. "인재들이 앞을 다투어 연나라로 달려왔다."는 뜻이다. 이런 인재들 중 조나라와 위나라를 거쳐 온 명장 악의樂毅가 있었다. 기원전 295년, 소왕은 악의를 귀족 중 가장 높은 경에 버금가는 아경亞卿에 임명하여 우대했다.

소왕에게 악의라는 존재는 꿈에도 갈망하던 그런 인재였다. 숙적 제나라에 묵은 원한을 갚자면 명장이 꼭 필요했기 때문이다. 악의 역시 소왕의 이런 바람을 너무 잘 알고 있었다. 기원전 285년, 악의는 강대국 제나라를 공격하려면 연나라 혼자로는 벅차기 때문에 주변국들과 동맹을 맺어야 한다는 건의를 올렸다. 그 결과 이듬해인 기원전 284년 진秦, 조趙, 한韓, 초楚, 위魏 다섯 개 나라와의 동맹이 성사되었다.

기원전 284년, 소왕은 마침내 공격의 시기가 무르익었다고 판단하여 악의樂毅를 상장군으로 삼아 6국 연합군을 이끌고 제나라를 공격하게 했다. 제서濟西(지금의 산동성 고당·요성 일대) 전투에서 제나라 군대는 크게 패하여 수도 임치臨淄(지금의 산동성 임치 북쪽)로 후퇴하여 수비에 들어가는 수밖에 없었다. 제나라의 주력이 섬멸되자 악의는 임치를 공격하여 점령했다. 이때 악의는 군대를 정돈하여 군기를 바로잡고 약탈을 금지하는 한편 인심을 얻는 공작을 펼쳐나갔다. 즉, 상층부 인사들에게는 관작이나 봉지를 미끼로 귀순시키고 일반민들에 대해서는 세금을 가볍게 하는 등 제나라 왕의 가혹한 법령을 폐지함으로써 순식간에 제나라 인민의 마음을 기쁘게 하는 효과를 거두었다. 일련의 공작을 끝낸 다음 악의는 군사를 나누어 제나라의 나머지 영토를 점령하기 시작했다. 연나라 군대는 악의의 통솔에 따라 반년이 채 안 되어 70개가 넘는 성을 점령했다. 제나라에게 남은 것이라곤 거莒(지금의 산동성 거현)와 즉묵卽墨(지금의 산동성 평도 동남) 두 성뿐이었다.

한편 제나라 민왕은 도성 임치에서 도망쳐 먼저 위衛나라(하남성 복양)로 갔다. 위나라는 성대하고 주도면밀하게 그를 접대했다. 민왕은 아직도 자신이 보위에 앉아 있다고 착각한 듯이 위나라 국군을 자기 마음대로 부리며 깔보았다. 위나라 국군은 전지에게 제공하던 음식을 바로 중단시켰다.

민왕은 하는 수 없이 노나라(산동성 곡부)로 도망쳤고, 노나라는 사신을 보내 국경에서 맞아들였다. 위나라에서 당한 수모에 겁을 먹은 전지는 사신에게 노나라는 자신을 어떻게 대접할 것이냐고 물었다. 사신은 당연히 국빈으로 대접할 것이라고 대답했다. 전지는 국왕의 예를 요구했다. 그럴 경우 노나라 국군은 아침부터 저녁까지 당 아래에 서서 전지가 식사하는 것을 지켜봐야 하고, 또 전지가 부르면 달려가야 한다. 전지는 자신이 국왕이었기 때문에 노나라가 국빈으로 접대하는 것으로 충분

● 악의는 소왕의 바람대로 제나라를 거의 멸망 직전까지 몰았으나 소왕의 죽음으로 형세는 급변했다.

치 못하니 반드시 자신을 주인으로 대해야 한다고 생각한 것이다. 노나라는 깜짝 놀라며 국경을 봉쇄해버렸다.

민왕은 다시 추나라(산동성 추성)로 걸음을 옮겼는데, 공교롭게 추나라 국군이 죽었다는 소식을 듣게 되었다. 전지는 국왕의 신분으로 문상을 하겠다고 큰소리를 쳤다. 추나라는 "우리는 소국이기 때문에 국왕의 어가를 감당할 수 없다."고 했다. 오도 갈 데 없어진 민왕은 거성이 여전히 버티고 있다는 소식을 듣고는 거성으로 도피했다.

민왕은 초나라에 구원을 요청했다. 초나라의 군대가 대장 요치淖齒의 인솔하에 거성에 이르렀다. 요치는 만약 제나라에 아직도 희망이 보이면 전지를 도와주라는 초왕의 밀령을 받고 왔다. 제나라에 희망이 없어 보이면 바로 연나라 편에 서서 거성을 점령하라는 뜻이었다. 요치는 제나라 민왕의 명성이란 것이 시세가 만들어낸 허구이며, 그 인간 자체도 쓸모없다는 것을 어렵지 않게 확인할 수 있었다. 요치는 민왕을 군대 사열 의식에 초청하고 사열대에서 그를 붙잡아 잔혹한 방법으로 그를 처결했다. 요치는 민왕의 근육을 모조리 뽑아버린 다음 기둥 위에 매달아놓았다. 민왕은 3일 밤낮을 울부짖다가 절명했다.

이 와중에 전세에 변화가 생겼다. 연나라 군대가 거와 즉묵 두 성을 포위하여 공격하려는 결정적인 순간에 연 소왕이 세상을 떠나고 혜왕惠王이 새로이 즉위하는 돌발 사태가 발생했다. 제나라 장수 전단田單은 혜왕이 태자 시절 악의와 관계가 좋지 않았다는 사실을 알아내고는 이간계를 꾸몄다. 이간계는 간단명료했다. 악의가 제나라에서 스스로 왕이 되려 한다는 헛소문을 퍼뜨리는 것이었다. 막 즉위한 혜왕은 이 유언비어를 믿고 악의의 병권을 박탈해버렸다. 악의의 퇴진으로 전단은 감당하기 어려운 적을 피할 수 있게 되었을 뿐만 아니라, 연나라 군대의 장병들도 불만에 가득 차 군심이 흩어지는 이중 효과를 볼 수 있었다. 전기를 마련한 전단은 이런 유언비어를 연나라 군영에 퍼뜨리게 했다.

> "나는 연나라 군사가 포로로 잡힌 제나라 병사들의 코를 베고 그들을 앞장세워 우리와 싸우게 할 때 패할까 두렵다."

연나라 군대가 이 말을 듣고 그대로 했다. 성안에 있는 사람들은 연나라 군대가 항복한 제나라 사람의 코를 죄다 베는 것을 보고 화가 나 굳게 성을 지키면서 오로지 적에게 붙잡히는 것을 겁냈다.

전단은 또 간첩을 풀어 "나는 연나라 군대가 우리 성 밖에 있는 무덤들을 파헤쳐 조상을 욕되게 할까 두렵다. 그 생각만 하면 무서워 가슴이 서늘해진다."고 했다. 그러자 연나라 군대가 무덤을 죄다 파내 죽은 사람을 불태웠고, 즉묵 사람들은 성 위에서 그 광경을 바라보며 다들 눈물을 흘리고 함께 나가 싸우기를 원하니, 그 분노가 절로 10배 이상 더 커졌다.

그제야 전단은 병사들을 출병시킬 만하다고 판단하고는 몸소 판자와 삽을 잡고 병사들과 함께 노동을 분담하고, 처첩까지도 군의 대열에 편입시켰다. 음식은 모두 나누어 병사들을 먹였다. 무장을 갖춘 군대는 안에 숨겨놓고, 노약자와 여자들만 성 위에 오르게 하고 사신을 보내 연에게 항복을 약속하니 연나라 군사들은 만세를 불렀다. 전단은 백성들로부터 금을 거두어 큰 덩어리로 만든 다음 즉묵의 부호들을 시켜 연나라 장수에게 갖다주면서 "즉묵이 만약 항복하거든 내 가족과 처첩은 포로로 잡지 말고 편안하게 해주시오."라고 말하게 했다. 연나라 장수는 기뻐하며 허락했다.

연나라 군대는 이로써 더욱 해이해졌다.

다음으로 전단은 소 1천여 마리를 징발하여 비단으로 옷을 만들어 입히고 오색으로 용의 무늬를 그려 넣었다. 칼과 창을 뿔에 묶어 매고, 꼬리에는 기름을 부은 갈대를 다발로 묶어놓았다. 성벽 수천 군데에 구멍을 뚫어놓고 밤이 되자 쇠꼬리에 불을 붙여 그 구멍으로 내보냈다. 장사 5천 명이 그 뒤를 따랐다.

소는 꼬리가 뜨거워지자 미친 듯 연나라 군영을 향해 달렸다. 연나라 군대는 아닌 밤중에 날벼락을 맞은 듯 깜짝 놀랐다. 쇠꼬리의 횃불이 눈부시게 타오르며 광채를 내는데, 연나라 군사들이 보니 영락없는 용이었다. 그것에 받혀 죄다 죽거나 부상당했다. 5천 명의 제나라 군사들은 물 먹인 나무를 입에 물고 말없이 뛰어들었고, 성안에서는 북을 두드리며 함성을 질러댔으며, 노인과 아이들도 구리 그릇을 두드리며 성원을 했다. 그 소리는 천지를 뒤엎는 것 같았다. 연나라 군대는 크게 놀라 달아났다. 연나라 장군 기겁騎劫도 사망했다. 연나라 군대는 허둥지둥 정신없이 계속 달아났다. 제나라 사람들은 도망치는 적을 뒤쫓았는데, 지나가는 성과 고을은 모두 연나라를 배반하고 전단에게로 돌아오니 군사는 갈수록 불어났다.

연나라 군사는 쉬지 않고 도망친 끝에 겨우 하상河上(제나라의 북쪽 경계)에 이르렀다. 제나라 70여 성은 모두 수복되었고, 양왕襄王을 거莒에서 임치臨菑로 맞아들여 정사를 보게 했다. 양왕은 전단을 평안군平安君에 봉했다.

이 전쟁은 역사상 가장 기적적인 전쟁이었다. 제나라는 기사회생 나라를 회복했다. 그러나 300년 전인 기원전 6세기 오자서가 초왕의 시체에 채찍질을 가한 것에 충격을 받아 초나라가 나라를 회복한 것처럼 제나라도 심각한 피해를 입은 뒤 나라를 되찾기는 했지만 역량을 회복할 수는 없었다. 제나라는 초강국의 자리에서 내려오지 않으면 안 되었을 뿐만 아니라 전씨 집안에 정권을 빼앗기는 수모까지 당했다.

앞서 언급한 대로 이 전쟁에서 전단은 적을 끌어들여 자기 백성들을 해치게 하는 극단적인 방법까지 동원했다. 상황이 그만큼 절박했기 때문이다. 전단은 이렇게 몇 차례 돌아가는 연환계와 고육계를 함께 구사하여 상대를 원수처럼 여기며 이를 가는 투지를 격발했다. 이로써 전투력을 최대치로 끌어올려 파죽지세로 승리를 거두었다. 적을 끌어들여 나를 해치는 악독한 고육계로 가장 큰 효과를 거둔 이 사례는 전무후무하다.

가화함해嫁禍陷害

막료의 처세 원칙은 전통적 도덕과 크게 다르다. 일에서는 지혜가 중요하고, 결과를 따지되 수단과 방법을 가리지 않는다. 잘못을 남에게 미루고 함정에 빠뜨려 해침으로써 자기 일을 성취하는 것은 그들이 투쟁에서 흔히 사용하는 수단이다. 여기서 말하는 "잘못을 남에게 미루고 함정에 빠뜨려 해치는" 수단을 '가화함해'라 한다.

'가화함해'의 관건은 상대의 모든 특징을 정확하고 깊게 이해하는 데 있다. 그러면 세정世情과 인정人情을 얻는다.

'가화함해'의 권술은 흔히 반간계와 연계되어 구사된다. 이것의 실시 과정은 실제로는 지혜를 겨루는 과정이다. 지혜로운 자가 이 권술을 구사하면 지혜가 떨어지는 자와 싸워 반드시 승리할 수 있다. 상대의 지혜가 더 높으면 상황은 역전될 수 있다. 이 권술은 개인 사이의 투쟁에도 사용될 수 있고 국제관계의 투쟁에서도 사용될 수 있다. 동진東晉 시기(317-420)에 있었던 사례로 이 권술의 진가를 좀더 알아보자.

동진 중엽 북방에는 두 개의 전前 정권, 즉 전진前秦과 전연前燕이 대치하고 있었다. 전진은 부견苻堅이 집권하면서 국력이 점점 번성했다. 반면 전연은 중신인 태원왕太原王 모용각慕容恪이 죽은 뒤 겁 많고 권위 없는 어린 군주 모용위慕容暐가 즉위한 데다 태부 모용평慕容評이 능력 있는 인재를 시기하고 질투하는 등 국내 상황이 어지러웠다. 지혜와 용기를 겸비한 모용수慕容垂가 있었지만 그 역시 모용평의 질투를 사고 의심을 받고 있었다.

모용수는 전연을 창건한 모용황慕容皝의 다섯째 아들이었다. 그는 전투에 뛰어난 인물로 여러 차례 공을 세웠다. 형님인 모용준慕容儁이 황제를 칭할 때 군대에서 세운 공으로 오왕吳王에 봉해지고 이와 함께 안동장군安東將軍에 임명되었다. 모용수는 군사 방면에서 뛰어난 능력을 보였을 뿐만 아니라 모략도 갖추고 있어 부친 모용황의 사랑을 한몸에 받았다. 모용황은 심지어 그의 이름을 패覇라 지어주었다. 모용패, 즉 모용수에 대한 모용황의 사랑은 태자 모용준을 훨씬 뛰어넘었고 이 때문에 모용준은 동생을 깊이 시기하고 질투했다. 그러나 모용황이 살아 있을 때는 이런 마음을 차마 드러낼 수 없었다. 모용황이 죽자 모용준이 뒤를 이어 연왕이 되었고, 동진 영화永和 8년인 352년 계성薊城에서 황제를 칭했다. 모든 권력을 장악한 모용준이었지만 군사에서 큰 공을 세웠고 또 별다른 잘못이 없는 모용패를 어찌할 수가 없었다. 그래서 먼 곳의 정벌에만 기용하고 중책을 맡기지 않았다. 모용패는 젊은 날 말을 타고 사냥을 하다가 말에서 떨어져 앞니 두 개가 빠지는 부상을 당한 적이 있었다. 모용준은 황제가 되자 모용패의 이름을 모용수로 바꾸게 했다.

모용패는 이름까지 바꾸는 수모를 당했지만 모용준의 시기와 질투는 멈추지 않았다. 선비족의 가장 큰 가문 출신인 모용수의 왕비 단씨段氏는 뛰어난 재능에 성격이 불같아 황후 가족혼씨可足渾氏를 존중하지 않았다. 분노한 가족혼씨는 중상시中常侍와 결탁하여 음모를 날조하고 단씨가 황제를 저주한다고 모함하여 심문을 받게 했다. 성질이 불같았던 단씨는 죽을지언정 굽히지 않겠다며 감옥에서 산 채로 맞아 죽었고, 모용수는 다행히 연좌를 면했다. 모용준과 모용수 부부는 서로 친인척 관계였지만 모용수 부부의 능력이 형과 형수를 앞지른 탓에 이런 액운을 당했을 뿐이다. 통치계급 내부에서는 권력을 빼앗기 위해서라면 골육상쟁도 꺼리지 않는다. 단씨의 성질이 아니었더라면 모용수도 죽음을 면키 어려웠을 것이다.

모용준은 살아 있을 때 모용수에 대해 철저히 경계했고, 임종 때는 대권을 모용각과 모용평에게 넘겼다. 모용각이 집권할 당시 전연은 전성기였다. 모용각이 죽고 모용평이 집권했다. 이 인간은 재능도 없고 평범한 데다 시기와 질투심이 강해 시종 모용수를 압박하고 배제했다. 국내 정치는 문란해졌고 국력은 크게 약해졌다. 369년 동진의 대사마 환온桓溫이 5만 군대로 전연을 공격해 왔다. 동진은 거듭 승리를 거두었고 모용평은 속수무책으로 당했다. 전연의 형세가 위급해졌다. 모용수는 출병을 자청하여 전투에 나섰고, 그가 나서자 전선은 역전되어 전연은 위기를 벗어날 수 있었다.

전쟁이 끝나자 모용수의 명성은 갈수록 높아졌다. 모용평의 그에 대한 시기와 질투도 더욱 심해져 모용수와 그 아들들을 해치려 했다. 같은 핏줄에게 차마 창을 겨눌 수 없었던 모용수는 아들들을 데리고 국경을 넘어 전진으로 투항했다.

전진의 부견은 뜻이 크고 지략이 뛰어난 군주였다. 전연의 모용각이 죽자 전진은 군대를 일으켜 전연을 치려 했으나 지략이 뛰어난 모용수 때문에 머뭇거리다가 실행에 옮기지 못했다. 그런데 뜻밖에 모용수가 투항해 왔으니 기쁘지 않을 수 없었다. 전진은 백관을 이끌고 나가 성대하게 모용수를 맞이하는 한편 그를 관군장군冠軍將軍에 임명하고 빈도후賓都侯에 봉했다. 거액의 상금까지 내리는 등 그 대우가 남달랐다.

부견에게는 왕맹王猛이라는 걸출한 막료가 있었다. 왕맹은 뛰어난 지략과 풍부한 모략에 문무를 겸비한 인재였다. 왕맹은 여기에 과거와 현재의 역사까지 통달하여 부견이 크게 의지하고 있었다. 모용수와 그 아들들이 모두 뛰어난 호걸들임을 알게 된 왕맹은 개인적으로 부견에게 이렇게 말했다.

"모용수 부자는 마치 용과 호랑이 같은 존재들입니다. 저들이 바람과 구름을 타게 되면 통제할 수 없으니 일찌감치 제거하는 것이 좋을 듯합니다."

부견은 이 말에 깜짝 놀랐지만 유능한 사람을 해칠 수 없다는 이유로 왕맹의 의견을 받아들이지 않았다. 왕맹이 모용수 부자를 제거하라고 주장한 까닭은 나라를 생각한 것이었지만 왕맹의 사사로운 마음도 결코 배제할 수 없다. 모용수 일행이 전진에 확실하게 뿌리를 내리면 장기적으로 보아 권력을 탈취할 가능성이 충분히 있을 수 있었고, 이 때문에 왕맹은 때맞추어 제거해야 한다고 생각했다.

370년, 동진의 환온이 원진袁眞을 죽였다. 전진의 왕맹은 낙양을 점령했다. 왕맹은 군대를 이끌고 장안을 떠날 때 모용령慕容令에게 참모기구를 따르게 하는 한편 길잡이로 삼았다. 그러고는 모용수가 있는 곳을 방문했다. 두 사람은 즐겁게 술을 마셨다. 왕맹은 들뜬 목소리로 "지금 먼길을 가려는데 기념이 될 만한 물건이 있으면 주시오. 보면서 그대를 생각할 수 있게"라고 했다. 모용수는 아무 생각 없이 흔쾌히 패도를 끌러 왕맹에게 주었다. 이 모든 행동은 왕맹이 떠난 지 두 시진 안에 일어난 일이었다. 왕맹은 모용령에게 아버지를 만날 시간을 주지 않으려 했기 때문이다.

모용령은 모용수의 맏아들로 세상 물정에 밝은 데다 용기와 지략을 겸비한 인물이었다. 그 아버지 모용수를 빼닮았다. 왕맹이 이런 그를 옆에다 두고 길잡이로 삼은 것은 그를 인질로 삼은 것이나 마찬가지였고, 이는 왕맹이 판 함정이었다.

낙양에 도착한 왕맹은 은밀히 김희金熙라는 병사를 막부로 불렀다. 김희는 원래 모용수를 가까이에서 모신 사람으로 모용수의 신임이 두터웠다. 이번에는 모용령을 따라 왕맹 휘하에 들어온 것이다. 그를 불러들인 왕맹은 먼저 많은 돈과 높은 벼슬을 제안하며 김희에게 모용수의 패도를 들고 몰래 모용령을 찾아가서 거짓으로 모용수가 전하는 말이라 속이고 다음과 같이 말하게 했다.

"우리 부자가 이곳에 온 것은 난을 피하기 위해서였다. 그런데 왕맹이 우리를 원수처럼 보며 날이 갈수록 심하게 헐뜯는다. 진왕이 겉으로는 잘 대해주고 있지만 그 마음이 어떤지는 알 수가 없다. 대장부가 도망치다 죽으면 하늘이 비웃을까 두렵다. 내가 듣자 하니 전연이 이미 후회하고 있다고 한다. 나는 지금 전연으로 돌아간다. 그래서 사람을 네게 보내 알리는 바이다. 너도 바로 몸을 움직여 늦지 않도록 하라. 믿지 못할까 봐 이 패도를 증거로 삼는다."

돈과 벼슬에 넘어간 김희는 왕맹의 말대로 실행했다. 김희의 전언을 다 들은 모용령은 아버지의 패도를 보았다. 하지만 의문이 들지 않을 수 없었다. 아버지가 지금까지 이런 생각을 한 번도 드러낸 적이 없었기 때문이다. 오랜 시간 대화를 나눈 적도 있었지만 이런저런 당부는 들었어도 본국으로 돌아가겠다는 말이나 뜻은 전혀 밝힌 바가 없었다. 게다가 모용령은 지금의 형세를 모르는 바가 아니었다. 전연의 정국은 이미 수습할 수 없을 지경이라는 사실을 잘 알고 있었다. 따라서 이런 행동은 결코 성공할 수 없다. 아버지가 어째서 이런 상황에서 귀국하려 한단 말인가. 모용령의 의문은 풀리지 않았다. 하지만 아버지의 측근이 직접 전하는 말에다 패도라는 증거물까지 있으니 거짓은 아닌 것 같다. 모용령은 군막을 왔다갔다하면서 고민에 고민을 거듭했다. 결국은 먼저 본국으로 돌아간 후 다시 생각하기로 하고는 사냥을 구실로 옛날부터 자신을 따르던 기병 몇을 데리고 달아나 낙안왕樂安王 모용장慕容臧에게 몸을 맡겼다.

모용령이 함정에 빠진 것을 확인한 왕맹은 즉각 모용령의 배반을 조정에 알렸다. 이 소식을 접한 모용수는 크게 놀라 바로 말을 타고 달아났다. 그러나 남전에 이르러 전진의 군사에게 붙잡혀 부견의 군영으로 끌려왔다. 모용수는 두려움에 떨며 죄를 빌었다. 부견은 따뜻한 목소리로 그를 위로하며 전과 다름없이 그를 대했다.

한편 전연은 모용령이 전진을 배반하고 돌아왔고, 그 아버지 모용수는 여전히 전진에 남아 신임을 얻고 있다는 정보를 듣고는 모용령이 돌아온 것은 반간계反間計라고 여겼다. 그래서 모용령을 사성沙城으로 유배를 보냈다. 이곳은 도성 용성龍城에서 동북으로 600리나 떨어져 있는 곳이었다.

모용수 부자를 모함하는 왕맹의 계책은 참으로 지독하고 주도면밀했다. 출정에 앞서 모용령을 참모로 삼고, 모용수에게 징표를 청한 대목은 이 계책의 중요한 고리였다. 그리고 김희를 뇌물로 매수하여 심부름꾼으로 삼은 것은 관건이었다. 왕맹은 화살 하나로 독수리 두 마리를 잡는 절묘한 모략으로 모용령을 내쫓고, 모용수를 죽이거나 통제할 수 있게 되었다. 부견이 제대로 살필 줄 모르는 군주였다면 모용수는 틀림없이 죽임을 당했을 것이다. 훗날 역사가 사마광은 이 사건에 대해 깊은 유감을 드러내며 이렇게 평가했다.

"지난날 주나라는 미자微子를 얻어 상나라를 멸망시키고 혁명했고, 진나라는 유여由餘를 얻어 서융을 제패했다. 오나라는 오자서伍子胥를 얻어 강한 초나라에 승리를 거두었고, 한나라는 진평을 얻어 항우를 죽였다. 위나라는 허수許修를 얻어 원소를 격파했다. 적국의 인재를 나를 위해 기용하는 일은 진취적이고 좋은 자산이 된다."

사마광은 이런 평가도 남겼다.

"왕맹이 모용수를 죽이는 데 급급한 것은 저잣거리에서나 하는 짓이었다. 군주의 총애를 받는 사람을 질투하고 모함하는 짓이 어찌 어엿하고 덕 있는 군자가 할 일인가!"

사실 왕맹이 모용수 부자를 해치려 한 것은 의롭지 못한 일이었다. 그러나 총애받는 자를 질투한 것 외에 나라를 위하는 깊은 뜻도 있었다. 부견은 그 어진 성품 때문에 처벌의 시기를 놓쳤고 당시 이미 후환의 씨앗이 뿌려지고 있었다. 깊은 신임을 받은 모용수와 그 뒤 투항한 전연의 인사들에 대해 왕맹은 앞으로 전진을 어지럽게 만들 무리들임을 직감했고, 그에 따라 이런 계책을 실행했던 것이다. 이는 자신이 모시는 군주를 위한 것으로 결코 나무랄 일이 아니다.

● '가화함해'가 오로지 비열하고 나쁜 수단이나 방법은 아니다. 무엇을 위해 누구를 위해 시행하느냐를 판단해야 한다. 왕맹의 '가화함해'는 적어도 앞날을 내다보고 실행한 계책이었고, 이는 훗날 사실로 입증되었다.

왕맹은 참으로 문무를 겸비하고 지혜와 모략을 갖춘 인재이자 충성심과 믿음도 갖춘 인물이었다. 부견은 이런 왕맹을 제갈량에 비유했다. 후세 사람들은 이에 대해 동의하지 않을 수도 있지만 왕맹은 누가 뭐라 해도 예지력과 먼 앞날을 내다볼 줄 아는 뛰어난 막료임에는 틀림없다.

제
4
편

막부幕府

막주와 막료의 활동공간

이제 우리는 막부 내의 막료와 막주의 관계를 나누어 토론하고자 한다. 내부를 잘 처리하고 나면 그다음은 외부를 어떻게 처리하여 막부라는 이 관리통치 시스템을 효율적으로 운전하느냐 하는 문제가 남는다. 본 편은 어떻게 하면 훌륭한 막부의 생명력을 지속적으로 유지하고, 사회 투쟁에서 다른 막부에 의해 도태당하지 않을 수 있는가 하는 문제에 대한 토론으로부터 시작한다.

가장 흔한 것이 정치 막부의 관계지만 지금은 경제 막부 간의 투쟁이 차지하는 비중이 갈수록 커지고 있다.

상업투쟁(비즈니스 경쟁)은 사회투쟁에 대한 가장 직접적인 표현이다.

자신감은 필수지만 지나치면 자만으로 변하기 십상이다.

막부 간의 힘겨루기는 총체적인 지혜의 겨루기다.

막부에 스며들어 있는 기조와 문화는 집단 이념이다.

막주는 덕을 가지고 다루며, 막료는 재주를 펼친다. 이들의 붉은 얼굴과 하얀 얼굴 위에서 역사의 활극이 펼쳐진다.

1.
환공桓公과 그의 쌍두마차

관중管仲은 제나라를 춘추오패의 첫 주인으로 만드는 데 절대적인 공을 세운 인물이다. 그가 이처럼 큰 나무를 심을 수 있었던 것은 오로지 그의 정치적 동지인 포숙아鮑叔兒의 적극적인 추천 덕이라 할 수 있다. 포숙아가 없었더라면 그는 일찌감치 환공桓公의 칼날 아래에서 불귀의 객이 되었을 것이다. 물론 대범하게 관중을 기용한 환공의 결단 역시 그가 큰일을 하는 데 중요하게 작용했다. 환공, 관중, 포숙아, 이 세 사람은 당시 1왕 2신이라는 최상부 정치의 핵심적 막부를 구성했다. 마치 세 필의 말이 이끄는 말처럼 제나라를 5패의 으뜸으로 끌어올렸다. 그렇다면 이러한 지도력이 바탕을 이룬 국면은 어떻게 형성되었을까?

관중의 집안사람으로 알려진 관지보管至父는 일찍이 제나라 양공襄公의 장군으로 연칭連稱과 함께 황음무도하고 잔인했던 양공을 죽였다. 관중은 어려서부터 정치권세가에서 자랐던 셈이다. 그는 일찍부터 많은 책을 보고 아울러 상층사회의 정치투쟁을 직접 보고 겪으면서 당시의 정치나 사회문제에 대해 많은 생각을 가질 수 있었다. 하지만 관중이 어렸을 때 제나라는 몹시 가난했고 국력도 쇠약했다. 관중의 집 안도 가난했기에 늘 밖에 나가 장사를 해서 생계를 꾸려야 했다. 바로 이 장사 경험이 훗날 그로 하여금 중국 역사상 유일한 '중상重商 정책'의 거목이 되게 했다.

관중에게는 아주 좋은 친구 포숙아가 있었다. 포숙아 역시 재능이 대단했지만 관중의 재능에 감복하여 무슨 일이든 늘 관중을 염두에 두고 생각하고 행동했다. 두 사람은 일찍이 함께 장사를 한 적이 있다. 두 사람이 투자한 본전으로 보자면 포숙아 가 훨씬 많은데도 장사에서 남은 이익은 관중이 많이 가져갔다. 포숙아의 하인들은 잔뜩 불만을 품고 관중이 재물을 밝혀 멋대로 이득을 차지한다고 투덜댔다. 포숙아 는 관중을 위해 적극 변명을 했다.

"너희들이 뭘 안다고 그러느냐. 관중이 어째서 재물을 탐하는 사람이란 말이냐? 그는 집이 가난한 데다 늙으신 어머니를 보살펴야 하기 때문에 이익을 더 가져간 것이지 결코 자신을 위한 것이 아니니라!"

또 한번은 싸움이 벌어졌는데 관중은 몸을 사린 채 나서려 하지 않았다. 그러자 사람들은 관중은 죽음을 두려워하는 비겁하고 담력이 쥐새끼만도 못한 인물이라고 비웃었다. 그들이 무엇을 알겠는가? 자기 자신을 큰 재목으로 여기고 있던 관중으로 서는 일개 병졸처럼 전장에 나가 죽을 수 없는 노릇 아닌가? 살아남아 훗날 큰일을 꾀할 수 있을 때를 기다려야 하는 것. 포숙아는 물론 이 점을 잘 알고 있었고 그래서 그를 위해 "관중은 집에 병들고 늙은 어머니가 계신다. 돌봐줄 사람도 없는 상황에서 관중은 오로지 자신이 죽고 나면 누가 노모를 돌보나 하는 걱정이지 죽음을 겁내는 것이 결코 아니다."라면서 변호했다. 보잘것없는 사람들이라 해도 그들 나름대로의 이해 방식이 있는 법, 포숙아처럼 이런 식으로 그들을 이해시켜야 하는 것 아닐까?

포숙아는 관중을 너무 잘 알고 이해했으며, 관중 역시 포숙아에게 깊이 감사하고 있었다. 두 사람의 우정은 일반적인 우정과는 결코 같지 않았다.

잔인무도한 양공은 인척과 공신들을 마구 죽였다. 때문에 많은 대신과 친족들이 국외로 도망갔다. 양공의 두 동생 공자 규紏와 소백小白도 제나라에 남지 못하고 하나는 노魯나라로 한 사람은 거莒나라로 망명할 수밖에 없었다. 관중과 포숙아도 각각 따로 두 공자를 보좌하여 함께 국외로 도주했다. 상당한 시간이 흘러 대장 연칭과 관중의 집안사람 관지보가 양공을 죽이고 공손무지公孫無知를 노나라로 보내 공자 규와 관중의 귀국을 재촉했다. 관중은 신중하게 당시의 형세를 분석한 결과, 연칭과 관지보가 군주를 시해한 이 사실이 분쟁을 일으킬 것이라고 판단했다. 제나라 상층부에 한바탕 피바람이 불 것이 틀림없어 보였다. 연칭과 관지보 두 사람의 역량으로는 현재의 상황을 통제하기 어렵다고 본 것이다. 그래서 공손무지의 요청을 일단 거절했다. 아니나 다를까, 연칭, 관지보, 공손무지 이 세 사람을 비롯한 관련자들이 얼마 뒤 다른 대신들에게 피살되고, 제나라 정세는 잠시 소강상태에 접어들었다.

얼마 뒤 제나라는 공자 규와 소백에게 각각 사람을 보내 귀국하여 아버지 양공의 장례를 치르도록 요청했다. 이 일은 차마 거절할 수 없었다. 당시 국내는 주인이 없는 상황이라 두 공자 중 누구든지 먼저 귀국하면 군주 자리에 오를 가능성이 아주 컸다. 이치대로라면 규가 손위였기 때문에 그가 즉위하는 것이 옳았다. 제나라 대신들도 규를 맞아 즉위시킬 준비를 하고 있던 차였다. 그러나 현재 공자 규와 관중이 머무르고 있는 노나라와 제나라의 거리는 공자 소백이 머무르고 있는 곳보다 멀었다. 소백이 먼저 귀국할 가능성이 컸다. 미래의 군주가 누가 될지는 아무도 장담할 수 없는 상황이었다. 노나라 장공莊公은 몸소 말을 내고 명장 조말曹沫을 대장으로 삼아 호위군대와 함께 조카 규를 귀국시키기로 했다. 만에 하나 즉위가 불발로 끝날 경우 무력으로도 자리를 빼앗을 심산이었다.

군대가 출발하려 할 때 관중은 장공에게 "공자 소백이 머무르고 있는 거와 제는 가깝기 때문에 소백이 먼저 도착할 가능성이 큽니다. 그렇게 되면 문제는 복잡해집니다. 그러니 제게 날랜 기병을 딸려주시어 먼저 가서 그들을 막는 것이 나을 것 같습니다."라고 요청했다. 장공도 옳다고 여겨 수십 량의 전차와 날랜 기병을 관중에게 딸려 보냈다. 관중은 쉬지 않고 달려 즉묵卽墨에 이르러 공자 소백의 일행이 막 그곳을 지나갔다는 소식을 들을 수 있었다. 지체 없이 추격한 끝에 마침내 소백 일행을 따라잡을 수 있었다.

양측의 군대가 드디어 마주쳤다. 관중이 공자 소백에게 말했다.

"공자께서 제나라로 돌아가 즉위하는 것은 옳지 못합니다. 또 장례를 치르려 하신다면 그것도 굳이 그러실 필요가 없습니다. 왜냐하면 당신의 형님이신 공자 규께서 곧 귀국하시어 모든 일을 처리하실 것이기 때문입니다."

그러자 포숙아가 몹시 화를 내며 나섰다. 두 사람이 더할 나위 없이 친한 친구이긴 하지만, 각자가 모시는 주인이 따로 있으니 충忠이 우선 아닌가. 포숙아는 쓸데없는 일에 너무 관여하는 것 아니냐며 관중을 나무랐고, 옆에 있던 병사들도 함성을 질러 위협을 가했다. 수적으로 절대 열세인 관중은 여기서 맞붙어봐야 소용없다고 판단하고 몰래 공자 소백을 향해 화살을 날렸다. 이 화살은 소백의 허리춤을 명중시켰고, 소백은 비명과 함께 입에서 선혈을 토하며 수레 위로 고꾸라졌다. 치명적인 공격이었고 얼핏 보아서는 생명을 유지하기 힘들었다. 관중은 소백이 화살에 맞아 사망했을 것으로 판단하고 서둘러 군사를 돌려 공자 규에게로 돌아왔다. 이제 자리를 다툴 상대가 죽었으니 서두를 것이 없었다.

그러나… 공자 소백의 명은 질겼다. 사실 관중의 화살은 소백의 허리띠 버클을 명중시켰을 뿐이다. 고대의 허리띠는 길고 넓은 데다 철이나 동으로 버클을 만들어 연결하는 것이 보통이었다. 버클은 길이가 세 치에 폭이 한 치가 일반적이었다. 이 버클이 소백 대신 화살을 맞은 것이다. 그 순간 소백은 기지를 발휘하여 상대를 절묘하게 속였다. 일부러 화살에 맞은 것처럼 쓰러지면서 선혈을 토해냈다. 포숙아 등이 비명을 지르며 달려들자 그제서야 눈짓을 해 보이며 안심을 시켰다. 포숙아는 안도의 한숨과 큰 가슴을 쓸어내리며 지름길을 찾아 그길로 제나라 도성 임치臨淄로 내달았다.

포숙아는 공자 소백을 국군으로 세우려 했지만 대신들이 여전히 선뜻 동의하지 않았다. 공자 규가 소백보다 연장자였고, 그들이 이미 사람을 노나라에 보내 공자 규를 영접하게 했기 때문이다. 포숙아는 다음과 같은 몇 가지 이유를 들며 공자 소백을 옹립하자고 설득했다.

먼저 제나라는 이미 두 차례 내란을 겪으면서 국고가 비었고 나라는 쇠약해져 백성들의 생활이 어렵다. 현명하고 능력 있는 국군을 세워 난리를 수습하고 상황을 바로잡아 나라를 재건해야 한다. 공자 소백은 그에 딱 맞는 군주가 될 수 있다. 다음으로, 공자 규를 국군으로 세우면 노나라는 틀림없이 그 대가를 원할 것이다. 국고가 비어 있는 지금 상황으로는 노나라의 요구를 만족시킬 수 없다. 지난날 정나라가 송나라로 하여금 공자 돌突을 세우게 한 결과 송나라가 해마다 대가를 요구하는 통에 정나라가 피폐해졌다. 이런 전철을 밟아서는 안 된다.

제나라 대신들은 일리가 있다고 판단해서 포숙아의 의견에 동의하고 소백을 국군으로 세웠다. 이가 바로 환공이다.

제나라가 국군을 세우자 포숙아는 사람을 노나라로 보내 "제나라에 이미 새로운 군주가 섰으니 공자 규를 내놓길 청한다."고 전했다. 노나라 장공은 크게 화를 냈다. 더욱이 노나라 군대가 이미 제나라 경내에 도착했는데 어찌 그만둔단 말인가!

두 나라는 임치 부근의 건시乾時라는 곳에서 격돌했다. 결과는 노나라의 대패로 끝났고 문양汶陽 등의 땅을 잃었다. 제나라 군대는 철수하지 않고 계속 압박하며 공자 규를 죽이고 관중은 내놓으라고 요구했다.

제나라는 어째서 노나라에 관중을 죽이라고 하지 않았을까? 포숙아가 이미 환공에게 여러 차례 진정했기 때문이다. 포숙아는 정치·군사·외교는 물론 백성을 살피고 모든 사람을 단결시키는 방면에서 자신은 관중을 따르지 못하는 얻기 힘든 인재라고 환공을 설득했다. 환공은 관중을 상국相國, 즉 재상에 임명했다.

당초 환공은 관중이 자신에게 활을 쏘아 하마터면 죽을 뻔했다. 이 때문에 환공은 관중을 원수로 여겨 반드시 관중을 죽이려 했다. 포숙아는 이렇게 말했다.

"원수 하나를 죽이려 하십니까? 아니면 패업을 이루고 싶으십니까? 원수 하나를 죽이는 일은 쉽지만 천하의 패업을 이루는 일은 어렵습니다. 주군께서 관중을 죽이면 얻기 어려운 인재를 잃을 뿐만 아니라 주군과 틈이 벌어져 있는 다른 인재들을 떠나보내게 될 것입니다. 관중을 기용하면 대들보와 같은 인재를 얻을 뿐만 아니라 목이 마른 듯 인재를 갈구한다는 명성까지 얻게 됩니다. 나아가 작으나마 재주 있는 인재들이 모두 주군께 달려올 것입니다. 잘 헤아려주십시오."

포숙아의 거듭된 설득에 환공은 마침내 관중을 불러 자신을 돕게 하겠다고 결심했다. 그래서 노나라에 관중을 죽이지 말고 내놓으라고 요구했던 것이다.

노 장공은 제나라의 군사적 압력을 견디지 못하고 공자 규를 죽이고 관중을 돌려보내려 했다. 장공의 막료 시백施伯은 "관중은 대단한 인물입니다. 우리가 기용하지 않으려면 그를 죽이십시오. 호랑이를 산으로 돌려보내서는 안 됩니다."라고 충고했다. 제나라의 사신은 "관중은 제나라 국군의 원수입니다. 국군은 직접 그를 죽이

● 정쟁 과정에서 관중은 환공에게 활을 쏘았다. 그림은 이를 나타낸 한나라 때의 벽돌 그림이다.

려 하십니다. 당신들이 죽이면 제나라 국군에게 죄를 짓는 일이니 제게 딸려 보내 제나라 국군의 손으로 죽이게 하느니만 못합니다."라고 했다. 장공은 본래 주관이 뚜렷하지 못한 위인이라 관중을 사신에게 딸려 제나라로 보냈다.

관중은 죄수를 싣는 수레에 앉아 속으로 제나라 환공이 노나라 장공으로 하여금 자신을 죽이지 않은 까닭을 생각했다. '이는 분명 친구 포숙아의 배려다. 그리고 노나라 장공은 바로 후회할 것이다. 뒤쫓아온다면 귀찮아진다.' 이렇게 생각한 관중은 노래 가사 하나를 지어 자신을 후송하는 병사들에게 즐겁게 부르게 하여 피로를 줄였다. 일행은 밤에도 길을 재촉하여 마침내 노나라 변경을 넘어 제나라 국경에 이르렀다.

노나라 장공은 관중의 예상대로 후회하며 급히 사람을 보내 관중 일행을 뒤쫓게 했다. 추격병이 변경에 이르렀을 때 관중은 이미 지나간 뒤였다.

한편 제나라 국경 지역 당부堂阜에서는 포숙이 기다리고 있다가 관중을 수레에서 풀어 도성으로 모셨다. 일설에 따르면 환공은 관중에 대한 존중의 표시로 사흘 전부터 목욕재계하고 기다렸다고 한다. 환공은 관중을 정식으로 상국에 임명했다.

관중이 제나라의 상국이 되었다는 소식을 접한 노나라 장공은 자신이 제나라에 철저하게 우롱당했다는 것을 알게 되었다. 장공은 군대를 훈련시켜 보복할 준비를 했다. 이 정보를 입수한 제나라 환공은 선수를 쳐서 노나라를 공격하려 했다. 관중은 환공이 이제 막 국군 자리에 올랐고 나라에 산적한 일들이 너무 많으니 경솔하게 군대를 동원하지 말 것을 권했다. 젊은 환공은 객기를 다스리지 못하고 여러 사람의 의견을 묵살했다. 두 나라 군대가 장작長勺에서 맞붙었다. 이 싸움에서 지휘관의 실책 등으로 인해 제나라가 대패했다. 환공은 쓴맛을 보았지만 오히려 냉정함을 찾아 관중을 다시 보게 되었다. 이후 관중의 의견을 존중하고 관중의 생각에 따라 하나하나 국내 정치를 다듬어나갔다. 환공은 관중에게 완전히 일을 맡겼다.

관중은 먼저 경제부터 개혁에 착수했다. 서주 이래 실행되어온 낡고 비효율적인 정전제井田制를 타파하고 토지의 좋고 나쁨에 따라 세금을 거두는 실물 세금제를 시행했다. 이와 함께 수산물과 소금 제조업 그리고 상업을 발전시켰다. 바다에 가까운 제나라의 지리적 위치를 살려 관에서 소금과 철을 영업했다. 또한 일련의 경제발전 조치를 통해 상업을 발전시켰다. 관중은 "창고가 가득 차야 예절을 알고, 입고 먹는 것이 넉넉해야 명예와 치욕을 안다."며 백성을 부유하게 만드는 정책을 기본으로 삼았다.

국내 정치도 개혁하여 국가 권력을 강화하고, 군대 건설에서는 죄를 지으면 무기를 바쳐 속죄하는 방법으로 군사 역량을 강화했다. 인재 선발에서는 '삼선제三選制'[24]로 천하의 인재를 망라하여 정치의 기초를 강화했다.

제나라는 하루가 다르게 발전하여 국력이 순식간에 강대해졌다. 환공은 "아홉 차례 제후들을 모으고 한 번에 천하를 바로잡았다." 그 결과 환공은 춘추시대 최초의 패주가 되었고, 이는 관중의 개혁과 뗄 수 없는 관계가 있다.

---

24 '삼선제'란 대체로 이렇다. 먼저 지방 각지에서 추천한 인재들 중 관청에서 일할 인재를 뽑는다. 다음으로 이 인재들 중 다시 좋은 인재를 가려 국군에게 추천하고, 국군은 이들 중에서 중책을 맡길 인재를 뽑는다. 이렇게 세 단계를 거치기 때문에 '삼선제'라 했다.

당초 포숙아가 관중의 능력을 알아보지 못했다면 재상은커녕 진즉에 귀신이 되었을 것이다. 포숙아가 관중을 추천하지 않았더라면 재상 자리는 틀림없이 환공을 국군으로 세우는 데 가장 큰 공을 세운 포숙아에게 돌아갔을 것이다. 이런 점에서 포숙아의 가슴이 얼마나 넓었는지 일 만히지 않은가!

우리는 당연히 나라와 천하를 아우르는 관중의 재능을 잊을 수 없고, 또 환공의 큰 뜻을 잊을 수 없다. 그러나 유능한 인재를 추천하고 자신에게 돌아올 큰 자리를 양보한 포숙아를 결코 잊어서는 안 된다.

도리를 따지자면 관중은 포숙의 은혜에 있는 힘을 다해 보답했어야 한다. 그러나 관중은 그렇게 하지 않았다. 관중이 중병이 들어 일어나기 힘든 상황이 되었다. 환공이 문병을 가서는 관중의 후임을 물었다. 관중은 중병이 든 몸으로 어떻게 말할 수 있겠냐며 즉답을 피했다. 두 사람의 대화다.

"나라의 큰일인데 가르침을 주시오."

"주군께서는 누구를 생각하고 계십니까?"

"포숙아면 어떻겠소?"

"안 됩니다. 포숙아는 제가 잘 압니다. 사람이 너무 맑고 정직하여 자기만 못한 사람과는 가까이하지 않고, 누군가의 잘못을 알면 평생 잊지 않습니다."

"습붕隰朋이라면 괜찮겠소?"

"습붕은 위로는 유능한 사람을 갈구하고 아래 사람에게 묻는 것을 부끄러워하지 않습니다. 또 자기만 못한 사람을 동정할 줄 압니다. 나랏일에서는 꼭 관여하지 않아도 되는 일은 굳이 묻지 않고, 꼭 알아야 되는 일이 아니면 굳이 이해하려 하지 않습니다. 사람에 대해서도 꼭 이해해야 하는 사람이 아니면 못 본 척합니다. 그보다 더 좋은 사람이 없다면 습붕이 괜찮습니다."

일반 사람들이 보기에 관중은 포숙아를 추천하는
것이 당연했다. 지금까지 관중이 누려온 재상 자리는 누
가 뭐라 해도 포숙아의 추천이 있었기 때문 아닌가. 그러
나 관중은 이런 개인적 인정에 좌우되지 않고 객관적으로
포숙아를 분석 평가하여 재상 자리에는 맞지 않다고 말
했다.

관중은 한때 "날 낳아주신 분은 부모요, 날 알아준
사람은 포숙이다."고 했다. 포숙을 부모와 거론하며 포숙
을 존중했다. 훗날 사람들은 '관포지교管鮑之交'라는 네 글
자로 서로를 잘 알고 아껴주는 진정한 우정을 나타냈다.

● 환공, 관중, 포숙의 관계는 한 나라를 이끄는
데서 가장 이상적인 인적 결합의 모범을 보
여준다.

환공, 관중, 포숙아는 중국 역사상 가장 이상적인 정치적 파트너로서 강력하고 능력
있는 막부를 구성하여 역사서에 영원히 기록되는 대업을 만들어냈다.

관중은 형세를 만들어내고 이를 다른 분야와 연계하는, 즉 경제라는 수단을 정
치투쟁에 운용하는 방법을 창출했다. 이는 그가 젊은 날 상업에 종사한 것과 관련이
있을 것이다.

정치를 하고 정책을 펼칠 때 한 걸음을 떼면서 세 걸음 앞을 내다보고, 하나의
조치를 취하면서 그 조치가 일으킬 연쇄반응을 고려하여 그것의 긍정적 부정적 효
과 반응을 정확하게 계산하여 가장 좋은 긍정적 효과를 선택하고 가장 적은 대가를
치르는, 이른바 적은 힘으로 큰 성과를 내는 것이야말로 최선이자 최상이다. 이런 계
획과 관련하여 하나의 사례를 살펴보자.

어느 날 환공은 노량魯梁이란 지역을 빼앗을 생각으로 관중에게 좋은 대책을 물
었다. 그런데 관중이 내놓은 대책은 노량과는 전혀 상관이 없는 의복 문제였다. 관중
은 환공에게 명주로 짠 두꺼운 옷을 입으라고 권했다. 그러면서 앞으로 이 옷만 입으

라고 덧붙였다. 무슨 영문인지 몰라 어리둥절해하는 환공에게 관중은 일단 이렇게 말했다.

"신이 알기로 노량은 명주의 산지입니다. 주군께서 두꺼운 명주옷을 즐겨 입고 또 노량에서 명주를 대량 수입하여 국내의 수요를 충당하십시오. 단 국내 명주 산업은 발전시키지 마십시오."

환공은 관중의 말대로 명주옷을 입었고, 문무백관들도 군주의 마음에 들기 위해 너 나 할 것 없이 명주옷을 따라 입었다. 그러자 민간에서도 유행이 되어 다투어 명주옷을 입기 시작했다. 명주의 소비량이 갑자기 늘었고, 관중은 때맞추어 노량의 대상인들과 연락하여 이렇게 알렸다.

"지금 당장 명주 1천 필을 제나라로 보내시오. 도착하는 즉시 황금 300근을 값으로 치르겠소. 제나라는 이후 노량으로부터 명주를 많이 수입하게 될 것이오. 국군과 문무대신으로부터 백성들에 이르기까지 모두 명주로 만든 옷을 즐겨 입고 있으니 명주 소비량은 더욱더 늘어날 것이오."

노량의 상인들은 신이 났다. 이 소식은 노량 전역으로 삽시간에 퍼져나갔고, 전국이 흥분으로 들떴다. 사람들은 다른 일을 멈추고 죄다 명주를 생산하는 일에 전력을 다했다. 약 1년 뒤 관중은 사람을 노량으로 보내 상황을 살피게 했다. 노량은 전국이 명주 생산의 광풍에 휩싸여 바쁘기 짝이 없었다. 모두들 벌집처럼 모여 명주를 제조했고, 명주만을 실은 마차가 쉬지 않고 매일 제나라를 오갔다.

관련하여 상세한 보고를 받은 관중은 환공에게 "노량은 이미 우리 손에 들어왔

● 관중의 경제사상과, 경제를 기초로 한 정치와 정책은 2,700년이 지난 오늘날에도 큰 의미를 가질 정도로 구체적이고 실용적이다. 사진은 관중기념관 뒤에 조성되어 있는 관중의 무덤이다.

습니다."라고 했다. 환공은 다음 조치를 물었고 관중은 다음 단계를 말했다.

"주군께서는 오늘부터는 더 이상 두꺼운 명주옷을 입지 말고 다른 옷감으로 짠 옷으로 바꾸십시오. 그리고 명을 내려 국경을 봉쇄하고 모든 관문을 닫아 노량과 제나라로 통하는 교통을 끊으십시오."

환공은 바로 옷을 바꿔 입고 국경을 봉쇄하라는 명령을 내렸다.

그로부터 열 달 뒤, 제나라에는 명주옷을 입는 사람이 없어졌다. 관중은 다시 사람을 보내 노량을 살피게 했다. 노량은 명주를 짜는 일에 모든 사람이 동원되다시피 해서 농사지을 때를 놓쳐 논밭이 황무지로 변해 있었다. 이 때문에 전국이 굶주림에 허덕였다. 제나라에서는 10전에 불과한 잡곡이 노량에 오면 1,000전으로 뛰었다. 그나마 교통이 중단되어 1,000전으로도 살 수 없었다.

노량의 경제는 급전직하했고, 노량은 엄중한 위기와 혼란 속으로 빠져들었다. 그 결과 2년 뒤 노량 땅의 60% 이상이 제나라로 넘어갔고, 3년 뒤 노량의 군주는 제 발로 걸어와 제나라에 투항했다.

관중은 타국의 경제를 통제하고 좌우히어 강대한 제나라 경제에 의존하게 만들었다. 이는 물론 노량이란 작은 나라의 경제체제가 단순하고 취약하기 때문이었다. 어쨌거나 경제 수단으로 다른 나라를 좌우하는 정치적 목적을 달성한 이 사례는 상인 출신의 정치가 관중이었기에 가능했다. 이 사례는 오늘날 국가정책에 대해 그 나름 귀감이 된다. 1997년부터 터져 나온 아시아의 금융위기, 이른바 IMF 사태의 배후에는 국제 금융 투기상들의 조종도 상당히 큰 원인이었다.

2.
유방劉邦과 서한삼걸

기원전 256년, 패현沛縣 풍읍豐邑에서 유방이 태어났다. 이곳은 지금의 강소성 패현 동쪽 풍현이다. 유방의 선조는 대대로 농사를 지었고, 가정적으로 무슨 특별한 배경이 있는 집안이 아니었다. 유방은 4형제의 셋째로 늘 먹고 노는 건달이나 마찬가지였다. 농사짓는 사람은 이런 인간을 미워했고, 이 때문에 유방은 늘 욕을 얻어먹었다. 유방은 바로 분가해버렸다.

유방은 어디에도 매이지 않는 활달한 성격이어서 온갖 부류의 인간들과 친구가 되어 이들과 어울려 먹고 마시며 놀았다. 친구들은 사수泗水의 정장亭長이라는 작은 벼슬이라도 하라며 유방을 도와주기도 했다. 정장이란 벼슬은 진나라 말기 향리 사방 10리 내의 치안을 담당하는 자리였다. 그러나 큰일은 현에 들어가서 보고해야 했다. 유방은 이를 기회로 현에서 일하는 관리들을 사귀게 되었고 그중에 공조功曹 벼슬에 있던 소하蕭何, 옥리獄吏였던 조참曹參과 각별한 사이가 되었다. 이들은 유방이 사고를 치거나 귀찮은 일이 있으면 도맡아 처리해주었다.

어느 날 패현에 현령과 친구 사이인 여공呂公 여숙평呂叔平이 방문했다. 여공은 원수를 피해 식구들을 데리고 패현 현령에게 몸을 맡기러 왔다. 현령은 여공을 위해 모금을 할 생각으로 성안에 거주하는 관리들에게 모두 와서 인사를 드리게 했다. 당시 소하는 이 일을 맡았나. 유방도 자리에 참석했고, 유방을 본 소하는 바로 "하례금 1천 전 이하는 당 아래에 앉으시오."라고 선포했다. 소하의 뜻인즉 유방에게 일을 어렵게 만들지 말아달라는 부탁이었다.

낮짝이 성벽보다 두꺼웠던 유방은 한 푼도 없이 와놓고는 하례금 명부에 1만 전이라고 써서 전달했다. 이를 본 여공은 깜짝 놀라며 당 아래로 내려가서 유방을 맞이하여 당 위로 모셨다. 평소 관상에 정통했던 여공이 유방의 관상을 자세히 보니 보통 사람이 아니었다.

곁에 있던 소하는 진땀을 흘리며 유방이 허풍을 잘 떤다고 변명을 했으나 여공은 못 들은 척했다. 술상이 차려지자 여공은 유방을 상석에 앉게 했고, 유방은 전혀 사양하지 않고 주빈이 되었다.

자리가 끝나고도 여공은 유방을 보내지 않고는 "내가 그대 관상을 보니 앞으로 틀림없이 큰일을 할 것이오. 나한테 딸이 하나 있어 그대에게 시집을 보낼까 하는데 어떻소?"라고 물었다.

이보다 더 좋은 일이 어디 있을까? 공짜 술과 공짜 밥에다 아내까지 얻었으니. 유방은 이 또한 사양하지 않고 여공의 딸을 아내로 맞이하니 이가 바로 여치呂雉, 즉 훗날의 여태후다.

유방이 자기도 모르게 정치적 야심을 드러낸 것은 진나라의 수도 함양咸陽에서였다. 당시 진시황이 천하 순시를 위해 행차하고 있었는데, 이때 보무도 당당한 진시황과 그 행렬을 보게 되었다. 6국을 병합하고 천하를 통일한 진시황은 각종 통일정책과 장성長城 축조, 분서갱유焚書坑儒 등 세상 무서울 것 없이 권력을 휘둘렀다. 이런 그의 순시 행렬은 그야말로 장관이었다. 진나라가 숭상하는 위압적인 검은색으로 치장한 무장 군단과 화려한 마차들이 길을 지날 때면 모든 백성들이 다 나와 구경할 정도였다.

이 압도적인 행렬은 보잘것없던 유방과 자연 비교될 수밖에 없었다. 그러나 유방은 이런 것에 조금도 주눅 들지 않고 "야, 대장부라면 저 정도는 돼야지."라고 감탄했다. 듣기에는 평범한 말 같지만 그 안에는 깊은 뜻이 담겨 있었다. 그리고 진시황의 행차를 보고 자신의 속마음을 솔직하게 드러냈던 또 다른 영웅은 "저 자리를 내가 대신하리라."라고 했다. 이가 바로 훗날의 서초패왕西楚霸王 항우項羽였다.

이 두 사람은 자기 마음에 품고 있는 야심 같은 것을 드러냈다는 점에 서로 비슷하다. 그러나 각자 개성의 강렬한 대비는 그 신분이나 성격과 딱 맞아떨어진다 하겠다.

항우의 말에는 몰락한 집안의 내력이 드러나면서도 역시 귀족의 기개가 살아 있다. 그는 원래 초나라의 귀족이었다. 진시황이 초나라를 멸망시키긴 했지만 그 심리와 인격은 진시황과 다를 바 없었다. 항우는 진시황을 일부러라도 무시하고 싶었을 것이다. 그저 시운이 좋아 6국을 병합했을 뿐이니 내가 너를 없애고 그 자리를 대신하겠다는 의지의 표현이었다.

유방은 달랐다. 그는 패현이라는 작은 동네의 무뢰배에 지나지 않았다. 원나라 때 사람 수경신睢景臣이 지은 『반섭초편般涉哨遍』「유방환향劉邦還鄉」에 보면 유방이 사수 정장을 할 때 보였던 무뢰배의 행동을 고향 사람의 입을 빌려 정장 시절 술 마시러 다니고, 장인을 만나 간신히 글 좀 읽었다는 대목이 나온다.

여기 또 하나의 사건은 무뢰배 유방의 진면목을 아주 잘 보여준다. 당초 유방이 항우와 천하를 놓고 다툴 때 항우가 유방의 아버지를 포로로 잡은 적이 있었다. 승부가 좀처럼 나지 않자 항우는 유방의 아버지를 묶어 군영 앞으로 끌고 나와서 유방

에게 항복하지 않으면 가마솥에 삶아 죽이겠다고 협박했다. 유방의 반응은 놀랍게
도 이랬다.

"너와 나는 회왕懷王 앞에서 형제가 되기로 맹서했다. 그러니 내 아버지는 네 아버
지다. 정 죽이겠다면 고깃국 한 그릇 보내는 것 잊지 말라!"

항우는 끝내 유방의 아버지를 죽이지 못했다. 영웅도 무뢰배를 만나면 맥을 추
지 못하나 보다.

이렇게 보면 유방의 신분과 기질은 근본적으로 항우와 같은 선에 놓고 이야기할
수 없다. 패기와 남자다움을 크게 갖춘 귀족 대장부는 이런 거친 무뢰배에게 잘 무너
진다. 그리고 결과도 모두가 아는 바와 같다. 그렇다면 진짜 원인은 어디에 있을까?

개성이란 면에서 항우는 늘 아녀자와 같은 약한 마음을 가진 것 외에도 유방에
비해 음모를 사용할 줄 몰랐고 유방처럼 효율성이 높고 강력한 막부를 갖고 있지 못
했다.

유방은 백사白蛇를 베는 신이한 체험을 한 뒤 봉기하여 먼저 관중을 차지했다.
그리고 항우를 누르고 천하를 평정하여 한 왕조를 세웠다. 여기서 유방이 황제가 된
다음 궁궐에서 있었던 한 장면으로 되돌아가본다.

기원전 202년 5월, 한나라 낙양洛陽 남궁南宮에서 술자리가 벌어졌다. 이 자리는
얼마 전 황제로 추대된 유방을 위한 축하연이었다. 이 술자리에서 유방은 뜻밖에 공
신들에게 항우가 자신에게 패한 원인과 자신이 승리한 원인을 분석해보라고 제안
했다.

공신들은 각자의 생각들을 밝혔다. 유방과 같은 고향 출신의 공신들인 고기高起
와 왕릉王陵은 이렇게 대답했다.

"폐하께서는 오만하여 남을 업신여기고, 항우는 인자하여 남을 사랑할 줄 압니다. 하지만 폐하는 사람을 보내 성을 공격하게 해서 점령하면 그곳을 그 사람에게 나누어줌으로써 천하와 더불어 이익을 함께하셨습니다. 반면에 항우는 어질고 능력 있는 사람을 시기하여 공을 세우면 그를 미워하고, 어진 자를 의심하여 싸움에서 승리해도 그에게 공을 돌리지 않고 땅을 얻고도 그 이익을 나눠주지 않았습니다. 항우는 이 때문에 천하를 잃었습니다."

다 듣고 난 유방은 다음과 같이 자신의 분석을 내놓았다. 이 장면이 바로 "세 사람만 못하다." 즉 '삼불여三不如' 장면이다. 그 장면으로 돌아가보자.

"공은 하나만 알고 둘은 모른다. 군막 안에서 계책을 짜서 천리 밖 승부를 결정하는 일이라면 나는 자방子房(장량張良)만 못하다. 나라를 안정시키고 백성을 달래고 전방에 식량을 공급하고 양식 운반로가 끊어지지 않게 하는 일이라면 내가 소하蕭何만 못하다. 백만 대군을 통솔하여 싸웠다 하면 반드시 승리하고, 공격했다 하면 틀림없이 손에 넣는 것이라면 내가 한신韓信만 못하다. 이 세 사람은 모두 인걸이고, 내가 이들을 쓸 수 있었다. 이것이 내가 천하를 얻은 까닭이다. 항우는 범증范增 한 사람도 믿고 쓰지 못했으니 이것이 내게 덜미를 잡힌 까닭이다."

유방의 이 분석에 공신들은 모두 엎드려 유방에게 절을 올리며 지극히 옳은 말씀이라며 칭송했다.

유방은 성실했다고 할 수 있다. 진나라 말기 호걸들을 훑어보면 유방이 인재를 가장 잘 썼다. 그 자신은 무뢰배 출신으로 문무 모두에서 보잘것없었다. 여기에다 막료들에 의존하여 사람을 제대로 쓰지 못했다면 어떻게 황제가 될 수 있었겠는가.

유방은 신분과 지위에 매이지 않고 재능만 있으면 기용했다. 이는 자신의 출신인 하층사회와 관련이 있다. 유방의 문무대신들 중 적지 않은 사람이 젊은 날 그의 친구였다.

역사에서는 유방을 도와 천하를 얻는 데 가장 큰 공을 세운 세 사람을 '서한삼걸西漢三杰'이라 부른다. 소하·장량·한신이 그들이다.

소하는 유방과 생사를 같이한 가난한 시절부터의 친구였다. 소하는 유방이 별볼 일 없이 떠돌아다닐 때 여러 차례 그를 도왔다. 유방이 도망자 신세일 때는 조참과 함께 사람을 보내 유방을 구하고 무장봉기를 일으키면서 유방을 봉기군의 우두머리로 추대했다. 건달 출신의 유방은 느닷없이 우두머리가 되자 어찌할 바를 몰랐다. 이런 유방을 밀어 올리고 끌어올린 사람이 바로 소하였다.

봉기군을 이끄는 지도자가 되었지만 유방의 기질은 좀처럼 달라지지 못했다. 술과 여자를 여전히 가까이하는 바람에 항우에게 대패하여 전군이 목숨을 잃을 뻔했다. 그러나 그는 이런 약점들을 극복하며 성장했다. 앞의 낙양 남궁에서 인재를 논의하는 장면에 이르기까지 그의 변화와 성장과정을 보면 사람이 얼마나 달라질 수 있는가를 잘 알 수 있다. 시세時勢가 영웅을 만든다고 했다. 진나라 말기 천하가 대란에 빠지지 않았다면 소하 등도 그저 말단 벼슬아치로 삶을 마감했을 것이고, 한신도 고향 회음淮陰에서 건달들의 웃음거리에 지나지 않았을 것이다.

장량은 한나라 사람이다. 그는 일찍이 자객을 사서 진시황을 암살하려다 미수에 그치고 도망자 신분이 되었다. 도망자 시절 장량은 아주 특별한 경험을 하게 된다. 하비下邳(지금의 강소성 하비)라는 곳에서 다리를 건너다 만난 한 노인 때문이었다.

흔히 '이상수서圯上受書(이교 위에서 책을 받다)'로 묘사되는 이 만남은 장량의 기다림을 단순한 기다림이 아닌 그에게 질적인 변신을 가져다준 중요한 계기로 작용했다. 당초 다리 위에서 만난 노인은 다리 밑으로 신발을 내던지며 장량에게 주워달라고 했다. 장량은 순간 욱하며 한바탕 때려주고 싶은 마음이 솟구쳤다. 귀하신 신분의 장량으로서는 당연한 반응이었다. 순간 장량은 자신의 처지를 상기했다.

장량은 다리 밑으로 내려가 신을 주워 왔다. 노인은 신을 신기게 했다. 장량은 순순히 신을 신겼다. 노인은 "그놈 가르칠 만하군."라며 장량과 시간을 약속하고는 세 번이나 장량을 테스트한 끝에 병법서 하나를 장량에게 건네주고 이 책을 공부하면 제왕의 스승이 될 수 있을 것이라고 예언했다. 장량은 늘 그 병법서를 지니고 다니면서 읽고 또 읽었다. 장량의 기다림이 공부와 함께하는 기다림으로 질적 전환을 이루어냈다.

진시황이 급사하고 천하정세는 격변의 소용돌이 속으로 빠져들었다. 전국시대 말기의 상황이 재현되는 듯했고, 장량도 조국 한나라로 가서 한왕의 후예를 찾아 한왕으로 모셨다. 하지만 천하의 패권은 항량項梁(항우의 숙부)을 거쳐 항우의 수중으로 들어가고 있었다. 그러나 장량은 항우가 아닌 유방을 선택했다. 그는 노인의 예언대로 유방의 책사가 되었고, 그의 기다림은 이로써 일단락을 맺었다.

유방은 무뢰배 출신이었지만 큰 뜻을 품은 군주의 잠재력을 갖고 있었고, 장량은 유방을 보자 자신이 찾던 주군으로 확신했다. 장량 같은 사람은 책사 스타일이다. 좋은 주군을 만나야만 그 능력을 발휘할 수 있다. 다시 말해 막료의 재질을 타고 난 사람이지 막주 감은 아니었다. 그 스스로 그런 점을 잘 알고 있었다.

명장 한신韓信은 회음의 보잘것없는 출신이었다. 그는 당초 항우의 군대에서 병사 노릇을 하다가 유방에게 몸을 맡겨 치속도위治粟都尉가 되었지만 그 자리 역시 군량과 말 먹일 풀을 관리하는 자리에 지나지 않았다. 그러다 다른 사람들과 불평을 늘어놓다가 들켜서 목이 잘리는 처벌을 받게 되었다. 이 집행을 담당한 사람은 유방의 말과 마차를 관장하는 하후영夏侯嬰이었다. 망나니의 큰 칼이 목을 내리치려는 순간 한신은 큰 소리로 "한왕께서는 천하를 얻을 마음이 없으신 모양입니다. 어째서 장사를 죽이려 합니까?"라고 외쳤다.

　　하후영이 한신을 다시 보니 범상치 않았다. 이야기를 나누어보니 더 그랬다. 하후영은 재상 소하에게 한신을 소개했고, 소하는 한신과 몇 차례 이야기를 나눈 뒤 한신이야말로 성밀 얻기 힘든 인재라고 판단하여 그를 유방에게 추천했다. 유방은 생각이 달랐던지 이런 핑계 저런 핑계를 대며 소하의 추천을 피해 다녔다. 소하는 "인재가 있어도 모르고, 인재가 있는 것을 알고도 쓰지 않고, 쓴다고 해도 중용하지 않으면 어찌 인재들을 끌어모을 수 있고 큰일을 해낼 수 있겠습니까?"라고 유방을 비판했다.

　　한신은 유방 밑에서도 앞날이 여의치 않음을 직감하고 다른 곳에 몸을 맡길 결심을 했다. 어느 날 새벽을 틈타 행장을 꾸리고 말을 몰아 유방의 진영을 빠져나왔다. 보고를 들은 소하는 깜짝 놀라 유방에게 보고할 겨를도 없이 부하 몇을 데리고 동쪽 문을 거쳐 한신의 뒤를 쫓았다. 점심 무렵 한 마을에 이르자 마을 사람들이 한신은 벌써 3, 40리는 더 갔을 것이라고 일러주었다. 소하는 피로도 아랑곳 않고 어두워질 때까지 계속 뒤를 쫓았으나 한신의 그림자조차 찾지 못했다. 소하는 포기하지 않고 달빛을 따라 계속 뒤를 쫓아 마침내 한계寒溪라는 시냇가에서 한신을 만났다.

　　"한 장군, 우리는 첫 만남부터 의기투합하여 서로를 잘 알고 있는 사이인데 어째서 인사도 없이 슬그머니 떠나십니까?"

　　"재상의 은혜는 정말 잊을 수 없을 겁니다. 하지만 한왕이 저를 쓰려 하지 않으니 제가 거기 남은들 무슨 소용이 있겠습니까?"

　　"제가 다시 한번 한왕께 한 장군을 대장군에 임명하게끔 추천해보겠습니다. 만약 이번에도 한왕께서 허락하지 않는다면 저도 장군을 따라 떠나겠소!"

한신은 소하의 진술한 마음에 감동을 받아 다시 유방의 진영으로 되돌아왔다. 이틀이나 소하의 얼굴을 보지 못한 한왕 유방은 소하가 도망친 줄 알았다. 한신을 뒤쫓아갔었다는 보고를 받고는 버럭 화를 내면서 "도망간 장군이 열은 넘는데 어째서 한신만 뒤쫓았는가?"라고 다그쳤다. 소하는 "장군감은 찾기 쉬워도 능력 있는 장군감은 찾기 힘듭니다. 한신은 천하에 둘도 없는 인재입니다. 대왕께서 한중漢中에만 둥지를 틀고 있으려면 한신을 기용하지 않아도 무방하겠지만 천하를 얻으시려면 한신 없이는 안 됩니다."라고 단언했다.

소하는 군사와 정치 형세에 대한 한신의 남다른 견해들을 유방에게 일일이 소개하면서 한신을 중용하지 않으면 자신도 물러나겠다는 의사를 표명했다. 소하의 적극적인 추천에 마음이 움직인 유방은 마침내 한신을 궁으로 불러들여 그를 대장군으로 임명하려 하였다. 소하는 이를 말리면서 "대장군을 임명하는 일은 큰일이니 정식으로 날짜를 택해 장엄한 의식을 거행함으로써 한신에 대한 신임을 나타내야 할 것입니다. 이렇게 인재를 소중히 여기는 대왕의 마음을 충분히 표명함으로써 천하의 인재들이 소문을 듣고 모여들 것 아닙니까?"라고 충고했다. 유방은 소하의 말에 일리가 있다고 생각하여 커다란 단을 세우게 하고 한신을 대장군에 임명하는 식을 거행했다.

식이 끝난 다음 유방은 한신과 천하 형세를 비롯하여 항우 진영에 대한 이야기를 나누었다. 이 자리에서 한신은 다음과 같이 유방과 항우를 비교 분석했다.

"용맹함과 인의라는 면에서 보자면 한왕께서는 항우에 미치지 못합니다. 그러나 항우는 혼자 용맹할 뿐 인재를 잘 활용할 줄 모릅니다. 이런 항우의 단점을 잘 파악하여 한왕께서는 천하의 인재들을 잘 등용하시면 동으로 삼진三秦을 반드시 탈취하여 항우와 천하를 다툴 수 있을 겁니다."

한신의 정확한 분석에 유방은 너무 늦게 만난 것을 한탄하며 즉시 한신의 계책에 따라 장수들을 배치하여 항우를 공격하게 했다. 한왕이 팽성彭城에서 항우에 패한 이후 한신은 측면으로 전투 지역을 넓혀 위나라를 평정하고 조나라를 격파하였으며, 연나라를 투항시키고 제나라를 평정시킴으로써 전략상 일련의 중대한 승리를 거두었다. 이렇게 해서 한신은 형양滎陽과 성고成皐 전선에서 항우와 정면으로 대립하여 반격할 수 있는 기반을 확보했다.

유방이 한신을 중용했을 때는 한왕 신분이었다. 이때의 유방은 사수의 정장 노릇 할 때와는 완전히 달랐다. 그는 곡절이 없지는 않았지만 별 볼 일 없는 출신의 한신을 과감하게 기용했다. 당시 유방 밑에 있던 장수들은 대부분 개나 잡던 도살꾼 아니면 감옥을 관리하던 옥리 출신이었다. 이들은 충직하고 믿음직하며 눈부신 전공도 세웠다. 이들은 용기는 남아돌았지만 지혜는 부족하여 대장감은 아니었다. 이 당시 유방은 적지 않은 경험으로 상당히 성숙하여 제왕의 기백을 보였지만 자신의 약점을 완전히 극복하지는 못하고 있었다.

당시 유방이 팽성을 나섰을 때 그를 따르는 사람은 1만 정도였다. 그런데 함양에 진입했을 때는 10만으로 커져 있었다. 구석진 작은 촌 동네에서만 살다가 번화한 시가지와 온갖 진기한 물건, 웅장한 궁전, 아름다운 여자를 본 유방은 왕년의 건달기질이 다시 살아나 이곳에서 그냥 편하게 누리며 살려는 생각을 가졌다. 번쾌樊噲는 개를 잡아 개고기를 팔던 자로서 유방을 따라 무장이 되었지만 유방보다 인내심이 강했다. 그는 한순간의 승리에 도취해 있을 때가 아니라는 것을 알고는 궁궐에 머무르지 말고 파상灞上으로 돌아가자고 청했다. 여자와 술을 좋아하는 유방이 간단히 따를 리 없었다. 대업의 중요성을 잘 알고 있던 장량이 나서 이렇게 충고했다.

"지금 막강한 진이 어리석고 무도하여 패공(당시 유방의 존칭)께서 이곳까지 오시게 된 것입니다. 공께서는 천하를 위해 진나라의 잔인함과 포악함을 제거하고 진나라의 나쁜 정치에 반대한다는 명분으로 지금 막 진나라 도성에 진입했는데 이곳에 안주하시겠다니 이야말로 '폭군 걸을 도와 나쁜 짓을 저지른다.'는 것입니다. 번쾌의 충언을 받아들이시길 바랍니다."

유방은 참모들의 권고를 받아들여 마침내 여인의 품에서 빠져나왔다. 그리고 진나라의 귀중한 보물 창고를 봉쇄하라는 부하의 권고를 받아들이는 한편, 소하는 진나라의 문서를 가지고 파상으로 물러났다. 유방은 각지의 유력자들을 불러 모아 진나라의 가혹한 법을 모두 없애고 세 조항만 남기겠다는 이른바 '약법삼장約法三章'을 선포했다. 유방이 남기겠다는 세 조항의 법이란 살인자는 사형에 처하고, 남을 해치거나 물건을 훔친 자는 그에 해당하는 처벌을 가한다는 것이었다. 이 공약은 관중의 민심을 크게 얻기에 충분했다. 백성들이 너 나 할 것 없이 소와 양 따위를 이끌고 와서 유방의 군대를 위문했다. 유방은 창고에 식량 등이 많이 있으니 백성들에게 부담을 줄 수 없다며 사양했다. 백성들은 더욱더 유방에 대한 존경심을 나타내며 유방이 관중의 왕이 되길 간절히 희망했다.

이 일련의 과정을 보면, 유방이 과거 건달 기질을 완전히 청산하지는 못했지만 적어도 한 가지, 즉 '충고를 받아들이고 사람을 잘 기용하는' 리더십만큼은 충분히 발휘하는 것을 알 수 있다. 이 점은 그가 진평陳平을 받아들이는 과정에서도 잘 나타났다.

진평은 양무陽武 지방의 가난한 가정에서 태어났지만 책 읽기를 즐기고 전설 속의 황제黃帝와 노자老子의 학문을 연구한 적이 있다. 그는 고향 마을에서 제사를 지낼 때마다 제사 고기를 나누어주는 일을 맡곤 했는데, 마을 사람들은 그가 고기를 공평하게 잘 나눈다고 칭찬을 아끼지 않았다. 진평은 자신이 천하를 다스린다면 고기를 나눌 때처럼 공평하게 다스리겠노라며 큰 포부를 나타냈다.

진 왕조 말년에 진나라에 반대하는 봉기가 도처에서 터져 나왔다. 진평은 위왕의 부하로 들어갔다가 다시 항우에게 몸을 맡겼다. 항우 밑에서 진평은 함곡관函谷關으로 입관하여 진나라를 격파하는 등 그 나름의 군사적 실력을 보였다. 그리고 초·한전쟁 때 유방이 군사를 이끌고 동쪽으로 향했을 때 진평은 수무修武에서 유방 진영에 투항했다. 그는 위무지魏無知를 통해 유방을 만났다. 진평을 만난 유방은 그를 높이 평가하고 그날로 도위에 임명하여 군사를 이끌게 했다. 유방 밑에 있던 기존의 장수들은 내력도 불분명하고 초에서 도망쳐 나온 자에게 군을 맡기고, 나이든 장수들을 감독하게 한 것에 불만을 품고 비방을 일삼았다. 유방은 이런 헛소문에 동요하지 않고 자신의 입장을 견지하였다.

유방은 진평을 다시 아장亞將에 임명하기까지 했다. 대장군 주발周勃과 관영灌嬰 등도 유방에게 자주 진평에 관한 나쁜 이야기를 했다. 과거 그가 집에 있을 때 형수와 부적절한 관계가 있었다느니, 위왕을 모시다가 항우에 몸을 맡겼으며 또 얼마 지나지 않아 우리 한으로 도망쳐오는 등 내력이 불투명한 이런 인간에게 중임을 맡겼다느니, 장수들이 진평에게 금을 뇌물로 주었는데 진평은 뇌물의 양에 따라 차별을 했다느니 하는 여러 가지 불평을 내뱉었다. 심지가 굳은 유방도 계속되는 부하들의 험담에 진평을 추천했던 위무지를 불러 소문의 진위 여부를 물었다. 위무지의 답을 들은 유방은 화를 내며 "너는 진평이 어질고 유능한 자라고 하지 않았느냐?"며 다그쳤다. 위무지는 다음과 같이 대답했다.

"제가 폐하께 추천한 사람은 능력이 있는 사람이고, 지금 폐하께서 묻고 있는 사람은 행동에 오점이 있는 자입니다. 지금 품행에 하자가 있다고들 하지만 나라를 위해 공을 세우는 일과는 상관없거늘 어찌 그를 쓰지 않으려 하십니까? 항우의 초와 우리 한이 전쟁을 하고 있는 지금 시점에서 제가 추천한 사람은 거기에 필요한 인재이며, 그 능력은 나라의 발전에 쓸모가 있는 것입니다. 형수와 놀아나고 뇌물을 받았다는 소문 때문에 능력까지 의심할 것은 뭡니까?"

한번 의구심을 품은 유방은 마음을 놓지 못하고 직접 진평을 불러 물었다. 진평은 이렇게 대답했다.

"제가 위왕을 모셨지만 위왕은 제 계책을 써주지 않아 초의 항우를 찾아갔습니다. 항우 역시 사람을 믿지 않고 인척들만 기용했기에 저의 능력을 발휘할 기회가 없었습니다. 한왕께서 인재를 몹시 아낀다고 들었기에 여기까지 찾아온 것입니다. 하지만 저는 아무것도 없이 홀몸으로 왔기 때문에 돈을 받지 않으면 살 수가 없습니다. 만약 제 계책이 쓸모가 있다면 대왕께서 받아주시면 되고, 쓸모가 없다고 판단되시면 대왕께서 주신 상금은 그대로 있으니 저의 관직과 상금을 모두 회수하셔도 무방합니다."

유방은 진평의 솔직한 성격이 마음에 들어 그의 말에 동감을 나타냈다. 이에 후한 상금을 주고 호군중위로 승진시켜 군사들을 이끌게 했다. 장수들도 더는 불만을 토로하지 못했다.

진평의 파란만장한 인생 경력과 유방이 진평을 중용하기까지의 위 과정은 인재 기용이란 면에서 많은 계시를 준다.

먼저, 인재 유동流動이란 점에서 어떤 규칙 같은 것을 알려준다. 인재가 두각을 나타내고 재능을 충분히 발휘하려면 적절한 환경이 있어야 한다. 집권자가 자신과 가까운 친지들만 중용한다면 진짜 인재들이 발붙일 여지가 없게 되고, 그러면 자연

● 유방의 승리는 용인用人의 승리였다. 진평은 유방의 인재관을 가장 잘 보여주는 인물 중 하나였다.

다른 군주(막주)에게로 몸을 맡기게 된다. 항우는 자신과 가까운 인척들만 신임하고 진평은 믿지 않았기 때문에 진평은 다른 군주를 찾아 나섰고, 결국 유방에게로 발길을 옮겼다. 말하자면 그는 자신의 능력을 충분히 발휘할 수 있는 무대를 찾아 나선 것이다.

항우와 유방 사이의 '초한쟁패'는 인재 전쟁이었다. 진평이나 한신 같은 출중한 인재가 항우를 버리고 유방에게 몸을 맡긴 사실은 어쩌면 항우의 패배를 결정하는 예언과도 같았다.

둘째, 옥에도 티가 있듯이 사람도 완전한 사람은 없다. 자신의 욕심만 내세워 모든 방면에서 완벽함을 요구하는 것은 무리다. 따라서 집권자들은 당시 상황과 인재가 맡게 될 역할의 필요성 등에 따라 인재를 적절하게 안배하고 기용할 필요가 있다. 유방이 부하들의 헐뜯는 말만 듣고 진평의 부득이한 행동상의 단점에 집착하여 그를 버렸더라면 대업에 아무런 도움이 되지 못한 것은 말할 것 없고, 심지어는 인재를 적진으로 쫓아 보내 도리어 자신에게 맞서게 하는 심각한 결과를 초래했을 수도 있었다. 다행히 유방은 자신의 대업을 위한 발판으로서 유능한 인재를 잘 기용했다. 과연 진평은 이후 여섯 차례나 기묘한 계책을 제안하여 항우를 패전시키고 서한 왕조를 건립하여 유씨 천하를 안정시키는 데 절대적인 공을 세웠다.

유방은 평범한 평민 출신으로 피바람이 몰아치는 혼란기에 자기보다 훨씬 강한 항우와 싸워 이겼다. 이는 그가 천하대세에 순응했다는 점 외에 인재를 제대로 기용했다는 것이 가장 주요한 원인이었다. 그의 성격은 활달하고 거칠었지만 이것이 오히려 호걸들을 널리 끌어모았고, 과감하게 일을 맡김으로써 많은 인재들이 그의 곁으로 몰려들게 했다.

유방은 이런저런 문제가 많은 정치가였다. 남정南鄭에 있을 때까지만 해도 사람을 알아볼 줄 몰랐고, 천하를 얻은 뒤에는 자신감에다 노련함까지 갖추어 장량의 충고조차 필요로 하지 않았다. 인재들을 적재적소에 잘 기용하긴 했지만, 동시에 공신들을 제거하는 일도 서슴지 않았다. 한신의 억울한 죽음이 대표적이다. 그런데 유방이 세상을 떠나기에 앞서 어린 혜제惠帝를 보좌할 승상감을 놓고 여태후와 나눈 다음과 같은 대화는 많은 것을 생각하게 만든다. 여태후가 소하 다음으로 누구를 승상으로 삼으면 좋겠냐고 물었다.

"소하는 나이가 많이 들었으니 그다음은 조참이 자리를 이으면 될 것이오."

"조참 다음에는 누구로 대신하게 합니까?"

"왕릉이 맡으면 될 것이나 너무 곧이곧대로라 진평으로 하여금 돕게 하면 될 것이오. 진평은 지혜로와 왕릉의 약점을 보충할 것이오. 왕릉 혼자에게만 맡기면 감당하기 어려울 것이오. 주발은 배운 것이 많지 않지만 사람이 소박하고 알차서 앞으로 유씨를 도와 천하를 안정시킬 수 있는 적임자이니 태위에 임명하면 될 것이오."

유방의 분석은 아주 정확했다. 그가 죽은 뒤 이들이 보여준 역할은 유방의 분석과 기본적으로 일치했다. 이 당시의 유방은 이미 무뢰배의 그림자에서 완전히 탈피하여 진정한 제왕이 되었음을 보여준다.

유방의 또 다른 면모를 하나 더 보자. 황제가 된 유방은 부하들에게 공로에 따라 상을 나누어주는 '논공행상論功行賞'을 시행한 바 있다. 장군들을 공신에 봉하자니 떡은 몇 개 되지 않는데 먹여야 할 사람이 많은 상태인 데다가 유방의 측근들에게 자리가 많이 돌아가는 바람에 이러쿵저러쿵 말들이 많은 상황이었다.

이제 막 나라를 세운 한 왕조의 입장에서 볼 때 이 같은 통치집단 내부의 모순은 자칫 나라 전체를 혼란으로 몰아넣을 수 있는 상당한 폭발력을 가진 민감한 사안이 아닐 수 없었다. 유방은 걱정이 이만저만이 아니었다. 문제점을 파악한 장량은 유방에게, 평소 모든 사람이 다 알고 있는 유방이 가장 미워하던 사람에게 후작을 내려서 장수들의 불만을 잠재우라고 권유했다. 유방은 장량의 의견을 받아들여 옹치雍齒에게 후작을 내렸다.

옹치와 유방 사이에는 묵은 원한 관계가 있었다. 과거 옹치가 여러 차례 유방에게 모욕을 준 적이 있고, 심지어 중요한 순간에 유방을 배신하기까지 했다. 그러나 옹치가 세운 공 때문에 그를 차마 죽이지 못하고 있었다. 유방은 날을 택해 공신 책봉 등 인사 문제에 불만이 많은 장수들을 포함하여 문무대신들을 다 불러 술자리를 베풀고, 바로 그 자리에서 옹치를 십방후什方侯에 봉한다고 선포했다. 그러고는 승상과 어사에게 서둘러 공을 확정하고 작위를 주라고 독촉했다. 군신들은 "옹치에게까지 후작을 내렸으니 우리는 걱정할 것 없다."며 기뻐하면서 마음을 놓았다.

유방이 관중에서 선언했던 '약법삼장'이 위신을 세우기 위한 것이었다면, 옹치라는 원수를 봉한 것은 명망을 세우기 위한 것이었다. 명망은 통치자에게 아주 중요한 것이다. 위신이 없으면 대중을 복종시킬 수 없고, 명망이 없으면 민심이 흩어진다.

중국인은 귀신 이야기를 만들어내길 좋아한다. 특히 유명한 사람들을 신으로 잘 만든다. 광동 등 중국 남쪽 지방에서는 관우關羽를 재물을 지켜주는 재신財神으로 받든다. 관우는 전형적인 북방 사람으로 광동 지방에는 한 발도 내디딘 적이 없다. 그런데 어째서 광동 사람들은 그를 재신으로 받들까? 이는 사람들의 선량한 바람일 뿐이다. 그러나 제왕에 관한 신화는 그렇게 단순하지 않다. 제왕과 관련한 신화를 만드는 목적은 사람을 홀리기 위한 일종의 정치적 술수이다.

유방과 관련한 신화로 두 가지가 전한다. 하나는 어머니가 임신 때 겪은 징조이고, 또 하나는 백사白蛇를 베고 봉기한 일이다.

한번 생각해보자. 유방 이전에는 농민으로서 왕이나 황제가 된 경우가 없었다. 신이 아니면 어떻게 혈통을 숭상하는 천하 사람들의 입과 마음을 누를 수 있겠는가. 이는 정치적 책략으로 신화를 빌려 몸값을 높이는 수단이다.

먼저 유방의 탄생과 관련한 신화이다. 사마천의 『사기』 「고조본기」에는 이렇게 기록되어 있다.

그 전에 유오劉媼(유방의 어머니)가 큰 연못가에서 쉬다가 꿈에서 신을 만났다. 이때 천둥이 치고 번갯불이 번쩍이더니 하늘이 캄캄해졌다. 태공(유방의 아버지)이 가서 보니 교룡이 그 몸 위에 올라타고 있었다. 그러고는 임신이 되어 마침내 고조를 출산하였다.

이렇게 해서 태어난 유방은 외모도 남달랐다고 한다. 이어지는 대목은 이렇다.

고조(유방)는 콧날이 오똑하고 이마가 튀어나온 것이 용의 얼굴을 닮은 모습에 멋진 구레나룻 수염을 길렀다. 왼쪽 허벅지에는 72개의 검은 점이 있었다.

이 신화대로라면 유방은 아버지의 아들이 아니라 교룡의 아들인 셈이다. 유방의 어머니가 다른 남자와 정을 통해 임신하여 유방을 낳았고, 이 아들이 훗날 황제가 되자 이때의 일을 미화하기 위해 신을 빌려 이런 신화를 날조했을 것이다. 아무튼 신화 따위의 신이한 전설을 잘 믿었던 당시 백성들을 홀리기에는 충분했을 것이다.

다음은 백사를 베고 봉기한 사건이다. 역시 『사기』의 기록이다.

고조는 정장으로서 현을 위해 여산驪山으로 죄수들을 호송했는데 도중에 도망친 자가 많았다. 스스로 생각해보니 도착도 하기 전에 다 도망칠 것 같았다. 풍읍 서쪽 늪에 이르러 가던 길을 멈추고 술을 마시고는 밤이 되자 호송하던 죄수들을 다 풀어주면서 "당신들 모두 가시오. 나도 이제 도망쳐 숨을 것이오."라고 했다. 죄수들 중 장사 10여 명이 따르기를 원했다. 고조가 술을 더 마신 다음 한밤중에 늪지의 작은 길을 지나면서 한 사람을 시켜서 앞서가게 했다. 앞서가던 자가 돌아와서는 "앞에 큰 뱀이 길을 막고 있으니 돌아가는 게 좋겠습니다."라고 보고했다. 고조가 취한 김에 "장사 가는 길에 무엇이 두려우랴."며 앞으로 가서는 검을 뽑아 뱀을 베니 뱀은 두 동강 나고 길이 열렸다. 몇 리를 더 가다가 취기에 누워버렸다. 뒤따라 오던 사람이 뱀이 있던 곳에 이르자 웬 노파가 통곡하고 있었다. 그자가 왜 우냐고 묻자 노파는 "누군가 내 아들을 죽였기에 우는 것이오."라 했다. "노파의 아들이 왜 죽었소?"라 물으니 노파는 "내 아들은 백제白帝의 아들로 뱀으로 변신하여 길을 막고 있다가 적제赤帝의 아들에게 죽임을 당했기에 우는 것이오."라 했다. 그자는 노파가 황당한 소리를 한다고 생각하여 혼내주려 하자 노파가 갑자기 보이지 않았다. 뒤따라오던 사람이 오고 나서야 고조는 깨어났다. 뒤따라오던 사람이 이 일을 고조에게 말하자 고조는 내심 기뻐하며 스스로를 자랑스럽게 여겼다. 따르던 사람들이 더더욱 그를 두려워하게 되었다.

나는 이 신화가 완전 허구라고 생각하지 않는다. 유방이 뱀을 벤 일은 얼마든지 가능하기 때문이다. 늪이 많은 지역에는 뱀이며 벌레 등이 많기에 하나 이상할 것이 없다. 다만 늙은 노파 이야기는 훗날 유방의 막료들이 미화했거나, 당시 어지러운 상황에서 노파의 아들이 진짜 죽임을 당했을 수도 있다. 노파가 아들의 죽음 때문에 통곡하고 미쳤을 수도 있다. 어쨌거나 이 일이 정치적 분장을 거쳐 유방에게로 옮겨

● 백사를 벤 설화는 유방의 권위를 높이기 위한 막료들의 정치적 계산에서 나온 것으로 볼 수 있다. 사진은 유방이 백사를 베는 모습을 나타낸 조형물이다.

왔을 것이다.

백사를 벤 이 일은 훗날 동한이 건국된 후에 다시 살이 덧붙여져 새로운 판본으로 나타났다. 당시 백사가 길을 가로막고는 유방에게 이렇게 말했다는 것이다.

"너는 틀림없이 천하를 얻을 것이다. 그러나 나는 여전히 너와 맞서 너의 강산을 어지럽힐 것이다. 네가 검으로 나를 베면 벤 앞부분은 내가 유씨 천하 전반기를 어지럽히겠지만 벤 뒷부분은 너로 하여금 후반부를 편치 않게 할 것이다."

유방은 검을 들어 두 동강을 냈고, 이 때문에 한 왕조는 중간에 왕망王莽이 황제 자리를 찬탈하여 신新이라는 왕조를 세우는 일이 생겼다는 것이다. 이는 민간에 떠도는 판본이었을 것이다.

이상의 신화는 황당무계하지만 유방에게는 쓸모가 컸다. 유방은 평민 출신이었다. 한나라 이전까지는 왕이 되었건 제후가 되었건 모두 귀족 혈통이었다. 황제는 반드시 천자의 혈통이어야만 했다. 이런 신화가 있어야만 유방은 진정한 천자가 될 수 있었다. 평민 출신의 제왕은 더더욱 이런 신화를 만들어내야 했다. 이 신화는 그의 막료들이 사실에 어느 정도 근거하여 날조했을 것이다. 신화는 오늘날의 광고와 같다. 실제는 자신을 선전하고 포장하여 자기 출신이나 부족한 부분을 감추기 위한 것이다.

3.
송 태조와 조보趙普

송 태조 조광윤趙匡胤(927-976)은 개국 제왕으로서 그가 이룩한 성공의 특징은 비교
적 평화로운 방식으로 나라를 세우고, 마찬가지로 평화로운 방식으로 공신들의 권력
을 회수했다는 사실이다. 이 때문에 남북통일도 큰 폭력적인 조치 없이 이루어졌다.
이는 당시 천하의 대세였지만 그와 그 막료 조보(922-992)의 공들인 책략과도 뗄 수
없는 관계가 있다. 나라를 얻는 데 피를 흘리지 않기란 피를 흘리는 것보다 훨씬 힘
든 경우가 많다. 여기에는 고도의 정성과 수완이 필요하다.

　　조광윤이 기용한 인재들 중에서 조보는 가장 두드러진 인물이다. 조광윤과 조
보의 관계는 유비와 제갈량의 관계와 비슷하다. 조보는 조광윤을 도와 진교 쿠데타
를 일으켰고, 술자리를 마련하여 술잔을 돌리면서 병권을 내놓게 하여 남북을 통일
하는 데 특별한 공을 세웠다.

　　조보는 후주後周 현덕顯德 연간(954-960)에 영흥永興 절도사 유사劉詞 밑에서 자리
를 얻음으로써 정계에 뛰어들었다. 그 뒤 후주의 재상 범질范質의 추천으로 척주滁州

의 군사판관軍事判官이 되었다. 당시 100명이 넘는 사람이 도적으로 몰려 전부 죽임을 당하는 사건이 있었다. 조보는 이 사건에 무엇인가 문제가 있다고 의심하여 조사한 끝에 그중 대부분이 무고하다는 사실을 밝혀냈다.

예민한 감각의 소유자 조광윤은 이 사건을 통해 조보가 자신에게 아주 중요한 인재임을 알아챘다. 조광윤은 기회를 잡아 조보와 긴 시간 대화를 나누었고, 조보의 재능을 더욱 깊이 인식하게 되었다. 그러나 당시 조광윤의 지위로서 조보를 자신의 곁에 둘 수가 없었다. 조보는 조광윤이 많은 무장들 중 한 사람에 지나지 않지만 막 떠오르는 정계의 샛별이라고 판단하여 그를 따르기로 결단했다. 조보는 조광윤의 아버지를 잘 보살폈다. 두 사람은 미래의 아주 좋은 정치적 파트너가 될 것을 일찌감치 무언으로 약속했다.

그 뒤 조광윤은 동주同州 절도사 겸 전전지휘사가 되었다. 이때 조보는 이미 위주渭州 군사판관이 되어 있었다. 조광윤은 즉각 황제에게 글을 올려 자기 옆으로 자리를 옮기게 해달라고 청했고, 두 사람은 마침내 아침저녁으로 얼굴을 맞대며 천하를 도모하기 시작했다.

오대시대(907-960)는 전쟁이 끊이지 않았던 시기라 무엇보다 무력이 가장 중요했다. 이 때문에 군권을 쥔 장수들이 수시로 황제 자리를 빼앗으려 했다. 당나라가 망하고 송나라가 건립되기까지 약 50년 동안 무려 열 개의 정권이 주마등처럼 바뀌었다. 조광윤이 천하를 얻으려면 당연히 최고 군권을 장악해야만 했다. 최고의 군권은 금군禁軍의 도검점都檢點이란 자리였고, 당시 장영덕張永德이 그 자리를 쥐고 있었다. 목적을 이루려면 먼저 장영덕을 끌어내려야만 했다.

959년, 후주 세종世宗이 직접 거란 정벌에 나섰다. 그런데 군중에 '점검주點檢做'라는 세 글자가 쓰인 기이한 목패가 출현했다. 이 세 글자가 대체 무엇을 뜻하는가? 보기에는 마치 무슨 조짐을 가리키는 참언讖言 같았다. 그러나 이 세 글자는 어려운 글자가 아니어서 모든 사람이 충분히 짐작할 수 있었다. '점검'은 도점검을 가리키는 것이 분명했고, '주'는 무슨 일을 한다거나 무엇이 된다는 뜻이니 '도점검이 한다' 또는 '도점검이 된다'는 뜻이었다. 무엇을 하고, 무엇이 된다는 뜻인가? 그야 당연히 황제가 된다는 것을 암시하는 것이었다.

당시 도점검은 후주 세종의 양아버지인 태조 곽위郭威의 사위 장영덕으로 항렬로 보자면 세종과 같은 항렬이었다. 세종은 이 일로 병이 났다. 당장 뒷일이 걱정되었다. 황위 계승자인 맏아들 시종훈柴宗訓은 겨우 일곱 살이었다. 세종은 자신이 죽으면 장영덕이 모든 권력을 쥘 것이 뻔하고, 자칫 황제 자리조차 지키지 못할 수 있다고 생각했다. 세종은 장영덕의 군권을 빼앗아 충실하고 믿을 만한다고 생각한 조광윤에게 넘겼다. 이렇게 해서 조광윤은 큰 힘 들이지 않고 금군의 최고 지휘권을 손안에 넣었다.

누군가는 '점검주'라는 목패야말로 조보의 걸작이라고 평가한다. 어용학자들은 이 목패를 조광윤이 도점검에서 천자가 된다는 신의 계시라고 떠드는데 실로 황제를 위한 화장술이 아닐 수 없다.

이 목패 소동을 통해 조광윤은 막강한 군권을 얻었고, 다음은 황제 자리를 빼앗기 위한 여론 조성이었다.

후주 세종이 사망하고 일곱 살 난 시종훈이 뒤를 이었다. 이로써 조광윤은 실제 군주나 마찬가지였고, 명분만 남겨놓았다. 하지만 황제 자리를 손에 넣는 일이 결코 간단하지 않았다. 천하의 민심을 얻어야 하는 수순이 기다리고 있었기 때문이다.

당시 도성 변경汴京에는 유언비어가 난무했다. 모두가 도검점을 천자로 옹립하여 왕조를 바꾸어야 한다는 논의였다. 민심은 분분했다. 이때 공교롭게도 진주鎭州와 정주定州 두 주에서 거란이 대단한 기세로 침공한다는 보고가 들어왔다. 조광윤은 장수들을 소집했다. 석수신石守信, 왕심기王審琦, 고회독高懷德, 장령탁張令鐸, 장극한張克

翰, 조언휘趙彦徽 등이 속속 도착하여 부대를 따라 출발했다. 조광윤은 조보와 함께 대군을 이끌고 진교역陳橋驛에 도착했다. 날이 저물자 군영의 막사를 치게 한 다음 이틀날 다시 출발하기로 했다.

이때 군영에 묘훈苗訓이란 자가 있었는데 군영 바깥에서 혼자 서쪽 하늘을 바라보고 있었다. 이자는 평소 천문을 익혀 비바람, 우레, 번개 등과 같은 날씨의 변화로 국가의 재난 따위를 예견했는데 잘 들어맞았다. 군중에서는 그를 묘 선생이라 부르며 그의 예언을 잘 믿었다.

조광윤의 측근 초소보楚昭輔가 지나가다가 하늘을 바라보고 있는 묘훈에게 무슨 일이냐고 물었다. 묘훈은 "태양 아래에 또 하나의 태양이 있는 것 안 보이십니까?"라고 반문했다. 초소보가 다시 보니 정말 태양이 하나 더 있어 서로 섞여 요동치며 검은빛을 뿜고 있는 것 같았다. 하나는 가라앉고 하나만 아주 밝게 빛을 내고 그 옆으로 붉은 구름이 감싸고 있는 것 같았다. 초소보는 어떤 징조냐고 물었고 묘훈은 이렇게 말했다.

"이는 천명을 나타냅니다. 먼저 저문 태양은 당연히 후주를 말하고, 뒤에 나타난 태양은 도점검의 몸에 나타날 징조이지요."

초소보는 "언제쯤 그 징조가 실현될 것 같소?"라고 물었고, 묘훈은 "하늘에 그 현상이 이미 나타났으니 곧 실현될 것입니다."라고 했다.

두 사람은 군영으로 돌아왔고, 초소보는 사람들에게 이 일을 전했다. 소문은 군영 전체로 퍼져 진짜 천명을 받은 천자는 조광윤이라는 말이 순식간에 나돌았다. 장수들도 의심 없이 이 말을 믿었고, 강녕 절도사 고회덕이 나서 "지금 황상께서는 너무 어려 직접 정사를 맡을 수 없다. 우리는 생사를 같이하며 나라를 위해 적과 싸우는 사이로 모두가 천명이 어디 있는지 안다. 우리가 먼저 도점검을 천자로 받든 다음 원정에 나서도 늦지 않을 것이다."며 선동했다.

이는 다른 장수들이 감히 하고 싶어도 하지 못하는 말이었다. 일단 입 밖으로 나왔으니 모두들 한목소리로 서둘러 천자를 세우자고 외쳤다. 이처운李處耘이 나서서 이렇게 제안했다.

"이 일은 당연히 도점검에 아뢴 다음 시행해야 할 것이오. 그러나 윤허하지 않으실까 염려가 됩니다. 마침 친동생이 군영에 계시니 그와 상의하여 도점검에 권유하면 성공할 수 있습니다."

모두들 바로 조광윤의 동생 조광의趙匡義를 모셔 와 상의했다. 조광의는 "이 일은 보통 일이 아니니 조보와 상의해서 결정합시다."라고 했다.

조보는 자신이 연출한 이 작품이 생각했던 방향으로 정확하게 발전하고 있는 것을 보고는 무척 기뻤다. 그렇다고 바로 드러낼 수는 없었다. 장수들이 자신을 찾아오자 조보는 "도점검께서는 주상께 충성을 다하고 계시는데 그대들이 역모를 꾸민다는 사실을 알면 틀림없이 그대들을 그냥 두지 않으실 겁니다."라는 말로 이들을 한 번 더 시험했다.

장수들은 한목소리로 "역모는 9족을 멸하는 일입니다. 우리가 이미 마음을 먹었으니 앉아서 죽음을 기다릴 수는 없습니다."라고 했다. 조보는 이렇게 말했다.

"황제를 세우는 일은 큰일이니 신중하게 천천히 멀리 내다보고 논의해야 합니다. 지금 강적이 국경을 압박하고 있으니 먼저 적을 물리치고 개선한 뒤에 상의하는 것이 어떻겠소?"

장수들은 동의하지 않으며 이구동성으로 말했다.

"원정한 뒤에 돌아오면 그사이 무슨 일이 벌어질지 모릅니다. 우리는 바로 귀경하여 도점검을 황제로 모신 후에 다시 적과 싸워도 어렵지 않습니다. 우리의 요구를 받아들이지 않는다면 군대는 한 걸음도 움직이지 않을 것입니다."

조보는 장수들의 의중을 정확하게 파악한 다음 옆에 있던 조광의에게 어쩔 수 없다는 듯 이렇게 말했다.

"일이 이렇게 되었으니 어쩔 수 없습니다. 역성易姓은 이미 천명이 되었고, 사실 인심도 이미 이쪽으로 정해졌습니다. 선봉대가 어제 황하를 건넜고 절도사들이 각지에 둥지를 틀고 있는 상황에서 만에 하나 경성에 혼란이 발생한다면 외적뿐만 아니라 사방에서 반란이 일어날지도 모릅니다. 군령을 엄격히 내리고 약탈을 금지하면 도성의 인심은 동요하지 않을 겁니다. 그러면 자연 사방도 평정되고 장수와 관리들도 부귀를 영원히 지킬 수 있습니다."

장수들과 대신들도 모두 이 말에 동의했다. 조보는 그날 밤으로 사람을 경성으로 보내 도성에 남아 있는 왕심기, 석수신과 안팎에서 호응하기로 밀약했다.

그날 저녁, 조광윤은 직접 모습을 드러내지 않고 술에 취해서 일찍 잠자리에 들었다. 조광윤은 밖에서 무슨 일들이 일어나고 있는지 전혀 몰랐다. 사실은 조보와 이미 입을 맞춘 것이었다. 그는 이 모든 것을 다 알고 있었고, 일부러 술에 취한 척하여 쿠데타 모의에 따르는 책임에서 벗어나고 좋은 명성을 낚으려 한 것이다.

이튿날 새벽, 조광윤은 술에서 아직 덜 깬 듯 밖에서 들리는 고함 소리에 자리에서 일어났다. 그는 짐짓 놀란 듯 자리에서 일어났다. 이때 조보 뒤로 완전무장한 장수들이 급하게 장막을 사이에 두고 "여러 장수들이 주군이 없으니 도점검을 천자로 모시길 원하옵니다."라고 외쳤다.

조광윤은 영문을 모르는 척 아무 말도 하지 않았다. 이때 몇몇 장수들이 막부 안으로 들어와 조광윤을 모시고 밖으로 나갔고, 누군가 미리 준비한 곤룡포를 조광윤의 몸에 걸쳤다. 모두가 황급히 무릎을 꿇으며 일제히 "만세!"를 외쳤다. 조광윤은 여전히 꿈에서 깬 듯한 표정을 지었고, 장수들은 서둘러 도성으로 돌아가자고 아우성을 쳤다. 다들 충심으로 자신을 추대한 것을 확인한 조광윤은 말 위에서 장병들에게 "모두들 나를 천자로 세워 부귀를 누리고자 한다면 진심으로 나의 명령을 따르겠는가?"라고 묻자 모두가 말에서 내려 다시 무릎을 꿇으며 "오로지 명령에 복종할 것입니다."라고 외쳤다. 이에 조광윤은 이렇게 말했다.

"일이 이렇게 되었으니 그대들에게 알린다. 후주의 어린 황제와 태후는 내가 받드는 분들이고, 공경대신들도 나와 함께 일하는 동료들이다. 그러니 이들에게 대해 함부로 하지 말라. 근래 제왕들이 처음 도성에 들어가면 함부로 약탈하지 않는 경우가 없었다. 그대들은 이렇게 해서는 안 된다. 일이 끝나면 내가 그대들에게 큰 상을 내릴 것이다. 이렇게 하겠는가?"

모두들 그 명령에 따르겠다고 약속했다. 조광윤은 그제야 정식으로 황제 자리를 받아들였다. 그리고 이는 위로는 천명에 아래로는 민심을 따르는 것이지 찬탈이 아니니 도덕적으로 어떤 문제도 없음을 밝혔다. 그렇다면 어린 황제에게 황제 자리를 양보하게 만드는 선양禪讓이 필요했다.

재상 범질은 대세가 이미 정해졌음을 보고는 기꺼이 문무백관을 소집하여 선양 의식을 거행했다. 조서가 낭독되자 담당관은 조광윤을 이끌어 북면하게 하여 조서를 받고 숭원전崇元殿에 올라 곤룡포을 입고 면류관을 쓰게 하고 황제 자리에 앉아 문무백관의 축하를 받게 했다. 문무백관들은 만세를 불렀다. 국호는 송宋으로 바꾸고 공신들에게 공을 따져 상을 내렸다. 석수신, 고회덕, 장령탁, 왕심기, 장광한, 조언미 등을 절도사에 임명하고 친위군을 거느리게 했다. 모용연쇠慕容延釗는 전전도섬검殿前都點檢으로 승진되었고 고회덕으로 하여금 보조하게 했다. 후주의 옛 신하들도 빠짐없이 상을 받았고, 모든 일이 순조롭게 처리되었다.

송 왕조가 들어섰지만 엄청난 권력을 가진 공신들 때문에 천자 자리는 새로운 야심가의 목표가 되었다. 당 멸망 이래 송이 건국되기까지 53년 동안 중원에서는 다섯 왕조가 주마등처럼 바뀌었다. 그사이 8개 성씨에 13명의 군주가 바뀌었다. 이 다섯 왕조 중 넷은 내부의 군인에게 찬탈당했다. 조광윤 본인도 무장으로 황제가 되었다. 이 때문에 그는 자신에게 위협이 되는 무장들, 즉 당초 정치적 동지로서 군대를 거느리고 있는 잠재적 위협을 해소하는 데 특히 주의를 기울였다. 여기에 얼마 뒤 일어난 절도사 이균李筠과 이중진李重進의 반란은 이 문제를 해결하지 못하면 송 왕조도 단명할 수 있다는 절박함을 더욱더 실감나게 했다. 반란을 평정한 후 조광윤은 조보를 불러 물었다.

"당나라 말기 이래 몇 십 년 사이 천하는 제왕의 성이 여덟 개나 바뀌었다. 그러나 전쟁은 그치지 않고 백성들은 도탄에 빠져 있으니 원인이 어디 있는가? 나는 천하의 병란을 가라앉히고 나라를 오래도록 안정되게 다스리는 계책이 필요한데 출로가 어디에 있겠는가?"

조보는 다음과 같이 자신의 생각을 말했다.

"천하가 이렇게 된 것은 다른 까닭이 아니라 번진 세력들이 너무 커서 군주는 약하고 신하가 강해졌기 때문일 뿐입니다. 그러니 천하를 다스릴 방법도 특별한 것이 없습니다. 번진 세력을 약화시켜 그들의 재정을 통제하고 천하의 병권을 회수하면 나라는 자연스럽게 안정될 것입니다."

● 송 태조 조광윤은 역대 제왕들 중 아주 드물게 정권 초기 피의 숙청을 피해 간 현명한 군주였다.

총명한 조광윤은 조보의 말을 바로 알아듣고는 "더 이상 이야기하지 마시오. 완전히 알아 들었으니." 라며 말을 끊었다.

어디에 문제가 있는지를 안 이상 그곳을 풀면 된다. 역사상 많은 개국 군주, 예컨대 유방은 음험한 수단을 써서 공신들을 제거했다. 조광윤은 공신들에게 그런 수를 쓰지 않았다. 그 주요한 까닭은 이랬다. 첫째, 공신들을 핍박하면 반란을 일으킬 수 있다. 둘째, 살벌한 수단을 사용하면 그전까지 쌓아올린 명성이 훼손된다. 명성은 무형의 정치적 자산이라는 점을 잘 알았기 때문이다. 셋째, 조광윤은 무력을 선호하지 않고 계책을 즐겨 사용했다. 그렇다면 어떤 방법이 완전할까? 즉, 정치적 동지들을 해치지 않고, 세상 사람들에게 욕을 먹지 않으면서 그들의 세력을 빼앗을 수 있는 방법 말이다. 조광윤은 결단하지 못하고 머뭇거렸다.

조보는 거듭 석수신과 왕심기 등이 쥐고 있는 금군의 병권을 회수하라고 권했지만 조광윤은 확답을 하지 않으면서 "그들은 절대 나를 배신하지 않을 것이니 너무 염려하지 마시오."라고 했다. 정치가로서 조광윤은 확실히 주관이 뚜렷했다. 오로지 막료의 건의를 있는 그대로 받아들이지 않았다. 조보는 한 걸음 더 나아가 이렇게 말했다.

"그들이 폐하를 배반한다는 말씀이 아닙니다. 제가 보기에 그들은 천하를 다스릴 인재들이 아닙니다. 다만 만에 하나 그들의 부하가 옹립한다면 그들도 어쩔 수 없을 겁니다."

이 한마디는 조광윤의 진교 쿠데타를 가리키는 것이었다. 그런데 이 경고가 오히려 공신들의 군권을 회수하는 해결 방법을 생각해내게 만들었다.

조광윤이 황제로 등극한 지 2년이 지난 961년 어느 날, 조광윤은 고위급 장수들을 궁으로 초대하여 연회를 베풀었다. 궁 안은 초롱을 달고 오색 천으로 성대하게 장식하고, 흥겨운 장구 소리 속에 술잔이 오고 가고 경쾌한 노래와 우아한 춤판이 벌어졌다. 장수들이 자리에 앉아서 이를 보고 있자니 태평성대의 정경이 떠올라 희색이 만연하고 통쾌하게 술을 마셨다. 모두 어느 정도 취할 무렵에 조광윤이 좌우의 시종들을 물러나게 하고 한 무리의 옛 친구와 공훈을 세운 공신인 석수신石守信 등을 남도록 한 후에 이렇게 말했다.

"짐은 그대들의 힘이 아니었다면 이 자리에 올라설 수 없었소. 그러나 천자 역시 매우 힘들어 절도사의 즐거움만 못한 경우가 많아서 밤잠을 설치는 일이 다반사요."

석수신 등은 깜짝 놀라며 무슨 걱정이 있냐고 물었고 조광윤이 말했다.

"또 누가 이 천자의 자리에 오르려는지 알 수 있겠소!"

장수들이 이 말을 듣고 크게 놀라 자리에서 일어나 무릎을 꿇고 머리를 조아리며 이구동성으로 말했다.

"폐하, 무슨 말씀을 그렇게 하십니까? 지금 천하는 안정이 되었는데, 누가 감히 다른 마음을 품겠습니까!"

"경들은 물론 그렇지 않겠지만 휘하의 부하들로 부귀영화를 꿈꾸는 자들이 일단 당신들의 몸에 황포를 걸쳐준다면 비록 자신은 황제가 되지 않으려고 해도 그럴 수 있겠소?"

여러 대장들이 머리를 조아리고 울면서 말했다.

"신들이 어리석어서 미처 그런 생각을 하지 못하였으니, 부디 폐하께서 저희들의 살길을 하명해주십시오."

조광윤은 그제야 자신의 속뜻을 말했다.

"인생이란 흰 망아지가 좁은 틈을 지나가는 것과 마찬가지로 덧없이 빨리 지나가는 법이오. 부귀영화란 단지 금전이 넉넉하여 스스로 인생을 즐기면서 자손들이 가난하게 살지 않으면 그만이오. 그대들은 병권을 놓고 나가서 변경을 지키면서 좋은 저택을 마련하고 자손들에게 영구히 남겨줄 재산을 남긴 후에 가무를 즐기면서 날마다 맛난 음식과 술을 마시며 한평생을 보내면 좋지 않겠소! 그리고 짐과 그들이 사돈 관계를 맺으면 상하 군신 간에 서로가 의심할 것 없이 편안할 터이니 이 역시 좋지 않겠소!"

석수신 등 장수들은 연거푸 감사를 드렸다. 그다음 날 고급 장수들은 병을 이유로 조정에 나오지 않고 사직을 청하며 군직을 버렸다. 조광윤은 돛을 단 듯 순조롭게 그들을 사직시켰고 더불어 후한 상을 내렸다. 비록 중앙의 군의 요직은 그만두게 하였지만 대부분 지방의 절도사와 관리로 내려보냈다. 이것이 바로 역사상 유명한 "술잔을 돌리며 병권을 내놓게 하다."라는 '배주석병권杯酒釋兵權'의 일화이다.

그로부터 얼마 뒤 조광윤은 다시 한번 이 방법을 사용했다. 궁궐 후원에다 큰 술자리를 마련하여 각 번진의 절도사들을 불렀다. 술자리가 무르익자 조광윤은 절도사들에게 차분한 목소리로 지금 국가 원로 공신들을 너무 힘들게 일을 시키고 있다며 이는 공신들에 대한 대우가 아니라는 말로 운을 뗐다. 조광윤의 말인즉 그 자리에서 내려오는 것이 어떻겠냐는 뜻이었다.

봉상鳳翔 절도사 겸 중서령인 왕언기王彦起가 바로 뜻을 헤아리고는 앞으로 나와 "신은 본래 이렇다 할 공도 없이 은총을 너무 오래 받았고, 지금 나이가 들었으니 물러나 전원으로 돌아가도록 허락해주십시오."라고 했다. 조광윤은 자리에서 일어나 그를 부축하며 "경이야말로 정말 겸손한 군자요."라며 위로했다.

절도사들은 무장들이라 모두가 그렇게 왕언기처럼 말귀를 잘 알아듣는 총명한 자들이 아니었다. 무행덕武行德은 조광윤의 의중을 못 헤아리고 도리어 지난날의 공과 이력 등을 앞세우며 다른 소리를 늘어놓았다. 이에 조광윤은 "그건 지난날 이야기이고 오늘 대송 왕조에서는 더 이상 말할 가치가 없다."며 싸늘하게 면박을 주었다.

머지않아 상황을 제대로 헤아리지 못하는 절도사들은 파직하고, 술자리에서 병권을 내려놓게 하면서 조광윤은 틈을 보아 권한이 너무 무거운 직무들을 없애버림으로써 근본적으로 위협을 제거했다. 중앙에서 지방에 이르기까지 조정에 저항할 만한 힘들은 모두 사라졌다.

조광윤은 후주의 땅을 그대로 물려받았기 때문에 강역이 황하 남북 지역에 한정되어 있었다. 내부의 위협을 해소했다고는 하지만 당시 중국은 여전히 분열 상태였다. 북쪽에는 북한北漢과 거란契丹이, 서쪽에는 후촉後蜀이, 남쪽에는 남한南漢·남당南

唐·오월吳越·형남荊南 등이 있었다. 큰 포부를 가진 황제로서 이런 상황이 만족스러울 수 없었다. 내부의 위협을 제거했으니 이제 어떻게 하면 이들 군웅을 소탕하고 남북을 통일할 것인가가 다음 과제였다. 전술에 능한 조광윤이 전략의 문제에 직면한 것이다. 다행히 사람을 잘 알아보아 쓸 줄 알고 아랫사람에게 물어도 부끄러워하지 않았던 조광윤인지라 먼저 자문을 구한 사람은 역시 조보였다. 이것이 역사상 유명한 두 차례에 걸친 '설야정책雪夜定策'이었다. "눈 내린 밤에 대책을 결정하다."는 뜻의 고사다.

961년 어느 날 밤, 큰 눈이 내렸다. 조광윤은 홀홀단신으로 조보의 집을 찾았다. 조보 집의 문을 두드리자 조보가 나와 문을 열었다. 조보는 깜짝 놀랐다. 그로부터 얼마 뒤 조광윤의 동생 조광의도 왔다. 이들은 말하자면 조광윤 정치집단의 핵심들이었다. 대청의 화로에 둘러앉아 이들은 고기를 구워 먹었다. 조보의 아내가 술을 내왔고, 조광윤은 조보의 아내를 형수로 부르며 화기애애하게 술잔을 기울였다. 이날 밤 그들은 천하의 군웅들을 소탕할 목표를 결정했다.

목표가 정해진 이상 준비에 착수해야 했다. 하지만 어떻게 통일할 것이며, 어디서부터 손을 쓸 것인가? 이는 전략의 문제였다. 조광윤에게는 그 나름의 구상이 있었고, 일찍이 동생 조광의에게 이렇게 말한 적이 있다.

"중국은 오대 이래로 전란이 끊이질 않아 국고가 텅 비었다. 따라서 먼저 파촉巴蜀 지역을 취하고 다음으로 광남廣南과 강남江南을 취해야 국고가 부유해질 수 있다. 하동은 거란과 붙어 있어 그것을 취하려 한다면 거란이 걱정거리지만 당해낼 수 있을 것이다. 우리가 먼저 부유해지고 튼튼해지면 평정할 수 있을 것이다."

그런데 먼저 남쪽을 취하고 나중에 북쪽을 도모하는 '선남후북先南後北'과 먼저 약한 쪽을 치고 나중에 강한 쪽을 꾀하는 '선약후강先弱後强'의 방침이 과연 실행 가능한 것인가? 조광윤은 다시 조보에게 확인받을 필요가 있다고 판단했고 이에 두 번째 눈 내린 밤에 조보를 찾았다.

때는 첫 방문이 있었던 이듬해인 962년, 역시 눈보라가 몰아치는 밤이었다. 조광윤은 집 안으로 걸어 들어가면서 "동생과도 약속했으니 곧 도착할 것이오."라고 말하며 "양고기와 술이 있으면 가져와 추위를 좀 녹입시다."라고 했다. 조보는 바로 사람을 시켜 고기와 술을 마련하게 했다. 조광윤은 조보의 아내에게 친근한 말투로 "형수님! 오늘도 폐를 끼칩니다."라고 했다.

술이 몇 잔 돌자 조보가 "춥고 늦은 이 밤에 폐하께서 어찌 또 나오셨습니까?"라고 물었다. 조광윤은 근심 어린 표정으로 "잠이 오질 않소. 침대 밖이 모두 남의 집이니 말이오. 내가 그대를 찾아온 까닭이 이 때문이오."라고 답했다.

조보는 바로 그 뜻을 알아채고는 "너무 서두르지 마십시오. 지금 국내는 안정을 찾았고 민심도 다잡았으니 남북을 치기 좋은 때입니다. 폐하의 생각은 어떠십니까?"라고 했다. 이에 조광윤은 일부러 "내가 먼저 북한의 도성 태원을 치고 싶은데 어떻겠소?"라고 물었다. 조보는 잠시 생각하더니 이렇게 말했다.

"태원은 서쪽과 북쪽 가장자리에 위치해 있습니다. 우리가 대거 그곳을 공격할 경우 감당할 수 있을까 의문입니다. 잠시 그쪽은 보류해두고 다른 나라들을 공략한 후에 다시 거론하면 어떨까 합니다."

조고의 분석에 조광윤은 기뻐 연신 고개를 끄덕이며 "내 생각도 그대와 같소이다. 그저 한번 그대의 의견을 듣고 싶었을 뿐이오."

'설야정책'은 전략에 대한 조광윤과 조보의 파악이 일치했음을 잘 보여준다. 당

● 조광윤이 눈 오는 밤 조보를 찾아 국정을 상의한 일화는 훗날 그림으로 그려져 남아 있을 정도로 유명하다.

시 남방의 할거 정권은 전란이 상대적으로 적었고 중원의 백성들이 대거 남하하여 경제의 중심이 남방으로 이동한 상황이라 무엇보다 경제가 번영을 누리고 있었다. 게다가 남방의 보기 좋고 부드러운 환경은 강인한 남자를 배출하지 못하고, 영양가 풍부한 쌀을 먹는 군주들은 내부분 큰 뜻이 없고, 군사력도 송에 비해 약해서 공격하여 취하기가 비교적 쉬울 수도 있었다. 이 지역을 취한다면 재정을 보충하여 힘을 비축한 다음 북방을 공격하면 중국을 통일할 수 있다. 반면 북방 소수민족의 국가는 호전적이고 기마와 활쏘기에 능숙하여 군사력이 강하다. 공격하여 취하기도 쉽지 않지만 설사 얻는다 해도 내 쪽의 손실도 클 수밖에 없다. 따라서 먼저 북방을 공격한다는 것은 이제 막 들어선 송 왕조에게는 실질적인 득이 없었다.

남쪽 절반의 중국을 평정하자 송 왕조는 전과는 확연히 달라졌다. 재정이 튼튼해져 북방 쪽으로 군사력을 동원을 기회가 왔다. 조광윤의 첫 순서는 떼어준 연운燕雲16주를 되찾는 일이었다. 그런데 이 중요한 시기에 송 태조가 50세의 한창 일할 나이에 세상을 떠났다.

그 뒤 동생 조광의(태종)가 형 조광윤의 사업을 이어 북한을 멸망시키고 기본적으로 통일이란 대업을 완수하긴 했지만 조광의의 정치적 재능과 군사적 안목은 형 조광윤에 훨씬 못 미쳤다. 또 마음으로 서로의 뜻을 알아주었던 조보와의 관계도 조광윤만 같지 않아서 결국 연운 16주를 회복하지 못했다. 북방의 강력한 소수민족 정권은 줄곧 중원의 거대한 위협으로 남았고, 결국은 훗날 칭기즈칸이 일어나 송 왕조를 몽고의 수중으로 들어가게 만드는 기초가 되었다.

조씨 후손들은 대체로 평범하여 총명이란 단어는 조광윤 혼자 차지하고 자손에게 유전되지 못했다. 조광윤은 자손만대를 위해 화근을 제거하지 못한 채 세상을 떠났고, 이는 어쩌면 거스를 수 없는 천명이었는지도 모르겠다. 세상에 완벽한 일은 없으니까.

송의 건국에서 나타나는 특징은 우선 무력을 아주 적게 사용한 평화로운 방식이었다는 점이다. 이는 유방이 천하를 얻은 뒤 공신들을 토사구팽시킨 일이나 주원장이 마치 불을 지르듯 공신들을 대거 잔혹하게 제거한 것과 비교된다. 조광윤과 조보의 방법은 노새를 울타리 안에서 잘 먹이는 식이었다. 노새는 잘 먹고 살이 쪘지만 비대해진 몸으로 뛰어다닐 수가 없었고, 굳이 뛰어다닐 생각도 하지 않게 되었다. 그러니 칼을 쓰지 않아도 효과는 마찬가지였다. 이런 수단이야말로 훨씬 교묘하고 음험한 것이었다. 조광윤이 비교적 평화로운 방식으로 천하를 얻은 까닭은 무엇보다 당시의 형세가 그랬고, 여기에 조보 등의 모략이 가세했기 때문이다. 진교의 쿠데타로 황포를 엉겁결에 두른 것은 우연한 일이었지만 역사는 어용 문인들에 의해 분식되어 내걸렸을 따름이다. '점검사點檢使라는 문패는 정치적 상대를 제거하는 수단이었고, 하늘의 변화를 관측한 묘훈의 행위는 쿠데타의 구실이었다. 보기에는 모든 것이 수동적이지만 실은 주동적이었다. 조광윤의 성공은 천시 49%에 인간의 의지와 모략이 51%였고 전체 계획의 연출은 조보와 조광윤이었다. 송의 건국은 실제로는 한 바탕 거대한 음모였다.

음모도 좋고 양모도 좋다. 송의 시대는 역사상 대체로 진보적 의미를 가진다. 조광윤은 혼란을 피했다. 장수 하나가 성공하려면 1만 명의 장병이 골병든다는 기존의 관념을 깨고 남북을 통일하여 중국 역사상 200년이 넘는 평화와 통일을 이룩했다.

조광윤이 황제가 된 뒤의 어느 날, 어사가 당시 재상으로 있던 조보를 탄핵하는 글을 올렸다. 내용인즉 조보가 옥리와 사사로이 결탁하여 법률을 멋대로 고쳐 사리사욕을 채우려 한다는 것이었다. 조광윤은 어사를 불러 이렇게 꾸짖었다.

"솥에도 귀가 있거늘 하물며 어사라는 벼슬이야 말해서 무엇하랴! 너, 조보가 사직의 공신이자 국가의 동량이란 사실을 몰랐단 말이냐? 앞으로 다시는 이런 글을 올리자 말라. 오늘은 봐주겠다만 또 한번 조보란 이름을 입에 담았다가는 용서하지 않겠다!"

한번은 조광윤이 갑자기 조보의 집을 찾았는데 공교롭게 오월의 왕이 사람을 보내 조보에게 예물을 드리고 있었다. 사신은 "해산물 한 상자를 가져왔으니 재상께서 기꺼이 받아주십시오."라고 했다. 이 상자를 감출 틈이 없었던 조보는 조광윤에게 보고를 드리며 "오월의 해산물은 귀한 물건일 것입니다."라고 했다. 조광윤이 상자를 열었더니 그 안에는 황금이 가득 차 있었다. 조보는 순간 어찌할 바를 모르고 바닥에 무릎을 꿇고는 변명을 늘어놓았다. 조광윤은 큰 소리로 웃으며 "괜찮으니 챙겨두시오. 이놈들은 과인이 그대를 어떻게 생각하는지 모르고 뇌물이랍시고 가져왔으니 정말 멍청한 놈들이지."라고 했다.

● 조광윤에게 조보는 막료 그 이상이었다. 뛰어난 막료를 얻는 것도 중요하지만 그 막료를 어떻게 대하느냐는 더욱이 중요하다. 조광윤은 이 문제를 잘 보여주고 있다. 조보의 초상화이다.

조보는 후주 때부터 조광윤의 고급 막료로서 진교 쿠데타를 계획하는 등 정권 수립에 가장 큰 공을 세웠다. 태조 조광윤의 전폭적인 신임을 얻어 재상에 임명되는 등 크게 중용되었다. 누군가에게 탄핵을 받을 정도로 자신의 손도 그리 깨끗하지는 않았지만 그것이 나라의 근본을 흔들 행위는 결코 아니었다. 조광윤 역시 그의 이런 작은 단점 때문에 마음이 흔들리지 않았다. 조보는 방울처럼 떨어지는 황제의 은혜에 솟아나는 샘물로 보답했다. 지방의 할거 세력들을 제거하는 등 중앙집권을 강화하기 위한 일련의 조치들을 제안했고, 조광윤은 이를 모두 받아들였다. 이런 조치들이 없었다면 조광윤도 당나라 말기에서 송나라 초기에 이르는 수십 년 사이 주마등처럼 사라져간

10여 명의 황제들 중 한 사람이 되었을지 모른다.

사실 조보의 이런 개인적 비리는 조광윤에게는 하나 나쁠 것이 없었다. 그것은 곧 조보에게 다른 정치적 야심이 없다는 뜻이기도 했기 때문이다.

4.
'인의仁義' 때문에 몸을 망친 송宋 양공襄公

역사상 억지로 스스로를 꾸미는 위선과 가식으로 이름난 군주를 들라면 춘추시대 송나라 양공(재위 기원전 650 - 637)을 따를 사람이 없을 것이다. 그는 인덕으로 천하 제후들을 호령하겠다는 망상에 사로잡힌, 실제로는 속이 빈 깡통과 같은 존재였기 때문이다. '인의'는 있었지만 '지혜'가 없어 결국은 천하의 웃음거리가 되었다.

송 양공은 즉위한 초기부터 위선과 가식을 보여주었다. 그는 즉위 후 얼마 되지 않아 자기 형의 아들인 공자 목이目耳에게 왕위를 양보하겠다는 뜻을 나타냈다. 목이는 서출로 인품이 현명하고 자신의 분수를 아는 인물이었고, 따라서 자연스럽게 양공의 제안을 받아들이지 않았다. 양공은 이렇게 왕위를 굳히는 한편 좋은 명성까지 얻었다. 심지어 제나라의 재상 관중까지 이 일로 감동을 받아 양공이 보여준 겸양의 미덕을 칭찬할 정도였다. 그런데 이 놀음이 양공으로 하여금 천하의 패주로 가는 둘도 없는 길을 알려주었으니 그것이 바로 '인덕'이었고, 양공은 그 후로 심심하면 이 '인의'를 들먹이게 되었다.

당시 제나라 환공이 제후들 사이에서 패주로 군림한 지 30년이 넘었다. 환공은 송나라 양공이 '덕'으로 명성이 높다는 사실을 알고는 규구葵丘 회맹에서 그를 만나 손을 잡고 뒷일을 부탁하면서 앞으로 당신이 패주가 될 터이니 제나라를 잘 부탁한다고 말했다. 양공은 제나라처럼 강대한 패권 국가조차 자신에게 도움을 요청했다며 '인덕'이야말로 나의 운명이라며 으스댔다.

기원전 643년, 제 환공이 중병이 들자 환공이 아꼈던 수조竪기, 역아易牙, 옹무雍巫, 개방開方 등이 난을 일으켜 높은 담장으로 둘러싸인 침궁에 가두고 외부와 완전 차단시켜버렸다. 환공은 굶주림과 목마름에 고통을 당하다가 죽었다. 시신에 구더기가 들끓을 때까지 돌보지 않아 구더기가 담장 밖으로 기어 나올 때까지 사람들은 환공이 어디에 있는 줄 몰랐다. 공자들이 국군 자리를 놓고 서로를 죽이는 혈육 상쟁을 벌였고, 공자 소昭는 송나라도 도망쳤다.

이듬해인 기원전 642년, 송 양공은 환공과의 약속을 지키기 위해 전차 400승을 이끌고 조曹·위衛·주邾 세 나라의 군대와 합세하여 공자 소와 함께 제나라로 들어가 난을 진압하고 소를 국군으로 세우니 이가 효공孝公이다. 양공은 환공의 부탁을 저버리지 않은 셈이었다.

이후 양공은 스스로를 구세주로 자처하기 시작했다. 환공은 이미 죽었고, 동쪽의 노나라는 평소 그리 강하지 않은 나라이고, 게다가 제나라의 새 국군은 자신이 세웠으니 양공의 자만심은 더 크게 부풀기 시작했다. 제후들을 호령하는 패주가 되겠다는 희망은 이제 더 이상 희망이 아니었다. 양공은 목이에게 앞으로의 계획을 자문했다. 그런데 목이는 양공의 머리에 찬물을 끼얹었다. 그는 이렇게 말했다.

"송나라는 세 방면에서 제나라만 못합니다. 첫째, 제나라는 태산과 발해의 험준함을 병풍처럼 삼을 수 있습니다. 둘째, 제나라에는 낭야琅琊와 즉묵卽墨 등지의 풍부한 물산이 있습니다. 셋째, 제나라에는 관중·영척·습붕·포숙 등과 같은 인재들이 나라를 보필하고 있습니다. 이 때문에 제나라에는 늘 좋은 일과 좋은 곡식이 함께 나옵니다. 우리나라는 땅도 좁고 척박하며 문무가 갖추어져 있지 않습니다. 게다가 작년에는 유성이 땅에 떨어지고 새가 거꾸로 나는 등 하늘이 경고를 했습니다. 전 전긍긍 차분히 종묘사직을 지켜도 시원찮은데 어찌 제나라를 따라 패주가 되려 하십니까? 그럴 힘이 있기는 합니까?"

당초 양공이 목이에게 계획을 물은 까닭은 자신이 멋대로 결정하지 않고 예를 갖추어 현명한 사람에게 자문을 구한다는 '덕행'을 과시하기 위해서였는데 목이는 이런 의중을 모르고 그에게 이러쿵저러쿵 충고를 해댔다. 양공은 하는 수 없이 혼자서 반년 넘게 준비를 한 다음 기원전 641년 6월 이웃나라인 등滕·조·주·증鄫 등 작은 나라들을 조남曹南으로 불렀다. 큰 나라들은 불러도 오지 않을 것이 뻔했기 때문에 이들 작은 나라들 앞에서 위세를 떨치려 한 것이다. 등나라의 군주 영제嬰齊는 모임에 늦었다고 양공에 의해 붙잡혀 감금당했다. 증나라의 군주는 이틀 늦게 왔는데 양공은 주나라 국군에게 명령을 내려 기어코 증나라 군주를 가마솥에 던져 넣고 산 채로 삶아서 수수睢水의 신에게 제사를 드림으로써 자신의 위세를 뽐냈다. 목이가 강력하게 충고했지만 양공은 듣지 않았다.

이후 양공은 작은 사마귀가 큰 톱을 짊어지려 하듯이 제 환공을 모방하여 제후들과 큰 회맹을 가지려 했다. 기원전 639년, 먼저 제·초 두 대국과 녹상鹿上에서 만났다. 제 효공은 지난날의 정을 봐서 억지로 모임에 왔고, 초 성왕은 미리 양공으로부터 후한 예물을 받았기 때문에 행차를 했지만 실은 양공이란 이 보잘것없는 자가 무슨 일을 어떻게 하는지 구경하러 온 것이다. 양공은 먼저 작위爵位의 높낮이에 따라 맹서를 하자고 제안했다. 송나라는 은상殷商의 후손으로 대대로 공작公爵의 작위를 세습

해왔다. 제나라도 공작의 나라였으나 효공은 양공의 체면을 봐서 굳이 다투려 하지 않았다. 초나라는 왕으로 자칭한 지 오래되었으나 나중에 자작子爵의 나라로 봉해졌기 때문에 서열로 보자면 아래였다. 양공은 이렇게 해서 먼저 소의 귀를 자르는 우이牛耳를 잡아 맹주의 자리에 앉았다. 맹서문에 양공은 맨 앞에 자신의 이름을 쓰고 초 성왕에게 넘겼다. 제나라 차례가 오자 효공은 서명을 사양하며 앞으로 있을 맹읍孟邑의 회맹에서 맨 끝에 서명하면 만족하겠노라 둘러댔다. 실제로는 양공과 다투길 원치 않았고, 특히나 초나라 뒤에 자기 이름을 올리고 싶지 않았기 때문이었다. 양공은 제나라에 베푼 은혜에 자부심을 갖고 있던 터라 효공의 요청을 받아들이고 맹세문을 거두어 보관하게 했다.

양공은 녹상의 회맹에서 자신의 계획대로 제·초 두 강국이 자신에게 복종했다며 좋아라 했다. 패주는 실력이 뒷받침되어야지 서명한 순서가 아니라는 사실을 양공이 어찌 몰랐겠는가. 그는 이를 모르는 것인지 모르는 척하는 것인지 맹주를 자처하며 뻐겼다. 그리고 이를 제후들에게 알리고 모임에 초청하며 가을에 우盂라는 곳에서 소 피를 마시며 맹서하겠노라 통보했다. 양공은 자신이 먼저 그곳으로 가서 회맹을 위한 단을 만들고 객사를 수리하는 일을 독촉했다. 그는 이 시설들을 위해 아낌없이 돈을 퍼부으며 제후들에게 자신의 위세를 과시하고 싶어 했다. 정말이지 가식과 허풍과 공허함 그 자체였다.

목이가 또 충고의 말을 올렸지만 양공은 무슨 약을 잘못 먹었는지 오로지 회맹에만 마음이 가 있었다. 이번 회맹으로 패업을 달성하겠다는 집념으로 가득 차서 목이의 말은 귀에 들어오지 않았다. 목이는 "이번 회맹이 진짜 화를 초래하겠구나."라며 탄식했다.

회맹 날짜가 다가오자 초·진陳·채蔡·허許·조·정鄭 등이 때맞추어 모였다. 제나라 효공과 노나라 희공僖公은 사양하며 오지 않았다. 양공은 이 여섯 나라가 자신을 받들

어 자신이 한번 호령하면 죄다 호응한다고 착각하며 "오늘 이 모임은 과인이 과거 제
나라 환공의 위업을 이어 주 왕실을 높이고 백성을 평안케 하며 전쟁을 멈추어 천하
와 함께 태평의 복을 누리기 위해 만들었소이다. 그러니 여러 군주들께서는 의관을
갖추고 소를 희생하여 피를 바른 다음 맹서합시다."라고 큰소리를 쳤다.

그러나 그의 말이 끝나기도 전에 초 성왕이 맹주가 앉는 자리에 냉큼 앉으면서
"과인은 왕이 된 지 이미 오래니 이 맹주 자리는 미안하지만 과인이 먼저 앉아야겠
소."라며 낯 두껍게 웃었다. 부끄러운 행동이었지만 실력이 뒷받침되기 때문에 이렇
게 대담한 행동을 하고도 태연할 수 있었다.

성왕에게 선수를 빼앗긴 양공이 이치를 들이대며 따지자 초나라 장수 성득신成
得臣이 나서서 이렇게 쐐기를 박았다.

"무슨 잔소리가 그렇게 많습니까? 오늘 회맹에 대해 제후들에게 물어보십시오. 초
나라를 위한 자리인지, 아니면 송나라를 위한 자리인지를!"

진·채·허·정 여러 나라가 이구동성으로 "우리는 사실 초왕의 명을 받들고 왔소이
다. 어찌 감히 오지 않을 수 있겠소."라고 했다.

양공은 소스라치게 놀랐다. 온갖 정성을 다 들여 만들어놓았더니 초나라가 중
원으로 진출할 길을 깔아준 꼴이 되다니! 회맹에 앞서 목이는 진즉에 초나라는 강하
지만 신의가 없으니 군사와 전차의 호위를 받으라고 했다. 양공은 의관을 차려입고
하는 회맹에 군대를 동원한다면 제후들에게 믿음을 줄 수 있겠냐며 물리쳤다. 그러
나 목이를 회맹에 데리고 오기는 했다.

상황이 이상하게 돌아가자 양공은 자리를 빠져나오려 했다. 초나라 장수 성득
신과 두발斗勃은 이런 상황을 예상했는지 군사를 불러 양공을 사로잡으려 했다. 공자

목이도 이런 돌발사태에 대비해서 이미 준비를 해놓았기 때문에 혼란한 틈을 타서 빠져나왔다.

초 성왕은 제후국들과 함께 다섯 길로 나누어 송나라를 향해 진공했고, 결국 양공을 인질로 잡았다. 성왕은 양공이란 인질을 앞세워 송나라가 저항을 포기하게 만든 후 송나라 땅을 습격할 생각이었다.

그러나 군대가 송나라 땅 상구商丘에 이르렀을 때 송나라 군대는 성을 단단히 지키면서 이미 물샐틈없이 경계를 하고 있었다. 초 성왕은 두발에게 성문을 열라고 고함치게 했다. 송나라 대부 공손고公孫固는 "나라 사람들이 공자 목이를 이미 새로운 군주로 옹립했으니 포로로 잡은 양공을 죽이든지 살리든지 마음대로 하시오. 항복은 안 될 말이오."라며 버텼다.

손안에 있던 기이한(?) 물건이 쓸모없는 폐물로 변하자 성왕은 홧김에 성을 공격하라는 명령을 내렸다. 사흘 동안 두 나라는 많은 손실을 입었다. 성왕의 계획은 예상과는 달리 삐끗 잘못해서 물거품이 되었다. 양공은 폐물로 전락하여 죽어도 그만 풀려나도 웃음거리만 될 뿐이었다. 성왕에게 양공은 아무 쓸모가 없었고, 심지어 귀찮은 존재가 되었다. 성왕은 성득신의 말을 받아들여 양공을 노나라로 보내면서 노나라 희공과 박毫에서 회맹하자고 제안했다. 희공은 이 제안을 받아들이는 한편 양공을 송나라로 돌려보냈다.

양공은 귀국한 뒤 자신의 국군 자리를 목이가 차지하지 않았다는 것을 알게 되었다. 모두가 목이의 계획이었다. 당시 목이가 당황해서 양공의 석방을 요청했다면 초나라는 틀림없이 큰 대가를 요구했을 것이 뻔했기 때문이다. 목이가 결연한 의지로 양공을 원하지 않는다고 함으로써 초 성왕의 계획은 무산되었고, 송나라도 그렇게 큰 손실을 입지 않았다.

송 양공은 초나라에 사로잡히는 치욕을 당했음에도 교훈을 얻지 못하고 여전히 패주가 되려는 망상을 버리지 못했다. 게다가 병력으로 위세를 떨쳐보려 했다. 당시 정나라는 우의 회맹에서 맨 먼저 초나라를 받들고 송나라에 반대했기 때문에 양공은 온 나라 군대를 동원하여 정나라 정벌에 나서려 했다. 목이와 공손고가 말렸지만 양공은 듣지 않고 또 '인의'를 들먹이며 "과인은 인의로 사람을 대했다. 그런데 어찌 저 나쁜 놈을 그냥 둘 수 있단 말인가! 정나라에 보복하지 않고서 어찌 군주라 하겠는가."라고 우겼다.

정나라는 다급하게 이 사실을 초나라에 알렸다. 초나라는 아예 송나라를 공격하여 정나라를 구하는 책략으로 나섰다. 곧장 송나라의 홍수泓水로 들이닥쳤다. 두 나라 군대는 홍수를 사이에 두고 진을 쳤다. 공손고가 이렇게 건의했다.

"초나라 군대는 먼길을 왔고, 우리는 정나라 공격을 이미 포기했기 때문에 형세가 우리에게 결코 유리하지 않으니 사람을 보내 강화하는 쪽이 낫겠습니다."

양공은 또다시 지난날 패주 제나라 환공을 거론하며 "지난날 환공은 초나라를 정벌하여 패업을 이루었다. 지금 초나라 군대가 왔는데 싸우지 않고서 어찌 패업을 이룰 수 있단 말인가."라고 했다.

이 말은 사실 억지나 마찬가지였다. 제 환공이 초나라를 정벌하여 패업을 이루었으니 나 양공도 싸우면 틀림없이 패업을 이룰 수 있다는 식이었기 때문이다. 마치 이것이 패업으로 가는 순서이기나 한 듯 초를 정벌하지 않으면 안 된다고 우겼다. 그러나 한쪽 구석의 이 작은 나라가 과거 제나라의 국력과 비교가 되기나 하나? 공손고는 그런 낡은 눈으로 새로운 문제를 보아서는 안 된다며 "우리 군대는 초나라만큼 강하지도 날카롭지도 못합니다. 군인들도 초나라에 비해 약한데 어떻게 초나라를 이긴단 말입니까?"라고 항의했다. 이 대목에서 양공은 또 한번 인의를 꺼내들며 이렇게 말했다.

"초나라 군대가 강하고 수도 많지만 인의는 부족하다. 과인의 군대는 숫자는 부족하지만 인의롭다. 지난날 주 무왕이 3천으로 주왕의 100만과 싸워 이긴 것도 모두 인의에 힘입었기 때문이다."

양공이 이 지경에 이르자 공손도 더 이상 할 말이 없었다. 초나라 장수 성득신은 사람을 보내 선전포고를 했고, 양공은 조금도 머뭇거리지 않고 아주 통쾌하게 홍수의 남쪽에서 결전하자고 했다. 그리고 큰 깃발에 '인의'라는 두 글자를 써서 전차에 매달게 했다. 마치 이 두 글자가 천군만마라도 되는 양 의기양양했다.

공손고는 목이에게 고충을 털어놓았다. 목이는 양공이 뜻은 크지만 재능이 모자라다는 점을 잘 알고 있었다. 그는 이렇게 탄식했다.

"군대를 통솔하는 주군이 죽음을 외치면서 인의를 말하니 하늘이 우리 주군의 혼을 빼앗았나 보다. 우리가 매사를 신중하게 처신하여 행여 나라를 잃지 않으면 그나마 다행일 것이다."

초나라 군대는 홍수의 북쪽에, 송나라 군대는 남쪽에 주둔했다. 당초 홍수 남쪽에서 결전을 벌이자고 약속했기 때문에 초나라 군대가 홍수를 건너야만 했다. 초나라 주장 성득신과 주발은 날이 밝기 전에 빨리 건너 도중에 송나라 군대가 공격해 오는 것을 피하자고 했다. 성득신은 양공을 아주 무시하는 투로 이렇게 말했다.

"송 양공은 병법을 모르는 늙은이에 지나지 않습니다. 강을 빨리 건너면 빨리 결전할 것이고, 늦게 건너면 늦게 결전하면 그만이니 두려워할 것 없습니다."

날이 밝자 초나라 군대는 육지에 오른 다음 강을 건너기 시작했다. 초나라 군대가 홍수를 건너오는 모습을 본 목이는 전차와 병력을 단단히 배열하고 "적의 수가 우리보다 많으니 물을 다 건너기 전에 공격하십시오."라고 건의했다.

양공은 큰 깃발 위의 '인의'라는 두 글자를 가리키며 "과인의 군대는 정정당당한 인의의 군대다. 어찌 도중에 공격할 수 있단 말인가."라며 거부했다.

초나라 군대가 홍수를 다 건넜다. 그러나 아직 진열이 정돈되지 않은 상태라 공손고가 다시 이 틈에 공격해야 한다고 주장했다. 양공은 마치 그들 얼굴에 침을 뱉듯이 "너희들은 한순간의 이익 때문에 만세의 인의를 팽개치겠다는 말인가? 전열을 갖추지 못한 틈에 공격하는 사람이 어디 있단 말인가."라고 역정을 냈다.

결과는 말하지 않아도 뻔했다. 애당초 송나라는 막강한 초나라 군대의 상대가 아니었다. 참패, 그 자체였다. 목이와 공손고는 양공을 호위하여 포위를 뚫다가 부상을 입었고, 양공도 왼쪽 무릎뼈가 끊어지는 중상을 입고 간신히 도읍 상구로 돌아왔다. 전투가 끝난 뒤 목이는 양공에게 통렬한 비난을 퍼부었다.

"전쟁은 승리로 공을 세우는 것입니다. 그런데 어찌하여 공께서는 실제와는 거리가 먼 헛소리만 늘어놓으시는 겁니까? 공의 말씀대로라면 노예가 되어 다른 사람을 섬기는 것이 차라리 낫지, 뭐 하러 전쟁을 한답니까?"

이 전투로 송나라 군대는 열에 아홉을 잃고 참패를 당했다. 4만이 넘는 병사들 중 소수만이 살아 돌아왔을 뿐이다. 전차 등 장비도 다 잃었다. 초나라 군대는 송 양공의 깃발을 발로 밟고 송나라를 대대적으로 약탈했다. 가족을 잃은 백성들의 비명과 울음이 전국을 뒤덮었고, 양공에 대한 원망의 소리도 끊이질 않았다.

그로부터 2년 뒤 양공은 이때 입은 중상을 이기지 못하고 결국 사망했다. 그는 죽는 순간까지도 "군자는 어려움에 빠진 사람을 곤란하게 만들지 않는 법이다. 전열을 갖추지 못했으면 공격의 북을 울리는 것이 아니다."라며 자신의 어리석음을 변명했다.

양공은 평생을 자신과 남을 기만하는 위선과 허위 속에서 살았다. 그러니 자신의 실패가 무엇 때문일 줄 알 턱이 없었고, 죽는 순간에도 그놈의 '인의'라는 보물이 사라지는 것을 아쉬워했다. 오로지 '인의'라는 허울 좋은 명분에만 매달려 전략과 모략을 외면하다 처절하게 실패했으니, 이는 말하자면 '인의'라는 이 물건 때문에 해를 입은 꼴이었다.

● 허울만 좋고 실속 없는 명분에 사로잡힌 가식적이고 위선적인, 그러면서 독단적인 리더가 실제로 우리 주위에 적지 않다. 송 양공은 그런 리더들 중 두드러진 사례에 지나지 않는다.

5.
한 번 웃음으로 벌어진 참극

기원전 593년 봄, 진晉·노魯·위衛·조曹 네 나라의 사신이 동시에 제나라의 도성 임치에 왔다. 진나라는 상대부 각극郤克, 노나라는 상경 계손행보季孫行父, 위나라는 상경 손량부孫良夫, 조나라는 공자 수首를 보냈다. 제나라 경공頃公은 이들을 무야無野에서 맞이하고 먼저 객관으로 안내하여 술자리를 베풀었다.

궁으로 돌아온 경공은 이들을 맞이한 장면을 생각하며 웃음을 참지 못하고 크게 웃었다. 생각할수록 우스웠다. 옆에 있던 경공의 어머니 소태蕭太부인이 밖에서 무슨 재미난 일이 있었냐고 물었고 경공은 "정말이지 괴이한 일이 아닐 수 없었습니다."라며 또 웃었다.

경공의 어머니는 소국蕭國 국군의 딸로 깊은 궁궐에서 웃을 일이 거의 없었다. 남편 혜공惠公이 세상을 떠난 뒤로는 더 그랬다. 효성이 남달랐던 경공은 어머니의 마음을 기쁘게 해주려고 오늘 술자리에서 있었던 재미난 광경을 이야기했다. 상황은 이러했다.

오늘 온 네 나라의 사신들은 모두 장애를 가진 사람들이었다. 장애야 웃음거리가 못 되었지만 네 사람을 동시에 한 장소에 모아놓으니 기이하기도 하고 우습기도 했던 것이다. 각극은 절름발이라 걸을 때 뒤뚱거렸고 계단을 오를 때는 더 우스웠다. 계손행보는 머리카락이 한 올도 없는 대머리에다 머리에서 빛이 났다. 손량부는 애꾸눈이라 한쪽 눈으로만 사람을 보았다. 공자 수는 곱사등이었는데 마치 큰 새우처럼 아주 심하게 등이 굽어 있었다. 이런 네 사람이 한날한시에 제나라에 왔으니 하늘의 뜻이 아닌가 싶기도 했다. 그리고 그 안에 심상치 않은 일이 싹트고 있었다.

경공의 이야기를 들은 소태부인은 자연스럽게 아들과 함께 웃음을 터뜨렸고, 이들에 대해 호기심이 발동할 수밖에 없었다. 당장 그들을 보고 싶었다. 효자 아들 경공은 그저 어머니를 기쁘게 할 마음에 미처 다른 것들에 주의를 기울이지 못했다. 게다가 어머니를 더 즐겁게 할 생각에 그날 밤으로 도성 안에 살고 있는 절름발이, 곱사등이, 애꾸눈, 대머리를 한 사람씩 찾게 해서는 대기시켰다.

경공은 사람을 시켜 공식 연회를 마친 뒤 다음 날 후원에서 자신이 별도로 사신들을 위해 술자리를 열겠다고 사신들에게 통보했다. 사신들은 다른 생각 없이 이 환대에 감격해했다. 경공은 어머니 소태부인에게 이 장면을 구경하도록 안배했다.

이튿날 경공은 데려온 장애인들을 수레 한 대에 태워 각각 장애에 맞추어 네 나라 사신들을 모시게 했다. 절름발이는 각극을, 애꾸는 손양부를, 곱사등이는 공자 수를, 대머리는 계손행보를 모시게 했는데 후원에 들어서면 반드시 숭대崇臺를 돌아서 후원에 마련된 자리로 가도록 엄명을 내렸다. 경공이 지금 태어났더라면 모르긴 해도 코미디 연출가로 크게 성공했을 법하다. 제나라의 상경 국좌國佐가 이 사실을 알고는 아연실색하며 경공에게 "사신의 왕래는 나라의 큰일입니다. 손님을 공경하게 모시고 대해야지 놀려서는 절대 안 됩니다."라고 말렸다.

이미 준비를 다 끝낸 경공의 귀에 이 충고가 들릴 리 만무였다. 경공은 즉각 네 사람에게 수레를 몰고 사신 네 사람을 접대하게 했다. 사신을 태운 네 대의 수레가 잇따라 후원으로 들어섰다. 각극은 수레를 모는 사람도 공교롭게 자신처럼 절름발이라는 것을 발견하고 우연의 일치겠거니 생각하여 마음에 두지 않았다. 그런데 수레가 숭대를 지나는데 대 위에서 여자의 웃음소리가 크게 들리기 시작하더니 끊이질 않았다. 각극은 그제야 뭔가 이상하다고 느꼈다. 각극이 자리에 앉은 지 얼마 되지 않아 다른 일행들이 도착하기 시작했다. 하나같이 불쾌한 표정이었다. 특히 손양부의 얼굴은 분노로 표정이 완전히 일그러져 있었다. 모두들 불쾌한 심정으로 술잔을 돌렸고, 국빈 만찬은 그렇게 기분 나쁘게 끝이 났다.

숙소로 돌아온 손양부는 사람을 시켜 일이 어떻게 된 것인지 알아보게 했다. 대 위에서 일행을 보고 깔깔대며 웃었던 사람은 다름 아닌 경공의 모친 소태부인과 그 시녀들이었음을 알게 되었다. 손양부는 바로 각극을 찾았다. 계손행보와 공자 수도 어찌 알았는지 모였다. 네 사람이 모두 같은 꼴을 당했다는 사실을 확인했다. 네 사람은 일제히 한 나라를 대표하는 사신을 여자들의 비웃음 감으로 만들어 우롱하고 욕을 보인 경공을 성토했다. 계손행보는 노나라의 권력자로 재상급 인물이었다. 그는 "이 치욕을 갚지 않으면 사람이 아니다."며 이를 갈았고, 손양부도 "이 원한을 갚지 못하면 장부가 아니다."고 씩씩댔다.

네 나라 사신들 중 가장 힘이 약했던 조나라의 공자 수 역시 한을 품지 않을 수 없었다. 가장 강한 나라 진나라의 각극도 병권을 가진 실력자였다. 그는 "여러분들이 모두 같은 마음으로 이 치욕을 갚겠다면 피를 바르고 맹서합시다. 제나라를 공격하는 날 있는 힘을 다하지 않는 자가 있으면 신명이 그를 죽일 것이오."라며 상황을 정리했다. 네 사람은 소 피를 입에 바르며 맹서한 후 당장 제나라를 토벌할 계획을 상의했다. 이튿날 날이 밝자 네 사람은 마차를 돌려 귀국해버렸다.

그로부터 3년 사이에 진·노·위·조는 각각 제나라에 맞서 싸웠다. 그리고 3년 뒤 각극 등 네 사람은 자기 나라에서 정권을 담당하는 정경이 되어 통제 없이 작전에 나설 수 있게 되었다. 네 사람은 맹서한 대로 자기 나라의 군대를 이끌고 위나라 신축에 모여 제나라에 대한 전투를 준비했다. 깊은 원한이 이들로 하여금 본국의 군대 대부분을 이끌고 나서게 했던 것이다. 진나라 각극 한 사람만 해도 9만6천 명에 중무장 전차 800대를 동원했다. 당시 전차 1천 대면 대국이었다. 거기에 다른 세 나라의 군대가 5만은 족히 되니 전체 병력이 10만이 훨씬 넘었다. 이 대군이 제나라를 향해 진군했다. 이전의 연합군이라 하면 모양만 연합이었지만 사실은 제각각이었는데 이번은 같은 원수를 대상으로 하느니만치 전에 없이 적개심으로 똘똘 뭉쳤다. 이는 춘추시대가 시작된 이래 가장 큰 규모의 전쟁이자 가장 단합된 연합군이 움직인 대전이기도 했다.

미계靡笄에서 맞붙은 이 혈전에 제나라 경공은 정예병을 전부 투입하여 직접 전투를 지휘했다. 결과는 한 번에 박살이 났다. 경공은 산 위로 달아났고, 각극이 지휘하는 부대가 산을 포위했다. 제나라 장수 봉추보逢丑父는 경공과 자리를 바꾸었다. 마부로 변신한 경공이 고삐를 잡고 마차를 몰고, 봉추보는 경공 행세를 한 것이다. 진나라 장수 한궐韓厥의 전차가 뒤를 쫓아와 봉추보(경공)에게 절을 하며 "우리 국군께서 저에게 귀국의 죄를 물으라 명하셔서 이렇게 왔소이다. 나는 명령을 받들어 귀국 국군에게 무릎을 꿇고 우리나라를 받들기를 청하오."라고 으름장을 놓았다.

한궐은 인정사정없이 경공(봉추보)과 봉추보(경공)를 함께 사로잡았다. 봉추보는 경공에게 손짓으로 마치 말을 못하는 것처럼 꾸미게 하고는 바가지를 경공에게 주면서 목이 마르니 물을 떠 오게 해달라고 한궐에게 요청했다. 진나라 병사는 멀리 가지 못하게 했고 마부로 변장한 경공은 물을 떠 왔다. 봉추보는 일부러 물이 흐리다며 다시 물을 떠 오게 했고, 경공은 그 틈에 산 뒤쪽으로 도망을 쳤다. 한궐은 경공(봉추보)이 있으니 되었다며 그자만 잡아서 돌아왔다.

경공은 다행히 빠져나와 도읍 임치로 돌아왔다. 그때 각극은 대군을 휘몰아 임치로 들이닥치고 있었다. 경공은 어쩔 줄 몰라 했고, 국좌가 금은보화로 조나라에 뇌물을 주고 노와 위 두 나라에게는 전에 빼앗았던 땅을 되돌려주는 조건으로 강화를 요청하라고 건의했다.

국좌는 각극을 만났다. 각극은 단호한 어조로 두 가지 조건을 내걸었다.

"강화를 원한다면 우리가 제시하는 두 가지 조건을 들어야 한다. 첫째, 소국 국군의 딸(경공의 어머니 소태부인)을 진에 인질로 보낸다. 둘째, 제나라 경내의 모든 논밭에 동서로 길을 내서 앞으로 토벌하러 올 때 편의를 제공한다."

당초 국좌는 아주 공손한 자세로 대화에 임했으나 각극의 이 말에 발끈하여 이렇게 대응했다.

"소국 국군의 따님은 우리 주군의 어머니시오. 제나라와 진나라는 둘 다 큰 나라로 우리 국군의 어머니는 곧 당신 국군의 어머니나 마찬가지요. 원수께서 어찌 이렇게 무례할 수 있단 말이오! 그리고 논밭이 난 길은 천지자연의 이치이거늘 어찌 그것을 거슬러 바꿀 수 있겠소? 그런 조건을 내건다는 것은 화의할 생각이 없다는 것이 틀림없소. 원수께서 우리를 결사적 저항으로 내몰겠다면 우리는 그렇게 하는 수밖에 없소이다. 나는 바로 돌아가 병사들을 수습하고 장병들에게 진나라가 우리를 기어코 사지로 내몰려 한다고 알리겠소. 한 번 싸워 이기지 못하면 또 싸우고, 또 싸워 이기지 못하면 또 싸울 것이오. 제나라 땅이 전부 진나라 손에 들어간다 해도 국군의 모친을 인질로 보낼 수 없고 논밭의 길을 바꾸어 천하의 웃음거리가 될 수는 없소!"

국좌는 가지고 온 예물 따위를 땅바닥에 내던지며 진나라 군영을 나왔다.

각극은 전혀 개의치 않았다. 사실 대화 장소의 장막 뒤에는 계손행보와 손양부가 숨어 있었다. 노나라와 위나라는 제나라와 이웃이고 이번 4국 연합군은 제나라를 패배시킬 수는 있어도 멸망시킬 수는 없었다. 따라서 가장 크고 강한 진나라 군대가 철수하고 나면 노·위 두 나라의 걱정이 많아지기 때문이었다. 국좌가 떠난 뒤 계손행보와 손양부는 각극에게 화의에 동의하라고 재촉하며 "제나라가 이 일로 원한을 크게 품으면 죽기 살기로 싸울 것이오. 군대가 늘 승리할 수는 없는 법이니 그들의 화의 조건을 받아들이시오."라고 요청했다.

각극도 뜻을 이루었고 이젠 상황을 수습할 때라 생각했다. 제나라가 보낸 예물을 챙긴 데다 전투에서도 크게 승리하여 소태부인에게 당한 수모도 어느 정도 갚았기 때문이다. 또한 계속 상대를 몰아붙이다가 자칫 패할 수도 있다. 여기에 다른 세 나라가 이미 몸을 뺄 생각이니 연합군의 단결도 더는 어렵다는 판단이 들었다. 각극도 강화와 철수에 바로 동의했다.

그해 가을, 진나라와 제나라는 원루原婁에서 강화를 맺었다. 제나라는 전에 빼앗았던 문양汶陽 땅을 노나라에 돌려주는 동시에 위나라 땅도 돌려주었다. 진나라에는 조공을 바쳤다.

제나라 경공과 그 어머니 소태부인은 재미 삼아 타국의 사신을 놀렸다. 그 행동이 어떤 결과를 가져올지 전혀 헤아리지 못하고 욕을 보이는 바람에 전쟁까지 불러왔다. 뿐만 아니라 이 때문에 제나라 백성 전체가 한바탕 큰 재난을 당했다. 만약 제나라의 기반이 튼튼하지 못했더라면 진즉 나라가 망했을 것이다. 그들이 아무 생각 없이 숭대 위에서 한바탕 웃고 조롱한 결과치고는 너무 엄청난 대가였다.

6.
한족의 전통을 중시한 청 왕조

만주족은 중국을 두 번째로 통일한 소수민족이다. 물론 만주족 고유의 강인한 무력이 있었기 때문이지만 중원의 발달한 한족 문화에 대한 열등감은 어쩔 수 없었다. 중원의 주인이 되어 황제를 칭하긴 했지만 심리적으로 무엇인가 찜찜한 구석이 있었다. 이 때문에 청 왕조는 일관되게 한족의 전통을 중시했다. 이는 처음으로 중원의 주인이 된 이민족 몽고가 한족을 철저하게 차별했던 것과는 확연히 달랐다.

몽고는 중원에서 쫓겨나 몽고 초원으로 돌아간 뒤 뼈아프게 반성했을지도 모른다. 훗날 몽고 귀족 중에 한족 문화를 비교적 숭상한 사람들이 있었고, 이런 한족 문화가 한 여인을 통해 만주족에게 영향을 주었다. 그 여인이 바로 청 왕조의 개국 황제인 황태극皇太極의 황후, 즉 효장황후孝莊皇后였다.

효장황후는 몽고 과이심科爾沁 부락 출신으로 박이길특씨博爾吉特氏로 불렸다. 황태극이 총애한 사람으로 역사에서는 장비莊妃로 부른다. 그녀는 대단히 아름답고 총명했다. 식견과 강단을 함께 갖추어 황태극을 여러 방면에서 도왔다. 특히 중원의 한족 문화를 흠모하여 깊은 조예를 갖추고 있었다.

숭덕 8년인 1643년, 황태극의 병이 깊어졌다. 그는 나라를 세운 이래 누루하치의 사업을 더욱 빛내면서 국내외에서 큰 업적을 남겼다. 내정을 개혁하고 강역을 넓혀 만주족 정권의 위세를 크게 높였다. 그러나 명 왕조가 아직 완강하게 버티고 있고, 궁정 내부로는 장비의 아들 복임福臨이 황태자로 책봉되긴 했지만 여러 왕들 사이에 서는 여전히 알력과 권력 쟁탈이 벌어지고 있었다. 황태극과 장비는 정치적 동지로 큰일을 해냈지만 황태극의 수명이 더는 받쳐주지 못했다. 이 때문에 황태극은 뒷일 을 안배하는 데 신경을 쓰지 않을 수 없었다. 더는 일어날 수 없다는 것을 깨달은 황 태극은 장비를 불러 손을 꼭 잡고는 말했다.

"내가 올해 52살이니 지금 죽는다 해도 요절은 아니오. 다만 중원을 통일하여 당신 과 천하를 함께 누리지 못하는 것이 한이 될 뿐이오. 내가 죽으면 복임을 즉위시키 시오. 하지만 아직 어리기 때문에 직접 정사를 맡을 수는 없을 것이니 여러 친왕들 에게 섭정하게 하시오."

말을 마친 황태극은 몇몇 친왕들을 병상으로 불렀다. 황태극은 제이합랑濟爾合朗 과 다이곤多爾袞을 불러 당부했다.

"내 병이 너무 깊어 두 왕과 헤어져야 할 것 같소. 걱정은 황태자 복임이 이제 여섯 살이라 정사를 돌볼 수 없다는 사실이오. 즉위하면 두 왕께서 같은 혈통임을 유념 하셔서 잘 보살펴주시오."

두 친왕은 황급히 무릎을 꿇고는 뜻을 어기면 천벌을 받을 것이라며 맹서했다.

황태극은 황태자 복임과 장비를 가리키며 "저들 두 모자는 오로지 두 친왕을 의지할 터이니 두 왕께서는 식언하지 마시오."라고 재차 다짐을 받았다. 이렇게 황태극은 세상을 떠나기에 앞서 두 친왕에게 어린 아들을 부탁했다.

황태극의 죽음은 장비에게 하늘이 무너지는 것과 같았다. 여러 면에서 직접적인 압박을 받을 수밖에 없는 상황에 놓이게 되었기 때문이다. 그러나 이런 압박이 도리어 그녀의 능력과 대범한 책략을 선보이게 만들었다. 어쨌거나 여성이 정치에서 큰일을 해낼 때 받는 압박은 남성과 크게 다를 수밖에 없다.

황태극이 죽기에 앞서 안배를 해놓긴 했지만 소수의 소장파 패륵貝勒(만주족 귀족의 작위를 받은 집단)은 황태극의 큰아들 호격豪格을 옹립하고자 했다. 그런가 하면 다이곤을 옹립하려는 자들도 있었다. 이 두 세력의 힘을 장비와 어린 아들 복임은 감당할 수 없었다. 호격은 나이도 많고 청년 패륵들 사이에서 영향력이 큰 생기발랄한 소장파였다. 다이곤은 군권을 쥐고 있어 군대 내에서 명망이 높은 실력파였다. 다이곤이 황제 자리를 넘보지 않은 것은 내란을 두려워했기 때문이었지만 그것은 잠시이고 조건이 무르익지 않았을 뿐이다.

이런 국면을 마주 대하게 된 장비는 너무나 잘 알고 있었다. 어린 아들과 과부가 함께 이 정국을 헤쳐 나가려면 진심을 다하는 사람들의 도움을 받지 않고는 자리를 지키기 힘들다는 사실을. 장비는 다이곤에게 더욱 신경을 써서 그에게 의지했다. 장비는 다이곤에게 큰 지략과 뜻이 없음을 잘 알고 있었다. 또 여색을 지나치게 밝히는 치명적인 약점을 갖고 있었다. 장비는 자신의 매력을 충분히 활용하여 다이곤이 있는 힘을 다하도록 통제했다. 과연 다이곤은 훗날 명나라 산해관山海關을 책임진 장수를 항복시키고 이자성李自成의 군대를 물리쳤으며 산해관을 넘는 등 군사 방면에서 빛나는 공을 세웠다. 다이곤의 권력은 더욱 커졌고, 효장황후는 이에 따르는 우려를 해소하기 위해 다이곤과 정식 부부가 되어 그가 음란함을 마음껏 즐기도록 부추기기도 했다. 오래지 않아 다이곤은 지나친 음욕 때문에 사냥을 하다가 각혈병을 얻어 죽었다. 이렇게 해서 다이곤의 권력은 효장황후에게 넘어왔고, 복임(순치제順治帝)도 성인이 되면서 그 통치 기반이 단단해졌다.

효장황후는 또한 그녀 특유의 매력으로 명나라 장수 홍승주洪承疇를 투항하게 만들었다. 황태극은 명나라와 해마다 싸웠고, 1642년 명의 이름난 장수 홍승주를 포로로 잡았다. 홍승주의 전투력과 충성심은 천하가 다 알아줄 정도였다. 황태극과 효장황후는 한족을 중시하여 중원을 얻으려면 한족을 중용하지 않으면 안 된다고 판단하고 있었다. 이에 사람을 보내 홍승주에게 투항을 권했으나 이미 생사를 포기한 홍승주는 음식까지 거부하며 한사코 투항을 거부했다.

황태극은 홍승주의 마음을 움직이려고 갖은 방법과 정성을 쏟았다. 그러나 높은 벼슬도 엄청난 녹봉도 다 소용없었다. 하루빨리 죽여달라는 말뿐이었다. 이에 홍승주와 함께 잡혀 온 김승金升이란 노복을 돈으로 매수하여 홍승주가 좋아하는 것이 무엇인지를 알아냈다. 김승은 홍승주가 여색을 밝힌다는 것을 잘 알고 있었기 때문에 여색으로 그를 움직이라고 제안했다.

이에 절세의 미녀로 홍승주를 모시게 했다. 그러나 어찌된 일인지 홍승주는 꿈쩍도 하지 않았다. 효장황후는 홍승주가 여색을 탐하는 사람이긴 하지만 여자의 미모뿐만 아니라 교양과 품격을 더 중시한다는 것을 알게 되었다. 아무리 선녀처럼 아름다워도 그 언행이 시골 여자와 같은 데다 임무를 완성하기 위해 부끄러움도 모른 채 갖은 교태를 부리는 것으로는 한족 고위층 장수의 마음을 흔들기 역부족이었다. 효장황후는 황태극을 위해 자신이 직접 나서서 시녀처럼 꾸며 홍승주를 시중들면서 항복을 설득하기로 결심했다. 황태극은 당연히 반대했지만 황후의 간곡한 요청에 결국 승낙했다. 황후만큼 한족의 예절과 문화를 깊이 이해하는 사람도 없었기 때문이다. 이루어지기만 한다면 더 이상 좋을 수가 없었다.

상당 기간 굶고 있었던 홍승주가 하루는 창밖을 보다가 한족의 여인 하나가 집 안으로 들어오는 모습을 발견했다. 그는 또 항복을 권하는 미인계를 쓰려나 보다 이렇게 생각했다. 그러나 이 여인은 무엇인가 달랐다. 미모는 말할 것 없고 표정이며 눈 내가 보통 사람과는 전혀 달리 품위와 기백마저 풍겼다. 그녀는 부드럽고 차분한 목 소리로 "홍 장군님"이라고 말문을 열었다. 그 목소리가 마치 향기로운 술을 목으로 넘기는 것 같았다. 고고한 자태와 품격이 감탄을 금치 못하게 했다. 이전의 교태 넘 치는 여자와는 하늘과 땅 차이었다.

"홍 장군의 나라를 위한 충성심은 정말 존경할 만합니다. 그렇다고 식음을 전폐하며 목숨을 버리실 생각입니까?"

그녀는 두 손으로 공손히 인삼탕을 올렸다. 이런 여인의 말을 어찌 거절할 수 있을까. 설사 예의에서 벗어난다 해도 거절할 수 없지 않은가. 홍승주는 인삼탕을 받아들어 마시면서 죽는 것도 쉽지 않다고 생각했다. 단단한 둑에 구멍이 생겼다. 감정의 홍수가 그 구멍을 따라 흐르기 시작했다.

그 후 며칠 효장황후는 홍승주를 위해 밥이며 술을 내와 정성껏 모셨고, 두 사람은 마치 오랜 친구 사이라도 된 것처럼 격조 높은 대화를 나누었다. 홍승주는 자신의 운명이 어그러져 형장의 이슬로 사라졌다면 이런 여인과 어찌 이렇게 즐거운 시간을 가질 수 있었을까, 라는 생각이 순간순간 들었다. 홍승주의 마음은 이제 살아야겠다는 쪽으로 움직이고 있었다.

때가 무르익었음을 확인한 효장황후는 계획에 따라 먼저 홍승주의 충성심과 용맹함에 실로 존경을 표시한다는 등 그를 크게 치켜세웠다. 이 말에 홍승주가 깊은 한숨을 내쉬자 효장황후는 그 틈을 놓치지 않고 화제를 천하 형세로 돌려 지금의 상황을 진지하게 분석하고 이렇게 말했다.

"대명 왕조의 수명은 이미 다했고, 청 왕조가 중원의 주인이 될 수밖에 없습니다. 그리고 지금 황태극께서는 인재를 애타게 구하고 계십니다. 대세에 순종하여 청 왕조를 위해 공을 세워 후세에 이름을 남기십시오."

홍승주의 의지와 충절은 부드러운 칼날에 깨끗하게 잘려 나갔고, 한참을 생각한 끝에 마침내 청에 항복하겠다는 뜻을 밝혔다.

황태극은 황궁 대전에 문무백관을 모아놓고 가장 융숭한 예로 홍승주를 맞아들이면서 그 자리에서 중책을 맡기겠노라 선포했다. 홍승주가 감사의 인사를 올린 다음 머리를 들어 황제와 황후를 보는 순간 소스라치게 놀라지 않을 수 없었다. 단아하고 부드러운 표정으로 자신을 내려다보고 있는 효장황후가 다름 아닌 자신을 며칠 동안 모셨던 바로 그 한족 여인이었기 때문이다.

홍승주는 황후가 직접 자신의 시중을 들 줄은 꿈에도 생각하지 못했다. 이야말로 큰 영광이 아닐 수 없었다. 이로부터 홍승주는 몸과 마음을 다해 청 왕조를 위해 힘을 쏟았고, 청의 군대가 산해관을 넘을 때 맨 앞에 섰다.

효장황후의 이런 정치력은 그 손자인 강희제康熙帝에 고스란히 물려졌다. 아들 순치제順治帝가 비교적 젊은 나이에 세상을 떠났기 때문에 손자 강희제에 대한 효장황후의 관심과 교육은 남달랐다. 강희제 역시 효장황후의 기

● 효장황후는 청 왕조의 건국에서 초기 정권 안정에 이르기까지 결정적인 역할을 해냈다. 그녀의 대범한 책략과 정교하고 치밀한 정치력은 문화적 소양과 결코 무관하지 않다.

대를 저버리지 않았다. 강희제가 즉위한 지 26년째 되던 해인 1687년 무렵 정치와 나라는 안정 궤도에 올랐다. 연로한 효장황태후는 병석에 누웠다. 강희제는 탕약을 직접 맛보는 등 밤낮없이 할머니를 간호했다. 봄이 가까워 오면서 75세의 연로한 할머니는 자신의 목숨이 얼마 남지 않았음을 직감하고는 손자 강희제에게 "태종(황태극)께서는 안장된 지 오래되었으니 그의 능묘를 놀라게 하지 말라. 나 또한 차마 너희들로부터 멀리 떨어져 있을 수 없으니 내가 죽거든 효릉(순치제) 부근에 묻어라."고 당부했다. 말을 마친 할머니는 조용히 눈을 감았다.

효장황후의 일생은 청 왕조 초기 3대에 걸쳐 있었다. 그녀는 파란만장한 정치적 위기 상황에서 청 왕조의 기틀을 지탱했다. 이런 의미에서 그녀는 걸출한 여성 정치가로서 손색이 없다. 특히 손자 강희제를 보필하여 철저하게 교육시킴으로써 청 왕조 최고 전성기의 첫 단추를 훌륭하게 채웠다는 점에서 그 생애가 더욱 빛나 보인다.

강희제 역시 할머니 효장황후의 영향을 크게 받아 한족과 한족의 문화를 중시하는 전통을 계승했다.

청의 군대가 산해관을 넘어 북경에 진입하여 청 왕조를 세운 뒤 만주족 대부분은 앞선 한족 문화를 배우겠다거나 하는 의지는 없었고 오히려 한족의 다양한 오락 문화에 열을 올렸다. 이 때문에 이전의 강인한 기풍을 점차 잃어갔고, 만주 귀족들 중에는 나라를 위해 쓸 만한 인재가 거의 없었다.

강희제에 이르러 청 왕조의 백성이 되겠다고 기꺼이 자원하는 한족이 많아졌지만 여전히 일부 지식인들은 청 왕조에서는 벼슬하지 않겠다고 버텼다. 이런 형세는 인재가 능력을 발휘하는 데 걸림돌로 작용하여 통치 강화에 불리할 수밖에 없었다. 중국의 지식인은 전통적으로 배운 것을 현실에 적용하겠다는 강렬한 욕구를 가진 존재들이었다. 그런데도 벼슬을 거부한 까닭은 무엇이었을까? 이유는 단순했다. 문화라는 면에서 누구도 따를 수 없는 한족의 학자로서 소수민족인 만주족 밑에서 신하 노릇을 한다는 것 자체가 체면이 서지 않는다는 것이었다. 체면, 바로 이것이 길을 가로막는 장애물이었다.

즉위한 후 강희제는 즉시 한족 지식인들을 포섭하는 일에 착수했다. 그는 천하에 조서를 내려 지방관들에게 재능과 학식이 뛰어난 지식인 원로들을 추천하면 북경으로 모셔 발탁하겠다고 선포했다. 효과는 미미했다. 이 부분을 돌파하는 것이 관건으로 보였다.

섬서총독 악선鄂善은 관중의 이름난 학자 이옹李顒을 추천했지만 이옹은 병을 핑계로 한사코 벼슬 받기를 사양했다. 강희제는 고위직 관리들을 보내 끊임없이 그의 상태를 살피면서 병이 나으면 입경하라고 재촉했다.

관리들이 하루가 멀다 하고 이옹의 집을 찾았다. 침상에 누워 있는 이옹은 완강했다. 관리들은 이옹을 집에서 서안으로 옮겼고, 총독이 직접 그를 찾아 입경을 권했다. 이옹은 음식까지 거부했고, 심지어 감시가 소홀한 틈에 칼로 자신을 찌르는 등 죽음으로 맞섰다. 보고를 받은 강희제는 화를 내기는커녕 더 이상 그를 압박하지 말라고 했다.

한족 문인들뿐만 아니라 무장들도 충효와 절개를 지켰다. 이들 무장을 내 편으로 끌어들이고자 하는 강희제의 방법은 교묘하고 대담했다. 그가 구사한, 한족을 이용하여 한족을 통제하는 '이한제한以漢制漢'은 정말이지 절묘했다.

요계성姚啓聖은 1674년 당시 지현知縣에 불과했다. 강희제는 그가 인재임을 알고 몇 년 사이에 그를 포정사布政使로 파격 승진시킨 후 다시 복건총독으로 승진시켰다. 요계성이 복건 지방을 회복하고 군대를 정돈하는 방안을 강희제에게 올리자 강희제는 크게 기뻐하며 "복건 지역이 오늘에서야 사람을 제대로 만났구나."라고 했다.

요계성은 강희제의 기대를 저버리지 않고 '수래관修來館'을 지어 정경鄭經(정성공鄭成功의 맏아들)의 부하들을 대거 불러들였고, 정경의 변방 장수들인 요전廖琪, 황정黃靖

등이 속속 귀순하여 군대로 편성되니 지방이 안정을 찾고 군대가 강해졌다. 1680년, 청의 군대는 하문廈門과 금문金門을 공략했고, 정경은 대만으로 퇴각했다. 이로써 대만은 반청의 최후 기지로 남겨졌다.

요계성이 인재이긴 했지만 대만을 수복할 만한 인재는 아니었다. 수전 경험이 전혀 없었기 때문이다. 강희제는 그에게 공격을 멈추게 하고 시랑施琅을 복건수사제독에 임명하여 대만을 공략하는 전권을 주었다.

강희 22년인 1683년, 청의 수군은 파도를 헤치고 일거에 팽호澎湖를 공격한 후 바로 대만으로 진격하여 정극상鄭克塽의 투항을 압박했다. 이리하여 오랫동안 중앙 정부에 저항해오던 대만이 결국은 청 왕조의 관할로 들어오게 되었다. 이 전투를 지휘한 사람은 청 왕조에 투항한 정지룡鄭芝龍의 부장이었던 시랑이었고, 지혜로운 눈으로 이 영웅을 알아보고 과감하게 기용한 사람은 바로 강희제였다.

시랑(1621-1696)은 자가 존후尊侯에 호는 탁공琢公이라 했으며 복건 진강晉江 출신이다. 명 왕조의 총병 정지룡의 부장이었는데 순치 3년인 1646년 정지룡이 청에 투항할 때 함께 투항했다. 1659년 총병으로 승진했으며 강희 원년인 1662년 수군 제독이 되어 해군을 통솔하게 되었다. 투항하긴 했지만 시랑은 청 왕조의 통일 대업을 위해 있는 힘을 다했다. 그러나 당시 조정 대권을 장악하고 있던 만주족과 한족 관리들은 그를 안중에 두지 않았고, 특히 강희제 초기에 권세를 떨쳤던 간신 오배鰲拜 무리는 특히나 그를 중용하려 하지 않았다.

강희제 초기, 대만에 거점을 두고 있던 정성공의 아들 정금鄭錦이 복건을 공격하려고 했다. 시랑은 수군을 이끌고 이를 차단하여 물리쳤다. 1668년, 시랑은 정금의 세력이 약해진 틈을 타서 서둘러 공략하는 것이 좋겠다는 의견을 조정에 올렸다. 직접 정치에 간여한 지 1년밖에 되지 않았지만 강희제는 그의 보고서를 보고는 바로 그를 북경으로 불러들여 대책을 논의했다. 시랑은 "적은 수만에 불과하고 군함도 수백 척에 지나지 않습니다. 게다가 정금은 지혜도 용기도 갖추지 못한 인물입니다. 만약 먼저 팽호를 차지하면… 머지않아 대만을 수복할 수 있을 것입니다."라는 방안을 제시했다.

이제 겨우 15세인 소년 천자 강희제는 시랑을 처음 만났지만 시랑의 책략과 능력에 감탄했다. 강희제는 시랑의 대만 수복 계획을 높이 평가했다. 그러나 강희제는 친정을 시작한 지 얼마 되지 않았고, 조정 대권은 여전히 오배를 중심으로 한 기득권 보수세력이 장악하고 있었다. 오배 무리들은 풍랑을 예측하기 힘들고 거리가 너무 멀어 승리를 장담하기 어렵다는 이유로 시랑의 건의를 나 몰라라 했다. 그리고 시랑의 제독 자리에 다른 사람을 앉히고 시랑을 북경으로 소환해버렸다.

얼마 뒤 강희제는 지략으로 오배를 제거하고 권력을 장악하는 데 성공했다. 그때 마침 청 왕조에 투항했던 한족 세력인 삼번三藩이 난을 일으킨 통에 대만 통일은 지체될 수밖에 없었다. 하지만 강희제는 대만 문제를 잊지 않고 있었다.

강희 20년인 1681년, 마침내 삼번의 난이 평정되자 강희제는 대만 문제를 다시 들고 나섰다. 군신들은 여전히 같은 핑계를 내세우며 대만 공략을 반대했다. 이때 내각학사 이광지李光地와 복건총독 요계성이 나서서 대만 수복의 가능성을 거론하면서 시랑에게 이 일을 맡기자고 제의했다. 강희제는 10여 년 전의 일을 떠올리면서 시랑만이 이 중임을 떠맡을 수 있다고 판단하여 시랑을 다시 궁으로 불러 술자리를 베풀면서 이 문제를 논의했다. 수군에 관한 한 최고 전문가라 할 수 있는 시랑은 강희제에게 수군과 바다의 상황을 말하고, 이에 따른 구체적인 전략도 밝혔다. 강희제는 아주 만족스러워하며 그를 복건의 수군 제독에 임명하여 전선으로 나가 수군을 훈련시키면서 기회를 보아 대만을 공략하게 했다.

시랑이 북경에 온 지 얼마 되지 않았는데 금세 복건으로 보내는 것은 적절치 않다는 반대가 있었지만 강희제는 아랑곳하지 않았다. 누구는 또 시랑 임용에 공개적으로 반대하며 그를 복건으로 보내면 틀림없이 반역할 것이라고 했다. 강희제는 변함없이 시랑을 신임했다. 강희제는 한번 기용한 사람은 의심하지 않았다. 강희제는 즉각 명령을 내려 시랑을 태자소보 겸 복건의 수군을 총책임지는 제독으로 승진시켰다. 시랑이 부임지로 떠나기에 앞서 강희제는 그를 배웅하면서 "대만 문제에 관한 한 우리 두 사람만 생각이 일치하는 것 같소. 그 생각이 바뀌지 않길 바라오."라고 격려했다.

시랑은 자신을 인정해준 강희제의 신임과 은혜에 보답하기 위해 열심히 수군을 훈련시키면서 준비 작업에 돌입했다. 강희 22년인 1683년, 마침내 팽호를 점령하고 정극상을 투항시켜 대만 통일의 대업을 완수했다.

청이 대만을 점령했지만 관리 문제가 제기되면서 의견이 다시 갈라졌다. 거주자들을 이주시키고 땅을 포기하자는 어처구니없는 의견도 제기되었다. 당초 대만 점령의 가능성을 제기했던 이광지는 심지어 서양 식민주의자들에게 대만을 떼어주자는 주장도 서슴지 않았다. 시랑은 대만 포기에 결사적으로 반대하며 대만에 군대를 보내 지킬 것을 주장했다. 그는 "대만을 버리면 큰 화가 미칠 수 있지만, 지키면 변방을 튼튼히 할 수 있을 것"이라고 했다. 물론 강희제는 시랑의 생각에 지지를 보내면서 대만은 절대 지켜야 한다고 했다. 시랑의 건의에 따라 대만에 한 개의 부와 세 개의 현을 설치했다. 또 8천 명에 이르는 병사를 주둔시켜 내륙과 같은 행정체계를 갖추었다.

그 후로도 강희제는 대만을 지키는 문제에서 늘 시랑을 신임했다. 강희 27년인 1688년, 칠순이 된 시랑은 나이와 건강을 이유로 퇴임을 요청했지만 강희제는 "짐은 그대의 마음까지 산 것이지 팔다리만 아니었소."라며 변치 않는 신임을 나타냈다.

강희제는 날카로운 관찰력과 지혜로운 판단력으로 시랑이란 인재를 발견하고 과감하게 기용하여 성공했다. 먼 훗날 강희제는 시랑의 기용에 우여곡절이 많았다면서 이렇게 회고했다.

"그대가 내각대신으로 13년을 지냈음에도 그대를 낮게 평가하는 사람이 적지 않았
소. 하지만 짐은 그대를 알기에 중용한 것이오. 그 뒤 삼번의 난이 평정되고, 해적
들이 대만을 거점으로 복건을 위협하자 짐은 그대가 아니면 이들을 제압할 수 없다
고 보았소. 짐은 그대를 믿고 기용하여 지난 60년 동안 없애기 힘들었던 적을 모두
없앴소. 혹자는 그대를 교만하다고 했고, 짐이 그대를 북경으로 불러들이자 그대
를 북경에 남겨 다시는 돌려보내서는 안 된다고도 했소. 짐은 외적들이 반란을 일
으킬 때도 그대를 임용하여 의심하지 않았거늘 천하가 평정된 이 마당에 그대를 의
심하여 내보낼 리 있겠소?"

강희제의 이 말은 자화자찬이 아니었다. 후대의 평
가도 대만 수복의 일등 공신은 시랑으로 보았지만, 강희
제의 현명한 인재 등용이 없었더라면 그 같은 결과를 얻
을 수 없었을 것이라는 결론을 내렸다.

어린 강희제가 투항한 정성룡의 부장을 과감히 기용
한 것은 확실히 대단한 담력과 기백이 아니면 불가능했
다. 이에 대한 후대의 평가는 다음과 같았다.

대만을 평정한 공으로 말하자면 시랑이 으뜸이다. 그
러나 공명을 이루는 과정에는 말 못 할 사연도 적지
않았다. 큰 적을 앞두고 지도자들 사이에 분쟁이 있었
지만 신중하게 생각하여 선택하고, 유능한 장수를 기

● 한족과 한족 문화를 우대하고 중시하는 정책
은 어떤 면에서는 고육책이기도 했다. 강희제
는 이 정책을 최대한 발휘하여 정권을 안정시
킨 것은 물론 중국 역사상 최고 전성기의 기
틀을 마련했다. 젊은 날의 강희제 모습이다.

용하여 단숨에 승리했으니 강희제가 아니었다면 어찌 가능했겠는가.

강희제는 인재를 기용하는 방면에서 민족이라는 좁은 울타리를 벗어나 다양한 한족 지식인을 얻어 그들이 심리적으로 만주족 청나라 귀족의 통치를 받아들여 기꺼이 신하가 되게 했다. 이로써 사상적으로 청에 반대하고 명을 복구하겠다는 생각들이 사라짐으로써 강희제에 이어 옹정제雍正帝와 건륭제乾隆帝에 이르는 최고 전성기를 위한 주춧돌이 마련되었다.

여기서 이런 생각도 한번 해보자. 산해관을 넘어 입관하기 전의 만주족은 대부분 쓸모없는 사람들뿐이었다. 사실 만주족 평민 중에서 좋은 인재를 얻을 수는 있었지만 북경에 들어와 시민이 된 일부를 제외하고는 거의가 동북 지방에서 유목하고 사냥하고 있었다. 만주족 귀족들은 자금성에 들어온 뒤로는 점점 만주와의 관계를 끊었다. 만주족은 한족의 바다에 빠져들었다. 심지어 만주어조차 못하는 후손들이 태어났고, 실제로 청 왕조는 한족의 천하가 되었다.

만주족 황제가 한족을 중용하는 전통은 청 왕조 말기까지 지속되었다. 황제가 일부러 만주족을 기용하고 싶어도 북경의 경우 골목에서 새장을 들고 다니는 주인 아니면 먼 동북의 숲속에 사는 촌로들뿐이었다. 쓰고 싶어도 쓸 수가 없었다.

함풍제咸豊帝(1831-1861) 때에 오면 대청 제국이란 거대한 빌딩은 이미 파열음을 내고 있었다. 밖으로는 서양 열강의 대포를 상대해야 했고, 안으로는 중국 역사상 최대 규모의 농민기의인 태평천국太平天國의 기의가 터졌다.

● 청 말기에 오면 한족이 없으면 정권이 유지될 수 없을 정도로 한족의 비중은 절대적이 되었고, 태평천국은 이를 여실히 입증했다. 그 중심에 있었던 증국번의 초상화이다.

당시 태평천국의 봉기군은 막을 수 없는 홍수처럼 북진하여 강녕江寧을 곧장 공격했다. 청 왕조 정부군의 주력인 팔기군八旗軍과 녹영병綠營兵은 바람 앞의 등불처럼 일격에 무너졌다. 이런 상황에서 청 정부는 강력한 군대를 재조직하여 봉기군을 공격할 수가 없었다. 만주족은 쓸모가 없었다. 한족 문화를 숭배하던 만주인의 대표 숙순肅順은 하는 수 없이 민간에서 군대를 구할 수밖에 없었고, 이 결과 각지의 한족 지주들이 '단련團練'이라고 하는 군 조직을 만들어 자신들이 지휘했다. 이렇게 해서 증국번曾國藩, 이홍장李鴻章, 좌종당左宗棠 등과 같은 한족 장수들이 대거 출현하여 전투력 넘치는 군단을 형성하여 결국 태평청국의 봉기를 진압하기에 이르렀다. 이들 한족 지도자들은 결국 청 왕조 통치의 뼈대가 되었고, 이에 이르러 만주족의 절대 통치권은 거의 전부 한족에게로 넘어갔다.

7.
중국 특유의 여인 정치

정치는 남자의 전유물과 같았다. 중국 남자는 특히 이 방면에서 결코 양보하지 않는다. 그러나 인류의 절반을 차지하고 있는 여인들 중에서 대단히 뛰어나고 탁월한 정치가가 출현했다. 남자가 독단했던 세계에서는 아주 희귀한 경우였다. 물론 지금은 여성이 해방되어 평등해졌지만 여인의 정치술과 여성이 막주로 군림했던 막부에 대해 이해하면 배울 점이 적지 않다. 하물며 오늘날 비즈니스 분야와 정계 곳곳에서 여성의 활약은 눈부시다. 이런 점에서 정치 방면에서 여성의 득실을 상세히 분석하여 불리한 점은 피하고 장점을 발휘하지 않으면 성공하기 어렵다.

역사 기록에서 가장 먼저 정치에 출현한 여성은 대개 달기妲己로 본다. 전하는 바에 따르면 그녀는 상 왕조 멸망의 화근이었다고 한다. 또 도학자들은 주 왕조의 천하가 포사褒姒의 웃음 때문에 날아갔다고 하고, 명 왕조가 망한 까닭은 산해관을 지키던 오삼계吳三桂가 빼앗긴 기녀 진원원陳圓圓 때문에 홧김에 청에 항복했으니 진원원이야말로 나라를 망친 괴수라고 우긴다.

그런데 역대 여인의 정치는 공교롭게 모두 한 세대 만에 망했다는 특징을 보인다. 마치 한순간 화려하게 피었던 한 떨기 꽃송이처럼 눈 깜짝할 사이에 남성들의 정치라는 바다에 빠져 사라졌다.

이쯤에서 독자들은 이야기의 주제가 너무 멀리 나간 것 아닌가 이런 생각을 할 수도 있다. 당초 이 장은 독자들로 하여금 인치人治 위주의 중국에 대해 보다 전면적인 이해를 돕기 위해 잠시 본래 이야기에서 떨어져 나왔을 따름이다. 여기서 하려는 이야기는 결코 성차별이 아니다. 우리는 그저 중국 역대 황후와 비빈들이 권력을 휘둘렀던 현상을 통하여 중국 전통정치의 작동방식을 들여다보고, 이를 통해 지금 사람들이 그에 대해 전면적이고 직관적인 인식을 갖도록 하기 위한 것이다. 당대 여성을 정확하게 살피고, 여성이 주도하는 뛰어난 인재들로 구성된 막부에 대해 이해하는 데도 도움이 될 것이다.

역사를 종적으로 통관해 보면 여성이 정권을 잡았을 때가 남성 때보다 훨씬 강했기 때문이다.

1) 총애를 얻기 위해 나라를 망친 정수鄭袖

전국시대 말기 남방의 강대국 초나라는 회왕懷王 때 오면 국력이 뚜렷하게 쇠퇴하기 시작했다. 특히 남후南后와 정수라는 궁중 여인이 정치 투쟁에 개입하면서 그 현상은 더욱 두드러졌다. 이들은 왕의 총애를 독점하기 위해 나라를 훔치는 일도 마다하지 않았다. 생각해보자. 초나라가 망한다면 이들은 어디에 의지하여 총애를 얻는단 말인가? 정수의 정치적 동기를 잘 살펴보면 나라를 망쳤다는 것은 성립되지 않는다. 그녀는 남자, 특히 장의라는 두 얼굴에 칼을 셋이나 숨기고 있는 사기꾼을 지나치게 믿어 속았을 뿐이다. 『전국책』의 기록을 따라가보자.

이웃 위나라 왕이 회왕에게 미녀를 선물했다. 회왕은 이내 그녀에게 빠져들었다. 초나라 왕의 애첩들 중에 정수라는 여자가 있었는데, 새로 온 미녀에게 특별한 관심을 가지고 옷·장식품·가구·이불 등을 아낌없이 주었다. 그 관심의 정도는 초나라 왕보다 더하면 더했지 결코 뒤지지 않았다. 그녀의 이런 행동은 초나라 왕을 감동시켰다.

"여자는 미모로 남자를 휘어잡으려 하고 시기심과 질투심이 강한 것이 일반적인데, 정수는 내가 그녀에게 잘 대해주고 있다는 사실을 알면서도 나보다 더 그녀를 잘 보살피는구나. 마치 효자가 부모를 공경하듯 충신이 임금을 섬기듯, 사사로운 욕심을 버리고 나를 위해 그렇게 해주다니 좋은 여자로고!"

회왕이 정수를 칭찬하고 있을 때, 정수는 조용히 그 미녀를 찾아가 이런 말을 하고 있었다.

"왕께서 너를 무척이나 아끼시지만 오직 한 가지, 네 코가 다소 마음에 들지 않으신 모양이다. 다음부터는 천으로 가리고 왕을 뵙는 게 좋을 것이야."

미녀는 정수의 충고에 아주 감격해하며, 그 후 왕을 만날 때면 늘 천으로 코를 가렸다. 초나라 왕은 의아해하다가 어느 날 정수에게 그 까닭을 물었다.

"어째서 나를 볼 때면 천으로 코를 가리는지 그 이유를 아는가?"

"저는 잘 모릅니다. 다만…."

"괜찮으니 말해보라."

"대왕의 몸에서 나는 냄새를 싫어하는 것 같습니다만…."

"뭐야! 이런 발칙한 것 같으니!"

초나라 왕은 즉시 그 미녀의 코를 베어버리라고 명령했다.

이 고사는 『한비자』 등에도 실려 있다. 신임을 잃게 만드는 데 흔히 사용하는 수단이 바로 중상모략이다. 그러나 중상모략을 상대가 알아차리게 되면 그 작용과 효과는 보잘것없어지며, 심지어는 완전히 상반된 결과를 초래하기도 한다.

호색의 남자와 어리석은 미녀가 정수에게 단단히 놀아났고, 그들은 죽어도 그 내막을 모를 것이다. 정수의 이 한 수는 말 그대로 "웃음 속에 비수를 감춘" 소리장도笑裏藏刀'의 술수로 노련하기 이를 데 없는 한 수였다. 그런 그녀도 끝내는 총애를 다투는 수준에서 멈추어서 남자에 기대는 한계를 벗어나지 못했고, 심지어 평등 추구라는 생각도 갖지 못한 채 그저 앵무새 울타리 안에서 일신의 편안함만 추구했을 뿐이다. 의식을 가지고 정치에 간여한다는 생각은 전혀 없었다.

2) 정부情夫를 이용한 풍馮태후의 정치

북위의 풍태후(441-490)는 역사상 이름난 정치가로 위나라 문성文成황제의 황후였다. 그녀는 생전에 많은 남성 편력으로 유명했는데 이것이 그녀에 대한 평가에 방해가 되어서는 안 될 것이다. 최근 그녀에 대한 평가는 상당히 높은 편이다. 남성 사회에서 풍태후는 확실히 보기 드문 능력자가 아닐 수 없었다.

　　그러나 그녀가 권력을 잡게 된 동기 역시 애정과 자유 때문이었고, 그 정치적 성과 또한 정치력의 부산품이었다. 애정 때문에 국가의 정권을 단단히 움켜쥐었고, 국가의 대권을 통제했기 때문에 사랑하는 사람과 함께 자유를 누리고 그 즐거움을 누릴 수 있는 조건을 만들 수 있었다.

　　풍태후의 원래 이름은 고증할 길이 없고, 황후가 되기 전부터 '풍씨'로 불렸다. 『위서魏書』「황후열전皇后列傳」의 기록에 의하면, 그녀의 원적은 장락신도長落信都(지금의 하북성 기현冀縣)이고 장안에서 태어났다. 그녀의 조부 풍문통馮文通은 원래 북연北燕의 군주 풍발馮跋의 막내동생으로, 풍발이 죽은 뒤 제위를 계승하였다. 아버지 풍랑馮朗도 북위의 대신을 지냈으나 큰 죄를 지어 피살되었고 화가 가족들에게까지 미쳤다. 이 때문에 어린 풍씨는 궁중에서 태무제太武帝의 좌소의左昭儀로 있던 고모에게 의지해 성장하게 되었다.

　　풍씨는 총명하여 학업을 부지런히 닦았으며, 몇 년 뒤 적지 않은 지식을 익혀 품위 있고 의례에 맞게 행동하였다. 게다가 소녀다운 아름다움을 지녀 후궁에서 주위의 이목을 끄는 인물이 되었고 이내 태자 탁발준拓跋濬의 총애를 입어 비로 간택되었다. 452년, 남안왕南安王 탁발여拓跋余가 죽자 태자 탁발준이 뒤를 이으니, 이가 문성제文成帝이다. 풍씨는 귀인貴人에 봉해졌고, 456년에는 황후가 되니 역사서에는 '문명황후文明皇后'로 불린다.

　　그런데 465년, 병약했던 문성제가 재위 13년 만에 불과 26세의 젊은 나이로 사망했다. 풍태후는 24세였고, 황태자 탁발홍拓跋弘이 12세의 나이로 즉위했다.

● 선비족의 북위 정권이 북방을 통일하고 효문제 때 중원 낙양으로 천도하여 큰 위세를 떨칠 수 있었던 데는 풍태후의 정치력이 크게 작용했다. 특히 효문제에 대한 철저한 교육은 결정적이었다. 그림은 풍태후가 어린 효문제를 가르치는 모습이다.

이가 헌문제獻文帝이다.

젊은 나이에 황태후가 된 풍씨는 정치판의 시험대에 올랐고, 그녀는 일단 황태후의 신분으로 조정의 대권을 통제했다. 467년, 14세 헌문제의 부인 이씨가 귀한 아들을 낳았다. 이가 탁발굉拓跋宏(훗날 효문제)이다. 그로부터 4년 뒤인 471년, 18세의 헌문제는 이제 다섯 살밖에 되지 않은 황자 탁발굉에게 황제 자리를 넘기고 자신은 태상황으로 물러났다. 여기에는 중요한 까닭이 있었다.

문성제가 사망했을 당시 앞서 언급한 대로 풍태후는 고삐 풀린 말과도 같은 24세의 한창 나이였다. 그녀는 국가 권력을 장악했지만 마음은 늘 고독했다. 젊은 나이에 독수공방해야만 했기 때문이다. 이에 그녀는 조정의 잘생기고 힘이 넘치는 젊은 남자들에 눈길을 돌렸다.

풍태후와 정을 나눈 남자들은 아주 많았다. 그들은 돌아가며 풍태후를 모셨지만 태후가 가장 총애한 남자는 이혁李奕이었다. 이혁은 상서 이부李敷의 동생으로 외모가 준수할 뿐만 아니라 뛰어난 인재였다. 이씨 집안은 대대로 고관대작을 배출하여 형제 친척 중에 벼슬하는 사람이 대단히 많았다.

외모와 재능 그리고 문장력까지 갖춘 다재다능한 이혁에 대한 풍태후의 총애는 깊었다. 늘 옆에서 한시도 떨어지지 않고 모시니 풍태후는 더욱더 그를 아낄 수밖에 없었다. 헌문제는 이런 풍태후의 행태가 아주 못마땅했고, 그래서 늘 기회만 되면 이혁을 해치려고 마음을 먹고 있었다. 마침내 기회가 왔다. 470년, 상서 이소李訴가 상주자사相州刺史로 있으면서 부정과 불법으로 고발을 당했다. 상서 이부는 이소의 죄를 덮으려 했지만 헌문제에게 들켰고, 형세는 이부와 이소에게 아주 불리하게 돌아갔다. 이때 이소의 사위인 배유裴攸란 자가 장인 이소를 위해 한 가지 꾀를 냈다. 즉, 이소에게 이부와 이혁의 죄상을 고발하여 자기 몸을 지키라는 것이었다. 평소 헌문제가 이혁에게 불만을 크게 품고 있었기 때문에 이렇게 하면 이소를 구할 수 있을 것으로 판단했다.

생사의 관문에서 이소는 배은망덕하게도 동료니 우애니 다 팽개치고 이부와 이혁 형제 두 사람의 죄상 30여 가지를 들추어내서 조정에 올렸다. 보고서를 읽은 헌문제는 분노에 휩싸여 즉각 이부와 이혁을 감옥에 가두게 했고, 그해 가을 두 사람은 처형되었다. 이소는 사형을 면했고, 그 뒤 다시 상서에 복귀했다.

이혁의 죽음에 풍태후는 몹시 비통해했다. 세상에 이혁같이 풍채 좋은 남자를 찾기란 어려웠기 때문에 더했다. 이 사건으로 그녀는 권력의 중요성을 한층 실감하게 되었다. 헌문제는 이미 장성하여 그녀의 생각처럼 말을 듣지 않았다. 그녀가 사랑하는 사람을 죽였다는 것은 사실상 자신을 향한 도전이었다. 문제의 핵심이 바로 헌문제라는 점을 인식한 풍태후는 철완을 휘둘러 헌문제를 자리에서 끌어내리고 겨우 다섯 살 황태자를 등극시킴으로써 다시 한번 조정의 대권을 움켜쥐었다.

이상이 헌문제가 새파란 나이에 다섯 살 어린애에게 자리를 넘기고 태상황으로 물러난 과정이었다. 이후 풍태후는 더 이상 권력을 내려놓지 않았다. 집권한 후 그녀가 처음 한 일은 부정과 불법을 저지르고도 이혁을 모함했던 원수 이소를 죽이는 것이었다.

생사의 대권을 장악한 풍태후는 다시 젊고 잘난 남자를 물색하기 시작했다. 이 무렵 급사 벼슬에 있던 이충李冲이란 젊은 관료가 기득권 세력의 감추어둔 호구와 조세 회피 등을 억제하는 '삼장제三長制'라는 새로운 제도를 실행하자며 글을 올렸다. 글을 본 풍태후는 이충을 불러들였고, 두 사람은 이내 연인 사이가 되어 한편으로는 국정을 논의했다. 이충이 제안한 삼장제도 실시되었다. 풍태후는 자신의 매력을 이용하여 적지 않은 인재들을 정복하여 유력한 막료로 삼았고, 이충은 자신의 재능으로 정치적 주장을 실현했다. 오늘날이라면 풍태후가 이충을 총애했다고 해서 이충의 재능을 부인하지는 않을 것이다. 당시에도 이충이 나라를 떠받칠 기둥이라고 평가할 정도였다. 이충은 나라와 풍태후를 위해 있는 힘을 다했고, 풍태후는 그에게 많은 상을 내리는 한편 농서공隴西公에 봉했다.

풍태후의 사랑을 받은 또 한 명의 젊은이로는 태서령 왕예王睿가 있었다. 왕예는 외모가 출중했을 뿐만 아니라 상서 벼슬을 받아 중대한 정책과 결정에 참여했다. 더욱더 바람직한 사실은 왕예가 단순히 풍태후의 권세에 이끌리지 않았다는 것이다. 그는 정말로 풍태후에게 진지한 감정을 가졌고, 풍태후를 위해 심지어 목숨의 위험도 감수했다.

어느 해 풍태후와 어린 효문제孝文帝(탁발굉)가 문무백관과 함께 외국 손님을 모시고 궁중에서 기르고 있는 호랑이를 구경한 적이 있었다. 한참 호랑이를 구경하며 즐거워하고 있는데 한 마리가 울타리를 뛰쳐나와 사람들을 향해 달려들었다. 모두들 당황해서 어찌할 바를 몰랐고, 심지어 풍태후의 시위조차 우왕좌왕하고 있을 때 왕예가 긴 창을 들고 호랑이를 막아냄으로써 풍태후와 사람들을 무사히 지켰다. 이 용감한 행동으로 풍태후는 감동하여 그를 크게 칭찬한 것은 물론 상과 함께 중산왕中山王에 봉했다.

여기서 우리는 여성의 집권과 남자의 집권이 상당히 다르다는 흥미로운 사실을 볼 수 있다. 남자가 권력을 잡으면 여성이 정치에 간여하여 나라를 그르치는 데 반해 여성은 총애하는 남자의 역량을 충분히 발휘하게 하여 자신의 손발로 만들고 나아가 이들로 이루어진 막부를 형성했다. 이런 점에서 남자는 크게 모자란다. 풍태후는 정치에서 다양한 수단과 방법을 동원했지만 그중에서 단연 돋보였던 것이 바로 자신이 총애하는 심복들을 고위직에 임명하여 자신의 정치를 보좌하게 한 것이다. 그리고 이 남자들은 죽을힘을 다해 그녀에게 헌신했다. 나아가 이들은 말하자면 '정인막부情人幕府'를 형성하여 풍태후 정권의 안정을 도왔다.(중국어에서 '정인'이란 애인 또는 정부를 가리키는 단어이다.) 또 하나 중요한 사실은 풍태후가 아무 남자나 함부로 끌어들

● 풍태후에 이은 효문제 때 북위는 최고 전성기를 누렸고, 그 상징적인 유적이 위풍당당한 북방 민족의 기상을 잘 보여주는 운강雲崗 석굴이다.

이지 않았다는 점이다. 그녀는 오로지 재능과 기질을 중시했다. 이는 풍태후의 품위가 보통 여성들과는 비교할 수 없을 정도로 높았음을 보여주는 대목이다.

집권하는 동안 풍태후는 여러 개혁 조치를 실행했다. 국가의 경제가 발전했고, 풍태후는 정성을 기울여 정치에 임하면서 인재를 모셨다. 그리고 직언을 겸허히 받아들여 정치가 깨끗하고 상벌이 분명했다. 그녀의 집권기가 북위 역사상 가장 좋은 시기였다.

풍태후는 또한 손자 효문제 교육에 지극 정성을 기울였다. 국가 통치자로서의 자질을 기르는 데 최선을 다했다. 효문제의 생모 이부인은 효문제가 황태자로 책봉되었을 때 북위의 관례대로 죽임을 당했다. 이 때문에 효문제는 줄곧 풍태후 손에서 컸고, 풍태후가 세상을 떠나고 난 다음에서야 자기 부모가 누구인 줄 알았다.

풍태후는 49세의 비교적 젊은 나이에 병으로 세상을 떠났다. 효문제는 황제와 같은 격의 국상으로 그녀를 예우했다. 풍태후가 죽자 효문제는 몹시 비통해했는데 풍태후에 대한 그의 애정이 깊었음을 잘 보여준다.

풍태후는 당초 별다른 생각 없이 권력을 잡았고, 정치적 야심도 없었다. 그저 자신이 생존할 자유로운 공간을 개척하려 했을 뿐이다. 그 후 이런저런 사건을 통해서 궁중에서 권력이란 조건이 있어야만 남녀의 즐거움을 누릴 수 있다는 사실을 인식했다. 사랑하는 사람을 잃은 한 때문에 사랑의 감정이 생겨났고, 그 한 때문에 권력을 장악하여 사랑을 지키려 했다. 바로 이 점이 풍태후가 권력을 잡게 된 특징이자 원인이었다.

3) 가남풍賈南風의 전권

중국의 궁정은 본래 남자의 천하였다. 그러나 종종 여인이 전권을 휘두르는 국면이 출현하기도 했다. 그리고 이 여인들이 궁정을 독차지하면 왕왕 큰 난리와 화가 일어났다. 여인이 전권을 휘두른 목적이 나라에 화를 미치려는 것이 결코 아니었음에도 불구하고.

괴이하게도 중국인은 모든 사람의 삶 자체가 모략가이자 정치가인 것 같다. 결코 특수한 처지의 여인이 아닌데도 일단 황후가 되고 나면 온갖 지혜와 모략을 짜내 뭇 신하들을 능가한다. 내로라하는 대신과 거물들을 어린애 취급하며 손바닥 위에 올려놓고 가지고 놀면서 실질적인 황제 노릇을 해낸다. 심지어 특정한 방면에서는 후대에 좋은 평가까지 받는다. 이런 점에서 정말이지 감탄하지 않을 수 없게 만든 인물이 있다.

가남풍(257-300)이 바로 이런 여인이었다.

가남풍은 서진西晉의 개국공신인 가충賈充의 딸이었다. 가충은 일찍부터 사마소司馬昭를 따랐는데, 사마소가 후계 문제를 놓고 사마염司馬炎(서진 무제)과 사마유司馬攸 사이에서 고민하고 있을 때 사마염을 지지했다. 이 때문에 사마염은 가충에게 고마운 마음이 아주 컸다.

271년, 12세가 된 사마충은 태자비를 간택할 시기에 이르렀다. 태자비는 곧 미래의 황후였으므로 만조의 문무백관들은 관심을 기울이지 않을 수 없었다. 여러 면에서 모자란 것이 많았던 태자에게는 매우 중요한 일이었다. 개국공신 가충도 관심을 가지지 않을 수 없었다. 가충은 사람됨이 간악하고 교활하며 권모술수에 밝았다. 그는 서진 정권 초창기에 태위로 있으면서 태자태부인 순령荀顗, 시중이며 중서감인 순욱荀勖, 월기교越騎校 풍담馮紞 등과 파당을 지어 시중인 배해裵楷, 임개任愷 및 하남윤河南尹 유순庾純 등을 상대로 한창 세력 대결을 벌이고 있었다. 이때 선비족의 추장인 독발수기禿髮樹機가 침입해 오자, 임개는 적군을 진압할 적임자로 가충을 추천했다. 이 기회에 가충을 조정에서 밀어내려는 속셈이었다. 그해 7월 무제는 가충에게 적을 진압하고 아군을 위무하고 올 것을 명하였고, 가충은 11월까지 질질 끌다가 거절할 도리가 없어 출정에 올랐다.

가충은 떠나기에 앞서 자신이 조정에서 밀려나지 않을 방도를 순욱에게 요청했다. 순욱은 가충의 딸을 태자 사마충의 비로 시집보낼 것을 제안하였고, 자신이 혼사를 성사시킬 수 있도록 계획을 짜놓겠다고 했다. 가충은 기뻐하며 자신의 처인 곽괴郭槐를 부추겨, 양楊황후와 궁중의 시종들에게 뇌물을 주고 딸을 태자비로 적극 천거하도록 했다. 무제는 왕후와 시종들에게서 가충의 딸에 대한 칭찬을 수차례 들을 수밖에 없었다. 그러나 황제는 위관衛瓘의 딸을 태자비로 삼고자 했기 때문에 망설이고 결정을 하지 못했다. 그는 황후에게 "위관의 딸은 다섯 가지의 장점을 가지고 있고, 가충의 딸은 다섯 가지의 결점을 가지고 있소. 위관의 집안은 가풍이 훌륭하고 자손이 많으며, 그 딸은 아름답고 키가 크며 피부도 하얗소. 가충의 집안은 남을 질투하고 자손이 적으며, 그 딸은 못생기고 키가 작으며 피부도 까맣소."라고 했다.(『진서晉書』「후비전」1)

가충의 딸에 대한 무제의 평가는 정확한 것이었다. 그때 무제가 자신의 뜻대로 태자비를 세웠다면 훗날 그렇게 쉽게 나라가 패망하지 않았을지 모른다. 그러나 무제는 귀가 얇았다. 가충의 딸을 칭찬하는 황후의 말에 마음이 동요되기 시작했다. 더욱이 여러 신하들과 연회를 할 때 순욱이 적극적으로 가씨의 딸을 치켜세우고 순령과 풍담도 입을 모아 가씨의 딸을 칭찬하자, 무제도 어느덧 의견을 받아들이게 되었다. 물론 이 모든 것이 가충의 계획과 작전이었음은 전혀 눈치채지 못했다.

가충에게 몇 명의 여식이 있느냐고 무제가 묻자, "전처 소생의 두 딸은 이미 출가했고, 후처가 낳은 두 딸이 아직 시집을 가지 않았습니다."라고 순욱이 아뢰었다. 무제가 그 딸들의 나이를 묻자 가충은 "막내딸이 방년 11세이며 인물이 빼어납니다. 동궁과 짝을 맺기에는 좋을 것입니다." 하고 대답했다.

무제가 열한 살이면 너무 어리다고 하자, 순령이 말을 받아 "가씨의 셋째 딸은 열네 살인데, 용모는 막내만 못하지만 재주와 덕성은 더 낫습니다. 여자는 덕이 중요하지 미색이 중요한 게 아니라고 하지 않사옵니까? 폐하께서 잘 따져보소서." 하였다.

"기왕 이렇게 된 거 셋째 딸이 좋겠구려."

이렇게 해서 태자의 혼사는 주연 자리에서 결정되었다. 이렇게 보면 가남풍의 입궁과 이후의 권력 농단은 모두 자기 뜻이 아니라 수동적으로 그 자리에 떠밀렸음을 알 수 있다.

태자 사마충은 지력이 많이 떨어졌기 때문에 황제 자리를 계승하기에 마땅치 않았다. 반면 무제의 동생 사마유는 재능이 뛰어났다. 이 때문에 대신들은 사마유를 후계자로 생각하고 있었다. 그러나 무제는 한사코 아들을 고집했고, 대신들도 감히 직언하지 못했다.

한번은 무제가 문무백관을 영대에 모아놓고 술자리를 베풀었다. 위관이 술 몇 잔의 힘을 빌려 몸을 일으켜 무제가 앉아 있는 보좌 곁으로 다가가 "신이 올릴 말씀이 있사온대 주상께서 받아들이실 생각이 있으신지요."라고 했다. 무제가 윤허했지만 위관은 입을 열려다가 멈추길 세 차례나 반복하더니 무제가 앉아 있는 보좌를 어루만지며 "이 자리가 아깝구나."라며 한숨을 내쉬었다. 무제는 위관의 뜻을 알아채고는 "공이 정말 취한 모양이오."라며 말을 돌렸고, 위관은 절을 한 다음 물러났다.

이 일이 있는 뒤 무제는 아들에 대한 생각이 흔들리기 시작했다. 아들이 과연 황제 자리를 감당할 수 있을까? 한번 의문이 들자 걷잡을 수가 없었다. 무제는 아들의 지력을 시험해본 다음 결정하기로 마음을 먹었다. 무제는 태자에게 사람을 보내 급히 처리할 공문이 있는데 태자가 평가를 해보고, 이 문제를 처리할 방법을 내서 공문으로 작성하라고 했다.

태자 사마충은 당연히 이 문제를 처리할 능력이 없었다. 태자비 가남풍 역시 이런 문제를 처리할 능력이 되지 않았다. 자신들의 미래가 달린 이 중차대한 문제를 앞두고 가남풍은 서둘러 이 방면에 재능 있는 사람을 찾아 경전에 의거하여 철저하게 작성하도록 했다. 가남풍은 그것도 못 미더워 작성된 공문을 급사 장홍張泓에게 한번 더 보여주며 검토를 부탁했다.

장홍은 무제의 의중을 알아챘다. 하지만 능력이 안 되는 태자가 이런 공문을 작성했다고 하면 무제는 누군가 대필해준 것으로 의심할 것이 뻔했다. 그랬다가는 태자 자리가 더 위험해진다. 다급해진 가남풍은 장홍에게 가르침을 청했다. 장홍은 솔직하게 말해서 무제의 의심을 푸는 것이 낫겠다고 했지만 가남풍은 장홍에게 공문을 고쳐달라고 부탁했다. 장홍은 초고를 써서 사마충에게 그것을 그대로 베끼게 하고는 사신에게 딸려 보내게 했다. 이를 받아 본 무제는 문장력은 별것 없지만 솔직했고, 의견도 틀린 곳이 없어 마음을 놓았다.

이것이 가남풍이 처음으로 궁정 권력투쟁에 간여한 사건이었다. 가남풍 자신도 뛰어나지 못한 데다 못난 남편이 태자 자리를 지키지 못하면 이후 자신의 처지가 어떻게 될지 뻔했다. 스스로를 지키고 남편도 지켜야 한다는 것이 그녀의 고충이었다. 남편이 정상이라면 분수에 맞게 아내 노릇을 할 수 있었다. 이렇게 보면 가남풍이 권모술수가 난무하는 투쟁에 휘말린 것은 아주 수동적인, 말하자면 자신들을 지키려는 본능에서 비롯된 것이었다.

사마충은 지력은 떨어졌지만 남녀의 일에 대해서만큼은 마음껏 즐겼다. 가남풍은 자신의 외모가 떨어지니 어느 날 다른 미녀에게 자리를 빼앗길 수도 있다고 생각했다. 그녀는 다른 여자들이 자신에게 위협이 될 수 없게 만들어야겠다고 결심했다. 언젠가 가남풍은 궁녀 중 하나가 사마충의 은혜를 입어 임신을 했다는 이야기를 들었다. 가남풍은 긴 창으로 그 궁녀를 죽도록 때려 유산이 되었다. 이 일을 알게 된 무제는 태자비의 자리에서 그녀를 폐하려고 마음먹었다. 그러나 가충과 친분이 있는 대신이 만류하자 무제는 가충의 체면을 봐서 마음을 바꾸었다. 이렇듯 초기 가남풍이 투쟁에 나선 것은 자신을 지키려는 본능에서 비롯되었고 그 수단도 아직 노련하거나 성숙되지 않았다.

290년, 무제가 병으로 죽고 사마충이 뒤를 이었다. 이가 혜제이다. 가남풍은 황후가 되었다. 일련의 정치 투쟁을 거치면서 가남풍은 노련하게 조정의 대권을 장악했다. 그녀는 먼저 대신 위관을 죽이고, 이어 황태후를 핍박하여 죽였다. 그녀는 선제공격만이 자신을 지키는 가장 좋은 방법이라고 여겼다.

자신에게 반대하는 자들을 제거하자 가남풍은 자기가 하고 싶은 대로 할 수 있게 되었다. 어리석고 못난 혜제는 일은 물론 침대에서도 가남풍을 만족시킬 수 없었다. 가남풍은 자신의 강렬한 성욕을 만족시키기 위해 잔혹한 행동을 취하기 시작했다.

가남풍은 먼저 태의령太醫令 정거程據와 정을 통했다. 정거는 보는 사람에게 감정을 절로 불러일으킬 정도로 잘생겼다. 가남풍은 치료를 핑계로 그와 관계를 가지기 시작했고, 심지어 궁중에 머무르게 하여 매일 밤 운우의 정을 나누었다. 정거는 가남풍의 위세가 겁이 나 하는 수 없이 침대에 오르긴 했지만 있는 힘을 다하지 않았고 가남풍도 만족을 느끼지 못했다. 가남풍은 성욕이 아주 강한 여자로서 음욕을 채우는 대상이 많으면 많을수록 좋아했다. 그러나 궁중에는 남자가 적었고, 태감들은 많아봐야 쓸모가 없었다. 그렇다고 외부에서 남자를 데려오는 일은 불편했다. 이에 가남풍은 심복 노비를 궁 밖으로 보내 성안에서 미소년을 찾아 데려오게 했다. 그러고는 관계를 가진 뒤 그들을 죽여 비밀이 새어나가지 않게 했다.

비밀은 새어나가기 마련이다. 낙양성 남쪽의 관아에서 일하던 잘생긴 포졸 하나가 며칠 동안 실종되었다가 다시 나타났을 때 좋은 옷을 입고 있었다. 모두들 의아하게 생각하여 자초지종을 물었으나 그는 대답을 하지 않았다. 동료들은 그가 그 옷을 훔쳤을 것으로 단정했다. 그때 마침 가남풍의 먼 친척 집에 도둑이 든 일이 발생했다. 당연히 이 포졸이 의심을 받았고, 포도대장이 그를 잡아 족치니 그제야 사실을 털어놓았다. 그가 자백한 내용은 이랬다.

며칠 전 포졸이 우연히 한 노부인을 만났더니 집에 환자가 있는데 점쟁이가 말하길 성 남쪽의 소년을 찾아 데려오면 사악한 기운을 물리칠 수 있다며 함께 집에 가길 청했다. 후하게 사례를 하겠다는 말까지 덧붙였다. 포졸이 그녀와 함께 수레에 탔더니 수레 안의 대나무로 만든 상자에 들어가라고 했다. 수레는 10리 가까이 달리면서 6, 7개의 문을 지났다. 이윽고 도착하여 상자를 열고 포졸을 꺼냈다. 포졸이 어디냐고 물었더니 노부인은 하늘나라라고 답했다. 그러고는 포졸을 향기로운 냄새가 나는 물에 목욕을 시키고 좋은 옷으로 갈아입게 한 다음 맛난 음식을 배불리 먹게 했다. 저녁이 되자 노부인을 따라 어떤 방으로 들어가자 30대로 보이는 귀부인이 앉아 있었다. 작은 키에 살이 찌고 얼굴색은 검었다. 귀부인은 젊은 포졸을 이불로 끌어들여 관계를 가졌다. 그렇게 하길 며칠이 지나서야 포졸을 돌려보내면서 좋은 옷을 주었다. 물론 비밀을 지키라고 신신당부했다.

가남풍의 친척이 이 이야기를 듣고는 그 귀부인이 가남풍임을 알아챘다. 그는 이 젊은이는 도적이 아니니 더 이상 심문하지 말라 하고는 그 자리를 떠났다. 포도대장도 눈치를 채고, 어디 가서 절대 이 이야기를 하지 말라고 엄명을 내린 뒤 웃으면서 그 자리를 떴다.

사실 가남풍은 이 포졸이 젊고 너무 잘생긴 데다가 말도 잘 들어서 차마 죽이지 못했던 것이다. 그러나 이 한순간의 약한 마음이 화근이 되었으니 가남풍은 그렇게 모질지 못했던 모양이다.

그 뒤 사마륜司馬倫 등이 궁정 쿠데타를 일으켜 가남풍은 폐위되어 감옥에 갇혔다. 가남풍은 사마충에게 "폐하! 당신 아내가 폐위되었으니 폐하도 곧 폐위당할 겁니다."라고 고함을 질렀다. 그러나 어리석은 혜제는 이 말이 무엇을 의미하는지 몰랐다. 가남풍은 쿠데타의 주역들이 누구인지 알고 나서야 자신의 수완이 철저하지 못했음을 깨달았다. 정적의 목을 물어야 하는데 겨우 꼬리만 밟아 후환을 남겼던 것이다. 하지만 때는 늦었다. 며칠 뒤 그녀는 독살당했다.

가남풍이 권력을 쥐고자 했던 목적은 그저 자신의 욕망을 자유롭게 채우기 위해서였다. 이런 점에서 그녀는 풍태후처럼 철저하지 못했다. 또한 풍태후처럼 욕망을 채움과 동시에 그들을 자기 측근으로 길러 정치 막부를 만들어 자신을 보호하는 보호막으로 만들지 못했다.

중국의 봉건 궁정은 세상에서 가장 이해하기 힘들고, 가장 부도덕한 곳이었다.

조금이라도 인정미를 남겼다가는 바로 패하여 자리에서 내려오게 되는 그런 곳이었다. 가남풍의 실패는 그 전형적인 사례였다.

4) 여태후의 실패가 던지는 계시

여태후는 정치적 막부를 만들기는 했지만 막료들을 거의 전부 자기와 가까운, 특히 친정집 식구들을 기용함으로써 강력한 막부를 형성하지 못했다. 이것이 여태후 실패의 관건이었다.

중국인은 거의 모두가 정치적 권모술수에 관한 한 잠재적 소질을 갖고 있다. 이런 잠재적 소질이 일단 기회를 얻어 폭발하면 잠들어 있는 씨앗이 적당한 수분과 공기 및 온도를 얻어 싹을 틔우고 결국 큰 나무처럼 성장한다. 진시황의 생모 조태후의 정부 노애嫪毐가 그랬고, 가남풍이 그랬다. 이들이 우연히 궁정에 들어가지 않았다면 일생을 그렇게 남다르게 마쳤을 리가 있겠는가? 이런 특징들이 여태후의 신상에서 유감없이 실현되었다.

유방과 여태후는 사뭇 기이한 혼인관계를 맺은 사이였다. 유방이 사수泗水에서 별 볼 일 없는 정장 노릇을 하고 있을 때의 일이다. 여태후(당시 여치呂雉)의 아버지는 원수를 피해 단보현單父縣에서 현령을 지내고 있는 친구에게로 왔다. 현령은 친구를 위해 현의 관리들에게 자리를 마련하여 축하하게 했다. 현령의 비서와 같은 역할을 하고 있는 유방의 친구 소하蕭何가 이 일을 담당했다.

연회가 시작되기에 앞서 소하는 하객들에게 "축의금이 1천 전 이상인 분은 대청에 앉고, 그렇지 못한 손님들은 대청 아래에 앉기 바랍니다."라고 선포했다. 빈객들은 소하의 말에 따라 각자의 자리를 찾아 앉았다.

이때 풍채가 당당한 한 사내가 "나는 축의금 1만 전이오."라고 큰소리를 치며 대청 쪽으로 다가오는 것이 아닌가. 하객들이 일제히 얼굴을 돌려 소리 나는 곳을 보니 다름이 아닌 유방이었다. 평소 유방을 잘 아는 소하는 유방을 저지하면서 대청 아래로 밀어내려 했다.

이때 저 안쪽에서 여공이 나오며 "축의금 1만 전이 어떤 분입니까?"라며 다급히 물었다. "건달 유방이란 자입니다."라고 소하가 대답했다. 여공은 소하 옆에 서 있는 사내를 보았다. 풍채가 훤칠하고 늠름한 젊은이였다. 여공도 유방의 이름은 들은 적이 있는데, 지금 자신의 눈으로 직접 보니 과연 그 기개가 남달랐다. 여공은 유방을 대청에 앉게 했고, 유방은 한 번의 사양도 없이 안하무인의 자세로 대청 상석으로 가서 앉았다.

사람들은 경멸과 조소의 눈빛으로 유방을 뚫어지게 쳐다보았다. 연회가 끝난 후 여공은 유방을 따로 불러 이렇게 말했다.

"내가 지금까지 많을 일을 겪고 많은 사람을 만나보았지만 그대처럼 기개가 비범한 사람은 처음 보았소. 앞날이 창창하니 바라건대 여러모로 조심하기 바라오. 내게 총명한 딸이 있는데, 그대가 아내로 삼았으면 하오!"

여공의 이런 결정은 당연히 그 아내의 강렬한 반대에 부딪혔다. 여공의 아내는 건달에게 귀한 딸을 주겠다는 남편의 일방적 결정에 화가 나서 "당신은 입만 열면 우리 딸이 출세할 것이라고 하면서 장래가 밝은 능력 있는 남자에게 시집보내야 한다고 하지 않았소? 당신 친구인 현령이 청혼했을 때조차 거들떠보지 않다가 어째서 유방에게 시집보내려는 것이오? 유방이란 놈이 건달이란 이야기를 듣지 못했소?"라며 항의했다. 여공은 "당신의 짧은 안목으로 어찌 사람을 제대로 보겠소. 유방이 앞으로 어떻게 될지 당신은 상상조차 못할 것이오."라며 아내의 말을 일축했다.

여공은 유방이 과감하게 진 왕조의 법령과 제도, 관료와 부자들을 무시히는 깃을 보았고, 유방의 뜻과 활달한 성격, 늠름한 풍채를 보면서 그가 틀림없이 큰일을 해낼 것이라 예감했던 것이다. 아니나 다를까, 훗날 유방은 민중 봉기를 일으켜 진 왕조를 쓰러뜨리고 한 왕조를 개창하는 개국 황제가 되었다. 여공의 딸 여치도 귀한 몸이 되었음은 물론, 유방이 죽은 뒤에는 실질적인 황제가 되어 한 왕조의 기반을 튼튼히 다지는 데 큰 역할을 해냈다. 이와 함께 소하와 조참 등 진 왕조에서 관리 노릇을 했던 인물들도 유방의 신하가 되었다.

여공은 유방을 만나보고 소소한 것은 따지지 않고 날카로운 안목으로 유방이 재목임을 알아보고 그를 사위로 삼았다. 여공이 유방의 사람됨을 알아보고 그를 후원한 것은 뭐니 뭐니 해도 여공의 안목에서 비롯된 것이다.

이렇게 해서 여치는 얼떨결에 유방과 부부가 되었다. 유방은 평범한 사람이 아니었다. 가정생활에 충실한 남편도 아니었다. 진시황이 죽고 각지에서 봉기가 일어나자 유방도 봉기군을 이끄는 우두머리가 되었고, 이 때문에 여치는 두 아이와 함께 고생을 하지 않으면 안 되었다. 남편을 따라 전장을 전전했고, 유방은 자신의 군대가 팽성彭城에서 참패하여 목숨조차 부지하기 어려워지자 가족을 내팽개쳤다. 이 때문에 유방의 아버지와 여치는 항우의 포로가 되는 곤욕을 치렀다.

이렇게 보면 두 사람은 고생을 같이한 부부라 할 수 있다. 유방이 황제가 되자 여치는 당연히 황후가 되었고, 아들 유영劉盈은 태자가 되었다.

그로부터 얼마 뒤 여치는 자신의 황후 자리와 아들의 태자 자리가 심각한 도전에 직면하고 있다는 것을 알게 되었다. 당초 팽성에서 참패하고 도망 다니던 유방은 어떤 집에서 밥을 얻어먹고 머물게 되었다. 집주인이 유방을 알아보고는 딸을 유방에서 주었다. 이가 척戚부인이다. 재기하여 끝내 항우를 물리친 유방은 척부인을 데려와 그녀를 총애했고, 그로부터 여후와는 사이가 점점 멀어졌다.

척부인 척희戚姬는 젊고 아름다운 데다 춤과 노래도 잘했다. 게다가 공부도 좀 해서 유방의 마음을 사로잡았다. 더욱이 유방이 어려운 처지에 있을 때 만난 사이라 더 애착을 가졌다. 척희는 유방의 총애를 한몸에 받자 자신과 어린 아들 여의如意의 미래를 위하여 태자를 바꿔달라고 애원하기 시작했다. 유방은 처음에는 동의하지 않았으나 울면서 애원하는 척희에 마음이 흔들렸다. 게다가 태자 유영은 심약한 반면 여의는 자신을 많이 닮아서 마침내 태자를 바꾸려고 마음을 먹었다. 이렇게 하는 쪽이 나라와 사랑하는 여인에게 좋겠다고 생각했기 때문이다.

이 상황을 알게 된 여태후는 두려움에 사로잡혔다. 그러나 온통 척희에게 몸과 마음이 가 있는 남편 유방에게 접근하기조차 어려운 상황이었다. 그렇다고 손놓고 기다릴 수는 없는 상황, 그녀는 자신과 자식들을 지키기 위해서 척희의 도전을 받아들였다.

어린 여의가 열 살이 되었다. 이 나이가 되면 자신이 봉해진 봉지로 거처를 옮기는 것이 관례였다. 이 사실을 안 척희는 화들짝 놀랐다. 아들이 봉지로 떠나게 되면 황제의 얼굴을 보기 힘들어진다. 사람이 안 보면 멀어진다고, 그렇게 되면 상황이 어떻게 될지 상상조차 하기 싫었다. 척희는 유방을 만나 땅바닥에 엎드려 대성통곡을 했다. 척희의 마음을 안 유방은 이렇게 말했다.

"적자를 폐하고 서자를 올리는 태자 자리를 바꾸는 일은 명분이 있어야 하니 좀더 기다렸다가 다시 이야기합시다."

그러나 척희는 더 서럽게 통곡했고, 마음이 크게 흔들린 유방은 이튿날 신하들과 태자를 바꾸는 일을 상의하겠다고 했다.

이튿날 아침, 신하들이 다 모이자 유방은 태자 일을 꺼내 들었다. 신하들은 대경
실색했다. 별다른 잘못도 없고 태자로 책봉된 지 벌써 몇 년이 지났는데 폐위한다는
것은 혼란만 불러올 뿐이라며 극력 반대했다. 유방은 자신의 뜻을 꺾지 않고 문서로
작성하라고 명령했다. 강직하기로 이름난 어사대부 주창周昌이 나섰다.

"시, 신은 마 말을 자 잘 못합니다. 그 그러나 시 신은 그 그 일이 저 절대 안 되 된
다는 것을 아 알고 있습니다.…"

주창의 성품을 잘 아는 고조는 잔뜩 긴장하고 있다가 심하게 말을 더듬는 주창
의 모습에 그만 껄껄 웃고 말았다. 그러고는 태자 폐위 건을 중지했다. 여후는 무릎
을 꿇고 앉아서 주창에게 감사를 표시했다. 주창은 황망하여 자신도 무릎을 꿇었다.
여후는 그를 부축하여 일으키면서 "오늘 그대가 이치를 따져 강력하게 맞서지 않았
더라면 태자는 이미 폐위되었을 것이오. 내가 태자를 지켜준 그대가 너무 고마워 이
렇게 인사를 올리는 바이오."라고 했다. 주창은 "공을 위하여 사사로움은 버리는 법
이니 황후께서는 마음에 두지 마십시오."라고 했다.

여후가 이런 행동을 한 것은 단순히 주창에게 감사를 나타내기 위해서뿐만 아
니라 신하들이 보는 앞에서 태자를 폐위하는 일이 얼마나 부당하며 해서는 안 되는
일인가를 보여주기 위해서였다.

그 후 유방은 진희陳豨 등이 반란을 일으켜 토벌하기 위해 출병하였기 때문에 태
자를 폐위하는 일은 일단 보류되었다. 보류된 상태이긴 했지만 여후의 마음은 결코
편치 않았다. 언제 또 이 일이 불거질지 모르는 상황이었기 때문이다. 이번에 여후는
장량張良을 찾아 유영이 태자의 지위를 유지할 방법을 알려달라고 부탁했다. 장량은

정계에서 은퇴한 몸이라 처음에는 황제 집안일이라며
사양했지만 명목상으로나마 태자소부太子少傅의 직책
을 맡고 있었으므로 수수방관할 수만은 없었다. 장량
은 여후의 오빠인 여택呂澤에게 '상산사호商山四皓'를 만
나 태자를 보호해줄 것을 청하게 했다. 물론 자신의
소개로 왔다고 말하라고 했다.

'상산사호'는 상산에 은거하던 네 명의 은사隱士로
서 동원공東園公, 하황공夏黃公, 기리계綺里季, 녹리선생甪
里先生이라 하였다. 그들은 모두 수염과 눈썹이 하얀 노
인들이었다. 여택이 장량의 이름으로 이들을 찾아가
세속으로 나올 것을 청하였고, 태자 유영이 후한 예우
를 보여줌으로써 그들은 태자부의 일을 수락하게 되

● 조야 모두로부터 존경을 받고 있는 '상산사호'로
하여금 태자를 호위하게 함으로써 유방은 태자를
바꾸겠다는 마음을 포기했다.

었다. 그 후 고조가 유영에게 영포英布의 모반을 토벌하러 나서면서 태자를 동행시키
려 했다. 상산사호는 의견을 모아 태자는 수도에 남아 국내를 안정시켜야 한다고 유
방을 설득하라고 여후에게 일러주었다. 여후는 유방을 설득했고, 유방은 이를 받아
들여 태자를 장안에 남게 했다.

유방이 영포를 친히 정벌하고 돌아오자 척희는 다시 태자 폐위 건을 꺼냈고 유
방 역시 그렇게 하겠노라 마음을 먹었다. 이번에는 장량이 직접 나섰고, 태자태부인
숙손통叔孫通까지 죽음을 각오하고 간언을 올렸다. 그는 경전과 전적을 인용하면서
자신의 주장을 펼쳤다.

"옛날에 진나라의 헌공獻公이 여희驪姬를 총애하여 태자인 신생申生을 폐함으로써
진나라를 몇 십 년 동안이나 혼란케 하였으며, 진시황은 일찍 부소扶蘇를 태자로

세우지 않아 나라가 망하는 결과를 불렀습니다. 지금 태자께서는 성품이 인자하고 효성스러우신데 어떻게 아무런 이유도 없이 내치신단 말입니까?"

말을 마친 숙손통은 검을 빼어 들고 자신의 목을 베려고까지 했다. 난감한 상황을 맞이하여 유방이 이러지도 저러지도 못하고 있을 때 상산사호가 모습을 드러내었다. 유방은 백설 같은 수염을 기른 범상치 않은 네 노인의 등장에 깜짝 놀랐다. 네 사람이 자신들의 신분을 밝히자, 유방은 "일전에 내가 여러분에게 속세로 나오라고 요청했을 때는 피하여 나오지 않더니, 지금 여기에 온 것은 무슨 일이오?"라고 물었다.
상산사호가 이렇게 답했다.

"폐하께서는 평소 사대부들을 깔보시기에 치욕을 당할까 명을 받들지 않은 것입니다. 태자께서는 성품이 인자하고 효성스러워 훌륭한 선비들을 공경하니, 저희들이 태자를 위해 목숨을 바치고자 각별히 먼길을 떠나와서 태자를 공경하여 보살피고 있습니다."

역대 제왕들은 이 상산사호를 경외하며 우러르고 공경해왔는데, 이들이 몸소 태자부의 일을 맡았으니 유방은 유영이 태자로서 자격을 갖추었음을 인정할 수밖에 없었다. 그 후로 태자를 폐립하는 문제는 제기되지 않았으며, 유영의 입지는 흔들리지 않았다.
상산사호가 떠난 뒤 유방은 척희를 찾아 이들이 태자를 보호하는 한 태자를 폐위시키기는 불가능하다며 척희를 달랬다. 희망은 잃은 척희는 비통하게 울었다. 유방도 마음이 아파 척희를 위하여 '홍곡가鴻鵠歌'라는 노래를 불렀는데 그 소리가 애달팠다.

기원전 195년 4월, 유방이 죽고 17세의 태자 유영이 황제에 즉위하였다. 이가 혜제다. 5월, 고조의 장례가 끝나자마자 여후는 황태후라는 권력을 이용하여 척희와 그 아들 여의에게 보복의 칼을 겨눈다. 먼저 척희를 영항永巷(궁중에서 죄 지은 궁녀를 가두던 감옥)에 가두고는 머리카락을 자르고 팔다리에 수갑과 족쇄를 채우고 죄수의 옷을 입혀 곡식 빻는 고된 일을 시켰다. 당시 척희의 아들인 조왕趙王 유여의는 천리 밖 하북河北에 있었으므로 어미의 처지를 알지 못했다. 척희는 곡식을 빻으면서 슬픈 노래를 불렀다.

아들은 왕인데 어미는 종이라네.
하루 종일 곡식을 빻다 날이 저무니
언제 죽을지 알 수 없는 목숨이구나!
모자가 삼천리나 떨어져 있어
누가 너에게 내 처지를 알려주리.

척희가 노래를 부른다는 사실을 안 여후는 크게 노하여 후환을 만들지 않기 위해 척희와 아들을 죽이기로 결정했다. 그래서 전후 네 차례에 걸쳐 조나라에 사자를 보내 조왕 여의를 장안으로 불러들였다.

척희에 대한 여후의 증오를 잘 알고 있었던 유방은 생전에 자신이 죽고 난 뒤의 일을 걱정했었다. 어사御史인 조요趙堯가 계책을 내었다. 지위가 있고 정직한 사람 중에 평소 여후와 태자 및 군신들이 존경하는 자를 뽑아 조나라의 재상으로 보냄으로써 조왕을 보위하자는 안이었다. 유방은 신중하게 고려하여 강직하고 소신 있는 어사 주창을 뽑아 보냈다. 여후가 조왕에게 장안으로 들어오라고 명했을 때 주창은 바로 그 의도를 알고서 조칙을 받들지 말 것을 간언했다. 여후는 다시 사람을 보내 이

● 척희의 비참한 죽음은 여후의 증오가 얼마나 깊었는가를 역으로 보여주고 있다. 적통의 계승자를 바꾸려는 시도는 대부분 개인적으로든 정치적으로든 비참한 결과를 낳았다. 사진은 척희의 사당 유적이다.

번에는 주창에게 의논할 일이 있다며 장안으로 불러들였다. 그러고는 주창이 조나라를 떠나기를 기다렸다가 다시 사람을 보내 조왕을 불렀다. 이번에는 조왕도 감히 움직이지 않을 수 없었다.

마음이 여린 혜제(유영)는 조왕이 장안에 오면 위험에 빠질 것을 알고서 자신이 먼저 성밖까지 나가 여의를 맞이했다. 황제가 친히 어린 동생을 궁중으로 맞아들이는 바람에 조왕을 죽이려는 태후의 계획은 쉽게 이루어질 수 없었다. 어느 날 새벽 혜제가 활쏘기 연습을 하러 밖으로 나가고 여의 혼자 궁중에 남아 있는 틈을 노려 태후는 사람을 시켜 독이 든 술을 조왕에게 마시게 했다. 가련한 열두 살의 조왕은 이렇게 독살당했다.

이 소식을 전해들은 척희는 창자가 끊어지는 비통함에 여후를 원망하였다. 그러자 여후는 크게 분노하여 역사상 없었던 가혹한 형벌을 생각해내었다. 먼저 척희의 팔과 다리를 자르고 눈알을 파냈으며, 독약의 김을 쐬어 귀를 멀게 하고 벙어리가 되는 약을 먹여놓고는 "인간돼지" '인체人彘'라 부르게 했다. 여후는 득의양양하여 척희를 동정하던 혜제에게 직접 보게 했다. 혜제는 지난날 아름다운 용모를 지녔던 척희가 차마 눈 뜨고는 볼 수 없는 살아 있는 괴물이 되었음을 보고 슬프게 통곡했다. 이후로 혜제는 여후의 위세 아래 "날마다 술을 마시며 음탕한 생활을 즐겨 정사를 돌보지 않음으로써" 스스로를 망가뜨렸고 결국 얼마 버티지 못하고 죽었다.

아들이 죽자 여후는 친정집 식구, 즉 여씨들에게 의존하여 여씨 세력이 조정의 권력을 독차지하는 일에 착수했다.

사실 여후는 한나라 건국 초기부터 여씨 가족들로 이루어진 정권을 경영하려고 손을 써왔다. 그러나 민심이 아직 안정되지 못했고, 특히 일부 병권을 쥐고 있는 장수들이 천하를 도모할 틈을 엿보고 있었다. 이 때문에 유방은 늘 촉각을 곤두세우고 있었다. 그는 진희의 반란을 진압하기 위해 출정할 때 궁정 내부의 일은 여후에게, 궁정 밖의 일은 소하에게 맡기고서야 마음을 놓고 떠날 정도였다. 이 기회를 놓치지 않고 여후는 자기 세력을 심어 이후 대권을 독차지할 수 있는 기반과 권위를 수립하기 시작했다.

여후의 이런 정치적 야심을 가장 잘 보여준 사건이 바로 한신과 팽월彭越을 무고하여 죽인 것이었다.

한신은 서한삼걸西漢三杰(소하·장량·한신)이었다. 그중의 한 명인 장량은 군대의 막사 안에서 계책을 짜 천리 밖의 승리를 이끈 인물이었으나 한나라 건국 이후 은거하다시피 살았기 때문에 자신을 위협할 만한 일을 만들지 않았다. 소하는 농사짓는 백성들을 보살펴 나라를 부강하게 만드는 데 애썼던 사람으로, 일찌감치 권력을 놓고 다투지 않았다. 한신은 병사를 거느리는 데 재주가 있어 기발한 전략으로 적을 공격하여 요충지를 점령하는 능력이 빼어났다. 이 때문에 그는 줄곧 유방을 불안하게 했으며, 실제로 항우와 치열하게 싸우고 있을 때 자신을 왕으로 봉해달라며 유방을 압박하기까지 했다.

건국 초기 혁혁한 공을 세웠던 일부 장수들은 여전히 유방에게 충성을 다하지 않는 언행을 보였다. 유방은 이들을 제거하기로 마음을 먹었고, 그 첫 대상이 그동안 유방을 불안하게 해왔던 한신이었다.

유방은 먼저 한신을 제왕齊王에서 초왕楚王으로 바꾸어 1차로 힘을 뺀 다음 다시 초왕에서 회음후淮陰侯로 강등시켰다. 또 진평陳平의 계책을 받아들여 평민으로 강등시킨 후 장안長安에 억류시켜 감시케 했다. 4년 동안 이런 연금 생활을 하는 동안 한신은 소극적 반항의 표시로 병을 핑계로 문밖을 나가지 않았다. 그리고 유방에 대한 실망과 원한이 점점 커지면서 모반을 준비했으나, 결국 변명 한마디도 못 한 채 사형에 처해졌다. 그의 친척과 친구들도 모두 죽임을 당하였다.

당초 유방은 한신과 "하늘과 땅을 보게 하여 죽이지 않으며, 쇠붙이 무기를 보게 하여 죽이지 않는다."고 약조를 한 적이 있다. 이를 기억하고 있던 여후는 한신을 죽일 때에 자루를 씌우고 대나무로 찔러서 죽였다고 한다. 그를 죽일 때 하늘을 보이지 않았고 땅을 보이지 않았으며 쇠붙이 무기를 보이지 않았으니 약속을 지킨 셈이었다. 사마천은 『사기』에서 한신이 여후에게 죽었다는 보고를 받은 유방이 "한편으로는 기뻐하고 한편으로는 슬퍼하였다."고 기록했다. 이 말을 다시 설명한다면, 옛날의 동지를 잃은 슬픔도 있었으나, 자신이 차마 죽이지 못한 공신을 아내가 과감하게 처단함으로써 맘속의 응어리를 풀게 되었다는 의미라 할 것이다.

일부 사료와 역사학자들의 분석에 의하면 한신이 모반을 준비한 증거는 확실하지 않으며, 야심을 가졌다기보다는 불평을 한 수준이었다. 여후가 그를 죽인 것은 일벌백계로 반란의 싹을 막음으로써 통일된 국가를 안정시킬 목적이었다. 물론 이 일은 여후가 조야에 위신을 세우는 데에 유리하게 작용했다. 결과적으로 한신의 죽음은 역사가 전진하는 과정에 필요한 희생양이었다고도 볼 수 있다.

여후는 고조를 위해 개국공신들을 처단하는 능력을 다시 한번 발휘하였다. 바로 팽월을 죽여 젓갈을 담근 사건이다. 고조는 천하를 얻고 난 뒤에, 자신이 정권을 잡는 데에 도움을 준 영웅인 팽월을 양왕梁王으로 봉하고 산동山東의 정도定陶에 도읍을 정하게 했다. 그러나 팽월은 병을 핑계로 진희를 토벌하라는 명령을 받들지 않아 모반을 도모했다는 누명을 쓰고 모든 지위를 박탈당했다. 그리고 평민의 몸으로 촉蜀 땅의 청의靑衣로 유배를 가게 되었다. 팽월이 정현鄭縣에 이르렀을 때, 마침 장안에서 낙양으로 가던 여후와 이곳에서 만나게 되었다. 팽월은 여후에게 자신의 억울함을 호소하며, 고향인 창읍昌邑으로 돌아가 조용히 평민으로 살게 해달라고 했다. 여후는 일단 허락하겠다고 하고는 팽월을 낙양으로 데리고 와 유방에게 다음과 같이 말했다.

"팽월의 군대는 공이 높아 백성들에게 상당한 지지를 받고 있습니다. 만에 하나 팽월이 모반을 하게 된다면 작은 일이 아닐 테니 그를 죽여서 후환을 없애는 편이 낫습니다."

유방은 그 말에 일리가 있다고 여겨 여후에게 팽월의 처분에 관한 전권을 맡겼다. 여후는 곧바로 팽월의 측근을 협박하여 팽월이 반란을 도모했다고 모함케 했다. 정위廷尉인 왕념王恬이 여후의 지시에 따라서 팽월을 체포해 가두었고, 결국 유방과 여후의 조서에 따라 개국공신 팽월은 원통하게 죽었다. 심지어 그의 뼈와 살은 육젓으로 절여서 제후 왕들에게 내려졌다.

한신과 팽월을 처치한 일은 조정의 대신들에게 여후라는 존재의 위상을 확실히 알려주는 일이었다. 그녀는 집안 살림을 하며 베를 짜고 농사일을 하던 예전의 촌부

● 여후의 잔혹한 정치적 수완은 최고 공신들을 숙청하는 과정에서 남김없이 잘 드러났다. 사진은 사마천 광장에 조성되어 있는 통치자 여후의 석상이다.

가 아니었으며, 여러 해에 걸친 전쟁의 험한 경험을 통해 노련하고 과감한 면모를 드러냈다. 이와 동시에 잔인하고 냉혹한 수법 아래 사악한 마음을 키웠다. 이 무서운 마음은 결국 유방이 죽은 뒤에 극대화되어 나타났다.

여후는 곧 유방의 일족을 조정에서 몰아내기 위한 작업에 돌입했다. 여후는 유방의 병이 위독했을 때부터 정권을 찬탈할 뜻을 품고 있었다. 당시 고조는 자기에게 남은 시간이 많지 않다는 것을 알고 여후를 불러 뒷일을 부탁했다. 여후는 "폐하께서 승하하신 뒤에 소상국蕭相國(소하)이 죽는다면, 어느 사람이 대신할 만합니까?"라고 물었다. 고조가 조참曹參을 추천하자, 조참은 연로하니 그가 죽은 뒤에는 누구에게 맡겨야 합당한지 다시 물었다. 고조가 대답하기를 "왕릉王陵이 쓸 만할 것이오. 그러나 왕릉은 사람이 우직하니 다 맡길 수는 없고 진평이 도와야만 할 것이오. 진평은 지혜는 넘치나 무게가 부족하니, 가장 좋은 것은 주발周勃과 겸임하게 하는 것이오. 주발은 성실하나 공부는 모자라는 사람이오. 하지만 우리 유씨의 한 왕조를 안정시키려면 주발이 아니고서는 안 되니 태위로 임용해야 좋을 것이오."라고 했다. 여후가 다시 뒷사람을 물으려고 하자 고조는 "뒷일은 당신이 알 바 아니오."라고 말했다.

유방도 자신이 죽은 뒤에 여후가 권력을 잡는다면 여씨 세력이 지금의 정국을 위태롭게 할 것이라 예상했다. 그래서 열후와 군신들을 궁궐에 불러 모아 백마를 죽인 뒤, 다음과 같은 맹세를 하게 했다.

"지금부터 유씨가 아니면 왕으로 봉해질 수 없으며, 공을 세우지 않고는 후侯에 봉해질 수 없다. 만약 이 결정을 어긴다면 천하가 함께 그를 치기로 한다!"

여후는 이미 국가의 대권을 장악하였기에 고조가 남긴 유지에는 눈 하나 깜짝

하지 않았다. 그녀는 유씨 자손들에 대해 피를 보는 방법을 쓰는 한편, 여씨 세력을 빠르게 키워서 요직에 앉힘과 동시에, 유씨가 왕으로 있는 나라에 여씨 집안의 딸들을 제멋대로 정략 결혼시켰다. 그중 가장 황당한 일은 혜제의 친동생인 노원공주와 조왕 장오 사이에 낳은 딸을 혜세와 혼인시키고 황후로 세운 것이다. 이것은 당시에 여후가 유씨의 천하를 빼앗기 위해 얼마나 고심했는지 잘 보여주는 대목이다. 혜제와 황후 사이에는 자식이 없었다. 자칫하면 제위가 유방의 자손들에게 넘어갈 수 있었기 때문에 여후는 이를 막기 위해 혜제의 다른 희첩이 낳은 아들을 황후가 키우게 하고 생모를 죽였다. 그리고 혜제가 죽은 뒤 장황후의 양자를 황제로 세우니, 곧 소제少帝다. 이로써 여후는 태황태후太皇太后라는 존엄한 신분에 올라 조정의 정사를 섭정하게 되었다. 유방이 죽기 전에 백마를 잡고 맹세를 했으나 여후가 여씨 세력을 키워가는 과정에 장애를 겪은 적은 거의 없었다.

혜제가 죽었을 때 여후는 하늘이 무너지고 땅이 꺼진 듯 비통해하였지만, 눈물을 흘리지 않았다. 당시 장량의 아들 장벽강張辟疆은 열다섯의 나이로 시중을 맡고 있었는데, 매우 총명했던 그는 여후의 마음을 꿰뚫어보고 승상인 진평에게 낮은 목소리로 말했다.

"태후께서 혜제를 그토록 아끼셨는데 어째서 붕어하신 마당에 곡을 하면서 슬퍼하지 않을까요?"

진평은 장벽강에게 다시 그 까닭을 되물었고, 장벽강은 이렇게 말했다.

"혜제의 아들들은 모두 어립니다. 태후는 대신과 노장들이 자신의 지휘를 따르지 않을까 의심하고 두려워하고 있습니다. 태후의 성격이나 일 처리 방식에 비추어보아 이런 상황이 오래간다면 모두들 살신지화殺身之禍를 면하기 어려울 것입니다. 승상께서 태후에게 그 친속인 여산呂産, 여대呂臺, 여록呂祿을 장군으로 배수陪隨하도록 건의하시는 게 가장 좋은 방법입니다. 그들에게 수도의 금위군을 맡기고 여러 여씨가 궁중에 들어와 세력을 넘겨준다면 여후의 맘이 편안해질 것이고 여러 사람들도 화를 면할 수 있습니다."

진평이 이 의견대로 행하자 과연 여후는 흡족해했다.

당시 조정의 여러 신하들은 대부분 고조의 옛 부하 장수들이었는데, 그들은 앞날을 생각하여 어쩔 수 없이 '여후의 시퍼런 서슬'을 피하는 쪽을 선택했을 것이다. 그런데 뜻밖에도 우승상을 맡고 있던 왕릉王陵은 여후의 행위가 선제 앞에서 했던 맹약과 위배된다고 반기를 들었다. 결국 오래 지나지 않아 여후는 그를 태부로 좌천시켜 태자를 보좌하는 일을 맡겼다. 그 뒤로 여후는 두려워하거나 주저하는 일이 없게 되었으며, 여씨 가문의 사람들에게는 원 없이 관직과 작위를 베풀고 봉토를 나눠주었다. 이로써 여후를 우두머리로 하는 외척 집단이 빠르게 조직되었다. 영리한 여후는 수도를 지키는 남군과 북군을 여대, 여산, 여록이 통솔하게 함으로써 조정 안팎을 명실상부한 여씨 천하로 바꾸었다.

이때 여후에 의해 황제로 추대된 소년 천자인 소제는 자신의 처지를 깨닫고 어린 마음에 "태후가 내 어미를 죽였으니 내가 장성한 뒤에는 반드시 복수하겠다."는 말을 했는데, 이 이야기가 여후의 귀에 들어가고 말았다. 여후는 곧바로 그를 감옥 같은 곳에 가둔 뒤, 어린 황제가 병이 들었다고 대외에 선포하고 주위에서 시중들던 신하들의 접근을 허락하지 않았다. 여후는 소제를 가두어 죽인 뒤, 혜제의 다른 양자인 상산왕常山王 유의劉義를 황제로 세웠다.

여후가 정권을 빼앗은 방식은 매우 잔인하였지만 정권을 잡은 16년 동안 업적도 있었다. 일단 여후는 보좌할 신하에 대해서는 고조의 유언대로 실천했다. 그녀는 소하, 조참, 왕릉, 진평, 주발 등의 개국공신을 중용했으며, 고조가 백성의 부담을 줄이고 생활을 안정시키기 위해 개창했던 황로지책黃老之策을 계속 추진했다. 이 대신들은 성치적으로는 무위지치無爲之治를 택히여 백성들이 하고자 하는 바를 따라 백성을 힘들게 하는 일을 만들지 않았으며, 경제적으로는 세금을 줄이고 공업과 상업에 대해서 자유로운 정책을 실행했다. 정치, 법제, 경제, 사상문화 분야는 물론이요, 모든 면에서 문경지치文景之治(문제와 경제, 양대에 걸친 약 40년간의 태평성대를 말함)의 튼튼한 기초를 마련하였다.

여후는 타당한 건의를 받아들였으며 대국적으로 신중한 판단을 내렸다. 이는 성공한 정치가라면 필수적으로 갖추어야 할 조건이다. 여후가 남성 중심의 역사에서 선명한 한 줄의 기록을 남길 수 있었던 것은, 운이 좋은 것도 있었겠지만 분명히 비범한 담력과 능력을 가지고 있었기 때문일 것이다.

기원전 180년 7월, 칠순이 가까워진 여후는 자신의 생이 얼마 남지 않았다는 것을 예감했다. 그리고 유씨 세력이 절대로 여씨 세력의 통치 아래 굽혀 살지 않을 것이라는 사실도 간파하고 있었다. 자신이 죽고 난 뒤에 벌어질 피비린내 나는 세력 싸움을 예상한 그녀는 집안사람들에게 변고에 대처할 방도를 치밀하게 알려주었다. 우선 조왕趙王 여록에게 상장군을 맡겨 북군을 통솔하게 하고, 양왕梁王 여산에게 남군을 거느리게 했다. 한나라의 군대 편제에서 수도의 금위군을 남군과 북군으로 나누어, 남군은 궁성을 지키고 북군은 수도를 지키는 일을 맡겼다. 수도와 궁정의 경비부대를 통제하여, 군대 내부의 반란을 막기 위함이었다. 아울러 여산을 재상으로 삼고 여록의 딸을 황후로 삼아, 최후까지 여씨의 권력을 공고하게 하기 위한 노력을 하였다.

기원전 180년, 섭정기가 8년이 되었을 때 여후는 궁 밖으로 외출을 하였다가 갑자기 뛰어든 개 한 마리에 의해 겨드랑이를 물렸다. 이 일로 크게 놀란 그녀는 곧 병

● 사마천은 여후의 통치를 두고 "정치가 모두 안방에서 나왔지만 천하는 태평하고 안정되었다."고 높이 평가했다. 사진은 여후의 무덤이다.

이 들어 일어나지 못한 채 여의의 귀신이 나타나 해코지한다며 고통스러워했다. 그리고 얼마 못 가 공포 속에서 세상을 마감했다.

곧이어 오래도록 숨죽여 지내던 유씨의 자손들과 원로중신들은 신속하게 여씨 집단을 소탕하는 행동에 돌입했다. 먼저 유방의 장손인 제왕齊王 유양劉襄이 산동에서 군사를 일으켰고, 장안에서는 주허후朱虛侯 유장劉璋, 주발과 진평 등이 기선을 제압하여 군대의 반란을 일으켰다. 여후의 형제와 조카들인 여록, 여녕呂甯 등은 막강한 병권을 손에 잡고 있었지만 모두들 한 번의 공격을 감당해내지 못하였고, 10여 년간 정권을 잡고 있던 여씨 집단은 불과 며칠 만에 축출되었다.

여후의 일생을 볼 때, 피로 얼룩진 잔혹 행위가 대표적이지만 그 가운데에는 빛나는 업적이 적지 않다. 한마디로 여후라는 인물이 걸출한 정치가였음을 부정할 수 없다. 한신과 팽월을 죽인 행위는 후세 사람들에게 비판을 받았지만, 나라를 세운 초창기에 막강한 병권을 가진 공신들은 확실히 황제에게 불안한 존재일 수밖에 없었다.

정권을 잡았던 기간에 그녀는 '황로지책'을 계속 시행하여, 여러 해 동안 전화를 겪은 백성들에게 생활을 안정시키고 원기를 회복한 여유를 가지게 만들었다. 이것은 관리들이 백성을 핍박하여 반란을 일으키지 못하게 한 것으로서, 간접적으로는 한 왕조의 통치를 공고하게 만든 것이나 다름없다. 그렇지 않았다면 하루아침에 농민반란이 일어나 강대했던 진나라가 연기 속에 사라진 것과 같은 꼴을 당했을 것이다. 더구나 건국한 지 얼마 되지 않은 새 왕조가 아니던가!

여후의 일생을 전체적으로 살펴보면 그녀의 성공은 여성의 한계를 돌파하여 철완의 수완으로 모든 것을 통제하고 정적들을 철저하게 배척한 데 있었다. 반면 부족했던 점은 풍태후처럼 재능과 힘을 가진 뛰어난 인재들을 끌어안아 막료 집단으로 만들지 못하고 자기와 가까운 친인척들에게만 의존했다는 것이다. 요컨대 오로지 자기와 가까운 사람들만 기용하는 속 좁고 안목 없는 정치가 실패의 주요한 원인이었다.

5) 이씨李氏 천하, 무씨武氏 무덤

무측천武則天(624-705)은 남성 중심 사회의 이단아였다. 여성들은 오랜 세월 억압당해 왔기 때문에 그녀의 출현은 심장을 뛰게 만들었다. 그녀는 어릴 때부터 의식적으로 정치에 참여하여 권력을 장악한 여인이었다.

그녀의 아버지 무사확武士彠은 수나라 말기 당시 태원유수太原留守 이연李淵(훗날 당 고조) 밑에서 목재를 팔던 상인이었다. 세상이 혼란스러운 틈을 타 그는 돈으로 응양부대정鷹揚府隊正이라는 보잘것없는 군직을 샀다. 그러다가 우연한 기회로 훗날 당나라를 건국한 이연을 사귀게 되었고, 이것이 무씨 가족의 운명을 바꾸어놓았다. 출신이 미천했던 무사확은 늘 왕궁 귀족들의 조롱을 받았고, 이로 인해 분노하곤 했다. 그러나 당시에 출신은 미천하지만 돈이 많으면 종종 몰락한 귀족과 사돈을 맺어 혈통을 바꾸는 것이 무상의 영광으로 인식되었다. 머리가 좋았던 무사확은 자연스레 이 방법을 생각하게 된다.

620년, 본처 상리씨相里氏가 세상을 떠나자 기회가 왔음을 느꼈지만 안타깝게도 사귀어놓은 귀한 인사가 많지 않았다. 그때 무사확의 마음을 꿰뚫어본 이연이 양달楊達의 여식을 소개하고 나섰다. 양달은 수나라에서 재상까지 지냈지만 그가 죽고 나자 가문은 쇠락해졌고, 딸은 결국 불혹을 넘긴 무사확의 후처가 되었다.

무사확은 양씨가 아들을 낳아주기를 바랐으나 첫딸을 낳았다. 무사확은 당연히 두 번째 임신에 아들에 대한 희망을 걸었다. 그러나 624년, 이번에도 딸이 태어났다. 무사확의 실망은 이만저만이 아니었다. 그러나 누가 알았겠는가. 바로 이 아이가 훗날 중국 역사에 빛나는 이름을 남기는 걸출한 인물이 될 줄을.

무사확의 이 둘째 딸이 바로 무측천이다. 627년 12월, 무사확은 이주利州(지금의 사천성 광원시) 도독으로 임명되었고, 세 살의 무측천도 아버지를 따라 이주로 왔다.

무측천이 12세 되던 해인 635년, 아버지 무사확이 세상을 떠났다. 무사확이 죽자 전처 상리씨가 낳은 자식과 삼촌 등은 무측천과 어머니 양씨를 핍박했다. 아비와 남편을 잃은 이 모녀는 장안에서 궁핍한 생활을 할 수밖에 없었다.

태종 정관 12년인 638년에 『씨족지氏族志』가 편찬되었다. 무사확은 부유한 상인에서 개국공신이 되어 3품의 관등을 받았지만 전통적 문벌 개념에 따라 무씨 집안은 귀족 족보에서는 밀려났다. 당시는 가통을 따질 때 부계를 중시했으므로 외가 쪽의 귀족 혈통은 논외였다. 한미한 가문 출신으로 찍힌 무측천은 세상으로부터 멸시받는 대상이 되었지만 오히려 이것이 그녀를 자극했다. 일찍부터 그녀는 권력에 대한 추구와 지배하려는 욕망, 수단을 가리지 않는 성격을 길렀다.

636년, 태종의 장손황후長孫皇后가 세상을 떠났다. 이듬해, 태종은 무측천의 용모가 아름답다는 평판을 듣고 궁중으로 불러들여 재인才人으로 삼는다. 당시 14세의 무측천은 궁중 생활에 대한 신비한 동경으로 가득 차 있었다. 작별할 때 모친 양씨가 슬프게 통곡을 하며 딸의 운명을 걱정하자 무측천은 태연하게 "천자를 뵙는 것은 복입니다. 왜 슬퍼하세요?"라고 말했다.

재인으로 봉해진 무측천은 용모와 총명함으로 태종의 총애를 받았다. 태종은 무측천에게 '무미武媚'라는 이름까지 하사했고, 무측천은 자신의 성취욕을 더욱 불태웠다.

무측천이 궁에 들어온 지 얼마 되지 않았을 때의 일이다. 토번吐蕃에서 귀한 명마 한 필을 태종에게 바쳤다. 이 말은 성깔이 매우 사나워서 길들이기 어려웠다. 태종이 직접 채찍을 잡고 길들이려 했지만 굴복시키지 못했다. 곁에 있던 무측천이 "저에게 그 말을 길들일 수 있는 방법이 있사옵니다."라고 했다. 태종이 그 방법을 묻자 무측천은 이렇게 말했다.

"먼저 쇠로 만든 채찍으로 때리고, 그래도 복종하지 않으면 쇠망치로 머리를 세게 때립니다. 그래도 복종하지 않으면 비수로 그 목을 땁니다."

태종은 어린 궁녀의 담과 기백에 크게 놀라지 않을 수 없었다. 이런 수법은 훗날 그녀가 권력을 장악할 때의 수단이기도 했다.

무측천은 궁에 들어온 지 12년이 되도록 아이를 낳지 못했고, 재인의 신분으로

10여 년을 지내며 품계도 그대로였다. 이 기간의 생활은 여성으로서 귀한 청춘 시절을 허비한 것이었지만 결과적으로는 무측천이 정치무대에 오르는 계기가 되었다. 바로 이 시기에 무측천은 태자 이치李治와 사랑하는 사이가 되었기 때문이다.

태종의 총애를 잃은 무측천은 '재인'의 신분이었으나 시녀와 다름없는 생활을 하고 있었다. 그때 태자 이치는 늘 태종을 찾아와 문안을 여쭈었고, 그러면서 만난 무측천의 우아하고 탈속한 아름다움에 완전히 반해버렸다. 유약한 이치는 모든 일을 시원시원하게 처리하는 젊은 무측천에게 마음이 기울 수밖에 없었다. 무측천 또한 훗날 이치가 태종의 자리를 이어받게 된다면 나이든 태종에게 의지하는 것보다는 이치에게 기대는 것이 났겠다고 판단했다. 두 사람은 비밀스런 애정을 싹틔웠다.

태자 이치와 무측천의 긴밀한 관계는 자연스럽게 태종의 주의를 끌게 되었다. 당시 병이 깊었던 태종은 태자의 미래가 걱정이 되었다. 자칫 무측천이 권력을 잡기라도 하면 한나라 초기 여태후와 같은 일이 벌어지지 말라는 법이 없었기 때문이다. 이에 태종은 무측천을 죽여 후환을 없애려 했다.

어느 날 태자 이치가 태종의 병문안을 왔을 때 무측천이 곁에서 태종의 시중을 들고 있었다. 이 기회에 태종은 무측천에게 이렇게 말했다.

"내가 병을 얻은 뒤로 천하의 모든 약이란 약은 다 먹어보았지만 병은 점점 더 깊어진다. 네가 오랫동안 나를 시중들어왔기에 내가 차마 너를 버릴 수 없구나. 내가 죽으면 너는 어쩔 셈이냐?"

이 말이 뜻하는 바는 분명했다. 무측천은 순간 식은땀이 나고 더럭 겁이 났다. 그러나 무측천이 누구인가. 그녀는 바로 냉정함을 찾고는 이렇게 답했다.

"이 몸이 황상의 은혜를 크게 입었으니 당연히 따라 죽어 황상의 은혜에 보답할 것입니다. 하오나 황상의 옥체가 분명 다시 건강해지실 것이니 지금 당장 죽을 수는 없사옵니다. 원하옵건대 머리를 깎고 검은 옷을 입어 부처님에게 황상의 옥체가 하루빨리 선강을 회복해달라고 빌고자 합니다."

기지 넘치는 무측천의 대답이었고, 이는 그 당시 상황에서는 자신을 지키는 최선의 방법이었다.

태종도 무측천을 제거하긴 해야겠는데 선뜻 마음이 가지 않았다. 이런 상황에서 비구니(여도사)가 되겠다는 무측천의 말에 태종은 무측천을 죽이려는 마음을 포기했다. 세상에 비구니가 권력을 쥘 수는 없었기 때문이다. 태종은 그렇다면 마음이 놓인다면서 바로 궁을 나가라고 명을 내렸다. 태종은 관례와 규칙이라는 것이 언제든지 깨질 수 있다는 생각까지는 하지 못했던 것 같다.

무측천은 지체 없이 짐을 싸서 비구니가 될 준비를 했다. 태자 이치는 이 현실을 받아들일 수 없었지만 황제의 명령인데 어찌하겠는가.

그로부터 얼마 뒤 649년 5월, 태종이 세상을 떠났고 무측천은 황제의 자식을 낳지 못한 궁녀들과 함께 감업사感業寺로 보내졌다. 황제로 즉위한 고종高宗 이치는 무측천을 잊지 못하여 태종의 제삿날이 되자 새벽부터 감업사로 향했다. 명목은 돌아가신 부황을 위해 향을 피우러 온 것이지만 사실은 자나 깨나 그리던 연인을 보기 위해서였다. 고종을 만난 무측천은 이 기회에 황제의 마음을 사로잡아둘 셈으로 한껏 감정을 드러냈다. 그녀는 눈물을 흘리면서도 요염하고 신비한 눈빛을 발하여 고종의 마음을 어지럽혔다. 그러나 대놓고 무측천을 궁으로 다시 데려올 수가 없었다. 이때 뜻밖의 구세주가 나타났다.

고종이 감업사에서 무측천을 만났다는 소식이 왕王황후의 귀에 들어갔다. 그런데 황후는 질투하기는커녕 오히려 황제가 무측천을 데리고 오기를 바라고 있었다. 왜냐하면 왕자를 낳아 황제의 총애를 얻은 소숙비蕭淑妃와는 달리 후손을 낳지 못한 황후가 무측천을 이용하여 소숙비에 대한 고종의 총애를 상쇄하려 했기 때문이다. 왕황후는 무측천을 궁으로 돌아오게 하자고 건의했고, 651년 고종은 아버지 태종을 모시던 시첩, 즉 무측천을 궁으로 맞아들이기로 결정했다. 이렇게 해서 무측천은 궁으로 다시 돌아와 '신비宸妃'라는 이름에 '소의昭儀'에 봉해졌다. 태종 때보다 더 높아진 자리였다.

나이 스물여덟에 다시 궁에 들어오는 기회를 얻었으니 이는 그녀가 꿈에도 생각지 못한 일이었다. 그녀는 고종의 애정을 이용하여 잃어버린 청춘의 세월을 되찾고자 했다. 실제로 궁에 다시 들어온 지 얼마 지나지 않아 무측천은 권력투쟁에서 무르익은 자신의 실력을 유감없이 발휘하기 시작했다.

무측천의 목표는 당연히 황후였다. 무측천은 치밀한 준비에 착수했다. 우선 무측천은 황후 앞에서 자신을 한껏 낮추면서 환심을 얻는 동시에 환관들에게 뇌물을 주어 궁 안팎의 사정을 정탐하게 하였다. 652년 3월, 무측천은 마침내 고종의 아들을 낳았고 이름을 이홍李弘이라 지었다. 하지만 그해 7월에 고종은 당시 열 살이던 왕황후의 양자인 진왕陳王 이충李忠을 태자로 삼았다. 무측천은 은밀히 후궁에서 황후나 숙비와 사이가 좋지 않은 사람들을 찾아내었고, 그들을 자기편으로 끌어들여 황후와 숙비 주위에 심어놓고는 황후와 숙비의 일거수일투족을 감시하게 하였다. 이렇게 함으로써 무측천은 황제로부터 황후와 숙비를 멀어지게 하고 총애를 독차지할 수 있는 계략을 짜낼 수 있었다.

654년, 무측천은 공주를 낳았다. 이 어린 공주는 매우 예쁘고 귀여워서 궁 안 사람들의 사랑을 한몸에 받았다. 아이들을 좋아했던 왕황후는 공주를 보기 위해 무측천의 내실을 찾았고, 아이를 얼러주는 중에 고종이 온다는 소식을 듣고는 방을 나섰다. 지금이 기회라고 판단한 무측천은 모진 맘을 먹고 딸의 목을 졸라 죽인 뒤 가만히 이불로 덮어놓았다. 잠시 뒤 고종이 딸을 보러 오자 무측천은 두려운 표정을 지으며 통곡하기 시작하였다. 아이가 죽은 것을 보고 놀란 고종이 이유를 묻자 시녀는 왕황후가 방금 다녀갔다고 아뢰었다. 무측천은 "황후가 우리 딸을 죽였다."고 참소하였고, 이 일로 황후는 속수무책으로 억울한 일을 당하게 되었다.

아무리 사나운 호랑이라 해도 자기 새끼는 잡아먹지 않는다는데, 어미가 제 딸을 죽이는 짓은 보통 사람으로선 도저히 못 할 짓이다. 무측천은 보통 사람이 아니었으며 권세에 대한 그녀의 욕망은 그 누구도 상상할 수 없는 단계에 이르러 있었다. 그녀는 이런 방법이 아니고서는 왕황후의 지위를 흔들 방법이 없음을 알고 있었다. 더욱이 12년 동안 재인으로 지내면서 받았던 냉대와 2년간의 비구니 생활은 그녀의 웅대한 뜻을 더욱 불지펴주었다. 그녀는 딸의 생명을 걸고 황후의 지위를 차지하는 도박을 한 것이었다. 그리고 그녀는 이 도박에서 이겼다.

고종은 왕황후를 폐하고 무측천을 황후로 세우려는 마음을 먹었다. 그러나 조정은 왕황후의 폐위 문제를 둘러싸고 두 파로 갈려 치열한 투쟁을 펼쳤다. 태위인 장손무기長孫無忌와 재상인 저수량褚遂良 등 고명원로顧命元老들은 무측천을 저지하려고 했으며, 중서사인中書舍人 이의부李義府, 위위경衛尉卿 허경종許敬宗, 어사대부御史大夫 최의현崔義玄, 중승中丞 원공유袁公瑜 등 출신이 상대적으로 낮은 이들은 이 기회에 공적을 얻어 무측천의 심복이 되고자 하였다. 무측천은 이들을 자신의 정치적 막료로 삼아 최대의 걸림돌인 장손무기 집단을 제거하기로 마음먹었다.

영휘 5년인 654년 9월, 고종은 장손무기, 이적李勣, 우지녕于志寧, 저수량 등을 대전에 불러서 황후 폐립에 대한 일을 토론하게 했다. 무측천은 장막 뒤에서 이 모습을 지켜보고 있었다. 장손무기 등은 죽음을 무릅쓰고 간언하기를, 왕황후는 명문가 출신으로 사람됨이 진실하고 후덕하며 현숙할뿐더러 잘못이 없으니 쉽게 폐할 수 없다고 했다. 무측천은 출신이 한미하고 선제인 태종을 모신 적이 있으므로 황후로 세우는 것은 예에 맞지 않으며, 결국은 후세에 오명을 남기게 될 것이라고 주장했다. 하지만 이런 주장은 고종의 마음을 움직이게 하지 못했다.

간언이 아무런 효과가 없자 저수량은 머리를 땅에 찧어 피를 흘리며 관직을 버리고 시골로 내려가겠다고 했다. 발 건너에서 이 모습을 지켜보던 무측천은 분노한 나머지 "저놈을 쳐 죽여야 한다."며 폭발하고 말았다. 대신들이 나서 말린 덕분에 저수량은 겨우 생명을 보전하여 담주潭州(지금의 호남성 장사長沙)로 유배를 가게 되었다.

이처럼 원로중신들이 강력하게 반대하고 나서자 고종은 주저하며 결정을 내리지 못했다. 이때 개국공신 이적은 고종에게 "황후를 폐립하는 문제는 폐하 집안의 일입니다. 어째서 집안 밖의 사람들 의견을 구하려고 하십니까?"라고 말함으로써 결정에 힘을 보탰다. 허경종도 조정에서 여론을 조성하여 "밭 가는 농부도 몇 십 섬 되는 곡식을 수확하게 되면 부인을 바꾸려고 합니다. 하물며 천자는 부유함으로 말하면 천하를 소유하신 분입니다. 한 황후를 폐하고 다른 황후를 세우는 것은 있을 수 있는 일인데 무슨 의론이 이처럼 분분하단 말입니까?"라는 의견을 냈다. 상황이 이렇게 되자 고종은 결국 10월 13일에 황후 왕씨를 폐하여 서인으로 삼는다는 조서를 내렸고, 이어 19일에 무측천을 황후로 세운다는 조서를 내렸다.

11월 1일, 사공司空 이적의 주관으로 황후를 책립하는 큰 의식이 거행되었다. 31세의 무측천은 황후의 예복을 입고 머리를 들어 숙의문肅義門에 올랐다. 이적과 우지녕이 옥새 끈을 헌상하고 백관을 거느리고 절을 올렸다. 이로부터 백관들이 황후에게 절을 올리는 선례가 만들어졌다. 무측천은 국모國母라는 자리로는 만족할 수 없었다. 황후는 육궁의 주인에 불과한 존재로서 일국의 주인과 비교할 때 그 권력은 그저 비빈과 궁녀와 환관들을 관리하는 것뿐이었다.

이듬해 태자 이충이 양왕으로 깎이고 무측천의 아들 이홍이 태자가 되었다. 이에 이르러 무측천은 궁정 투쟁에서 1차 전면적인 승리를 거두고 자신의 위치를 단단히 다졌다. 이어 그녀는 권력을 완전히 쟁취하는 행동에 착수했다.

당장 급한 일은 왕황후 일당을 철저하게 제거하는 것이었다. 유배당한 저수량을 죽이고, 장손무기를 압박하여 자살하게 만들었다. 그 밖의 일당들도 하나하나 죽이거나 먼 곳으로 유배를 보내는 것은 물론 그 친인척들까지 죽이거나 내쫓았다. 이렇게 약 4년 만에 무측천은 장손무기의 권력 집단을 완전히 뿌리 뽑고 권력을 모조리 후궁으로 집중시켰다.

고종은 성격이 유약하고 우유부단했다. 몸도 약해 조정의 일을 돌보기 힘들어 모든 정사가 무측천 손에 의해 처리되었다. 실권은 무측천이 조종하게 되었고, 무측천은 실질적인 황제가 되었다.

무측천의 전권과 그 일당의 위세가 궁중을 완전히 압도하자 고종의 권력은 크게 제한을 받지 않을 수 없었다. 고종은 늘 울분에 휩싸여 있었다. 664년, 고종은 재상 상관의上官儀를 몰래 불러 황후 폐위를 상의했다. 상관의는 적극적으로 황제의 편을 들었다. 그리고 황후를 폐하는 조서를 기초하라는 명을 받았다. 이때 무측천이 고종 주위에 배치해둔 심복이 급히 이 소식을 보고하였고, 무측천은 황급히 고종에게 달려가 통곡으로 애원하였다. 그녀의 하소연에 마음이 누그러진 고종은 모든 책임을 상관의에게 돌려버렸다. 무측천은 즉시 허경종을 시켜 상관의가 폐위된 태자 이충과 함께 반역을 도모했다는 무고를 씌워 상관의와 그 아들 상관정지上官庭芝를 감옥에 가두거나 사형에 처했다. 재산을 몰수하고 가족들은 관비로 삼았다. 강보에 쌓여 있던 상관의의 손녀 상관완아上官婉兒도 어미와 함께 궁중의 노비가 되었다. 그런데 완아는 궁중에서 교육을 받아 훗날 무측천의 심복이 되어 정치무대에서 활약하게 된다.

무측천은 자신의 정치적 포부를 실현하기 위해 관료 계층에게 자신의 영향력을 확대하였고, 끊임없이 자신을 떠받드는 관리들을 양성하고 교체했다. 그 핵심은 북문학사北門學士에서 시작되었다. 북문학사는 무측천이 서적을 편찬한다는 명분으로 불러들인 문인 학사들로서, 그들은 서적의 편찬 작업뿐만 아니라 무후의 권세에 기대어 직접 조정의 정치에 참여하여 재상의 권력을 분할함으로써 조정 밖의 기관을 통제하는 어용 세력이 되었다. 이로부터 20여 년 동안 무측천은 황제를 대신하는 섭정을 하였고, 더 나아가 문인 학사들로 조직된 두뇌집단은 당나라를 무측천 나라의 형세로 바꾸는 데 큰 작용을 했다.

무측천은 고종이 승하하고 나면 이씨 천하를 '무'씨로 바꾸기로 했다. 그러나 여황이라는 보좌에 오르는 것을 가로막는 게 있었으니, 바로 그녀가 낳은 아들들이었다. 무측천은 네 명의 아들을 낳았는데, 첫째가 이홍李弘, 둘째가 이현李賢, 셋째가 이현李顯, 넷째가 이단李旦이었다.

663년, 태자 이홍이 11세가 되자 황제가 되기 위한 교육을 받기 시작했다. 고종은 닷새마다 태자를 조회에 참가시켜 대신들의 보고를 함께 듣게 했고 자잘한 일은 태자가 직접 처리하게 함으로써 군신들로부터 위신을 얻게 했다. 이홍은 장성함에 따라 여러 분야로 자신의 견해를 지닐 수 있게 되었다. 조정의 정권을 독점해나가고 있던 무측천으로서는 아들의 존재가 위협적으로 느껴졌다. 머지않아 자신은 정치를 보좌하는 권력을 잃게 되고 나아가 황제의 꿈도 물거품이 될 것이 분명했다. 더욱이 아들은 자신에게 순종하기보다는 여러 차례 자신의 뜻을 거스르기도 했다. 675년 4월, 무측천은 결국 독이 든 술을 마시게 하여 스물

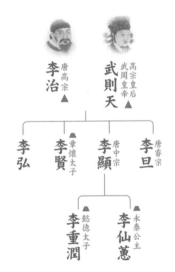

● 무측천은 대담하고 치밀한 정치 도박꾼으로 고종의 마음을 확실하게 움켜쥐었다. 도표는 무측천과 고종 사이에서 난 자녀 관계도이다.

넷의 태자를 죽인다.

이홍이 죽은 그해 6월, 22세인 옹왕雍王 이현이 태자로 책봉되었다. 고종은 정성을 다해 태자 이현을 키웠고, 자신을 대신하여 정무를 처리하도록 해주었다. 이현은 뛰어난 처리 능력을 보였고, 고종은 이현을 잘 가르쳐 황위를 넘겨주려 했다. 679년 5월, 고종은 다시 태자에게 자신을 대신해 정무를 처리하라는 명을 내렸다. 또다시 권력을 상실할 위기에 직면하자 무측천은 사람을 사주하여 태자의 생활이 문란하고 반역을 기도하였다고 황제에게 고했다. 고종이 재상 설원소薛元紹, 배염裴炎, 어사대부 고지주高智周에게 동궁을 뒤지라고 했고, 마구간에서 수백 종의 무기를 찾아내었다. 고종은 평소 태자를 아꼈으므로 태자의 짓이라고 믿지 않았고 용서하려고 했다. 무측천은 "태자의 신분으로서 반란을 꾸민 것은 하늘이 용서치 않을 것입니다. 대의를 위해 사사로운 정을 버리시고 절대로 용서하지 말아야 합니다."라고 하며 법에 따라 처리할 것을 요청했다. 결국 680년 8월, 태자 이현은 서인이 되어 파주巴州로 옮겨갔다. 4년 뒤, 후환을 제거하기 위해 무측천은 사람을 파주로 보내 이현을 죽이고 그의 세 아들도 궁중에 유폐했다. 어미로서 자신이 낳은 골육마저도 이처럼 잔인하게 해칠 만큼 무측천의 권력에 대한 집착은 그 어떤 것보다 강했으며, 자신이 천하에 군림하는 데 방해가 되는 존재는 결코 용납하지 않았다.

683년 8월, 영왕英王 이현李顯을 태자로 책립했다. 12월, 56세의 고종이 세상을 떠났다. 임종 때 고종은 시중인 배염을 불러 태자를 충심으로 보좌하고 국가의 대사는 천후天后(무측천)의 재가를 따르라고 명했다.

고종의 뒤를 이어 이현이 중종中宗으로 등극하였다. 무측천은 태황태후로 높여졌고 배염은 중서령이 되었다. 그러나 얼마 뒤 중종도 폐위되었고, 이단이 예종으로 즉위했다. 그러나 예종도 조정 대사에 간여하지 못한 채 한쪽 구석에 내몰려 있었다. 무측천은 이와 함께 사람을 보내 폐위당한 태자 이현도 죽게 했다.

이로써 왕조를 바꿀 준비가 본격적으로 시작되었다. 그녀는 먼저 동도인 낙양을 신도神都로 개칭하고 장래의 수도로 삼았다. 무씨의 5대 조상까지 추증하고, 당나라 백관의 명칭도 바꾸었다.

● 무측천의 집권 과정에는 많은 반발이 따랐지만 과감하고 단호한 대응으로 이를 모두 꺾었다. 그림은 무측천의 행차도이다.

그러나 새로운 왕조로 바꾸는 이 일련의 행동은 정치적으로 불우했던 인물들을 노하게 만들었다. 684년 9월, 무측천에게 축출을 당했던 유주사마柳州司馬 서경업徐敬業 등이 양주揚州에서 병사들을 일으켰다. 며칠 만에 10여만 명의 군대를 모았으며, 초당사걸初唐四傑 중의 한 사람인 낙빈왕駱賓王은 저명한 「토무조격討武曌檄」이라는 격문을 써서 기세를 올렸다.

무측천은 급히 30만 대군을 출동시켜 이효일李孝逸을 양주도대총관揚州道大總管에 임명하고 낙양에서 출발하여 변수汴水에서 운하를 따라 남으로 내려가 반란을 평정하게 했다. 또 유명한 백제 출신의 장수인 좌응양대장군左鷹揚大將軍 흑치상지黑齒常之를 강남도대총관江南道大總管으로 임명해 협동작전을 펼치게 했다. 강력한 공격을 받자 서경업과 낙빈왕은 잇달아 패배하고 서경업 형제는 부하 장수에게 죽임을 당한다. 겨우 40여 일 만에 10만의 반군은 연기처럼 사라졌다. 무측천은 이렇게 최대의 위기를 넘겼다.

688년, 무측천의 조카인 무승사武承嗣가 옹주雍州 사람 강동태康同泰를 보내 무측천에게 흰색의 돌 하나를 바치게 했다. 그 위에는 다음과 같은 글귀가 새겨져 있었다.

"성모께서 백성들에게 오시어 영원토록 제업을 창성케 하리라!"

무승사는 낙수에서 그 돌을 얻었다고 거짓말을 했다. 이 돌을 받은 무측천은 기뻐하며 이를 보도寶圖라 부르고 낙수에 절을 지어 하늘에 고하는 예식을 거행한 뒤, 새로 지은 명당明堂에서 대전을 거행하여 군신들의 하례를 받겠노라는 뜻을 표했다. 무측천이 무성전武成殿에 앉자 예종은 군신들을 거느리고 '성모신황聖母神皇'이라는 존호를 바치고 국가의 대권을 잡은 상징인 '신황지새神皇之璽'라는 옥새를 만들었다.

그러나 이러한 일을 두고 이씨 종실이 가만있지 않았다. 당 고조의 열한 번째 아들인 한왕韓王 이원가李元嘉가 제일 먼저 병사를 일으켜 "천하 사람들에게 외치노니, 중종을 다시 모시자."고 외쳤다. 월왕越王 이정李貞과 낭야왕琅邪王 이충李忠 부자는 각각 예주豫州와 박주博州에서 난을 일으켰다.

무측천은 이미 한 번 난을 평정한 경험을 토대로 하여 침착하게 대처했다. 그녀는 청평도대총관淸平道大總管 구신적丘神勣과 중군대총관中軍大總管 국숭유麴崇裕를 두 길로 나누어 보내어 크게 힘들이지 않고 종실들이 일으킨 반란을 진압했다. 양주와 예주, 박주에서 두 차례에 걸친 반란군을 평정하자 무측천과 맞설 만한 세력은 거의 없어졌다. 689년 새해 첫날, 조정은 만상신궁萬象神宮에서 성대한 제전을 거행했다. 무측천은 당당하게 곤룡포를 입고 면류관을 쓰고서, 큰 홀을 꽂고 제후를 접견할 때 쓰는 작은 홀을 손에 쥐고 초헌관이 되었으며, 황제와 황태자는 조용히 뒤에 서서 아헌관과 종헌관이 되었다. 정식으로 왕조를 새로 바꾸는 일은 단지 시간문제일 뿐이었다.

690년 중양절(9월 9일), 67세의 고령이 된 무측천은 정식으로 여황제가 되었다. 그녀는 마침내 자신의 꿈을 이루어 스스로 '성모황제'라 불렀다. 11월을 한 해의 첫 달로 정하고 왕조의 이름을 주周라 했다. 예종 이단은 황사皇嗣로 강등되고, 황태자 이성기李成器도 황태손으로 강등되었다. 새로운 도읍인 낙양에 무씨의 종묘를 세워 태묘로 삼았고, 주 문왕을 추존하여 시조 문황제文皇帝로 삼고, 무측천의 아버지 무사확을 태조효명고황제太祖孝明高皇帝로 높였다. 조카인 무승사와 무삼사武三思를 왕으로, 5촌 조카인 무의종武懿宗 등 10여 사람은 군왕으로 봉했다.

무려 53년 동안 무측천은 미랑, 재인, 소의, 황후, 천후天后, 태후, 성모신황에 이르기까지 그 배역을 바꾸어가며 험난한 여정을 거쳤다. 그녀는 오로지 황제가 되겠다는 일념과 초인적 인내심으로 세 명의 황제

● 중국 역사상 최초이자 유일무이한 여황제 무측천의 초상화이다.

를 거쳐 결국은 권력의 최고 봉우리에 올랐다. 이 과정에서 적지 않은 사람이 죽어나갔고, 그녀가 쓴 황관에도 많은 피가 묻었다. 심지어 그 피 중에는 그녀 자신이 낳은 자식들까지 포함되어 있었다.

무측천이 자신의 힘으로 황제가 되고 새 왕조를 연 일은 중국 역사상 획기적인 사건이 아닐 수 없다. 처음이자 유일한 여성 황제라는 기록은 그 후로도 깨어지지 않았으며, 어쩌면 영원히 깨어지지 않을 것이다. 그녀는 놀라운 정치력을 발휘한 뛰어난 통치자이기도 했다. 후대 사람들은 무주武周 왕조에 대해 이렇게 평가했다.

"무주 왕조는 초기에 혼란했으나 기본적으로 사회는 안정된 상태였다."

이는 분명한 사실이었다. 무측천의 통치력은 그 어떤 남성 못지않았으며 역사상 훌륭한 몇몇 군주와 비교해도 손색이 없었다. 그녀의 통치는 철저한 통제 위주였다. 이는 결코 정당하고 정상적인 방법은 아니었지만 무측천 입장에서는 불가피한 측면

이 없지 않았고, 또 봉건전제통치가 가질 수 있는 고유한 특징이기도 했다. 이 부분을 좀더 살펴본다.

우선 무측천은 건의를 받아들여 동으로 네 개의 상자를 만들고 각각 파란색, 빨간색, 하얀색, 검은색 칠을 입혀 조정에 나누어 설치했다. 파란 상자 청궤靑匭는 '초은招恩'이라 하여 동쪽에 놓고, 붉은 단궤丹匭 '초간招諫'은 남쪽에, 하얀 백궤白匭 '신원申寃'은 서쪽에, 검은 흑궤黑匭 '통현通玄'은 북쪽에 두었다. 그리고 정간대부正諫大夫(간관)를 지궤사知匭使로 삼고 시어사를 이궤사理匭使로 삼아, 천하의 밀고 문서를 받아서 처리하라는 칙령을 내렸다.

밀고자가 편하게 밀고할 수 있게 무측천은 다시 각 주현에 이런 조칙을 내렸다. 밀고를 하려는 모든 사람에게는 도성으로 오는 길마다 역마를 지급하고 5품관으로 우대한다. 밀고자는 귀천을 불문하고 모두 접견하고 밀고한 내용이 사실과 일치하면 관리로 발탁하거나 상을 내린다. 이렇게 하자 전국 각지에서 밀고하려는 자들이 벌떼처럼 몰려와 투서가 끊이질 않았다.

이와 함께 무측천은 가혹한 혹리酷吏들을 물색하였는데 그중에서 삭원례索元禮, 주흥周興, 내준신來俊臣이 가장 악명이 높았다. 이자들은 무뢰배 출신에 성정이 잔인하고 무자비한 인물이었다. 내준신과 만국준萬國俊 등이 쓴 밀고에 대한 전문 서적인 『나직경羅織經』은 혹리를 양성하는 교재가 되었다. 이들은 수많은 종류의 가혹한 심문 방법을 만들고, 신체 부위에 맞추어 열 가지의 큰 형틀을 발명했다. 보거나 듣기만 해도 끔찍한 이 혹형들은 죄수들을 벌벌 떨게 만들어 자신이 저지르지도 않은 일까지 자백하게 만들었다.

무측천은 이렇게 공포정치를 집행할 제도와 기구를 갖추어놓고 혹리들을 임용함으로써 수십, 수백, 심지어는 수천 명에 이르는 자들이 죽임을 당하거나 유배를 가는 일이 벌어졌다. 이 공포정치는 후세 사람들에게 비난을 받았다. 그러나 달리 생각해보면 무측천으로서는 고육책이었을 것이다. 몇 천 년 동안 남성들에 의해 통치되어 왔던 대륙을 한 여성이 지배한다는 것은 관념상 '암탉이 우는' 상서롭지 못한 일이었다. 또한 전통적으로 여성을 지배했던 남성들로서는 여성에게 복종할 수밖에 없는 상황을 받아들이기란 쉽지 않았다. 그런 남성들 앞에 자신의 지위를 확고히 세우고자 할 때 무측천으로서는 아마 이러한 방법밖에 없었을 것이다. 그들에게서 반항의 싹을 자르지 않으면 언젠가는 반발할 것이 뻔했기 때문이다.

수많은 사람을 숙청했지만 그녀의 통치 기반은 흔들리지 않았고, 오히려 일반 백성들의 큰 지지까지 얻었다. 말하자면 무측천의 반대파라고는 거의 대부분 그녀를 황후 또는 황제로 칭하기를 거부했던 당나라 이씨 종실 및 고위직의 귀족들이었고, 무측천은 이 귀족 세력을 억압하여 평민이나 미천한 집안 출신의 성장을 도왔기 때문이다. 게다가 밀고 당한 대상은 엄벌에 처해 후환을 남기지 않음으로써 사회적으로 민심을 안정시켰다.

이렇게 하여 황제의 지위는 공고해졌으며 조정의 분위기는 크게 개선되었다. 문제는 당 태종이 이루어놓은 정관지치貞觀之治의 번영기를 어떻게 이어갈 것인가였다. 무측천은 가혹하고 엄한 형벌에 의지하는 것은 반대파를 제거하거나 여론을 통제할 수는 있으나 인심을 얻을 수 없다는 것을 깨달았다. 그래서 그녀는 녹봉과 관직으로 사람들의 마음을 얻는 한편 광범위한 지주 관료들의 요구에 자신의 정책을 맞추었다. 이렇게 관직에 오를 수 있는 문을 개방했다.

685년, 무측천은 "내외 문무 9품 이상의 관원과 백성들은 스스로 자신을 추천할 수 있다."는 조칙을 내렸다. 이는 재능이 있는 사람이라면 누구나 벼슬을 구할 수 있다는 의미였다. 690년에는 다시 존무사存撫使 10명을 각지로 보내어 "명경과나 진사과에 응시한 적이 없는 선비와 시골에서 아이들을 가르치는 자들을 모두 찾아내어 추천"하게 했다. 692년 1월, 무측천은 존무사들이 추천한 사람들을 직접 접견한 뒤 그 능력을 불문하고 파격적으로 임용했다. 이로써 학문적 수준은 높지 않지만 관직에 나아가고자 하는 중하층의 지주계급을 장려함으로써 조정에 다양한 인재들이 임용되었다.

조정의 문을 활짝 여는 무측천의 이런 인재 정책은 반발을 불러일으키기도 했다. 당시 공부하지 않아도 벼슬할 수 있다는 노래가 여기저기 떠돌자, 심전교沈全校라는 자가 이 노래를 받아 별 능력도 없이 높은 벼슬을 한다며 무측전의 인재 정책을 비꼬는 노래를 지어 불렀다. 어사대부 기선지紀先知가 이를 알고는 심전교를 잡아들여 조정을 비방한다며 탄핵했다. 기선지는 이를 자신의 승진에 이용할 속셈이었다. 보고를 받은 무측천은 "그대들이 열심히 일하고 언행이 법도를 넘지 않으면 세상의 여론을 걱정할 일이 무엇인가? 죄를 물을 것도 없으니 바로 석방하라."며 웃었다.

무측천은 "봉록과 관직을 남용하여 천하의 인심을 얻었지만, 일을 제대로 수행하지 못하는 자는 찾아내어 축출하거나 벌을 내리기"도 했다. 반면 능력이 있는 자는 승진이 빨랐다. 물론 관리들에 대한 감시와 인사고과는 매우 엄격하였다. 일반 지주들이 대거 조정에 들어온 상황에서 눈앞의 성과와 이익에만 급급하지 않도록 이 벼락출세자들을 통제하는 일은 결코 쉬운 일이 아니었다. 무측천은 '채찍과 당근'을 사용했다. 업무상 과실에 대해서는 엄격하게 처벌하여 그들이 국가에 손해를 끼치는 것을 최소화했고, 실력을 제대로 갖춘 경우에는 바로 책임 있는 직위로 승진시켰다. 이것은 통치기구를 탄력적으로 작동하게 하였으며 일 처리 효과 또한 높았다.

무측천은 인재를 활용할 줄 아는 인물이었다. 적인걸狄仁杰, 이소덕李昭德, 요도姚濤 등 능력 있는 많은 관리들이 중책을 맡았으며, 과거시험 출신 재상들 중에는 중간 지주와 중하급 관리 가문의 출신들이 대다수를 차지하기 시작했다. 이는 역사적으로 매우 의미 있는 변화였다. 더 이상 무능하고 어리석은 자가 가문의 세력에 기대어 고위 관리가 되는 낡은 관례를 깼기 때문이다.

무측천은 천하의 큰일을 단호하게 잘 처리했지만 끊임없이 자신을 괴롭히는 문제가 하나 있었다. 바로 후계자를 세우는 문제였다. 무측천은 스스로 제위에 오른 뒤부터 줄곧 측근을 확대시키는 일에 진력했으며, 측근 중에서 가장 의지했던 쪽은 친척들이었다. 당나라 초인 693년, 만상신궁에서 의식을 행할 때 무측천은 조카 무승사를 아헌관으로, 무삼사를 종헌관으로 삼았으며 황사인 이단은 한쪽에 서 있게 했다. 이 상황을 본 재상 적인걸과 이소덕 등은 무측천에게 다음과 같이 충고했다.

● 무측천의 인재 기용책, 즉 용인책用人策은 오늘날에도 시사하는 바가 적지 않다. 초상화는 무측천이 가장 신임했던 적인걸이다.

"조카와 아들 중에 누가 더 친합니까?"

이 말은 무측천에게 뭔가를 자각하게 해주었다. 집안의 조카를 후계자로 세우면 분명 천신만고 끝에 세운 무주 정권을 보전할 수는 있겠지만, 제위를 이어받은 조카가 그녀를 조상으로 모실 것이라는 보장은 없다. 반면 아들을 세우면 남편인 고종과 함께 자손들의 제사를 받으며 명분과 의리에 합당한 황후의 자리를 지킬 수 있는 것이다. 무측천은 다시 한번 깊은 고민에 빠질 수밖에 없었다. 심사숙고한 끝에 자신의 아들인 여릉왕 이현을 태자로 삼기로 결정했다.

698년 초, 무측천은 사람을 보내 여릉왕 이현을 몰래 낙양으로 불러들이고, 황사인 이단이 눈치 빠르게 물러날 것을 청하자 이현이 태자로 세워졌다. 태자의 자리를 원했던 무승사는 이러한 상황을 견디지 못하고 죽음을 택했다.

여릉왕의 복위는 한 차례 긴장되었던 분위기를 완화시켰다. 무측천은 자신이 죽은 뒤에 여러 무씨와 태자가 다투는 것을 막기 위해 태자 이현, 상왕相王 이단, 태평공주와 여러 무씨들을 명당에 불러 모아 천지신명께 약속을 고하게 했고, 그 내용을 쇳조각에 새겨 사관史館에 보관함으로써 서로가 평화로이 공존하게 만들었다. 이현을 태자로 다시 세운 일은 이 여성 정치가가 만년에 거둔 큰 성공이었다.

후사를 세우고 큰 걱정거리도 없어지자 무측천은 자신의 만년을 준비하기 시작했다. 그녀는 이 무렵 74세의 고령이었다. 그러나 늙지 않는 비술과 몸을 잘 보양하는 비방을 가지고 있어 여전히 노익장을 과시했다. 평생 부처를 믿었던 그녀는 절에 공양을 하러 갔다가 나이가 몇 백 살이라고 소개한 중을 만난 적이 있다. 그에게 장생의 도를 알려달라고 하자 중은 양으로 음을 보한다는 방중술을 전수해주었다. 무측천은 그 말을 진실로 믿고 미남자를 구하기 시작했다. 이렇게 해서 남색인 장역지張易之, 장창종張昌宗 형제가 무측천의 만년 생활에 끼어들게 되었다.

이 형제는 그 할아버지 때인 정관 말년 재상을 지낸 장행성張行成이란 조상을 가진 명문가였다. 697년, 태평공주는 용모가 수려한 미소년인 장창종을 무측천에게 선사했다. 장창종은 총명하고 음악에 밝았는데, 무측천 앞에서 한 곡조를 연주한 뒤 바로 내실로 들어갔다. 무측천이 매우 만족해하자 장창종은 자신의 친형 장역지를 추천하며 자신보다 더 경험이 많다고 했다. 이때부터 장역지와 장창종은 후궁에 머물면서 여황제를 모셨는데, 무측천의 총애로 그들의 태도는 왕이나 제후와 같았고 실제로도 권세를 가졌다. 조정에서 권력을 장악하고 있던 무승사, 무삼사, 무의종武懿宗, 종초객宗楚客, 종진경宗晉卿 등은 서로 앞다투어 장씨 형제에게 아부를 했다.

장씨 형제는 무측천의 총애를 믿고 거만해져서 후궁의 일을 멋대로 처리할 뿐만 아니라 조정에까지 간섭하기 시작했다. 무측천도 정무의 처리를 그들에게 맡기곤 했으므로 두 장씨의 세력은 급속히 확대되었고, 두 사람의 정치 간섭을 두려워한 문무대신들 사이에선 의론이 분분했다.

704년 말, 무측천이 병이 들어 일어나지 못하자 재상들은 한 달 이상이나 그녀를 접견할 수 없었다. 장씨 형제만이 그녀의 곁에서 시봉하고 있었는데, 이때 장창종이 점술사인 이홍태李弘泰를 불러들였던 일이 발각되었다. 문제가 된 것은 이홍태가 장창종에게 장차 천자가 될 상이라고 말했다는 것이다. 송경宋璟, 환언범桓彦範, 최현위崔玄暐 등이 장씨 형제와 이홍태를 하옥하고 죄를 엄히 다스릴 것을 요구했지만 무측천은 동의하지 않았다.

705년 초, 무측천의 병세는 더 위독해졌다. 재상인 장간지張柬之는 정권이 장씨 형제의 손에 떨어지는 것을 막기 위해 대신 최현위, 경휘敬暉, 환언범, 원서기袁恕己와 함께 장씨 형제를 제거하기로 계획을 세웠다. 장간지는 먼저 우우림대장군右羽林大將軍 이다조李多祚를 설득한 뒤, 궁중 군대인 우림군을 장악했다. 재상인 요숭姚崇도 그들의 계획에 찬동했다.

태자와 상왕의 동의를 구한 장간지, 최현위, 환언범 등은 좌우림군 500명을 이끌고 현무문玄武門에 이르러 빗장을 부수고 궁 안으로 들어갔다. 환언범과 태자 등은 무측천이 거처하고 있던 영선궁迎仙宮 복도에서 장역지와 장창종을 죽이고 무측천의 침전으로 들어갔다. 사태를 파악한 무측천은 "두 어린애들을 죽였으니 동궁으로 돌아가거라."고 명했다. 환언범이 나서며 말했다. "하늘의 뜻과 백성들의 마음은 오래전부터 이씨에게 가 있었습니다. 군신들은 태종황제와 선제의 덕을 잊지 못하기 때문에 태자를 받들어 적신賊臣을 베었나이다. 폐하께서는 태자에게 제위를 전하시어 하늘의 뜻과 백성들의 기대에 부응하소서." 결국 무측천은 강압에 못 이겨 이현에게 제위를 전한다는 조서를 내렸다. 이가 중종中宗이다. 이씨의 당나라 정권이 복구되었다. 이 사건을 역사에서는 '오왕정변五王政變'이라고 칭한다. 정변에 앞장섰던 장간

● 무측천은 역사의 평가를 두려워할 줄 아는 정치가였다. 이 때문에 자신의 비석을 비워두라고 했고, 그녀가 죽고 난 다음 비문이 새겨졌다. 사진은 무측천과 고종의 무덤인 건릉 앞에 서 있는 무자비이다.

지 이하 다섯 사람이 나중에 모두 왕으로 봉해졌기 때문에 오왕이라는 이름이 붙여졌다.

정월 25일, 무측천은 15년 동안 살았던 황궁을 떠나 낙양성 서남쪽에 있는 상양궁上陽宮으로 옮겨가야만 했다. 중종은 '측천대성황제則天大聖皇帝'라는 존호를 올려 위로의 뜻을 표했으나 무측천은 제위를 빼앗긴 고통에 몹시 힘들어했으며, 바람 앞의 등불 같았던 육체도 따라서 무너져버렸다. 705년 11월 2일, 82세의 무측천은 상양궁의 선거전仙居殿에서 쓸쓸하게 눈을 감았다. 임종 전에 그녀는 '황제'라는 칭호를 빼고 측천대성황후則天大聖皇后라고 칭할 것, 건릉乾陵(고종의 무덤)에 묻어줄 것, 자신이 모함하여 해쳤던 왕황후와 소숙비의 일족들과 저수량, 한원韓瑗, 유상柳奭 등의 친척들을 사면하라는 유언을 남겼다.

706년 정월, 무측천의 영구는 중종의 호송 아래 장안으로 옮겨져 그녀의 유언대로 건릉에 합장되었다. 능 앞에는 역시 그녀의 유언에 따라 '무자비無字碑'가 세워졌다.

중국 역사에서 여성으로서 최고 권력을 휘두른 사례는 드물지 않았다. 앞서 소개한 여태후와 풍태후 등이 있었고, 무측천 이후로는 청나라 때의 서태후 등이 있었다. 그러나 그 어느 누구도 한 왕조를 뒤엎고 스스로가 황제 자리에 오르지는 못했다. 무측천이 유일했다. 이 자리가 가장 빛나고 영광된 자리라고 확언할 순 없지만 가장 높은 지위의 상징인 것만은 틀림없다. 예로부터 "여장부는 수염만 난 남자에게 뒤지지 않는다."는 말이 있다. 황제를 칭했던 무측천은 국가를 다스리는 데에서는 뭇 남성 제왕들에 비해 결코 뒤떨어지지 않았다. 오히려 그녀의 정치적 공적은 웬만한 황제들보다 뛰어났다. 조정을 잘 다스려 통치를 공고히 하고 널리 인재를 찾아 적재적소에 썼으며, 백성을 근본으로 하여 경제를 발전시키고, 변경을 개척하고 안정시키는 등 많은 업적을 남겼다. 이는 스스로 '성군'이라고 자랑하는 수많은 남성 군주들이 흉내낼 수 없었던 일이었다.

무측천이 후세 사람들에게 비난받는 까닭은 집권 과정에서 보여주었던, 수단과 방법을 가리지 않는 잔인한 행동 때문이었고, 가혹한 혹리들을 임용하여 원통한 옥사를 남겼기 때문이다. 집권 후기에는 전반기의 진보적인 인재 기용정책을 버리고 남색을 임용하여 그들의 정치 개입을 허용함으로써 '오왕정변'을 초래했다. 이는 자신의 정치생명을 마감하게 한 직접적인 계기로, 크나큰 실수가 아닐 수 없다.

사실 무측천은 과보다는 공이 더 많은 인물이다. 그녀는 위로는 태종의 '정관지치'를 이었고 아래로 현종의 '개원성세開元盛世'를 열었다. 그녀가 스스로 황제가 되기를 포기하고 고종이나 중종에 기대었다면 당나라는 중국 봉건사회에서 번영된 방향으로 나아가지 못했을 것이다.

● 무측천의 무덤인 건릉은 남편 고종과의 합장릉으로 거대한 규모로 조성되었는데, 그녀의 정치력에 걸맞다고 하겠다.

그녀의 일생을 전체적으로 살펴볼 때 최대의 패착은 지나친 공포정치 때문이었다고 지적하지 않을 수 없다. 이 때문에 그녀는 지식인의 지지를 잃었고, 따라서 강력한 정치 엘리트로 구성된 막부를 만들지 못했다.

제 5 편

물레방아는 돈다

용이 되려는 막료의 술수

중국의 민족성 깊은 곳에는 남을 부리려는 갈망이 잠재되어 있다. 이 갈망은 일단 조건이 성숙하면 바로 행동으로 나타난다. 이는 중국 민족성 중에서 비교적 적극적인 면으로, 중국인의 불굴의 특성을 반영하는 것이자 중국이란 민족이 끊어지지 않는 원인이기도 하다.

　신하가 군주를 대신한 사례들을 두고 찬탈이니 반역이니 천명이니 하는 평가들이 따른다. 어쨌거나 그것이 민심에 부합하는 거사라면 개혁 또는 혁명이라고도 할 수 있다. 더욱이 장자莊子는 "허리띠의 쇠고리를 훔치면 목이 잘리지만 나라를 훔치면 왕이 된다."고 하지 않았던가. 물론 이 책이 반역을 부추기는 것은 결코 아니다. 하지만 반역은 조건만 맞는다면 좋은 일이자 일리 있는 일이 된다. 아무리 장자의 말이라고 하지만 그것이 의롭지 못하고 시대의 흐름에 역행하는, 나라와 백성에게 재앙이 되는 일이라면 나라를 훔치는 일은 도적, 큰 도적일 뿐이다. 원세개袁世凱가 황제가 되긴 했지만 아무도 그를 영웅이라고 인정하지 않는다.

정치는 달리 말하자면 사업이다. 사업도 정치다. 여기서도 "반역에는 다 이유가 있고" "어리석은 충성은 대역죄다."는 말이 가능하다. 어쨌거나 역사는 승자에게 죄를 묻지 않는다.

황제는 돌고 돈다. 내일 우리 집에 올 수도 있고, 반역에도 이유가 있다. 돈이 있어도 사기 어렵다는 말은 그냥 말일 뿐이다. 돈과 능력이 있으면 막주가 될 수도 있고, 더욱이 큰 재능이 있으면 당연히 힘을 써서 막주가 될 수 있다. 평범한 막주라면 그를 대신해서 자리를 차지해도 죄가 되지 않을 뿐만 아니라 공을 세웠다는 말을 들을 수 있다.

이 책은 도덕 교과서가 아니다. 재주는 뛰어난데 지위는 낮고 뜻을 가진 사람들에게 그런 재능이 있다면 주저할 필요가 없다는 말을 전하고 싶을 따름이다. 능력만 있다면 높은 자리에 오르고 공명을 얻어 평생의 포부를 펼쳐 사람들에게 복을 가져다주는 대업을 성취하라. 이상을 이야기할 때는 가능한 한 높게, 생계를 유지할 때는 현실에 충실하라. 커다란 이상을 이야기하는 것은 좋지만 절대 진지해서는 안 된다. 고상하고 우아한 이상은 영원히 공중누각이다.

1.
용과 봉황에 올라타라

'오금대왕五金大王'[25] 엽징충葉澄衷(1840-1899)의 성공 스토리는 매우 특별하다. 엽징충의 본적은 영파寧波다. 일찍이 황포강黃浦江에서 큰 배에 딸린 작은 쪽배를 이용하여 식품과 일용잡화를 팔았다. 하루는 양행洋行의 영국인 경리가 동문에서 포동浦東 양가楊家까지 엽징충의 배를 빌렸다. 배가 부두에 이르자 이 영국인은 너무 급한 나머지 서류 가방을 배에 놓고 내렸다. 가방을 발견한 엽징충이 보니 가방 안에는 수천 달러, 보석이 박힌 반지, 손목시계, 수표책 등이 있었다. 얼마든지 가지고 달아날 만한 횡재였다. 엽징충은 이런 마음을 품는 대신 원래 자리에서 고객이 돌아오길 기다렸다.

날이 어두워지고서야 영국인은 자신의 가방을 배에 놓고 왔다는 사실을 알고

---

[25]　'오금'이란 금, 은, 동, 철, 주석 다섯 종류의 금속과 그것으로 만든 각종 제품을 가리키는 단어다. 엽징충은 이 오금으로 만든 다양한 잡화를 판매하는 사업으로 크게 성공했기 때문에 '오금대왕'이란 별명을 얻었다.

사색이 되어 황급히 배에서 내린 장소로 되돌아왔다. 영국인은 가방이 배에 그대로 있으리라고는 생각하지 않았고, 뱃사공이 그 가방을 꼭 지키며 자신을 기다릴 줄은 더더욱 생각하지 않았다. 가방을 고스란히 찾은 영국인은 감동하지 않을 수 없었다. 하찮은 노동자가 재물에 선혀 흔들리지 않는 이런 품성을 가지고 있다니 영국인은 이 사실을 믿을 수 없었다. 감격한 영국인은 달러를 꺼내 엽징충에게 쥐여주었다. 그런데 또 한번 놀랍게도 엽징충은 한사코 받기를 사양하며 배를 돌려 선착장을 떠나려고 했다. 영국인은 배 위로 뛰어올라 외탄外灘으로 가자고 했다.

배가 소주하蘇州河 하구에 도착하자 영국인은 엽징충을 자신의 회사로 데려가 자신과 함께 '오금' 사업을 하자고 간청했다. 엽징충은 이 제안을 받아들였고, 이로부터 사업가의 길을 걸었다. 그는 잠재되어 있던 자신의 재능을 개발하여 '오금' 사업의 문을 하나하나 열어나갔다. 영어도 배웠다. 이렇게 해서 점점 자본이 쌓이자 홍구虹口 백노회로百老匯路 입구에다 '순기오금順記五金'이란 서양 잡화점을 열었다. 그는 배 위에다가도 오금 잡화를 비롯하여 기름, 양초, 실뭉치 등 일용잡화를 전문적으로 팔기 시작했고, 얼마 뒤 중국인이 연 사업장으로는 상해 제1의 오금 상호 '순기양화행順記洋貨行'이 되었다.

이후 순기양화행은 큰 선박을 인수하여 오금 경영의 범위를 계속 넓혔고, 나아가 작은 화물선 매매업도 시작했다. 그리고 신문《신보申報》에다 각종 규격의 화물선 매매 광고까지 실었다.

1890년, 엽징충은 백노회로 무창로武昌路 입구에 의성창호義成昌号를 설립했다. 전하는 말에 따르면 당시 해군 장교 백白 아무개도 몰래 이 사업에 투자했고, 이 때문에 늘 의성창호를 통해 육해군 군수품을 납품하게 했다고 한다. 군수품에는 화기류도 포함되어 있어 의성창호의 사업은 갈수록 커졌고, 그에 따라 남순기南順記와 신순기新順記 등 38개의 지점들이 생겨났다. 엽징충은 한 걸음 더 나아가 오금 업무에 밝은 인재를 대량으로 키우기까지 했다.

정말이지 세상사 일이라는 것이 돌고 돌며, 사람 팔자 알 수 없다고 했듯이 당시 엽징충은 영국인의 도움을 받아 오금대왕이 되었고, 그 뒤 또 한 사람이 엽징충의 도움을 받아 상해 사업계에 막강한 영향력을 발휘하는 거물이 되었다. 바로 주보삼朱葆三(1848-1926)이었다.

주보삼은 엽징충처럼 대담하고 식견이 넘치는 영파 출신으로 일찌감치 상해로 가서 세상에 뛰어들었다. 그는 당시 상해의 국제 규모 사업장인 십리양행十里洋行이라는 큰 세상에 뛰어들어 싸우기 시작했다.

● 엽징충은 영국인 사업가의 등에 올라타 사업을 크게 성공시켰다. 물론 그 이면에는 자신의 능력과 신용이 뒷받침되어 있었다.

주보삼도 오금 경영으로 사업을 일으켰다. 1878년 주보삼은 상해 신개하新開河에서 신유오금호愼裕五金号를 열어 오금 업무에 뛰어들었다. 그러나 당시 오금 사업은 엽징충이 거의 독점하고 있어 사업이 여의치 않았다. 주보삼은 형세를 잘 살핀 끝에 '오금대왕' 엽징충이 보통 사람이 아닌 것을 알 수 있었다. 주보삼은 그와 연락하여 허심탄회하게 가르침을 청했다. 그는 엽징충으로부터 사업 관련하여 귀중한 경험을 전수받았을 뿐만 아니라 엽징충의 폭넓은 네트워크로 진입할 수 있었다. 같은 영파 출신의 주보삼에 대해 엽징충은 각별한 관심을 보이며 보살폈다. 엽징충의 지지와 도움으로 주보삼은 오금호를 복주로福州路 사천로四川路 입구 13호 빌딩으로 옮겨 영업하는 한편 업무를 확대하여 수입업에도 손을 댔다. 이어 주보삼은 신유상행을 설립했다. 경영능력과 판매기술이 남달랐던 주보삼이었기에 상행은 해마다 큰 수익을 냈고 이에 따라 그와 상행의 명성도 높아졌다.

● 주보삼은 엽징충이라는 거물을 발판으로 삼아 거상으로 발돋움했다. 여기에는 그의 남다른 안목이 큰 역할을 했다.

사람들은 비즈니스 업계에 뛰어든 풍운의 인물들은 흔히 "약은 토끼는 (숨을) 굴이 세 개다."는 '교토삼굴狡兎三窟'이 있어야 한다고 말한다. 영리하고 약아야만 살아남을 수 있고 돈을 벌 수 있다는 뜻이다. 주보삼이 그랬다. 때로는 영리하기가 교활하다고 할 정도여서 같은 업종의 사업가들은 엄두도 못 낼 정도였다. 그가 맹활약하던 당시는 1911년 터진 신해혁명 전후라 사회가 불안하고 앞날을 예측하기 힘들어서 경제는 몹시 요동치고 시장 역시 수시로 큰 변화가 발생했다. 자칫 신중하지 못하면 곧장 구렁텅이에 빠져 피 같은 자본을 공중에 날려버리기 일쑤였다. 그러나 주보삼의 예측은 거의 빗나가지 않아 거의 한 번도 미끄러져본 적이 없었다. 이 때문에 동업자들은 이런 그를 가리켜 '교토삼굴' 고사성어에 빗대어 '약은 토끼'라고 불렀다.

큰 자본을 확보한 주보삼은 상인 우흡경虞洽卿과 함께 영소상륜공사寧紹商輪公司라는 선박 회사를 창업하여 영국의 태고공사太古公司, 중불 합작의 동방공사東方公司와 경쟁을 시작했다. 당시는 배를 타기 위한 푯값 경쟁이 치열했다. 영소상륜은 사업을 시작하면서 푯값을 대폭 인하하는 한편 영원히 값을 올리지 않겠다는 홍보 전략을 앞세웠다. 이로써 다른 회사의 선박은 승객이 줄고 때로는 빈 배로 운항할 수밖에 없었다. 영국 상인들은 대책을 세워 승객들에게 수건과 비누를 공짜로 제공하는 영업 전략을 세웠고, 다른 회사도 이런저런 대책을 내세워 경쟁에 나섰다. 이로써 영소상륜의 수입이 줄고 적자가 나기 시작했다.

주보삼은 이런 상황에서도 결코 위축되지 않았다. 그는 상해에서 사업하고 있는 영파 출신들을 설득, 함께 자본을 만들어 자기 회사의 사업을 유지할 수 있는 유지회를 창립하여 손실을 만회하는 한편 막강한 후원으로 격렬한 경쟁에서 선두를 유지할 수 있었다. 주보삼은 자신의 출신지와 같은 고향 사람을 중시하는 전통적인 관념을 이용하여 유지회를 설립함으로써 튼튼한 자본과 경쟁력을 갖추어 최종 승리자가 되었다. 결국 주보삼은 다른 경쟁업체들과 푯값을 통일시키는 협상을 이끌어냈다.

거상으로 성장한 주보삼은 적극적인 찬조와 후원 활동을 시작했다. 상해에는 주보삼로라는 길이 있는데 바로 주보삼이 돈을 내서 닦은 길이다. 상인의 이름을 따서 길 이름을 지은 사례는 파격적이었다. 길을 닦는 데는 거대한 자금이 든다. 그러나 앞날을 내다볼 줄 알았던 주보삼은 자신이 외지 사람으로 상해에서 돈을 번 것은 상해라는 땅이 자신을 길러준 것으로 생각하고 제2의 고향에 공헌하는 것이 마땅하다고 여겼다. 이런 일은 자신의 영향력을 확대할 수 있는 보이지 않는 투자이기도 했다. 정신적 방면이든 물질적 방면이든 언젠가는 보답이 돌아오고 그 마지막 수혜자는 그 자신이었다.

일찍이 1902년, 중국 통상은행 총재 엄신후嚴信厚는 양강총독兩江総督의 위탁을 받아 상해에 상회商会를 세울 준비를 했다. 영파 출신 상인들은 이 소식에 상해에서 일하는 자본가들에게 이의 동참을 호소하는 한편 자신들이 직접 자금을 내고 조례를 제정하여 상해 상업회의공소商業会議公所를 창립했다. 3년째 이 기구는 상해 화상 상무총회華商商務総会로 개편되었고, 주보삼은 이 회의 주도적 인물이 되었다. 이로써 상해총회의 회장은 오랫동안 영파 상인이 조종했다.

이 조직은 상해의 금융과 무역을 통제할 수 있는 대상인大商人 단체로서 전국 상업계에도 그 영향력이 상당히 컸다. 1925년, 이 조직의 총리 주금잠周金箴이 상해 도윤道尹에 임명되자 사람들은 주보삼을 3대 총리로 추대했다. 주보삼은 이후 줄곧 상해 상업계에서 중요한 위치를 차지하며 상해를 움직이는 풍운의 인물이 되었다. 상

● 20세기 초 상해 주보삼로의 모습이다.

해 상업계에서는 당시 이런 말이 유행했다.

"상해도의 도장이 주보삼의 편지 한 통만 못하다."

상해 전체를 관할하는 최고 책임자의 결재보다 주보삼의 추천 편지가 위력이 세다는 뜻이다. 주보삼의 영향력이 얼마나 컸는지를 잘 보여주는 말이 아닐 수 없다.

2.
제나라를 대체한 전田씨 집안 — 한 가족의 분투사

중국 역사상 최고 권력자의 자리를 찬탈하는 형식은 다양했지만 그중 가장 예술적인 사례를 들라면 이른바 '전씨대제田氏代齊'라 할 수 있다. "전씨가 제나라를 대체했다."는 뜻으로 강씨姜氏의 제나라가 전씨의 제나라로 변한 역사로 '종다리 등 다른 새 둥지에 알을 낳는 뻐꾸기'처럼 소리소문없이 제나라를 훔쳤다.

전씨 집안이 제나라에서 득세하기까지는 그 역사적 연원이 매우 오래다. 일찍이 춘추시대 초기 진陳나라에 내란이 일어났다. 공자 완完(기원전 705-?)은 제나라로 달아났다. 이로부터 제나라에는 진씨가 생겨났다. 고대에 진陳과 전田은 그 뿌리가 같았다. 제나라의 전씨가 바로 진나라 공자 완의 후대였다. 제나라 환공은 공자 완을 잘 보아서 그에게 가장 높은 신분인 경卿을 주고 공업과 장인들을 관리하는 공정工正의 직무를 맡겼다. 바깥에서 들어온 신분으로 완은 자신을 잘 단속하며 가능하면 정치에 간여하지 않으려 했다.

완의 이런 처세는 물러났다가 나아가는 수였다. 그 뒤 권신 경봉慶封에 반대하는 투쟁에서 전환자田桓子는 적극적으로 국군 편을 들었고, 그 뒤 혜공惠公에 반대하는 투쟁에서도 전씨는 역시 국군 편을 들었다. 이런 투쟁들을 통해 전씨는 제나라에서 그 뿌리를 단단히 내렸고, 정치와 경제에서도 갈수록 힘이 커졌다.

제나라는 일찍이 춘추오패의 선두였고, 전국시대는 7웅의 하나였다. 심지어 서방 신흥 강국 진秦나라와 끝까지 대치하는 등 오랫동안 강국의 면모를 지켜왔다. 그중 경공景公은 오랫동안 국군 자리에 있으면서 일찍부터 패업을 재현하고자 했다. 그러나 경공은 이를 끝내 해내지 못했고, 좌절 뒤에는 의기소침하여 음탕한 생활에 빠져 정치를 그르쳤다. 한번은 재상 안자晏子에게 "내가 늘 시장에 나가보는데 어떤 물건이 비싸고 어떤 물건이 싼지 아시오?"라고 물었다. 안자는 "의족義足이 비싸고, 신발은 쌉니다."라고 답했다. 당시 경공이 형벌을 남발하여 발이 잘리는 형벌을 받는 사람이 많아지는 바람에 의족 값이 폭등했다. 안자는 이를 빌려 경공에게 충고한 것인데 당시 경공이 얼마나 잔인했는지 알 수 있다.

이런 제나라의 정치적 상황이 전씨에게 민심을 얻게 만드는 좋은 조건이 되었다. 전환자는 큰 됫박에 곡식을 담아 백성들에게 곡식을 빌려준 뒤 작은 됫박으로 돌려받음으로써 민심을 크게 얻었다. 이는 말하자면 장기투자의 일환이었지만 그 효과는 뚜렷하게 나타났다. 당시 백성들은 대거 전씨 집 앞으로 몰려갔고, 전씨는 이들을 숨겨놓고 정부에 보고하지 않았다. 이렇게 해서 전씨는 많은 인력을 얻어 자기 세력의 기반으로 삼았다.

전씨가 정치와 군사에서 절대적 우세를 차지하기에 앞서 두 차례 큰 투쟁을 거쳤다. 제1차는 기원전 532년 여름에 발생했다. 경공이 세상을 떠나기에 앞서 고장高張과 국하國夏 두 사람에게 태자 도荼를 맡겼다. 이로써 두 사람은 후계자를 쥐고 흔드는 권력이 막강한 탁고托孤대신이 되었다. 전씨는 여기서 제나라 정권을 차지하기 위해 그들을 제거하기로 했다. 전씨는 겉으로는 이 두 세력을 추켜세우는 척하면서 뒤로 이간하는 책략을 써서 지배 권력층의 민심을 농락했다. 이렇게 해서 전씨는 상층부에서도 지지를 얻어냈다.

그 뒤 고장과 국하 두 사람은 전기田乞(?-기원전 485)를 제거하기로 음모를 꾸몄다. 이 음모를 알게 된 전기는 대부들을 독려하고 군사들과 연락하여 궁중에 진입했다. 전기는 국군을 위협하여 주도권을 잡기 시작했다. 이 소식을 들은 고장과 국하는 즉각 군대를 이끌고 궁중으로 향하다가 길거리에서 전기 쪽 사람과 마주쳤다. 민심을 얻은 전기는 바로 이들을 물리쳤다. 이렇게 해서 국군은 전씨 집안의 꼭두각시가 되었다.

2차 투쟁은 기원전 481년에 터졌다. 당시는 간공簡公이 재위하고 있을 때였다. 간공은 총애하는 감지監止와 전기의 아들 전상田常을 각각 좌상과 우상으로 삼았지만 감지가 사사건건 간공의 지지를 얻었다. 감지와 공존할 수 없음을 확인한 전상은 감지를 제거하기로 했다. 전씨 집안은 먼저 전표田豹를 감지 내부로 잠입시켜 그의 가신이 되게 하고 나아가 그의 신임을 얻어냈다. 이를 통해 감지가 전씨 집안을 없애려 한다는 정보를 알게 되었다. 전씨 집안의 전역田逆 등은 전상을 압박하여 간공을 협박하게 했다. 이리하여 감지는 국군의 지지를 잃었다. 게다가 민심까지 이미 전씨에게 돌아섰기 때문에 어떤 대책도 쓸모가 없었다. 감지는 하는 수 없이 도망쳤지만 도주로조차 전씨 집안의 땅이었기 때문에 붙잡혀 죽었다.

그 뒤 간공도 서주로 달아났지만 얼마 뒤 전상에게 잡혀 죽었다. 전상은 간공의 동생 오鰲를 국군으로 세우니 이가 평공平公이다. 전상은 스스로 국상이 되어 실권을 쥐었다. 기원전 476년, 제나라의 정권은 완전히 전씨 수중으로 들어갔다.

전상이 죽은 뒤 그 아들 전양자田襄子가 뒤를 이었다. 양자는 재능과 지략이 뛰어나 전씨 세력을 한 걸음 더 확대했고, 이제 전씨가 강씨의 제나라를 대신하는 형세는 필연이 되었다.

기원전 392년 전양자의 손자 전화田和는 이름뿐인 양공을 해변으로 내쫓고 스스로 제나라 국군이 되었고, 8년 뒤 양공은 해도海島에서 죽었다. 이로써 강씨의 제나라는 명을 다했다.

제나라의 모든 권력을 장악한 전씨는 제나라의 명문가인 포씨와 만씨 그리고 감씨 및 공족들에 대한 대대적인 숙청을 단행했다. 이렇게 잠재적 위협 세력을 제거하는 한편 전씨 집안사람을 대대적으로 요직에 앉혀 권력 기반을 확실하게 굳혔다.

기원전 386년, 주 안왕安王은 정식으로 전화를 제나라 국군으로 인정하니 이가 태공太公이다. 당시 주 왕실은 일찌감치 이름뿐인 껍데기로 전락해 있었으니 막강한 전씨에게 어떻게 정식으로 국군 호칭을 주지 않을 수 있었겠는가. 이로써 전씨는 완전히 제나라를 대신했다.

전씨 집안이 제나라를 차지하는 전체 과정을 보면 공자 완이 제나라로 도망 와서 전환자가 제나라 국군의 딸을 얻어 명문가가 되고, 다시 전양자가 실질적인 국군이 될 때까지 무려 8대를 거쳤다. 이는 권력을 얻는 형식으로는 상당히 특수하고 이례적이다. 마치 바통을 이어받듯이 8대를 내려갔는데 그사이 망나니 하나 없이 성공적으로 권력을 접수했기 때문이다. 이런 점에서 8대에 걸친 이 권력투쟁의 역사는 연구할 가치가 충분하다 하겠다.

전씨는 귀족 신분으로 망명하여 남의 나라를 차지했는데 이런 사례는 중국 역사상 유례가 없다. 특히 이 과정은 그들이 실행한 책략과 아주 밀접한 관계에 있다. 강씨 귀족을 대할 때 처음에는 역량이 상대적으로 약했기 때문에 하나하나 각개격파하는 방법을 취하여 와해시켰고, 역량이 커진 다음에는 조금도 봐주지 않고 완전히 소멸시키는 방법을 취했다. 부드럽고 친밀한 표현 방식으로 신임을 얻으면서 한편으로는 이간책으로 불화를 조장하여 어부지리를 얻었다.

전씨 집안의 가장 중요한 필살기는 역시 민심을 얻어내는 것이었다. 그들은 변

함없이 대대로 이 필살기를 유지했고, 이
것이야말로 불패의 입지를 다지는 기본
이었다. 전씨 집안이 한 걸음 한 걸음 위
로 올라갈 수 있었던 것은 바로 이렇게
얻어낸 민중의 지지 덕분이었다. 전씨 집
안은 일찍이 2천 수백 년 전에 "인심을 얻
는 사람이 천하를 얻는다."는 이치를 실
천했다.

● 전씨 집안이 제나라를 차지하는 과정은 정치 영역뿐
만 아니라 학문적으로도 연구할 가치가 충분하다는
평이다. 전씨의 시조인 진완(전완)의 초상화이다.

3.
조반造反, 조반造反

남조 양梁나라 무제武帝(464-549) 때 아주 유명한 역사적 사건 하나가 터졌다. '후경侯景의 난'으로 불리는 해프닝 같은 사건이었다. 후경은 머릿속에 반골이라는 유전자가 있었던지 무엇인가에 반대하거나 반란을 일으키는 '조반'을 밥 먹듯 일으키더니 끝내 보좌에 오른 자였다.

후경은 갈羯이라는 종족 출신으로 일찍이 북위北魏의 육진六鎭 봉기에 참여한 바 있다. 이 사건은 군사도시인 진鎭에 주둔하고 있던 병사와 백성들이 장수와 각 종족 추장들의 가혹한 부림을 견디지 못해 일으킨 반발이었다. 말하자면 관에서 핍박을 가하니 어쩔 수 없이 일으킨 반항이었다. 후경은 그 뒤 북위의 주이영朱爾榮에게 투항하여 거꾸로 갈영葛榮의 봉기를 진압하는 앞잡이가 되었다. 후경은 이 공으로 정주자사定州刺史가 되었는데, 이것이 먼저 '조반'한 다음 다시 창을 거꾸로 돌리는 첫 사례였다. 아무튼 별 볼 일 없는 평민이 일약 큰 벼슬을 얻었으니 후경은 이것이 곧 출세하는 지름길임을 알게 되었다.

모반의 단맛을 본 후경은 모반을 직업으로 삼는 삶을 시작했다. 고환高歡이 죽자 후경은 동위東魏의 하남河南 땅을 미끼로 서위西魏에 투항했다. 서위가 자신을 신임하지 않는 것을 보자 다시 양나라에 투항하여 하남왕에 대장군으로 봉해져 하남에 주둔하게 되었다. 그 뒤 동위에 패하여 수준으로 물러났는데 여기서 그는 또 '조반'의 마음을 품고는 양나라 임하왕臨賀王과 결탁하여 쿠데타를 일으켰다. 548년, 그는 장강을 건너 양나라의 도성 건강建康으로 진격하여 살인 방화와 약탈을 마구 저질렀고, 무제는 그 와중에 굶어서 죽었다.

후경은 소강蕭綱을 황제로 세우니 이가 간문제簡文帝다. 이듬해인 549년, 후경은 간문제를 폐위시키고 스스로 황제가 되어 나라 이름을 한漢이라 했다. 1년 뒤 양 무제의 일곱째 아들인 소역蕭繹이 군대로 건강을 공격해 왔고 후경은 바닷길을 통해 북으로 도망쳤다. 그런데 그의 부하 역시 '조반'이란 병에 감염이 되었는지 창을 돌려 후경을 죽였다. 이렇게 '조반'으로 자수성가하여 끝내 황제가 되었던 후경은 1년이 채 못 되어 최후를 맞이했다. '조반'도 병이었지만 황제 병에 걸렸을 수도 있겠다.

후경과 비슷한 자가 또 한 명 있었다. 오대시대의 첫 황제인 후량後粱의 주온朱溫(852-912)이 그 주인공이다.

주온은 송주宋州 탕산碭山 출신으로 어렸을 때 아주 가난하게 살았다. 887년 당나라에 저항하는 황소黃巢의 봉기군에 참여했다. 황소가 대제大齊 정권을 세우자 그는 동주同州 방어사가 되었다. 당나라 조정은 이 봉기군에 대한 회유책을 적극 펼쳤고, 주온은 봉기군을 배반하고 당나라에 투항했다. 당나라 조정은 그에게 '전충全忠'이란 이름까지 내렸다. 이렇게 귀하신 몸이 된 주온은 창끝을 거꾸로 돌려 황소의 봉기를 진압하는 데 적극 참여하여 큰 공을 세웠다. 이 공으로 주온은 선무宣撫 절도사로 승진하여 변주汴州에 주둔하게 되었다.

당나라의 절도사는 일반적으로 몇 개의 주를 관할했는데 처음에는 군사만 맡는 지금의 사령관과 같았다. 그러나 갈수록 행정과 재정까지 관할하는 엄청난 권력을 한몸에 누리게 되었다. 말하자면 한 지역의 엄연한 황제나 마찬가지였다. 일찍이 당나라 개원 연간(713-741)에 절도사는 재상 지위와 맞먹는 자리가 되었고, 재상이 절도사에, 절도사가 재상에 임명되는 일도 왕왕 있었다. 이것이 이른바 "나가면 장수요 들어오면 재상"이라는 '출장입상出將入相'이다.

주온은 '조반'을 통해 절도사가 되었으니 명실상부 '출장입상'한 셈이다. 그는 이 정도에 만족할 수 없었다. 첫 '조반'의 성공은 그에게 2차 '조반'의 기회를 찾도록 등짝을 두드렸고 주온의 세력도 그에 맞추어 점점 커졌다. 기회가 왔다. 901년, 재상 최윤崔胤은 주전충, 즉 주온과 결탁하여 장안으로 군대를 진격시켰다. 환관 한전해韓全海 등이 소종昭宗을 끼고 봉상鳳翔으로 달아났다.

903년, 주온은 소종을 겁박하여 장안으로 돌아오게 하는 한편 환관 수백 명과 재상 최윤을 죽였다. 904년, 주온은 소종을 끼고 자신의 세력권과 가까운 낙양으로 도읍을 옮겨 황제를 자기 손아귀에서 주물렀다. 그해 9월, 주온은 소종을 죽이고 13세의 어린 소종의 아들을 황제 자리에 올리니 이가 애제哀帝다. 애제의 처지는 말할 것 없이 고단했다. 907년, 주온은 예상대로 애제를 폐위하고 나라 이름을 양으로 바꾸고는 자신이 황제가 되었다. 당은 이렇게 멸망했고, 하루가 멀다 하고 전쟁과 반란이 터지는, 즉 '조반'을 일삼는 자들의 황금시대인 오대시기가 막을 열었다.

'조반'으로 황제가 된 주전충은 이에 이르러 '전충'이란 이름을 버리고 '황晃'으로 개명했다. 본래 이름인 '온溫'마저 버린 것인데 두 이름이 모두 이전의 '조반'과 관련이 있었기 때문이었고, 이제 황제가 되었으니 '조반'할 필요가 없어졌기 때문이기도 했다.

이 대목에서 어진 군자 부류에 속하는 독자들께서는 또 한바탕 욕을 하실 것 같기도 하다. 이 책은 도덕 교과서가 아니라는 점을 또 한번 말씀드린다. 이 책은 재주는 있지만 지위가 낮은 뜻 있는 사람들을 위해 이런저런 정보를 주고 경고를 하려는 목적을 갖고 썼다. 막주를 만나 평생의 포부를 펼치고 많은 사람들에게 복을 줄 수 있는 무슨 일을 하려는 뜻을 가지고 있다면 도덕적 속박에 매이지 말라. 막주가 시원찮거나 자리만 차지한 채 무슨 일을 하지 않으려 하는 자라면 끌어내리거나 미련 없이 떠나라. 황제 자리는 돌고 돈다. 내일 내 집을 찾을 수도 있다. 어리석은 막주는 끌어내려도 죄가 되지 않을 뿐만 아니라 공을 세우는 일이다. 이것이 '조반'에는 다 이유가 있다는 '조반유리造反有理'다. 또 어리석은 충성은 큰 죄이기도 하다. 도덕은 나중이고 패업이 먼저다. 대업을 성취하는 일은 곧 도덕을 성취하는 일이다. 다시 말해 한바탕 큰일을 성취하면 어쨌거나 역사는 승리자에게 죄를 묻지 않는다.

後 梁 太 祖 像

● '조반'은 대부분 시대적 상황의 산물이다. 그 정당성 여부는 먼저 성공과 실패로 판정하고, 보다 깊이 있는 논의와 판단은 나중의 일이다. 초상화는 오대시대를 연 주온이다.

4.
왕윤王允과 여포呂布에 대한 비극적 반추

동한 헌제獻帝 초평初平 3년인 192년 4월, 거국적으로 축하할 큰일이 발생했다. 동탁董卓이 죽었기 때문이다.

동탁은 왕윤王允의 계략에 걸려 죽임을 당했다. 이것이 민간에서 모르는 사람이 없는 "여포가 초선貂蟬을 희롱하다."는 고사의 유래이다.

동탁은 동한 말기 천하를 큰 혼란에 빠트린 군벌의 하나였다. 그는 환관의 난을 틈타 낙양에 진입하여 소제少帝 유변劉辯을 폐위시키고 진류왕陳留王 유협劉協을 황제 자리에 올렸다. 이가 헌제이다. 또 군대를 대거 동원하여 낙양을 약탈하고, 헌제와 문무백관 및 수백만 백성을 겁박하여 장안으로 천도를 강행했다. 가는 길에 많은 사람을 죽여 무덤을 파야 했고, 불을 지르고 약탈을 자행했다. 장안에 도착한 다음에는 거대한 성채인 오벽塢壁을 쌓아 '만세오萬歲塢'라 부르며 대량의 양식과 진기한 보물을 저장하고는 천년만년 살 것처럼 큰소리를 쳤다. 천하의 영웅들은 동탁의 이런 짓거리에 아무런 대처를 하지 못하고 입을 다물고 말았다.

● 왕윤은 초선을 이용한 미인계로 동탁을 제거했다. 그러나 그는 동탁만 없애면 모든 일이 다 해결될 수 있다는 큰 착각을 저질렀다. 그림은 왕윤의 미인계를 나타낸 것으로 왼쪽 두 번째부터 왕윤, 동탁, 여포, 초선이다.

　　동탁을 쓰러뜨리려면 내부에서 손을 쓰는 수밖에 없었고 이 일을 왕윤이 맡았다. 왕윤은 태원군太原郡 기祁 출신으로 자사를 지내면서 황건군黃巾軍을 진압하기도 했다. 동탁이 헌제를 끼고 장안으로 천도하자 그는 상황을 살펴 동탁을 받드는 척하며 사도司徒로 승진하여 주군의 민정을 관장하는 한편 국가 정사에 참여하기 시작했다.

　　사도 왕윤이 동탁을 죽이는 사건은 『삼국연의』에 장황하게 기록되어 있는데, 왕윤이 연환계를 활용하여 의붓딸인 초선을 미인계의 제물로 삼아 동탁과 여포呂布 사이를 이간질했다. 정사 기록에는 초선이란 이름은 없고 그저 여포가 동탁의 시녀와 사통했다고 나온다. 초선이 의붓딸이든 시녀이든 어쨌거나 여포는 양아버지로 모시던 동탁에게 초록 모자를 씌우고 정치 투쟁에 뛰어들었다. 동탁은 참지 못하고 여포를 향해 창을 던졌다. 여포는 이를 피하고 일단 그 자리에서 도망쳤다. 이 일이 있은 후 여포는 동탁에게 사죄하긴 했지만 두 사람 사이에는 이미 큰 틈이 생겼다.

왕윤은 이 틈을 움켜쥐고 갖은 방법으로 두 사람을 이간하고 끝내 여포에게 동탁을 죽이도록 사주했다. 여포가 동탁에게 아버지로 모시겠다고 맹서했다고 하자 왕윤은 이렇게 노발했다.

"장군의 성은 여씨요, 태사의 성은 동씨입니다. 더구나 창을 던졌는데 그에게 무슨 부자의 정이 있었겠소?"

여포는 왕윤의 제안을 받아들였고 마침 병이 조금 나아 동탁이 축하 인사를 드리러 왔을 때 여포는 자기 손으로 양아버지 동탁을 찔러 죽였다.

동탁이 죽자 그가 쌓아올린 성채가 안에서 무너지기 시작했다. 왕윤과 여포는 일약 당시 정계의 총아로 떠올랐다. 만약 두 사람이 있는 힘을 다해 정치를 쇄신했더라면 두 사람 중 누구라도 군주가 되어 천하를 통일할 수도 있었을 것이다. 그러나 두 사람 모두 그렇게 하지 못했다. 그 까닭은 대체 무엇일까?

먼저 왕윤을 보자. 동탁이 죽었을 때 헌제의 나이는 12세였고, 조정의 대권은 왕윤의 손에 들어왔다. 그는 스스로 이렇게 말한 적이 있다.

"지금 조정의 황제는 어리고 무지하여 모든 것을 내게 의지하고 있다."

그러나 조정의 대권을 장악한 왕윤이 맨 먼저 한 일조차 민심을 얻지 못한 패착이었다. 다름 아닌 중랑장 채옹蔡邕을 죽인 일이었다. 채옹은 세상이 알아주는 인재로 동탁조차 그를 우대했다. 채옹은 동탁이 죽었다는 소식을 듣자 탄식을 했고, 이를 안 왕윤은 크게 노하여 채옹을 동탁과 같은 패거리라며 잡아다 옥에 가두었다.

채옹은 집필 중이던 『한사漢史』를 마무리할 수 있도록 죽이지 말라고 왕윤에게 청했고, 많은 관리들이 나서 채옹의 편을 들었다. 왕윤은 받아들이지 않고 그를 감옥에서 죽게 만들었다. 왕윤은 자신의 권위를 과시하기 위해 "닭을 죽여 원숭이를 놀라게" 만드는 '살계해후殺鷄駭猴'의 효과를 노렸는지는 모르겠지만 어설픈 수로 되려 반발을 불러왔다.

왕윤은 위인이 꼬장꼬장하고 악을 증오했다. 당초 그는 동탁이 두려워 겉으로 동탁에게 고분고분했지만 동탁을 죽인 뒤 더는 이런 재난이 생기지 않을 것이라 판단한 탓인지 교만해지기 시작했다. 이 때문에 신하들이 그를 따르려 하지 않았고, 채옹을 죽인 일로 인심이 더욱더 싸늘해지자 너 나 할 것 없이 서둘러 퇴로를 찾기 시작했다. 또 여포에 대해서는 한낱 검객으로 간주했기 때문에 두 사람의 관계도 점점 멀어졌다.

동탁의 부하들은 대부분 양주涼州 출신이었다. 당시 항간에는 왕윤이 동탁에게 의지했던 채옹 같은 명사조차 죽였으니 장차 동탁의 부하를 전부 죽일 것이라는 소문이 자자했다. 동탁이 죽자 그 부하들은 이각李傕 등과 같은 부장들에게로 편입되었다. 이각은 왕윤에게 동탁의 부하들을 사면해달라고 청했다. 왕윤은 이를 받아들이지 않았다. 왕윤은 계책이라는 것을 모르는 사람이었다. 그는 이런 자신의 강경책이 반발을 불러올 수도 있다는 점을 고려하지 않았다. 이각 등은 반란을 일으켰다. 왕윤이 일시적으로 동탁의 부하들을 사면했더라면 이제 소개할 이런 사건들은 발생하지 않았을 것이다.

이각은 자신의 요청이 받아들여지지 않자 어찌할 바를 몰라 병사들을 버리고 도망갈 준비를 했다. 이때 토노교위討虜校尉 가후賈詡가 이각 등에게 이렇게 말했다.

"당신들이 군대를 버리고 도망간다면 일개 정장도 당신들을 잡을 수 있다. 군대를 데리고 서쪽으로 가서 장안을 공격하느니만 못하다. 만약 성공한다면 조정의 대권을 쥘 수 있고, 실패한다 해도 그때 가서 도망가도 늦지 않다.”

가후의 의견을 들은 이각 등은 군대를 거느리고 서쪽을 향해 진격했다. 경보를 접한 왕윤은 이 반란군에 대해 그다지 경각심을 갖지 않은 채 호문새胡文才와 양정수楊整修 등 관리들을 향해 이렇게 큰소리를 쳤다.

“관동의 쥐새끼들이 무슨 큰일을 할 수 있겠소? 당신들이 가서 그들을 불러오시오!”

여기서 왕윤은 또 한번 잘못을 저질렀다. 호문재와 양정수 이 두 사람은 다른 곳도 아닌 양주의 명망 있는 호족 출신인데, 왕윤이 이들을 보내 이각 등의 반란군을 평정하게 했으니 말이다. 이 조치는 사실상 두 사람에게 달아날 기회를 준 것이나 마찬가지였고, 역시 두 사람은 이각 등에게 몸을 맡기고 장안을 협공했다. 이들은 장안으로 진격하면서 동탁의 흩어진 병사들을 수습하여 순식간에 10만 대군으로 불어났다. 동탁의 또 다른 부장들인 번조樊稠와 이몽李蒙 등도 합류하여 왕윤에 맞섰다.

당시 여포는 성을 수비하고 있었는데 이 군대 중 촉의 병사들이 창을 거꾸로 돌려 이각에 내응했다. 이렇게 장안성은 무너졌다. 왕윤이 명사 채옹을 무리하게 죽인 일이 얼마나 민심을 흉흉하게 만들었는지 잘 보여준 결과였다. 중과부적을 실감한 여포는 도망갈 준비를 하고는 왕윤에게 함께 도망칠 것을 권했다. 왕윤은 이 절체절명의 순간에도 임기응변을 제대로 하지 못했다. 여포와 함께 황제를 끼고 도망친다면 여포가 황제를 이용하여 재기할 수도 있다는 어설픈 판단에 여포의 제안을 거절했다. 여포는 남은 자기 병사들만 데리고 성을 빠져나갔다.

이각의 군대가 성안으로 진입했다. 왕윤은 헌제를 모시고 장안 동쪽 성문인 선평문宣平門에 올랐다. 이각의 군대가 성문 아래에 이르러 포위한 채 헌제에게 인사를 올렸다. 그러면서 반란이 아니라 충신 동탁의 복수를 원할 뿐이라면서 황제의 명으로 왕윤을 성 아래로 보내달라고 했다. 왕윤은 하는 수 없이 선평문 아래로 내려갔고 이각 등은 그를 잡아 감옥에 넣었다.

헌제가 이각 등의 수중에 들어갔다. 헌제는 그들의 요구에 따라 장군과 중랑장 등과 같은 벼슬을 내렸다.

이각 등은 바로 왕윤을 죽이지 않았다. 여전히 걸리는 부분이 있었기 때문이다. 당시 왕윤은 아직 세력이 남아 있었다. 장안 부근의 두 군수인 송익宋翼과 왕굉王宏이 왕윤과 같은 고향 출신이자 그의 측근이었다. 왕윤은 이 두 사람을 밖에서 자신을 호위하는 후원으로 삼았던 것이다. 왕윤을 죽이려면 먼저 이 두 사람을 제거해야 한다. 이각 등은 조정의 명의로 송익과 왕굉을 장안으로 불러들였다. 두 사람은 이각 등의 의중을 알아채기는 했지만 조정의 명령을 차마 거부할 수 없어 장안으로 돌아왔고, 결국 왕윤과 함께 살해되었다.

본래 왕윤은 천자를 끼고 여포를 회유하여 인심을 다독거리고 군권을 회수하면 천하의 왕 노릇을 할 수 있다는 큰 뜻을 갖고 있었다. 하지만 그는 큰 그림에 따라 계책을 달리하는 권변權變을 몰랐다. 사실상 군주가 될 소질이라는 객관적 조건 자체가 없었다.

다음으로 여포를 보자. 여포는 왕윤만도 못한 인물이었다. 그는 군주는커녕 신하 노릇도 제대로 할 수 없는 존재였다. 결국 백문루白門樓에서 최후를 마친 역사의 비극적 인물로서 훗날 책 읽어주는 사람의 안줏거리에 지나지 않았다.

동한 말기의 군벌 중에서 여포는 가장 먼저 두각을 나타냈다. 그는 일찌감치 온후溫侯라는 작위와 분위장군奮威將軍이란 벼슬을 받았다. 왕윤의 사주로 동탁을 죽인 후 왕윤과 함께 조정을 이끌었지만 왕윤에게 이용만 당했을 뿐이다. 만약 그에게 정치적 재능과 사람을 다루는 솜씨가 있었다면 큰일을 해냈을 것이다. 적어도 천자를 끼고 제후를 호령했던 훗날의 조조보다 더 좋은 조건을 가졌기 때문이다. 그러나 그는 만세에 길이 남을, 이 기가 막힌 조건을 그냥 낭비하고 말았다.

동탁이 죽자 원래 동탁의 부장이었던 이각은 투항하려 했다. 그러나 여포는 왕윤보다 더 멍청했다. 여포는 병권을 장악한 대장군으로서 양주 출신들에 대해 깊은 원한을 표출했다. 그는 왕윤과 반대로만 했어도 민심을 얻을 수 있었고, 이각 등을 매수하여 수십만 군대를 자기 손에 넣을 수도 있었다. 이 기회도 놓쳤다. 이각 등이 장안을 함락시키자 그는 원술, 원소, 장요 등과 같은 군벌들에게 몸을 맡기는, 말하자면 시작도 끝도 없는 유랑자 생활을 전전했다.

헌제 건안 3년인 198년, 조조는 여포를 천하의 안정을 위해 먼저 없애야 하는 목표로 삼고 여포의 근거지인 하비下邳를 공격했다. 힘만 있고 모략은 없고, 공격과 수비에 대책이 없는 여포의 약점이 만천하에 드러났다. 특히 대군이 압박해 오는 순간에도 장수들을 제대로 다루지 못해 장병의 마음이 흩어졌다. 조조는 편지를 보내 여포에게 투항을 권했다. 여포의 막료 진궁陳宮이 저항을 권하면서 다음과 같은 대책을 냈다.

"조조는 먼길을 와서 공격에 나서고 있다. 군량의 수송도 어려워 지구전을 택하지 않을 것이다. 장군이 병사를 거느리고 성밖에 주둔하여 조조의 양식 수송로를 끊고, 나는 남은 장병들과 성을 지키면 주도권을 쥘 수 있다. 조조가 장군을 공격하면 나는 조조의 후방을 공격하고, 조조가 성을 공격하면 장군이 성밖에서 구원하면 한 달 안에 조조는 식량이 떨어질 것이고 그때 승세를 몰아 공격하면 대승할 수 있다."

진궁의 이런 대책은 일리가 있을 뿐만 아니라 충분히 실행 가능한 것이었다. 여포도 처음에는 이 의견을 받아들여 부하 장수인 고순高順과 진궁에게 성을 지키게 하고, 자신은 병사들을 이끌고 조조의 군량 수송로를 끊으러 나가려 했다.

그러나 여포의 얇은 귀가 탈이 났다. 여포의 아내가 이 이야기를 듣고는 교묘한 말로 진궁의 이 대책을 수포로 만들었다. 그녀는 이렇게 말했다. (『삼국지연의』의 관련 대목을 인용해둔다.)

"장군께서 나가시면 진궁과 고순이 무슨 수로 성을 지켜내겠습니까? 만일 실수한다면 후회막급입니다. 첩이 이전에 장안에 있을 때도 장군께 한번 버림을 받았다가 요행히 방서가 첩을 숨겨주어서 다시 장군을 만났던 것인데 이제 또 장군께서 첩을 버리고 가버리실 줄 어찌 알았겠습니까? 그러나 장군은 앞길이 만리 같으니 부디 첩 같은 것은 생각 마십시오!"

그러고는 목 놓아 울었다. 아녀자의 이 애원에 여포는 혼이 나갔고, 결국 성밖으로 나가지 않기로 결정했다. 이로써 여포는 완전히 수동적인 위치에 놓이고 말았다.

일이 꼬이려는지 이때 여포를 구원하러 오던 하내河內 태수 장양張楊이 부하에게 피살당하는 일이 터졌다. 원술도 여포를 지원하겠다고 했지만 정작 행동으로 옮기지 않고 말만 요란스럽게 늘어놓았다.

여포는 고립되었고, 조조는 사수泗水와 기수沂水의 물을 끌어다 하비를 물에 잠기게 했다. 형세는 여포에게 더욱더 불리하게 돌아갔다. 그런데도 여포는 형벌을 남발하는 등 내부를 제대로 다독거리지 못해 결국 내란이 터졌다.

하비 수비군 마지막 붕괴의 직접적인 원인은 여포의 부하 후성侯成의 반란 때문이었다. 후성은 여포 수하의 대장이었는데 한번은 이런 일이 있었다. 후성이 사람을

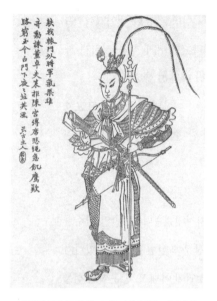

● 왕윤과 여포의 실패는 그들 자신의 무능 때문이기도
했지만 막료들을 전혀 활용하지 못한 탓도 컸다. 초상
화는 여포인데 당대 최고의 미남자로 알려져 있다.

시켜 좋은 말 15필을 방목하게 했는데 그자가 말을 몰아 유비에게로 달아났다. 이에 후성이 직접 기병을 이끌고 추격하여 말을 고스란히 되찾아왔다. 장수들이 예물 따위를 준비하여 후성에게 축하를 올리자 후성은 많은 술과 돼지 10여 마리를 잡아 축하하러 온 장수들과 술잔치를 벌였다. 여포는 일찍이 스스로 금주를 선언하는 한편 술을 담그지 못하게 했다. 그런데 후성이 이를 잊었던지 술자리를 열고 이에 앞서 직접 돼지와 술을 여포에게 가져왔다. 여포는 "내가 금주를 명령했거늘 네가 술을 담그고 여러 장수들과 형 동생 하다니 다 함께 나를 죽일 셈이냐!"며 벼락같이 화를 냈다.

후성은 잔뜩 겁을 먹고는 술을 내다버리고 예물은 돌려주었다. 그러나 상황은 여의치 않았고, 두려움에 떨던 후성은 198년 12월 장군 송헌宋憲, 위속魏續과 함께 여포의 막료 진궁 등을 사로잡은 뒤 부장들과 함께 조조에게 투항했다.

이렇게 중요한 시기에 여포는 자신의 경솔한 언행 때문에 장군들의 배반을 초래했다. 대세는 기울었고 여포는 고립무원의 처지가 되어 조조에게 맞설 전투력을 상실했다. 그 신변의 장수들은 여포의 목을 잘라 조조에게 바치려 했고, 민심도 들끓었다. 여포는 하는 수 없이 백문루로 나가 투항했다.

조조는 여포를 향해 장수들의 말은 듣지 않고 아녀자에게 휘둘린 자라고 비아냥거렸다. 여포는 이를 인정하지 않으며 "나 여포는 지금껏 장수들을 후하게 대했거늘 중대한 순간에 나를 배반했다."고 항변했다.

조조는 "자기 마누라 말만 믿고 장군들의 아내 말은 듣지 않았거늘 이것이 부하들을 우대한 것인가?"라며 조롱했다. 여포는 말문이 막혔다. 조조의 말대로라면 여포는 부하 장수들의 처첩과 관련된 일까지 간섭했다는 것인데, 이 정도면 장수들이 어찌 충성을 바칠 수 있었겠는가.

여포는 조조에게 죽임을 당했다. 이 죽음 역시 당연한 결과였다. 이런 자가 패업을 성취했더라면 역사의 웃음거리가 되었을 것이다.

5.
속을 헤아릴 수 없는 사마의司馬懿

사마의(179-251)는 삼국시대 위나라의 중요한 정치가이자 군사가이다. 군사에서 그는 모략을 잘 운용하여 적을 제압했다. 제갈량조차 결국 그에게 패했다. 정치에서 사마의는 발톱을 깊게 감춘 채 드러내지 않으면서 조조를 걱정시켰고, 이어 끝내 조씨 천하를 자신이 움켜쥐었다.

노자는 사람은 그릇과 같아 늘 비어 있는 상태를 유지해야만 끊임없이 받아들일 수 있다고 했다. 이는 중국 철학의 큰 특징 중 하나이다. 사마의는 이를 가지고 자식을 교육시켰다. 즉, 잘 참고 물러남으로써 나아가는 자세를 갖춘 다음 기회를 잡아 반격하라고 가르쳤다.

사마의는 대대로 권세를 누린 큰 집안 출신이었다. 할아버지와 아버지가 고위 관료를 지냈다. 사마의는 처음에는 운이 그다지 좋지 않았다. 그는 동한 말기 군웅이 다투는 큰 혼란기에 태어났다. 어려서부터 총명하고 모략이 많았다. 보고 듣는 것이 많아 박학했다. 또 늘 분발하는 마음을 가졌다. 같은 지역 사람인 명사 양준楊俊은 소년 사마의를 보자 사람들에게 "이 아이가 크면 분명 대단한 그릇이 될 것이다."라고 말했다. 사마의의 형인 사마랑司馬朗과 친한 친구였던 상서 최염崔琰은 "그대의 동생은 총명하기가 비할 데 없다. 아마 그대보다 나을 것이다."라고 했다. 사마의는 공교롭게 조조나 유비 등과 같은 뛰어난 선배들보다 조금 늦게 태어났지만 그의 빛을 결코 감출 수는 없었다.

동한 건안 6년인 201년, 막 스물을 넘긴 사마의는 갓 태어난 송아지처럼 혈기왕성하고 기운이 넘쳤다. 이때 조조는 북방의 최강자 원소를 물리치고 중국 북부를 통일했다. 조조는 천자를 끼고 제후를 호령하기 시작했다. 일찌감치 사마의의 이름을 알고 있던 조조는 그를 초빙하여 벼슬을 주기로 결정했다. 동한의 몰락과 조조의 전권을 본 사마의는 병을 핑계로 이 제안을 받아들이지 않았다. 경계심과 의심이 많았던 조조는 이 젊은 놈이 일부러 초빙에 응하지 않는다고 생각하여 크게 화가 났다. 조조는 자객을 시켜 사마의를 죽이게 했다. 경계심을 늦추지 않고 있던 사마의는 조조의 의중을 바로 알아채고는 상대의 계책에 맞추어 계책을 냈다. 즉, 중풍에 걸려 반항도 하지 않고 살길을 완전히 포기한 것처럼 병석에 누워 꼼짝도 않은 채 자객이 하고 싶은 대로 두었다. 자객은 사마의가 진짜 중풍에 걸렸다고 판단하고는 검을 거두어 돌아갔다. 의심과 꾀라면 따를 사람이 없었던 조조가 이 젊은이의 위장술에 속아 넘어갔다. 이렇게 사마의는 조조의 부름이라는 압박을 피했다. 자객을 눈앞에 둔 죽음의 순간에 이런 결단을 내릴 수 있었던 것은 사마의의 대담함이 어느 정도였는지를 잘 보여준다.

한바탕 호된 시험을 거친 사마의는 더욱더 조심하고 절제하는 언행을 유지했다. 그러나 결국은 간사하고 의심 많은 조조에게 위장을 들켰다. 조조는 다시 그를 문학관 자리를 제안하며 사신에게 "사마의가 이번에도 머뭇거리며 따르지 않으려 하면 잡아오너라."고 명령을 내렸다. 이런 상황을 눈치챈 사마의는 이번에도 거절했다가는

● 조조는 사마의의 속내를 잘 알아챘으나 사마의의 위장술은 그보다 훨씬 더 철저했다. 조조는 죽을 때까지 사마의를 제거하지 못했다. 조조의 초상화이다.

죽음뿐이라고 판단하여 벼슬을 받아들였다. 당시 천하는 말 그대로 조씨 천하로 중원은 이미 조조의 손아귀에 들어가 있었다.

사마의는 조조 밑에서 일을 하기 시작했다. 조조는 사마의의 능력을 잘 알고 있던 터라 그에게 아들 조비와 함께 있게 했다. 사마의는 세 차례 잇달아 승진하여 주부主簿가 되었다. 조조는 여전히 사마의에 대한 경계를 늦추지 않으면서 그를 '이리'에 비유했다. 수시로 뒤를 돌아보며 경계를 늦추지 않는 이리와 닮았다는 뜻이었다. 분명한 사실은 사마의가 꾀가 많을 뿐만 아니라 야심 또한 만만치 않았다는 것이다. 기록에는 사마의가 '삼마공식일조三馬共食一槽'라는 꿈을 갖고 있었다고 했다. "세 마리 말이 한 구유에서 함께 먹이를 먹는다."는 뜻이지만, '삼마'는 사마의를, 말 먹이통인 '조槽'는 조조曹操의 조曹를 가리킨다. 즉, 사마의가 조조의 권력을 탐내고 있다는 말이다. 이 때문에 조조는 늘 사마의를 경계하면서 아들 조비에게 "사마의는 남의 신하가 되려는 자가 아니다. 장차 틀림없이 너에게 해가 되는 일을 할 것이다."며 경고했다. 조조는 사마의를 제거하려 했지만 자식에 대해서는 어쩌지 못했다. 조비는 사마의와 사이가 아주 좋아서 아버지 조조의 권고를 듣지 않고 사마의를 극구 변호하고 지켜주었기 때문이다.

조조의 의중을 간파한 예민한 사마의는 바로 대책을 세웠다. 즉, 권세와 지위에는 전혀 마음이 없다는 듯 오로지 자기 일에만 충실했다. 그것도 아주 자잘한 일과 눈앞의 이익에만 관심을 갖는 것처럼 행동했다. 그제야 조조는 마음을 놓고 사마의에 대한 경계와 의심을 풀었다. 조조는 또 한번 이 젊은이의 연막술에 당했다. 사마의의 위장술이 얼마나 교묘했는지를 잘 보여주는 대목이다.

사마의는 약육강식의 시대에 태어나 서로 알력하는 조정에서 자신의 몸을 지켜야 했다. 이 때문에 그의 경각심과 의심은 이리와 같은 정도로까지 발전했다. 조조가 죽고 자신의 지위가 확고해진 다음에도 사마의의 이런 태도는 전혀 느슨해지지 않았다. 요동의 공손연公孫淵을 멸망시키고 개선할 때의 일이다. 당시 날씨가 너무 추워 병사들이 솜옷을 요구했다. 사마의는 이를 받아들이지 않으면서 "솜옷은 나라 것이다. 신하된 몸으로 이런 선심으로 마음을 얻으려 해서는 안 된다."고 했다. 그는 조그마한 혐의라도 받지 않기 위해 병사들이 동상에 걸릴지언정 자기 멋대로 겨울옷을 나누어주지 않았던 것이다. 만년에 이르러 그의 명망이 최고조에 올랐을 때도 그는 더욱더 공손하게 처신했다. 그는 아들에게 이렇게 가르쳤다.

"도가에서는 가득 찬 것을 경계한다. 사계절은 바뀐다. 우리 집안이 이렇게 권세를 누리고 있지만 늘 덜어내고 손해를 봐야 화를 면할 수 있을 것이다."

이렇게 자신의 몸을 낮추는 자세와 언행은 수시로 뒤를 돌아보는 이리의 경계심을 실천하는 것이었다. 사마의는 낮은 자세로 자신을 감추었지만 일단 시기가 무르익으면 유감없이 자신의 음모와 큰 뜻을 드러냈는데 놀랍게도 모두 피비린내 속에서 실현되었다. 공손연을 평정한 뒤 15세 이상의 남자 7천여 명을 죽였다. 또 조상曹爽을 죽인 다음에는 조씨 종가에 대한 대대적인 살육을 벌였다. 한없이 자세를 낮추며 자신을 감춘 채 그는 서서히 조씨 정권을 야금야금 먹어 들어갔고, 그의 손자 사마염司馬炎에 이르러 마침내 조씨의 제사를 끝장내고 진晉 왕조를 세웠다.

건안 18년인 218년, 조조는 위공魏公이 되었다. 3년 뒤에는 위왕魏王이 되었고, 이듬해 10월 조비가 태자가 되었다. 사마의는 태자 중서자中庶子가 되어 중대한 일에 매번 참여하면서 남다른 대책을 제시하여 조비의 신임을 얻었다. 이때 그는 조조에게 '둔전屯田'을 '군둔軍屯'으로 개혁하자는 중요한 건의를 올렸다.

동한 말기 정치는 어두웠고 전란이 끊이지 않았다. 경제는 파탄이 나고 백성들은 갈 곳을 잃어 사회가 불안으로 요동쳤다. 이런 상황에서 식량 문제를 해결하고 백성을 구제하는 일이야말로 사회를 안정시키고 경쟁에서 승리하는 관건이었다. 둔전은 주둔해 있는 병사가 농사를 병행하는 군둔과 보통 백성들이 농사를 짓는 민둔民屯 두 형태가 있었다. 조조는 먼저 민둔을 실행했지만 사마의의 건의로 군둔을 실시했다. 농사를 짓지 않는 백성이 수십만에 이르는 상황에서 민둔을 고집할 수 없었기 때문이다. 이 문제에서 사마의와 조조는 처음부터 뜻을 같이했다. 이후 사마의는 끊임없이 농사를 권장하고 식량을 비축해야 하는 중요성을 강조했고, 결국 군둔을 이끌어냈다.

219년, 유비는 관우를 보내 번성樊城에서 조인曹仁을 포위 공격하게 했다. 조조는 우금于禁으로 하여금 조인을 구원하게 했다. 당시는 가을이라 비가 계속 내려 한수가 넘쳐 우금의 군대를 덮쳤다. 이 때문에 보병과 기병 3만이 모두 관우의 포로가 되어 강릉江陵으로 보내졌고 우금은 투항했다. 관우는 또 장군 방덕龐德의 목을 베는 등 한순간 그 위세가 천하를 떨게 했다. 이 때문에 조조는 허도許都로 물러나 그 기세를 피하기로 했다.

당시 형세는 조조가 크게 두려움을 느낄 정도로 긴박했기 때문에 조조는 도읍을 옮기려 했다. 사마의는 침착하게 이렇게 건의했다.

"우금은 불어난 물 때문에 패했습니다. 관우는 전쟁터에서 실제 전투를 벌여 승리한 것이 아닙니다. 그리고 국가의 군사력이 크게 손실된 것도 아닙니다. 그런데 서둘러 도읍을 옮긴다면 적이 얕잡아 볼 것이고, 관우의 기세만 부추기는 꼴입니다.

그러면 그 일대 백성들은 불안에 떨게 됩니다."

사마의는 관우의 위세가 거세기는 하지만 계책으로 격파하기 어렵지 않다고 생각했다. 그는 손권의 오나라 힘을 빌려 번성의 포위를 풀자며 이렇게 건의했다.

"손권과 유비는 겉으로는 친하지만 속으로는 서로를 꺼립니다. 관우가 뜻을 얻는 것을 손권은 바라지 않습니다. 손권으로 하여금 나서게 하면 번성의 포위는 절로 풀릴 것입니다."

큰 적을 눈앞에 두고 사마의는 조금도 당황하지 않고 침착하게 대책을 냈다. 당시 정세를 보면 적과 나 외에 제삼자 손권이 있었다. 다른 사람들은 자신과 적 둘만 생각하고 제삼자를 소홀히 했다. 사마의의 절묘함은 외부 세력을 이용하여 관우를 통제하려고 한 점에 있었다. 이렇게 해서 번성의 포위를 풀자는 제안은 절묘한 수가 아닐 수 없었다. 조조는 이 계책에 흥분했다. 이때 공교롭게도 손권이 제 발로 찾아와 뒤에서 관우를 공격하겠다며 조조의 비위를 맞추니 사마의의 계책과 완전히 판박이 상황이 벌어졌다. 조조는 관우와 손권이 싸우게 하는 한편 조인에게 편지를 보내 이런 상황을 알렸다. 관우는 손권이 자신의 뒤를 공격하려 한다는 사실을 알고는 놀라움에 철수하려 했다. 그러나 번성에서 올린 전공이 하루아침에 물거품이 될 것이 아쉬워 머뭇거리며 결단을 내리지 못했다. 손권은 여몽呂蒙을 시켜 관우를 습격하게 했다. 유비의 남군 태수 미방糜芳은 여몽에게 투항했고 여몽은 강릉을 차지했다. 손권의 또 다른 대장 육손陸遜은 의도宜都 등을 공격하여 취했다. 관우는 하는 수 없이 서둘러 번성의 포위를 풀고 당양當陽으로 돌아가 맥성麥城으로 달아났다. 그해 12월 관우는 오나라의 포로가 되었다가 목이 잘렸다. 손권은 관우의 머리를 조조에게 보냈다. 이렇게 "남의 칼을 빌려 상대를 죽이는" '차도살인借刀殺人'의 계책은 원만하게 성공했다. 사마의가 계책을 내고 조조가 실행한 마지막 군사 활동이었다. 그로부터 얼마 뒤인 건안 25년, 즉 225년 조조는 낙양에서 병으로 죽었다.

조조가 죽은 후 조비가 조조의 뒤를 이어 승상 겸 위왕이 되었고, 사마의를 하진정후河津亭侯에 봉했다가 다시 승상장사丞相長史로 승신시켰다. 조비는 얼마 뒤 헌제로부터 황제 자리를 양보받아 스스로 황제가 되니 이가 위 명제明帝이다.

이때 손권이 대군을 이끌고 서쪽으로 출발했다는 군사 정보가 날아들었다. 명제 조비와 대신들은 동오의 군사행동은 번성과 양양을 공격하기 위한 것이라 생각했다. 이 두 성은 식량 비축이 아주 적어 지구전을 벌이기 어려웠다. 이 때문에 신하들은 이 두 성을 버리고 완宛으로 돌아가자고 했다. 사마의는 이들과 생각을 달리했다. 그는 셈이 빠르고 노련한 손권이 스스로를 등뒤에서 적을 맞이하는 불리한 상황에 놓이게 하지 않을 것으로 판단했다. 관우를 죽임으로써 유비의 원한을 샀기 때문에 위와 좋은 관계를 유지하면 유비의 섣부른 군사행동을 막을 수 있기 때문에 번성과 양양을 결코 공격하지 않을 것으로 본 것이다. 게다가 이 두 성은 전략상 대단히 중요하므로 버려서는 결코 안 된다고 주장했다. 조비 등은 그렇게 생각하지 않았기 때문에 그의 의견을 받아들이지 않고 조인에게 두 성을 버리게 했다. 그러나 손권은 침공하지 않았고 조비 등은 후회막급이었다.

227년 6월, 명제는 사마의에게 완에 주둔하라는 명령을 내렸다. 12월, 신성新城 태수 맹달孟達이 반란을 일으켰다. 맹달은 원래 유비의 부장이었으나 관우를 구원하지 않았다. 관우가 맥성으로 패주하자 유비는 맹달에게 원한을 품었다. 맹달은 죄를 받을까 겁이 났고, 게다가 유비의 양자 유봉劉封과 불화하여 부장 4천여 명을 이끌고 위에 투항했다. 조비는 크게 환영했다. 그런데 제갈량은 여러 차례 맹달과 연락을 취해 비밀리에 잦은 왕래를 가졌다. 이 사실이 새어나가 사마의의 귀에 들어갔다. 사마의는 맹달에게 입조를 명령했고 맹달은 두려움에 조정에 나가지 않고 다시 촉에 항복하기로 결정했다.

사마의는 맹달이 반란을 일으킬 것으로 확신하고 두 가지 조치를 바로 취했다. 하나는 맹달과 촉의 관계를 차단하고 이간책으로 시간을 끌었다. 또 하나는 재빨리 군사를 내서 바로 맹달을 쳤다. 사마의는 맹달이 바로 반발할 것이 염려되어 편지를 보내 이렇게 말했다.

"장군은 지난날 유비를 버리고 우리 위나라에 몸을 맡겼소. 위나라는 오로지 한마음으로 장군에게 땅을 주어 촉을 도모하는 일을 맡겼지요. 아둔한 촉은 장군에게 이를 갈고 있고, 오갈 데 없는 제갈량이 가볍게 이런저런 일을 흘렸다는 것은 누구라도 알 것입니다."

편지를 본 맹달은 사마의가 자신에 대해 의심을 품고 있지 않다며 크게 기뻐하면서 결단을 내리지 못하다 시기를 놓치고 말았다. 사마의는 군사행동을 취할 시간을 벌었다.

상황을 낙관하던 맹달은 사마의의 습격에 당황해서 어쩔 줄 몰라 하다가 결국 목이 잘렸다. 230년, 조정은 사마의를 대도독에 임명하여 군대를 이끌고 촉을 공격하여 한중漢中을 취하게 했다.

제갈량은 촉의 승상으로 한 황실을 부흥하려는 뜻을 품었다. 충분한 준비를 마친 제갈량은 10만 대군을 이끌고 사곡斜谷을 나와 위수渭水 남쪽에 군영을 차렸다. 사마의는 2만 군대로 촉군과 대치했다.

제갈량은 대군을 이끌고 먼길을 왔기 때문에 후방과 멀리 떨어질 수밖에 없었다. "촉으로 가는 길은 하늘을 오르기보다 더 어렵다"는 이백의 시도 있듯이 10만 대군의 군수 보급은 대단히 어려웠다. 촉은 나라가 작아 경제와 인력의 한계가 뚜렷했다. 힘들여 위나라 정벌 전쟁에 나섰지만 지구전을 펼칠 수 없었다. 속전속결로 나서야 했다. 위나라는 나라가 커서 인력과 물자가 튼튼했다. 전쟁터도 위수 평원에서 멀지 않은 곳이라 물자 공급도 상대적으로 유리했기에 굳이 모험에 나설 필요 없이 느긋하게 상대가 지치길 기다릴 수 있었다. 가장 좋은 전략은 상대를 이리저리 끌고 다니는 것이었다. 위나라 지도부는 적을 얕보지 말고 상황의 변화를 지켜보라는 명령을 거듭 내렸다.

사마의는 노련하고 속이 깊어 지구전 전략의 중요성을 누구보다 잘 알고 있었다. 제갈량이 계속 도발했지만 응전을 허락하지 않았다. 제갈량이 여자가 쓰는 두건과 옷을 사마의에게 보내서 여자처럼 담이 약하다며 사마의를 놀렸다. 이런 견디기 어려운 도발과 강력한 자극으로 사마의의 출전을 이끌어내려 한 것이다. 위나라 장수들은 지휘관이 이런 모욕을 당하자 발끈해서 나가 싸우자고 요구했다. 어떤 장수는 심지어 "공께서 촉을 호랑이처럼 두려워하시니 이는 천하의 웃음거리가 아닐 수 없습니다."라며 사마의를 비판했다. 제갈량의 의도를 잘 알고 있는 사마의는 결코 이 도발에 걸려들지 않았다. 사마의는 성도 내지 않았을 뿐만 아니라 싸우지 않는다는 패를 높이 내걸고 제갈량이 보낸 사신에게 "제갈공의 최근 생활은 어떠한가? 하루에 식사는 얼마나 하시는가?"라며 침착하게 물었다. 사신은 느닷없지만 아주 일상적인 질문에 별다른 경계심이나 의심 없이 "아주 조금씩 드십니다."라고 답했다. 이는 얼핏 보기에는 별것 아닌 것 같지만 아주 중요한 기밀이었다. 사마의는 또 제갈량의 일상 업무 처리는 어떤지 물었고 사신은 제갈량에 대한 공경심을 잔뜩 품은 채 국사를 돌보느라 노심초사하고 있다고 답했다. 사신의 이 대답은 사마의에게 중요한 정보를 제공한 것이나 마찬가지였다. 사마의는 부하 장수들에게 이렇게 말했다.

"먹는 것은 적고 일은 많은데 사람이 어떻게 견디겠는가? 제갈량이 오래 살지 못할 것 같다."

사마의는 속으로 기뻤다. 그는 굴욕을 참고 제갈량이 보낸 여자 옷을 받아들이면서 아주 공손한 자세로 촉의 사신을 돌려보냈다. 위나라 장수들은 이런 굴욕을 도저히 받아들일 수 없었다. 사마의는 제갈량에 대해 화가 난 것처럼 하면서 조정에 글을 보내 결전하겠다고 청했다. 사마의의 의중을 잘 알고 있던 조정은 허락하지 않았다. 촉군은 계속 도발했다. 사마의는 마치 나가 싸울 것처럼 했지만 끝내 출전하지 않았다. 이에 촉의 대장 강유姜維는 초조하고 걱정이 되어 제갈량에게 말했다.

"사마의는 나와 싸울 마음이 없습니다. 장수들 앞에서는 자신의 위세를 보이기 위해 싸울 것처럼 했지만 이는 그냥 보여주기에 지나지 않습니다. 장수가 전쟁에 나가면 군주의 명령이라도 듣지 않을 수 있습니다. 그런데 천리 밖 조정에 출전을 요청한 것은 허무맹랑한 짓에 지나지 않습니다."

사마의는 자신의 전술에 대해 확고한 믿음을 갖고 있었다. 그의 동생이 편지를 보내 상황을 묻자 그는 이렇게 답신했다.

"제갈량이 10만 대군을 이끌고 왔지만 이미 내 굴레에 빠졌다. 촉군을 대파할 날이 멀지 않았다."

사마의는 촉군과 석 달을 대치했고, 결국 그의 예상대로 제갈량이 병으로 세상을 떠났다. 촉의 장수 양의楊儀 등이 군대를 정돈하여 후퇴했다. 백성들이 달려와 이

● 물론 촉한의 총체적 역량이 위나라에 미치지 못했기 때문이기도 했지만 천하의 제갈량도 계책에서는 사마의를 뛰어넘지 못했다. 제갈량 사당의 제갈량 소상이다.

를 알렸다. 사마의는 한참을 생각했다. 제갈량의 죽음이 확실한지 알 수 없었기 때문에 성급하게 추격하지 않았다. 정확한 보고가 올라오자 사마의는 서둘러 추격하게 했다. 촉으로 가는 길에는 바닥에 가시풀 등 장애가 많아 통과가 어려웠다. 사마의는 먼저 병사들에게 바닥이 납작하고 부드러운 나막신을 신겨 전진하게 했다. 가시 등은 다 나막신에 박혔고, 뒤따라오는 기병은 순조롭게 통과할 수 있었다.

237년, 요동태수 공손연이 반란을 일으켜 연왕燕王을 자칭했다. 이듬해 사마의는 군대를 이끌고 요동 정벌에 나섰다. 출발에 앞서 명제는 사마의에게 예상되는 공손연의 작전 등을 물었다. 사마의는 이렇게 답했다.

"성을 버리고 달아나는 것이 상책입니다. 요수를 거점으로 대군을 막는 것은 중책입니다. 양평에 앉아 지키다 붙잡히는 것은 하책입니다."

명제가 공손연이 어떤 계책을 쓸 것 같냐고 물었다. 사마의는 "공손연은 우리 군이 먼길을 와서 지구전을 펼칠 수 없을 것으로 예상하여 틀림없이 요수를 거점으로 삼고서 죽을힘을 다해 지킬 것이니 이는 중하책입니다."라고 했다.

사마의는 4만을 이끌고 도성을 나섰다. 이 소식을 접한 공손연은 두려움에 휩싸였다. 그는 사마의의 예상대로 보병과 기병 수만을 보내 요수 북쪽에 주둔시켰다. 사마의는 도착 후 많은 깃발을 나열하여 위세를 떨친 다음 적의 남쪽으로 나서서 적군의 정예병을 끌어냈다. 그리고 자신의 정예병을 몰래 배를 태워 그 북쪽으로 건너갔다. 적군은 예상대로 서둘러 병사들을 내서 위군과 싸웠다. 사마의는 이를 맞받아쳐서 세 차례 거듭 승리했다. 공손연은 하는 수 없이 양평으로 물러나 수비에 들어갔다. 사마의의 대군은 양평성을 단단히 포위했다.

당시 계절이 더운 여름이라 비가 계속 내려 요수가 불어 땅에까지 흘러넘쳤다. 성을 포위하고 있던 위나라 장병들은 군영을 옮기자고 요구했다. 사마의는 상황에 변화가 생겼음에도 병력을 움직이지 않았다. 공손연은 하늘이 자신을 돕는다며 성안의 식량 부족이 심각했음에도 다른 계책을 낼 생각도 않고 그저 수비에만 목을 매달았다. 이때 위나라 병사들은 초조함에 어째서 군대를 움직이지 않냐며 사마의에게 불만을 터뜨렸다. 사마의는 이렇게 말했다.

"지금 적의 수가 우리보다 많다. 반면 적은 굶주리고 우리는 배가 부르다. 비가 계속 내리는 이런 상황에서 공격해봤자 이득이 없다. 그러니 느긋하게 때를 기다리는 것이 낫지 않겠나. 아군은 반란을 평정하려 천리 길을 달려왔다. 적이 공세로 나오는 것은 하나 두렵지 않다. 단지 적이 도주하여 전쟁터가 넓어지고 오래 끄는 것이 두려울 뿐이다. 지금 적은 식량이 다 떨어져간다. 우리가 소와 말을 빼앗고 식량과 땔감 운반로를 끊는 등 눈앞의 작은 이익이 탐나 적을 놀라게 만든다면 저들은 멀리 달아나 숨어버릴 것이다. 병법서에 군대 일은 속임수이고 일에 따라 잘 변화할 줄 알아야 한다고 했다. 지금 우리의 행동은 성을 지키고 있는 적에게 무능하다는 가상을 만들어 공손연을 홀려 양평에 안주하게 한다. 비가 그치고 날이 개면 그는 솥 안에 든 자라 같은 신세라 힘들이지 않고 잡을 수 있나."

사마의의 이런 분석에 장병들은 감탄할 수밖에 없었다.

아니나 다를까, 사마의의 예상대로 날이 갠 후 위나라 군대는 빠르게 양평을 함락했고, 공손연은 목이 잘렸다.

군대를 돌려 돌아오는 길에 사마의는 사흘 동안 무려 다섯 통의 조서를 받았다.

● 명제 조비는 사마의에 대한 아버지 조조의 염려를 전혀 마음에 두지 않고 사마의를 믿고 의지했다. 덕분에 사마의는 위나라 정권의 대부분을 장악할 수 있었다. 조비의 진짜 초상화이다.

조정의 상황이 급하게 돌아가고 있었다. 사마의가 서둘러 경성으로 돌아왔을 때 명제는 이미 숨을 거두기 직전이었다. 명제는 사마의의 손을 잡고 여덟 살 난 태자 조방曹芳을 당부했다. 사마의는 통곡을 하고 눈물을 줄줄 흘리면서 유언에 따라 대장군 조상曹爽과 함께 조정의 일을 보좌하는 보정輔政대신이 되었고, 다음 날 명제는 세상을 떠났다.

조상은 조씨 집안의 종친으로 겉으로는 교만하게 큰소리를 치지만 실은 겁이 많은 자였다. 화려했지만 속은 부실했다. 이것이 사마의에게는 기회가 아닐 수 없었다.

보정대신으로서 사마의는 명망이 높았지만 조상은 젊고 가벼운 자였다. 보정 과정에서 두 사람은 끊임없이 충돌했고, 조상은 사마의에게 깊은 한을 품었다. 자신의 실력을 강화하기 위해 조상은 여러 차례 자기 측근들에게 경성의 중요한 관직을 맡겼다. 이자들은 대부분 경성의 명사들로 겉만 화려했지 실제 정치적 재능은 없었다. 이들은 진짜 정치에 참여하기 위해서가 아니라 말하자면 주로 자신의 명예를 높이려는 자들이었다. 조상은 이런 점을 몰랐고, 결과적으로 자신의 몰락을 가속화했다.

이자들은 사마의의 재능과 자질에 한참 미치지 못한다는 사실을 알았기 때문에 갖은 방법으로 사마의를 배제하려 했다. 어린 황제에게 사마의를 태부太傅로 삼아야 한다고 건의했고, 조상은 자신의 자리가 높다는 것을 구실로 상서성尙書省에게 모든 일은 먼저 자신에게 보고하게 함으로써 대권을 장악했다.

처음 몇 년 사이에 조상은 자기 측근들이 경성의 병권을 장악하도록 하는 일에 급급했고, 사마의는 군대를 직접 거느리고 오나라와 몇 차례 전투를 벌여 승리함으로써 명성이 크게 높아졌다.

조상은 날이 갈수록 교만방자해졌다. 순식간에 부풀어오른 풍선과 같았다. 사마의는 자신을 한껏 억제하며 시종 겸손한 자세를 유지했다. 그는 평소 자식들에게 모든 일에 겸손과 양보의 자세를 지켜야 한다고 가르쳤다. 또 빈 그릇처럼 항상 비어 있는 상태를 유지해야만 끊임없이 받아들일 수 있다고 강조했다. 겉으로 보기에 조상의 세력은 계속 확장되고 있었지만 그 안에는 심각한 위기가 잠복해 있었다.

247년, 조상은 기본적으로 조정을 완전히 장악했다. 경성을 지키는 금군禁軍도 기본적으로 자신의 손에 넣었다. 이로써 조정의 대사를 놓고 조상은 사마의와 거의 상의하지 않게 되었다. 어쩌다 사마의가 의견을 내어도 조상은 거들떠보지도 않았다. 이에 대해 사마의는 신경쓰지 않고 여전히 공손한 태도를 지켰다. 그로부터 얼마 뒤 사마의는 중풍이 재발하여 집으로 돌아가 요양에 들어갔다. 조정 일은 관여하지 않았고, 이 병은 약 1년을 끌었다.

당시 사마의는 이미 70을 넘긴 노인이었다. 사람들이 보기에 그는 바람 앞의 등불과 같은 신세였다. 조상 일당은 그의 와병에 대해 그다지 의심하지 않았다. 그러다 이 지독한 상대가 갑자기 이럴 수 있을까 하는 의심이 들어 형주자사가 되어 떠나는 자신의 심복 이승李勝을 보내 사마의의 병세를 살피게 했다.

사마의 저택에 도착한 이승은 내실로 안내를 받아 들어갔다. 이승을 본 사마의는 그를 불렀고, 두 시녀에게 자신을 부축하게 하여 일어나 인사를 차리려 했다. 사마의는 한 시녀에게 자신의 겉옷을 받게 했는데 순간 손을 떨면서 옷을 바닥에 떨어뜨렸다. 자리에 앉자 사마의는 손가락으로 입을 가리키면서 물을 마시고 싶다는 뜻을 나타냈다. 시녀가 묽은 죽을 가져와 입에 천천히 흘려 넣었다. 사마의는 이조차 삼키지 못하고 입가에 줄줄 흘렸다. 이를 본 이승은 마음이 아팠는지 자기도 모르는 사이 눈물을 흘렸다. 사마의가 이런 이승을 쳐다보자 이승이 말했다.

"신이 별다른 공도 없이 황상의 은혜를 입어 형주자사로 가게 되어 인사를 드리러 왔습니다. 지금 주상은 아직 어리고 천하의 모든 일을 태부께 의지했는데 지금 이렇게 몸이 불편하신 줄 미처 몰랐습니다."

사마의는 가쁜 숨을 몰아쉬며 간신히 몸을 일으켜 있는 힘을 다해 말했다.

"나이가 들고 병도 갈수록 심해져 죽음이 오늘 내일이오. 형주로 가게 되었다는데 형주라는 곳은 오랑캐와 접해 있으니 잘 다스리길 바라오."

이승은 순간적으로 "본주로 돌아갑니다. 형주가 아닙니다."라며 사마의의 총기를 시험했다. 사마의는 제대로 못 알아들은 듯 고개를 저으며 "병주로 가거든…"라며 중얼거렸다. 그러자 이승은 다시 "형주로 갑니다."라고 했다. 사마의는 그제야 알아 들은 듯 이렇게 말했다.

"내가 늙어 정신이 맑지 못해 그대의 말을 잘 알아듣지 못한다오. 병주자사로 간다 하니 마침 공을 세울 좋은 기회요. 오늘 이별하면 앞으로 볼일이 없을 것 같으니 내 두 아들을 잘 부탁하오."

이승은 조상에게 돌아와 사마의의 상황을 낱낱이 보고하고, "사마공은 살날이 얼마 남지 않은 것 같으니 염려 마십시오."라고 단정했다. 조상은 사마의에 대해 더 이상 경계하지 않고 완전히 마음을 놓았다.

249년 1월, 황제 조방은 고평릉高平陵의 명제 무덤에 제사를 드리기 위해 성을 나 섰다. 조상 형제도 소수의 호위병을 거느리고 동행했다. 그들이 성을 나선 지 얼마 되지 않아 조상의 집에 남아 지키던 부장 엄세홀嚴世忽은 길거리에서 많은 사람과 말 들이 급하게 달리는 소리를 들었다. 궁금해진 엄세홀은 누각에 올라 내려다보았다. 놀랍게도 사마의가 말에 앉아 군대를 거느리고 황궁으로 달려가는 것이 아닌가! 백 발을 날리며 말을 달리는 모습이 중병 환자는커녕 위풍당당하기 짝이 없었다. 일이 심상치 않음을 깨달은 엄세홀은 활을 들어 사마의를 향해 쏘려고 하자 옆에 있던 자 가 그의 손을 잡으며 "아직 무슨 일인지도 모르는데 섣부르게 행동하지 마십시오."라 며 말렸다. 이렇게 하길 서너 차례 그사이 사마의는 이미 멀어졌다.

사마의의 군대는 기세등등하게 황궁에 진을 쳤고 사마의는 궁 안으로 들어가 황태후 곽씨郭氏를 만나 조상이 신하된 마음을 품지 않고 장차 나라를 해칠 것이니 조씨 형제를 축출하라는 조서를 내려달라고 했다. 위나라는 조비가 나라를 세운 이 후 동한의 멸망을 교훈 삼아 후궁은 조정에 간섭하지 못한다는 규정을 만들었다. 이 때문에 곽태후는 나랏일을 전혀 모르고 있었다. 이런 상황에서 곽태후는 사마의의 위세에 눌려 그의 뜻대로 사람을 불러 조서를 쓰게 했다. 이와 동시에 사마의의 아들 사마사와 사마소 형제는 군대와 평소 몰래 길러두었던 결사대를 이끌고 이미 경성의 중요한 지점을 차지하고는 성문을 닫았다. 성안의 금위군은 지금까지 조상 형제의 지휘를 받아왔고 그 수도 많았지만 머리를 잃은 데다 사마의의 지위와 명성까지 있고 보니 함부로 움직이지 못했다. 사마의는 황궁을 포위하여 조서를 손에 넣자 바로 두 갈래로 대신을 조상과 조희曹羲가 지휘하던 금위군으로 보내 병권을 탈취했다. 조상이 오랫동안 경영해온 성과가 한순간에 연기처럼 사라졌다.

조상에 충성하는 대신들 대부분도 감히 움직일 수 없었다. 그저 몇 사람만 나누어 성문을 나갔다. 그중에 환범桓范이란 자도 있었다. 환범은 원래 조진曹眞의 부하로 대사농大司農 벼슬을 하고 있었는데 꾀가 많은 자였다. 이 때문에 사마의는 쿠데타를 일으킨 후 바로 사람을 환범에게 보내 자신에게로 오게 했다. 그러나 환범은 조씨 집안과 관계가 깊고 황제가 조상과 함께 있다는 사실을 고려하여 조상 쪽이 유리하다고 판단했다. 이에 사마의의 부름에 응하지 않고 성을 나갔던 것이다. 사마의의 측근 태위太尉 장제蔣濟가 이를 알고는 몹시 초조해하며 사마의에게 "그 꾀돌이가 달아났으니 일이 잘못될까 걱정입니다."라고 했다. 그러나 사마의는 전혀 흔들리지 않고 이렇게 말했다.

"조상은 환범을 겉으로는 존중하지만 실은 멀리해왔다. 그의 말을 들었더라면 진즉에 들었을 것이다. 못난 말은 눈앞의 먹을 것에만 급급해한다. 환범의 계책을 조상은 받아들이지 않을 것이다."

황궁이 수습되자 사마의와 장제는 군대를 거느리고 고평릉에서 경성으로 들어

올 때 반드시 거쳐야 할 길인 낙수洛水의 부교浮橋에 진을 쳤다. 그리고 사람을 보내 황제 조방에게 글을 보냈다. 글의 내용은 조상이 명제의 당부를 저버리고 국가의 근간을 파괴하고 있으며, 측근들만 기용하여 권력을 함부로 휘두르면서 군주를 없애려는 마음을 보이고 있다는 것이었다. 아울러, 자신이 태후의 조서를 이미 받아 조상 형제의 병권을 빼앗고 그들을 후작 신분으로 자기 집으로 돌아가게 했다고 했다. 물론 이 조치는 조상이 들으라는 것이었다.

한편 조상에게로 달려온 환범은 성안의 상황을 알리는 한편 즉각 황제를 호위하여 허창으로 갈 것을 권했다. 나아가 허창에서 황제를 호위하는 각지의 군대를 소집하여 반역죄의 명분으로 사마의를 토벌하자고 했다. 이는 대단히 총명한 계획이었다. 앞서 말한 대로 위나라의 제도에는 태후가 정치에 간여할 수 없다. 따라서 사마의가 태후의 이름을 빌린 것은 결코 큰 호소력을 가질 수 없다. 그리고 조상은 황제와 함께 있기 때문에 황제의 명의로 지방의 군대를 지휘하는 것이 훨씬 당당하다고 판단했다. 사마의가 작전에 능숙하다고는 하지만 최종 승패는 누구도 장담할 수 없다.

환범의 정확한 제안에도 불구하고 조씨 형제는 아무 말이 없었다. 그저 입을 닫은 채 결단을 내리지 못했다. 초조하다 못한 환범은 "오늘 일이 이 지경에 이르러 여러분은 백성을 궁지에 몰고 있는데 무엇을 더 바란단 말입니까? 하물며 천자와 함께 천하를 호령하는데 누가 감히 듣지 않을 수 있겠습니까?"라며 목청을 높였다. 그러나 조씨 형제는 여전히 결심하지 못했다.

그날 저녁, 조상은 평소 자신과 관계가 그다지 가깝지 않은 두 명의 대신을 사마의 군영으로 보내 사마의의 진짜 의도를 탐지하게 했다. 사마의는 거듭 조상 형제를 해치지 않겠다고 약속했다. 그 말이 너무 간절했다. 다음 날, 사마의는 다시 경성에 남아 있는 조상의 측근 윤대목尹大目을 조상에게 보내 투항을 설득하게 했다. 떠나기에 앞서 사마의는 낙수를 가리키며 "내가 만약 전에 한 약속을 어긴다면 집안 전체가 좋게 끝나지 않을 것이다."라고 맹서했다. 윤대목의 이야기를 전해들은 조상은 마음이 움직였다.

상황이 이렇게 돌아가자 환범은 다급하게 과거의 많은 사례를 들어가며 사마의에게 머리를 숙였다가는 결코 끝이 좋지 않을 것이라며 말렸다. 환범은 날이 샐 때까지 설득했다. 나이가 많은 환범은 기진맥진 쓰러졌다. 조상의 마음은 이미 돌아선 뒤였다. 그는 허리춤의 검을 땅바닥에 내던지며 말했다.

"내가 태부(사마의)의 말이 의심이 가기는 하지만 나의 권력을 뺏는 것으로 끝날 것이다. 후작의 신분으로 집으로 돌아갈 수 있으니 부귀를 잃지는 않을 것이다."

이 말을 들은 환범은 얼굴이 새파랗게 질려 "자단子丹(조진의 자)이 어찌 이런 아들을 낳았단 말인가! 지금 노자가 그대를 돕는다 해도 멸족을 면키 어려울 것이다."며 비명을 질렀다.

조상은 환범이 뭐라 하든 상관없이 황제를 만나 자신의 퇴직을 요청했고, 황제는 관련 조서를 조상 군영으로 보냈다. 이때 환범은 도망칠 생각을 했지만 조상은 반드시 함께 경성으로 가서 자신의 성심을 증명해야 한다고 붙잡았다. 의기소침한 일행은 낙수에 이르렀다. 부교를 건너자 조상은 마차에서 내려 가련한 표정으로 사마의를 향해 머리를 조아렸다. 사마의는 몇 마디 위로의 말을 건넨 다음 웃는 얼굴로 환범을 보고는 "환 대부는 어째 그 모양이요?"라고 조롱했다. 환범은 쓴웃음을 지으며 풀이 죽은 채 말없이 성으로 들어갔다.

사마의의 쿠데타는 보기에는 우연한 기회를 잡아 성공한 것 같았다. 그러나 사실은 오랜 준비를 거친 치명적 일격이었다. 그는 조방이 즉위한 이후 몇 년 동안 조상과 권력을 다투지 않았다. 되도록 원정에 자주 나서 조정에서 자신의 명망을 유지했다. 그래야만 만에 하나 큰일이 터졌을 때 대신과 무장들이 쉽게 조상에게 달려가지 못하게 그 위세로 누를 수 있기 때문이었다. 그래서 순식간에 많지 않은 군대로 경성을 장악할 수 있었다. 또 하나는 오랜 세월 사마의가 보여준 겸손과 양보가 조상을 오만하게 만들었고, 그 결과 조상은 사마의에 대한 경계를 늦추었다. 마지막에 조상이 고개를 숙이고 사마의에게 투항한 것도 사마의란 위인이 약속을 어기고 자신을 사지로 내몰 그런 사람이 아니라고 판단했기 때문이었다. 다음으로, 사마의가 병을 가장한 것은 기회를 엿보기 위함이었을 뿐만 아니라 더 중요한 것은 아들 사마사가 이끄는 군대를 보존하기 위해서였다. 이상 몇 가지 조건은 얼핏 보기에는 우연인 것 같지만 실제로는 필연이었다. 그런데 가장 이해가 안 되는 것은 꾀주머니로 불리는 환범이었다. 그는 일이 터진 후 형세를 분석할 줄만 알았지, 그 형세도 사람이 장악해야 한다는 생각까지는 못 했다. 어쩌면 그는 결국 조상의 아버지 조진에게 당했는지 모른다. 조진이 설마 이렇게 무능한 자식을 낳았을 것이라고는 생각조차 못했기 때문이다.

이 쿠데타가 끝난 뒤 맨 먼저 체포된 사람은 다름 아닌 환범이었다. 조상 형제에 대해 사마의는 약속대로 작위를 유지한 채 집에서 지내게 했다. 그러나 사마의는 고양이가 쥐새끼를 잡아 갖고 놀 듯이 낙양의 관리들에게 이런 명령을 내렸다. 즉, 몇몇 백성들을 시켜 조상의 집 사방을 감시하게 했는데, 사방에 나무로 망루를 세워 그 위에 올라가 조상의 집을 내려다보며 감시하게 한 것이다. 조상이 방에서 나와 화단을 거닐거나 하면 "옛날 장군이 동남쪽으로 간다" "옛날 장군이 서북쪽으로 간다"며 고함을 지르게 했다. 기세등등 무서울 것 없던 왕년의 대장군이 마치 털 빠진 강아지처럼 이런 모욕을 당했다. 이 정도면 조상이 스스로 목숨을 끊어도 하나 이상할 것 없었고, 이는 사마의의 목적이기도 했다. 그러나 조상은 목숨을 끊는 것이 아니라 또 하나 중대한 착각을 저질렀다. 그는 늘 자신은 황실의 종친이자 공신의 후손이고 반면 사마의는 위나라의 신하이기 때문에 자신에게 지나치게 하지 않을 것으로 생각했다. 황제 조방이 성장해서 성인이 되면 직접 정사를 돌보게 될 것이고, 그때 가서 사마의가 자신을 구박한 사실을 알게 되면 사마씨 집안도 무사하지 못할 것이기 때문이다. 조상은 사마의가 언제든지 신하 노릇을 내던질 수 있는 사람이라는 점을 알지 못했다. 늘 겸손하고 양보하던 사마의였던지라 이럴 수 있는 사람이라고는 상상조차 못 했기 때문이다.

조상이 스스로 결말을 만들어내지 못하고 있으니 사마의는 하는 수 없이 자신이 그를 황천으로 보내는 수밖에 없었다. 낙수에서의 약속과 맹서는 사람을 속이는 하나의 술책일 뿐이었다. 다시 말해 대권을 손에 쥔 이상 죄는 만들어내면 그만이었

● 사마의가 권력을 장악하는 과정에 대해서는 약 2천 년 동안 수많은 분석과 연구가 뒤따르고 있다. 사마의의 석상이다.

다. 손바닥 뒤집기보다 쉬운 일이었다. 얼마 뒤 관원 하나가 나서 환관 장당張當을 탄핵했다. 그가 과거 조상을 위해 황제를 감시하면서 궁중의 소식을 조상에게 보고했다는 내용이었다. 심문이 시작되었고, 조상의 일당인 하안何晏, 필궤畢軌, 이승李勝, 환범 등이 반역을 꾀했다는 진술이 나왔다. 조상 형제와 그 일당은 처형되었고, 그 가족은 출가한 여자를 포함하여 남녀노소를 막론하고 모두 연좌로 죽었다. 인내와 겸손으로 일관하던 사마의가 일단 힘을 얻자 조금도 망설이지 않고 완전히 뿌리를 뽑아 후환을 없앴던 것이다. 이것이 사마의의 진면목이었다. 당시 죽임을 당한 사람들 중에는 이름난 문인들도 적지 않았다. 그래서 세상 사람들은 "천하의 명사 절반이 줄었다."며 탄식할

정도였다.

　사마의에게 조상을 제거한 것은 첫걸음에 지나지 않았다. 그는 한 차례 피가 난무하는 대도살로 천하를 떨게 만들었다. 이로써 사마씨 집안은 정권을 한껏 틀어쥐었다. 사마의는 그로부터 4년 뒤 세상을 떠났고, 아들 사마사와 사마소가 잇달아 집권했다. 그들은 아버지와 마찬가지로 겉으로는 공손하고 은근했지만 속마음은 지독했다. 전후 조씨 황제 셋, 즉 조방을 비롯하여 조모曹髦, 조환曹奐을 차례로 죽이고 반대파들을 속속 제거했다. 그리고 사마소의 아들 사마염司馬炎에 이르러 마침내 왕조를 바꾸는 대장정을 마무리했다. 이 왕조가 바로 서진西晉이고, 사마염은 서진의 첫 황제 무제武帝가 되었다. 동한 말기라는 난세는 그냥 사라지고 싶지 않았던 많은 영웅적 인물을 배출했다. 사마의는 이들보다는 비교적 늦게 태어났지만 끝내 자신의 시대를 저버리지 않았다.

6.
굶주림과 떠돌이에서 일어선 개국 제왕,
주원장朱元璋

주원장(1328-1398)은 평민 출신의 황제로서 같은 평민 출신이었던 유방보다 더 보잘 것없는 출신이었다. 어렸을 때 가족 전부가 굶어 죽을 상황에 놓이자 중이 되었고, 나중에는 유랑자가 되었다. 그러나 그는 시대의 조류를 움켜쥐고 사회 최하층의 떠돌이 평민에서 지고무상한 천자가 되었다. 그의 분투와 발전과정을 전체적으로 살피면 그의 성공은 천명의 도움뿐만 아니라 인간의 모략이 더 중요했음을 알 수 있다.

원나라 말기인 1352년 곽자흥郭子興(?-1355)은 호주濠洲에서 농민봉기에 나섰다. 15세의 떠돌이 주원장은 바로 곽자흥에게로 달려가 친위부대의 일원이 되었다. 그 뒤 십부장十夫長으로 승진했다가 다시 진무鎭撫로 승진하여 700여 명을 통솔하게 되었다. 이로부터 그는 다른 사람과는 다른 권모술수와 재능을 뚜렷하게 드러내기 시작했다. 봉기군 안에서 일차적으로 안정된 디딤돌을 마련한 주원장은 자신의 천하를 경영하는 일에 착수했다. 먼저 서달徐達, 비취費聚, 탕화湯和 등과 같은 측근들을 심었다. 그는 곽자흥 밑에서는 더 이상 발전할 수 없고 곽자흥을 떠나 딴 살림을 차려야만 크게 발전할 수 있다고 판단했다. 주원장은 부하 700명을 과감하게 버리고 서달 등 24명만 데리고 남쪽으로 내려가 정원定遠을 공격하여 취함으로써 자신의 기반을 개척했다.

그러나 24명에만 의존해서는 일을 이룰 수 없고 군대를 확대하지 않으면 안 되었다. 주원장은 정원 부근의 장가보張家堡로 눈을 돌렸다. 이곳에는 원나라 말기 혼란 중에 자기들 힘으로 산채를 만든 민병 3천여 명이 있었다. 주원장은 여패채驪牌寨라는 이 자위 조직을 거두고 재편하여 자신의 힘을 불리고자 했다.

주원장은 먼저 비취를 보내 여패채의 내부 상황을 염탐하게 하여 그들의 식량이 부족하다는 사실을 알아냈다. 주원장은 곽자흥의 깃발을 앞세워 몸소 여패채를 찾아가 항복을 권유하는 한편 식량을 제공한다는 조건을 내세웠다. 여패채의 두목은 몹시 기뻐했고, 즉시 양식을 여패채로 보내기로 약속했다. 주원장은 돌아오자마자 바로 깃발을 내걸고 병사를 모집하여 300명을 얻었다. 그리고 용감하고 힘센 사람들을 마대에 넣어 식량처럼 위장하고 작은 수레에 실어 여패채로 보냈다. 여패채의 두목은 사람들을 데리고 나와 식량을 접수하려 했다. 순간 병사들이 마대를 찢고 나와 두목을 사로잡고 보루를 점거함으로써 순조롭게 여패채 3천이 넘는 민병을 손에 넣었다. 며칠 사이에 주원장의 부대는 24인에서 약 4천으로 커졌다.

그 뒤 주원장은 다시 밤을 틈타 횡간산橫澗山을 습격하여 민간 의용군 2만여 명을 항복시켰다. 주원장은 여세를 몰아 척주滁州를 공략함으로써 위세를 크게 떨쳤다.

이때 막료 풍국용馮國用과 이선장李善長 등이 남하하여 금릉金陵을 빼앗자는 건의를 올렸다. 주원장은 바로 정원에 대한 진공을 포기하고 남쪽으로 내려가 강남을 얻을 수 있는 발판이 될 화주和州를 점령했다. 이어 장강을 건너 태평太平을 공격하여 점령했다. 여기서 주원장은 원나라 태평 지구 수비군의 장수 진야선陳野先을 포로로 잡았다. 진야선은 당초 완강하게 항복을 거부했으나 주원장의 거듭된 설득에 가까스로 투항 의사를 밝혔다. 주원장은 또 특별히 진야선을 옛 부대로 보내 항복을 권유하게 하는 한편 이 부내의 지휘권을 자기 것으로 만들지 않고 진야선에게 주었다. 진야선은 군권을 다시 받은 뒤 주도적으로 금릉을 공격하자고 건의했고 주원장은 흔쾌히 동의했다. 태평은 금릉으로 진공하기 위한 기초가 되었다. 주원장의 세력은 곽자흥의 봉기군과 맞설 만큼 커졌다.

주원장의 다음 행보는 곽자흥 군대를 전부 차지하는 계획이었다. 주원장은 곽자흥을 떠나면서도 그와 척을 지지 않고 표면적으로 여전히 곽자흥 봉기군의 일원이라고 자처했다. 이렇게 해서 그는 아주 편안한 환경에서 자신의 실력을 확대할 수 있었고, 이는 앞으로 곽자흥의 군대를 포섭하는 데 유리했다. 앞날을 내다본 계획이었다. 공교롭게 이 무렵 곽자흥 군대 내부에 분란이 생겼고 곽자흥은 울화통이 터져 죽었다.(1355년) 곽자흥의 아들 곽천서郭天敍가 원수가 되었고, 곽자흥의 작은 처남 장천우張天佑와 주원장이 부원수가 되었다. 주원장은 바로 자신의 계획을 실천에 옮기는 일에 착수했다.

풍국용은 진야선을 믿을 수 없다고 했다. 그가 투항한 것은 태평 전투에서 패하여 포로가 되었기 때문에 어쩔 수 없이 항복한 것이고, 지금 그에게 군대를 거느리고 금릉을 공격하게 하는 것은 호랑이를 산으로 돌려보내는 꼴이라는 이유에서였다. 주원장이 어찌 이 점을 몰랐겠는가. 그는 진야선에게 먼저 금릉을 공격하게 하면 분명 반란을 일으킬 것으로 예상했고, 이 기회를 이용하여 다음 계획을 준비했다. 그러던 차에 풍국용이 이 점을 이야기하자 주원장은 "사람마다 자기 뜻이 있을 테니 자기가 알아서 하게 놓아두라."고 했다. 풍국용은 주원장의 측근 대장이었지만 주원장은 그에게조차 자신의 속내를 말하지 않고 입을 막았다.

풍국용과 주원장의 예상대로 진야선은 떠난 지 며칠 지나지 않아 사람을 보내 금릉은 오른쪽으로는 큰 강이 있고 왼쪽으로 높은 언덕이 있어 공격하기가 쉽지 않다면서 먼저 남쪽 율양溧陽과 동쪽 진강鎭江을 먼저 공격하여 빼앗는 것이 낫겠다고 건의했다. 그리고 이렇게 금릉으로 통하는 원나라 군대의 물자 수송로를 끊으면 금릉은 싸우지 않고도 함락시킬 수 있다고 덧붙였다.

이는 진야선의 군대 동원을 늦추는 자연스러운 계책으로 주원장을 위해 금릉을 공격하고 싶지 않다는 것이었다. 주원장은 편지를 보고 웃으면서 다른 조치를 취하지 않고 다만 막료 이선장에게 다음과 같은 내용의 답장을 써서 보내게 했다. 현재 이미 상해를 차지하여 금릉의 목구멍을 막았다. 장강은 더 이상 금릉 공략의 장애가 될 수 없다. 진야선은 완전한 승리를 거둘 수 있는 계책을 버리고 돌아가자는 것일 뿐이다. 이 편지는 실제로 진야선에게 너의 반대 의견은 이미 간파했으니 마음을 돌리라고 촉구하는 것이었다.

이에 이르러 모든 안배의 실마리가 잡혔다. 주원장은 장천우에게 척주로 가서 곽천서를 맞이하여 금릉을 공격하라고 명령했다. 곽천서는 주원장의 의도를 의심했다. 주원장이 당시 태평과 채석을 점령함으로써 금릉 진공에 대한 유리한 형세를 조성하여 자신이 취할 수 있음에도 다른 사람이 와서 취하라는 것이 자못 의심스러웠기 때문이다. 장천우는 곽천서의 외삼촌이었기 때문에 당연히 성심껏 곽천서를 도울 것이다. 여기서 장천우는 진야선의 군대가 금릉성 밖에 와 있으니 자신이 양쪽에서 금릉을 공격하여 함락시킨 다음 황제를 칭하고 북으로 중원을 도모할 수 있을 것으로 보았다.

이런 엄청난 유혹 앞에 장천서와 곽천서는 더 이상 생각할 것도 없다며 군대를 이끌고 동쪽으로 내려가 금릉의 코앞인 진회하秦淮河에 이르렀다. 그런데 바로 이때 원나라 어사대부 복수福壽의 군대와 맞닥뜨려 패하고 말았다. 게다가 패퇴하던 도중에 이번에는 진야선의 군대와 부딪혔다. 곽천서는 구원병이 온 줄 알고 기뻐하며 말을 달려갔다. 진야선은 그에게 창을 날렸고, 곽천서는 그 자리에서 죽었다. 한편 장천우도 복수의 군대에게 쫓기다가 전사했다. 곽천서의 부하들은 대부분 피살되었고, 패잔병들은 주원장이 있는 태평 쪽으로 도망쳤다. 그들은 자신들이 주원장에게 패한 과정을 울면서 호소했다.

이렇게 주원장은 병사 하나 움직이지 않고 곽천서와 장천우 두 장애물을 제거했다. 게다가 다른 사람에게 공을 세울 기회를 양보했다는 칭찬까지 듣고, 나아가 장천서의 군대까지 어부지리로 얻어 자기 세력을 크게 키웠다.

1356년 6월, 주원장은 금릉을 공략하여 응천부應天府로 이름을 바꾸고 막료 주승朱升의 건의를 받아들여 왕을 칭하지 않고 그냥 오국공吳國公으로 부르게 했다. 일찌감치 야심을 드러내 여러 사람의 공격을 자초할 필요가 없다고 판단했기 때문이다. 게다가 당시에는 주원장과 천하를 다투는 봉기군의 또 다른 우두머리 진우량陳友諒(1316-1363)이라는 가장 중요한 상대가 버티고 있었다.

진우량의 등장 역시 주원장과 비슷했다. 그는 어부 집안에서 출생하여 원나라말 대혼란기에 서수휘徐壽輝(?-1360)의 봉기군인 홍건군紅巾軍에 들어가 장수가 되었다. 1360년 6월, 진우량은 대군을 이끌고 동쪽으로 내려와 주원장의 군대를 공격하고 태평에 이르렀다. 때는 마침 장강의 물이 불어나 있었고 진우량은 거대한 함선을 태평성 아래까지 갖다 대고서 배의 방향을 조종하여 배꼬리의 높은 사다리를 이용하여 태평성으로 기어올랐다. 병사들은 용감하게 공격하여 일거에 태평성을 함락했다. 이로써 주원장이 당초 태평을 점령한 뒤 금릉에 위협을 가했듯이 이제 진우량이 태평을 점령하여 도리어 주원장의 금릉을 위협하는 상황이 되었다. 태평을 차지한 진우량은 바로 서수휘를 죽이고 자신이 황제가 되어 국호를 한漢, 수도를 강주江州로 정했다. 이어 진우량은 전체 군대를 조정하여 동쪽의 주원장이 있는 응천부를 탈취할 준비를 했다. 이 무렵 진우량은 강서와 호남과 호북 전체를 차지하여 한껏 기염을 토하고 있었다.

주원장은 이 상황을 심각하게 생각하여 여러 장수와 막료들을 소집하여 대책을 상의했다. 어떤 부하는 진우량의 기세를 도저히 당해낼 수 없으니 성을 나가 항복하자고 했고, 또 누구는 금릉을 버려 실력을 보존한 채 종산鐘山으로 들어가 형세의 변화를 살피며 기회를 엿보자고 했다. 이런 절체절명의 상황에서 그나마 다행인 것은 주원장이 석 달 전에 모셔 온, 제갈량과 버금가는 재능을 가졌다는 유기劉基(1311-1375)가 있었다는 것이다. 비상회의에서 뾰족한 대책이 나오지 않자 주원장은 크게 실망했다. 주원장은 마지막으로 유기를 불러 단독으로 계책을 물었다.

유기는 먼저, 또다시 투항과 도망을 주장하는 자들이 있으면 목을 자르라고 건의했다. 주원장은 이어 적을 격파할 수 있는 계책을 물었다. 그러나 유기는 구체적인 대책은 말하지 않고 그저 적을 물리칠 수 있는 전체적인 계획만 제출했다. 그는 순리에 따른 다음 움직이는 자가 승리한다는 이치와 뒤에 온 사람이 위를 차지한다는 보편적 규율로 주원장의 투지를 다독거렸다. 그러면서 이렇게 덧붙였다.

"적이 교만하니 더 깊이 들어올 때까지 기다리고 복병으로 대하면 쉬울 것입니다. 순리에 따른 다음 움직이는 자가 승리하고, 위세를 취해 적을 제압하여 왕업을 이루는 방법이 여기에 있습니다."

늦게 출발하여 상대를 제압한다는 '후발제인後發制人'의 원칙 아래 유기는 주원장과 함께 적을 깊숙이 유인하여 한데 몰아 섬멸하는 구체적인 책략을 연구하고 바로 실행에 들어갔다.

주원장은 부장 강무재康茂才를 불러 "두 적이 연합하여 달려오니 우리가 훨씬 더 위험해졌다. 먼저 진우량을 치면 동쪽의 장사성이 이를 듣고 겁을 먹을 텐데, 너에게 진우량으로 하여금 서둘러 우리를 공격하게 만들 방법이 있느냐?"고 물었다. 이에 강무재는 "저의 집에 문지기로 있는 늙은이가 전에 진우량 밑에서 일을 했다고 하니 그를 보내면 신우량도 믿을 것입니다."라고 답했다.

강무재는 문지기 노인에게 편지 한 통을 가지고 작은 배를 이용하여 진우량의 군중으로 곧장 가서 강무재가 내응하길 원한다고 전하게 했다. 진우량은 예상대로 노인의 말을 믿고는 크게 기뻐하며 "강공은 지금 어디 있소?"라고 물었다. 노인이 "지금 강동교를 지키고 있습니다."라고 대답했다. 진우량은 "어떤 다리요?"라고 재차 물었고, 노인은 "나무다리입니다."라고 대답했다.

진우량은 노인에게 적지 않은 돈을 상으로 내리면서 돌아가 이렇게 전하도록 했다. "내가 대군을 이끌고 바로 갈 테니 그곳에서 '강형'이란 암호로 서로 통하도록 하자." 문지기 노인은 돌아와 이런 상황을 보고했다. 주원장은 "이번에야말로 진우량이 우리 덫에 걸려들었구나."라며 바로 사람을 보내 나무다리를 헐고 쇠와 돌로 된 다리로 바꾸도록 했다. 다리는 하룻밤 만에 완공되었다.

주원장은 풍승馮勝과 상우춘常遇春에게 3만을 데리고 석회산石灰山 양옆쪽에 매복시키도록 명령했다. 서달徐達에게는 남문 밖에 군대를 주둔시키게 하고, 양경楊璟에게는 대승항大勝港에 병사를 주둔시키게 했다. 또 장덕승張德勝과 주호朱虎에게는 수군을 이끌고 용강관龍江關 밖으로 나가게 했고, 주원장 자신은 대군을 이끌고 노룡산盧龍山에 진을 쳤다. 깃발을 관장하는 자에게 황색 깃발을 산 오른쪽에, 붉은 깃발은 산 왼쪽에 숨겨놓게 했다. 주원장은 "적이 접근하는 것이 보이면 붉은 깃발을 들고, 북소리가 들리면 황색 깃발을 들어라. 황색 깃발이 오르면 사방 매복들은 일거에 공격을 가한다."고 명령했다.

이날 진우량은 대군을 몰고 동쪽으로 내려와 대승항에 도달했다. 그런데 대승항의 수로가 좁은 데다 양경의 군대를 만나 큰 강으로 물러날 수밖에 없었다. 진우량은 전함을 직접 강동교와 충돌시켜 다리를 부수고 길을 내려 했으나 노인이 일러준 정보와는 달리 다리가 나무가 아닌 쇠와 돌로 되어 있었다. 진우량은 놀라 당황하며 약속한 대로 '강형'이라는 암호를 연신 외쳤다. 아무런 답이 없었다. 진우량은 그제야 적의 계략에 걸려들었음을 알았다.

진우량은 수군을 천 명씩 나누어 용강龍江으로 진격하게 하고 먼저 부대 1만을 보내 강안으로 올라 목책을 세우게 하니 그 기세가 여간 맹렬한 것이 아니었다. 당시 날씨는 푹푹 찌고 있었는데 주원장은 틀림없이 비가 내릴 것으로 예상하여 각군에 서둘러 밥을 든든히 먹도록 명령을 내렸다. 이윽고 구름 한 점 없던 하늘에서 갑자기 서북풍이 불더니 장대 같은 비가 퍼붓기 시작했다.

왼편에서 붉은 깃발이 올랐다. 주원장의 군대가 용감하게 앞장서서 목책을 뽑았다. 진우량도 군대를 지휘하여 이를 다시 빼앗으려고 일대 접전이 벌어졌다. 그 순간 비가 그쳤다. 주원장은 북을 치게 했고, 북소리가 천지를 진동하자 황색 깃발이 올라갔다. 순간 사방에 매복해 있던 군사들이 뛰쳐나왔고, 서달의 군대도 때맞추어 참전했다. 수군 역시 함께 집중 공격을 퍼부으니 안팎으로 협공을 당한 진우량의 군대는 대패하여 도주했다.

강무재의 계책이 성공할 수 있었던 까닭은 그가 진우량 밑에서 일했던 문지기 노인의 힘을 빌렸기 때문이다. 여기에 문지기에게 알려준 정보, 즉 강동교가 나무다리라는 정보를 거짓 정보로 만드는 또 한 단계의 계책을 안배했다. 이 점이 돋보이는 대목이다. 강무재와 주원장은 진우량이 이 다리에 대해 물어볼 것을 예상했던 것이다.

강무재는 간첩을 제대로 선택했고, 주원장은 하룻밤 사이에 강동교를 나무다리에서 돌과 쇠의 다리로 바꾸는 절묘한 수순을 결합시켰다. 물론 여기에 노인에 대한 진우량의 섣부른 믿음과 경거망동이 겹쳐 강무재의 간첩계를 완벽하게 성공시켰다.

두 차례 잇달아 패하긴 했지만 진우량의 실력은 여전히 주원장에 비해 강했다. 진우량은 바로 주원장에 대한 반격에 나섰다.

이때 동남 지역을 차지하고 있던 장사성張士誠(1321-1367)이 한림아韓林兒가 주둔하고 있는 안풍安豐을 공격해 왔다. 주원장은 몸소 병사를 이끌고 한림아를 구원하러 나섰다. 유기가 장사성과 진우량이 이 틈에 금릉을 습격할 가능성이 있다며 극구 말렸지만 주원장은 듣지 않고 직접 안풍을 구원하고 돌아왔는데 진우량이 60만 대군으로 홍도洪都를 포위하여 공격하고 있다는 소식을 들었다. 진우량이 문제의 근본인 주원장의 둥지 금릉을 직접 공격하지 않고 남쪽으로 내려가 한쪽으로 치우쳐 있는 홍도를 공격한 것은 주원장에게는 천만다행이었다.

진우량은 왜 홍도를 공격했을까? 홍도는 원래 진우량이 강서 쪽 군사 요충지에 주둔하고 있을 때 홍도를 수비하던 부하 장수 호정서胡廷瑞가 주원장이 강주를 공격하자 성을 들고 항복했던 곳이다. 주원장은 조카 주문정朱文正 등을 보내 이곳을 지키게 했다. 진우량은 이런 묵은 원한 때문에 홍도를 수복하기 위해 전력을 다해 공격했던 것이다. 이 때문에 진우량은 금릉을 차지할 기회를 놓치는 큰 실수를 저지르고 말았다. 주원장이 안풍을 구원하러 나선 것보다 더 큰 실책이었다.

진우량은 갖은 방법으로 성을 공략했지만 주문정 등은 죽을힘을 다해 지켰고 공방은 석 달을 훌쩍 넘겼다. 주원장은 안풍에서 돌아와 홍도를 구원하러 나섰다. 진우량은 바로 철수하여 동쪽 파양호鄱陽湖 쪽으로 나가 주원장과 결전을 벌였다.

파양호 대전은 진우량과 주원장이 벌인 사생결단의 마지막 전쟁으로, 쌍방이 동원한 병력만 100만이 넘는 유사 이래 가장 치열하고 참혹한 수상 격전이었다.

주원장은 흰 돛대를 단 전함에서 작전을 지휘했다. 전투가 벌어진 이틀째 진우량의 부하 장수 장정변張定邊이 함선을 이끌고 곧장 주원장이 탄 배를 향해 돌진했다.

주원장은 피하던 도중 배가 수심이 얕은 곳에 걸려 장정변에게 포위당했다. 절체절명의 위기에서 주원장의 부하 장수 한충韓忠은 대신 죽겠다는 각오로 주원장과 옷을 바꿔 입고 뱃머리로 달려가 진우량의 이름을 크게 부르며 "너와 나 두 사람 때문에 숱한 생명이 희생당했다. 오늘 너의 위신을 세웠으니 살육은 이제 그만 멈추자."며 호수로 몸을 던졌다.

장정변과 부하들은 주원장이 호수에 빠져 죽었으니 전쟁은 끝났다고 생각했다. 이 때문에 투지가 느슨해졌고, 이 순간 주원장의 부하 상우춘이 적시에 달려와 주원장의 배를 구하는 한편 장정변에게 부상까지 입혔다.

사흘째 두 군대는 하루를 쉬었고, 전쟁은 닷새째로 접어들었다. 진우량은 며칠 별다른 전과를 올리지 못하자 장정변과 거듭 상의한 끝에 부분적인 외과수술 방식으로 주원장이 탄 배를 집중 공격하는, 즉 우두머리를 집중 공격하여 없앰으로써 나머지를 자연스럽게 제압하는 계책을 세웠다. 이 계책은 충분히 실행 가능했다. 그러나 간첩 활동에 능숙한 주원장이 이 사실을 사전에 알게 되었다. 역사서에는 기록이 없지만 진우량이 가장 믿는 좌우 금오장군 두 사람이 투항한 것으로 보아 이 두 사람이 이 작전을 누설했을 가능성이 크다.

닷새째 전투가 재개되었다. 그런데 이게 웬일인가? 주원장의 함선들이 모두 흰 돛대를 달고 있는 것이 아닌가? 그럼에도 진우량은 정오 무렵 주원장이 탄 배를 찾아내, 몰래 포를 조준했다. 상황이 심상치 않다고 본 유기가 급히 뛰어와 주원장에게 다른 배로 바꿔 타라고 고함을 쳤다. 주원장은 서둘러 옆에 있던 배로 옮겨 탔다. 순간 대포가 날아들었고 한 사람도 목숨을 건지지 못했다.

진우량은 주원장이 대포 공격으로 죽었다며 승리의 환호성을 올렸고 전군의 투지는 한순간 크게 흩어졌다. 그런데 죽은 줄 알았던 주원장이 다시 함선에 나타나자 진우량의 군대는 놀라 당황했다. 이 틈에 주원장의 병사들이 맹공을 퍼부어 진우량군을 대파했다.

이후 양쪽은 8월 중순까지 20일 넘게 대치했다. 주원장은 유기의 계책에 따라 파양호 입구를 막고 진우량의 식량로를 차단했다. 진우량은 서둘러 이를 돌파하려다가 화살에 눈을 맞았다. 화살은 눈을 뚫고 머리까지 관통했고 진우량은 그 자리에서 즉사했다.

파양호 대전에서 주원장은 두 번이나 죽을 고비를 넘겼다. 정말이지 절체절명의 위기에서 살아났다. 진우량은 줄곧 대포로 무장한 큰 배로 포위를 돌파했음에도 불구하고 우연히 날아든 화살에 맞고 전사했다. 숙명이란 이런 것인가.

우연 속에 필연이 존재한다. 진우량의 패배를 좀더 분석해보면 이렇다.

먼저 진우량은 나라를 세우고 황제를 자칭한 후, 군대를 쉬게 하고 백성들을 안정시키면서 힘을 기르지 않고 줄곧 싸움에만 나섰다. 이것이 가장 큰 실책이었다.

● 원나라 말기 전국 각지에서 군웅들이 들고 일어났다. 그중 미미한 존재에 지나지 않았던 주원장은 이 형세를 기가 막히게 꿰뚫어보고 하나하나 야금야금 자기 세력을 키웠다. 특히 이민족 정권인 원나라 군대와는 거의 싸우지 않고 봉기군의 허점을 파고드는 절묘한 계책을 주로 활용했다.

다음, 그는 부하들의 신뢰를 제대로 얻지 못했다. 중요한 고비 때마다 비밀이 새어 나가는 바람에 다 된 밥에 재를 뿌렸다. 포위를 돌파하다가 맞은 화살도 꼭 주원장 쪽에서 날아든 화살이라 확신할 수 없다. 어쩌면 그 부하가 몰래 쏜 독수일 수도 있다. 주원장의 부하가 주원장을 대신하여 죽은 경우와 크게 대비되는 일이 아닐 수 없다.

셋째, 좋은 모략을 운용해야 승리할 수 있었다. 진우량의 밑에는 이런 모략을 낼 수 있는 좋은 막료가 없었다. 유기와 같은 먼 곳을 내다볼 줄 아는 막료는 더더욱 없었다.

넷째, 진우량은 성 몇 개에 해당하는 넓은 지역을 차지하고 병력도 백만에 가까웠다. 그러나 그 스스로 평민 출신의 좁고 맹목적인 안목에서 벗어나지 못했다. 더욱이 죽기 아니면 살기 식으로 변두리 성을 공격하는 우를 범했다. 홍도가 원래 자기 것이라는 집착에 사로잡혀 기어코 되찾으려 한 어리석은 행보가 그것이다. 이런 것들이 그의 떠돌이 본성을 잘 보여준 사례였다. 진우량의 실패는 필연이었다. 어쨌거나 진우량은 사라졌고 주원장이 천하를 얻었다.

7.
정치 도박에서 대박을 낸 거상 여불위呂不韋

여불위(?-기원전 235)는 중국 역사상 그 유례를 찾아보기 힘든 상인 출신의 정치가였다. 그것도 한 나라를 쥐락펴락했던 거물 정치가였다. 그가 어떻게 이 엄청난 정치 도박에서 대박을 터뜨렸는지 그 경과와 결과 등을 상세히 살펴보고자 한다.[26]

전국시대 막바지인 기원전 239년 무렵, 서방의 강대국 진秦나라의 수도 함양성咸陽城 저잣거리 대문에 20만 자가 넘는 목간과 함께 이런 방이 걸렸다.

"이 책을 읽고 한 글자라도 빼거나 보탤 수 있는 사람이 있다면 천금을 주겠다."

사람들은 놀라지 않을 수 없었다. 20만 자에 이르는 엄청난 책도 책이려니와 거기에 걸린 상금 때문이었다. 도대체 누구의 책이며 어떤 책이길래, 또 얼마나 그 내용

---

26 이 부분은 역자가 쓴 같은 주제와 거의 비슷한 내용의 글이 있어 이것으로 대체한다.

에 자신이 있길래 한 글자라도 빼거나 보탠다면 천금을 상으로 주겠다고 할까. (여기서 '일자천금―字千金'이라는 유명한 고사성어가 탄생했다. 자신의 글이나 문장에 대한 큰 자부심을 비유한다. _옮긴이)

이 방대한 책의 편찬을 주도한 사람은 당시 진나라의 승상 여불위였다. 그는 3천에 이르는 자신의 문객들 중 뛰어난 학자들을 동원하여 이 책을 완성했고, 책의 이름은 자신의 성을 따서 『여씨춘추呂氏春秋』라 했다. 그는 자신이 편찬한 이 책에 엄청난 자부심을 가졌고, 그래서 한 글자를 빼거나 더하면 천금으로 주겠다고 큰소리를 친 것이다.

여불위는 상인으로 당시 가장 강했던 진나라의 승상이 되어 실권을 휘두른 인물이다. 상인 출신인 그가 진나라의 최고 권력자가 된 까닭은 탁월한 투자 안목 덕분이었다. 여불위는 한 사람에게 집중 투자하여 그 사람을 진나라의 왕으로 만들고, 자신은 진나라의 실권을 장악했다. 도대체 여불위는 누구에게 투자했으며 어떤 전략으로 투자를 성공으로 이끌었을까?

1) 상인의 안목

다음은 지금으로부터 2,200여 년 전에 있었던 아버지와 아들의 대화다.

아들: 아버지, 땅에다 농사를 지으면, 많이 남으면 얼마나 이윤이 남겠습니까?

아버지: 잘 하면 열 배쯤 되겠지.

아들: 보석 따위를 팔면 어떻겠습니까?

아버지: 100배쯤 남지 않겠니?

아들: 누군가를 왕으로 세우면요?

아버지: 그야 따질 수가 없지.

아버지의 마지막 대답과 함께 아들은 회심의 미소를 지었다. 전국시대 각국의 역사와 고사를 기록한 『전국책戰國策』에 실린 이 유명한 대화는 상인 출신으로 '일인 지하一人之下, 만인지상萬人之上'의 자리라는 재상에까지 오른 야심가 여불위와 그 아버지 사이에 오간 대화다. 당시 여불위는 사업차 조趙나라 수도 한단邯鄲을 찾았다가 우연히 진나라의 인질 자초子楚(처음 이름은 이인異人)를 발견한다. 자초의 신분을 확인한 순간 여불위는 엄청난 사업 구상이 떠올라, 집으로 돌아와 아버지에게 가르침을 청하면서 나눈 대화가 바로 위 이야기다. 여불위의 아버지 역시 상인이었던 것으로 추정된다.

여불위가 자초를 발견하고 어떤 원대한 계획을 세웠는지는 알 수 없다. 다만 그가 자초를 "미리 차지해둘 만한 기이한 물건"이란 뜻의 '기화가거奇貨可居'로 간주했다고 한다. 다시 말해 지금 사두거나 투자하면 언젠가는 큰돈이 되거나 큰 역할을 해낼 투자 대상으로 본 것이다. 여불위가 아버지와 나눈 대화는 결국 투자 대상을 고르는 자신의 안목과 구상을 재확인하는 절차였던 셈이다.

자초는 진나라 다음 왕위 계승자인 태자 안국군安國君의 20여 명에 이르는 아들들 중 하나로 진나라와 조나라의 인질 교환에 따라 조나라 수도 한단에 와 있었다. 아들들 중 자초의 서열은 중간 정도였고, 어머니는 하희夏姬로 안국군의 총애와는 거리가 먼 여자였다. 자초가 인질로 잡혀 있는 동안에도 진나라는 여러 차례 조나라를 침범했고, 이에 조왕은 몇 차례 자초를 죽이려 했지만 그때마다 간신히 죽음을 면했다. 자초는 엄연한 진나라 왕실의 핏줄이었음에도 이런저런 사정 때문에 조나라는 물론 자기 나라에서조차 외면당한 채 조나라 수도 한단을 여기저기 떠도는 신세로 전락해 있었다.

자초의 기본적인 내력을 확인한 여불위는 자초에게 투자하기로 결심했다. 여불위는 먼저 자초를 둘러싼 보다 상세한 정보를 수집하기 시작했다. 그 결과 투자를 담보할 만한 유력한 정보가 입수되었다. 다음 왕위 계승자인 태자 안국군, 즉 자초의 아버지가 가장 총애하는 초나라 출신의 태자비인 화양華陽부인에게 아들이 없다는 사실이 그것이었다. 여불위는 이 정보가 갖는 중요성을 직감했다. 화양부인이 장차 여불위의 천하경영에 어떤 역할을 어느 정도 하게 될지 그 누구도 상상하지 못했을 것이다. 여불위를 제외하고는….

2) 예지력과 치밀한 기획

자신의 안목과 상품의 가능성에 확신을 가진 이상 제대로 된 장사꾼이라면 구체적인 경영전략을 세우는 것이 당연하다. 전략을 세운 여불위는 자초를 찾았다. 다음은 두 사람의 대화다. (오늘날 대화체로 다소 바꾸었다.)

여불위: 내가 당신을 키워주겠소.

자초: 먼저 당신이 커야 내가 크지 않겠소?

여불위: 잘 모르시는군요. 저는 당신이 커짐에 따라 커진답니다.

자초는 여불위의 말뜻을 알아듣고는 자리를 권하여 밀담을 나누었다. 여불위는 안국군과 화양부인을 거론하며, 현재 안국군의 20여 명에 이르는 아들들 중 안국군이 후계자로 점찍은 사람은 없기 때문에 자초에게도 얼마든지 기회가 있다며 희망을 주었다. 뜻하지 않은 후원자를 만난 자초는 반신반의했지만 밑져야 본전이라는 생각에 계획이 성공하면 여불위와 진나라를 함께 나누겠노라 약속했다.

여불위는 차기 왕위 계승자인 안국군이 가장 총애하는 화양부인을 최대한 이용하는 전략에 따라 진나라의 수도 함양으로 향했다. 여불위는 그 전에 자초의 몸값을 올려놓는 작업에 들어갔다. 자초에게 500금에 이르는 활동비를 넉넉하게 제공하여 조나라의 유력한 인사들과 두루 교제하도록 했다. 조나라 수도 한단에 와 있는 국내외 주요 인사들이 자초의 존재감을 실제로 확인할 수 있게 하자는 의도였다. 그렇게 함으로써 자초란 이름이 여러 사람의 귀에 들어갈 수 있게 하려는 안배였다.

귀한 패물 등을 갖고 함양에 들어온 여불위는 화양부인을 직접 찾지 않고 사람을 넣어 화양부인의 언니를 먼저 찾았다. 화양부인의 언니를 만난 여불위는 진귀한 패물을 화양부인에게 전해줄 것을 부탁하며 자초의 근황을 알렸다. 그러면서 자초가 아버지 안국군과 화양부인을 늘 그리워하며 눈물을 흘린다며 인정에 호소했다. 그리고 현재 자초는 조나라의 유력자들은 물론 각 제후국들에서 온 빈객들과 두루 사귀며 명성을 높이고 있다는 근황까지 덧붙였다.

여불위는 화양부인의 언니에게 "미모로 (남자를) 섬기던 사람은 그 미모가 시들면 (남자의) 사랑도 시드는 법(이색사인자以色事人者, 색쇠이애이色衰而愛弛)"이라는 절묘한 언변으로 화양부인의 마음을 흔들어놓았다. 안국군의 사랑이 아직 건재한 지금 훗날을 위해 든든한 양자를 들이는 것이 필요하다는 말로 화양부인을 설득케 했다.

여불위는 화양부인의 또 다른 형제들을 찾아가 지금 당신이 누리고 있는 부귀영화는 결국 화양부인 덕분 아니겠냐, 그러니 화양부인이 안국군의 총애를 잃으면 당신들도 끝장이라는 협박조로 마음을 흔들었다. 그리고 화양부인에게 자식이 생겨 그가 안국군의 뒤를 이으면 당신들의 부귀영화도 계속될 것이니 화양부인이 자초를 양자로 삼을 수 있게 적극 나서라고 설득했다. 그 결과 화양부인의 형제들이 총출동하여 화양부인을 설득했다. 화양부인의 언니는 여불위의 패물과 말을 전했고, 화양부인은 전적으로 여불위의 말에 공감하지 않을 수 없었다.

화양부인은 안국군이 한가한 틈을 타 눈물을 흘리며 자식 없는 자신의 신세를 한탄하다가 자초 이야기를 꺼냈다. 화양부인을 총애하는 안국군인지라 자초를 양자로 삼겠다는 화양부인의 청을 들어주었고, 그 징표로 옥을 쪼개 한 쪽씩 나누어 가졌다. 징표를 받아든 화양부인은 기쁨과 동시에 양아들 자초를 어떻게 하면 귀국시킬 수 있을까 근심에 싸였다. 안국군과 화양부인은 여불위에게 자초를 잘 보살피라고 당부하는 한편 넉넉하게 물품까지 딸려 보냈다. 이로써 자초의 몸값은 더욱 올라갔다.

자초라는 상품을 알리기 위해 여불위는 직접 함양을 찾았지만 핵심 목표물인 화양부인을 직접 만나지는 않았다. 대신 화양부인의 언니를 중간에 넣었다. 이는 상인 여불위의 고도의 상술에 따른 수순이었다. 때로는 자신이 직접 물건을 갖고 가거나 소개하는 것보다 구매자가 믿을 수 있는 가까운 사람에게 물건 소개를 맡기는 쪽이 물건의 가치를 더 높이는 것은 물론, 그 물건에 대해 신비감을 갖게 만들 수 있다. 물건이 중간상인을 거치면서 값이 올라가는 것과 비슷한 이치라 하겠다. 더욱이 당시의 현실에서 상인이란 존재는 그다지 존중받는 신분이 아니었다. 여불위는 혹 있을지도 모르는 상인에 대한 선입견을 피해 가는 노련한 수도 함께 구사한 것이다.

첫 단계에 불과했지만 여불위가 구사한 상술 내지 전략의 핵심을 찬찬히 분석해 보면 놀랍기 그지없다. 그는 무엇보다 지금까지 찬밥 신세나 다름없던 자초, 그래서 죽일 가치조차 없던 자초라는 존재와 그의 현실을 180도 탈바꿈시키는 반전을 보여주었다. 즉, 자초가 진나라와 조나라의 편치 못한 관계에도 불구하고 여태까지 살아

남은 것은 그가 뛰어난 인재라는 사실을 증명하는 것이라는 식으로 바꾸어놓았던 것이다. 물론 여기에는 여불위의 부가 결정적으로 작용했다.

이렇게 해서 자초 한 사람의 문제와 관심사를 자초와 화양부인 두 사람의 문제로 확대시키는 데 성공했고, 이어 화양부인의 형제들, 나아가 안국군의 문제로까지 넓혔다. 화양부인은 안국군을 설득하면서 지금까지 자초에 대한 관심 부족을 과장함으로써 자초의 존재감을 더욱 부각시켰다. 자초는 진과 조 두 나라는 물론 제후국 전체가 주목하는 주요 인물로 떠올랐다.

3) 과단성과 기민함

화양부인을 이용하여 왕위 계승자인 안국군에게 자초라는 존재를 확실하게 각인시킨 것은 절반의 성공이나 마찬가지였다. 다음 수순은 현재의 왕인 소양왕昭襄王에게 자초라는 상품을 선보이고 눈도장을 받는 것이다. 그래야만 자초를 진나라로 귀국시킬 수 있는 가능성이 커지기 때문이다. 이 일은 말할 것도 없이 다음 왕위 계승자인 안국군이 맡게 되었다.

사실 이 일은 그다지 어려워 보이지 않았다. 그런데 뜻밖에 소양왕의 반응은 냉랭했다. 안국군은 낙담했다. 여불위 역시 실망하지 않을 수 없었다. 여불위는 이런 큰 거래는 최선을 다하는 투자가 필요할 뿐만 아니라 시간과 인내심이 필요하다고 보고, 새로운 상황이 출현한 만큼 전략과 수단의 변화를 꾀해야겠다고 판단했다.

안국군으로 안 된다면 누굴 내세워 소양왕을 설득하나? 여불위는 이번에도 여성을 선택했다. 다름 아닌 왕후였다. 화양부인 때와 마찬가지로 직접 왕후를 찾아가지 않고 중간에 사람을 넣었다. 여불위가 찾은 중개인은 왕후의 동생 양천군楊泉君이었다. 목적 또한 화양부인 때와 같았다. 한 사람의 일과 걱정거리를 다수의 일과 걱정거리로 바꾸고 확대시키는 것, 바로 그것이었다. 여불위는 양천군을 찾아가 단도직입으로 말했다. 두 사람의 대화를 들어보자.

여불위: 양천군께서는 죽을죄를 지으셨는데 알고 계십니까?

양천군: (멍한 표정을 지으며) 내가 죽을죄를 지었다니 무슨 말인가?

여불위: 양천군께서는 왕후의 동생으로 높은 자리에 넘치는 녹봉 그리고 구름같이 몰려 있는 미인들… 원 없이 누리고 계십니다. 그런데 태자 안국군께서는 정말 암담한 신세라 차마 눈 뜨고 볼 수 없을 지경입니다. 양천군께서는 대체 누구의 복을 누리고 계시며, 누구의 이익을 얻고 계시며, 누구의 권세에 의지하고 계시며, 누구의 돈을 쓰고 계시며, 누구의 권위로 뻐기고 다니십니까? 바로 지금 왕과 누이이신 왕후가 아닙니까? 모름지기 일이란 예측하면 성사되지만, 예측하지 못하면 쓸모없게 됩니다. 이는 아주 간단한 이치입니다. 지금 왕께서는 연로하십니다. 조만간 태자께서 왕이 되시면 양천군께서 지금처럼 하고 싶은 대로 하시도록 놔두시지 않을 겁니다, 절대! 하루 살기도 힘들 뿐만 아니라 자칫하면 목숨까지 걱정해야 할 겁니다.

양천군: (여불위의 말에 잔뜩 겁을 먹고는) 선생께서 제때 잘 이야기하셨소. 그럼 내가 어떻게 해야 하오?

여불위가 듣고 싶은 말이 바로 이것이었다. 여불위는 조나라에 인질로 가 있는 자초를 화양부인이 양아들로 삼은 사실과 안국군의 심경을 전했다. 그리고 지금 자초가 제후국들 사이에서 어떤 명성을 얻고 있는지 조나라 사람들은 다 알고 있는데 정작 진나라는 모르고 있는 것 같다면서, 훗날을 위해 소양왕 앞에서 자초에 대한 칭찬과 그의 귀국을 요청하라고 일렀다. 그 일이 성사되면 나라도 없이 떠돌던 자초에게 나라가 생기고, 자식 없던 안국군 부부에게 자식이 생기게 되니 모두가 양천군 당신에게 감사하게 될 것이며, 나아가 죽을 때까지 지금과 같은 복을 누리게 될 것이라고 못을 박았다.

여불위의 설득은 절묘했다. 어디 하나 흠잡을 곳 없이 치밀했다. 기득권에 안주하고 있던 양천군에게 가장 두려운 미래는 가진 것을 잃는 것이었다. 양천군에게는 선택의 여지가 없었다. 여불위는 이 점을 정확하게 간파했다. 장사꾼의 생명은 누구에게 물건을 팔아야 할지를 정확하게 아는 데 있다. 장사꾼 여불위의 탁월한 감각이 공략해야 할 상대를 정확하게 고른 것이다.

여불위의 협박성 설득에 넋이 나간 양천군은 누이인 태후에게 달려가 공작을 벌였고, 태후는 다시 소양왕에게 공작을 벌였다. 소양왕은 이번에도 별다른 반응을 보이지 않았지만 전보다는 훨씬 더 태도가 부드러워져 조나라 사신이 오면 자초의 귀국을 요구하겠다고 했다. 하지만 일이 여전히 어렵고 번거롭기는 마찬가지였다.

여불위는 소양왕에 대한 로비는 그 정도로 되었다고 판단하고, 목표를 조나라 왕으로 돌렸다. 이를 위해 여불위는 조왕 측근의 실세들에 대한 로비 활동을 펼치기로 했다. 또 한번 거금이 필요한 시점이었다. 이 순간 그간 여불위가 들인 공이 효과를 나타내기 시작했다. 여불위의 생각을 전해들은 안국군과 화양부인은 물론 왕후까지 나서 여불위의 로비 자금을 마련해주었다. 자초의 일이 이미 다수의 공동 관심사가 되었기 때문이다. 이들은 이제 자초의 미래에 따라 자신들의 이해관계도 달라질 수밖에 없는 관계로 확실하게 엮였다. 여불위는 이렇듯 한 사람의 관심사를 공동의 관심사로 만들었다. 그는 관계로 엮는 일에서는 타의 추종을 불허하는 고수였다.

4) 자신의 여자까지 투자하다

진나라와 조나라 조정에 대한 로비를 성공적으로 마친 여불위는 잠시 한가한 틈을 이용하여 자신의 상품을 재점검했다. 즉, 자초를 보다 확실하게 장악하기 위한 방법을 고민하기 시작한 것이다. 상인으로서 여불위의 예민한 후각은 단 한시도 쉬지 않고 작동하고 있었다. 그래서 "장사꾼치고 간사한 장사꾼, 즉 간상奸商 아닌 자가 없다."는 말이 나온 것은 아닐까? 이 말에는 정치에서 말하는 간신과는 달리 진짜 장사꾼의 면모를 반영하는 뉘앙스를 풍긴다. 간사하지 않은 장사꾼이라는 말은 셈이 흐리거나 적시에 거래를 성사시키는 능력이 부족하다는 감을 주기 때문이다.

여불위는 거상이었다. 자신이 세운 투자 전략과 전체 계획을 점검하면서 여불위는 이왕에 시작한 모험이라면 좀더 크게 해야겠다는 생각을 했다. 자기 상품의 함량을 높이고 이윤 획득을 위한 공간을 극대화하는 새로운 전략을 수립했다. 쉽게 말해 자초의 몸집을 더 불리되 여불위가 더욱더 쉽게 조종할 수 있게 만들자는 것이었다.

이를 위해 여불위는 놀랍게도 임신 상태에 있는 자신이 아끼는 첩 조희趙姬를 자초에게 넘기는 기상천외한 모험을 감행했다. 물론 자초가 여불위의 첩에게 눈독을 들인 탓이 크긴 했지만, 자기 씨를 잉태한 첩을 다른 남자에게 넘긴다는 것은 누가 봐도 인륜은 물론 일반 상식과도 크게 어긋나는 행동이 아닐 수 없었다. 여불위는 천하를 놓고 도박을 한 것이다! 조희의 배 안에 든 아이까지 고려한 어마어마한 도박이었다. 조희를 자초에게 보낸 이 투자는 결과적으로 엄청난 대박을 냈지만 동시에 여불위의 마지막 발목을 잡기도 했다. 이에 대해서는 마지막 부분에서 다시 언급하겠다.

마음에 두고 있던 조희를 얻은 자초의 심정이 어떠했을지는 짐작에 맡기겠다.

여불위의 보살핌을 받으며 그나마 겨우 한 나라의 공자로 행세하기 시작한 자초가 아리따운 여자까지 얻었으니 여불위야말로 정말이지 둘도 없는 은인이자 스승처럼 보였을 법하다. 자초는 여불위에게 모든 것을 다 줄 것처럼 감격해했다.

사초에게 간 조희는 한 달 뒤 자초에게 임신을 알렸고, 그로부터 1년 뒤 사내아이가 태어났다.(사실은 여불위의 아들) 이 사내아이가 누구던가. 바로 장차 진시황으로 불리게 될 그 아이 영정嬴政이다. 천하를 건 여불위의 도박 제2단계가 성공하는 순간이었다. 여불위는 이 아이가 자신에게 얼마나 큰 이익을 가져다줄지는 전혀 예상하지 못했다. 이 아이가 어떤 인물이 되고 여불위의 인생에 어떤 의미를 가질지는 더더욱 알 수 없었다. 지금 상황에서 이 아이는 만약을 위해 들어둔 보험과도 같은 존재일 뿐이었다. 지금 급한 것은 자초를 진나라로 귀국시키는 일이었다. 그리고 이 모든 일은 안국군이 왕좌에 올라야만 가시권에 들어오는 것이었다.

이 단계까지 여불위가 보여준 치밀한 전략과 실행력은 정말 감탄을 금치 못하게 한다. 가장 돋보이는 부분은 자초 한 사람의 관심사와 문제를 다수의 공동 관심사로 확대 심화시키면서 이들을 공동의 이해관계로 엮는 수법이었다. 그리고 그 사이사이에 절묘하게 중개인을 개입시켜 자초의 상품 가치를 교묘하게 키우는 수단도 대단했다. 즉, 자초를 화양부인과 연계시키기 위해 화양부인의 언니를 개입시켰고, 소양왕에게 자초의 존재를 알리기 위해 태후의 남동생인 양천군을 개입시킨 것이 그것이다. 여불위는 이들에게 자초의 미래에 따라 그들의 이해관계도 달라진다는 점을 확실하게 주입하여 자발적으로 자초와 여불위를 돕도록 만들었다. 이런 물샐틈없는 관계 엮기와 자초의 신변을 치장하는 데 성공했기에 천하를 건 도박을 감행할 수 있었던 것이다. 이런 점에서 여불위에게는 전국시대 유세가의 풍모가 함께 풍긴다.

5) 과감한 결단으로 위기를 돌파하다

세월은 빠르게 흘렀다. 영정이 벌써 세 살이 되었고, 천하를 건 여불위의 도박은 별다른 진전을 보지 못하고 있었다. 오히려 위기가 여기저기서 감지되었다. 진나라가 조나라에 대한 공세를 늦추지 않았기 때문에 자초의 신변이 더욱 불안해진 것이다. 자초가 죽는 날에는 모든 것이 허사다. 여기에 한껏 높아진 자초의 명성과 비중이 오히려 위험도를 높이고 있었다. 상품을 시장에 내보내기 전에 시장에 변화가 발생하고 있으니 여간 큰일이 아니었다. 여불위가 세운 전략 전체가 흔들릴 수 있는 위기 상황이었다.

여기서 여불위는 또 한번 모험을 결심한다. 거금을 들여 성을 지키는 조나라 장수를 매수하여 조나라를 탈출하기로 한 것이다. 여불위는 장사를 위해 조나라에 왔는데 진나라가 조나라를 공격하는 통에 신변이 불안해서 장사를 할 수 없으니 고향으로 돌아가게 해달라며 거액의 뇌물을 주고는, 자초를 자기를 수행하는 시종으로 분장시켜 조나라 수도 한단을 빠져나왔다. 뇌물을 먹은 장수는 별다른 의심 없이 여불위와 자초를 보내주었다.

여불위는 진나라 국경에 들어서자 국경을 지키고 있던 진나라 장수 왕흘王齕의 군영으로 가서 몸을 맡겼다. 왕흘은 어제 군영에 합류한 소양왕에게 여불위와 자초를 안내했다. 자초가 고국의 품에 안기는 순간이었다. 자초의 느닷없는 출현에 소양왕은 다소 당황했지만 반갑게 자초를 맞이하고 수레를 마련하여 함양으로 보냈다.

자초가 마침내 귀국했다. 천하의 '기화' 자초의 등장으로 시장은 요동쳤다. 여불위는 먼저 자초에게 초나라 복장을 입혀 화양부인을 만나게 했다. 초나라 출신인 화양부인의 심기를 고려한 세심한 안배였다. (초나라 아들이란 뜻의 자초란 이름도 실은 여불위가 바꿔준 이름이었다. 자초의 본래 이름은 이인異人이었다.) 고향의 복장을 하고 나타난 자초를 본 화양부인은 격한 감정을 참지 못하고 "내 아들아!"를 외쳤다. 화양부인이 자초를 아들이라고 부른 순간이 바로 '기화' 자초가 팔리는 순간이었고, 여불위의 투자가 엄청난 수익을 낸다는 신호이기도 했다. 그리고 그 수익은 앞으로 여불위가 회수할 총이윤의 첫 자리에 불과했다.

기원전 251년 가을, 연로한 소양왕이 세상을 떠나고 안국군이 뒤를 이었다. 이가 효문왕孝文王이다. 화양부인은 왕후가 되었고, 자초는 태자로 책봉되었다. 상황이 이렇게 되자 조나라는 한단에 남아 있던 조희와 영정(진시황)을 돌려보냈다. 가족이 모두 함양에서 상봉했고, 자초는 평생에 가장 행복한 시간을 누렸다.

그런데 일이 어떻게 되려는지 효문왕이 소양왕의 상을 마치기도 전에 갑자기 세상을 뜨는 돌발상황이 터졌다. 이 사건에 대해서는 여불위가 독살했다는 등 역대로 말들이 많았지만, 결과적으로 여불위는 투자에 대한 수익을 앞당겨 회수할 수 있게 되었다. 자초가 즉위하니 바로 장양왕莊襄王이다. 이 기가 막힌 현실 앞에 자초는 자신의 눈을 의심할 수밖에 없었다. 타향에서 거지꼴로 전전하던 자신이 불과 몇 년 만에 초강국 진나라의 국왕이 되다니!

여불위는 승상이 되어 문신후文信侯에 봉해졌다. 낙양 땅 10만 호가 봉지로 따라왔다. 도박이 대박이 났다. 일생 최대의 투자가 계산이 불가능할 정도로 엄청난 수익을 거두는 순간이었다. 여불위의 사업은 더 이상 따질 필요도 없고 따질 수도 없는 지경으로 커져버렸다. 여기에 장양왕 자초가 3년 만에 죽고 조희의 배 속에 들어 있던 여불위 자신의 씨 영정이 13살의 나이로 왕이 된 것은 덤이었다.

6) 투자의 성공은 전략적 안목이 결정한다

장사꾼이 상술을 운용하여 정치 경영에 나선 것 자체부터가 여불위가 보통 상인이 아니었음을 말해준다. 여불위는 천하를 상대로 도박을 감행하여 대성공을 거두는 전무후무한 사례를 남겼다. 이 과정에서 그는 천부적인 상인의 감각을 비롯하여 안목, 수단 그리고 지혜를 종합적으로 보여주었다. 투자의 대상을 고를 줄 알았고, 투자 시기도 정확하게 예측했다. 변수가 발생하면 문제의 핵심이 어디에 있는지를 고려하여 제2, 제3의 투자 대상도 정확하게 골랐다. 만약을 위한 대비책에도 소홀하지 않았으며, 위기 때는 과감하게 돌파했다. 이 모든 것이 철저한 준비의 결과였고, 그 준비의 원천은 여불위의 남다른 안목이었음은 말할 것도 없다. 위기는 준비된 사람에게는 기회로 전환되어 성공을 앞당기는 원동력으로 작용하며, 행운도 준비된 사람만이 감지할 수 있다. 천하를 건 여불위의 전략은 안목과 준비에서 판가름이 난 것이다.

여불위의 투자는 초강국의 승상이란 벼슬과 문신후라는 작위 그리고 낙양 10만 호라는 어마어마한 이윤을 남겼다. 그리고 진시황이 성인이 될 때까지 여불위는 자기 휘하에 기라성 같은 인재들 3천을 거느리며 약 10년 동안 천하를 주물렀다. 이는 사실 덤이었다. 하지만 그 덤이란 것이 다른 것이 아닌 천하 경영이었고, 여불위는 진시황이 성인이 될 때까지 천하를 잘 경영하는 수완을 보여주었다.

어쩌면 여불위는 여기까지 예측하고 자초에게 투자했는지 모른다. 또한 자신의 안목과 경영술이 어디까지 적용 가능한지 스스로를 시험해보고 싶었는지 모른다. 누군가를 왕으로 세우면 얼마나 이익이 남겠냐고 아버지에게 물었을 때부터 그는 이 큰 그림을 그리고 있었던 것은 아닐까. 요컨대 여불위의 뛰어난 전략적 안목이 천하 경영이라는 큰 그림을 가능케 했다는 말이다. 이런 점에서 여불위의 투자와 성공 사례는 오늘날 경제경영에 그 나름 영감을 선사할 수 있지 않을까.

7) 여운

지금까지의 분석에서 보았다시피 여불위의 투자는 어마어마한 성공이었다. 그러나 여불위의 최후는 그 투자의 성공에 비하면 비참했다. 진왕(진시황)이 22세 때 직접 정치에 간여하면서 여불위는 2선으로 밀려났고, 진시황 나이 25세 때 촉으로 유배 가던 중 진왕의 편지를 받고는 독약을 먹고 자결했다. 그때가 기원전 235년이었다.

여불위는 왜 자살했는가? 여불위의 몰락은 무엇 때문이었나? 그 원인을 따지고 올라가면 뜻밖에 한 여인이 등장한다. 진시황의 생모이자 여불위의 첩이었던 조희가 그 주인공이다. 진시황이 왕으로 즉위한 것은 13세 때였다. 아버지 자초가 즉위 불과 3년 만에 죽었기 때문이었다. 이로써 천하 권력은 여불위에게로 넘어갔다. 그리고 당시 궁중의 어른은 젊은 과부 진시황의 생모인 조태후였다.

젊은 궁중 어른이자 과부 조태후는 욕정을 참지 못해 과거 자신의 주인이었던 승상 여불위를 침실로 끌어들여 부적절한 관계를 가졌다. 정치적 부담을 느낀 여불위는 조태후의 욕정을 채워주기 위해 정력 넘치는 노애嫪毐라는 자를 태후에게 보냈다. 태후와 노애는 눈이 맞아 아들을 둘이나 낳았다. 진시황이 성인식을 치르고 정치를 돌보기 시작하자 태후와 노애는 자신들의 아들을 왕으로 세우기 위해 반란을 일으켰다. 진시황은 이들의 반란을 신속하고 잔인하게 진압했다. 이때까지만 해도 여불위의 권력은 여전했다.

그러나 점차 권력을 회수하기 시작한 진시황은 노애의 반란에 빌미를 제공한 여불위를 그냥 두지 않았고, 결국 촉으로의 유배를 명령했다. 도중에 진시황은 여불위에게 당신이 진나라에 무슨 공을 세웠길래 그 많은 권력과 부를 누리고 있으며, 또 당신이 진나라 왕실과 무슨 혈연관계이길래 내가 당신을 큰아버지라 불러야 하냐며 여불위의 존재 자체를 부정하는 편지를 보냈다. 여불위는 더 이상 살아날 가망이 없다고 판단하고 독약을 마셨던 것이다.

여불위의 전략은 누가 뭐라 해도 치밀하기 짝이 없었다. 그 많은 변수를 일일이 점검하고 고려했지만 정작 자초에게 투자하기 위해 주었던 자신의 첩, 즉 조희가 변수로 작용하리라고는 전혀 예상치 못했던 것 같다. 의외의 변수이자 복선이 다름 아닌 조희였던 것이다. 여불위의 투자와 전략의 결과가 남기는 묘한 여운이다. 안목이 뛰어난 경영자라면 이런 변수까지 염두에 두어야 할까? 이래저래 여불위의 사례는 많은 것을 생각하게 만든다.

8) 정리

정치 투기에서 여불위는 확실히 성공을 거두었다. 이 거래에서 그가 거둔 이익은 숫자로는 헤아릴 수 없을 정도였다. 그 자신도 멸시받는 장사꾼에서 빛나는 재상이 되었고 심지어 왕권을 뛰어넘는 권력을 행사했다. 그는 상인으로서 정치에 뛰어든 중국 역사상 거의 사례가 없는 기록을 남기고 있다. 자신의 목적을 달성하기 위해 그는 노력했고 싸웠다. 이 과정에서 보여준 노력은 객관적으로 보아 진나라의 부강과 천하통일이라는 대업 내지 역사와 문화에도 좋은 성과를 남겼다. 그러나 그의 주관적 동기는 거액의 영리와 개인의 영광을 위해서였다. 바로 이 불순한 동기 때문에 그는 친아들 진왕 정(진시황)과의 힘겨루기에서 패했다. 진왕 정은 이로써 권력을 한 손에 넣고 웅대한 꿈을 펼칠 수 있었다. 여불위는 이렇게 막강하고 영민한 진시황의 밑그림이 되었다.

8.
때를 기다렸다 돌변한 고양高洋의 대업

"용이 똬리를 틀고 있고, 호랑이가 누워 있다."는 속어가 있다. 이 말의 실질적인 뜻은 봉건 전제제도가 인재를 억압하고 개성을 말살하는 것에 대한 불만의 비유이다. 이런 사회 분위기에서 일부 지혜로운 인재들은 자신을 숨긴 채 때를 기다렸다가 움직인다. 북제北齊 왕조를 세운 고양(526-559)도 이런 사람이었다. 마치 시인 이백이 「양보음梁甫吟」이란 시에서 "뛰어난 인재의 변신은 어리석은 사람은 헤아릴 수 없으니 그때는 그저 보통 사람처럼 보였으리라."고 한 것처럼.

고양은 그의 큰형 고징高澄이 피살당하는 등 형세가 극도로 복잡한 상황에서 그 재능을 드러낸 인물이다. 북주北周 정권의 기틀은 고환高歡이 닦았다. 고환은 하육혼賀六渾이란 또 다른 이름을 가진 동위東魏의 대신이었으나 이주영爾朱榮의 잔당을 진압하는 과정에서 동위의 실권을 쥐고 16년 동안 조정을 쥐락펴락했다. 고환이 죽은 뒤 큰아들 고징이 뒤를 이었다. 고징은 인성이 독하고 각박한 자라 위아래가 없었다. 고양은 18세 때 이미 고징의 자리를 위협할 정도가 되었다. 만약 고양이 자신의 뛰어난 재능을 밖으로 드러냈다면 틀림없이 형의 의심과 시기를 사서 경계의 대상이 되었거나 고징 부하나 막료들의 주목을 받았을 것이다. 그랬더라면 해코지를 당하거나 심하면 죽임을 당했을 것이다.

고양은 마음 씀씀이가 여간 아니어서 일을 만나면 분명하게 판단하고 식견 또한 남달랐다. 어렸을 때 아버지 고환이 아들들의 재능과 그릇을 시험해보려고 엉킨 실타래를 주며 풀어보라고 하자 고양만 칼을 꺼내 잘라버리면서 "얽힌 것은 잘라야 합니다."라고 했고, 고환은 고개를 끄덕였다고 한다. 이 일로 고양은 고환의 눈에 들었고, 고환은 그를 아꼈다. 고환이 죽자 고징이 뒤를 이어 발해渤海 문양왕文襄王이 되었다. 당시 고양은 이미 성인이 되었기 때문에 고징은 은밀히 동생을 경계했다. 고양은 자신을 깊이 감춘 채 되도록 말을 하지 않으면서 늘 뒤로 물러났다. 그러나 고징의 말이라면 따르지 않는 것이 없었다. 다른 사람이 보기에 고양은 나약하고 무능했고, 이 때문에 고징도 그를 깔보며 사람들에게 "이런 사람도 부귀를 누릴 수 있다니 관상 책에는 어떻게 해석할까?"라고 비꼬았다.

고양의 아내 이씨는 미모가 뛰어났는데 고양이 아내를 위해 보기 좋은 옷이나 머리 장식 등을 사면 고징은 바로 사람을 보내 그것을 내놓으라고 했다. 이씨가 화가 나서 주지 않으려 하면 고양은 "이런 것들은 어렵지 않게 구할 수 있소. 형님이 달라는데 어떻게 거절하겠소."라며 달랬다. 고징은 미안했던지 빼앗아가지 않는 경우도 있었다고 한다. 때로는 고징이 고양의 집에 이런저런 물건을 보내기도 했고, 고양은 진심에서 우러나는 정을 표시하는 등 두 형제의 사이는 아주 좋았다.

고양은 조정에서 퇴근하여 집에 돌아오면 차분히 앉아 아내에게 거의 말을 하지 않았으며, 어떤 때는 하루 종일 한마디도 하지 않았다. 한번은 맨발로 마구 뛰어다니는 일이 있어 아내 이씨가 의아해하며 까닭을 물었다. 고양은 웃으며 "별일 아니오. 당신도 한번 해보시오."라고 했다. 그가 하루 종일 말을 하지 않은 까닭은 사실 실언

할까 겁이 났기 때문이다. 이렇게 아내와 맨발로 뛰어노는 사람에게 무슨 큰 뜻이 있겠는가. 고양은 이런 식으로 자신에 대한 정적의 경계심을 풀어놓았다. 이는 마치 유비가 채소밭에서 보였던 처신과 비슷했으며, 맨발로 뛰어다닌 것은 체력을 단련하고 의지를 연마하여 언젠가 뜻하지 않은 일이 발생하면 바로 적응할 수 있게 하려는 것이었다. 마치 동진의 명장 도간陶侃이 평소 벽돌을 운반하며 심신을 단련한 것과 비슷했다.

고양의 이런 행동은 효과를 거두었다. 고양은 이처럼 자신을 잘 감추었던 인물이었고, 이 때문에 고징과 그의 문무대신들은 고양을 좀 모자라는 사람이라 판단하여 전혀 눈여겨보지 않았다.

동위 무정武定 7년인 549년 8월, 고징이 몇몇 사람과 은밀히 쿠데타를 일으켜 자립하려다가 궁중 음식을 책임지고 있는 난경蘭京에게 죽임을 당하는 뜻밖의 일이 터졌다. 중요한 모사 진원강陳元康은 고징을 지키려다 내장이 모두 튀어나오는 중상을 당했다. 일이 너무 갑자기 벌어졌기 때문에 고씨 집안은 놀라움과 두려움에 어찌할 바를 몰랐다. 고양도 형님이 피살당했다는 소식을 들었다. 그는 조금도 동요하거나 당황하지 않았다. 즉시 동원할 수 있는 집안의 무장 인원들을 모아 일사분란에게 일을 분담시키고 적을 치러 나섰다.

난경 등은 얼떨결에 고징을 죽이긴 했지만 준비도 없고 정치적 목적도 없는 오합지졸이어서 고양의 일격을 견디지 못하고 순식간에 모조리 잡혀 죽었다. 고양은 그 시신들을 갈기갈기 찢어 형의 죽음에 대한 분풀이를 했다. 이어 형 고징의 집에다 본부를 차리고 안팎으로 친분이 있는 사람들을 모아 요리사 놈이 반란을 일으켜 대장군(고징)이 부상을 당했으나 그리 중하지 않다며 고징의 죽음을 숨긴 채 발표했다. 그리고 어떤 소식도 새어나가지 않도록 단단히 단속을 해두었다.

고양의 이 발표에 사람들은 대경실색했다. 또 하나, 지금까지 어리석은 줄로만 알았던 고양이 이 중대한 시기에 이렇게 침착하게 대응하는 것에 더 크게 놀랐다. 그날 밤, 중상을 입은 진원강이 사망했다. 고양은 몰래 뒤뜰 한갓진 곳에다 구덩이를 파게 해서 묻었다. 그러고는 거짓으로 진원강은 중서령을 받고는 황제의 명에 따라 외지로 나갔다고 발표했다.

이렇게 고양은 대권을 움켜쥐었고, 고환의 부하 장수들은 한마음으로 고씨 집안을 지키겠노라 맹서했다. 이들은 고징이 죽은 줄 모르고 있었고, 진원강이 죽은 사실은 더더욱 몰랐다. 사태는 진정되었고, 고양은 고징의 집과 업도鄴都에 있는 무장 세력을 직접 통제하게 되었다.

그날 밤, 고양은 대장군 당옹唐邕을 불러 군대의 부서들을 나누어 신속하게 중요한 부처를 통제하고 사방을 안정시키게 했다. 당옹은 바로 물샐틈없이 부서들을 나누었다. 고징의 장수들과 관리들은 고양의 과감한 일 처리와 인원 배치에 감탄하지 않을 수 없었고, 자연스럽게 그를 보좌하기에 이르렀다.

고징이 죽었다는 소식이 서서히 동위 황제 효정제孝靜帝의 귀에 들어갔다. 효정제는 속으로 몹시 기뻐하며 좌우 측근들에게 "대장군이 죽은 것은 하늘의 뜻 같소. 권세가 이제 다시 황실로 돌아와야 하지 않겠소."라고 했다. 고양의 측근들은 중요한 군대가 모두 진양晉陽에 있다며 고양에게 빨리 진양으로 가서 고환과 고징의 무장 역량을 접수해야만 마음을 놓을 수 있다고 권했다. 고양은 일리가 있다고 판단하여 먼저 심복을 안배하여 업도의 전체 상황을 통제하게 했다.

고양은 입조하여 황제를 만났다. 8명의 무장한 병사를 대동하고 소양전昭陽殿으로 들어섰고, 그와 함께 계단을 오르는 사람은 200명이 넘었다. 모두 무장한 상태로 마치 적을 대하는 모양새였다. 이를 본 효정제는 두려움에 떨었다. 고양은 가볍게 두 번 목례만 하고는 효정제에게 "신의 집안에 일이 있어 진양으로 가야 할 것 같습니다."라고 말했다. 그러고는 따르는 호위들과 함께 대전을 떴다. 효정제는 "서로 포용할 수 있는 사람이 아니다. 내가 언제 죽을지 모르겠구나."라며 몸을 떨었다.

진양에 주둔하고 있는 노장들은 지금까지 고양을 얕보아왔고 당시 고징이 죽은 사실을 아직 모르고 있었다. 고양은 진양에 도착하자마자 바로 문무 관원 전원을 소집하여 회의를 열었다. 회의에서 고양은 조리 있고 침착하게 그리고 정확하게 상황을 분석하면서 분위기를 주도했다. 지난날의 고양이 아닌 완전 다른 사람이었다. 문무대신들은 놀라 눈을 씻고 다시 고양을 보면서 그를 추대해야겠다는 쪽으로 마음이 기울었다. 모든 일이 정돈되자 고양은 업도로 돌아와 고징의 죽음을 발표했다.

고양은 자신의 진면목을 감춘 채 진퇴를 잘 헤아렸다. 평소에는 자신을 낮추며 형과 잘 지냈다. 그러나 평안할 때 위기를 생각하라고 했듯이 한시도 자신을 단련하길 게을리하지 않으면서 시국의 변화를 예의주시했다. 아울러 인재들의 움직임을 잘 살폈다. 그는 확실히 자신의 실력을 제대로 감출 줄 아는 사람이었다. 고징이 죽었을 때도 전혀 당황하지 않았을 뿐만 아니라 죽음을 발표하지 않은 채 국면을 빠르게 통제했다. 진원강의 죽음도 비밀에 부친 채 거짓으로 그에게 중서령의 벼슬을 내렸고, 당옹의 건의도 바로 받아들였다. 사람을 알아보는 눈이 정확했음을 알 수 있다. 고징이 죽은 지 사흘 만에 그는 진양으로 달려가 과감하게 주도권을 잡고 고징의 모든 무장 세력을 통제했다. 반년 뒤인 550년 5월, 그는 동위의 효정제로부터 황제 자리를 양보받는 형식으로 정식으로 황제가 되고 북제 정권을 세웠다. 그의 나이 불과 25세였다.

● 북제의 개국 황제 고양에 대한 역사의 평가는 결코 좋지 않다. 다만 그가 정권을 잡는 과정에서 보여준 수단과 방법은 눈여겨볼 만하다.

제
6
편

사야師爺 나으리

막료의 변종變種

사야師爺,[27] 이들은 중국 막료 중에서도 아주 특수한 종류로 막료 중에서도 집단적 특징이 뚜렷하다. 청 왕조 때의 지방 관리는 위로 총독總督에서 아래로 지주知州, 지현知縣에 이르기까지 일반적으로 약간의 '사야'를 초빙하여 정무 처리를 돕게 했다. 통계에 따르면 당시 전국의 약 1,500개 주현에 총 1만에 가까운 '사야'가 있었다고 한다. 이 때문에 당시부터 "막료가 없으면 관아가 돌아가지 않는다."는 속어까지 나왔는데 여기서 말하는 막료가 바로 '사야'다. 이로부터 당시 '사야'가 얼마나 흘러넘쳤는가를 알 수 있다. '사야'는 중국 명·청시대 특수한 관료기구의 중요한 구성 부분이었다.

시기와 지역에 따라 사야는 막우幕友, 막빈幕賓, 빈객賓客, 막료幕僚, 빈사賓師, 서석西席, 막부명우幕府明友 등 여러 이름으로 불렸다. 막우, 막빈, 빈객 등은 청나라 법률

---

27 '사야'는 우리말의 '나으리' '어르신' 정도에 해당하는 단어로 막료 부류의 하나이자 가장 독특한 성격을 가진 부류라 할 수 있다. 이 때문에 막료의 변종이라고도 한다. 대부분 명·청 시기에 나타났다. 특수 용어로서 '사야'를 그대로 쓰기로 한다.

문서에 기록으로 남아 있다. 사야는 속칭이긴 하지만 사회적으로 널리 인정하는 호칭이고, 다른 호칭들은 그다지 통용되지 않았다.

　이상 호칭으로 볼 때 사야의 지위는 관부에서 아주 높았다. 사師, 빈賓, 석席과 같은 글자로 보아 사야와 고위직 관리의 관계는 주인과 손님 관계였다. 고위직 관리는 사야를 손님, 친구, 스승으로 존중했다. 즉, 충분히 예를 갖추지 않으면 안 되는 관계였다. 사야라는 통속적 호칭도 여간 흥미롭지 않다. 중국은 역대로 스승을 존중하는 전통이 있고, 스승 '사師'라는 글자는 그런 점에서 의미심장하다. 물론 사야라는 호칭을 사용할 필요가 없는 일반 백성들에게 사야라는 호칭은 경멸과 조롱의 뜻을 갖는다. 평소 주인과 손님이 만날 때처럼 관리와 사야는 깍듯한 예로 서로의 안부를 물었지만 사야가 먼저 관리의 부하나 노복처럼 인사를 올릴 필요는 없었다. 명절이나 잔치 또는 관리가 베푸는 연회가 있으면 사야는 주관자에 의해 상석에 모셔졌고, 준비된 좋은 술과 음식으로 대접받았다. 평소 사야에게 무슨 곤란한 일이 생긴 것을 관리가 알게 되면 있는 힘을 다해 해결해주었다.

1.
사야의 작용

그렇다면 사야는 왜 이렇게 존중을 받았나?

사야라는 집단의 존재와 발전은 봉건 관료정치의 변화와 밀접한 관련이 있다. 정부기구는 '관료官僚' 기구로 불렸다. 이는 글자 그대로 '관'과 '료'가 결합되어 이루어진 기구를 말한다. '관'은 '료'와 떨어질 수 없고, '료' 역시 '관'과 떨어질 수 없다. 법치法治보다 인치人治 전통이 훨씬 강했던 중국의 각급 정부기구에는 명확한 분업이 없었다. 성과 현의 최고 장관은 자기 관할구역의 행정을 비롯하여 재정과 사법 등 모든 권력을 쥐고 있었다. 따라서 이치로 보면 모든 사무를 장관 본인이 직접 처리해야 했다. 이는 누가 보아도 비현실적이었고, 당연히 누군가 와서 이 일들을 도와야 했다. 그러나 그 행정기구와 관련한 제도에는 이들 사야라는 자리에 대한 명확한 규정이 없었다. 당연히 이들을 초빙하여 공개적으로 관료체계 안에 넣을 수 없었다. 그렇다면 사야를 초빙하여 기용하는 데 드는 비용 또한 관에서 지출할 수 없고 관리가 내야 했다. 그렇다고 이 비용이 관료 본인의 손에서 나오는 것도 아니었다. 공금으로 지출하거나 떳떳하지 못한 수단으로 메우는 수밖에 없었다.

한편으로 관료 조직 안의 알력軋轢과 보수報酬도 사야라는 존재의 필요조건이었다. 사야의 건의와 계책이 왕왕 관리 본인의 승진이나 영욕과 관계되었기 때문이다. 이렇게 볼 때 사야는 조직 안에는 없었지만 조직의 알맹이였다.

다음으로, 사야들 사이에 스승과 제자의 관계와 동향 출신이란 관계가 존재했다. 이 관계는 흔히 서로의 관계를 통하여 전국적으로 거대한 막료 네트워크를 형성했다. 이 때문에 막주로서 관리들은 함부로 사야를 건드릴 수 없었지만, 한편으로는 사야의 이런 네트워크를 이용할 수 있었다.

사야가 번성했을 때 일반적으로 막주들은 사야를 한 사람만 초빙하지 않았다. 복수의 사야를 모셔 사무를 분장했다. 이 때문에 분업이 아주 명확했다. 일반적으로 종사하는 사무에 따라 사야는 사법을 다루는 형명刑名 사야, 세금과 관련한 일을 담당하는 전곡錢穀 사야, 문서 기록과 등기 등을 담당하는 괘호掛號 사야, 돈과 곡식의 징수를 담당하는 징비徵比 사야, 공문서를 담당하는 서계書啓 사야, 장부를 담당하는 장방帳房 사야, 사야들의 녹봉과 각종 지출을 담당하는 지객知客 사야 등등이 있었다. 고급 관료들의 관청에는 이 밖에도 군사와 문화 방면의 사무를 처리하는 사야도 필요했다. 그래서 융막戎幕 사야, 열권閱卷 사야, 저서著書 사야 등등이 나타났다.

이상 다양한 사야들 중에서도 형명 사야와 전곡 사야가 가장 중요했다. 형명 사야는 사법과 소송 업무를 처리했다. 형명은 사법과 관련한 거의 모든 일을 담당했고, 줄여서 형명 또는 형석刑席이라고 불렀다. 사법과 관련한 주요 업무는 살인, 절도, 치정, 투기, 뇌물, 사기 등과 관련한 소송과 재판 전 과정을 포함한다. 사야는 이 업무 전반을 다루면서 막주의 처리를 돕기도 하고 때로는 독자적으로 처리하기까지 했다. 이 때문에 막주는 때때로 꼭두각시처럼 재판장에 앉아 방망이만 두드리며 사야의 뜻에 따라 일을 처리했다.

● '사야'는 중국 봉건사회 관료조직의 변종으로서 중국 특유의 인치 시스템을 반영하고 있다. 사진은 재판을 하는 관리(오른쪽)와 그를 돕는 사야(왼쪽)의 드라마 속 모습이다.

형명 사야는 실제 사법권을 장악할 수 있는, 말하자면 국가 법치기관의 직접적인 폭력기구의 실제 조종자였기 때문에 살리고 죽이는 권력을 갖게 되었고, 따라서 형명 사야의 지위는 모든 사야들 중에서도 가장 높았다.

전곡 사야는 호적, 혼인, 토지, 세금 등의 사무를 담당했다. 줄여서 전막錢幕, 전량錢糧 등으로 불렸다. 호적에 따라 징집하고, 세금으로서 돈과 양식을 징수하고, 세금을 감면하고, 토지매매를 승인하고, 수리사업을 일으키고, 창고와 재난구제 등을 비롯하여 재정과 민정사무를 총괄했다. 나아가 이 업무의 조직과 실시 및 관련 공문의 초안까지 책임졌기 때문에 그 역할이 대단히 중요했다. 실제로 전곡 사야는 현대 국가기구의 재정 기능에 상당하기 때문에 그 지위는 당연히 중요했다.

1) 정무 처리의 보좌

사야들이 정치와 정무를 보좌하는 기풍이 형성되기까지는 복잡한 역사적 배경이 있다. 대체적으로 말해 우선은 기층인 지방의 정부기구가 정무를 집행할 필요성 때문이었다. 고대 중국의 정부기구는 기괴한 추세를 보이며 변화해왔다. 기층의 백성과 가까운 관리는 갈수록 줄어들었고, 반면 상층부의 관리를 다스리는 관리는 갈수록 많아졌다.

관리의 절대적 수량이 감소한 외에 더 주목할 필요가 있는 것은 상대적으로 백성을 다스리는 관리의 수는 더욱 감소했다는 사실이다. 기층 정부의 편제가 감소하는 추세와는 반대로 기층 정부의 장관이 감당해야 할 직책은 더욱 무거워졌다. 명·청 시기의 제도는 주와 현의 관리에게 전지전능한 인재를 요구했다. 사법·행정·군사 등 모든 방면에서 책임과 결정을 내려야 했기 때문이다. 그러나 이런 전지전능을 요구하는 직위에 어울리는 준비와 훈련은 한계가 뻔했고, 심지어 전혀 없었다고도 할 수 있다.

수·당 시기에 과거제가 처음 생겨 관리를 선발한 이래 과거를 통해 벼슬을 하는 것이 늘 '바른길'이었다. 당·송은 시와 문장으로 관리를 시험하여 선발했고, 명·청은 정해진 틀에 답안을 맞추는 '팔고문八股文'으로 관리를 선발했다. 시험의 내용은 어떤 경전의 뜻을 연역해내는 것이었다. "성인을 대신하여 말하되" "앞 시대에 대해 말하는 것은 허용하되 지금 왕조에 대한 언급은 허용하지 않는" 완전히 빈 깡통 같은 문장이었다. 이렇게 과거에 급제하여 벼슬을 받으면 바로 기층의 주나 현의 한 자리를 혼자 맡았다. 그러니 신임 관리는 실제로 정무는 전혀 모르는 문외한이었고, 다른 사람의 도움이 없으면 그 자리를 감당하기 어려운 것은 뻔했다.

사야들이 정무를 보좌하는 기풍은 청나라 초기에 크게 번성했다. 청은 산해관을 넘어 북경에 들어온 지 몇 년 되지 않아 중원을 안정시켰고, 한족 사대부들은 대부분 청에 대해 관망의 태도를 유지했다. 주와 현의 관청에는 사람이 부족했고, 장관은 만주족 출신의 무장으로 충당되었다. 이들은 대부분 글자와 문장을 몰랐고, 하는 수 없이 한족 문인들을 관청으로 긁어모아 돕게 했다. 10여 년 뒤, 한족 지식인들은 관망의 태도를 버리고 다투어 과거에 응시하여 벼슬길에 나섰다. 과거를 통한 '바른 길'로 관리가 된 사람들이 대거 정규직에 보충되었다. 그러나 비정규직, 즉 사야들의 도움에 익숙했던 지방관들은 여전히 그 관례를 유지했다. 이렇게 해서 단단히 굳어진 기풍은 마침내 "막료(사야)가 없으면 관아가 돌아가지 않는" 국면을 만들어냈다.

살인 사건을 해결한 사야

청 말기 유劉 성을 가진 한 사야가 당唐 성을 가진 총독의 총독부에서 사법을 전담하는 일을 하고 있었다. 당 총독은 비교적 능력이 있는 관리인지라 모든 일을 사야들에게 맡기지 않았다.

비가 추적추적 내리는 어느 날 밤이었다. 널찍한 총독부에는 찌르르 벌레 소리만 들릴 뿐 썰렁했다. 당 총독은 집무실에 반듯하게 앉아 각 현에서 넘어온 살인 사건과 관련한 문서를 검토하고 있었다. 사건 기록, 범인의 진술, 증인의 증언, 각종 물증 등 하나도 빠짐없이 일일이 대조했다.

밤은 점점 깊어갔고, 당 총독은 흔들리는 촛불 아래에서 자기도 모르는 사이에 잠이 들었다. 몽롱한 중에 어디선가 아주 처량하고 슬프게 흐느끼는 소리가 들려왔다. 소리는 멀어졌다 가까워졌다 하다가 집무실 창 아래에서 멈추었다. 총독은 온몸에 닭살이 돋고 머리카락이 곤두서는 것을 느꼈다. 그는 검토하고 있던 살인 사건의 문서들을 다시 쳐다보았다. 혹시 여기에 귀신이라도 쓰였나? 몸을 일으켜 방안을 천천히 걸었다.

창밖의 흐느끼는 소리는 멈추지 않았다. 그는 다시 사건 기록을 들추었다. 혼잣말로 "잘못 판단한 곳이라도 있는 걸까?"라고 중얼거리며 옆방의 시녀를 불러 "빨리 문 열고 나가 한번 살펴보거라."라고 지시했다.

시녀가 나가고 바로 뒤 총독은 시녀의 소스라치는 비명 소리를 들었다. 총독은 서둘러 창을 열고 살폈다. 시녀가 땅바닥에 쓰러져 있었고, 그 옆에 산발한 귀신이 온몸에 피를 뒤집어쓴 채 머리를 하늘로 치켜들고 있었다. 마치 총독을 향해 무엇인가를 호소하는 모습이었다. 당 총독은 큰 소리로 "억울한 일이 있으면 그자에게 책임을 물을 일이지 이게 무슨 짓이냐!"라고 외쳤다.

귀신은 당 총독을 향해 머리를 연신 조아리며 원망 어린 목소리로 "저를 죽인 자는 장씨라는 놈인데 현의 판관이 이씨로 판결을 내렸습니다. 그 때문에 살인자는 밖에서 활보하고 있고, 무고한 이씨가 죽을 판입니다. 시비를 잘못 판단한 판결이니 다시 조사하지 않으면 저는 죽어도 눈을 감지 못합니다."라고 했다.

당 총독은 귀신의 복장을 자세히 기록으로 남겼다. '흰색 윗도리, 남색 바지, 흰색 버선, 검은색 신발'. 그러고는 알았다고 말했다. 귀신은 바람처럼 사라졌다.

이튿날 당 총독은 직접 사건을 심사했다. 먼저 이 사건을 맡았던 관원과 증인들을 불러 "당시 피살된 자의 복장이 어땠나?"라고 물었다. 사람들의 대답은 하나같이 자신이 어젯밤 기록으로 남긴 것과 일치했다. 당 총독은 귀신의 말에 믿음이 갔고, 사건을 다시 심판하여 이씨를 풀어주고 장씨를 잡아들이려 했다. 그러나 당초 사건을 담당했던 관원과 증인들은 이를 받아들이지 않았다. 범인의 자백, 증인, 물증 등 모든 것이 명확했기 때문이다. 관원들은 사건을 여러 각도에서 다시 꼼꼼히 살폈고 최종적으로 "남산은 옮길 수 있어도 이 사건을 바꿀 수 없다."는 결론을 내렸다.

사건은 미궁에 빠졌다. 당 총독은 형명 사야인 유씨에게 도움을 청했다. 유 사야는 사건의 내막을 자세히 살핀 후 총독이 신중하게 처리해야 한다고 판단하고는 사적으로 "당공, 왜 이 사건을 다시 심사하려 하십니까?"라고 물었다.

당 총독은 자신이 목격한 귀신 이야기를 자세히 들려주었다. 유 사야는 한참을 생각하고도 말이 없었다.

밤이 되자 유 사야는 당 총독이 귀신을 만난 곳과 주위 상황을 자세히 살피더니 총독에게 "귀신이 어느 방향에서 왔습니까?"라고 물었다. 총독은 "그 방 계단 아래일세."라고 했고, 유 사야는 다시 "그럼 어느 방향으로 사라졌습니까?"라고 물었다. 총독이 "순식간에 사라졌는데 저 담장을 넘고는 보이지 않았네."라고 했다. 유 사야는 이렇게 말했다.

"귀신은 그림자만 있지 실제 형체는 없습니다. 따라서 귀신은 아무런 자취와 흔적을 남기지 않고 홀연히 사라지지 담장을 넘어 사라질 수는 없습니다."

당 총독은 사야의 분석이 일리가 있다고 생각했고, 두 사람은 귀신이 사라진 방향을 따라 담장으로 가서 이곳저곳을 살폈다. 담장 벽과 기와 조각은 멀쩡했다. 그러나 비가 온 뒤라 기와 윗부분에 진흙이 묻은 발자국이 희미하게 남아 있었고, 발자국은 담장 밖까지 보이다가 사라졌다. 이 흔적에 근거하여 유 사야는 총독에게 "제가 보기에 귀신이 아니라 사람입니다."라고 했다. 총독이 그 까닭을 물었고 유 사야는 "귀신이라면 흔적을 남길 수 없는데 진흙이 묻은 발자국이 남아 있지 않습니까."라고 했다. 총독은 "그렇다면 그대의 말은…"라고 하자 유 사야는 자신의 분석을 말했다.

● 산서성 평요고성平遥古城 안에 남아 있는 청나라 때의 평요현 관아의 주요 건물인 대청의 모습이다.

"틀림없이 죄수 이씨가 지붕과 담장을 잘 타는 강도에게 뇌물을 먹여 죽은 사람의 귀신처럼 꾸며서 대인을 속이려 한 것입니다."

당 총독은 잠시 생각에 잠기더니 유 사야에게 어떻게 처리하면 좋겠냐고 물었고, 유 사야는 당장 이씨를 다시 심문하라고 건의했다.

이씨는 처음에는 완강하게 버텼다. 그러나 사실이 사실인지라 이 사야는 강온책을 함께 구사하며 몰아붙였고 결국 사실대로 털어놓았다. 이씨의 자백은 유 사야의 분석과 완전히 일치했다. 사건은 이렇게 해서 원래 판결이 옳았음이 입증되었고, 이로써 자칫 억울한 사건의 발생을 피할 수 있었다.

2) 관료 사회의 함정

봉건시대 중국의 관료 사회는 세상에서 경쟁이 가장 격렬한 곳이라 할 수 있었다. 또한 도덕이 가장 통하지 않는 곳이기도 했다. 이는 물론 중국 봉건 관료정치의 체제에서 비롯된 것이었다. "하늘에 열 개의 해가 있고, 사람에게는 열 개의 등급이 있다."는 전제 등급제도가 관료 사회에 진입하느냐 하지 못하느냐라는 운명을 결정했다.

봉건시대에 벼슬은 권력과 권세와 이익 그 자체였다. 게다가 중국인은 벼슬살이가 바른길이요, 영광이라고 여겼다. 이렇게 제도는 실질적인 혜택과 관념상의 허영이라는 이중적 유혹으로 그들로 하여금 관료 사회로 가는 길에서 죽어라 싸우게 만들었다. 이 때문에 관료 사회에 어떻게 진입하여 벼슬을 지켜내고 어떻게 승진하여 더 큰 권력을 차지할 것인가를 둘러싸고 치열한 경쟁이 벌어졌다. 관료 사회는 험악하다. 성현의 책을 잔뜩 읽고 벼슬에 나선 지식인 중에는 일단 관료 사회의 험악한 천태만상의 상호 알력에 직면하여 적응하지 못하고 낙오하는 사람도 있었다. 사야는 관료 사회의 투쟁에 참여한 경험이 있기 때문에 여기서 벌어지는 갖가지 함정과 음모 등등에 대해 기발한 방법으로 승리를 거두곤 했다. 그러니 이 방면에서 관리는 사야의 도움을 받지 않을 수 없었다.

절묘한 수로 총독과 싸운 사야

청나라 때 절강의 순무巡撫는 절강에 소속된 어떤 현을 다스리는 지현知縣과 마치 스승과 제자 사이처럼 관계가 좋았다. 그러나 절강에 주둔해 있는 군대의 총책임자인 장군이 이 지현을 못마땅해했다. 지현으로서는 이 장군과 맞서려면 순무의 지지에 의존할 수밖에 없는 처지였다.

장군은 기어코 이 지현을 제거하려 했지만 지현과 장군이 하는 일이 달라서 지현을 징벌할 수가 없었다. 장군은 생각 끝에 무슨 꼬투리라도 잡아 지현을 징벌하기로 했다. 장군은 먼저 지현의 직속상관인 순무에게 여러 차례 지현에 대해 헐뜯으며 지현을 내보내라고 했지만 순무는 지현을 나무라기는커녕 감쌌다. 화가 난 장군은 순무에게도 나쁜 감정을 갖기에 이르렀고, 무슨 수를 써서라도 순무까지 엮어 모함하겠다는 마음을 먹었다.

청나라 관례에 따르면 매년 원단元旦, 즉 정월 초하루가 되면 각 성의 문무백관이 성에 모여 황제가 있는 경성 쪽으로 인사를 드렸다. 이 의식은 매우 엄숙한 활동이었다. 그해 정월 초하루 절강의 지현, 순무, 장군이 항주로 가서 원단 하례식을 거행했다.

하례식이 끝나자 장군은 몰래 조정에 글을 올려 지현이 하례식에서 엄숙하기는커녕 예에 어긋나게 멋대로 경망스럽게 행동했는데, 이는 책임자인 순무가 평소 제대로 단속하지 않았기 때문이라고 근거 없는 고자질을 했다.

얼마 뒤 황제의 조서가 내려왔다. 그 내용은 순무가 하례식에서의 지현의 무례를 조사할 것과 순무가 부하를 제대로 단속하지 못한 것에 대해 질책하는 것이었다.

이는 분명한 모함이었다. 순무는 어쩔 줄 몰랐다. 제대로 처리하지 않았다가는 조정의 질책이 떨어질 것이 분명했다.

순무는 이 일의 처리를 두고 사야와 상의했다. 지현을 처벌하는 일은 차마 할 수 없었다. 게다가 처벌의 근거도 없지 않은가. 그렇다고 자신이 감독을 제대로 못 했다고 인정할 수도 없었다. 지현을 처벌하지 않고 장군의 모함이라고 한다면 틀림없이 그 증거를 내놓으라고 할 터인데 이 또한 불가능했다. 지현을 감쌌다고 해서 황제의 불호령이 떨어질 것이 뻔했기 때문이다.

사야는 순무의 상황을 다 듣고 나서 마침내 한 가지 좋은 방법을 생각해냈다. 그는 황상에게 하례식의 상황을 보고하는 글에다 '참열전반參列前班, 불황후고不遑後顧'의 여덟 자를 써넣으라고 했다. 이 여덟 글자면 순무의 난관을 해결하는 것은 물론 장군의 모함도 저절로 무너질 것이라 했다.

이 말을 들은 순무는 순간 크게 깨우치는 바가 있어 연신 감탄의 소리를 냈다. 순무의 보고서가 조정으로 올라갔고, 얼마 뒤 장군을 면직시키라는 엄중한 명령이 떨어졌다. 순무와 지현은 거꾸로 칭찬을 받았다.

대체 이 여덟 글자가 무엇이길래 이렇게 큰 위력을 발휘했을까?

관료 사회의 투쟁은 힘겨루기지만 어디까지나 지력智力의 싸움이다. 장군은 하례식의 배열 순서를 소홀히 했던 것이다. 순무와 장군은 성을 책임진 군과 행정의 대표로 하례식에는 맨 앞줄에 선다. 지현은 그보다 낮기 때문에 뒷줄에 서야 한다. 하례식은 매우 엄숙하게 진행되기 때문에 좌우는 물론 뒤를 돌아볼 수 없다. 말하자면 장군과 순무는 뒷줄에 있는 지현을 돌아볼 수 없다. 아니, 뒤를 돌아보아서는 안 된다. 지현이 무례를 저질렀다 해도 두 사람은 그것을 알 수 없다. 그런데 장군은 자신의 눈으로 뒷줄에 있는 지현의 행동을 보았다 했으니 이는 그가 뒤를 돌아보았다는 뜻이다. 엄숙한 하례식에서 그것도 맨 앞줄에 서 있는 책임자가 성 전체의 관리들이 줄지어 서 있는 뒤를 돌아보았다는 것은 있을 수 없는 일이었다. 그렇다면 이는 근거 없는 모함이 분명했다. 장군은 남을 해칠 줄만 알았지 관료 사회의 기본적인 상식을 몰라 돌로 자기 발등을 찍었던 것이다. 그는 그저 별 볼 일 없는 무인으로 사야의 상대가 될 수 없었다. 사야가 일러준 여덟 글자의 뜻은 이렇다.

'맨 앞줄에 서 있으면 뒤를 돌아볼 겨를이 없다.'

하얀 나무로 만든 탁자의 쓸모

명나라 때의 도어사都御史 한영희韓永熙가 강서江西에서 벼슬할 때의 일이다. 어느 날 느닷없이 강서 영왕寧王 주신호朱宸濠의 동생이 찾아왔다. 영왕은 황족으로, 들리는 소문에 따르면 모반의 뜻을 품고 있다고 한다. 이런 때 그 동생이 찾아온 것은 결코 좋은 일이 아니었다. 한영희는 몸이 불편하다며 잠시 기다려달라고 기별한 다음 조용히 사법을 담당하고 있는 사야를 불러 대책을 상의했다. 사야는 잠시 생각하더니 단번에 이렇게 저렇게 하라고 일렀고, 한영희는 그 말에 따라 행동으로 옮겼다.

한영희를 만난 영왕의 동생은 영왕이 모반을 꾀하고 있다면서 호응하라고 협박했다. 한영희는 자신이 지금 귓병을 앓고 있어 말을 제대로 알아들을 수 없다면서 글로 써서 보여달라고 했다. 영왕의 동생이 종이를 찾자 한영희는 흰 나무로 만든 작은 탁자를 가져왔고, 영왕의 동생은 그 위에 모반과 관련한 일을 썼다.

영왕의 동생이 돌아가자 한영희는 바로 황제에게 이 일을 보고했고, 조정에서는 사람을 보내 조사했다. 증거는 나오지 않았다. 당시 형제 사이인 영왕과 황제는 사이가 좋았고, 영왕은 당연히 그런 일이 없다고 잡아뗐다. 조정은 친왕을 이간질한다는 죄를 물어 한영희를 당장 처형해야 한다며 그를 경성으로 압송했다. 한영희는 영왕의 동생이 모반과 관련한 글을 쓴 작은 탁자를 가지고 경성으로 올라갔고, 당연히 그는 석방되었다.

관료 사회의 정치 투쟁에는 "뒤의 한 수를 남기다."는 말이 있다. 한영희의 사야가 바로 이 수를 쓴 것이다. 정치투쟁은 수시로 상황이 바뀌는 변화무상 그 자체이다. 한영희 입장에서 보면 당시 그는 진퇴양난이었다. 주신호의 반란을 알고도 조정에 보고하지 않으면 군주를 기만하는 죄다. 그렇다고 조정에 보고하면 어떻게 될까? 사람들은 틀림없이 공을 세우려 한다고 생각할 것이 뻔했다. 일이 결코 그렇게 간단하지 않았다. 조정은 흔히 이런 일이 발생하면 모반을 꾀하는 자를 달래려고 모반 자체를 인정하려 들지 않는다. 그럴 경우 밀고자는 무고죄로 처벌을 받을 수밖에 없다.

한영희의 사야는 이런 관료 사회에서 벌어지는 험악한 투쟁을 잘 알고 있었고, 때맞추어 주인의 근심을 방지하기 위해 정확한 증거를 확보하게 함으로써 주인의 목숨을 구했다. 사야의 역할이 얼마나 중요한가를 잘 보여주는 사례였다.

3) 관료 사회의 승진
────────────

맹삼孟森의 『청대야사淸代野史』에 이런 사건이 기록되어 있다. 옹정雍正 연간(1722-1735) 하남총독 전문경田文鏡 수하에 오사도鄔斯道라는 아주 능력 있는 절강 소흥紹興 출신의 사야가 있었다. 하루는 오사도가 전문경에게 이런 질문을 던졌다.

"대인께서는 이름난 총독이 되시려 합니까, 아니면 이름 없는 총독에 머무르시렵니까?"

전문경은 당연히 이름난 총독이 되고 싶다고 했고, 오사도는 "그러시다면 간섭하지 마시고 제가 마음대로 일할 수 있게 맡겨주십시오."라고 했다. 오사도는 전문경을 대신하여 조정에 올릴 글을 작성했다. 물론 전문경에게는 보여주지 않고 밀봉하여 그날 밤으로 사람을 시켜 북경으로 보냈다. 그리고 전문경에게는 "그 보고서가 올라가면 대인의 일은 만사형통입니다."라고 큰소리를 쳤다.

이 보고서의 내용은 당시 권세를 떨치고 있던 이부상서 총리사무 4대신의 한 사

● 청나라 시대 관료들 밑으로 '사야'들이 존재하는 것은 물론 그들의 역할과 작용을 최고 통치자인 황제도 잘 알고 있었다. 초상화는 옹정제이다.

람인 융과다隆科多를 탄핵하는 것이었다. 융과다는 옹정제의 외삼촌으로, 강희제가 세상을 떠난 뒤 옹정제를 후계로 삼는다는 유서를 읽은 사람이다. 옹정제는 즉위 후 융과다가 자신의 황제 자리를 탈취하려는 음모에 가담했다는 사실을 알게 되었다. 이 때문에 옹정제는 융과다를 제거하려고 마음을 먹었다.

이때 융과다를 탄핵하는 오사도의 보고서가 올라오자 옹정제는 이를 기회로 융과다를 파면하고 그를 감옥에 가두었다. 이 사건으로 옹정제는 전문경을 다시 보게 되었고, 전문경을 산동 지역까지 책임지는 중책에 임명하였다. 전문경은 옹정제 수하의 가장 신임을 받는 지방 대신이 되었다. 오사도가 전문경의 신임을 더 크게 받았음은 물론이다.

이후 두 사람은 무슨 일 때문인지 의견이 틀어졌고, 오사도는 전문경의 곁을 떠났다. 그 후로 어찌된 일인지 전문경의 일이 하나같이 풀리지 않았다. 전문경은 하는 수 없이 오사도를 다시 불렀다. 오사도는 매일 50냥 무게의 은을 탁자에 올려놓을 것을 요구했다. 전문경은 이를 받아들이는 수밖에 없었다. 훗날 옹정제가 이 일을 듣고는 전문경이 올린 글에 "짐은 편안히 잘 있다. 오사도는 어떤가?"라고 써놓았다. 전문경은 이로부터 오사도를 전적으로 신임했고, 그의 벼슬살이도 잘 풀렸다.

관료 사회에서 관리의 승진에 사야가 얼마나 중요한 작용을 하는지 잘 보여주는 사례였다.

하루라도 사야가 없으면 안 되는 현령

청나라 말기 호남湖南 한 현의 현령은 관료 사회에서 십수 년을 구르면서 온갖 방법을 다 짜내고 남의 집 개보다 더 많은 힘을 들여 상사의 눈에 들려고 애를 썼지만 힘과 돈만 잔뜩 들이고 성과는 거두지 못했다.

현령은 다른 사람의 소개로 노련한 사야 한 사람을 알게 되었다. 이 사야는 한평생 관료 사회를 전전한 사람이라 식견도 넓고 관료 사회의 생리를 잘 알고 있었다. 현령은 그에게 승진의 비결에 대해 가르침을 청했고 이 사야는 다음과 같이 설파했다.

"일이 없으면 일을 찾아서는 안 되며, 일이 있어 밀어붙일 수 있으면 밀어붙입니다. 상사에게 아부를 떨어서도 안 되고, 큰집(고관대작)에 죄를 얻어서도 안 됩니다. 백성의 일은 아무리 급해도 작은 일이지만 상사의 일은 아무리 작아도 큰 일입니다. 상사에 대해 책략을 강구할 때는 좋은 시기를 잡아 좋은 방식을 선택하되 큰 나무를 단단히 안고 있으면 그 그늘 아래에 한자리 없을까 걱정할 필요가 없습니다."

이 말에 현령은 정신이 번쩍 나기라도 한 듯 칭찬을 아끼지 않으며 사야를 초빙하여 자신을 위해 계책을 내달라고 부탁했다.

현령의 관아에 온 지 얼마 되지 않아 이 사야는 자신의 능력을 나타낼 기회를 얻었다. 그 무렵 현령의 최고 상관인 순무의 부친이 70세 생일을 맞이했다. 현령은 상사의 눈에 들 좋은 기회라 생각하여 즉각 사야에게 생일 선물을 어떻게 했으면 좋겠는지 상의했다. 잠시 생각하던 사야는 현령에게 "제게 사흘만 주시면 제대로 잘 준비하겠습니다."라고 했다. 사야는 자신의 심복을 보내 순무의 아버지에 대한 정보를

수집하도록 했다. 습관, 기호, 성격 등등 가능한 한 모든 것을 상세히 알아 오도록
했다.

얼마 뒤 심복은 일을 마치고 돌아와 순무와 그 아버지에 대한 상세한 정보를 보
고했다. 무엇보다 그 노인네가 담배 피우기를 목숨처럼 좋아한다는 사실이 눈에 확
띄었다. 사야는 잠시 생각하다가 현령의 귀에 대고 무슨 말을 했다.

노인의 생일날이 되었다. 현령은 축하 선물을 들고 상부로 가서 인사를 올렸다.
그가 준비한 선물은 특이하게도 화려하고 진기한 긴 담뱃대와 최상급 담배였다. 골
동품을 비롯하여 패물 등 귀한 선물이 수두룩했지만 유독 담뱃대와 담배가 이 노인
네의 눈을 사로잡았음은 물론이다. 노인네는 당장 담뱃대에 담배를 넣고는 크게 한
모금 빨았다. 내뱉는 담배 연기 사이로 흡족해하는 노인네의 표정이 들어왔다. 노인
네는 아들 순무에게 연신 현령의 마음 씀씀이를 칭찬했다. 노인네는 예전에 사용하
던 담뱃대와 담배는 한쪽으로 치워버리고 현령이 보내온 것만 사용했다.

그 뒤 현령은 주기적으로 상사의 아버지에게 선물을 보냈고, 노인네는 몹시 만
족해하며 현령이 보내주는 담배 아니면 피우질 않게 되었다. 노인네는 늘 현령을 칭
찬했고, 순무도 서서히 현령에 대해 호감을 갖기 시작했다. 얼마 뒤 현령은 순무의
부수副手로 승진했고, 순무가 다른 자리로 가자 자연스럽게 순무 자리를 이어받았다.

현령은 승진 후 사야를 크게 칭찬하며 큰 상을 내렸다. 그 후로도 사야의 건의
대로 일을 처리했고, 모든 일이 순조롭게 풀렸다. 이로부터 그는 상사의 기호 등에 대
해 더 많은 관심을 기울이면서 또 한번 승진을 준비했다.

그러던 어느 해 사야의 부친이 세상을 떠났다. 사야는 상을 치르기 위해 소흥으
로 떠났다. 그런데 그사이 호광湖广 총독이 발령이 나서 떠나고 신임 총독이 부임했
다. 이제 순무가 된 현령은 과거 사야가 했던 대로 사람을 보내 신임 총독의 신상 정
보를 캐 오게 했다. 돌아온 심복은 신임 총독이 자라 요리를 좋아하여 식사 때마다

거의 빠지지 않고 이 요리가 올라온다고 보고했다.

순무는 사야와 상의하고 싶었지만 상중인 데다 그리 급하거나 심각한 일도 아니어서 사야에게 배운 대로 총독의 기호에 맞추면 그만이라고 판단했다. 순무는 처방대로 약을 찾듯 특별히 큰 자라를 구하도록 명했다. 그 자라를 특별히 준비한 항아리에 잘 밀봉하고 이런 일을 전문적으로 하는 사람을 시켜 바로 총독부에 전달하게 했다.

선물이 도착했다는 보고를 받은 호광 총독은 무슨 물건인지를 살폈다. 겉에는 '호광총독부'라는 종이가 붙어 있었다. 항아리를 열게 하자 그 안에는 놀랍게도 특대 '왕팔王八'이 들어 있었다. 총독은 대노하여 이를 보낸 순무를 크게 욕하면서 당장 소환하라고 엄명을 내렸다. 당황한 순무는 허겁지겁 상당량의 금품을 준비하여 다시 보냈고, 가까스로 처벌은 면했다. 순무는 결국 "닭을 훔치려다가 쌀만 축낸" 꼴이 되었다.

대체 뭐가 문제였을까? 일반적으로 사람들은 동물에 대해 이런저런 별칭을 붙인다. 자라에게 붙은 별칭은 '왕팔'이고, 민간에서 '왕팔'은 심한 욕 중의 하나였다. 인간의 도리를 모르는 놈이란 아주 나쁜 욕이었는데 순무는 이런 사실을 몰랐던 것이다.

그해 순무의 운은 영 좋지 않았다. 다 사야가 고향으로 돌아간 다음의 일이었다. 그는 그사이 또 한번 사나운 일을 당했다.

태평천국 기의를 진압한 증국번曾国藩은 서양의 과학기술을 배우자는 양무洋務 운동을 주도했다. 그는 태자태보太子太保 직함에 1등 작위를 받고 '성상聖相'이라는 호칭으로 불리면서 최고의 총애와 영광을 누렸다.

한번은 증국번이 고향으로 금의환향하는 상황이 있었다. 권세를 좇는 무리들이 우르르 그의 주변으로 몰려들었고, 순무 역시 이 기회를 놓칠 수 없었다. 하루는 증국번이 호남 출신 사람들을 초청하여 식사를 베풀었다. 증국번은 순무를 아주 가깝게 대했다. 증국번은 순무가 아내를 두려워한다는 사실을 알고는 재미로 놀릴 생각에 "오늘 이렇게 같은 고향 분들이 모였으니 시 한 수 있어야 하지 않겠소? 내가 운을 뗄 터이니 여러분들이 대구를 해주시오."라고 했다. 모두들 증국번이 떠울 첫 마디가 궁금했다. 이윽고 증국번은 "부인을 위해 발을 씻네."라고 운을 뗐다. 순무 역시 과거 출신으로 글줄깨나 알고 있는 자라 바로 "사동진사賜同進士 출신이로구나."라고 응수했다. 순간 증국번의 얼굴이 벌게지면서 난처한 기색이 역력했다. 순무는 본의 아니게 증국번의 아픈 곳을 건드렸던 것이다.

명·청 시기 과거 급제자의 등급은 모두 3등급이었다. 1등은 단 세 명이었고, 2등은 사진사賜進士라 했고, 3등을 사동진사라 했다. 증국번은 과거에서 3등으로 급제하여 벼슬을 시작했는데 평생 이를 자신의 약점으로 여기며 아쉬워했다. 누군가 순무에게 그런 사실을 말하면 당연히 기분 나빴을 것이라고 귀띔했지만 이미 때는 늦었다. 이후 증국번이 순무를 멀리했음은 말할 것 없다.

거듭 벽에 부딪히자 순무는 서둘러 사야가 있는 소흥으로 사람을 보내 돌아올 것을 청했다. 그러나 이 사야는 이미 다른 높은 나뭇가지를 찾은 다음이었다. 이후 순무의 벼슬살이는 영 시원찮았고, 결국 상사에게 밉보여 파면당했다.

4) 독차지와 분배

청나라 가경嘉慶 5년인 1800년, 어사 장붕張鵬은 도도한 기운이 넘치는 글을 올려 당시 관료 사회의 병폐를 지적했다. 그중에 "막료들이 백성들을 다스리는 기풍을 엄하게 단속해야 한다."는 부분이 있는데, 사야의 병폐가 이미 뿌리 깊게 박혀 있다는 지적이었다. 그 내용을 보면 이렇다.

주와 현에 신임 관리가 부임하면 사야들은 바로 이 신임 관리의 상사에게 자신들을 기용하게 해달라고 청탁을 넣는다. 신임 관리는 상사가 추천한 사야가 마음에 들지 않더라도 방법이 없다. 사야들은 자부심이 대단하고 몸값도 매우 높을 뿐만 아니라 상급 관부의 사야들과 결탁되어 있었기 때문이다. 이들은 서로 정보를 주고받으면서 해당 관리를 얼마든지 골탕 먹일 수 있었다. 이 밖에 같은 지역 출신의 사야들도 패를 지어 다른 지역 출신 사야들을 배척하면서 자신들의 몸값을 높인다. 하급 관리들이 상사가 추천한 사야들을 기꺼이 기용하여 녹봉을 제공하는 까닭은 상사가 두렵기도 했지만 그보다는 상부에 보고할 공문이나 보고서를 순조롭게 처리할 필요가 있기 때문이다.

사야가 청나라 시기 정치에 참여한 사람이지만 '막료'라는 신분은 그들이 그저 참여자일 뿐이지 청나라 정치체제의 부패를 막는 방부제가 될 수는 없었다.

사야의 녹봉을 당시는 '속수束脩'라 했고, 이는 관리가 개인적으로 지불하는 것이었다. ('속수'는 마른고기를 엮은 꾸러미를 뜻한다. 고대에 스승에게 지불하는 학비였다.) 일부 사야들의 '속수'는 대단히 높아서 은자 2~3천 냥까지 지급하는 경우까지 있었다. 청나라 현관으로 정7품의 경우 녹봉이 1년에 불과 45냥이었고, 심지어 조정 1품관의 녹봉도 180냥에 지나지 않았다. 주와 현의 관리들은 정식 녹봉 외에 관직의 등급과 근무지의 좋고 나쁨에 따라 '양렴은養廉銀'이라 하여 대개 수백 냥에서 1천 냥까지 지급되었다. 그럼에도 불구하고 정상 수입으로 사야의 '속수'를 지불하기에는 턱없이 모자랐다.

실제로 청나라 관원들의 수입은 주로 '누규陋規'라 하는 각종 낡고 비루한 규정이었다. 이에 따라 사야의 수단에 따라 수입의 많고 적음이 직접 결정되었다. 예를 들

어보자. 세금을 거둘 때 백성들이 내는 은을 녹여 만든 50냥 무게의 은 덩어리가 기준이었다. 그런데 은을 녹일 때 손실이 난다고 해서 거둘 때 더 많이 거두었다. 이를 '화모火耗'라 했다. 불에 녹일 때 줄어든다는 뜻이다. 곡식을 거둘 때도 상황은 마찬가지였다. 이를 초과 징수되었다는 뜻의 '선여羨余'라 했고, 앞의 '화모'와 합쳐 '모선耗羨'이라 불렸다.

● 대부분 사야들은 능력이 뛰어났다. 따라서 정치가 부패하면 이들의 능력은 역으로 정치를 더욱더 부패하게 만드는 원동력으로 작용했다. 사진은 청나라 때 화폐 수단이었던 은자다.

물론 '모선'은 법정 기준이 아니었다. 전국 각지의 관아들은 이런 낡은 규정으로 세금을 징수했는데, 정식 세수의 5~15%에 이르렀다. 관리들은 이를 공개적으로 자기 수입으로 잡았다. 그러나 관리들은 이 규정조차 따르지 않았다. 그들은 '모선' 외에도 각종 명분으로 백성들을 더 착취했고, 여기에는 사야들의 수완이 뒤따랐다. 청나라의 경우 일반적으로 주현에는 '효경孝敬'이란 것이 있었다. 이름은 그럴듯했지만 실상은 지독한 착취 수단이었다. 이 때문에 3년 벼슬 하면 하얀 눈 같은 은자 10만 냥이 쌓인다는 말까지 나왔다. 각 성의 총독과 순무는 완전히 합법적으로 양렴은 1만 냥 가량을 거두었고, 여기에 각종 비루한 규정 및 효경으로 매년 10만 냥 이상의 수입을 올렸다.

관부가 사야에게 지급하는 속수는 바로 이런 비루한 규정을 악용하여 거둔 것이었다. 명의는 개인의 은전이었지만 실제는 백성의 피와 땀이었다. 청나라 말기에 오면 이런 폐단이 더욱 기승을 부렸다. 지방관은 사야를 초빙하여 죽기 살기로 착취했고, 대부분 사야와 탐관오리가 함께 결탁하여 갈수록 부패해갔다.

당연한 말이지만 사야의 기풍과 관리의 기풍은 같을 수밖에 없었다. 그러나 처음부터 끝까지 그랬던 것은 아니었다. 건륭제 때의 사야들은 자신들의 일에 자부심을 가지고 밤늦게까지 일했다. 그들은 도박도 술도 자제하며 공무를 위해 법률에 따라 관리들과 의논했다. 상사와 뜻이 맞지 않으면 과감하게 자신의 생각을 굽히지 않았다. 그들은 결코 무원칙하게 상사에게 몸을 맡기지 않았다. 이렇게 하지 않는 사야들에 대해서는 사람들이 무시하기까지 했다. 청나라의 정치가 하향길을 걷자 사야의 기풍도 부패해져 탐관오리들과 함께 어울려 온갖 비리를 저질렀다. 신임 관리가 부임하면 이들이 부패의 구덩이로 몰아넣은 것은 말할 것 없었다. 사야가 부패를 더욱더 촉진한 원인의 하나였다.

상인 사야의 경쟁열

막료로서 사야는 막부에서 종사하는 것을 목표로 삼고 그 주요 대상은 당연히 관료 사회다. 청나라 후기에 오면서 사야의 수가 크게 팽창하여 경쟁이 격렬해졌다. 사야들은 하는 수 없이 차선을 선택하여 큰 집안의 사야가 되기 시작했는데 관부 외에 상인이 주요 대상이 되었다. 중국의 상인들 중에는 순수한 상인이 거의 없었다. 성공한 상인은 관리이자 상인, 즉 관상官商이었고, 또는 이들과 결탁되어 있었다. 관부에 들어가기 위해 사야들이 배운 기술은 상업에서도 크게 쓸모가 있었고, 더욱이 실질적인 혜택이란 면에서는 관부보다 거상에게 받는 보수가 훨씬 컸다. 이 때문에 상인들도 사야들을 모셔 관부와의 관계 소통, 사업 계획 등을 돕게 했다.

청나라 후기에 가장 많이 볼 수 있는 관상은 염상鹽商이었다. 소금은 국가가 통제하는 생필품으로, 이 장사를 할 수 있는 사람은 세상사에 두루 통한 사람으로서 관과 결탁하여 사업을 독점하여 큰 수익을 올렸기 때문이다. 이 사업의 성패는 관부와의 관계가 어떠한가에 크게 좌우되었다. 따라서 관원과 결탁하여 이들을 식사 등

● 사야들은 대부분 관료 사회의 기둥에 물들어 있는 존재들이었지만 김농처럼 학식이 깊은 사람도 적지 않았다.

각종 모임에 모시는 일이 끊이질 않았다. 관리들은 대부분 과거 출신이었고 학문이 상당한 사람들도 있었다. 반면 염상들은 대부분 돈 냄새를 풍기는 사람들이었기 때문에 이런 약점을 극복하기 위해 흔히 나름 학문을 갖춘 사야들을 이런저런 자리에 데리고 다니면서 관리의 취향에 응대했다.

화가이자 시인인 전당현錢塘県 사람 김농金農(1687-1764)이 객으로 양주揚州에 거주할 때 염상들이 그의 명성을 듣고 다투어 그와 교류하려 했으니, 실제로 김농은 염상들이 공유하는 사야였던 셈이다. 하루는 한 염상이 연회를 마련하여 손님을 초청했는데 각급 관리들도 초청을 받았다. 관례에 따라 염상은 김농을 함께 모셔 갔다. 술이 돌고 고급 요리가 나오면서 한 관리가 흥이 나서 옛날 시 구절 가운데 '비홍飛紅'이란 두 글자를 꺼내 이 글자가 들어간 시 한 구절을 읊어보자고 했다. 이는 사실 염상을 골탕 먹이려는 수였다. 차례가 돌아오자 염상은 우물쭈물 대꾸를 하지 못했고 사람들은 그에게 벌주를 마시라고 재촉했다. 순간 염상은 "아, 있습니다. '버들 개가 하늘하늘 붉게 날리는구나' 이 구절이 있습니다."라고 했다. 사람들은 한바탕 크게 웃으며 염상이 지어낸 것이라고 했다.

이때 김농이 나서며 그 시 구절은 원나라 사람 영평산당咏平山堂의 시로 인용이 딱 들어맞는다고 했다. 사람들은 못 믿겠다며 김농에게 시 전편을 읊어보라고 했고, 김농은 차분한 목소리로 그 시를 읊었다.

사람들은 김농의 깊은 학식에 감탄했다. 사실 이 시는 김농이 이 염상의 곤란한 상황을 돕기 위해 그 즉석에서 자신이 읊은 시였다. 글깨나 읽었다는 관리라 해도 그들은 어디까지나 관리였지 그 많고 많은 시들을 어찌 다 외울 수 있겠는가.

염상은 너무 기쁜 나머지 감격했고, 이튿날 김농에게 은자 천 냥을 보내 사례했다.

사야에 밉보이면 장사가 안 된다

건륭에서 가경제에 이르는 1736년에서 1820년까지 약 100년 사이 중국은 서양과 통상을 시작했다. 당시에는 통상을 위한 항구가 단 한 곳이었고, 서양의 정교한 장난감 따위가 이 항구를 통해 들어왔다. 그리고 이곳을 기반으로 하여 서양 물품을 전문적으로 수입하는 상인이 탄생했다. 이들 중 어떤 상인은 이를 통해 엄청난 부를 축적하여 거상이 되었다. 이 때문에 일부 상인들은 서양 문화에 물이 들어 중국의 낡은 습성과 사업 방식을 깔보기까지 했다.

1790년, 건륭제가 80세 생일을 맞이했다. 각지의 크고 작은 관리들은 이 기회를 놓칠세라 있는 대로 머리를 짜내 갖은 방법으로 자신이 바치는 예물을 돋보이게 만들려 했다. 양회兩淮 지역에서 국가 전매품인 소금을 관리하는 염정사鹽政使는 든든한 재정을 밑천으로 황제에게 바칠 선물에 아낌없이 돈을 퍼부을 요량이었지만 문제는 그 선물을 돋보이게 만들 방법이었다. 이때 한 거상이 특이하고 큰 상자 같은 것을 팔고 있었다. 이 큰 상자 안에는 집 모형이 있고, 대문이 열리면서 서양인 인형이 나와 손님들에게 손을 모아 중국식으로 인사를 올린 다음 먹을 갈아 직접 '만수무강 萬壽無疆' 네 글자를 써서 벽 뒤에 걸어놓고는 다시 공손히 인사를 올리고 물러나는 것이었다. 이를 구경한 사람들은 모두 환호성을 질렀다. 상인은 은자 5만 냥을 값으로 불렀다.

이 이야기를 들은 염정사는 그 정도면 황제의 용안을 기쁘게 할 수 있겠다며 이 물건을 사기로 결정했다. 염정사 밑의 사야가 거래를 하러 그 상인을 찾았다. 사야는 완곡하게 5천 냥이면 사겠다고 협상에 나섰다. 염정사가 마음에 들어 할 정도로 가치 있는 물건인데 한낱 사야가 힘도 들이지 않고 5천 냥을 부르다니! 서양식 거래에 익숙한 이 상인이 관료 사회의 분위기를 제대로 알 리 없었고, 그는 단호히 거부했다. 사야는 "당신의 이 장난감은 내일이면 한 냥도 못 받을 것이오."라며 그 자리를 물러 나왔다. 상인은 콧방귀를 뀌었다.

이튿날 염정사는 사람을 보내 물건을 사지 않겠다고 통보했다. 상인은 도대체 까닭이 무엇일까 곰곰이 생각해보았지만 알 길이 없었다. 그러다가 문득 5천 냥을 불렀던 사야가 생각났다. 그 사야는 돌아가 염정사에게 대체로 이렇게 말했던 것이다. 이 물건이 완전히 기관 장치로 움직이는 정교하고 신기하긴 것이긴 하지만 양회 지역에서 경성까지는 천 리가 넘는 길이라 행여 물건을 운반하다가 고장이라도 나면 '만수무강'에서 '강'자가 떨어져 '만수무'로 변할지 모른다. 그 결과를 어찌 감당하겠는가. 이 말에 염정사는 식은땀을 흘리며 사야에게 연신 고맙다는 말과 함께 거래를 당장 취소했던 것이다.

2.
막부에 종사하기까지 사야의 역정

사야로 충당되는 사람들의 출신 성분은 매우 복잡하다. 일반적으로 독서인들이고, 과거에 급제하지 못한 수재, 민간의 저명한 학자, 뜻을 이루지 못하고 퇴직한 관리, 몰락한 상인 등 일일이 열거하기 힘들 정도다. 어떤 사람이 되었건 모두 지식인 집단에서 나왔고, 대부분 중소 지식인이 사야의 절대 다수를 차지했다.

사야로 나서는 까닭은 사람마다 다 다르다. 경제적 혜택이 사야를 직업으로 선택하는 가장 주요하고 보편적인 동기이다. 고대 중국 사회는 배워서 우수하면 벼슬하라는 전통이 있다. 하지만 시험을 통해 공명을 얻는 것은 수많은 말들이 외나무다리를 건너듯이 하늘의 별 따기였다. 훨씬 더 많은 사람들이 소망을 이루지 못하고 다른 선택을 할 수밖에 없다. 그들이 가장 먼저 선택할 수 있는 것은 개인 교사였고, 그다음이 사야였다. 이 두 직업 중 사야의 수입은 개인 교사보다 훨씬 많았다. 적어도 몇 배, 많으면 십여 배였다. 게다가 사야는 관아를 출입하여 고관대작을 좌우에서 모신다. 관리 위주의 관념이 농후했던 중국인의 눈에도 사야를 달리 볼 수밖에 없었다.

따라서 경제적 수입이든 사회적 지위를 고려하든 사야는 낙방한 독서인이 가장 먼저 선택하는 직업이었다.

속된 말로 세상 360개 직업 중에 할 수 있는 직업은 많았지만 지식인이 우선 고르는 것은 공명을 추구하기 위해 책을 뜯어 먹는 것이었다. 독서 외에 다른 기능은 거의 내세울 것이 없었다. 체면을 중시했던 그들이 당시 관념으로 천한 직업을 자원하기란 불가능했다. 이 때문에 사야라는 361번째 직업이 그들의 우선 선택지가 된 것이다.

소흥 출신의 사야 공악龔萼은 "어리석은 백성은 배고프고 추우면 도적으로 흘러 들어가지만 독서인은 성공하지 못해 춥고 배고파지면 막료로 흘러 들어간다."고 했다. 이름난 사야였던 왕휘조汪輝祖(1731-1807)는 "우리가 명성을 추구하다 성취하지 못하여 생계 수단을 바꾸고자 할 때 막부에 들어가는 길이 독서와 가장 가깝다. 그래서 그에 종사하는 사람이 많다."고 했다. 이렇게 볼 때 사야가 되는 길은 꼭 자신의 뜻과 맞지는 않지만 그나마 차선이었음을 알 수 있다.

그렇다면 어떻게 합격점을 받을 수 있는 사야로 성장하여 막부의 경쟁에서 도태되지 않게 하는가? 많은 사야들이 자신이 겪은 직접 경험을 토대로 전문적인 지식을 쏟아냈다. 이를 막도幕道 또는 막학幕學이라 하는데 나름 계통적이고 전면적으로 이 길을 배우고 이에 종사하는 규율을 만들어냈다. 여기에는 주로 다음 세 방면이 포함되어 있다.

첫째, 일하는 방법
둘째, 처세의 기술
셋째, 품성의 수양

일을 처리할 때는 반드시 자신의 견해와 관점, 즉 자신의 독립된 견해가 있어야 진정한 실력으로 인정받는다. 어디가 진짜고 어디가 가짜인가, 어디에서 문제가 발생했고 어디에서 파탄이 일어났는가? 이런 것들을 제대로 밝힐 수 있어야 한다. 일을 처리할 때는 먼저 성사시키겠다는 마음을 가져서는 안 되고, 주의를 게을리해서도 안 된다. 또 여지를 남겨야지 찔러 피 한 방울 나지 않게 해서는 절대 안 된다.

각급의 관계를 처리하는 방면에서는 1급 기관과의 관계를 반드시 잘 처리해야 한다. 동급의 기관과 일할 때는 동급 기관의 이익을 고려해야 할 뿐만 아니라 상대방 주인의 지위도 고려해야 한다. 막부에 몸을 담고 있는 사람은 당연히 일을 신중하게 처리하고, 교우 관계를 조심하고, 품행이 단정해야 하며, 진지하게 사람을 대하고, 막주와 지나치게 좋은 관계를 가져 동업자의 의심과 질투를 유발하지 않도록 조심해야 한다. 스스로를 존중하고 아껴야 하며, 백성들의 관계를 신중하게 고려하여 늘 백성을 위해 생각해야 한다.

품성의 수양이란 면에서 가장 중요한 것은 당당하게 처신하되 "마음을 다한다"는 '진심盡心' "말을 다한다"는 '진언盡言' "맞지 않으면 떠난다"는 '불합즉거不合則去' 세 가지다. '진심'이란 한마음으로 막주를 위해 일해야지 다른 마음을 먹어서는 안 된다는 뜻이다. '진언'이란 하고 싶은 말이 있으면 해야 한다는 뜻으로 언제든지 막주의 일 처리 과정에서의 실수를 지적할 수 있어야 한다. '불합즉거'는 막주의 일 처리가 불공정할 때 있는 힘을 다해 그것을 바로잡되 그래도 바뀌지 않으면 막주를 떠나라는 것이다. 막료는 절대 먹고 입는 것 때문에 막주의 비위를 맞추어서는 안 되며 특정한 막주에 얽매일 필요가 없다는 뜻이다. 품성의 수양을 위해서는 평소 많은 책을 읽고 많은 글을 쓰는 일을 게을리해서는 안 된다.

사야가 막주의 예우와 대우를 받게 되면 자신을 알아준 은혜에 보답한다는 말대로 사야는 충심으로 전력을 다해 막주를 위해 일해야 한다. 영예도 치욕도 함께한다는 마음으로 사야는 막주와 함께 일하되, 막주는 사야에게 마음껏 말하도록 허락하고, 사야는 설사 자신의 말이 받아들여지지 않더라도 꺼리지 말고 남기지 말며 충분히 이해관계를 밝혀야 한다. 사야는 막주 앞에서 자신의 능력을 충분히 보여야 한다.

사야가 막주를 모시는 이상 막주에 대해 한마음으로 규범을 지키고 스스로 단속할 줄 알아야 한다. 『전가보傳家寶』에 보면 사야가 지켜야 할 계율 같은 것이 기록되어 있는데, 그 내용은 대체로 이렇다.

물주(막주)를 속이지 마라. 부귀와 권세에 의존하지 말라. 돈만 밝히지 말라. 나쁜 마음으로 일하지 말라. 혹한기와 혹서기에는 형벌을 줄이라고 청해라. 문서는 세심하게 살펴라. 지방에 좋지 않은 일이 있으면 물주(막주)에게 이를 제거하라고 권해라. 백성에게 억울한 일이 있으면 물주(막주)가 나서 처리하는 일에 찬성하라. 물주(막주)가 화가 나서 집을 나가 일을 처리하지 않도록 막아라.

이상이 사야가 마땅히 지켜야 할 규칙이었고, 사야는 당연히 이런 요구를 기꺼이 받아들여야 한다.

이 정도면 합격점을 받을 수 있는 화이트칼라 계층의 사야에 대한 요구 사항으로 충분할 것이다. 물론 쉬운 일은 아니다. 그러나 이 정도의 자질이 있어야만 합격점을 받은 사야로서 격렬한 경쟁과 상호 알력이 난무하는 관료 사회에서 나름 발을 디디고 성공할 수 있을 것이다.

그러나 대부분의 사야들이 공명을 이루기 위해 읽은 책들이 거의 전부 성현의 말씀이었고, 뛰어난 사야라 해서 아무데나 쓸 수 있는 만능이 결코 아니다. 따라서 좋은 사야가 되려면 또 하나의 과정을 거쳐야 했는데 이 과정이 바로 '학막學幕-취막

● 소흥 출신의 왕휘조는 사야로서 천하에 명성을 떨쳤던 대표적인 인물이다. 사진은 그의 초상화와 그가 남긴 문집이다.

就幕(또는 모관謀館)-입막入幕'의 세 단계다. 쉽게 말해 막료와 막부에 대해 구체적으로 배우고, 자신에게 맞는, 또는 자신을 원하는 막부를 찾아서 그 막부로 들어가는 과정이다. 취직하는 과정과 별반 다르지 않다고 보면 된다.

1) 학막學幕

'학막'이란 사야라는 일에 종사하기 위해 익혀야 할 막부와 관련된 지식과 실무를 배우는 과정을 가리킨다. 막부와 관련한 전문 지식과 정보에 관한 학문을 '막학幕學'이라 했다. 사야들의 관련 지식은 주로 법률, 재정, 문서인데 이 세 항목은 하루이틀 배워서 되는 것들이 아니라 먼저 스승을 찾아야 한다. 사야 지망생들이 거쳐야 할 필수 과정이었다.

당시 학당에 '학막'이란 과정은 당연히 없었고, 그래서 스승을 모시고 배우는 도제徒弟 방식으로 진행되었다. 사람들은 이렇게 제자를 데리고 가르치는 스승을 '막사幕師'라 불렀고, 거의 대부분이 은퇴한 사야였다. 물론 나이가 너무 많거나 몸이 약하면 '막사'가 될 수 없었다. 나름 여력을 발휘해야만 일정한 보수를 챙길 수 있었다. 사람들은 이런 선생을 '막사'라 불렀지만 학습자, 즉 도제들은 '모변자帽辮子'라 불렀다. 도제들은 스승과 제자 관계로서 막사를 수시로 좌우에서 모시면서 그 언행을 전수받아야 하는 입장인데, 그 관계가 마치 모자와 땋은 머리 변발辮髮처럼 떨어질 수 없다는 뜻에서 '모변자'라 한 것이다.

막사는 자신이 배운 전문 분야에 대한 자부심이 대단했고, 그것을 자기 생계의 밑천으로 삼았다. 정식으로 거둔 도제가 아니면 다른 사람에게 자신의 '막학'을 전수할 수 없다. 이와 관련한 관계는 대단히 끈끈하고 강력하여 스승과 도제 중에는 부자나 조손 또는 친인척 관계가 많았다. 이렇게 가족과 친척 사이의 전수와 학습은 편할 수밖에 없었다. 언제든지 가르쳐주고 전수할 수 있었고, 그래서 대를 이어 사야와 '막사' 신분을 물려받는 사례가 아주 많았다. 반면 일반인에게는 이런 편리한 조건이 없었고, 대부분의 도제들이 막사에게 와서 학습했다. 막사도 제자가 되겠다는 지망생들을 잘 살펴서 과연 자질이 되는지를 확인했다. 감이 아니면 언제든지 다른 길을 찾으라고 조언했다. 이 때문에 막사의 이미지는 독특할 수밖에 없었다.

'학막'의 구체적인 진도에는 크게 책 속의 지식과 실무를 배우는 두 부분이 포함되어 있었다. 책의 지식은 주로 법률과 공문이었다. 도제들은 정부의 법률과 그 사례들을 깊게 읽고 연구해야 했다. 예를 들면 이렇다. 청나라 후기의 '학막' 지망생이라면 먼저 『대청율례大淸律例』를 읽어야 한다. 그중에서도 형법, 판례, 호구와 조세 관련 법률이 가장 중요했다. 관련 법률을 능숙하게 장악해야 하는데, 형법을 읽을 경우라면 법률 조항과 관련한 중요한 글자들을 자세히 읽고 또 읽어야 한다. 이 글자들에는 특정한 의미가 들어 있어 문장에 늘 출현한다. 자칫 잘못 이해했다가는 사건을 판단할 때 큰 차이가 난다. 그것이 사람의 목숨과 관계되는 경우도 적지 않기 때문에 함부로 곡해해서는 안 된다.

학습자는 구체적인 사건 처리 순서와 방법을 장악하기 위해 법률 관련 문서 처리와 법률 문서를 작성하는 요령을 배워야 한다. 이와 관련하여 각종 관련 공문과 『판안요략辨案要略』, 『형안휘람刑案彙覽』 등과 같은 책도 읽어야 한다.

이 밖에 학습자는 경전과 역사서 등도 널리 읽어서 대량의 역사 지식을 갖추어야 한다. 사야들은 문장이 좋아야 하기 때문에 풍부한 지식의 원천이 없으면 뛰어난 문장을 써내지 못한다. 특히 사건을 판단할 때는 경전을 인용하여 근거로 들이댈 수 있어야 하는데 사야가 그걸 못하면 곤란해질 것은 불을 보듯 뻔하다.

사야의 일들이 현장성과 실천성이 강했기 때문에 책을 많이 읽는 것으로는 부족했다. 책의 지식을 실제 업무와 결합시켜야만 법률 관련 판례와 사건 판단 및 처리 방법을 제대로 장악할 수 있다. 학습자는 책 속의 지식을 부지런히 익힌 기초 위에서 실제 업무를 실습해야 한다. 업무 실습의 주요 내용은 판례문을 베끼는 것이었다. 청대를 예로 들면 『대청율례大淸律例』의 법률 조항은 함부로 바꾸지 않았지만 관련 판례문은 늘 변화되어왔고, 그 판례문은 수시로 공표되어 보관되었다. 판례문의 변화가 아주 많았기 때문에 그것을 인용할 때 바로 필요한 것을 찾아내기가 매우 어려웠다. 이 때문에 사야들은 자신들만의 방법을 찾아냈다. 작은 종이 조각에 판례문의 처리법을 관련 법률 조항 옆에 붙여놓는 것이었다. 지금으로 말하자면 메모한 스티커를 붙여놓는 식이었다. 그러면 해당 법률 조항이나 문서를 찾을 때 그와 관련한 예문을 쉽게 찾아 일이 훨씬 편해졌기 때문이다. '막사'는 도제에게 이런 예문들을 베끼게 하고 그 베끼는 과정을 통해 자세히 살피게 하는 한편 스스로 끊임없이 새로운 예문을 정리하게 함으로써 이전의 정보에다 자기만의 새로운 내용을 보충할 수 있게 한 것이다.

막부와 관련한 공부를 하겠다고 지원한 사람은 대부분 젊은이들로, 일반적으로 10대에서 20대였다. 물론 3, 40대에 와서 공부를 시작하려는 사람들도 있었다. 학습 시간은 정해진 바는 없었지만 학습자의 자질과 성적, 노력과 진도에 따라 결정되었다. 일반적으로 자질이 좋은 도제는 3년 정도면 과정을 끝낼 수 있었고, 자질이 상대적으로 떨어지면 6, 7년이 걸리기도 했다. 물론 그보다 더 모자란 사람이면 더 길어질 수밖에 없었다.

2) 취막就幕

도제가 스승 '막사'를 모시고 공부를 마치면 '막사'를 떠나 취업 길에 나서야 한다. 사야가 되기 위한 첫걸음은 막부를 찾는 것이다. 이때의 막부를 흔히 '막관幕館'이라 불렀고, 이 막부 또는 막관을 찾은 일을 '취막' 또는 '모관謀館'이라 불렀다. 막부나 막관에 들어가기 위한 선결 조건이라 할 수 있었다.

거의 모든 지역에서 막관이나 막부를 찾는 사람이 많은 반면 자리는 적었다. 공급이 많고 수요가 적은 이런 상황은 강자는 많고 약자가 적은 국면을 조성하여 막관을 찾는 사람들 사이에 격렬한 경쟁이 벌어졌다. 막료, 즉 사야가 되기란 아주 어려울 수밖에 없었다. 물론 이름난 사야 또는 쟁쟁한 막사가 있으면 자리 찾는 일은 그다지 걱정할 것이 없었다.

이제 막 공부를 마친 사람이 처음 자리를 찾을 때 가장 좋은 통로는 스승이나 친구의 추천을 거치는 것이다. 이것이 막관을 찾는 가장 쉬운 길이었다. 그 밖에 '모관이 어려운 사람도 너 나 할 것 없이 이런저런 줄을 찾아 추천을 부탁했기 때문에 추천장이 한 수레를 싣고도 남을 정도로 여기저기를 날아다녔다. 막관을 찾기 위해 많은 모관 후보자들은 갖은 궁리를 다 했고, 심지어 남에게 손해를 끼치면서까지 목적을 달성하려 했다. 추천자는 자신이 맡은 모관 후보자를 크게 칭찬하기 마련이다. 그리고 대부분의 상황에서 추천자는 일반적으로 일정한 지위가 있는 사람이다. 그들은 관리나 막주의 동료이거나 다른 지방의 관리이며, 때로는 관리나 막주의 사야이기도 하다. 어쨌거나 추천자는 막주 또는 관리와 일정한 관계를 가질 수밖에 없는 사람이었기에 일반인은 추천자가 될 수 없었다.

대부분의 상황에서 지위가 관리나 막주보다 낮은 사람의 추천을 받은 사람은 나름 재능과 학식을 갖추었기 때문에 간단한 시험이나 일을 맡긴 후에 받아들인다. 권세가 있는 관원과 상사의 사야가 추천한 사람을 뽑을 때는 상황이 크게 다르다. 추천을 받은 사람이 관리나 막주의 마음에 들지 않더라도 상사의 권세와 체면이 있기 때문에 마지못해 받아들이기도 하기 때문이다. 추천을 받아 기용한 자가 일을 하지 않거나 아예 오지 않아도 관리와 막주는 상사의 눈 밖에 나지 않으려고 울며 겨자 먹기로 이들에게 월급을 주기도 했다. 물론 일부 관리와 막주들은 실천 과정에서 자신이 직접 사야를 물색하지 다른 사람의 손에 맡기지 않기도 했다.

일반적으로 막주가 사야를 초빙하는 기준은 덕과 재능을 겸비하고, 일에 능숙하고, 믿을 수 있는 충성심을 갖고 있느냐였다. 관리와 막주는 많은 일을 사야에 의존할 수밖에 없었기 때문이다. 사야가 이런 자질을 갖추지 못하면 주인을 만족시킬수 없다.

막주가 사야를 초빙하여 선택하는 것과 마찬가지로 막주의 초빙에 대해 사야의 선택이라는 문제도 있었다. 사야가 일단 초빙을 받아들여 일을 하게 되면 몸과 마음을 다해 막주를 위해 일해야 했기 때문에 경솔하게 받아들였다가 취임한 후 어려운 일을 발견하게 되면 진퇴양난이기 때문이다. 초빙을 받아들이기에 앞서 사야는 신중하게 고려해야 한다. 초빙을 받아들이는 것이 적절치 않다면 정성껏 예를 갖추어 막주에게 공손히 사양해야 한다. 요컨대 사야와 막주 사이는 쌍방 선택의 관계라 할수 있다.

3) 입막入幕

사야가 막주나 관리의 초빙을 받아들이면 사야는 드디어 막부로 들어가게 된다. 이를 '입막'이라 한다. 이때 관리나 막주는 몸소 문을 나서서 관련 문서, 즉 관서關書와 그에 따른 사례금을 보내야 한다. 관서는 사야를 모시는 전용 문서로 빙서聘書라고도 한다. 공식 초청장과 임명장을 합친 문서로 보면 되겠다. 관서는 나름 형식이 있었다. 일반적으로 붉고 큰 봉투 겉면에 '관서'라는 두 글자를 쓰고, 안에는 모시는 사야의 성명, 일하게 될 부서와 관련 사무, 월급의 액수를 적고 삼가 모신다는 글과 날짜를 보탠다. 관서의 문장은 어렵지 않게 완전히 평등한 관계로 써야지 일정한 효력이 있고, 그래야 함께 일하는 계약서에 상당한다. 관서를 전달하고 나면 흔히 막주는 큰 술자리를 마련하여 사야를 환영한다.

사야의 선발은 막후에서 획책하기 마련이다. 타인을 위해 옷을 입는 것은 그저 경제적 실익 때문이지 관리가 되고 안 되고의 문제가 아니다. 중국의 전통은 과거를 통해 입사하는 것이고, 사야라는 자리는 비정상이었다. 그러나 사야라는 길을 통해 관리가 된 사람이 없는 것도 아니었다. 막료로서 사야로서 뛰어나면 관리가 될 수도 있었는데 좌종당左宗棠(1812-1885)이 대표적인 사례였다.

좌종당은 청나라 말기의 유명한 인물이었다. 과거에 급제했지만 벼슬길에 오르지 못해 하는 수 없이 사야로 먹고살았다. 호남 순무 낙병장駱秉章의 사야가 되어 뛰어난 재능을 발휘, 실제로 대권을 잡았다. 순무라는 이름만 없었지 장장 6년 동안 순무의 직권을 행사했다.

청나라 때의 관료 사회는 관리들이 정무를 사야에게 넘겨 처리하게 하고 자신들은 한가하게 지내는 것이 관례였다. 그렇다고 사야가 정무를 주관한다는 규정이 있는 것도 아니었다. 사야의 권한과 힘은 한계가 뻔했고 사야는 어디까지나 사야에 지나지 않았다. 이것이 사야에게 주어진 테두리였다.

다시 좌종당 이야기로 돌아와서, 당시 호광湖廣 총독 관문官文은 낙병장과 사이가 아주 좋지 않아 늘 보복할 기회를 노리고 있었다. 그러다 영주진永州鎭의 번섭樊燮이란 자가 호남의 사야에 불과한 좌종당이 순무의 정무를 장악하고 있다고 도안원都案院에 보고를 올리자 관문은 이 일을 조정에 보고했다.

얼마 뒤 조정에서 관문에게 실상을 조사하라는 황제의 전지가 내려왔다. 좌종당이 피해 갈 구멍은 없어 보였다. 관료들 사이의 알력과 갈등에 따른 희생양이 될 것이 뻔했다. 그러나 좌종당이 6년에 걸쳐 이미 이런저런 관계망을 형성하여 빠져나갈 든든한 문을 진즉 구축했을 줄 누가 알았겠는가?

한림원의 편수 곽숭도郭嵩燾는 좌종당과 같은 고향 출신으로 정보망이 남달랐다. 좌종당은 일찌감치 그와 관계를 맺는 동시에 곽숭도를 통해 조정의 권신들과 대거 관계망을 구축했다. 좌종당을 구하기 위해 곽숭도는 왕탁운王鐸運을 찾았고, 왕탁운은 황제의 총애를 받고 있는 숙순肅順과 관계가 돈독했다.

왕탁운은 숙순을 만나 좌종당의 상황을 해명했다. 숙순은 관료 사회에서 굴러먹은 노련한 인물인 데다 만주족 귀족 중에서는 드물게 두뇌가 명석했다. 그는 만주족의 통치를 위해서는 한족의 재능이 필요하다는 현실을 잘 알고 있었다. 만주족에는 쓸 만한 인재가 없는 데다 좌종당이 낙병장의 사야로 있으면서 적지 않은 성과를 냈다는 사실도 잘 알고 있었다. 이런 모든 것들이 자신의 마음과 딱 맞아떨어졌다. 숙순은 기꺼이 이 한족 인재를 구하고자 소매를 걷어붙였다. 그러나 이 상황을 해명할 증거가 없었다. 숙순은 왕탁운에게 사람을 찾아 좌종당을 보천保薦하라고 일렀다. '보천'이란 보증을 서는 것과 같은 뜻으로, 그 기회에 상황을 설명할 수 있었기 때문이다.

사람을 찾아 보증하는 일은 식은 죽 먹기였다. 좌종당과 관계를 맺고 있는 고위 관리들이 100명은 족히 되었기 때문이다. 이윽고 경성의 번조음潘祖蔭, 호북 순무 호림익胡林翼이 황제에게 보증서를 올렸다. 특히 호림익은 뛰어난 인재를 구하여 보충하는 문제에 대한 글을 썼는데, 좌종당을 가리켜 "크게 쓸 수 있는 인재"이며 "이름이 천하에 퍼지면 비방도 따르기 마련"이라고 덧붙였다.

함풍제咸豐帝는 앞서 좌종당을 탄핵하는 보고서를 받았는데, 이번에는 좌종당을 비호하는 보증서가 올라오자 어쩔 줄 몰랐다. 함풍제는 숙순을 찾았고, 숙순은 기다렸다는 듯이 좌종당이 낙병장을 위해 일하면서 많은 공적을 올렸다고 변호했다. 낙병장이 지금까지 세운 공은 모두 좌우의 협조 덕분이었다면서 지금처럼 천하가 어지러울 때는 사람을 잘 써야 하고 인재를 아껴야 한다고 덧붙였다. 숙순은 또 관리들이 써낸 보증서를 베껴 관문에게 넘겨주어 일 처리에 참작하게 하라고 건의했다. 함풍제는 숙순의 의견에 동의했다.

황제의 밀지를 받은 관문은 황제가 좌종당을 기용할 뜻을 갖고 있음을 단번에 알아챘다. 그 역시 관료 사회에서 단련된 몸이라 자신의 원한을 풀기는 틀렸다고 판단하여 바로 좌종당에 대한 조사를 중단했다.

좌종당은 이 기회를 역이용하여 조정의 황제와 대신들이 자신의 존재와 재능을 알게 했다. 그로부터 얼마 뒤 증국번과 호림익 등 호남성 출신 대신들의 보증으로 좌종당은 4품의 병부낭중의 자리에 임명되었다. 6년에 걸친 사야의 경력을 통해 두각을 나타낸 좌종당은 마침내 정식 관리가 되었다. 이후 그는 태평천국 진압, 양무운동 등에 탁월한 공을 세워 역사상 이름난 정치가로 남게 되었다.

물론 좌종당이 사전에 마련해둔 관계망의 작용 외에도 태평천국의 기세가 맹렬했던 당시 상황도 크게 작용했다. 청 정부는 태평천국 진압에 한족 출신 인재들의 도움이 절실했기 때문이다. 이는 좌종당이 당시 천하의 대세에 밝고 시세와 해야 할 일을 잘 알았던 결과이기도 했다.

● 태평천국 농민봉기를 진압하는 데 증국번과 함께 가장 큰 공을 세운 좌종당은 사야 출신으로 중앙 관계에 진출한 특이한 이력의 소유자로 남아 있다.

3.
사야의 형상

필자 개인의 경험담이다. 어느 날 한 사람을 만났다. 그는 자신의 출신이 절강성 소흥이라고 했고, 나는 농담으로 "사야답군요."라고 했다. 소흥에서 사야가 많이 배출되었기 때문에 던진 농담이었는데 그는 갑자기 표정이 험악해지더니 마치 큰 모욕이라도 당한 듯 나와 한바탕 싸웠다.

'사야'라는 두 글자를 꺼내 들면 사람들은 그 즉시 테 없는 안경을 쓰고 뾰족한 입에 원숭이 뺨을 하고 연신 눈알을 굴리는 모습을 떠올린다.

왕진충王振忠 선생은 자신의 저서 『소흥사야紹興師爺』에서 사야의 형상을 이렇게 묘사한 바 있다.

"이리 갔다 저리 갔다 하는 모습이 영락없는 소인배, 냄새나는 입에 붓 한 자루. 정말이지 소흥사야의 살아 있는 모습이 눈앞에 펼쳐진다."

이 묘사는 단 한 방으로 후려치려는 의도로 독단적이고 각박한 면이 없지는 않지만, 집단으로서 사야를 말하자면 대체로 틀린 것은 아니다.

직업 집단으로서 사야는 보편적 특성을 갖고 있다. 이런 성격상의 특징을 사람들은 '사야기師爺氣'라 부른다. 사야의 기운, 속된 말로 '사야의 끼'가 되겠다. 이런 성격의 형성은 그 직업상의 특징과 관련이 있을 뿐만 아니라 지방 문화의 영향을 받은 결과이기도 하다.

1) 영리, 근신, 치밀, 교활

사야의 가장 두드러지고 보편적인 직업적 특정은 영리, 근신, 치밀, 교활 등이다.

사야가 주로 맡는 일은 범죄와 관련한 법률, 재정, 문서다. 이 일들은 조금이라도 잘못이 있어서는 안 되는 분야다. 당연히 일 처리가 신중하고 꼼꼼해야 한다. 오랫동안 이렇게 일하면서 몸에 배야 하기 때문에 영리하고 치밀한 소질을 갖추어야 한다. 사야는 관청과 일하므로 관료들과 잘 사귀어야 할 뿐만 아니라 하층 인물들과도 많이 접촉해야 한다. 온갖 부류의 사람들을 두루 알고 지내야 한다. 사야는 자신의 위치를 지키기 위해 사소한 잘못도 해서는 안 된다. 그렇지 않으면 그 대가가 엄중하다. 그들은 좁은 틈에서 생존해야 한다. 그러다 보니 점점 더 영리하고 교활한 성격상 특징을 갖게 되었다. 물론 사야라는 이 직업을 제대로 해내려면 잠재적 소질을 당연히 갖고 있어야지 그렇지 않으면 사야가 될 수 없었다.

사야의 간통 사건 처리

한 젊은이가 같은 마을의 부잣집 아들과 의형제를 맺었다. 이 젊은이는 총명하고 재능이 있어 오랫동안 부잣집 아들을 형으로 모시며 그 집 재산, 세금 따위를 관리해주고 있었다. 당연히 두 집안의 관계는 아주 좋았고, 의형제 사이는 말할 것 없이 친밀했다.

사람 팔자 알 수 없다고 했다. 의형제를 맺은 부잣집 아들이 젊은 나이에 갑자기 병으로 죽는 비극이 발생했다. 자식도 없이 젊은 아내만 남겨두고 떠나버렸다. 그러자 집안사람들은 너 나 할 것 없이 자기 아들을 양자로 들여 이 집안의 가업을 계승시키려는 마음을 먹었다. 이는 물론 이 집의 재산이 탐이 났기 때문이다.

의동생과 형수는 이 사람들의 의도를 잘 알고 있었다. 이에 두 사람은 상의 끝에 누구든 양자 이야기를 꺼내면 이렇게 말하기로 했다.

"저는 미망인인 데다 아직 스물이 안 되어 양자를 들여 키우기가 마땅치 않습니다. 너무 어리면 감당이 안 되고, 나이가 많으면 남들의 구설수에 오를까 겁이 납니다."

그러고는 상대가 뭐라 말하기 전에 "10년 뒤 제가 나이가 들면 그 말씀에 따르겠습니다."라고 못을 박았다.

젊은 과부의 이 말은 충분히 일리가 있었기에 집안사람들은 더 이상 뭐라 할 수가 없었다. 그럼에도 이들은 어떻게 하면 저 집 재산을 차지할까에 몰두하며 무슨 꼬투리라도 잡으려 했다. 일부는 이 젊고 아리따운 과부가 틀림없이 스스로를 지켜내지 못할 것으로 단정하고는 이를 구실로 기회가 오면 그 즉시 그녀를 제거할 마음을 먹었다.

이들은 그녀의 몸종을 돈으로 매수하여 그녀의 일상을 낱낱이 감시하고 보고하게 했다. 아나 다를까, 이들의 예상대로 이 젊은 과부는 죽은 남편의 의동생인 이 젊은이와 정분이 나고 말았다. 남편이 살아 있을 때도 가깝게 지낸 데다가 남편이 죽은 뒤로는 더욱 의지하게 되어 결국은 한 이불을 덮고 말았던 것이다.

몸종은 이 사실을 바로 집안사람들에게 알렸다. 어느 날 밤, 집안사람들 몇몇이 두 사람이 한 이불에 들어가길 기다렸다가 일제히 고함을 지르며 내실로 들이닥쳤다. 두 남녀는 실오라기 하나 걸치지 않은 채 이불에 둘둘 말려 밧줄로 묶이는 신세가 되었다. 그러고는 도살장으로 끌려가는 돼지처럼 관청으로 끌려갔다.

이렇게 이 집의 재산에 눈독을 들이고 있던 자들의 계략은 성공했다. 모두들 기뻐 어쩔 줄 몰랐다. 간통을 저지른 과부는 청나라 법에 따르면 먼 곳으로 유배를 보내는 처벌이었다. 이 젊은 과부 역시 예외가 될 수 없었다. 그렇다면 이 집의 재산은 이 일을 꾸민 자들의 손에 들어갈 수밖에 없단 말인가?

이 일은 이내 의동생, 즉 젊은 의형수와 간통을 저지른 젊은이의 아내 귀에도 들어갔다. 아내는 분을 참을 수 없었지만 그래도 자신의 남편이 관아로 끌려가 처벌을 받게 생겼으니 안타깝고 안쓰러웠다. 추방을 당하면 나는 어떻게 살지? 온갖 생각이 다 들었다. 정신이 나간 아내는 형벌을 돕고 있는 관아의 사야인 오씨 집을 찾아 남편을 구할 방법이 없겠냐며 애원했다.

오 사야는 사정을 다 듣고 난 다음 "현장에서 들켜 잡혔으니 무슨 말을 할 수 있겠소?"라고 입을 뗐다. 아내는 황급히 무릎을 꿇고 애걸복걸하면서 가지고 온 은자를 꺼내 건넸다.

오 사야는 잠시 생각하더니 "당신 처지도 참 딱하게 되었소. 이렇게 합시다. 당신이 내가 하라는 대로 한다면 어쩌면 일을 되돌릴 여지가 있을지도 모르겠소."라고 했다. 남편을 구해야만 하는 절박한 아내는 무조건 그 말에 따르겠노라 대답했다.

오 사야는 그녀에게 머리를 산발하고 옷차림도 풀어헤친 채 건장한 아녀자의 부축을 받고서 울며불며 관아로 가라고 했다. 당시 집안사람들이 간통한 두 남녀를 잡아 관아에 넘겼을 때가 3경이라 관아 문은 닫혀 있었다. 야간 당직을 서는 사람이 그들에게 숙소에 잠시 머물렀다가 아침 관아 문이 열리면 다시 보고하라고 했다. 그리고 꽁꽁 묶인 이 남녀는 밀실에 일단 가두었다. 집안사람들은 밖에서 날이 밝을 때까지 기다렸다. 날이 밝으면 그 집 재산은 그들 차지가 된다.

이때 오 사야가 두 여자를 데리고 관아로 들어섰다. 한 여자는 끊임없이 눈물을 흘리며 울고 있었다.

오 사야를 본 관원은 놀란 표정으로 "선생, 이 깊은 밤에 무슨 일로 여기까지 오셨습니까?"라고 물었다. 오 사야는 울고 있는 여인을 가리키며 말했다.

"이 사람은 내 사촌 여동생이고 방금 잡혀 온 남자가 그 남편인데 남편이 틀림없이 피살되었을 것으로 잘못 알고는 이렇게 한없이 울고 있소. 내가 간통으로 잡혔다고 해서 함부로 사람을 죽일 수 없다고 아무리 말을 해줘도 도무지 믿질 않소. 직접 자기 눈으로 남편을 봐야 그만둘 것 같아 이렇게 데리고 왔소이다."

오 사야는 여자가 준, 보자기에 싼 은자를 건넸다. 관원은 오 사야가 어떤 사람인지 잘 알고 있었고, 게다가 은자까지 받고 보니 사정을 못 봐줄 것 없었다. 그는 "선생의 사촌동생인 데다 들어가서 한번 보는 일이 뭐 문제될 것 있다고 이렇게까지 하십니까?"라며 건장한 아녀자로 하여금 오 사야의 사촌동생을 부축하게 해서 밀실로 들어갔다. 오 사야와 관원은 밖에서 이런저런 쓸데없는 이야기를 한참 나누었다.

얼마 뒤 날이 밝아 관아의 문을 열 시간이 되었다. 오 사야는 "동생, 얼른 나와 집으로 돌아가야지."라고 고함을 쳤다. 산발한 여인이 얼굴을 가린 채 건장한 아녀자의 부축을 받으면서 밀실에서 나와 고개를 숙인 채 자리를 떴다. 오 사야도 관원에게 인사를 하고, 가마에 그녀를 태워 집으로 돌려보냈다.

관아의 문이 열리고 현관의 큰 나으리 현령이 청으로 납시었다. 집안사람들이 바로 달려와서 보고했고, 관원이 간통한 남녀 두 사람을 끌고 나왔다. 그 전에 옷은 입혔다.

현령은 남자를 향해 엄중한 목소리로 "네놈도 배운 사람인데 어찌 과부와 간통을 저지르는 엄중한 범법 행위를 저질렀단 말이냐."라며 나무랐다.

그런데 이 두 남녀는 차분한 목소리로 "남편과 아내가 한방에서 사는 것은 인륜이거늘 무엇이 안 되며 어떤 법을 어겼단 말입니까?"라고 댓거리를 했다.

현령은 짐짓 놀란 표정을 지으며 "너와 함께 끌려온 저 여자가 네 아내란 말이냐?"라고 물었다.

"어찌 아니겠습니까!"

"네 아내가 어째서 과부 집에서 함께 산단 말이냐?"

"저와 이 집은 전부터 아주 가깝게 지내면서 그 집의 관리를 도왔습니다. 저의 의형님께서 세상을 떠나고 형수는 과부가 되었습니다. 이 집을 돌봐야 하는 저는 다른 사람들의 의심을 피하기 위해 아내와 함께 그 집에 살았던 것입니다. 그런데 뜻하지 않게 저 집안사람들이 우리 부부를 다짜고짜 묶어 관아로 끌고 온 것입니다."

현령은 바로 여자를 불러오게 했고, 아니나 다를까, 그의 아내가 틀림없었다. 다짜고짜 내실로 쳐들어가 두 남녀를 이불로 싸서 오랏줄로 묶은 뒤 바로 관아로 달려온 집안사람들은 한순간 바보가 되어 아무 말도 하지 못했다.

현령은 벼락같이 화를 내며 주동자 등에게 곤장 30대를 치라고 엄명하고 두 남녀를 돌려보냈다. 집안사람들은 남을 해치려다 도리어 두들겨 맞았다. 삶은 오리가 어찌 하늘을 날 수 있겠는가?

집으로 돌아온 부부는 오 사야에게 정중하게 사례했다.

따뜻한 고향 같았던 감옥

청 왕조 도광道光 연간(1821-1850)에 부잣집 아들 하나가 살인을 저지르는 심각한 사건이 있었다. 현·부·도에서는 물론 성에서도 '즉시 목을 벤다'는 판결이 내려졌다. 죽음을 피할 길은 없어 보였고 형부의 최종 공문이 오면 바로 집행될 상황이었다.

이 귀하신 도련님은 아직 혼인도 안 했고 당연히 대를 이을 자식도 없었다. 불효 가운데 가장 큰 불효가 후사가 없는 것이라 했다. 더욱이 이 집안은 3대째 외아들이라 온 집안이 나서서 이놈의 목숨을 구하려 애를 썼다. 적지 않은 돈이 들었으나 도무지 딱 떨어지는 사람을 못 만난 탓인지 중간에 다리를 놓아주겠다는 자들이 다 소용이 없었다.

부잣집 주인은 자기 집안의 후손이 끊어지는 것을 눈 뜨고 봐야 할 판이었다. 또 이 많은 재산을 이어받을 자식이 없어지는 상황인지라 어찌할 바를 모르고 우왕좌왕했다. 그러다 '귀견수鬼見愁'라는 별명을 가진 형명 사야를 후한 예물로 청하여 차선책이라도 구하고자 했다. 귀신도 울고 간다는 별명답게 이 사야는 기발한 대책을 잘 내기로 이름이 높았다. 주인은 아들 목숨은 못 구하더라도 딸이라도 좋으니 혈육 하나라도 남기고 갈 방법이 없겠냐며 이 사야에게 방법을 구한 것이다.

사야는 방법이 있긴 하지만 꼭 아들을 낳을 수 있다는 보장은 없다고 했다. 아들을 보내주신다는 관음보살 외에 누구도 감히 보증할 수 없었기 때문이다. 부잣집 주인은 방법만 있다면 돈이 아깝겠냐며 무조건 따르겠다며 좋아라 했다. 사야는 옥에 있는 아들을 앞으로 석 달 더 살 수 있게 하겠다면서 그사이 얼마의 돈이 들건 아주 건강한 여자를 구하여 아들에게 보내 함께 지내도록 하라고 했다. 물론 아들이 갇혀 있는 감옥과는 이미 이야기가 끝나 방해 없이 드나들 수 있게 되어 있었다. 이렇게 매일 새벽 누군가 감옥의 뒷문에서 여성을 맞이하여 아들이 있는 곳으로 안내하게 했다. 그사이 이 여성은 부잣집에 머무르며 보살핌을 받았다. 이 석 달 사이 좋은 소식이 없으면 돈을 받고 집으로 돌아가면 되고, 행여 좋은 소식이 있으면 아이를 낳을 때까지 머무른 후 가고 싶으면 돌아가고 남고 싶으면 남아도 좋다는 약조를 했다.

십여 일이 지난 어느 날 형부의 문서가 도착했다. 물론 마지막 판결 문서였고, 즉시 목을 베라는 것이었다. 이 문서가 오면 상관에게 보고한 뒤 바로 형장으로 끌고 가 목을 벨 수밖에 없다. 지현이 대청에 올라 자리를 잡으면 6방과 소속 관원들이 모두 나와 이를 지켜본다. 그리고 망나니가 큰 칼을 들고 준비하면 죄인을 끌고 나온다. 공문이 열리고 지현이 읽기만 하면 끝이다. 앗! 그런데 이게 웬일인가? 공문의 내용이 완전히 달랐다. 이름도 다르고, 사건 내용도 다르고, 지역도 달랐다. 귀주貴州로 가야 할 공문이 절강浙江으로 온 것이다.

처결할 공문이 없으니 사람을 죽이는 처형은 집행될 수 없었고, 범인은 다시 감옥으로 돌아가 진짜 공문이 올 때까지 기다려야 했다. 절강에서 경성까지는 아무리 느려도 20일이 채 걸리지 않는다. 하지만 귀주로 이 공문을 보내고, 다시 귀주는 바뀐 문서를 형부로 보내려면 왔다 갔다 석 달은 족히 걸린다. 이 덕분에 귀주의 범인은 돈 한 푼 쓰지 않고 석 달을 더 살게 되었다.

이는 말할 것 없이 '귀견수' 사야가 손을 쓴 결과였다. 진즉 형부의 주관자를 움직여놓았던 것이다. 이자는 실수로 감봉 석 달을 받게 되겠지만 그래봐야 은자 수십 냥에 불과했고, 이 실수의 대가로 받은 돈은 은자 1천 냥이 넘었으니 충분히 해볼 만한 거래였다.

2) 분노, 각박, 보복

쉽게 화를 내고, 각박하고 작은 일에도 반드시 보복하는 것도 사야의 성격상 큰 특징들이다. 사야는 막주 아래에서 특수한 지위에 있는 존재다. 평소 막주는 주요하게 사야에 의존하며 그들을 우대한다. 그들을 상객으로 받들었고 이것이 사야의 성질을 나쁜 쪽으로 조장했다. 그들은 막주가 자신들을 떠날 수 없음을 알기 때문에 점점 간이 커졌다. 그들은 막주의 수하들에 대해 이런 성질을 부렸고, 아랫사람들이라면 당연히 그들을 어찌할 수 없었다. 이런 특성은 막주가 부추긴 결과였다.

사야는 평소 영리하고 조심스럽게 일을 처리하기 때문에 일 처리를 각박하게 하는 습관도 길러졌다. 모든 일에 진지하게 죽기 살기로 매달리기 때문에 다른 사람의 요구에 지나치게 각박할 뿐만 아니라 어떤 때는 사람의 정조차 나 몰라라 한다. 오랫동안 조심스럽게 처신해야 하는 환경에서 살아야 했기에 사야는 사소한 일이라도 자신을 건드리면 반드시 복수하는 특성도 생겼다. 그들은 사람과의 관계에 대해 지나치게 민감하고, 심지어 신경질적이며, 다른 사람에 대해 늘 의심하고 계산한다. 이런 좁은 속이 그들의 보복 심리를 결정했고, 무엇이든 잘 계산하는 이런 특징 때문에 누군가 사야에게 밉보이면 고의든 아니든 그들은 기회를 봐서 보복한다.

청 초기 학계의 최대 사건

강희 연간(1662-1722) 경성의 연극반인 희반자戱班子 중에서는 내취반內聚班이 제일이었다. 당시 전당의 태학생 홍승洪升(1645-1704)이 쓴 희곡『장생전長生殿』전기가 막 완성되어 내취반을 통해 공연되었다. 공연을 관람한 강희제는 크게 흡족해하며 청찬을 아끼지 않는 한편 연기한 배우들에게 백은 20냥을 상으로 내렸다. 게다가 친왕들에게 이 연극을 크게 청찬했다. 친왕들과 내각 대신들은 황제의 뜻에 영합하기 위해 연회 때마다 반드시 이 연극을 공연하고 상금의 액수도 황제와 똑같이 주었다. 이 덕분에 내취반은 인기가 폭발하여 얼마나 많은 상금을 받았는지 알 수가 없을 정도였다.

'음수사원飮水思源', 즉 물을 마실 때 그 물이 어디서 왔는지 생각하라고 했다. 내취반의 반원들은 이 연극의 원작자에게 감격할 수밖에 없었다. 그래서 홍승에게 "앞으로 당신이 새로운 작품으로 더 많은 상을 받길 학수고대하고 있으며 당신을 위해 우리가 연회를 열어 감사를 드리려 하니 당신을 포함하여 주위 친구들 모두를 모시고 오십시오."라는 초청장을 보냈다.

홍승도 사양하지 않고 경성에 있는 각계각층의 명사들을 초청했다. 이렇게 해서 하루 만에 내로라 하는 명사들이 모이게 되니 경성 문예계의 큰 행사가 되었다.

그러나 이것이 한 사람의 심기를 건드렸다. 그는 상숙현常熟縣 출신의 조징개趙徵介라는 자였다. 조징개는 당시 왕씨 집안에서 사야 겸 선생을 지내고 있었는데 이 일을 왕씨에게 알리면서 황제에게 가서 보고하라고 부추겼다. 그러면서 황태후가 세상을 떠난 기일에 홍승이 크게 술자리를 연 것은 불경죄이니 법으로 다스려야 한다고 덧붙였다. 보고를 받은 황제는 대로하여 형부에서 이 일을 처리하게 했다. 그리하여 그 연회에 참석한 사대부와 유생 등 50명은 제명을 당했다. 조찬선趙贊善과 사사련查嗣連 등과 같은 태학생은 이름난 인재들이었는데 그중 조찬선은 이 일로 평생 기용되지 못했고, 사사련은 사신행查慎行(1650-1727)으로 이름을 바꾸고서야 진사로 급제할 수 있었다. 사사련은 이 일로 엄청난 고통을 당한 끝에 '신행慎行', 즉 행동에 신중해야겠다고 마음을 먹고 이렇게 이름을 바꾸었는지 모른다. (여담으로 한 가지 더 언급

한다. 홍콩의 언론인이자 중국 무협소설의 대가인 김용金庸의 선조가 바로 사신행이다. 김용의 본명은 사량용查良鏞이고 이름 끝 글자인 용鏞을 나누어 필명 김용으로 삼았다. _ 옮긴이)

● 경성의 연극인들과 극작가 홍승이 마련한 축하 술자리는 뜻밖에 큰 소동으로 이어졌다. 이 사건은 속좁은 사야 특유의 개성을 잘 보여준 사례로 남아 있다. 사진은 홍승을 기념하기 위한 우표이다.

재주꾼 홍승이 어쩌면 상숙현 사람인 조징개를 알았을 수 있다. 같은 고향이라 해도 조징개가 사야 겸 글 선생으로 당연히 경성의 명사 축에 들지 못했기 때문에 그를 안중에 두지 않았을 것이다. 그러나 홍승이 조징개라는 자를 전혀 몰랐을 수도 있다.

사야와 글 선생이라면 그 지위가 그래도 높은 편이었다. 현령이 연회를 열면 반드시 두 자리를 만들어야 했다. 하나는 당연히 사야 몫이고, 나머지 하나는 글 선생이 앉는 자리다. 그들과 막주의 관계는 매우 가까웠다. 따라서 그들이 하는 말은 모두가 중시하고 받아들인다. 사야 같은 부류는 자존심自尊心과 스스로를 비하하는 자비심自卑心이 아주 강해 벼슬과 권력이 없어도 누가 자신을 무시하는 것을 가장 두려워하고 특히 세세하고 사소한 일을 중시한다.

홍승이 경성의 명사들을 초빙하면서 자신을 초청하지 않은 것, 이것이 사야 특유의 자존심 내지 자기 비하라는 신경을 건드렸다. 그리하여 시기와 질투심이 발동한 끝에 꼬투리를 잡아 한바탕 큰 소동을 일으킨 것이다. 누가 말했던가? 진흙 속의 미꾸라지는 큰 물결을 일으킬 수 없다고. 어쨌거나 이 사건은 사야의 보복 심리의 특징을 잘 보여주었다.

물론 일부 이름난 사야들은 굽히지 않는 강골 기질의 특징을 보여주기도 한다. 이런 사람들의 성격상 특징은 재주와 능력이 뒷받침되기 때문에 나타난다. 재능을 믿기에 자신만만하다. 그렇지 않으면 다른 사람의 발길에 차이기 십상이다. 따라서 이를 사야의 보편적 특성이라고 할 수는 없다.

3) 원만, 평범, 아첨
───────────

사야는 원만하고 평범하며 아첨을 잘 하는 특징도 갖추고 있다. 이는 물론 모든 사야의 공통된 특징은 아니지만 대부분의 사야, 특히 자질이 상대적으로 떨어지는 사야들이 갖고 있는 성격이다. 자질이 좀 떨어지는 사야는 믿을 만한 밑천이 없기 때문에 이름난 사야들처럼 자리를 던지겠다고 하면 던질 수 있는 그런 사람들이 아니었다. 이들은 여기에 사야 자리가 없으면 사야가 머물 자리는 절로 나타난다는 생각을 갖고 있는 호탕한 사람들이 아니었다. 작은 자리와 일거리를 찾지 않으면 안 되는 사람들이었다. 이 때문에 이런 사야들은 막주에게 한껏 아부하고 비위를 맞추면서 갖은 방법으로 막주의 환심을 사서 자기 밥그릇을 지키려 했다.

한 글자를 두 번 나누어 쓰다

송나라 신종神宗 희녕熙寧 연간(1068-1077) 조정에 상서·중서·문하의 3성을 설치하여 정사를 주관하게 했다. 모든 명령의 반포는 중서성에서 나와야 했다. 재상이 인재를 추천하고, 문서를 기초하고, 사람을 파견하고, 관직을 수여하는 등등 모든 일은 반드시 중서성을 먼저 거쳐야만 했다. 문하성은 심사와 관찰, 조서와 명령에서 적당치 않은 곳을 바로잡는 감독 기관에 지나지 않았다. 상서성은 명령에 따라 일을 행하는 집행 기관일 뿐이었다.

이렇게 보면 3성 중에서 중서성의 권력이 가장 컸다. 인사권이 있었기 때문에 사대부들이 희망하는 관직을 얻으려면 중서성에서 판정하는 '중中'이란 글자를 받아야 했다. 그러나 그 희망대로 이루어지는 경우는 그리 많지 않았다.

왕모가 재상을 지낼 때의 일이다. 그는 중서성의 막강한 권력에 맞서 처신을 잘했고, 이 때문에 그의 권력이 오히려 커졌다. 그러나 벼슬을 구하는 사람이 너무 많아 모든 사람을 다 만족시킬 수가 없었다. 그러다 보니 자연 불만을 품는 자가 생겼다. 사실 누군가의 불만을 사는 것은 관료 세계에서 가장 꺼리는 일이다.

바로 이때 사야가 이런 상황의 문제점을 잘 찾아서 한 가지 묘수를 냈다. 그를 찾아 벼슬을 구하는 모든 사람에게 그는 그 자리에서 '중' 자를 써주었고, 당사자들은 당연히 너 나 할 것 없이 열렬히 기뻐하며 왕모에게 감사를 나타냈다. 그러나 이 '중'이란 글자에는 진짜와 행서체, 초서체 세 종류의 구별이 있었고, 해당 관청의 관리는 왕모의 의중을 은연중에 알아챘다. 즉, '중' 자를 얻었다고 다 벼슬을 구하는 것이 결코 아니었던 것이다. 이에 따라 '중' 자는 다시 왕모에게 보고될 수밖에 없었다. 물론 구직자는 이런 상황까지 알 수가 없었다. 이렇게 해서 탈락한 사람의 '중' 자에는 한 획이 더 그어져 '신申' 자가 되었다.

이런 묘안을 낸 사야는 정말 기발한 인물이었다. 한 글자를 두 번에 나누어 쓰게 함으로써 막주를 대신하여 책임을 미루었을 뿐만 아니라 원망이 아닌 감사까지 막주가 받게 했으니 말이다. 나아가 인심까지 얻고 보니 정말이지 일거양득을 넘어 하나로 여러 가지를 얻어냈다.

4.
소흥紹興은 어째서 사야를 많이 배출했나

지방마다 지방의 특산이 있다. 이를테면 산동의 장구章丘 지역에서 나는 파는 생산량이 많을 뿐만 아니라 품질도 좋다. 다른 지역에서도 파가 나긴 하지만 장구의 파처럼 많이 나지도 않고 맛도 따르지 못한다. 사야로 말하자면 절강성 소흥이 이와 비슷하다. 소흥은 사야를 가장 많이 배출했을 뿐만 아니라 자질도 상급이다.

예로부터 소흥은 모사가 많이 출현했다. 소흥은 남다른 지혜와 영민한 모사로 천하에 명성을 떨쳤다. 중국의 수천 년 관료 정치에서 막료 계층으로서 소흥의 모사들이 활약하지 않은 때는 없었다. 특히 청나라 시대에는 지역성과 전문성이 아주 강한 막료집단, 즉 '소흥사야'가 형성되었다. 통계에 따르면 소흥사야의 전성기에 사야라는 직업에 종사한 사람이 1만을 넘었다. 소흥의 어떤 사람은 "내 고향에서 사야에 종사하는 자가 적어도 1만 집안은 될 것이다."라고 했다. 1만 집안은 소흥사야의 성황을 가리키는 숫자가 되었다.

"막료가 없으면 관아가 돌아가지 않는다."는 말이 있다. 관료 기구 내에서 사야의 작용이 막대하다는 뜻이다. 그리고 이들 사야는 소흥에서 가장 많이 나왔다. 그 래서 이 말은 "소흥사야가 없으면 관아가 돌아가지 않는다."로 바꾸어도 무방하다. 소흥은 사야의 대명사가 되었다. 사람은 이런 말로 소흥사야가 청나라 정부 관아에 서 지위가 얼마나 대단했던가를 형용하곤 한다.

소흥사야는 형법과 재정 등 위로는 나라의 정책, 아래로는 백성의 일까지 다 관 장했다. 또 그들 사이는 친구, 스승과 제자, 동료 등의 관계가 많았다. 이런 관계를 통 해 그들은 서로 연계하고 소통했다. 특히 소흥사야는 전국의 모든 성·도·부·주·현에 이르기까지 크고 작은 정부의 관아 내에 종횡으로 하나의 큰 그물망을 형성하여 빠 른 속도로 정치·경제·군사·사법 등 각 영역에 침투했다. 그리하여 성을 중심으로 지역 성이 강력한 정치 막부를 형성했다. 이들 소흥사야를 핵심으로 하는 성급 정치집단 은 위로는 조정, 아래로는 주현에 이르기까지 모든 공공 사무를 통제했고, 심지어 총 독과 순무, 주현의 직권 일부까지 훔쳤다. 건륭제 때의 기록인『청고종실록』에는 당시 의 이런 상황이 잘 나타나 있다. 이런 상황이었기에 봉건 관료기구 직능의 발휘를 자 신의 이익과 연계시키기 위해 각지의 상인, 지방의 신사, 각급 행정관리 등과 집단은 너 나 할 것 없어 소흥사야와 손을 잡았다. 심지어 그 지위가 특출하고 권력이 막강 했던 증국번, 이홍장李鴻章 등과 같은 대신들조차 소흥사야를 달리 보며 함부로 그들 의 신경을 건드리려 하지 않을 정도였다. 자신의 앞날과 부귀영화 및 승진이 소흥사 야와의 관계에 크게 달려 있다는 사실을 그들도 의식했기 때문이다.

증국번은 형법을 담당하고 있는 형명 사야에게 한 차례 혼이 난 적이 있다. 당시 증국번은 휘주徽州에서 양강총독으로 있었다. 당시 그는 언로를 크게 열어놓는 덕정 을 표방하며 지방 행정의 폐단을 자신의 서명 없이 언제든 마음껏 써서 건의할 수 있 는 상자 하나를 설치했다. 이는 지금으로 보자면 건의함 같은 것이었는데, 이로써 고 자질 바람이 크게 불기 시작했다. 이 때문에 소속 주현의 장관들은 걱정이 태산이었다. 자신들의 치부가 상부에 보고될 것이 뻔했기 때문이다. 그런데 어떤 현 관아에서 일하는 형명 사야 하나가 "사흘을 넘기지 않고 틀림없이 그 상자는 철거될 것입니다." 라며 자신 있게 말했다. 아니나 다를까, 바로 다음 날 그 상자는 철거되었다. 알고 봤더니 이 형명 사야가 하루에 서명이 없는 수십 장의 건의서를 써서 상자에 넣었는데 그 내용이 모두 증국번을 욕하는 것이었다. 증국번은 화가 머리끝까지 뻗쳤지만 범인을 찾을 수도 없고, 결국 이 언론 개방도 취소되었다.

이 사야는 대담하기도 하고 간사하기도 했다. 그가 사용한 방법 또한 비열했다. 그가 구사한 이 수법은 "그 사람의 방법으로 그 사람을 다스린다."는 것이었다. 증국번은 수신·입덕·군사·정치 모든 방면의 모범으로 봉건사회의 마지막 성인으로 추앙받던 인물이다. 그러나 이 사건으로 볼 때 그의 가슴은 명성만큼 넓지 못했다. 등잔 위에 불이 타오르며 다른 사람을 비추긴 했지만 자신을 비추지는 못했다.

소흥사야가 관료 정치에서 자신의 실력을 펼치는 과정, 특히 새로운 정권이 수립되거나 정치 국면이 요동칠 때는 각종 실무를 처리하는 거의 모든 중책을 짊어지며 관료체제의 핵심적 지위를 차지했다.

소흥사야라는 이 집단의 출현은 봉건 관료정치의 변화와 밀접한 관련이 있다. 그러나 소흥 문화라는 측면과 더욱 직접적인 필연성이 있다.

소흥 사람들은 공부를 중시하고 공명에 대한 욕구가 많았다. 문무를 가리지 않고 일등一等이 중요하고 배우면 천하를 관통하여 남다른 길을 걸어야 한다고 생각했다. 특히 공부해서 벼슬을 하는 일이야말로 소흥 사람들이 평생 추구하는 목표였다.

공부를 통해 공명을 추구하는 이런 사회적 기풍은 대대로 소흥 사람에게 영향을 주었고 소흥 출신의 사람들은 너 나 할 것 없이 공부를 통해 벼슬길에 나섰다. 청대에 이르러 이 흐름은 거대한 파도가 되어 천군만마처럼 과거라는 이 외나무다리를 향해 계속 달려갔다. 순치(1638-1661)에서 선통 원년인 1909년에 이르기까지 약 250

년 동안 소흥 출신으로 진사에 급제한 사람은 모두 638명, 거인에 급제한 사람은 무려 2,361명으로 어마어마한 숫자였다. 이렇게 많은 사람이 공명을 얻긴 했지만 이 때문에 두 가지 중대한 후과를 초래했다.

첫째, 관직의 수는 정해져 있었기 때문에 진사와 거인에 급제한 사람 대부분이 관리 후보가 되어 마냥 벼슬에 나갈 날만 기다릴 수밖에 없었다. 이 때문에 이 기간에 그들 중 상당수가 막료가 되어 끊임없이 막료의 대오에 합류했다.

둘째, 이렇게 많은 사람이 진사와 거인이 되다 보니 더 많은 사람이 공부에 매달리게 되었다. 어느 날 급제하면 서민보다 훨씬 나은 이런저런 대우를 누리는 사회의 특수 계층이 될 수 있기 때문이다. 청빈하고 고상한 삶과 부귀영화를 누릴 수 있는 고관대작 사이에서 준엄하게 선택을 해야 했고, 당연히 많은 사람이 명예와 이익의 유혹을 따랐다.

그러나 과거의 문턱은 높았고 문턱에 걸려 넘어진 독서인들은 하는 수 없이 다른 명리의 길을 선택할 수밖에 없었다. 하나는 막료가 되는 길이었고, 다른 하나는 글을 가르치는 글 선생이었고, 또 하나는 장사에 나서 상인이 되는 길이었다.

위에서 보았다시피 소흥은 배움과 큰 뜻을 중시했다. 이와 함께 친구와 스승의 관계도 남달랐다. 이런 기풍이 자녀들에게 끊임없이 공부를 권하는 국면을 가져왔다. 이런 풍조는 당연히 인재를 배출하는 원동력이 되었다. 또 한편으로는 인재가 나오기 어려운 상황을 만들어냈다. 이로 인해 공명을 얻은 자와 그렇지 못한 자가 공존하게 되었는데 이는 사회 환경과 관련이 있었다. 문인학사는 관직을 얻기에 앞서 대부분 다른 사람의 막료가 되어 자신의 발전을 꾀했다. 공명을 이루지 못한 자는 생계가 절박해서 법을 배워 막부로 들어갔다. 이는 공명을 이루지 못하고 있을 때 생계와 공명을 추구하는 가장 넓은 길이기도 했다. 아무튼 소흥의 이런 기풍은 소흥사야가 전례 없이 활약하게 되는 큰 배경이었고, 이로부터 사야 집단이 파생되어 나오는 환경적 요인이 되었다.

소흥사야가 하나의 집단으로 청나라 역사에 출현하게 된 데는 또 다른 요소들이 있었다. 첫째는 문자옥文字獄의 직접적 효과였다. 문자옥이란 지금으로 보자면 필화 사건과 같은 것으로, 지식인이 자신이 쓴 글의 내용이나 글자 때문에 정부(황제)로부터 탄압을 받은 사건을 말한다. 탄압은 대부분 처형이었다. 청나라는 순치, 강희, 옹정, 건륭 네 황제를 거치면서 봉건 전제 통치를 지키기 위한 필요성 때문에 문자옥을 대거 일으켰다. 그리고 이와 관련하여 왕영기汪影棋, 사사정查嗣庭 사건을 처리하면서 절강의 향시와 회시를 갑자기 중단시켰다. 이 때문에 한순간 지식인의 벼슬길이 막혔다. 잔뜩 준비해온 과거 지망생들은 어쩔 수 없이 잠시 과거를 포기하고 법률을 배워 막부로 들어갔다.

다음은 가족의 일체감 때문이었다. 한 집안 내부의 구성원은 당연히 긴밀하게 연계되어 있어 함께 명예를 지키고 이익을 추구했다.

셋째, 친구가 서로 끌고 끌어주었다. 가족의 일체감 때문에 관리가 되든 막료가 되든 모두 자기 집안사람을 임용하여 서로 손을 잡고 내부 구성원으로 삼음으로써 자신의 조수로 삼았다. 그러나 절대 다수의 생각 있는 사람들이라면 가까운 친척은 쓸 수 없다는 점을 잘 알고 있었다. 친척을 쓰느니 친구를 기용하는 것이 나았다. 이 때문에 관리와 막료들은 대부분 자기 동창을 임용했고, 공명을 이루지 못한 사람들이 광범위하게 막부로 몰려들었다.

넷째, 생활 환경의 압박이 역경 속에서 생활하는 많은 독서인이 집안을 부양하고 호구지책 때문에 막부 생활을 선택하게 만들었다. 어쩌면 그 길이 공명을 추구할 수 있는 마지막 길이자, 후손으로 하여금 다시 한번 집안의 명예를 떨칠 수 있는 좋은 방법일지도 모르기 때문이었다.

소흥사야는 또 당시 땅과 실권을 장악하고 있던 이른바 봉강대신封疆大臣에게

● 소흥은 역사상 가장 많은 막료와 사야를 배출했다. 소흥에는 사야박물관까지 조성되어 있다.

몸을 맡기는 것을 출로로 삼고자 했다. 그들은 자신의 영민한 두뇌와 실무 처리 능력을 밑천으로 봉강대신으로부터 중용되었다. 예를 들어 소흥 회계현 방사걸房士杰은 증국번의 사야를 지냈고, 회계현 마정馬鼎은 장지동張之洞의 사야였으며, 소흥 산음현 정하程賀는 좌종당의 사야였고, 산음현 누춘婁春은 전후 이홍장, 왕문소王文韶, 영록榮祿, 원세개袁世凱, 양사양楊士驤, 단방端方 등의 사야를 거치며 평생 대우를 받았다. 중용된 소흥사야는 최선을 다해 총명한 재능을 충분히 발휘하여 그 막주를 위해 이런 저런 계책을 내고 큰일을 도모했다.

끝나지 않을 결말

십수개월을 들인 이 책의 초고가 완성되어 중국 역사 문화의 긴 복도에서 총총걸음으로 걸어갈 준비를 하고 있다. 인류는 투쟁 속에서 수천 년의 세월을 보냈다. 그리고 투쟁 속에서 지혜의 빛을 찬란하게 발산하여 역사의 공간을 다채롭게 확장했다. 이 기다림 속에서 인류의 투쟁사를 다시 회고하니 마치 산꼭대기에서 아래를 내려다보듯 응어리진 둔중한 무게와 확 트인 시야를 함께 느낀다.

그리고 나는 내 작업이 중요하다는 것을 한번 더 강렬하게 느낀다. 인류는 역사 속을 걸어 나와 미래를 향해 가고 있다. 미래를 향하는 이 과정 중에도 마찬가지로 투쟁을 통해 역사를 창조한다. 더욱이 전방위 개혁의 시대에 직면하여 앞서간 사람들의 사회 투쟁이 만들어낸 규율을 종합하여 이성적 사유로 역사를 관조함으로써 산만한 역사 속에서 지금 사람들에게 보탬이 될 만한 그 무엇을 귀납해내는 일은 매우 뜻있는 일이 될 것이다.

인류의 기본적인 투쟁 형식은 집단투쟁이고, 이 집단투쟁에 직접 참여하는 자는 각 이익집단의 핵심적 리더들이다. 바로 이 지점에 기초하여 필자는 막부幕府, 막주幕主, 막료幕僚라는 세 개의 주요 개념을 개조하여 인류사회의 투쟁이란 문제를 상세히 이야기해보았다. 이런 귀납과 정리를 거쳐 이를 데 없이 복잡다단하게 변한 인류사회의 투쟁을 나름 조리 있게 다듬고 맥락을 제대로 짚을 수 있었다.

몇몇 사람들은 이 책이 인간투쟁을 오도할 혐의가 있다는 말을 상투적으로 되풀이한다. 때문에 두 번 세 번 또 밝히지 않을 수 없다. 이익은 모든 사회 투쟁의 핵심이다. 인간이 존재하는 이 세상에서 모순을 회피할 수 없다면 투쟁도 회피할 수 없다. 투쟁의 규칙과 기교를 장악하여 지혜와 사려로 모순을 해결하고 분쟁을 풀어서 투쟁 과정에서 일어나는 사회의 파괴를 최대한 줄이거나 투쟁 속에서 많은 사람들에게 혜택이 돌아가고 어려움을 풀어 위기에서 구할 수 있다면 비단옷을 입고 밤길을 가듯 전혀 의미 없는 일은 아닐 것이다. 이런 의미에서 보자면 지혜로 이익 분쟁을 해결하는 것이 가장 이성적이고 문명화된 행동이라 말할 수 있다.

또 다른 측면에서 투쟁 경험과 투쟁 예술은 중국 인민들이 오랫동안 힘들게 겪은 투쟁 실천의 종합이자 총결로서 참으로 귀중한 재산이다. 예컨대 외교투쟁은 분쟁과 영욕을 통해 얻은 것이고, 군사투쟁의 경험은 생명과 피로 쌓아올린 재산이다. 그들의 후손으로서 그것을 내버리고 외면할 수는 없다.

그러나 객관적으로 보자면 중국 민족의 전통문화에도 약점이 없을 수 없다.

첫째, 『좌전』이나 『전국책』 등과 같은 역사서를 들춰보면, 유세가와 술사들의 언변과 설전이 살아 움직이고, 그들이 능수능란하게 운용한 기술은 감탄을 절로 자아내게 한다. 중국에 계통적으로 엄밀하고 농익은 논리학과 방법론이 없었음에도 불구하고 그 설전의 논리와 그 싸우는 방식의 합리성은 서방의 논리학자도 진땀을 흘릴 정도다. 그러나 각도를 달리해서 보면, 중국의 이런 공부는 죄다 "사람을 다스리는" '치인治人'이라는 권모술수에만 사용되었다. 다시 말해, 사람에 대한 인지와 그 정복에만 머물러 있었다. 이런 중국에 비해 서방 논리의 응용은 그 범위가 대단히 넓다. 이렇게 보면 중국의 논리학은 한 귀퉁이에 묶여 있는 아주 좁은 영역이다.

둘째, 중국 고대 역사를 두루 살피면 깊게 생각해야 하는 현상 하나를 발견할 수 있다. 중국의 군사투쟁 역사는 기지와 지혜가 만발했다. 그러나 이 군사투쟁의 절대다수가 중국 내에서만 발생했다. 이런 군사 방면의 지혜가 보다 넓은 곳으로까지 나가지 못하고 한곳에만 머물렀다. 특히 부흥의 과정에 있는 중화민족에게 더욱더 필요한 것은 고도의 군사적 지혜로 중화민족의 생존과 발전을 보장할 필요가 있다. 고대 외교상의 지혜와 모략도 종횡무진 화려한 꽃을 피웠다. 그러나 이 외교의 대부분 역시 중국 강역과 강역 내의 소수민족 사이에서만 진행되었다. 당대 중국의 외교는 당연히 시대적 요구에 부응하여 보다 많은 친구들과 사귀면서 세계 평화에 공헌해야 할 것이다.

셋째, 중국 고대의 발달한 지혜와 모략 그리고 권술은 대부분 중국인 내부 투쟁에 소모되었다. 이런 투쟁은 중화민족 전체의 실력을 깎아먹어 중국을 가난하고 약하게 만들었다. 내부가 단결되고 마음이 하나가 되어야만 지혜와 모략 그리고 권술을 더 많이 대외투쟁에 이용하여 대외교류와 투쟁에서 상대를 물리치고 보다 나은 생존의 조건을 쟁취할 수 있다. 그래야만 중국의 발전과 번영에 유리하다.

마지막으로, 중국의 모략과 권술의 투쟁은 대부분 정치, 외교 그리고 군사투쟁에 국한되어 있었다. 경제 영역에서의 진정한 투쟁은 극히 드물었다. 그리고 경제투쟁의 수단도 정치투쟁을 위한 것에 지나지 않았다. 경제 영역의 투쟁은 내내 투쟁의 주류가 되지 못했다.

중국 역사상 손가락으로 꼽을 정도인 대상인은 서방에서 말하는 그런 순수한 상인들이 아니었다. 대부분 관과 결탁되어 있는 관상들이었다. 여불위呂不韋가 그랬고, 도주공陶朱公 범려范蠡가 그랬고, 호설암胡雪岩은 더더욱 그랬다.

중국은 바야흐로 번성의 길로 접어들고 있다. 나는 중국인이 세계라는 이 큰 각축장에서 찬란한 승리를 거두길 희망한다. 그러려면 중국 전통문화의 정수를 흡수하되 약점을 극복하고 중화민족의 성격을 다시 주조하여 사회의 진보를 추동하고 세계 경제대국의 반열에 올라야 한다.

내가 쓴 이 『막료학』이 사람들에게 조금이라도 도움이 되고 유익한 계시를 줄 수 있고, 중국의 강성에 한 점의 힘이라도 보탤 수 있다면 그 자체로 큰 기쁨이다. 막료학을 연구하는 일은 자못 의미 있는 작업이다. 그를 통해 중국의 유구한 역사, 풍부한 지혜 문화를 통찰했다. 수천 년 문명사에서 무수히 많은 엘리트들이 출현하여 수천 년 이어온 막료의 집단을 형성했다. 그들은 늘 시대의 조류를 움직이는 역할을 했다. 선조의 경력은 후손의 교과서다. 중국 지혜와 모략문화의 중요한 구성 부분으로서 막료학은 지금 우리에게 누려도 누려도 없어지지 않을 보물이다. 이제 이 책을 독자들에게 드린다. "벽돌을 버리고 옥을 끌어들이는" '포전인옥抛磚引玉'의 작용을 해낼 수 있길 희망한다.

1998년 1월

莒人

찾아보기

개념, 성어 등

서책, 시詩, 신문 등

인물